THOMAS METZGER
ANTISEMITISMUS IM DEUTSCHSCHWEIZER
PROTESTANTISMUS 1870 BIS 1950

Studien zum Antisemitismus in Europa, Band 12
Herausgegeben von Werner Bergmann und Ulrich Wyrwa

Thomas Metzger

# Antisemitismus im Deutschschweizer Protestantismus 1870 bis 1950

Ⓜ | METROPOL

Gedruckt mit freundlicher Unterstützung
der Stiftung Irène Bollag-Herzheimer,
der Paul Grüninger Stiftung,
der Adolf und Mary Mil-Stiftung


Dissertation zur Erlangung der Doktorwürde
an der philosophischen Fakultät der Universität Freiburg in der Schweiz.
Genehmigt von der philosophischen Fakultät auf Antrag der Professoren
Dr. Urs Altermatt (1. Gutachter), Dr. Christina Späti (2. Gutachter) und
Dr. Markus Furrer (3. Gutachter).
Freiburg, den 18. Dezember 2014
Prof. Dr. Marc-Henry Soulet, Dekan

Umschlaggestaltung: kv
Titelbild: Werner Bergmann

ISBN: 978-3-86331-340-1

© 2017 Metropol Verlag
Ansbacher Str. 70, 10777 Berlin
www.metropol-verlag.de
Druck: buchdruckerei.de, Berlin

# Studien zum Antisemitismus in Europa

Von Deutschland ausgehend hat sich im 19. Jahrhundert eine neue Form von Juden-feindschaft in Europa verbreitet: der Antisemitismus als soziale und politische Bewegung. Er ist seither zu einem zentralen Problem der europäischen Geschichte geworden, er hat zum nationalsozialistischen Antisemitismus und zur Ermordung von sechs Millionen Juden geführt, und er ist bis in die Gegenwart aktuell geblieben.

Wenn der Holocaust für das sich vereinigende Europa zu einer Art negativem Gründungsereignis wurde, so ist auch die historische Entwicklung des Antisemitis-mus von seiner Entstehung im 19. Jahrhundert über seine Radikalisierung im Ersten Weltkrieg sowie die Krise der Nachkriegsordnung bis hin zum Mord an den europä-ischen Juden in dem vom Nationalsozialismus beherrschten Europa unter komparati-ven Perspektiven zu untersuchen. Das Spezifische des deutschen Antisemitismus wiederum kann nur durch europäisch-vergleichende Forschungen bestimmt werden.

In der Schriftenreihe sollen daher Studien zur Entstehung und Entwicklung des Antisemitismus in möglichst vielen Teilen Europas präsentiert werden. Die Reihe will damit zugleich Beiträge zu der Frage liefern, welche Bedeutung dem Antisemitismus für die europäische Geschichte und die historische Selbstverständigung des sich ver-einigenden Europa zukommt. Eine europäische Geschichtsschreibung hat zugleich die Widerstände, die der Anerkennung von anderen entgegenstanden, historisch auf-zuarbeiten. Eine zentrale Stelle nimmt hierbei der Antisemitismus ein.

Europa ist „kein monolithischer Block", sondern ein „Kontinent der Kreuzungen, des Austauschs, des fortwährenden Zusammenwirkens" (Fernand Braudel). Seine Geschichte kann nur mit Blick auf Vielfalt und Differenz geschrieben werden. Zur Grundlage des heutigen europäischen Selbstverständnisses gehören Demokratie, bürgerliche Freiheitsrechte, die rechtliche Gleichheit aller Bürger, die Trennung von Kirche und Staat sowie Toleranz und die Anerkennung von anderen. Voraus-setzung für den Erhalt dieser Prinzipien ist die Auseinandersetzung darüber, wo und wann diese in Europa missachtet wurden. Die Geschichte des Antisemitismus ist die Geschichte eines eklatanten Bruchs dieser Prinzipien. Die Schriftenreihe bietet einen Ort, an dem diese Vergangenheit mit Blick auf Europa aufgearbeitet wird.

*Werner Bergmann, Ulrich Wyrwa*

# Inhalt

# Dank

Prof. Dr. Urs Altermatt hat mein Interesse für die Antisemitismusforschung durch seine Lehre und Forschung geweckt und in vielfältiger Weise unterstützt. So regte er auch die Wahl dieses Dissertationsthemas an. Ich danke ihm herzlich für die inspirierenden Gespräche und seine wertvolle Unterstützung sowie auch dafür, dass ich als sein Assistent die Möglichkeit erhalten habe, im akademischen Bereich zu forschen und zu arbeiten. Herzlich danken möchte ich auch Prof. Dr. Christina Späti und Prof. Dr. Markus Furrer, dass sie die Zweitbegutachtung der Dissertation übernommen haben.

Die vorliegende Arbeit zu realisieren wäre ohne die Unterstützung durch zahlreiche Personen nicht möglich gewesen. Für die Gespräche, Anregungen und Diskussionen danke ich im Besonderen (aufgeführt in alphabetischer Reihenfolge) Prof. Dr. Clive Church (Kent/GB), Dr. Patricia Hertel (Basel/Freiburg i. Ue.), Dr. Zsolt Keller (Baden), lic. rer. soc. David Luginbühl (Bern), Prof. Dr. Franziska Metzger (Luzern), Prof. Dr. Diana Mishkova (Sofia), Dr. Nadine Ritzer (Bern), Prof. Dr. Elke Pahud de Mortanges (Freiburg i. Br./Freiburg i. Ue.), lic. phil. Daniel Schönmann (Bern), Prof. Dr. Damir Skenderovic (Freiburg i. Ue.), Dr. Martina Sochin D'Elia (Fürstentum Liechtenstein) und Prof. Dr. Christina Späti (Freiburg i. Ue.). Zudem geht der Dank auch an die Teilnehmenden der von Prof. Dr. Urs Altermatt organisierten Kolloquien sowie des Freiburger Forums für Zeitgeschichte.

Ein besonderer Dank ergeht an Prof. Dr. Werner Bergmann und Prof. Dr. Ulrich Wyrwa, die mir die einmalige Möglichkeit geboten haben, diese Forschungsarbeit in der von ihnen herausgegebenen Reihe „Studien zum Antisemitismus in Europa" veröffentlichen zu können. Zugleich möchte ich Friedrich Veitl und Dr. Nicole Warmbold vom Metropol Verlag in Berlin herzlich für ihre sehr kompetente und zuvorkommende Betreuung während des Publikationsprozesses danken.

Für ihre großzügigen Zusagen zur finanziellen Unterstützung der Drucklegung des Buches bedanke ich mich herzlich bei der Stiftung Irène Bollag-Herzheimer, der Paul Grüninger Stiftung und der Adolf und Mary Mil-Stiftung.

Ganz herzlich danke ich schließlich meiner lieben Ehefrau Rahel, meinen Eltern Brigitte und Christoph Metzger sowie meiner Schwester Franziska Metzger dafür, dass sie mich während der jahrelangen Arbeit an diesem Dissertationsprojekt so großartig unterstützt haben. Ihnen ist dieses Buch gewidmet.

# I. Einführung

Als der Berliner Pastor Adolf Stoecker am 19. und 26. September 1879 an seiner Wirkungsstätte die beiden viel Aufsehen erregenden ‚Judentum-Reden‘[1] hielt, erhob er die antisemitische Agitation zu einem zentralen Merkmal seiner „Christlich-Sozialen Arbeiterpartei". Zugleich übernahm Stoecker, der 1874 vom deutschen Kaiser Wilhelm I. zum vierten Hofprediger ernannt worden war, die Führungsposition in der sich seit einigen Monaten bemerkbar machenden antisemitischen Bewegung in Berlin. Indem er die Judenfeindschaft in sein gegen die Sozialdemokratie gerichtetes religiös-politisches Programm integrierte, machte Stoecker den Antisemitismus im jungen deutschen Nationalstaat nicht nur hof-, sondern auch kirchen- und politikfähig.[2]

Die Agitation Stoeckers stieß im Deutschen Reich auf große Resonanz. Auch auf den Deutschschweizer Protestantismus hatte sie eine beträchtliche Wirkung. Die starke Zunahme antisemitischer Positionierungen in protestantischen Zeitschriften und Publikationen der Deutschschweiz gegen Ende der 1870er-Jahre korrelierte stark mit der einsetzenden judenfeindlichen Betätigung des Pastors. Die Tätigkeiten Stoeckers stießen dabei, wenn auch mit unterschiedlichen Vorzeichen, sowohl in konservativ-protestantischen, teilweise pietistisch geprägten Kreisen als auch beim theologisch entgegengesetzten Lager des liberalen Protestantismus auf reges Interesse.[3] Seine wichtige Funktion in der Popularisierung des antisemitischen Diskurses in Verbindung mit seinem hohen kirchlichen Amt ließen Stoecker

1 Die beiden Reden trugen den Titel „Unsere Forderungen an das moderne Judentum" sowie „Notwehr gegen das moderne Judentum". Sie sind zu finden in: Günter Brakelmann, Adolf Stoecker als Antisemit, Teil 2: Texte des Parteipolitikers und des Kirchenmannes, Waltrop 2004, S. 10–24; S. 24–41.

2 Dies hebt Hans Engelmann richtig hervor: Hans Engelmann, Kirche am Abgrund. Adolf Stoecker und seine antijüdische Bewegung, Berlin 1984, S. 90. Siehe auch schon früher: Walter Boehlich, Nachwort, in: ders. (Hrsg.), Der Berliner Antisemitismusstreit, Frankfurt a. M. 1965, S. 247–263, S. 237.

3 Für die Stoecker-Rezeption in der Schweiz existiert eine lokalgeschichtliche Studie zu Basel, in dem konservativ-protestantische Netzwerke besonders aktiv an der Stoecker-Heroisierung arbeiteten: Urs Hofmann, Adolf Stoecker in Basel. Antisemitismus und soziale Frage in der protestantischen Presse in den 1880er Jahren, unveröffentlichte Lizentiatsarbeit Universität Basel 2003. Siehe zudem: Urs Hofmann, Antisemitismus in Basel. Die Rezeption von Adolf Stoecker und seinen Ideen in der protestantischen Presse der 1880er Jahre, in: Basler Zeitschrift für Geschichte und Altertumskunde 104 (2004), S. 83–116.

innerhalb der Forschung zum Antisemitismus im wilhelminischen Deutschland im Allgemeinen und zur Judenfeindschaft im deutschen Protestantismus im Besonderen zum wohl am besten erforschten Akteur werden.[4] Die Stoecker-Forschung dominierte zeitweise die Publikationen zum protestantischen Antisemitismus im Deutschen Kaiserreich, was zur Vernachlässigung breiter angelegter Studien führte.[5]

In der Stoecker-Rezeption spiegelten sich einige zentrale antisemitische Diskursstrategien des Deutschschweizer Protestantismus wider. Daher sollen diese anhand von zwei Beispielen impressionistisch dargestellt werden. Knapp zwei Monate nach Stoeckers ersten ‚Judentum-Reden' in Berlin ließ sich Justus J. Heer, Pfarrer in Erlenbach (ZH), als Redakteur in dem in Basel erscheinenden konservativ-protestantischen „Kirchenfreund" zu Stoecker vernehmen und reproduzierte hierbei zentrale Diskurse des antisemitischen Hofpredigers:

> „Sein [Stoeckers] Name ist in der letzten Zeit wieder viel genannt worden, weil er es gewagt hat, der jüdischen Arroganz entgegenzutreten und auf diesen faulen Fleck in dem socialen Leben, besonders des deutschen Volkes, hinzuweisen. Dieser Mann hat es uns angethan, daß wir ihn vor anderen lieben und bewundern, [...]. Er ist ein ächter Schmiedesohn, der das glühende Eisen anzupacken gelernt hat. Dies hat er schon gegenüber den Socialdemocraten bewiesen und jetzt wieder gegenüber den Juden. [...] Stöcker wußte gewiß nur zu gut, in was für ein Hornissennest er hineingriff, als er seine erste Rede gegen die Juden hielt. Ein Wuthgeheul sonder gleichen ging durch die ganze Judenpresse und deren christliche Trabanten. Auch die liberale Schweizerpresse stimmte natürlich in diesen Ton ein. [...]

4   An dieser Stelle sei nur auf eine kleine Auswahl der Publikationen verwiesen: Günter Brakelmann/Martin Greschat/Werner Jochmann, Protestantismus und Politik. Werk und Wirkung Adolf Stoeckers (1835–1909), Hamburg 1982; Martin Greschat, Protestantischer Antisemitismus in Wilhelminischer Zeit. Das Beispiel des Hofpredigers Adolf Stoecker, in: Günter Brakelmann/Martin Rosowski (Hrsg.), Antisemitismus. Von religiöser Judenfeindschaft zur Rassenideologie, Göttingen 1989, S. 27–51.

5   Die Dominanz der Stoecker-Forschung konstatiert etwa der Kirchenhistoriker Kurt Nowak in einem Literaturbericht zur Antisemitismusforschung. Er hebt hervor, dass dieser Sschwerpunkt das Fehlen von breiter angelegten Forschungen zum Antisemitismus im deutschen Protestantismus des Kaiserreiches überdeckte: Kurt Nowak, Protestantismus und Judentum im Deutschen Kaiserreich (1870/71–1918). Beobachtungen zum Stand der Forschung, in: ders., Kirchliche Zeitgeschichte interdisziplinär. Beiträge 1984–2001, hrsg. von Jochen-Christoph Kaiser, Stuttgart 2002, S. 164–185, S. 170. Zur Kritik am Forschungsfokus ebenfalls: Thomas Gräfe, Antisemitismus in Deutschland 1815–1918. Rezensionen – Forschungsüberblick – Bibliographie, Norderstedt 2010, S. 55.

Kehrt unser Volk nicht gründlich um in der Selbstbesinnung auf sein christ-
lich-nationales Wesen, so wird das moderne Judenthum ein Hauptfactor werden, der unsere christliche Cultur zersetzt und auflöst. [...] Es ist ein großes
Verdienst Stöckers, daß er dies zu sagen gewagt hat. [...] [L]iest und schluckt
das christliche Volk schweigend diese Rohheiten, bewundert vielleicht das
geistreich zubereitete Gift und die liberalisirende Menge bellt und beißt willig
mit der jüdischen Preßmeute gegen denjenigen, der auf diese jüdischen An-
maßungen hin- und ihren Hohn zurückweist. Ja, es ist zum schamroth werden
über solche christliche Charakterlosigkeit. Gott wolle noch mehr Stöcker erwecken, welche in so ernster Weise die christlichen Gewissen aufwecken und
unser Volk vor der Verjudung bewahren. Dazu ist aber die Eine große Haupt-
bedingung, daß unser Volk wieder zum Evangelium Jesu Christi sich hinwen-
de und es als eine Kraft Gottes erfahre, alle Schäden des Einzelnen wie der Gesellschaft zu heilen; [...]."[6]

Nur wenige Tage später, am 6. Dezember 1879, ließ sich auch der Oberbipper Pfarrer Salomon Zimmermann, Chronist der in Bern erscheinenden liberal-protestantischen theologischen Zeitschrift „Reform", zu Stoecker vernehmen. Er wandte sich
gegen die antisemitische Agitation Stoeckers, ohne aber selbst auf antisemitische
Stellungnahmen zu verzichten:

„Der Eifer der hochgläubigen Kirchenmänner Deutschlands, besonders Preußens, findet in der Bekämpfung des freisinnigen Christenthums ein noch zu
wenig ausgedehntes Gebiet für seine Bethätigung. Er hat sich deßhalb umge-
schaut, ob es sonst noch was zu bekriegen gebe, und er hat gefunden. Auch der
Jude muß dran! Also erging sein Feldgeschrei. Der Jude trägt die Hauptschuld,
daß das soziale Elend immer weiter um sich frißt, daß die sittlichen Motive im
Handel und Wandel der Menschen mehr und mehr in den Hindergrund treten. Also der Jude muß verbrannt sein! [...]

In Berlin hat sich der Hofprediger Stöcker an die Spitze der antijüdischen
Liga gestellt. Der Mann will nun absolut berühmt werden. [...] Nun wüthet der
kampflustige Mann [...] gegen die Juden, wo er größere Lorbeeren zu ärndten
hofft, als im Kampfe gegen die Sozialdemokraten. [...]

---

6   Justus J. Heer, Rundschau auf die kirchlichen Zustände in Deutschland, besonders in Preußen,
    in: KF, 28. 11. 1879, S. 383–391, S. 384–386. Im Artikel Heers werden zudem die zentralen Aussa-
    gen der beiden Reden Stoeckers wiedergegeben. Die in dieser Forschungsarbeit direkt zitierten
    Textpassagen sind in der zeitgenössischen Orthografie belassen worden. Auch offensichtliche
    Schreibfehler wurden nicht korrigiert. Diese werden durch ‚[sic!]' kenntlich gemacht.

Wir möchten nun den gegen das moderne Judenthum erhobenen Klagen keineswegs alle Berechtigung absprechen. Es liegt etwas in dem allgemeinen Charakter dieses Volkes schon, das unmöglich unsere Sympathien erweckt, und der Schachergeist desselben, sein entsetzlicher Realismus, der sich so leicht über die Gewissenhaftigkeit wegsetzt und der schon so manches Bäuerlein und manchen Berufsmann ökonomisch zu Grunde gerichtet, ist nicht ohne Grund fast sprichwörtlich geworden."[7]

Aus den beiden ausführlich wiedergegebenen Quellenbeispielen können fünf zentrale Befunde herausgearbeitet werden, die eingangs dieser Forschungsarbeit einen Einblick in die antisemitisch geprägte Sicht des Deutschschweizer Protestantismus auf 'die Juden' ermöglichen. Die Rezeption der Aktivitäten Stoeckers wurde erstens von theologischen Differenzen bestimmt, die sich in jenen Jahren unter anderem an unterschiedlichen Vorstellungen von religiöser Dogmatik und Funktion der Kirche im modernen Staat entzündet hatten. Die Heroisierung respektive Ablehnung Stoeckers war mit einer Solidarisierung konservativ- oder liberal-protestantischer Netzwerke in Preußen verbunden. Zweitens prägte dieses Wahrnehmungsraster auch die Haltung bezüglich Stoeckers Antisemitismus. Während der konservativ-protestantische Justus J. Heer mit der Heroisierung des konservativ-protestantischen Stoecker auch dessen Antisemitismus lobte, rechtfertigte und reproduzierte, assoziierte der liberal-protestantische Salomon Zimmermann jenen mit mittelalterlichen Praktiken („der Jude muß verbrannt sein"), ohne sich jedoch grundsätzlich von antisemitischen Positionen zu distanzieren. Drittens wurden von konservativer Seite 'das Judentum' und 'der Liberalismus' – und darunter wurde auch der theologische Liberalismus subsumiert – zu einem gemeinsam agierenden Feind stilisiert, während der liberale Salomon Zimmermann 'die Juden' und die liberalen Christen als Opfer derselben konservativ-protestantischen Machenschaften sah. Viertens greifen beide Autoren Diskurse der zeitgenössischen antisemitischen Rhetorik auf, indem sie 'die Juden' als Kollektiv innerhalb der Bevölkerung konstruieren, das auf Letztere vermeintlich 'zersetzend' wirke. Von konservativ-protestantischer Seite werden im obigen Beispiel 'die Juden' zugleich als 'Feinde des Christentums' apostrophiert, die etwa mittels der Presse an der angeblichen 'Dechristianisierung' der Gesellschaft an zentraler Stelle beteiligt seien. Als rettenden Schutzwall sieht Justus J. Heer nur die 'Rechristianisierung' des Volkes. Fünftens schließlich lassen die beiden Zitate die antisemitischen Diskussionen im Deutschen Kaiserreich als wichtigen Referenzrahmen und Kristallisationspunkt für judenfeindliche Stellungnahmen im Protestantismus der Deutschschweiz erkennen.

---

7   Salomon Zimmermann, Reformchronik, in: RZ, 6. 12. 1879, S. 460–463, S. 460 f.

## 1 Ziel der Arbeit

Ein Teil der in den beiden Zitaten aufscheinenden Diskurse sind vor allem typisch für die Stoecker-Rezeption im Deutschschweizer Protestantismus, so zum Beispiel deren Verknüpfung mit innerprotestantischer Polemik. Die propagierten antisemitischen Feindbilder sind zugleich aber auch durchaus repräsentativ für den protestantischen Antisemitismus in der Deutschschweiz im Allgemeinen Ende der 1870er-Jahre, aber auch darüber hinaus. Diese hier nur schlaglichtartig präsentierten Befunde deuten auf Erkenntnisse hin, die in dieser Dissertation eingehend herausgearbeitet werden.

Der Antisemitismus im Schweizer Protestantismus wurde bisher sowohl von Seiten der Antisemitismus- als auch von Seiten der Protestantismusforschung fast völlig vernachlässigt. Punktuelle Befunde existieren lediglich für das letzte Drittel des 19. Jahrhunderts sowie die Zeit von 1933 bis 1945.[8] Dieser Forschungslücke nimmt sich die Dissertation an. Sie setzt sich zum Ziel, den im Protestantismus der Deutschschweiz vorhandenen Antisemitismus zu analysieren. Die Quellengrundlage bilden dabei zahlreiche protestantische Zeitschriften und diverse Einzelschriften. Im Sinne eines kulturgeschichtlichen Ansatzes liegt ein Schwerpunkt auf antisemitischen Diskursen, Topoi, stereotypen Motiven, Feindbildern, Semantiken und Argumentationsstrategien im Zeitraum von 1870 bis 1950. Im Weiteren gilt es die Frage zu klären, wieweit unterschiedliche inhaltliche Ausformungen der Judenfeindschaft – vom religiös-theologisch begründeten Antijudaismus über soziokulturell und nationalistisch argumentierende Diskurse des modernen Antisemitismus bis hin zu antisemitischen Topoi, die auf kulturalistischen und rassistischen Vorstellungen basierten – präsent waren. Besonders interessiert, in welchem Verhältnis antijudaistische zu anderen antisemitischen Diskursen standen. Existierten sie parallel zueinander oder waren sie miteinander verschränkt?[9] Zugleich sollen Konjunkturen, Kontinuitäten und Transformationen des protestantischen Antisemitismus analysiert werden. Die Wahl eines langen Untersuchungszeitraums von achtzig Jahren soll besonders aussagekräftige Einsichten ermöglichen. Diese hier erst grob umrissenen inhaltlichen und zeitraumbezogenen Fragestellungen sollen

---

8    An dieser Stelle sei verwiesen auf: Friedrich Traugott Külling, Bei uns wie überall? Antisemitismus in der Schweiz 1866–1900, Zürich [1977]; Hermann Kocher, Rationierte Menschlichkeit. Schweizerischer Protestantismus im Spannungsfeld von Flüchtlingsnot und öffentlicher Flüchtlingspolitik der Schweiz 1933–1948, Zürich 1996. Für eine eingehendere Darstellung des Forschungsstandes siehe das nächste Kapitel.

9    Eine differenzierte Fragestellung wird in Kapitel 4 dieses Teils präsentiert. Zu den Begriffen ‚antijudaistisch‘ und ‚modernantisemitisch‘ siehe die ausführlichen Reflexionen im zweiten Teil dieser Forschungsarbeit.

die Ergebnisse auch für die internationale Antisemitismusforschung anschlussfähig machen.

Geografisch wird die Analyse des protestantischen Antisemitismus auf die Deutschschweiz begrenzt. Die Westschweiz mit ihren bedeutenden protestantischen Gebieten in den Kantonen Neuenburg, Waadt und Genf hingegen wird aus drei Gründen nicht einbezogen. Erstens interessieren in dieser Arbeit unter anderem die Funktion Deutschlands als transnationaler Bezugsrahmen für den Antisemitismus im Deutschschweizer Protestantismus und damit verbunden die Frage nach der Rezeption des deutschen Antisemitismus und dem Vorhandensein von Transfers. Das ‚Land Luthers' wurde vom Deutschschweizer Protestantismus als protestantische Nation verstanden, der insbesondere bis zum Ersten Weltkrieg ein hohes Maß an Sympathien entgegengebracht wurde und mit der er sich aus religiösen und auch sprachlich-kulturellen Gründen verbunden fühlte. Des Weiteren hätten für den Protestantismus der frankophonen Schweiz noch zusätzliche, teils stark divergierende theologische Einflüsse und kontextuelle Bezugsrahmen berücksichtigt werden müssen, was zu einer großen Heterogenität des Untersuchungsgenstandes geführt hätte. Weil drittens die Analyse eines langen Untersuchungszeitraums ein Hauptanliegen war, musste auch mit Blick auf den Rechercheaufwand eine geografische Einschränkung vorgenommen werden.

Um die Fragestellung auszudifferenzieren, wird zunächst der Forschungsstand analysiert. Dabei richtet sich ein besonderes Augenmerk auf existierende Studien zum Antisemitismus in der Schweiz sowie auf Untersuchungen zur Judenfeindschaft in konfessionellen Gruppen. Zudem sind der relevante Kontext der theologisch-kirchenpolitischen Fragmentierung des Deutschschweizer Protestantismus und dessen Transformationen im 19. und in der ersten Hälfte des 20. Jahrhunderts zu beleuchten.

## 2 Forschungsstand

Im vergangenen Jahrzehnt gehörte die Judenfeindschaft in religiösen Kreisen nicht zu den Kernbereichen der internationalen Antisemitismusforschung. Vielmehr lag der Fokus vorab auf Fragen nach dem Zusammenhang zwischen Nationalismus und Judenfeindschaft, nach neuen Formen des Antisemitismus nach der Shoah und nach den Schnittmengen zwischen Antizionismus und Antisemitismus. Aus diesen Themenbereichen seien drei Untersuchungen zu Deutschland besonders erwähnt, da sie in der Forschungslandschaft auf einige Beachtung stießen.

Die viel diskutierte Habilitationsschrift des Soziologen Klaus Holz analysiert die Struktur der Semantik von ‚Klassikern' der antisemitischen Literatur und

klassifiziert den modernen Antisemitismus im Wesentlichen als nationalen Antisemitismus.[10] Des Weiteren ist hier die 2005 erschienene Dissertation von Lars
Rensmann zu nennen. Er legt eine Analyse der Kultur- und Gesellschaftsgeschichte des Nachkriegsantisemitismus mit Fokus auf die Bundesrepublik Deutschland
vor und zeigt dabei Transformationen und Kontinuitäten des Post-Holocaust-An-
tisemitismus gegenüber dem ‚älteren‘ Antisemitismus auf.[11] Dem Nachkriegsantisemitismus, wenn auch mit Fokus auf die DDR und die Sowjetunion, wendet sich
auch die Dissertation von Thomas Haury zu, deren theoretische Überlegungen zur
Grundstruktur des antisemitischen Weltbildes sehr anregend sind.[12] Haury tangiert
hierbei auch die antisemitische Dimension des Antizionismus und somit einen Bereich, der nach der Zunahme antisemitischer Vorfälle und Äußerungen in Europa
nach der Jahrtausendwende, als in den palästinensischen Autonomiegebieten die
zweite Intifada ausbrach, in Teilen der Antisemitismusforschung unter dem Stich-
wort ‚neuer Antisemitismus‘ stark diskutiert wurde. In den Untersuchungen zum
‚neuen Antisemitismus‘ wurde unter anderem eine gewisse Konvergenz zwischen
rechts- und linksextremem sowie islamistischem Antisemitismus festgestellt. Dieses Konzept war und ist jedoch umstritten, da eine grundsätzliche Differenz zum
‚alten‘ Antisemitismus nicht evident ist.[13]

---

10  Klaus Holz, Nationaler Antisemitismus. Wissenssoziologie einer Weltanschauung, Hamburg
    2001. Zur kritischen Rezeption der Ergebnisse von Holz siehe etwa: Gräfe, Antisemitismus in
    Deutschland, z. B. S. 55; S. 99–110; S. 159–160; Ulrich Wyrwa, Rez. zu: Klaus Holz, Nationaler Anti-
    semitismus. Wissenssoziologie einer Weltanschauung, Hamburg 2001, in: H-Soz-u-Kult, 19. 11.
    2003, http://hsozkult.geschichte.hu-berlin.de/rezensionen/2003-4-102, 19. 6. 2013.
11  Lars Rensmann, Demokratie und Judenbild. Antisemitismus in der politischen Kultur der Bundes-
    republik Deutschland, 2. Aufl., Wiesbaden 2005. Siehe zudem: Lars Rensmann/Julius H. Schoeps,
    Antisemitismus in der Europäischen Union: Einführung in ein neues Forschungsfeld, in: ders./
    Julius H. Schoeps (Hrsg.), Feindbild Judentum. Antisemitismus in Europa, Berlin 2008, S. 9–40.
12  Haury streicht stark den ideologischen Charakter des modernen Antisemitismus hervor und lie-
    fert einen umfangreichen Überblick über den ‚linken‘ Antisemitismus seit dem Deutschen Kai-
    serreich: Thomas Haury, Antisemitismus von links. Kommunistische Ideologie, Nationalismus
    und Antizionismus in der frühen DDR, Hamburg 2002.
13  Für diese Diskussionen über den ‚neuen Antisemitismus‘ siehe v. a. folgenden Sammelband,
    der unterschiedliche Forschungsmeinungen zusammenführt: Doron Rabinovici/Ulrich Speck/
    Natan Sznaider (Hrsg.), Neuer Antisemitismus? Eine globale Debatte, Frankfurt a. M. 2004.
    Des Weiteren: Pierre-André Taguieff, La nouvelle judéophobie, Paris 2002; Philipp Gessler, Der
    neue Antisemitismus. Hinter den Kulissen der Normalität, Freiburg i. Br. 2004; Klaus Holz, Die
    Gegenwart des Antisemitismus. Islamistische, demokratische und antizionistische Judenfeind-
    schaft, Hamburg 2005; Helga Embacher, Neuer Antisemitismus in Europa – Historisch vergli-
    chende Überlegungen, in: Moshe Zuckermann (Hrsg.), Antisemitismus – Antizionismus – Israel-
    kritik, Tel Aviver Jahrbuch für deutsche Geschichte 33 (2005), S. 50–69.

Einflussreiche Sammelbände mit Analysen zu einem breiten Spektrum antisemitischer Stereotypen entstanden zudem im Umfeld des Zentrums für Antisemitismusforschung an der Technischen Universität Berlin. Als Beispiele seien hier „Judenfeindschaft als Paradigma" von Wolfgang Benz und Angelika Königseder sowie „Antisemitische Geschichtsbilder" von Werner Bergmann und Ulrich Sieg erwähnt.[14] Zusätzlich sei auf zwei Überblickswerke der Antisemitismusforschung hingewiesen. Mit seinem kritischen Forschungsüberblick zum Antisemitismus im Deutschen Kaiserreich hat der Historiker Thomas Gräfe der Antisemitismusforschung ein wertvolles Hilfsmittel an die Hand gegeben, das die Theorieangebote typologisiert und kritisch reflektiert.[15] Mit dem von Wolfgang Benz herausgegebenen „Handbuch des Antisemitismus" steht dem Antisemitismusforscher seit ein paar Jahren ein von Experten verfasstes Nachschlagewerk zu Personen, Organisationen, Begriffen, Feindbildern und Theorien zur Verfügung.[16]

Der in diesem Kapitel vorgenommene Forschungsüberblick wendet den Blick zuerst auf den Stand der schweizerischen Antisemitismusforschung im Allgemeinen und fokussiert anschließend auf bestehende Forschungen zum Antisemitismus im schweizerischen Protestantismus und Katholizismus. Für den Themenbereich ‚protestantischer Antisemitismus' werden im Weiteren Publikationen zum deutschen Protestantismus in diesen Literaturüberblick integriert. Auf weitere Literatur der Antisemitismusforschung wird zudem in den theoretischen Überlegungen im zweiten Teil eingegangen.

*Forschungen zum Antisemitismus in der Schweiz*

Was die Schweiz betrifft, in der die Antisemitismusforschung noch keine lange Tradition besitzt, standen im vergangenen Jahrzehnt Aspekte des Nachkriegsantisemitismus im Zentrum großer Forschungsarbeiten. So setzen sich die Dissertationen von Christina Späti und Zsolt Keller mit dem Antizionismus der Schweizerischen Linken respektive der Reaktion des „Schweizerischen Israelitischen Gemeinde-

---

14  Wolfgang Benz/Angelika Königseder (Hrsg.), Judenfeindschaft als Paradigma. Studien zur Vorurteilsforschung, Berlin 2002; Werner Bergmann/Ulrich Sieg (Hrsg.), Antisemitische Geschichtsbilder, Essen 2009.

15  Gräfe, Antisemitismus in Deutschland.

16  Handbuch des Antisemitismus. Judenfeindschaft in Geschichte und Gegenwart, hrsg. von Wolfgang Benz, 8 Bde., Berlin/New York/Boston 2008–2015. Den Länderbeitrag ‚Schweiz' im ersten Band des Handbuches verfasste Georg Kreis. Auf die antisemitische Tradition im schweizerischen Protestantismus ging er in diesem Beitrag nicht ein. (Georg Kreis, Art. ‚Schweiz', in: Handbuch des Antisemitismus. Judenfeindschaft in Geschichte und Gegenwart, hrsg. von Wolfgang Benz, Bd. 1: Länder und Regionen, Berlin/New York 2008, S. 317–323.)

bundes" auf den Antisemitismus in der schweizerischen Nachkriegsgesellschaft auseinander.[17] Mit dem Antisemitismus der Zwischenkriegszeit befasst sich die lokalgeschichtliche Studie von Thomas Metzger, die den Antisemitismus in unterschiedlichen sozialmoralischen Milieus und in radikalen Gruppierungen in der Stadt St. Gallen analysiert.[18] Die Judenfeindschaft in der Schweiz stellt zudem einen Aspekt des Untersuchungsgegenstandes in dem von Werner Bergmann und Ulrich Wyrwa verfassten Überblickswerk zum Antisemitismus in Zentraleuropa vom 18. bis zum 20. Jahrhundert dar. Im Vergleich zu Deutschland und Österreich wird darin der Eidgenossenschaft jedoch nur wenig Platz eingeräumt.[19]

Die meisten Untersuchungen zum Antisemitismus in der Schweiz während des für diese Dissertation relevanten Zeitraumes sind älteren Datums. 1990 erschien als erste große Studie zum 20. Jahrhundert Aaron Kamis-Müllers aufwendig recherchiertes Buch über den schweizerischen Antisemitismus in den Jahren von 1900 bis 1930, in dem er sich vor allem auf judenfeindliche Organisationen, politische Praktiken und Printerzeugnisse konzentrierte. Mit der 1994 publizierten Studie von Jacques Picard zum Umgang der Schweiz mit den Juden in den Jahren von 1933 bis 1945, die auch die antisemitische Praxis der schweizerischen Bundebehörden offenlegte,[20] setzte eine Phase der Erforschung des Antisemitismus in der Schweiz im Zeichen der Aufarbeitung der Vergangenheit ein, die durch die Mitte der 1990er-Jahre beginnende Diskussion um die Rolle der Schweiz im Zweiten Weltkrieg

---

17   Christina Späti, Die schweizerische Linke und Israel. Israelbegeisterung, Antizionismus und Antisemitismus zwischen 1967 und 1991, Essen 2006; Zsolt Keller, Abwehr und Aufklärung. Antisemitismus in der Nachkriegszeit und der Schweizerische Israelitische Gemeindebund, Zürich 2011. Siehe zudem folgenden Überblicksartikel: Christina Späti, Enttabuisierung eines Vorurteils: Antisemitismus in der Schweiz, in: Rensmann/Schoeps (Hrsg.), Antisemitismus in der Europäischen Union, S. 183–215.

18   Thomas Metzger, Antisemitismus in der Stadt St. Gallen 1918–1939, Freiburg i. Ue. 2006.

19   Werner Bergmann/Ulrich Wyrwa, Antisemitismus in Zentraleuropa. Deutschland, Österreich und die Schweiz vom 18. Jahrhundert bis zur Gegenwart, Darmstadt 2011. Dass die auf Sekundärliteratur basierenden Aussagen zur Schweiz knapp ausgefallen sind, ist v. a. auf die lückenhafte Erforschung des Antisemitismus in der Schweiz zurückzuführen. Siehe auch: Thomas Metzger, Rez. zu: Werner Bergmann/Ulrich Wyrwa, Antisemitismus in Zentraleuropa. Deutschland, Österreich und die Schweiz vom 18. Jahrhundert bis zur Gegenwart, in: Schweizerische Zeitschrift für Religions- und Kulturgeschichte 106 (2012), S. 704 f.

20   Jacques Picard, Die Schweiz und die Juden 1933–1945. Schweizerischer Antisemitismus, jüdische Abwehr und internationale Migrations- und Flüchtlingspolitik, 3. Aufl., Zürich 1997. Für eine frühe Studie zum Verhalten der Schweiz angesichts der nationalsozialistischen Judenverfolgungen siehe zudem: Gaston Haas, „Wenn man gewusst hätte, was sich drüben im Reich abspielte …". 1941–1943. Was man in der Schweiz von der Judenvernichtung wusste, 2. Aufl., Basel 1997. Die Forschungsarbeit wurde 1992 in Zürich als Dissertation verfasst.

geprägt war. In diesem Kontext sind der Sammelband von Aram Mattioli[21] mit viel-
fältigen Fallstudien zum Antisemitismus der Schweiz in den Jahren 1848 bis 1960
sowie mehrere Arbeiten zur judenfeindlichen Politik der schweizerischen Behörden, so beispielsweise in der Flüchtlingspolitik, zu sehen.[22] Auch die viel beachtete
kultur- und mentalitätsgeschichtliche Studie zum Antisemitismus im katholischen
Milieu der Schweiz des Historikers Urs Altermatt, der damit seine umfangreichen
Forschungen zum Schweizer Katholizismus um einen wichtigen Aspekt ergänzte,
ist in den Zusammenhang der durch die Vergangenheitsdiskussion veränderte Ge-
schichtswahrnehmung einzuordnen.[23]

Als eigentliche Pionierstudie für den schweizerischen Kontext ist die stark quel-
lenbasierte Arbeit von Friedrich Traugott Külling aus den 1970er-Jahren zu sehen.
Die sich auf eine Presseanalyse stützende Arbeit greift zentrale Aspekte des schwei-

---

21  Aram Mattioli (Hrsg.), Antisemitismus in der Schweiz 1848–1960, Zürich 1998. Beispiele antise-
    mitischen Denkens liefert auch: Aram Mattioli (Hrsg.), Intellektuelle von rechts. Ideologie und
    Politik in der Schweiz 1918, Zürich 1995.

22  Siehe v. a.: Die Schweiz und die Flüchtlinge. Studien und Quellen 22, Bern 1996; Uriel Gast,
    Von der Kontrolle zur Abwehr. Die eidgenössische Fremdenpolizei im Spannungsfeld von Po-
    litik und Wirtschaft 1915–1933, Zürich 1997; Heinz Roschewski, Rothmund und die Juden. Eine
    historische Fallstudie des Antisemitismus in der schweizerischen Flüchtlingspolitik 1933–1957,
    Basel 1997; Patrick Kury, „Man akzeptierte uns nicht, man tolerierte uns!“ Ostjudenmigrati-
    on nach Basel 1890–1930, Basel 1998; Georg Kreis, Die Rückkehr des J-Stempels. Zur Geschich-
    te einer schwierigen Vergangenheitsbewältigung, Zürich 2000; Patrick Kury, Über Fremde Re-
    den. Überfremdungsdiskurs und Ausgrenzung in der Schweiz 1900–1945, Zürich 2003. Siehe
    zudem auch die detaillierte Studie Stefan Mächlers zum Umgang des „Schweizerischen Israeli-
    tischen Gemeindebundes“ mit den nationalsozialistischen Verfolgungen: Stefan Mächler, Hil-
    fe und Ohnmacht, Der Schweizerische Israelitische Gemeindebund und die nationalsozialisti-
    sche Verfolgung 1933–1945, Zürich 2005. Diesbezüglich auch: Hanna Zweig-Strauss, Saly Mayer
    (1882–1950). Ein Retter jüdischen Lebens während des Holocaust, Köln 2007. Im Bereich der ‚of-
    fiziellen Aufarbeitung‘ im Rahmen der Unabhängigen Expertenkommission ist bezüglich der
    antisemitischen Flüchtlingspraxis auf den Band 17 sowie den Schlussbericht zu verweisen: Un-
    abhängige Expertenkommission Schweiz – Zweiter Weltkrieg, Die Schweiz und die Flüchtlinge
    zur Zeit des Nationalsozialismus. Veröffentlichungen der Unabhängigen Expertenkommission
    Schweiz – Zweiter Weltkrieg, Band 17, Überarbeitete und ergänzte Fassung des Zwischenbe-
    richts von 1999, Zürich 2001; Unabhängige Expertenkommission Schweiz – Zweiter Weltkrieg.
    Die Schweiz, der Nationalsozialismus und der Zweite Weltkrieg. Schlussbericht, 2. Aufl., Zü-
    rich 2002. Eine Analyse des schweizerischen Antisemitismus angesichts der Weltkriegsdebatte
    nimmt vor: Wolfgang Benz, Judenfeindschaft aus Abwehr. Aktualität und Traditionen des An-
    tisemitismus in der Schweiz, in: ders., Bilder vom Juden. Studien zum alltäglichen Antisemitis-
    mus, München 2001, S. 96–109.

23  Urs Altermatt, Katholizismus und Antisemitismus. Mentalitäten, Kontinuitäten, Ambivalenzen.
    Zur Kulturgeschichte der Schweiz 1918–1945, Frauenfeld/Stuttgart/Wien 1999.

zerischen Antisemitismus des jungen Bundesstaates auf und beleuchtet beispielsweise ausführlich die späte Emanzipation der Schweizer Juden sowie die antisemitischen Motive hinter dem Schächtverbot von 1893.[24] Eine weitere frühe Publikation ist jene des Schriftstellers Max Schmid, die anhand von Quellendarstellungen impressionistisch Aspekte des schweizerischen Antisemitismus – zum Beispiel im Frontismus – darstellt.[25] Die Forschungen der 1960er- und 1970er-Jahre zu der sich vor allem am deutschen Nationalsozialismus und teilweise auch am italienischen Faschismus orientierenden Frontenbewegung verwiesen zwar auf deren Antisemitismus, ohne diesen jedoch eingehender zu analysieren.[26]

### Protestantischer und katholischer Antisemitismus in der Schweiz

Mit seinen Publikationen zum Antisemitismus im Schweizer Katholizismus stand Urs Altermatt[27] – und hiermit wendet sich dieser Forschungsüberblick dem für diese Dissertation zentralen Bereich der Judenfeindschaft in konfessionellen Gruppen zu – an der Spitze einer ganzen Reihe von Publikationen von Forschern der Universität Freiburg, die antisemitische Haltungen im katholischen Milieu thematisierten.[28] Beiträge zur Erforschung des katholischen Antisemitismus in der Schweiz

24  Külling, Bei uns wie überall? Die Anti-Schächtkampagne wurde später gerade auch von rechtsgeschichtlicher Seite beleuchtet: Pascal Krauthammer, Das Schächtverbot in der Schweiz 1854–2000. Die Schächtfrage zwischen Tierschutz, Politik und Fremdenfeindlichkeit, Zürich 2000; Sibylle Horanyi, Das Schächtverbot zwischen Tierschutz und Religionsfreiheit. Eine Güterabwägung und interdisziplinäre Darstellung von Lösungsansätzen, Basel 2004.

25  Max Schmid, Schalom! Wir werden euch töten. Texte und Dokumente zum Antisemitismus in der Schweiz 1930–1980, Zürich 1979.

26  Siehe vor allem: Peter Gilg/Erich Gruner, Nationale Erneuerungsbewegungen in der Schweiz 1925–1940, in: Vierteljahrshefte für Zeitgeschichte 14 (1966) 1, S. 1–25; Walter Wolf, Faschismus in der Schweiz. Die Geschichte der Frontenbewegungen in der deutschen Schweiz, 1930–1945, Zürich 1969; Beat Glaus, Die Nationale Front. Eine Schweizer faschistische Bewegung 1930–1940, Zürich/Einsiedeln/Köln 1969. Den Antisemitismus des Frontismus ins Zentrum rücken hingegen: Metzger, Antisemitismus in der Stadt St. Gallen, S. 332–416; Thomas Metzger, Structures and Characteristics of Swiss Fascism: The 'Fronten' 1933–1939, in: Franziska Metzger (Hrsg.), Transnational Perspectives on Nationalism – Methodological Approaches and Case Studies, Berlin, im Druck.

27  Es sei hier nur auf die folgenden zwei weiteren Publikationen Urs Altermatts zum Thema verwiesen: Urs Altermatt, Das Koordinatensystem des katholischen Antisemitismus in der Schweiz 1918–1945, in: Mattioli (Hrsg.), Antisemitismus in der Schweiz 1848–1960, S. 465–500; ders., Vom doppelten Antisemitismus der Katholiken in der Zwischenkriegszeit, in: Zeitschrift für Schweizerische Kirchengeschichte 92 (1998), S. 9–18.

28  Siehe Annetta Bundi, Die Schweizerischen Republikanischen Blätter des konservativen Publizisten J. B. Rusch. Eine aufmüpfige Stimme im Schweizer Blätterwald, Freiburg i. Ue. 1999;

steuerte zudem der Journalist und Historiker Josef Lang bei.[29] Während somit der Antisemitismus der Schweizer Katholikinnen und Katholiken seit der zweiten Hälfte der 1990er-Jahre in der Forschung auf Beachtung stieß, sind die antisemitischen Haltungen im Schweizer Protestantismus bislang kaum ein Forschungsthema gewesen. Diese Vernachlässigung trifft sowohl auf die großen Studien zum Antisemitismus in der Schweiz als auch auf die Protestantismusforschung zu. Die detailreiche Forschungsarbeit von Aaron Kamis-Müller liefert nur marginale Hinweise zum Antisemitismus in protestantischen Kreisen.[30] Vereinzelte Anmerkungen zum protestantischen Antisemitismus bieten der Sammelband von Aram Mattioli[31] sowie die Dissertation Zsolt Kellers, die allerdings mit ihrem Forschungsschwerpunkt mehrheitlich außerhalb des Untersuchungszeitraumes dieser Arbeit liegt.[32]

Franziska Metzger, Die „Schildwache". Eine integralistisch-rechtskatholische Zeitung 1912–1945, Freiburg i. Ue. 2000; Simona Sigrist, ‚Das Neue Volk'. Eine integralistisch-fundamentalistische Zeitung 1950–1975, Freiburg i. Ue. 2005. Siehe zudem das Dossier „Katholischer Antisemitismus in der Schweiz 1900–1945" in: Zeitschrift für Schweizerische Kirchengeschichte 92 (1998). Eingehend thematisiert wird der Katholizismus im katholischen Milieu auch in: Metzger, Antisemitismus in der Stadt St. Gallen, S. 116–217. Zu verweisen ist zudem auf zwei unveröffentlichte Lizentiatsarbeiten: Nicolas Haymoz, Die alte „Neue Mitte". Eine doppelte Abwehrfront gegen Sozialismus und Liberalismus. Die Wochenzeitung „Das Aufgebot" und die gleichnamige Bewegung unter der Federführung von Jacob Lorenz (1933–1946), unveröffentlichte Lizentiatsarbeit Universität Freiburg i. Ue. 1999; Ursula Huber, „Schlechtestes Menschenmaterial". Judenfeindliche Stereotype in den katholischen Zeitschriften „Sonntag", „Woche im Bild" und „katholische Familie" zwischen 1920 und 1945, unveröffentlichte Lizentiatsarbeit Universität Freiburg i. Ue. 1999.

29  Siehe v. a.: Josef Lang, Der Widerstand gegen die Judenemanzipation in der Zentralschweiz 1862–1866, in: Mattioli (Hrsg.), Antisemitismus in der Schweiz 1848–1960, S. 193–212; Josef Lang, Ultramontanismus und Antisemitismus in der Urschweiz – oder: Der Kampf gegen die Säkularisierung von Staat und Gesellschaft (1858–1878), in: Olaf Blaschke/Aram Mattioli (Hrsg.), Katholischer Antisemitismus im 19. Jahrhundert. Ursachen und Traditionen im internationalen Vergleich, Zürich 2000, S. 337–372. Des Weiteren zum Antisemitismus im schweizerischen Katholizismus: Markus Ries, Katholischer Antisemitismus in der Schweiz, in: Mattioli (Hrsg.), Antisemitismus in der Schweiz 1848–1960, S. 45–57.

30  Aaron Kamis-Müller, Antisemitismus in der Schweiz 1900–1930, 2. Aufl., Zürich 2000. Von der großen Anzahl Periodika, die Aaron Kamis-Müller für seine Recherchen berücksichtigte, war nur eine Minderheit konfessionell geprägt, und in dieser Kategorie dominieren katholisch-konservativ ausgerichtete Organe.

31  Hierbei ist auf den Beitrag des Theologen Ekkehard W. Stegemann über den Theologen Wilhelm Vischer, der sich wiederholt zur sogenannten Judenfrage vernehmen ließ, zu verweisen: Ekkehard W. Stegemann, Vom Unverständnis eines Wohlmeinenden. Der reformierte Theologe Wilhelm Vischer und sein Verhältnis zum Judentum während der Zeit des Nationalsozialismus, in: Mattioli (Hrsg.), Antisemitismus in der Schweiz 1848–1960, S. 501–519.

32  Keller, Abwehr und Aufklärung, v. a. S. 195–222.

Auch der Autor der vorliegenden Dissertation hat in seiner Studie zum Antisemitismus in der Stadt St. Gallen den protestantischen Antisemitismus nur am Rande behandelt.[33] Von den großen Antisemitismusstudien deutlich am meisten Anknüpfungspunkte für die Recherchen zum Antisemitismus im Deutschschweizer Protestantismus liefert Friedrich Traugott Küllings Studie zur Judenfeindschaft in der Schweiz zwischen 1866 und 1900. Külling integrierte auch katholisch und protestantisch geprägte Zeitungen in seine umfangreiche Analyse der politischen Presse und geht etwa auf antisemitische Äußerungen im Zusammenhang mit dem Kulturkampf der 1870er-Jahre ein.[34]

Wenngleich der Antisemitismus als Untersuchungsgegenstand in der schweizerischen Protestantismusforschung bislang kaum Beachtung fand, wurde er vor allem in Forschungen zur protestantischen Flüchtlingshilfe in den Jahren von 1933 und 1945 – oft allerdings nur beiläufig – thematisiert. Wie auch in der schweizerischen Antisemitismusforschung, so wirkte auch für diesen Bereich der Protestantismusforschung, die sich primär mit den Institutionen und personellen Netzwerken der Flüchtlingshilfe auseinandersetzt, die Diskussion um die Rolle der Schweiz im Zweiten Weltkrieg stimulierend. Es entstanden in den vergangenen Jahren mehrere Bücher zur Haltung kantonaler Kirchen gegenüber dem deutschen Kirchenkampf sowie jenen Menschen, die vor dem Nationalsozialismus flohen. Diese Studien wenden sich in sehr unterschiedlichem Ausmaß auch antisemitischen Tendenzen in der protestantischen Kirche zu.[35] Das zentrale Werk über die protestantische Flücht-

---

33  Metzger, Antisemitismus in der Stadt St. Gallen, v. a. S. 239–243; S. 268–278. In diesem Buch wurden vergleichend das katholisch-konservative, sozialdemokratische und liberale Sozialmilieu St. Gallens behandelt. Bezüglich der Protestanten wurde nicht von einem Sozialmilieu gesprochen, zum einen, da der Protestantismus fragmentiert war, und zum anderen, da er keine konfessionsspezifischen politischen Ambitionen hegte und primär dem politischen Freisinn nahe stand.

34  Bezüglich des Kulturkampfes siehe: Külling, Bei uns wie überall?, S. 189–205. So thematisiert Külling mehrfach die Judenfeindschaft der protestantisch-konservativ geprägten Tageszeitungen „Berner Volkszeitung" und „Allgemeine Schweizer Zeitung". Einzelne Aspekte des protestantischen Antisemitismus beleuchtet auch Eva Düblin-Honegger in ihrer Lizentiatsarbeit über die Darstellung von Juden in schweizerischen Kalendern im 19. Jahrhundert, in der sie auch protestantische Hauskalender untersuchte: Eva Düblin-Honegger, Die Darstellung der Juden in den schweizerischen Kalendern des 19. Jahrhunderts, unveröffentlichte Lizentiatsarbeit Universität Basel 1974.

35  Eingehender befasst sich Nathalie Narbel mit der Thematik und verweist beispielsweise auf die Existenz rechtsextremer Pfarrer in der Waadt: Nathalie Narbel, Un ouragan de prudence. Les Eglises protestantes vaudoises et les réfugiés victimes du nazisme (1933–1949), Genf 2003. Siehe außerdem: Claude Cantini, L'Eglise nationale vaudoise et le fascisme (épisodes et prolongements), Forel-Lavaux 1985. Auch Marianne Jehle-Wildberger kommt in ihrer Untersuchung zur St. Galler Kirche mehrfach auf die Präsenz von Antisemitismus zu sprechen: Marianne Jehle-

lingshilfe und die Haltung des schweizerischen Protestantismus gegenüber der offiziellen Flüchtlingspolitik der Eidgenossenschaft stellt jedoch die sehr aufwendig
recherchierte kirchengeschichtliche Dissertation von Hermann Kocher dar.[36] Der
Autor verweist wiederholt auf antisemitische Einstellungen und Vorbehalte in den
kirchlichen Organen und den unterschiedlichen theologisch-kirchenpolitischen
Richtungen gegenüber dem Judentum als solchem und jüdischen Flüchtlingen im
Speziellen. Hinweisreich ist das Buch von Ursula Käser-Leisibach zur Haltung der
katholischen und protestantischen Kirchen der Schweiz zum Nationalsozialismus.
In diesem kommt sie unter anderem zum Schluss, dass der nationalsozialistische
Antisemitismus mit „dogmatischem Antijudaismus" bekämpft worden sei.[37] Peter
Aernes Dissertation schließlich geht in seiner Darstellung zu den Konfrontationen zwischen unterschiedlichen theologischen Richtungen im Schweizer Protestantismus zwischen 1920 und 1950 nebenbei auch auf den Antisemitismus der politisch weit rechts stehenden konservativ-protestantischen Jungreformierten sowie
die Haltung der religiös-sozialen Bewegung zur Judenfeindschaft ein.[38]

Abgesehen vom Zeitraum von 1933 bis 1945, für den aufgrund der kritischen
Aufarbeitung der Aktivitäten der protestantischen Kirche in der Flüchtlingshilfe
auch Erkenntnisse zu antisemitischen Haltungen im Deutschschweizer Protestantismus generiert wurden, muss bezüglich des in dieser Dissertation ebenfalls zu

Wildberger, Das Gewissen sprechen lassen. Die Haltung der St. Galler Kirche zu Kirchenkampf
und Flüchtlingsnot 1933–1945, Zürich 2001. Weniger Raum findet das Thema in den Untersuchungen zu den Kantonen Schaffhausen und Aargau: Walter Wolf, Eine namenlose Not bittet
um Einlass. Schaffhauser reformierte Kirche im Spannungsfeld 1933–1945, Schaffhausen 1997;
Alexandra Binnenkade, Sturmzeit. Die Evangelisch-Reformierte Landeskirche des Kantons Aargau zwischen 1933 und 1948, Baden 1999.

36   Kocher, Rationierte Menschlichkeit. Von Hermann Kocher siehe zudem: Hermann Kocher, „Wir
sind alle schuldig geworden"!? Überlegungen zur Flüchtlings-Arbeit des schweizerischen Protestantismus in den Jahren 1933 bis 1948, in: Schweizerische Zeitschrift für Religions- und Kulturgeschichte 99 (2005), S. 349–368. Ein sehr früher Beitrag zudem: Hermann Kocher, Schweizerischer Protestantismus und jüdische Flüchtlingsnot nach 1933: Traditionen und Neuaufbrüche,
in: J 42 (1986) 1, S. 28–40.

37   Ursula Käser-Leisibach, Die Begnadeten Sünder. Stimmen aus den Schweizer Kirchen zum Nationalsozialismus 1933–1942, Winterthur 1994, v. a. S. 112–124; Zitat S. 112. Für den Protestantismus
analysierte Käser-Leisibach primär Einzelschriften, die Meldungen des „Evangelischen Pressedienstes" sowie des „Reformierten Kirchenblattes", das der dialektischen Theologie nahestand.

38   Peter Aerne, Religiöse Sozialisten, Jungreformierte und Feldprediger. Konfrontationen im
Schweizer Protestantismus 1920–1950, Zürich 2006. Peter Aerne ist zudem Spezialist für den von
judenfeindlichen Topoi geprägten sogenannten Weihnachtsbrief (1942) des „Schweizerischen
Evangelischen Hilfswerks für die Bekennende Kirche in Deutschland": Peter Aerne, „Wehe der
Christenheit …, Wehe der Judenschaft …". Der Weihnachtsbrief an die Juden in der Schweiz von
1942, 2 Teile, in: J 58 (2002) 4/59 (2003) 1, S. 234–260/S. 24–48.

analysierenden Zeitraums der sechs Jahrzehnte vor 1933 also von einer fast völligen Vernachlässigung des Aspekts Antisemitismus in der schweizerischen Protestantismusforschung gesprochen werden. Eine Ausnahme bilden einzig Forschungen von Sara Janner zum judenmissionarischen „Verein der Freunde Israels". In ihrer sehr informativen Dissertation zur Funktion von Religion und Kirchlichkeit in Politik und Selbstverständnis des konservativen alten Bürgertums in der Stadt Basel des 19. Jahrhunderts, in der sie den Missionsverein als zentrales Beispiel analysiert, nimmt sie jedoch nur in sehr beschränktem Ausmaß auch eine Charakterisierung der oft stark judenfeindlichen Positionen der „Freunde Israels" vor.[39]

## Antisemitismus und Konfession in Deutschland

Wichtigere theoretische und inhaltliche Orientierungspunkte als die bereits existierenden, doch sehr limitierten Forschungsergebnisse zum Antisemitismus im schweizerischen Protestantismus bieten Studien zur Judenfeindschaft im deutschen Protestantismus.[40] In erster Linie ist hierbei die mentalitätsgeschichtlich ausgerichtete Studie Wolfgang E. Heinrichs zu nennen.[41] Er vertritt die These, dass im Protestantismus des Deutschen Kaiserreiches ein Spektrum von ‚Judenbildern' bestanden habe, das nicht nur die antisemitische Verunglimpfung der Juden, sondern auch

39 Sara Janner, Zwischen Machtanspruch und Autoritätsverlust. Zur Funktion von Religion und Kirchlichkeit in Politik und Selbstverständnis des konservativen alten Bürgertums im Basel des 19. Jahrhunderts, Basel 2012. Stärker betont sie die antisemitischen Aspekte in: Sara Janner, Friedrich Heman und die Anfänge des Zionismus in Basel. „Oh, wenn ich Missionar sein könnte, möchte ich Missionar des Zionismus sein", in: J 53 (1997), S. 85–96. Mit Bezug auf Basel ist zudem auf die Forschungen Urs Hofmanns zur Stoecker-Rezeption in der Stadt am Rheinknie zu verweisen: Hofmann, Adolf Stoecker in Basel; Hofmann, Antisemitismus in Basel. Einzelne Aspekte der vom „Verein der Freunde Israels" vertretenen stark antisemitischen Positionen thematisierte der Autor bereits in zwei Aufsätzen: Thomas Metzger, Vereinnahmende Inklusion. Heilsgeschichtliche Projizierungen des Vereins der Freunde Israels auf die Juden, in: David Luginbühl/Franziska Metzger/Thomas Metzger/Elke Pahud de Mortanges/Martina Sochin (Hrsg.), Religiöse Grenzziehungen im öffentlichen Raum. Mechanismen und Strategien von Inklusion und Exklusion im 19. und 20. Jahrhundert, Stuttgart 2012, S. 295–313; ders., Zwischen heilsgeschichtlichen Erwartungen und Judenfeindschaft: Der judenmissionarische „Verein der Freunde Israels" 1870 bis 1945, in: Schweizerische Zeitschrift für Religions- und Kulturgeschichte 104 (2010), S. 335–363.

40 Kritische Literaturüberblicke zum Forschungsstand bezüglich des Antisemitismus in Protestantismus und Katholizismus in Deutschland: Gräfe, Antisemitismus in Deutschland; Nowak, Protestantismus und Judentum.

41 Wolfgang E. Heinrichs, Das Judenbild im Protestantismus des Deutschen Kaiserreichs. Ein Beitrag zur Mentalitätsgeschichte des deutschen Bürgertums in der Krise der Moderne, 2. Aufl., Gießen 2004. Siehe zudem auch: ders., Die Haltung des Protestantismus gegenüber den Juden, in: Monatshefte für evangelische Kirchengeschichte des Rheinlandes 52 (2003), S. 133–157.

positive heilsgeschichtliche Erwartungszuschreibungen ihnen gegenüber umfasst habe, und nimmt in seiner umfangreichen Studie eine nach verschiedenen theologischen Richtungen gesonderte Analyse vor. Informativ sind zudem Heinrichs Forschungen zum judenfeindlich geprägten ‚Judenbild' der Judenmission, wobei diesbezüglich ebenfalls auf die Beiträge des Kirchenhistorikers Jochen-Christoph Kaiser zu verweisen ist.[42] Ausgeklammert bleibt bei Heinrichs jedoch das ‚Judenbild' der sogenannten Religiös-Sozialen.[43] Auf einer schmaleren und weniger systematisch analysierten Quellenbasis beruhen die beiden älteren Studien von Wolfgang Altgeld und Uriel Tal, die sowohl den Antisemitismus des Protestantismus als auch jenen des Katholizismus im Deutschen Kaiserreich untersuchten.[44]

In konfessionsvergleichender Hinsicht sind zudem die Forschungen von Helmut Walser Smith zu erwähnen.[45] Auch wenn Vergleiche zwischen dem Antisemitismus im schweizerischen Protestantismus und Katholizismus nicht Thema dieses Buches sind, stellt, neben den Resultaten von Urs Altermatt zum Katholizismus der Schweiz der Jahre 1918 bis 1945, auch die Dissertation Olaf Blaschkes zum Katholizismus des Deutschen Kaiserreiches einen interessanten Referenzpunkt dar.[46] Für einen Teilbereich der Dissertation waren auch die umfangreichen Untersuchungen zu Hofprediger Adolf Stoecker als vielbeachtetem Exponenten des Antisemitismus konservativ-protestantischer Couleur nützlich.[47] Einblicke primär in den Antisemitismus des einem liberalen Theologieverständnis folgenden Kulturprotestantismus

---

42    Siehe Wolfgang E. Heinrichs, Das Bild vom Juden in der protestantischen Judenmission des Deutschen Kaiserreichs, in: Zeitschrift für Religions- und Geistesgeschichte 44 (1992) 3, S. 195–220; Jochen-Christoph Kaiser, Evangelische Judenmission im Dritten Reich, in: Jochen-Christoph Kaiser/Martin Greschat (Hrsg.), Der Holocaust und die Protestanten. Analysen einer Verstrickung, Frankfurt a. M. 1988, S. 186–215; Jochen-Christoph Kaiser, Der deutsche Protestantismus und die „Mission unter Israel" zwischen Weltkrieg und „NS-Machtergreifung", in: Kurt Nowak/Gérard Raulet (Hrsg.), Protestantismus und Antisemitismus in der Weimarer Republik, Frankfurt a. M./New York 1994, S. 199–217. Auf weitere Angaben zu Untersuchungen über die Judenmission, die die antisemitischen Konzeptionen dieser Organisationen berühren, wird an dieser Stelle verzichtet. Sie wird in den Teilen III bis VII verschiedentlich Thema sein.

43    Für kritische Reflexionen zu Heinrichs Studie siehe Kapitel 4 in Teil II.

44    Wolfgang Altgeld, Katholizismus, Protestantismus, Judentum. Über religiös begründete Gegensätze und nationalreligiöse Ideen in der Geschichte des deutschen Nationalismus, Mainz 1992; Uriel Tal, Christians and Jews in Germany. Religion, Politics, and Ideology in the Second Reich, 1870–1914, London 1975.

45    Siehe etwa folgende Regionalstudie: Helmut Walser Smith, Alltag und politischer Antisemitismus in Baden 1890–1900, in: Zeitschrift für die Geschichte des Oberrheins 141 (1993), S. 280–303. Siehe zudem den Sammelband: Helmut Walser Smith (Hrsg.), Protestants, Catholics and Jews in Germany, 1800–1914, Oxford/New York 2001.

46    Olaf Blaschke, Katholizismus und Antisemitismus im Deutschen Kaiserreich, Göttingen 1999.

47    Siehe Anmerkung 4 in diesem Teil.

im Deutschland des 19. Jahrhunderts bietet die innovative Arbeit des Historikers Uffa Jensen.[48] Bezüglich des protestantischen Antisemitismus nach dem Ersten Weltkrieg und während der Zeit des Nationalsozialismus sei hier vor allem auf zwei hilfreiche Sammelbände von Kurt Nowak und Gérard Raulet sowie von Jochen-Christoph Kaiser und Martin Greschat verwiesen, welche die Positionierung unterschiedlicher theologischer Strömungen im Zeichen des sich radikalisierenden Antisemitismus thematisieren.[49]

## 3 Der Deutschschweizer Protestantismus im Zeichen theologischer Richtungsgegensätze

Um die Gruppenstrukturen, theologischen Konfliktlinien und Transformationen im Deutschschweizer Protestantismus zu ermitteln, ist es essentiell, dessen Merkmale im 19. Jahrhundert und in der ersten Hälfte des 20. Jahrhunderts herauszuarbeiten. Diese sind bedeutsam, um die Fragestellung der Dissertation zu differenzieren. Zugleich bilden sie auch einen wichtigen kontextuellen Rahmen für die Analyse des protestantischen Antisemitismus in den empirischen Teilen dieser Forschungsarbeit.

Über den gesamten Untersuchungszeitraum von 1870 bis 1950 hinweg war der Deutschschweizer Protestantismus geprägt durch seine Untergliederung in verschiedene theologische und kirchenpolitische Parteien, die sich insbesondere durch die Polarisierung zwischen protestantischem Konservatismus und Liberalismus auszeichnete. So bildete sich im 19. Jahrhundert ein rigides Richtungswesen heraus, das den Protestantismus in der Deutschschweiz bis weit ins 20. Jahrhundert charakterisierte und ihn organisatorisch und publizistisch prägte.[50] Der protestan-

---

48  Uffa Jensen, Gebildete Doppelgänger. Bürgerliche Juden und Protestanten im 19. Jahrhundert, Göttingen 2005. Jensens Arbeit, die in der Darstellung der Zunahme antisemitischer Positionen im Zuge des durch judenfeindliche Äußerungen des Historikers Heinrich von Treitschkes ausgelösten sogenannten Berliner Antisemitismusstreits um die ‚Judenfrage' kulminiert, klammert jedoch die Positionen anderer theologischer Strömungen weitgehend aus.

49  Nowak/Raulet (Hrsg.), Protestantismus und Antisemitismus; Kaiser/Greschat (Hrsg.), Der Holocaust und die Protestanten. Ebenfalls zu dieser Thematik: Werner Jochmann, Antijüdische Traditionen im deutschen Protestantismus und nationalsozialistische Judenverfolgung, in: Werner Jochmann, Gesellschaftskrise und Judenfeindschaft in Deutschland 1870–1945, 2. Aufl., Hamburg 1991, S. 265–281.

50  Für das protestantische Richtungswesen siehe: Aerne, Religiöse Sozialisten, S. 27–75; Paul Schweizer, Freisinnig – Positiv – Religiössozial. Ein Beitrag zur Geschichte der Richtungen im Schweizerischen Protestantismus, Zürich 1972; Rudolf Gebhard, Umstrittene Bekenntnisfreiheit. Der Apostolikumsstreit in den Reformierten Kirchen der Deutschschweiz im 19. Jahr-

tische Liberalismus gelangte hierbei vor dem Hintergrund der durch den politischen Freisinn geprägten politischen Umgestaltung der Eidgenossenschaft in eine Mehrheitssituation gegenüber dem konservativen, sogenannten positiven Protestantismus. Diese Mehrheitsverhältnisse kamen erst mit der starken Ausbreitung der dialektischen Theologie der Kreise um Karl Barth und Emil Brunner ab den 1920er-Jahren zunehmend ins Wanken. Im Folgenden sollen die Hauptmerkmale des protestantischen Richtungswesens in ihrer zeitlichen Entwicklung überblicksartig nachgezeichnet werden.

*Anfänge des Richtungswesens*

Im Anschluss an die Reformation hatte sich der Protestantismus in Form einer strengen Orthodoxie präsentiert, die im 18. Jahrhundert auf der einen Seite von aufklärerischem Gedankengut und auf der anderen Seite von dem ebenfalls stärker auf das Individuum fokussierten Pietismus aufgeweicht wurde. Ab der Jahrhundertwende von 1800 standen sich schließlich mit der rationalistischen Theologie und der supranaturalistischen Theologie zwei Lehrsysteme gegenüber, die in ihrer Opposition zueinander die Frontstellungen des Richtungswesens vorzeichneten.[51] Die sich in der ersten Hälfte des 19. Jahrhunderts in der Deutschschweiz auszubreiten beginnende liberale Theologie – im schweizerischen Kontext häufig auch ,freisinnige

hundert, Zürich 2003; Arnd Wiedmann, Imperialismus – Militarismus – Sozialismus. Der deutschschweizerische Protestantismus in seinen Zeitschriften und die großen Fragen der Zeit 1900–1930, Bern et al. 1995, S. 15–47; Christine Nöthiger-Strahm, Der deutsch-schweizerische Protestantismus und der Landesstreik von 1918. Die Auseinandersetzung der Kirche mit der sozialen Frage zu Beginn des 20. Jahrhunderts, Bern/Frankfurt a. M./Las Vegas 1981, S. 69–109. Siehe ebenfalls: Lukas Vischer/Lukas Schenker/Rudolf Dellsperger (Hrsg.), Ökumenische Kirchengeschichte der Schweiz, Freiburg i. Ue./Basel 1994, S. 218–240; Rudolf Pfister, Kirchengeschichte der Schweiz, Bd. 3: Von 1720 bis 1950, Zürich 1985, S. 260–268. Alte Darstellungen des Richtungsgegensatzes mit Quellencharakter, auf die in der heutigen Literatur zur Thematik noch immer verwiesen wird: Georg Finsler, Geschichte der theologisch-kirchlichen Entwicklung in der deutsch-reformierten Schweiz seit den dreißiger Jahren, Zürich 1881; Wilhelm Hadorn, Kirchengeschichte der reformierten Schweiz, Zürich 1907, S. 247–319; Walter Nigg, Geschichte des religiösen Liberalismus. Entstehung – Blütezeit – Ausklang, Zürich/Leipzig 1937, S. 141–320.

51   Zur Theologiegeschichte des 16. und 17. Jahrhunderts überblicksartig: Vischer/Schenker/Dellsperger, Ökumenische Kirchengeschichte der Schweiz; Rudolf Pfister, Kirchengeschichte der Schweiz, Bd. 2: Von der Reformation bis zum Zweiten Villmerger Krieg, Zürich 1974. Mit besonderem Fokus auf die Vorgeschichte des Richtungswesens: Schweizer, Freisinnig – Positiv – Religiössozial, S. 13–23. Zum Pietismus in der Schweiz zudem: Rudolf Dellsperger, Der Pietismus in der Schweiz, in: Martin Brecht/Klaus Deppermann (Hrsg.), Geschichte des Pietismus, Bd. 2: Der Pietismus im achtzehnten Jahrhundert, Göttingen 1995, S. 588–616.

Theologie' genannt – erfuhr in der Folge wichtige Anregungen durch die von den Theologen und Philosophen Friedrich Schleiermacher und Georg Wilhelm Friedrich Hegel beeinflusste spekulative Theologie sowie die durch ihre historisch-kritische Methode gekennzeichnete historische Theologie Ferdinand Christian Baurs.[52]

Ab den 1830er-Jahren begann die liberale Theologie schrittweise an Einfluss in der Pfarrerschaft und den theologischen Fakultäten der sich in der Schweiz bildenden modernen Universitäten zu gewinnen.[53] Die 1839 durch den liberalen Erziehungsrat angestrebte, aber gescheiterte Berufung des aufgrund seiner historisch-kritischen Leben-Jesu-Forschung berühmt gewordenen, jedoch umstrittenen Theologen David Friedrich Strauss an die Universität Zürich, die zum offenen Konflikt zwischen politischem Konservatismus und Liberalismus und schließlich zum Sturz der liberalen Kantonsregierung führte, vermochte den Trend nur lokal zu verzögern.[54] Die zeitlichen Parallelen zum Vordringen des politischen Liberalismus in der Eidgenossenschaft und der Demokratisierung des Staatswesens sind augenfällig. Diese Prozesse schufen Raum für einen theologischen Pluralismus. Zugleich begannen die Kantonalkirchen – verstärkt nach der Gründung des modernen Schweizerischen Bundesstaates 1848 – sich an die demokratischen Strukturen des Staates anzupassen und das Prinzip von Legislative und Exekutive zu übernehmen.[55] Die Synoden wurden denn auch zu Orten intensiver Diskussionen über Theologie sowie das Verhältnis von Kirche und Staat und förderten die Etablierung der theologischen Richtungen auch als kirchenpolitische Parteien.

Eine erste konservative Gegenbewegung zur vordringenden liberalen Theologie stellte die Gründung verschiedener „Evangelischer Gesellschaften" in der Deutsch-

---

52  Diese Entwicklung zeichnen genauer nach: Wiedmann, Imperialismus – Militarismus – Sozialismus, S. 16–21. Mit Fokus auf Zürich zudem: Schweizer, Freisinnig – Positiv – Religiössozial, S. 18–24. Zum Einfluss von Ferdinand Christian Baurs Theologieverständnis, das den Fokus auf die Kirchen- und Dogmengeschichte legte, auf Deutschschweizer Theologen siehe zudem: Thomas K. Kuhn, Theologischer Transfer. Die Baur-Schule und die schweizerische Theologie im 19. Jahrhundert, in: Blätter für württembergische Kirchengeschichte 105 (2005), S. 31–50.

53  Die Situation an den Universitäten führte etwa dazu, dass 1836 in Basel der konservativ-protestantische Trägerverein „Verein für christlich-theologische Wissenschaft und christliches Leben" eine Stiftungsprofessur für eine biblizistisch ausgerichtete Theologie schuf. Ab 1871 finanzierte der Verein einen weiteren Lehrstuhl. Siehe: Janner, Zwischen Machtanspruch und Autoritätsverlust, S. 260 f., S. 482.

54  Zum sogenannten Straussenhandel und zum ‚Züriputsch' siehe: Emil Zopfi, Zürichs „Heiliger Krieg" von 1839, in: Reformatio 55 (2006) 2, S. 98–107. Für die theologischen Aspekte zudem: Schweizer, Freisinnig – Positiv – Religiössozial, S. 25–32; Wiedmann, Imperialismus – Militarismus – Sozialismus, S. 24 f.

55  Die Demokratisierung der Landeskirchen setzte primär nach 1848 im Zuge der neuen kantonalen Kirchengesetzgebungen ein. Siehe: Aerne, Religiöse Sozialisten, S. 27; Gäbler, Art. ‚Schweiz', S. 705.

schweiz dar. Beeinflusst von der Westschweizer Erweckungsbewegung, dem Réveil, sowie vom Pietismus, standen sie in schroffem Gegensatz zum kirchlichen Liberalismus. Als Erstes formierte sich in der Deutschschweiz 1831 in Bern eine „Evangelische Gesellschaft", gefolgt von Gründungen 1835 in Zürich, 1859 in Basel oder 1864 in St. Gallen.[56] Meist innerhalb der Landeskirchen verbleibend, zeichneten sich diese Gemeinschaften durch ein starkes Engagement in der inneren und äußeren Mission aus.

Eine wichtige Phase durchlief der Richtungsgegensatz im Deutschschweizer Protestantismus schließlich in den 1840er-Jahren, führte er doch zu ersten Zeitschriftengründungen, welche die theologischen und kirchenpolitischen Überzeugungen der Liberalen, der als ‚Positive' bezeichneten Konservativen sowie der Mittepartei der sogenannten Vermittler, die sich nun klar als Richtungsparteien zu formieren begannen, vertraten. Auf liberaler Seite kam Alois Emanuel Biedermann eine zentrale Rolle zu. Der Anhänger der Philosophie Hegels wurde 1850 Professor an der Theologischen Fakultät der Universität Zürich. Mit seiner 1844 veröffentlichten Schrift „Die freie Theologie oder Philosophie und Christentum in Streit und Frieden" sowie durch seine später verfasste Dogmatik wurde er außerordentlich wichtig für den theologischen Liberalismus in der Schweiz.[57] Biedermann, für den Theologie der Wissenschaft der Religion gleichkam,[58] gab zusammen mit David Fries von 1844 bis 1850 in Zürich die junghegelianische Monatszeitschrift „Kirche der Gegenwart" heraus, in der er seine stark vom Fortschrittsdenken geprägten Ansichten publizierte.[59]

---

56 Zur Geschichte der „Evangelischen Gesellschaften", die sich der 1846 in London ins Leben gerufenen „Evangelischen Allianz" verbunden fühlten, siehe: Pfister, Kirchengeschichte der Schweiz, Bd. 3, S. 188–198; Lorenz Lutz, Art. ‚Die evangelischen Gesellschaften der Schweiz', in: Handbuch der reformierten Schweiz, hrsg. vom Schweizerischen Protestantischen Volksbund, Zürich 1962, S. 473–476; Rudolf Dellsperger/Markus Nägeli/Hansueli Ramser (Hrsg.), Auf dein Wort. Beiträge zur Geschichte und Theologie der Evangelischen Gesellschaft des Kantons Bern im 19. Jahrhundert. Zum 150jährigen Bestehen der Evangelischen Gesellschaft, Bern 1981; Helmut Meyer/Bernhard Schneider, Mission und Diakonie. Die Geschichte der Evangelischen Gesellschaft des Kantons Zürich, Zürich 2011.

57 Alois Emanuel Biedermann, Die freie Theologie oder Philosophie und Christenthum in Streit und Frieden, Tübingen 1844; Alois Emanuel Biedermann, Christliche Dogmatik, Zürich 1869. Die außerordentliche Bedeutung Biedermanns für die liberale Theologie in der Deutschschweiz betonen etwa: Pfister, Kirchengeschichte der Schweiz, Bd. 3, S. 262; Schweizer, Freisinnig – Positiv – Religiössozial, S. 41–58; S. 181–210. Wiedmann, Imperialismus – Militarismus – Sozialismus, S. 25 f. Zu Biedermann und seiner Theologie zudem: Rudolf Dellsperger, Alois Emanuel Biedermann (1819–1885) – Freie Theologie, in: Stephan Leimgruber/Max Schoch, Gegen die Gottvergessenheit. Schweizer Theologen im 19. und 20. Jahrhundert, Basel/Freiburg i. Ue./Wien 1990, S. 84–103.

58 Wiedmann, Imperialismus – Militarismus – Sozialismus, S. 25.

59 Siehe: Gebhard, Umstrittene Bekenntnisfreiheit, S. 32–36.

Zu Biedermanns theologischem Gegenspieler in Zürich wurde der Theologieprofessor Johann Heinrich Ebrard, der – bewusst Bezug nehmend auf das Publikationsorgan des liberalen Fachkollegen – von 1845 bis 1847 die konservativ-protestantische Zeitschrift „Zukunft der Kirche" herausgab.[60] Den Reigen dieser ersten Gründungswelle richtungsspezifischer Organe schloss der Basler Professor für Kirchengeschichte, Karl Rudolf Hagenbach, ab, der über Jahrzehnte das Aushängeschild der vermittelnden Partei in den Richtungsstreitigkeiten war. Seit 1845 gab er das „Kirchenblatt für die reformierte Schweiz" heraus, das er bis 1868 redigierte.[61]

Welches waren die zentralen theologischen Konfliktbereiche, die dem rigiden Richtungsdenken zugrunde lagen? Als eigentliches Symbol der Auseinandersetzung ist der Streit um die von liberaler Seite geforderte Aufhebung des Bekenntniszwanges zu betrachten. Das Festhalten am apostolischen Glaubensbekenntnis, dem sogenannten Apostolikum,[62] widersprach in den Augen der Liberalen dem von ihnen vertretenen Prinzip der Lehrfreiheit, zumal sie die im Apostolikum enthaltenen Glaubenssätze als nicht mit dem modernen Wissen vereinbar hielten. Ab den 1840er-Jahren geriet das Glaubensbekenntnis in den kantonalkirchlichen Synoden zunehmend unter Druck. Das Erstarken des theologischen Liberalismus führte dazu, dass bis Ende der 1870er-Jahre fast alle Landeskirchen in der Deutschschweiz den Bekenntniszwang aufgehoben hatten.[63] Entsprechend selbstbewusst konstatierte der liberale Ostschweizer Pfarrer Willy Wuhrmann in seiner Geschichte des freien Christentums in der Schweiz: „Es wird für alle Zeiten ein Ruhmesblatt der Reform bleiben, diese freiheitlichen Zustände in den schweizerischen Kirchen erkämpft zu haben."[64] Auch im Deutschen Kaiserreich – insbesondere in Preußen – tobte der innerprotestantische Konflikt um die Beibehaltung des Bekenntniszwanges

---

60 Siehe zu Ebrard: Gebhard, Umstrittene Bekenntnisfreiheit, S. 36–39; Schweizer, Freisinnig – Positiv – Religiössozial, S. 59–68. Zu den Auseinandersetzungen zwischen Ebrard und Biedermann siehe auch ausführlich: Finsler, Geschichte der theologisch-kirchlichen Entwicklung, S. 7–25. Ebrard, der ein scharfer Kritiker von David Friedrich Strauss war, war von der nach dem ‚Züriputsch' von den Konservativen gestellten Regierung des Kantons Zürich zum Professor berufen worden, verließ aber die Universität bereits 1847 wieder, da er einem Ruf an die Universität Erlangen folgte. Zu Ebrard siehe zudem: Niklaus Peter, Art. ‚Ebrard, Johann Heinrich August', in: Historisches Lexikon der Schweiz, http://www.hls-dhs-dss.ch/textes/d/D10583.php, 26. 9. 2013.

61 Siehe zur Bedeutung Hagenbachs und zum Publikationsorgan: Gebhard, Umstrittene Bekenntnisfreiheit, S. 39–42. Von 1836 bis 1840 war bereits von Seiten der „Vermittler" die „Neue Kirchen-Zeitung für die reformirte Schweiz" erschienen, an der Hagenbach mitgearbeitet hatte.

62 Der Name nimmt Bezug auf die Apostel, die das Glaubensbekenntnis verfasst haben sollen. (Nigg, Geschichte des religiösen Liberalismus, S. 279).

63 Siehe für diese Entwicklung: Gebhard, Umstrittene Bekenntnisfreiheit.

64 Willy Wuhrmann, Das freie Christentum in der Schweiz. Festschrift zum 50jährig. Jubiläum des Schweiz. Vereins für freies Christentum, Zürich 1921, S. 66.

heftig. Da sich in Deutschland der theologische Liberalismus im Gegensatz zur Deutschschweiz nicht durchzusetzen vermochte, fiel auch die Verpflichtung auf ein bindendes Glaubensbekenntnis nicht.[65]

Ein weiterer zentraler Gegensatz zwischen der positiven und der liberalen Theologie tat sich im Gottesverständnis, der Haltung zu Jesus und der Trinitätslehre im Allgemeinen auf. Während die Positiven an einen transzendenten Gott glaubten, der in das Welt- und Naturgeschehen eingreifen würde, setzten die Liberalen Gott mit der absoluten Vernunft gleich, waren von der Immanenz Gottes überzeugt und betrachteten Gott als „aktives schöpferisches Prinzip in dem unendlichen belebten Ganzen".[66] Die historisch-kritische Methode der Liberalen führte dazu, dass sie zudem Jesus als Menschen, als ersten Christen sahen und nicht als ‚Gottmenschen'. Entsprechend verlor die Christologie in der liberalen Theologie an Bedeutung.[67] Als dritter großer Streitpunkt sei das diametral unterschiedliche Bibelverständnis erwähnt. Während die Positiven die Bibel als Offenbarungsschrift und Glaubensgrundlage betrachteten, was sich in den Kreisen des konservativen Protestantismus beispielsweise in biblizistischen Vorstellungen äußerte, betrachteten die Liberalen die Bibel als historisch gewachsenes Dokument, dessen Wunderberichte beispielsweise keiner rational-wissenschaftlichen Betrachtung standhalten würden.[68]

### Institutionalisierung der Gegensätze

So grundsätzlich die Unterschiede zwischen Positiven und Liberalen waren, so erbittert wurde auf der Grundlage der eigenen theologischen Überzeugungen gegen

---

65 Zu einzelnen Aspekten des Apostolikumsstreits in Preußen siehe: Hanna Kasparick, Lehrgesetz oder Glaubenszeugnis. Der Kampf um das Apostolikum und seine Auswirkungen auf die Revision der Preußischen Agende (1892–1895), Bielefeld 1996. Die Thematik wird auch in Claudia Lepps Monografie über den „Deutschen Protestantenverein", der Zentralorganisation des liberalen Protestantismus, angesprochen: Claudia Lepp, Protestantisch-liberaler Aufbruch in die Moderne. Der deutsche Protestantenverein in der Zeit der Reichsgründung und des Kulturkampfes, Gütersloh 1996.

66 Wiedmann, Imperialismus – Militarismus – Sozialismus, S. 46. Dieses an den Pantheismus grenzende Gottesbild brachte etwa der Davoser Pfarrer Konrad Ziegler in seiner polemisch gehaltenen Gegenüberstellung der konservativ-protestantischen und liberalen Anschauungen zum Ausdruck, indem er darlegte, dass die Liberalen Gott nicht als dreieinigen Gott verstünden, sondern als „Seele der Welt und [...] Kraft des Guten". (Konrad Ziegler, Orthodox und Liberal, in: RVB, 23. 8. 1890, S. 273–275, S. 273.)

67 Dieses Jesusverständnis liegt auch dem großen Interesse an der Leben-Jesu-Forschung der Liberalen zugrunde. Siehe zum Christusbild der Liberalen: Wiedmann, Imperialismus – Militarismus – Sozialismus, S. 30; Schweizer, Freisinnig – Positiv – Religiössozial, S. 105–108.

68 Einen Überblick über die theologischen Differenzen bieten: Schweizer, Freisinnig – Positiv – Religiössozial; Wiedmann, Imperialismus – Militarismus – Sozialismus, zusammenfassend S. 46 f.

die jeweils andere Richtung polemisiert. Für die Liberalen war das konservativ-protestantische Glaubensverständnis überlebt und wissenschaftlich widerlegt, während für die Positiven umgekehrt die liberalen Vorstellungen an den Grundfesten des Glaubens rüttelten. Die ablehnende Grundeinstellung der Liberalen gegenüber den Konservativ-Protestantischen brachte der Berner Pfarrer und spätere Theologieprofessor Ernst Friedrich Langhans im Organ der Berner Liberalen, den „Reformblättern aus der bernischen Kirche", in einer programmatischen Stellungnahme anlässlich des erstmaligen Erscheinens der Zeitschrift im Oktober 1866 klar zum Ausdruck:

> „Die Orthodoxie mit ihrer großartigen, aber einer vergangenen Weltanschauung angehörigen Bildersprache hat sich vor der strengen Folgerichtigkeit wissenschaftlichen Denkens längst als unhaltbar erwiesen, und ihre Verkündigung entfremdet der Kirche immer mehr diejenigen ihrer Glieder, deren Herz ein tiefchristliches ist, aber deren ganzes Bewußtsein in der Luft der modernen Bildung athmet."[69]

Im nur drei Monate später erstmals erschienenen „Kirchenfreund", der sich zum zentralen Richtungsorgan der Positiven entwickelte, legte dessen Redakteur Pfarrer Eduard Güder die Grundhaltung der Konservativ-Protestantischen dar, indem er die liberale Richtung als Zerstörer des Heiligsten des Christentums perhorriszierte:

> „Zwei vollständig ausgebildete, sich ausschließende Welt- oder Gesammtanschauungen, die genau genommen auf keinem Punkte in keinem Worte zusammenstimmen, stehen einander gegenüber und werden den Gemeinden empfohlen: die biblische und die sog. moderne. […]
>
> Es ist […] für Glauben, Lieben und Hoffen, für Leben und Sterben nicht gleichgültig, ob bei Jemanden, ob in der Kirche und unter ihrem Volke die biblische oder die moderne Weltanschauung die Oberhand erlange. Die Letztere

---

Die für Positive ikonoklastisch erscheinende historisch-kritische Betrachtung der Bibelerzählungen wird in folgendem Ausschnitt aus einem Artikel des Redakteurs Pfarrer Alfred Altherr im liberalen „Basler Protestantenblatt" deutlich: „Die Urkunden der jüdischen und christlichen Religion in unserer Bibel sind wesentlich nichts Anderes als poesievolle Heldengeschichten, zum Theil von erschütternder Kraft und unnachahmlicher Schönheit. Aber die naive Zeit ist vorüber, wo man Adams Apfelbiß und Noahs Arche und Abrahams Verkehr mit den Engeln und Isaaks Opferung und Moses Feuerbusch und Josuas Sonnenstillstand und Gideons Wundertenne und Davids Goliathsieg und Elias Himmelfahrt und Daniels Löwengrube und Marias Gottesgeburt und Christi Leibesauferstehung allgemein und unangefochten als wirkliche Begebenheiten hinnahm." (Alfred Altherr, Die Tellsage, in: BPB, 10. 5. 1879, S. 149–151.)

69    Ernst Friedrich Langhans, Unser Programm, in: RB, 1. 10. 1866, S. 1–8, S. 1.

führt gegenüber der Ersten eine großartige Beraubung aus, tastet die innersten Heiligthümer unseres Christenglaubens an, bringt uns um das Beste, ja, um das Beste, was uns das biblische Christenthum gewährt, um an dessen Stelle ein Christenthum zu setzen, das im Bruche mit dem ursprünglichen geworden, das, von der jeweiligen Weltbildung beherrscht, sich nach den allgemeinen Gesetzen der Geschichte entwickelt, sich darum wandelt von Geschlecht zu Geschlecht, […].

Für diesen seinen [des Kirchenfreunds] ersten Ausgang möge die Erklärung genügen, daß er es mit der biblischen Gesammtanschauung hält, daß er hiemit für das in der heil. Schrift bezeugte Christenthum als das allein heilkräftige einzustehen gedenkt und außer ihm kein anderes anerkennt."[70]

In dieser konfliktgeprägten Zeit des Deutschschweizer Protestantismus versuchten die Vermittler eine ausgleichende Position einzunehmen, indem sie sowohl Konzessionen an die historisch-kritische Methode machten als auch an hergebrachten Glaubensinhalten festhielten. In sich wies diese Richtung ein breites Meinungsspektrum auf.[71] Angesichts des Richtungsgegensatzes sahen die Vermittler die Einheit der Kirche gefährdet, weshalb sie den Erhalt derselben zu einem ihrer zentralen Anliegen machten.[72] Der Gedanke, als integrative Kraft innerhalb der Richtungsstreitigkeiten zu wirken, wird beispielsweise aus der Selbstverortung des Organs der Mittepartei, dem „Volksblatt" ersichtlich, das 1869 auf das „Kirchenblatt für die reformirte Schweiz" Karl Rudolf Hagenbachs gefolgt war:

„Wer die Zeichen der Zeit zu beurtheilen weiß, sieht sofort, daß unsere Richtung eine Nothwendigkeit ist. Die Kluft, die in religiösen Dingen die Gemüther scheidet, wird vielerorts immer noch tiefer; rücksichtslos zieht man alle Konsequenzen; die Parteien organisiren sich und rüsten sich zu ernstern Entscheidungen. Die Einen hassen alles uebernatürliche, die Andern lieben es auch in der derbsten Form; wenn rücksichtslos und mit Behagen die Bibel durchwühlt und das oberste zu unterst gekehrt wird, so halten Andere um so zäher an jedem Buchstaben fest; während der Reif der Kirche den Einen nie eng genug ist, dehnen ihn Andere so weit aus, daß sie pure Gottesläugner entzückt an ihr Herz drücken.

---

70   Eduard Güder, Zum Eingang, in: KF, 4. 11. 1867, S. 1–9, S. 3–7.

71   Als Exponenten des ‚rechten Flügels' sieht Arnd Wiedmann beispielsweise den letzten Zürcher Antistes Georg Finsler und als solchen des ‚linken Flügels' den Zürcher Theologieprofessor Alexander Schweizer. (Wiedmann, Imperialismus – Militarismus – Sozialismus, S. 33.)

72   Zur Richtung der Vermittler und deren Theologie siehe: Schweizer, Freisinnig – Positiv – Religiössozial, S. 125–133; Aerne, Religiöse Sozialisten, S. 54 f.

Muß man denn in ein Extrem verfallen? Ist kein anderer Weg offen? Wir haben es versucht und gewagt, einen zu finden. Dieser Zwiespalt soll nicht bis in die untersten Schichten des Volkes dringen, Alles auseinander sprengen und den Fanatismus entzünden. Dieser drohenden Gefahr werfen wir uns entgegen, aber mit unsern eigenen Waffen. Durch wohlwollende Anerkennung des Wahren, das auf beiden Seiten liegt, und durch Bekämpfung nur des Einseitigen und Unberechtigten, das sie meist am breitesten macht, hoffen wir unser Ziel zu erreichen."[73]

Während sich die liberale Theologie in der Ostschweiz und in Zürich zuerst durchzusetzen vermochte, waren während der 1860er und vor allem der 1870er-Jahre die Konflikte insbesondere im Kanton Bern und schließlich auch in Basel, einer Hochburg der Positiven, ausgesprochen heftig. Der von der liberalen Theologie geprägte Berner Kirchenhistoriker Kurt Guggisberg verdeutlicht die Tragweite des theologischen Zwistes, indem er ihn in seiner „Bernischen Kirchengeschichte" von 1958 folgendermaßen charakterisiert: „In den kirchlichen Behörden und Gesellschaften, in Synoden, Pfarr- und Volksvereinen, in Zeitschriften, Flugblättern, Zeitungen und Broschüren wurde der Kampf mit höchster Leidenschaft geführt, und bis in die entlegendsten Hütten entstanden Aufregung und Mißtrauen."[74] Ein Hauptinstrument der Auseinandersetzung stellten die Publikationsorgane der theologischen Richtung dar. Mit den „Zeitstimmen aus der reformirten Kirche der Schweiz", deren Hauptredaktor, Pfarrer Heinrich Lang, einer der zentralen Exponenten des religiösen Liberalismus war, verfügten die Liberalen ab 1859 wieder über ein eigenes Publikationsorgan. In den 1860er- und 1870er-Jahren kamen mit den „Reformblättern aus der bernischen Kirche" (1866), dem „Religiösen Volksblatt" aus St. Gallen (1870) und dem „Basler Protestantenblatt" (1878) weitere Richtungsblätter hinzu. Auf der Seite der Vermittler existierte seit 1845 bereits das „Kirchenblatt für die reformirte Schweiz", das 1869 durch das „Volksblatt" abgelöst wurde. Auch auf Seite der Positiven war mit dem „Kirchenfreund" ab 1867 ein eigenes, für die gesamte Deutschschweiz bedeutsames Publikationsorgan verfügbar.[75] Was die Anzahl Publikationsorgane betrifft, übertraf der religiöse Liberalismus somit seinen theologi-

---

73  Das Volksblatt klopft wieder an, in: VB, 1. 1. 1870, S. 2.

74  Kurt Guggisberg, Bernische Kirchengeschichte, Bern 1958, S. 686. Der der „Bauern- Gewerbe- und Bürgerpartei" nahestehende Guggisberg war in den 1940er-Jahren ein wichtiger Exponent des theologischen Liberalismus in der Schweiz und verfasste 1942 eine Grundsatzschrift: Kurt Guggisberg, Der Freie Protestantismus. Eine Einführung, Bern/Leipzig 1942.

75  Ab 1859 bis 1866 waren in Bern bereits die „Hirtenstimmen zur Belehrung und Erbauung der Gemeinden" erschienen. Der „Kirchenfreund" trat in ihre Fußstapfen.

schen Hauptgegner mit vier zu eins deutlich. Diese Überlegenheit war jedoch nur
eine scheinbare, vertraten doch im Deutschschweizer Protestantismus weitverbreitete, vor allem ‚erbaulich‘ ausgerichtete Zeitschriften, wie etwa das „Appenzeller
Sonntagsblatt" oder der „Christliche Volksbote" aus Basel, klar positive Positionen,
ohne allerdings zugleich offizielle Richtungsorgane zu sein.[76]

Die Gründung der Richtungsblätter war gleicherweise Resultat und Werkzeug
einer zunehmenden Institutionalisierung des Richtungswesens. Organisatorisch
fand dieser Institutionalisierungsprozess im Jahre 1871 seinen Höhepunkt, als sich
die drei kirchenpolitischen Richtungen auf nationaler Ebene zu Vereinigungen zusammenfanden. Als Erste gründeten die Liberalen am 12./13. Juni 1871 in Biel den
„Schweizerischen Verein für freies Christentum", der auch unter dem Namen „Re-
formverein" bekannt war; am 26. September 1871 taten es ihnen die Positiven in
Olten gleich und konstituierten sich im „Schweizerischen Evangelisch-kirchlichen
Verein". Am 12. Oktober schließlich gaben sich auch die Vermittler gleichenorts mit
der „Schweizerisch kirchlichen Gesellschaft" eine nationale Organisation.[77] Erste
national ausgerichtete richtungsspezifische Organisationsgründungen wie die sogenannte Badener Konferenz auf konservativ-protestantischer Seite oder der „Allgemeine Stipendienverein für Theologie Studierende" der Liberalen waren zwar
bereits in den 1860er-Jahren entstanden, doch bedeutete die Schaffung der drei nationalen Richtungsvereine eine neue organisatorische Qualität für das Richtungswesen.[78] Sie waren Ausdruck der hitzigsten Phase des Richtungskampfes und verstärkten die theologische und kirchenpolitische Polarisierung ihrerseits weiter.

Zeitlich deckte sich die intensivste Phase des Richtungsstreits mit dem Kulturkampf zwischen liberalem Bundesstaat auf der einen sowie dem politischen Katholizismus und der katholischen Kirche auf der anderen Seite, der ebenfalls Ende der
1860er- und in den 1870er-Jahren am stärksten wütete. Dieser Konflikt um ‚Moder-

---

76    Zum „Appenzeller Sonntagsblatt" sowie dem „Christlichen Volksboten" siehe die Ausführungen
      in Kapitel 5 dieser Einleitung. Ab 1875 erschien zudem in Zürich mit dem „Christlichen Volks-
      freund" ein weitverbreitetes Blatt mit klaren Affinitäten zur positiven theologisch-kirchenpoli-
      tischen Richtung, ohne selbst als offizielles Organ der Kirchenpartei zu firmieren. Siehe hierzu
      ebenfalls Kapitel 5 dieser Einleitung.

77    Zu den Vereinsgründungen siehe: Aerne, Religiöse Sozialisten, S. 29–55.

78    Die „Badener Konferenz", benannt nach dem Tagungsort, war 1860 von konservativ-protestan-
      tischen landes- und freikirchlichen Pfarrern geschaffen worden. Der liberale Stipendienverein
      wiederum entstand 1861 und war ein Vorläufer des im Andenken an den für die liberale theolo-
      gische Bewegung in der Schweiz bedeutsamen Pfarrer Heinrich Lang gegründeten Stipendien-
      fonds, der unter dem Namen „Lang-Stiftung" firmierte. Lang war auch der erste Präsident des
      „Schweizerischen Vereins für freies Christentum". Siehe für diese Gründungen: Aerne, Religiöse
      Sozialisten, S. 29; S. 35.

nisierung' und ‚Säkularisierung' des Staates unter liberaler Federführung, der in der schweizerischen Forschung üblicherweise auf den Katholizismus bezogen wird, wurde in seiner Dimension der Einflussnahme des (liberalen) Staates auf die Kirche bei gleichzeitiger Beschneidung bisher kirchlicher Einflusssphären, wie etwa dem Schulwesen oder der Eheschließung, auch auf konservativ-protestantischer Seite empfunden.[79] Das Krisenempfinden im positiven Protestantismus, das sich etwa in Entchristlichungsängsten manifestierte, wurde durch den Einflussgewinn des liberalen Protestantismus verstärkt. Dies erst recht, da die Liberalen in der Pfarrerschaft und den theologischen Fakultäten mittlerweile über eine klare Mehrheit verfügten und sich die Positiven der Deutschschweiz in eine Minderheitenstellung gedrängt fühlten. Ein Schulterschluss zwischen Katholisch- und Protestantisch-Konservativen resultierte aus diesem Bedrohungsempfinden nur gelegentlich. Der konfessionelle Graben blieb bestimmend.[80]

79 Umgekehrt zeigte sich der theologische Liberalismus in deutlicher Nähe zum liberal geprägten Bundesstaat. Auch Peter Aerne betont die Geistesverwandtschaft zwischen theologischem und politischem Liberalismus. (Arne, Religiöse Sozialisten, S. 27.) Eine völlige Deckungsgleichheit von religiösem und politischem Freisinn entsprach jedoch klar nicht dem Selbstbild der liberalen Protestanten. Das spezielle Verhältnis zwischen protestantischem und politischem Liberalismus brachte August Steiger, Redakteur des liberalen „Schweizerischen Protestantenblattes" 1897 zum Ausdruck: „Der politische und der religiöse kirchliche Freisinn sind ja freilich bis zu einem gewissen Grad zwei verschiedene Dinge, ja eine falsche Verquickung des letzteren mit politischen Interessen müsste für ihn verhängnisvoll werden; aber der religiös-kirchliche Freisinn führt nun einmal naturgemäß zum politischen [...]." (August Steiger, Zum Kapitel des politischen und kirchlichen Freisinns, in: SPB, 26. 6. 1897, S. 203 f., S. 204.) Für den Kulturkampf in der Schweiz siehe: Peter Stadler, Der Kulturkampf in der Schweiz. Eidgenossenschaft und Katholische Kirche im europäischen Umkreis 1848–1888, Frauenfeld/Stuttgart 1984; Victor Conzemius, Der Kulturkampf in der Schweiz, in: Rottenburger Jahrbuch der Kirchengeschichte 15 (1996), S. 27–42. Für die Reaktionen im katholischen Milieu: Urs Altermatt, Der Weg der Schweizer Katholiken ins Ghetto. Die Entstehungsgeschichte der nationalen Volksorganisationen im Schweizer Katholizismus 1848–1919, 3. Aufl., Freiburg i. Ue. 1995; Urs Altermatt, Katholizismus und Moderne. Zur Sozial- und Mentalitätsgeschichte der Schweizer Katholiken im 19. und 20. Jahrhundert, 2. Aufl., Zürich 1991.

80 Auf die Dominanz des theologischen Liberalismus verweisen u. a.: Aerne, Religiöse Sozialisten, S. 27; Nöthiger-Strahm, Der deutsch-schweizerische Protestantismus, S. 71. Zum Antikatholizismus als wichtigem Element des Kulturkampfes in der Schweiz und in Deutschland und dessen Wahrnehmung im Deutschschweizer Protestantismus siehe: Andreas Lindt, Protestanten – Katholiken – Kulturkampf, Zürich 1963. Deshalb entstand auch keine konfessionsübergreifende konservative politische Partei, obwohl es in den ‚Referendumsstürmen' nach der Totalrevision der Bundesverfassung von 1874 zur partiellen Zusammenarbeit zwischen den Katholisch-Konservativen und dem protestantisch-konservativen „Eidgenössischen Verein" kam. Zum Konservatismus in der Schweiz im 19. Jahrhundert siehe: Urs Altermatt, Conservatism in Switzerland: A Study in Antimodernism, in: Journal of Contemporary History 14 (1979), S. 581–610.

*Selbst- und Fremdbezeichnungen*

An dieser Stelle gilt es einen Blick auf die gängigen zeitgenössischen und wissenschaftlichen Bezeichnungen für die drei theologisch-kirchenpolitischen Richtungen zu werfen, wobei zwischen Selbst- und (polemischen) Fremdbezeichnungen sowie analytischen Begriffen zu unterscheiden ist. Mehrheitlich in der Forschung gebräuchlich sind die auch bisher in dieser Darstellung verwendeten Begriffe ‚positiv' und ‚liberal'. Diese gehen auf Selbstbezeichnungen der beiden Richtungen zurück. Der Terminus ‚Vermittler' hingegen wurde von der Mittepartei selbst im 19. Jahrhundert zwar nur selten verwendet, war aber bei den anderen beiden Richtungen zur Benennung dieser Gruppe gebräuchlich und ging auch in die religionsgeschichtliche Forschung ein.[81] Während der Begriff ‚positiv' als Selbstbezeichnung bereits ab den 1830er-Jahren Verwendung fand, wurde die Bezeichnung ‚liberal' vor allem im 20. Jahrhundert zur allgemein gebräuchlichen Selbstbezeichnung.[82] Auf dem Höhepunkt des Einflusses der Liberalen in der zweiten Hälfte des 19. Jahrhunderts waren hingegen auch andere Begriffe populär, wobei es regionale Unterschiede gab. Der Berner Zweig der Bewegung war den Termini ‚Reform' beziehungsweise ‚Reformer' zugetan. Entsprechend schienen ‚Reformblätter' und für eine kürzere Zeit ‚Reform' im Titel ihres Publikationsorgans auf.[83] In der Ostschweiz hingegen wurden die Bezeichnungen ‚Freisinnige' oder ‚Liberale' bevorzugt.[84] Zum Selbstbild der Liberalen gehörten darüber hinaus auch die Attribute ‚frei' und ‚fortschrittlich', die etwa in der nationalen Vereinigung, dem „Schweizerischen Verein für freies Christentum", oder im Untertitel „Organ für kirchlichen Fortschritt" des „Religiösen Volksblatts" aufschienen.[85]

---

81     Entsprechend war der Ausdruck Vermittler in der Mittepartei nicht unbestritten. Siehe etwa: J. Schmidt, Ein Protest gegen das Wort ‚Vermittlung', in: KRS, 1. 11. 1884, S. 348–351.

82     Gebhard, Umstrittene Bekenntnisfreiheit, S. 31 f. In der Ostschweiz war die Bezeichnung hingegen bereits in der zweiten Hälfte des 19. Jahrhunderts gebräuchlich.

83     Für die Zeit von 1872 bis 1880, als die „Reformblätter aus der bernischen Kirche" mit den „Zeitstimmen" zusammenspannten, firmierte die Zeitschrift unter dem Titel „Reform, Zeitstimmen aus der schweizerischen Kirche".

84     Aerne, Religiöse Sozialisten, S. 27. Die st. gallische Vereinigung der Liberalen nannte sich deshalb beispielsweise liberal-religiös. Die unterschiedlichen Bezeichnungen führte zu Diskussionen zwischen den liberalen Gruppierungen, da der Ausdruck ‚Reformer' beispielsweise als negativ konnotierte Fremdbezeichnung empfunden wurde, der nicht für die Selbstbezeichnung Verwendung finden sollte: Zum Namen „Reformer", in: RVB, 20. 10. 1877, S. 334–337; Hermann Albrecht, Das „Religiöse Volksblatt" in den geistigen Strömungen der Gegenwart, Teil I, in: RVB, 5. 1. 1878, S. 4–8, S. 6–8. Einen Ausgleich suchend hingegen: Reformer oder Liberale?, in: RVB, 19. 1. 1878, S. 22–24.

85     Der Name des schweizerischen Vereins wurde hingegen mit „Union du christianisme libéral en Suisse" ins Französische übersetzt.

Die von konservativ-protestantischer Seite verwendete Bezeichnung ‚positiv‘ sollte eine bejahende Haltung gegenüber ‚christlichen Wahrheiten‘ zum Ausdruck bringen und suggerierte zugleich, dass die Liberalen jene negieren würden, was beispielsweise 1882 der „Christliche Volksfreund" zum Ausdruck brachte: „Wir nennen uns [...] mit Vorliebe ‚Positive‘, weil wir nicht, wie die Reformer, meinen durch mancherlei Negation ‚die wahren Positionen dem Christenthum erst gewinnen zu sollen‘ [...], sondern weil wir glauben, dieselben seien schon gewonnen und gelegt, also daß man drauf einen festen Stand habe im Leben und im Sterben."[86] Diese im Begriff ‚positiv‘ inhärente Spitze gegen die Liberalen, die indirekt als ‚negativ‘ apostrophiert wurden, blieb diesen natürlich nicht verborgen. So äußerte sich der Redakteur des „Religiösen Volksblatts", Pfarrer Hermann Albrecht, empört:

> „In Schrift und Wort nennen sich unsere ‚gläubigen‘, ‚orthodoxen‘, protestantischen Glaubensgenossen auf dem rechten Flügel die ‚positive‘ Richtung. Trotzdem dieser Titel nicht erst von gestern datirt, so stoßen wir uns fort und fort an dieser anmaßenden, pharisäisch-selbstgerechten Bezeichnung, welche uns als lediglich auflösende, Alles negirende Leugner des Evangeliums zu verdächtigen sehr geeignet ist."[87]

Wurde der Ausdruck ‚positiv‘ von den Liberalen als tendenziös empfunden, so ging es den Positiven mit dem Attribut ‚orthodox‘ gleich. Dieses wurde ihnen von den Liberalen regelmäßig verliehen. Es assoziierte die Konservativ-Protestantischen mit der früheren protestantischen Orthodoxie, die als Sinnbild für ein starres Glaubenssystem angesehen wurde.[88]

In der vorliegenden Forschungsarbeit werden die auf Selbstbezeichnungen zurückgehenden Bezeichnungen ‚liberal‘ und ‚positiv‘ für die Benennung der beiden sich theologisch und kirchenpolitisch so stark bekämpfenden Richtungen verwendet. Da sich diese zudem – wie auch die Bezeichnung ‚vermittlerisch‘ für die dritte theologisch-kirchenpolitische Richtung – in der schweizerischen Protestantismusforschung als analytische Begriffe etabliert haben, wird darauf verzichtet, sie durch das Setzen von einfachen Anführungs- und Schlusszeichen als Quellenbegriffe zu kennzeichnen. Außerdem werden die Begriffe nicht in einem engen Sinn, der nur die entsprechenden kirchenpolitischen Gruppen meint, sondern in einem weiteren Begriffsverständnis verwendet, das die theologische Grundausrichtung an sich benennt. Dieses weite Begriffsverständnis ist vor allem bei den Positiven sinnvoll,

---

86  Ernst Miescher, Warum Positiv, in: CVF, 18. 2. 1882, S. 66 f., S. 66.

87  Hermann Albrecht, Die „positive" Richtung, in: RVB, 21. 2. 1891, S. 61–63, S. 61.

88  Als Beispiel eines Protests gegen die Fremdbezeichnung ‚orthodox‘ siehe: Hirzel, Zum Streit und Frieden, Teil I, in: KF, 21. 3. 1873, S. 85–91, S. 85.

umfasste das theologisch-konservative Spektrum doch ein heterogenes Ensemble kirchlich-konservativer, pietistischer oder freikirchlich orientierter Gruppen. Deshalb sind in Bezug auf das konservativ-protestantische Zeitschriftenwesen nicht nur der „Kirchenfreund" als offizielles Publikationsorgan des „Schweizerischen Evangelisch-kirchlichen Vereins" zu beachten, sondern auch eine größere Anzahl weiterer Zeitschriften. Um diese ‚positive Grossfamilie' (Peter Aerne[89]) begrifflich zu fassen, gebraucht diese Untersuchung nebst den Bezeichnungen ‚positiv' und ‚Positive' auch die Begriffe ‚konservativ-protestantisch' beziehungsweise ‚Konservativ-Protestantische' zur Charakterisierung von Haltungen und Gruppierungen dieses Spektrums des Deutschschweizer Protestantismus. Der für den deutschen Kontext und weniger für den schweizerischen gebräuchliche Ausdruck ‚Kulturprotestantismus' für die Ansichten der liberalen Theologie wird hingegen nicht verwendet.[90]

*Neue kirchenpolitische Richtungen und theologische Strömungen*

Ab Ende des 19. Jahrhunderts flauten die Richtungskämpfe im Protestantismus der Deutschschweiz merklich ab. Es hatte sich eine Art *modus vivendi* herausgebildet. Zugleich kam es zu einer leichten theologischen Annäherung, da sich zum einen die positive Theologie gegenüber kritisch-historischen Methoden zu öffnen begann und sich zum andern die Liberalen, wie Peter Aerne betont, der Idee eines rationalen Supranaturalismus öffneten.[91] Den Positiven blieben allerdings die Trinitätslehre und die Bekenntnisfrage zentrale Anliegen. Dass der „Schweizerische Evangelisch-kirchliche Verein" in seinen erneuerten Statuten von 1913 das Apostolikum als Glaubensbekenntnis nicht mehr aufführte, sondern ‚nur' ein Bekenntnis zu Jesus nannte, mag sinnbildlich für diese zaghaften Annäherungsprozesse sein.[92] Zunehmend in eine Krise fielen die Vermittler, denen es an Nachwuchs mangelte und

89   Peter Aerne verwendet diesen Begriff in seiner Dissertation über Konfrontationen im Schweizer Protestantismus 1920 bis 1950 und lehnt sich dabei in der Begriffswahl an Erich Gruners Konzept der ‚freisinnigen Großfamilie' an. (Aerne, Religiöse Sozialisten, S. 17.)

90   Siehe zum Konzept des ‚Kulturprotestantismus' beispielsweise: Gangolf Hübinger, Kulturprotestantismus und Politik. Zum Verhältnis von Liberalismus und Protestantismus im wilhelminischen Deutschland, Tübingen 1994.

91   Aerne, Religiöse Sozialisten, S. 29 f.

92   Wiedmann, Imperialismus – Militarismus – Sozialismus, S. 46; Aerne, Religiöse Sozialisten, S. 35 f. Siehe zudem: Gebhard, Umstrittene Bekenntnisfreiheit, S. 463–464. In einer Rückschau der „Schweizerischen Reformblätter" von 1908 wird diese leichte Entspannung des Richtungsgegensatzes ebenfalls greifbar: F. König, Was wir wünschen und wollen, in: SPB, 4. 1. 1908, S. 2–4, S. 3 f.

dic deutlich an Einfluss in den protestantischen Kirchen der Deutschschweiz und den theologischen Fakultäten verloren.[93]

In das Richtungswesen des Protestantismus der Deutschschweiz des frühen 20. Jahrhunderts kam hingegen von ‚linker' Seite Bewegung. Als eine Antwort auf die seit den 1860er-Jahren in der gesamten Gesellschaft und somit auch im Protestantismus vieldiskutierte ‚soziale Frage' entstand kurz nach der Jahrhundertwende mit den Religiös-Sozialen eine neue theologisch-kirchenpolitische Richtung.[94] Die zentralen Figuren der jungen religiös-sozialen Bewegung in der Schweiz waren die beiden Pfarrer Hermann Kutter und Leonhard Ragaz. 1906 begann sich die Bewegung, die insgesamt keinen hohen Organisationsgrad aufwies, zusammenzufinden und das Organ „Neue Wege" herauszugeben.[95] Die Zeitschrift wurde zum wichtigen Sprachrohr für religiös-soziales Gedankengut. Ab 1919 erschien in der Deutschschweiz mit dem „Aufbau" von Pfarrer Max Gerber ein weiteres religiössoziales Blatt.[96] Bezüglich ihrer Zusammensetzung stellten die Religiös-Sozialen im Deutschschweizer Richtungswesen ein Unikum dar. Zum einen waren sie – auch wenn protestantische Sympathisanten bei weitem überwogen – eine religiös gemischte Bewegung, zum andern waren eine größere Anzahl Frauen in der Bewegung aktiv. Zum Netzwerk gehörten so beispielsweise auch der jüdische Religionsphilosoph Martin Buber sowie die ebenfalls jüdische Autorin Margarete Susman.[97]

---

93  Zum Rückgang der Bedeutung der Vermittler siehe u. a.: Aerne, Religiöse Sozialisten, S. 54 f.; Wiedmann, Imperialismus – Militarismus – Sozialismus, S. 39.

94  Zu den Diskussionen um die ‚soziale Frage' im schweizerischen Protestantismus und zu verschiedenen christlich-sozialen Vorstellungen siehe: Nöthiger-Strahm, Der deutsch-schweizerische Protestantismus; Markus Mattmüller, Die reformierten Christen in der Schweiz vor der Arbeiterfrage im 19. Jahrhundert, 3 Teile, in: NW 74 (1980) 9/10/11, S. 244–253/S. 293–298/S. 324–331. Mit Blick auf Basel aufschlussreich und zudem mit einer Typologisierung verschiedener Konzeptionen protestantischer Sozialpolitik: Janner, Zwischen Machtanspruch und Autoritätsverlust, S. 177 f.

95  In diesem Abschnitt zu den Religiös-Sozialen stützt sich die Arbeit primär auf: Aerne, Religiöse Sozialisten, S. 56–74. Zu den Religiös-Sozialen und vor allem zu Leonhard Ragaz als deren wichtigsten Exponenten siehe v. a.: Markus Mattmüller, Leonhard Ragaz und der religiöse Sozialismus, 2 Bde., Basel/Stuttgart 1957/1968; Willy Spieler/Stefan Howald/Ruedi Brassel-Moser, Für die Freiheit des Wortes. Neue Wege durch ein Jahrhundert im Spiegel der Zeitschrift des religiösen Sozialismus, Zürich 2009; Wiedmann, Imperialismus – Militarismus – Sozialismus; Pfister, Kirchengeschichte der Schweiz, Bd. 3, S. 415–417.

96  Zu Max Gerber siehe: Klaus Bajohr, Zum Ursprung der Theologie Karl Barths in der schweizerischen religiös-sozialen Bewegung, Teil 1: Die religiös-soziale Bewegung am Beispiel Max Gerbers und Emil Brunners, Berlin 1994; Peter Aerne, Art. ‚Gerber, Max', in: Historisches Lexikon der Schweiz, http://www.hls-dhs-dss.ch/textes/d/D48336.php, 29. 9. 2013.

97  Beide standen in Kontakt mit Leonhard Ragaz. Margarete Susman publizierte regelmäßig in den „Neuen Wegen".

Darüber hinaus entstammte die erste Generation der Religiös-Sozialen theologisch unterschiedlichen Lagern, die sich durch ihr gemeinsames Interesse am ,Reich Gottes' und der ,sozialen Frage' zusammenfanden. Somit ist bezüglich der Religiös-Sozialen zwischen der theologischen Ausrichtung und der kirchenpolitischen Orientierung zu unterscheiden, da sich die Gemeinsamkeiten mehr auf der ethischen als auf der dogmatischen Ebene befanden. Dies bedeutet, dass die Anhänger dieser Richtung in den Synoden, in denen sie vertreten waren, als religiös-soziale Fraktion auftraten, obwohl sie in theologischer Hinsicht oder bezüglich der Frömmigkeitskultur unterschiedliche Ansichten haben konnten.[98] In theologischer Hinsicht im Zentrum stand die Vorstellung eines irdisch verstandenen ,Reich Gottes'. Laut dem Theologen Ruedi Reich sei für die Religiös-Sozialen die Predigt des ,Reich Gottes' keiner Vertröstung auf das Jenseits gleichgekommen, sondern sie sei als „Aufruf, hier und heute für Gerechtigkeit, Menschenrecht und Menschenwürde zu kämpfen", aufgefasst worden.[99] Daraus lässt sich auch die Affinität der Religiös-Sozialen zum Sozialismus erschließen. Sie verstanden die Arbeiterbewegung als ,Zeichen der Zeit' in Bezug auf die Errichtung des ,Reich Gottes', lehnten jedoch die ,materialistischen' Vorstellungen des Sozialismus ab.[100]

Die Bewegung der Religiös-Sozialen durchlebte in ihren Anfangsjahren verschiedene innere Konflikte, aus denen Leonhard Ragaz mit den von ihm herausgegebenen „Neuen Wegen" als zentrale Figur hervorging. Einerseits kam es unter anderem ob unterschiedlicher Haltungen zum Pazifismus und zum Ersten Weltkrieg zu einem Zerwürfnis zwischen dem liberalen Ragaz und dem konservativ-protestantisch geprägten Hermann Kutter. Zum anderen verließ eine Gruppe von Theologen um Karl Barth und Eduard Thurneysen die Bewegung, die später die sogenannte dialektische Theologie prägen sollten. Diesen Theologen war im Gegensatz zu Ragaz die Stellung der Kirche wichtig, und politische Aspekte waren für sie von klar geringerer Bedeutung. Wie Peter Aerne aufzeigt, entstammten die Mitglieder dieser Gruppe einem konservativ-protestantischen Elternhaus und waren meist Söhne von Pfarrern. Die Dissonanzen in der Religiös-Sozialen Bewegung waren somit auch durch unterschiedliche dogmatische Vorstellungen begründet.[101]

---

98   Aerne, Religiöse Sozialisten, S. 68. Dies führte dazu, dass jene Vertreter, die in der Synode in der Fraktion der Religiös-Sozialen politisierten, nicht auch an der Vereinigung der Religiös-Sozialen und an deren Aktivitäten beteiligt sein mussten. Dies betont: Aerne, Religiöse Sozialisten, S. 66.
99   Ruedi Reich, Geleitwort, in: Aerne, Religiöse Sozialisten, S. 13 f., S. 13.
100  Siehe: Aerne, Religiöse Sozialisten, S. 56; Janner, Zwischen Machtanspruch und Autoritätsverlust, S. 177.
101  Aerne, Religiöse Sozialisten, S. 60–63. Zu Karl Barths früher Theologie siehe: Klaus Bajohr, Zum Ursprung der Theologie Karl Barths in der schweizerischen religiös-sozialen Bewegung, Teil 2: Karl Barth – Leonhard Ragaz. Geschichte einer theologischen Begegnung, Berlin 1994.

Gegen Ende des Ersten Weltkrieges und in den ersten Nachkriegsjahren traten mit der dialektischen Theologie sowie den Jungreformierten zwei theologische Strömungen auf, die für den Deutschschweizer Protestantismus bedeutend wurden.[102] Beide konservativ-protestantischen Strömungen traten nicht als eigenständige kirchenpolitische Richtungen auf, sondern agierten auf der kirchlichen Ebene innerhalb der positiven Großfamilie.[103] Die am rechten Rand politisierenden Jungreformierten um den Pfarrer und Direktor der durch konservativ-protestantische Kreise gegründeten „Schweizerischen Anstalt für Epileptische", Rudolf Grob, sahen sich als kirchliche ‚Erneuerungsbewegung' und waren vorab in Zürich und Basel aktiv.[104] In der „Reformierten Schweizerzeitung" verfügte die Bewegung seit 1922 über eine stark politisch gefärbte Wochenzeitung, die während des ‚Frontenfrühlings' die deutlichen Affinitäten der Jungreformierten zu Teilen der faschistisch geprägten Frontenbewegung sowie eine ausgesprochene Germanophilie widerspiegelte.[105] Die Jungreformierten propagierten die Idee einer starken Kirche und eines autoritär geführten Staates. Aufgrund ihres ausgesprochenen Antisozialismus standen sie insbesondere den Religiösen Sozialisten in der Kirchenpolitik diametral gegenüber.[106] Nach dem Zweiten Weltkrieg wurde es ruhig um die „Jungreformierten", die auch über kein Publikationsorgan mehr verfügten.

Weit einflussreicher als die Jungreformierten – besonders auch in mittel- und langfristiger Hinsicht – waren die Dialektiker. Die dialektische Theologie beein-

---

102  Auf die ab den 1930er-Jahren auf einige Popularität stoßende „Oxfordgruppenbewegung" sei nur in dieser Anmerkung kurz verwiesen. Diese Erweckungsbewegung, die vor allem von Laien getragen wurde, vertrat einen konservativen Protestantismus und war vor allem bei gut ausgebildeten Gläubigen der oberen Mittelschicht populär. Zur Oxfordgruppenbewegung in der Schweiz siehe: Frank Jehle, Emil Brunner. Theologe im 20. Jahrhundert, Zürich 2006, S. 273–291; Aerne, Religiöse Sozialisten, S. 53.

103  Dies beschreibt: Aerne, Religiöse Sozialisten, S. 17; S. 35–53. Ein weiteres Zerwürfnis, das die Religiös-Sozialen nach dem Zweiten Weltkrieg spaltete, stellte die Stellung zum Kommunismus während des Kalten Krieges dar. Siehe hierfür: Aerne, Religiöse Sozialisten, S. 331–356.

104  Zu den Jungreformierten um Rudolf Grob siehe: Aerne, Religiöse Sozialisten, v. a. S. 38–48.

105  Siehe: Aerne, Religiöse Sozialisten, S. 38–48; Konrad Zollinger, Frischer Wind oder faschistische Reaktion? Die Haltung der Schweizer Presse zum Frontismus, Zürich 1991, S. 390–393; Kocher, Rationierte Menschlichkeit, S. 441–444; Marcus Urs Kaiser, Deutscher Kirchenkampf und Schweizer Öffentlichkeit in den Jahren 1933 und 1934, Zürich 1972, S. 236–262; Wolf, Faschismus in der Schweiz, S. 38–41.

106  Siehe: Aerne, Religiöse Sozialisten, S. 42–44. Weitere Aspekte des Konfliktes zwischen Jungreformierten und Religiös-Sozialen thematisiert Aerne auf den Seiten 157 bis 210. Im Zentrum der Auseinandersetzungen in der unmittelbaren Nachkriegszeit stand Pfarrer Rudolf Grob, dem nach dem Zweiten Weltkrieg die Mitunterzeichnung der sogenannten Eingabe der Zweihundert vorgeworfen wurde, die 1940 vom Bundesrat eine Anpassung der Schweiz an das ‚Neue Europa' Nazideutschlands verlangt hatte.

flusste viele protestantische Theologen in der Schweiz in den Jahren vor und nach dem Zweiten Weltkrieg. Nach Andreas Lindt habe 1945 zwar noch eine großer Teil der Pfarrer älterer Generation der liberalen Richtung angehört, doch hätte sich die Mehrheit der jüngeren Generation anderen kirchlichen Strömungen zugewandt.[107] Die dialektische Theologie war geprägt von der Katastrophe des Ersten Weltkrieges. Karl Barth wandte sich enttäuscht von seinen liberalen theologischen Lehrern in Deutschland ab, die sich während des Krieges in nationalistischer Rhetorik geübt hatten. Zugleich distanzierte er sich auch vom Sozialismus.[108] Insbesondere Barths einflussreicher und vielbeachteter Römerbrief-Kommentar von 1919 brachte den Wandel in Barths Theologie zum Ausdruck.[109] Ins Zentrum dieser neuen Theologie rückte das ‚Wort Gottes' – die ‚Offenbarung' –, weswegen im schweizerischen zeitgenössischen Sprachgebrauch öfters auch von der dialektischen Theologie als Offenbarungstheologie gesprochen wurde. Das Offenbarungsverständnis Barths war in dem Sinne dialektisch, als die ‚Offenbarung Gottes' sich einander ausschließende Dinge, wie beispielsweise Mensch und Gott, vereinen würde.[110] Mit dem „Kirchenblatt für die reformierte Schweiz" verfügten die Anhänger der dialektischen Theologie auch über ein eigenes Publikationsorgan. Ursprünglich das Blatt der Vermittler, geriet es ab Ende der 1920er-Jahre zunehmend unter den Einfluss der Dialektiker. Weitere wichtige Exponenten der dialektischen Theologie in der Schweiz waren einerseits Eduard Thurneysen, der wie Barth eine Vergangenheit im religiösen Sozialismus aufwies, anderseits Emil Brunner.[111] Um Barth und Brunner, zwischen denen es in den 1930er-Jahren zum Konflikt um Brunners zustimmender Haltung gegenüber der sogenannten natürlichen Theologie kam, die dem Menschen

---

107  Lindt Andreas, Der schweizerische Protestantismus – Entwicklungslinien nach 1945, in: Victor Conzemius/Hermann Kocher (Hrsg.), Die Zeit nach 1945 als Thema kirchlicher Zeitgeschichte, Göttingen 1988, S. 63.

108  Vischer/Schenker/Dellsperger (Hrsg.), Ökumenische Kirchengeschichte, S. 262.

109  Karl Barth, Der Römerbrief, Bern 1919.

110  Wiedmann, Imperialismus – Militarismus – Sozialismus, S. 44 f. Zur dialektischen Theologie mit Fokus auf Karl Barth siehe: Eberhard Busch, Karl Barth – Einblicke in seine Theologie, Göttingen 2008; Dietrich Korsch, Dialektische Theologie nach Karl Barth, Tübingen 1996. Zur Begriffsgeschichte zudem Wilfried Härle, Art. ‚Dialektische Theologie', in: Theologische Realenzyklopädie, Bd. VIII., Berlin/New York 1981, S. 683–696. Zur Biografie Karl Barths siehe aus der umfangreichen Literatur Frank Jehle, Lieber unangenehm laut als angenehm leise. Der Theologe Karl Barth und die Politik 1906–1968, Zürich 1999; Eberhard Busch, Karl Barths Lebenslauf. Nach seinen Briefen und autobiografischen Texten, München 1975.

111  Zu Emil Brunner und Eduard Thurneysen siehe: Jehle, Emil Brunner; Max Schoch, Emil Brunner (1889–1968) – Theologie der Begegnung, in: Leimgruber/ders., Gegen die Gottvergessenheit, S. 312–330; Max Schoch, Eduard Thurneysen (1888–1974) – Theologie der Seelsorge, in: Leimgruber/ders., Gegen die Gottvergessenheit, S. 311–343.

eine gewisse natürliche Fähigkeit zur Wahrheits- und Gotteserkenntnis zusprach, bildeten sich zwei sich konkurrierende Lehrschulen.[112] Diese Auseinandersetzung ist vor dem Hintergrund der sehr kritischen Haltung Barths gegenüber dem Nationalsozialismus zu sehen, der ihn 1935 zum Abbruch seiner erfolgreichen Universitätskarriere als Professor an den Universitäten Göttingen, Münster und Bonn und zur Rückkehr in die Schweiz zwang. Barth war auch für sein Einstehen für die „Bekennende Kirche" im deutschen Kirchenkampf bekannt, und Dialektiker stellten die zentrale Trägerschicht des „Schweizerischen evangelischen Hilfswerks für die Bekennende Kirche in Deutschland".[113]

Die Hoffnung der Dialektiker, dem Richtungsgegensatz im Deutschschweizer Protestantismus entgegenzuwirken, gelang, wie Ulrich Gäbler hervorhebt, nicht.[114] Besonders ausgeprägt waren die kirchlichen und theologischen Meinungsverschiedenheiten mit den ‚Liberalen'.[115] Die Liberalen sahen im Aufschwung der dialektischen Theologie ein „Vordringen der Neoorthodoxie"[116] und befürchteten die dogmatische Rückkehr einer rigideren Dogmatik. Der Tonfall in dieser Polemik konnte sehr rüde sein, wie folgendes frühes Beispiel von 1925 zeigt:

> „Vor Jahren erklärten die Mediziner, der Wurmfortsatz des Blinddarms sei überflüssig und nichts als gefährlich, und operierten ihn nach Möglichkeit, sogar dem Neugeborenen, heraus. Inzwischen haben einige Gelehrte doch auch diesem Organ eine mutmaßliche Bedeutung zugebilligt, und ‚man trägt ihn jetzt wieder'.
>
> Heute wird auf Rat der ‚Offenbarungstheologie' ein anderes Organ, der Intellekt, restlos herausgeschnitten, da er uns nur Verderben bringe."[117]

Parallel zum Richtungsgegensatz in der Schweiz entwickelten sich Ansätze einer ökumenischen Zusammenarbeit auf nationaler Ebene im schweizerischen Protestantismus. Dies zeigte sich an der Gründung zweier Organisationen. Vor 1920 waren die kantonalen Kirchen lediglich lose in der 1858 gegründeten „Schweizerischen Evangelischen Kirchenkonferenz" vereint gewesen. Als Repräsentant der protestantischen Kirchen gegen außen wurde 1920 der „Schweizerische evangelische Kirchenbund" gegründet. Neben den kantonalen Kirchen schlossen sich diesem auch

---

112   Zum Konflikt zwischen den beiden Dialektikern siehe: Jehle, Emil Brunner, S. 293–321.

113   Zur Wirkungsweise des rund ein Jahr vor Kriegsbeginn konstituierten Hilfswerkes siehe: Kocher, Rationierte Menschlichkeit, S. 111–120.

114   Gäbler, Art. ‚Schweiz', S. 706.

115   Siehe: Vischer/Schenker/Dellsperger (Hrsg.), Ökumenische Kirchengeschichte, S. 262 f.; Wiedmann, Imperialismus – Militarismus – Sozialismus, S. 45 f.

116   Ein Schritt vorwärts, in: SPB, 1. 7. 1939, S. 204 f., S. 205.

117   Man trägt ihn jetzt wieder, in: SPB, 31. 10. 1925, S. 364.

mehrere kantonale Freikirchen der Westschweiz, die Methodisten sowie die „Evangelische Gemeinschaft" an. In den ersten zwanzig Jahren seines Bestehens war der Zürcher Theologe Adolf Keller als Sekretär die bestimmende Person im „Kirchenbund" und zugleich Schlüsselfigur in dessen Engagement in der internationalen ökumenischen Bewegung.[118] Als zweite Organisation wurde 1925 der „Schweizerische Protestantische Volksbund" ins Leben gerufen, der unter anderem als eine Art ,Abwehrorganisation' den Protestantismus gegen außen verteidigen wollte und hierbei als Instrument im protestantisch-katholischen Disput diente.[119] Der „Kirchenbund" und der „Volksbund" lancierten zusammen zudem den „Evangelischen Pressedienst" (EPD), der ab 1928 ungeachtet der kirchlichen Richtungen für eine verstärkte Wahrnehmbarkeit des ,evangelischen Standpunktes' in der Medienlandschaft sorgen wollte. Seine Aktivitäten wurden von 1933 bis 1955 vom Ökonomen und Journalisten Arthur Frey, einem Mitstreiter Karl Barths, geprägt.[120]

*Protestantismus und Milieutheorie*

Die Ausführungen zu den Entwicklungen im Deutschschweizer Protestantismus im 19. und in der ersten Hälfte des 20. Jahrhunderts haben aufgezeigt, wie stark dieser theologisch und kirchenpolitisch durch das Richtungswesen und die damit einhergehenden Auseinandersetzungen geprägt war. Da die einzelnen Richtungen über eigene Publikationsorgane verfügten, welche die jeweilige richtungsspezifische Kommunikationsgemeinschaft gegen innen zu stärken und gegen außen abzugrenzen suchten, bieten sich für eine differenzierte Analyse des Antisemitismus im Protestantismus der Deutschschweiz interessante Möglichkeiten. In dieser Forschungsarbeit wird für innerprotestantische Differenzierungen generell der Richtungsbegriff verwendet werden. Nicht zur Anwendung gelangen hingegen milieutheoretische Überlegungen.

---

118  Für den „Kirchenbund" siehe: Arnold Mobbs, Die evangelischen Kirchen der Schweiz im Zeitalter der Oekumene und der zwischenkirchlichen Hilfe. 50 Jahre Kirchenbund 1920–1970, Bern 1970; Rudolf Dellsperger, Art. ,Schweizerischer evangelischer Kirchenbund', in: Historisches Lexikon der Schweiz, http://www.hls-dhs-dss.ch/textes/d/D27051.php, 30. 9. 2013; Pfister, Kirchengeschichte der Schweiz, Bd. 3, S. 402–408; Beat Raaflaub, Kirchlicher Mahnruf in kritischer Zeit. Der Schweizerische Evangelische Pressedienst 1928–1955, Bern/Frankfurt a. M./Las Vegas 1977, S. 33–37. Zu Adolf Kellers Rolle im „Kirchenbund" siehe: Marianne Jehle-Wildberger, Adolf Keller (1872–1963). Pionier der ökumenischen Bewegung, Zürich 2008, v. a. S. 133–182.

119  Siehe zum „Volksbund": Raaflaub, Kirchlicher Mahnruf, S. 33–37; Paul Wieser, Art. ,Schweizerischer Protestantischer Volksbund', in: Handbuch der reformierten Schweiz, Bd. 5, S. 373–380.

120  Zur Geschichte des EPD siehe: Raaflaub, Kirchlicher Mahnruf. Dort ebenfalls ausführlich zu Arthur Frey, der für seinen stark antikatholischen Standpunkt bekannt war.

In der Geschichtsforschung wurde seit einer Studie von Mario Rainer Lepsius aus dem Jahre 1966 das theoretische Konzept der Präsenz verschiedener sozialmoralischer Milieus, welche die Gesellschaft ab der zweiten Hälfte des 19. Jahrhunderts bis nach dem Zweiten Weltkrieg geprägt hätten, vor allem in der Katholizismusforschung angewendet.[121] Der ultramontane Katholizismus stellte den prototypischen Fall eines Milieus respektive einer Subkultur dar. Er hatte sich als Resultat der Kulturkämpfe und seiner Minderheitenposition in der Schweiz, aber auch in Deutschland, auf sich selbst zurückgezogen und ein dichtes Netz von politischen, religiösen und gesellschaftlichen Vereinigungen und Institutionen geschaffen.[122] Im Gegensatz zur Katholizismusforschung wurde dieses neue Konzept der Gesellschafts-, Mentalitäts- und Sozialgeschichte in den Forschungen zum Protestantismus nur zaghaft aufgegriffen. In die Forschung zum schweizerischen Protestantismus fand die Milieutheorie mit Ausnahme der Dissertation von Urs Hofmann zum protestantischen Basel zwischen 1920 und 1970 keinen Eingang.[123] Im deutschen Forschungskontext hingegen wurde das Konzept vor allem in den 1990er-Jahren vereinzelt aufgegriffen, so etwa von Frank-Michael Kuhlemann.[124]

121  Mario Rainer Lepsius, Parteiensystem und Sozialstruktur. Zum Problem der Demokratisierung der deutschen Gesellschaft, in: ders., Demokratie in Deutschland. Soziologisch-historische Konstellationsanalysen, Göttingen 1993, S. 25–50. Der Aufsatz erschien zuerst in: Mario Rainer Lepsius, Parteiensystem und Sozialstruktur. Zum Problem der Demokratisierung der deutschen Gesellschaft, in: Wilhelm Abel (Hrsg.), Wirtschaft, Geschichte und Wirtschaftsgeschichte, Stuttgart 1966, S. 371–393. Mit Blick auf das Parteiensystem unterschied Lepsius für Deutschland zwischen einem katholischen, einem konservativen, einem bürgerlich-protestantischen und einem sozialistischen Milieu.

122  Zur Milieutheorie in der Schweiz und in Deutschland siehe z. B.: Urs Altermatt/Franziska Metzger, Milieu, Teilmilieu und Netzwerke. Das Beispiel des Schweizer Katholizismus, in: Urs Altermatt (Hrsg.), Katholische Denk- und Lebenswelten. Beiträge zur Kultur- und Sozialgeschichte des Schweizer Katholizismus im 20. Jahrhundert, Freiburg i. Ue. 2003, S. 15–36; Altermatt, Katholizismus und Moderne; Olaf Blaschke/Frank-Michael Kuhlemann (Hrsg.), Religion im Kaiserreich. Milieus – Mentalitäten – Krisen, Gütersloh 1996; Siegfried Weichlein, Sozialmilieus und politische Kultur in der Weimarer Republik. Lebenswelt, Vereinskultur, Politik in Hessen, Göttingen 1996; Wilfried Loth, Katholiken im Kaiserreich. Der politische Katholizismus in der Krise des wilhelminischen Deutschlands, Düsseldorf 1984.

123  Urs Hofmann, Innenansichten eines Niedergangs. Das protestantische Milieu in Basel 1920 bis 1970, Baden 2013.

124  Dem Sammelband von Olaf Blaschke und Frank-Michael Kuhlemann zu Religion im Deutschen Kaiserreich kam hierbei die Rolle als Katalysator zu: Blaschke/Kuhlemann (Hrsg.), Religion im Kaiserreich. Darin vor allem: Olaf Blaschke/Frank-Michael Kuhlemann, Religion in Geschichte und Gesellschaft. Sozialhistorische Perspektiven für die vergleichende Erforschung religiöser Mentalitäten und Milieus (7–56); Frank-Michael Kuhlemann, Protestantisches Milieu in Baden. Konfessionelle Vergesellschaftung und Mentalität im Umbruch zur Moderne (316–349).

Das Grundproblem für die Verwendung der Milieutheorie stellt die richtungsbedingte Fragmentierung des Protestantismus im deutschsprachigen Raum dar. Kuhlemann postuliert deshalb für Deutschland das Vorhandensein eines liberalen und konservativen Teilmilieus. Zudem habe auf der Makroebene ein, wenn auch schwach ausgebildetes, richtungsübergreifendes protestantisches (Gesamt-)Milieu bestanden. Zugleich definiert er für beide Ebenen das Vorhandensein von vier konzentrischen Milieukreisen, bestehend aus Kirche, Funktionsträgern, Kirchenparteien und Vereinen.[125] Weit kritischer sieht das Milieukonzept Jochen-Christoph Kaiser.[126] Der Kirchenhistoriker verweist zwar auf das sich im gesamtbürgerlichen Kontext ebenfalls stark diversifizierende Vereinswesen des Protestantismus, doch sieht er aufgrund der ebenfalls fest in der Selbstwahrnehmung verankerten Mehrheitsstellung des Protestantismus im Kaiserreich keinen klassischen Fall eines Milieus. Eine Ausnahme sieht er in Bezug auf die häufig freikirchlichen Gemeinschaften, die sich in einer Minderheitensituation befanden und sich selbst von anderen protestantischen Kirchen abgrenzten.[127] Hierzu ist einzuwerfen, dass Kuhlemann

---

Zur Thematik siehe zudem auch: Hübinger, Kulturprotestantismus und Politik; Gangolf Hübinger, Protestantische Kultur im wilhelminischen Deutschland, in: Internationales Archiv für Sozialgeschichte der deutschen Literatur 16 (1991), S. 174–199. Jüngst zudem auch: Roland Löffler, Milieu und Mentalität. Überlegungen zur Anwendbarkeit europäischer Theoriemodelle auf die deutsche Palästina-Mission, in: Babara Haider-Wilson/Dominique Trimbur (Hrsg.), Europa und Palästina 1799–1948: Religion – Politik – Gesellschaft, Wien 2010, S. 181–210. Das Milieu-Konzept wurde auch dem Sammelband Michel Grunewalds und Uwe Puschners zu evangelischen Intellektuellenmilieu in Deutschland zugrunde gelegt: Michel Grunewald/Uwe Puschner (Hrsg.), in Zusammenarbeit mit Hans Manfred Bock, Das evangelische Intellektuellenmilieu in Deutschland, seine Presse und seine Netzwerke (1871–1963), Bern et al., 2008. Zu Grunewalds Ansatz zudem: Michel Grunewald/Hans Manfred Bock, Zeitschriften als Spiegel intellektueller Milieus. Vorbemerkungen zur Analyse eines ungeklärten Verhältnisses, in: Michel Grunewald (Hrsg.), in Zusammenarbeit mit Hans Manfred Bock, Das linke Intellektuellenmilieu in Deutschland, seine Presse und seine Netzwerke (1860–1960), Bern 2002, S. 21–36.

125 Kuhlemann, Protestantisches Milieu in Baden. Siehe zudem: Olaf Blaschke/Frank-Michael Kuhlemann, Religion in Geschichte und Gesellschaft. Sozialhistorische Perspektiven für die vergleichende Erforschung religiöser Mentalitäten und Milieus, in: dies. (Hrsg.), Religion im Kaiserreich, S. 7–56.

126 Jochen-Christoph Kaiser, Die Formierung des protestantischen Milieus. Konfessionelle Vergesellschaftung im 19. Jahrhundert, in: ders., Politischer Protestantismus im 19. und 20. Jahrhundert. Ausgewählte Arbeiten zur Kirchlichen Zeitgeschichte, hrsg. von Rolf-Ulrich Kunze und Roland Löffler, Konstanz 2008, S. 39–68. Eine ebenfalls kritische Haltung gegenüber der Existenz eines protestantischen Milieus in Deutschland: Thomas Nipperdey, Religion im Umbruch. Deutschland 1870–1918, München 1988.

127 Bezüglich der Gemeinschaften folgert Kaiser: „Es handelt sich um eine Minderheit innerhalb des deutschen Protestantismus, – eine Minderheit, der allerdings am ehesten das Attribut ‚pro-

seine theoretischen Überlegungen am Protestantismus in Baden festmacht. Der badische Protestantismus befand sich allerdings ebenfalls in einer Minderheitensituation, war doch die Region katholisch dominiert.[128] Erst nach dem Fall des Kaiserreiches 1918, als sich die protestantische Kirche in der Weimarer Republik mit dem Gefühl der Marginalisierung konfrontiert sah, habe sich, so Kaiser, eine Milieubildung vollzogen.[129] Die beiden Beispiele aus der deutschen Protestantismusforschung deuten an, dass die Milieutheorie für die Charakterisierung der Strukturen des Protestantismus während des für diese Arbeit gewählten Untersuchungszeitraums nur ansatzweise und nur dann nützlich wäre, wenn ein sehr offener Milieubegriff verwendet würde.[130]

Von einem übergeordneten protestantischen Milieu kann schwerlich gesprochen werden. Gerade die im Vergleich zum Schweizer Katholizismus fehlende Minderheitensituation des Protestantismus bremste eine Milieubildung. Zwar bestand in der Vorstellung, dass die Schweiz ein mehrheitlich protestantisches Land sei, in dessen Geschichte die Reformation einen zentralen Platz einnehme, ein Gemeinplatz im schweizerischen Protestantismus und somit eine schmale Grundlage für eine übergeordnete ‚protestantische Identität‘. Jedoch unterlief das Richtungswesen eine tiefergehende organisatorische Vernetzung auf einer Metaebene. Darüber hinaus fehlte dem schweizerischen Protestantismus im Gegensatz zum Katholizismus eine politische Milieupartei. Eine solche wurde auch nicht angestrebt. Weniger klar ist der Fall hingegen bei den Minderheitsrichtungen im Deutschschweizer Protestantismus, allen voran den Positiven. Diese sahen ihre theologischen Überzeugungen durch das Übergewicht der liberalen Protestanten und den modernen Bundesstaat gefährdet. Die Heterogenität der positiven Großfamilie lässt es jedoch als fraglich erscheinen, ob für die Positiven von einem Teilmilieu gesprochen werden kann.[131] Am ehesten erscheint das Konzept von Mikromilieus verwendbar, und

---

testantisches Milieu‘ im klassischen Sinne zugebilligt werden könnte, da sie über nur vage zu bestimmende evangelische Denkformen und eine Art ‚protestantische Kultur‘ hinaus feste Zuordnungskriterien religiös-sozialer bzw. sozial-moralischer Natur definierte und diesen auch mit manchmal rigiden Maßnahmen sozialer Disziplinierung zur Geltung verhalf. Die Gemeinschaften bewegten sich stets auf dem schmalen Grad [sic!] zwischen der Mitgliedschaft in den (Landes-)Kirchen und einem freikirchlichen Dissentertum.“ (Kaiser, Die Formierung des protestantischen Milieus, S. 62.)

128  Kuhlemann, Protestantisches Milieu in Baden, S. 329.

129  Kaiser, Die Formierung des protestantischen Milieus, S. 63.

130  Einen solchen weiten Milieubegriff setzt Frank-Michael Kuhlemann für seine konzeptionellen Überlegungen voraus. (Kuhlemann, Protestantisches Milieu in Baden, S. 318.)

131  An dieser Stelle ist kritisch anzumerken, dass sich das Konzept des katholischen Milieus auf den ultramontanen Katholizismus fokussiert und jenen substantiellen Teil der Katholiken, der sich beispielsweise politisch außerhalb des Milieus bewegte, tendenziell vernachlässigt.

zwar für lokale Gemeinschaften wie beispielsweise die „Evangelische Gesellschaft" oder andere ‚erweckliche' und pietistische Kreise und deren Vereinswesen.[132] Abgesehen von diesen Bedenken gegenüber der Anwendung des Milieukonzepts auf den Deutschschweizer Protestantismus, liegt der Fokus dieser Arbeit nicht auf den sozialen Strukturen und Netzwerken, die in der Milieuforschung primär von Bedeutung sind, sondern auf der Kommunikation der Richtungsorgane und deren Verbreitung antisemitischer Topoi und Diskurse in Teilöffentlichkeiten.[133]

## 4 Fragestellungen

Basierend auf den eingangs in der Zielsetzung der Dissertation umrissenen inhaltlichen und prozessualen Fragestellungen sowie den Ausführungen zum Forschungsstand und zu den theologischen und organisatorischen Charakteristiken des Deutschschweizer Protestantismus, lassen sich vier miteinander verknüpfte Fragenkomplexe entwickeln. Ein erstes Bündel an Fragen dreht sich um die Konjunkturen des Antisemitismus im Deutschschweizer Protestantismus: Wieweit und wie intensiv waren antisemitische Positionen im Protestantismus der Deutschschweiz präsent? Welche Periodisierung des Antisemitismus bietet sich für den Untersuchungszeitraum von 1870 bis 1950 an? Verliefen die Wellen des protestantischen Antisemitismus in der Deutschschweiz synchron oder diachron zu den aus der schweizerischen und internationalen Antisemitismusforschung bekannten Wellen des Antisemitismus? In welchen Zusammenhängen gelangten antisemitische Überzeugungen zum Ausdruck?

Ein zweiter Fragenkomplex wendet sich den inhaltlichen Spezifika des protestantischen Antisemitismus in der Deutschschweiz zu: Welche judenfeindlichen Diskurse, Topoi, stereotypen Motive, Feindbilder, Semantiken und Argumentationsstrategien herrschten im Deutschschweizer Protestantismus vor? Kam es innerhalb des Untersuchungszeitraumes zu Akzentverschiebungen innerhalb des antisemitischen Repertoires, transformierten sich die Feindbilder oder sind Kontinuitäten augenfällig? Standen diese Veränderungen in Verbindung mit inhaltlichen Konjunkturen des Antisemitismus im Allgemeinen? Welche Diskursfelder zeichneten sich durch

---

132  Von einenm protestantischen Milieu in Basel geht hingegen Urs Hofmann aus: Hofmann, Innenansichten eines Niedergangs. Seiner Vorstellung ist jedoch kritisch zu begegnen, da er unter anderem die ausgeprägten Richtungsgegensätze unterschätzt. Eine ausführlichere Kritik von Hofmanns Milieu-Konzept: Thomas Metzger, Rez. zu: Urs Hofmann, Innenansichten eines Niedergangs. Das protestantische Milieu in Basel 1920 bis 1970, in: Schweizerische Zeitschrift für Religions- und Kulturgeschichte 109 (2015), S. 443–445.

133  Zum Konzept der ‚Teilöffentlichkeiten' siehe Kapitel 5 in diesem Teil.

ein besonderes Maß an Kontinuität respektive Diskontinuität aus? Dominierten religiös fundierte antijudaistische Diskursstränge oder solche des sogenannten modernen Antisemitismus, die soziokulturell, nationalistisch oder rassistisch argumentierten? Traten sie gesondert auf, oder waren sie miteinander verschränkt? Fand in einzelnen Strömungen oder im Deutschschweizer Protestantismus im Allgemeinen eine Abgrenzung gegenüber gewissen Ausformungen des Antisemitismus statt, und falls ja, worauf gründeten diese anti-antisemitischen Positionierungen?

Aufgrund der Heterogenität des Deutschschweizer Protestantismus im Zeitraum von 1870 bis 1950, die in den kontextuellen Ausführungen aufgezeigt wurde, kreist ein dritter Fragenkomplex um eine richtungsspezifische Ausdifferenzierung des Antisemitismus: Wo zeigten sich in den antisemitischen Diskursen, Topoi, Stereotypen und Feindbildern – auch bezüglich Intensität und zeitlicher Schwerpunkte – Gemeinsamkeiten und Unterschiede zwischen den Positiven, Liberalen, Vermittlern und Religiös-Sozialen sowie einzelner spezifischer Gruppierungen, wie beispielsweise der Jungreformierten oder der Judenmission? Schlugen sich innerprotestantische Konflikte in der Wiedergabe und Wahrnehmung von Antisemitismus nieder? Wie beeinflussten die Transformationen im Deutschschweizer Protestantismus in der ersten Hälfte des 20. Jahrhunderts den Antisemitismus?

Der vierte Fragenkomplex betrifft die Interdependenz zwischen dem Antisemitismus des Deutschschweizer Protestantismus und dem Antisemitismus im Ausland, da transnationalen Bezügen in der Antisemitismusforschung noch wenig Beachtung geschenkt wurde. Im Zentrum steht dabei die Beziehung zu Deutschland: Wie wurde die starke Präsenz des Antisemitismus im deutschen Protestantismus rezipiert? Lassen sich Transfers antisemitischer Diskurse, Topoi, stereotyper Motive, Feindbilder und Semantiken aus dem deutschen protestantischen Kontext nachweisen? Auch in diesem Kontext ist zudem nach Transformationen dieser Interdependenz innerhalb des achtzigjährigen Untersuchungszeitraums zu fragen. Zusammenhängend mit dem vierten Schwerpunkt sollen neben dem Faktor des transnationalen Austausches auch Transferkanäle innerhalb des Deutschschweizer Protestantismus betrachtet werden. Gab es bestimmte Akteure oder Organe, die im Sprechen über das Judentum – und damit verbunden in der Verbreitung antisemitischer Diskurse – eine Führungsrolle übernahmen?

Die vier Fragenkomplexe sowie der große Untersuchungszeitraum sollen zu Ergebnissen führen, die besonders in dreifacher Hinsicht einen Mehrwert für die nationale und internationale Antisemitismusforschung versprechen. Erstens blieb der Antisemitismus im schweizerischen Protestantismus bislang fast völlig unerforscht.[134] Auch die Forschungen zum Antisemitismus in Deutschland, die für diese

---

134 Zum Forschungsstand siehe Kapitel 2 in diesem Teil.

Arbeit einen wichtigen Referenzpunkt darstellen, haben – mit Ausnahme der quel-
len- und umfangreichen Habilitationsschrift von Wolfgang E. Heinrichs zu ‚Judenbildern' im deutschen Protestantismus des Deutschen Kaiserreichs[135] – die differenzierte und vergleichende Analyse der sich teilweise deutlich unterscheidenden
antisemitischen Diskurse des heterogenen Protestantismus vernachlässigt. Vorliegende Forschungsarbeit strebt deshalb – mit Fokussierung auf die Deutschschweiz –
an, grundlegende und nach verschiedenen innerprotestantischen Strömungen differenzierte Erkenntnisse zur Judenfeindschaft im Protestantismus zu generieren.
Damit verknüpft, intendiert die Arbeit zudem, einen wichtigen Beitrag zur Erforschung des Antisemitismus in konfessionellen Gruppen an sich zu leisten und
dabei auch für die internationale Forschung anschlussfähige Resultate zu liefern,
zumal dieser Teilbereich der Antisemitismusforschung bislang generell nicht ausreichend Beachtung gefunden hat.

Ein zweiter Mehrwert liegt im gewählten Untersuchungszeitraum begründet.
In der deutschsprachigen Antisemitismusforschung dominieren zum einen Untersuchungen zum Deutschen Kaiserreich mit besonderem Fokus auf die Formierungsphase des modernen Antisemitismus ab den 1870er-Jahren sowie andererseits Studien zur Radikalisierung des Antisemitismus in der Weimarer Republik
und zu seiner eliminatorischen Kulmination im nationalsozialistischen Genozid
am europäischen Judentum. Die wenigen breiter angelegten Forschungsarbeiten
zum Antisemitismus der Schweiz decken zusammengenommen zwar einen langen Zeitraum ab, untersuchen für sich genommen allerdings nur jeweils rund drei
Jahrzehnte.[136] Der lange Zeitraum von achtzig Jahren erlaubt hingegen eine Analyse des Antisemitismus im Deutschschweizer Protestantismus in der *longue durée*
und ermöglicht so, qualitative und quantitative Konjunkturen nachzuzeichnen und
vertiefte Aussagen über Kontinuitäten, Brüche und Transformationen in Diskursen
und Feindbildern des protestantischen Antisemitismus zu treffen. Dieses Vorhaben
wird auch dadurch unterstützt, dass ein guter Teil der systematisch untersuchten

---

135   Heinrichs, Das Judenbild im Protestantismus.

136   Die breit angelegten Studien von Friedrich Traugott Külling und Aaron Kamis-Müller decken
       die Zeit von 1866 bis 1900 respektive von 1900 bis 1930 ab. Urs Altermatts Analyse des katholi-
       schen Antisemitismus in der Schweiz wendet sich den Jahren 1918 bis 1945 zu. Den Antisemi-
       tismus der Zwischenkriegszeit in St. Gallen untersucht Thomas Metzger. Aspekten der Nach-
       kriegszeit wenden sich die Studien von Zsolt Keller und Christina Späti zu: Külling, Bei uns wie
       überall?; Kamis-Müller, Antisemitismus in der Schweiz; Altermatt, Katholizismus und Antise-
       mitismus; Metzger, Antisemitismus in der Stadt St. Gallen; Späti, Die schweizerische Linke und
       Israel; Keller, Abwehr und Aufklärung. Einzelaspekte beleuchtet der Sammelband von Aram
       Mattioli, der Fallstudien zum Zeitraum von 1848 bis 1960 enthält: Mattioli (Hrsg.), Antisemitis-
       mus in der Schweiz 1848–1960.

religiösen Zeitschriften während des gesamten Untersuchungszeitraums erschienen ist.[137] Der untersuchte Zeitraum von 80 Jahren umfasst nicht nur die Phase der Herausbildung des sogenannten modernen Antisemitismus in den 1870er-Jahren sowie die Zeitspanne der in Europa stark antisemitischen Perioden der 1880er- und 1890er-Jahre sowie der Zeit von 1918 bis 1945, sondern auch die ersten Jahre nach dem Zweiten Weltkrieg.[138] Die Wahl von 1870 als Anfangspunkt der Untersuchung – punktuell wird auch auf die 1860er-Jahre zurückgeblickt – soll ermöglichen, die Genese des sogenannten modernen Antisemitismus besser zu erfassen. Zugleich ist der Anfang des Untersuchungszeitraumes auch durch innerprotestantische Entwicklungen bedingt. Wie bereits im vorangegangenen Kapitel dargestellt, differenzierte sich der Deutschschweizerische Protestantismus organisatorisch – Ähnliches geschah auch in Deutschland – vor dem Hintergrund stark divergierender theologischer Überzeugungen in die drei unterschiedlichen religiös-kirchenpolitischen Gruppen der Liberalen, Positiven und Vermittler aus.[139] Mit diesem Prozess einher ging eine deutliche Vermehrung richtungsspezifischer protestantischer Zeitschriften. Dieser Effekt wurde zudem durch die im letzten Drittel des 19. Jahrhunderts allgemein einsetzende starke Expansion der Printmedien im deutschsprachigen Raum verstärkt. Als Endpunkt der Untersuchung wurde 1950 gewählt, um die unmittelbare Nachkriegszeit in die Analyse zu integrieren. Dahinter steht die Überlegung, allfällige Transformationen in den antisemitischen Diskursen und im Erscheinungsbild der Judenfeindschaft angesichts des vollen Wissens um die Shoah greifbar zu machen.

Ein dritter Mehrwert der Forschungsarbeit besteht darin, dass die Beziehung und das Zusammenwirken von religiösen mit soziokulturellen, nationalistischen oder rassistischen Diskursen des Antisemitismus am Fall des Deutschschweizer Protestantismus analysiert werden können. Die Dissertation soll daher auch zu den vor allem seit den 1970er-Jahren vorherrschenden Forschungsdiskussionen zwischen Anhängern der Kontinuitätsthese und Verfechtern der Transformationsthese beitragen. Während das eine Lager Kontinuitätslinien in der Judenfeindschaft der letzten zweitausend Jahre in den Vordergrund rückt, betont das andere Transformationen im Zeichen einer Säkularisierung des Antisemitismus im 19. Jahrhundert.

---

137  Gerade bei den liberal-theologischen Zeitschriften kam es in den 1930er-Jahren zu Fusionen. Siehe hierzu und zur Quellenbasis im Allgemeinen Kapitel 5 in diesem Teil.

138  Zum Konzept des ‚modernen Antisemitismus‘ siehe Teil II.

139  Zu Beginn des 20. Jahrhunderts kam, wie bereits ausgeführt, mit den sogenannten Religiös-Sozialen noch eine vierte theologisch-kirchliche Partei hinzu.

## 5 Quellengrundlage

Als primäre Quellengrundlage dienen protestantische Zeitschriften. Rund ein Dutzend davon wurden über einen langen Zeitraum systematisch untersucht, und eine größere Anzahl wurde zudem teilweise oder punktuell in die Analyse integriert. Bei den Zeitschriften handelte es sich zumeist um vierzehntäglich oder monatlich erscheinende Periodika. Mit unterschiedlicher Akzentuierung beinhalteten sie zum einen oft theologische Abhandlungen, religiös geprägte Erörterungen zu Zeitfragen, erbauliche Geschichten und Buchbesprechungen. Zum anderen beleuchteten die pro Nummer meist acht bis sechzehn Seiten umfassenden Zeitschriften in einem Nachrichtenteil kirchliche und politische Entwicklungen im In- und Ausland. Abgerundet wurden diese Inhalte zum Teil mit Gedichten, Gebeten und Sinnsprüchen. Die Quellengrundlage komplettieren zahlreiche Einzelschriften. Diese wurden häufig von wichtigen Exponenten des Deutschschweizer Protestantismus verfasst und decken inhaltlich ein breites Spektrum ab. Vorwiegend handelt es sich dabei um theologische und ‚erbauliche‘ Schriften sowie protestantisch geprägte Zeitbetrachtungen. Nicht zuletzt gehören in diese Kategorie auch zahlreiche Schriften zum antisemitischen Konstrukt der ‚Judenfrage‘, die im letzten Drittel des 19. Jahrhunderts und dann insbesondere im Zeitraum von 1933 bis 1945 auch im Deutschschweizer Protestantismus wiederholt publizistisch thematisiert wurde.

*Methodische Überlegungen und Begründung der Quellenwahl*

Die protestantischen Zeitschriften und Einzelschriften wurden einer qualitativ-hermeneutischen Inhaltsanalyse unterzogen. Die Strukturierung der Befunde erfolgte nach diskursiven und inhaltlichen Merkmalen. Gerade der Blick auf Diskurse ist für diese Arbeit wichtig, da es ihr ebenfalls um das Erfassen von Tiefenstrukturen geht. So ist beim Herausarbeiten von Topoi und Stereotype auch das Erfassen semantischer und motivischer Merkmale wesentlich. In ihrem Diskursbegriff lehnt sich diese Arbeit an Michel Foucault an. Diskurse werden als verdichtete Sprache, als eine Ansammlung gleich- oder ähnlich gerichteter Aussagen verstanden. Diese konstruieren Sinn und strukturieren das antisemitische Denken und Schreiben.[140] Exemplarisch kann hier etwa auf die Analyse antisemitischer Äußerungen verwiesen werden, die sich inhaltlich auf christlich-religiöse Vorstellungen stützten. Diese lassen sich in unterschiedliche Diskurse (z. B. christlicher Superioritätsdiskurs), Topoi (Verworfenheits-Topos), Motive (Gottesmord-Motiv) und Semantiken (Blindheitsmetaphern) ausdifferenzieren.

---

140 Michel Foucault, Archäologie des Wissens, 7. Aufl., Frankfurt a. M. 1995.

Der Entscheid, Zeitschriften als Hauptquellenkorpus zu definieren, fiel aus drei Gründen. Erstens stellen Zeitschriften Orte verdichteter Kommunikation dar. Gerade theologische oder ‚religiös-erbauliche' Periodika, die der Meinungspresse zuzuordnen sind, fungierten als Sprachrohre der eigenen ‚Botschaft' und verfügten somit über eine wichtige Funktion als Multiplikatoren. Dadurch wirkten die Zeitschriften mit Blick auf den Antisemitismus für den Deutschschweizer Protestantismus diskursprägend.[141] Ihre Kommunikation richtete sich gegen außen, um in der Öffentlichkeit die eigenen Positionen kundzutun, zielte aber gleichzeitig auch gegen innen auf die Kernleserschaft ab, um diese in ihrer Position zu bestärken. Bei der Analyse von Presseerzeugnissen muss daher zugleich, wie Thomas Gräfe betont, auch ein Augenmerk auf die Rezeption geworfen werden, da sie nicht als ein einseitiger Prozess zu verstehen sei.[142] Auf der einen Seite hofften die Autoren, durch die Öffentlichkeit rezipiert zu werden. Sie waren sich indes auf der anderen Seite auch ihrer Rezeption bewusst und gingen entsprechend auf die Bedürfnisse ihrer Leserschaft ein. Nicht zuletzt sind viele Leser als ‚Bestätigungsleser' anzusehen, die sich durch die Lektüre in ihren eigenen Ansichten bestätigt sehen wollten.[143]

Zweitens fällt besonders die erste Hälfte des Untersuchungszeitraums in eine Phase starker Transformationen in der Medienlandschaft, die sich positiv auf die Breite des Quellenbestandes auswirkte, denn gerade im letzten Drittel des 19. Jahrhunderts kam es in der Schweiz, aber etwa auch in Deutschland, zu einer enormen Zunahme an Zeitungen und Zeitschriften.[144] So konstatiert Jörg Requate mit

---

141   Die große Bedeutung der Pressetransformation für die Verbreitung des Antisemitismus analysiert z. B.: Andrea Hopp, Zur Medialisierung des antisemitischen Stereotyps im Kaiserreich, in: Bergmann/Ulrich (Hrsg.), Antisemitische Geschichtsbilder, S. 23–37.

142   Gräfe, Antisemitismus in Deutschland, S. 63 f.

143   Olaf Blaschke betont dies mit Blick auf die katholisch-konservative Presse ebenfalls: Olaf Blaschke, Die Anatomie des katholischen Antisemitismus. Eine Einladung zum internationalen Vergleich, in: ders./Mattioli (Hrsg.), Katholischer Antisemitismus im 19. Jahrhundert, S. 3–54, S. 43.

144   Für die Schweiz konstatierte dies bereits 1902 Oskar Wettstein in seiner Abhandlung über die schweizerische Presse: Oskar Wettstein, Die schweizerische Presse. Ihre rechtlichen, moralischen und sozialen Verhältnisse. Im Auftrage des „Vereins der Schweizer Presse" und des „Vereins Zürcher Presse", Zürich 1902, S. 19. Zur Transformation der Medienlandschaft siehe v. a.: Rüdiger vom Bruch, Zeitschriften im Strukturwandel der Öffentlichkeit, in: Grunewald/Puschner (Hrsg.), Das evangelische Intellektuellenmilieu in Deutschland, S. 41–71; Jürgen Wilke, Grundzüge der Medien- und Kommunikationsgeschichte, Köln/Weimar/Wien 2008; Jörg Requate, Kommerzialisierung der Presse im frühen 20. Jahrhundert. Konsumierendes und fragmentiertes Publikum, in: Clemens Zimmermann (Hrsg.), Politischer Journalismus, Öffentlichkeiten und Medien im 19. und 20. Jahrhundert, Ostfildern 2006, S. 121–137. Teil dieser Transformationen stellte auch die Entstehung eines professionellen Journalismus dar. Siehe: Jörg Requate, Journalismus als Beruf. Entstehung und Entwicklung des Journalistenberufs im 19. Jahrhundert.

Blick auf Deutschland, dass die Presse von den 1880er-Jahren bis in die 1920er-Jahre auf allen Ebenen eine Phase der rasanten Expansion, Innovation und Differenzierung erfuhr.[145] Quellenmäßig konnte diese Arbeit somit aus dem Vollen schöpfen. In der Schweiz wirkte sich diese Phase medialer Expansion dahingehend aus, dass im Vergleich zu 1872, als für die Schweiz die Zahl von 418 Zeitungen und Zeitschriften festgestellt wurde, 1885 die Anzahl periodischer Publikationen auf 643 und 1896 bereits auf 1002 angestiegen war.[146] Die Zunahme periodischer Schriften betraf sowohl die (politischen) Zeitungen als auch die Zeitschriften und wirkte sich auch auf religiös ausgerichtete Veröffentlichungen aus.[147] Die wachsende Zahl protestantischer Zeitschriften, die von theologisch ausgerichteten Fachblättern über Belehrungs- und Erbauungsblätter bis zu den ab dem 20. Jahrhundert an Bedeutung gewinnenden (kantonalen) Kirchenblättern reichten, bildet einen fast unermesslich großen Quellenkorpus.[148] Deshalb wurde für den Bereich der systematisch untersuchten Periodika eine Begrenzung auf die wichtigsten Zeitschriften der verschiedenen theologisch-kirchenpolitischen Richtungen vorgenommen, zumal diese eine jahrzehntelange Kontinuität aufwiesen.

Drittens fiel die allgemeine Transformation der Medienlandschaft mit einer organisatorischen Pluralisierung innerhalb des Deutschschweizer Protestantismus zusammen. Wie schon ausgeführt, führten die teilweise an einen Kulturkampf erinnernden innerprotestantischen Gegensätze 1871 zur Gründung des liberal ausgerichteten „Schweizerischen Vereins für freies Christentum", des positiven „Schweizerischen Evangelisch-kirchlichen Vereins" sowie der „Schweizerisch kirchlichen Gesellschaft" der Vermittler. Aus diesem innerprotestantischen Konflikt resultierten um 1870 herum auch mehrere Gründungen sogenannter Richtungsblätter, die mit der Perspektive der jeweiligen theologischen Richtung kirchliche, gesellschaft-

Deutschland im internationalen Vergleich, Göttingen 1995. Diese Veränderungen nahm ebenfalls Oskar Wettstein wahr: Wettstein, Die schweizerische Presse, S. 22.

145   Requate, Kommerzialisierung der Presse, S. 121. Requate sieht für diesen Zeitraum jedoch bereits auch den Beginn einer rückläufigen Phase.

146   Für die Zahlen siehe: Statistik der schweizerischen Journale vom Jahre 1872 für die Wiener Weltausstellung, Basel 1873; Wettstein, Die schweizerische Presse, S. 19; Karl Weber, Die Zeitschrift im Geistesleben der Schweiz, Bern 1943, S. 6. Karl Weber zählte für 1925 bereits 2825 Periodika.

147   Laut der Bibliografie der schweizerischen Presse von Josef-Leopold Brandstetter existierten für die Zeitspanne von 1803 bis 1896 insgesamt 250 Periodika religiösen Charakters (exklusive Kalender), wovon die überwiegende Mehrzahl Zeitschriften darstellten. Der Großteil war ein Produkt der zweiten Hälfte des 19. Jahrhunderts. Oft existierten die Zeitschriften nur wenige Jahre. (Josef Leopold Brandstetter, Bibliographie der Gesellschaftsschriften, Zeitungen und Kalender in der Schweiz, Bern 1896, S. 102–116.)

148   Wichtige Zentren der protestantischen Medienlandschaft waren richtungsübergreifend die protestantisch geprägten Städte Basel, Zürich, Bern und St. Gallen.

liche und politische Zeitfragen diskutierten.[149] Vor allem auf konservativ-protestantischer Seite gesellten sich diese Neugründungen zu bereits etablierten Zeitschriften wie dem pietistisch geprägten „Christlichen Volksboten" aus Basel oder dem „Appenzeller Sonntagsblatt" aus Appenzell Ausserrhoden, die sich im Richtungsstreit ebenfalls ihrer konservativ-protestantischen Einstellung entsprechend positionierten. Die verschiedenen Richtungsblätter bedienten unterschiedliche Öffentlichkeiten. Für diesen Fall bietet es sich an, von unterschiedlichen Teilöffentlichkeiten zu sprechen. Die Zeitschriften fungierten dabei in der Teilöffentlichkeit als Kommunikationsorgan gegen innen und waren zugleich Akteure in einem sich über die entsprechenden Teilöffentlichkeiten hinaus erstreckenden breiteren protestantischen öffentlichen Raum.[150] Die Existenz von Teilöffentlichkeiten ist nicht als Indiz für die Existenz von protestantischen Teilmilieus zu werten, die als solche nicht nur eine mediale, sondern auch eine tiefgreifende organisatorische und gesellschaftliche Vernetzung aufweisen müssten.[151] Der sich in den 1870er-Jahren weiter differenzierende öffentliche protestantische Kommunikationsraum stellt somit ein sehr interessantes Untersuchungsobjekt dar, da wegen der wachsenden Zahl an Zeitschriften sehr viele aussagekräftige Quellen für den Vergleich des Antisemitismus der unterschiedlichen theologischen Richtungen verfügbar sind.

149 Zu den einzelnen Zeitschriften siehe weiter unten in diesem Kapitel.

150 Zum theoretischen Konzept der Teilöffentlichkeit siehe: Jörg Requate, Öffentlichkeit und Medien als Gegenstände historischer Analyse, in: Geschichte und Gesellschaft. Zeitschrift für Historische Sozialwissenschaft 25 (1999) 1, S. 5–32. Requate nimmt hierbei eine Synthese der Überlegungen zu Teilöffentlichkeiten von Nancy Fraser mit dem Konzept eines horizontal gegliederten Systems ‚Öffentlichkeit' von Jürgen Gerhards und Friedhelm Neidhardt vor. (Nancy Fraser, Rethinking the Public Sphere: A Contribution to the Critique of Actually Existing Democracy, in: Social Text 25/26 (1992), S. 595–612; Jürgen Gerhards/Friedhelm Neidhardt, Strukturen und Funktionen moderner Öffentlichkeit. Fragestellungen und Ansätze, in: Stefan Müller-Doohm (Hrsg.), Öffentlichkeit, Kultur, Massenkommunikation. Beiträge zur Medien- und Kommunikationssoziologie, Oldenburg 1991, S. 31–88.) Requates Gedankengänge beziehen sich auf den von Jürgen Habermas postulierten Zerfall der ‚bürgerlichen Öffentlichkeit' durch die Kommerzialisierung der Medienlandschaft im 19. Jahrhundert und die Feststellung, dass die Forschung diese vermeintlich zerfallende Öffentlichkeit noch kaum theoretisch zu fassen versucht habe. Für die Theorie von Habermas siehe: Jürgen Habermas, Strukturwandel der Öffentlichkeit, Neuwied 1962.

151 Zur Frage der Anwendbarkeit der Milieu-Theorie auf den schweizerischen Protestantismus siehe weiter oben. Am ehesten kann für die pietistischen Kreise in Basel um den „Christlichen Volksboten" von milieuartigen Strukturen gesprochen werden, da sich die Trägerschicht dieser Zeitschrift auch in vielen anderen ‚erwecklichen' konservativ-protestantischen Organisationen engagierten. Siehe zu den pietistischen, oft von Mitgliedern der Herrnhuter Brüdersozietät geprägten Netzwerken: Janner, Zwischen Machtanspruch und Autoritätsverlust. Zudem: Erika Hebeisen, Leidenschaftlich fromm. Die pietistische Bewegung in Basel 1750–1830, Köln/Wei-

*Untersuchte Zeitschriften*

Wegleitend für die Auswahl der Zeitschriften war, dass sie das vorherrschende theologisch-kirchenpolitische Richtungswesen repräsentierten. Da die untersuchten
Zeitschriften – insbesondere die klassischen Richtungsorgane, aber in geringerem
Maße auch die stärker ‚erbaulich‘ ausgerichteten Periodika – nicht nur theologische,
sondern auch gesellschaftliche Fragen diskutierten, sind sie als Quellen für die Antisemitismusforschung besonders interessant. Im Folgenden sollen deshalb die der
Dissertation als Quellengrundlage dienenden Zeitschriften (siehe folgende Über-
sicht) genauer vorgestellt werden, die entweder über den gesamten Untersuchungszeitraum hinweg systematisch oder zumindest über einen längeren Zeitraum eingehend analysiert wurden.[152]

Als Organe des theologischen Liberalismus wurden drei Zeitschriften systematisch analysiert, die teils mehrfach ihre Namen änderten und in den 1930er-Jah-
ren schließlich zu einer einzigen Zeitschrift verschmolzen. Seit 1866 erschienen in
Bern als Organ der dortigen kirchenpolitischen Reformpartei die „Reformblätter
aus der bernischen Kirche". Nach einer Fusion mit den ebenfalls in Bern herausgegebenen „Zeitstimmen aus der reformirten Kirche der Schweiz" erschien die Zeitschrift ab 1872 unter dem Titel „Reform, Zeitstimmen aus der schweizerischen Kirche". Nachdem sich die „Zeitstimmen" auf Ende 1880 wieder selbständig gemacht
hatten, führte die im Gegensatz zu früher nicht mehr vierzehntägig, sondern wöchentlich erscheinende Zeitschrift der liberalen Theologie Berns von 1881 bis 1929
den Namen „Schweizerische Reformblätter", um dann ab 1930 schließlich unter
dem Namen „Schweizerisches Reformiertes Volksblatt" zu firmieren. Unter demselben Namen erschien schließlich ab 1939 eine alternierend in Basel, Bern und St.
Gallen erscheinende Zeitschrift als Produkt der Fusion der bernischen Zeitschrift
mit den beiden anderen ‚Flaggschiffen‘ der liberalen Theologie, dem „Religiösen
Volksblatt" und dem „Schweizerischen Protestantenblatt".[153]

---

mar/Wien 2005. Nochmals sei zudem auf den Milieuansatz verwiesen von: Hofmann, Innenansichten eines Niedergangs.

152   Abgesehen von der durch die Zeitschriften gepflegten Selbstdarstellung der Geschichte ihrer
Existenz ist die Bibliografie Fritz Blasers für die Rekonstruktion der Entwicklungen der Zeitschriften hilfreich. Zudem bieten Peter Aerne und Arnd Wiedmann einen guten kurzen Überblick über die Geschichte der Richtungsblätter. (Fritz Blaser, Bibliographie der Schweizer Presse.
Mit Einschluss des Fürstentums Liechtenstein, 2 Bde., Basel 1956–1958; Aerne, Religiöse Sozialisten, S. 27–75; Wiedmann, Imperialismus – Militarismus – Sozialismus, S. 49–70.)

153   Zur Selbstdarstellung der eigenen Geschichte in den „Reformblättern" siehe etwa: Paul Tenger,
„Reformiertes Volksblatt", in: SRV, 22. 2. 1930, S. 57 f. Zur Fusion der drei Blätter siehe: Mitteilung
an unsere Leser, in: SRV, 10. 6. 1939, S. 177–178. 9–55. Die Zeitschrift wurde für die Zeitspanne

## Übersicht Untersuchte Zeitschriften

*Liberal*

\*Basler Protestantenblatt (ab 1878)[a]
    1880 → \*Schweizerisches Protestantenblatt (bis 1939)

\*Reformblätter aus der bernischen Kirche (ab 1866)
    1872 → \*Reform, Zeitstimmen aus der schweizerischen Kirche (Fusion mit
        „Zeitstimmen aus der reformirten Kirche der Schweiz")
    1881 → \*Schweizerische Reformblätter (Trennung von „Zeitstimmen aus
        der reformirten Kirche der Schweiz")
    1930 → \*Schweizerisches Reformiertes Volksblatt
    1939 → \*Schweizerisches Reformiertes Volksblatt (Fusion mit „Religiöses
        Volksblatt" und „Schweizerisches Protestantenblatt")

\*Religiöses Volksblatt (1870 bis 1939)

[b]Zeitstimmen aus der reformirten Kirche der Schweiz (ab 1859)
    1872 → \*Reform, Zeitstimmen aus der schweizerischen Kirche (Fusion mit
        „Reformblätter aus der bernischen Kirche")
    1881 → [b]Zeitstimmen aus der reformierten Schweiz (Trennung von „Reform-
        blätter aus der bernischen Kirche")
    1884 → [b]Theologische Zeitschrift aus der Schweiz
    1899 → [b]Schweizerische Theologische Zeitschrift (bis 1920)

*Konservativ-protestantisch*

\*Appenzeller Sonntagsblatt (1862 bis 1950)
\*Christlicher Volksbote (1833 bis 1941)
\*Christlicher Volksfreund (1875 bis 1948)
[b]Evangelisches Wochenblatt (1860 bis 1909)
[b]Evangelische Volkszeitung (ab 1920)
\*Freund Israels (ab 1838)
\*Kirchenfreund (ab 1867)
\*Reformierte Schweizer Zeitung (ab 1922)
    1937 → \*Freitagszeitung für das reformierte Schweizervolk
    1939 → \*Grundriss (bis 1946)
[b]Schweizer Sonntagsfreund (ab 1882)

*Vermittlerisch/Dialektisch*

*Volksblatt (ab 1869)
    1872 → *Volksblatt für die reformirte Kirche der Schweiz
    1886 → *Kirchenblatt für die reformi(e)rte Schweiz

*Religiös-Sozial*

ᵇAufbau (ab 1919)
*Neue Wege (ab 1906)

Anmerkung: * = über den gesamten Untersuchungszeitraum hinweg systematisch untersucht, ᵃ = Jahreszahl in Klammer = Gründungsdatum und Ende des Erscheinens, falls Letzteres in den Untersuchungszeitraum fällt, ᵇ = über längere Zeiträume eingehend analysiert, → = Namensänderung

Das in St. Gallen, einer Hochburg der liberalen Theologie, erscheinende „Religiöse Volksblatt" behielt seinen Namen während seiner gesamten Erscheinungszeit von 1870 bis 1939 bei. Einer seiner beiden letzten Redakteure, der Felbener Pfarrer Willy Wuhrmann, trat nach der Fusion mit dem „Schweizerischen Reformierten Volksblatt" in dessen Schriftleitung ein. Nachdem 1874 in Basel, dessen Pfarreien bis zu diesem Zeitpunkt von den Positiven dominiert worden waren, mit dem aus Speicher stammenden Alfred Altherr erstmals ein Liberaler in ein Pfarramt gewählt worden war, gründeten die Liberalen mit dem „Schweizerischen Protestantenblatt" im ‚frommen Basel' auch ein eigenes Publikationsorgan, in dem der Richtungsstreit besonders heftig geführt wurde und in eine eigentliche Spaltung der Landeskirche und in separat abgehaltene Abendmahlsfeiern im Kanton mündete.[154] In den Jahren von 1878 bis 1879 erschien es als „Basler Protestantenblatt", und ab 1880 bis zur Fusion mit dem „Schweizerischen Reformierten Volksblatt" firmierte es, den gesamtschweizerischen Anspruch unterstreichend, als „Schweizerisches Protestantenblatt". Seit Beginn ihrer Existenz erschien die Zeitschrift wöchentlich.[155]

---

von 1870 bis 1950 systematisch untersucht. Die Jahrgänge 1866–1869 wurden anhand der Durchsicht des Inhaltsverzeichnisses analysiert. Die Zeitschrift stellte 2004 ihr Erscheinen ein.

154 Siehe: Janner, Zwischen Machtanspruch und Autoritätsverlust, S. 171–174. Das Geschichtsbild des ‚frommen Basel', das 1942 von Paul Burckhardt geprägt wurde, wird durch Sara Janner einleuchtend dekonstruiert: Janner, Zwischen Machtanspruch und Autoritätsverlust, S. 56–71.

155 Zur Geschichte der Zeitschrift in der Selbstdarstellung siehe: Oskar Brändli, Beim Antritt des neuen Jahres, in: SPB, 3. 1. 1903, S. 1 f. Siehe zudem mehrere Porträts über die Redakteure in den Anfangswochen des Jahrgangs von 1927. Die Zeitschrift wurde über ihren gesamten Erscheinungszeitraum hinweg systematisch untersucht.

Mit Gründungsjahr 1859 waren die „Zeitstimmen aus der reformirten Kirche der Schweiz" das älteste Richtungsorgan des kirchlichen Liberalismus, das während des Untersuchungszeitraums erschien. Sie wurden von Pfarrer Heinrich Lang, einem der führenden Köpfe der liberalen Theologie, vierzehntäglich herausgegeben. Nach dem von 1872 bis 1880 dauernden Zusammengehen mit den „Reformblättern" zur „Reform, Zeitstimmen aus der schweizerischen Kirche" erschienen sie von 1881 bis 1883 wieder unter dem leicht geänderten Namen „Zeitstimmen aus der reformierten Schweiz".[156] 1884 folgte die Umbenennung in „Theologische Zeitschrift aus der Schweiz", was den Anspruch als theologisches Fachblatt unterstrich. Gleichzeitig erschien es nur noch viermal jährlich. Das Periodikum existierte – ab 1899 unter dem Titel „Schweizerische Theologische Zeitschrift" – bis 1920 weiter.[157] Im Gegensatz zu den drei anderen protestantisch-liberalen Zeitschriften wurde dieses seit dem Beginn im Kanton Zürich gedruckte Organ anhand der Durchsicht des Inhaltsverzeichnisses und nicht umfassend untersucht.[158] Ebenso wurde bei einer weiteren liberal eingestellten theologischen Fachzeitschrift, der „Schweizerischen theologischen Umschau", verfahren, die ab 1930 als Beilage zu den drei großen liberalen Zeitschriften erschien.[159]

Für die Herausgabe von Zeitschriften der positiven Richtung nahm Basel eine vorrangige Stellung ein.[160] Die breitgefächerte positive Großfamilie verfügte über wesentlich mehr Periodika als der liberale Protestantismus. Aus dem Lager der Positiven wurden vier wichtige Zeitschriften systematisch untersucht. Zu diesen gehörte der alle vierzehn Tage herausgegebene „Kirchenfreund", der als offizielles Organ der positiven Richtungsorganisation „Schweizerischer Evangelisch-kirchlicher Verein" diente. Seit 1867 in Bern und dann in Basel erscheinend – 1920 wechselte die Drucklegung nach Zürich –, existierte dieses positive ‚Flaggschiff' bis 1951

---

156 Heinrich Lang, Redakteur der „Zeitstimmen", war nach der Fusion bis in sein Todesjahr 1876 auch Mitglied der Redaktion der „Reform, Zeitstimmen aus der schweizerischen Kirche".

157 Bestimmende Figur der Zeitschrift war der Zürcher Pfarrer Friedrich Meili, der von 1880 bis 1904 als Redakteur amtierte. Der schon in den „Zeitstimmen" vorhandene wissenschaftliche Anspruch verstärkte sich mit der Gründung der „Theologischen Zeitschrift aus der Schweiz". Diese wollte zudem ihre Zeilen für Theologen aller Richtungen öffnen. Siehe hierfür: Meili, Vorwort, in: TZS 1 (1884) 1, S. 3 f.

158 Dagegen wurde die Analyse ab dem ersten Jahrgang von 1859 durchgeführt. Erscheinungsort der „Zeitstimmen" war bis 1871 Winterthur. Mit dem Wiedererscheinen als eigenständiges Blatt im Jahre 1880 wechselte er nach Zürich.

159 Die Jahrgänge 1930 bis 1950 wurden anhand der Inhaltsverzeichnisse durchgearbeitet.

160 Einen Überblick bietet: Paul Stalder, Fromme Zeitschriften in Basel im 19. Jahrhundert, in: Thomas K. Kuhn/Martin Sallmann, Das „Fromme Basel". Religion in einer Stadt des 19. Jahrhunderts, Basel 2002, S. 199–204.

unter diesem Namen fort.[161] Unter der Bezeichnung „Reformatio" erhielt es anschließend eine Neuausrichtung. Zahlreiche wichtige Exponenten der positiven
Theologie dienten ihm als Redakteure, so etwa der Berner Theologieprofessor Wilhelm Hadorn oder der Basler Theologieprofessor Conrad von Orelli. Neben dem
„Kirchenfreund" wurde auch der ab 1875 in Zürich erscheinende „Christliche Volksfreund" einer umfangreichen Analyse unterzogen. Der wöchentlich erscheinende
„Christliche Volksfreund" wollte sich anfänglich nicht als Richtungsblatt verstehen,
doch verheimlichte er seine positiv-protestantische Einstellung nicht.[162] Während
ihrer gesamten Erscheinungsdauer von 1875 bis 1948 firmierte die Zeitschrift unter demselben Namen, verlegte jedoch 1918 den Erscheinungsort von Zürich nach
Basel.[163]

Eine Institution im pietistisch geprägten konservativen Protestantismus stellte
der „Christliche Volksbote" aus Basel dar, der viele Texte ‚erbaulichen' Inhalts publizierte. 1833, im Anschluss an die Aufspaltung des Kantons Basel, wurde er von
Pfarrer Adolf Sarasin als Verbindungsorgan jener konservativen stadttreuen Pfarrer
mit ihren (ehemaligen) Gemeinden gegründet, die von Baselland im Anschluss an
die Kantonstrennung ausgewiesen worden waren.[164] Nach Adolf Sarasins Tod im
Jahre 1885 übernahm dessen Sohn Theodor Sarasin-Bischoff die Edition der Zeitschrift. 1941 kam das Aus für die traditionsreiche Basler Zeitschrift.[165] Als weiteres
Traditionsblatt des positiven Protestantismus wurde auch das „Appenzeller Sonntagsblatt" untersucht, das einem sehr konservativen Weltbild anhing. Gegründet
wurde das wöchentlich erscheinende Blatt 1862 vom Bankier Ulrich Zellweger aus
Trogen. Neben ‚erbaulichen' Geschichten äußerte sich das „Appenzeller Sonntags-

---

161  Als Vorläufer des Blattes können die „Hirtenstimmen zur Belehrung und Erbauung der Ge-
       meinden" gelten, die von 1859 bis 1866 in Bern erschienen waren. Siehe für die Geschichte des
       „Kirchenfreunds" die Festschrift des „Schweizerischen evangelisch-kirchlichen Vereins: Arnold
       Zimmermann, Fünfzig Jahre Arbeit im Dienste des Evangeliums für das reformierte Schweizer-
       volk. Geschichte des Schweizerischen evangelisch-kirchlichen Vereins 1871–1921, Zürich 1921;
       Fritz Hadorn, Fünfundachtzig Jahre „Kirchenfreund", in: KF, 15. 12. 1951, S. 334–341.

162  Gottlieb Schuster, Gott grüß' Euch!, in: CVF, 3. 7. 1875, S. 1–5.

163  Zur Geschichte des „Christlichen Volksfreunds" siehe folgende Jubiläumsbeiträge: Ernst
       Miescher, Geschichte des „Christlichen Volksfreunds", 3 Teile, in: CVF, 30. 6. 1900/7./14. 7. 1900,
       S. 273–283/S. 285–291/S. 296–299; Ernst Miescher, Des Christlichen Volksfreunds Geschichte
       von 1900–1925, 5 Teile, in: CVF, 20./27. 6. 1925/4./11./18. 7. 1925, S. 293–299/S. 304–312/S. 319–323/
       S. 328–332/S. 341–346; Karl Otto Hürlimann, Der „Christliche Volksfreund" im dritten Viertel-
       jahrhundert 1925–1948, 4 Teile, in: CVF, 4./11./18./25. 12. 1948, S. 579–582/S. 591–594/S. 604–606/
       S. 617–619.

164  Siehe: Janner, Zwischen Machtanspruch und Autoritätsverlust, S. 340.

165  Die Jahrgänge 1870 bis 1941 des „Volksboten" wurden umfassend untersucht, die Jahrgänge 1860
       bis 1870 nur anhand der Inhaltsverzeichnisse.

blatt" auch häufig zu gesellschaftlichen Themen und verfügte über einen umfangreichen Nachrichtenteil.[166] Nachdem Ulrich Zellweger 1871 verstarb, besorgte eine
mehrköpfige Gruppe die Herausgabe des Blattes, bevor 1884 mit Pfarrer Otto Zellweger der Sohn des Gründers diese Funktion übernahm und bis 1931 auch als Chefredakteur waltete.[167] Otto Zellweger war zugleich seit 1894 auch Chefredakteur der
in Basel erscheinenden „Allgemeinen Schweizer Zeitung", welche die Ideen der
Basler Konservativen vertrat und über lange Jahre auch Organ der kleinen protestantisch-konservativen Partei „Eidgenössischer Verein" war.[168] Aufgrund von Otto
Zellwegers Tätigkeit in Basel verlegte er den Erscheinungsort der bis 1872 in Trogen
und dann in Heiden gedruckten Zeitschrift 1895 in die Stadt am Rheinknie. Dort erschien das „Appenzeller Sonntagsblatt" weiter bis 1950.[169]

Neben diesen vier publizistischen Aushängeschildern des positiven Protestantismus wurden zwei weitere Organe mit konservativ-protestantischer Ausrichtung
über den gesamten Erscheinungszeitraum umfassend, wenn auch nicht durchge-
hend systematisch untersucht. Der „Schweizer Sonntagsfreund" wurde ab seiner
Gründung im Jahre 1882 bis 1950 analysiert.[170] Das meist sechsmal jährlich erscheinende Gratisblatt der Bewegung für Sonntagsheiligung war als ,Kampfblatt' für den
,christlichen Sonntag' in Basel entstanden und lag mehreren protestantischen Zeitschriften als Gratisbeilage bei, so zum Beispiel dem „Christlichen Volksfreund" und
dem „Christlichen Volksboten".[171] Beim zweiten Blatt handelt es sich um das „Evan-

---

166 Zur Geschichte des „Appenzeller Sonntagsblattes" siehe: Walter Schläpfer, Pressegeschichte des
   Kantons Appenzell Ausserrhoden. Das Zeitungswesen im Kanton Appenzell Ausserrhoden in
   seiner geschichtlichen Entwicklung. Mit einem Verzeichnis der den Kanton betreffenden Zeitungen und Zeitschriften, Herisau 1978, S. 107–109. Siehe zudem die Jubiläumsartikel der Zeitschrift: Das Appenzeller Sonntagsblatt, in: ASB, 1. 1. 1887, S. 4; Fünfzig Jahre „Appenzeller Sonntagsblatt", in: ASB, 9. 12. 1911, S. 388–390.

167 Er übergab sein Amt an seine Kinder Eberhard und Elisabeth Zellweger.

168 Zum „Eidgenössischen Verein", der 1875 inmitten des Kulturkampfes gegründet worden war und
   nach dem Abflauen desselben in den 1890er-Jahren zusehends zerfiel, sowie zur „Allgemeinen
   Schweizer Zeitung" siehe: Peter Rinderknecht, Der „Eidgenössische Verein" 1875–1913. Die Geschichte der protestantisch-konservativen Parteibildung im Bundesstaat, Affoltern a. A. 1949;
   Dorothea Roth, Die Politik der Liberal-Konservativen in Basel 1875–1914, Basel 1988; Ernst Bollinger, Art. ,Allgemeine Schweizer Zeitung', in: Historisches Lexikon der Schweiz, http://www.
   hls-dhs-dss.ch/textes/d/D43032.php, 6. 9. 2013.

169 Die frühen Jahrgänge von 1862 bis 1869 wurden mittels Durchsicht der Inhaltsverzeichnisse, jene
   ab 1870 systematisch analysiert.

170 Ab 1904 wurde er nicht mehr systematisch, sondern anhand der Inhaltsverzeichnisse durchgearbeitet.

171 Zur Geschichte der Zeitschrift siehe die Selbstdarstellung: Presse und Sonntag, in: SS, 2. 12. 1905,
   S. 113–120.

gelische Wochenblatt" aus Zürich, das zwischen 1860 und 1909 erschien und dessen prägende Figur ab 1876 bis zum Einstellen seines Erscheinens Pfarrer Ludwig Pestalozzi war.[172] Das Organ der pietistisch geprägten, missionarisch aktiven „Evangelischen Gesellschaft" des Kantons Zürich publizierte nebst biblischen Betrachtungen und Buchbesprechungen auch Kommentare zu gesellschaftlichen Themen.[173] Systematisch analysiert wurde hingegen außerdem der theologisch ebenfalls dem konservativen Lager zuzuordnende „Freund Israels" des pietistisch geprägten Judenmissionsvereins der „Freunde Israels". Die Anfänge des Publikationsorgans des biblizistisch geprägten Vereins gingen auf das Jahr 1834 zurück; der Name „Freund Israels" wurde ab 1838 geführt.[174] Ab 1874 erschien die in Basel herausgegebene judenmissionarische Zeitschrift in neuer Folge bis 1996 unter diesem Namen, um sich dann in die noch existierende „Lamed. Zeitschrift für Kirche und Judentum" umzubenennen. Die Zeitschrift druckte oft Missionsgeschichten und Missionsberichte sowie Zeitbetrachtungen. Der Vereinsdirektor war zugleich Redakteur des Publikationsorgans der Vereinigung. Besonders prägend wirkte hierbei Pfarrer Friedrich Heman, der das Blatt von 1874 bis 1912 redigierte.[175]

Als Mittepartei zwischen den beiden großen theologischen Strömungen im Protestantismus der Deutschschweiz verstanden sich die Vermittler. Ihr Publikationsorgan, das „Volksblatt", erschien ab 1869, ab dem dritten Jahrgang unter dem

172  Für die Geschichte der Zeitschrift und der „Evangelischen Gesellschaft", die ein Sammelbecken für konservative Protestanten innerhalb der zürcherischen Landeskirche darstellte, siehe: Meyer/Schneider, Mission und Diakonie, S. 113–116. 1903 übernahm die „Evangelische Gesellschaft" zudem die von Pfarrer Johannes Ninck aus Winterthur seit 1893 herausgegebene monatlich erscheinende Zeitschrift „Die Taube", die nach dem Tod Ludwig Pestalozzis als alleiniges Publikationsorgan weitergeführt wurde. (Meyer/Schneider, Mission und Diakonie, S. 113–116.) Siehe zu diesem letzten Punkt auch: Theophil Zimmermann, Das Organ der Evangelischen Gesellschaft, in: EW, 30. 12. 1909, S. 205.

173  Die Zeitschrift wurde über den gesamten Zeitraum ihres Erscheinens angeschaut, wobei nur die Jahrgänge 1876 bis 1885 systematisch durchgearbeitet wurden.

174  Davor firmierte die damals selten erscheinende Zeitschrift unter dem Namen „Nachrichten von der Ausbreitung des Reiches Gottes unter Israel". Zur Geschichte der Zeitschrift siehe: Metzger, Zwischen heilsgeschichtlichen Erwartungen und Judenfeindschaft; Metzger, Vereinnahmende Inklusion; Sara Janner, Judenmission in Basel in der ersten Hälfte des 19. Jahrhunderts. Ein Forschungsbericht, in: Basler Zeitschrift für Geschichte und Altertumskunde 104 (2004), S. 31–81; Janner, Zwischen Machtanspruch und Autoritätsverlust, v. a. S. 327–335. Der Judenmissionsverein gab auch als französischsprachiges Organ den „Ami d'Israël" heraus, der während des Untersuchungszeitraums phasenweise einer Übersetzung größerer Teile des „Freund Israels" gleichkam. Der „Ami d'Israël" erschien zwischen 1838 und 1997 und wurde punktuell in die Analyse integriert.

175  Zu Heman siehe: Janner, Friedrich Heman; Metzger, Zwischen heilsgeschichtlichen Erwartungen und Judenfeindschaft; Metzger, Vereinnahmende Inklusion. Ab 1945 brachte der Verein zu-

erweiterten Titel „Volksblatt für die reformirte Kirche der Schweiz", den es bis 1885 behielt. Ab 1886 firmierte das „Vermittler"-Organ als „Kirchenblatt für die reformirte [ab 1893 reformierte] Schweiz"[176] und setzte sich damit in Kontinuität zum gleichnamigen Blatt, das ab 1845 bis 1868 von Karl Rudolf Hagenbach, Professor für Kirchengeschichte in Basel, der eine zentrale Figur der kirchlichen Mitte war, herausgegeben worden war.[177] Im beginnenden 20. Jahrhundert verloren die Vermittler zunehmend an Einfluss in der protestantischen Kirche, was dazu führte, dass das „Kirchenblatt" ab 1929 zu einer richtungsunabhängigen theologischen Zeitschrift wurde. Mit dem Aufstieg der dialektischen Theologie wurde die Zeitschrift zum wichtigen Sprachrohr der Dialektiker, das in den 1930er-Jahren durch seine dezidierte Haltung für die „Bekennende Kirche" in Deutschland im Kirchenkampf auffiel.[178]

Als vierte theologisch-kirchenpolitische Richtung formierte sich im ersten Jahrzehnt des 20. Jahrhunderts die religiös-soziale Bewegung, die vom Anspruch her interreligiös ausgerichtet war, in der Schweiz jedoch ein klar protestantisches Gepräge aufwies. Zentrale Figur dieser kirchlichen Strömung in der Deutschschweiz war der von der liberalen Theologie her kommende Pfarrer Leonhard Ragaz, der 1921 seine Professur zugunsten einer Pfarrstelle im Arbeiterquartier Aussersihl aufgab.[179] Ragaz war es auch, der von 1906 bis zu seinem Tod 1945 über vierzig Jahre die „Neuen Wege", das Publikationsorgan der Religiös-Sozialen, als Redakteur prägte.

---

dem die wissenschaftlich orientierte Zeitschrift „Judaica. Beiträge zum Verstehen des jüdischen Schicksals in Vergangenheit und Gegenwart" heraus. Diese Zeitschrift wurde ebenfalls mehrfach in die Analyse einbezogen.

176 Ab 1893 wurde der Titel der veränderten Rechtschreibung angepasst und das „reformirte" in „reformierte" geändert.

177 Ab 1929 wurde die Jahrgangsnummerierung schließlich auf das Gründungsdatum 1845 bezogen. Bis 1871 erschien das „Volksblatt" in Burgdorf und anschließend in Bern. Mit der Neuausrichtung 1929 wurde Basel der Erscheinungsort der Zeitschrift. Zur Geschichte des „Kirchenblattes" und zu seiner Selbstverortung siehe beispielsweise: Ernst Staehelin, Was will das Kirchenblatt?, in: KRS, 3. 1. 1929, S. 1–5; Gottlob Wieser, Zum hundertsten Jahrgang, in: KRS, 13. 1. 1944, S. 1 f.; Jubiläumsnummer, in: KRS, 21. 9. 1944, S. 289–299.

178 Das „Volksblatt" und das „Kirchenblatt" wurden ab 1869 bis 1950 systematisch untersucht. Die Jahrgänge von 1862 bis 1868 des „Kirchenblatts" von Karl Rudolf Hagenbach sowie die Jahre von 1951 bis 1955 wurden anhand der Durchsicht der Inhaltsverzeichnisse selektiv analysiert. Die Zeitschrift existiert heute unter dem Namen „Reformierte Presse" – als Fusionsprodukt verschiedener protestantischer Zeitschriften – fort.

179 Zur Geschichte der „Neuen Wege" siehe: Aerne, Religiöse Sozialisten, S. 71–72; Willy Spieler, Fragmente zum Doppeljubiläum, in: NW 90 (1996) 12, S. 342–348; Markus Mattmüller, Die Anfänge der „Neuen Wege". Zwanzig Jahrgänge einer unvergleichlichen Zeitschrift, in: NW 75 (1981) 11, S. 310–321; Mattmüller, Leonhard Ragaz und der religiöse Sozialismus, S. 127–135.

Die noch heute existierende Zeitschrift wies für den gesamten Untersuchungszeitraum ein stark politisches Gepräge auf. Dasselbe galt für den „Aufbau". Diese zweite religiös-soziale Zeitschrift wurde im Unterschied zu den „Neuen Wegen", die für die Analyse der Printerzeugnisse dieser protestantischen Richtung als Hauptquelle diente, jedoch nicht systematisch untersucht.[180] Die 1919 erstmals herausgegebene und im Unterschied zu den monatlich erscheinenden „Neuen Wegen" wöchentlich gedruckte und stärker auf das (politische) Tagesgeschehen ausgerichtete Zeitschrift verfügte in Pfarrer Max Gerber, ähnlich wie die „Neuen Wege" in Ragaz, über eine bestimmende Figur.

Der Hauptquellenkorpus dieser Forschungsarbeit ist auf protestantische Zeitschriften beschränkt. Protestantisch geprägte Zeitungen wurden daher – mit einer Ausnahme – nur ganz punktuell in die Analyse integriert. Die Idee konfessionell-protestantischer Parteien fand im Deutschschweizer Protestantismus fast keine Unterstützung. Der politische Protestantismus blieb daher mit dem „Eidgenössischen Verein" (1875–1913) sowie der „Evangelischen Volkspartei" (EVP) (seit 1919) als national agierende Parteien eine fast bedeutungslose Randerscheinung. Ein politisches protestantisches Zeitungswesen, wie es sich im schweizerischen Katholizismus umfangreich ausbildete, entstand deshalb nicht. Die Bedeutung der Publikationsorgane der beiden Parteien blieb daher gering und war im Gegensatz zu den wichtigsten protestantischen Zeitschriften zeitlich begrenzt. Sprachrohr des sehr kleinen, elitär geprägten „Eidgenössischen Vereins" war die „Allgemeine Schweizer Zeitung". Die Tageszeitung mit einer protestantisch-konservativen Ausrichtung diente ab ihrer Gründung 1873 als Vehikel für den antizentralistischen Kampf dieser ultrakonservativen Honoratiorenpartei.[181] Die dem „Eidgenössischen Verein" nahestehende und teilweise als Publikationsorgan dienende Monatszeitschrift „Schweizerblätter" von Friedrich Otto Pestalozzi wurde ebenfalls nur punktuell in die Analyse integriert.[182] In der Tradition des „Eidgenössischen Vereins" stehend, doch weniger elitär ausgerichtet, veröffentlichte die 1918 gegründete „Evangelische

180   Die Mehrheit der untersuchten Jahrgänge wurde anhand des Inhaltsverzeichnisses analysiert. Für die Geschichte des „Aufbau" siehe: Aerne, Religiöse Sozialisten, S. 71 f.

181   Zur „Allgemeinen Schweizer Zeitung" und zum „Eidgenössischen Verein" siehe: Rinderknecht, Der „Eidgenössische Verein"; Erich Gruner, Parteien in der Schweiz, 2. Aufl., Bern 1977, S. 123 f.; Bollinger, Art. ‚Allgemeine Schweizer Zeitung'. Siehe zudem auch: Altermatt, Conservatism in Switzerland.

182   Die Zeitschrift erschien von 1883 bis 1916. Siehe für die Geschichte der Zeitschrift: Rinderknecht, Der „Eidgenössische Verein", S. 151 f.; S. 266 f.; S. 270. Friedrich Otto Pestalozzi galt gemäß Martin Illi als Sinnbild des konservativen ‚Alten Zürich'. (Martin Illi, Art. ‚Pestalozzi, Friedrich Otto', in: Historisches Lexikon der Schweiz, http://www.hls-dhs-dss.ch/textes/d/D13508.php, 8. 9. 2013.)

Volkspartei" ab 1920 mit der „Evangelischen Volkszeitung" eine zuerst monatlich und später wöchentlich erscheinende Zeitung.[183] Diese wurde bezüglich der 1930er-Jahre eingehender analysiert.

Wenn auch nicht als politische Partei, sondern als theologisch konservativ-protestantische und ideologisch rechtsgerichtete kirchenpolitische Gruppe agierten die vorab in Zürich und Basel aktiven sogenannten Jungreformierten. Im Gegensatz zu den Zeitungen der beiden kleinen protestantischen Parteien „Eidgenössischer Verein" und „Evangelische Volkspartei" wurden jene dieser theologisch-kirchenpolitischen Gruppe eingehend analysiert. Ab 1922 gaben die Jungreformierten mit der „Reformierten Schweizer Zeitung" eine Wochenzeitung heraus, die vor allem für die 1930er-Jahre als politische Zeitung charakterisiert werden kann. Politisch sah sich die als kirchliche ‚Erneuerungsbewegung' verstehende Gruppierung, deren zentrale ‚Führerfigur' Pfarrer Rudolf Grob war, in der Tradition des „Eidgenössischen Vereins".[184] 1937 benannte sich die Zeitung, die im Zuge des ‚Frontenfrühlings' eine Annäherung an die ‚Erneuerungsbewegungen' vornahm, in „Freitagszeitung für das reformierte Schweizervolk" um. Den Zeitungscharakter gab das Blatt Ende 1938 auf. Ab 1939 erschien das Organ der Jungreformierten schließlich als monatlich erscheinende und kaum noch politische Zeitschrift mit dem Namen „Grundriss", die schließlich Ende 1946 eingestellt wurde.[185] Die Koinzidenz der ‚Entpolitisierung' des Publikationsorgans der Jungreformierten mit dem Niedergang der faschistischen ‚Frontenbewegung' ist auffallend. Der „Grundriss" wurde ebenfalls umfassend untersucht.

Neben den in den vorangegangenen Abschnitten ausführlicher dargestellten Periodika, von denen die Mehrzahl umfassend und einige partiell auf Antisemi-

---

183 Zur „Evangelischen Volkspartei" siehe: Urs Altermatt/Rudolf Dellsperger, „Evangelische Volkspartei und Freikirchen. Zur Kirchenmitgliedschaft der EVP-Parlamentarier", in: Reformatio 26 (1977) 4, S. 225–243; Gruner, Die Parteien in der Schweiz, S. 124 f. Nur ganz vereinzelt für die Untersuchung hinzugezogen wurde die seit 1877 protestantisch-konservativ geprägte „Berner Volkszeitung" des für seine antisemitischen Haltungen bekannten populistischen Berner Politikers Ulrich Dürrenmatt. Das in Herzogenbuchsee gedruckte und als „Buchsizeitung" bekannte Blatt wurde nur punktuell während der Redaktionszeit Ulrich Dürrenmatts von 1880 bis 1908, der bis zu seinem Tod regelmäßig politische Gedichte für die Titelseite der Zeitung verfasste, untersucht. Zur „Berner Volkszeitung" siehe: Theres Maurer, Die „Berner Volkszeitung" von Ulrich Dürrenmatt, in: Mattioli (Hrsg.), Antisemitismus in der Schweiz, S. 241–263; Ernst Bollinger, Art. ‚Berner Volkszeitung', in: Historisches Lexikon der Schweiz, http://www.hls-dhs-dss.ch/textes/d/D43173.php, 8. 9. 2013.

184 Aerne, Religiöse Sozialisten, S. 41. Zur „Reformierten Schweizerzeitung" während des ‚Frontenfrühlings': Zollinger, Frischer Wind, S. 390–392.

185 Für die „Jungreformierten" siehe: Aerne, Religiöse Sozialisten, S. 38–48. Als Jubiläumsartikel aus der Perspektive der Jungreformierten zudem die Jubiläumsnummer von 1932: RSZ, 3. 6. 1932.

tismus hin untersucht worden sind, wurde zudem eine größere Anzahl von Zeitschriften punktuell untersucht. Nur einige davon seien hier genannt. Für den Zeitraum von 1870 bis 1900 wurden beispielsweise mehrere Nummern der freikirchlich geprägten, konservativ-protestantisch ausgerichteten Zeitschriften „Der Christ", „Die Freie Gemeinde" und „Brosamen" untersucht. Ebenso fanden einzelne Artikel des Berner Kirchenblattes „Der Säemann" Beachtung. Schließlich wurde auch auf einige Beiträge der Familienillustrierten „Grüß' Gott!", des „Schweizerischen Evangelischen Schulblatts", der „Evangelisch-sozialen Warte", des „Kirchenblatts für den Kanton Zürich" oder der „Jungen Kirche" zurückgegriffen.

### Breitenwirkung der Zeitschriften

Nach der Charakterisierung der aus Zeitschriften und Einzelschriften bestehenden Quellengrundlage ist zu prüfen, welche Wirkungsmächtigkeit diesen Quellen innerhalb des Deutschschweizer Protestantismus zukam. Diese lässt sich erstens daran festmachen, wer die Autorenschaft der analysierten Texte war, und zweitens daran, wie verbreitet die Zeitschriften waren.

Bei den Redakteuren und Autoren der in die Untersuchung integrierten Zeitschriften handelte es sich fast ausschließlich um akademisch gebildete Theologen oder doch zumindest theologisch geschulte und interessierte Laien. So waren der überwiegende Anteil Pfarrer, die neben ihrer Redakteuren- beziehungsweise Autorentätigkeit eine Pfarrei betreuten.[186] Insbesondere in den klassischen Richtungsblättern der Liberalen, Vermittler und Positiven gehörten häufiger auch Theologieprofessoren zur Redaktion. Laien bildeten unter den Redakteuren wie auch unter den Mitarbeitern eine Minderheit. Solche waren aber beispielsweise in der Redaktion der jungreformierten „Reformierte Schweizer Zeitung" durch die beiden Juristen Charles Schüle oder Walter Hildebrandt präsent.[187] Ein Laie war auch der Gründer des „Appenzeller Sonntagsblatts", der Bankier Ulrich Zellweger. Dieses Engagement eines Laien ist aber insofern wenig erstaunlich, als Zellweger einem pietistischen Verständnis des Protestantismus anhing und er auch als ‚erweckter' Laie predigen wollte.[188]

---

186 Eine Professionalisierung des Redakteurenberufs ist somit, im Gegensatz zur politischen Presse, für die protestantischen Zeitschriften nicht zu beobachten.

187 Siehe Kurzbiografien zu Charles Schüle und Walter Hildebrandt in: Aerne, Religiöse Sozialisten, S. 545; S. 557 f.

188 Siehe: Schläpfer, Pressegeschichte, S. 107–109. Zellweger war zudem 1859 Gründer und bis 1864 erster Präsident der mit der Basler Mission verbundenen „Basler Missions-Handlungs-Gesellschaft". Für eine Biografie Zellwegers siehe: Hugo P. Salvisberg, Salomon und Ulrich Zellweger. Appenzeller Wegbereiter offener Wirtschaftsgrenzen, Zürich 2008, S. 63–88.

Die allermeisten Autoren waren männlich. Für Letzteres existierten jedoch Ausnahmen. In ‚erbaulichen‘ konservativ-protestantischen Zeitschriften wurden vereinzelt Gedichte von Frauen abgedruckt, wie zum Beispiel von der pietistisch ausgerichteten bekannten religiösen Dichterin Meta Heusser.[189] In diesen Zeitschriften blieb die publizistische Beteiligung jedoch auf dieses Textspektrum beschränkt. Im Weiteren kamen im religiös-sozialen Lager insbesondere ab den 1920er-Jahren wiederholt Autorinnen zu Wort.[190] Ab den 1930er-Jahren tauchten in Zeitschriften sämtlicher theologisch-kirchenpolitischer Richtungen schließlich öfters Beiträge von Frauen auf. Bei den Autorinnen handelte es sich dabei meist um Theologinnen.[191] Nicht publizistisch, aber als aktive Vereinsmitglieder waren Frauen jedoch in den religiösen und vor allem religiös-karitativen Vereinen stark aktiv, was dem klassischen Rollenverständnis bezüglich religiöser Aktivitäten entsprach. So waren Frauen etwa als Unterstützerinnen des Judenmissionsvereins der „Freunde Israels" von zentraler Bedeutung, da sie insbesondere als Sammlerinnen für Spenden oder in Gebetszirkeln aktiv waren.[192]

Diese Forschungsarbeit analysiert somit vorrangig Texte von männlichen Theologen, die Teil einer akademisch geschulten gesellschaftlichen (Bildungs-)Elite waren. Dennoch sind die Analyseergebnisse auch für den gesamten Protestantismus der Deutschschweiz relevant, denn den Pfarrern und Professoren, die zudem über ein hohes Sozialprestige verfügten, kam mittels der Zeitschriften eine zen-

---

189  Siehe etwa: Meta Heusser, Bitte für Israel, in: ASB, 8. 1. 1870, S. 1. Meta Heusser wurden auch idealisierende Darstellungen ihres Lebens gewidmet. Siehe z. B.: Meta Heusser-Schweizer, in: CVF, 10. 4. 1897, S. 156. Zu Meta Heusser siehe: Regine Schindler-Hürlimann, Die Memorabilien der Meta Heusser-Schweizer (1797–1876), Zürich 2007. Die Dichterin Dora Schlatter aus St. Gallen stand um 1900 sogar auf der Liste der Mitarbeiter des „Christlichen Volksfreundes" aus Zürich.

190  Zur aktiven Beteiligung von Frauen an den Netzwerken der „Religiös-Sozialen" und ihrer Publikationsorgane „Neue Wege" und „Aufbau" siehe: Aerne, Religiös-Soziale, S. 65 f. Als Beispiel sei hier auf die bekannte jüdische Autorin Margarete Susman verwiesen, die in den 1930er- und 1940er-Jahren regelmäßig in den „Neuen Wegen" publizierte. Margarete Susman ist zugleich ein Beispiel für das interreligiöse Netzwerk des religiösen Sozialismus. Besonders hervorzuheben ist zudem, dass Leonhard Ragaz‘ Ehefrau Clara und seine Tochter Christine, promovierte Nationalökonomin, ebenfalls stark im Netzwerk der „Neuen Wege" aktiv waren.

191  So sind als Beispiele Hildegard Astholz und Lydia Schäppi zu erwähnen. Während Astholz eine Vertreterin der liberalen Theologie war, wirkte Schäppi im judenmissionarischen „Verein der Freunde Israels" mit.

192  Siehe hierfür ausführlich: Janner, Zwischen Machtanspruch und Autoritätsverlust, v. a. S. 372–379. In beschränktem Ausmaß kamen in der Phase der aktiven Judenmission des Vereins ab den 1890er-Jahren Frauen auch im Missionsbetrieb zum Einsatz. So etwa Hildegard Frohwein, die Tochter eines Missionsarztes aus Wilna. Siehe z. B.: Die 94. Jahresfeier des Vereins der Freunde Israels, in: FI 52 (1925) 4, S. 49–51.

trale Funktion als Präger von Diskursen und zugleich als Multiplikatoren in deren Verbreitung zu.[193] Sowohl durch die Lektüre der an eine breite protestantische (Teil-)Öffentlichkeit gerichteten ,erbaulichen' Zeitschriften als auch durch das Studium der theologischen Fachzeitschriften, die sich vor allem an Pfarrer und akademisch geschulte Leser richteten, fanden die Meinungen der Redakteure und Mitarbeiter der Blätter – auch in Bezug auf den Antisemitismus – weite Verbreitung.[194] Mit der Fokussierung auf Pfarrer und Theologieprofessoren als Akteure wird es somit zugleich möglich, auch eine Analyse des tatsächlichen protestantischen Antisemitismus vorzunehmen, da die detektierten antisemitischen Stellungnahmen von Personen mit einer religiösen Funktion innerhalb des Protestantismus und zudem aus einem klar protestantischen Kontext stammen. Judenfeindliche Aussagen des analysierten Personenkreises sind somit von besonders großer Beweiskraft für den Antisemitismus des Deutschschweizer Protestantismus. Weit weniger gerechtfertigt zur Charakterisierung des protestantischen Antisemitismus sind hingegen antisemitische Aussagen, die in einem nichtprotestantischen Kontext fielen, aber von Personen stammten, die (zufällig) protestantischer Konfession waren.

Wichtige Hinweise für die Verbreitung der untersuchten Zeitschriften unter den Protestantinnen und Protestanten der Deutschschweiz können Auflagezahlen der Periodika liefern. Nur wenige Zeitschriften machten ihre Auflagezahlen in ih-

193  Zugleich gilt es zu betonen, dass sie sich, eingedenk ihrer publizistischen Tätigkeit, ihrer Wirkung auf die Rezipienten bewusst waren, zumal ja die zentrale Funktion der Meinungspresse darin besteht, die eigenen Positionen zu propagieren. Zur diskursprägenden Rolle der Pfarrer in konfessionellen Gruppen sei verwiesen auf: Olaf Blaschke, Die Kolonialisierung der Laienwelt. Priester als Milieumanager und die Kanäle klerikaler Kuratel, in: ders./Kuhlemann (Hrsg.), Religion im Kaiserreich, S. 93–134. Siehe auch: Christoph Nonn, Ritualmordgerüchte als Form von populärem Antisemitismus – Eine katholische Spezialität?, in: Blaschke/Mattioli (Hrsg.), Katholischer Antisemitismus im 19. Jahrhundert, S. 145–159; S. 151–153. Ebenso ist auf die Wirkung der Theologieprofessoren auf ihre Studierenden zu verweisen. Siehe zur großen Bedeutung des universitären Milieus für die Verbreitung des Antisemitismus mit Bezug auf Deutschland: Notker Hammerstein, Antisemitismus und deutsche Universitäten 1871–1933, Frankfurt a. M. 1995; Gräfe, Antisemitismus in Deutschland, S. 183 f.

194  Diesbezüglich soll nochmals auf den Fall des antisemitischen Hofpredigers Adolf Stoecker verwiesen werden. Mit seinen christlich-sozialen Vorstellungen, aber gerade auch mit seinen antisemitischen Ansichten war er in Deutschland prägend für eine ganze Generation junger Theologen. Entsprechend habe Stoeckers Antisemitismus, so Martin Greschat, im kirchlichen Raum – vor allem in der jüngeren Pfarrerschaft – breitesten Wiederhall gefunden und über 1945 nachgewirkt. (Greschat, Protestantischer Antisemitismus, S. 74–83.) Ähnlich auch: Jochmann, Gesellschaftskrise und Judenfeindschaft, S. 63; Werner Jochmann, Struktur und Funktion des deutschen Antisemitismus 1878–1914, in: Wolfgang Benz/Werner Bergmann (Hrsg.), Vorurteil und Völkermord. Entwicklungslinien des Antisemitismus, Bonn 1997, S. 177–218, S. 192.

ren Spalten regelmäßig publik. Oft beschränkte sich dies auf vereinzelte Hinwei-se, beispielsweise in Rückblicken auf die Geschichte der Zeitschrift. Einige Zah-len konnten aus älteren Bibliografien zur Schweizer Presse extrahiert werden,[195] teilweise konnten diese wiederum durch die Konsultation von Zeitungskatalogen der Annoncen-Agenturen von Orell Füssli und Rudolf Mosse ergänzt werden.[196] Sowohl die Bibliografien als auch die Zeitungskataloge nennen jedoch für viele Zeitschriften – im Gegensatz zur Tagespresse – keine Auflagezahlen. Zudem ist zu bedenken, dass sämtliche Zahlen zu einem gewissen Maße ungenau sein dürften. Während die Auflagezahlen zumindest lückenhaft rekonstruierbar sind, kann über die Leserzahlen nur spekuliert werden. Zumindest kann aber davon ausgegangen werden, dass die einzelnen Zeitschriftennummern mehrfach gelesen wurden und somit die Leserzahl ein Mehrfaches der Auflagegröße erreichte.

Die Auflagezahlen der untersuchten Zeitschriften divergieren ziemlich stark von wenigen Hundert Stück bis weit über Zehntausend. Einige Beispiele seien ge-nauer ausgeführt. Sehr große Auflagen erlebte in erster Linie die Wochenzeitschrift „Appenzeller Sonntagsblatt". Auflagezahlen für die Frühphase des Blattes in den 1860er- und 1870er-Jahren konnten nicht ausfindig gemacht werden, doch war die Auflage der in der Deutschschweiz weitverbreiteten Zeitschrift bis 1886 schon auf beachtliche 16 000 Stück angestiegen und betrug 1889 bereits rund 20 000.[197] So be-richtete die Zeitschrift 1890 stolz, dass, so viel ihr bekannt sei, kein anderes Blatt in der Schweiz eine so große Auflage besäße wie das „Appenzeller Sonntagsblatt".[198] Dass das „Appenzeller Sonntagsblatt" wirklich das größte Blatt der Schweiz war, ist zwar zu bezweifeln, doch mit Sicherheit war es zu jener Zeit das größte Sonntags-blatt und die größte protestantische Zeitschrift der Deutschschweiz. Viele der wich-

---

195  Hilfreich waren besonders: Alphabetisches Verzeichnis der gegenwärtig in der Schweiz erschei-nenden Zeitungen und Zeitschriften sowie anderer periodischer Blätter, in: Die Schweizer Pres-se, hrsg. vom Verein der schweizerischen Presse, Bern 1896, S. 205–369; Kurt Bürgin, Statistische Untersuchungen über das schweizerische Zeitungswesen 1896–1930, Leipzig 1939, S. 175–264. Die Zeitungen und Zeitschriften hatten teilweise kein Interesse daran, ihre Auflagezahlen offen-zulegen. So musste beispielsweise für die Statistik für die Wiener Weltausstellung den Redakti-onen garantiert werden, dass die Auflagezahlen nur anonymisiert verwendet würden. (Statistik der schweizerischen Journale, S. III.) Siehe auch: Alphabetisches Verzeichnis, S. 209.

196  Bestände dieser Kataloge finden sich verstreut über mehrere Bibliotheken in der Schweiz. Sie-he als Beispiele: Jahrbuch des Vereins der Schweizer Presse und politische Chronik, hrsg. vom Verein der Schweizer Presse, Zürich 1915; Zeitungs-Katalog, hrsg. von der Schweizer-Annoncen A.-G., Basel 1938; Zeitungs-Katalog der Schweiz, hrsg. vom Verband Schweizerischer Annon-cen-Expeditionen, Zürich 1943.

197  Das Appenzeller Sonntagsblatt, in: ASB, 1. 1. 1887, S. 4; Kirchliche Chronik, in: KRS, 12. 1. 1889, S. 11 f.

198  Allerlei, in: ASB, 5. 7. 1890, S. 215 f., S. 216.

tigsten politischen Zeitungen der 1880er- und 1890er-Jahre wiesen in der Tat teilweise deutlich niedrigere Auflagezahlen auf. Die „Neue Zürcher Zeitung" kam 1896 mit 10 500 beispielsweise gerade einmal auf die Hälfte der Auflage des „Appenzeller Sonntagsblatts" (21 000).[199] Das „Appenzeller Sonntagsblatt" blieb bis zu seinem Verschwinden 1950 eine sehr große protestantische Sonntagszeitschrift, wies aber 1911 nur noch eine Auflagehöhe von 17 000 und 1943 noch eine solche von 13 800 auf.[200] Ebenfalls sehr hohe Auflagenzahlen erfuhr der als Gratisbeilage zu verschiedenen religiös-konservativen Zeitschriften verteilte „Schweizer Sonntagsfreund". Ausgehend von 16 000 Exemplaren bei seiner Gründung 1882, hatte er lediglich fünf Jahre später bereits die Marke von 20 000 Stück erreicht. Bis 1905 stieg die Auflage nochmals leicht auf 25 000 an, um dann bis 1946 kontinuierlich auf 9300 zurückzugehen.[201]

In einer mittleren Auflagehöhe bewegten sich die klassischen Richtungsblätter. Spitzenreiter unter ihnen war der zuerst in Basel und später in Zürich erscheinende konservativ-protestantische „Christliche Volksfreund". Er startete mit einer Anzahl von 2240 Stück im Gründungsjahr 1875 und steigerte seine Auflage schnell auf 7000 (1882) und schließlich 1885 bereits auf 10 000.[202] Wie die meisten anderen untersuchten Zeitschriften büßte der Volksfreund im angehenden 20. Jahrhundert kontinuierlich an Lesern ein, was wohl zum einen mit der stark wachsenden Anzahl religiöser Zeitschriften und zum anderen mit der leichten Entspannung des Richtungsgegensatzes zusammenhing. 1925 wurden noch 4365 Exemplare gedruckt, und 1948, in seinem letzten Erscheinungsjahr, war die Auflage des „Christlichen Volksfreunds" mit 2133 beinahe wieder auf ihren Ausgangswert gesunken.[203] Weit kleinere Auflagen erfuhren hingegen der konservativ-protestantische „Kirchenfreund" und die liberalen „Zeitstimmen aus der reformierten Schweiz". Das „Schweizerische Protestantenblatt" verfügte 1896 über einen Abonnentenkreis von lediglich 1400 Personen, und 1938 belief er sich auf fast unveränderte 1500.[204] Der

---

199 Siehe zu den Zahlen, Alphabetisches Verzeichnis, S. 227; Bürgin, Statistische Untersuchungen, S. 254.

200 Für die Zahlen siehe: An unsere Leser, in: ASB, 25. 11. 1911, S. 370; Zeitungs-Katalog der Schweiz (1943), S. 123. Die Zeitschrift betrachtete sich auch noch 1911 als das wohl am meisten verbreitete Sonntagsblatt der Schweiz im Allgemeinen.

201 Für die Zahlen siehe: Zur Notiznahme, in: SS, 4. 2. 1885, S. 112; Presse und Sonntag, in: SS, 2. 12. 1905, S. 113–120, S. 118; E. W., Die Jahresversammlung der Schweizerischen Sonntagsfreunde in Bern, in: SS, 3. 1946, S. 6 f.

202 Einladung zum Abonnement, in: CVF, 7. 1. 1882, S. 11 f., S. 12; Ernst Miescher, Geschichte des „Christlichen Volksfreunds", Teil II, in: CVF, 7. 7. 1900, S. 285–291, S. 286 f.

203 Karl Otto Hürlimann, Der „Christliche Volksfreund" im dritten Vierteljahrhundert 1925–1948, Teil III, in: CVF, 18. 12. 1948, S. 604–606, S. 604.

204 Alphabetisches Verzeichnis, S. 316; Zeitungs-Katalog (1938), S. 41.

„Kirchenfreund" wurde in einer noch geringeren Anzahl Exemplare gedruckt. 1896 wies er lediglich eine Auflage von 500 Exemplaren auf. Bis 1912 hatte sie sich auf 700 und 1918 auf 800 erhöht.[205] Bei beiden Periodika handelte es sich jedoch um Zeitschriften, die sich primär an Theologen richteten. Es kann aber davon ausgegangen werden, dass gerade die Lesergruppe der Pfarrer die propagierten Inhalte, die in gewissem Sinne den richtungsspezifischen Deutungsrahmen für theologische und gesellschaftliche Themen lieferten, die Wirkungsmächtigkeit dieser relativ kleinen Zeitschriften in ihren Pfarreien indirekt deutlich steigerten.

Völlig entgegen dem Trend der meisten Zeitschriften, die vor allem nach dem Ersten Weltkrieg eine schleichende Abnahme der Abonnentenzahlen aufwiesen, verhielt es sich beim in Basel erscheinenden „Freund Israels" des judenmissionarischen „Vereins der Freunde Israels". 1873 hatte die Auflage lediglich 200 Exemplare betragen. Nachdem das Blatt 1880 in ein Kollektenblatt umfunktioniert worden war, das den Mitgliedern der Kollektenvereine zugestellt wurde, die den Judenmissionsverein finanziell unterstützten, nahm die Auflage stetig zu. Bis zur Jahrhundertwende hatte sie sich bereits auf 3500 Stück vervielfacht, bis 1909 war sie auf 5500 und bis 1931 bereits auf 8000 angestiegen. Seine höchste Auflage erlebte der „Freund Israels" nach dem Zweiten Weltkrieg außerhalb des Untersuchungszeitraumes.[206]

## 6 Aufbau der Arbeit

In den sich an diese Einleitung anschließenden theoretischen Ausführungen zu den Dimensionen des Antisemitismus (Teil II), die auf einer eingehenden Diskussion des Forschungsstandes fußen, stehen zum einen die verschiedenen Begriffsdefinitionen sowie Kontinuitäten und Transformationen im Antisemitismus – mit Fokus auf das 19. Jahrhundert – im Mittelpunkt. Zum anderen wird der Verbindung zwischen Christentum und Antisemitismus nachgegangen. Die theoretischen Überlegungen mit ihrer Diskussion und Definition von Begriffen, ihren Fragen nach Unterschieden, Gemeinsamkeiten, Brüchen, Kontinuitäten und Vermischungen zwischen verschiedenen Ausformungen der Judenfeindschaft zielen darauf ab, ein

---

205  Alphabetisches Verzeichnis, S. 278; Jahrbuch des Vereins der Schweizer Presse (1912), S. 26; Jahrbuch des Vereins der Schweizer Presse (1918), S. 295.

206  August Gerhardt, Hundert Jahre Verein der Freunde Israels in Basel 1830–1930, hrsg. im Auftrage des Komitees des Vereins der Freunde Israels, Basel 1931, S. 19; Die größte Auflage erlebte der „Freund Israels" mit 22 000 Exemplaren. (Thomas Willi, Die Geschichte des Vereins der Freunde Israels in Basel, in: ders. (Hrsg.), Der Verein der Freunde Israels 150 Jahre. Schweizerische Evangelische Judenmission. Stiftung für Kirche und Judentum, Basel 1980, S. 10–75, S. 26.)

griffiges analytisches Instrument für die vor allem kulturgeschichtliche Einordnung des Antisemitismus im Protestantismus der Deutschschweiz zu erarbeiten.

Die empirischen Teile III bis VII folgen in ihrer Grundstruktur einer chronolo-
gischen Einteilung in fünf Perioden. Grundlegend für die Periodisierung waren inhaltliche Aspekte, vor allem aber auch Schwankungen in der Häufigkeit des Antisemitismus im Deutschschweizer Protestantismus. Der gewählte Aufbau ermöglicht,
die komplexe Gleichzeitigkeit struktureller Konstanten, inhaltlicher Transformationen und schwerpunktmäßiger Akzentverschiebungen innerhalb des langen Untersuchungszeitraums von 80 Jahren analytisch trennschärfer aufzuzeigen. Ist die
Hauptstruktur der empirischen Kapitel chronologisch definiert, so gliedert sich die
Forschungsarbeit innerhalb dieser Teile jedoch nach thematischen Aspekten. Somit widerspiegeln sich im Aufbau der empirischen Teile die im vierten Kapitel he-
rausgearbeiteten miteinander verknüpften Fragenkomplexe.

Die erste Periode erstreckte sich vom Beginn des Untersuchungszeitraums um
1870 bis in die Mitte der 1890er-Jahre (Teil III). Für diese Phase des Anschwellens
des Antisemitismus, die mit der Ausbreitung des sogenannten modernen Antisemitismus verbunden war, stehen Aspekte im Zusammenhang mit der ‚den Juden‘
zugedachten Stellung in einer als christlich angesehenen Gesellschaft sowie der antisemitische Topos der vermeintlichen Existenz einer ‚Judenfrage‘ im Zentrum der
Analyse. Die rund zwei Jahrzehnte zwischen 1896 und 1918 (Teil IV) umfassende
zweite Phase erlebte zwar ein Nachlassen antisemitischer Stellungnahmen; gerade hier ist jedoch die Frage nach diskursiven Kontinuitäten und Transformationen
spannend. Zudem erfuhr der Antisemitismus im Deutschschweizer Protestantismus mit den Reaktionen auf die entstehende jüdische Nationalbewegung des Zionismus eine neue Dimension. In der dritten Periode von 1919 bis 1932 (Teil V)
begann der Antisemitismus im Protestantismus der Deutschschweiz, in Analogie
zu Entwicklungen im gesamten deutschsprachigen Europa, wiederum deutlich an
Präsenz zu gewinnen. Von besonderem Interesse ist hierbei die Rolle des protestantischen Deutschland als Orientierungsrahmen und Katalysator für den protestantischen Antisemitismus in der Deutschschweiz – ein Themenbereich, dem in der
gesamten Forschungsarbeit große Aufmerksamkeit entgegengebracht wird. In der
Phase vier, der nationalsozialistischen Herrschaft in Deutschland und großen Teilen Europas (Teil VI), steht die Judenfeindschaft insbesondere im Zusammenhang
mit den unterschiedlichen Positionierungen im Deutschschweizer Protestantismus
zum grassierenden Antisemitismus und den (theologischen) Deutungsstrategien
der Judenverfolgungen im Fokus der Analyse. Von besonderem Interesse für die
gegen das Ende offene Phase der ersten Nachkriegsjahre von 1945 bis 1950 (Teil VII)
ist die Frage, ob es vor dem Hintergrund des unmöglich auszublendenden Wissens
um den Massenmord an den europäischen Juden als Resultat des über lange Jahre

in Deutschland und in Europa fest verankerten Antisemitismus zu Transformationen im Antisemitismus und in der Haltung gegenüber den Juden im Protestantismus der Deutschschweiz kam. In den Schlussfolgerungen der Arbeit in Teil VIII werden die zentralen Ergebnisse der empirischen Teile zusammengetragen und vor dem Hintergrund der theoretischen Ausführungen zu den Dimensionen des Antisemitismus diskutiert.

# II. Dimensionen des Antisemitismus

Als Grundlage für die Analyse des Antisemitismus im Deutschschweizer Protestantismus gilt es, das vielschichtige Phänomen Antisemitismus theoretisch zu reflektieren und strukturieren. Die Ausführungen nehmen dabei Bezug auf bestehende Forschungen zum Antisemitismus und konzentrieren sich vor allem auf das 19. Jahrhundert und hier insbesondere auf die Formierungsphase des sogenannten modernen Antisemitismus sowie die jahrhundertelange christliche Tradition der Judenfeindschaft.

Entwicklungen im Antisemitismus in der ersten Hälfte des 20. Jahrhunderts werden stellenweise einbezogen, jedoch auch in Kontextualisierungen zu den entsprechenden empirischen Teilen der Dissertation thematisiert. Einen wichtigen Referenzpunkt für die Diskussion der zu untersuchenden theoretischen Themenbereiche stellen Forschungen zum Antisemitismus in Deutschland, vor allem zur Zeit des Kaiserreiches von 1871 bis 1918, dar. Die Geschichte des Antisemitismus in Deutschland ist, im Gegensatz zu jenem in der Schweiz, weit besser erforscht, da – nicht zuletzt mit Blick auf den Nationalsozialismus und die Shoah – Deutschland eine Schlüsselstellung in der Geschichte des modernen Antisemitismus zugewiesen wird.

Ausgehend von Reflexionen über den Antisemitismusbegriff im ersten Kapitel wenden sich die beiden folgenden der Frage nach den Spezifika des modernen Antisemitismus zu. Dabei wird im zweiten Kapitel auf die Genese des modernen Antisemitismus eingegangen und die Frage nach Kontinuitäten und Diskontinuitäten zu älteren und späteren Formen des Antisemitismus aufgeworfen. Anschließend werden die rechtlichen, politischen und gesellschaftlichen Transformationen, welche die Herausbildung des modernen Antisemitismus begünstigten, dessen inhaltliche Spezifika sowie gesellschaftliche Funktionen diskutiert. Im Fokus des abschließenden vierten Kapitels steht der Zusammenhang zwischen Christentum und dem Antisemitismus.

## 1 Der Antisemitismusbegriff

Als Quellenbegriff, aber auch als analytisches Konzept verwendet, weist der Terminus ‚Antisemitismus' eine zu reflektierende Mehrdimensionalität auf. Der Begriff tauchte im Herbst 1879 im judenfeindlich aufgeheizten Klima des jungen Deut-

schen Kaiserreichs erstmals in der Öffentlichkeit auf.[1] Der Neologismus wird in
der Antisemitismusforschung dem Journalisten und politischen Agitator Wilhelm Marr respektive dessen Umfeld zugeschrieben.[2] ‚Antisemitismus' als Selbstbezeichnung für ihre eigenen judenfeindlichen Konzeptionen sollte hierbei eine
Zäsur gegenüber traditionell existierenden Formen der Judenfeindschaft symbolisieren, indem der Antisemitismus als rassentheoretisch und nicht mehr religiös fundiert postuliert wurde. Marrs auflagestarkes Pamphlet „Der Sieg des Judenthums über das Germanenthum", das er im Sommer 1879 veröffentlichte und in
dem er den Terminus ‚Antisemitismus' zwar noch nicht verwendet hatte, verdeutlichte mit dem Untertitel „Vom nicht confessionellen Standpunkt aus betrachtet"
bereits diese Akzentverschiebung in Marrs Verständnis von Judenfeindschaft.[3]

Der Begriff ‚semitisch' stammte aus der theologisch-historischen Literatur und
fand ab dem Ende des 18. Jahrhunderts Eingang in die Sprachwissenschaft, wo er zur
Bezeichnung der arabisch-hebräischen Sprachfamilie verwendet wurde.[4] Der angelehnt an diesen Terminus geschaffene Ismusbegriff, der auf die angebliche Existenz spezifischer Eigenschaften ‚der Semiten' abzielte, sollte sowohl den Anschein

1   Als ausführliche Begriffsgeschichte immer noch grundlegend: Reinhard Rürup/Thomas Nipperdey, Antisemitismus – Entstehung, Funktion und Geschichte eines Begriffs, in: Reinhard Rürup, Emanzipation und Antisemitismus. Studien zur „Judenfrage" der bürgerlichen Gesellschaft, Frankfurt a. M. 1987, S. 120–144. Der Beitrag erschien erstmals 1972 als Artikel ‚Antisemitismus' in: Geschichtliche Grundbegriffe. Historisches Lexikon zur politisch-sozialen Sprache, hrsg. von Otto Brunner/Werner Conze/Reinhart Koselleck, Bd. 1, Stuttgart 1972, S. 129–153. Siehe zudem: Moshe Zimmermann, Aufkommen und Diskreditierung des Begriffs Antisemitismus, in: Ursula Büttner (Hrsg.), Das Unrechtsregime. Internationale Forschung über den Nationalsozialismus, Bd. 1: Ideologie – Herrschaftssystem – Wirkung in Europa. Festschrift für Werner Jochmann zum 65. Geburtstag, Hamburg 1986, S. 59–77; Georg Christoph Berger Waldenegg, Antisemitismus: „Eine gefährliche Vokabel?" Diagnose eines Wortes, Wien/Köln/Weimar 2003, S. 23–25.
2   Siehe etwa: Christoph Nonn, Antisemitismus, Darmstadt 2008, S. 6; Werner Bergmann, Geschichte des Antisemitismus, 2. Aufl., München 2004, S. 6; Helmut Berding, Moderner Antisemitismus in Deutschland, Frankfurt a. M. 1988, S. 85. Vereinzelt ist der Begriff ‚Antisemitismus' schon seit den 1860er-Jahren belegt, doch handelte es sich hierbei um eher zufällige Nennungen. (Rürup/Nipperdey, Antisemitismus, S. 120 f.; Gräfe, Antisemitismus in Deutschland, S. 101.) Für das antisemitische Geschichtsbild des radikal-demokratisch eingestellten Wilhelm Marr siehe: Werner Bergmann, Ein „weltgeschichtliches ‚Fatum'". Wilhelm Marrs antisemitisches Geschichtsbild in seiner Schrift: „Der Sieg des Judenthums über das Germanenthum", in: ders./Ulrich Sieg (Hrsg.), Antisemitische Geschichtsbilder, Essen 2009, S. 61–82; Moshe Zimmermann, Wilhelm Marr. The Patriarch of Anti-Semitism, New York/Oxford 1986.
3   Wilhelm Marr, Der Sieg des Judenthums über das Germanenthum. Vom nicht confessionellen Standpunkt aus betrachtet, 2. Aufl., Bern 1879. Allerdings tauchten in diesem Text bereits die Begriffe ‚Sem' und ‚Semitentum' als Synonyme für ‚Judentum' und ‚Semitismus' auf. (Zimmermann, Aufkommen und Diskreditierung des Begriffs Antisemitismus, S. 62 f.)
4   Rürup/Nipperdey, Antisemitismus, S. 121.

von Wissenschaftlichkeit als auch von Modernität erwecken. Zugleich habe, wie die Historikerin Shulamit Volkov betont, die Wortkonstruktion in Assoziation zu anderen ,Ismen' wie Liberalismus oder Sozialismus die Erwartung an eine Gesamtphilosophie evoziert.[5] Die dem Antisemitismusbegriff inhärente Unschärfe, nur gegen die Juden und nicht auch gegen weitere Gruppen der ,semitischen Sprachenfamilie' gerichtet zu sein, war dessen schneller Verbreitung keineswegs hinderlich.[6] ,Antisemitismus' respektive ,Antisemit' als Selbstbezeichnung begann umgehend in den Sprachgebrauch judenfeindlicher Parteien Einzug zu halten, die sich als neues politisches Phänomen in Deutschland in der 1879 einsetzenden antisemitischen Welle bildeten. So inkorporierte die im September 1879 an die Öffentlichkeit tretende „Antisemiten-Liga" in Berlin den Neologismus in ihren Namen.[7] Wie der Historiker Mosche Zimmermann nachweist, blieb der Begriff ,Antisemitismus' gerade zu Beginn seines Auftretens unterbestimmt und verschwommen. Sein diffuser Charakter half ihm, bei Gelehrten und Schriftstellern Verbreitung zu finden, da diese den Judenhass nicht beim Namen zu nennen wagten.[8]

5    Shulamit Volkov, Antisemitismus als kultureller Code, in: dies., Antisemitismus als kultureller Code. Zehn Essays, 2. Aufl., München 2000, S. 13–36, S. 28. Zur Intention, mit dem Begriff Wissenschaftlichkeit vorzuspiegeln, zudem auch: Gräfe, Antisemitismus in Deutschland, S. 101; Rürup/Nipperdey, Antisemitismus, S. 133.

6    Teilweise wurde diese Inkonsistenz von Antisemiten selbst gerügt. Siehe: Georg Christoph Berger Waldenegg, Antisemitismus: Eine gefährliche Vokabel? Zur Diagnose eines Begriffs, in: Jahrbuch für Antisemitismusforschung 9 (2000), S. 108–126, S. 109. So versuchte der Nationalsozialismus zwischen 1933 und 1945 den Begriff ,Antisemitismus' durch ,präzisere' Begriffe zu ersetzen. Diese Absicht war der geopolitisch motivierten Fühlungnahme mit den ebenfalls zur ,semitischen Sprachfamilie' gehörenden Arabern geschuldet. Siehe z. B.: Rürup/Nipperdey, Antisemitismus, S. 142 f.; Moshe Zimmermann, Mohammed als Vorbote der NS-Judenpolitik? Zur wechselseitigen Instrumentalisierung von Antisemitismus und Antizionismus, in: Moshe Zuckermann (Hrsg.), Antisemitismus – Antizionismus – Israelkritik, Tel Aviver Jahrbuch für deutsche Geschichte 33 (2005), S. 290–305.

7    Die radikale Organisation, in deren Gründung Marr nur am Rande involviert war, blieb klein und existierte nur wenige Jahre, sorgte aber mit ihrer Gründung für einiges Aufsehen. Zur ,Antisemiten-Liga' siehe: Ulrich Wyrwa, Art. ,Antisemiten-Liga', in: Handbuch des Antisemitismus. Judenfeindschaft in Geschichte und Gegenwart, hrsg. von Wolfgang Benz, Bd. 5, Organisationen, Institutionen, Bewegungen, Berlin/Boston 2012, S. 30–33. Zur ambivalenten Rolle Marrs in dieser Organisation: Zimmermann, Aufkommen und Diskreditierung; Zimmermann, Wilhelm Marr. Für die Entstehung des politischen Antisemitismus im Deutschen Kaiserreich klassisch: Peter G. J. Pulzer, Die Entstehung des politischen Antisemitismus in Deutschland und Österreich 1867–1914, Göttingen 2004. Zur schnellen Ausbreitung des Begriffs auch über den deutschen Sprachraum hinaus siehe zudem: Massimo Ferrari Zumbini, Die Wurzeln des Bösen. Gründerjahre des Antisemitismus: Von der Bismarckzeit zu Hitler, Frankfurt a. M. 2003, S. 168–174.

8    Zimmermann, Aufkommen und Diskreditierung des Begriffs Antisemitismus, S. 69. Die Vagheit des Begriffs ,Antisemitismus', die diesen zu einer Art ,Omnibusbegriff' gemacht habe, strei-

Neben der Selbstbezeichnung setzte fast zeitgleich die Verwendung der Begriffe ‚Antisemitismus‘ und ‚Antisemiten‘ als Fremdbezeichnung für die Akteure und Vorgänge der virulent gewordenen Judenfeindschaft ein. Die Diskussion und Rezeption des sogenannten Berliner Antisemitismusstreits, der im Anschluss an die ersten antisemitischen Reden des Berliner Hofpredigers Adolf Stoecker und die Streitschrift „Unsere Aussichten"[9] des renommierten Historikers Heinrich von Treitschke um die vermeintliche ‚Judenfrage‘ entbrannte, führte zu einer allgemeinen Popularisierung der Wortschöpfungen im gesellschaftlichen Wortgebrauch. ‚Antisemitismus‘, ‚Antisemit‘ und verwandte Vokabeln wurden zu Schlagworten und aus dem Deutschen in zahlreiche Sprachen transferiert.[10] Die Verwendung der Bezeichnung ‚Antisemitismus‘ blieb hierbei in der zeitgenössischen Wahrnehmung nicht auf rassentheoretisch argumentierende Judenfeindschaft beschränkt, sondern fand auch Anwendung auf soziokulturelle und teilweise religiöse Diskursstränge.[11] In der politischen und gesellschaftlichen Auseinandersetzung erhielt der Begriff ‚Antisemitismus‘ als Fremdbezeichnung zudem eine pejorative Note, die insbesondere im polemischen Kampfbegriff ‚Radauantisemitismus‘ zum Tragen kam. Antisemitismus, verstanden als agitatorische und emotional gesteuerte Erscheinungsform der Judenfeindschaft wurde in diesem Diskurs mit Rückständigkeit und pöbelhaftem Verhalten in Verbindung gebracht.[12] Diese Diskursstrategie findet sich sowohl auf liberaler Seite, die sich, ohne selbst von judenfeindlichen Denkmustern frei zu sein, gegen die aufkeimende antisemitische Bewegung aussprach, als auch auf Seiten des schnell an Verbreitung gewinnenden bürgerlich-konservativen Antisemitismus. So war es für Antisemiten, die gemäßigt erscheinen

---

chen auch Werner Bergmann und Ulrich Wyrwa hervor: Bergmann/Wyrwa, Antisemitismus in Zentraleuropa, S. 3.

9    Heinrich von Treitschke, Unsere Aussichten, in: Karsten Krieger (Hrsg.), Der „Berliner Antisemitismusstreit" 1879–1881. Eine Kontroverse um die Zugehörigkeit der deutschen Juden zur Nation. Eine kommentierte Quellenedition im Auftrag des Zentrums für Antisemitismusforschung, Bd. 1, München 2003, S. 6–16.

10   So fand der Neologismus ‚Antisemitismus‘ sehr rasch als Lexem Eingang in die bedeutenden deutschsprachigen Konversationslexika. Siehe: Wiebke Wiede, Antisemitismus zum Nachschlagen. Definitionen und Indifferenzen in deutschsprachigen Lexika des Kaiserreichs und der Weimarer Republik, in: Jahrbuch für Antisemitismusforschung 21 (2012), S. 294–324. Zur schnellen internationalen Verbreitung siehe: Rürup/Nipperdey, Antisemitismus, S. 120; S. 131.

11   Siehe hierfür Beispiele in dieser Forschungsarbeit, insbesondere etwa im Zusammenhang mit der Analyse der Rezeption der judenfeindlichen Agitation Adolf Stoeckers im Deutschschweizer Protestantismus in Kap. 5 in Teil III.

12   Zum Gebrauch des Schlagwortes ‚Radauantisemitismus‘ siehe: Christoph Jahr, Art. ‚Radauantisemitismus‘, in: Handbuch des Antisemitismus. Judenfeindschaft in Geschichte und Gegenwart, hrsg. von Wolfgang Benz, Bd. 3, Begriffe, Theorien, Ideologien, Berlin/New York 2010, S. 271 f.

wollten, schicklich, sich selbst als frei von jeglichem Antisemitismus zu bezeichnen und ihre judenfeindlichen Aussagen als Resultat einer vermeintlich objektiven und emotionsfreien Analyse erscheinen zu lassen. Deshalb lag es beispielsweise nicht im Interesse Treitschkes und Stoeckers, die den Antisemitismus durch ihr
gesellschaftliches Ansehen im Herbst 1879 salonfähig gemacht hatten, sich selbst
als Antisemiten zu bezeichnen.[13] Sich in seiner antisemitischen Argumentation von
jeglicher judenfeindlichen Intention freizusprechen kann als eigentliche Konstante
antisemitischer Diskursstrategien bis in die heutige Zeit angeführt werden.[14] Es war
nicht zuletzt diese ‚gutbürgerliche‘ Kaschierungsstrategie, die den Antisemitismus
in konservativen Bevölkerungsschichten des Deutschen Kaiserreichs – aber auch
in anderen Ländern – zu einem breiten kulturellen Phänomen, ja zu einem ‚kulturellen Code‘, wie es Shulamit Volkov nennt, werden ließ.[15]

Neben der Verwendung von ‚Antisemitismus‘ als Selbstbezeichnung für judenfeindliche Überzeugungen sowie als Fremdbezeichnung des Phänomens hielt
der Terminus auch als analytischer Begriff in die Wissenschaft Einzug. Die gesellschaftliche Verwendung des Begriffs ‚Antisemitismus‘ zur Bezeichnung antijüdischer Phänomene wurde seit den 1880er-Jahren zur Regel, was auch den wissenschaftlichen Gebrauch beeinflusste. Zu diesem Schluss kommt auch der deutsche
Historiker Thomas Gräfe, der betont, dass sich ‚Antisemitismus‘ „im inner- und
außerwissenschaftlichen Sprachgebrauch als Sammelbezeichnung für alle Formen
von Judenfeindlichkeit zu allen Zeiten und an allen Orten international durchgesetzt" habe.[16] Und Christoph Nonn spricht mit ironischem Unterton, in Anlehnung

---

13    Siehe auch: Christhard Hoffmann, Geschichte und Ideologie: Der Berliner Antisemitismusstreit
1879/81, in: Wolfgang Benz/Werner Bergmann (Hrsg.), Vorurteil und Völkermord. Entwicklungslinien des Antisemitismus, Bonn 1997, S. 219–251, S. 242 f. Mit Fokus auf das katholische
Milieu im Deutschen Kaiserreich: Blaschke, Katholizismus und Antisemitismus, S. 114.

14    Zu dieser Strategie gehört auch die Aussage „Einige meiner besten Freunde sind Juden", der
dann meist standardmäßig umgehend die Relativierung im Nebensatz folgt. Sehr pointiert, aber
durchaus passend, hat deshalb Henrik M. Broder konstatiert, dass die Aussage „‚Einige meiner besten Freunde sind Juden' das zuverlässigste Indiz einer antisemitischen Einstellung" sei.
(Henryk M. Broder, Der ewige Antisemit. Über Sinn und Funktion eines beständigen Gefühls,
2. Aufl., Berlin 2006, S. 37.)

15    Volkov, Antisemitismus als kultureller Code. Siehe zudem: Gräfe, Antisemitismus in Deutschland,
S. 207 f. Aram Mattioli spricht auch für die Schweiz vom Antisemitismus als einem kulturellen
Code: Aram Mattioli, Antisemitismus in der Geschichte der modernen Schweiz – Begriffsklä-
rungen und Thesen, in: ders. (Hrsg.), Antisemitismus in der Schweiz 1848–1960, S. 3–22, S. 14.

16    Gräfe, Antisemitismus in Deutschland, S. 101. Am Ende ihrer begriffsgeschichtlichen Analyse
müssen auch Rürup und Nipperdey zugeben, dass, ihrem engen Begriffsverständnis zuwiderlau-
fend, Antisemitismus zu einem Synonym für alle unfreundlichen oder feindseligen Haltungen
gegenüber Juden in der Geschichte geworden sei. (Rürup/Nipperdey, Antisemitismus, S. 144.)

an Robert Chazan, von ‚Antisemitismus' als Sammelbezeichnung, wie es der Markenname ‚Tempo' für Papiertaschentücher sei.[17] In der Tat hat sich eine weite Definition des Terminus ‚Antisemitismus' als Ober- beziehungsweise Sammelbegriff in der Forschung etabliert. So arbeiten beispielsweise Urs Altermatt, Wolfgang Benz und Olaf Blaschke in ihren Studien zum Antisemitismus mit diesem Begriffsverständnis,[18] das allerdings in der Forschung nicht unangefochten ist. Insbesondere Sozialhistoriker arbeiten vor allem seit den 1970er-Jahren mit einer engeren Definition von Antisemitismus. ‚Antisemitismus' firmiert bei diesen Forschern nicht als Oberbegriff für verschiedene Formen der Judenfeindschaft, sondern bleibt für das mit der Wortschöpfung verbundene Phänomen einer modernisierten Judenfeindschaft reserviert. Dieser Definitionsansatz ist stark mit dem deutschen Historiker Reinhard Rürup verbunden. Er betont in seinem einflussreichen begriffsgeschichtlichen Beitrag mit Thomas Nipperdey zum Terminus ‚Antisemitismus', dass dieser „eine grundsätzlich neue judenfeindliche Bewegung, die sich seit dem Ende der siebziger Jahre des 19. Jahrhunderts zunächst in Deutschland, Österreich und Ungarn, dann vor allem in Frankreich und unter anderen Bedingungen in Russland und anderen ost- und südosteuropäischen Ländern ausbreitete", bezeichne.[19] An der simultanen Existenz einer engen und weiten Definition des Begriffs ‚Antisemitismus' in der Antisemitismusforschung wird sich auch in Zukunft kaum etwas ändern, doch sollte diese Problematik auch nicht überschätzt werden.

Diese Dissertation arbeitet mit dem weiten Begriffsverständnis von ‚Antisemitismus'. Es fragt sich allerdings, ob damit die Gefahr einer anachronistischen Ver-

---

17   Nonn, Antisemitismus, S. 6. Nonn bezieht sich hierbei auf: Robert Chazan, Medieval Stereotypes and Modern Antisemitism, Berkeley 1997.

18   Sehr deutlich in der Begriffsdefinition von Benz: „Antisemitismus – als Begriff im letzten Drittel des 19. Jahrhunderts entstanden – meint im modernen Sprachgebrauch die Gesamtheit judenfeindlicher Äußerungen, Tendenzen, Ressentiments, Haltungen und Handlungen unabhängig von ihren religiösen, rassistischen, sozialen oder sonstigen Motiven." (Wolfgang Benz, Antisemitismusforschung als gesellschaftliche Notwendigkeit und akademische Anstrengung, in: Benz, Bilder vom Juden, S. 129–142, S. 129.). Zum Antisemitismusbegriff von Benz siehe auch: Wolfgang Benz, Vorwort, in: Handbuch des Antisemitismus, Bd. 1, S. 5 f., S. 5. Folglich wird der Begriff ‚Antisemitismus' auch im Titel dieses ambitionierten Handbuchprojektes im Sinne eines Oberbegriffs verwendet. Siehe zudem: Urs Altermatt, Katholizismus und Antisemitismus. Mentalitäten, Kontinuitäten, Ambivalenzen. Zur Kulturgeschichte der Schweiz 1918–1945, Frauenfeld/Stuttgart/Wien 1999, S. 51; Blaschke, Katholizismus und Antisemitismus, S. 27. Besonders weit geht der französische Historiker Léon Poliakov in seinem achtbändigen Standardwerk, indem er den Begriff ‚Antisemitismus' nicht nur als Oberbegriff, sondern auch als spezifischen Begriff beispielsweise für Judenfeindlichkeit im Mittelalter verwendet. (Léon Poliakov, Geschichte des Antisemitismus, 8 Bde., Worms/Frankfurt a. M. 1977–1989. Ebenso: Shmuel Almog (Hrsg.), Antisemitism through the Ages, Oxford 1988.)

19   Rürup/Nipperdey, Antisemitismus, S. 120.

wendung eines Begriffs, der erst 1879 geschaffen wurde, besteht. Doch ist es ein grundsätzliches Problem analytischer Begriffe in den Geschichts- oder auch Sozialwissenschaften, dass sie zur Beschreibung und Untersuchung von Phänomenen verwendet werden, die zeitlich vor der Begriffsschöpfung liegen. Das Besondere am analytischen Begriff ‚Antisemitismus' mag jedoch sein, dass er besonders aufgrund seiner Geschichte als Wortschöpfung der Antisemiten für die Vertreter eines engen Begriffsverständnisses als anachronistisch für die Zeit vor 1879 gilt.[20] Jedoch zeigen sich auch Vertreter eines engen Begriffsverständnisses von ‚Antisemitismus' nicht vor anachronistischem Gebrauch respektive sprachlichen Inkonsistenzen gefeit, denn die Verwendung des Begriffs ‚moderner Antisemitismus' für das Phänomen des Antisemitismus ab 1879 suggeriert die Existenz einer ‚vormodernen' Variante des Antisemitismus.[21]

In der Forschung ist daher durchaus die Meinung verbreitet, dass der Terminus ‚Antisemitismus' wegen seiner Herkunft und seiner begrifflichen Unschärfen keinen idealen wissenschaftlichen Begriff darstelle. Einige Autoren rechtfertigen ihr Festhalten am Begriff ‚Antisemitismus' durch dessen dominante Stellung in der Gesellschaft zur Bezeichnung antijüdischer Haltungen und Aktivitäten.[22] Eine solche pragmatische Haltung verurteilt der Historiker Georg Christoph Berger Waldenegg.[23] Er hinterfragt den Begriff besonders kritisch, indem er die rhetorische Frage stellt, ob ‚Antisemitismus' eine gefährliche Vokabel sei. Berger Waldenegg evaluiert daher verschiedene Alternativbegriffe wie ‚Judenhass', ‚Judenfeindschaft' oder ‚Judäophobie', die er alle zugunsten des Begriffs ‚Judengegnerschaft' verwirft.[24] Seine Postulierung des Alternativbegriffs ‚Judengegnerschaft' wird jedoch in der Forschung sehr kritisch gesehen, suggeriere er doch, dass es um eine Gegnerschaft zu jüdischen Meinungen und Überzeugungen gehe.[25] Als Alternativbegriffe respektive Synonyme für

---

20  Als Beispiele seien genannt: Hermann Greive, Geschichte des modernen Antisemitismus in Deutschland, Darmstadt 1983, S. 1; Alex Bein, Die Judenfrage. Biographie eines Weltproblems, Bd. 2: Anmerkungen – Exkurse – Register, Stuttgart 1980, S. 164.

21  Siehe als Beispiele: Christhard Hoffmann, Christlicher Antijudaismus und moderner Antisemitismus. Zusammenhänge und Differenzen als Problem der historischen Antisemitismusforschung, in: Leonore Siegele-Wenschkewitz (Hrsg.), Christlicher Antijudaismus und Antisemitismus. Theologische und kirchliche Programme Deutscher Christen, Frankfurt a. M. 1994, S. 293–317; Greive, Geschichte des modernen Antisemitismus. Zum widersprüchlichen Begriffsgebrauch siehe zudem: Berger Waldenegg, Antisemitismus, S. 27–44.

22  Siehe z. B.: Yehuda Bauer, Vom christlichen Judenhass zum modernen Antisemitismus – Ein Erklärungsversuch, in: Jahrbuch für Antisemitismusforschung 1 (1992), S. 77–90, S. 79; Rürup/Nipperdey, Antisemitismus, S. 144.

23  Berger Waldenegg, Antisemitismus, S. 118.

24  Ebenda, S. 93–112; Berger Waldenegg, Antisemitismus (2000), S. 111–118.

25  Rensmann, Demokratie und Judenbild, S. 77.

,Antisemitismus' in der Forschung wiederholt anzutreffen sind ,Judenhass'[26] sowie häufig ,Judenfeindschaft'[27]. Der Ausdruck ,Judenfeindschaft', der auch bei Anhängern eines engen Antisemitismusbegriffs Verwendung findet,[28] ist dabei ,Judenhass' vorzuziehen. Ersterer kann in der Tat als synonymer Sammelbegriff zu ,Antisemitismus' Verwendung finden und wird in diesem Sinne auch in dieser Dissertation gebraucht,[29] während ,Judenhass' hingegen begrifflich zu radikal erscheint, da ,Hass' nicht alle Ausprägungen von Antisemitismus adäquat zu charakterisieren vermag.[30]

Ein klarer Vorteil der Verwendung von ,Antisemitismus' als Oberbegriff für unterschiedliche Formen der Judenfeindschaft besteht darin, dass das Risiko der Verharmlosung ,traditioneller' vormoderner Ausprägungen der Judenfeindschaft gemindert wird. Da in der Antisemitismusforschung häufig – und durchaus mit Recht – vom modernen Antisemitismus der religiös-theologisch argumentierende Antijudaismus unterschieden wird, besteht bei einer strikten Verwendung eines engen Antisemitismusbegriffs die Gefahr, Argumente für apologetische Strategien respektive zur Verharmlosung des Antijudaismus zu liefern. Solche Verharmlosungstendenzen, die durch ein Herauslösen des Antijudaismus aus dem Antisemitismus erwachsen können, hat Olaf Blaschke für den Fall der Forschung zu antijüdischen Konzeptionen im Katholizismus aufzeigen können.[31] Vor dem Hintergrund dieses berechtigten Einwurfs macht ein Oberbegriff ,Antisemitismus' gerade in der

26    Siehe beispielsweise: Zimmermann, Aufkommen und Diskreditierung des Begriffs Antisemitismus; Bauer, Vom christlichen Judenhass zum modernen Antisemitismus; Wolfgang Benz/Werner Bergmann, Einleitung. Antisemitismus – Vorgeschichte des Völkermords?, in: dies. (Hrsg.), Vorurteil und Völkermord, S. 10–31. Siehe auch folgenden Sammelband: Christina von Braun/Ludger Heid (Hrsg.), Der ewige Judenhass. Christlicher Antijudaismus – Deutschnationale Judenfeindschaft – Rassistischer Antisemitismus, Stuttgart/Bonn 1990.

27    Der Begriff ,Judenfeindschaft' oder ,Judenfeindlichkeit' – oft auch als Oberbegriff – ist in der Antisemitismusforschung weitverbreitet. Drei Beispiele: Johannes Heil, „Antijudaismus" und „Antisemitismus". Begriffe als Bedeutungsträger, in: Jahrbuch für Antisemitismusforschung 6 (1997), S. 92–114; Nonn, Antisemitismus; Gräfe, Antisemitismus in Deutschland. Oft werden die Begriffe ,Judenhass' und ,Judenfeindschaft' synonym verwendet. Siehe etwa: Hoffmann, Christlicher Antijudaismus und moderner Antisemitismus; Berding, Moderner Antisemitismus.

28    So etwa durch: Rürup, Emanzipation und Antisemitismus.

29    Es fällt zudem auf, dass in Antisemitismusdefinitionen wiederholt auf den Begriff ,Judenfeindschaft', der eigentlich selbst ebenfalls definitionsbedürftig wäre, Bezug genommen wird. Siehe z. B.: Benz, Antisemitismusforschung, S. 129.

30    Dies betonen auch: Rensmann, Demokratie und Judenbild, S. 76; Berger Waldenegg, Antisemitismus, S. 98–103.

31    Blaschke, Katholizismus und Antisemitismus, S. 31. Nicht zuletzt deshalb verwendet Blaschke ,Antisemitismus' als Sammelbegriff.

Erforschung der Judenfeindschaft in religiösen Kontexten, wie es in dieser Dissertation für den Protestantismus der Deutschschweiz geschieht, Sinn.

Zwar besteht bei der Verwendung eines breiten Antisemitismusbegriffs das Risiko, dass er einen ‚ewigen Antisemitismus' suggeriert und Judenfeindschaft als anthropologische Konstante erscheinen lässt. Dasselbe Problem besteht jedoch auch für alternative Sammelbegriffe wie ‚Judenfeindschaft' oder ‚Judenhass'.[32] Die Vorstellung eines ‚ewigen Antisemitismus', der suggeriert, dass die Juden seit jeher durch ihre schiere Präsenz Hass provoziert hätten, ist entschieden abzulehnen. Dies würde der Idee eines vermeintlich realen Konflikts zwischen jüdischer und nichtjüdischer Bevölkerung Vorschub leisten und eine Täter-Opfer-Umkehr vornehmen sowie den Antisemitismus als ‚normale menschliche Reaktion' apologieren. Darüber hinaus war und ist dieses Konzept auch als antisemitische Diskursstrategie gebräuchlich. Um solchen Missdeutungen entgegenzuwirken, sind daher nebst Kontinuitäten auch Brüche und vor allem Transformationen im Antisemitismus aufzuzeigen und begriffliche Differenzierungen vorzunehmen. Dies sollte beispielsweise für die Analyse von Transformationen beim Vergleich des sogenannten Frühantisemitismus im Zeitalter der Emanzipation mit dem modernen Antisemitismus umgesetzt werden. Ebenso gilt dies für den Vergleich der Religionspolemik in der hellenistischen und römischen Antike mit jener Judenfeindschaft, die sich im Frühchristentum herausbildete und zu einem integralen Bestandteil der christlichen Theologie und Kultur wurde.[33]

Um falsche Generalisierungen zu vermeiden und Transformationen begrifflich fassen zu können, bleibt in dieser Forschungsarbeit das weite Begriffsverständnis allerdings auf die Funktion als Oberbegriff beschränkt. Teilphänomene des Antisemitismus gilt es deshalb mittels inhaltlicher Attribuierungen wie ‚modern', ‚rassistisch' oder eigenständiger Begriffe wie beispielsweise ‚Antijudaismus' klar zu benennen und einzeln zu charakterisieren. Formen der Judenfeindschaft in der Antike oder im Mittelalter werden deshalb zwar ebenfalls dem Gesamtphänomen Antisemitismus zugeordnet, aber gleichwohl nicht als ‚antiker' oder ‚mittelalterlicher' Antisemitismus bezeichnet. Diese Arbeit vertritt daher auch nicht eine (reine) Kontinuitätsthese, die von einem Teil der Antisemitismusforschung postuliert wird, und die – in mannigfacher Schattierung – eine ungebrochene Fortsetzung zwischen

---

32    Gegen die Vorstellung eines ‚ewigen Antisemitismus' wenden sich beispielsweise auch: Werner Bergmann/Rainer Erb, Neue Perspektiven der Antisemitismusforschung, in: dies. (Hrsg.), Antisemitismus in der politischen Kultur nach 1945, Opladen 1990, S. 11–18, S. 17. Bereits Hannah Arendt, die sich gegen die Vorstellung einer Kontinuität in der Judenfeindschaft aussprach, bezeichnet das Konzept eines ‚ewigen Antisemitismus' als gefährlich. (Hannah Arendt, Elemente und Ursprünge totalitärer Herrschaft, Bd. 1: Antisemitismus, Frankfurt a. M./Berlin/Wien 1968, S. 25 f.)

33    Siehe ausführlicher Kapitel 4 in diesem Teil.

frühchristlichen, ja sogar vorchristlichen Formen der Judenfeindschaft und modernen Formen des Antisemitismus im 19. und 20. Jahrhundert sieht.[34]

Vor dem Hintergrund der Überlegungen zu den Dimensionen des Begriffs ,Antisemitismus' ist dieser Oberbegriff nun definitorisch noch genauer zu fassen. Eine durch ihre Kompaktheit überzeugende Definition legt Olaf Blaschke in seiner Dissertation „Katholizismus und Antisemitismus im Deutschen Kaiserreich" vor. Für ihn steht Antisemitismus als Sammelbegriff „für negative Stereotypen über Juden, für Ressentiments und Handlungen, die gegen einzelne Juden als Juden oder gegen das Judentum insgesamt sowie gegen Phänomene, weil sie jüdisch seien, gerichtet sind".[35] Diese stringente Definition kann dabei durch einige Überlegungen ergänzt und präzisiert werden.[36] So gilt es festzuhalten, dass sich diese

34    Eine starke Kontinuität zwischen christlich motivierter Judenfeindschaft und modernem Antisemitismus postulieren, etwa indem sie Erstere zur Grundlage des Zweiten erklärten, beispielsweise: Bauer, Vom christlichen Judenhass zum modernen Antisemitismus; Victor Karady, Gewalterfahrung und Utopie. Juden in der europäischen Moderne, Frankfurt a. M. 1999; Michael Ley, Kleine Geschichte des Antisemitismus, München 2003; Jacob Katz, Vom Vorurteil bis zur Vernichtung. Der Antisemitismus 1700–1933, München 1989; Rosemary Ruether, Faith and Fratricide. The Theological Roots of Anti-Semitism, New York 1974.

35    Blaschke, Katholizismus und Antisemitismus, S. 27. Ähnlich auch bei: Altermatt, Katholizismus und Antisemitismus, S. 51. Für Blaschke umfasst Antisemitismus dabei unterschiedliche Phänomene wie Judenfeindlichkeit, Judenhass, religiösen Antijudaismus, Rassenantisemitismus und reicht bis in den Antizionismus und ,jüdischen Selbsthass' hinein. (Blaschke, Katholizismus und Antisemitismus, S. 27 f.) Diese Definition wurde auch der Antisemitismustypologie zugrunde gelegt in: Metzger, Antisemitismus in der Stadt St. Gallen.

36    Eine Ausdifferenzierung der Handlungsebene nimmt zudem die Soziologin Helen Fein vor. In ihrer vielrezipierten Definition schlägt sie vor, Antisemitismus als eine fortdauernde latente Struktur feindlicher Vorstellungen gegenüber Juden als Kollektiv zu verstehen. Diese würden sich auf der individuellen Ebene als Haltungen und auf kultureller Ebene als Mythos, Ideologie, Folklore und Bilder sowie auf der Ebene von Aktionen als soziale oder legale Diskriminierung, politische Mobilisierung, kollektive oder staatliche Gewalt manifestieren. Dies habe zur Folge respektive ziele darauf ab, Juden als Juden auszugrenzen, zu vertreiben oder zu vernichten. (Helen Fein, Dimensions of Antisemitism: Attitudes, Collective Accusations, and Actions, in: Helen Fein, The Persisting Question. Sociological Perspectives and Social Contexts of Modern Antisemitism, Berlin/New York 1987, S. 67–85, S. 67.) Feins Definition ist zwar stärker auf den modernen Antisemitismus ausgerichtet, aber auch auf einen erweiterten Antisemitismusbegriff anwendbar. Im Zusammenhang mit ihrer Definition streicht die Soziologin zudem hervor, dass sie ,Juden' als Menschen anschaue, die sich entweder selbst als Juden identifizieren oder als ,jüdisch' bezeichnet würden. Die Definition Helen Feins wurde von Werner Bergmann und Juliane Wetzel in ihrem Bericht über den Antisemitismus in Europa von 2003 an das „European Monitoring Center on Racism and Xenophobia" zugrunde gelegt: Werner Bergmann/Juliane Wenzel, Manifestations of anti-Semitism in the European Union. First Semester 2002. Synthesis Report on Behalf of the EUMC, Wien 2003, S. 18.

Stereotypen, Ressentiments und Handlungen erstens nicht an realen Begebenheiten, sondern an einem konstruierten Bild ‚der Juden' orienticren, das seinerseits bereits das Produkt einer durch judenfeindliche Vorstellungen gesteuerten Wahrnehmung ist. Zweitens ist der Antisemitismus häufig von einem dualistischen respektive manichäischen Denken geprägt, das ‚die Juden' zum negativ konnotierten Kontrapunkt des Selbst stilisiert. Drittens kann er verschiedene Funktionen in einer Gesellschaft oder einem Denksystem übernehmen, etwa als fester Bestandteil christlich-heilsgeschichtlicher Projektionen, als eigentliches Instrument zur Weltdeutung oder auch als kultureller Code.

## 2 Beständigkeit und Wandel des Antisemitismus im 19. Jahrhundert

Mit der Verwendung eines weiten Antisemitismusbegriffs und dem Gebrauch des Terminus ‚Antisemitismus' als Oberbegriff für verschiedene Formen der Judenfeindschaft ist in dieser Dissertation nicht die Vorstellung von Antisemitismus als statischem Phänomen verbunden. Vielmehr zeigte und zeigt es sich in seiner rund zweitausendjährigen Geschichte als wandelbar. Nach Reflexionen zur Mehrdimensionalität des Begriffs ‚Antisemitismus' und definitorischen Überlegungen wendet sich dieses Kapitel deshalb der Frage nach Kontinuitäten und Diskontinuitäten des sich im 19. Jahrhundert bildenden modernen Antisemitismus im Vergleich zur Judenfeindschaft der vorangegangenen Jahrhunderte zu.

*Der moderne Antisemitismus – die Kontinuitätsfrage*

„Wie ähnlich ist ein Schmetterling einer Raupe? Nicht eben sehr, hat es den Anschein. Dennoch gibt es Raupen, aus denen Schmetterlinge werden. Solche Gestaltveränderungen oder Metamorphosen gibt es wie im Tierreich auch in der Geschichte der Judenfeindschaft. […] Denn wie bei der Metamorphose der Raupe zum Schmetterling stellt sich auch bei der Entwicklung der vormodernen zur modernen Judenfeindschaft die Frage: Entspricht dem offensichtlichen Wandel der äusseren Form auch ein Wandel der Inhalte? Hat sich die Natur des Objekts grundlegend verändert?"[37]

Mit diesem Rückgriff auf ein Beispiel aus der Biologie bringt der deutsche Historiker Christoph Nonn die Pole einer in der Antisemitismusforschung seit Jahrzehnten kontrovers diskutierten Frage auf den Punkt: Ist von einer Kontinuität oder

---

37  Nonn, Antisemitismus, S. 10.

einer Diskontinuität zwischen ‚älteren‘ und ‚moderneren‘ Formen der Judenfeindschaft auszugehen, so besonders zwischen einer christlich-theologischen Variante
seit der Herausbildung des Christentums in den ersten Jahrhunderten nach Christus, und den säkular argumentierenden Formen seit der Aufklärung und insbesondere in der Moderne? Während nicht zuletzt in angelsächsischen Ländern in der
Forschung immer wieder die Idee einer direkten Verbindung zwischen christlichem Antijudaismus und modernem Antisemitismus[38] vertreten wird, hat sich im
deutschsprachigen Europa eine starke Forschungstradition entwickelt, die für das
19. Jahrhundert und besonders für die 1870er-Jahre grundlegende Transformationen in der Judenfeindschaft sieht. In ihrer Analyse meist auf Deutschland fokussiert, begreifen die Anhänger der Diskontinuitätsthese, für die in der Forschung
auch die Begriffe ‚Transformations‘- und ‚Säkularisierungsthese‘ existieren,[39] den
modernen Antisemitismus als eine (gänzlich) neue Form der Judenfeindschaft.[40]

Für die Analyse des Antisemitismus im deutschschweizerischen Protestantismus wird in dieser Forschungsarbeit davon ausgegangen, dass weder die Kontinui-
täts- noch die Diskontinuitätsthese die Komplexität des Phänomens Judenfeindschaft
ausreichend zu fassen vermögen. Vielmehr ist eine partielle Kontinuität anzunehmen. Zwar gestehen oft auch Vertreter der Kontinuitätsthese gewisse Transformationen ein, und handkehrum verneinen auch Anhänger der Transformationsthese
nicht eine begrenzte Kontinuität judenfeindlicher Topoi,[41] doch sind diese Konzepte dennoch zu rigide. Die Vorstellung von partiellen Kontinuitäten stellt jedoch
nicht einfach eine Kompromisslösung dar, sondern bezieht ein weites Spektrum
von Faktoren in die Analyse mit ein. Eine zentrale Frage bleibt nämlich, welche Aspekte des Antisemitismus sich jeweils wandelten und welche gleich blieben. Kann

---

38   Gemäß Ulrich Wyrwa tauchte der Begriff ‚moderner Antisemitismus‘ als analytisch-wissen-
     schaftliche Kategorie in den 1950er-Jahren im Zuge der Intensivierung der Antisemitismusfor-
     schung auf. (Ulrich Wyrwa, Art. ‚Moderner Antisemitismus‘, in: Handbuch des Antisemitismus,
     Bd. 3, S. 209–214, S. 210.)

39   Den Begriff ‚Säkularisierungsthese‘ verwendet beispielsweise Gräfe in seiner Typologie der An-
     tisemitismusforschung: Gräfe, Antisemitismus in Deutschland, S. 109 f. Von ‚Transformations-
     these‘ sprechen z. B.: Hoffmann, Christlicher Antijudaismus und moderner Antisemitismus,
     S. 306 f.; Nonn, Antisemitismus, S. 11–15.

40   Sehr gute Forschungsüberblicke bieten: Gräfe, Antisemitismus in Deutschland, S. 105–121; Hoff-
     mann, Christlicher Antijudaismus und moderner Antisemitismus; Heil, „Antijudaismus“ und
     „Antisemitismus“.

41   Siehe z. B.: Helmut Berding, Antisemitismus in der modernen Gesellschaft: Kontinuität und
     Diskontinuität, in: Jörg K. Hoensch/Stanislav Birman/Lubomir Liptak (Hrsg.), Judenemanzipa-
     tion – Antisemitismus – Verfolgung in Deutschland, Österreich-Ungarn, den Böhmischen Län-
     dern und in der Slowakei, Tübingen 1999, S. 85–100, S. 87; S. 92–95; Hoffmann, Christlicher An-
     tijudaismus und moderner Antisemitismus, S. 308.

von einer Kontinuität respektive von einer Transformation der Inhalte, der Vorurteile und Diskurse gesprochen werden? Wie sah es auf der Ebene antisemitischer Motive und Semantiken aus? Gab es auch strukturelle Konstanten in den verschiedenen Ausprägungen des Antisemitismus? Übernahm der Antisemitismus unterschiedliche Funktionen, und gab es Änderungen in den Trägerschichten und auf der organisatorischen Ebene? Auch gilt es den gesellschaftlichen und politischen Kontext zu betrachten. Dessen Transformationen sind für Vertreter der Sozialgeschichte, die die Transformationsthese stark mitgeprägt haben, von großem Gewicht. Gerade die Analyse des Antisemitismus in einer konfessionellen Gruppe kann für die Debatte über Kontinuitäten und Diskontinuitäten zwischen religiös argumentierendem Antijudaismus als ‚traditioneller‘ Form des Antisemitismus und dem modernen Antisemitismus wertvolle Erkenntnisse liefern. So fragt sich etwa, ob religiös-biblische Diskursmuster dominant blieben oder sich mit modernantisemitischen Stereotypen überlagerten oder von Letzteren gar verdrängt wurden.

Bereits andere Studien zum Antisemitismus in konfessionellen Milieus haben die Fortdauer religiöser judenfeindlicher Vorstellungen im Kontext des modernen Antisemitismus aufgezeigt.[42] In diesem Zusammenhang ist auch die Frage aufzuwerfen, ob von einer parallelen Existenz verschiedener Typen des Antisemitismus auszugehen ist. Existierten der Antijudaismus und moderne Antisemitismus in der Moderne nebeneinander oder waren sie miteinander beispielsweise diskursiv oder semantisch verbunden respektive überlagert? Gräfe lobt an der ideen- und mentalitätsgeschichtlich geprägten ‚Parallelexistenzthese‘, dass sie den Paradigmenwechsel von Religion zu Rasse im Zuge der Herausbildung des modernen Antisemitismus infrage stelle, kritisiert jedoch deren Vernachlässigung kontextueller Veränderungen angesichts ihrer *longue durée* Perspektive.[43] Nicht ausgeblendet werden darf zudem der Faktor, dass Motive und Diskurse aus dem Fundus der ‚traditionellen‘ Judenfeindschaft durch spätere Antisemiten bewusst wieder aufgegriffen (z. B. der

---

42  Siehe v. a.: Blaschke, Antisemitismus im Deutschen Kaiserreich; Altermatt, Katholizismus und Antisemitismus; Heinrichs, Das Judenbild im Protestantismus.

43  Gräfe, Antisemitismus in Deutschland, S. 107 f. Gräfe verweist auf Hermann Greive und Yehuda Bauer als Vertreter dieses Ansatzes und auf deren folgende Publikationen: Hermann Greive, Zur multikausalen Bedingtheit des modernen Antisemitismus, in: J 40 (1984), S. 133–144; Bauer, Vom christlichen Judenhass zum modernen Antisemitismus. Auch Uriel Tal betonte die Fortexistenz christlicher Traditionen im modernen Antisemitismus. Eine ähnliche Haltung nimmt zudem Herbert A. Strauss ein, der hervorhebt, dass „der christliche Strang des Antisemitismus" im 19. und 20. Jahrhundert in der westlichen Welt vital geblieben sei und sich gerade auf subkirchlicher Ebene volksreligiöse Bräuche und vormoderne Judenbilder tradiert habe. (Tal, Christians and Jews in Germany; Herbert A. Strauss, Einleitung – Vom modernen zum neuen Antisemitismus, in: ders./Werner Bergmann/Christhard Hoffmann (Hrsg.), Der Antisemitismus der Gegenwart, Frankfurt/New York 1990, S. 7–25, S. 10 f.; Zitat S. 10.)

Ritualmord-Topos[44]) und dadurch möglicherweise aus einem religiösen in einen säkularen Kontext transferiert wurden.[45] Dieser Prozess einer bewussten Rezeption alter, eventuell sogar in der zeitgenössischen Gesellschaft kaum mehr präsenter judenfeindlicher Motive wäre jedoch noch kein Beweis für eine ungebrochene Kontinuität eines antisemitischen Motivs, sondern vielmehr für eine Strategie ,moderner' Antisemiten, antisemitische Diskurse zu historisieren.

Als unbestritten gelten in der Antisemitismusforschung Transformationen der Judenfeindschaft, die ausgehend von der Aufklärung und der Französischen Revolution einsetzten und sich nach 1870 akzentuierten. Sogar die Anhänger der Kontinuitätsthese blenden diese Veränderungen und Akzentverschiebungen nicht aus,[46] sie führen jedoch modernantisemitische Formen auf die christlich motivierte Judenfeindschaft zurück. Daher wird in Abrede gestellt, dass es sich bei der antijüdischen Bewegung, die nach 1879 in Deutschland, aber auch anderswo in Europa Fuß fasste und auf die der Neologismus ,Antisemitismus' zurückging, mit der Tradition gebrochen und ein genuin neues Phänomen dargestellt habe. Deutlich bringt dies Yehuda Bauer in einem Grundsatzbeitrag von 1992 zum Ausdruck, indem er unterstreicht, dass der Antisemitismus sein christliches Erbe nicht leugnen und der traditionelle Judenhass nicht getrennt vom modernen Antisemitismus betrachtet werden könne und beide Ströme oftmals ineinander fließen würden.[47] Dennoch verneint Bauer keinesfalls, dass der moderne Antisemitismus neue Elemente mit einbeziehe oder althergebrachte Inhalte in abgewandelter Form wiederaufnehme und sich auch mit antichristlichen Elementen verbunden habe. Ähnlich hält es Victor Karady, der für den „modernen Antijudaismus", wie er bezeichnen-

---

44  Gerade am Beispiel der Ritualmordlegende, die im 19. Jahrhundert wiederbelebt wurde, kann gezeigt werden, dass sich in ihrer revitalisierten Variante religiöse und nichtreligiöse Aspekte zeigten. So fand sie sowohl in christlichen als auch dezidiert rassistischen Kreisen Rückhalt. Siehe: Gräfe, Antisemitismus in Deutschland, S. 156; S. 196 f.; Rainer Erb, Die Ritulmordlegende: Von den Anfängen bis ins 20. Jahrhundert, in: Susanna Buttaroni/Stanisław Musiał (Hrsg.), Ritualmord. Legenden in der europäischen Geschichte, Wien/Köln/Weimar 2003, S. 11–20. Für die Tradition der Ritualmordanschuldigungen im 19. und 20. Jahrhundert in Mittel- und Osteuropa siehe zudem: Stefan Rohrbacher/Michael Schmidt, Judenbilder. Kulturgeschichte antijüdischer Mythen und antisemitischer Vorurteile, Reinbek bei Hamburg 1991, S. 304–368. Eine starke Anlehnung an die christliche Tradition sieht als Anhängerin der Kontinuitätsthese: Christina von Braun, Und der Feind ist Fleisch geworden. Der rassistische Antisemitismus, in: dies./Heid (Hrsg.) Der ewige Judenhass, S. 149–213.

45  In seiner Kritik an der Kontinuitätsthese zeigt Christhard Hoffmann dieses bewusste Rezipieren und Instrumentalisieren als Strategie des modernen Antisemitismus auf. (Hoffmann, Christlicher Antijudaismus und moderner Antisemitismus, v. a. S. 306.)

46  Siehe die folgenden Beispiele.

47  Bauer, Vom christlichen Judenhass zum modernen Antisemitismus, S. 77–79.

derweise den modernen Antisemitismus nennt, zwar bezüglich der Gewalttätigkeit eine neue Dimension erkennt, jedoch das Christentum als Quelle aller antijüdischen Vorurteile und Vorwürfe bezeichnet.[48] Andere Autoren postulieren eine ungebrochene Kontinuität zwischen Antijudaismus und modernem Antisemitismus, indem sie die Bedeutung des Religiösen an sich für die Judenfeindschaft betonen. So sieht Jacob Katz die religiösen Wurzeln der Judenfeindschaft selbst für antisemitische Positionen, die sich bewusst vom Christentum abgegrenzt hätten, als gegeben an.[49] Besonders konsequent folgt der deutsche Soziologe Michael Ley dieser Argumentationsstrategie der Kontinuitätsthese, indem er den nationalsozialistischen Antisemitismus als politische Religion definiert und somit in einen religiösen Zusammenhang stellt.[50]

Die vor allem für die zweite Hälfte des 19. Jahrhunderts augenscheinlichen Transformationsprozesse in der Judenfeindschaft werden in einem dominierenden Segment der deutschsprachigen Antisemitismusforschung mit dem Begriff ,moderner Antisemitismus' verknüpft, der auch in dieser Forschungsarbeit bereits verwendet wurde. Der Genese des modernen Antisemitismus sowie seiner Charakteristika und Diskontinuitäten gegenüber älteren Formen des Antisemitismus widmet sich eine umfangreiche Literatur. Besonders stark verankert ist dieser Forschungszweig in Deutschland. Dem Deutschen Kaiserreich als jungem Nationalstaat kam denn auch eine Kernrolle in den Transformationsprozessen zu.[51] Die gängige zeitliche Fixierung des ersten Auftauchens eines modernisierten Anti-

---

48  Karady, Gewalterfahrung und Utopie, S. 203–205.

49  Dabei betont Katz vor allem die Kontinuität antisemitischer Stereotype. (Katz, Vom Vorurteil bis zur Vernichtung, S. 322 f.) Wissenschaftlich einflussreich war auch Rosemary R. Ruether Betonung der religiösen Wurzeln des Antisemitismus: Rosemary R. Ruether, The Theological Roots of Anti-Semitism, in: Helen Fein (Hrsg.), The Persisting Question, S. 23–45. Ausführlicher Ruether, Faith and Fratricide. Ähnliche Thesen vertreten: Robert Wistrich, Antisemitism. The Longest Hatred, New York 1991; William Nicholls, Christian Antisemitism. A History of Hate, Northvale 1993. Eine zentrale Bedeutung der religiösen Judenfeindschaft für den modernen Antisemitismus, wenn auch weniger absolut formuliert, sehen auch: Christina von Braun/Ludger Heid, Vorwort, in: dies. (Hrsg.), Der ewige Judenhass, S. 7–10.

50  Dies hat Michael Ley in zahlreichen Publikationen dargestellt. Siehe z. B.: Ley, Kleine Geschichte des Antisemitismus; Michael Ley, Genozid und Heilserwartung. Zum nationalsozialistischen Mord am europäischen Judentum, Wien 1993. Ähnliche Akzentuierungen nimmt vor: Claus-Ekkehard Bärsch, Antijudaismus, Apokalyptik und Satanologie. Die religiösen Elemente des nationalsozialistischen Antisemitismus, in: Zeitschrift für Religions- und Geistesgeschichte 40 (1988), S. 112–133.

51  Als Auswahl sei auf folgende wichtige Studien verwiesen: Rürup, Emanzipation und Antisemitismus; Werner Jochmann, Gesellschaftskrise und Judenfeindschaft; Berding, Moderner Antisemitismus in Deutschland; Ferrari Zumbini, Die Wurzeln des Bösen.

semitismus ist folglich deutschlandzentriert. Zu denken ist etwa an das Auftauchen des Neologismus ‚Antisemitismus', die Formierung erster antisemitischer Parteien oder die heftigen judenfeindlichen Debatten im Berliner Antisemitismusstreit im Zeitraum von 1879 bis 1881. Auch für diese Dissertation bilden die Forschungen zum modernen Antisemitismus einen wichtigen Bezugsrahmen. Zum einen, da der Beginn des Untersuchungszeitraumes mit 1870 festgelegt wurde und somit die 1870er-Jahre einschließt, die für Deutschland als wichtigste Formierungsphase des modernen Antisemitismus gesehen werden müssen. Zum anderen, weil gerade der Frage nach der Manifestation modernantisemitischer Diskurse im Deutschschweizer Protestantismus und deren Beziehung zu und Verschränkung mit älteren religiösen judenfeindlichen Konzeptionen ein wichtiger Stellenwert zukommt, wobei Deutschland – wie im Verlaufe der Arbeit wiederholt aufscheinen wird – als Bezugsrahmen für die Deutschschweiz von einiger Bedeutung ist.

Der Betonung langandauernder Kontinuitäten halten Vertreter der Transformationsthese den modernen Antisemitismus als ein sich zumindest von früheren Formen der Judenfeindschaft stark zu unterscheidendes,[52] wenn nicht sogar grundsätzlich neues Phänomen entgegen. Eine besonders dezidierte Position nehmen hierbei Reinhard Rürup und Hannah Arendt ein.[53] Allerdings verneinen auch Ver-

---

[52]  So unterscheidet sich für Helmut Berding der moderne Antisemitismus durch seine neuartigen Erscheinungsformen qualitativ von allen früheren Formen der Judenfeindschaft. (Berding, Antisemitismus in der modernen Gesellschaft, S. 85.)

[53]  So verstehen, ausgehend von der Begriffsgeschichte, Reinhard Rürup und Thomas Nipperdey Antisemitismus als eine „grundsätzlich neue judenfeindliche Bewegung, die sich seit dem Ende der siebziger Jahre des 19. Jahrhunderts" ausgebreitet habe. (Rürup/Nipperdey, Antisemitismus, S. 120.) Rürup sieht den modernen Antisemitismus als Produkt der bürgerlichen Gesellschaft. Eine räumliche und zeitliche Universalität der Judenfeindschaft seit der (vorchristlichen) Antike ist für ihn deshalb nur eine scheinbare. (Reinhard Rürup, Die ‚Judenfrage' der bürgerlichen Gesellschaft und die Entstehung des modernen Antisemitismus, in: ders., Emanzipation und Antisemitismus, S. 93–119, S. 93.) Siehe zudem Rürups Reflexionen zum Konzept des ‚modernen Antisemitismus' in der Antisemitismusforschung: Reinhard Rürup, Der moderne Antisemitismus und die Entwicklung der historischen Antisemitismusforschung, in: Werner Bergmann/Mona Körte (Hrsg.), Antisemitismusforschung in den Wissenschaften, Berlin 2004, S. 117–135. Besonders dezidiert sieht Hannah Arendt den Antisemitismus als ein integral neues Phänomen im Vergleich zur älteren religiösen Judenfeindschaft und wendet sich hierbei gegen die Vorstellung eines ‚ewigen Antisemitismus': „Der Antisemitismus, eine profane Ideologie des 19. Jahrhunderts, die dem Namen, wenn auch nicht den Argumenten nach vor 1870 unbekannt war, kann offensichtlich nicht mit dem religiösen Judenhass gleichgesetzt werden, […] Wer meint, […] der moderne Antisemitismus sei nichts weiter als die Profanversion eines verbreiteten mittelalterlichen Aberglaubens, ist, wenn auch arglos, nicht weniger im Irrtum als die Antisemiten, die ganz entsprechend meinten, seit dem Altertum regiere eine jüdische Geheimgesellschaft die Welt oder strebe danach." (Arendt, Elemente und Ursprünge totalitärer Herrschaft, S. 11–30; Zitat S. 11.)

treter der Transformationsthese keineswegs jegliche Kontinuitäten vom Antijudaismus zum Antisemitismus. So wird für gewisse Faktoren durchaus eine Tradition gesehen. Helmut Berding verortet eine solche Tradition etwa für Inhalte und Motive der Judenfeindschaft, hebt hingegen die politischen Diskontinuitäten hervor.[54] Gerade auf der motivgeschichtlichen Ebene sehen auch andere Antisemitismusforscher deutliche Kontinuitäten,[55] was zeigt, dass Transformationen nicht für alle Bereiche zeitlich klar festzumachen sind. Für antisemitische Motive und Stereotype ist dies ungleich schwieriger als etwa für politische und andere kontextuelle Veränderungen, die sich gerade ab den 1870er-Jahren einstellten.[56] Mit Blick auf Deutschland, aber auch auf die Schweiz, können diesbezüglich etwa die Nationalstaatengründung, der rasche wirtschaftliche und soziale Wandel, die Geltungskonflikte zwischen Staat und Kirche sowie ein konservativ geprägtes Krisenempfinden als Beispiele genannt werden.

Da in dieser Forschungsarbeit von einer partiellen Kontinuität zwischen dem auf christlich-theologischen Prämissen fußenden Antijudaismus und der vor allem soziokulturell, nationalistisch und rassistisch argumentierenden Judenfeindschaft ausgegangen wird, die sich ab dem letzten Drittel des 19. Jahrhunderts stark bemerkbar machte, wird hier auch der Terminus ‚moderner Antisemitismus‘ verwendet. Nachdem im vorangegangenen Kapitel bereits eine Definition des Gesamtphänomens Antisemitismus herausgearbeitet wurde, ist es sinnvoll, auch eine spezifische Definition des modernen Antisemitismus vorzunehmen. Eine treffende

---

54 Berding, Antisemitismus in der modernen Gesellschaft, S. 87; S. 92–95. Helmut Berding schloss sich hierbei der Analyse des Antisemitismus im ‚Zeitalter der Emanzipation‘ in den einhundert Jahren vor der deutschen Reichsgründung von Rainer Erb und Werner Bergmann an: Rainer Erb/Werner Bergmann, Einleitung, in: dies., Die Nachtseite der Judenemanzipation. Der Widerstand gegen die Integration der Juden in Deutschland 1780–1860, Berlin 1989, S. 7–14. Die Bedeutung, die Berding dem politischen Antisemitismus (Parteien, aber auch Verbänden) als Signum für den modernen Antisemitismus beimisst, zeigt sich auch in seinem zu den Klassikern der Antisemitismusforschung gehörenden Überblickswerk: Berding, Moderner Antisemitismus.

55 Bezüglich antisemitischer Stereotype und Motive sieht es Christhard Hoffmann ähnlich wie Helmut Berding: Hoffmann, Christlicher Antijudaismus und moderner Antisemitismus, S. 308. Johannes Heil, der der These einer partiellen Kontinuität sehr nahe steht, sieht hierbei motivgeschichtliche Wurzeln, die bis in die Antike zurückreichen würden. Hierbei beobachtet er eine Radikalisierung gerade ursprünglich religiöser Motive im Prozess der Säkularisierung. (Heil, „Antijudaismus und „Antisemitismus“, S. 104 f.)

56 Allerdings gerade in Bezug auf den politischen Antisemitismus sieht Shulamit Volkov ebenfalls keine deutliche Zäsur für Deutschland Ende der 1870er-Jahre, sondern sieht dessen Ansätze weit früher: Shulamit Volkov, Das geschriebene und das gesprochene Wort. Über Kontinuität und Diskontinuität im deutschen Antisemitismus, in: dies., Antisemitismus als kultureller Code, S. 54–75, S. 59 f. Den zentralen Aspekt des modernen Antisemitismus bilden für Shulamit Volkov dessen Funktionen.

Definition des modernen Antisemitismus sollte daher diese Parameter integrieren, ohne jedoch wichtige Grundmuster des Antisemitismus an sich zu vernachlässigen. Der Bestimmungsversuch von Ulrich Wyrwa leistet hierzu Wertvolles. Zum einen definiert er den modernen Antisemitismus als „säkulare, politisch und sozial motivierte Judenfeindschaft", die im 19. Jahrhundert entstanden sei.[57] Des Weiteren betont Wyrwa in seinen definitorischen Überlegungen: „Der moderne Antisemitismus kann [...] damit als eine grundlegende Anti-Haltung bestimmt werden, die sich gegen die gesellschaftlichen Veränderungen richtete und den Juden die Schuld an allen Umwälzungen und der Misere der Gegenwart zuschrieb. Der Antisemitismus trat somit als Antiliberalismus, Antiparlamentarismus, Antikapitalismus, Antisozialismus, Antiurbanismus oder Antifeminismus auf."[58] Dabei ist zu beachten, dass diese Anti-Haltungen nicht auf ein antimodernistisches Lager beschränkt waren, auch wenn etwa für konservative konfessionelle Milieus die Verknüpfung von Antimodernismus und Antisemitismus in der Forschung deutlich aufgezeigt wurde.[59] Eine Analyse des modernen Antisemitismus sollte jedoch nicht auf konservative Kreise beschränkt bleiben.[60]

In seiner ausführlichen Definition unterscheidet Wyrwa schließlich sechs Erscheinungsformen, die den modernen Antisemitismus charakterisieren würden. Er sei als öffentliche Sprache, politische Bewegung, kulturelle Haltung (kultureller Code), soziale Praxis, physische Gewalt und kirchliches Bekenntnis aufgetaucht. Mit der Tradition des Antijudaismus verbunden, erkennt er gerade in den christlichen Kirchen wichtige Propagandisten der „neuen, weltlichen Form von Judenfeind-

---

57    Wyrwa, Art. ‚Moderner Antisemitismus', S. 209 f. Sehr ähnlich in: Bergmann/Wyrwa, Antisemitismus in Zentraleuropa, S. 8. Wyrwa betont aus seiner Perspektive zugleich, dass diese drei Charakteristika – im Gegensatz zur traditionellen christlich-religiösen Judenfeindschaft – das Attribut ‚modern' definieren würden. ‚Modern' stehe hingegen weder für eine Unterscheidung eines antiken von einem modernen Antisemitismus und auch nicht eines modernen von einem vormodernen, noch nehme ‚modern' als Bezeichnung Bezug auf das Zeitalter der Moderne. Die Anbahnungsphase des modernen Antisemitismus legt der Historiker hierbei auf das ‚Jahrhundert der Emanzipation'. Die eigentliche Entstehungsphase des modernen Antisemitismus im Sinne einer sozialen und politischen Bewegung setzte für ihn, der klassischen Chronologie folgend, im Jahr 1879, mit der Schöpfung des Begriffs ‚Antisemitismus' und der einsetzenden politischen Agitation ein. (Wyrwa, Art. ‚Moderner Antisemitismus', S. 212.)

58    Wyrwa, Art. ‚Moderner Antisemitismus', S. 212. In seinem begriffsgeschichtlichen und konzeptionellen Artikel verwendet der Autor die Begriffe ‚Antisemitismus' und ‚moderner Antisemitismus' oft synonym.

59    Siehe die wichtigen Überblickswerke: Altermatt, Katholizismus und Antisemitismus; Blaschke, Katholizismus und Antisemitismus im Deutschen Kaiserreich; Heinrichs, Das Judenbild im Protestantismus.

60    In dieser Dissertation wird dies mit der Analyse des liberalen und religiös-sozialen Protestantismus eingelöst.

schaft".[61] Damit und mit seiner allgemein breit angelegten Definition des modernen Antisemitismus macht Wyrwa deutlich, dass dieser in der wissenschaftlichen Analyse nicht auf einen rassistischen Antisemitismus beschränkt bleiben darf.[62]

### Transitionsphase des Frühantisemitismus

Neben der inhaltlichen Definition des modernen Antisemitismus stellt auch die zeitliche Verortung des Phänomens ‚moderner Antisemitismus' ein Grundproblem dar. Allerdings bezieht sich dies weniger auf den Zeitpunkt, ab dem der moderne Antisemitismus als solcher greifbar wurde, denn hier rücken, wenn auch mit Blick auf Deutschland, meist die 1870er-Jahre und insbesondere deren Ende in den Fokus.[63] Vielmehr ist die zeitliche Festlegung einer Formierungsphase problembehaftet. Diese wird in der Literatur häufig als ‚Frühantisemitismus'[64] bezeichnet und zeitlich mit dem ‚Zeitalter der Judenemanzipation' von 1780 bis 1870 umrissen.[65] Eine alternative zeitliche Einordnung für die Transitionsphase von einer ‚traditionellen' Judenfeindschaft zum modernen Antisemitismus wird teilweise von Mittel-

---

61  Wyrwa, Art. ‚Moderner Antisemitismus', S. 212 f. Die Bedeutung stereotyper Vorstellungen, kollektiver Bilder und Codes, die sich bis zur Ideologie und zum Weltbild verdichten können, hebt auch der Politikwissenschaftler Lars Rensmann als definitorische Merkmale hervor: Rensmann, Demokratie und Judenbild, S. 20. In dem von Lars Rensmann und Julius H. Schoeps herausgegebenen Sammelband zum Antisemitismus in Europa wird diese Definition mit jener von Helen Fein kombiniert: Rensmann/Schoeps, Feindbild Judentum, S. 12–14.

62  Die Unhaltbarkeit der Aussage, dass die Rassenbiologie ein zentrales Kennzeichen des modernen Antisemitismus gewesen sei, betont auch: Haury, Antisemitismus von links, S. 116. An anderer Stelle in seinem Artikel bringt dies Wyrwa ebenfalls deutlich zum Ausdruck: Wyrwa, Art. ‚Moderner Antisemitismus', S. 211.

63  Allerdings sollte der Beginn des modernen Antisemitismus nicht allein mit der antisemitischen Agitation Wilhelm Marrs, Adolf Stoeckers und Heinrich von Treitschkes im Sommer und Herbst 1879 begründet werden, denn auch deren Gedankengut machte eine längere Entwicklungsphase durch. Die Übergänge von einem ‚frühen' zu einem ‚modernen' Antisemitismus sind vielmehr als fließend zu betrachten. Wyrwa und Bergmann betonen zudem, dass viele wichtige Elemente der ‚neuen Judenfeindschaft' bereits in den 1860er-Jahren präsent gewesen seien, doch habe ihnen noch ein bündelnder Begriff gefehlt und der Zeitgeist sei noch pro-emanzipatorisch gewesen: Bergmann/Wyrwa, Antisemitismus in Zentraleuropa, S. 32.

64  Zum Frühantisemitismus u. a.: Werner Bergmann, Art. ‚Frühantisemitismus', in: Handbuch des Antisemitismus, Bd. 3, S. 96–99, S. 97 f.; Erb/Bergmann, Die Nachtseite der Judenemanzipation; Gräfe, Antisemitismus in Deutschland, S. 111–121; Nicoline Hortzitz, Früh-Antisemitismus in Deutschland 1789–1871. Strukturelle Untersuchungen zu Wortschatz, Text, Argumentation, Tübingen 1988. In der Antisemitismusforschung tauchen ‚Proto-Antisemitismus' und ‚vormoderner Antisemitismus' als Alternativbegriffe auf.

65  Siehe zur zeitlichen Terminierung z. B.: Rürup, Die ‚Judenfrage' der bürgerlichen Gesellschaft, S. 100–102; Helmut Berding, Antisemitismus im 19. Jahrhundert, in: Blaschke/Mattioli (Hrsg.),

alterhistorikern vertreten. So sieht Johannes Heil den Säkularisierungsprozess der Judenfeindschaft schon im Spätmittelalter einsetzen und macht dies an der Entstehung von antijüdischen Weltverschwörungskonstrukten fest.[66]

Prägend für den Frühantisemitismus des ‚Zeitalters der Judenemanzipation‘ waren die Diskussionen um die rechtliche Gleichstellung der Juden in den mittel- und westeuropäischen Ländern. Zudem waren die sich im Zuge der Romantik in gebildeten Kreisen verbreitenden Volkstumsvorstellungen einflussreich, weshalb in den judenfeindlichen Diskursen kulturelle, völkisch-nationalistische und (proto-)rassistische Elemente an Gewicht gewannen.[67] In dieser Zeit, in der die Vorstellungen von ‚Volks‘- und ‚Nationalgeist‘ im gesellschaftlichen Gebrauch populär wurden, begann sich auch das nichtjüdische Verständnis des Begriffs ‚Judentum‘ von der Religion zu lösen und zu anthropologisieren.[68] Aber auch die proeman-

Katholischer Antisemitismus im 19. Jahrhundert, S. 57–75; S. 57. Des Weiteren: Jacob Katz, Frühantisemitismus in Deutschland, in: ders. (Hrsg.), Begegnungen von Deutschen und Juden in der Geistesgeschichte des 18. Jahrhunderts, Tübingen 1994, S. 79–90. In der Literatur wird hierbei häufig auf die frühemanzipatorische Schrift des preußischen Beamten Christian Wilhelm Dohms aus dem Jahr 1871 und die judenfeindlichen Reaktionen darauf verwiesen. Die zeitliche Festlegung der Emanzipationsepoche auf die Jahre 1780–1870 ist somit ebenfalls deutschlandzentriert, zumal 1869 im Norddeutschen Bund und 1871 im Deutschen Kaiserreich die Emanzipation abgeschlossen wurde. Zur Emanzipationsepoche im Allgemeinen: Ulrich Wyrwa, Art. ‚Emanzipation der Juden‘, in: Handbuch des Antisemitismus, Bd. 3, S. 64–67, S. 67.

66  Siehe vor allem seine Habilitationsschrift: Johannes Heil, „Gottesfeinde“ – „Menschenfeinde“. Die Vorstellung von jüdischer Weltverschwörung (13. bis 16. Jahrhundert), Essen 2006. Gavin I. Langmuir spricht sich sogar dafür aus, mit dem Aufkommen der Ritualmordlegende ab dem 12. Jahrhundert von Antisemitismus zu sprechen. Allerdings beschränkt er das Phänomen auf chimärische Einstellungen, die völlig losgelöst von real existierenden Juden seien. (Gavin I. Langmuir, Toward a Definition of Antisemitism, Berkeley/Los Angeles/London 1997, S. 311–352.) Langmuir unterscheidet drei Gruppen von Anschuldigungen gegenüber einer Out-Group und bleibt hierbei nicht auf Juden begrenzt: 1) realistische Behauptungen, die vorhandene Informationen über eine Out-Group verwenden würden; 2) xenophobe Behauptungen, die lediglich auf einem Teil respektive einer historischen Minderheit der anderen Gruppe basiere; 3) chimärische Behauptungen, die niemals empirisch beobachtbar waren. Für diesen dritten Anschuldigungstypus reserviert Langmuir den Begriff Antisemitismus. Johannes Heil kritisiert jedoch am Konzept des chimärischen Antisemitismus, dass irrationale Beschuldigungen gegenüber den Juden schon seit der Loslösung des Christentums vom Judentum bestanden hätten und somit konsequenterweise der Begriff ‚Antisemitismus‘ auch schon auf diese judenfeindlichen Vorstellungen angewandt werden müsste. (Heil, „Antijudaismus“ und „Antisemitismus“, S. 102 f.)

67  Dies betont: Bergmann, Art. „Frühantisemitismus“, S. 97 f.

68  Rürup/Nipperdey, Antisemitismus, S. 123. In dieser Zeit bildete sich auch das Bild ‚des Juden‘ in der Karikatur heraus, das dann im modernen Antisemitismus sehr populär wurde. (Michaela Haibl, Zerrbild als Stereotyp. Visuelle Darstellungen von Juden zwischen 1850 und 1900, Berlin 2000, S. 12.)

zipatorisch geprägten ‚Judenbilder‘ der Aufklärung und des Liberalismus waren nicht frei von judenfeindlichem Gedankengut. Das judenfeindliche Moment war häufig in der Religionskritik der Aufklärung verankert, aufgrund derer die Juden als Gegenbild zum ‚Fortschritt‘ und zur ‚Ratio‘ mit ‚Rückständigkeit‘ und ‚religiöser Irrationalität‘ gleichgesetzt wurden.[69] Zwar fiel mit der aufklärerischen Öffnung der Gesellschaft die Forderung zum Übertritt zum Christentum weg. Der neue Übertritt sollte nun die ‚Assimilation‘ an die – wohlverstanden christlich geprägte – ‚Mehrheitsgesellschaft‘ darstellen.[70] Wie Christhard Hoffmann es prägnant ausdrückt, sollten die Juden gleichsam vom „Judentum befreit werden“.[71]

Der Frühantisemitismus äußerte sich häufig in emanzipationsfeindlichen Stellungnahmen. Helmut Berding stellt hierbei eine Verschärfung judenfeindlicher Sprechakte fest und verweist auf die fortschreitende Dehumanisierung der Juden im Sprachgebrauch.[72] Ein weiteres Merkmal des Frühantisemitismus war, dass sich die antiemanzipatorische Bewegung auch durch gewalttätige lokale, aber auch regionale Übergriffe gegen die jüdische Bevölkerung und gegen die Obrigkeit auszeichnete. Diese wollte die rechtliche und gesellschaftliche Statusdifferenz zwischen dem christlichen und dem jüdischen Bevölkerungsteil, die auch aus einem auf dem christlichen Selbstverständnis basierenden Superioritätsgefühl heraus als gerechtfertigt empfunden wurde, bewahren respektive wiederherstellen. Den Juden sollte der Zugang zur bürgerlichen Gesellschaft verwehrt werden, wobei in diesen von der Unter- und Mittelschicht getragenen Gewaltakten dem Nationalgedanken noch keine Bedeutung zukam.[73] Im Gegensatz zum modernen Antisemitismus,

69   Zum Antisemitismus der Aufklärung siehe z. B.: Klaus L. Berghahn, Grenzen der Toleranz. Juden und Christen im Zeitalter der Aufklärung, Köln 2000; Gudrun Hentges, Schattenseiten der Aufklärung. Die Darstellung von Juden und ‚Wilden‘ in philosophischen Schriften des 18. und 19. Jahrhunderts, Schwalbach 1999. Siehe zudem auch: Erb/Bergmann, Die Nachtseite der Judenemanzipation.

70   Zur Assimilationsforderung im Zusammenhang mit der Emanzipation siehe: Rürup, Die ‚Judenfrage‘ der bürgerlichen Gesellschaft, S. 107 f. Zu den Assimilationsvorstellungen in der Frühphase der Emanzipationsdiskussion: Michael Brenner, „Gott schütze uns vor unseren Freunden“ – Zur Ambivalenz des Philosemitismus im Kaiserreich, in: Jahrbuch für Antisemitismusforschung 2 (1993), S. 174–199.

71   Christhard Hoffmann, Das Judentum als Antithese. Zur Tradition eines kulturellen Wertungsmusters, in: Werner Bergmann/Rainer Erb (Hrsg.), Antisemitismus und politische Kultur nach 1945, Opladen 1990, S. 20–38, S. 25 f. Siehe u. a. auch: Katz, Vom Vorurteil bis zur Vernichtung, S. 326.

72   Berding, Antisemitismus im 19. Jahrhundert, S. 65. Siehe auch: Erb/Bergmann, Die Nachtseite der Judenemanzipation, S. 174–216.

73   Siehe hierzu und zu weiteren Charakteristiken des Frühantisemitismus: Gräfe, Antisemitismus in Deutschland, S. 14–23. Zur judenfeindlichen Gewalt in den deutschen Staaten, von denen die überregionalen Hep-Hep-Krawalle von 1819 die bekanntesten sind, siehe vor allem die For-

der sich nicht zuletzt auch als politische Bewegung manifestierte, war der Frühantisemitismus noch nicht politisch organisiert und zudem auch wenig ideologisch begründet.[74] Allerdings zeigen neuere Untersuchungen, dass bereits spätestens seit den 1860er-Jahren ein politischer Antisemitismus feststellbar ist.[75]

Auch in der Schweiz – wie in den deutschen Staaten – entzündete sich der Frühantisemitismus an der Emanzipationsfrage. Obwohl an den Idealen des französischen Vorbilds orientiert, verweigerte die Helvetische Republik (1798–1803) den Juden der Schweiz, die in den beiden Surbtaler Dörfern Lengnau und Endingen ghettoisiert waren, die rechtliche und politische Emanzipation. Auch der Bundesstaat von 1848 enthielt ihnen diese weiterhin vor. In einem ersten Schritt garantierte erst ein Bundesbeschluss 1856 die Gleichheit vor Gericht, das Recht auf freien Kauf und Verkauf sowie auf nationaler und kantonaler, aber nicht gemeindlicher Ebene das Stimm- und Wahlrecht. Teilweise unter ausländischem Druck stehend, gewährte der Schweizer Souverän 1866 Juden das Niederlassungsrecht und in der Totalrevision der Bundesverfassung 1874 die Glaubens- und Kultusfreiheit. Sowohl in den Parlamentsdebatten in der Helvetik und im Bundesstaat als auch bei den Volksabstimmungen offenbarten sich judenfeindliche Ansichten.[76]

schungen von Stefan Rohrbacher. Als Auswahl seien genannt: Stefan Rohrbacher, Gewalt im Biedermeier. Antijüdische Ausschreitungen in Vormärz und Revolution (1815–48/49), Frankfurt a. M./New York 1993; Stefan Rohrbacher, Antijüdische Gewalt im frühen 19. Jahrhundert, in: Wolfgang Benz/Angelika Königseder (Hrsg.), Judenfeindschaft als Paradigma. Studien zur Vorurteilsforschung, Berlin 2002, S. 49–57. In einen größeren zeitlichen Zusammenhang stellt diese ‚exclusionary violence‘: Richard S. Levy, Continuities and Discontinuities of Anti-Jewish Violence in Modern Germany 1819–1938, in: Christhard Hoffmann/Werner Bergmann/Helmut Walser Smith (Hrsg.), Exclusionary Violence. Antisemitic Riots in Modern German History, Ann Arbor 2002, S. 185–202. Allerdings zeitigte auch der moderne Antisemitismus im deutschen Kaiserreich gewalttätige Ausschreitungen. Dies zeigt beispielsweise eine Regionalstudie von Helmut Walser Smith: Walser Smith, Alltag und politischer Antisemitismus. Zur Rezeption der Gewalt zudem: Sonja Weinberg, Pogroms and Riots. German Press Responses to Anti-Jewish Violence in Germany and Russia (1881–1882), Frankfurt a. M. 2010.

74   Siehe z. B.: Bergmann, Art. ‚Frühantisemitismus‘, S. 99; Thomas Gräfe, Antisemitismus in Gesellschaft und Karikatur des Kaiserreichs. Glöß‘ Politische Bilderboten 1892–1901, Norderstedt 2005, S. 10.

75   Siehe v. a.: Henning Albrecht, Antiliberalismus und Antisemitismus. Hermann Wagener und die preußischen Sozialkonservativen 1855–1873, Paderborn/München/Wien/Zürich 2010.

76   Zur späten Emanzipation der Juden in der Schweiz siehe: Aram Mattioli, Die Schweiz und die jüdische Emanzipation 1798–1874, in: ders. (Hrsg.), Antisemitismus in der Schweiz 1848–1960, S. 61–82; Aram Mattioli, ‚Vaterland der Christen‘ oder ‚bürgerlicher Staat‘? Die Schweiz und die jüdische Emanzipation, 1848–1874, in: Urs Altermatt/Catherine Bosshart-Pfluger/Albert Tanner (Hrsg.), Die Konstruktion einer Nation. Nation und Nationalisierung in der Schweiz, 18.–20. Jahrhundert, Zürich 1998, S. 217–235; Holger Böning, Bürgerliche Revolution und Judeneman-

Im Zuge des emanzipationsgegnerischen Frühantisemitismus kam es zudem ebenfalls in der Schweiz im 19. Jahrhundert zu Aktionen, die darauf abzielten, mittels Gewalt die Statusdifferenz aufrechtzuerhalten. Beide Male bildete der Aargau, wo zur damaligen Zeit fast sämtliche Juden der Schweiz leben mussten, den Schauplatz. So ereigneten sich 1802 im sogenannten Zwetschgenkrieg gewalttätige Ausschreitungen gegen die Surbtaler Juden.[77] Sechzig Jahre später bildete sich im Aargau unter der Führung des katholisch-konservativen Publizisten und Agitators Johann Nepomuk Schleuniger[78] eine Petitionsbewegung gegen die geplante Durchführung der Emanzipation in diesem Kanton. Der sogenannte Mannli-Sturm, der die Emanzipation tatsächlich verhindern konnte, führte 1861 zu physischen Übergriffen auf Juden und zu großen Sachbeschädigungen in Oberendingen.[79] Als Beispiel für den Frühantisemitismus kennzeichnet diese antiemanzipatorische Bewegung, dass die ausgrenzende Gewalt und die Aktivitäten der Volksbewegung regional begrenzt und nicht nur gegen die Juden, sondern damit verbunden zugleich auch gegen die Obrigkeit gerichtet waren.[80] Die eingereichte Petition konstruierte einen unüberbrückbaren Gegensatz zwischen ‚den Juden' und ‚den Schweizern' und unterstellte ‚den Juden' außerdem eine (talmudische) ‚Sondermoral', die der christlichen Bevölkerung Schaden zuführen würde. Die Petition wies mit der nationalistischen Argumentationslinie zudem ein Element auf, das ebenfalls für den modernen Antisemitismus bezeichnend wurde.[81]

zipation in der Schweiz, in: Jahrbuch des Instituts für Deutsche Geschichte der Universität Tel Aviv 14 (1985), S. 157–180; Külling, Bei uns wie überall?, S. 1–75.

77  Für die Ereignisse des Zwetschgenkrieges siehe: Mattioli, Die Schweiz und die jüdische Emanzipation, S. 64. Zudem die sehr alte Studie: Der Zwetschgenkrieg. Eine alte Geschichte aus der Grafschaft Baden, in: Jüdisches Jahrbuch für die Schweiz 2 (1917/18), S. 179–196.

78  Zum antisemitischen Agitator Schleuniger siehe: Aram Mattioli, Art. ‚Schleuniger, Johann Nepomuk', in: Handbuch des Antisemitismus. Judenfeindschaft in Geschichte und Gegenwart, hrsg. von Wolfgang Benz, Bd. 2/2: Personen, Berlin 2009, S. 735 f.; Linus Hüsser, Johann Nepomuk Schleuniger (1810–1874). Leben und Wirken eines katholisch-konservativen aargauischen Politikers und Publizisten, unveröffentlichte Dissertation Universität Freiburg i. Ue. 2001.

79  Zum Mannli-Sturm siehe: Aram Mattioli, „So lange die Juden Juden bleiben …". Der Widerstand gegen die jüdische Emanzipation im Großherzogtum Baden und im Kanton Aargau (1848–1863), in: Blaschke/ders. (Hrsg.), Katholischer Antisemitismus im 19. Jahrhundert, S. 287–315; Aram Mattioli, Der „Mannli-Sturm" oder der Aargauer Emanzipationskonflikt 1861–1863, in: ders. (Hrsg.), Antisemitismus in der Schweiz 1848–1960, S. 135–169. Zur antiemanzipatorischen Volksbewegung in der katholischen Innerschweiz siehe zudem: Lang, Der Widerstand gegen die Judenemanzipation.

80  Nach den Anfängen in Oberendingen weiteten sich die Debatten auf den gesamten Kanton Aargau aus. Unterstützung erhielt die Bewegung jedoch auch aus der katholisch-konservativen Zentralschweiz. (Mattioli, „So lange die Juden Juden bleiben …", S. 305–307.)

81  Zur Judenfrage. Ehrerbietige Vorstellung der christlichen Gemeinden Ober-Endingen und Lengnau an den Tit. Regierungsrath zu Handen des Tit. Großen Rathes des Kantons Aargau.

*Antisemitismus nach der Shoah*

War der moderne Antisemitismus seit der zweiten Hälfte der 1870er-Jahre deutlich greifbar, so fragt es sich, welche Transformationen er später selbst erfuhr. In der Forschung zum Antisemitismus nach dem Zweiten Weltkrieg wird häufig die Shoah als eine Zäsur verstanden. Zwar knüpfte der Nachkriegsantisemitismus an den modernen Antisemitismus an, doch fand eine inhaltliche Akzentverschiebung statt.[82] Der Nachkriegsantisemitismus entwickelte drei neue Charakteristika. Erstens habe er, so Werner Bergmann und Ulrich Wyrwa, auf den Massenmord an den europäischen Juden reagieren müssen. Zweitens habe er sich als ‚Antisemitismus ohne Juden' gezeigt. Dieser habe kaum noch Bezug auf die Juden im eigenen Land genommen, sondern sich an der eigenen Mitschuld des Landes an der Shoah festgemacht und den Juden einen erheblichen Einfluss auf das Weltgeschehen attestiert. Und schließlich sei der Nachkriegsantisemitismus drittens der Gründung des Staates Israels inhaltlich mit Antizionismus begegnet.[83] Betrachtet man die ersten beiden neuen diskursiven Schwerpunkte, so zeigt sich, dass die Erinnerung beziehungsweise die Erinnerungsabwehr bezüglich der Shoah im Zentrum standen. Diese konnte sich in ihrer radikalsten Form als Leugnung des Holocaust (Negationismus) zeigen oder sich in der Aufrechnung von Opfern (z. B. Leiden der Deutschen im Bombenkrieg), der Verweigerung der Thematisierung der Shoah (Forderung nach einem ‚Schlussstrich') sowie in der moralischen Negierung von Ansprüchen der Opfer (Vorwurf ‚niedriger' Interessen) artikulieren.[84] Dieser eng mit der Shoah verbundene Nachkriegsantisemitismus wird häufig als ‚sekundärer Antisemitismus' bezeichnet. Dieses Konzept war in der Forschung zuerst primär in Bezug zum Nachkriegsantisemitismus in Deutschland in Gebrauch, wird aber mittlerweile auch auf andere Länder angewendet.[85]

---

Nebst einem Anhange, enthaltend Erläuterungen etc. etc., o. O. 1861. In einer Volksabstimmung wurde die Emanzipation schließlich im November 1862 wuchtig verworfen. Schließlich musste sich der Kanton jedoch dem Bundesrat beugen und die jüdischen Bewohner des Aargaus 1863 in bestimmten Bereichen emanzipieren. Die vollständige Gleichstellung erfolgte jedoch erst mehr als 15 Jahre später. (Mattioli, „So lange die Juden Juden bleiben …", S. 309.)

82  Siehe etwa: Strauss, Einleitung, S. 14; Bergmann/Wyrwa, Antisemitismus in Zentraleuropa, S. 111.

83  Bergmann/Wyrwa, Antisemitismus in Zentraleuropa, S. 111.

84  Werner Bergmann, Art. ‚Sekundärer Antisemitismus', in: Handbuch des Antisemitismus, Bd. 3, S. 300–302, S. 301.

85  Zum Konzept des ‚sekundären Antisemitismus' siehe beispielsweise: Armin Pfahl-Traughber, Antisemitismus in der christlich-europäischen und islamisch-arabischen Welt. Eine vergleichende Betrachtung in ideologietheoretischer Perspektive, in: Jahrbuch für Antisemitismusforschung 13 (2004), S. 67–83; Bergmann, Art. ‚sekundärer Antisemitismus'; Rensmann/Schoeps, Antisemitismus in der Europäischen Union. Eine analytische Feinstrukturierung des Nach-

Nicht selten mit dem sekundären Antisemitismus verbunden ist die antisemitische Variante des Antizionismus, das heißt die judenfeindlich motivierte Ablehnung des Zionismus und des Staates Israel. Er bedient sich teilweise klassischer antisemitischer Stereotype und Symbole, vergleicht etwa Israel mit den Nazis, oder wendet gegenüber Israel andere (moralische) Standards an als gegenüber anderen Staaten.[86] Der Antizionismus wurde insbesondere ab Ende der 1960er-Jahre gerade auch in politisch linksgerichteten Gruppierungen populär.[87] Darüber hinaus besitzt er eine wichtige Funktion im arabischen Antisemitismus und wird als zentraler Teil des sogenannten neuen Antisemitismus betrachtet, den einige Forscher nach der antisemitischen Welle von 2002 in Europa festzustellen glaubten. Die Neuartigkeit dieses Antisemitismus ist jedoch in der Forschung stark umstritten.[88]

Der Nachkriegsantisemitismus zeigt sich in seiner Fokussierung auf den Holocaust und Israel zwar bezüglich seiner inhaltlichen Akzentuierung gegenüber dem modernen Antisemitismus verändert, doch darf die Kontinuität judenfeindlicher Diskurse, die für den modernen Antisemitismus bezeichnend waren, innerhalb

kriegsantisemitismus nimmt vor: Rensmann, Demokratie und Judenbild. Der Begriff geht auf Theodor W. Adorno zurück, der ihn in einer Publikation von 1959 verwendete. (Bergmann, Art. ‚Sekundärer Antisemitismus', S. 300.) Zum sekundären Antisemitismus in Deutschland: Frank Stern, Im Anfang war Auschwitz. Antisemitismus und Philosemitismus im deutschen Nachkrieg, Gerlingen 1991; Samuel Salzborn, Antisemitismus als negative Leitidee der Moderne. Sozialwissenschaftliche Theorien im Vergleich, Frankfurt a. M. 2010, S. 199–219. Zur Schweiz: Späti, Enttabuisierung eines Vorurteils; Wolfgang Benz, Judenfeindschaft aus Abwehr. Aktualität und Tradition des Antisemitismus in der Schweiz, in: Benz, Bilder vom Juden, S. 96–109.

86   Rensmann/Schoeps, Antisemitismus in der Europäischen Union, S. 16. Zum Antizionismus siehe z. B.: Haury, Antisemitismus von links; Späti, Die schweizerische Linke und Israel, v. a. S. 37–49; Holz, Die Gegenwart des Antisemitismus, S. 79–99; Shulamit Volkov, Antisemitismus und Anti-Zionismus: Unterschiede und Parallelen, in: dies., Antisemitismus als kultureller Code, S. 76–87. Siehe zudem den Themenband des „Tel Aviver Jahrbuch für deutsche Geschichte": Zuckermann (Hrsg.), Antisemitismus – Antizionismus – Israelkritik. Eine Typologie nimmt vor: Mario Kessler, Art. ‚Antizionismus', in: Handbuch des Antisemitismus, Bd. 3, S. 21–24.

87   Für die Schweiz siehe: Späti, Die schweizerische Linke und Israel. Für Deutschland siehe diverse Beiträge in: Zuckermann (Hrsg.), Antisemitismus – Antizionismus – Israelkritik. Für den ausgeprägten Antizionismus in der DDR und der Sowjetunion: Haury, Antisemitismus von links.

88   Zu den Diskussionen um den ‚neuen Antisemitismus' siehe folgenden Sammelband, der unterschiedliche Positionen zusammenführt: Rabinovici/Speck/Sznaider (Hrsg.), Neuer Antisemitismus?. Siehe zudem etwa: Gessler, Der neue Antisemitismus; Holz, Die Gegenwart des Antisemitismus; Helga Embacher, Neuer Antisemitismus in Europa – Historisch vergleichende Überlegungen, in: Zuckermann (Hrsg.), Antisemitismus – Antizionismus – Israelkritik, S. 50–69. Zum Antisemitismus im arabischen Raum siehe zusätzlich noch: Pfahl-Traughber, Antisemitismus. Zudem zahlreiche Beiträge in: Wolfgang Benz/Juliane Wetzel (Hrsg.), Antisemitismus und radikaler Islamismus, Essen 2007.

dieser thematischen Gewichtverschiebung nicht ignoriert werden. So blieben und bleiben beispielsweise das Motiv des ‚reichen‘ und ‚einflussreichen Juden‘ oder auch das Konstrukt einer ‚jüdischen Weltverschwörung‘ weiterhin sehr präsent im antisemitischen Diskurs.[89] Von einer grundlegenden Zäsur zwischen modernem Antisemitismus und Nachkriegs- beziehungsweise Nach-Holocaust-Antisemitismus kann somit nicht gesprochen werden. Zu erwähnen bleibt jedoch, dass sich die Demokratisierung Westeuropas auf die Manifestationsweise des Antisemitismus auswirkte.[90] Vor dem Hintergrund der Shoah wurden antisemitische Haltungen nun vermehrt öffentlich skandalisiert, was zu einer ‚Kommunikationslatenz‘, das heißt einer Divergenz zwischen öffentlich und privat vertretenen Meinungen bezüglich ‚der Juden‘ und ‚des Judentums‘, führte. Antisemitische Äußerungen wurden aus dem öffentlichen in den privaten Raum zurückgedrängt.[91]

## 3 Voraussetzungen, Charakteristiken und Funktionen des modernen Antisemitismus

Nachdem die Kontinuitäten und Diskontinuitäten des modernen Antisemitismus zu älteren Ausprägungen der Judenfeindschaft und zum Antisemitismus nach der Shoah thematisiert wurden, rücken nun die spezifischen Voraussetzungen für die Herausbildung des modernen Antisemitismus sowie dessen inhaltliche Charakteristika und Funktionen in der Gesellschaft ins Zentrum der Betrachtungen. Auch wenn insgesamt von einem gleitenden Übergang vom frühen zum modernen Antisemitismus auszugehen ist, ist dennoch für die 1870er-Jahre von einer Beschleunigung der Veränderungen zu sprechen. Allerdings gilt es, wie bereits erwähnt, zu differenzieren, welche Ebenen des Antisemitismus wie stark von Transformationen

---

89   Siehe etwa: Hanno Loewy (Hrsg.), Gerüchte über die Juden. Antisemitismus, Philosemitismus und aktuelle Verschwörungstheorien, Essen 2005; Wolfgang Wippermann, Agenten des Bösen. Verschwörungstheorien von Luther bis heute, Berlin 2007; Tobias Jaecker, Antisemitische Verschwörungstheorien nach dem 11. September. Neue Varianten eines alten Deutungsmusters, Münster 2004.

90   Siehe: Rensmann, Demokratie und Judenbild; Holz, Die Gegenwart des Antisemitismus, S. 54–78.

91   Siehe: Jürgen Bellers, Moralkommunikation und Kommunikationsmoral. Über Kommunikationslatenzen, Antisemitismus und politisches System, in: Bergmann/Erb (Hrsg.), Antisemitismus in der politischen Kultur, S. 278–291; Werner Bergmann/Rainer Erb, Kommunikationslatenz, Moral und öffentliche Meinung. Theoretische Überlegungen zum Antisemitismus in der Bundesrepublik Deutschland, in: Kölner Zeitschrift für Soziologie und Sozialpsychologie 38 (1986) 2, S. 223–246. Zudem besaß der Antisemitismus kaum noch die Funktion als Ideologie. (Späti, Die schweizerische Linke, S. 28.)

betroffen waren. So stellt sich die Frage nach Kontinuitäten und Diskontinuitäten für gesellschaftliche und politische Kontexte möglicherweise anders als für die Inhalte, Motive und Semantik der antisemitischen Diskurse oder für deren Trägerschichten.[92]

*Transformationen des rechtlichen, politischen und gesellschaftlichen Umfeldes*

Eine erste wichtige kontextuelle Veränderung stellte die Durchsetzung der Judenemanzipation dar. Mit dem Abschluss der Emanzipation der Juden in Deutschland (1871), der Schweiz (1866/74) und in anderen zentral- und westeuropäischen Ländern war der Antisemitismus mit einer grundlegend neuen Situation konfrontiert.[93] Die Juden waren von ihrer religiös legitimierten und damit einhergehenden rechtlich-gesellschaftlich gefestigten Pariastellung befreit. War die Diskriminierung der Juden bis dahin eine rechtliche Tatsache, wurde sie nun zu einer politischen Forderung.[94] Die antisemitische Kritik an der Emanzipation intendierte damit, Differenz erneut zu konstruieren, wo sie (zumindest) rechtlich nicht mehr existierte. Reinhard Rürup als zentraler Vertreter der Transformationsthese betrachtet daher den modernen Antisemitismus nicht nur chronologisch, sondern auch sachlich als postemanzipatorisches Phänomen.[95] Dabei war die antisemitische Position nicht zwingendermaßen mit der Forderung nach einer Rücknahme der (rechtlichen) Emanzipation verbunden, sondern kam in unterschiedlichen Abstufungen vor. Sie verriet aber ein grundsätzliches Missbehagen gegenüber der gesellschaftlichen Gleichberechtigung der Juden. Damit verbunden war häufig das Festhalten an Superioritätsvorstellungen der bis anhin privilegierten christlichen Bevölkerungsmehrheit, um eine Statusdifferenz gesellschaftlich oder auch rechtlich zu erhalten respektive wiederherzustellen.[96]

92   Bergmann und Wyrwa machen zehn Aspekte gesellschaftlichen, wirtschaftlichen und politischen Wandels im 19. Jahrhundert – von der Industrialisierung bis zur Verbürgerlichung – als ausschlaggebend für die Entstehung des modernen Antisemitismus aus: Bergmann/Wyrwa, Antisemitismus in Mitteleuropa, S. 5–8.

93   Zur Emanzipation der Juden in Europa in vergleichender Perspektive siehe: Ulrich Wyrwa, Die Emanzipation der Juden in Europa, in: Elke-Vera Kotowski/Julius H. Schoeps/Hiltrud Wallenborn (Hrsg.), Handbuch zur Geschichte der Juden in Europa, Bd. 2: Religion, Kultur, Alltag, Darmstadt 2001, S. 336–352.

94   Nonn, Antisemitismus, S. 53.

95   Rürup, Die ,Judenfrage' der bürgerlichen Gesellschaft, S. 114.

96   Gräfe sieht in der Frage, ob der Superioritätsanspruch auch nach 1870 weiterwirkte, richtigerweise ein Forschungsdesiderat. (Gräfe, Antisemitismus in Deutschland, S. 22.) Für eine Kontinuität von christlichen Superioritätsansprüchen selbst bei ,säkularisierten' Antisemiten spricht sich aus: Katz, Vom Vorurteil bis zur Vernichtung, S. 322 f.

Neben der Veränderung des Rechtsstatus der Juden werden zweitens in der Literatur zum modernen Antisemitismus verbreitet auch Transformationen des politischen Systems als mitverantwortlich für die Modernisierung und Popularisierung der Judenfeindschaft in Deutschland, quasi dem ‚Mutterland' des modernen Antisemitismus, dargestellt. So wird etwa dem Kulturkampf eine gewisse Rolle zugewiesen, da in der politischen Polemik gegen die liberale Religionspolitik auch das Judentum mit dem Liberalismus assoziiert wurde.[97] Deshalb gelten antisemitische Artikelserien in der katholischen Zeitung „Germania" und der konservativ protestantischen „Kreuzzeitung" im Sommer 1875 als ein Meilenstein der antisemitischen Agitation.[98] Der Kulturkampf war jedoch nicht allein ein Konflikt zwischen Katholizismus und liberalem Staat und schon gar nicht ein Konflikt zwischen Katholizismus und Protestantismus. Vielmehr war er ein Konflikt um die unterschiedlichen Bedeutungszuschreibungen und Kompetenzvorstellungen der Liberalen und Konservativen gegenüber der Religion und den Kirchen im modernen Staat.[99] Diese Frontstellung zwischen liberal und konservativ existierte sowohl innerhalb des Katholizismus als auch des Protestantismus. In diesen Spannungen konnte der Antisemitismus in der Tat eine Funktion übernehmen, indem ihm eine Rolle im antimodernistischen Weltbild der konservativen Konfessionsteile zugewiesen wurde. Diesbezüglich bestanden klare Parallelen zum Kulturkampf im Schweizerischen Bundesstaat.[100]

97   Eine starke Bedeutungszuschreibung nimmt Blaschke für den Katholizismus in Deutschland vor: Blaschke, Katholizismus und Antisemitismus, v. a. S. 51–69. Siehe zudem in vergleichender Perspektive: Johannes Heil, Antisemitismus, Kulturkampf und Konfession – Die antisemitischen ‚Kulturen' Frankreichs und Deutschlands im Vergleich, in: Blaschke/Mattioli (Hrsg.), Katholischer Antisemitismus, S. 195–228. Beispiele für den Schweizer Katholizismus: Lang, Ultramontanismus und Antisemitismus in der Urschweiz. Mit Bezug auf den protestantischen Konservatismus in Deutschland: Werner Jochmann, Antisemitismus im Deutschen Kaiserreich 1871–1914, in: ders., Gesellschaftskrise und Judenfeindschaft, S. 37 f.

98   Blaschke spricht im Zusammenhang mit dieser judenfeindlichen Welle von einer „Inkubationsphase" für den modernen Antisemitismus: Blaschke, Katholizismus und Antisemitismus, S. 144. Siehe auch: Ferrari Zumbini, Die Wurzeln des Bösen, S. 132–137; Berding, Antisemitismus im 19. Jahrhundert, in: Blaschke/Mattioli (Hrsg.), Katholischer Antisemitismus im 19. Jahrhundert, S. 67 f. Neben den beiden antisemitischen Artikelserien erregten Mitte der 1870er-Jahre ebenfalls das Machwerk „Der Talmudjude" des katholischen Theologen August Rohling sowie die antisemitischen Artikel Otto Glagaus in der viel gelesenen Zeitschrift „Gartenlaube" großes Aufsehen in Deutschland und darüber hinaus.

99   Dies betont auch: Gräfe, Antisemitismus in Deutschland, S. 153. Zur politischen Instrumentalisierung des Antisemitismus im Kampf gegen den liberalen Staat: Rürup, Die ‚Judenfrage' der bürgerlichen Gesellschaft, S. 116.

100  Für die Bedeutung antisemitischer Zuschreibungen von religiös-konservativer Seite an den Liberalismus als Gegner im Kulturkampf siehe: Blaschke, Katholizismus und Antisemitismus, v. a.

Drittens wird für den deutschen Kontext die konservative Wende des Reichskanzlers Otto von Bismarck in den Jahren 1878/79 als bedeutende Transformation der Rahmenbedingungen gewertet. Diese habe dem Antisemitismus als politische Bewegung den Boden geebnet, zumal Bismarck gewillt war, den Antisemitismus für seine politischen Zwecke einzuspannen.[101] Werner Jochmann betont, dass dieser Kurswechsel des Kanzlers auch zu einer konservativen Wende im Bürgertum geführt habe.[102] Das Auftreten des Antisemitismus als politisches Programm und politische Bewegung stellte in der Tat eine signifikante Transformation in der Qualität des Antisemitismus dar.[103] Ausgehend von Hofprediger Adolf Stoeckers „Christlich-sozialer Arbeiterpartei" als erster antisemitischer Partei, entstanden in kurzer Zeit mehrere radikale Antisemitenparteien.[104] Zwar waren diese bei Wahlen nur beschränkt erfolgreich, doch gerade Stoecker sorgte mit seiner Agitation für viel Aufmerksamkeit und gesellschaftliche Diskussionen und erzielte dadurch mit seinen antisemitischen Gedanken eine große Breitenwirkung.[105]

S. 51–69; Heinrichs, Das Judenbild im Protestantismus. Als interessante Fallstudie: Till van Rahden, Unity, Diversity, and Difference: Jews, Protestants, and Catholics in Breslau Schools During the Kulturkampf, in: Walser Smith (Hrsg.), Protestants, Catholics and Jews in Germany, S. 217–242. Zum Kulturkampf in der Schweiz: Stadler, Der Kulturkampf in der Schweiz; Altermatt, Der Weg der Schweizer Katholiken ins Ghetto; Altermatt, Katholizismus und Moderne.

101 Siehe: Ulrich Wyrwa, Art. ‚Bismarck, Otto von', in: Handbuch des Antisemitismus, Bd. 2/1, S. 86–89; Gräfe, Antisemitismus in Deutschland, S. 212.

102 Werner Jochmann, Struktur und Funktion des deutschen Antisemitismus 1878–1914, in: Benz/Bergmann (Hrsg.), Vorurteil und Völkermord, S. 177–218, S. 177. Auch Rürup sieht im Bedeutungsverlust des Liberalismus eine entscheidende Grundlage für die Entstehung des modernen Antisemitismus: Rürup, Die ‚Judenfrage' der bürgerlichen Gesellschaft, S. 118 f. Ähnlich: Benz/Bergmann, Einleitung, S. 28.

103 Das politische Auftreten als Merkmal des modernen Antisemitismus wird sehr häufig als eines seiner zentralen Charakteristika betont, die ihn von früheren Formen des Antisemitismus unterscheiden würden. Siehe u. a.: Gräfe, Antisemitismus in Gesellschaft und Karikatur des Kaiserreichs, S. 11; Wyrwa, Art. ‚Moderner Antisemitismus'; Dietz Bering, Gutachten über den antisemitischen Charakter einer namenspolemischen Passage aus der Rede Jörg Haiders vom 28. Februar 2001, in: Anton Pelinka/Ruth Wodak (Hrsg.), Dreck am Stecken. Politik der Ausgrenzung, Wien 2003, S. 173–186, S. 174; Blaschke, Katholizismus und Antisemitismus, S. 30; Berding, Antisemitismus im 19. Jahrhundert, S. 58.

104 Zum politischen Antisemitismus in Deutschland und Österreich im 19. Jahrhundert siehe z. B.: Ferrari Zumbini, Die Wurzeln des Bösen; Pulzer, Die Entstehung des politischen Antisemitismus; Bergmann/Wyrwa, Antisemitismus in Zentraleuropa; Kurt Düwell, Zur Entstehung der deutschen Antisemitenparteien in Deutschland und Österreich. Christlich-sozial – National – Deutsch-sozialistisch, in: Günther B. Ginzel (Hrsg.), Antisemitismus. Erscheinungsformen der Judenfeindschaft gestern und heute, Bielefeld 1991, S. 170–180.

105 Zu Stoecker und dessen Rezeption im Deutschschweizer Protestantismus siehe Kapitel 5 in Teil III.

Von einer äquivalenten konservativen Wende kann für den schweizerischen Kontext jedoch nicht gesprochen werden. Auf Bundesebene und in vielen Kantonen blieb die Schweiz weiterhin vom politischen Freisinn dominiert. Zudem entstanden im Schweizerischen Bundesstaat keine antisemitischen Parteien. Das seit der Verfassungsrevision 1874 gewährte Referendumsrecht führte jedoch dazu, dass konservative Ansichten eine außerparlamentarische, direktdemokratische Plattform erhielten. So hinterließen die ‚Referendumsstürme‘ der Katholisch-Konservativen, die teilweise mit protestantisch-konservativen Kreisen kooperierten, Spuren in der helvetischen Politik.[106] Die Einführung der Volksinitiative auf Bundesebene 1891 führte dann vor Augen, wie stark antisemitische Ressentiments mit direktdemokratischen Vehikeln mobilisiert werden konnten, denn die erste Volksinitiative, die zur Abstimmung gelangte, war die antisemitisch motivierte Schächtverbotsinitiative, die 1893 von Volk und Ständen angenommen wurde.[107]

Neben rechtlichen und politischen Veränderungen sehen einige Sozialhistoriker viertens einen zentralen Zusammenhang zwischen wirtschaftlichen Krisen und der Entstehung und Ausbreitung des modernen Antisemitismus. Diese Krisentheorie ist vor allem mit dem Namen Hans Rosenberg verbunden, der in der sogenannten Gründerkrise im Anschluss an den Börsenkrach von 1873 einen zentralen Auslöser für die konservative Wende und das Aufblühen des Antisemitismus sah.[108] Die Krisentheorie Rosenbergs weist jedoch gravierende Mängel auf. So verweist unter anderem der Soziologe Klaus Holz darauf, dass empirisch ein Zusammenhang zwischen Wirtschaftskonjunkturen und der Verbreitung des Antisemitismus nicht nachweisbar sei.[109] Außerdem blendet dieser sozialökonomische Ansatz die zentrale Bedeutung von Vorurteilen, Mentalitäten und Ideologien und deren Geschichte für die Judenfeindschaft aus. Die Bedeutungszuschreibung von Krisen für die Verbreitung des Antisemitismus bleibt aber in der Forschung aktuell. In kulturgeschichtlichen Forschungen wird Antisemitismus als Reaktion auf eine krisenhaft empfundene Moderne interpretiert.[110] Allerdings ist hierbei von Krisenwahrnehm-

---

106  Zu den Referendumskämpfen siehe: Stadler, Der Kulturkampf. Für die einzelnen Abstimmungen siehe die Einträge in: Wolf Linder/Christian Bolliger/Yvan Rielle (Hrsg.), Handbuch der eidgenössischen Volksabstimmungen 1848–2007.

107  Für die Diskussion des Schächtverbots im Protestantismus der Deutschschweiz und für einen Literaturüberblick siehe Kapitel 2 in Teil III.

108  Hans Rosenberg, Große Depression und Bismarckzeit. Wirtschaftsablauf, Gesellschaft und Politik in Mitteleuropa, Berlin 1967.

109  Holz, Nationaler Antisemitismus, S. 55. Auch Blaschke verweist darauf, dass 1879, als die antisemitische Polemik massiv zunahm, die Wirtschaft wieder gewachsen sei. (Blaschke, Katholizismus und Antisemitismus, S. 90.)

110  Gräfe verweist in seinem Forschungsüberblick auf das ‚Weiterleben‘ der Krisentheorie in kulturgeschichtlichen Bereichen der Antisemitismusforschung: Gräfe, Antisemitismus in Deutschland, S. 128 f.

ungen, -interpretationen und -deutungen zu sprechen, die sich keineswegs mit real messbaren (Wirtschafts-)Krisen decken mussen. Antisemitismus kann daher als ein Krisendeutungsmuster verstanden werden.[111] In diesen Bereich gehören die in konservativ-christlichen Gesellschaftsschichten insbesondere im letzten Drittel des 19. Jahrhunderts artikulierten antimodernistischen Diskurse und Entchristlichungsängste oder auch die antisemitischen Verschwörungstheorien, die eine vermeintliche, monokausale Erklärung für hochkomplexe sozioökonomische Veränderungen in einer sich pluralisierenden Gesellschaft anzubieten vorgaben.[112]

Ebenfalls Einfluss auf die Ausbreitung des modernen Antisemitismus hatten fünftens die Transformationen der medialen Öffentlichkeit im letzten Drittel des 19. Jahrhunderts. In diesen Jahrzehnten formte sich eine moderne Kommunikationsgesellschaft aus. Der Zeitungs- und Zeitschriftenmarkt trat in eine Phase des großen Wachstums und der Diversifikation ein. So existierte neben der massenmedialen Öffentlichkeit eine große Zahl parallel existierender Teilöffentlichkeiten, die für sich Kommunikationsräume bildeten.[113] Zur Ebene der Teilöffentlichkeiten sind auch die in dieser Dissertation analysierten Publikationsorgane der unterschiedlichen protestantischen Richtungen einzuordnen. Wie Andrea Hopp am Fall des Deutschen Kaiserreichs überzeugend nachweist, war die Popularisierung des modernen Antisemitismus auch mit der sich entwickelnden modernen Kommunikationsgesellschaft verbunden. Antisemitismus in Text und Bild wurde zu einer Konstante, und die medialen Träger wirkten als Multiplikatoren in der „Popularisierung des Hasses".[114] So gewann die politische Meinungspresse an Bedeutung und konnte genauso wie Witz- und Unterhaltungsblätter als neue populäre Medienformate zur Verbreitung und Zementierung antisemitischer Denkmuster beitragen. Gerade

---

111  Klaus Holz, Art. ‚Theorien des Antisemitismus', in: Handbuch des Antisemitismus, Bd. 3, S. 316–328, S. 321 f. Auch Gräfe streicht den Wahrnehmungscharakter hervor und betont gleichzeitig, dass reale oder empfundene Krisenerscheinungen des Industrialisierungsprozesses einen wichtigen Nährboden für den Antisemitismus gebildet hätten. (Gräfe, Antisemitismus in Deutschland, S. 128; S. 137.)

112  Für die Entchristlichungsängste sowohl in protestantisch- als auch christlich-konservativen Kreisen: Heinrichs, Das Judenbild im Protestantismus; Blaschke, Katholizismus und Antisemitismus. Für antisemitische Verschwörungskonstrukte, die nicht erst mit dem Auftauchen der berüchtigten „Protokolle der Weisen von Zion" im frühen 20. Jahrhundert existierten, siehe z. B.: Heil, „Gottesfeinde" – „Menschenfeinde"; Ute Caumanns/Mathias Niendorf (Hrsg.), Verschwörungstheorien. Anthropologische Konstanten – historische Varianten, Osnabrück 2001; Michael Hagemeister/Eva Horn (Hrsg.), Die Fiktion von der jüdischen Weltverschwörung. Zu Text und Kontext der „Protokolle der Weisen von Zion", Göttingen 2012.

113  Zur horizontalen Untergliederung der (Massen)Öffentlichkeit in Teilöffentlichkeiten: Requate, Öffentlichkeit und Medien.

114  Hopp, Zur Medialisierung des antisemitischen Stereotyps, S. 24–27.

die antisemitische Karikatur und mit ihr verbunden der antisemitische Witz kre-
ierten ein Klima der diskriminierenden Herabwürdigung der Juden, indem sie die
auf ‚die Juden‘ projizierten negativ konnotierten Eigenschaften bezüglich Physiognomie, Körper, Sprache und Moral essentialisierten.[115] Ein weiteres Beispiel für den
sich wechselseitig verstärkenden Prozess der Nachfrage nach antisemitischen Er-
zeugnissen und der Proliferation antisemitischer Topoi durch diese Elaborate stellte die Entstehung eines Massenmarktes für antisemitische Schriften dar. So kam es
im Rahmen des Berliner Antisemitismusstreits in den Jahren 1879 bis 1881 zu einer
Schwemme von Publikationen zur ‚Judenfrage‘. Der Antisemitismus wurde somit
auch zu einem einträglichen Geschäft, in dem sich beispielsweise Theodor Fritsch,
Autor des zwischen 1887 und 1944 in fast 50 Auflagen erschienenen Antisemiten-
Katechismus „Handbuch der Judenfrage“, als Verleger erfolgreich bewegte.[116]

*Stilisierung ‚der Juden‘ zur negativ konnotierten Personifizierung der Moderne*

In der Gesamtschau kam antimodernistisch geprägten Diskursen im modernen Antisemitismus große Bedeutung zu. Autoren wie Werner Jochmann und Reinhard
Rürup sehen daher im Antisemitismus gar eine Protestbewegung gegen die Moderne respektive gegen die bürgerlich-liberale Gesellschaft.[117] Die antisemitische
Deutung einer als krisenhaft empfundenen Moderne, die negativ konnotierte

115  Zur Entwicklung der politischen Meinungspresse siehe beispielsweise: Jörg Requate, Die Zei-
     tung als Medium politischer Kommunikation, in: Ute Frevert/Wolfgang Braungart (Hrsg.),
     Sprachen des Politischen. Medien und Medialität in der Geschichte, Göttingen 2004, S. 139–167.
     Antisemitische Karikaturen stellten gerade mit ihrer Fähigkeit der Komprimierung ein wichti-
     ges Instrument zur Verdichtung antisemitischer Vorurteile dar. (Hopp, Zur Medialisierung des
     antisemitischen Stereotyps, S. 31.) Die klassische antisemitische Visualisierung ‚des Juden‘ in den
     Karikaturen war laut Michaela Haibl jedoch bereits seit Mitte des 19. Jahrhunderts ausgebildet.
     (Haibl, Zerrbild als Stereotyp, S. 12.)
116  Einen sehr guten Überblick über die Fülle antisemitischer Schriften während des Berliner An-
     tisemitismusstreits liefert: Krieger (Hrsg.), Der „Berliner Antisemitismusstreit“. Zum erfolgrei-
     chen antisemitischen Verleger Fritsch siehe: Werner Bergmann, Art. ‚Fritsch, Theodor Emil‘, in:
     Handbuch des Antisemitismus. Judenfeindschaft in Geschichte und Gegenwart, hrsg. von Wolf-
     gang Benz, Bd. 2/1: Personen, Berlin 2009, S. 258–262. Auch wenn in der Schweiz große antise-
     mitische Verlage fehlten, gab es Personen, die versuchten, vom Vertrieb antisemitischer Bücher
     zu leben. Für Beispiele siehe: Kamis-Müller, Antisemitismus in der Schweiz, S. 137–144.
117  Rürup, Die ‚Judenfrage‘ der bürgerlichen Gesellschaft, S. 118; Jochmann, Antisemitismus im
     Deutschen Kaiserreich, S. 83. Jochmann zeigt sich hierbei deutlich von der Krisentheorie be-
     einflusst, da er den Antisemitismus als Ausdruck der Krise versteht. Auch für Werner Berg-
     mann besteht eine enge Beziehung zwischen Antisemitismus und Antimodernismus, denn für
     ihn stellt der moderne Antisemitismus als neues Phänomen eine „antiliberale und antimoderne
     Weltanschauung“ dar. (Bergmann, Geschichte des Antisemitismus, S. 6.)

Transformationsprozesse mit ‚den Juden‘ in Verbindung brachte, spielte ab den 1870er-Jahren und auch in der ersten Hälfte des 20. Jahrhunderts innerhalb der antisemitischen Diskurse eine bedeutende Rolle. Teile der antisemitischen Bewegung mögen zwar konservative, antimoderne Konzeptionen vertreten haben, doch war der moderne Antisemitismus an sich – und zwar nicht nur im Sinne des häufig formulierten Paradoxons eines ‚Antimodernismus mit modernen Mitteln‘ – selbst Teil des Transformations- und Modernisierungsprozesses.[118]

Kernelement antimodernistischer Diskurse des Antisemitismus stellt die Personifizierung ‚der Juden‘ mit der modernen Gesellschaft dar. Dieses Konstrukt sollte die komplexen und vermeintlich nichtdurchschaubaren Prozesse in der Moderne erklärbar machen.[119] Die Komplexität der zeitgenössischen Gesellschaft auf ‚die Juden‘ als kollektiven Täter reduzierend, spielten in der Argumentation des antimodernen Antisemitismus vor allem Diskurse einer soziokulturell argumentierenden Judenfeindschaft eine Rolle. ‚Die Juden‘ wurden als Profiteure und Beherrscher der sich verändernden Gesellschaft hingestellt. Diese konstruierten Bilder ‚jüdischer Dominanz‘ und ‚jüdischen Einflusses‘ verbanden sich mit der Postulierung der antisemitischen ‚Judenfrage‘ und mit Diskursen, die von einer ‚Verjudung‘ der Gesellschaft sprachen.[120]

Wie Thomas Haury in seiner Analyse der antisemitischen Personifizierung der modernen Gesellschaft in ‚den Juden‘ nachweist, manifestierten sich die antimodernistischen Diskurse vor allem an den drei Stereotypekomplexen Wirtschaft, Kultur und Politik. An dieser Einteilung orientieren sich die folgenden Ausführungen.[121] Die komplexe, vom Liberalismus geprägte moderne kapitalistische Ökonomie wurde mit dem Judentum identifiziert und auf Aspekte wie ‚Geld‘, ‚Banken‘, ‚Börse‘ oder ‚Zirkulation‘ reduziert. Die Rückgriffe auf traditionsreiche antijüdische Stereotype im wirtschaftlichen Bereich – allen voran ist der Wuchervorwurf zu nennen – sind hierbei augenfällig.[122] Die Personifikation wurde jedoch nicht nur in Bezug auf die

---

118 Diese Bezeichnung wird vor allem in der Katholizismusforschung oft für die Aktionsweise des katholisch-konservativen Milieus verwendet. Siehe z. B.: Urs Altermatt, Katholizismus: Antimodernismus mit modernen Mitteln?, in: ders./Heinz Hürten/Nikolaus Lobkowicz, Moderne als Problem des Katholizismus, Regensburg 1995.

119 Siehe: Rensmann/Schoeps, Antisemitismus in der Europäischen Union, S. 13; Haury, Antisemitismus von links, S. 30–122.

120 Siehe etwa Kapitel 3 in Teil III.

121 Siehe Haury, Antisemitismus von links, S. 30–122.

122 Zum traditionellen antisemitischen Stereotyp des ‚jüdischen Wucherers‘ siehe z. B.: Freddy Raphael, Sechstes Bild: „Der Wucherer", in: Julius H. Schoeps/Joachim Schlör (Hrsg.), Antisemitismus. Vorurteile und Mythen, Frankfurt a. M. 1995, S. 103–118. Mit Blick auf die vormoderne Zeit: Rohrbacher/Schmidt, Judenbilder, S. 43–147. Der Wucherdiskurs war im Deutschen Kaiserreich besonders stark präsent und führte zu mehreren populistisch motivierten Gesetzeser-

materielle Ebene vorgenommen, sondern fand auch auf die Ebene der Moral Anwendung. Als strukturelle Konstante ist hierbei die dualistische Gegenüberstellung von moralisch ‚gutem' und ‚jüdischem' Wirtschaften zu sehen. Letzteres wurde als ‚zersetzend' und als für die restliche Bevölkerung schädlich taxiert. Die grundsätzliche Negativkonnotierung von ‚jüdisch' resultierte auch darin, dass Nichtjuden ‚jüdischen Verhaltens' bezichtigt wurden.[123] Stark verwoben mit politischen und nationalistischen Diskursen entsprach das Bild des Judentums als internationaler Geld- und Handelsmacht einem populären antisemitischen Stereotyp, wobei damit, vor allem im 20. Jahrhundert, antijüdische Verschwörungs- und Weltherrschafts- topoi verbunden sein konnten.[124]

Auch für den kulturellen Bereich gehörte die antimodernistisch geprägte Verknüpfung ‚der Juden' mit den beobachtbaren Transformationen zum etablierten Repertoire antisemitischen Denkens. Moderne Strömungen in Literatur und Theater oder später auch das Kino wurden häufig als ‚verwerflich' und ‚unmoralisch' dargestellt und mit ‚den Juden' in Verbindung gebracht, wobei antiintellektuelle und antiurbane Affekte mit in die antisemitischen Diskurse einflossen.[125] Beson-

lassen. Siehe: Helmut Walser Smith, The Discourse of Usury. Relations between Christians and Jews in the German Countryside 1880–1914, in: Central European History 32 (1999), S. 255–276. Zur allgemeinen Assoziation von Juden mit Geld z. B.: Benz, Das Bild vom mächtigen und reichen Juden, in: ders., Bilder vom Juden, S. 13–26. Die antikapitalistische Komponente im Antisemitismus war gerade in konservativ-konfessionellen Gruppen ausgeprägt. Siehe folgende Detailanalysen: Olaf Blaschke, Antikapitalismus und Antisemitismus. Die Wirtschaftsmentalität der Katholiken im Wilhelminischen Deutschland, in: Johannes Heil/Bernd Wacker (Hrsg.), Shylock? Zinsverbot und Geldverleih in jüdischer und christlicher Tradition, München 1997, S. 114–146; Thomas Kremers-Sper, Antijüdische und antisemitische Momente in protestantischer Kapitalismuskritik: Eine Analyse evangelischer Kirchenzeitungen des Deutschen Kaiserreiches im Jahre 1878, in: Zeitschrift für Religions- und Geistesgeschichte 44 (1992) 3, S. 220–240.

123  Siehe: Haury, Antisemitismus von links, S. 33 f.

124  Populär war beispielsweise das Konstrukt der ‚Goldenen Internationale', einer angeblichen Verbindung der großen Geldmächte unter jüdischer Führung. Zu diesem verschwörungstheoretisch geprägten Motiv: Matthew Lange, Art. ‚Goldene Internationale', in: Handbuch des Antisemitismus, Bd. 3, S. 111–113. Eine weitere Chiffre für die angebliche Geldmacht ‚der Juden' stellte die Familie Rothschild dar. Siehe etwa: Fritz Bockhaus, Die Rothschilds und das Geld. Bilder und Legenden, in: Heil/Wacker (Hrsg.), Shylock?, S. 147–170. Zur Vorstellung einer jüdischen Weltverschwörung sei an dieser Stelle nur auf folgende zwei Standardwerke verwiesen: Norman Cohen, Warrant for Genocide. The Myth of the Jewish World Conspiracy and the Protocols of the Elders of Zion, London 2001 (die englische Originalausgabe erschien 1967); Wolfgang Benz, Die Protokolle der Weisen von Zion. Die Legende von der jüdischen Weltverschwörung, München 2007.

125  Siehe: Haury, Antisemitismus von links, S. 38–40. Zum antisemitischen Antiintellektualismus siehe zudem: Dietz Bering, Die Intellektuellen. Geschichte eines Schimpfwortes, Frankfurt 1978; Ingeborg Nordmann, Neunzehntes Bild: „Der Intellektuelle". Ein Phantasma, in: Schoeps/Schlör (Hrsg.), Antisemitismus, S. 252–259.

ders suspekt war konservativen Kreisen die Unterhaltungspresse, die im neu entstehenden medialen Massenmarkt boomte. Entsprechend negativ war sie konnotiert, wurde sie doch als ‚moralische Gefahr' für die breite Bevölkerung gesehen. Mit der Behauptung einer ‚jüdischen Dominanz' über die Presse zeigte sich hierbei ein Topos, der seit den 1870er-Jahren eine zentrale Funktion in antimodernistisch geprägten Diskursen der Judenfeindschaft einnahm.[126]

Die antisemitische Chimäre von der Presse als Instrument in den Händen eines mächtigen, gemeinsam agierenden (internationalen) Kollektivs ‚die Juden' wurde zudem häufig mit der Vorstellung eines auch politisch und staatlich einflussreichen Judentums verwoben. Die politische Frontstellung wurde zum einen gegenüber dem Liberalismus definiert. Der gerade in konservativen konfessionellen Gruppen kulturkämpferisch geprägte Antiliberalismus rückte den politischen ‚Freisinn' in die Nähe des Judentums. So wurde der Liberalismus als ‚Judengenosse' dargestellt, der die Juden protegiere respektive vom Judentum dominiert sei.[127] Zum anderen wurde auch der Sozialismus im weitesten Sinne als jüdisch geprägt dargestellt. Dieses antisemitische Feindbild akzentuierte sich nach der Russischen Revolution von 1917 und gewann gegenüber dem Antiliberalismus erheblich an Gewicht. Das antisemitische Konstrukt des jüdischen Bolschewismus erreichte sodann weiteste Verbreitung auch über konservative Milieus hinaus.[128]

Den hier skizzierten antisemitischen Diskursbündeln ist gemein, dass sie dem konstruierten Kollektiv ‚die Juden' als Personifikationen der modernen Kultur, Wirtschaft und Politik – sprich der modernen Gesellschaft ganz allgemein – die Funktion als ‚Zersetzer' einer idealisierten ‚alten Ordnung' und deren Werten,

---

126 Das judenfeindliche Paradigma einer ‚jüdischen Pressemacht' wird wiederholt in dieser Arbeit thematisiert werden. Gerade auch im katholischen Antisemitismus war dieses antisemitische Konstrukt stark präsent: Altermatt, Katholizismus und Antisemitismus; Blaschke, Katholizismus und Antisemitismus; Franziska Metzger, Die „Schildwache". Eine integralistisch-rechtskatholische Zeitung 1912–1945, Freiburg i. Ue. 2000; Metzger, Antisemitismus in der Stadt St. Gallen, u. a. S. 165–168. Zum Schlagwort ‚Judenpresse': Clemens Escher, Art. ‚Judenpresse', in: Handbuch des Antisemitismus, Bd. 3, S. 156 f.

127 Zu diesem Thema siehe: Heinrichs, Das Judenbild im Protestantismus; Blaschke, Katholizismus und Antisemitismus; Günther B. Ginzel, Vom religiösen zum rassischen Judenhass. „Deutschland, Christenvolk, ermanne dich!" Gegen Juden, „Judengenossen" und „jüdischen Geist", in: ders. (Hrsg.), Antisemitismus, S. 124–169, v. a. S. 145 f.

128 Siehe aus der neueren Forschung: Ulrich Herbeck, Das Feindbild vom „jüdischen Bolschewiken". Zur Geschichte des russischen Antisemitismus vor und während der Russischen Revolution, Berlin 2009; Wippermann, Agenten des Bösen, S. 78–101. Wenn auch mit Fokus auf Polen sehr informativ: Agnieszka Pufelska, ‚Judäo-Kommune' – ein Feindbild in Polen. Das polnische Selbstverständnis im Schatten des Antisemitismus, Paderborn 2007.

Institutionen und Traditionen zuweisen.[129] Die Lösung der ‚Judenfrage‘ sollte daher in antimodernistisch geprägten Kreisen eine Rückkehr zu einer imaginierten Gemeinschaft beinhalten. Das antipluralistische Konzept ‚Gemeinschaft‘, vorgestellt als Gegensatz zur modernen ‚Gesellschaft‘, war in der Regel national respektive christlich-national definiert.[130] Die Hoffnung einer Rückkehr zu einer ‚Gemeinschaft‘, welche die Friktionen der modernen Gesellschaft transzendieren sollte, war mit der antisemitischen Vorstellung verbunden, die Juden rechtlich und gesellschaftlich ‚zurückzudrängen‘. Gerade in religiösen Kreisen war mit diesen antisemitischen Positionen zugleich eine Forderung an die Christen nach der Rechristianisierung der Gesellschaft gerichtet.[131]

Wer waren die Träger eines antimodernistisch geprägten Antisemitismus? Werner Jochmann sieht im Antisemitismus eine „Protestbewegung aller derer, die durch die Modernisierung des staatlichen und gesellschaftlichen Lebens beunruhigt waren, die in der modernen Gesellschaft im beruflichen, sozialen und geistigen Bereich so viel Individualität und Tradition wie möglich bewahren wollten."[132] ‚Modernisierungsverlierer‘, die Angst vor Statusverlust und sozialem Abschied hätten, wurden denn auch von der Krisentheorie in der Antisemitismusforschung als zentrale Trägerschicht gesehen.[133] Auch Shulamit Volkovs Konzept der funktionalen Wirkung des Antisemitismus im Deutschen Kaiserreich als kultureller Code, auf das noch eingegangen wird, sieht im konservativen Teil der Bevölkerung eine

---

129    Mit Fokus auf nationalistische Diskurse des Antisemitismus: Peter Berghoff, „Der Jude" als Todesmetapher des „politischen Körpers" und der Kampf gegen die Zersetzung des nationalen „Über-Lebens", in: Peter Alter/Claus-Ekkehard Bärsch/Peter Berghoff (Hrsg.), Die Konstruktion der Nation gegen die Juden, München 1999, S. 159–172. Siehe auch: Haury, Antisemitismus von links, v. a. S. 93 f. Zum antisemitischen ‚Zersetzer‘-Motiv generell: Richard Faber, Zwanzigstes Bild: „Der Zersetzer", in: Schoeps/Schlör (Hrsg.), Antisemitismus. Vorurteile und Mythen, S. 260–264.

130    Zur antisemitisch geprägten Konstruktion von Gemeinschaft siehe v. a.: Haury, Antisemitismus von links, S. 40–105; Holz, Nationaler Antisemitismus. Allgemeiner gefasst: Lutz Hoffmann, Die Konstitution des Volkes durch seine Feinde, in: Jahrbuch für Antisemitismusforschung 2 (1993), S. 12–37.

131    Als Beispiele für den Katholizismus der Schweiz und Deutschlands: Metzger, Die „Schildwache", S. 244–247; Blaschke, Katholizismus und Antisemitismus, S. 79–85. Deutlich zeigte sich dies etwa in der Politik des christlichsozialen Berliner Hofpredigers Adolf Stoecker. (Gräfe, Antisemitismus in Deutschland, S. 170).

132    Jochmann, Antisemitismus im Deutschen Kaiserreich, S. 83.

133    An dieser Stelle sei noch einmal auf das zentrale Werk dieser Theorieschule verwiesen: Rosenberg, Große Depression und Bismarckzeit. Auch Gräfe sieht in Schichten, die besonders von Statusängsten geprägt waren, eine wichtige Trägergruppe des Antisemitismus. Vor allem sieht er diese als Basis der antisemitischen Parteien im Deutschen Kaiserreich. (Gräfe, Antisemitismus in Deutschland, S. 137 f.) Die Funktion des Antisemitismus, Unzufriedenheit und soziales Elend zu kanalisieren, betont zudem: Volkov, Das geschriebene und das gesprochene Wort, S. 63. Zu-

zentrale Trägerschicht der Judenfeindlichkeit.[134] Darüber hinaus zeigt sich in der Forschung zum Antisemitismus in konfessionellen Gruppen deutlich, dass antimodernistische Diskurse eine zentrale Rolle im Antisemitismus konservativ-konfessioneller Gruppen nicht nur im letzten Viertel des 19. Jahrhunderts spielten.[135] So bezeichnet Urs Altermatt den Antisemitismus des Schweizer Katholizismus der Jahre 1918 bis 1945 als eigentliches antimodernistisches Syndrom.[136] Diese Befunde sind in dieser Forschungsarbeit für den Deutschschweizer Protestantismus für den gesamten Zeitraum von 1870 bis 1950 zu überprüfen. Allerdings darf der Fokus der Antisemitismusforschung nicht auf einem Antimodernismus-Paradigma alleine liegen, denn zum einen war Antisemitismus ja keineswegs nur in konservativen Kreisen präsent, und zum anderen verstanden sich Antisemiten oft selbst nicht als antimodern.[137] Des Weiteren sind gerade der Nationalismus und das Verständnis von Nation, welche mit ihren Gemeinschafts-Utopien auch antimodernistische Diskurse des Antisemitismus prägten, eine moderne Erscheinung.[138]

### Die ‚Judenfrage‘, Nationalismus und Rassismus

Vor dem Hintergrund des gesellschaftlichen, rechtlichen und politischen Wandels, der die Genese des modernen Antisemitismus begünstigte, entwickelte dieser inhaltliche Spezifika, die ihn vom Frühantisemitismus und anderen Formen der Judenfeindschaft unterschieden. Nicht zuletzt spiegeln sich in diesen Spezifika der Bedeutungsgewinn des Nationalen sowie die Popularisierung rassentheoretischer Konzepte wider. Nichts vermag hierbei diese inhaltlichen Transformationen besser herauszustreichen als die antisemitische Postulierung einer vermeintlich existierenden ‚Judenfrage‘. Dieser Begriff wurde zu einem eigentlichen Signum des modernen Antisemitismus. Werner Bergmann wies ihr daher in seiner Kurzdefinition des modernen Antisemitismus einen zentralen Platz zu: „Es handelt sich beim Antisemitismus [...] um eine antiliberale und antimoderne Weltanschauung, die in der

---

dem auch: Shulamit Volkov, Zur sozialen und politischen Funktion des Antisemitismus: Handwerker im späten 19. Jahrhundert, in: dies., Antisemitismus als kultureller Code, S. 37–53.

134  Volkov, Antisemitismus als kultureller Code.

135  Zentral sind die Studien von: Altermatt, Katholizismus und Antisemitismus; Blaschke, Katholizismus und Antisemitismus; Heinrichs, Das Judenbild im Protestantismus.

136  Altermatt, Katholizismus und Antisemitismus, S. 126–130.

137  Dies trifft gerade für die radikale antisemitische Bewegung zu, für die Rürup konstatiert, dass es sich bei ihr trotz ihres Antiliberalismus nicht um eine konservative, sondern um eine im Wesentlichen auch demokratisch-revolutionär geprägte Strömung handelte. (Rürup, Antisemitismus, S. 135.)

138  Diesen modernen Charakter des Nationalismus betont zurecht: Haury, Antisemitismus von links, S. 52.

‚Judenfrage' die Ursache aller sozialen, politischen, religiösen und kulturellen Probleme sah."[139]

Der Begriff ‚jüdische Frage' tauchte zuerst ab Mitte des 18. Jahrhunderts in England und Frankreich und später auch in den Emanzipationsdebatten im deutschsprachigen Raum auf, wobei eine negative Konnotation noch nicht vorherrschend war. In den 1830er-Jahren wurde der Begriff erstmals als judenfeindliches Schlagwort verwendet.[140] Von der ‚Judenfrage' in den Emanzipationsdiskussionen unterschied sich jedoch die ‚Judenfrage', wie sie ab den 1870er-Jahren konstruiert und nun postemanzipatorisch gestellt wurde.[141] Gegen Ende des Jahrzehnts wurde die ‚Judenfrage' zu einem Diskussionsgegenstand von hoher gesellschaftlicher Breitenwirkung.[142] ‚Judenfrage' blieb bis 1945 ein zentraler Begriff des antisemitischen Argumentariums und fand auch nach dem Zweiten Weltkrieg noch längere Zeit in unreflektierter Weise gesellschaftliche und sogar wissenschaftliche Verwendung.[143]

Den zentralen Mechanismus des antisemitischen Konzepts ‚Judenfrage' stellte die Konstruktion ‚der Juden' als ein außerhalb der eigenen religiös, kulturell, national, rassisch etc. definierten ‚Gemeinschaft' stehendes, ‚andersartiges' Kollektiv dar.[144] Somit enthielt die Verwendung des Begriffs ein exkludierendes Moment und stellte sich somit potentiell gegen die erst kürzlich durchgeführte Emanzipation der Juden.[145] Sich einer diskursiven Konstante im Antisemitismus bedienend, wurde das entindividualisierte Kollektiv ‚die Juden' wiederum personalisiert. Dies geschah dadurch, dass ‚die Juden' zu Verursachern sozialer Probleme und zu

---

139  Bergmann, Geschichte des Antisemitismus, S. 6.

140  Siehe Werner Bergmann, Art. ‚Judenfrage', in: Handbuch des Antisemitismus, Bd. 3, S. 147–150, S. 147. Zur Begriffsgeschichte ebenfalls: Wolfgang Benz, Von der „Judenfrage" zur „Endlösung". Zur Geschichte mörderischer Begriffe, in: ders., Feindbild und Vorurteil. Beiträge über Ausgrenzung und Verfolgung, München 1996, S. 89–114.

141  Rürup betont den grundsätzlichen qualitativen Unterschied zwischen ‚alter' und ‚neuer' ‚Judenfrage' besonders stark: Rürup, Die ‚Judenfrage' der bürgerlichen Gesellschaft, v. a. S. 114.

142  Helmut Berding spricht mit Blick auf Deutschland von mehr als 500 Schriften zu dieser Thematik allein für die ‚Bismarckzeit'. (Berding, Moderner Antisemitismus, S. 86.)

143  Bergmann, Art. ‚Judenfrage', S. 150. So verwendete beispielsweise 1980 Alex Bein in seinem zweibändigen Werk den Begriff meist ohne Anführungs- und Schlusszeichen: Alex Bein, Die Judenfrage. Biographie eines Weltproblems, 2 Bde. Stuttgart 1980.

144  Die Verbindung zwischen ‚Judenfrage' und rassistischen Vorstellungen zu stark betonend: Benz, Die Protokolle der Weisen von Zion, S. 57. Zum antisemitischen Mechanismus der Kollektivkonstruktion ‚die Juden' siehe: Metzger, Antisemitismus in der Stadt St. Gallen, S. 42; S. 63 f. Siehe zudem auch: Hoffmann, Die Konstitution des Volkes, S. 27; Berghoff, „Der Jude" als Todesmetapher.

145  Die der ‚Judenfrage' inhärente Intention, die gesellschaftliche Integration der Juden nach der Emanzipation zu sabotieren, betont ebenfalls: Blaschke, Katholizismus und Antisemitismus, S. 28.

Tätern an der ihnen häufig dichotom entgegengesetzt konstruierten ‚Mehrheitsgesellschaft' gestempelt wurden. Die ‚Judenfrage' diente als Chiffre, die Raum für eine große Bandbreite von Negativzuschreibungen und Beschuldigungen bot. Das Postulieren der ‚Judenfrage' galt als Erklärung für empfundene Krisen nationaler, kultureller, gesellschaftlicher, sozialer, wirtschaftlicher oder auch religiöser und moralischer Art.[146] Die ‚Judenfrage' wurde daher von den Antisemiten nicht selten zum zentralen Problem der Gesellschaft stilisiert, deren Entschlüsselung und Lösung zur Beseitigung vermeintlicher Dissonanzen der modernen Gesellschaft führen würde.[147] Je nach weltanschaulicher Ausrichtung variierten die Lösungsvorschläge zwischen christlicher Konversionsaufforderung, liberaler Forderung nach völliger ‚Assimilation' und rechtlicher sowie nationaler Exklusion. Die Postulierung eines vermeintlich realen Konflikts zwischen Juden und Nichtjuden stellte eine antisemitische Diskurskonstante dar, diente zur Rechtfertigung der eigenen antisemitischen Überzeugungen und resultierte in einer Verkehrung von Täter und Opfer. Bei der ‚Judenfrage' handelt es sich eigentlich um eine Antisemitenfrage, oder, wie es Klaus Holz[148] treffend bemerkt, um „eine antisemitisch gestellte Frage". Die analoge Begriffskonstruktion zur in den 1870er-Jahren ebenfalls omnipräsenten „sozialen Frage" ließ die jüdische Präsenz als real existierende Frage, als realen Konflikt erscheinen.

Konstruierte die postemanzipatorische ‚Judenfrage' ‚die Juden' als außerhalb der ‚Ingroup' stehendes Kollektiv, konnotierte sie dieses zudem als potentiell ‚schädlich', ‚zersetzend' und dichotom entgegengestellt. Diese exkludierende Strategie, die zwar in der Mehrheit keine Forderung nach einer völligen Rücknahme der rechtlichen Emanzipation beinhaltete, aber eine gesellschaftliche Gleichstellung ablehnte, war oft explizit oder implizit mit nationalistischen Zuschreibungen und Ordnungsvorstellungen verbunden. War in der Emanzipationsepoche die Frage der rechtlichen Zugehörigkeit von Bedeutung, verschob sich die Zugehörigkeitsfrage auf die

---

146 So setzte beispielsweise der antisemitische Journalist Otto Glagau die in den 1870er-Jahren vieldiskutierte ‚soziale Frage' im Wesentlichen mit der ‚Judenfrage' gleich. (Werner Jochmann, Geschichte und Ideologie: Der Berliner Antisemitismusstreit 1879/81, in: Benz/Bergmann (Hrsg.), Vorurteil und Völkermord, S. 219–251, S. 220.) Siehe zudem: Wyrwa/Bergmann, Antisemitismus in Zentraleuropa, S. 33. Auch in der Argumentation des Berliner Hofpredigers Stoecker spielte die Verknüpfung von ‚sozialer Frage' mit ‚Judenfrage' eine zentrale Rolle. (Siehe z. B.: Gräfe, Antisemitismus in Deutschland, S. 170.) Siehe zur Thematik ebenfalls: Moshe Zimmermann, Die „Judenfrage" als „die soziale Frage". Zu Kontinuität und Stellenwert des Antisemitismus vor und nach dem Nationalsozialismus, in: Christof Dipper/Rainer Hudemann/Jens Petersen (Hrsg.), Faschismus und Faschismen im Vergleich. Wolfgang Schieder zum 60. Geburtstag, Köln 1998, S. 149–163.

147 Siehe z. B. auch: Jochmann, Antisemitismus im Deutschen Kaiserreich, S. 94.

148 Holz, Nationaler Antisemitismus, S. 62.

Ebene des Nationalen.[149] ‚Die Juden‘, mochten sie mittlerweile zwar gleichberechtigte Staatsbürger geworden sein, wurden als ‚fremd‘ und somit im Innersten als
nicht der ‚eigenen‘ national definierten Gruppe zugehörig erklärt. Gerade in der
neueren Forschung zum modernen Antisemitismus wird deshalb eine enge Verbindung nationalistischer und antisemitischer Diskurse und Vorstellungen konstatiert. Für Klaus Holz ist der Nationalismus für den modernen Antisemitismus sogar
konstitutiv, denn gerade durch die nationalistische Transformation der religiös begründeten Judenfeindschaft sei der Antisemitismus modern geworden. Auch Thomas Haury sieht einen integralen Zusammenhang von Antisemitismus und Nationalismus.[150]

Die Verschränkung nationaler und antisemitischer Vorstellungen im modernen Antisemitismus ist nicht zuletzt vor dem Hintergrund des allgemeinen Bedeu-
tungsgewinns des Nationalen in Staat und Gesellschaft in der zweiten Hälfte und
vor allem ab dem letzten Drittel des 19. Jahrhunderts zu sehen. Die Konstruktion
nationaler Identitäten arbeitete hierbei in zentraler Weise mit Feindbildern, um das
‚Eigene‘ in einem Mechanismus von Inklusion und Exklusion – häufig ex negativo
– zu definieren, wobei dualen Wertungsmustern eine große Bedeutung zukam.[151]
Mit ihrer breiten Palette an Negativstereotypen bot die Judenfeindlichkeit Anknüp-
fungsmöglichkeiten für nationale Feindbildkonstruktionen. Zudem waren judenfeindliche Topoi als negative Projektionsfläche auch bei anderen Konstruktionen

---

149  Die zentrale Bedeutung nationalistischer Vorstellungen im modernen Antisemitismus betonten etwa: Holz, Nationaler Antisemitismus; Haury, Antisemitismus von links; Shulamit Volkov,
Nationalismus, Antisemitismus und die deutsche Geschichtsschreibung, in: Alter/Bärsch/Berg-
hoff (Hrsg.), Die Konstruktion der Nation gegen die Juden, S. 261–271, S. 271. Siehe zudem weitere Beiträge im Sammelband von Peter Alter, Claus-Ekkehard Bärsch und Peter Berghoff. Siehe
auch die analysierten nationalen Konzepte in dem von Werner Bergmann und Ulrich Sieg herausgegebenen Sammelband zu antisemitischen Geschichtsbildern: Bergmann/Sieg (Hrsg.), Antisemitische Geschichtsbilder.

150  Holz, Nationaler Antisemitismus, S. 540; Haury, Antisemitismus von links, S. 22.

151  Für den konstruktiven Charakter nationaler Identitäten, der mittlerweile in der Nationalismus-
forschung unbestritten ist, sei auf folgende zentrale Werke verwiesen: Eric J. Hobsbawm/Terence
Ranger (Hrsg.), The Invention of Tradition, Cambridge 1983; Benedict Anderson, Die Erfindung
der Nation. Zur Karriere eines folgenreichen Konzepts, erweiterte Ausgabe, Berlin 1998; Ernest
Gellner, Nationalismus und Moderne, Berlin 1991; Hobsbawm Eric J., Nationen und Nationalismus. Mythos und Realität seit 1780, München 1992. Siehe zudem auch: Catherine Bosshart-
Pfluger/Joseph Jung/Franziska Metzger (Hrsg.), Nation und Nationalismus in Europa. Kulturelle
Konstruktion von Identitäten. Festschrift für Urs Altermatt, Frauenfeld 2002. Mit besonderem
Fokus auf die Rolle des Antisemitismus bei der Definition einer national-deutschen Identität ex
negativo: Hoffmann, Die Konstitution des Volkes; Michael Jeismann, Der letzte Feind. Die Nation, die Juden und der negative Universalismus, in: Alter/Bärsch/Berghoff (Hrsg.), Die Konstruktion der Nation gegen die Juden, S. 173–190.

‚kollektiver Identitäten' von Bedeutung. Es sei hier nur auf die zentrale Rolle judenfeindlicher Projektionen in der Herausbildung eines christlichen Selbstverständnisses verwiesen.[152]

Zentrale antisemitische Diskurse des national argumentierenden Antisemitismus drehten sich um die Vorwürfe, ‚die Juden' würden ‚zersetzend' auf die nationale ‚Gemeinschaft', Wirtschaft und Kultur wirken und somit desintegrative Konflikte
in der Gesellschaft fördern, oder sie seien ‚kosmopolitisch' orientiert, national ‚unzuverlässig' oder gar ein ‚Staat im Staate'.[153] In der Anfangszeit des modernen Antisemitismus zeigte sich die Verwendung nationalistischer Argumentationsstrategi-
en, die bis zur Stilisierung eines manichäischen Überlebenskampfes zwischen ‚den
Juden' und der ‚eigenen' Nation reichen konnte,[154] etwa in der Zeit des Antisemitismusstreits in Deutschland oder der antisemitischen Agitation während der Dreyfus-Affäre in Frankreich.[155] Nationalistisch geprägte Vorstellungen über Juden waren zentral für den modernen Antisemitismus, jedoch nicht völlig neu. Bereits im
Frühantisemitismus hatte sich ein zunehmend anthropologisiertes nationales Verständnis des Judentums durchgesetzt, und auch Bilder einer nationalen ‚Andersartigkeit' der Juden oder eines nationalen Konfliktes waren – vor allem in intellektuellen Diskussionen – präsent.[156] Der moderne Antisemitismus machte die Idee

152  Siehe Kapitel 4 in diesem Teil.

153  Eine sehr konzise Darstellung der Ausgrenzungsmechanismen des modernen Antisemitismus
und deren Zuspitzung auf die Frage des Nationalismus sowie den imaginierten Größen ‚Volk'
und ‚Nation' bietet: Haury, Antisemitismus von links, S. 25–105.

154  Beispielhaft etwa bei Wilhelm Marr in den Schriften: Der Sieg des Judenthums über das Germanenthum; Der Judenkrieg, seine Fehler und wie er zu organisieren ist. Zweiter Teil von: ‚Der
Sieg des Judenthums über das Germanenthum', Chemnitz 1880. Zu Marrs meist pessimistischem
Geschichtsbild: Bergmann, Ein „weltgeschichtliches ‚Fatum'". Zur Vorstellung eines manichäischen Kampfes zudem informativ: Berghoff Peter, „Der Jude" als Todesmetapher.

155  So etwa Heinrich von Treitschke oder auch der Berliner Hofprediger Adolf Stoecker. In Treitschkes Schrift, die den Antisemitismusstreit provozierte, kulminierte die Haltung eines nationalen
Gegensatzes zwischen ‚den Juden' und ‚den Deutschen' im berühmten Ausspruch „Die Juden
sind unser Unglück". (Treitschke, Unsere Aussichten.) Siehe zur nationalen Semantik Stoeckers
und Treitschkes die hervorragenden semantischen Mikroanalysen von: Holz, Nationaler Antisemitismus, S. 165–247; S. 248–297. Zum Antisemitismus während der ‚Dreyfus-Affäre' siehe
Kapitel 2 in Teil IV. Einen guten Überblick zum Antisemitismus in Frankreich über die ‚Dreyfus-
Affäre' hinaus bietet: Gérard Noiriel, Immigration, antisémitisme et racisme en France (XIXe-
XXe siècle). Discours publics, humiliations privées, Paris 2007.

156  Siehe Rürup/Nipperdey, Antisemitismus, S. 123 f.; Berding, Antisemitismus im 19. Jahrhundert,
S. 62–65. Eine eher schwache Präsenz nationalistischer Argumentationen in der frühantisemi-
tischen Gewalt sieht: Stefan Rohrbacher, Deutsche Revolution und antijüdische Gewalt (1815–
1848/49), in: Alter/Bärsch/Berghoff (Hrsg.), Die Konstruktion der Nation gegen die Juden,
S. 29–47. Zur Verbindung von Nationalismus und Antisemitismus im frühen 19. Jahrhundert,

eines identitären Gegensatzes zwischen Juden und Nichtjuden jedoch zu einem in der Bevölkerung sehr weit verbreiteten Konzept, das zudem sehr persistent war und bis über den Zweiten Weltkrieg hinaus zum Grundstock antisemitischer Überzeugungen gehörte.[157]

Die Idee eines identitären nationalen Gegensatzes zwischen Juden und Nichtjuden war zudem häufig mit der antimodernistisch geprägten Vorstellung einer Dichotomie zwischen einer idealisierten, jedoch gefährdeten respektive zerstörten ‚(Volks-)Gemeinschaft‘ und der als ‚modern‘ apostrophierten ‚Gesellschaft‘ verbunden.[158] Somit wurden ‚die Juden‘ zum eigentlichen Antiprinzip der ‚nationalen Gemeinschaft‘ stilisiert.[159] Indes wurde ‚Gesellschaft‘ so zur sozialen Form von (nationaler) Nicht-Identität erklärt.[160] Entsprechend war die Rückkehr zur alten, imaginierten ‚Gemeinschaft‘ – zu einem „mystischen Kollektivkörper"[161] – das Ziel. Das Konzept der Gegensätzlichkeit zwischen ‚Gemeinschaft‘ und ‚Gesellschaft‘ mit antisemitischer Konnotation wurde im 20. Jahrhundert besonders ab den 1920er-Jahren zu einem essentiellen Bestandteil der ‚Volksgemeinschafts‘-Idee im deutschsprachigen Raum. In der Schweiz agitierten vor allem die radikalantisemitischen faschistischen ‚Fronten‘ mit diesem judenfeindlichen Konzept.[162]

als die ‚nationale Idee‘ noch stärker mit dem Liberalismus als mit konservativen Vorstellungen verknüpft war, siehe zudem: Volkov, Nationalismus, Antisemitismus und Geschichtsschreibung. Deutlich zeigte sich die anthropologisierte Vorstellung von Juden auch in der bereits erwähnten Petition gegen die Emanzipation der Aargauer Juden. (Zur Judenfrage, S. 17.) Der publizistische Frühantisemitismus beschränkte sich auf wenige Publizisten. (Gräfe, Antisemitismus in Deutschland, S. 114.)

157   Gerade die Gründung des Staates Israel 1948 ließ den Vorwurf der „nationalen Unzuverlässigkeit" im klassischen Antisemitismus oder auch in judenfeindlichen Diskursen des Antizionismus fortexistieren. Für die Schweiz siehe: Keller, Abwehr und Aufklärung. Zur Rezeption der Staatsgründung in der Eidgenossenschaft zudem: Jonathan Kreutner, Schweiz und Israel. Beziehungen zweier Kleinstaaten und ihre gegenseitige Wahrnehmung 1948–1987, Zürich 2013.

158   Paradigmatisch brachte dies 1887 der Soziologe Ferdinand Tönnies erstmals zum Ausdruck, indem er ‚Gesellschaft‘ und ‚Gemeinschaften‘ als zwei verschiedene Grundtypen kollektiver Gruppierungen benannte. Ferdinand Tönnies, Gemeinschaft und Gesellschaft. Grundbegriffe der reinen Soziologie, 2. Aufl., Berlin 1912.

159   Diesen letzten Aspekt betonen: Holz, Nationaler Antisemitismus, u. a. S. 543–545; Haury, Antisemitismus von links, v. a. S. 93–103.

160   Holz, Nationaler Antisemitismus, S. 45.

161   Siehe die Überlegungen von: Berghoff, ‚Der Jude‘ als Todesmetapher, S. 161–165.

162   Siehe: Metzger, Structures and Characteristics of Swiss Fascism. Zum gesamtgesellschaftlichen Gebrauch des Begriffs ‚Volksgemeinschaft‘ in der Schweiz siehe: Oliver Zimmer, Die ‚Volksgemeinschaft‘. Entstehung und Funktion einer nationalen Einheitssemantik in den 1930er Jahren in der Schweiz, in: Kurt Imhof/Heinz Kleger/Gaetano Romano (Hrsg.), Konkordanz und Kalter Krieg. Analyse von Medienereignissen in der Schweiz der Zwischen- und Nachkriegszeit, Zürich

Über die Rolle, die ‚den Juden' als negativer Referenzpunkt in den antisemitisch geprägten Nationsvorstellungen zugewiesen wird, existieren unterschiedliche Vorstellungen. Michael Jeismann sieht als Experte für nationale Feindbilder für den Antisemitismus in Deutschland vor allem die Funktionszuschreibung als ‚innerer Feind' – in Ergänzung zu Frankreich als ‚äußerem Feind'. Dabei seien antifranzösische Stereotype mit der Zeit auch gegen die Juden gerichtet worden.[163] In den nationalsozialistischen Purifikationsvorstellungen sieht er schließlich die deutlichste Verbindung von Antisemitismus mit Nationalismus.[164] Die antisemitischen Vertreibungsphantasien sieht auch Peter Berghoff als Resultat der Konstruktion der Nation gegen die Juden.[165]

Andere Historiker und Soziologen sehen die Rolle der Juden nicht auf die eines nationalen Feindbildes beschränkt und machen deshalb einen Unterschied zu anderen nationalen Feindbildkonstruktionen aus. Sie sehen ‚die Juden' in den nationalen antisemitischen Diskursen zu einer Antithese stilisiert, die der Ordnungslogik einer in Nationen gedachten Welt zuwiderlaufen würden.[166] In eine ähnliche Richtung zielt die viel beachtete soziologische Habilitationsschrift von Klaus Holz.[167] Orientiert an der Systemtheorie von Niklas Luhmann und der strukturalen Hermeneutik von Ulrich Oevermann untersucht Holz die Semantiken antisemitischer Texte zwischen den 1870er- und 1950er-Jahren und kommt zum Schluss, dass anstatt

1996, S. 85–109. Zum Konzept ‚Volksgemeinschaft' im Allgemeinen, das in den letzten Jahren zu einem beliebten Forschungsgegenstand wurde, siehe z. B.: Frank Bajohr et al. (Hrsg.), Volksgemeinschaft. Neue Forschungen zur Gesellschaft des Nationalsozialismus, Frankfurt a. M. 2009; Ulrich Bielefeld/Michael Wildt, Volksgemeinschaft. Die mörderische Sehnsucht nach ihrer Verwirklichung und ihre lange Auflösung, Hamburg 2007; Ian Kershaw, „Volksgemeinschaft". Potenzial und Grenzen eines neuen Forschungskonzepts, in: Vierteljahreshefte für Zeitgeschichte 59 (2011) 1, S. 1–17.

163 Siehe Jeismann, Der letzte Feind, hier S. 181. Eine phasenweise parallele Präsenz frankophober und antisemitischer Denkmuster im jungen Deutschen Kaiserreich mit teilweiser Verdrängung der Ersteren durch Letztere sieht auch: Heinrichs, Das Judenbild im Protestantismus, S. 686.

164 Jeismann, Der letzte Feind, S. 189.

165 Berghoff, „Der Jude" als Todesmetapher, S. 172. Berghoff rückt sich hier in die Nähe von Autoren, die den Nationalismus als politische Religion begreifen. So im selben Sammelband: George L. Mosse, Die Juden im Zeitalter des modernen Nationalismus, in: Alter/Bärsch/Berghoff (Hrsg.), Die Konstruktion der Nation gegen die Juden, S. 15–25; Claus-Ekkehard Bärsch, Die Konstruktion der kollektiven Identität der Deutschen gegen die Juden in der politischen Religion des Nationalsozialismus, in: Alter/ders./Berghoff (Hrsg.), Die Konstruktion der Nation gegen die Juden, S. 191–223.

166 Siehe hierfür: Hoffmann, Das Judentum als Antithese; Zygmunt Baumann, Dialektik der Ordnung. Die Moderne und der Holocaust, Hamburg 1992, S. 66. Haury spricht in seiner Dissertation von der antisemitischen Konstruktion ‚der Juden' als ‚Antiprinzip' zur ‚nationalen Gemeinschaft'. (Haury, Antisemitismus von links, S. 93.)

167 Holz, Nationaler Antisemitismus. Sehr ähnlich auch bei: Haury, Antisemitismus von links.

von ‚modernem Antisemitismus' grundsätzlich von ‚nationalem Antisemitismus' zu sprechen sei.[168] Im Kern seiner Analyse steht hierbei die Feststellung, dass ‚der Jude' weder als der ‚Eigene' noch als der ‚Fremde' im nationalen Sinne konstruiert worden sei. Vielmehr seien ‚die Juden' von den Antisemiten als eine „Nicht-Nation", respektive „nicht-nationale Nation", von allen anderen Völkern prinzipiell abgegrenzt und der national gedachten Welt entgegengerichtet, definiert worden.[169] Die Forschungen zum Konnex zwischen Nationalismus und Antisemitismus verdeutlichen die enorme Bedeutung nationalistischer Konzeptionen für den modernen Antisemitismus, doch bleibt es fraglich, ob alle antisemitischen Exklusionsmechanismen unter der Dimension des Nationalen subsumiert werden können.[170]

Oft in Verbindung mit nationalistischen Diskursen stehend, wurden rassische und rassistische Vorstellungen im modernen Antisemitismus bedeutend. So vertraten Wilhelm Marr oder Eugen Dühring, zwei der zentralen Exponenten der antisemitischen Bewegung, 1879 und in den folgenden Jahren klar rassistische Ideen.[171] Die in der Antisemitismusforschung oft mit Blick auf den Nationalsozialismus wiederholt vertretene These, dass die Verbindung des Rassismus mit dem Antisemitismus das zentrale Charakteristikum des modernen Antisemitismus dargestellt habe, ist hingegen abzulehnen, denn das Phänomen des modernen Antisemitismus weist wesentlich vielschichtigere Dimensionen auf. So spielten soziokulturelle Diskurse, die zwar in nationalistische, kulturalistische oder essentialisierende Semantiken eingebunden sein konnten, im modernen Antisemitismus eine bedeutendere Rolle, da sie auch eine breitere Trägerschicht aufwiesen.[172] Auch Thomas Haury streicht

---

168  Zu Holz' Definition des ‚nationalen Antisemitismus': Holz, Nationaler Antisemitismus, S. 11 f. Holz betont zudem den weltanschaulichen Charakter des Antisemitismus, den dieser gerade durch das Zusammengehen mit dem Nationalismus erhalten habe. (Holz, Nationaler Antisemitismus, S. 32.)

169  Holz, Nationaler Antisemitismus, v. a. S. 543–546.

170  Siehe die teilweise berechtigte Kritik Gräfes an der Theorie von Holz: Gräfe, Antisemitismus in Deutschland, S. 99 f. Das Konzept des ‚nationalen Antisemitismus' erhielt viel Lob, aber auch viel Kritik. Letztere setzte vor allem bei Holz' Ansatz an und verwies beispielsweise auf eine Vernachlässigung der Kontexte und der sozialen Praxis der Antisemiten in der an der Semantik ausgerichteten Studie. (Wyrwa, Rez. zu: Klaus Holz, Nationaler Antisemitismus; Regina Schleicher, Antisemitismus in der Karikatur. Zur Bildpublizistik in der französischen Dritten Republik und im deutschen Kaiserreich (1871–1914), Frankfurt a. M. 2009, S. 15.) Mit starkem Lob: Salzborn, Antisemitismus als negative Leitidee der Moderne, S. 181–192; Benjamin Ziemann, „Linguistische Wende" und „kultureller Code" in der Geschichtsschreibung zum modernen Antisemitismus, in: Jahrbuch für Antisemitismusforschung 14 (2005), S. 301–321, S. 318–321.

171  Siehe beispielsweise: Eugen Dühring, Die Judenfrage als Racen-, Sitten- und Culturfrage. Mit einer weltgeschichtlichen Antwort, Karlsruhe/Leipzig 1881; Marr, Der Sieg des Judenthums über das Germanenthum.

172  Dies betonen auch: Wyrwa, Art. ‚moderner Antisemitismus', S. 211; Volkov, Das geschriebene und gesprochene Wort, S. 60–62; Christian Geulen, Art. ‚Rassismus', in: Handbuch des Antise-

dies hervor und sieht die Bedeutung rassenbiologischer Konzepte für den modernen Antisemitismus auf folgenden Bereich beschränkt:

> „Zwar kann keineswegs bestritten werden, dass die rassenbiologische Ausformulierung des modernen Antisemitismus zu einer Verschärfung von dessen Argumentation beitrug. […] Die Rassebiologie stellt […] vor allem eine zeitgemässe, Wissenschaftlichkeit vorspiegelnde Begründung des bereits Feststehenden dar, die kongenial zu den Grundstrukturen passte, diese verfestigte und verschärfte, aber keineswegs grundlegend prägte oder gar erst schuf."[173]

Der moderne Antisemitismus in der Variante des sogenannten Rassenantisemitismus bediente sich somit rassentheoretischer Konzepte, ohne aber eine Unterform des Rassismus darzustellen.

Der Rassenantisemitismus mit seiner festen Zuschreibung vermeintlicher ‚Rasseneigenschaften' und der klaren Hierarchisierung der ‚Rassen' nahm eine unverrückbare (Negativ-)Stigmatisierung ‚der Juden' vor. Nicht länger wurde die Konversion oder die ‚Assimilation' – wie im christlichen Antijudaismus und in gewissen Teilen des modernen Antisemitismus gefordert – als Ausweg aus dem ‚Judesein' präsentiert, sondern die Differenz wurde als unüberbrückbar konstruiert und als vermeintlich wissenschaftlich bewiesen dargestellt. Nicht zuletzt kann der Rassenantisemitismus, wie Wolfgang Benz es formuliert, als eigentliche Abwehrreaktion auf die erfolgreiche jüdische Assimilation gesehen werden.[174] In diesem Sinne ging es somit um die Aufrechterhaltung von Differenz respektive darum, Differenz neu zu konstruieren. So dienten letztlich auch die Postulierung einer ‚jüdischen Physiognomie' oder eines speziellen ‚jüdischen Körpers' der Überwindung der Angst vor der ‚Unsichtbarkeit' der Juden. Weil eben die Differenz durchaus als eine bloß vermeintliche erkannt wurde, hätte man, so Sander L. Gilman, auf von außen applizierte Stigmata wie Judenhut, Judenstern, Ghetto oder auch die Tätowierungen in den Konzentrationslagern zurückgegriffen.[175]

Die Rassentheorien des späten 19. Jahrhunderts, die für den modernen Antisemitismus Bedeutung erlangten, gingen auf Vorläufer aus dem 18. Jahrhundert zurück, die eine Klassifizierung der Menschheit vorgenommen hatten. Dabei fällt auf, dass viele der damaligen Autoren, wie etwa der Holländer Peter Camper oder der

---

mitismus, Bd. 3, S. 278–282. Die Bedeutung rassentheoretischer Elemente betonen dagegen z. B.: Bauer, Vom christlichen Judenhass zum modernen Antisemitismus, S. 78; Heil, „Antijudaismus" und „Antisemitismus", S. 105.

173 Haury, Antisemitismus von links, S. 119.
174 Benz/Bergmann, Einleitung, S. 18.
175 Sander L. Gilman, Zwölftes Bild: „Der jüdische Körper", in: Schoeps/Schlör (Hrsg.), Antisemitismus, S. 167–179, S. 177.

Zürcher Pfarrer und Verfechter physiognomischer Lehren, Johann Caspar Lavater, keine Wissenschaftler und insbesondere keine Naturwissenschaftler waren.[176] Auch die späteren Rassentheoretiker, wie zum Beispiel Joseph Arthur Compte de Gobineau oder Houston Stewart Chamberlain, waren Schriftsteller, Historiker oder Maler, aber keine (Natur-)Wissenschaftler, was den grundsätzlich pseudowissenschaftlichen Charakter der Rassentheorien noch zusätzlich verdeutlicht.[177] Die Ästhetik – so etwa das griechische Schönheitsideal der Klassik – und der Bedeutungsgewinn des Visuellen waren für die Entwicklung rassischen Denkens und Kategorisierens im 18. Jahrhundert sehr bedeutsam.[178] Auf Phänomene eines sogenannten Protorassismus ab dem ausgehenden Mittelalter wird hier nicht weiter eingegangen. Als Beispiel sei jedoch das spanische Nachweisprinzip der ‚Blutreinheit‘ (limpieza de sangre[179]) erwähnt, das für die Zulassung zu gewissen Ämtern nach der Vertreibung der Juden aus Spanien angewandt wurde und sich gegen getaufte Juden, sogenannte Conversos, richtete.[180] Der frühneuzeitliche Protorassismus war jedoch noch nicht auf die Einteilung der Menschen in ‚Rassen‘ ausgerichtet, setzte aber ethnische mit religiösen Merkmalen gleich. Eine weitere Grundlage für die biologistischen Rassentheorien des späten 19. Jahrhunderts stellten Volkstumstheorien dar. Insbesondere war Johann Gottfried Herders Vorstellung eines

---

176  Zur Geschichte rassentheoretischen Denkens: Christian Koller, Rassismus, Paderborn 2009; Geulen Christian, Geschichte des Rassismus, München 2007; George L. Mosse, Die Geschichte des Rassismus, Frankfurt a. M. 2006; George M. Fredrickson, Rassismus. Ein historischer Abriss, Hamburg 2004; Robert Miles, Rassismus. Einführung in die Geschichte und Theorie eines Begriffs, 3. Aufl., Hamburg/Berlin 1999; Imanuel Geiss, Geschichte des Rassismus, Frankfurt a. M. 1988. Mit speziellem Fokus auf Deutschland: Volker Losemann, Rassenideologien und antisemitische Publizistik in Deutschland im 19. und 20. Jahrhundert, in: Benz/Bergmann (Hrsg.), Vorurteil und Völkermord, S. 304–337. Zu Lavater, der gerade auch wegen seines Kontaktes und Zwistes mit Moses Mendelssohn bekannt wurde, und seiner diskriminierenden Klassifizierung der Juden: Werner Bergmann, Art. ‚Lavater, Johann Kaspar‘, in: Handbuch des Antisemitismus, Bd. 2/2, S. 461–463; Judith Wechsler, Lavater, Stereotype and Prejudice, in: Ellis Shookman (Hrsg.), The Faces of Physiognomy. Interdisciplinary Approaches to Johann Caspar Lavater, Columbia 1993, S. 104–125.

177  Mosse, Die Geschichte des Rassismus, S. 47.

178  Dies betonten insbesondere: Mosse, Die Geschichte des Rassismus, S. 49; Fredrickson, Rassismus, S. 61 f.

179  Siehe: Max Sebastián Torres, Rassismus in der Vormoderne. Die „Reinheit des Blutes" im Spanien der Frühen Neuzeit, Frankfurt a. M. 2006; Stefan Rinke, Art. ‚Limpieza de sangre‘, in: Handbuch des Antisemitismus, Bd. 3, S. 191 f.

180  Rainer Walz spricht von einem ‚genealogischen Rassismus‘: Rainer Walz, Der vormoderne Antisemitismus: Religiöser Fanatismus oder Rassenwahn?, in: Historische Zeitschrift 260 (1995), S. 719–747.

jeder Nation innewohnenden ‚Volksgeistes' von Bedeutung, die den romantischen Nationalismus des 19. Jahrhunderts beeinflusste und nach George M. Fredrickson eine wichtige Grundlage für einen kulturell kodierten Rassismus bedeutete.[181]

Einer der Ersten, der Mitte des 19. Jahrhunderts die Rassenideen bündelte und systematisierte, war der französische Diplomat und Historiker Joseph Arthur Comte de Gobineau.[182] Gobineau nahm eine Hierarchisierung der ‚Rassen' vor und setzte die ‚Arier' als in seinen Augen allein kulturschöpferische Rasse an den obersten Platz. In seiner kulturpessimistischen Grundhaltung fürchtete er sich vor einer ‚Rassenmischung' und dem Verschwinden der ‚Arier'.[183] Durch die Förderung Gobineaus durch Richard Wagner und seinen Bayreuther Kreis[184] erhielten Gobineaus Theorien gerade in Deutschland eine weite Verbreitung und wurden, obwohl Juden darin nur eine sehr untergeordnete Rolle spielten, zu einer wichtigen Grundlage des Rassenantisemitismus.[185]

Das Aufkommen sozialdarwinistischer Vorstellungen beeinflusste das rassentheoretische Denken stark. Der Rassenbegriff wurde nun dynamisiert und das ‚Rassengefüge' nicht mehr als statische Hierarchie betrachtet, sondern als Resultat eines Kampfes zwischen den ‚Rassen'.[186] Genau in diesem Kontext sieht der Historiker Christian Geulen das Zusammengehen von Rassismus und Antisemitismus. Da es in den Augen der Rassentheoretiker nach dem evolutionsbiologischen Modell keine natürliche und gesicherte Überlegenheit geben würde, sei ein aktiver Kampf um Reinerhaltung des Eigenen und um Ausschluss des Anderen – auch im Innern – zu führen.[187]

---

181  Fredrickson, Rassismus, S. 73. Siehe zudem: Berding, Antisemitismus im 19. Jahrhundert, S. 72. Die ‚Volksgeist'-Vorstellung blieb auch im 19. Jahrhundert gerade in gebildeten Kreisen dominant gegenüber der Benutzung des Rassebegriffs, wie der Historiker Uffa Jensen in seiner Dissertation konstatiert: Jensen, Gebildete Doppelgänger, Göttingen 2005, S. 331.

182  Gobineaus zweibändiges Hauptwerk „Essai sur l'inégalité des races humaines" erschien in den Jahren 1853–1855.

183  Geiss, Geschichte des Rassismus, S. 168 f.

184  Siehe: Thomas Lindner, Judendämmerung. Richard Wagner und der Bayreuther Kreis, in: Renate Heuer/Ralph-Rainer Wuthenow (Hrsg.), Konfrontation und Koexistenz. Zur Geschichte des deutschen Judentums, Frankfurt a. M. 1996, S. 119–139.

185  Zur Rassentheorie Gobineaus siehe u. a.: Mosse, Die Geschichte des Rassismus, v. a. S. 76–86; Léon Poliakov, Der arische Mythos, Zu den Quellen von Rassismus und Nationalismus, Hamburg 1993, S. 244–286; Michael Biddis, Father of Racist Ideology. The Social and Political Thought of Count Gobineau, London 1970. Zur Rezeption Gobineaus in Deutschland: Losemann, Rassenideologien und antisemitische Publizistik, S. 316.

186  Siehe: Berding, Moderner Antisemitismus, S. 143 f.; Geiss, Geschichte des Rassismus, S. 168–173; Mosse, Die Geschichte des Rassismus, S. 95.

187  Christian Geulen, Art. ‚Rassismus', in: Handbuch des Antisemitismus, Bd. 3, S. 278–282, S. 280.

Für die Kombination von rassistischem mit antisemitischem Gedankengut im deutschsprachigen Raum nahm Houston Stewart Chamberlain, gebürtiger Engländer, Wahldeutscher und Schwiegersohn Richard Wagners, eine zentrale Stellung ein. Die geschichts- und kulturphilosophischen Spekulationen in seinem Hauptwerk „Die Grundlagen des XIX. Jahrhunderts" wurden zu einem Klassiker in gebildeten Kreisen und entsprechend einflussreich.[188] Er interpretierte die Weltgeschichte unter dem Aspekt des ‚Rassenprinzips'. Den kulturschöpferischen ‚arisch-germanischen' Völkern setzte er die Juden als ‚zersetzende' ‚Gegenrasse' entgegen. Sein Rassebegriff war jedoch nicht biologisch fundiert, sondern berief sich auf ein subjektives ‚Rassebewusstsein'.[189] Diese pseudowissenschaftliche Grundlage veranschaulicht den oft mystischen Charakter der Rassentheorien. ‚Rasse' wurde mit den ebenfalls oft vage gehaltenen Begriffen ‚Nation', ‚Staat', ‚Volk' und ‚Blut' gleichgesetzt.[190]

Wie sah es aber mit der Breitenwirkung der Rassentheorien und des Rassenantisemitismus aus? In seiner radikalen Ausprägung waren sie kein Mainstreamphänomen. Für Versatzstücke der Rassentheorien empfänglich waren jedoch beispielsweise die oft esoterisch geprägten Lebensreformbewegungen und vor allem die heterogene völkische Bewegung, die in Deutschland aufblühte, in der Schweiz hingegen fast vollkommen fehlte.[191] Insbesondere jedoch seine „kulturalistische Verdünnung", wie Thomas Gräfe es nennt, machte den Rassenantisemitismus besonders gefährlich.[192] So fanden sich an der konstruierten Ordnungskategorie ‚Rasse' orientierende rassische Begrifflichkeiten Eingang in die Semantik breiter Schichten, und biologistische, essentialisierende und kulturalistische Vorstellungen waren weit verbreitet, auch wenn Rassentheorien abgelehnt wurden.[193] Populär war

---

188   Zu Chamberlain siehe u. a.: Geoffrey G. Field, Evangelist of Race. The Germanic Vision of Houston Stewart Chamberlain, New York 1981. Zur Rezeption Chamberlains Anja Lobenstein-Reichmann, Houston Stewart Chamberlains rassentheoretische Geschichts-‚philosophie', in: Bergmann/ Sieg (Hrsg.), Antisemitische Geschichtsbilder, S. 139–166, S. 162–166.

189   Gräfe, Antisemitismus in Deutschland, S. 165.

190   Siehe zum Rasenmystizismus: Mosse, Die Geschichte des Rassismus, S. 118–135. Zum diffusen Rassebegriff: Gräfe, Antisemitismus in Deutschland, S. 165.

191   Einen hervorragenden Überblick zur Vielfalt der völkischen Bewegung und der Lebensreformbewegung, die religiöses mit rassischem und antisemitischem Gedankengut vermischten, gibt: Uwe Puschner et al. (Hrsg.), Handbuch zur Völkischen Bewegung 1871–1918, München 1996; Stefan Breuer, Die Völkischen in Deutschland. Kaiserreich und Weimarer Republik, Darmstadt 2008.

192   Gräfe, Antisemitismus in Deutschland, S. 167.

193   Dies trifft beispielsweise auf kirchliche Kreise zu. Für den deutschen Katholizismus siehe: Blaschke, Katholizismus und Antisemitismus, S. 88–104. Für die Schweiz: Altermatt, Katholizismus und Antisemitismus, S. 120–125. Eine stärkere Affinität wiesen Strömungen im deutschen Protestantismus auf: Heinrichs, Das Judenbild im Protestantismus, z. B. S. 682 f.

etwa die Vorstellung eines spezifisch jüdischen Körpers im Allgemeinen und einer ‚jüdischen Physiognomie‘ im Besonderen, die gerade auch durch bildliche Darstellungen ihre Perpetuierung erfuhr.[194] Diese antisemitischen Verzerrungen brachten nicht selten eine Dehumanisierung der Juden mit sich, die sich sprachlich in Krankheits- und Ungeziefermetaphern fortsetzte.[195] Zu tödlicher Konsequenz wurde das Rassedenken schließlich im Nationalsozialismus, der mittels fortschreitender Entrechtung und systematischer Ermordung der Juden seine Phantasien von einem ‚Rassestaat‘ und seine Vernichtungsideologie in die Tat umsetzte.[196] ‚Die Juden‘ respektive ‚die Semiten‘ wurden zur ‚Gegenrasse‘ der ‚Arier‘ stilisiert, womit ‚den Juden‘ eine zentrale Funktion für die ‚arische‘ Selbstbeschreibung ex negativo zukam.[197] Die Popularität dieses Denkens hatte sich schon vor und noch verstärkt nach dem Ersten Weltkrieg gezeigt, als in Deutschland oder auch in Österreich die Rassentheorien beispielsweise durch die Einführung von ‚Arierparagrafen‘ in Vereinen gesellschaftlich wirkungsmächtig wurden.[198] Auch in der Schweiz bildeten sich in den 1920er-Jahren erste rechtsextreme Organisationen, die ein klar rassistisches, radikalantisemitisches Gedankengut pflegten. Sie nahmen eine Vorreiterrolle ein für die sich am deutschen Nationalsozialismus und teilweise am italienischen

194   Zur Konstruktion eines ‚jüdischen Körpers‘ und zur Pathologisierung der Juden im Allgemeinen siehe v. a.: Sander L. Gilman, The Jew's Body, London 1991; Gilman, „Der jüdische Körper“; Klaus Hödl, Die Pathologisierung des jüdischen Körpers. Antisemitismus, Geschlecht und Medizin im Fin de Siècle, Wien 1997. Zum Antisemitismus in bildlichen Darstellungen an dieser Stelle nur eine sehr enge Auswahl: Julia Schäfer, Vermessen – gezeichnet – verlacht. Judenbilder in populären Zeitschriften 1918–1933, Frankfurt a. M. 2005; Haibl, Zerrbild als Stereotyp; Schleicher, Antisemitismus in der Karikatur; Gräfe, Antisemitismus in Gesellschaft und Karikatur.

195   Zu solchen Diskursen siehe: Berghoff, „Der Jude“ als Todesmetapher. Zu Krankheitsmetaphern allgemein: Philipp Sarasin, Infizierte Körper, kontaminierte Sprachen. Metaphern als Gegenstand der Wissenschaftsgeschichte, in: ders., Geschichtswissenschaft und Diskursanalyse, Frankfurt a. M. 2003, S. 191–230.

196   Siehe beispielsweise: Raul Hilberg, Die Vernichtung der europäischen Juden, 3 Bde., Frankfurt a. M. 1990; Saul Friedländer, Das Dritte Reich und die Juden, 2 Bde., München 1998/2006. Zu den „Nürnberger Gesetzen“: Cornelia Essner, Die „Nürnberger Gesetze“ oder „Die Verwaltung des Rassenwahns“ 1933–1945, Paderborn 2002.

197   Siehe: Christian Geulen, Art. ‚Rassentheorien‘, in: Handbuch des Antisemitismus, Bd. 3, S. 276–278, S. 277.

198   Siehe: Gräfe, Antisemitismus in Deutschland, S. 189; Bruce F. Pauley, Eine Geschichte des österreichischen Antisemitismus. Von der Ausgrenzung zur Auslöschung, Wien 1993, v. a. S. 163–174. Die gesellschaftliche Ausgrenzung erfolgte sehr plakativ auch bei Hotels oder Kurorten, die mit dem Prädikat ‚judenfrei‘ Werbung machten, ein Trend, der im deutschen Kaiserreich bereits in den 1870er-Jahren eingesetzt hatte. Siehe: Frank Bajohr, „Unser Hotel ist judenfrei“. Bäder-Antisemitismus im 19. und 20. Jahrhundert, 3. Aufl., Frankfurt a. M. 2003.

Faschismus orientierenden ‚Fronten' der 1930er und frühen 1940er-Jahre, die in ihren Statuten oft selbst ‚Arierparagrafen' führten.[199]

### Der moderne Antisemitismus als Weltanschauung oder kultureller Code?

Neben gesellschaftlichen Transformationen, welche die Herausbildung des modernen Antisemitismus beförderten und mitprägten, sowie den inhaltlichen Schwerpunktverschiebungen im judenfeindlichen Diskurs wird in der Antisemitismusforschung häufig der ideologische Charakter als weiteres zentrales Merkmal aufgeführt, das den modernen Antisemitismus von früheren Formen der Judenfeindschaft unterscheide.[200] Besonders stark hebt Thomas Haury die Funktionsweise des modernen Antisemitismus als Ideologie hervor.[201] Weitere Forscher verwenden den Begriff ‚Weltanschauung' – ebenfalls im Sinne einer ‚Welterklärung' respektive ‚Weltdeutung' – zur Charakterisierung des modernen Antisemitismus. Die weltanschauliche Dimension betonte auch Reinhard Rürup, der mit seiner Darstellung des modernen Antisemitismus großen Einfluss auf die deutschsprachige Antisemitismusforschung ausübte.[202] Den weltanschaulichen Charakter des modernen Antisemitismus sieht insbesondere auch der Soziologe Klaus Holz als gegeben an. Er erblickt im nationalen Antisemitismus eine Deutung, die die ganze

---

199  Zu den rechtsextremen Organisationen der 1920er-Jahre in der Schweiz: Kamis-Müller, Antisemitismus in der Schweiz; Metzger, Antisemitismus in der Stadt St. Gallen. Zum Frontismus in der Schweiz sei an dieser Stelle lediglich verwiesen auf: Gilg/Gruner, Nationale Erneuerungsbewegungen; Wolf, Faschismus in der Schweiz; Glaus, Die Nationale Front; Metzger, Structures and Characteristics of Swiss Fascism.

200  Siehe als Beispiele: Berding, Antisemitismus im 19. Jahrhundert, S. 67–72; Gräfe, Antisemitismus in Deutschland, u. a. S. 137–169; Lars Rensmann/Klaus Faber, Philosemitismus und Antisemitismus: Reflexionen zu einem ungleichen Begriffspaar, in: Irene A. Diekmann/Elke-Vera Kotowski (Hrsg.), Geliebter Feind. Gehasster Freund. Antisemitismus und Philosemitismus in Geschichte und Gegenwart. Festschrift zum 65. Geburtstag von Julius H. Schoeps, Berlin 2009, S. 73–91, S. 76; Albert Lichtblau, Macht und Tradition. Von der Judenfeindschaft zum modernen Antisemitismus, in: Jüdisches Museum der Stadt Wien (Hrsg.), Die Macht der Bilder. Antisemitische Vorurteile und Mythen, Wien 1995, S. 212–229, S. 213.

201  Haury, Antisemitismus von links, S. 30 f. Das ideologietheoretische Konzept des modernen Antisemitismus von Haury umfasst drei Ebenen: Erstens eine inhaltliche Ebene (Ökonomie, Politik, Kultur), zweitens die grundlegenden Strukturprinzipien (Personifizierung und Verschwörungstheorie; Manichäismus und Konstruktion identitärer Kollektive; Täter-Opfer-Umkehr) des modernen Antisemitismus und drittens die Verbindung zwischen Antisemitismus und Nationalismus. (Haury, Antisemitismus von links, S. 22; S. 25–122.)

202  Rürup, Die ‚Judenfrage' der bürgerlichen Gesellschaft, S. 115. Siehe zudem: Bergmann, Geschichte des Antisemitismus, S. 6.

Welt zu erfassen beanspruche.²⁰³ ‚Identität‘ und ‚Weltanschauung‘ werden hierbei in der Antisemitismusforschung in einem identischen Wortgebrauch verwendet, indem damit ein Bündel von Überzeugungen und Ideen gemeint ist, das eine bestimmte ‚Sicht auf die Welt‘ – ein ‚Weltbild‘ – generiert und die Gesellschaft reduktionistisch zu verstehen vorgibt.²⁰⁴

Das komplexitätsreduzierende Moment stellt sicherlich eines der zentralen Elemente des modernen Antisemitismus als Weltanschauung dar. Darin zeigt es sich zugleich mit der antimodernistischen Kritik der tatsächlichen und vermeintlichen sozioökonomischen und politischen Transformationen verbunden.²⁰⁵ Einen zweiten zentralen weltanschaulichen Aspekt birgt die judenfeindliche Identitätskonstruktion, die ‚die Juden‘ als Gegenstück, ja als Antiprinzip zur eigenen (nationalen) Gemeinschaft konstruiert. Die Verbindung antisemitischer Vorstellungen mit nationalistischen und rassistischen Konzeptionen trug dabei zur Verdichtung des Weltbildes bei.²⁰⁶ Die weltanschauliche Funktion des modernen Antisemitismus zeigte sich sehr deutlich in radikalantisemitischen Strömungen ab den 1870er-Jahren, die sich im Deutschen Reich in den antisemitischen Parteien manifestierten, deren Gedankengut aber auch in gesellschaftliche Verbände eindrang oder in die völkische Bewegung integriert wurde.²⁰⁷ Besonders deutlich trat die weltanschauliche Dimension des Antisemitismus schließlich nach dem Ersten Weltkrieg im Nationalsozialismus oder im Falle der Schweiz in den faschistischen ‚Fronten‘ zu Tage, bei denen der Antisemitismus integraler Bestandteil der Weltdeutung war.²⁰⁸

---

203 Holz, Nationaler Antisemitismus, S. 27–33. Anderenorts verwendet Holz den Begriff ‚Ideologie‘: Klaus Holz, Antisemitismus als Ideologie? Zur Struktur des antisemitischen Selbst- und Gesellschaftsbildes, in: Hansjörg Bay/Christof Hamann (Hrsg.), Ideologie nach ihrem ‚Ende‘. Gesellschaftskritik zwischen Marxismus und Postmoderne, Opladen 1995, S. 149–164.

204 Teilweise werden beide Begriffe innerhalb eines Werkes verwendet: Rensmann, Demokratie und Judenbild. Gräfe kritisiert die synonyme Verwendung der Begriffe, S. 104.

205 Siehe etwa: Rürup, Die ‚Judenfrage‘ der bürgerlichen Gesellschaft. Zudem auch: Rensmann/ Schoeps, Antisemitismus in der Europäischen Union; Blaschke, Katholizismus und Antisemitismus, S. 134–137; Holz, Antisemitismus als Ideologie?

206 Hierzu sei nochmals verwiesen auf: Holz, Nationaler Antisemitismus; Haury, Antisemitismus von links; Hoffmann, Das Judentum als Antithese. Zudem auch: Rensmann, Demokratie und Judenbild, S. 73. Zum weltanschaulichen Charakter des Rassismus: Mosse, Die Geschichte des Rassismus, S. 7.

207 Zum politischen Antisemitismus und Vordringen des Antisemitismus in zahlreiche deutsche Verbände und insbesondere in die Studentenschaft zwei Hinweise: Jochmann, Antisemitismus im Deutschen Kaiserreich; Pulzer, Die Entstehung des politischen Antisemitismus. Zur Vielfalt der völkischen Bewegung sei nochmals verwiesen auf: Puschner et al. (Hrsg.), Handbuch zur Völkischen Bewegung.

208 Zum Antisemitismus des Nationalsozialismus seien aus der Fülle der Literatur folgende zwei Titel erwähnt: Saul Friedländer, Das Dritte Reich und die Juden. Die Jahre der Verfolgung 1933–

Dass in der Erklärung der Welt mittels ‚der Juden' Weltverschwörungstheorien im Stile der „Protokolle der Weisen von Zion" eine zentrale Bedeutung einnahmen, leuchtet ein.

Die Herausbildung des Antisemitismus als geschlossene Weltanschauung im Radikalantisemitismus stellte in der Geschichte der Judenfeindschaft sicherlich eine neue Erscheinung dar. Abgesehen von radikalen, teilweise ans Sektiererische grenzenden Ausprägungen des Antisemitismus lässt sich allerdings fragen, inwieweit beispielsweise der in konservativen Gruppen stark präsente Antisemitismus ebenfalls als eigenständige Weltanschauung gewertet werden darf. So basiert die Klassifizierung des modernen Antisemitismus als Weltanschauung bei Holz zu einem überwiegenden Teil auf der Analyse einer begrenzten Anzahl radikaler antisemitischer ‚Klassiker' von Heinrich von Treitschke über Éduard Drumont zu Adolf Hitler.[209] Es fragt sich, ab wann von einer welterklärenden Ideologie oder Weltanschauung gesprochen werden kann und wann ‚lediglich' von der Präsenz antisemitischer Stereotype zu sprechen ist.[210] Oder anders gefragt: Ist die Präsenz antisemitischer Stereotype immer schon ein Zeichen von Weltanschauung, und müssen diese Stereotype ‚modern' sein, oder können sie auch lange Traditionen aufweisen?[211]

Reinhard Rürup folgert in seiner Analyse vorsichtiger: „Seit der zweiten Hälfte der siebziger Jahre nun wurde der radikale Antisemitismus zur ‚Weltanschauung', und auch der gemäßigte Antisemitismus der Konservativen wies zumindest eine starke Tendenz zur ‚Weltanschauung' auf."[212] In der Tat übernahm der Antisemitismus auch unter den Konservativen ab den 1870er-Jahren eine wichtige Funktion,[213] selbst wenn er in diesen Gruppierungen nicht als Gravitationszentrum der Weltsicht fungierte. Vielmehr war er in Verbindung mit weiteren Ideologemen wie

---

1939, München 1998; Wolfgang Benz, Geschichte des Dritten Reiches, München 2000. Zum Antisemitismus radikalantisemitischer Organisationen in den 1920er-Jahren und der ‚Fronten' in den 1930er-Jahren siehe: Metzger, Antisemitismus in der Stadt St. Gallen, S. 279–416; Metzger, Structures and Characteristics of Swiss Fascism; Kamis-Müller, Antisemitismus in der Schweiz.

209   Dieser Einwand kann – wenn auch in weniger ausgeprägtem Maße – auch gegenüber der Dissertation von Haury gemacht werden.

210   Auch Rensmann und Schoeps sehen keine zwangsläufige Formierung des modernen Antisemitismus als Weltanschauung: Rensmann/Schoeps, Antisemitismus in der Europäischen Union, S. 12. Zudem weist Gräfe kritisch auf dieses Problem hin, stellt dabei aber in seiner Beurteilung sehr einseitig auf die Frage nach der diskursiven Funktion des Antisemitismus als ausschlaggebendes Kriterium ab. (Gräfe, Antisemitismus in Deutschland, S. 78.)

211   Haury hingegen macht die Postulierung eines modernen Antisemitismus abhängig von der Präsenz einer ideologischen Ausrichtung. (Haury, Antisemitismus von links, S. 30.)

212   Rürup, Die ‚Judenfrage' der bürgerlichen Gesellschaft, S. 115.

213   Siehe hierfür etwa die wichtige Funktion, die Olaf Blaschke dem Antisemitismus für den katholischen Ultramontanismus zuschreibt: Blaschke, Katholizismus und Antisemitismus.

Antimodernismus, konservatives Christentum, Antiliberalismus Bestandteil einer konservativen Weltanschauung – ein Bestandteil allerdings, der die verschiedenen Weltanschauungselemente gut miteinander verbinden konnte, wenn auch nicht musste.

Eine weitere Frage, die den Weltanschauungscharakter als konstituierendes Element des modernen Antisemitismus kritisch reflektieren hilft, ist, ob auch vormoderne Formen der Judenfeindschaft – insbesondere der christliche Antijudaismus – weltanschauliche Funktionen übernahmen. Haury verneint dies, da in früherer Zeit die Religion die Welt erklärt habe.[214] In der Tat stellte die Religion in früherer Zeit einen zentralen Bezugsrahmen dar, doch tat sie dies für gewisse Kreise auch weiterhin in der Moderne. Die Untersuchungen zum Antisemitismus in konfessionellen Gruppen zeigen dies deutlich.[215] Zudem spielten antijüdische Vorstellungen in der christlichen Religion seit jeher eine sehr wichtige identitätsstiftende Rolle, und gerade stark auf die ‚Endzeit' ausgerichtete Gruppen, die den Juden in der Heilsgeschichte eine Schlüsselrolle zuwiesen, integrierten antijudaistische Bilder in zentraler Weise in ihre Weltdeutung.[216] Der Mittelalterhistoriker Johannes Heil sieht denn auch den Antijudaismus, definiert als „theologisches Konzept von der spirituellen – und daraus gefolgert – rechtlich-sozialen Inferiorität der Juden", analog zum Antisemitismus als ein ideologisches Konzept an.[217]

Ein weiteres, in der Forschung stark rezipiertes Konzept zur Frage der weltanschaulichen Dimension des modernen Antisemitismus prägte Shulamit Volkov, indem sie den Antisemitismus im Deutschen Kaiserreich als kulturellen Code beschrieb. Auch Volkov definiert den Antisemitismus nicht als eine alternative Weltanschauung per se, sondern verortet sie als einen Bestandteil in einem Geflecht von Überzeugungen und Werten, die eine radikal antimoderne Mentalität ausmachen würden.[218] Zur Bezeichnung des Phänomens zieht Volkov den Begriff ‚Kultur' jenem von Weltanschauung vor, da ‚Kultur' begrifflich weiter gefasst sei und daher das Gesamtgeflecht aller Arten des Denkens, Fühlens und Handelns beinhalte.[219] Die Funktion des Antisemitismus als kultureller Code versteht die Historikerin

---

214   Haury, Antisemitismus von links, S. 30.

215   Siehe v. a.: Altermatt, Katholizismus und Antisemitismus; Blaschke, Katholizismus und Antisemitismus; Heinrichs, Das Judenbild im Protestantismus.

216   Vor allem ist hier auf die protestantische Judenmission zu verweisen, die zu großen Teilen im Pietismus verankert war. Siehe z. B. Kapitel 6 in Teil III.

217   Heil, „Antijudaismus" und „Antisemitismus", S. 105 f.

218   Siehe Volkov, Antisemitismus als kultureller Code, S. 18–21.

219   Ebenda, S. 19. Für Volkov ist hierbei Theodor W. Adornos Konzept der ‚autoritären Persönlichkeit' ein wichtiger Orientierungsrahmen, da sie in der deutschen Gesellschaft ein kulturelles Muster zu erkennen glaubt, das „dem Syndrom der autoritären Persönlichkeit analog war".

daher als ein „Signum kultureller Identität", das die Zugehörigkeit zu einem kulturellen Lager definiere, wobei sie dies für das konservative, antimodernistische Lager im Deutschen Kaiserreich erfüllt sieht.[220]

Der Nutzen des Konzepts von Shulamit Volkov, das nicht nur für die Konservativen des Deutschen Kaiserreiches, sondern auch auf weitere Gruppen in anderen Zeiträumen anwendbar ist, sowie jenes der Charakterisierung des modernen Antisemitismus als Weltanschauung sind dann groß, wenn sie nicht pauschal, sondern gruppenbezogen zur Anwendung kommen. Es ist danach zu fragen, für wen Antisemitismus eine „kulturelle Selbstverständlichkeit"[221] war, wobei die zentralen Diskurse je nach Trägerschicht unterschiedlich sein konnten. In Bezug auf den Deutschschweizer Protestantismus ist daher beispielsweise zu prüfen, ob antimodernistisch geprägte Diskurse eines soziokulturell argumentierenden Antisemitismus oder antijudaistische Topoi weltanschauliche Bedeutung erlangten oder die Funktion eines kulturellen Codes erhielten oder gar zu einer ‚sozialen Norm' wurden, die allgemein akzeptiert war.[222]

## 4 Antisemitismus und Christentum – religiöse Traditionen der Judenfeindschaft

Die Geschichte der Judenfeindschaft ist eng mit dem Christentum und mit dem sogenannten christlichen Kulturraum verbunden. Unabhängig davon, ob eine Kontinuität oder Diskontinuität zwischen religiösem Antijudaismus und modernem Antisemitismus gesehen wird, kann die Präsenz religiöser Momente in der Judenfeindschaft nicht bestritten werden. Nachdem im vorangegangenen Kapitel die kontextuellen, inhaltlichen und funktionalen Transformationen der Judenfeindschaft diskutiert wurden, die den modernen Antisemitismus vom Frühantisemitismus unterschieden, liegt der Fokus im Folgenden auf der religiösen Dimension der Juden-

---

220   Volkov, Antisemitismus als kultureller Code, S. 22 f.; Zitat 23. Benjamin Ziemann sieht den Begriff ‚Code' bei Volkov hingegen als nicht ideal an, da er als ‚Signum' verstanden werde, was aber nicht der Bedeutung des Wortes gleichkommen würde. (Ziemann, „Linguistische Wende" und „kultureller Code", S. 311.)

221   Gräfe, Antisemitismus in Deutschland, S. 189.

222   Die Vorstellung vom Antisemitismus als soziale Norm geht zurück auf: Klemens Felden, Die Übernahme des antisemitischen Stereotyps als soziale Norm durch die bürgerliche Gesellschaft Deutschlands (1875–1900), Heidelberg 1963. Siehe dazu auch: Shulamit Volkov, Antisemitismus und Antifeminismus: Soziale Norm oder kultureller Code, in: dies., Das jüdische Projekt der Moderne. Zehn Essays, München 2001, S. 62–81. Das Konzept des Antisemitismus als ‚soziale Norm' kritisch reflektierend: Gräfe, Antisemitismus in Deutschland, S. 209–211.

feindschaft, und zwar in Bezug auf drei Themenbereiche. Eingangs wird die Formierungsphase des christlichen Antijudaismus in der christlichen Antike und dessen Verfestigung im Mittelalter beleuchtet. Dabei interessiert, inwieweit die Reformation zu Transformationen respektive Akzentverschiebungen im judenfeindlichen Denksystem führte. Das zweite Unterkapitel diskutiert das Verhältnis von Protestantismus und Katholizismus zum modernen Antisemitismus und geht dabei auf verschiedene Konzepte aus der neueren Forschung ein. Aufgrund heilsgeschichtlicher Funktionszuschreibungen kam es im Protestantismus – insbesondere von chiliastisch und judenmissionarisch orientierten Strömungen – auch zu ‚positiven‘ Erwartungshaltungen gegenüber dem Judentum. Die Frage, ob hierbei von ‚Philosemitismus‘– einem analytischen Konzept, das in letzter Zeit in der Geschichtsforschung wieder vermehrt diskutiert wird – gesprochen werden kann, wird abschließend geprüft.

*Antijudaismus als zentrales Element christlicher Identitätskonstruktion*

Feindliche Äußerungen und Handlungen gegen Juden reichen in die vorchristliche Zeit zurück. Diese lassen sich insbesondere für das hellenistische Alexandrien nachweisen. Diese waren jedoch nicht dominant, denn neutrale oder positiv gehaltene Texte überwogen.[223] Die antijüdischen Anfeindungen aus dem Lager des sich formierenden Christentums ab der Mitte des ersten Jahrhunderts entsprachen denn auch nicht einer Reproduktion ‚heidnischer‘ Polemik, sondern stellten etwas qualitativ Neues dar, da der sich formierende christliche Antijudaismus ein unabhängiges Deutungssystem bildete.[224] Die Konstruktion einer judenfeindlichen Kontinuität, die bis in die vorchristliche Antike reicht, läuft zudem Gefahr, der Vorstellung eines ‚ewigen Antisemitismus‘ das Wort zu reden und somit die zentrale Rolle des Christentums in der Konstruktion der Judenfeindschaft zu relativieren respektive

---

223 Eine Analyse von antiken Texten zum Judentum bietet: Hans Schwabl, Feindliches und Freundliches über das Volk der Juden im klassischen Altertum, in: Jüdisches Museum der Stadt Wien (Hrsg.), Die Macht der Bilder, S. 21–29. Für Quellenbeispiele siehe: Menahem Stern, Greek and Latin Authors on Jews and Judaism. Edited with Introductions, Translations and Commentary, 3 Bde., Jerusalem 1974–1984. Zu den Unruhen in Alexandrien siehe z. B.: Werner Bergmann/ Christhard Hoffmann, Kalkül oder ‚Massenwahn‘? Eine soziologische Interpretation der antijüdischen Unruhen in Alexandria 38 n. Chr., in: Rainer Erb/Michael Schmidt (Hrsg.), Antisemitismus und jüdische Geschichte, Studien zu Ehren von Herbert A. Strauss, Berlin 1987, S. 15–46.

224 Dies betont ebenfalls: Hoffmann, Das Judentum als Antithese, S. 21, Anmerkung 1. Ähnlich auch bei Robert S. Wistrich und Rosemary Ruether, obwohl sie stärkere Verbindungen zwischen dem ‚heidnischen‘ Hass gegen die Juden sehen: Ruehter, Faith and Fratricide, S. 28; Wistrich, Antisemitism, S. XVIII.

zu verharmlosen. Genau diesen apologetischen Mechanismus hinter der These des ,antiken Antisemitismus' sieht auch Rainer Kampling. Für ihn stellt die in den Geschichtswissenschaften des 19. Jahrhunderts aufgekommene Konzeption, dass es in der Antike so etwas wie einen Antisemitismus gegeben habe, ein Produkt der Antisemitismusdebatte des vorletzten Jahrhunderts dar, da sie die Präsenz antisemitischer Vorstellungen in den Wissenschaften legitimieren half.[225]

Die Entwicklung von einer jüdischen Sekte hin zu einer eigenständigen Religion war mit der Geburt des christlichen Antijudaismus verbunden. Mehrere Jahrzehnte lang stellten die Anhänger Jesu eine von zahlreichen tolerierten Richtungen innerhalb eines heterogenen Judentums dar.[226] Auch die Vorstellung von Jesus als Messias stellte hierfür kein Problem dar, war eine solche messianische Bewegung doch kein singuläres Ereignis im antiken Judentum.[227] Die innerjüdische Polemik nahm jedoch im Laufe des 1. Jahrhunderts aufgrund wachsender theologischer Differenzen sowie der ,judenchristlichen' Missionstätigkeit gegenüber ,Heiden' deutlich zu und verstärkte sich weiter nach der Niederschlagung des jüdischen Aufstandes in Judäa durch die Römer, die in der Zerstörung des Tempels in Jerusalem im Jahre 70 n.Chr. kulminierte. Die Identitätskonstruktion des sich formierenden Christentums erfolgte hierbei zunehmend durch die Postulierung eines fundamentalen Gegensatzes zwischen Christentum und jüdischer Mutterreligion.[228] Im Zuge dieses „Auseinandergehens der Wege", wie der Theologe Ulrich Luz diesen Ablösungsprozess bezeichnet,[229] nahm das im Entstehen begriffene Christentum eine

---

225   Rainer Kampling, Art. ,Antike Judenfeindschaft', in: Handbuch des Antisemitismus, Bd. 3, S. 14 f., S. 15.

226   Siehe zu dieser Thematik: Günter Stemberger, Von einer jüdischen Sekte zur Weltreligion, in: Rainer Kampling/Bruno Schlegelberger (Hrsg.), Wahrnehmung des Fremden. Christentum und andere Religionen, Berlin 1996, S. 73–85; Ulrich Luz, Das ,Auseinandergehen der Wege'. Über die Trennung des Christentums vom Judentum, in: Walter Dietrich/Martin George/ders. (Hrsg.), Antijudaismus – christliche Erblast, Stuttgart/Berlin/Köln 1999, S. 56–73.

227   Siehe Luz, Das ,Auseinandergehen der Wege', S. 57 f.; Lilian C. Freudmann, Antisemitism in the New Testament, Lenham/London 1994, S. 36 f.

228   Zur christlichen Identitätskonstruktion, die das Judentum als negativen Referenzpunkt verwendete, siehe u. a.: Luz, Das ,Auseinandergehen der Wege'; Ruether, Faith and Fratricide; Miriam S. Taylor, Anti-Judaism and Early Christian Identity. A Critique of the Scholarly Consensus, Leiden 1995.

229   Luz, Das ,Auseinandergehen der Wege'. Die jüdische Katastrophe von 70 n. Chr. löste nicht nur in den messianischen ,judenchristlichen' Gemeinden, sondern auch im Judentum im Allgemeinen Transformationen aus, indem sich das rabbinische Judentum herauszubilden begann. Deshalb sprechen gewisse Autoren von zwei neuen Religionen, die nach den Ereignissen von 70 n. Chr. entstanden seien. (Siehe z. B.: Matthias Blum, Art. ,Neues Testament', in: Handbuch des Antisemitismus, Bd. 3, S. 235–244, S. 240 f.; Michael Wolffsohn, Juden und Christen – ungleiche Geschwister. Die Geschichte zweier Rivalen, Düsseldorf 2008.)

gezielte theologische Herabminderung der Mutterreligion vor und konstruierte sich als legitimen Nachfolger der ‚göttlichen Erwähltheit'. Die Schriften des später kanonisierten ‚Neuen' Testaments sind nicht zuletzt unter diesem Gesichtspunkt zu interpretieren. Gleichzeitig fand eine christologische Auslegung und Vereinnahmung des ‚Alten' Testaments statt.[230]

In diesem polemischen Abgrenzungsprozess liegen die Wurzeln des Antijudaismus. Die theologische Konstruktion eines negativ konnotierten ‚Judenbildes', das dem christlichen Selbstbild dichotom entgegengestellt wurde, ließ ‚die Juden' zum identitären Gegenpart des Christentums werden.[231] Aufgrund dieser antijüdischen Identitätskonstruktion des Christentums blieb das Judentum für die christliche Religion ein konstituierender negativer theologischer Referenzpunkt, dem aber gleichzeitig eine für die christliche Religion wichtige heilsgeschichtliche Rolle zugeschrieben wurde.[232] Der christliche Antijudaismus gründe daher, wie Rainer Kampling es formuliert, nicht in einer Distanz zum Judentum, „sondern in einer theologischen und historischen Nähe zu ihm".[233] Dieses nichtreziproke identitäre Abhängigkeitsverhältnis des Christentums vom Judentum und die damit verbundene theologische Funktionszuschreibung an das Judentum – etwa in Form heilsgeschichtlicher Erwartungen – war der Grund, weshalb Juden als einzige nichtchristliche Bevölkerungsgruppe im Mittelalter in der christlichen Gesellschaft geduldet wurden, war aber zugleich Ursprung und Rechtfertigung für Ausgrenzung, Stigmatisierung und Verfolgung.

---

230 Zur Bedeutung der christologischen Exegese des Alten Testaments für die antijudaistische Argumentation siehe: Ruether, Faith and Fratricide; Kampling, Art. ‚Antijudaismus', S. 11; Matthias Blum, Art. ‚Exegese', in: Handbuch des Antisemitismus, Bd. 3, S. 79–84, S. 80 f. Zur Substitutionslehre, die die Kirche als das ‚neue', ‚wahre' Israel konstruierte: Rainer Kampling, Art. ‚Substitutionslehre', in: Handbuch des Antisemitismus, Bd. 3, S. 310–312.

231 Zur Konstruktion eines dichotomen Gegensatzes zwischen Christentum und Judentum siehe u. a.: Hoffmann, Das Judentum als Antithese; Hartmut Raguse, Im Gespräch: Christlicher Judenhass. Identitätsbildung auf Kosten der „Anderen", in: J 53 (1997), S. 170–182. Siehe zudem auch: Klaus Wengst, Christliche Identitätsbildung im Gegenüber und im Gegensatz zum Judentum zwischen 70–135 d. Zt., in: Kirche und Israel 13 (1998), S. 99–105. Sehr deutlich bringt dies auch Wolfgang Benz zum Ausdruck, indem er festhält: „Der Judenhass wurzelte theologisch in Identitätsproblemen des jungen Christentums, das sich als ‚wahres Israel' gegenüber den Juden verstand, die die Erlösung durch den Messias Jesus ablehnten." (Benz Wolfgang, Ausgrenzung. Vertreibung. Völkermord. Genozid im 20. Jahrhundert, München 2006.)

232 Dieses ambivalente Nähe-Verhältnis des Christentums zum Judentum betont auch deutlich Johannes Heil: „Christliche Theologie war damit im Kern antijüdisch begründet, denn bis zum Zeitpunkt individueller oder kollektiver Bekehrung blieben die Juden für die Theologie immer eine negative, aber eben auch notwendige und deshalb zu erhaltende heilsgeschichtliche Grösse." (Heil, „Antijudaismus" und „Antisemitismus", S. 106.)

233 Rainer Kampling, Art. ‚Antijudaismus', in: Handbuch des Antisemitismus, Bd. 3, S. 10–13, S. 11.

Die antijüdische Stossrichtung des Christentums ist bereits in den neutestamentlichen Schriften angelegt.[234] Bereits im ältesten neutestamentlichen Text, dem 1. Thessalonicherbrief (1 Tess 2,14–16) fand mit dem Gottesmordvorwurf ein zentrales antijudaistisches Stereotyp Eingang. Sämtliche Evangelien sind stark vom identitären Konflikt mit dem Judentum geprägt. Hierbei warten vor allem das Matthäus- und das Johannesevangelium mit Anschuldigungen auf, denen seither im christlichen Antijudaismus eine große Bedeutung zukommt. In Ersterem wird Israel als ‚verworfen‘ (Mt 21,33–44) und als sich selbstverfluchende Schuldige an der Ermordung Jesu (Mt 27,20–26) dargestellt; im Johannesevangelium werden ‚die Juden‘ als „Kinder des Teufels“ (Joh 8,37–47) tituliert.[235] Eine starke Akzentuierung des antijudaistischen Deutungssystems bedeuteten schließlich die zahlreichen sogenannten Adversus-Judaeos-Texte der ‚Kirchenväter‘ ab dem 2. Jahrhundert. Diese hoben etwa das Gottesmord-Motiv und die heilsgeschichtliche Substitution, das heißt das angebliche Übergehen der heilsgeschichtlichen Bedeutung vom ‚alten‘ Bundesvolk zur Kirche als ‚neuem‘ in zentraler Weise hervor. Die antijüdischen Texte zeichneten sich zudem durch eine christologische Auslegung des Alten Testamentes aus.[236] Enorme Wirkungsmächtigkeit erhielt das verfestigte antijüdische Denksystem, als das Christentum aus einer ursprünglich kleinen jüdischen Sekte im 4. Jahrhundert zur Staatsreligion des römischen Reiches und schließlich zur Weltreligion wurde.[237]

---

234  Dies betonen etwa auch: Samuel Vollenweider, Antijudaismus im Neuen Testament. Der Anfang einer unseligen Tradition, in: Dietrich/George/Luz (Hrsg.), Antijudaismus – christliche Erblast, S. 40–55; Freudmann, Antisemitism in the New Testament. Siehe zudem die grundlegende Studie: Ruether, Faith and Fratricide.

235  Ausführliche Analysen judenfeindlicher Passagen des Neuen Testaments finden sich in: Vollenweider, Antijudaismus im Neuen Testament; Blum, Art. ‚Neues Testament‘; Wolfgang Gerlach, Auf dass sie Christen werden. Siebzehnhundert Jahre christlicher Antijudaismus, in: von Braun/ Heid (Hrsg.), Der ewige Judenhass, S. 11–69; Ekkehard W. Stegemann, Die Tragödie der Nähe. Zu den judenfeindlichen Aussagen des Johannesevangeliums, in: Kirche und Israel 4 (1989), S. 114–122; Ekkehard W. Stegemann, Christliche Wurzeln der Judenfeindschaft, vom Neuen Testament bis heute. Markus Mattmüller zum sechzigsten Geburtstag, in: Reformatio 37 (1988) 2, S. 366–379; Norman A. Beck, Mündiges Christentum im 21. Jahrhundert. Die antijüdische Polemik des Neuen Testaments und ihre Überwindung, Berlin 1998; Nicholls, Christian Antisemitism.

236  Siehe: Rohrbacher/Schmidt, Judenbilder, v. a. S. 218–223; Martin George, Antijudaismus bei den Kirchenvätern. Eine notwendige Polemik?, in: Dietrich/ders./Luz (Hrsg.), Antijudaismus, S. 74–92; Matthias Blum, Art. ‚Kirchenväter‘, in: Handbuch des Antisemitismus, Bd. 3, S. 176–178. Für die „Adversus Judaeos“-Texte zudem zentral: Heinz Schreckenberg, Die christlichen Adversus-Judaeos-Texte und ihr literarisches und historisches Umfeld (1.–11. Jh.), Frankfurt a. M./Bern 1982.

237  Der antijudaistische Gehalt der Adversus-Judaeos-Texte ist unbestritten. Allerdings gibt es Forscher, die betonen, dass das Neue Testament „keinesfalls in einem absoluten Sinn antijüdisch zu verstehen“ sei, wie es beispielsweise der Erziehungswissenschaftler und Theologe Matthias Blum ausdrückt. Blum betont hierbei, dass die fraglichen neutestamentlichen Textstellen ledig-

Mit der theologischen Herabminderung des Judentums durch das Christentum gingen, vor allem nachdem das Christentum römische Staatsreligion wurde, rechtliche und gesellschaftliche Ausgrenzungen einher, die das Zusammenleben von Christen und Juden regelten. Weitere Diskriminierungsschritte folgten auf den Konzilen des 6. und 7. Jahrhunderts und setzten sich im Zuge der Christianisierung Europas im Mittelalter auf breiter Front fort.[238] Die weitgehende Diskriminierung der Juden ist als Teil des Antijudaismus zu sehen, der nicht auf seine rein theologische Dimension zu reduzieren ist. Die theologische Konstruktion ‚der Juden‘ als ‚verworfene‘, ‚verstockte‘ und dem Christentum angeblich ‚feindlich‘ entgegengesetzte Gruppe bildete jedoch den mentalitäts- und ideengeschichtlichen Hintergrund für diese Entwicklungen. Auf der Grundlage der theologischen Stigmatisierung ‚der Juden‘ als ‚Feinde des Christentums‘ erweiterte sich ab dem 12. Jahrhundert die Palette antijudaistischer Feindbilder um sechs neue Vorwürfe, wie Werner Bergmann und Ulrich Wyrwa betonen. Neben dem Bild ‚der Juden‘ als Wucherer hätten sich der Ritualmordvorwurf sowie die Phantasmen der Hostienschändung und Brunnenvergiftung zu zentralen Elementen des christlichen Antijudaismus entwickelt. Zudem sei das Konstrukt einer angeblichen jüdischen Weltverschwörung erstmals aufgetaucht, und die Verdammung des Talmud habe eingesetzt.[239] Die thematische

lich von den späteren antijüdisch eingestellten kirchlichen Rezipienten judenfeindlich interpretiert worden seien, sie jedoch für sich alleine im Kontext der innerjüdischen Polemik gelesen werden sollen. Die judenfeindliche Wirkungsmächtigkeit der Texte stellt er somit keineswegs in Frage. (Blum, Art. ‚Neues Testament‘, S. 242 f.) Ähnlich auch bereits 1961: Rudolf Pfisterer, „… sein Blut komme über uns …“ Antijudaismus im Neuen Testament? – Fragen an den kirchlichen Unterricht, in: Wolf-Dieter Marsch/Karl Thieme (Hrsg.), Christen und Juden. Ihr Gegenüber vom Apostelkonzil bis heute, Mainz/Göttingen 1961, S. 19–58, S. 35.) Hinter dieser Argumentation Blums steht die Hoffnung, eine dialogfähige christliche Israeltheologie auf Basis des Neuen Testamentes schaffen zu können, die frei von Antijudaismus ist. Dem gilt es jedoch entgegenzuhalten, dass, auch wenn die fraglichen neutestamentlichen Stellen als Produkt innerjüdischer Polemik und noch nicht als explizit sich als christlich definierende Texte gesehen werden, sie dennoch die beschriebene Herabwürdigung, Enterbung und Diabolisierung des nicht der Jesusbewegung folgenden Judentums vornahm und somit eben in zentraler Weise für den Ablösungsprozess des Christentums vom Judentum stehen.

238  Für die Judenfeindschaft des Mittelalters siehe beispielsweise: František Graus, Judenfeindschaft im Mittelalter, in: Benz/Bergmann (Hrsg.), Vorurteil und Völkermord, S. 35–60; Willehad Paul Eckert, Antisemitismus im Mittelalter. Angst – Verteufelung – Habgier: „Das Gift, das die Juden tötete", in: Ginzel (Hrsg.), Antisemitismus, S. 71–99; Rohrbacher/Schmidt, Judenbilder.

239  Bergmann/Wyrwa, Antisemitismus in Zentraleuropa, S. 10–12. Bezüglich der neuen antijudaistischen Motive sei als Auswahl verwiesen auf: Heil, „Gottesfeinde" – „Menschenfeinde"; Rohrbacher/Schmidt, Judenbilder. Zur Ritualmordbeschuldigung siehe die Beiträge im Sammelband: Rainer Erb (Hrsg.), Die Legende vom Ritualmord. Zur Geschichte der Blutbeschuldigung gegen Juden, Berlin 1993.

Erweiterung des Antijudaismus im Mittelalter ging auch mit der Verbreiterung seiner Trägerschicht einher. Antijudaistische Deutungen waren nicht mehr nur ein vor
allem klerikales, sondern ein in der Bevölkerung breit verankertes Phänomen.[240]
Die Popularisierung antijudaistischer Motive schloss die physische Verfolgung
mit ein, so etwa beim ersten Kreuzzug 1096 oder anlässlich der Pestepidemie von
1348/49, obwohl im Antijudaismus, wie Johannes Heil hervorhebt, ein eschatologi-
scher Vorbehalt gegenüber der physischen Verfolgung bestanden habe, da für das
Christentum aufgrund seiner heilsgeschichtlichen Projektionen die Fortexistenz
des Judentums von Bedeutung war.[241] Allerdings – so gilt einzuwenden – war mit
dem antisemitischen Topos, dass das Judentum wegen seiner Zurückweisung des
Messias unter dem ‚Gericht Gottes‘ stünde, ein Instrument zur Hand, die Verfolgungen geschichtstheologisch und heilsgeschichtlich zu verorten sowie apologetisch zu rechtfertigen.[242]

Ausgangs des Mittelalters hatte sich somit im Antijudaismus ein breites Arsenal von Topoi entwickelt, die in den folgenden Jahrhunderten weiterwirkten und
die ‚Judenbilder‘ der christlichen ‚Mehrheitsgesellschaften‘ strukturierten. Der Antijudaismus hatte sich zu einem vielschichtigen dichotomen Deutungssystem entwickelt, das durchaus auch ideologische Merkmale aufwies. Die theologische Herabminderung des Judentums hatte dabei für die Juden nicht nur in religiösen
Belangen, sondern auch in gesellschaftlicher und rechtlicher Hinsicht gravierende
Auswirkungen. Eine Definition des Antijudaismus darf sich deshalb nicht auf die
theologische Komponente beschränken. In Anlehnung an Johannes Heil[243] lässt
sich der Antijudaismus als ein theologisches Konzept beschreiben, welches das Judentum als religiös minderwertig konstruiert. Zweitens sieht der Superioritätsanspruch des Christentums zugleich rechtliche und gesellschaftliche Diskriminierungen des Judentums als folgerichtig und gerechtfertigt an.

Am grundsätzlichen christlichen Superioritätsempfinden änderte sich auch in
der Reformation nichts. Deshalb kommt Achim Detmers, Experte für die ‚Israel-Lehren‘ der Reformatoren, zum Schluss, dass „von einer positiven Auswirkung der Reformation auf das Verhältnis von Christen und Juden" nicht die Rede sein könne.[244]

---

240  Dies betont Rainer Kampling und misst hierbei der Dämonisierung der Juden eine große Bedeu-
     tung zu: Kampling, Art. ‚Antijudaismus‘, S. 12.
241  Heil Johannes, „Antijudaismus" und „Antisemitismus", S. 106. Physische Übergriffe sieht hier-
     bei Heil als „Pervertierung" von der theologisch gegebenen Norm.
242  Heilsgeschichtliche Interpretationen von Judenverfolgungen werden in den empirischen Teilen
     mehrfach angesprochen.
243  Heil, „Antijudaismus" und „Antisemitismus", S. 105 f.
244  Achim Detmers, Reformation und Judentum. Israel-Lehren und Einstellungen zum Judentum
     von Luther bis zum frühen Calvin, Stuttgart/Berlin/Köln 2001, S. 116.

Die Reformatoren waren durch das festentwickelte antijudaistische Denksystem geprägt und veränderten nichts Grundlegendes an diesem System. Einige sprachen sich zwar gegen die Ritualmordfabel aus,[245] und der Biblizismus der Reformatoren löste in ihnen zwar ein verstärktes Interesse an der hebräischen Sprache aus, um die Bibel in der Originalsprache lesen zu können. Doch genau dieser Biblizismus habe, so der Theologieprofessor Ekkehard W. Stegemann, den Kern des Antijudaismus des sich formierenden Protestantismus ausgemacht.[246] Die Hoffnungen, die von jüdischer Seite der innerchristlichen Reformbewegung entgegengebracht wurden, verflogen schnell.[247] Die fortdauernde klare Abgrenzung gegenüber dem Judentum brachte nicht zuletzt der während der Reformation in der innerchristlichen Polemik sehr gebräuchliche Vorwurf des ‚Judaisierens' zum Ausdruck. Wahlweise gegen die katholische Kirche oder gegen konkurrierende Reformatoren oder protestantische Strömungen gerichtet, diente in dieser Polemik die durch antijudaistische Projektionen konstruierte Chiffre ‚Judentum' als negativer Referenzwert.[248]

Die einzelnen Reformatoren setzten sich auf theologischer Ebene unterschiedlich intensiv mit dem Judentum respektive dem ‚biblischen Israel' auseinander und entwickelten unterschiedliche ‚Israel-Lehren'. Wie Achim Detmers komparativ nachweist, hatten die unterschiedlichen ‚Israel-Lehren' im 16. Jahrhundert zur innerchristlichen Profilierung und Abgrenzung gedient und die ‚Judenbilder' der Reformatoren mitgeprägt.[249] Neben der zeitgenössischen judenfeindlichen Prägung macht der Historiker gerade auch das jeweilige reformatorische Umfeld für die divergierenden Haltungen zum ‚biblischen Israel' verantwortlich. Insbesondere macht Detmers hierbei einen Unterschied aus zwischen Martin Luther und den

245  So etwa der junge Martin Luther, dessen Ablehnung dieser judenfeindlichen Konstruktionen auch durch seine antirömische Frontstellung beeinflusst war. (Detmers, Reformation und Judentum, S. 95–105; Thomas Kaufmann, Art. ‚Reformation', in: Handbuch des Antisemitismus, Bd. 3, S. 285–290.)

246  Ekkehard W. Stegemann, Der Protestantismus: Zwischen Neuanfang und Beharrung, in: Strauss/Bergmann/Hoffmann (Hrsg.), Der Antisemitismus der Gegenwart, Frankfurt/New York 1990, S. 49–65, S. 52.

247  Siehe: Detmers, Reformation und Judentum, S. 64 f.; Stefan Schreiner, Jüdische Reaktionen auf die Reformation – einige Anmerkungen, in: J 39 (1983), S. 150–165; Elisheva Carlebach, Jewish Responses to Christianity in Reformation Germany, in: Dean Philipp Bell/Stephen G. Burnett, Jews, Judaism, and the Reformation in Sixteenth-Century Germany, Leiden/Boston 2006, S. 451–480.

248  Zum Vorwurf des „Judaisierens" siehe: Detmers, Reformation und Judentum, S. 64–72; Martin Friedrich, Die Sicht des Judentums in der reformierten Theologie des Konfessionellen Zeitalters, in: Achim Detmers/Jan Marius J. Lange von Ravenswaay (Hrsg.), Bundeseinheit und Gottesvolk. Reformierter Protestantismus und Judentum im Europa des 16. und 17. Jahrhunderts, Wuppertal 2005, S. 89–105.

249  Detmers, Reformation und Judentum.

oberdeutschen und schweizerischen Stadtreformatoren wie Ulrich Zwingli, Heinrich Bullinger und Martin Bucer. Während Luther im Konflikt mit radikalreformerischen Kreisen, die sich stark am Alten Testament orientierten, die Bedeutung des Alten Testamentes schmälerte und eine Diskontinuität zwischen ‚altem‘ und ‚neuem‘ Bund betonte, hoben Letztere angesichts der Auseinandersetzung mit täuferischen Gruppierungen die Einheit des Bundes hervor. Aber, und dies betont Detmers besonders, gingen beide Ansätze klar davon aus, „dass das alttestamentliche Gottesvolk in der Kirche seine Bestimmung gefunden habe, das Judentum hingegen als verworfen zu betrachten sei". Antijudaistische Positionen wiesen deshalb sämtliche ‚Israel-Lehren‘ auf.[250] Eine tatsächliche Neubestimmung des Verhältnisses zwischen Christentum und Judentum durch die christliche Seite fand somit nicht statt.[251] Selbst Humanisten wie Johannes Reuchlin oder Erasmus von Rotterdam, die nicht ohne Einfluss auf die Reformation waren, vermochten sich nicht von klar antijudaistischen Positionen zu lösen.[252]

Von den Reformatoren thematisierte Luther in seinen Schriften das Verhältnis zum ‚biblischen Israel‘ und damit verflochten zum zeitgenössischen Judentum am intensivsten. Zugleich fand er vor dem Hintergrund des Antisemitismus in Deutschland ab dem Kaiserreich auch die breiteste Rezeption, und seine judenfeindlichen Aussagen wurden nach dem Zweiten Weltkrieg auch am intensivsten in der Antisemitismusforschung thematisiert.[253] Seine drei bekannten Schriften über das

250  Ebenda, S. 117–238; S. 318 f.; Zitat 319.

251  Ebenda, S. 72.

252  Siehe: Heiko A. Oberman, Wurzeln des Antisemitismus. Christenangst und Judenplage im Zeitalter von Humanismus und Reformation, Berlin 1981, S. 23–51; Arno Herzig, Art. ‚Erasmus von Rotterdam‘, in: Handbuch des Antisemitismus, Bd. 2/2, S. 213 f.; Arno Herzig, Art. ‚Reuchlin, Johannes‘, in: Handbuch des Antisemitismus, Bd. 2/2, S. 682–684. Zur Frage nach der Beeinflussung des jungen Luthers durch den gesellschaftlich präsenten Antijudaismus: Ben-Zion Degani, Die Formulierung und Propagierung des jüdischen Stereotyps in der Zeit vor der Reformation und sein Einfluss auf den jungen Luther, in: Heinz Kremers (Hrsg.), Die Juden und Martin Luther – Martin Luther und die Juden, 2. Aufl., Neukirchen-Vluyn 1987, S. 3–44.

253  Zur Judenfeindschaft Luthers siehe z. B.: Thomas Kaufmann, Art. ‚Luther, Martin‘, in: Handbuch des Antisemitismus, Bd. 2/2, S. 501–506; Detmers, Reformation und Judentum, S. 63–116; Thomas Kaufmann, Luthers „Judenschriften": Ein Beitrag zu ihrer historischen Kontextualisierung, Tübingen 2011. Zudem diverse Beiträge im Sammelband „Die Juden und Martin Luther – Martin Luther und die Juden" von Heinz Kremers, insbesondere: Ernst Ludwig Ehrlich, Luther und die Juden, in: Kremers (Hrsg.), Die Juden und Martin Luther, S. 72–88; Heiko Oberman, Die Juden in Luthers Sicht (136–162); Leonore Siegele-Wenschkewitz, Wurzeln des Antisemitismus in Luthers theologischem Antijudaismus (351–367). Eine frühe Auseinandersetzung mit der Materie: Martin Stöhr, Martin Luther und die Juden, in: Marsch/Thieme (Hrsg.), Christen und Juden, S. 115–140. Zur Thematisierung des radikalen Antijudaismus Luthers im Deutschschweizer Protestantismus der Nachkriegszeit siehe Kap. 2 in Teil VII.

Judentum – „Dass Jesus Christus ein geborener Jude sei" (1523), „Von den Juden und ihren Lügen" (1543) und „Vom Schem Hamphoras und vom Geschlecht Christi" (1543) – bezeugen hierbei, wie Thomas Kaufmann betont, ein hohes Mass an Kohärenz und Konstanz bezüglich seiner theologischen Bewertung des Judentums. In ihren religionspolitischen Zielsetzungen hätten sie sich aber bedeutend unterschieden. „In keiner Phase seiner theologischen Entwicklung war das Judentum für Luther eine religiös akzeptable Größe. Es galt ihm als Inbegriff ‚werkgerechter' menschlicher Selbstüberhebung, offener Feindschaft gegen Gottes ‚klare' biblische Verheissungen und unergründlicher göttlicher Verstockung", folgert Kaufmann weiter.[254] Ließ Luther in seiner Schrift von 1523, die eine scharfe Kritik des Judentums beinhaltete, die Hoffnung auf dessen Bekehrung zum Christentum mitklingen, verschärfte sich der Ton des Reformators ab den 1530er-Jahren zusehends. Den Höhepunkt seiner antijudaistischen Offensive, welche die zunehmend repressive Judenpolitik der protestantischen Herrschaftsgebiete im Deutschen Reich mitbeeinflusste, stellten die Pamphlete von 1543 dar.[255] Die in seiner Hauptschrift „Von den Juden und ihren Lügen" 1543 geforderten Maßnahmen gegen die Juden, die von der Verbrennung der Synagogen über ein Lehrverbot für Rabbiner bis hin zu körperlicher Zwangsarbeit reichten, verdeutlichen das Ausmaß seiner Radikalisierung.[256] Ein weiteres Exempel hierfür stellt die Tatsache dar, dass Luther in seiner letzten Predigt kurz vor seinem Tod am 18. Februar 1546 noch einmal gegen die Juden wetterte.[257] Luthers radikale Position stieß zwar bei anderen Reformatoren, so bei Zwingli, auf Widerspruch, doch entfaltete sie eine nicht zu unterschätzende Wirkung, die insbesondere mit der antisemitischen Welle in Deutschland kurz nach der Reichsgründung einsetzte und bis ins Dritte Reich fortdauerte. Luthers Judenfeindschaft wurde von der antisemitischen Bewegung vereinnahmt und diente ihr als willkommene Schützenhilfe.[258]

254 Kaufmann, Art. ‚Luther, Martin', S. 501–506; Zitat S. 505. Siehe auch die Gesamtanalyse von Luthers ‚Judenschriften' mit Literaturüberblick durch den Kirchenhistoriker Thomas Kaufmann: Kaufmann, Luthers „Judenschriften".

255 Siehe: Detmers, Reformation und Judentum, S. 63–116; Kaufmann, Luthers „Judenschriften". Siehe zudem: Gerlach, Auf dass sie Christen werden, S. 45–55.

256 Zu den von Luther geforderten Maßnahmen siehe: Detmers, Reformation und Judentum, S. 108 f.

257 Zur Predigt „Eine Vermahnung wider die Juden": Rohrbacher/Schmidt, Judenbilder, S. 151 f.; Oberman, Wurzeln des Antisemitismus, S. 160. Zum Antijudaismus in Luthers Predigten ausführlicher: Adam Weyer, Die Juden in den Predigten Martin Luthers, in: Kremers (Hrsg.), Die Juden und Martin Luther, S. 163–170.

258 Zur Lutherrezeption im Allgemeinen und vor dem Hintergrund des modernen Antisemitismus in Deutschland im Besonderen siehe: Johannes Wallmann, The Reception of Luther's Writings on the Jews from the Reformation to the End of the 19th Century, in: Lutheran Quarterly 1 (1987), S. 72–97; Günther B. Ginzel, Martin Luther: „Kronzeuge des Antisemitismus", in: Kre-

Der Zürcher Reformator Ulrich Zwingli widmete im Gegensatz zu Luther den Juden keine eigenständigen Schriften, doch setzte auch er sich – vor allem aus einer theologischen Perspektive – mit dem (biblischen) Judentum auseinander. Obwohl er Luthers Art der Angriffe gegen das Judentum kritisierte – Zwingli starb 1531 und erlebte somit Luthers radikalste antijudaistische Phase nicht mehr –, war auch für ihn die ‚Verworfenheit' des Judentums eine Tatsache.[259] Im Unterschied zu Luther propagierte Zwingli die Einheit von ‚Altem' und ‚Neuem Testament' und die Einheit des Bundes, was jedoch nicht bedeutete, dass der Zürcher Reformator die Substitutionslehre verwarf. Für ihn war das Judentum durch die Kirche enterbt worden.[260] Einem weitverbreiteten Muster unter den Reformatoren folgend, würdigte er seine theologischen Gegner dadurch herab, dass er sie – seinem christlichen Superioritätsempfinden entsprechend – mit dem Judentum in Verbindung brachte und ihnen beispielsweise ‚jüdische Sitten' vorwarf. Die Judaisierungsvorwürfe erhob Zwingli sowohl gegen den Katholizismus als auch gegen andere Reformatoren oder auf lokaler Ebene gegen die radikalreformatorische Bewegung der Täufer.[261] Im Vergleich zu Luther war Zwinglis Auftreten bedachter und weniger radikal, was sich auch in seiner gemäßigten Haltung zum Zinsnehmen niederschlug, obwohl er in klassischer judenfeindlicher Weise ‚Wucher' mit Judentum assoziierte.[262] Zwinglis Nachfolger als Antistes (Vorsitzender der Pfarrersynode) von Zürich, Heinrich Bullinger, war, obwohl er ebenfalls die Vorstellung von der Einheit des Bundes vertrat, ein Anhänger der völligen Substitution Israels durch die Kirche. In diesem Punkt – so betont Detmers – habe er sich kaum von Martin Luther unterschieden. Er habe ein ähnliches geschichtstheologisches Argumentarium, beispielsweise in der Interpretation der Zerstörung Jerusalems als ‚Strafe Gottes', verwendet, jedoch hätten bei ihm die antijüdischen Ausfälle oder konkrete Forderungen gegen die Ju-

mers (Hrsg.), Die Juden und Martin Luther, S. 189–210; Johann M. Schmidt, Das Erbe Martin Luthers im Spiegel seiner Wirkungen auf die „Judenfrage" zu Beginn des Kirchenkampfes, in: Kremers (Hrsg.), Die Juden und Martin Luther, S. 319–349. Zur Kritik an Luthers Schriften: Kaufmann, Art. ‚Luther, Martin'.

259   Obermann, Wurzeln des Antisemitismus, S. 188. Zur Judenfeindschaft Zwinglis siehe vor allem: Hans-Martin Kirn, Ulrich Zwingli, the Jews, and Judaism, in: Dean Philipp Bell/Stephen G. Burnett (Hrsg.), Jews, Judaism, and the Reformation in Sixteenth-Century Germany, Leiden/Boston 2006, S. 171–195; Detmers, Reformation und Judentum, S. 144–160. Siehe auch den allerdings teilweise apologetisch geprägten Aufsatz: Edwin Künzli, Zwinglis Stellung zu den Juden, in: Martin Haas/René Hauswirth (Hrsg.), Festgabe Leonhard von Muralt. Zum siebzigsten Geburtstag 17. Mai 1970, überreicht von Freunden und Schülern, Zürich 1970, S. 309–318.

260   Detmers, Reformation und Judentum, S. 145–156. Siehe zudem auch: Kirn, Ulrich Zwingli.

261   Siehe hierfür: Kirn, Ulrich Zwingli, S. 175–182.

262   Zur Wucher-Thematik bei Zwingli siehe: ebenda, S. 183 f.; Künzli, Zwinglis Stellung zu den Juden, S. 309 f.; Detmers, Reformation und Judentum, S. 159 f.

den gefehlt.[263] Wenig äußerte sich der Genfer Reformator Johannes Calvin als Vertreter der dritten Phase der Reformation zum Judentum. Mit zunehmendem Alter, als er sich vermehrt mit dem Judentum theologisch auseinanderzusetzen begann, verschärften sich Calvins Stellungnahmen.[264] Ebenfalls wie Zwingli der Vorstellung der Einheit des Bundes des Alten und Neuen Testamentes anhängend, stand für ihn ebenso fest, dass ein Großteil der Juden als ,verworfen' zu gelten habe, schloss aber nicht aus, dass einzelne Juden in der Endzeit bekehrt und erlöst werden könnten.[265]

Das Aufkommen des Pietismus als innerprotestantische Frömmigkeits- und Reformbewegung Ende des 17. Jahrhunderts bedeutete eine Akzentverschiebung innerhalb der protestantischen ,Judenbilder'.[266] Gesteuert durch ein ausgeprägtes heilsgeschichtliches Interesse am Judentum – nicht selten chiliastisch eingefärbt – stieg die Bereitschaft, den zeitgenössischen Juden weniger exklusionistisch zu begegnen. Allerdings war die Bereitschaft, ja Aufforderung, den Juden ,freundlich zu begegnen', nicht selbstlos, sondern judenmissionarisch bestimmt und arbeitete somit letztlich auf das Verschwinden des Judentums durch Konversion zum Christentum hin.[267] An der im damaligen Christentum konfessionsübergreifend angelegten Überzeugung, die Juden nicht als Juden im Sinne einer gleichberechtigten Gruppe in der Gesellschaft zu akzeptieren, änderte die theologische Orientierung des Pietismus nichts. Die in der Forschung zum Pietismus und zu den durch diese Frömmigkeitsbewegung geprägten judenmissionarischen Vereinigungen wiederholt betonte Ambivalenz des pietistischen ,Judenbildes', das sich zwischen antijuda-

263 Detmers, Reformation und Judentum, S. 173–176.

264 Ebenda, S. 281–322. Zur Haltung Calvins gegenüber dem Judentum siehe zudem: Jan Marius J. Lange von Ravenswaay, Die Juden in Calvins Predigten, in: Detmers/ders. (Hrsg.), Bundeseinheit und Gottesvolk, S. 59–69.

265 Siehe Achim Detmers, Calvin, the Jews, and Judaism, in: Bell/Burnett (Hrsg.), Jews, Judaism, and the Reformation, S. 197–217, S. 212–214; Thomas Kaufmann, Art. ,Calvin, Johannes', in: Handbuch des Antisemitismus, Band 2/2, S. 120–122, S. 121.

266 Der Pietismusbegriff wird heute weit gefasst und orientiert sich, wie Sara Janner betont, an sozial- und kulturgeschichtlichen Kategorien und ist somit nicht mehr auf die ursprünglich dogmen- oder kirchengeschichtlich enge Bedeutung limitiert. (Janner, Zwischen Machtanspruch und Autoritätsverlust, S. 35.)

267 Siehe zur Haltung des Pietismus gegenüber dem Judentum u. a.: Johannes Wallmann, Der alte und der neue Bund. Zur Haltung des Pietismus gegenüber den Juden, in: Geschichte des Pietismus, Bd. 4: Glaubenswelt und Lebenswelten, hrsg. von Hartmut Lehmann, Göttingen 2004, S. 143–165; Wolfgang E. Heinrichs, Juden als ideelle Hoffnungs- und Heilsträger im Protestantismus des 18. und 19. Jahrhunderts, in: Diekmann/Kotowski (Hrsg.), Geliebter Feind. Gehasster Freund, S. 213–231; Martin Schmidt, Judentum und Christentum im Pietismus des 17. und 18. Jahrhunderts, in: Karl Heinrich Rengstorf/Siegfried von Kortzfleisch (Hrsg.), Kirche und Synagoge. Handbuch zur Geschichte von Christen und Juden, Bd. 2, Stuttgart 1970, S. 87–128; Christiane Dithmar, Zinzendorfs nonkonformistische Haltung zum Judentum, Heidelberg 2000.

istischen Topoi und Philosemitismus bewegt habe, muss daher kritisch hinterfragt werden. Denn auch die vermeintlich philosemitische Anziehung basierte auf einer durch heilsgeschichtliche Projektionen verzerrten Wahrnehmung.[268]

Der Theologe Peter Vogt betont, dass mit Blick auf das Judentum in der biblizistisch geprägten Theologie vor allem jenes Schema von Erwählung, Verstockung und Bekehrung Israels die Deutung dominiert habe, das in den Kapiteln 9 bis 11 des Römerbriefes entwickelt worden sei. Die Überzeugung, dass die Juden im ‚Heilsplan Gottes‘ noch eine bedeutende Rolle spielen würden, sei den verschiedenen Strömungen des Pietismus gemein gewesen.[269] Mit diesen Überzeugungen vertrat der Pietismus innerhalb des gesamten Protestantismus jedoch eine Minderheitentheologie, war aber für die Gründung judenmissionarischer Organisationen im 17. und 18. und vor allem auch im 19. Jahrhundert prägend.[270] Gerade für den lutherisch geprägten Pietismus war die Rezeption von Luthers frühen ‚Judenschriften‘ identitätsstiftend. Die radikal-antijudaistischen Äußerungen ab Ende der 1520er-Jahre wurden hierbei ausgeblendet.[271]

268  Ein ambivalentes ‚Judenbild‘ des Pietismus und der Judenmission sehen beispielsweise: Peter Vogt (Hrsg.), Zwischen Bekehrungseifer und Philosemitismus. Texte zur Stellung des Pietismus zum Judentum, Leipzig 2007; Heinrichs, Juden als ideelle Hoffnungs- und Heilsträger; Heinrichs, Das Judenbild im Protestantismus. Zur Kritik des Begriffes ‚philosemitisch‘ für pietistische und judenmissionarische Standpunkte siehe auch: Wolfram Kinzig, Philosemitismus – Was ist das? Eine kritische Begriffsanalyse, in: Diekmann/Kotowski (Hrsg.), Geliebter Feind. Gehasster Freund, S. 25–60. Weniger kritisch im selben Sammelband: Hans J. Hillerbrand, Christlicher Philosemitismus in der Frühen Neuzeit, in: Diekmann/Kotowski (Hrsg.), Geliebter Feind. Gehasster Freund, S. 147–164. Das Konzept ‚Philosemitismus‘ wird weiter unten in diesem Kapitel noch eingehender beleuchtet.

269  Peter Vogt, Nachwort des Herausgebers, in: ders. (Hrsg.), Zwischen Bekehrungseifer und Philosemitismus, S. 118–123, S. 122. Dies hebt auch Johannes Wallmann hervor, für den es keinen Pietismus gibt, der nicht auf die Rettung Israels hoffte. (Wallmann, Der alte und der neue Bund, S. 145.) Mehrheitlich wurde in der damaligen Theologie zwischen den im Neuen Testament angekündigten ‚Zeichen der Endzeit‘, die bejaht wurden, und den Aussagen zur Bekehrung der Juden im Römerbrief von Paulus keine Verbindung hergestellt, da diese – in Form der Kirche als ‚wahrem Israel‘ – als bereits in apostolischer Zeit erfüllt betrachtet wurde. (Hillerbrand, Christlicher Philosemitismus in der Frühen Neuzeit, S. 150.)

270  Zur Judenmission im Allgemeinen und in der Schweiz siehe v. a. Kap. 6 in Teil III. Spezifisch zur pietistischen Judenmission sei an dieser Stelle verwiesen auf: Heinrichs, Juden als ideelle Hoffnungs- und Heilsträger; Herrmann Wellenreuther, Pietismus und Mission. Vom 17. bis zum Beginn des 20. Jahrhunderts, in: Geschichte des Pietismus, Bd. 4, S. 166–193. Auf den Charakter der Minderheitentheologie verweisen auch: Janner, Zwischen Machtanspruch und Autoritätsverlust, S. 498; Hillerbrand, Christlicher Philosemitismus in der Frühen Neuzeit, S. 150.

271  Zur Luther-Rezeption im Pietismus siehe: Wallmann, Der alte und der neue Bund. Das Konstrukt Luthers als ‚Freund der Juden‘ wurde bis ins 19. Jahrhundert zu einem weitverbreiteten Motiv: Kaufmann, Art. ‚Luther, Martin‘, S. 505.

Überblickt man die Entwicklung der christlichen Perspektive auf ‚die Juden‘ vom 1. bis ins 18. Jahrhundert, so erweist sie sich, was die Funktion der ‚Judenbilder‘ betrifft, als erstaunlich konstant, und auch der Bestand judenfeindlicher Feindbilder und Stereotypen weist klare Kontinuitäten auf. Funktional betrachtet, diente das Judentum der christlichen Religion einerseits als dichotomes Gegenbild in der eigenen Identitätskonstruktion. Die christliche Theologie enterbte das Judentum, indem sie dieses als ‚verworfen‘, als ‚verstockt‘ und als ‚blind‘ gegenüber der ‚göttlichen Wahrheit‘ titulierte, während die Kirche sich selbst als das ‚wahre, neue Israel‘ bezeichnete. In letzter Konsequenz wurden die Juden so zu Feinden des Christentums, und, wie Stefan Rohrbacher und Michael Schmidt betonen, „nicht einfach zu den Feinden des wahren Glaubens wie andere Ungläubige auch“ erklärt, „sondern sie waren die Widersacher Jesu und des Christentums par excellence“[272]. Der christlichen Apokalyptik folgend, wurde das Judentum von der christlichen Theologie daher nicht zuletzt auch mit dem ‚Antichrist‘ in Verbindung gebracht oder gar mit diesem gleichgesetzt.[273] Letztlich war die angebliche ‚Feindschaft der Juden‘ geradezu heilsnotwendig, was die theologische Fixiertheit des Christentums auf das Judentum verdeutlicht.[274] Neben der Funktion als dichotomes Gegenbild diente das Judentum andererseits dem Christentum auch als Projektionsfläche für ‚positive‘ heilsgeschichtliche Erwartungen, indem ‚den Juden‘ – etwa im Pietismus – eine Schlüsselrolle in der Endzeit zugeschrieben wurde, da sie durch ihre endzeitliche Konversion zum Christentum das ‚Heil‘ bringen würden. Sowohl im Falle der Juden als negativer Referenzpunkt als auch als Ziel endzeitlicher Erwartungen handelt es sich letztlich um heilsgeschichtliche Projektionen und Vereinnahmungen, die sowohl Vertreibung und Verfolgung als auch Duldung als Gruppe minderen Rechts in der christlich dominierten ‚Mehrheitsgesellschaft‘ rechtfertigen konnten. Gerade die Degradierung und ständige Unsicherheit sollten, wie Michael Brenner schlüssig aufzeigt, der Bevölkerung eine symbolische Darstellung der Superiorität der Kirche über die Synagoge bezeugen.[275] Resultat der heilsgeschichtlichen Projektionen auf das Judentum war, dass die Christen das Judentum nur als ein in einer biblischen Funktion stehendes Zerrbild betrachteten.[276] So-

---

272 Rohrbacher/Schmidt, Judenbilder, S. 178.

273 Zur Assoziierung ‚der Juden‘ mit dem ‚Antichrist‘ siehe: Johannes Heil, Jude und Papst – Antichrist und Teufel: Zur Vorstellung von ‚jüdischer Verschwörung‘ im Mittelalter, in: Jahrbuch für Antisemitismusforschung 14 (2005), S. 147–160; Heil, „Gottesfeinde“ – „Menschenfeinde“, v. a. S. 523–547; Rohrbacher/Schmid, Judenbilder, S. 178–194; Andrew Colin Gow, Art. ‚Apokalyptik‘, in: Handbuch des Antisemitismus, Bd. 3, S. 25–28.

274 Heil Johannes, „Gottesfeinde“ – „Menschenfeinde“, S. 536.

275 Brenner, „Gott schütze uns vor unseren Freunden“, S. 181.

276 Diese sehr selektive, verzerrte Wahrnehmung betont auch Werner Jochmann. Er verweist darauf, dass unter diesen Voraussetzungen ein richtiges Religionsgespräch nicht möglich war. Die

wohl die Funktion des Judentums als negativer Referenzpunkt als auch die heilsgeschichtliche Vereinnahmung zeitigten somit ein antijudaistisch geprägtes Bild der
Juden. Somit gilt es zu konstatieren, dass der Antijudaismus ein tragendes Element
der christlichen Identität war.[277] Der Antijudaismus kann deshalb für die Zeitspanne vom 1. bis zum 18. Jahrhundert als ‚soziale Norm' insbesondere unter den theologisch geschulten Personen angesehen werden.[278]

*Christentum und moderner Antisemitismus – Kontinuitäten und Ambivalenzen?*

Wie bereits dargestellt, zeichneten sich nach der Französischen Revolution im ‚Zeitalter der Emanzipation' Transformationen des Antisemitismus ab, die in den nachemanzipatorischen modernen Antisemitismus mündeten. Nationalistische und es-
sentialistische Vorstellungen begannen Raum zu gewinnen, doch verblieb der Frühantisemitismus in seiner emanzipationsfeindlichen Haltung stark in ‚traditionellen'
Formen der Judenfeindschaft verhaftet.[279] Der Widerstand gegen die Gleichstellung
des jüdischen Bevölkerungsteils intendierte, die Differenz im gesellschaftlichen und
rechtlichen Status aufrechtzuerhalten. Die scheinbare Plausibilität der Existenz einer Statusdifferenz wurzelte nicht zuletzt im jahrhundertealten, theologisch stabi-
lisierten christlichen Superioritätsempfinden, das auch mit den in den Volksglau-
ben eingegangenen judenfeindlichen Motiven korrespondierte.

Die Bedeutung von Religion im Antisemitismus war bis in die 1980er-Jahre hinein keine Frage von zentralem Interesse der damals vor allem sozial- und ideenge-

Juden seien nur als „Wegbereiter im Heilsgeschehen" betrachtet worden. Die Christen hätten
deshalb bestenfalls über die Juden, aber nicht mit ihnen gesprochen." (Jochmann, Gesellschaftskrise und Judenfeindschaft, S. 267.)

277  Dieser Ansicht sind vor allem auch Autoren, die Anhänger der Kontinuitätsthese sind. Siehe
z. B.: Wistrich, Antisemitism, XVIII; Taylor, Anti-Judaism and Early Christian Identity; Gavin
I. Langmuir, History, Religion and Antisemitism, Berkeley 1990, S. 282; Wolfgang Wirth, Judenfeindschaft von der frühen Kirche bis zu den Kreuzzügen. „… von jener schimpflichen Gemeinschaft uns trennen", in: Ginzel (Hrsg.), Antisemitismus, S. 53–70, S. 62; Claus-Ekkehard Bärsch,
Antijudaismus oder Antisemitismus/Philojudaismus oder Philosemitismus – Adäquate Begriffe, in: Diekmann/Kotowski (Hrsg.), Geliebter Feind. Gehasster Freund, S. 167–187, S. 171. Den
antijudaistischen Charakter der Identitätskonstruktion des Christentums betont sehr stark Samuel Vollenweider. Für ihn würden sämtliche Elemente der Selbstdifferenzierung des Christentums vom Judentum eine judenfeindliche Interpretation zulassen. (Vollenweider, Antijudaismus im Neuen Testament, S. 50.) Christina von Braun und Ludger Heid formulieren dies noch
zugespitzter und sehen im Antisemitismus eine „tragende Säule christlich-abendländischer Kultur". (von Braun/Heid, Vorwort, S. 8.)

278  Zum Begriff ‚soziale Norm': Felden, Die Übernahme des antisemitischen Stereotyps.

279  Siehe die Darstellung in Kapitel 2 in diesem Teil.

schichtlich orientierten Forschungen zum modernen Antisemitismus, die insbesondere den politischen Antisemitismus thematisierten.[280] Die Anwendung des Konzepts einer fortschreitenden Säkularisierung im 19. Jahrhundert auf die Transformationen des Antisemitismus ließ die religiösen Elemente der Judenfeindschaft unbedeutend erscheinen.[281] Durch den Nachweis der anhaltenden Bedeutung der Religion und dem Aufzeigen der strukturellen Transformationen des religiösen Lebens in der modernen Gesellschaft geriet die Säkularisierungsthese[282] unter Druck. Dadurch rückten auch vermehrt die religiösen Komponenten im Antisemitismus in den Fokus des Forschungsinteresses.[283] In diesem Zusammenhang ist etwa auf die Verbreitung der Milieutheorie zur Analyse konfessioneller Bevölkerungsgruppen zu verweisen.[284] Anfänglich dominierten Untersuchungen zur Bedeutung des Antisemitismus im Protestantismus des Deutschen Kaiserreichs, was insbesondere auf Studien zum politisch agitierenden Hofprediger Adolf Stoecker zurückzuführen war. Auch die Rolle der protestantischen Kirchen im Nationalsozialismus und ihre Haltung angesichts der Shoah wurden thematisiert.[285] In der Schweiz fehlten in den

280  Eine wichtige Ausnahme stellen die Forschungen von Uriel Tal dar. Siehe z. B.: Tal, Christians and Jews in Germany.

281  In diesem Zusammenhang sind nochmals die Arbeiten von Reinhard Rürup als besonders einflussreich zu nennen. Siehe die Zusammenstellung wichtiger Beiträge in: Rürup, Emanzipation und Antisemitismus.

282  Als Beispiele seien für diese Gegentendenz in der Forschung der letzten knapp zwei Jahrzehnte folgende Werke genannt: Friedrich Wilhelm Graf, „Dechristianisierung". Zur Problemgeschichte eines kulturpolitischen Topos, in: Hartmut Lehmann (Hrsg.), Säkularisierung, Dechristianisierung, Rechristianisierung im neuzeitlichen Europa, Göttingen 1997, S. 32–66; Olaf Blaschke, Konfessionen im Konflikt. Deutschland zwischen 1800 und 1970. Ein zweites konfessionelles Zeitalter, Göttingen 2002; Friedrich Wilhelm Graf, Die Wiederkehr der Götter. Religion in der modernen Kultur, München 2004.

283  Im deutschsprachigen Raum war es der Judaist Herrmann Greive, der konfessionellen Aspekten eine wichtigere Bedeutung für den modernen Antisemitismus – gerade in dessen Frühphase – zusprach. Siehe z. B.: Greive, Zur multikausalen Bedingtheit des modernen Antisemitismus; Greive, Geschichte des modernen Antisemitismus. Einen Forschungsüberblick zum Thema Konfessionen und Antisemitismus liefert: Nowak, Protestantismus und Judentum.

284  Zur Milieutheorie in der Schweiz und in Deutschland siehe z. B.: Urs Altermatt/Franziska Metzger, Milieu, Teilmilieus und Netzwerke. Das Beispiel des Schweizer Katholizismus, in: Altermatt (Hrsg.), Katholische Denk- und Lebenswelten, S. 15–36; Altermatt, Katholizismus und Moderne; Olaf Blaschke/Frank-Michael Kuhlemann (Hrsg.), Religion im Kaiserreich. Milieus – Mentalitäten – Krisen, Gütersloh 1996; Siegfried Weichlein, Sozialmilieus und politische Kultur in der Weimarer Republik, Göttingen 1996.

285  An dieser Stelle sei aus der Fülle der Literatur nur verwiesen auf: Brakelmann/Greschat/Jochmann, Protestantismus und Politik; Engelmann, Kirche am Abgrund; Martin Greschat, Protestantischer Antisemitismus in Wilhelminischer Zeit. Zur Stoecker-Rezeption in der Schweiz und für weitere

1980er-Jahren analoge Forschungen gänzlich.[286] Diese Schwerpunktsetzung führte gleichzeitig dazu, dass dem Katholizismus eine geringere ‚Anfälligkeit' für Antisemitismus attestiert wurde.[287] Zu einem differenzierteren Bild bezüglich der Präsenz judenfeindlicher Überzeugungen in den beiden Konfessionen führten jedoch mentalitätsgeschichtliche Forschungen in den 1990er-Jahren. Die wegweisenden Studien von Urs Altermatt und Olaf Blaschke zum Antisemitismus im Katholizismus der Schweiz respektive des Deutschen Kaiserreichs zeigen deutlich auf, welch ausgeprägte Präsenz der Antisemitismus auch im vor allem ultramontan respektive konservativ geprägten Katholizismus aufwies.[288] Die These einer Resistenz des Ka-

Literaturverweise siehe Kapitel 5 in Teil III. Die Diskussion um das Verhältnis zwischen Protestantismus und Nationalsozialismus setzte bald nach dem Zweiten Weltkrieg ein. Als bedeutende Werke seien hierbei als Auswahl erwähnt: Kurt Meier, Kirche und Judentum. Die Haltung der evangelischen Kirche zur Judenpolitik des Dritten Reiches, Göttingen 1968; Jochen-Christoph Kaiser/Martin Greschat (Hrsg.), Der Holocaust und die Protestanten. Analysen einer Verstrickung, Frankfurt a. M. 1988; Wolfgang Gerlach, Als die Zeugen schwiegen. Bekennende Kirche und die Juden, 2. Aufl., Berlin 1993; Nowak/Raulet (Hrsg.), Protestantismus und Antisemitismus.

286  Siehe auch Kapitel 2 in Teil I.

287  Zu diesem Schluss kommt Kurt Nowak in seinem Forschungsüberblick in Bezug auf die älteren Publikationen zum Thema Antisemitismus und Konfession: Nowak, Protestantismus und Judentum, S. 166. Es scheint, dass gerade der Fokus auf den politischen Antisemitismus und dessen Basis diese Schlussfolgerung begünstigte, da die katholische „Zentrumspartei" ihre Wähler an sich zu binden vermochte und kaum Wähler an antisemitische Parteien verlor. Für die These, dass die Katholiken weniger zum Antisemitismus neigten, sei als Beispiel die Schlussfolgerung Werner Jochmanns zur Situation im Deutschen Kaiserreich zitiert: „Während der Protestantismus den Antisemitismus immer mehr einsetzte, um im Zeitalter der Volkssouveränität den erforderlichen Rückhalt in der Gesellschaft zu finden, versuchte der Katholizismus, sich seiner wieder zu entledigen und sich auf die eigene Kraft zu besinnen. [...] Der Antisemitismus wurde in der Wilhelminischen Ära vornehmlich eine Angelegenheit der protestantischen Mehrheit des deutschen Volkes." (Jochmann, Struktur und Funktion des deutschen Antisemitismus, S. 192–194.) Indes betonten auch Katholizismusforscher das geringere Ausmaß des Antisemitismus im Katholizismus. Diese Sichtweise konnte bis zur Konstruktion einer mehrheitlichen Immunität der Katholiken gegenüber der Judenfeindschaft reichen. Siehe als Beispiele: Uwe Mazura, Zentrumspartei und Judenfrage 1870/71–1933. Verfassungsstaat und Minderheitenschutz, Mainz 1994; Rudolf Lill, Die deutschen Katholiken und die Juden in der Zeit von 1850 bis zur Machtübernahme Hitlers, in: Rengstorf/Kortzfleisch (Hrsg.), Kirche und Synagoge, S. 370–420.

288  Siehe Altermatt, Katholizismus und Antisemitismus; Blaschke, Katholizismus und Antisemitismus; Olaf Blaschke, Offenders or Victims? German Jews and the Causes of Modern Catholic Antisemitism, Lincoln 2009. Knapp zehn Jahre später erschien auch eine sehr umfangreiche und sich über einen langen Zeitraum erstreckende Studie zum katholischen Antisemitismus in den Niederlanden: Marcel Poorthuis/Theo Salemink, Een donkere spiegel. Nederlandse katholieken over joden, 1870–2005. Tussen antisemitisme en erkenning, Antwerpen 2006. Siehe auch das Themenheft der Zeitschrift „Trajecta" zum katholischen Antisemitismus in den Niederlanden

tholizismus bezüglich des Antisemitismus wurde durch diese Werke deutlich widerlegt.[289] Für den Protestantismus im Deutschen Kaiserreich legte schließlich Wolfgang E. Heinrichs eine mentalitätsgeschichtliche Forschungsarbeit vor, die erstmals eine breit angelegte und vergleichend arbeitende Analyse des Antisemitismus in den unterschiedlichen theologisch-kirchenpolitischen Richtungen vornahm.[290]

Obwohl konfessionsvergleichende Arbeiten fast völlig fehlen,[291] ergeben die Einzelstudien zum Antisemitismus im Protestantismus und Katholizismus der Schweiz und Deutschlands einen zwar zeitlich und geografisch lückenhaften, aber dennoch informativen Überblick. Als zentrale Forschungserkenntnis der Arbeiten von Urs Altermatt, Olaf Blaschke und Wolfgang E. Heinrichs um die Jahrtausendwende kann die intensive Verflechtung antisemitischer mit antimodernistischen Topoi gelten. Hierbei stehen konfessionell konservative Kreise im Vordergrund, die – und dies war eine konfessionsübergreifende Gemeinsamkeit – eine besondere Affinität zu antisemitischen Diskursen aufwiesen. So macht Blaschke den katholischen Antisemitismus vor allem am Ultramontanismus und dessen dualistischem Weltbild fest.[292]

und Belgien: Theo Salemink/Jan De Maeyer (Hrsg.), Themanummer „Katholicisme en antisemitisme", in: Trajecta 15 (2006) 1/2. Zugleich wurde die Haltung des Vatikans und von Papst Pius XII. gegenüber dem Antisemitismus und dem Faschismus zu einem populären Forschungsthema. Siehe z. B.: Hubert Wolf, Papst und Teufel. Die Archive des Vatikan und das Dritte Reich, München 2008; Derek Hastings, Catholicism and the Roots of Nazism: Religious Identity and National Socialism, Oxford 2010.

289 Olaf Blaschke kritisiert in seinem Forschungsüberblick unter dem Begriff ‚Resistenzthese‘ primär folgende apologetischen Werke zum Antisemitismus im Deutschen Katholizismus: Mazura, Zentrumspartei und Judenfrage; Lill, Die deutschen Katholiken und die Juden; Michael Langer, Zwischen Vorurteil und Aggression. Zum Judenbild in der deutschsprachigen Volksbildung des 19. Jahrhunderts, Freiburg i. Br. 1994. Zur Kritik Blaschkes: Blaschke, Katholizismus und Antisemitismus, S. 18 f.

290 Siehe Heinrichs, Das Judenbild im Protestantismus.

291 Eine gewisse Ausnahme stellen die regionalgeschichtlichen Untersuchungen Helmut Walser Smiths dar, der verschiedentlich zum Antisemitismus in Baden publiziert hat. Siehe beispielsweise: Smith, Alltag und politischer Antisemitismus. Einen teilweise vergleichenden Ansatz verfolgt auch der Sammelband: Walser Smith, Protestants, Catholics and Jews. Olaf Blaschke nimmt in seiner Dissertation in einem Unterkapitel einen kurzen Vergleich mit dem Protestantismus vor: Blaschke, Katholizismus und Antisemitismus, S. 208–218. Heinrichs klammert den Katholizismus aus, was sicher auch damit zusammenhängt, dass er seine Studie auch als Untersuchung zur Geschichte des deutschen Bürgertums versteht und er den Protestantismus als zentralen Faktor für die bürgerliche Gesellschaft versteht. (Heinrichs, Das Judenbild im Protestantismus, v. a. S. 1–12.) Eine ähnliche starke Identifikation von (Kultur-)Protestantismus mit Bildungsbürgertum nimmt vor: Jensen, Gebildete Doppelgänger.

292 Siehe: Blaschke, Katholizismus und Antisemitismus; Blaschke, Offenders or Victims?; Olaf Blaschke, Wie wird aus einem guten Katholiken ein guter Judenfeind? Zwölf Ursachen des

Wegen der starken Präsenz von Antisemitismus in konfessionell-konservativen Kreisen schlägt Thomas Gräfe deshalb vor, nicht von einem katholischen respektive protestantischen, sondern von einem christlich-konservativen Antisemitismus zu sprechen.[293] Richtigerweise sieht Gräfe weitere Ähnlichkeiten in einer mehrheitlich kritischen Rezeption des Rassenantisemitismus, einer tendenziell negativeren Haltung gegenüber dem ‚modernen Judentum‘ im Vergleich zum ‚orthodoxen‘ und in der Postulierung der ‚Rechristianisierung‘ der Gesellschaft als Lösung der ‚Judenfrage‘.[294] Diese Aussagen sind jedoch zu verfeinern respektive zu differenzieren, denn es sind auch Unterschiede zwischen dem protestantischen und dem katholischen Antisemitismus zu konstatieren. In der Forschungsliteratur wird diesbezüglich beispielsweise zu Recht auf die im Katholizismus im Unterschied zum Protestantismus wesentlich stärkere Präsenz des Ritualmord-Topos verwiesen und umgekehrt der stärkere judenmissionarische Impetus betont.[295] Dem Antisemitismus liberal-religiöser Gruppierungen im Vergleich zum konservativen Protestantismus wendet Wolfgang E. Heinrichs breite Aufmerksamkeit zu.[296] Die Judenfeindschaft liberal ausgerichteter Katholiken wurde in der Antisemitismusforschung hingegen kaum thematisiert.[297]

katholischen Antisemitismus auf dem Prüfstand, in: ders./Mattioli (Hrsg.), Katholischer Antisemitismus im 19. Jahrhundert, S. 77–109. Siehe diesbezüglich zur Schweiz: Lang, Ultramontanismus und Antisemitismus in der Urschweiz.

293 Gräfe, Antisemitismus in Deutschland, S. 30; S. 151.

294 Ebenda, S. 152.

295 Siehe: Christoph Nonn, Ritualmordgerüchte als Form von populärem Antisemitismus – Eine katholische Spezialität?, in: Blaschke/Mattioli (Hrsg.), Katholischer Antisemitismus im 19. Jahrhundert, S. 145–159; Blaschke, Katholizismus und Antisemitismus, S. 209 f.

296 Heinrichs, Das Judenbild im Protestantismus. Einen gewissen Vergleich nimmt auch vor: Tal, Christians and Jews in Germany. Primär den liberalen ‚Kulturprotestantismus‘ untersucht hingegen: Jensen, Gebildete Doppelgänger. Eine besondere Empfänglichkeit des ‚Kulturprotestantismus‘ für den Antisemitismus sieht Wolfgang Altgeld und nimmt damit in der Forschung eine gewisse Sonderposition ein: Altgeld, Katholizismus, Protestantismus, Judentum. Auch zum Antisemitismus im liberalen Protestantismus der Weimarer Republik und des ‚Dritten Reiches‘ existieren einige Beiträge. Als Beispiele seien genannt: Friedrich Wilhelm Graf, ‚Wir konnten dem Rad nicht in die Speichen fallen‘. Liberaler Protestantismus und ‚Judenfrage‘ nach 1933, in: Kaiser/Greschat (Hrsg.), Der Holocaust und die Protestanten, S. 151–185; Rita R. Thalmann, Die Schwäche des Kulturprotestantismus bei der Bekämpfung des Antisemitismus, in: Nowak/Raulet (Hrsg.), Protestantismus und Antisemitismus, S. 147–165; Kaiser/Greschat (Hrsg.), Der Holocaust und die Protestanten, S. 151–185.

297 In der Katholizismusforschung dominieren Analysen des ultramontanen Katholizismus. Blaschke geht in Analogie zu einem kürzeren vergleichenden Kapitel zum Protestantismus auch auf den ‚Kulturkatholizismus‘, in den er auch den ‚Altkatholizismus‘ einordnet, ein: Blaschke, Katholizismus und Antisemitismus, S. 194–207. Stärker zeigt Urs Altermatt den Antisemitismus

Eine der Haupterkenntnisse der Forschungen von Urs Altermatt und Olaf Blaschke ist, dass sich der ,Milieukatholizismus' in seiner Judenfeindschaft fast doktrinär an einem Regelsystem orientierte, das die Grenzen zwischen einem ,erlaubten' und einem ,unerlaubten' Antisemitismus zog. Dieses ,Koordinatensystem' (Altermatt[298]) respektive dieser ,doppelte Antisemitismus' (Blaschke, Altermatt[299]), dessen Definition auch Eingang in die einschlägigen katholischen Lexika fand, bestimmte, dass ein rassistisch begründeter Antisemitismus als ,widerchristlich' abzulehnen sei. Ein sozio-kulturell argumentierender Antisemitismus wurde hingegen als ,christlich' und ,zulässig' erachtet.[300] Die beiden Autoren zeigen an zahlreichen Beispielen auf, wie deutlich sich dieses Regelsystem in katholischen Äußerungen manifestierte und im Vergleich des Deutschen Kaiserreichs von 1871 bis 1918 und der Schweiz von 1918 bis 1945 erstaunlich stabil blieb.[301] Die Ablehnung des Rassenantisemitismus basierte darauf, dass der Religion das Primat über die ,Rasse' zugesprochen wurde. Die idealtypische Ablehnung des Rassenantisemitismus wurde in der Praxis jedoch nicht immer aufrechterhalten, vermischten sich doch rassische oder essentialisierende Vorstellungen häufiger mit Stereotypen des soziokulturell argumentierenden Antisemitismus. Die semantische Verwendung rassischer Termini bedeutete zugleich jedoch nicht automatisch, dass rassenhierarchische Vorstellungen gutgeheißen wurden, obwohl auch solche etwa für ,Grenzgänger' des katholischen Milieus nachweisbar sind.[302]

verschiedener katholischer Gruppierungen auf, die sich allerdings innerhalb des Milieus bewegten. Katholiken außerhalb des Milieus werden ebenfalls nur punktuell behandelt.

298 Siehe Altermatt, Das Koordinatensystem des katholischen Antisemitismus.

299 Siehe Blaschke, Katholizismus und Antisemitismus, S. 86; Altermatt, Vom doppelten Antisemitismus der Katholiken; Altermatt, Katholizismus und Antisemitismus, S. 100. Die Bezeichnung ,doppelter Antisemitismus' stammt aus dem Artikel ,Antisemitismus' des Kirchlichen Handlexikons von 1907. Dieses katholische Regelsystem wurde bereits in früheren Forschungen, die sich auch auf kirchliche Lexika stützten, erkannt. Siehe v. a.: Berding, Moderner Antisemitismus, S. 220 f.; Heinrich August Winkler, Die deutsche Gesellschaft der Weimarer Republik und der Antisemitismus – Juden als ,Blitzableiter', in: Benz/Bergmann, Vorurteil und Völkermord, S. 341–362, S. 350.

300 Siehe Blaschke, Katholizismus und Antisemitismus, S. 86–130; Altermatt, Katholizismus und Antisemitismus, S. 97–143. Für ,Antisemitismus'-Einträge in konfessionellen, aber auch naturwissenschaftlichen Lexika siehe zudem: Wiebe, Antisemitismus zum Nachschlagen.

301 Beispiele bietet auch: Metzger, Antisemitismus in der Stadt St. Gallen, S. 116–217. Zu Gemeinsamkeiten und Differenzen des katholischen Antisemitismus in verschiedenen Ländern siehe überblicksartig: Olaf Blaschke, Die Anatomie des katholischen Antisemitismus. Eine Einladung zum internationalen Vergleich, in: ders./Mattioli (Hrsg.), Katholischer Antisemitismus im 19. Jahrhundert, S. 3–54. Siehe zudem weitere Beiträge im selben Sammelband.

302 Zur Primatfrage siehe: Blaschke, Katholizismus und Antisemitismus im Deutschen Kaiserreich, S. 88–104; Olaf Blaschke, Wider die „Herrschaft des modern-jüdischen Geistes": Der Katholizismus zwischen traditionellem Antijudaismus und modernem Antisemitismus, in: Wilfried

Urs Altermatt bezeichnet das von ihm skizzierte Koordinatensystem als ein ambivalentes. Er verwendet hierbei den Ambivalenzbegriff zur Benennung der selektiven Beurteilung des Antisemitismus durch die Katholiken, die zwischen einem ‚erlaubten‘ und einem ‚unerlaubten‘ Antisemitismus unterschied.[303] Einen anderen Ambivalenzbegriff benutzt Blaschke. Er verwendet ihn zur Kennzeichnung einer in der Forschung zum Antisemitismus im Katholizismus vertretenen These – die Blaschke ablehnt –, die das Vorhandensein sowohl negativer als auch positiver ‚Judenbilder‘ im Katholizismus festzustellen glaubt.[304] Die Ambivalenz bezieht sich in dieser Begriffsverwendung somit auf die Haltung gegenüber dem Judentum. Bezüglich der unterschiedlichen Verwendung des Ambivalenzbegriffs kommt Blaschke daher zum Schluss: „Während die Haltung des Katholizismus zu den Juden nicht ‚ambivalent‘, sondern aversiv war, hatte er zu dem Phänomen des modernen Antisemitismus tatsächlich eine gespaltene Meinung“.[305] Wolfgang E. Heinrichs konstatiert für den deutschen Protestantismus der Jahre 1871 bis 1918 ebenfalls ein ambivalentes ‚Judenbild‘, das ‚die Juden‘ nicht nur verteufelt und als „Verderber gesellschaftlicher Ordnung und Sitte“ dargestellt, sondern aus christlichzentrierter Sicht „zugleich auch als Heils- und Hoffnungsträger“ stilisiert habe.[306] Die Postulierung von „polymorphen Judenbildern“[307], die auch judenfreundliche Aspekte enthalten hätten, rückt Heinrichs somit in die Nähe der Vertreter der Ambivalenzthese auf Seiten der Katholizismusforschung. Da Heinrichs jedoch zugleich betont, dass diese ‚positiven‘ Stellungnahmen aus einer christlichen Perspektive heraus geschehen seien, relativiert er letztendlich die Validität seines Ambivalenzbefundes.

Es erscheint in der Tat zweifelhaft, ob man aufgrund der protestantischen heilsgeschichtlich geprägten Funktionszuschreibungen an ‚die Juden‘ von judenfreundlichen Positionen sprechen kann, oder ob nicht in diesen ‚positiven‘ Aussagen im Kern ebenfalls ein grundsätzlich feindliches, da das Existenzrecht der Juden als Juden

---

Loth (Hrsg.), Deutscher Katholizismus im Umbruch zur Moderne, Stuttgart/Berlin/Köln, 1991, S. 236–265. Für den Gebrauch rassischer Semantiken siehe auch: Altermatt, Katholizismus und Antisemitismus, S. 120–125. Für Anhänger eines Rassenantisemitismus an den Rändern des katholischen Milieus der Schweiz siehe: Christina Späti, Ein radikaler Exponent des katholischen Antisemitismus in den 1920er-Jahren: Josef Böni (1895–1974), in: Zeitschrift für Schweizerische Kirchengeschichte 92 (1998), S. 73–90; Metzger, Antisemitismus in der Stadt St. Gallen, S. 186–194; S. 295–329.

303  Siehe Altermatt, Katholizismus und Antisemitismus, S. 55 f.; S. 99–108.

304  Blaschke, Katholizismus und Antisemitismus, S. 19 f.; Blaschke, Die Anatomie des katholischen Antisemitismus, S. 13 f.

305  Blaschke, Die Anatomie des katholischen Antisemitismus, S. 14.

306  Heinrichs, Juden als ideelle Hoffnungs- und Heilsträger, S. 213.

307  Heinrichs, Das Judenbild im Protestantismus, S. 693.

verneinendes Judenverständnis angelegt ist. Somit wäre, in Analogie zu Blaschke, von einer überwiegend aversiven Haltung gegenüber Juden und dem Judentum auszugehen. Ein großer Mehrwert von Heinrichs Studie ist die differenzierte Analyse des heterogenen Protestantismus. Die ‚Judenbilder‘ der liberalen und konservativ-protestantischen Strömungen unterschieden sich phasenweise deutlich, so beispielsweise in Bezug auf das Assimilationsverständnis oder die Haltung gegenüber dem Reformjudentum und der jüdischen Orthodoxie. Doch habe beide Male das Judentum als Chiffre zur Krisendeutung gedient, streicht Heinrichs heraus.[308] Er kommt daher zum Schluss, dass, obwohl unterschiedliche Diskurse vorherrschten, in beiden Strömungen die Juden als Symbol einer als krisenhaft empfundenen „fehlgeleiteten Moderne“ benutzt worden seien.[309] In der Tendenz sieht Heinrichs zudem im Allgemeinen eine Zunahme rassischer Vorstellungen gerade im liberalen Protestantismus.[310] Diese Feststellung verweist auf die deutschlandspezifische Ausbildung von mit dem Protestantismus verbundenen völkisch-religiösen Bewegungen, die schließlich im „Bund für deutsche Kirche“ und der nationalsozialistischen „Glaubensbewegung Deutscher Christen“ ihre bekanntesten Ausprägungen fanden. Gleichgerichtete Gruppierungen fehlten in der Schweiz.[311]

Auch wenn, wie bereits mehrfach betont, gerade für die Schweiz große Forschungslücken bestehen, zeigen die besprochenen mentalitätsgeschichtlichen Untersuchungen der letzten fünfzehn Jahre klar auf, dass sowohl der Protestantismus

---

308 Siehe Heinrichs, Das Judenbild im Protestantismus, S. 681–695; Heinrichs, Die Haltung des Protestantismus.

309 Heinrichs, Das Judenbild im Protestantismus, S. 692.

310 Siehe ebenda, S. 683 f.; Heinrichs, Die Haltung des Protestantismus, S. 154.

311 Für den „Bund für deutsche Kirche“ und die „Glaubensbewegung Deutsche Christen“ siehe: Kurt Meier, Der „Bund für deutsche Kirche“ und seine völkisch-antijudaistische Theologie, in: Nowak/Raulet (Hrsg.), Protestantismus und Antisemitismus, S. 177–198; Alexandra Gerstner/Gregor Hufenreuter/Uwe Puschner, Völkischer Protestantismus. Die Deutschkirche und der Bund für deutsche Kirche, in: Michel Grunewald/Uwe Puschner, Das evangelische Intellektuellenmilieu in Deutschland, seine Presse und seine Netzwerke (1871–1963), Bern et al., 2008, S. 409–435; Rainer Hering, Evangelium im Dritten Reich. Die Glaubensbewegung Deutsche Christen und ihre Periodika, in: Grunewald/Puschner, Das evangelische Intellektuellenmilieu, S. 437–456. Grundlegend für die völkisch-religiöse Bewegung im Nationalsozialismus und für die völkisch geprägte Theologie während des Nationalsozialismus zudem: Uwe Puschner/Clemens Vollnhals (Hrsg.), Die völkisch-religiöse Bewegung im Nationalsozialismus. Eine Beziehungs- und Konfliktgeschichte, Göttingen 2002; Susannah Heschel, The Aryan Jesus. Christian Theologians and the Bible in Nazi Germany, Princeton 2008. Zu Affinitäten von Katholiken zur völkischen Bewegung ist im Vergleich zum Protestantismus bislang wenig geforscht worden. Siehe jedoch: Thomas Gräfe, Zwischen katholischem und völkischem Antisemitismus, in: Internationales Archiv für Sozialgeschichte der deutschen Literatur 34 (2009) 2, S. 121–156. Zu den Kirchen im Nationalsozialismus allgemein: Olaf Blaschke, Die Kirchen und der Nationalsozialismus, Stuttgart 2014.

als auch der Katholizismus in der Schweiz und in Deutschland in den durch die
Studien abgedeckten Zeiträumen eine starke Präsenz antisemitischer Diskurse aufwiesen. Insbesondere antimodernistisch geprägte Topoi besaßen eine große Bedeutung, und auch Elemente eines nationalen Antisemitismus breiteten sich nach
1900 verstärkt aus.[312] Der Protestantismus und der Katholizismus partizipierten somit eindeutig an den Konzeptionen des modernen Antisemitismus. Hierbei stellt
sich die Frage, ob und in welchem Ausmaß religiös fundierte judenfeindliche Stereotype fortdauerten respektive sich transformierten. Diese Frage ist besonders
im Zusammenhang mit religiösen Gruppen besonders spannend, da sie von ihrer
theologischen Grundlage und ihrer Geschichte her stark von einem christlichen
Antijudaismus geprägt waren. Vertreter der These einer ungebrochenen Kontinuität zwischen ‚christlichen‘ und ‚moderneren‘ Formen des Antisemitismus sehen
eine fortdauernd starke Wirkungsmächtigkeit der religiösen Stereotypen in der
Moderne. So kommen Christina von Braun und Ludger Heid zum Schluss: „Wir
möchten sogar die Behauptung aufstellen, dass die völlige Durchdringung der weltlichen Werte mit christlich-religiösen Vorstellungen einer der wichtigsten Faktoren
war, die Deutschland zur Katastrophe prädisponierte."[313] Vertreter der These einer
Säkularisierung des Antisemitismus hingegen sehen eine grundsätzliche Transformation durch das Ablösen der Judenfeindschaft von der Religion. Der Mittelalterhistoriker Johannes Heil vertritt hierbei die differenzierte Ansicht, dass dies das
Fortleben religiöser Stereotype nicht verhindert habe, doch habe sich das religiöse
Vorurteil aus dem traditionellen Rahmen gelöst und das Motiv habe daher den Bedeutungsverlust des Religiösen überdauert, ja vielleicht sei es dadurch sogar noch
mächtiger geworden.[314] Heil spricht damit einen wichtigen Punkt an: Die Präsenz
von Motiven religiösen Ursprungs im modernen Antisemitismus ist unbestreit-
bar vorhanden. Das Fortdauern eines stereotypen Bildes respektive eines Motives

312   Zu einer Nationalisierung antisemitischer Diskurse im deutschen Protestantismus um 1900 und
      zu nationalistischen Elementen im Antisemitismus des schweizerischen Katholizismus siehe:
      Heinrichs, Das Judenbild im Protestantismus, passim; Altermatt, Katholizismus und Antisemi-
      tismus, S. 172–202. Siehe zudem: Metzger, Antisemitismus in der Stadt St. Gallen, S. 176–194.

313   von Braun/Heid, Vorwort, S. 8 f. Die Autoren sehen jedoch nicht im Christentum alleine die Er-
      klärung für den modernen Judenhass, wie sie den Antisemitismus nennen. Ähnlich wie Chris-
      tina von Braun und Ludger Heid sieht es auch Wolfgang Gerlach in demselben Sammelband. Er
      führt die Shoah auf die christliche Vorstellung der „Verstockung der für das Gottesreich blind
      gewordenen Juden" und die Heilsübertragung an das ‚neue Israel‘ zurück. (Gerlach, Auf dass sie
      Christen werden, S. 15.)

314   Heil, „Antijudaismus" und „Antisemitismus", S. 105. Ähnlich sieht es Thomas Gräfe. Seiner An-
      sicht nach hätten religiöse Motive durch laufende Transformationen und nicht aufgrund ihrer
      ungebrochenen Tradierung seit dem Mittelalter ihre Wirksamkeit behalten. (Gräfe, Antisemi-
      tismus in Deutschland, S. 156.)

allein ist jedoch noch kein Beweis für die Weiterexistenz des religiösen antijudaistischen Systems, aus dem es entstammte. So tauchten die Ritualmordlegende oder der Antitalmudismus als traditionelle antijudaistische Motive ab Ende des 19. Jahrhunderts im radikalen, rassistisch argumentierenden Antisemitismus auf, der sich selbst vom Christentum distanzierte.[315] Beispielsweise wandelte sich der dem Ritualmordkonstrukt zugrundeliegende Vorwurf der ‚Christenfeindschaft' und des repetitiven ‚Gottesmordes' hin zu dem der ‚Rassenschande'.[316] Die Ritualmordlegende und der Antitalmudismus erwiesen sich daher als eigentliche Brückendiskurse zwischen Antijudaismus und modernem Antisemitismus. Allerdings beweisen solche Transformationen nicht – und hier ist der Säkularisierungsthese klar zu widersprechen –, dass das Motiv nicht auch in seiner religiösen Konnotation weiterleben konnte. Eine Parallelität unterschiedlicher Konnotationen ist denkbar, ja wahrscheinlich. Als weiteren Kritikpunkt an der Säkularisierungsthese gilt es anzufügen, dass theologischer und ‚volkstümlicher' Antijudaismus nicht verschwanden. Hierfür bieten die Studien von Wolfgang E. Heinrichs, Urs Altermatt und Olaf Blaschke zahlreiche Hinweise.[317] Die auf die theologische Herabminderung des Judentums zurückgehenden Stereotype wie die der angeblichen ‚Verstocktheit', ‚Verworfenheit' und ‚Blindheit' ‚der Juden' oder der Vorwurf des ‚Gottesmordes' und

315   Zur Formbarkeit der Ritualmordlegende siehe: Rainer Erb, Die Ritualmordlegende: Von den Anfängen bis ins 20. Jahrhundert, in: Buttaroni/Musiał (Hrsg.), Ritualmord, S. 11–20; Rainer Erb (Hrsg.), Die Legende vom Ritualmord. Interessante mikrohistorische Analysen einer Ritualmordbeschuldigung in Konitz im Jahr 1900, die unter anderem das Vorhandensein traditionellen ‚Wissens', die Agitation radikalantisemitischer Kräfte sowie die Rolle der Presse beleuchten, liefern: Helmut Walser Smith, Die Geschichte des Schlachters. Mord und Antisemitismus in einer deutschen Kleinstadt, Göttingen 2002; Christoph Nonn, Eine Stadt sucht einen Mörder. Gerücht, Gewalt und Antisemitismus im Kaiserreich, Göttingen 2002. Olaf Blaschke erkennt im Antitalmudismus eine ‚Modernisierung' des Antijudaismus und betont dadurch den Transformationsgehalt dieses Diskurses. (Blaschke, Katholizismus und Antisemitismus, S. 31.) Zur Argumentationstechnik des Antitalmudismus siehe zudem: Hannelore Noack, Unbelehrbar? Antijüdische Agitation mit entstellten Talmudzitaten. Antisemitische Aufwiegelung durch Verteufelung der Juden, Paderborn 2001.

316   Bekannt ist die wiederholte Verwendung des Ritualmordmotivs im nationalsozialistischen Hetzblatt „Der Stürmer". (Alexander Schmidt/Melanie Wager, Art. ‚Der Stürmer (1923–1945)', in: Handbuch des Antisemitismus. Judenfeindschaft in Geschichte und Gegenwart, hrsg. von Wolfgang Benz, Bd. 6, Publikationen, Berlin/Boston 2013, S. 671–673; Denis E. Showalter, Little man, what now? Der Stürmer in the Weimar Republic, Hambden 1982.)

317   So zeigt Urs Altermatt in seinem Buch beispielsweise die Persistenz antijudaistischer Topoi in volkstümlichen Bräuchen auf: Altermatt, Katholizismus und Antisemitismus, S. 59–96. Aufgrund der für Olaf Blaschke augenscheinlichen Kontinuitäten und Diskontinuitäten der Judenfeindschaft im Katholizismus habe der deutsche Katholizismus einen teilmodernen Antisemitismus vertreten. (Blaschke, Wider die „Herrschaft des modern-jüdischen Geistes", S. 258.)

die Vorstellung, dass das Judentum unter der ‚Strafe Gottes' stehe, blieben sowohl in protestantischen wie katholischen Kreisen präsent. Auch im Religionsunterricht wurden diese antijudaistischen Motive weiterhin tradiert.[318] Zudem verweisen geschichtstheologische Deutungen des Schicksals des zeitgenössischen Judentums sowie heilsgeschichtliche Projektionen auf ‚die Juden' auf die Kontinuität ‚traditioneller' antijudaistischer Vorstellungen.[319]

### Philosemitische Elemente im Judenbild des Protestantismus?

Rassenantisemitischen Vorstellungen gegenüber waren der Protestantismus wie auch der Katholizismus tendenziell ablehnend eingestellt. Aus der Ablehnung gewisser Formen des Antisemitismus, die sich beispielsweise auf die Verteidigung des ‚Alten Testaments' oder auch auf einen gewissen „eschatologischen Vorbehalt" (Johannes Heil[320]) zurückführen lässt, ist jedoch, wie weiter oben bereits hervorgehoben wurde, keineswegs eine positive Grundeinstellung gegenüber dem Judentum abzuleiten. Neben einer differenzierenden Haltung gegenüber unterschiedlichen Formen des Antisemitismus erwies sich das ‚Judenbild' als heterogen, denn es sahen, wie ebenfalls bereits angetönt wurde, insbesondere pietistische und judenmissionarisch orientierte Kreise in ‚den Juden' nicht nur ‚Feinde des Christentums', sondern auch Träger einer zentralen Funktion im (christlichen) Heilsgeschehen. Auf der Grundlage dieser beiden weltanschaulichen Positionen, die gut auch verschränkt auftreten konnten, mochten sich Theologen oder protestantische Gruppierungen veranlasst sehen, sich gegen den Antisemitismus auszusprechen und für Juden oder das Judentum Partei zu ergreifen. So ließen sich beispielsweise die judenmissionarisch engagierten Deutschen Franz Delitzsch und Hermann Leberecht Strack im Antisemitismusstreit antisemitismuskritisch vernehmen, oder der Theologieprofessor und Leiter des judenmissionarischen „Vereins der Freunde Israels" in Basel, Friedrich Heman, zeigte sich nach dem ersten Zionistenkongress von 1897 als begeister-

318  Siehe folgende Studien zur Persistenz antijudaistischer Topoi im Religionsunterricht: Maurice Baumann/Rosa Grädel-Schweyer, Judenbilder für Christenkinder. Das Judentum in Religionsunterricht und kirchlicher Unterweisung, in: Walter/Martin/Ulrich (Hrsg.), Antijudaismus, S. 143–163; Stephan Leimgruber, Von der Verketzerung zum Dialog. Darstellung und Behandlung der Juden im christlichen Religionsunterricht, in: Zeitschrift für katholische Theologie 112 (1990) 3, S. 288–303.

319  Solche Denksysteme waren vor allem in judenmissionarischen Gruppierungen stark verbreitet, die in den empirischen Teilen mehrfach ausführlich thematisiert werden. Siehe zudem: Metzger, Vereinnahmende Inklusion; Metzger, Zwischen heilsgeschichtlichen Erwartungen und Judenfeindschaft.

320  Heil, „Antijudaismus" und „Antisemitismus", S. 106.

ter christlicher Prozionist.[321] Ebenso kam es, um ein weiteres Beispiel zu nennen, in der Zeit der nationalsozialistischen Herrschaft in Deutschland zu Sympathiekundgebungen mit den Juden als Opfer des Antisemitismus.[322] Chiliastische und heilsgeschichtliche Motive besaßen für solche (vermeintlich) projüdische Stellungnahmen einen hohen Stellenwert. In der Antisemitismusforschung wurde und wird versucht, solche Phänomene mit dem Konzept des ‚Philosemitismus‘ zu fassen.

Es war der Religionshistoriker Hans-Joachim Schoeps, der dem Begriff ‚Philosemitismus‘ wenige Jahre nach dem Zweiten Weltkrieg im wissenschaftlichen Kontext zum Durchbruch verhalf.[323] Von seinem Ursprung her fungierte die Bezeichnung jedoch als Mittel der Polemik von antisemitischer Seite, die ihre Gegner als vermeintliche ‚Freunde der Juden‘ diskreditieren wollten. Daher war die Begriffsschöpfung aufs engste mit dem Aufkommen des Begriffs ‚Antisemitismus‘ verbunden.[324] Der Begriff ‚Philosemitismus‘ fand und findet somit sowohl als polemischer Kampfbegriff als auch als wissenschaftliche Analysekategorie Verwendung. Angeblich philosemitische Tendenzen im Protestantismus im 17. Jahrhundert und im Deutschen Kaiserreich – und hier insbesondere bei Exponenten des judenmissionarisch orientierten Pietismus – stehen dabei häufig im Zentrum der Philosemitismusforschung.[325] Es ist jedoch in der Antisemitismusforschung strittig, ob Philosemitismus ein griffiges Konzept darstellt, um diese Tendenzen im Protestantismus richtig zu

321 Siehe: Alan T. Levenson, Between Philosemitism and Antisemitism, Defenses of Jews and Judaism in Germany, 1871–1932, Lincoln/London 2004. Für Friedrich Hemans christlichen Prozionismus siehe: Janner, Friedrich Heman und die Anfänge des Zionismus; Metzger, Vereinnahmende Inklusion; Thomas Metzger, Art. ‚Das Erwachen der jüdischen Nation (Friedrich Heman, 1897)‘, in: Handbuch des Antisemitismus, Bd. 6, S. 180–182. Zu Heman siehe zudem Kapitel 6 in Teil III.

322 Siehe Kapitel 3 in Teil VI.

323 Zentral war sein Werk zum Philosemitismus im 17. Jahrhundert in Schweden: Hans-Joachim Schoeps, Philosemitismus im Barock. Religions- und geistesgeschichtliche Untersuchungen, Tübingen 1952.

324 Zur Begriffsgeschichte siehe vor allem: Wolfram Kinzig, Philosemitismus. Teil I: Zur Geschichte des Begriffs, in: Zeitschrift für Kirchengeschichte 105 (1994), S. 202–228; Kinzig, Philosemitismus –Was ist das?; Claudia Curio, Art. ‚Philosemitismus‘, in: Handbuch des Antisemitismus, Bd. 3, S. 266–268.

325 Siehe beispielsweise: Hillerbrand, Christlicher Philosemitismus in der Frühen Neuzeit; Stephen G. Burnett, Philosemitism and Christian Hebraism in the Reformation Era (1500–1620), in: Diekmann/Kotowski (Hrsg.), Geliebter Feind. Gehasster Freund, S. 135–146; Levenson, Between Philosemitism and Antisemitism; Peter Vogt, The Attitude of Eighteenth Century German Pietism toward Jews and Judaism: A Case of Philo-Semitism?, in: Covenant Quarterly 56 (1998), S. 18–32. Kritischer bezüglich des Philosemitismusbegriffs: Heinrichs, Juden als ideelle Hoffnungs- und Heilsträger; Martin Friedrich, Zwischen Abwehr und Bekehrung. Die Stellung der deutschen evangelischen Theologie zum Judentum im 17. Jahrhundert, Tübingen 1988. Darüber hinaus bildet das Nachkriegsdeutschland einen geläufigen Untersuchungsgegenstand der Philosemitismusforschung, wobei die Kompensation von Schuld im Zentrum der Überlegungen steht. Siehe etwa: Ulrike Zander, Philosemitismus im deutschen Protestantismus nach dem Zweiten Welt-

verorten.[326] In dieser Arbeit wird der Begriff ‚Philosemitismus‘ und das dahinterstehende Konzept nicht verwendet, was im Folgenden begründet werden soll.

Die von Hans-Joachim Schoeps 1952 vorgenommene Typologisierung des Philosemitismus wirkt bis heute in der Forschung nach und dient neueren Strukturierungsversuchen häufig als Referenzpunkt, insbesondere in Bezug auf einen religiösen Typus des Philosemitismus. Schoeps unterscheidet fünf Teilphänomene des Philosemitismus:[327] Erstens einen christlich-missionarischen Typus, dessen Ziel es sei, sich dem Judentum anzunähern, und diesem daher auch eine positive Wertschätzung entgegenbringen könne; zweitens ein biblisch-chiliastischer Typus, der das Bemühen um Juden erfasse, da ihnen eine wichtige endzeitliche Rolle zugeschrieben werde; drittens ein utilitaristischer Typus, der sich in der gezielten Ansiedlung von Juden einen ökonomischen Vorteil verspreche; viertens ein liberal-humanitärer Typus, der den Juden tolerant gegenübertreten möchte, da er dem Ideal der Gleichberechtigung aller Menschen anhänge, und schließlich fünftens ein religiöser Typus, der sich aus Gründen eines Glaubensentscheides zur Annäherung an das Judentum oder gar zur Konversion entscheide. Wie Schoeps selber betont, seien Typus eins und zwei oft schwer voneinander zu unterscheiden.[328] Es erscheint in der Tat sinnvoll, den christlich-missionarischen und den biblisch-chiliastischen Typus zusammenzufassen, was in späteren Typologien auch häufig gemacht wurde.[329] Bereits hier ist einzuwenden, dass sich besonders bei Typus eins und zwei sowie drei (utilitaristisch) hinter der ‚Annäherung‘ an das Judentum Absichten verbargen, die ein Interesse am Judentum um des Judentums willen ausschlossen. Die Typen vier (liberal-humanitär) und fünf (religiös) sind diesbezüglich anders geartet, wobei sich bei Typus vier die Frage stellt, ob der Begriff ‚Philosemitismus‘ gut gewählt ist, da ja dem Judentum keine besondere, sondern ‚lediglich‘ die jedermann gleichermaßen entgegengebrachte ‚Liebe‘ erwiesen wird. Der Kirchenhistoriker Wolfram Kinzig sieht innerhalb der Typologie von Schoeps ebenfalls zwei

---

krieg. Begriffliche Dilemmata und auszuhaltende Diskurse am Beispiel der Evangelischen Kirche im Rheinland und in Westfalen, Münster 2007; Stern, Im Anfang war Auschwitz; Margit Reiter, Das negative Erbe. Die NS-Nachfolgegeneration in Österreich zwischen Antisemitismus und Philosemitismus, in: Jahrbuch für Antisemitismusforschung 16 (2007), S. 87–113.

326  Diese enge begriffliche Verflechtung heben auch die Herausgeber des voluminösen Sammelbandes zum Themenkomplex Antisemitismus-Philosemitismus hervor, der das Thema ‚Philosemitismus‘ im deutschsprachigen Raum wieder stärker in den Fokus der Forschungen gerückt hat. (Irene A. Diekmann/Elke-Vera Kotowski, Vorwort, in: dies. (Hrsg.), Geliebter Feind. Gehasster Freund, S. 15–22).

327  Schoeps, Philosemitismus im Barock, S. 1 f.

328  Ebenda, S. 1.

329  Siehe die Zusammenstellung von Wolfram Kinzig: Wolfram Kinzig, Neue Typologien von „Philosemitismus", in: Diekmann/Kotowski (Hrsg.), Geliebter Feind. Gehasster Freund, S. 679 f.

unterschiedliche Grundtypen, die er in seine Systematik des Philosemitismus ein-arbeitete. Er unterscheidet zwischen einem primären und einem sekundären Philosemitismus.[330] Als primär bezeichnet er einen Philosemitismus, der das Judentum um seiner selbst willen hoch einschätze, und als sekundär einen solchen, der aufgrund anderer Prämissen zum Tragen komme. Deshalb ordnet er den utilitaristischen und liberal-humanitären Typus von Schoeps dem sekundären Philosemitismus zu, während die drei anderen Typen je nach Fall einen primären oder sekundären Philosemitismus zeitigen würden. Kinzig spricht in seiner Unterscheidung etwas Wesentliches an, geht dabei aber zu wenig weit: die Motive hinter vermeintlich philosemitischen Stellungnahmen sind relevant. Die Frage nach Intention und Motivation einer ,Annäherung‘ an das Judentum sollte für eine Analyse vermeintlich philosemitischer Positionen zentral sein und kann die Ausgangslage für eine Grundsatzkritik am Konzept des ,Philosemitismus‘ darstellen, denn Intention und Motivation legen offen, wie stark philosemitische mit judenfeindlichen Topoi verknüpft sind. Diese Fokussierung ist ganz besonders dann wichtig, wenn eine Untersuchung sich – wie in dieser Forschungsarbeit – auf religiös motivierte Formen eines ,positiven‘ Interesses am Judentum konzentriert.

Neben Forscherinnen und Forschern, die den Philosemitismus als nützliches analytisches Instrument zur Erforschung von Einstellungen gegenüber Juden und dem Judentum bejahen, gibt es eine Reihe von Autoren, die das Konzept letzten Endes dekonstruieren, seine Nützlichkeit anzweifeln oder gar die Existenz des Philosemitismus verneinen respektive ihn dem Antisemitismus zuordnen.[331] In der Tat sind am analytischen Konzept ,Philosemitismus‘ vier Kritikpunkte anzubringen. Erstens vermitteln philosemitische Vorstellungen ein konstruiertes, stereotypes Bild von ,den Juden‘. Aus einer vordefinierten Perspektive heraus werden ,die Juden‘ als etwas ,Anderes‘ und ,Fremdes‘ betrachtet.[332] Dies zeigt sich beispielhaft in den heilsgeschichtlichen Projektionen judenmissionarischer Gruppierungen, die nicht mit einem ,realen‘ Judentum korrespondierten, sondern einem christlich verklärten, idealisierten Judentum galten.

---

330 Wolfram Kinzig, Philosemitismus. Teil II: Zur historiografischen Verwendung des Begriffs, in: Zeitschrift für Kirchengeschichte 105 (1994), S. 361–383, v. a. S. 364. Diese Zweiteilung des Phänomens vertritt Kinzig auch in aktuelleren Publikationen: Kinzig, Philosemitismus – Was ist das?

331 Eine Unterteilung in drei Forschungsmeinungen nimmt Wolfram Kinzig vor. Neben jener Forschungsrichtung, die den Philosemitismusbegriff als heuristisches Instrument sieht, gebe es eine, die von einem demonstrativen Philosemitismus ausgehe, und eine, die die Existenz des Phänomens ganz verneine. Unter der Postulierung eines demonstrativen Philosemitismus sieht Kinzig dabei Forschungsansätze, die den Philosemitismus dekonstruieren möchten, um die wahren Motive freizulegen. (Kinzig, Philosemitismus – Was ist das?, S. 38–41.)

332 Dies betont besonders: Curio, Art. ,Philosemitismus‘, S. 266.

Zweitens – eng verknüpft mit dem ersten Kritikpunkt – ist der Philosemitismus gerade durch den stereotypen Blick auf ‚die Juden' eng mit dem Antisemitismus verflochten. Auf den Punkt gebracht hat dies Moshe Zuckermann, der dem Philosemitismus als Analysekategorie sehr skeptisch gegenüber steht:

> „[Geht] man davon aus, dass der antisemitische Diskurs sich von der Akzeptanz einer vermeintlich real existierenden ‚Judenfrage', gar eines ‚Judenproblems' herleitet, so gilt dies in nicht geringerem Mass auch für die philosemitische Weltsicht. Das heisst, Antisemitismus wie Philosemitismus haben beide zur Voraussetzung, dass man ‚den Juden' bzw. ‚die Juden' als Prototypen eines außerhalb des ‚normal' existierenden, als den schlechthin ‚Anderen' im exkludierenden Sinne wahrnimmt, was aber zur Folge haben muss, dass ‚der Jude' abstrahiert, mithin alles Individuellen entkleidet wird. […] Antisemitismus und Philosemitismus wurzeln im gleichen Ressentiment und sind daher tendenziell dahingehend gleichermaßen gefährlich, als das vermeintlich Positive (für Juden) am Philosemitismus unter gewissen historischen Bedingungen ins schiere Gegenteil umschlagen kann […]."[333]

Auch hier können die Diskurse judenmissionarischer Bewegungen als schlagende Beispiele angeführt werden. In Situationen, in denen sich die ‚realen' Juden nicht der Projektion entsprechend verhielten – sich beispielsweise nicht konversionswillig zeigten – konnte die Idealisierung schnell ins Gegenteil umschlagen.[334]

Drittens kommt es durch den Projektionscharakter philosemitischer ‚Judenbilder' zu einer Vereinnahmung der Juden und des Judentums, da ein bestimmtes Verhalten von ‚den Juden' erwartet wird. Michael Brenner definiert deshalb schon 1993 in seiner Studie Philosemitismus beziehungsweise Philosemiten als vage Bezeichnung für eine heterogene Gruppe von Personen, denen gemeinsam sei, sich wohlwollend dafür einzusetzen, was sie selbst als Anliegen der Juden betrachten

---

333  Moshe Zuckermann, Aspekte des Philosemitismus, in: Diekmann/Kotowski (Hrsg.), Geliebter Feind. Gehasster Freund. S. 61–71, S. 61 f. Aufgrund seiner Stereotypie sehen Lars Rensmann und Klaus Faber ebenfalls, dass die vermeintlich positiven Vorurteile auf den Antisemitismus zurückfallen könnten. (Rensmann/Faber, Philosemitismus und Antisemitismus, S. 73.) Noch deutlicher in: Rensmann, Demokratie und Judenbild, S. 86 f.

334  So wurden die Juden, klassischen antijudaistischen Topoi folgend, häufig als ‚verstockt' und ‚blind' gegenüber der ‚Wahrheit' dargestellt. Zum eigentlichen Feindbild wurde in diesem Zusammenhang vor allem das als nicht missionierbar geltende ‚moderne Judentum' stilisiert. Siehe Kapitel 1 in Teil III. Als Beispiel für das schnelle Umkippen von Philosemitismus in Antisemitismus nennt Hans J. Hillerbrand Luther, den er als ersten protestantischen Vertreter des ‚bekehrenden Philosemitismus' ansieht, und verweist hierbei auf die Diskrepanz zwischen dem in seinen Augen philosemitischen jungen Luther und dem judenfeindlichen älteren Luther. Siehe Hillerbrand, Christlicher Philosemitismus, S. 153 f.

würden.[335] Die heilsgeschichtlichen Erwartungen an das Judentum von christlicher Seite vereinnahmten denn auch das Judentum insofern, als es – durch seine erschn te Konversion – für das Christentum eine zentrale Funktion im Ablauf der Endzeit einnehmen sollte. ‚Die Juden' stellten eine konstruierte Bezugsgröße dar, und eine Selbstbestimmung wurde den Juden abgesprochen.[336] Diese Einstellung führte im Christentum beispielsweise auch dazu, dass Judenverfolgungen heilsgeschichtlich gedeutet und folglich verharmlost wurden – ein judenfeindlicher Reflex, der als ‚heilsgeschichtlicher Antisemitismus' bezeichnet werden kann.[337]

Als vierter und letzter Kritikpunkt muss angesichts des intentionalen Charakters vermeintlich philosemitischen Agierens hervorgehoben werden, dass das Eintreten für das Judentum – insbesondere mit Blick auf das nun mehrfach genannte Beispiel der protestantischen Judenmission – eigennützig war und nicht in einer selbstlosen Unterstützung der Juden wurzelte. So ersehnte sich die Judenmission von der Bekehrung der Juden letztlich die Errichtung des Reichs Gottes.[338] Angesichts der vorgebrachten Kritik wird das Konzept ‚Philosemitismus' gerade mit Blick auf Aspekte im ‚Judenbild' des Protestantismus in dieser Studie als ein untaugliches Mittel angesehen, um das chiliastisch motivierte Interesse am Judentum, das zu vermeintlich wohlwollenden und positiven Aussagen führen konnte, analytisch zu fassen.[339]

---

335  Brenner, „Gott schütze uns vor unseren Freunden", S. 175.

336  Wolfgang E. Heinrichs wagt in diesem Zusammenhang den Ausspruch: „„Bei solchen Freunden, wer braucht da noch Feinde.'" (Heinrichs, Juden als ideelle Hoffnungs- und Heilsträger, S. 226.)

337  Siehe unter anderem Kapitel 3 in Teil VI. Zur heilsgeschichtliche Deutung von Judenverfolgungen in ‚philosemitischen' Diskursen siehe zudem: Heinrichs, Juden als ideelle Hoffnungs- und Heilsträger, S. 226; Curio, Art. ‚Philosemitismus', S. 267.

338  Siehe ebenfalls: Brenner, „Gott schütze uns vor unseren Freunden".

339  Sogar Wolfram Kinzig sieht für den Fall der Judenmission die Verwendung des Konzepts ‚Philosemitismus' als „strittig" an. (Kinzig, Philosemitismus – Was ist das?, S. 35.). Nebst den bereits bei den einzelnen Kritikpunkten angeführten Autoren gilt es auch auf Lars Rensmann und Klaus Faber zu verweisen, die eine wissenschaftliche Verwendung des Konzepts ‚Philosemitismus' als kaum geeignet betrachten. (Rensmann/Faber, Philosemitismus und Antisemitismus.) Besonders kritisch gegenüber dem Begriff ‚Philosemitismus' zeigen sich Autoren, die Phänomene der Idealisierung von Juden nach dem Zweiten Weltkrieg untersuchen. Einen interessanten Vorschlag begrifflicher Art macht Alan T. Levenson, um das gleichzeitige Vorhandensein von positiven und negativen Haltungen gegenüber dem Judentum beispielsweise in der Judenmission zu benennen. Er verwendet den von Zygmunt Baumann geprägten Begriff des ‚Allosemitismus', der die Vorstellung einer absoluten Andersartigkeit der Juden bezeichnet und als Alternativbegriff für Antisemitismus geschaffen wurde. (Levenson, Between Philosemitism and Antisemitism, S. 66.) Für Baumanns Konzept: Zygmunt Bauman, Große Gärten, kleine Gärten. Allosemitismus: Vormodern, Modern, Postmodern, in: Michael Werz (Hrsg.), Antisemitismus und Gesellschaft. Zur Diskussion um Auschwitz, Kulturindustrie und Gewalt, Frankfurt a. M. 1995, S. 44–61.

# III. Die Phase 1870 bis 1895 – Anschwellende Judenfeindschaft im Zeichen des sich ausbreitenden modernen Antisemitismus

Als der moderne Antisemitismus im letzten Drittel des 19. Jahrhunderts aufkam, gingen damit in Europa und insbesondere im Deutschen Kaiserreich eine Zunahme und Popularisierung der Judenfeindschaft einher.[1] Auch der Deutschschweizer Protestantismus nahm sich von dieser Entwicklung nicht aus. So stiegen vor allem zwischen 1875 und 1880 in den untersuchten protestantischen Periodika antisemitische Äußerungen stark an, und die diskursiven Schwerpunkte begannen sich zu verschieben. Dieser hohe Intensitätsgrad blieb in den 1880er-Jahren bestehen, um dann in den 1890er-Jahren langsam zurückzugehen. Von besonderer Bedeutung für den antisemitischen Diskurs waren drei miteinander verschränkte Entwicklungen auf der staatspolitisch-gesellschaftlichen sowie konfessionellen Ebene. Erstens war dies die veränderte Stellung der Kirche und des Christentums im Staat. So dehnte der Staat mit der Durchsetzung der Glaubens- und Kultusfreiheit sowie der noch stärkeren Einflussnahme auf die Schule und auf weitere Bereiche des öffentlichen Lebens, die bisher von der Kirche stark mitbestimmt worden waren, seine Machtsphäre aus. Die späte Gleichberechtigung der Juden in der Schweiz in den Verfassungsrevisionen von 1866 und 1874 stellte einen Teilaspekt dieser liberalen Reformen des Schweizerischen Bundesstaates dar. Diese Transformationen kollidierten vor allem mit dem christlich geprägten Gesellschaftsbild und der Kirchenkonzeption des konservativen Protestantismus. Zweitens akzentuierte sich in diesem ‚Kulturkampf‘ zwischen Liberalismus und Konservatismus der Richtungsgegensatz im Deutschschweizer Protestantismus.[2] Drittens zeigten sich in sozialer, wirtschaftlicher und kultureller Hinsicht Veränderungen, die ein antimodernistisch geprägtes Krisenempfinden sowie ‚Entchristlichungsängste‘ nicht nur unter den Positiven und Vermittlern, sondern in geringerem Maße auch unter den Liberalen aufkommen ließen.

Dieser Teil analysiert in sechs Kapiteln mehrere Themenstränge, die für die Phase von 1870 bis 1895 für den Antisemitismus im Protestantismus der Deutschschweiz von besonderer Bedeutung waren. Kapitel 1 und 2 wenden sich dem christlich motivierten Superioritätsanspruch gegenüber den Juden in religiöser und gesellschaftlicher Hinsicht zu. Die anschließenden drei Kapitel setzen sich mit der qualitativen Akzentverschiebung im antisemitischen Sprechen über die Juden vor

---

1     Siehe vor allem Kapitel 2 in Teil II.
2     Siehe zum Richtungsstreit im Deutschschweizer Protestantismus Kapitel 2 in Teil I.

allem ab Mitte der 1870er-Jahre auseinander. Sie thematisieren die Popularisierung soziokultureller, wirtschaftlicher und nationalistischer Diskurse des Antisemitismus im Zuge der Ausbreitung des Judenfrage-Topos, im Weitern Abgrenzungstendenzen gegen gewisse Ausformungen der Judenfeindschaft sowie die Bedeutung des Antisemitismus im Deutschen Kaiserreich für die judenfeindlichen Konzeptionen im Deutschschweizer Protestantismus. Kapitel 6 legt abschließend mit der Untersuchung des judenmissionarischen „Vereins der Freunde Israels" das Augenmerk auf den Antisemitismus einer spezifischen protestantischen Organisation. Der im Vergleich zu den folgenden empirischen Teilen große Umfang dieses Teils ist der Tatsache geschuldet, dass mit einer stark ausdifferenzierten Analyse grundlegender Aspekte des protestantischen Antisemitismus auch eine wichtige Basis für die nachfolgenden Teile geschaffen wird.

## 1 Antisemitische Herabwürdigung des Judentums als Folge christlichen Superioritätsdenkens

Gotthold Ephraim Lessings 1779 veröffentlichtes Drama „Nathan der Weise", erschienen im Kontext theologischer Auseinandersetzungen des Aufklärers mit kirchlichen Würdenträgern, barg mit der Ausgestaltung der Hauptfigur des Nathan sowie der berühmten „Ringparabel" gesellschaftliche und theologische Sprengkraft. Diese rührte daher, dass sie den von protestantischer Seite mit großer Selbstverständlichkeit vertretenen christlichen Superioritätsanspruch konterkarierte. Auch einhundert Jahre später besaß Lessings Stück noch diese Sprengkraft, wurden doch anlässlich des hundertsten Todestages des Autors vor dem Hintergrund des zeitgenössischen Richtungsstreits im Deutschschweizer Protestantismus die Bedeutung des Stücks und Lessings deistische Haltung in den protestantischen Zeitschriften kontrovers diskutiert. Während die liberalen Protestanten an der Idee des Stücks meist Gefallen fanden und Lessing als ihren Vorläufer für sich vereinnahmten,[3] stellten die Ansichten des Dichters für die Positiven und Vermittler ein Feindbild dar. Das Organ der zürcherischen „Evangelischen Gesellschaft" etwa, das „Evangelische Wochenblatt", sah das Stück als Gefahr für die christliche Erkenntnis der Schuljugend und die christliche Religion als einzig vollendete an.[4] Heinrich Tanner,

---

3　Lessing zustimmend, doch selbst mit antisemitischen Einwürfen: Eduard Langhans, Lessings Nathan, Teil II, in: SRB, 20. 2. 1881, S. 58–61. Für die Idealisierung Lessings als liberalen Theologen etwa: Emanuel Linder, Die drei Ringe, 23. August 1879, in: BPB, 23. 8. 1879, S. 278–284; K. Baer, Ein Vorkämpfer der Geistesreligion, 2 Teile, in: RVB, 19./26. 2. 1881, S. 61–65/S. 72–75.

4　F. [Eduard Frauenfelder?], Was ist Wahrheit?, in: EW, 1. 6. 1882, S. 95–97, S. 95 f.

Redakteur des vermittlerischen „Volksblatts für die reformirte Kirche der Schweiz" und Pfarrer in Langenbruck (BL), nahm eine klare, traditionsreiche antijudaistische Herabwertung des Judentums vor, das er als ‚Rachereligion' dem Christentum als angebliche ‚Religion der Liebe' dichotom gegenüberstellte:

> „Wohl gibt es in allerlei Volk fromme und rechtthuende Leute, welche nicht fern sind vom Reiche Gottes, aber Eines fehlt ihnen noch: Christus, der unendlich größer ist, als Mose und Muhamed. Lessing hat ganz einfach seinen Muhamedaner und seinen Juden mit christlichen Tugenden geschmückt. [...] Der Lessing'sche [Saladin] ist ein durch und durch deutscher christlicher Charakter.
>
> Und Nathan ist auch kein Jude, sondern ein Christ. Der Klosterbruder, als er hörte, daß Nathan ein hilfloses Christenkind angenommen [...] hat Recht mit seinem Ausruf: Nathan, Nathan, ihr seid ein Christ, bei Gott, ihr seid ein Christ! Und Nathan hat Unrecht mit seiner Antwort: ‚Was mich Euch zum Christen macht, das macht Euch mir zum Juden'. Darum unrecht, weil solche Feindesliebe nicht auf dem Boden des Alten Bundes gewachsen ist. Dort heißt es: ‚Wohl dem, der dir vergelten wird, wie du uns gethan hast! wohl dem, der deine jungen Kinder nimmt und zerschmettert sie am Stein!' Auf dem Berge der Seligpreisung aber heißt es: ‚Ich sage euch: liebet eure Feinde!'"[5]

Insbesondere im Protestantismus der Positiven und Vermittler war die Vorstellung der Existenz von dem Christentum gleichwertigen Religionen undenkbar, war doch ihr Selbstverständnis vom Anspruch der Superiorität der ‚christlichen Wahrheit' beseelt. Dieses religiöse Superioritätsdenken äußerte sich in den analysierten Zeitschriften und Einzelpublikationen besonders deutlich in der Darstellung des Judentums. Es fand seinen Ausdruck in einer breiten Präsenz antijudaistischer Topoi im letzten Drittel des 19. Jahrhunderts, und dies umso stärker, je mehr die Texte durch ein biblizistisches und pietistisches Glaubensverständnis geprägt waren. Das Judentum wurde als ‚minderwertige' und ‚überlebte' Religion dargestellt, die dem Christentum feindlich gegenüberstehen würde und ‚blind' gegenüber der ‚christlichen Wahrheit' sei. Mit diesem antijudaistischen Blick auf das Judentum und ‚die Juden' schrieben sich diese Kreise des Deutschschweizer Protestantismus in eine jahrhundertelange Tradition christlicher antijüdischer Diskurse ein, die, wie bereits an früherer Stelle hervorgehoben wurde, ein Grundelement der christlichen

---

5    Heinrich Tanner, Gotthold Ephraim Lessing, Teil II, in: VRK, 26. 2. 1881, S. 33–35, S. 35. Weitere judenfeindlich gefärbte Beispiele ablehnender Äußerungen zu „Nathan der Weise": Karl Wilhelm Theodor Pfeiffer, Lessing's „Nathan" und das Christentum, Teil II, in: KF, 19. 9. 1884, S. 293–301, v. a. S. 301. Die Woche der religiösen Jahresfeste in Basel, Teil II, in: CVB, 14. 7. 1880, S. 218–221, S. 220. Einen jüdischen Auftraggeber hinter dem Drama sah sogar: Das Verhalten der Juden zum Christenthum in der Neuzeit, Teil II, in: FI 19 (1892) 3, 57–71, S. 59.

Identität darstellten.[6] Seltener waren ‚klassische' Elemente der religiös motivierten Judenfeindschaft im liberalen Protestantismus anzutreffen. Das Superioritätsdenken floss jedoch in abgewandelter Form in spezifisch liberale Diskurse ein. Dieses Kapitel analysiert das Superioritätsdenken gegenüber dem Judentum in religiöser Hinsicht, wobei diese religiöse Grundhaltung auch die Wahrnehmung des zeitgenössischen Judentums grundlegend mitdefinierte und sich in der den Juden in der Gesellschaft zugedachten Rolle niederschlug, was schwerpunktmäßig aber im zweiten Kapitel thematisiert wird.

*Assoziierung ‚der Juden' mit ‚Blindheit', ‚Verstocktheit' und ‚Verworfenheit'*

Theologisch fundierte Topoi der Judenfeindschaft waren in den konservativ-protestantischen Zeitschriften stark präsent. Oft, aber keineswegs ausschließlich, fielen die Äußerungen in Texten, die theologischen oder ‚erbaulichen' Inhalts waren. Von den systematisch analysierten Zeitschriften stechen hierbei vor allem zwei Periodika heraus, die von ihrer pietistischen und biblizistischen Ausrichtung sowie ihrem judenmissionarischen Interesse her einander verwandt waren: der „Christliche Volksbote" und der „Freund Israels". Beide Zeitschriften erschienen in Basel. Insbesondere im „Freund Israels" gehörte die antijudaistische Herabwürdigung des Judentums zum Standard, da sich seine Artikel aus christlicher Optik heraus fast ausschließlich mit dem Judentum und seiner Missionierung auseinandersetzten.

Gerade in den ersten Jahren der Phase von 1870 bis 1895 nahmen antijudaistische Äußerungen einen gewichtigen Platz im Antisemitismus ein. Durch die starke Gesamtzunahme antisemitischer Äußerungen im Zeichen der Ausbreitung des modernen Antisemitismus verloren sie in den Folgejahren relativ gesehen jedoch an Gewicht. Sie blieben aber während der gesamten Periode ein tragender Pfeiler des protestantischen Antisemitismus.

Der Antijudaismus der Positiven nährte sich aus der theologischen Abgrenzung des Christentums vom Judentum, wie sie schon in den neutestamentlichen Texten angelegt war. Zugleich wurden diese theologischen Prämissen christologisch auf Textstellen aus dem Alten Testament rückprojiziert. Ein zentrales Bündel antijudaistischer Überzeugungen gruppierte sich um den Komplex von Verwerfungs- und Verworfenheitsvorstellungen. So lautete ein oft wiederholter Vorwurf von konservativ-protestantischer Seite an die Adresse des ‚biblischen' und zeitgenössischen Judentums, dass es seinen ‚Erlöser' aufgrund seiner „Verstocktheit"[7]

---

6    Siehe Kap. 4 in Teil II.

7    Als Beispiele für das Verstocktheits-Motiv siehe: Justus J. Heer, Zum Verständnis des Römerbriefs, Teil II, in: KF, 19. 9. 1873, S. 293–301, S. 298; Ein Blick auf die Liebesgaben als auf einen

und „Halsstarrigkeit"[8] nicht erkannt und letzten Endes „verworfen"[9] habe. Die Juden hätten einen irdischen, königsähnlichen Messias erwartet und keinen einfachen Mann.[10] Mit der angeblichen ‚Verwerfung' Jesu durch ‚die Juden' wurde das theologische Konstrukt des ‚Gottesmordes' verbunden. Aufgrund der ‚Tötung' Jesu stehe ‚das Judentum' unter ‚göttlicher Strafe' und sei zum ‚verworfenen' und ‚zerstreuten' Volk geworden.[11]

Spiegel für Gaben und Geber, Teil I, in: CVB, 12. 1. 1881, S. 9–12, S. 10; F. [Eduard Frauenfelder?], Der Richter und die Witwe, Teil III, in: ASB, 16. 5. 1885, S. 153 f., S. 154. Das Motiv tauchte auch in enger Verbindung mit Diskursen des modernen Antisemitismus auf. Beispielhaft zeigt dies folgende Passage im „Appenzeller Sonntagsblatt", der einen Beitrag des deutschen „Reichsboten", Organ der „Christlich-Sozialen" Adolf Stoeckers, wiedergab. Der Artikel postulierte die ‚Judenfrage', erachtete den Antisemitismus als berechtigte Reaktion eines angeblich realen Konflikts zwischen ‚den Deutschen' und ‚den Juden' und forderte ‚die Juden' auf, ihre ‚Missfallen erzeugende Existenz' in Deutschland selbst zu erkennen: „Daß die Judenfrage auf die Tagesordnung kam, [...] daran ist lediglich das Verhalten der Juden selbst Schuld. [...] Auf die Dauer kann das kein Volk ertragen, wenn die Juden in so grosser Anzahl vorhanden sind. Es ist ihre alte blinde Verstocktheit, wenn die Juden nicht auf die Mahnungen derer hören, die ihnen die Wahrheit sagen, aber das ist eben das Verhängniß dieses Volkes, daß es die Wahrheit nicht hören will. Sobald ihnen dieselbe gesagt wird, halten sie jetzt wie vor Jahrtausenden die Ohren zu, beißen die Zähne zusammen und möchten den, der ihnen die Wahrheit sagt, steinigen oder kreuzigen – wenn sie die Macht dazu hätten." (Johann Jakob Schenkel, Nachrichten, in: ASB, 11. 6. 1881, S. 190–191, S. 190.) Als weiteres Beispiel für die Kombination antijudaistischer mit modern antisemitischen Diskursen siehe etwa: Karl Hackenschmidt, Die Juden und ihr göttlicher Beruf, 2 Teile, in: KF, 6./20. 5. 1887, S. 129–132/S. 145–152.

8    Mit dem Bild der ‚Halsstarrigkeit' arbeiten etwa: Emil Kautzsch, Johannes Buxtorf der Ältere. Rectorats-Rede gehalten am 4. November 1879 in der Aula des Museums zu Basel, Basel 1879, S. 42; Gedanken über Erziehung der Kinder nach der Schrift, Teil V, in: CVB, 28. 5. 1879, S. 171 f., Ernst Miescher, Mittheilungen von Fern und Nah, in: CVF, 24. 4. 1880, S. 150–152, S. 150; Die Zerstreuung und Sammlung Israels, in: ASB, 20. 8. 1887, S. 268–270, S. 269.

9    Siehe als Auswahl aus der Fülle von Nennungen dieses judenfeindlichen Motivs: C. Axenfeld, Zum 10. August 1870, in: CVB, 10. 8. 1870, S. 249 f., S. 249; G. H. [Gustav Heusler?], Beiträge zur Betrachtung der Zeitereignisse im Lichte des prophetischen Wortes, in: ASB, 15. 7. 1871, S. 219–222, S. 221; Conrad von Orelli, Der Tempelplatz in Jerusalem, in: KF, 13. 4. 1877, S. 113–119, S. 118; Als Beispiel aus dem Organ der „Vermittler" zudem: Gottlieb Joss, Eine Heerde und ein Hirt, in: VRK, 27. 12. 1873, S. 207.

10   Siehe z. B.: Ernst Buss, Die messianischen Erwartungen der Völker, Teil II, in: VRK, 18. 12. 1880, S. 201–202, S. 202. Dieser Vorwurf an die Adresse der Juden wurde jedoch insbesondere auch von liberaler Seite erhoben. Siehe beispielsweise: Emil Egli, Die Verklärungsgeschichte in ihrem Werth für unser Glauben, Hoffen und Lieben, in: RVB, 2. 3. 1872, S. 65–69, S. 66 f.; Alfred Altherr, Das Kreuz Jesu, in: RVB, 23. 3. 1872, S. 90–94, S. 92; Hermann Albrecht, eine Zeitpredigt, in: RVB, 25. 3. 1892, S. 165–169, S. 166.

11   Der in Lausanne wirkende, aus Deutschland stammende Pfarrer Carl Wagner-Groben brachte diesen theologischen Gedankengang paradigmatisch vor: Carl Wagner-Groben, Vom Tabor bis

Gerade der Gottesmord-Vorwurf muss als eigentlicher Schlüssel-Topos der christlich und in diesem Fall protestantisch motivierten Judenfeindschaft gesehen werden, knüpfte daran doch die christlich-theologische Vorstellung von der ‚Enterbung' respektive ‚Beerbung' des ‚alten Israels' durch das ‚neue Israel' als ‚Bundesvolk' an.[12] Die theologische Überzeugung der Substitution des ‚alten' durch den ‚neuen' Bund verband sich in der Argumentation oft mit weiteren Superioritätsdiskursen.[13] Das antijudaistische Gottesmord-Motiv fand Eingang in zahlreiche Artikel der untersuchten Veröffentlichungen und Zeitschriften der Positiven und Vermittler. Häufig war er in biblische Betrachtungen, so vor allem zur Passionsgeschichte, eingeflochten.[14] Der Topos fand jedoch seine Anwendung auch im zeitgenössischen Kontext. So ließ der konservativ-protestantische, aus Zürich stammende Basler Theologieprofessor Conrad von Orelli, von 1875 bis 1912 Redakteur

---

Golgatha. Zum Verständnis der Leidensgeschichte Jesu Christi, 2. Aufl., Basel 1884, S. 191. Die erstmals 1881 erschienene Schrift erfuhr mindestens zehn Auflagen. Als Beispiele aus der großen Anzahl Nennungen des Verworfenheits-Topos, insbesondere im „Freund Israels", siehe: Friedrich Heman, Rede am Epiphaniasfest 1882, in: FI 9 (1882) 2, S. 25–33, S. 27; P. [Carl Pestalozzi], Kirchliche Chronik, in: CVF, 25. 8. 1877, S. 273 f., S. 274. Beim mit ‚P.' abgekürzten Schreiber der „Kirchlichen Chronik" handelte es sich höchstwahrscheinlich um Carl Pestalozzi, damals Pfarrer in Elgg und ab 1888 an der Kirche St. Mangen in St. Gallen. Siehe des Weiteren: Gustav Heusler, „Jesaias XII" oder: „Der Dankpsalm der erlösten Gemeinde des Immanuel", Teil II, in: ASB, 23. 10. 1880, S. 338 f., S. 338; Albert Heinrich Immer, Zur Dialektik des Apostels Paulus, Teil II, in: KRS, 26. 11. 1887, S. 190–192, S. 191. Als Beispiele für die Zerstreuungs-Thematik: Der Sieg des Lichts, in: CVB, 12. 1. 1887, S. 9–11, S. 10; Die Zerstreuung und Sammlung Israels, in: ASB, 20. 8. 1887, S. 268–270, S. 268.

12   Zur Geschichte des Gottesmord-Motivs siehe etwa: Matthias Blum, Art. ‚Gottesmord', in: Handbuch des Antisemitismus, Bd. 3, S. 113–115; Karl-Erich Grözinger, Erstes Bild: Die ‚Gottesmörder', in: Schoeps/Schlör, Antisemitismus, S. 57–66; Rohrbacher/Schmidt, Judenbilder, S. 218–268.

13   Zur Substitutionsvorstellung siehe z. B.: Zeitfragen in Briefform. Ueber die Judenfrage, Teil I, in: CVB, 29. 10. 1879, S. 346–348, S. 347; Ein Rückblick auf Epiphanias, in: CVB, 9. 1. 1884, S. 9 f., S. 10; Johannes Hauri, Das priesterliche Volk, in: CVF, 18. 12. 1886, S. 593–595, S. 595. Beispielhaft, wenn auch leicht außerhalb der ersten Phase liegend, zudem: Friedrich Heman, Die Schicksale der Juden in ihrer Zerstreuung, Teil IV, in: FI 24 (1897) 6, S. 137–144, S. 137. Zur Geschichte der Substitutionslehre siehe zudem: Kampling, Art. ‚Substitutionslehre'.

14   Siehe aus der langen Reihe von Beispielen: Georg Rudolf Zimmermann, Eine Passionsbetrachtung, in: EW, 29. 3. 1877, S. 59–61; U., Abrahams Geschichte eine Adventspredigt, in: CVF, 27. 11. 1880, S. 424–426, S. 425; Georg Schnedermann, Das Aergerniß des Kreuzes, Teil I, in: KF, 11. 2. 1887, S. 33–40, S. 34; Die Ersten werden die Letzten Sein, in: CVB, 9. 1. 1889, S. 9 f., S. 10. Die starke Präsenz des Gottesmord-Motivs in missionarisch ausgerichteten ‚Israel-Liedern' zeigt die Liedersammlung des von 1850 bis 1879 als Inspektor der „Basler Mission" aktiven, pietistisch eingestellten Joseph Friedrich Josenhans auf: Joseph Friedrich Josenhans, Missionsliederbuch. Für die Missionsgemeinde und die Arbeiter auf dem Missionsfelde, zweite, neu bearbeitete und vermehrte Ausgabe der „Sammlung von Missionsliedern", 2. Aufl., Basel 1879.

des „Kirchenfreunds" und langjährige Präsident der konservativ-protestantischen Richtungsorganisation „Evangelisch-kirchlicher Verein", am Jahresfest der Basler Judenmission 1874 verlauten, dass die Juden immer noch dasselbe „halsstarrige" Geschlecht und unempfänglich für das Evangelium seien, das ihnen noch immer einem Ärgernis gleichkomme. Er fügte an: „Ja, sie sind noch von dem Jesus-Hasse beseelt, in dem sie einst vor Pilatus gerufen haben: Kreuzige, kreuzige ihn![15] Wer einen Judenmissionar auf seinen Gängen begleitet, der könnte noch die getreuesten Abbildungen und die lebhaftesten Vorstellungen von der Leidensgeschichte des HErrn [sic!] gewinnen."[16] Mit Blick auf den Gottesmord-Vorwurf waren beispielsweise Bezüge auf eine Stelle in der Kreuzigungsgeschichte im Johannesevangelium (Joh 19,37)[17] beliebt, die besagt, dass ‚die Juden' schließlich denjenigen erkennen würden, in den sie „gestochen" hätten.[18] Der Bezug auf diese Stelle im ‚Neuen Testament' demonstriert zudem beispielhaft, wie das antijudaistische Gottesmord-Motiv durch eine christologische Exegese auf das ‚Alte Testament' rückprojiziert wurde, da Johannes 19,37 auf den alttestamentarischen Text Sacharja 12,10 Referenz nimmt.[19] Der christologische Blick auf das ‚Alte Testament' war denn auch ein

---

15  Zur beliebten Darstellung der ultimativen Aufforderung durch eine ‚fanatisierte', ‚kreischende' jüdische Menge an Pontius Pilatus, Jesus zu kreuzigen, siehe u. a.: Karl Wilhelm Theodor Pfeiffer, Biblische Geschichte für Volksschulen. Eingeführt für die evangelischen Primarschulen des Kantons St. Gallen durch Beschluss der evangel. Synode, 2. Aufl., St. Gallen 1873, S. 165 f.; Rudolf Rüetschi, Jesus ein König. Zum Palmsonntag, in: VRK, 11. 2. 1887, S. 49 f., S. 49; Ernst Miescher, „Sehet, welch ein Mensch!", in: CVF, 24. 3. 1883, S. 105–107, S. 105. Mit einer Übertragung des antijudaistischen Bildes auf den Kontext des ‚Antisemitismusstreits' in Berlin, bei dem Adolf Stoecker in Analogie zu Jesus als Kreuzigungsopfer der Juden dargestellt wird: Johann Jakob Schenkel, Nachrichten, in: ASB, 18. 10. 1879, S. 335 f., S. 336.

16  Conrad von Orelli, Festrede, in: FI 1 (1874) 2, S. 33–40, S. 34. Von Orelli bekleidete an der Universität Basel die zweite vom konservativ-protestantischen „Verein für christlich-theologische Wissenschaft und christliches Leben" geschaffene Stiftungsprofessur. Zu den Stiftungsprofessuren: Hans Hauzenberger, Der „Verein zur Beförderung christlich-theol. Wissenschaft und christlichen Lebens" und seine Stiftungsprofessur in Basel, in: Hans Dürr/Christopf Ramstein (Hrsg.), Basileia – Festschrift für Eduard Buess, Basel 1993, S. 127–144, zu von Orelli 132 f.

17  Joh. 19,37: „Und wiederum sagt die Schrift an einer anderen Stelle: ‚Sie werden den sehen, den sie durchbohrt haben.'"

18  Siehe z. B.: Samuel Gottlob Preiswerk, Die Zeichen der Zeit, Teil III, in: ASB, 30. 4. 1881, S. 138–140, S. 140; Georg Rudolf Zimmermann, Charfreitagsbetrachtung, in: EW, 6. 4. 1882, S. 59–61, S. 60.

19  Sach. 12,10: „Aber über das Haus David und über die Bürger Jerusalems will ich ausgießen den Geist der Gnade und des Gebets. Und sie werden mich ansehen, den sie durchbohrt haben, und sie werden um ihn klagen, wie man klagt um ein einziges Kind, und werden sich um ihn betrüben, wie man sich betrübt um den Erstgeborenen." Siehe als Beispiele: Reisebilder aus Bosnien, Teil III, in: CVB, 13. 5. 1885, S. 148 f., S. 149; Vom Saatfeld. Aus den Berichten unseres Missionars, in: FI 23 (1896) 1, S. 1–10, S. 3.

tragendes Element der Enterbungs- und Superioritätsargumentation insbesondere
in der stark biblizistisch geprägten Judenmission, indem etwa gefolgert wurde, dass
‚die Israeliten' schon in alten Tagen gegenüber Gott ‚untreu' und ‚blind' für die ‚göttliche Wahrheit' gewesen seien.[20]

Ein zweites wichtiges Bündel der antijudaistisch geprägten Theologie des konservativen Deutschschweizer Protestantismus war grundlegend mit dem Superio-
ritäts- und Wahrheitsanspruch des Christentums gegenüber dem Judentum verbunden und ließ oft einen judenmissionarischen Anspruch durchklingen. ‚Die
Juden' wurden als ‚blind' gegenüber der ‚göttlichen Wahrheit' beschrieben, welche
im ‚neuen' Testament aufscheine, aber auch schon im ‚alten' Testament erkennbar
gewesen sei. Der der Herrnhuter Brüdersozietät nahestehende Basler Pfarrer Samuel Gottlob Preiswerk, Sohn des ehemaligen Antistes der Basler Kirche Samuel Gottlob Preiswerk,[21] artikulierte diesen christlichen Wahrheitsanspruch 1881 im
„Appenzeller Sonntagsblatt" in einem heilsgeschichtlich-endzeitlich ausgerichteten
Beitrag über die ‚Zeichen der Zeit' prägnant, indem er ‚die Juden' in mannigfacher
Weise mit ‚Blindheit' assoziierte:

> „Und als nun der einst so sehnlich erwartete Messias wirklich kam, da war sein
> Erscheinen für sie eine unwillkommene Störung, [...]; er kam in sein Eigent-
> hum und die Seinen nahmen ihn nicht auf, denn sie liebten die Finsterniß
> mehr als das Licht, [...] In der That, man mußte mit Fleiß die Augen schließen,
> um jene Zeit und ihre Zeichen nicht zu erkennen. Das Erbe Israels war in der
> Gewalt der Heiden, der Stamm Davids ein abgehauener Wurzelstock, [...]. Die
> Pharisäer [...] hatten Augen und sahen nicht. Ihre fortgesetzte Untreue hatte
> sie zu blinden Leitern von Blinden gemacht, von welchen beides gilt: sie konn-
> ten nicht sehen, wie geblendet von dem Lichte der Wahrheit, des heiligen sitt-
> lichen Unheils und des göttlichen Wandels Jesu; und sie wollten nicht sehen,
> auch wo die Wahrheit mit Händen zu greifen war und ihr eigenes Gewissen
> derselben unwillkürlich Zeugniß gab. Dieses verschuldete Nichtkönnen und

---

20  Siehe beispielsweise: Friedrich Heman, 55. Jahresbericht des Vereins der Freunde Israels, in: FI
    13 (1886) 4, S. 97–116, S. 100; S. 106. Siehe aber auch: Reisebilder aus Bosnien, Teil III, in: CVB,
    21. 9. 1892, S. 302.

21  Antistes Samuel Gottlob Preiswerk stand der Judenmission nahe und träumte von der Rückkehr
    der Juden nach Palästina. So Gab Samuel Gottlob Preiswerk ab 1838 bis 1843 mit Hilfe von Chris-
    tian Friedrich Spittler die monatlich erscheinende Zeitschrift „Das Morgenland. Altes und Neu-
    es für Freunde der Heiligen Schrift" heraus. Zu Antistes Samuel Gottlob Preiswerk siehe: Micha-
    el Raith, Samuel Preiswerk, in: Kirchenrat der Evangelisch-reformierten Kirche Basel-Stadt, Der
    Reformation verpflichtet. Gestalten und Gestalter in Stadt und Landschaft Basel aus fünf Jahr-
    hunderten, Basel 1979, S. 91–96.

verstockte Nichtwollen hat ihnen der Herr in Ein großes, schweres Wort der Schuld zusammengefaßt: Heuchelei."[22]

Der Vorwurf der ‚Blindheit' wurde jedoch nicht nur gegenüber dem ‚biblischen', sondern genauso auch gegen das zeitgenössische Judentum vorgebracht. Der Blindheits-Diskurs deckte hierbei ein breites Wortfeld ab. So wurden die Juden beispielsweise auch mit ‚Verblendung' in Zusammenhang gebracht.[23] Sehr beliebt waren insbesondere im „Christlichen Volksfreund" und den pietistisch geprägten Zeitschriften „Christlicher Volksbote" und „Freund Israels" auch Blindheits-Metaphern. Besonders populär war hierbei die Metapher, dass die „Decke Mosis" ‚die Juden' am Erkennen der ‚Wahrheit' hindere,[24] wobei in christologischer Weise Bezug auf den zweiten Korintherbrief respektive das zweite Buch Mose genommen wurde.[25] Ebenso Verwendung fand das Bild von verbundenen Augen, oder es wurde die Hoffnung zum Ausdruck gebracht, dass es ‚den Juden' einmal „wie Schuppen" von den Augen fallen würde.[26] Zum Wortfeld ‚Blindheit' sind auch Metaphern zu zählen, die das Judentum mit ‚Schlaf', ‚Nacht' oder dem ‚Tod' in Verbindung brachten.[27] Die besondere Popularität von Blindheits-Metaphern im Kontext der Judenmission beweist auch die Sammlung missionarischer ‚Israellieder' im „Missionsliederbuch" von Joseph Friedrich Josenhans, der von 1850 bis 1879 als Inspektor der

---

22  Samuel Gottlob Preiswerk, Die Zeichen der Zeit, Teil I, in: ASB, 16. 4. 1881, S. 123–126, S. 124.

23  Siehe z. B.: Carl Sarasin, Rede am Jahresfeste der Freunde Israels, in: FI 4 (1877) 5, S. 141–149, S. 143.

24  Siehe als Beispiele für die oft verwendete Metapher: Aufforderung an alle evangelischen Christen zu gemeinsamem Gebet, in: ASB, 11. 5. 1872, S. 150 f., S. 151; Conrad von Orelli, Durch's heilige Land. Tagebuchblätter, Basel 1878, S. 251; Georg Rudolf Zimmermann, Betrachtung am Charfreitag-Abend, in: EW, 2. 4. 1885, S. 59 f., S. 60; Carl Pestalozzi, Von dem merkwürdigen Büchlein „Licht am Abend", in: CVF, 3. 12. 1887, S. 572–575, S. 572; Friedrich Heman, Die Decke Mosis vor den Augen Israels. Rede gehalten an Epiphanias 1891, in: FI 18 (1891) 2, S. 31–42.

25  Konkret wurde auf folgende Stellen Bezug genommen: 2. Kor. 3,12–16 respektive 2. Mose 34,33 und 35. Gerade in judenmissionarischen Kreisen wurde ab und zu auch mit Römer 11,25 argumentiert, dass die „Blindheit" den Juden nur zum (größten) Teil widerfahren sei, so lange, bis die „Fülle der Heiden" bekehrt sei. Siehe hierfür z. B.: Sind wir ein Missionsvolk?, in: CVB, 16. 1. 1878, S. 17 f., S. 18.

26  Für die Schuppensymbolik etwa: Edmund Fröhlich, Rede am Fest der Judenmission am 1. Juli 1879, in: FI 6 (1879) 5, S. 132–136, S. 136; Die Wege Gottes in der Führung eines Israeliten zur Erkenntnis des Heils, in: FI 9 (1882) 5, S. 121–130, S. 127. Zum Bild der verbundenen Augen: Israels geistiges Erwachen, ein Zeichen der Zeit, in: FI 3 (1876) 5, S. 129–140, S. 135.

27  Zur Schlaf-Symbolik siehe: Israels geistiges Erwachen, ein Zeichen der Zeit, in: FI 3 (1876) 5, S. 129–140. Für die Nacht-Assoziation beispielsweise: Die judenchristliche Bewegung in Russland, in: ASB, 14. 8. 1886, S. 259–261, S. 260. Zur Todesmetaphorik: Die Basler Festwoche, Teil IV, in: CVB, 24. 7. 1889, S. 233–235, S. 233.

„Basler Mission" waltete.[28] Das Liederbuch enthielt unter anderem mehrere Lieder aus der Feder der pietistisch geprägten und aus einem Pfarrhaus stammenden Zürcher Dichterin Meta Heusser, die ebenfalls mit der Blindheits-Metaphorik arbeiteten. So betete sie in einem Lied dafür, Gott ließe ‚die Juden‘ Jesus erkennen, damit „die finstre Hülle/Von ihren Augen" sinke und ihr „Herz und Mund die Fülle/ Des neuen Lebens" trinke.[29] Meta Heusser war eine der wenigen Frauen, von der in der Periode von 1870 bis 1895 Texte in den Zeitschriften der Positiven und Vermittler gedruckt wurden. Bezeichnend war, dass diese Autorinnen auf das Lyrische beschränkt wurden.[30]

In weit weniger ausgeprägtem Maße als in den konservativ-protestantischen Zeitschriften und Publikationen waren antijudaistische Topoi in den vier untersuchten liberalen Periodika, die dem Biblizismus fernstanden, präsent. Sie lassen sich primär für das in St. Gallen erscheinende „Religiöse Volksblatt" nachweisen, das, wie der Name verrät,[31] breitere Volksschichten ansprechen wollte. Doch auch in dieser Wochenzeitschrift blieben sie in den Jahren von 1870 bis 1895 auf einzelne Nennungen beschränkt. So griff beispielsweise ein Artikel von Hans Emil Baiter über die „Verfluchung des Feigenbaums" auf ein ganzes Bündel antijudaistischer Diskurse zurück. Zu diesen gehörten etwa jener der ‚Zerstreuung der Juden‘ sowie die Herabwürdigung des Judentums als ‚Gesetzesreligion‘. Darüber hinaus verwob der Pfarrer aus Kappel (SG) die antijudaistischen Topoi mit modern-antisemitischen Konzeptionen, indem er folgerte, dass man am zeitgenössischen Judentum mit seinem angeblich großen Einfluss keine guten Früchte finden könne.[32] Weitere antijudaistisch geprägte Artikel des Ostschweizer Blattes portierten etwa das Zerstreuungs-Motiv oder die Existenz eines Unterschieds zwischen ‚altem‘ und ‚neuem Bund‘.[33] Das

28  Josenhans, Missionsliederbuch. Neben der Blindheits-Thematik sind in den wiedergegebenen Liedern der Gottesmord-Topos und der sogenannte Blutruf – die angebliche Selbstverfluchung der Juden nach Mt. 27,25 – häufig präsent. Die Autoren der Lieder, die vor allem im 18. und 19. Jahrhundert verfasst worden waren, stammten mehrheitlich aus Deutschland.

29  Josenhans, Missionsliederbuch, S. 309 f. Dasselbe Lied wurde auch im „Appenzeller Sonntagsblatt" abgedruckt: Meta Heußer, Bitte für Israel, in: ASB, 8. 1. 1870, S. 1.

30  Zu Meta Heusser siehe: Regine Schindler, Art. ‚Heusser [-Schweizer], Meta‘, in: Historisches Lexikon der Schweiz, http://www.hls-dhs-dss.ch/textes/d/D11948.php, 28. 10. 2013.

31  Alfred Altherr, Zum Eingang, in: RVB, 2. 7. 1870, S. 1–5, S. 1.

32  Hans Emil Baiter, Fünf Gleichnisse des neuen Testamentes, Teil V, in: RVB, 7. 10. 1882, S. 328–330. Baiter äußerte sich auch in weiteren Artikeln antijudaistisch. Siehe etwa: Hans Emil Baiter, In der Passionszeit, in: RVB, 5. 3. 1893, S. 78–80, S. 80; Hans Emil Baiter, I. N. R. I., in: RVB, 10. 3. 1894, S. 81–83, S. 83.

33  Siehe: Der Sonntag vom liberalen Standpunkt, in: RVB, 11. 4. 1874, S. 116 f.; August Grob, Das Gleichniß vom unfruchtbaren Feigenbaum. (Lukas 13, 6–9.), Teil I, in: RVB, 8. 9. 1883, S. 291–294, S. 294; Wie dachte Jesus über die Bedeutung seines Todes?, in: RVB, 27. 3. 1886, S. 100 f., S. 101.

im konservativen Protestantismus weit verbreitete Blindheits-Motiv fehlte bei den untersuchten liberal-protestantischen Zeitschriften hingegen. Die relativ stärkste Verbreitung der hier betrachteten antijudaistischen Diskurse in den liberalen Zeitschriften wies der Vorwurf des ‚Gottesmordes‘ auf.[34] Dass dieser antijudaistische Topos auch im theologischen Liberalismus fest verankert war, beweist der Pfarrer und spätere Theologieprofessor an der Universität Zürich, Konrad Furrer, im Bericht über seine Reise ins ‚Heilige Land‘. Über die jüdischen Bewohner Jerusalems fällt er das antijudaistisch geprägte Urteil: „Ihr Geist ist noch in denselben Fesseln gebunden, ihre Frömmigkeit von derselben Finsterniß erfüllt. Ja, wenn heute Christus vor ihnen stünde, sie würden das ‚Kreuzige‘ über ihn mit derselben wahnsinnigen Freude schreien wie damals.“[35]

### *‚Das Judentum‘ als religiöse ‚Fehlentwicklung‘*

Der Gottesmord-Vorwurf und die Assoziation mit ‚Blindheit‘ apostrophierten ‚die Juden‘ als nicht empfänglich für die ‚göttliche Wahrheit‘ und als ‚Feinde Jesu‘. Ein weiterer Grundpfeiler der religiös motivierten Judenfeindschaft stellte die grundsätzliche Negativcharakterisierung der jüdischen Religion dar. Der stereotypisierte Blick auf das Judentum ließ dieses hierbei als negatives Gegenstück zum (protestantischen) Christentum erscheinen und prägte sowohl die Haltung gegenüber dem ‚biblischen‘ als auch zeitgenössischen Judentum. Dabei zeigt sich in der Analyse, dass die richtungsspezifischen Unterschiede im Deutschschweizer Protestantismus bezüglich des Ausmaßes der Verbreitung dieser antisemitischen Motive weniger stark ausfielen als bei den im vorangegangenen Kapitel thematisierten.

Ein zentrales Element der antijudaistisch motivierten Kontrastierung zwischen Christentum und Judentum im Deutschschweizer Protestantismus stellten die Apostrophierung des Judentums als ‚Gesetzes‘- oder auch ‚Buchstabenreligion‘ und der Vorwurf der ‚Äußerlichkeit‘ dar. Explizit oder implizit wurde dabei das Christentum mit ‚Innerlichkeit‘, größerem ‚religiösen Ernst‘ und ‚Liebe‘ identifiziert. Dem antijudaistischen Bild des Judentums als ‚Gesetzesreligion‘ kam dabei in diesen Diskursen der christlichen Superioritätskonstruktion eine Schlüsselrolle zu. Die angebliche ‚Gesetzlichkeit‘ wurde zum einen in die antijudaistische Exegese des ‚Alten‘

---

34  Siehe z. B.: Heinrich Frank, Der Fluch über den Feigenbaum und die Reinigung des Tempels, in: RZ, 13. 7. 1872, S. 233–239, S. 238; Alfred Altherr, Irrthum und Sünde im Dienste Gottes, in: RVB, 31. 1. 1874, S. 33–35, S. 32; Hermann Albrecht, Bilder vom Schauplatze der Geschichte Jesu, Teil II, in: RVB, 20. 12. 1879, S. 408–411, S. 409; August Werner, Buchstabe und Geist, in: SRB, 31. 5. 1885, S. 170–174, S. 174.

35  Konrad Furrer, Wanderungen durch das heilige Land, 2. Aufl., Zürich 1891, S. 56.

und ‚Neuen' Testaments eingewoben.[36] Aufgrund seiner ‚Gesetzlichkeit' habe das Judentum ‚seinen Messias' gar nicht erkennen können. So sah es beispielsweise der liberale St. Galler Pfarrer Zwingli Wirth 1873 im „Religiösen Volksblatt". Wirth, der wenig später als einer der ‚liberalen Pioniere' als Pfarrer ans Basler Münster wechselte, konstatierte zudem, dass der Buchstabe „die Religion getötct" habe.[37] Zum anderen fand der Gesetzlichkeits-Diskurs auch eine breite Anwendung in der Wahrnehmung und Deutung des zeitgenössischen Judentums. Die ‚Gesetzlichkeit' wurde dabei zum bleibenden Merkmal jüdischer Religion stilisiert.[38] Nicht selten wurde ein ausgeprägter Antitalmudismus in die Argumentation integriert. Der Talmud wurde als eigentliche Verkörperung der angeblich ‚menschgemachten' ‚Gesetzlichkeit' des Judentums perhorresziert.[39] Antitalmudische Stellungnahmen in diesem Kontext waren insbesondere in judenmissionarischen Kreisen gebräuchlich, sahen diese doch den Talmud als zusätzliches Hindernis auf dem Weg zur Bekehrung der Juden.[40] Der durch seinen ausgeprägten Antisemitismus auffallende Direktor der judenmissionarischen „Freunde Israels" aus Basel, Friedrich Heman, nahm die Verknüpfung des Gesetzesreligion-Motivs mit dem Antitalmudismus 1876 paradigmatisch vor und bediente mit dem Vorwurf der vermeintlichen

36    Siehe für die Verwendung des Gottesmord-Motivs in biblischem Kontext auf konservativ-protestantischer Seite: Ueber die hauptsächlichen religiösen Verirrungen und Auswüchse der Gegenwart, in: EW, 24. 2. 1876, S. 35–37, S. 37; Georg Schnedermann, Aus der Welt der jüdischen Gedanken, Teil I, in: KF, 18. 11. 1887, S. 353–359, S. 358; Arnold von Salis, Für uns gestorben und auferstanden. Zwei Predigten gehalten am Charfreitag 1895 und an Ostern 1894 im Münster zu Basel, Basel 1895, S. 8. Das Motiv fand auch auf liberaler Seite in biblischem Kontext Verwendung, wobei wiederum das „Religiöse Volksblatt" aus St. Gallen heraussticht: Alfred Altherr, Eine Stimme von jenseits des Meeres, in: RVB, 28. 7. 1877, S. 238–241, S. 328; Alfred Altherr, Herbstklage, in: BPB, 25. 10. 1879, S. 349–356; S. 350; Hans Emil Baiter, Fünf Gleichnisse des neuen Testamentes, Teil V, in: RVB, 7. 10. 1882, S. 328–330.

37    Zwingli Wirth, Der Buchstabe tödtet, aber der Geist macht lebendig, in: RVB, 14. 6. 1873, S. 185–191, S. 188.

38    Siehe hierfür je ein Beispiel liberaler und positiver Provenienz: Eduard Langhans, Der Ursprung des Judenthums, in: RZ, 20. 4. 1872, S. 129–136, S. 136; Gottlieb Schuster, Kirchliche Chronik, in: CVF, 7. 11. 1885, S. 515–518, S. 517.

39    Als Beispiele hierfür seien genannt: Der Talmud der Juden, in: ASB, 14. 6. 1873, S. 188; von Orelli, Durch's heilige Land, S. 251; Zaddik Herschel, der Patriarch der Messiasfamilie, in: CVB, 1. 7. 1891, S. 203–204, S. 203; Ein bedeutungsvolles Zeichen unsrer Zeit, in: CVB, 13. 1. 1892, S. 9 f., S. 10.

40    Siehe z. B.: Friedrich Heman, Fünfundvierzigster Jahresbericht des Vereins der Freunde Israels zu Basel, in: FI 3 (1876) 4, S. 91–108; Hoffmann, Festrede beim 46. Jahresfeste der Freunde Israels zu Basel, in: FI 4 (1877) 6, S. 173–183, S. 181; Friedrich Heman, Die Schicksale der Juden in ihrer Zerstreuung, Teil XXII, in: FI 10 (1883) 4, S. 88–92, S. 88; Wie das Neue Testament unter den Juden eine Macht ausübt, in: CVB, 15. 12. 1886, S. 395 f., S. 396. Dieser Diskurs des Antitalmudismus griff zudem häufig auf das Blindheits-Motiv zurück.

‚Äußerlichkeit' und der ‚Werkgerechtigkeit'[41] weitere Stereotype der antijudaistischen Sicht auf das Judentum. Heman folgerte:

„[…] Israel blieb 1800 Jahre geistig in demselben Zustand. Aber noch mehr; dieser Geistesschlaf war so tief, daß es die Worte seiner eignen alten Propheten nicht mehr verstand; […].

Während der langen Zeit seiner Zerstreuung ist Israel […] ein eifrig und viel betendes Volk gewesen. Aber das Beten wurde bei ihm zum äußerlichen Werkdienst; […] als ob das bloße Hersagen langer Gebete ein gutes Werk und Verdienst vor Gott wäre. […] Ja diese Menschensatzungen haben Israel nun schon 1800 Jahre im tiefsten Geistesschlaf festgehalten und in immer tieferen Schlaf eingewiegt. Diese Menschensatzungen, die man zu Jesu Zeiten unter den Juden aufzustellen anfing; die mehrten sich und lasteten wie ein Alp auf dem Geist des schlafenden Israels, sie schwollen an zu einer ungeheuren Maße, die man in 12 große Foliobände zusammengefaßt hat und denen man den Namen Talmud gab. Der Talmud hat bisher alles Geistesleben unter dem Volk Israel erdrückt und erstickt, denn das Talmudstudium ist das dürrste und unfruchtbarste und geisttödtenste, was man sich denken kann."[42]

Wurde das Judentum als ‚Gesetzesreligion' im Vergleich zum Christentum als minderwertig dargestellt, so wurde der christliche Superioritätsanspruch noch dadurch akzentuiert, dass der angeblich jüdischen ‚Gesetzlichkeit' die christliche ‚Liebe' dichotom entgegengesetzt wurde.[43] Zu diesem Liebes-Diskurs gehörte auch, dass die Fähigkeit zum selbstlosen ‚Liebesdienst' exklusiv für das Christentum beansprucht wurde. So sprach der pietistische „Christliche Volksbote" diese Fähigkeit jüdischen Krankenschwestern in einer gemeinnützigen Institution in Frankfurt am

---

41  Als Beispiel hierfür sei eine Passage aus dem „Appenzeller Sonntagsblatt" aus dem Jahre 1880 genannt, die auf Apostelgeschichte 3,19–21 und ihren Aufruf zur Bekehrung und zur Busse Bezug nahm: „Allein wir wissen, wie Wenige [Juden] wirklich Busse thaten und sich bekehrten, […]. So waren und sind die Juden; sie sind sich selbst genug, sie vermeinen sich selbst helfen zu können, wollen durch ihre Gesetzeswerke gerecht werden anstatt durch Gottes Gnadenwerk in Christo." (-m-, Jesus Christus in uns, in: ASB, 22. 5. 1880, S. 161–163, S. 161.)

42  Friedrich Heman, Israels geistiges Erwachen, ein Zeichen der Zeit, in: FI 3 (1876) 5, S. 129–140, S. 132–134. Auffallend an diesem Zitat ist zudem die in der Judenmission häufig praktizierte christologische Auslegung des ‚Alten Testaments', denn Heman stellte Jesaja 29,10–24 in den Mittelpunkt seiner Betrachtungen.

43  Siehe hierfür etwa: Hermann Seifert, Das alte Testament in der Volksschule, Teil II, in: RVB, 9. 9. 1871, S. 287 f., S. 287; Rudolf Rüetschi, Ueber die Juden in naturhistorischer Sicht, Teil II, in: VRK, 2. 4. 1881, S. 55 f., S. 56. Zur Assoziation des Judentums mit ‚Rache' und ‚Vergeltung' siehe z. B.: Alfred Altherr, Ein Gang durch die Bibel, Teil XXXV, in: SPB, 27. 11. 1886, S. 378 f., S. 379; Johannes Hauri, Der Schlag auf den rechten Backen, in: CVF, 3. 11. 1888, S. 513–517, S. 515.

Main ab, da ein solcher „Liebesdienst" nur leisten könne, wer sich zu Jesus bekenne.[44]
Wie bereits angetönt, war der judenfeindliche Topos der jüdischen ‚Gesetzlichkeit'
aufs engste mit jenem der angeblichen ‚Äußerlichkeit' verknüpft. Er war sowohl in
den konservativen als auch den liberalen Zeitschriften verbreitet.[45] Die stark christlichzentrierte Beurteilung des Judentums als ‚äußerlich' praktizierte Religion – immer verstanden als dichotomer Gegensatz zur angeblichen ‚Innerlichkeit' der protestantischen Religionsausübung – zeigte sich besonders in der Beschreibung jüdischer Rituale. Diese würden nur den Schein einer echten Religiosität vortäuschen.[46]
Der Äußerlichkeits-Diskurs fand sich nicht zuletzt in Reiseberichten, die oft von einem christlichen, aber auch kulturellen Superioritätsgefühl geprägt waren.[47]

Im Vergleich zu anderen antisemitischen Diskursen waren solche, die sich um
das antijudaistische Bild der angeblich durch ‚Äußerlichkeit' geprägten ‚Gesetzesreligion' gruppierten, im liberalen Protestantismus der Deutschschweiz stärker
präsent, weil sich dieses Zerrbild des Judentums in das Fortschrittsparadigma des
Liberalismus einflechten ließ. Hierbei fand das Judentum als negativer Referenzpunkt Eingang in die Beschreibung eines Perfektionierungsprozesses, an dessen
Anfang das Judentum und an dessen Ende der liberale Protestantismus gesehen
wurden. Der Fortschrittsdiskurs war zugleich Teil der innerprotestantischen Rich-
tungspolemik, wurde doch der positive Protestantismus ebenfalls als ‚überholte'
Religion dargestellt. „So hat der Geist sich aufgeschwungen aus dem Grabe des Judenthums, aus den Fesseln der mittelalterlichen Kirchengewalt, auch aus den Ban-
den des protestantischen Buchstabenglaubens. Ja, der Geist ist lebendig", drückte
dies 1873 Pfarrer Zwingli Wirth aus.[48] Besonders gerne bediente sich Pfarrer Alfred

---

44  Nachrichten, in: CVB, 6. 9. 1893, S. 287. Der „Christliche Volksbote" sah in dieser jüdischen Ein-
    richtung den Versuch, das Prinzip der protestantischen Diakonissenhäuser zu kopieren. Diesel-
    be karitative Einrichtung wurde wenige Jahre später nochmals thematisiert: Brosamen von den
    christlichen Jahresfesten in Basel, Teil II, in: CVB, 8. 7. 1896, S. 217 f., S. 218.

45  Im Organ der Vermittler war dieser Topos in dieser Phase kaum präsent. Als eine Ausnahme sie-
    he: Georg Finsler, Christus das Waizenkorn, das in die Erde gelegt wird. Passionspredigt über
    Joh. 12, 24, in: VRK, 20. 3. 1880, S. 45–47, S. 46.

46  Siehe etwa: Samuel Gottlob Preiswerk, Die Zeichen der Zeit, Teil I, in: ASB, 16. 4. 1881, S. 123–
    126, S. 124. Auf der liberalen Seite sprach etwa die „Reform" davon, dass kein anderes Volk mehr
    zur „Veräusserlichung der Religion" beigetragen habe als das Judentum. (J. Müller, Die religiö-
    sen und kirchlichen Reformbewegungen in ihrer Bedeutung und Berechtigung geschichtlich be-
    leuchtet, in: RZ, 24. 1. 1874, S. 17–27, S. 19 f.)

47  Siehe etwa: Christoph Johannes Riggenbach, Eine Reise nach Palästina, Basel 1873, S. 58; von
    Orelli, Durch's heilige Land, S. 106; S. 251; Briefe des Volksboten von der 9. Evangel. Allianzver-
    sammlung, Teil III, in: CVB, 22. 4. 1891, S. 121–125, S. 124.

48  Zwingli Wirth, Der Buchstabe tödtet, aber der Geist macht lebendig, in: RVB, 14. 6. 1873,
    S. 185–191, S. 190. Für weitere Beispiele siehe: Theodor Wälli, Frühlingswehen, in: RVB, 11. 3. 1876,

Altherr, von 1871 bis 1874 erst Pfarrer in Rorschach und dann von 1874 bis 1911 an der St. Leonhardskirche in Basel, dieses Fortschrittsdiskurses.[49] Innerhalb dieser diskursiven Besonderheit des liberalen Protestantismus fand des Öfteren auch eine direkte Assoziation der Positiven mit dem Judentum respektive mit jüdischen Sitten statt.[50] Auch die Betonung christlicher ‚Liebe‘ im Gegensatz zur angeblich jüdischen ‚Gesetzlichkeit‘ und dem ‚den Juden‘ unterstellten ‚Racheprinzip‘ ließ sich in das liberale Fortschrittsparadigma eingliedern.[51]

### ‚Das Judentum‘ als ‚Gegenpart‘

Die stark in den neutestamentlichen Texten und der christologischen Auslegung des ‚Alten Testaments‘ wurzelnden antisemitischen Vorstellungen rund um die Verworfenheits-, Blindheits-, Gottesmord- sowie Gesetzlichkeits- und Äußerlichkeits-Topoi legten die Basis für einen eigentlichen Masterdiskurs im Antisemitismus des Deutschschweizer Protestantismus: die Konstruktion ‚der Juden‘ als ‚Feinde des Christentums‘. Diese Feindbildkonstruktion führte zu einer exemplarischen Verknüpfung von Diskursen der religiös argumentierenden Judenfeindschaft mit solchen des modernen Antisemitismus. ‚Die Juden‘ wurden als in einer religiös bedingten Gegnerschaft zum Christentum und den ‚christlichen Völkern‘ stehend gezeichnet, die letztlich als Kampf um die religiöse und gesellschaftliche Vorherrschaft gesehen wurde. ‚Die Juden‘ wurden somit zu einer Gefahr für die als christlich verstandene Gesellschaft erklärt. Die in solchen antisemitischen Gedankengängen inhärenten Entchristlichungsängste lassen eine modernisierungskritische Grundeinstellung erkennen, was erklärt, dass die Diskurse der angeblichen ‚jüdischen Feindschaft‘ gegenüber dem Christentum vor allem ein tragendes Element des Antisemitismus der konservativen und vermittlerischen Richtung des Deutschschweizer Protestantismus waren. Der liberale Protestantismus, bei dem ein Krisenempfinden bezüglich des sich

S. 81–83, S. 81 f.; Johann Blaser, Der Fortschritt auf dem Gebiete der Religion, in: SRB, 26. 2. 1882, S. 65–69, S. 66.

49   Siehe v. a.: Alfred Altherr, Die religiöse Reformbewegung, in: RVB, 15. 2. 1873, S. 50–55, S. 51; Alfred Altherr, Die drei Ringe, in: SPB, 7. 7. 1883, S. 213 f., S. 214.

50   Siehe beispielsweise: Albert Bitzius, Gesetzgebung über den Sonntag, Teil II, in: RZ, 1. 2. 1869, S. 49–54, S. 53; August Werner, Buchstabe und Geist, in: SRB, 31. 5. 1885, S. 170–174, S. 174. Weitere ‚Judaisierungsvorwürfe‘ in anderem Zusammenhang: Alfred Altherr, Beruhigung im Sturm, in: RVB, 30. 7. 1870, S. 33–39, S. 37; Alfred Altherr, Wochenschau, in: RVB, 19. 8. 1871, S. 263 f., S. 263. Die negative Assoziation mit dem Judentum konnte auch auf den Katholizismus angewandt werden. Siehe etwa: Geistliches Gründerthum, in: RVB, 20. 1. 1877, S. 20–23, S. 21.

51   So sprachen sich die „Schweizerischen Reformblätter“ gegen die Todesstrafe aus, indem sie diese mit dem angeblichen alttestamentlichen ‚Gesetzesdenken‘ des Judentums in Zusammenhang brachten: Johann Blaser, Zur Todesstrafe, in: SRB, 23. 1. 1881, S. 25–28, S. 27.

verändernden Status der Kirche und des Christentums in der modernen, liberal geprägten Gesellschaft – die auch die Juden emanzipiert hatte – weit weniger präsent war, integrierte dieses Feindbild hingegen kaum in seinen Antisemitismus.

Die antisemitische Unterstellung an die Adresse ‚der Juden‘, ‚Feinde des Christentums‘ zu sein, gründete in der Gegnerschaft, die theologisch bereits für die ‚biblische Zeit‘ konstruiert worden war. Der von den Antisemiten imaginierte zeitgenössische Konflikt zwischen Juden und Christen wurde von konservativ-protestantischer Seite in Kontinuität zu diesem theologischen Konstrukt gesetzt.[52] Selten deutlicher zeigte sich diese Kontinuitätskonstruktion als in einem sich mit der ‚Judenfrage‘ befassenden Artikel des „Christlichen Volksboten". Mit Bezugnahme auf die Offenbarung des Johannes behauptete er, dass „die christusfeindlichen" Juden aus „Gliedern des Volkes der Offenbarung [...] zu Werkzeugen des Satans" geworden seien. Sie hätten in den Städten der frühen christlichen Gemeinden überall den „heidnischen Pöbel gegen das Evangelium" und die öffentliche Meinung gegen „Christum und seine Zeugen" aufgereizt. Und dann zog die Zeitschrift aus Basel folgenden Analogieschluss: „Die Demagogengestalten, die in jenen Tagen aus den Synagogen hervorgingen, sie gleichen den jüdischen Demagogengestalten unserer Tage wie ein Ei dem andern."[53] Auch der judenmissionarische „Freund Israels" sah das Christentum in einen die Zeit übergreifenden Kampf mit dem Judentum verwickelt, denn dieses stünde noch heute im Bunde mit dem Antichristentum und sei seit Beginn der „gefährlichste Feind des Christentums" gewesen.[54] Die Religion sei der „Kampfplatz, auf dem das Judenthum das Christenthum aus dem Felde zu schlagen alle Anstrengung" mache."[55]

Im Masterdiskurs der angeblichen jüdischen Feindschaft gegen das Christentum lassen sich drei Diskursbereiche voneinander unterscheiden. Ein erster Diskurs-

---

52    Besonders stark war dieser Kontinuitätsgedanke in den von einem biblizistischen Schriftverständnis geprägten judenmissionarischen Kreisen. Siehe z. B.: Friedrich Heman, Jahresbericht des Vereins von Freunden Israels zu Basel, in: FI 2 (1875) 4, S. 97–118, S. 99; Friedrich Heman, Gott hat wohl Macht, sie wieder einzupfropfen, in: FI 4 (1877) 1, S. 4–12, S. 6–7.

53    Zeitfragen in Briefform. Ueber die Judenfrage, Teil I, in: CVB, 29. 10. 1879, S. 346–348, S. 348.

54    Friedrich Heman, Soll in unsrer Zeit Mission unter Israel getrieben werden?, in: FI 6 (1879) 1, S. 1–10, S. 10. Heman sah aufgrund dieses Gegensatzes das Fortbestehen der Judenmission als angebliches Zeichen des zukünftigen Sieges des Christentums über das Judentum.

55    [Johannes Friedrich Alexander de le Roi?], Die Aufgabe und die Bedeutung der Judenmission in unsrer Zeit. Ein Wort an Studirende, in: FI 12 (1885) 5, S. 129–139, S. 134. Der Artikel stammte sehr wahrscheinlich aus der Feder des auch im Basler Netzwerk der „Freunde Israels" aktiven preußischen Judenmissionars Johannes Friedrich Alexander de le Roi. Zu de le Rois wichtiger Rolle in der Verbreitung des Antisemitismus im Deutschen Kaiserreich Anfang der 1870er-Jahre und seiner Beziehung zu Adolf Stoecker: Engelmann, Kirche am Abgrund, v. a. S. 51–61; Heinrichs, Das Judenbild im Protestantismus, u. a. S. 166–186.

bercich fokussierte auf Jesus Christus. Den Juden wurde ein seit ‚biblischer Zeit‘ fortbestehender ‚Christushass‘ unterstellt. In diesem Bereich blieb der biblisch-theo logische Hintergrund stark präsent.[56] Der ‚Christushass‘ wurde wie in ‚alten Zeiten‘, so auch noch für die Gegenwart als vermeintlich treibende Kraft im Judentum angesehen.[57] Ein häufig wiederkehrendes Motiv war dabei, dass Christus oder auch das Kreuz als dessen Symbol ‚den Juden‘ seit jeher ein „Ärgernis" gewesen seien.[58] Um den angeblich eingefleischten ‚Christushass‘ der Juden greifbar zu machen, wurde er wiederholt in den vor allem in pietistischen Kreisen beliebten Geschichten über die Bekehrung von Juden veranschaulicht. So würde zum Beispiel das bloße Aussprechen des Namen ‚Jesus‘ durch die frisch Bekehrten bei den anwesenden Juden eine beinahe an physische Schmerzen grenzende Abneigung auslösen, welche die Juden veranlassen würden zu schreien oder zu kreischen, um den Jesu Namen nicht hören zu müssen.[59]

Ein zweiter und weitaus bedeutenderer Diskursbereich stilisierte ‚die Juden‘ zu ‚zersetzenden Elementen‘ in der Gesellschaft und zu einer vermeintlichen Gefahr für die als christlich verstandenen Völker und Staaten. In diesem Aspekt der Feindbildkonstruktion war der Gegenwartsbezug dominant. In diesem Punkt war der Masterdiskurs der angeblichen ‚Christentumsfeindschaft‘ ‚der Juden‘ besonders anschlussfähig an die Diskurse des modernen Antisemitismus, war doch die Vorstellung eines in der Gesellschaft scheinbar ‚zersetzend‘ wirkenden Judentums eines seiner tragenden Elemente. Sämtliche systematisch untersuchten Zeitschriften der Positiven und Vermittler verwendeten dieses judenfeindliche Motiv recht häufig, vor allem in der Zeitspanne von 1879 bis in die Mitte der 1880er-Jahre, ein Zeit-

---

56  Siehe als Beispiele für diesen Diskurs: Abessinische Briefe an Missionar Flad, Teil I, in: FI 6 (1879) 4, S. 109–112, S. 112; Karl Hackenschmidt, Die Juden und ihr göttlicher Beruf, Teil II, in: KF, 20. 5. 1887, S. 145–152, S. 148; Conrad von Orelli, Der Religionskongreß zu Chicago, Teil II, in: KF, 17. 5. 1895, S. 145–153, S. 149.

57  Nachrichten, in: CVB, 25. 2. 1891, S. 62 f.

58  Siehe beispielsweise: Georg Langhans, Für euch gebrochen – für euch vergossen. Auf die heil. Passion, in: VRK, 8. 4. 1876, S. 57–59, S. 58; Ernst Buss, Die messianischen Erwartungen der Völker, Teil II, in: VRK, 18. 12. 1880, S. 201 f., S. 202; Georg Rudolf Zimmermann, Passionsbetrachtung über das erste Wort Jesu am Kreuze: Vater, vergieb ihnen, denn sie wissen nicht, was sie thun, in: EW, 14. 4. 1881, S. 67 f., S. 67. Oft wurde in diesem Zusammenhang Referenz genommen auf: 1. Kor. 1,22. Vereinzelt sind auch Beispiele in den Zeitschriften der Liberalen zu finden, wie etwa: J. G. Schaffroth, Die Darstellung Jesu im Tempel, in: SRB, 1. 1. 1882, S. 3–6, S. 4.

59  Siehe exemplarisch: Der jüdische Salzhändler und sein Fuhrmann, in: ASB, 6. 1. 1872, S. 4. Wie bei Bekehrungsgeschichten nicht unüblich, so wurden diese Geschichten in mehreren Zeitschriften abgedruckt, so auch in: Hofert, Festrede, gehalten am 45. Jahresfeste der Freunde Israels, in: FI 3 (1876) 4, S. 109–119, S. 117 f. Für ein weiteres Beispiel, das sich des Motivs des ‚Schreiens‘ bedient: Aus dem 68. Bericht der brit. u. ausl. Bibelgesellschaft, in: ASB, 1. 3. 1873, S. 70.

raum, in dem der moderne Antisemitismus einen ersten Höhepunkt erreichte.[60] Auf liberaler Seite hingegen war dieser Diskurs fast inexistent.[61] Das in einem religiösen Kontext verwendete Zersetzungs-Motiv, bei dem per se auch Aspekte von Krankheitsdiskursen – die auch sonst gelegentlich in konservativen Zeitschriften aufschienen[62] – unterschwellig mitschwangen, verband sich in den untersuchten Texten besonders stark mit dem für den modernen, postemanzipatorischen Antisemitismus zentralen Diskurs der angeblichen ‚jüdischen Herrschaft' über die Presse[63] und eines vermeintlich übergroßen ‚Einflusses' in Wirtschaft und Gesellschaft.[64] Die Verwendung dieser Topoi deutet an, dass diese antisemitischen Stereotype gerade auch vor dem Hintergrund antimodernistischer Denkstrukturen im konservativen Protestantismus zu sehen sind. Sehr prägnant wird der Zersetzungs-Diskurs in einem Beitrag aus der Rubrik „Politisches" des „Appenzeller Sonntagsblattes" sichtbar. Der früh in den 1870er-Jahren erschienene Beitrag, der zugleich eine stark nationalistische Note enthält, hält fest:

60  Siehe als Beispiele: Carl Pestalozzi, Kirchliche Chronik, in: CVF, 27. 11. 1880, S. 424–426, S. 424–425; Friedrich Heman, Rede am Epiphaniasfest 1882, in: FI 9 (1882) 2, S. 25–33, S. 28 f.; Kirchliche Chronik, in: KRS, 21. 2. 1891, S. 31 f., S. 32. Zudem gilt es auf das Referat des preußischen Judenmissionars Johannes Friedrich Alexander de le Roi anlässlich der siebten Hauptversammlung der „Evangelischen Allianz", die 1879 in Basel stattfand, zu verweisen: Johannes Friedrich Alexander de le Roi, Die Aufgabe der Mission unter Israel, in: Conferenz über Erfahrungen in der Judenmission, in: Siebente Hauptversammlung der Evangelischen Allianz gehalten in Basel vom 31. August bis 7. September 1879. Berichte und Reden, hrsg. im Auftrag des Comité der Allianz durch Christoph Johannes Riggenbach, Bd. 2, Basel 1879, S. 639–664, S. 650.

61  Eine Ausnahme stellt dar: Hans Emil Baiter, Die Judenfrage, Teil I, in: SPB, 4. 6. 1892, S. 180 f., S. 181. Baiter hängt seine antisemitischen Ausführungen insbesondere an der angeblichen ‚jüdischen Beherrschung' der Presse auf.

62  Siehe z. B.: Johann Jakob Schenkel, Nachrichten, in: ASB, 25. 9. 1875, S. 317 f., S. 317; Des Volksboten Rückblick auf das Jahr 1878, Teil V, in: CVB, 29. 1. 1879, S. 33–38, S. 34. An dieser Stelle ist ebenfalls auf die Präsenz von Schädlingssemantiken zu verweisen. Siehe als Beispiele: Johann Jakob Schenkel, Nachrichten, in: ASB, 4. 6. 1881, S. 183 f., S. 184; Friedrich Heman, Rede am Epiphaniasfest 1882, in: FI 9 (1882) 2, S. 25–33, S. 28; Conrad von Orelli, Kirchliche Rundschau, in: KF, 24. 3. 1893, S. 86–89, S. 87. Hinter der Vorstellung der ‚Zersetzung' von Völkern und Gesellschaften steckten nicht zuletzt organische Vorstellungen über deren Aufbau.

63  Siehe etwa: Nachrichten und Korrespondenzen, in: VRK, 4. 12. 1880, S. 195 f., S. 196; Ernst Miescher, Der Christ und die Zeitung, Teil II, in: CVF, 20. 5. 1893, S. 232–238, S. 235. Auch der letzte Antistes der Stadt Zürich und ehemalige „Kirchenblatt"-Redakteur, Pfarrer Georg Finsler, bediente sich im Organ der Vermittler dieses antisemitischen Topos: Georg Finsler, Stöckers Rücktritt, in: KRS, 27. 12. 1890, S. 208–210, S. 209.

64  Siehe z. B.: Zeitfragen in Briefform. Ueber die Judenfrage, Teil IV, in: CVB, 19. 11. 1879, S. 370–382, v. a. S. 371.

„[Welcher] Art und Richtung wird der Einfluß sein, den das Judenthum durch Kapital und Presse auf die öffentliche Meinung und auf das öffentliche Leben ausüben wird? Diese Einwirkung läßt sich mit zwei Worten kennzeichnen: Entnationalisirung und Entchristlichung. Das Recht der Eigenart lassen die Juden nur für ihren Stamm gelten; im übrigen predigen sie das allgemeine Menschenthum […]. In ihrem Sonderinteresse, um der ‚Judenheit' Raum zu schaffen zur vollen Kraftentfaltung, zum Emporsteigen auf die ihm gebührende Stufe der Macht, arbeiten sie an der Zersetzung der Völker, unter denen sie leben. Und alle christlichen Bestrebungen werden in der überwiegend von jüdischen Federn bedienten Tagespresse unaufhörlich Tag für Tag als finstre Orthodoxie, als Verdummungssystem, als Feindschaft gegen jeden gesunden Fortschritt, als Begünstigung von Gewalt und Tyrannei gebrandmarkt; auf diese Weise wird das Zeitungspublikum allmälig mit der fixen Idee erfüllt, das Christenthum sei die Wurzel alles Uebels [sic!] in der Welt, und ohne dasselbe würde die Erde ein Paradies von Friede und Glückseligkeit sein. Auf alle Weise trachten die Juden alle Fäden zu lösen, welche die Völker mit Christus verknüpfen und die modernen Zeitanschauungen mit ihrer Mißachtung der besondern nationalen Eigenthümlichkeit und der christlichen Religion zur Herrschaft zu bringen, damit das ganze Leben der Völker nur noch Erdenluft athme und der Hauch des Geistes Jesu Christi aus demselben verbannt werde."[65]

Dieses Beispiel weist zudem ein Muster auf, das sich im Zusammenhang mit dem Zersetzungs-Motiv mehrfach nachweisen lässt. Der Text suggeriert ein agierendes Kollektiv ‚die Juden', das mit der angeblichen ‚Zersetzung' der Völker und des Christentums einen gemeinsamen Plan zur Ausführung bringen würde.[66] Dieses antisemitische Konstrukt, häufig an Weltherrschafts- und Weltverschwörungsphobien geknüpft,[67] ist ein wiederkehrendes strukturelles Phänomen antisemitischer

---

65 Politisches, in: ASB, 23. 12. 1871, S. 407 f. In seiner antisemitischen Heftigkeit und diskursiven Ausrichtung ist der Artikel ein früher Vorläufer der Beiträge zur antisemitischen ‚Judenfrage' der zweiten Hälfte der 1870er-Jahre. Ein weiteres illustratives Beispiel des mit diesen judenfeindlichen Vorstellungen verknüpften Antimodernismus stellt ein Artikel des „Appenzeller Sonntagsblatts" dar, der auch die Propagierung neuer naturwissenschaftlicher Erkenntnisse, wie etwa der „Affentheorie", der „jüdischen Presse" anlastet: Johann Jakob Schenkel, Nachrichten, in: ASB, 27. 6. 1885, S. 207 f., S. 208.

66 Siehe z. B.: Ernst Miescher, Versammlung der evangelischen Allianz zu Basel, Teil VI, in: CVF, 25. 10. 1879, S. 364–370, S. 368; Zeitfragen in Brießorm. Ueber die Judenfrage, Teil IV, in: CVB, 19. 11. 1879, S. 370–382, S. 371.

67 Mit stark nationalistischem Unterton, der sich des antisemitischen Stereotyps des ‚kosmopolitischen', ‚anti-nationalen' Judentums bedient, schrieb der Schaffhauser Pfarrer Johann Jakob Schenkel etwa im „Appenzeller Sonntagsblatt": „[Weil] die Juden sich fühlen und immer füh-

Konzeptionen. Zudem lässt sich noch ein weiteres strukturelles Merkmal des antisemitischen Argumentariums nachweisen, auf das im Laufe dieser Forschungsarbeit mehrfach einzugehen sein wird: Der Antisemitismus wurde als berechtigte Reaktion, ja als ‚Notwehr‘ auf einen vermeintlich real existierenden Konflikt zwischen Christentum und Judentum zurückgeführt. Somit wurden – im Sinne einer Umkehr von Täter und Opfer – die Juden für die erfahrenen antisemitischen Anfeindungen selbst verantwortlich erklärt. So sei, erklärte Pfarrer Otto Zellweger, Redakteur und Herausgeber des „Appenzeller Sonntagsblatts“ Anfang 1891, der Antisemitismus „nicht etwas künstlich Gemachtes“, sondern er sei aus dem Unwillen großer Bevölkerungsschichten gegen den Wucher und die Machtstellung der Juden sowie „gegen die Frivolität, mit welcher jüdische Literaten alles, was den Christen heilig ist“, besudeln würden, entstanden.[68]

Als dritter und letzter Bereich des Masterdiskurses der konstruierten jüdischen ‚Christentumsfeindschaft‘ ist der in den konservativ-protestantischen Publikationen sehr oft gemachte Vorwurf zu nennen, dass ‚die Juden‘ – vor allem das sogenannte Reformjudentum respektive ‚moderne Judentum‘ – das Christentum und seine Religionspraxis verhöhnen würden. So sah der als Pfarrer im Elsass wirkende und wiederholt für den „Kirchenfreund“ schreibende Karl Hackenschmidt das Judentum überall vorangehen, wo Kirche und Christentum verhöhnt würden.[69] In diesem Diskursbereich dominierten in der Argumentation Verknüpfungen mit dem Topos der ‚jüdischen Presse‘, wobei primär die liberale Presse mit dem Judentum in Verbindung gebracht respektive explizit als ‚jüdisch‘ bezeichnet wurde. Der Deutschlandbezug in vielen dieser antisemitischen Artikel ist augenfällig, war jedoch – wie noch mehrfach thematisiert werden wird – für den Antisemitismus im Deutschschweizer Protestantismus jener Phase bezeichnend.[70] Die Gleichsetzung liberaler Posi-

---

len werden als Volk und doch sich zerstreut sehen durch alle Länder der Welt, so werden sie allezeit instinktmäßig hinarbeiten auf die Zerstörung der Eigenthümlichkeit jedes Volkes, unter welchem sie wohnen, allermeist aber auf der Völker Entchristlichung. Sie zur Betheiligung an der Gesetzgebung und Regierung des Staates berechtigen, heißt ihnen zu dieser Untergrabungsarbeit die stärksten Werkzeuge liefern.“ (Johann Jakob Schenkel, Nachrichten, in: ASB, 24. 9. 1881, S. 311 f., S. 312.)

68   Otto Zellweger, Nachrichten, in: ASB, 7. 2. 1891, S. 46 f., S. 46. Das erzkonservative „Appenzeller Sonntagsblatt“ und insbesondere der Verfasser der Rubrik „Nachrichten“ fielen bezüglich dieser Haltung besonders auf. Als weitere Beispiele siehe: Johann Jakob Schenkel, Nachrichten, in: ASB, 14. 6. 1884, S. 191 f., S. 191; Johann Jakob Schenkel, Nachrichten, in: ASB, 15. 11. 1884, S. 367 f., S. 368.

69   Karl Hackenschmidt, Die Juden und ihr göttlicher Beruf, Teil II, in: KF, 20. 5. 1887, S. 145–152, S. 150.

70   Siehe beispielsweise: Kirchenchronik, in: VRK, 3. 11. 1877, S. 176; Justus J. Heer, Rundschau auf die kirchlichen Zustände in Deutschland, besonders in Preußen, in: KF, 28. 11. 1879, S. 383–391, S. 386; Ludwig Pestalozzi, Kirchliche Rundschau vom Januar, Teil I, in: EW, 12. 2. 1880, S. 28–30, S. 30; Ernst Miescher, Kirchliche Chronik, in: CVF, 27. 8. 1881, S. 311–313, S. 313.

tionen mit ‚jüdischer Christentumsfeindschaft' führte etwa dazu, dass den Juden auch eine Beteiligung am protestantischen Richtungsstreit vorgeworfen wurde.[71] Die vermeintlich ‚christentumsfeindliche' Agitation ‚der Juden' würde sich folglich auf ‚Angriffe' gegen den konservativen Protestantismus beschränken.[72] Besonders wurde der vermeintlichen ‚Judenpresse', wie sie etwa genannt wurde, vorgeworfen, christlich(-konservative) ‚Heiligtümer' und Sitten, wie etwa Weihnachten oder den Sonntag, zu verhöhnen.[73] Pfarrer Arnold Joneli, Redakteur der protestantisch-konservativ ausgerichteten „Allgemeinen Schweizerzeitung", unterstellte etwa anlässlich des von ihm gehaltenen Hauptreferats an der „Conferenz über die Presse" an der 1879 in Basel stattfindenden siebten Versammlung der „Christlichen Allianz" ‚dem Judentum' Sensationsgier und die Unterminierung der Moral:

> „Die Sucht nach Klatsch, nach pikanten, halb oder ganz wahren oder auch unwahren Scandalgeschichten zeichnet die jüdische Presse unrühmlich aus. Diese Geschichten erhalten für sie einen besondern Reiz, falls sie über christliche Persönlichkeiten, geistliche Coryphäen oder religiöse Institute auftauchen. […]
> Die jüdische Presse verderbt aber vor Allem den Geschmack darin, dass sie dem Zuge nach Allerlei und Allem zu willig Vorschub leistet."[74]

Gleichzeitig wurde jedoch von konservativ-protestantischer Seite in den Raum gestellt, dass das Judentum im Gegensatz zum Christentum von der Presse mit ‚Samthandschuhen' angefasst würde, womit man sich einer im Antisemitismus beliebten apologetischen Strategie bediente.[75] Ebenfalls apologetische Funktionen übernahmen die auch in Verbindung mit dem antisemitischen Vorwurf der angeblichen

---

71  Siehe vor allem: Politisches, in: CVB, 14. 12. 1892, S. 399 f., S. 400. Mit Bezug auf Berlin, das oft Ziel antisemitischer Projektionen war, konstatiert der „Volksbote": „Nicht nur in allen politischen und sozialen, bürgerlichen und geschäftlichen Fragen wollen die Israeliten das große Wort führen, sondern selbst in den kirchlichen. Im Streit um das Apostolicum haben sich die Judenblätter an die Spitze der Sturmcolonne gedrängt! man kann sich denken, in wie würdiger Weise von diesen Händen die heiligsten und zartesten Fragen des Christenglaubens berührt werden!"

72  So würden beispielsweise Institutionen der inneren Mission verhöhnt: Zeichen der Zeit, in: ASB, 9. 10. 1880, S. 325 f., S. 326.

73  Siehe z. B.: Politisches, in: CVB, 8. 6. 1881, S. 184; Conrad von Orelli, Worte an Israel und aus Israel, Teil II, in: KF, 19. 5. 1882, S. 154–156, S. 154; Johann Jakob Schenkel, Nachrichten, in: ASB, 7. 6. 1884, S. 183 f., S. 183; Ausland, in: ASZ, 16. 4. 1893, S. 1 f., S. 2. Unter den angeführten Beispielen finden sich oft anekdotenartige Meldungen, die wahrscheinlich aus der deutschen konservativen Presse entnommen worden waren. Siehe etwa: Nachrichten und Korrespondenzen, in: VRK, 8. 1. 1881, S. 8.

74  Arnold Joneli, Referat, in: Siebente Hauptversammlung der Evangelischen Allianz, S. 582–609.

75  Als Beispiele hierfür: Carl Pestalozzi, Kirchliche Chronik, in: CVF, 25. 8. 1877, S. 273 f., S. 273; Johann Jakob Schenkel, Nachrichten, in: ASB, 11. 3. 1882, S. 78 f., S. 78.

jüdischen ‚Verhöhnung' des Christentums häufig praktizierten Realkonfliktskonstruktionen und die Täter-Opfer-Umkehr. Die ‚Verhöhnungen' würden die judenfeindlichen Reaktionen als ‚Notwehr' rechtfertigen.[76]

Die häufige Verknüpfung des antisemitischen Topos der jüdischen ‚Feindschaft gegenüber dem Christentum' mit dem Konstrukt einer ‚jüdisch dominierten Presse' widerspiegelt letztlich auch ein antimodernistisches Unbehagen der Positiven mit der sich transformierenden Gesellschaft und ihrer sich pluralisierenden Presselandschaft. Auch zeigt sie, wie oft Feindbilder, die in der religiösen Ablehnung des Judentums und den damit einhergehenden christlichen Superioritätsvorstellungen gründeten, mit Stereotypen des modernen Antisemitismus verflochten waren. Deshalb sind Antijudaismus und moderner Antisemitismus keinesfalls als zwei unterschiedliche, klar voneinander abgrenzbare Phänomene aufzufassen, sondern als zwei oft eng miteinander verbundene Argumentationsstränge des Antisemitismus.

*‚Das Judentum' als Projektionsfläche für heilsgeschichtliche Funktionszuschreibungen*

Für die Deutung der Fortexistenz des als ‚verworfen' angesehenen Judentums blieb das antijudaistisch geprägte theologische Interpretationsraster im konservativen Protestantismus grundlegend. Die Entwicklungen im Judentum und in dessen gesellschaftlicher Stellung in der Diaspora wurden in Abhängigkeit zur christlichen Heilsgeschichte stehend gedacht. Die Juden wurden zwar als ‚enterbt' und ‚verworfen' betrachtet, doch war in positiven Kreisen die Vorstellung verbreitet, dass ‚den Juden' eine endzeitliche Rolle im christlichen Heilsgeschehen verbleiben würde, da ihre Bekehrung am Ende der Tage eine Voraussetzung für die ‚zweite Wiederkunft' Christi darstellen würde. Dabei wurde ein Heilszusammenhang zwischen Christentum und Judentum postuliert, das ein Interesse am Judentum aufrechterhielt. Dieses bestand somit nicht um des Judentums, sondern um des Christentums willen. Solche heilsgeschichtlich orientierten, chiliastisch geprägten theologischen Konzeptionen beschränkten sich auf die Positiven. In der Vermittlungstheologie sowie im

---

76  Als Beispiele: Johann Jakob Schenkel, Nachrichten, in: ASB, 20. 11. 1880, S. 374–376; Politisches, in: CVB, 19. 1. 1881, S. 24; Heinrich Tanner, Gotthold Ephraim Lessing, Teil I, in: VRK, 19. 2. 1881, S. 29–31, S. 30. Besonders radikal trat der Notwehr-Gedanke auf bei: Die Woche der christlichen Jahresfeste in Basel, Teil II, in: CVB, 12. 7. 1882, S. 217–219, S. 217. Erwähnt sei, dass auch ein liberaler Pfarrer, der St. Galler Arnold Hess, in seinen judenfeindlichen Ausführungen diese Strategie anwandte: Arnold Hess, Ueber religiöse und sittliche Toleranz. Vortrag gehalten in der toggenburgischen Pastoralgesellschaft, St. Gallen 1884, S. 30. Weitere Äußerungen der Liberalen, die sich des Verhöhnungs-Motivs bedienten: Hermann Albrecht, Aus Staat und Kirche, in: RVB, 31. 1. 1880, S. 39 f.; Alfred Altherr, Wochenschau, in: SPB, 11. 9. 1897, S. 293–295, S. 293.

protestantischen Liberalismus waren sie nicht anzutreffen, da sie einem konsequent biblizistischen und endzeitlichen Schriftverständnis fern standen. Unter den Positiven wiederum konzentrierten sich diese Vorstellungen vor allem auf pietistisch-judenmissionarische Gruppen, in denen die Deutung endzeitlicher ‚Zeichen der Zeit'[77] – auch in Bezug auf die Juden – zum Kernbestand ihres Glaubens gehörte.

„Das Heil kommt von den Juden". Dieser Bezug auf Johannes 4,22 fand sich in vielen Artikeln konservativ-protestantischer Zeitschriften, wiederholt auch in Beiträgen mit stark antisemitischem Inhalt.[78] Die christlichen Heilshoffnungen waren somit in den Augen dieser Autoren direkt von den Juden abhängig. Die heilsgeschichtliche Hoffnung und die antisemitische Verdammung der Juden stellten für die Positiven keineswegs einen Widerspruch dar. So handelte es sich nur um eine scheinbare Ambivalenz zwischen der weitverbreiteten – ja gerade auch theologisch begründeten – antisemitischen Haltung gegenüber den Juden und den heilsgeschichtlichen Hoffnungen, die ihnen entgegengebracht wurden. Wie bereits in den theoretischen Überlegungen im zweiten Teil dargelegt wurde,[79] war das aufgrund der heilsgeschichtlichen Hoffnungen teilweise wohlwollende Interesse am Judentum ein vereinnahmendes, das zudem theologisch untrennbar mit den antijudaistischen Topoi verknüpft war. Die heilsgeschichtliche Vereinnahmung war zugleich Ausdruck des christlichen Superioritätsdenkens.

An die christlichen Funktionszuschreibungen gegenüber dem Judentum knüpften sich in den untersuchten Texten der Positiven mehrere Diskurse an. So wurde etwa wiederholt vorgebracht, dass das Judentum ein ‚einzigartiges Volk' sei, das trotz der zahlreichen Verfolgungen nicht zu existieren aufgehört habe, während andere Völker längst untergegangen seien. Da es im Zusammenhang mit dem Kommen des Reiches Gottes stehe, so hob der „Christliche Volksbote" hervor, sei es bis heute erhalten worden.[80] Dieser geschichtstheologische Blick war auch problemlos in den nationalistischen Stereotypenbestand des Antisemitismus integrierbar, indem die ju-

---

77 Siehe beispielsweise: Friedrich Heman, Jahresbericht des Vereins von Freunden Israels zu Basel, in: FI 1 (1874) 1, S. 1–18, S. 2; S. 17 f.; Nachrichten, in: CVB, 16. 5. 1877, S. 158 f., S. 159; Die Zeichen der Zeit, in: CVB, 24. 11. 1880, S. 370–372; Friedrich Heman, Dreiundsechzigster Jahresbericht des Vereins der Freunde Israels in Basel, in: FI 21 (1894) 4, S. 57–71, passim.

78 Siehe etwa: Carl Sarasin, Rede am Jahresfeste der Freunde Israels, in: FI 4 (1877) 5, S. 141–149; Zeitfragen in Briefform. Ueber die Judenfrage, Teil I, in: CVB, 29. 10. 1879, S. 346–348; Ein Volk ohne Regierung, in: CVB, 11. 1. 1893, S. 9 f.; Johannes Hauri, Das priesterliche Volk, in: CVF, 18. 12. 1886, S. 593–595; Karl Hackenschmidt, Die Juden und ihr göttlicher Beruf, Teil I, in: KF, 6. 5. 1887, S. 129–132. Regelmäßig tauchte diese Aussage vor allem im „Freund Israels" und im „Christlichen Volksboten" auf.

79 Siehe Kapitel 4 in Teil II.

80 Ein bedeutungsvolles Zeichen unsrer Zeit, in: CVB, 13. 1. 1892, S. 9 f., S. 9. Siehe ebenfalls in diesem Sinne: Riggenbach, Eine Reise nach Palästina, S. 59.

denfeindliche Vorstellung, ‚die Juden' seien ‚nichtassimilierbare' nationale ‚Fremdkörper', als heilsgeschichtlich bedingt verstanden wurde.[81] Zugleich – und dies war ein weiterer häufiger Diskurs innerhalb der heilsgeschichtlichen Vereinnahmung – wurde vorgebracht, dass die prekäre Existenz des Judentums den Christen als Exempel diene, welche Strafe Völker zu gewärtigen hätten, die den Messias verwerfen würden: „Jeder Jude, der uns begegnet, sei uns ehrwürdig als ein Zeuge der Wahrheit Gottes – als ein Zeuge, was unsrer wartet, wenn wir Seine Stimme nicht hören."[82] Karl Hackenschmidt ging einen Schritt weiter und sah die Warnung, bei fortschreitender Entchristlichung analog zum Judentum bestraft zu werden, bereits verwirklicht. Mit starkem Bezug auf das antisemitische Motiv, dass ‚die Juden' den Völkern ‚Schaden' zufügen würden, unter denen sie lebten, erachtete er ‚die Juden' als Mittel der göttlichen Strafe für den Abfall vom Christentum: „Sie sind eine dem Christenvolke aufgebundene Zornesruthe, ein Pfahl in seinem Fleische, ein Nagel in seinem Gewissen. Sie sind die Todtengräber einer von Gott abgefallenen Cultur. Sie sind die Gerichtsboten Gottes an seine untreuen Diener. Wo das Aas ist, da sammeln sich die Adler."[83] In eine ähnliche Richtung zielten Aussagen, welche die Existenz der Juden als einen ‚Fluch' bezeichneten.[84] Eine weitere Dimension der heilsgeschichtlich gesteuerten Interpretation des zeitgenössischen Judentums offenbarte das Auseinanderklaffen zwischen der wahrgenommenen Realität des zeitgenössischen Judentums und des theologisch konstruierten ‚biblischen Israel'. Da in diesem Fall das ‚reale Judentum' nicht der ihm zugedachten heilsgeschichtlichen Funktion entsprechend agierte, wurde dafür plädiert, dass es – beispielsweise durch die Judenmission – auf seine ihm eigentlich aufgetragene Funktion hingewiesen werden solle.[85]

81  „Die Juden bleiben Juden, vor Allem in nationaler Beziehung. Das ist das göttliche Verhängniß über ihnen, daß sie, mitten unter andern Völkern lebend und in der Völkerbewegung mitten inne, ihre Nationalität nicht nur nicht aufgeben, sondern mit größter Zähigkeit festhalten", brachte der „Christliche Volksbote" dies zum Ausdruck. (Zeitfragen in Briefform. Ueber die Judenfrage, Teil IV, in: CVB, 19. 11. 1879, S. 370–372, S. 370.) Siehe auch: Samuel Gottlob Preiswerk, Die Zeichen der Zeit, Teil III, in: ASB, 30. 4. 1881, S. 138–140, S. 139.

82  Zeugen der Wahrheit Gottes, in: ASB, 12. 3. 1870, S. 109–111, S. 111. Ein sehr frühes Beispiel: Ein falscher Messias und sein Palast in Sadagora, in: CVB, 20. 6. 1866, S. 193–195, S. 193. Siehe des Weiteren: S. W. F., die Basler Festwoche, in: EW, 17. 7. 1879, S. 127–130, S. 127; C. Axenfeld, Zum 10. August 1870, in: CVB, 10. 8. 1870, S. 249 f., S. 249.

83  Karl Hackenschmidt, Die Juden und ihr göttlicher Beruf, Teil II, in: KF, 20. 5. 1887, S. 145–152, S. 151.

84  Siehe etwa: Conrad von Orelli, Literatur für und wider Israels, in: KF, 19. 3. 1880, S. 91–95, S. 95; Friedrich Heman, Dreiundsechzigster Jahresbericht des Vereins der Freunde Israels in Basel, in: FI 21 (1894) 4, S. 57–71, S. 59 f.

85  Siehe zwei Artikel des „Christlichen Volksboten": Zeitfragen in Briefform. Ueber die Judenfrage, Teil I, in: CVB, 29. 10. 1879, S. 346–348, S. 347; Die Woche der christlichen Jahresfeste in Basel, Teil II, in: CVB, 12. 6. 1882, S. 217–219, S. 217.

Im Zusammenhang mit der theologischen Deutung der Fortexistenz des Judentums nach Jesu Tod zeigten sich in den untersuchten Quellen noch zwei weitere antijudaistische Motive als bedeutsam. Dies waren die Legende des ‚ewigen Juden' sowie die angebliche ‚Selbstverfluchung' der Juden vor Pontius Pilatus. Beide ‚volkstümlichen' judenfeindlichen Motive schienen der heilsgeschichtlichen Interpretation der Geschichte des Judentums recht zu geben, da sie ein Judentum zeichneten, das unter fortdauerndem Leidensdruck stehen würde. Die sich im Mittelalter entwickelnde Sage des Ahasverus, der bis ans Ende der Tage auf Erden ruhelos herumirren müsse, da er Christus auf dessen Weg zur Kreuzigung nicht habe ausruhen lassen und deshalb von Christus verflucht worden sei, war ein populäres Element antisemitischer Volkskultur.[86] Auch in den analysierten konservativ-protestantischen Publikationen tauchte das Ahasverus-Motiv in Gedichten oder Liedern auf.[87] Als geschichtstheologischer Interpretationsrahmen fand das Ahasverus-Bild Verwendung als Symbol für das Schicksal des Judentums. Wie Ahasverus – der ‚ewige Jude', wie er auch genannt wurde – stehe das Judentum unter dem Fluche Gottes und müsse bis in alle Ewigkeit rastlos auf der Erde herumirren.[88] Auch die Exegese der vermeintlichen ‚Selbstverfluchung' des Judentums im sogenannten Blutruf nach Matthäus 27,25[89] bot dem Deutschschweizer Protestantismus

---

86  Zur Geschichte des Ahasverus-Motivs siehe: Mona Körte, Art. ‚Ahasverus', in: Handbuch des Antisemitismus, Bd. 3, S. 3–6; Avram Andrei Baleanu, Die Geburt des Ahasver, in: Menora. Jahrbuch für deutsch-jüdische Geschichte 2 (1991), München 1990, S. 15–43; Frank Stern, „Der Ewige Jude" – Stereotype auf der europäischen Wanderung, in: Jüdisches Museum der Stadt Wien (Hrsg.), Die Macht der Bilder, S. 117–121. Erstmals wurde der Figur in einer Schrift von 1602 der Name Ahasverus gegeben.

87  Siehe etwa: Ludwig Pestalozzi, Ahasver, der ewige Jude, in: EW, 10. 4. 1884, S. 66–68.

88  Beispielhaft für diesen Analogieschluss sind etwa die Ausführungen Conrad von Orellis in einer Festrede vor dem judenmissionarischen Verein der „Freunde Israels" im Jahre 1874: Conrad von Orelli, Festrede, in: FI 1 (1874) 2, S. 33–40, S. 33. Als weiteres Beispiel: Die Ersten werden die Letzten sein, in: CVB, 9. 1. 1889, S. 9 f., S. 10. Zudem fanden, mit klaren Andeutungen auf den Mythos des ‚ewigen Juden', Attribute wie ‚ruhelos' und ‚rastlos' zur Charakterisierung des Judentums Verwendung: A. W., Dein Hirte, in: CVF, 18. 12. 1880, S. 447; Die Woche der religiösen Jahresfeste in Basel, Teil II, in: CVB, 16. 7. 1879, S. 225–229, S. 226. Auch das liberale „Religiöse Volksblatt" aus St. Gallen griff einmal auf das Ahasverus-Motiv zurück: Hermann Albrecht, Aus Staat und Kirche, in: RVB, 28. 8. 1886, S. 280–283, S. 282. Mit wissenschaftlichem Anspruch wurde die Legende von liberaler Seite mehrfach thematisiert, so z. B. in: H. Balmer, Ahasver, in: SRB, 20. 3. 1886, S. 86–89.

89  Auf die Bemerkung von Pontius Pilatus, dass er seine Hände in Unschuld wasche, antwortet das Volk „Sein Blut komme über uns und unsere Kinder!". Zur Blutruf-Thematik siehe: Zsolt Keller, Der Blutruf (Mt 27,25). Eine schweizerische Wirkungsgeschichte 1900–1950, Göttingen 2006. Mit Blick auf den judenmissionarischen „Verein der Freunde Israels": Metzger, Vereinnahmende Inklusion, S. 310.

eine Handhabe zur Deutung der jüdischen Geschichte im Sinne der christlichen Heilsgeschichte, indem Judenverfolgungen als Teil der ‚göttlichen Strafe', die durch die Juden selbst über sich gerufen worden sei, gedeutet wurden.[90] In dieser Phase des Antisemitismus verwendeten vor allem der pietistische „Christliche Volksbote" sowie in geringerem Maße der judenmissionarische „Freund Israels" und das strengkonservative „Appenzeller Sonntagsblatt" das Motiv der jüdischen ‚Selbstverfluchung'.[91] Der ‚Blutruf' war zudem ein wiederkehrendes Thema in Gedichten, ‚erbaulichen' Büchern oder schulischen Unterrichtsmitteln über die ‚biblische Geschichte', wobei auch liberale Autoren dieses antijudaistische Motiv aus dem Matthäusevangelium rezipierten.[92]

Wie das neutestamentliche Blutruf-Motiv und das als Volkslegende entstandene Motiv des Ahasverus bildeten sämtliche heilsgeschichtlichen Projektionen auf das Judentum potentielle Anknüpfungspunkte für das, was in dieser Forschungsarbeit als heilsgeschichtlicher Antisemitismus bezeichnet werden soll. Eine bereits in sich judenfeindliche verzerrte Sicht auf das Judentum beeinflusste – primär auf Seiten der Positiven – die Wahrnehmung von Ereignissen der jüdischen Geschichte. Dieser heilsgeschichtliche Antisemitismus wird im Verlaufe dieser Forschungsarbeit wiederholt zu thematisieren sein.

*Das ‚zeitgenössische Judentum' – religiöse Herausforderung an das christliche Superioritätsdenken*

Für den konservativen Protestantismus stellte die religiöse Pluralisierung der Gesellschaft im Zeichen der Religionsfreiheit wegen seines christlichen Superioritätsan-

---

90   Siehe z. B.: Nachrichten, in: CVB, 10. 1. 1894, S. 15. Ebenfalls mit geschichtstheologischer Perspektive: Gustav Heusler, Weinet nicht über mich; sondern weinet über euch selbst, und über euere Kinder, in: ASB, 1. 4. 1882, S. 97 f., S. 98; Sein Blut komme über uns und unsre Kinder!, in: CVB, 14. 4. 1897, S. 113.

91   Oft behandelten die Artikel, die den ‚Blutruf' thematisierten, die ‚biblische Geschichte': Eine talmudische Messiasweissagung, in: FI 8 (1881) 2, S. 38 f., S. 39; J.-C., Eindrücke eines Baslers von einer Versammlung der christlich-socialen Partei in Berlin, Teil I, in: CVB, 22. 6. 1881, S. 195–197, S. 197. Von liberaler Seite: Alfred Altherr, Sehet, welche Menschen!, in: RVB, 8. 4. 1876, S. 114–118, S. 115; Furrer, Wanderungen durch das heilige Land, S. 55.

92   Siehe z. B.: Der Einzug des Herrn in Jerusalem, in: CVB, 29. 3. 1882, S. 97; Jakob Kägi, Die Passions- und Ostergeschichte unseres Herrn und Heilandes Jesus Christi. In kurzen Betrachtungen mit Liedern und Gebeten für Diakonissen und Krankenfreunde, Basel 1887, S. 181. Beispiele für Schulbücher sind: Pfeiffer, Biblische Geschichte für Volksschulen, S. 166; Josenhans, Missionsliederbuch, z. B. S. 290; S. 299, S. 302; Wagner-Groben, Vom Tabor bis Golgatha, S. 255. Von einem liberalen Autor: Emanuel Martig, Lehrbuch für den confessionslosen Religionsunterricht in der Volksschule. Vom schweizerischen Verein für freies Christenthum mit dem ersten Preise gekrönt, Bern 1876, S. 53.

spruchs eine mentale Herausforderung dar. Ein selbstbewussteres Auftreten, die Betätigung in öffentlichen Debatten und die Präsenz des Judentums im öffentlichen Raum kollidierten zusätzlich mit der tradierten Vorstellung einer minderen gesellschaftlichen Stellung nichtchristlicher Gruppen. Der religiöse Aspekt der Stellung der Juden in der modernen Gesellschaft war deshalb in den untersuchten Texten der Positiven ein wiederkehrendes Thema. Beispielsweise zeigt sich dies an der Furcht vor ,jüdischer Konkurrenz' auf dem religiösen Feld oder in den Kommentaren zu den öffentlichen Feiern anlässlich der Einweihung von Synagogen. Diese Feierlichkeiten, die ein Zeichen der aktiven jüdischen Partizipation in der modernen Öffentlichkeit darstellten, konnten per se schon als eine Herausforderung gegenüber dem christlichen Superioritätsanspruch wahrgenommen werden. Von Seiten der Vermittler und vor allem der Liberalen wurden die im Folgenden thematisierten gesellschaftlichen Transformationen kaum in ihre antisemitischen Diskurse integriert.

Das ,Judenbild' des konservativen Deutschschweizer Protestantismus, insbesondere dessen pietistisch geprägten Flügels, war, wie bereits ausgeführt, stark von heilsgeschichtlichen Funktionszuschreibungen an das Judentum geprägt. Dieses ,imaginierte Judentum' korrespondierte nicht mit dem real existierenden Judentum. Besonders deutlich tat sich für die Positiven dieser Widerspruch im Zusammenhang mit dem ,Reformjudentum' auf. So lässt sich öfters eine Aufteilung in ein ,schlechtes' und ein ,noch schlechteres' Judentum feststellen, wobei Letzteres mit dem ,modernen Judentum' assoziiert wurde.[93] Vor dem Hintergrund der Stilisierung des ,modernen Judentums' zum antisemitischen Feindbild wurden das ,religiöse' respektive ,orthodoxe' Judentum teilweise weniger negativ konnotiert. Sein Festhalten an religiösen Grundsätzen fand beim ebenfalls ,orthodoxen' Protestantismus eine gewisse Anerkennung. Der Herausgeber des „Appenzeller Sonntagsblatts", Pfarrer Otto Zellweger, sprach dem ,Reformjudentum' jegliche Existenzberechtigung ab, billigte dem ,orthodoxen Judentum' jedoch zu, dass dessen treues „Festhalten am Glauben und an den Sitten ihrer Väter" Respekt einflöße.[94] Doch zugleich wurde es als „abgestor-

---

93  Als weitere Beispiele für die Aufteilung in ein ,schlechtes' und ein ,gutes' respektive ,weniger schlechtes' Judentum – eine Argumentationsstruktur, die im Antisemitismus immer wieder anzutreffen ist –, siehe: Zeitfragen in Briefform. Ueber die Judenfrage, Teil I, in: CVB, 29. 10. 1879, S. 346–348, S. 348; Politisches, in: CVB, 19. 1. 1881, S. 24; Friedrich Heman, Neunundvierzigster Jahresbericht der Freunde Israels zu Basel, in: FI 7 (1880) 4, S. 81–98, S. 86–88; Otto Zellweger, Nachrichten, in: ASB, 8. 4. 1893, S. 110 f., S. 110. Ganz stark gegen das ,Reformjudentum' etwa: Gottlieb und der Volksbote reden vom Christmonat und von der Zukunft der Gemeinde Jesu Christi, Teil I, in: CVB, 15. 12. 1880, S. 393–395, S. 394; Carl Pestalozzi, Kirchliche Chronik, in: CVF, 27. 11. 1880, S. 424–426, S. 424.

94  Siehe z. B.: Karl Marti, Zur Judenmission, in: KRS, 25. 9. 1886, S. 153–155, S. 154; Friedrich Heman, Achtundfünfzigster Jahresbericht des Vereins der Freunde Israels zu Basel, in: FI 16 (1889) 4, S. 97–113, S. 105.

bene Religionsform, eine untere Stufe der Offenbarung" und somit, nach antijudaistischer Tradition, als ,minderwertig' angesehen.[95] Im Gegensatz zum ,modernen
Judentum' ließ sich somit das ,orthodoxe' Judentum weit besser mit den gewohnten
antijudaistisch geprägten Rollenvorstellungen in Deckung bringen.

Der Widerspruch zwischen dem protestantischen Zerrbild und dem real existierenden Judentum wird auch daraus ersichtlich, dass von Seiten der Konservativen die
Aufforderung an die Juden gerichtet wurde, zum ,richtigen' Judentum zurückzukeh-
ren. Mit diesem Aufruf zur Rückkehr zum ,eigentlichen', das heißt ,biblischen' Judentum verknüpft, waren missionarische Hoffnungen, versprach man sich doch von
der ,Rück-Erneuerung' des Judentums, dass es den ,Messias' einfacher erkennen
würde. Diese anmaßende Ansicht vertrat beispielsweise der aus Deutschland stammende Basler Theologieprofessor Georg Schnedermann 1887 im „Kirchenfreund":

> „[Wir haben] das Recht und die Pflicht zu der Mahnung und Bitte an das arme,
> jämmerlich von seinen eigenen Leitern geknechtete und geängstete Volk der
> Juden, zurückzukehren zu dem Glauben ihrer Altväter, zurückzugreifen auf
> die Propheten, und endlich einmal zu glauben und zu erkennen, daß Jesus von
> Nazareth, der nicht von dem wahren Israel, sondern von dessen unberufenen
> Leitern und Verführern Gekreuzigte, sein bester Freund und Bruder, sein wie
> aller Welt Messias und Erlöser ist."[96]

In diesen Diskurs wirkte auch ein starker Antitalmudismus hinein, wurde doch
der Talmud als einer der Gründe für die Abkehr vom ,rechten' Judentum und für
die angebliche ,Blindheit' gegenüber der ,christlichen Wahrheit' gesehen. Die Juden
sollten daher weg vom Talmud und zurück zur Bibel geführt werden.[97] Diese Sichtweise, zusammen mit der festen Überzeugung von der direkten Evangelisations-
wirkung des ,Wortes Gottes', hatte in der protestantischen Judenmission etwa dazu
geführt, dass vor allem in Osteuropa Hunderttausende von ,Alten' und ,Neuen Testamenten' kostenlos verteilt wurden.[98]

95   Für das Zitat siehe: Zeitfragen in Briefform. Ueber die Judenfrage, Teil II, in: CVB, 5. 11. 1879,
     S. 356–358, S. 357. Zudem beispielsweise auch: Conrad von Orelli, Kirchliche Rundschau, in: KF,
     24. 3. 1893, S. 86–89, S. 87.

96   Georg Schnedermann, Aus der Welt der jüdischen Gedanken, Teil II, in: KF, 2. 12. 1887, S. 369–
     379, S. 378.

97   Siehe z. B.: Friedrich Heman, Fünfundvierzigster Jahresbericht des Vereins der Freunde Israels
     zu Basel, in: FI 3 (1876) 4, S. 91–108; Wie das Neue Testament unter den Juden eine Macht aus-
     übt, in: CVB, 15. 12. 1886, S. 395 f., S. 396.

98   Von besonderer Bedeutung war die 1877 vollendete Übersetzung des ,Neuen Testamentes' ins
     Hebräische durch Franz Delitzsch, Leiter des judenmissionarischen „Institutum Judaicum"
     in Leipzig. Zu Franz Delitzsch siehe u. a.: Brenner „Gott schütze uns vor unseren Freunden",
     S. 182–184; Levenson, Between Philosemitism and Antisemitism, S. 68–73; Anders Gerdmar,

Neben der Ansicht, dass das ‚Reformjudentum' eine religiöse Fehlentwicklung sei, kam im Feindbild ‚modernes Judentum' einem weiteren Diskursbündel eine zentrale Rolle zu. Im Zeichen des christlichen Superioritätsanspruches beschuldigte der konservative Protestantismus das ‚moderne Judentum', sich selbst als gegenüber dem Christentum superior zu betrachten und sich als ‚Religion der Zukunft' zu fühlen.[99] Ein selbstbewusstes Auftreten einer nichtchristlichen Religion war den konservativen Protestanten ein Dorn im Auge. Sie taxierten ein solches als ‚anmaßend'. Professor Friedrich Heman sah gerade in diesem vermeintlich ungebührlichen Gebaren des Judentums einen Auftrag zur Judenmission: „Die Mission ist schon durch ihre bloße Existenz ein thatsächlicher, energischer Protest gegen die Anmaßung des Judenthums, sich für die Religion der Zukunft zu halten. [...] So lange also die Judenmission da ist, erkennen die Juden, daß nicht ihre, sondern die christliche Religion die factische und wirkliche Weltreligion ist."[100] Heman sah die Judenmission somit als Symbol der christlichen Superiorität, und in der Tat kann der christliche Missionsanspruch als eigentliche Verkörperung des Superioritätsdenkens angesehen werden.

Wie sich der im konservativen Protestantismus der Deutschschweiz so stark manifestierende christliche Superioritätsanspruch gegenüber dem Judentum im realen Kontakt mit den Schweizer Juden bemerkbar machte, lässt sich vortrefflich an den Berichterstattungen zu mehreren Einweihungsfeierlichkeiten von Synagogen aufzeigen.[101] Die Feiern, zu denen Gäste aus Politik, Gesellschaft und Kirche geladen

Art. ‚Delitzsch, Franz', in: Handbuch des Antisemitismus, Bd. 2,1, S. 166 f. Rückblickend sprach der Leipziger Missionar Wilhelm Faber im „Freund Israels" voller missionarischer Begeisterung vom Werk von Delitzsch: „Wie durstiges Land kühlenden Thau hat das zerlechzte Gefilde Israels es aufgenommen." (Wilhelm Faber, Rede am Jahresfeste 1886, in: FI 13 (1886) 5, S. 129–136, S. 136.) Die direkte ‚Erweckung' durch die Lektüre eines Exemplars des ‚Neuen Testaments' war auch ein beliebtes Motiv in Bekehrungsgeschichten. Siehe z. B.: Rabbi Abraham Schwartzenberger, in: FI 9 (1882) 1, S. 17–20.

99   Siehe z. B.: Carl Pestalozzi, Kirchliche Chronik, in: CVF, 25. 8. 1877, S. 273 f., S. 274; Kirchenchronik, in: VRK, 3. 11. 1877, S. 176; Conrad von Orelli, Der Religionskongreß zu Chicago 1893, Teil I, in: KF, 3. 5. 1895, S. 129–135, S. 132.

100  Friedrich Heman, Sechzigster Jahresbericht des Vereins der Freunde Israels in Basel, in: FI 18 (1891) 4, S. 97–121, S. 115. Siehe zudem etwa auch: Vermischtes, in: EW, 28. 3. 1878, S. 58; Johann Jakob Schenkel, Nachrichten, in: ASB, 3. 5. 1884, S. 142–144, S. 143 f.

101  Hierfür wurde der Untersuchungszeitraum für diese Periode etwas ausgedehnt. Berichte zu folgenden Synagogeneinweihungen wurden analysiert: 1868 Basel, 1881 St. Gallen, 1884 Zürich, 1892 Basel, 1906 Bern. Zur Geschichte der Synagogen in der Schweiz siehe: Ron Epstein-Mil, Die Synagogen der Schweiz. Bauten zwischen Emanzipation und Akkulturation, Zürich 2008. Auf den Seiten 56 bis 58 thematisiert Ron Epstein-Mil in Umrissen auch dir christliche Rezeption der Einweihungsfeiern. Die Eröffnungsfeierlichkeiten werden zudem teilweise in den entsprechenden Kapiteln zu den einzelnen Synagogen portraitiert.

waren, sowie die eingeweihten, sich repräsentativ ins Stadtbild einfügenden Gebäude standen symbolhaft für die sich pluralisierende Gesellschaft. Dies war auch dem „Christlichen Volksboten" aus Basel bewusst, als er anlässlich der Einweihung der Basler Synagoge 1868 bemerkte: „Hoch und schön, als weitblickende Kuppel, erhebt sich die Synagoge, und ruft weit über die Dächer von Basel hinüber: da sind wir jetzt auch."[102] Die Beschreibung der Festivitäten war sowohl auf positiver wie auch liberaler Seite durch eine betont christliche Perspektive geprägt, wobei die protestantischerseits vorhandenen antisemitischen Diskurse und Stereotype die Wahrnehmungen strukturierten. „Es war für uns, die wir in unserm Gottesdienst an mehr Stille und Sammlung gewohnt sind, auffallend, wie man in diesem Gotteshaus hin und her stand, und ein Geplauder und Geräusch waltete, völlig wie an der Börse."[103] Dieser kurze Ausschnitt der Berichterstattung des „Christlichen Volksboten" zur Einweihung der Basler Synagoge im Herbst 1892 zeigt diesen stereotypisierten Blick prägnant auf. Judenfeindliche Topoi wie ‚Äußerlichkeit' – im Gegensatz zur vermeintlichen protestantischen ‚Innerlichkeit' –, die Charakterisierung der Synagoge als lärmige „Judenschule"[104] sowie die Assoziierung des Judentums mit Geld respektive der Börse stellten in diesem Bericht Referenzpunkte für die Wahrnehmung und Deutung des Anlasses dar.

In den Berichterstattungen lassen sich mehrere Muster feststellen. Während die teilweise ausführlichen Beschreibungen der Synagogen lobend gehalten waren,[105] setzte die Kritik bei den Reden und Predigten der Rabbiner an. Hierbei zeigten sich richtungsspezifische Unterschiede. Die konservativen Protestanten warfen den anwesenden Juden vor, den wahren Sinn der wiedergegebenen Bibelworte nicht zu erkennen und zu wenig ‚innerlich' zu sein.[106] Dem richtungsspezifischen Paradigma

---

102 Nachrichten, in: CVB, 23. 9. 1868, S. 309–312, S. 311. Ähnlich auch nochmals bei den Festivitäten 1892 in Basel: Die Einweihung der Synagoge in Basel, in: CVB, 21. 9. 1892, S. 302.

103 Die Einweihung der Synagoge in Basel, in: CVB, 21. 9. 1892, S. 302. Auch von liberaler Seite wurde – in einem Bericht über den Besuch in einer Berliner Synagoge – die Stimmung in der Synagoge mit jener an der Börse verglichen: M. Schärer, Ein Sonntag in Berlin, Teil II, in: SRB, 9. 5. 1903, S. 151 f., S. 152.

104 Der pejorativ konnotierte Begriff christlicher Prägung stellt den ‚ruhigen' christlichen Gottesdienst dem vermeintlich ‚lauten' jüdischen gegenüber. Siehe: Angelika Benz, Art. ‚Judenschule', in: Handbuch des Antisemitismus, Bd. 3, S. 160. Der Stereotyp wurde gelegentlich auch in den untersuchten Zeitschriften verwendet. Siehe z. B.: Nachrichten, in: ASB, 5. 8. 1905, S. 246 f., S. 247; Robert Schedler, Algerienfahrt, Teil XXVII, in: SRB, 11. 11. 1922, S. 355–359, S. 356.

105 Siehe: K. S., Die Einweihung der neuen Synagoge in Basel, in: KF, 9. 10. 1868, S. 395–399, Kirchliche Rundschau, in: EW, 23. 10. 1884, S. 189 f.; Walter Bion, Aus dem Volke Israels, in: SPB, 1. 11. 1884, S. 403–406; Emil Ryser, Chronik, in: SRB, 15. 9. 1906, S. 294–296.

106 Zum Vorwurf der ‚Äußerlichkeit' respektive mangelnder ‚Innerlichkeit' sowie weiterer Elemente eines antijudaistisch geprägten Superioritätsdenkens siehe: Nachrichten, in: CVB, 23. 9. 1868,

folgend, kritisierten sie zudem die ‚reformerischen' Ideen der Rabbiner, während sich die Berichterstatter der liberalen Zeitschriften gerade darin wiedererkannten.[107] Ein wiederkehrendes Muster schließlich war auch, dass zum Ende der Berichterstattung dem christlichen Superioritätsempfinden und Missionsanspruch Ausdruck verliehen wurde, selbst dann, wenn sonst lobende Worte für die Feierlichkeiten gefunden worden waren. Dies verdeutlicht die abschließende Bemerkung des Redakteurs Emil Ryser im Bericht über das Einweihungsfest der Berner Synagoge:

> „Uns fehlte freilich eines, die Hinweisung auf den, der diese idealen Ziele durch sein Leben wahr gemacht, der die Richtung des ewigen Lebens nicht bloß mit Worten zeigt, sondern selbst für alle der Weg geworden ist. Es ist doch ein ungeheurer Vorzug unserer Religion, daß sie nicht nur sagt: Du mußt, sondern auch in Jesus die Kraft gibt, daß wir sagen: Ich kann. Ausgesprochen wurde der Name nicht; aber uns schien, es war doch viel vom Geist des Nazareners, was aus den Reden herausklang. Diesen Geist konnten die alten Juden nicht ans Kreuz schlagen, und diesem Geiste können sich auch ihre Nachkommen von heute nicht entziehen."[108]

Dieses Beispiel aus den liberalen „Schweizerischen Reformblättern" verdeutlicht, dass sich in den Berichterstattungen über Synagogeneinweihungen die Liberalen nicht grundsätzlich von den Positiven unterschieden.[109]

## 2 Der ‚Platz der Juden' in der Gesellschaft – Gleichberechtigung mit Abstrichen

Wie gezeigt, war sowohl für den liberalen als auch in besonderem Maße für den konservativen Protestantismus der Deutschschweiz in religiöser Hinsicht ein auf judenfeindlichen Ansichten fußendes christliches Superioritätsdenken gegenüber

S. 309–312, S. 312; K. S., Die Einweihung der neuen Synagoge in Basel, in: KF, 9. 1. 1868, S. 395–399, S. 398; Die Einweihung der Synagoge in Basel, in: CVB, 21. 9. 1892, S. 302.

107   Siehe zur Haltung der Positiven: Kirchliche Rundschau, in: EW, 23. 10. 1884, S. 189 f.; Zu einer starken Kritik der jüdischen und protestantischen ‚Reformrichtungen' setzte der „Kirchenfreund" 1868 an: K. S., Die Einweihung der neuen Synagoge in Basel, in: KF, 9. 10. 1868, S. 395–399, S. 397. Für die Ansichten des liberalen Protestantismus siehe: Gottfried Schönholzer, Die Synagoge, in: RVB, 1. 10. 1881, S. 322–325, S. 322; Walter Bion, Aus dem Volke Israels, in: SPB, 1. 11. 1884, S. 403–406, S. 405.

108   Emil Ryser, Chronik, in: SRB, 15. 9. 1906, S. 294–296, S. 296.

109   Als weitere Beispiele siehe: Gottfried Schönholzer, Die Synagoge, in: RVB, 1. 10. 1881, S. 322–325, S. 324 f.; Walter Bion, Aus dem Volke Israels, in: SPB, 1. 11. 1884, S. 403–406, S. 405; Die Einweihung der Synagoge in Basel, in: CVB, 21. 9. 1892, S. 302.

dem Judentum kennzeichnend. Die Auswirkungen des Superioritätsdenkens auf die Vorstellungen über den ‚angemessenen Platz' der Juden in der Gesellschaft stehen nun im Fokus. In die Zeitspanne von 1870 bis 1895 fiel die endgültige Emanzipation des Schweizer Judentums, aber auch deren erneute Begrenzung durch die Einführung des Schächtverbots, das die Kultusfreiheit tangierte.[110] Als 1848 die moderne Schweiz geschaffen wurde, blieb das Bürgerrecht weiterhin auf Schweizer beschränkt, die einer der anerkannten christlichen Konfessionen angehörten.[111] Der Weg zur vollständigen Emanzipation der Juden, die in der Schweiz im Vergleich zu den Nachbarstaaten verzögert gewährt wurde, vollzog sich in mehreren Zwischenschritten. 1856 wurden auf Bundesebene die Gleichstellung in Handel und Gewerbe sowie auf der Ebene des Niederlassungs- oder Heimatkantons die politischen Rechte gewährt. Die kantonale Umsetzung des Bundesbeschlusses nahm jedoch mehrere Jahre in Anspruch.[112] Es dauerte bis 1866 respektive 1874, bis die letzten entscheidenden rechtlichen Schranken beseitigt waren. Ausländischer Druck war dabei von großem Einfluss, da insbesondere Frankreich auf die Gleichbehandlung der jüdischen und christlichen Franzosen in der Schweiz pochte. Die rechtliche Stellung der französischen Juden war somit besser als diejenige der schweizerischen. In einer Verfassungsrevision sollte daher die Diskriminierung der Schweizer Juden im Vergleich zu den ausländischen französischen Juden aufgehoben werden, indem die Niederlassungsfreiheit und die Kultusfreiheit auf alle Schweizer ausgedehnt werden sollten.[113] Während die Niederlassungsfreiheit von Volk und Ständen

110  Zur Geschichte der Emanzipation der Schweizer Juden siehe v. a.: Mattioli, Die Schweiz und die jüdische Emanzipation; Mattioli, ‚Vaterland der Christen'; Böning, Bürgerliche Revolution; Külling, Bei uns wie überall?, S. 1–75.

111  Dies schlug sich in den Verfassungsartikeln zur Niederlassungs- und Glaubensfreiheit (Art. 41 respektive Art. 44) sowie zur Gleichheit vor dem Gesetz (Art. 48) nieder. Für die Entwicklung von der Helvetik bis zur Bundesstaatsgründung siehe: Mattioli, Die Schweiz und die jüdische Emanzipation, S. 61–73.

112  Durch den Bundesbeschluss wurde der Kanton Aargau zur Emanzipation ‚seiner Juden' gezwungen, was allerdings erst 1863 vom Kanton umgesetzt wurde. Der Kanton Aargau war für die Schweizer Juden von besonderer Bedeutung, da sich auf seinem Territorium die beiden ‚Judengemeinden' Endingen und Lengnau befanden, und er somit einen beträchtlichen Anteil der jüdischen Bevölkerung der Schweiz beheimatete. Siehe zum Bundesbeschluss von 1856: Schweizerisches Bundesblatt 8 (1856) 2, S. 591 f. Siehe zudem: Mattioli, Die Schweiz und die jüdische Emanzipation, S. 74; Ruth Heinrichs, Von der Helvetik (1798) bis zum Ersten Weltkrieg, in: Anette Brunschwig/ Ruth Heinrichs/Karin Huser, Geschichte der Juden im Kanton Zürich. Von den Anfängen bis in die heutige Zeit, Zürich 2005, S. 152–282, S. 204 f.; Regula Argast, Staatsbürgerschaft und Nation. Ausschließung und Integration in der Schweiz 1848–1933, Göttingen 2007, S. 139–141.

113  Auch die Beziehungen zu den Niederlanden und den USA wurde durch die fehlende Gleichberechtigung strapaziert: Mattioli, Die Schweiz und die jüdische Emanzipation, S. 74 f.; Külling, Bei uns wie überall?, S. 5–14.

angenommen wurde, scheiterte die zweite Vorlage, wenn auch relativ knapp.[114] Die Kultusfreiheit wurde den Juden schließlich, nachdem 1872 eine erste Totalrevision der Verfassung in der Volksabstimmung gescheitert war, erst als Teil der erfolgreichen Totalrevision von 1874 gewährt.[115]

Im Fokus dieses Kapitels steht die Haltung des Deutschschweizer Protestantismus zur Gleichberechtigung der Juden. Von Interesse ist dabei einerseits, wie er sich zur rechtlichen Emanzipation stellte. Da für diese Fragestellung die Entwicklungen in den 1860er-Jahren von großer Bedeutung sind, wird auch auf Artikel der damals schon existierenden Richtungsblätter Bezug genommen, die bereits im Jahrzehnt vor Beginn des eigentlichen Untersuchungszeitraums dieser Forschungsarbeit publiziert worden waren. Andererseits stellt sich die Frage, ob die rechtlich gleichgestellten Juden auch als gleichberechtigte Mitglieder der Gesellschaft anerkannt wurden. Da kaum zwanzig Jahre nach dem Abschluss der Emanzipation der Juden in der Schweiz die allererste zur Abstimmung gelangte Volksinitiative der Schweiz die Gleichberechtung der Juden wieder einschränkte, indem sie ihre Kultusfreiheit beschnitt, interessiert in diesem Kapitel schließlich auch die Haltung der Deutschschweizer Protestanten zur 1893 angenommenen Schächtverbotsinitiative.[116]

*Rechtliche Gleichstellung – eine Frage der Heilsgeschichte oder der Humanität?*

Der politische Prozess der Emanzipation der Schweizer Juden, mit den Volksabstimmungen von 1866, 1872 und 1874 als Eckdaten, löste in den untersuchten Zeitschriften keine breite Debatte aus, sondern wurde nur in einzelnen Stellungnah-

---

114   Für die Ergebnisse siehe: Botschaft des Bundesrathes an die Bundesversammlung, betreffend die Revision der Bundesverfassung. (Vom 12. Februar 1866), in: Schweizerisches Bundesblatt 18 (1866) 1, S. 117–127, Beilage zu Seite 119. Die Resultate in den einzelnen Kantonen divergierten teilweise sehr stark. In konfessioneller Hinsicht war das Resultat uneinheitlich. In der Tendenz stimmten die ländlich geprägten katholischen Kantone mit nein und protestantische Kantone der Deutschschweiz mit ja. Einer Ausnahmen von dieser ‚Regel' entsprach jedoch beispielsweise das protestantische Appenzell Ausserrhoden. Die gemischtkonfessionellen Kantone St. Gallen und Graubünden verwarfen die Vorlagen sehr deutlich.

115   Für das Resultat der Volksabstimmung siehe: Botschaft des Bundesrathes an die hohe Bundesversammlung, betreffend die Abstimmung vom 19. April 1874 über die abgeänderte Bundesverfassung. (Vom 20. Mai 1874.), in: Schweizerisches Bundesblatt 26 (1874) 1, S. 699–717, S. 710. Im Vergleich zur deutlich angenommenen Revisionsvorlage von 1874 war die zentralistischer ausgerichtete von 1872 noch knapp gescheitert. Siehe: Botschaft des Bundesrathes an die hohe Bundesversammlung, betreffend die Abstimmung vom 12. Mai 1872 über die revidirte Bundesverfassung. (Vom 24. Mai 1872.), in: Schweizerisches Bundesblatt 24 (1872) 2, S. 358–370, S. 369.

116   Bereits kurze Zeit nach der Gewährung der Kultusfreiheit im Frühjahr 1874 erfolgte ein erster Rückschritt. Im Handelsabkommen mit Rumänien von 1878 akzeptierte die Schweiz aus ökono-

men aufgegriffen. Dies hing nicht zuletzt damit zusammen, dass die Zeitschriften meist eher apolitisch geprägt waren. Dennoch lässt sich ein differenziertes Bild zur Haltung des Deutschschweizer Protestantismus zur endgültigen Gleichstellung des Schweizer Judentums zeichnen, da sich – häufig mit Auslandsbezug – auch in den 1880er- und 1890er-Jahren noch Aussagen zur Judenemanzipation fanden und zudem die Frage der religiösen Toleranz in die Thematik hineinspielte. In den 1860er-Jahren ließen sich primär das Organ der Vermittler, das „Kirchenblatt für die reformirte Schweiz", sowie das von der „Evangelischen Gesellschaft" des Kantons Zürich herausgegebene „Evangelische Wochenblatt" zu kantonalen und gesamtschweizerischen Emanzipationsbestrebungen vernehmen.

In seiner Argumentation gegen die Emanzipation der Juden im Kanton Zürich, die Anfang der 1860er-Jahre zur Debatte stand, offenbarte das „Evangelische Wochenblatt", Organ der „Evangelischen Gesellschaft" Zürichs, im ersten Jahr seines Bestehens eine ausgesprochen antisemitische Haltung. Diese bietet einen interessanten Blick auf das Argumentarium des emanzipationsskeptischen konservativen Protestantismus. Die rechtliche Gleichstellung wurde in einer Reihe von Artikeln zur „Juden-Emanzipation" sowie zur „Judenfrage" diskutiert,[117] wobei die zürcherische Debatte mit Kommentaren zu Emanzipationsbestrebungen in den deutschen Staaten verbunden wurde. Bezeichnend war die Verschmelzung religiöser Judenfeindschaft mit klassischen Elementen des Frühantisemitismus, welche ‚die Juden' als gefährliche Gruppe darstellten, deren Emanzipation der restlichen Bevölkerung ‚Schaden' zufügen würde.[118] Im Januar 1860 brachte das „Evangelische Wochenblatt" einen Grundsatzartikel zur Emanzipationsdebatte. Anlass waren die Emanzipationsbestrebungen im Kanton Zürich, die maßgeblich vom liberalen Eglisauer Pfarrer und Grossrat Gottlieb Ziegler ins Rollen gebracht worden waren.[119] Das „Evangelische Wochenblatt" brachte vor, dass die Juden nicht assimilierbar seien und einen „Staat im Staate" darstellen würden. Es ergab sich dabei in biologistische Er-

---

mischem Interesse die antisemitische Politik Rumäniens und gewährte, dass die jüdischen Schweizer Bürger im jungen südosteuropäischen Staat von den Grundrechten ausgeschlossen waren. Mit ihrem Vorgehen unterlief die Schweiz zugleich den internationalen Druck auf Rumänien, seine antisemitische Politik aufzugeben. Ausführlich dazu: Külling, Bei uns wie überall?, S. 45–75.

117   Juden-Emanzipation, in: EW, 19. 1. 1860, S. 10 f.; Die Judenemanzipation, in: EW, 9. 2. 1860, S. 27; Zur Judenfrage, in: EW, 8. 3. 1860, S. 46 f.; Zur Judenfrage, in: EW, 15. 3. 1860, S. 52. Die Artikelüberschrift stellt ein frühes Beispiel der Verwendung des Begriffs ‚Judenfrage' für die Schweiz dar.

118   Zum Frühantisemitismus siehe Kapitel 2 in Teil II.

119   Siehe zu Zieglers Rolle: Heinrichs, Die demographische Entwicklung, S. 205–207. Der für die Demokraten politisierende Ziegler wurde später Zürcher Regierungsrat und Nationalrat und war Redakteur des „Landboten" aus Winterthur. Zu Ziegler: Markus Bürgi, Art. ‚Ziegler, Gottlieb', in: Historisches Lexikon der Schweiz, http://www.hls-dhs-dss.ch/textes/d/D3733.php, 9. 11. 2013.

güsse, die ‚den Juden‘ eine besondere Physiognomie, eine grundsätzlich andersgeartete körperliche Konstitution sowie einen orientalischen Charakter zuschrieben. Die weiter aufgeführten Argumente zeigen deutlich, wie stark beim konservativ-protestantischen Blatt religiöse und christlich-heilsgeschichtliche Reserven gegenüber ‚den Juden‘ bestanden. Grundsätzlich bekannte die Zeitschrift: „Wer über die Frage der Judenemanzipation ein Urtheil fällen will, studire zuerst die Bibel und dann wird ihm schwerlich einfallen, in die so klar und offen dargelegten Pläne Gottes mit Seinem Volke hindernd eingreifen zu wollen."[120] Aufgrund seiner biblizistischen Schriftauffassung und seiner antijudaistisch geprägten christologischen Bibelauslegung erachtete das „Evangelische Wochenblatt" eine Emanzipation der Juden als Verstoss gegen das ‚den Juden‘ auferlegte Schicksal als ‚zerstreutes Volk‘, das den Völkern ein „Scheusal" und „Spott" sei. Dieser Zustand würde nicht durch die Emanzipation „geheilt". Vielmehr hätten die Juden auch noch für die Zukunft eine heilsgeschichtliche Funktion zu erfüllen.[121] Zu diesen Konzeptionen des geschichtstheologisch geprägten, heilsgeschichtlichen Antisemitismus gesellte sich auch die Furcht vor dem Untergang des ‚christlichen Staates‘. Während die „rechten", lies ‚gläubigen‘ Juden nicht Glieder eines christlichen Staates werden wollten, würden die „ungläubigen Juden, zu denen die bekannten Literaten der Neuzeit, diese destruktiven Kämpfer gegen Alles, was heilig ist", gehörten, ein schlimmes Element in den Staat bringen und zum „Selbstmord des christlichen Staates" führen.[122] Das „Evangelische Wochenblatt" erachtete ‚die Juden‘ somit als potentiell staatsgefährdende Bevölkerungsgruppe, die aufgrund ihrer angeblich göttlichen ‚Verwerfung‘ außerhalb des ‚christlichen Staates‘ zu existieren habe.

Die kurz danach erschienenen drei weiteren stark antisemitischen Artikel stützten diese doppelte judenfeindliche Argumentation. Insbesondere wurde wiederum behauptet, ‚die Juden‘ seien für die christliche Bevölkerung ‚schädlich‘.[123] Die drei Zeitschriftenartikel verdeutlichen jedoch noch etwas anderes. Indem es sich

120  Juden-Emanzipation, in: EW, 19. 1. 1860, S. 10 f., S. 11.

121  Juden-Emanzipation, in: EW, 19. 1. 1860, S. 10 f., S. 10.

122  Juden-Emanzipation, in: EW, 19. 1. 1860, S. 10 f. Auch der „Christliche Volksbote" sah, mit Blick nach Württemberg, die Judenemanzipation als Gefahr für den ‚christlichen Staat‘: Die württembergische Kammer und die Israeliten, in: CVB, 6. 1. 1864, S. 7 f.

123  Die Judenemanzipation, in: EW, 9. 2. 1860, S. 27; Zur Judenfrage, in: EW, 8. 3. 1860, S. 46 f. Stärker heilsgeschichtlich argumentierend: Zur Judenfrage, in: EW, 15. 3. 1860, S. 52. Die Behauptung der ‚Schädlichkeit‘ der Juden mündete auch in eine Aussage, die auf exemplarische Weise einen Schädlings-Diskurs in die antisemitische Argumentation integrierte. Sie setzte die Juden mit ‚Parasiten‘ gleich: „Statt zufrieden zu sein mit der ihnen gewährten Duldung, verlangen sie als Fremde alle Rechte der Eingebornen, welche sie, wie die Erfahrung zeigt, durch oft wucherisch geführten Handel auszubeuten wissen, so daß man an Schmarotzerpflanzen denkt, welche die Pflanzen, auf denen sie sich eingenistet, aussaugen." (Die Judenemanzipation, in: EW, 9. 2. 1860, S. 27.)

bei einem Artikel um eine „Stimme eines Deutschen"[124] handelte und die anderen
Beiträge sich auf Deutschland bezogen und in einem Fall zudem aus der „Neuen
Hannoverschen Zeitung"[125] übernommen worden waren, wurde die zürcherische
Emanzipationsdebatte in Relation zu jener in den deutschen Ländern gestellt. Daran zeigt sich, was auch in späteren Perioden immer wieder zu konstatieren sein
wird: Deutschland und vor allem Preußen waren ein wichtiger transnationaler Bezugsrahmen für den Deutschschweizer Protestantismus.

Neben dem „Evangelischen Wochenblatt" äußerte sich auch das vermittlerische
„Kirchenblatt für die reformirte Schweiz" prominent zur Emanzipation der Juden.
Es war bemüht, auch in dieser Frage eine vermittelnde Stellung einzunehmen. Die
Zeitschrift sprach sich für eine Emanzipation aus, allerdings nur für eine ‚bedingte'.
Den Juden sollte die Gleichberechtigung erst schrittweise gewährt werden. Während dieser Transitionsphase sollten sie sich dem „bürgerlichen Leben" anpassen.[126]
Die Haltung der Vermittler blieb somit ambivalent. Dies traf auch auf die heilsgeschichtliche Deutung zu.[127] Für die Verfasser der aargauischen ‚Judenpetition'[128]
brachten sie ein gewisses Verständnis auf, indem sie deren Aufbegehren in vermeintlich realen Konflikten begründet sahen.[129] Das Mitte der 1860er-Jahre einzige
liberale Richtungsorgan, die „Zeitstimmen aus der reformirten Kirche der Schweiz",

124  Die Judenemanzipation, in: EW, 9. 2. 1860, S. 27.

125  Der aus der „Neuen Hannoverschen Zeitung" übernommene Beitrag befasste sich mit der ‚Berliner Judenfrage'. Er benutzte bereits, wie es dann in den 1870er- und 1880er besonders populär
sein sollte, eine stark statistische Argumentation, indem er behauptete, die Berliner Juden würden in gewissen wirtschaftlichen und gesellschaftlichen Bereichen weit überproportional vertreten sein. (Zur Judenfrage, in: EW, 8. 3. 1860, S. 46 f.)

126  Siehe etwa: Kirchenchronik, in: KRS, 2. 1. 1862, S. 4–6, S. 4 f.; Gedanken über die Judenemanzipation, in: KRS, 4. 6. 1863, S. 99–102, S. 101. Die Vermittler bewegten sich dabei auf einer der ‚etablierten' Argumentationslinien der Emanzipationszeit, indem von den Juden gefordert wurde, sich
zuerst ‚zu verbessern'. Siehe: Erb/Bergmann, Die Nachtseite der Judenemanzipation, S. 15–65.

127  Gedanken über die Judenemanzipation, in: KRS, 4. 6. 1863, S. 99–102, S. 99 f. Das Vermittler-
Organ sah ‚die Juden' unter dem Gericht Gottes stehen, sprach sich jedoch insofern gegen eine
heilsgeschichtliche Betrachtung der Angelegenheit aus, als das Judentum durch das Christentum in seiner heilsgeschichtlichen Bedeutung beerbt worden sei. Doch das göttliche Gericht
müsse nicht für alle Zeiten andauern.

128  In der 1861 eingereichten Petition wurden die Juden als national ‚unzuverlässig' und als ‚schädlich' für die christliche Bevölkerung tituliert: Zur Judenfrage.

129  Siehe hierfür und für nachstehendes Zitat: Die Judenemanzipation im Aargau, in: KRS, 21. 5.
1863, S. 89–92, S. 92. Mehr als deutlich wird diese ‚Mittestellung' durch folgende Aussage ersichtlich: „Wir nehmen uns nicht heraus, ein entscheidendes Urtheil zu fällen; die beiden sich wider-
sprechenden und bekämpfenden Grundanschauungen unserer Zeit, die ältere und die neuere,
liegen auch in der Judenfrage mit einander im Streit. Jene verlangt Herrschaft des Christenthums, einen christlichen Staat, diese Trennung zwischen Religion und Staat, Unabhängigkeit

befasste sich wenig mit der Emanzipationsfrage, doch begrüsste es die Annahme des Artikels über die Niederlassungsfreiheit in der Volksabstimmung von 1866 als „einen Sieg der Humanität und des richtig verstandenen Christenthums" und zeigte sich erfreut, dass wiederum ein „Stück mittelalterlicher Barbarei" gefallen sei.[130]

Die Frage nach der Gleichberechtigung der Juden tauchte Anfang der 1870er-Jahre und auch später punktuell wieder auf. Starke Kritik an der Judenemanzipation kam dabei hauptsächlich aus dem Lager der konservativen Protestanten. Dabei waren die 1860 im „Evangelischen Wochenblatt" vorhandenen Argumentationsmuster weiterhin präsent. Die ablehnende Haltung offenbarte die große Bedeutung des christlichen Superioritätsdenkens und den daran geknüpften Wunsch zur Beibehaltung der rechtlichen und gesellschaftlichen Statusdifferenz zwischen Christen und Juden. Erstens wurde die Gleichstellung als Zeichen der ‚Entchristlichung‘ des Staates und der Gesellschaft gedeutet. Die Positiven sahen durch die Emanzipation ihr Ideal des ‚christlichen Staates‘ gefährdet.[131] Diese Gefahr sah auch der „Kirchenfreund" im Herbst 1876 in einem Beitrag über den ‚christlichen Staat‘ und verknüpfte sie mit dem Schädlichkeits-Diskurs: „Ihre [der Juden] völlige Gleichstellung mit den Christen, seit 1848 fast überall eine Thatsache, hat einen Keil in den christlichen Staat hineingetrieben, das Wort Christi als gültige Autorität förmlich abgeschafft und die Mitentscheidung über christliche Institutionen absurderweise in jüdische Hände gelegt, abgesehen von den Gefahren, die jüdischer Reichthum und Wuchergeist für die Volkswohlfahrt mit sich bringen."[132] Zweitens wurde die Emanzipation als im Widerspruch zu der dem Judentum zugeschriebenen heilsgeschichtlichen Funktion stehend gesehen. So äußerte der „Christliche Volksbote" aus Basel die Befürchtung, dass die Gleichstellung, im Unterschied zu den langjährigen Verfolgungen, die Juden von Gott entfremden würde. Eine solche Entwicklung widersprach den nicht zuletzt in pietistischen Kreisen vertretenen Vorstel-

---

des bürgerlichen Rechts vom Bekenntnis. Die einen wollen die Juden nicht als Bürger annehmen, bis sie besser geworden sind; die andern wollen sie annehmen, damit sie besser werden."

130 Friedrich Hemmann, Zur Revision der Bundesverfassung, in: ZRK, 16. 4. 1866, S. 149–159, S. 150.

131 Siehe etwa: Vermischtes, in: EW, 26. 5. 1881, S. 96–98, S. 98. Von liberaler Seite mit ironischem Ton über die Angst der Positiven um den ‚christlichen Staat‘ angesichts der Verfassungsrevision von 1872: Der Bücherfriedli [= J. Müller], Reformirte Bedenken gegen die Bundesrevision, in: RVB, 11. 5. 1872, S. 147–149, S. 149. Ähnlich auch bei: Friedrich Heman, Soll in unsrer Zeit Mission unter Israel getrieben werden? Rede am Epiphaniasfest 1879, in: FI 6 (1879) 1, S. 1–10, S. 10. Auch in anderem Kontext warfen die konservativen protestantischen Zeitschriften ‚den Juden‘ vor, den ‚christlichen Staat‘ zu gefährden. Siehe z. B.: Politisches, in: CVB, 19. 1. 1881, S. 24; Ludwig Pestalozzi, Kirchliche Rundschau vom Dezember, Teil II, in: EW, 20. 1. 1881, S. 13–15, S. 13.

132 Ueber den christlichen Staat, Teil I, in: KF, 15. 9. 1876, S. 301–305, S. 305. Der Artikel bezog sich auf ein im Vorjahr in Basel im konservativ-protestantischen Verlag Felix Schneider erschienenes Buch zur Thematik: Heinrich Wilhelm Josias Thiersch, Über den christlichen Staat, Basel 1875.

lungen über die heilsgeschichtliche Bedeutung der Juden, denn ein unterdrücktes, leidendes Judentum entsprach diesen Vorstellungen weit mehr als ein emanzipiertes. Der „Christliche Volksbote" erachtete es deshalb als gefährlich, dass es einem „unter dem Fluche" stehenden ‚Israel' nun gut gehe.[133]

Die ablehnende Haltung der Positiven in der Emanzipationsfrage zeigte sich auch in der Beurteilung von Gleichberechtigungsbestrebungen in anderen Ländern, wobei Rumänien und das Deutsche Kaiserreich im Vordergrund standen. Rumänien, das für seine antisemitische Politik in Westeuropa im Verruf stand, war auf und nach dem Berliner Kongress 1878 in der Frage der Gleichstellung unter massiven internationalen Druck geraten. Der „Christliche Volksbote" und der „Freund Israels" sahen das Königreich jedoch als Opfer. Zugleich deutete man die Diskussionen als Zeichen des angeblich ‚großen Einflusses' der Juden in Westeuropa.[134] Es sei unrichtig, anderen Staaten „Prinzipien aufzudringen, die in England und Frankreich unschädlich sein mögen, die aber schon in Deutschland sich als unhaltbar herausstellen und vollends in den uncivilisirten türkischen Unterthanenländern verderbliche Folgen für den Staat und seine Bewohner haben müssen", behauptete der „Volksbote".[135] Der Verweis auf Deutschland in diesem Beispiel zeigt zudem erneut auf, dass, den antisemitischen Diskussionen in Deutschland folgend, in Bezug auf das Kaiserreich ein starker Realkonflikt zwischen ‚den Juden' und ‚den Deutschen' konstruiert wurde.[136] Die postemanzipatorische Kritik an der Gleichstellung der Juden war daher stark deutschlandbezogen.[137]

133  Die religiösen Jahresfeste in der ersten Juliwoche, Teil III, in: CVB, 14. 8. 1872, S. 261–264, S. 262 f. Siehe zudem: Johann Jakob Schenkel, Nachrichten, in: ASB, 24. 9. 1881, S. 311 f., S. 312. Schenkel forderte, dass man ‚den Juden' nur ein „Gastrecht" respektive „Fremdenrecht" und nicht ein „Bürgerrecht" gewähren sollte. Siehe hierfür auch: Johann Jakob Schenkel, Nachrichten, in: ASB, 8. 9. 1888, S. 285–287, S. 286.

134  Friedrich Heman, Achtundvierzigster Jahresbericht des Vereins der Freunde Israels zu Basel, in: FI 6 (1879) 4, S. 81–94, S. 86; Politisches, in: CVB, 30. 7. 1879, S. 247 f.; Politisches, in: CVB, 24. 11. 1880, S. 375 f., S. 376. Immer wieder ließ sich im Zusammenhang mit der Berichterstattung über Rumänien ein harscher Antisemitismus feststellen, der die antisemitische Politik des Königreichs apologierte. Besonders stach hierbei das „Appenzeller Sonntagsblatt" heraus. Siehe z. B.: Johann Jakob Schenkel, Nachrichten, in: ASB, 26. 7. 1879, S. 239 f., S. 240.

135  Politisches, in: CVB, 24. 11. 1880, S. 375 f., S. 376.

136  Sinnbildlich dafür kursierte in den konservativ-protestantischen Zeitschriften der Diskurs, Berlin allein beheimate so viele Juden wie ganz Frankreich, weshalb die antisemitische Reaktion in der deutschen Hauptstadt gerechtfertigt sei. In dieser Argumentation wurde häufig auf den Hofprediger Adolf Stoecker verwiesen. Siehe als Beispiel: Politisches, in: CVB, 24. 11. 1880, S. 375 f., S. 376.

137  Hierbei ist etwa zu verweisen auf: Johann Jakob Schenkel, Nachrichten, in: ASB, 15. 3. 1884, S. 87 f., S. 88; [Johannes Friedrich Alexander de le Roi?], Die socialen Verhältnisse der Juden in Preußen, in: FI 12 (1885) 4, S. 120–127, S. 127. Jedoch gab es im „Freund Israels" auch Artikel, die sich tendenziell zustimmend zur Judenemanzipation äußerten. Hinter diesen Positionen ver-

Im Gegensatz zu den Positiven waren die Liberalen der Emanzipation der Juden grundsätzlich gewogen.[138] Diese Einstellung äußerte sich auch im Einstehen für die Glaubens- und Gewissensfreiheit und für religiöse Toleranz. Erstere wurde sogar als protestantische Errungenschaft verklärt.[139] Jedoch wurde ,den Juden' mehrfach die Funktion als negativer Referenzpunkt zur angeblich ,christlichen Toleranz' zugewiesen, indem ihnen völlige Intoleranz vorgeworfen wurde.[140] Auf

barg sich teilweise die Hoffnung, dass durch die Emanzipation die Judenmission in osteuropäischen Ländern einfacher würde. Siehe z. B.: Israels geistiges Erwachen, ein Zeichen der Zeit, in: FI 3 (1876) 5, S. 129–140, S. 136; Friedrich Heman, Zweiundsechzigster Jahresbericht des Vereins der Freunde Israels in Basel, in: FI 20 (1893) 4, S. 73–92, S. 76.

138 Siehe beispielsweise: Heinrich Frank, Die kirchliche Frage im Kanton Bern, Teil III, in: RZ, 23. 3. 1872, S. 98–107, S. 101; Alfred Altherr, Die religiöse Seite der neuen Bundesverfassung, in: RVB, 4. 5. 1872, S. 139–142, S. 140 f.; Die kirchlichen Konsequenzen der Neuen Bundesverfassung, Teil I, in: RVB, 13. 6. 1874, S. 191–194, S. 191. Siehe auch die an anderer Stelle selbst antisemitisch geprägte Schrift: Hess, Ueber religiöse und sittliche Toleranz, 26. Das „Religiöse Volksblatt" etwa erachtete die durch Volk und Stände angenommene Totalrevision der Verfassung als Triumph des ,religiösen Liberalismus' über die konservativen Protestanten und den Katholizismus: Alfred Altherr, Der 19. und 20. April 1874, in: RVB, 2. 5. 1874, S. 137–139, S. 138 f.

139 Hans Emil Baiter, Die Judenfrage, Teil II, in: SPB, 11. 6. 1892, S. 188–191, S. 189. Siehe auch: Die Jahresversammlung des relig.-liberalen Vereins des Kts. St. Gallen, in: RVB, 29. 10. 1893, S. 383–384, S. 384. Für zustimmende Aussagen zur religiösen Toleranz sowie zur Glaubens- und Gewissensfreiheit: Gottfried Schönholzer, Die christliche Toleranz, in: RVB, 2. 12. 1871, S. 377 f.; Alfred Altherr, Die religiöse Reformbewegung, in: RVB, 8. 2. 1873, S. 41–46, S. 45; Emanuel Linder, Der interkonfessionelle Religionsunterricht in der Schule, Teil I, in: SPB, 8. 11. 1884, S. 411–414, S. 412. Auch das Organ der Vermittler äußerte sich vor allem im letzten Jahrzehnt des 19. Jahrhunderts in diesem Sinne. Siehe z. B.: Kirchliche Chronik, in: KRS, 21. 2. 1891, S. 31–32, S. 32; Kirchliche Chronik, in: KRS, 19. 12. 1891, S. 211 f., S. 211.

140 Dieser Diskurs war primär im „Religiösen Volksblatt" verbreitet und bezog sich teilweise auf das ,biblische' Judentum. So ergoss sich beispielsweise Hermann Albrecht in einem wahren antisemitischen Schwall, indem er die judenfeindlichen Reaktionen um 1880 als gerechtfertigt darstellte: „Und da soll man nicht einmal mehr mit der Faust auf den Tisch schlagen dürfen, ohne gleich als ,Judenhetzer' verdächtigt zu werden? Judenhetze hin oder her, es muß gesagt sein, wenn sich in Kreisen, die auch noch ein religiöses Gefühl haben, eine gewisse Bitterkeit gegen das Semitenthum in der Presse geltend macht, so sind die Judenschriftsteller selber daran Schuld. Wenn sie sich vollends über Intoleranz Andersgläubiger gegen sie beklagen, so ist das für den Unwissenden vielleicht rührend, für den Wissenden aber zum Lachen. Intoleranter, wo immer es angeht, ist Niemand als der rechte Jude." Albrecht schob dieser ,Täter-Opfer-Umkehr' noch den Vorwurf nach, dass das Christentum durch Juden verhöhnt würde: „Darüber könnten wir sehr beschämende Auskunft ertheilen. Hören die Juden auf, ihren reichen und salzhaltigen Geist gegen die religiösen Gefühle unseres Volkes unnütz zu vergeuden, so werden auch die Judenhetzen aufhören." (Hermann Albrecht, Aus Staat und Kirche, in: RVB, 31. 1. 1880, S. 39 f.) Siehe zudem: Hausrath, Das Uebel in der Welt, in: RVB, 20. 1. 1872, S. 18–24, S. 21; E[manuel?] Friedli, Volksvertrauen, in: RZ, 30. 4. 1887, S. 130–134, S. 132.

konservativ-protestantischer Seite war dieser Diskurs, dies sei hier lediglich ange-
merkt, noch stärker präsent.[141] Im liberalen ‚Toleranzdenken' zeigten sich jedoch
noch weitere antisemitische Spuren. So wurden in den Zeitschriften im Zusammenhang mit der Gleichberechtigung der Juden wiederholt Assimilationshoffnun-
gen geäußert oder gar konkrete Assimilationsforderungen an das Judentum gestellt.
Dieses Assimilationsdenken ging mit einer expliziten oder impliziten Kritik am Judentum einher.[142] Die liberalen Protestanten schrieben sich somit in die Emanzi-
pationsdiskurse des politischen Liberalismus ein, in denen dem ‚Verschwinden' der
Juden durch ‚Assimilation' zentrale Bedeutung beigemessen wurde.[143]

*Gleichheit innerhalb enger Grenzen*

Mussten auch die konservativen Protestanten sich mit der rechtlichen Gleichstellung der Juden in der Schweiz abfinden, so waren sie noch lange nicht gewillt, ihnen im gesellschaftlichen Bereich einen den Christen gleichwertigen Status zuzu-
billigen. Den Juden wurde ein Platz als Minderheit in der als christlich definierten
Mehrheitsgesellschaft zugewiesen. Dieser Mehrheit sollten sie sich unterordnen.
Das Festhalten an einer Statusdifferenz zwischen christlichen und jüdischen
Schweizern sowie Christen und Juden im Allgemeinen machte es für einen Positiven beispielsweise undenkbar, dass Juden als Autoritätspersonen eine Christen
übergeordnete Rolle einnehmen dürften. Dieser an Statusdifferenz orientierte Aspekt des Superioritätsdiskurses blieb fast ausschließlich auf den Antisemitismus
der Positiven und somit auf jenen Teil des Deutschschweizer Protestantismus beschränkt, der den Status des Christentums durch eine allgemeine angebliche ‚Entchristlichung' des Staates und der Gesellschaft gefährdet sah. In zeitlicher Hinsicht
lag der Schwerpunkt dieses Bereichs der Superioritätsdiskurse auf dem letzten
Drittel der 1870er sowie den ersten Jahren des Folgejahrzehnts und war somit Teil

---

141   Um nur zwei Beispiele zu nennen: Gustav Heusler, Wahre und falsche Toleranz, Teil I, in: KF,
      6. 2. 1880, S. 33–37, Georg Rudolf Zimmermann, Das moderne Judenthum in Deutschland, be-
      sonders in Berlin. Zwei Reden von Adolf Stöcker, in: EW, 30. 10. 1879, S. 199–201, S. 200.

142   Mit starker antisemitischer Stoßrichtung: Hess, Ueber religiöse und sittliche Toleranz, S. 31. Assi-
      milationshoffnungen wurde vor allem im „Schweizerischen Protestantenblatt" Ausdruck verlie-
      hen, wobei die Artikel ebenfalls antisemitisch geprägt waren: Müller, Etwas vom Judenhass, in:
      SPB, 31. 10. 1885, S. 397–400, S. 399; Oskar Brändli, Gottfried Keller und die Judenfrage, in: SPB,
      9. 10. 1897, S. 328.

143   Zu der in liberalen Emanzipationsvorstellungen enthaltenen Assimilationsforderung siehe z. B.:
      Rürup, Die ‚Judenfrage' der bürgerlichen Gesellschaft, S. 107 f.; Brenner, „Gott schütze uns vor
      unseren Freunden", S. 178 f. Siehe ähnliche Befunde für den protestantischen Liberalismus in
      Deutschland: Heinrichs, Das Judenbild im Protestantismus, S. 350–352; S. 390.

der intensivsten Phase des Antisemitismus in der Periode von 1870 bis 1895. Zudem verweist die zeitliche Nähe zur definitiv vollzogenen rechtlichen Emanzipation der Juden darauf, dass das Ziel der Perpetuierung des prekären gesellschaftlichen Status ein Produkt der unmittelbaren postemanzipatorischen Zeit war.

„Besinnen wir uns darauf, daß wir ein christliches Volk sind, dass wir eine christliche Obrigkeit haben. Gönnen wir der israelitischen Minorität, was man jeder Minorität schuldig ist, Achtung und Toleranz aber keinen Einfluß, auch nicht den geringsten, auf unser inneres und äußeres Leben, das darf nicht sein, wenn wir gesund bleiben wollen."[144]

Noch deutlicher als mit diesen Worten konnte ‚den Juden‘ ihr Platz als minoritärer Teil der Gesellschaft wohl nicht zugewiesen werden. Sie fielen in einem Beitrag von Ludwig Pestalozzi im „Kirchenfreund", stammten jedoch nicht aus seiner Feder. Der Pfarrer am Grossmünster in Zürich ließ nämlich in seiner Hagiografie in zustimmender Weise den antisemitischen Agitator und Berliner Hofprediger Adolf Stoecker ‚für sich‘ sprechen.[145] Auch viele andere Beiträge der positiven Zeitschriften verdeutlichen, dass den Juden keine vollwertige gesellschaftliche Gleichstellung zukommen sollte und sie sich mit der Perpetuierung der gesellschaftlichen Statusdifferenz abzufinden hätten. Insbesondere das Konzept moderner, nichtkonfessioneller Schulen ließ diese Statusängste der Konservativ-Protestantischen aufscheinen.[146]

144  Ludwig Pestalozzi, zur Charakteristik A. Stöckers und seiner Bestrebungen, Teil III, in: KF, 21. 8. 1885, S. 257–261, S. 260.

145  Die Artikelserie des Stoecker-Verehrers Pestalozzi über das Wirken des Hofpredigers erschien auch als Separatdruck in der Druckerei der protestantisch-konservativen „Allgemeinen Schweizer Zeitung": Ludwig Pestalozzi, Adolf Stöcker. Ein Vortrag, Basel 1885. Pestalozzis Text arbeitet mit ausführlichen Zitaten aus Stoeckers Reden. Die Passage war innerhalb des Textes prominent platziert, markierte sie doch die letzte Äußerung zu Stoecker vor dem kurzen Schlussfazit Pestalozzis. Die Aussage Stoeckers stammte aus einer Rede des Hofpredigers vom 4. Februar 1881, in der er auch Bestandteile eines völkischen beziehungsweise rassistisch geprägten Antisemitismus erkennen ließ, indem er das moderne Judentum als einen fremden Blutstropfen des deutschen Volkskörpers bezeichnete. Diese stark antisemitische Passage zitierte Pestalozzi ebenfalls. Siehe: Adolf Stoecker, Das unzweifelhaft Berechtigte, Edle und Notwendige der gegenwärtigen antijüdischen Bewegung, in: Brakelmann, Adolf Stoecker als Antisemit, Teil 2, S. 84–97, S. 97.

146  Siehe etwa: Vermischtes, in: EW, 13. 3. 1879, S. 48; Johann Jakob Schenkel, Nachrichten, in: ASB, 3. 5. 1879, S. 142–144, S. 143; Ludwig Pestalozzi, Kirchliche Rundschau vom Dezember, Teil II, in: EW, 20. 1. 1881, S. 13–15, S. 13. Für weitergehende Ausführungen zur ‚Schulfrage‘ weiter unten in diesem Unterkapitel. So sah beispielsweise das „Appenzeller Sonntagsblatt" ‚die Juden‘ als baldige Herren der „christlichen Schule", nach denen sich der Unterricht des Lehrers zu richten habe. (Johann Jakob Schenkel, Nachrichten, in: ASB, 17. 11. 1883, S. 366–368, S. 367.) Siehe auch: Vermischtes, in: EW, 13. 3. 1879, S. 48; Johann Jakob Schenkel, Nachrichten, in: ASB, 3. 5. 1879, S. 142–144, S. 143.

Die Postulierung einer klaren sozialen Hierarchisierung zwischen ‚christlich‘
und ‚jüdisch‘ ging auch einher mit der immer wieder von konservativ-protestantischer Seite geäußerten Forderung, die Juden hätten sich eine selbstauferlegte ‚Niedrigprofilpolitik‘ im Umgang mit der ‚christlichen Leitgesellschaft‘ zuzulegen. Dieser Anspruch zeigte sich indirekt in dem sehr häufig artikulierten antisemitischen
Vorwurf, ‚die Juden‘ würden sich „anmaßend“, „hochmütig“, „unverschämt“ und
„frech“ verhalten und sich ganz allgemein „vordrängen“.[147] Das bewusste Auftreten von Juden als gleichberechtigte Akteure in der Gesellschaft entsprach nicht
dem ‚den Juden‘ von den Positiven zugedachten Status einer geduldeten Minderheit. Ebenso sehr wie ein emanzipiertes Verhalten ‚der Juden‘ von den Positiven als
ungerechtfertigt betrachtet wurde, wurde ihnen zum Vorwurf gemacht, dass sie
sich gegen die antisemitischen Anfeindungen zur Wehr setzen würden. ‚Die Juden‘
wurden beschuldigt, ‚empfindlich‘ zu sein, und generell wurde von den judenfeindlichen konservativen Protestanten insinuiert, dass die Juden bevorzugt behandelt
würden. Deshalb dürften sie nicht kritisiert werden, ohne dass sofort ein Aufschrei
erfolgen würde, während sie das Christentum ihrerseits in den Schmutz ziehen
würden.[148] Mit Blick auf das Deutsche Kaiserreich bilanzierte dies etwa Pfarrer Johann Jakob Schenkel, der als langjähriger Verfasser der Rubrik „Nachrichten“ im
„Appenzeller Sonntagsblatt“ wiederholt und antisemitische Diskurse rund um den
Wunsch der Beibehaltung der gesellschaftlichen Statusdifferenz bemühte. Hierbei ließ er über weite Strecken den christlich-sozialen „Reichsboten“[149] sprechen,

147  Insbesondere der Vorwurf der angeblichen ‚Anmaßung‘ wurde häufig von konservativ-protes-
     tantischen Zeitschriften vorgebracht. Als kleine Auswahl siehe: Johann Jakob Schenkel, Nach-
     richten, in: ASB, 6. 9. 1879, S. 286–288, S. 287; Zeitfragen in Briefform. Ueber die Judenfrage,
     Teil III, in: CVB, 12. 11. 1879, S. 364–366, S. 365; Ludwig Pestalozzi, zur Charakteristik A. Stöckers
     und seiner Bestrebungen, Teil III, in: KF, 21. 8. 1885, S. 257–261, S. 258. Zum Vorwurf der „Unver-
     schämtheit“, des „Hochmuts“ und der „Frechheit“ siehe beispielsweise: Heinrich Tanner, Gott-
     hold Ephraim Lessing, Teil I, in: VRK, 19. 2. 1881, S. 29–31; Des Volksboten Rückblick auf das Jahr
     1881, Teil IV, in: CVB, 25. 1. 1882, S. 22 f., S. 22; Des Volksboten Umschau über das Jahr 1883, Teil
     II, in: CVB, 16. 1. 1884, S. 19 f., S. 20; Otto Zellweger, Nachrichten, in: ASB, 10. 1. 1891, S. 14–16,
     S. 15. Ein seltenes Beispiel von den Liberalen: Hermann Albrecht, Aus Staat und Kirche, in: RVB,
     10. 9. 1881, S. 302–304, S. 303. Zum Vorwurf des ‚Vordrängens‘ zudem: Johann Jakob Schenkel,
     Nachrichten, in: ASB, 6. 9. 1879, S. 286–288, S. 287; Friedrich Heman, 52. Jahresbericht des Ver-
     eins der Freunde Israels zu Basel, in: FI 10 (1883) 3, S. 49–67, S. 62.

148  Siehe etwa: Johann Jakob Schenkel, Nachrichten, in: ASB, 24. 7. 1880, S. 239 f., S. 240; Ernst
     Miescher, Der Christ und die Zeitung, Teil II, in: CVF, 20. 5. 1893, S. 232–238, S. 235. Zum Vor-
     wurf der ‚Empfindlichkeit‘ beispielsweise: Joneli, Referat, S. 605. Von liberaler Seite: P. B., Reise-
     erinnerungen aus Holland, Teil II, in: SPB, 1. 12. 1883, S. 389–394, S. 391.

149  Die Zeitung fungierte seit ihrer Gründung 1873 als Sprachrohr des rechten Flügels der preußi-
     schen Konservativen und übernahm dieselbe Funktion Ende der 1870er-Jahre für die christ-
     lich-soziale Bewegung Adolf Stoeckers. Zur Geschichte des stark antisemitischen „Reichsboten“:

dessen Ansichten der Schaffhauser Pfarrer offensichtlich teilte. Das Blatt sah einen eigentlichen Kampf um die Vorherrschaft in Deutschland im Gange:

> „Die jüdische und judenfreundliche Presse Deutschlands erhebt bekanntlich alsbald ein lautes Klage- und Zorngeschrei über ‚Judenhetze' und Reaktion, wenn das übermüthige Treiben der Juden nur ein klein wenig ans Licht gezogen und gezüchtigt wird. Der ‚Reichsbote' bemerkt dazu: Während diese Presse Alles kritisirt, die höchsten, heiligsten Autoritäten in den Staub zieht und das Recht hiezu für ein heiliges Volksrecht erklärt, soll Niemand ein kritisirendes Wörtchen über das Verhalten der Juden sagen dürfen; diese sollen allein das Rührmichnichtan sein. Königthum, Armee, Adel, Regierung, Kirche – das Alles darf geschmäht werden, aber der jüdische Wucherer darf bei Leibe nicht einmal genannt, geschweige denn beurtheilt werden. Es ist Thatsache, dass das Judenthum durch sein Geld und seine Federn die liberale Presse in übergrossem Maße beherrscht; [Es folgte eine lange Auflistung angeblicher ‚Tatsachen' jüdischen Fehlverhaltens]. Ist es einerlei, ob in Deutschland das jüdische oder das christlich-deutsche Element den beherrschenden Einfluß übt? Wenn nicht, dann muß es nicht bloß erlaubt, sondern patriotische Pflicht sein, diese Sachlage öffentlich zu besprechen."[150]

Die absolut negative und verzerrte Wahrnehmung des gleichberechtigten Judentums verdeutlicht weiter, dass die Positiven im Falle der Juden ‚Gleichberechtigung' nicht als ‚gleiche Berechtigung' in allen Handlungsweisen verstanden, denn wenn Juden wirklich die Gleichberechtigung ihrer Religion und Religionspraxis einforderten, so wurde ihnen dies als Wunsch nach ‚Vorrechten' ausgelegt. Dies geschah beispielsweise in Kommentaren zu Sabbatdispensen in Schule und Armee oder in den Diskussionen um die Schächtfrage.[151] Eine dem Christentum gegenüber in gesellschaftlicher Hinsicht gleichberechtigte Kultuspraxis war für die Positiven – und in etwas gemildertem Maße auch für die Vermittler und Liberalen – aus ihrer christlichzentrierten Optik heraus undenkbar.

---

Dagmar Bussiek, „Das Gute gut und das Böse bös nennen". Der Reichsbote 1873–1879, in: Grunewald/Puschner (Hrsg.), Das evangelische Intellektuellenmilieu in Deutschland, S. 97–119.

150 Johann Jakob Schenkel, Nachrichten, in: ASB, 15. 9. 1883, S. 295 f., S. 295. Mit ähnlicher Ausrichtung und zudem mit Bezug auf Adolf Stoecker: Justus J. Heer, Rundschau auf die kirchlichen Zustände in Deutschland, besonders in Preußen, in: KF, 28. 11. 1879, S. 383–391, S. 386.

151 Siehe z. B.: Politisches, in: CVB, 19. 9. 1877, S. 304; Otto Zellweger, Nachrichten, in: ASB, 19. 4. 1890, S. 126 f., S. 126; Johann Jakob Schenkel, Nachrichten, in: ASB, 17. 11. 1883, S. 366–368, S. 367. Für die Vermittler und Liberalen sei verwiesen auf: Kirchenchronik, in: VRK, 3. 11. 1877, S. 176; Hess, Ueber religiöse und sittliche Toleranz, S. 30. Auf den Aspekt der Schule sowie des Schächtens wird in diesem und vor allem im folgenden Unterkapitel genauer eingegangen.

Der Kampf für eine fortdauernde Statusdifferenz zwischen den christlichen und jüdischen Bürgern war aufs Engste mit dem religiösen Superioritätsanspruch verknüpft. Dies äußerte sich in der Furcht, dass Juden in eine Christen übergeordnete gesellschaftliche Stellung kommen könnten. Diese Vorstellung kam für die konservativen Protestanten einem Schreckensbild gleich. In einer Gesellschaft mit rechtlicher Gleichbehandlung der Juden kollidierte dieser grundsätzliche Superioritätsanspruch unweigerlich mit der Realität, da Juden nun genauso wie Christen beispielsweise Karrieren in Verwaltung, Schule und Politik offen standen. Entsprechend negativ wurden diese Entwicklungen gezeichnet.[152] Exemplarisch sei dies an einem Ausschnitt aus dem „Appenzeller Sonntagsblatt" aufgezeigt, der diese Transformationen als endzeitliche ‚Zeichen der Zeit' deutete. Wiederum vor allem mit Blick auf Deutschland folgerte es:

> „Und das sollen wir Alles ruhig hinnehmen, sollen zusehen, wie diese Presse unser Volk religiös und damit auch sittlich ruinirt, es aber als Kulturfortschritt preisen, wenn Juden als Richter unserm Volk den Eid abnehmen und die Lehrer seiner Kinder in den Schulen sind, sollen es als Hebung des Nationalwohlstandes loben, wenn jüdische Bankiers jährlich Millionen verdienen, wenn jüdische Schacherer und Magazinhalter reiche Leute werden und in Städten Laden bei Laden und Haus bei Haus reihen, während unser deutsches christliches Volk verarmt?!"[153]

‚Autorität' von einzelnen Juden über Christen wurde als Schritt hin zu einer allgemeinen ‚Herrschaft' des Judentums gedeutet, und entsprechend kompatibel war dieser Diskurs mit der antisemitischen Konstruktion eines ‚jüdischen Herrschaftsstrebens', wie sie im modernen Antisemitismus ab den 1870er-Jahren zum Kernbestand gehörte.

Für die Verbreitung des judenfeindlichen Schreckensbildes der ‚Beherrschung von Christen durch Juden' in den Periodika des konservativen Deutschschweizer Protestantismus waren die Nachrichten und ‚vermischten Meldungen' von großer Bedeutung. Anhand vieler aus verschiedenen Zeitungen und Zeitschriften zusammengesuchter und für den Leser meist nicht nachprüfbarer Einzelbeispiele schien sich das konservativ-protestantische Schreckensbild des Endes der christlichen Superiorität zu verdichten. Dabei war der schweizerische Kontext nur sekundär, da

---

152  Siehe z. B.: Israels Rückkehr nach Palästina, eine politische Zeitfrage oder religiöse Zukunftsfrage?, in: FI 5 (1878) 2, S. 51–58, S. 55–57; Kirchliche Nachrichten, in: KF, 8. 11. 1878, S. 367; Johann Jakob Schenkel, Nachrichten, in: ASB, 9. 8. 1879, S. 254–256, S. 255; Politisches, in: CVB, 24. 11. 1880, S. 375 f., S. 376; Politisches, in: CVB, 21. 11. 1883, S. 375 f., S. 376.

153  Zeichen der Zeit, in: ASB, 9. 10. 1880, S. 325 f., S. 326.

sich die Nachrichten grösstenteils auf das Deutsche Kaiserreich und teilweise auf Österreich bezogen.[154] Diese deutschsprachigen Gebiete, ganz besonders Deutschland, bildeten für den Deutschschweizer Protestantismus einen gemeinsamen Wahrnehmungsraum. Entsprechend einflussreich waren die vorherrschenden antisemitischen Diskurse der Deutschen Positiven, wurden doch viele der Nachrichten aus deutschen Zeitschriften übernommen, worauf im fünften Kapitel noch eingehend eingegangen werden wird. Besonders tat sich in dieser Hinsicht das „Appenzeller Sonntagsblatt“ hervor, dessen Verantwortlicher für die Nachrichtenrubrik der Schaffhauser Pfarrer Johann Jakob Schenkel war. Diese Tätigkeit von 1873 bis 1888 ausübend, gehörte er zu den auffälligsten antisemitischen Federn des Deutschschweizer Protestantismus.

In der Analyse der Quellen erwiesen sich besonders zwei Gesellschaftsfragen als beliebte Projektionsflächen für die Furcht vor einer vermeintlichen ‚jüdischen Herrschaft‘ über Christen: die Schule und die Sonntagsruhe. Beide waren ‚Kampffelder‘ des Streits um das Ausmaß des kirchlichen Einflusses auf den Staat. Eine eigentliche Personalisierung der Furcht der Positiven fand im Feindbild des ‚jüdischen Lehrers‘ statt, dem als Autoritätsperson christliche Kinder anvertraut würden.[155] Diese Angst verband sich zudem mit der Sorge, mit der man die Verbreitung der ‚konfessionslosen Schule‘ wahrnahm. Eine Schule, die Protestanten mit Katholiken und Juden zusammenführte, wurde als ein weiterer Schritt im angeblichen Entchristlichungsprozess gewertet.[156] Unter klarer Schuldzuweisung an das Judentum beklagte Judenmissionsdirektor Friedrich Heman, dass die Juden unter dem „Deckmantel der Toleranz, Freiheit, Gleichberechtigung“ mithelfen würden, „alles Christliche aus dem Staatswesen und den Schulen“ zu entfernen. „Das ist der Triumph, dass man im öffentlichen Leben, in Staat und Schule nichts Christliches

154  Für Beispiele siehe die Anmerkungen zur Schul- und Sonntagsthematik.

155  Zum antisemitischen Feindbild des ‚jüdischen Lehrers‘ siehe etwa: Johann Jakob Schenkel, Nachrichten, in: ASB, 6. 3. 1880, S. 78–80; S. 79; Conrad von Orelli, Literatur für und wider Israel, in: KF, 19. 3. 1880, S. 91–95, S. 94; Johann Jakob Schenkel, Nachrichten, in: ASB, 27. 5. 1882, S. 167 f., S. 168. Das antisemitische Schreckensbild jüdischer Autoritätspersonen erstreckte sich nebst den Lehrern auch auf andere Beamte insbesondere Richter. Siehe für Letzteres z. B.: Conrad von Orelli, Eine christliche Eidesverweigerung, in: KF, 9. 2. 1883, S. 37–41; Johann Jakob Schenkel, Nachrichten, in: ASB, 26. 5. 1888, S. 166 f., S. 167. Weitere Beispiele zur Ablehnung ‚jüdischer Beamter‘: Johann Jakob Schenkel, Nachrichten, in: ASB, 20. 6. 1885, S. 198–200, S. 199. Dem Leistungsprinzip verpflichtet, sah der ansonsten öfters antisemitisch eingestellte Hans Emil Baiter im liberalen „Schweizerische Protestantenblatt“ nichts ‚Anstößiges‘ an ‚jüdischen Beamten‘: Hans Emil Baiter, Die Judenfrage, Teil II, in: SPB, 11. 6. 1892, S. 188–191, S. 190.

156  Die Stellungnahmen besaßen oft einen schweizerischen Bezug. Siehe etwa: Johann Jakob Schenkel, Nachrichten, in: ASB, 6. 9. 1879, S. 286–288, S. 286 f.; Politisches, in: CVB, 19. 1. 1881, S. 25; Johann Jakob Schläpfer, Unsere volle Theilnahme, in: ASB, 11. 8. 1883, S. 250 f., S. 251.

mehr merken und spüren soll; alles soll confessionslos gemacht werden."[157] Die
Haltung zur ‚konfessionslosen Schule' war zudem durch den Richtungsgegensatz
zu den Liberalen geprägt, die diesem Unterfangen des politischen Liberalismus
weit positiver gegenüberstanden.[158] Das konstruierte Feindbild des ‚jüdischen Lehrers' kulminierte in der Vorstellung, dass der jüdische Lehrer die christlichen Schüler sogar in Religion zu unterrichten habe.[159] Der ‚jüdische Lehrer' wurde somit als
treibende Kraft und Symbol für die angeblich durch den Abbau der konfessionellen
und religiösen Schranken praktizierte Entchristlichung der Schule angesehen. Da
man somit ‚die Juden' als Gefahr für die ‚christliche Schule' betrachtete, war man in
konservativ-protestantischen Kreisen dagegen, in schulischen Belangen Rücksicht
auf jüdische Schüler zu nehmen.[160] Darüber hinaus warf man ‚den Juden' vor, auf
die Verdrängung christlicher Symbole wie das Kreuz oder das Weihnachtsfest hin-
zuwirken.[161] ‚Die Juden' klar in den Status eines ‚geduldeten Gastes' zurücksetzend,
nahm Ludwig Pestalozzi genau diese Schuldzuweisung vor, indem er einen Bericht
der ultrakonservativen, stark antisemitischen preußischen „Kreuzzeitung"[162] aus

---

157   Friedrich Heman, Soll in unsrer Zeit Mission unter Israel getrieben werden? Rede am Epiphani-
      asfest, in: FI 6 (1879) 1, S. 1–10, S. 8 f.

158   Stellungnahmen für die ‚konfessionslose Schule' fielen vor allem im Umfeld der Diskussionen
      um ein neues Schulgesetz in Basel. Siehe etwa: Emanuel Martig, Der Kampf um die konfessio-
      nelle Schule, 2 Teile, in: SRB, 12./19. 10. 1884, S. 321–323/S. 332–335; Emanuel Linder, Der inter-
      konfessionelle Religionsunterricht in der Schule, 3 Teile, in: SPB, 8./15./22. 11. 1884, S. 411–414/
      S. 419–422/S. 424–427.

159   Die Positiven sahen den angeblichen Einfluss jüdischer Lehrer auf den Religionsunterricht
      durch verschiedene disparat zusammengesammelte Berichte bestätigt. Siehe etwa: Politisches,
      in: CVB, 24. 12. 1879, S. 416; Johann Jakob Schenkel, Nachrichten, in: ASB, 8. 4. 1882, S. 110 f.,
      S. 111; Miscellen, in: VRK, 19. 9. 1885, S. 244.

160   Siehe etwa: Der konfessionslose Religionsunterricht, Teil II, in: VRK, 26. 10. 1872, S. 197–199,
      S. 198 f.; Heinrich Bachofner, Der Religionsunterricht nach Paragraph 27 der Bundesverfassung
      und das Recht der freien Schule, in: KF, 12. 11. 1875, S. 357–369, S. 362 f.; Johann Jakob Schenkel,
      Nachrichten, in: ASB, 18. 12. 1886, S. 407 f., S. 407.

161   So sah man etwa das Weihnachtsfest in den Schulen gefährdet. Mit Bezug auf die Situation in
      der Stadt Basel spekulierte Pfarrer Johann Jakob Schenkel: „In der That dürften, weil vielleicht
      ein Jüdlein in der Klasse sitzt, dreißig bis vierzig Christenkinder zu Weihnachten in der Schule
      nicht mehr das Lied singen: O du fröhliche, o du selige, gnadenbringende Weihnachtszeit!"
      (Johann Jakob Schenkel, Nachrichten, in: ASB, 1. 11. 1884, S. 351 f., S. 351.) Siehe zudem: Kirch-
      liche Nachrichten, in: KF, 3. 10. 1884, S. 330–332, S. 332. Bezüglich der Gefährdung des Kreuzes
      etwa: Ludwig Pestalozzi, Kirchliche Rundschau vom April, Teil I, in: EW, 15. 5. 1879, S. 88–90,
      S. 90. Des Weiteren wurde sogar behauptet, dass der Name Jesu in den gemischten Schulen nicht
      mehr ausgesprochen werden dürfe: Kirchliche Nachrichten, in: KF, 8. 11. 1878, S. 367; Johann
      Jakob Schenkel, in: ASB, 23. 8. 1879, S. 270–272, S. 270 f.

162   Die „Neue Preußische Zeitung", bekannter unter dem Übernamen „Kreuzzeitung", spielte eine wich-
      tige Rolle in der Verbreitung des Antisemitismus im Deutschen Kaiserreich. Zur „Kreuzzeitung"

Berlin wiedergab: „Die Weihnachtslieder, das Zeichen des Kreuzes, der Name Jesu Christi sollen also in den Bann gethan werden, damit die Juden nicht Anstoss nehmen. Um des Gastes willen soll die christliche Hausordnung sich ändern."[163]

Auch die antisemitische Feindbildkonstruktion in den Dikussionen um den ‚christlichen Sonntag‘ war von Statusverlustängsten geprägt. ‚Den Juden‘ wurde vorgeworfen, ein feindlicher Gegenpart in den christlichen Bestrebungen zu sein, den Sonntag arbeitsfrei zu gestalten und somit einen ‚christlichen Sonntag‘ zu bewahren respektive erst zu schaffen. Die ‚Sonntagsheiligungsbewegung‘ fand im Deutschschweizer Protestantismus vor allem ab Mitte der 1870er-Jahre starken Zulauf und stieß vorweg in konservativ-protestantischen Medien auf große Resonanz und Unterstützung.[164] Bezeichnend für diese Bewegung war, dass sie im „Schweizer Sonntagsfreund" ab 1882 über ein eigenes ‚Kampforgan‘ mit einer Auflagehöhe von rund 20 000 Exemplaren verfügte. Neben Grundsatzartikeln zur ‚Sonntagsfrage‘ prangerte es vor allem auch ‚Verstöße‘ gegen die angestrebte Durchsetzung der ‚Sonntagsruhe‘ an. Die Zeitschrift war das Kind des Basler Zweigvereins der Bewegung.[165] Die ‚Sonntagsheiligungsbewegung‘ kann als Versuch gedeutet werden, der Kirche respektive der christlichen Religion im sich säkularisierenden Staat und in der sich modernisierenden Gesellschaft neuen Einfluss zu verschaffen.[166]

siehe: Dagmar Bussiek, „Mit Gott für König und Vaterland!". Die Neue Preußische Zeitung (Kreuzzeitung) 1848–1892, Münster/Hamburg/London 2002; James N. Retallack, Notables of the Right. The Conservative Party and Political Mobilization in Germany, 1876–1918, Boston 1988, S. 36–53.

163  Ludwig Pestalozzi, Kirchliche Rundschau vom Januar, Teil II, in: EW, 17. 2. 1881, S. 31–34, S. 33.

164  Einen kurzen Abriss des ‚Kampfes‘ der Sonntagsheiligungsgesellschaften für die ‚Befreiung‘ der „Sonntagssklaven" und gegen die „Entheiligung des Sonntags": Vorwort, in: SS, 4. 11. 1882, S. 1–4, S. 3. Der Genfer Banquier Alexandre Lombard war einer der Gründerväter der Bewegung. Er spielte auch eine zentrale Rolle in der Internationalisierung der Bewegung, indem er die „internationale Sonntagsheiligungsgesellschaft" gründen half. Dies brachte ihm den Übernamen „Lombard-Dimanche" ein. Zu Lombard siehe: Jean de Senarclens, Art. ‚Lombard, Alexandre‘, in: Historisches Lexikon der Schweiz, http://www.hls-dhs-dss.ch/textes/d/D30010.php, 17. 11. 2013; Was wir erreicht haben, in: SS, 6. 6. 1914, S. 497 f.

165  Die „Basler Gesellschaft für Sonntagsfeier" war 1862 gegründet worden. Zur Entstehungsgeschichte des „Schweizer Sonntagsfreunds": Bis hieher [sic!] hat der Herr geholfen! Kurze Vereinsgeschichte, in: SS, 1. 2. 1913, S. 441–448, S. 444.

166  So proklamierte der „Schweizer Sonntagsfreund" 1884: „Auf denn zum Kulturkampf, dem edelsten, den es gibt; zum Freiheitskampf, dem Kampf um die wahre Freiheit des Menschen, des Christenmenschen; auf zum heiligen Krieg! Sind nicht die Kreuzfahrer ausgezogen, um das heilige Land den Ungläubigen abzunehmen, mit dem Rufe: Gott will es! – Mit demselben, nein mit größerem Rechte rufen Diejenigen, welche nicht das heilige Grab, sondern den lebendigen Sonntag sich und ihrem Volke zurückerobern und behaupten wollen: Gott will es!" (Rohr, Der Sonntag, wie er war, wie er ist, und wie er sein sollte, in: SS, 1. 1. 1884, S. 60–64, S. 64.)

Die antisemitische Stoßrichtung, die einen Aspekt in der Argumentation für einen arbeitsfreien ‚christlichen Sonntag‘ darstellte, lässt sich in vier Hauptdiskurse gliedern. Erstens wurde vorgeworfen, dass die Gesellschaft dem Sabbat der Juden gegenüber mehr Rücksicht walten lasse als gegenüber dem ‚christlichen Sonntag‘.[167] So sah es das Organ der „Vermittler" als erwiesen an, dass den jüdischen Feiertagen eine größere Bedeutung beigemessen werde als den eigenen, seit dieses „Volk des Herrn‘" es verstanden habe, sich „beinahe zum ‚Herrn des Volkes‘ aufzuschwingen". „Einen ärgeren Hohn auf den christlichen Sonntag kann man sich wirklich nicht denken, als den, daß Christen ihren Sonntag opfern müssen, um den Juden aus ihrer Sabbatsruhe keinen Schaden erwachsen zu lassen."[168] Zweitens wurden ‚die Juden‘ und mit ihnen der ‚jüdische Sabbat‘ zu ‚Feinden des Sonntags‘ stilisiert, die dafür sorgen würden, dass Christen am Sonntag arbeiten müssten, da ‚die Juden‘ ja den Samstag über die Arbeit hätten ruhen lassen.[169] Und der „Schweizer Sonntagsfreund" behauptete, dabei auch die Intention zur ‚inneren Missionierung‘ des Christentums aufscheinen lassend und ‚den Juden‘ einen ‚großen Einfluss‘ unterstellend: „In der ganzen übrigen Welt hat sich sonst die Minorität dem Willen der Mehrheit zu fügen, aber wo jüdische Interessen mit ins Spiel kommen, wird verlangt, dass die Christen sich ohne Weiteres nach den Juden richten. Daß es freilich so weit kommen konnte, beweist nur, wie groß der Abfall vom Glauben in der Christenheit selbst geworden ist."[170] Im Zusammenhang mit dem Vorwurf an die Juden, ‚Feinde des christlichen Sonntags‘ zu sein, wurde außerdem drittens vorgebracht, dass aufgrund der angeblich herausragenden Bedeutung des Judentums

---

167  Siehe etwa: Johann Jakob Schenkel, Nachrichten, in: ASB, 31. 10. 1885, S. 351 f., S. 351.

168  Kirchenchronik, in: VRK, 3. 11. 1877, S. 176. Zugleich behauptete der Artikel, dass die Schweizer Armee es den jüdischen Soldaten gestatte, für ihre Festtage Urlaub zu erhalten, den christlichen hingegen diesen für den Bettag verweigere. Ähnlich bei: Politisches, in: CVB, 19. 9. 1877, S. 304; Conrad von Orelli, Kirchliche Rundschau, in: KF, 2. 11. 1894, S. 344–346, S. 345.

169  Siehe beispielsweise: Johann Jakob Schenkel, Nachrichten, in: ASB, 27. 9. 1879, S. 311–312, S. 311; Johann Jakob Schenkel, in: ASB, 10. 5. 1884, S. 151 f., S. 151; H. L., Vom Stuttgarter Sonntagscongreß, Teil IV, in: CVB, 15. 6. 1892, S. 189 f., S. 190; Nachrichten, in: CVB, 24. 8. 1892, S. 270–272, S. 271. Der Diskurs der Juden als ‚Feinde des Sonntags‘ wurde auch stark durch Pfarrer Jakob Probst vertreten. Der ‚Sonntags-Probst‘, wie er genannt wurde, war stark in der Sonntagsheiligungsbewegung engagiert. So zum Beispiel: Jakob Probst, Der internationale Kongreß für Sonntagsfeier, Teil II, in: KRS, 11. 6. 1892, S. 99–101, S. 100; Kirchliche Chronik, in: KRS, 9. 12. 1899, S. 205 f.; Kirchliche Chronik, in: KRS, 14. 7. 1900, S. 112–114, S. 113. Von liberaler Seite zudem: Oskar Brändli, Kreuz und quer, in: SPB, 13. 10. 1894, S. 325 f., S. 326. Bezüglich des Übernamens von Probst: Karl Stockmeyer, Bis hieher [sic!] hat der Herr geholfen! Kurze Vereinsgeschichte, in: SS, 1. 2. 1913, S. 441–448, S. 447.

170  Gustav Peyer, Sonntagschronik, in: SS, 5. 2. 1887, S. 205–208, S. 207. Die Aussage bezog sich hierbei auf Diskussionen um ein Sonntagsarbeitsgesetz in den Niederlanden.

in der Wirtschaft – vor allem im Handel –, ‚christliche Geschäfte' am Sonntag gezwungen seien, ebenfalls geöffnet zu halten. Diesen angeblichen Kausalzusammen-
hang bemühte etwa mehrfach Pfarrer Gustav Peyer, der von 1882 bis 1892 als Redakteur des „Schweizer Sonntagsfreunds" waltete.[171] Öfters tauchte auch der Vorwurf
auf, dass die sonntägliche Postzustellung ebenfalls den Juden anzulasten sei[172] und
Viehmärkte so gelegt würden, dass der Sabbat der jüdischen Viehhändler nicht, der
Sonntag jedoch umso mehr tangiert würde.[173] Ein vierter Diskursstrang war durch
die Inkorporation antijudaistischer Stereotype geprägt und war mit der Herabwürdigung des Sabbats verknüpft. Während der ‚jüdische Sabbat' als Ausfluss einer ‚Gesetzesreligion' und als ‚Belastung' für die Menschen dargestellt wurde, wurde ihm
der als ‚Wohltat' beschriebene ‚christliche Sonntag' dichotom gegenübergestellt.[174]
In diesen Diskursstrang schrieben sich auch die liberalen Zeitschriften ein, sahen
sie doch die (konservativ-protestantischen) Sonntagsheiligungsbestrebungen potentiell durch den angeblich ‚jüdisch-gesetzlichen' Geist des Sabbats geprägt. Die
Liberalen verwendeten den Sabbat und das Judentum somit als negativen Referenzpunkt für ihr Idealbild der Sonntagsheiligung, welche die Sonntagsarbeit nicht
ausschloss.[175]

171  Siehe beispielsweise: Gustav Peyer, Ein Kampf um den Sonntag, in: SS, 3. 3. 1883, S. 18–24, S. 19;
     Gustav Peyer, Des Kaufmanns Sonntag, in: SS, 7. 4. 1886, S. 161–165, S. 162; Gustav Peyer, Ein selt-
     samer Beschluss, in: SS, 4. 4. 1891, S. 405–409, S. 408. Andere Beispiele: Friedrich Heman, Rede am
     Epiphaniasfest 1882, in: FI 9 (1882) 2, S. 25–33, S. 29; Johann Jakob Schenkel, Nachrichten, in: ASB,
     25. 7. 1885, S. 239 f. Nachfolger von Peyer als Redakteur des Blattes wurde 1893 der Basler Pfarrer
     Eduard Thurneysen, auf den 1898 der ebenfalls in Basel wirkende Pfarrer Karl Stockmeyer folgte.
172  Siehe etwa: Vermischtes, in: EW, 12. 4. 1877, S. 70 f., S. 70; Politisches, in: CVB, 7. 2. 1883, S. 48. Zu-
     dem wurde etwa auch der Armee unterstellt, stärker auf jüdische als christliche Bedürfnisse ein-
     zugehen: Politisches, in: CVB, 19. 9. 1877, S. 304; Conrad von Orelli, Kirchliche Rundschau, in:
     KF, 2. 11. 1894, S. 344–346, S. 345.
173  Siehe z. B.: Zeitfragen in Briefform. Ueber die Judenfrage, Teil IV, in: CVB, 19. 11. 1879, S. 370–372,
     S. 371–372; Gustav Peyer, Ein öffentliches Aergernis, in: SS, 5. 2. 1887, S. 201–204; Gottlieb Schus-
     ter, Kirchliche Zeitschau, in: CVF, 20. 10. 1894, S. 469–471, S. 470.
174  Siehe etwa: Der Sonntag vom liberalen Standpunkt, Teil II, in: RVB, 11. 4. 1874, S. 116–119, S. 118 f.;
     K. Baer, Auf Pfingsten, in: RVB, 17. 5. 1902, S. 157–159, S. 158. Für Beispiele aus positiven und ver-
     mittlerischen Zeitschriften: Sabbath oder Sonntag?, Teil I, in: Die freie Gemeinde 3 (1881) 8, S.
     30 f.; Rytz, Sabbath oder Sonntag?, in: VRK, 26. 9. 1885, S. 245–248, S. 246; Eduard Thurneysen,
     Der Sonntag und die christliche Freiheit, in: SS, 4. 6. 1890, S. 364–367, S. 364; Eduard Thurney-
     sen, Der Sabbaterweg, in: SS, 30. 5. 1896, S. 653–657, S. 653. Regelmäßig wurde dabei auf die Bi-
     belstelle Markus 2,27 verwiesen: „Der Sabbat ist um des Menschen willen gemacht, und nicht der
     Mensch um des Sabbat". Der Spruch prangte auch jahrzehntelang auf der Titelseite des „Schwei-
     zer Sonntagsfreund".
175  Siehe z. B.: Albert Bitzius, Gesetzgebung über den Sonntag, Teil II, in: RB, 3. 2. 1869, S. 49–54,
     S. 53; Emanuel Linder, Zur Sonntagsfrage, in: BPB, 16. 8. 1879, S. 273–275, S. 273 f.; Alfred Alt-

*Für und wider das Schächtverbot*

Die Aufnahme des Schächtverbotsartikels in die Schweizerische Bundesverfassung schränkte ab 1893 die Kultusfreiheit der Juden in der Schweiz einseitig ein. Die Schaffung einer erneuten rechtlichen Statusdifferenz zwischen christlichen und jüdischen Schweizern bedeutete die Abkehr von der vollen Gleichberechtigung der Juden. Zusammen mit Sachsen, das einer Hochburg des politischen Antisemitismus gleichkam, war die Schweiz Ende des 19. Jahrhunderts das einzige Land, in dem das Schlachten nach jüdischem Ritus verboten war.[176] Am 20. August 1893 hatte sich das Volk in der allerersten zur Abstimmung gelangten eidgenössischen Volksinitiative deutlich für das Verbot ausgesprochen, das Ständemehr wurde jedoch nur äußerst knapp erreicht.[177] Auf kantonaler Ebene waren schon ab den 1850er-Jahren vereinzelt Versuche unternommen worden, das Schächten zu verbieten. Rekurse von jüdischer Seite an den Bundesrat gegen kantonale Beschlüsse in den 1880er-Jahren machten das Thema national bekannt.[178] Die Initiative war vom Tierschutzverein, der vom Zürcher Pfarrer Philipp Heinrich Wolff präsidiert wurde, lanciert worden.[179] Der Erfolg der Initiative basierte auf ihrer breiten Unterstützung in den deutschsprachigen Kantonen. Ein klares konfessionelles Muster ist im Abstimmungsergebnis nicht zu erkennen. Pascal Krauthammer führt die kantonal stark divergierenden Resultate auf die unterschiedliche Unterstützung der Initi-

herr, Sabbat oder Sonntag, in: SPB, 10. 10. 1885, S. 369–372, S. 370; Vom Büchertisch, in: RVB, 22. 1. 1893, S. 35 f., S. 35. Im Sinne vermeintlich ‚positiv‘ konnotierter Stereotypisierungen konnte der ‚jüdische Sabbat‘ auch als Vorbild betrachtet werden. Hierbei wurde etwa das antisemitische Stereotyp der ‚jüdischen Vitalität‘ auf den freien Sabbat zurückgeführt und essentialisiert. Siehe z. B.: Kaspar Wismer, Der Sonntag als Ruhetag. Vortrag gehalten am 27. Januar 1895 in Andelfingen, Andelfingen 1895, S. 9; Albert Bitzius, Reformchronik, in: RZ, 23. 12. 1876, S. 481–488, S. 486. Vereinzelt wurde auch die angeblich konsequente Achtung des Sabbats durch die Juden als Vorbild für die Christen dargestellt. Siehe z. B.: Kirchliche Chronik, in: CVF, 22. 9. 1877, S. 306; Gustav Peyer, Die Sonntagsruhe und die Juden, in: SS, 2. 10. 1886, S. 187 f.; Wismer, Der Sonntag als Ruhetag, S. 8 f.

176   Beatrix Mesmer, Das Schächtverbot von 1893, in: Mattioli (Hrsg.), Antisemitismus in der Schweiz 1848–1960, S. 215–239, S. 215. Sachsen hatte das Verbot 1892 erlassen. Zum Verbot in Sachsen und zu dessen Wahrnehmung auf Seiten der Schächtgegner in der Schweiz: Külling, Bei uns wie überall?, S. 259–262.

177   Zu den Resultaten siehe: Botschaft des Bundesrates an die Bundesversammlung, betreffend die eidgenössische Volksabstimmung vom 20. August 1893. (Vom 13. Oktober 1893.), in: Schweizerisches Bundesblatt 45 (1893) 4, S. 399–406, S. 401.

178   Bestrebungen gegen das Schächten existierten vor allem in den Kantonen Aargau, St. Gallen und Bern. Siehe: Krauthammer, Das Schächtverbot in der Schweiz, S. 29–52.

179   Zu Wolf siehe: Ruth Lüthi, Art. ‚Philipp Heinrich Wolff‘, in: Historisches Lexikon der Schweiz, http://www.hls-dhs-dss.ch/textes/d/D42065.php, 14. 11. 2013. Die Deutschschweizer Sektionen

ative durch kantonale Tierschutzvereine und die regionale Presse zurück.[180] Im Abstimmungskampf wurden von schächtgegnerischer Seite denn auch der Tierschutz zusammen mit dem Humanitätsgedanken und der Fortschrittlichkeit als Motive vorgeschoben, doch war die Kampagne zutiefst antisemitisch geprägt, denn sie war Ausfluss der auch in der Schweiz präsenten antisemitischen Konstruktion einer angeblich existierenden ‚Judenfrage'.[181] Die Schaffung eines neuen konfessionellen Ausnahmeartikels in der Bundesverfassung zielte auf die Exklusion der Juden von der als christlich verstandenen Gesellschaft und auf die Schaffung von Statusdifferenz ab.[182] Diese antisemitische Stoßrichtung wurde denn auch von den Initiativgegnern öfters aufgezeigt und beklagt.[183]

In der Tat war der Abstimmungskampf ein großes mediales Ereignis. Eine starke Agitation ging insbesondere von der protestantisch-konservativ geprägten „Berner Volkszeitung" des Populisten Ulrich Dürrenmatt, aber auch von der ebenfalls protestantisch-konservativ ausgerichteten „Allgemeinen Schweizer Zeitung" Arnold Jonelis aus. Diese beiden Zeitungen wurden jedoch für diese Forschungsarbeit nicht eingehender analysiert.[184] Auch in den integral analysierten Zeitschriften des Deutschschweizer Protestantismus wurde der Abstimmung einige Beachtung geschenkt. Interessant ist nun, dass in dieser Frage keine richtungsspezifischen Unterschiede auszumachen sind, fanden sich doch sowohl auf Seiten der Liberalen als

---

waren bei der Lancierung der Initiative federführend. (Krauthammer, Das Schächtverbot in der Schweiz, S. 52–54.)

180  Krauthammer, Das Schächtverbot in der Schweiz, S. 87 f.

181  In der Kampagne waren zudem Anlehnungen an den antisemitischen Topos des ‚Ritualmordes' präsent. Diese Beschuldigung lebte im Zuge der antisemitischen Welle in West- und Mitteleuropa wieder auf. In diese Richtung zielten die in der schweizerischen Antisemitismusforschung bekannten Karikaturen der Satirezeitschrift „Der Nebelspalter". (Der Hofmetzger an der Arbeit, in: Nebelspalter, 10. 6. 1893, S. 4; Der erste Schächter, in: Nebelspalter, 19. 8. 1893, S. 4.)

182  Ähnlich beurteilen dies auch: Krauthammer, Das Schächtverbot in der Schweiz, S. 93 f.; Erik Petry, Art. ‚Schächtverbot-Debatten in der Schweiz', in: Handbuch des Antisemitismus. Judenfeindschaft in Geschichte und Gegenwart, hrsg. von Wolfgang Benz, Bd. 4, Ereignisse, Dekrete, Kontroversen, Berlin/Boston 2011, S. 368–370, S. 370.

183  Siehe etwa: Hermann Albrecht, Aus Staat und Kirche, in: RVB, 19. 12. 1891, S. 438–440, S. 440; Conrad Wilhelm Kambli, Aus Staat und Kirche, in: RVB, 13. 8. 1892, S. 281–284, S. 283. Selbst mit antisemitischen Äußerungen: Robert Ischer, Ueber das Schächten, in: SRB, 29. 10. 1892, S. 346–349, S. 348 f.

184  Ein bekanntes Beispiel stellt Dürrenmatts Gedicht „Juden haben kein Erbarmen" dar: Ulrich Dürrenmatt, Juden haben kein Erbarmen, in: BVZ, 19. 8. 1893, S. 1. Als Beispiele für die „Allgemeine Schweizer Zeitung" siehe: Zur Abstimmung vom 20. August, in: ASZ, 8. 8. 1893, S. 1; Zur Schächtkampagne, in: ASZ, 13. 8. 1893, S. 1; Ein letztes Wort zum Volksentscheid über die Schächtfrage, in: ASZ, 20. 8. 1893, S. 1. Zahlreiche Quellenverweise bietet: Külling, Bei uns wie überall, S. 249–383. Zu Jonelis Stellung zudem: Janner, Zwischen Machtanspruch und Autoritätsverlust, S. 219.

auch der Positiven Stimmen, die die Vorlage ablehnten, und solche, die sich für sie aussprachen. Oft beinhalteten die gegensätzlichen Stellungnahmen ähnliche antisemitische Diskurse. Dieses uneinheitliche Bild traf sogar auf einzelne Zeitschriften zu, die entweder ihre Haltung (mehrfach) änderten oder in der sich mehrere Redakteure divergierend äußerten. Im Folgenden wird die These gestützt, dass die persönliche Haltung einzelner Redakteure und nicht das Richtungsdenken für die Stellungnahmen pro oder contra das Schächten bestimmend waren.

Das Lager der Verteidiger des Schächtens wurde vom Blatt der Vermittler, dem „Kirchenblatt für die reformi(e)rte Schweiz", angeführt, dessen Redakteur Emil Güder dezidiert gegen die Volksinitiative Position ergriff.[185] Auf liberaler Seite taten ihm dies die „Schweizerischen Reformblätter" und das „Religiöse Volksblatt" gleich,[186] während das „Schweizerische Protestantenblatt" durch eine ausgesprochen schächtfeindliche Haltung herausstach.[187] Dasselbe gilt für den „Christlichen Volksboten" Theodor Sarasins.[188] Schwankend gab sich der positive Kirchenfreund.[189] Überraschend ist hingegen das ablehnende Votum des ansonsten ausgeprägt antisemitischen „Appenzeller Sonntagsblatts" von Pfr. Otto Zellweger. Dieser hatte sich

---

185   Güder vertrat diese Position schon in der Berichterstattung zu den Bundesratsentscheiden gegen kantonale Beschränkungen des Schächtens Ende der 1880er-Jahre. Siehe beispielsweise: Emil Güder, Rekursentscheidungen des hohen Bundesrathes aus dem Jahr 1887, Teil I, in: KRS, 1. 1. 1888, S. 2 f., S. 3; Emil Güder, Kirchliche Chronik, in: KRS, 19. 12. 1891, S. 211 f.; Emil Güder, Kirchliche Chronik, in: KRS, 11. 6. 1892, S. 101 f., S. 101; Emil Güder, Die Judenfrage und das Schächten, in: KRS, 24. 9. 1892, S. 159–161, S. 160 f.; Emil Güder, Zur Abstimmung über die Schächtinitiative, in: KRS, 19. 8. 1893, S. 139.

186   Siehe z. B.: Conrad Wilhelm Kambli, Aus Staat und Kirche, in: RVB, 13. 8. 1892, S. 281–284, S. 283; Robert Ischer, Ueber das Schächten, in: SRB, 29. 10. 1892, S. 346–349, S. 349; Heinrich Frank, Zur Schächtfrage, in: SRB, 19. 8. 1893, S. 269–272. Nach der Volksabstimmung druckte das „Religiöse Volksblatt" jedoch einen stark antisemitischen Abstimmungskommentar: Conrad Wilhelm Kambli, Aus Staat und Kirche, in: RVB, 27. 8. 1893, S. 301 f., S. 302. Die „Zeitstimmen" äußerten sich nicht zur Thematik.

187   Siehe etwa: Oskar Brändli, Kreuz und quer, in: SPB, 5. 3. 1892, S. 78 f., S. 79; Oskar Brändli, Kreuz und quer, in: SPB, 20. 8. 1892, S. 279 f., S. 280; Emanuel Linder, Zur Schächtfrage, in: SPB, 19. 8. 1893, S. 262 f. Auch im 20. Jahrhundert fiel die Zeitschrift durch ihre schächtgegnerischen Äußerungen auf. Diese stammten aus der Feder des Redakteurs Hans Baur, der in den Teilen V und VI wiederholt ein Thema sein wird. Siehe v. a.: Hans Baur, Aus Sturm und Stille, in: SPB, 24. 9. 1921, S. 309; Hans Baur, Israel, in: SPB, 8. 7. 1933, S. 209–211, S. 211.

188   Gespräch über das eidgenössische Schächtverbot, in: CVB, 16. 8. 1893, S. 259–261.

189   Gegen ein Verbot sprachen sich aus: Conrad von Orelli, Kirchliche Rundschau, in: KF, 16. 9. 1892, S. 300–306, S. 302; Kirchliche Nachrichten, in: KF, 28. 7. 1893, S. 239 f., S. 240. Hingegen äußerten sich gegen das Schächten: Kirchliche Nachrichten, in: KF, 5. 2. 1892, S. 46–48, S. 46; Gegen das Schächten und die Vivisektion, in: KF, 11. 8. 1893, S. 249 f., S. 249; Kirchliche Rundschau, in: KF, 8. 9. 1893, S. 284–287, S. 285.

noch 1890 schächtfeindlich geäußert, änderte dann aber in der Folge seine Meinung.[190] Kaum zum Thema äußerte sich der „Christliche Volksfreund". Er druckte jedoch die von den Schweizer Rabbinern an Geistliche in der Schweiz versandte Erklärung gegen das Schächtverbot ab.[191]

Die Schächtdebatte, wie sie sich in den protestantischen Zeitschriften niederschlug, wurde inhaltlich von drei Argumentationslinien dominiert, die allesamt stark mit antisemitischen Positionen verwoben waren: das Schächten als Bestandteil des jüdischen Ritus, der Tierschutz sowie die Zugehörigkeit der Juden zum ‚Schweizer Volk'. Der erste Aspekt, die Frage, ob das Schächten ein integraler Teil der jüdischen Religion darstelle und somit der in der Bundesverfassung garantierten Glaubens-, Gewissens- und Kultusfreiheit zuzurechnen sei, war vor allem in den Reihen der Gegner eines Schächtverbots von zentralster Bedeutung. Sowohl Verbotsgegner aus dem liberalen, vermittlerischen und positiven Lager sahen in einem allfälligen Schächtverbot einen Verstoß gegen diese verfassungsmäßig garantierte Freiheit.[192] Drastisch formulierte es der liberale Pfarrer Robert Ischer aus Nidau (BE) als Redaktor der „Schweizerischen Reformblätter", indem er sich mit dem Judentum solidarisch erklärte:

„[Es] ist keine Unehre, trotz der Ungunst der Umstände an den kostbaren Errungenschaften der Glaubens- und Kultusfreiheit festzuhalten, wenn ein Ritus, der so augenscheinlich mit einer überlieferten dogmatischen Anschauung zusammenhängt, mit grausamer Gewalt abgeschlachtet werden soll, und der Menschenwürde ist es angemessener, für die Rechte einer im Laufe der Jahrhunderte bis auf die Gegenwart so arg verhetzten Nation einzustehen, als die

---

190  Otto Zellweger, Nachrichten, in: ASB, 19. 4. 1890, S. 126 f., S. 126; Otto Zellweger, Nachrichten, in: ASB, 19. 12. 1891, S. 407–409, S. 407; Otto Zellweger, Nachrichten, in: ASB, 8. 4. 1893, S. 110 f., S. 110; Otto Zellweger, Nachrichten, in: ASB, 12. 8. 1893, S. 255 f. Nach der Abstimmung beklagte Zellweger, dass er aufgrund seiner Nein-Parole Anfeindungen ausgesetzt gewesen sei: Otto Zellweger, Nachrichten, in: ASB, 2. 9. 1893, S. 278 f., S. 278.

191  Zur Volksabstimmung vom 20. August, in: CVF, 12. 8. 1893, S. 378 f. Der „Christliche Volksfreund" ist somit zu jenen konservativ-protestantischen Zeitschriften zu zählen, die sich gegen die Initiative stellten.

192  Siehe etwa: Kirchliche Nachrichten, in: KF, 28. 7. 1893, S. 239 f., S. 240; Heinrich Frank, Zur Schächtfrage, in: SRB, 19. 8. 1893, S. 269–272, S. 272. Auch der judenmissionarische „Freund Israels", der sich 1893 aus der Debatte heraushielt, sah 1875 die „Kulturkämpfer" hinter den Bestrebungen für ein Schächtverbot und erachtete es als ein „Zeichen hereinbrechender despotisch-vandalischer Barbarei, wenn ephemere Behörden kurzerhand Jahrtausende alte Satzungen der Religion, die mit dem innersten Leben eines Volkes verwachsen sind, mit einem Federstrich wegdecretiren wollen". (Das Schächten der Juden, in: FI 2 (1875) 3, S. 70–81, S. 73; S. 75.)

Perlen unsrer Bundesverfassung wegzuwerfen nur um der unsichern Hoffnung willen, einigen Ochsen ein etwas sanfteres Lebensende bereiten zu können."[193]

Das starke Einstehen für die Glaubens- und Gewissensfreiheit wurde argumentativ mit der Furcht verbunden, dass auch der Protestantismus einmal durch konfessionelle Ausnahmebestimmungen in seiner Freiheit beschnitten werden könnte.[194] Ähnliche Überlegungen zeigten sich auch im Schweizer Katholizismus, der selbst von konfessionellen Ausnahmebestimmungen in der Bundesverfassung betroffen war. Dessen politische Führer sprachen sich deshalb gegen das Schächtverbot aus.[195] Gezielt und besonders plakativ setzte der Vermittler Emil Güder dieses Argument in einer Stellungnahme gegen den Präsidenten des Tierschutzvereins, Pfarrer Philipp Heinrich Wolff, ein. Güder, der nebst der Verteidigung der ‚Glaubens und Gewissensfreiheit' auch judenmissionarische Interessen für seine politische Haltung geltend machte,[196] tat dies, indem er die zentrale christliche Institution der Taufe als gefährdet darstellte, da die Kleinkindertaufe gerade zur Winterzeit als gesundheitsschädlich angesehen werden könne:

> „Ich kann nicht einsehen, warum man den Juden das Schächten verbieten und uns dagegen das Taufen gestatten sollte. Entweder – oder! Wir müssen also Herrn Pfarrer Wolff ernsthaft zu bedenken geben, dass er sich mit seinem projektirten Initiativbegehren in's eigene Fleisch, resp. in dasjenige seiner eigenen Religionsgenossenschaft, statt nur, wie er meint, in das der armen Israeliten schneidet."[197]

---

193    Robert Ischer, Ueber das Schächten, in: SRB, 29. 10. 1892, S. 346–349, S. 349.

194    Vor allem der Redakteur des Vermittler-Organs, Emil Güder, wandte diese Argumentationsstrategie an: Emil Güder, Kirchliche Chronik, in: KRS, 19. 12. 1891, S. 211 f.; Emil Güder, Die Judenfrage und das Schächten, in: KRS, 24. 9. 1892, S. 159–161, S. 161.

195    Freilich hielten sich die katholischen Wähler nicht unbedingt an die Stimmempfehlung. Zur Positionierung des katholischen Milieus in der Abstimmungsdebatte: Krauthammer, Das Schächtverbot in der Schweiz, S. 78–81. In der katholischen Innerschweiz war die Stimmbeteiligung sehr niedrig, was Beatrix Mesmer auf das Dilemma der Stimmberechtigten zurückführt, das zwischen der eigenen antisemitischen Grundhaltung und der ausgegebenen Nein-Parole katholisch-konservativer Politiker bestand. (Mesmer, Das Schächtverbot von 1893, S. 233.) Die konfessionellen Ausnahmeartikel, die die Katholiken betrafen, waren das Jesuitenverbot (Art. 52), das Verbot der Wiederherstellung der aufgehobenen Klöster (Art. 50) und die Genehmigungspflicht für neue Bistümer durch den Bund (Art. 75). Der Art. 75 schloss zudem katholische und protestantische Geistliche vom Nationalratsamt aus. Siehe: Marco Jorio, Art. ‚Ausnahmeartikel', in: Historisches Lexikon der Schweiz, http://www.hls-dhs-dss.ch/textes/d/D10388.php, 18. 11. 2013.

196    Emil Güder, Die Judenfrage und das Schächten, in: KRS, 24. 9. 1892, S. 159–161, S. 161.

197    Emil Güder, Kirchliche Rundschau, in: KRS, 23. 1. 1892, S. 15 f., S. 15. Das „Kirchenblatt" druckte eine Entgegnung Pfarrer Wolffs ab: Kirchliche Chronik, in: KRS, 6. 2. 1892, S. 24.

Die Verteidigung der Glaubens- und Gewissensfreiheit war jedoch nicht auch gleichbedeutend mit einer Absage an antisemitische Denkmuster, wiesen doch viele der Artikel, die das Schächten verteidigten, selbst judenfeindliche Passagen auf.[198] Dies traf etwa auf Emil Güder oder aber auch den in Bern lehrenden Rechtsprofessor und Nationalrat Carl Hilty zu, dessen philosophisch-theologische Werke in den protestantischen Zeitschriften auf einige Beachtung stießen.[199] Im Lager der Schächtbefürworter wurde dem Schächten hingegen abgesprochen, biblisch verbriefter Teil des jüdischen Ritus zu sein.[200] Entsprechend handle es sich beim Schächten um keine Kultushandlung, wie etwa Pfarrer Philipp Heinrich Wolff in einer Entgegnung als Präsident des Tierschutzvereins im „Kirchenblatt für die reformirte Schweiz" betonte, sondern um eine „rein sittliche und humanitäre Frage".[201]

Die zweite zentrale Argumentationslinie, der die Schächtgegner besonders häufig folgten, stellte der Vorwurf der Tierquälerei dar. Hier zeigte sich die antisemitische Stoßrichtung des Anliegens der Schächtgegner deutlich. Fragen der ,Fortschrittlichkeit' und der ,Humanität' standen dabei im Fokus. Eine Variante des Tierquälerei-Vorwurfs war, die ,jüdischen Sitten' als unmodern darzustellen. Die Juden sollten demnach in Zukunft auf das Schächten verzichten. Dieses Fortschritts-Dis-

198  Siehe z. B.: Emil Güder, Die Judenfrage und das Schächten, in: KRS, 24. 9. 1892, S. 159–161, S. 160; Otto Zellweger, Nachrichten, in: ASB, 8. 4. 1893, S. 110 f., S. 110.

199  Hierbei ist vor allem auf Hiltys dreibändiges Werk „Glück" zu verweisen: Carl Hilty, Glück, 3 Bde., Frauenfeld 1890–1899. Hilty war zusammen mit alt Bundesrat Numa Droz Kopf des Komitees gegen die Schächtverbotsinitiative. (Mesmer, Das Schächtverbot von 1893, S. 239.) Hilty schrieb in den von ihm herausgegebenen „Politischen Jahrbüchern" mehrfach über das Schächtverbot und zeigte sich dabei als Gegner der Initiative. Sein Hauptplädoyer, in dem er das Bestreben der Initianten nicht zuletzt auf antisemitische Motive zurückführte, war: Carl Hilty, Die Schächtfrage, in: Politisches Jahrbuch der Schweizerischen Eidgenossenschaft, Bern 1892, S. 161–188. Hilty bediente sich jedoch partiell ebenfalls antisemitischer Argumentationen: Carl Hilty (Hrsg.), Politisches Jahrbuch der Schweizerischen Eidgenossenschaft, 9. Jg., Bern 1895, S. 466 f. Im Jahrbuch von 1894 äußerte er sich nicht im Zusammenhang mit der Initiative antisemitisch, sondern deutete die antisemitische Bewegung heilsgeschichtlich: Carl Hilty (Hrsg.), Politisches Jahrbuch der Schweizerischen Eidgenossenschaft, 8. Jg. Bern 1894, S. 443 f. Bei Güder wies vor allem folgender Artikel gegen das Schächtverbot selbst Antisemitismus auf: Emil Güder, Die Judenfrage und das Schächten, in: KRS, 24. 9. 1892, S. 159–161.

200  Siehe als Beispiele von Seiten der positiven und liberalen Schächtgegner: Ein Gespräch über das eidgenössische Schächtverbot, in: CVB, 16. 8. 1893, S. 259–261, S. 259; Emanuel Linder, Zur Schächtfrage, in: SPB, 19. 8. 1893, S. 262 f. Mehrfach wurde dabei aus christozentrischer Perspektive heraus vorgebracht, dass das Schächten nicht im ,Alten Testament' festgelegt und erst später hineininterpretiert worden sei. Für die schwankende Haltung des „Kirchenfreunds" war bezeichnend, dass er seine Meinung nach der Abstimmung ebenfalls in diese Richtung abänderte: Kirchliche Rundschau, in: KF, 8. 9. 1893, S. 284–287, S. 285.

201  Kirchliche Chronik, in: KRS, 6. 2. 1892, S. 24.

kurses bediente sich mit dem „Kirchenfreund" auch ein sehr konservatives Blatt, das ansonsten dem Fortschritt gegenüber grundsätzlich kritisch eingestellt war.[202] Eine zweite Variante zielte darauf ab, den Eindruck jüdischer ‚Grausamkeit' und ‚Unmenschlichkeit' zu erwecken. Dieser sollte etwa durch die ausführliche Beschreibung des Schächtvorgangs, der völlig verzerrt dargestellt und zu einer Schauergeschichte ausgeschmückt wurde, erweckt werden.[203] Dabei wurden schließlich ‚die Juden' nicht nur als ‚Tier-', sondern auch als ‚Menschenquäler' dargestellt, ein Topos, der sich als an viele andere antisemitische Diskurse anschlussfähig zeigte. So folgerte etwa der pietistische „Christliche Volksbote", dass bei Menschen, die Tiere quälen würden, kaum Nächstenliebe zu finden sei.[204] Dass sich in dieser Argumentationslinie die Grenzen zwischen Schächtgegnern und Schächtbefürwortern auflösten, zeigen folgende beiden Beispiele. Sie belegen zudem, dass mit dem Ablehnen der Beschneidung der religiösen Rechte der Juden nicht auch eine anti-antisemitische Haltung verbunden war. Otto Zellweger, Herausgeber des „Appenzeller Sonntagsblattes" betonte, dass für ihn die „Menschenquälerei" der ‚wuchernden' Juden viel schlimmer als die „Thierquälerei" sei.[205] Auch die liberale Seite verwendete dasselbe antisemitische Konstrukt. Redakteur Robert Ischer vermerkte im selben Artikel, in dem er sich so stark für die Bewahrung der Glaubens- und

---

202 Kirchliche Nachrichten, in: KF, 5. 2. 1892, S. 46–48, S. 46. Dezidiert gegen den Vorwurf der ‚Tierquälerei' stellte sich: Das Schächten der Juden, in: FI 2 (1875) 3, S. 70–81, v. a. S. 76.

203 Siehe für die Beschreibung des Schächtvorgangs oder den Verweis auf dessen angeblich besonders große Brutalität z. B.: Johann Jakob Schenkel, Nachrichten, in: ASB, 25. 2. 1888, S. 62 f., S. 63; Gegen das Schächten und die Vivisektion, in: KF, 11. 8. 1893, S. 249 f., S. 249. Besonders extrem bediente sich der „Christliche Volksbote" dieses Mittels. Ein fiktiver Dialog zwischen ‚Heinrich' und ‚Martin' kam zum Schluss, dass das Schächten zu bekämpfen sei. In diesem Dialog griff ‚Martin' unter anderem auf folgende Beschreibung des angeblichen Schächtvorgangs zurück: „Das Thier wurde an den vier Füßen gefesselt, dann umgestürzt und mit einem Krahn an den Füßen in die Höhe gezogen, so daß es frei über der Erde hing. Dann – ich seh's immer noch, und es ist doch manches Jahr seither, – wurde ihm die Kehle durchschnitten, es sah aus wie ein Sägen. Das Blut schoß heraus, das Thier zuckte in seinen Fesseln hin und her, ich hatte genug gesehen und machte mich davon. Aber ein guter Freund, ein Bauer, der öfter dem Schächten beigewohnt und länger dabei hat verharren müssen, hat mir erzählt, daß ein solcher Todeskampf bis zu drei Viertelstunden dauern könne, wahrscheinlich je nachdem das Thier hänge oder vom Messer getroffen sei." (Ein Gespräch über das eidgenössische Schächtverbot, in: CVB, 16. 8. 1893, S. 259–261, S. 260.) Auch die stark schächtgegnerische protestantisch-konservative „Berner Volkszeitung" von Ulrich Dürrenmatt bediente sich dieser Argumentationsstrategie: Wie es beim Schächten zu- und hergeht?, in: BVZ, 12. 8. 1893, S. 1.

204 Ein Gespräch über das eidgenössische Schächtverbot, in: CVB, 16. 8. 1893, S. 259–261, S. 259.

205 Otto Zellweger, in: ASB, 19. 12. 1891, S. 407 f., S. 407. Siehe zu diesem Aspekt auch: Krauthammer, Das Schächtverbot in der Schweiz, S. 63–68.

Gewissensfreiheit einsetzte, dass es kein Wunder sei, dass die Initiative sich aus antisemitischen Motiven gegen das Schächten richte:

> „Wäre das Schächten nicht zufällig eine Sitte der Juden, so wäre gegen diese Schlachtart sicherlich nicht so bald Klage geführt worden. Nicht ihre Tier-, sondern ihre Menschenquälerei ist es, welche am meisten ärgert, ihr herzloser Wucher, ihre Aufdringlichkeit und systematische Ausbeutung der Mitbürger im Handelsverkehr.“[206]

Die dritte regelmäßig auftretende Argumentationslinie der Schächtgegner konstruierte ‚die Juden‘ als ‚Fremde‘, die außerhalb des ‚Volkes‘ stehen und gegen dessen ‚Sittlichkeitsempfinden‘ sie mit dem Schächten verstoßen würden.[207] Die fast mythische Verklärung eines angeblich existierenden ‚Volksempfindens‘, das die Vorstellung eines organischen ‚Volkskörpers‘ voraussetzte, ist gerade auch vor dem Hintergrund zu sehen, dass mit der Volksinitiative ein neues direktdemokratisches Instrument zur Anwendung gelangte.[208] Nicht selten waren in diese Argumentation Drohungen gegen die Juden eingeflochten, die ‚den Juden‘ zu verstehen gaben – einen vermeintlichen Realkonflikt zwischen ‚den Juden‘ und ‚dem Volk‘ suggerierend –, dass es in ihrem eigenen Interesse sei, nicht durch ihr Verhalten, beispielsweise das Schächten, die „antisemitischen Instinkte des Volkes“[209] zu wecken. Auch bei dieser antisemitischen Diskursstrategie lässt sich nachweisen, dass sich ihrer beide Lager bedienten.[210] Diese dritte Argumentationslinie in den Auseinandersetzungen um das

---

206  Robert Ischer, Ueber das Schächten, in: SRB, 29. 10. 1892, S. 346–349, S. 348. Weitere Beispiele für den Gebrauch von Antisemitismus in der Argumentation der Gegner der Initiative: Conrad von Orelli, in: KF, 16. 9. 1892, S. 300–306, S. 301 f.; Otto Zellweger, Nachrichten, in: ASB, 8. 4. 1893, S. 110 f.

207  Siehe z. B.: Gegen das Schächten und die Vivisektion, in: KF, 11. 8. 1893, S. 249 f., S. 249; Ein Gespräch über das eidgenössische Schächtverbot, in: CVB, 16. 8. 1893, S. 259–261, S. 260.

208  Zur Volksmystik vor allem der Schächtgegner: Külling, Bei uns wie überall?, S. 312 f. Mit einer antielitären Stoßrichtung arbeitete etwa Conrad von Orelli, der sich ansonsten als Gegner des Schächtverbots gab: Conrad von Orelli, Kirchliche Rundschau, in: KF, 16. 9. 1892, S. 300–306, S. 302. Eine pessimistischere Meinung bezüglich der „Volksseele“ vertrat der Vermittler Emil Güder, der schlimme Leidenschaften des Volkes geweckt sah: Emil Güder, Nach der Abstimmung, in: KRS, 26. 8. 1893, S. 145 f. Andere Gegner der Initiative sahen ein Verbot als eine ‚Verunstaltung‘ der Bundesverfassung. Siehe etwa: Heinrich Frank, Zur Schächtfrage, in: SRB, 19. 8. 1893, S. 269–272, S. 272; Otto Zellweger, Nachrichten, in: ASB, 12. 8. 1893, S. 255 f., S. 255.

209  Oskar Brändli, Kreuz und quer, in: SPB, 20. 8. 1892, S. 279 f., S. 280.

210  Siehe beispielsweise: Conrad von Orelli, Kirchliche Rundschau, in: KF, 16. 9. 1892, S. 300–306, S. 301–302; Emil Güder, Die Judenfrage und das Schächten, in: KRS, 24. 9. 1892, S. 159–161, S. 160; Kirchliche Rundschau, in: KF, 8. 9. 1893, S. 284–287, S. 285; Friedrich Otto Pestalozzi, Rundschau, in: SB 11 (1893) 3, S. 3 f., S. 3. Ebenfalls ist auf den stark antisemitischen Kommentar über den Ausgang der Abstimmung von Conrad Wilhelm Kambli zu verweisen: „Wenn sich gewisse jüdische

Schächtverbot legt den eigentlichen Kern der antisemitischen Stoßrichtung der Initiative offen: ‚Die Juden' wurden als ‚fremdes Kollektiv' innerhalb des ‚schweizerischen Volkes' charakterisiert, das kein Recht auf Partikularitäten besitzen würde,
sich entweder von seinen Riten zu lösen und sich an die ‚Leitkultur' zu assimilieren
oder aber mit ernsten Konsequenzen zu rechnen habe.[211] Besonders radikal vertrat
diese Ansichten ein Beitrag im „Christlichen Volksboten", der einen fiktiven Dialog
zwischen einem Gegner (Martin) und Befürworter (Heinrich) des Schächtens wie-
dergibt, bei dem die Argumente des Schächtgegners oben ausschwingen:

> „Heinrich: ‚Aber verzeih', es scheint mir doch, wir evangelische Schweizer ha-
> ben keinen rechten Grund, den Juden ihre Bräuche zu verbieten. Was unrecht
> daran ist, dafür haben ja sie die Verantwortung.'
>
> Martin: ‚Aber Heinrich, geht es dich nichts an, wenn du Hausbesitzer bist
> und kannst du ruhig zusehen, wenn einer deiner Mieter vor deinen Augen
> Rohheiten und Grausamkeiten begeht an seinen Tieren? […] Wir sind doch
> hoffentlich noch Meister in unserm Haus und Vaterland, und die Juden werden
> entweder unsre gleichberechtigten, dann aber auch gleichverpflichteten Mit-
> bürger, oder sie bleiben Gäste und Fremdlinge bei uns, wie ihre Väter. In keinem
> dieser Fälle sollen sie aber Sitten und Gebräuche aufrecht erhalten dürfen, die
> unsern Volkssitten Hohn sprechen und unsre Gefühle empören […].'"[212]

Diese dritte Argumentationslinie zeigt gerade, wie stark schächtgegnerische Äußerungen mit der antisemitischen Vorstellung einer ‚Judenfrage' verknüpft waren, die
sich auch nach der Emanzipation aufgrund der Präsenz der mit ‚Fremdheit' assozi-
ierten Juden manifestieren würde. Diese antisemitische Vorstellung stand wohl im
Kern der ganzen antisemitischen Agitation in der Schweiz im Umfeld der Abstimmung über das Schächtverbot.

Geschäftskreise diesen Wink als Warnung dienen lassen, kann es niemanden mehr freuen als uns.
Wir sind die letzten, welche die antisemitische Bewegung in Deutschland auch in die Schweiz
verpflanzen möchten, wir kennen auch sehr ehrenwerte Juden, an denen sich mancher Christ
ein Vorbild nehmen könnte, aber diese Entscheidung sagt uns deutlich, dass es hohe Zeit ist, allgemeine Gesetze gegen den Wucher und jede Art sogenannten jüdischen Geschäftsgebarens
zu erlassen, gleichviel, ob es Juden oder Christen treffe, und daß man nicht warten soll, bis der
Haß gegen die Unredlichkeit zum Antisemitismus, zum Haß gegen den Juden als solchen aus-
geartet ist." Conrad Wilhelm Kambli, Aus Staat und Kirche, in: RVB, 27. 8. 1893, S. 301 f., S. 302.

211  Siehe etwa: Conrad von Orelli, Kirchliche Rundschau, in: KF, 16. 9. 1892, S. 300–306, S. 302;
     Kirchliche Rundschau, in: KF, 8. 9. 1893, S. 284–287, S. 285. Auch Ulrich Dürrenmatt bediente
     sich in seiner „Berner Volkszeitung" dieses nationalen Exklusionsmechanismus, als er nach der
     Abstimmung triumphierend titelte „Die Schweiz ist noch nicht verjudet!". (Ulrich Dürrenmatt,
     Die Schweiz ist noch nicht verjudet!, in: BVZ, 23. 8. 1893, S. 1.)
212  Ein Gespräch über das eidgenössische Schächtverbot, in: CVB, 16. 8. 1893, S. 259–261, S. 260.

## 3 Die ‚Judenfrage' wird gestellt – Popularisierung des modernen Antisemitismus

Das Deutsche Kaiserreich wurde ab den 1870er-Jahren zu einem Kerngebiet des Antisemitismus in Europa, indem auf publizistischer, gesellschaftlicher und politischer Ebene der Antisemitismus eine neue Intensität erfuhr. Inhaltlich kam es zudem zu Akzentverschiebungen und Transformationen, die in den theoretischen Ausführungen ausführlich besprochen worden sind.[213] Geprägt von einem starken Antiliberalismus und der ‚Gründerkrise' des jungen deutschen Nationalstaates, kam es 1875 zu einer ersten Reihe antisemitischer Artikelserien, die bereits die Stoßrichtung des modernen Antisemitismus vorzeichneten.[214] Zum eigentlichen ‚Durchbruch' als prominenter Teil der öffentlichen Debatte in Deutschland gelangte der Antisemitismus schließlich 1879. Innerhalb weniger Monate stießen der judenfeindliche Publizist Wilhelm Marr, der Historiker Heinrich von Treitschke und der Hofprediger und Politiker Adolf Stoecker mit ihren antisemitischen Publikationen und Manifestationen auf enorme öffentliche Beachtung.[215] Dies führte zum Berliner Antisemitismusstreit mit seiner starken Verdichtung der antisemitischen Diskussionen über die Stellung der Juden in der deutschen Gesellschaft.[216] Die Wirkung des Antisemitismus ging aber weit über diese ‚Gelehrtendiskussionen' hinaus.[217] Der ‚Antisemitismusstreit' und die antisemitische Welle hinterließen im Deutschschweizer Protestantismus, der sich in sprachlicher, kultureller und konfessioneller Hinsicht Deutschland als nahestehend empfand, deutliche Spuren.

Die für den modernen Antisemitismus charakteristischen judenfeindlichen Vorstellungen eines angeblich großen ‚jüdischen Einflusses', ja gar einer ‚jüdischen Domi-

---

213 Siehe Kap. 3 in Teil II.

214 Ab Dezember ließ der antisemitische Journalist Otto Glagau im populären Familienblatt „Die Gartenlaube" mehrere Artikel erscheinen, die den Juden die Schuld an der wirtschaftlichen ‚Gründerkrise' zuschoben. Auch die katholische Zeitung „Germania" sowie die konservativ-protestantische „Kreuzzeitung" druckten Artikelserien, die den Kernbestand eines soziokulturell argumentierenden modernen Antisemitismus bereits aufzeigten. Siehe etwa: Ferrari Zumbini, Die Wurzeln des Bösen, S. 132–142; Berding, Antisemitismus im 19. Jahrhundert, S. 67 f.

215 Es handelte sich um folgende Schriften: Marr, Der Sieg des Judenthums über das Germanentum; von Treitschke, Unsere Aussichten. Für Textfassungen der ersten antisemitischen Reden Stoeckers siehe: Brakelmann (Hrsg.), Adolf Stoecker als Antisemit, Teil 2.

216 Zur Entfesselung der umfangreichen Diskussionen über die ‚Judenfrage' siehe z. B.: Ferrari Zumbini, Die Entfesselung des Bösen, S. 151–206. Eine eingehende Erörterung des ‚Antisemitismus-streits' findet sich zudem bei: Jensen, gebildete Doppelgänger, S. 147–324.

217 Für die Wirkung auf andere gesellschaftliche Bereiche Deutschlands, wie etwa der Vereine und Verbände, siehe: Jochmann, Antisemitismus im Deutschen Kaiserreich; Berding, Moderner Antisemitismus, S. 110–140; Bergmann/Wyrwa, Antisemitismus in Zentraleuropa, S. 32–60.

nanz' in der ‚modernen Gesellschaft' kondensierten sich im antisemitischen Konstrukt der ‚Judenfrage', denn die Existenz der Juden in der postemanzipatorischen
Gesellschaft blieb für die Antisemiten fragwürdig.[218] Der Begriff ‚Judenfrage' stand
als Chiffre für die judenfeindliche Überzeugung, die Präsenz ‚der Juden' würde in
sozialer, wirtschaftlicher, nationaler, kultureller oder religiöser Hinsicht zu realen
Konflikten in den Gesellschaften führen, in denen sie lebten. Aufs engste verknüpft
mit dem Begriff der ‚Judenfrage' war das antisemitische Schreckensbild der ‚Verjudung',[219] verstanden sowohl als Zustand wie auch als Vorgang. Der Verjudungs-Topos
suggerierte eine ‚übermäßige' jüdische Präsenz sowie einen angeblich wachsenden, ‚übergroßen Einfluss' ‚der Juden' oder auch lediglich des angeblich existierenden ‚jüdischen Geistes'. Dies würde eine Gefahr für die Gesellschaft darstellen. Die
antisemitischen Konstrukte ‚Judenfrage' und ‚Verjudung' offenbaren eine durch
antisemitische Feindbilder vorkonditionierte Wahrnehmung. ‚Die Juden' wurden
weiterhin – trotz Emanzipation – nicht als Individuen, sondern als eine a priori
negativ konnotierte kollektive ‚Sondergruppe' außerhalb der christlich-nationalen
‚(Volks-)Gemeinschaft' dargestellt, deren schiere Präsenz einem Problem gleichkä-
me.[220] Diese antisemitische Wahrnehmung zeigt zudem auf, wie sehr die Gleichberechtigung der Juden nur auf das Rechtliche beschränkt geblieben war, während sie
nicht als gesellschaftlich gleichberechtigte Subjekte angesehen wurden. Tragendes
strukturelles Element dieser antisemitischen Sichtweise war hierbei die Konstruktion eines vermeintlich realen Konflikts zwischen der ‚jüdischen Outgroup' und der
‚nichtjüdischen Ingroup', die – ganz im Sinne einer Umkehr von Täter und Opfer –
die antisemitischen Reaktionen als gerechtfertigt erscheinen lassen sollte.

Im Mittelpunkt dieses Kapitels steht die Analyse der Verbreitung antisemitischer Konzeptionen im Deutschschweizer Protestantismus, die einen angeblich
‚großen Einfluss' oder gar eine ‚Dominanz' ‚der Juden' in der zeitgenössischen Gesellschaft, die auf diese ‚zersetzend' wirken würde, zu erkennen glaubten respektive befürchteten. Ein besonderes Augenmerk wird auf die Verbreitung der antisemitischen Topoi der ‚Judenfrage' und der ‚Verjudung' gelegt.

---

218  Siehe Kapitel 3 in Teil II. Für die Begriffsgeschichte sei nochmals verwiesen auf: Bergmann, Art.
     ‚Judenfrage'; Benz, Von der „Judenfrage" zur „Endlösung".

219  Zur Begriffsgeschichte siehe: Bjoern Weigel, Art. ‚Verjudung', in: Handbuch des Antisemitismus,
     Bd. 3, S. 331 f.

220  Zur Rolle ‚der Juden' in Diskursen eines nationalistisch geprägten Antisemitismus siehe Kapitel 3
     in Teil II.

*Zunahme des Antisemitismus – Richtungsspezifische Unterschiede und*
*Konjunkturen*

Ab Mitte der 1870er-Jahre nahm der Antisemitismus auch im Deutschschweizer
Protestantismus deutlich zu. Nebst dieser quantitativen Veränderung lässt sich jedoch auch eine ausgeprägte diskursive Gewichtsverschiebung von religiösen hin zu
sozioökonomischen, kulturellen und nationalen Diskursen des Antisemitismus beobachten. Dies widerspiegelt die Ausbreitung des modernen Antisemitismus. Dabei ist jedoch zu betonen, dass religiöse Diskurse weiterhin stark verbreitet blieben.
Würde nur der Verbreitungsgrad des Terminus ‚Judenfrage‘ betrachtet, so würde ein
bedeutender Teil der antisemitischen Diskurse, welche die Präsenz der Juden zu einem vermeintlichen Problem und zu einer Bedrohung stilisierten, nicht erfasst werden können. Deshalb ist die Perspektive zu erweitern. So zeigte sich in der Analyse,
dass Artikel, die eingehend oder auch nur ‚beiläufig‘ ‚die Juden‘ zu Verursachern
großer gesellschaftlicher Probleme erklärten und dabei auf sozioökonomische, kulturelle oder nationalistische Diskursstränge des modernen Antisemitismus zurück-
griffen, insbesondere nach 1879 im konservativen Protestantismus zur Normalität
wurden. Eine besonders starke Präsenz solcher Diskurse wiesen Zeitschriften auf,
die pietistisch oder sehr konservativ ausgerichtet waren. Vorweg zeigten sich das
„Appenzeller Sonntagsblatt“ der Familie Zellweger sowie der „Christliche Volksbote“ Adolf Sarasins und später dessen Sohnes Theodor Sarasin äußerst judenfeindlich.

Die an die Postulierung einer ‚Judenfrage‘ angelagerten Diskurse fanden sich im
„Appenzeller Sonntagsblatt“ nicht in den Leitartikeln, sondern in dem für eine protestantische Zeitschrift ausführlich gehaltenen Nachrichtenteil. Diskursprägend war
dabei der Schaffhauser Pfarrer Johann Jakob Schenkel, der diese Rubrik zwischen
1873 und 1888 verfasste und ihr ein ausgesprochen antisemitisches Gepräge gab.
Die antisemitischen Ausfälle Schenkels bezogen sich dabei überwiegend auf einen
deutschen Kontext.[221] Antisemitische Äußerungen waren im „Appenzeller Sonntagsblatt“ während der gesamten Periode von 1870 bis 1895 regelmäßig präsent. Dabei
wies bereits ein Beitrag von 1871 ein stattliches Arsenal von Diskursen des modernen Antisemitismus auf, die aber eng mit einer religiösen Argumentation verbun-

---

221  Siehe als Beispiele: Johann Jakob Schenkel, Nachrichten, in: ASB, 25. 9. 1875, S. 317 f.; Johann
Jakob Schenkel, Nachrichten, in: ASB, 26. 7. 1879, S. 239 f., S. 240; Johann Jakob Schenkel, Nach-
richten, in: ASB, 24. 7. 1880, S. 239 f.; Johann Jakob Schenkel, Nachrichten, in: ASB, 10. 7. 1883,
S. 223 f., S. 223; Johann Jakob Schenkel, in: ASB, 15. 3. 1884, S. 87 f.; Johann Jakob Schenkel, in:
ASB, 8. 9. 1888, S. 285–287, S. 286. Ein Beispiel für die Zeit nach 1888, als Otto Zellweger die Nach-
richtenrubrik von Johann Jakob Schenkel übernommen hatte: Otto Zellweger, Nachrichten, in:
ASB, 17. 12. 1892, S. 406 f., S. 406.

den waren.[222] Deutlich gehäuft traten antisemitische Artikel jedoch vor allem in den Zeiträumen von 1879 bis 1884 sowie von 1888 bis Anfang der 1890er-Jahre auf.

Die Konjunkturen des Antisemitismus im „Christlichen Volksboten" aus Basel im Zeitraum von 1870 bis 1895 verliefen sehr ähnlich. Eine Hochphase setzte mit einer Artikelserie über die ‚Judenfrage' zwischen Ende Oktober und Mitte November 1879 ein und stellte eine Übernahme und Bekräftigung des von Hofprediger Adolf Stoecker im September in seinen beiden ‚Judentum-Reden'[223] geäußerten Antisemitismus dar.[224] Durch die pietistische Prägung des Blattes besaß es eine Affinität für die von Basel aus operierende Judenmissionsgesellschaft der „Freunde Israels". Durch die regelmäßige Berichterstattung über deren Epiphaniasfeiern und Jahresfeste fand der bei diesen Gelegenheiten insbesondere von Judenmissionsdirektor Friedrich Heman, aber auch von Gastreferenten geäußerte Antisemitismus seinen Niederschlag im „Christlichen Volksboten".[225] Damit ist bereits angetönt, dass das Publikationsorgan des Judenmissionsvereins, der „Freund Israels", ebenfalls zu den Hauptträgern von Diskursen des modernen Antisemitismus im Deutschschweizer Protestantismus zu zählen ist. Seit der Übernahme der Redaktion durch Friedrich Heman im Jahre 1874 war das Blatt stark antisemitisch geprägt. Der Antisemitismus schlug sich dabei in großer Regelmäßigkeit gerade in den Jahresberichten des Redakteurs und Missionssekretärs nieder.[226] Der antisemitische Charakter

---

222   Politisches, in: ASB, 23. 12. 1871, S. 407 f.

223   Die beiden Reden trugen den Titel „Unsere Forderungen an das moderne Judentum" sowie „Notwehr gegen das moderne Judentum". Die beiden antisemitischen Reden Stoeckers finden sich in der Quellenedition von: Brakelmann, Adolf Stoecker als Antisemit, Teil 2, S. 10–24 sowie S. 24–41.

224   Zeitfragen in Briefform. Ueber die Judenfrage, 4 Teile, in: CVB, 29. 10. 1879/5./12./19. 11. 1879, S. 346–348/S. 356–358/S. 364–366/S. 370–372. Beispiele für weitere Artikel, die die antisemitischen Ansichten der Zeitschrift ausführlich wiedergeben: Des Volksboten Rückblick auf das Jahr 1878, Teil V, in: CVB, 29. 1. 1879, S. 33–38, S. 34 f.; Politisches, in: CVB, 19. 1. 1881, S. 24; Des Volksboten Rückblick auf das Jahr 1881, Teil II, in: CVB, 4. 1. 1882, S. 3–5, S. 3; Nachrichten, in: CVB, 25. 1. 1891, S. 62 f.; Politisches, in: CVB, 14. 12. 1892, S. 399 f., S. 40.

225   Als Beispiele für die Übernahme besonders umfangreicher judenfeindlicher Äußerungen der „Freunde Israels" an den Jahresfesten, die jeweils Mitte Jahr stattfanden, oder an den Epiphaniasfeiern von Anfang Januar: Die Festwoche der religiösen Jahresfeste in Basel, Teil II, in: CVB, 29. 7. 1874, S. 233–236, S. 234 f.; Die Woche der religiösen Jahresfeste in Basel, Teil II, in: CVB, 14. 7. 1880, S. 218–221, S. 219 f.; Die Woche der christlichen Jahresfeste in Basel, Teil II, in: CVB, 12. 7. 1882, S. 217–219, S. 217; Ein Rückblick auf Epiphanias, in: CVB, 9. 1. 1884, S. 9 f., S. 10; Die Ersten werden die Letzten Sein, in: CVB, 9. 1. 1889, S. 9 f.; Die Basler Festwoche, Teil IV, in: CVB, 24. 7. 1889, S. 233–235; Brosamen von den christlichen Jahresfesten in Basel, Teil II, in: CVB, 6. 7. 1892, S. 209 f., S. 209. Ein frühes Beispiel zudem: Das Jahresfest der Freunde Israels in der Basler Festwoche, Teil II, in: CVB, 1. 8. 1866, S. 241–243.

226   Da später noch näher auf Heman und den „Freund Israels" eingegangen wird, hier nur zwei Beispiele: Friedrich Heman, Neunundvierzigster Jahresbericht der Freunde Israels zu Basel, in: FI

der Zeitschrift wird noch an anderer Stelle ausführlicher analysiert werden,[227] doch sei bereits an dieser Stelle erwähnt, dass es im „Freund Israels" zu einer besonders engen Verbindung religiös begründeter antijudaistischer mit modern antisemitischen Feindbildern kam. Der Zeitraum von Mitte der 1870er bis Mitte der 1880er-Jahre ist für den „Freund Israels" als besonders intensive antisemitische Phase zu bezeichnen.[228] Aber auch das „Evangelische Wochenblatt" der „Evangelischen Gesellschaft" Zürichs wies insbesondere in der Zeitspanne von 1879 bis 1881 eine starke Präsenz antisemitischer Diskurse auf, die an das judenfeindliche Konstrukt der ‚Judenfrage‘ angelagert waren. Dafür war primär der Redakteur und Pfarrer am Zürcher Grossmünster, Ludwig Pestalozzi, verantwortlich, der die Mehrzahl der Artikel des Blattes selbst verfasste.[229] Auch im „Kirchenfreund" kam es ab 1878 wiederholt zu längeren antisemitischen Darstellungen, wobei die modern antisemitischen Diskurse vermischt mit religiös begründeten auftraten.[230] Die geringste Präsenz wiesen die modern antisemitischen Diskurse im „Christlichen Volksfreund" auf.[231]

Neben diesen konservativ-protestantischen Zeitschriften ließ sich auch das Organ der Vermittler, das „Volksblatt für die reformirte Kirche der Schweiz", das ab

---

7 (1880) 4, S. 81–98; Friedrich Heman, Einundfünfzigster Jahresbericht des Vereins der Freunde Israels zu Basel, in: FI 9 (1882) 4, S. 75–96.

227 Siehe Kapitel 6 in diesem Teil.

228 Es seien hier nur zwei Beispiele angegeben: J. Alexander, Die gegenwärtige sociale und politische Lage des jüdischen Volkes, in: FI 5 (1878) 1, S. 22–31; [Johannes Friedrich Alexander de le Roi?], Die socialen Verhältnisse der Juden in Preußen, in: FI 12 (1885) 4, S. 120–127.

229 Meyer/Schneider, Mission und Diakonie, S. 113. Die Tätigkeit Adolf Stoeckers wirkte im „Evangelischen Wochenblatt" als ein wichtiger Kristallisationspunkt für antisemitische Bemerkungen. Siehe etwa: Georg Rudolf Zimmermann, Das moderne Judenthum in Deutschland, besonders in Berlin. Zwei Reden von Adolf Stöcker, in: EW, 30. 10. 1879, S. 199–201; F., Die Nothwehr gegen die Juden, in: EW, 5. 2. 1880, S. 24 f.; Ludwig Pestalozzi, Kirchliche Rundschau vom Januar, Teil II, in: EW, 17. 2. 1881, S. 31–34; S. 32 f.

230 Siehe Beispiel: Justus J. Heer, Rundschau auf die kirchlichen Zustände in Deutschland, besonders in Preußen, in: KF, 28. 11. 1879, S. 383–391, S. 383–386. Auch sind mehrere Artikelserien in diesem Zusammenhang zu nennen: Ludwig Pestalozzi, zur Charakteristik A. Stöckers und seiner Bestrebungen, 3 Teile, in: KF, 24. 7. 1885/7./21. 8. 1885, S. 224–232/S. 241–249/S. 257–261 (hierbei ist primär auf Teil III zu verweisen); Karl Hackenschmidt, Die Juden und ihr göttlicher Beruf, 2 Teile, in: KF, 6./20. 5. 1887, S. 129–132/S. 145–152. Des Weiteren fiel mehrfach Conrad von Orelli durch längere antisemitische Beiträge – so etwa Rezensionen – auf. Siehe z. B.: Conrad von Orelli, Literatur für und wider Israel, in: KF, 19. 3. 1880, S. 91–95; Conrad von Orelli, Kirchliche Rundschau, in: KF, 24. 3. 1893, S. 86–89, S. 87–89.

231 Es darf jedoch keinesfalls von einer Absenz gesprochen werden. Beispiele für stark antisemitische Artikel wären: Carl Pestalozzi, Kirchliche Chronik, in: CVF, 25. 8. 1877, S. 273 f.; Carl Pestalozzi, Kirchliche Chronik, in: CVF, 27. 11. 1880, S. 424–426, S. 424 f.; Ernst Miescher, Der Christ und die Zeitung, Teil II, in: CVF, 20. 5. 1893, S. 232–238.

1886 unter dem Namen „Kirchenblatt für die reformirte Schweiz" firmierte, wiederholt ausführlich in stark antisemitischem Sinne zur angeblichen Rolle ‚der Juden'
in den zeitgenössischen Gesellschaften vernehmen, wobei die Stöcker-Rezeption
von einiger Bedeutung war.[232] Nach einer intensiven Phase zwischen 1879 und 1882
nahmen judenfeindliche Äußerungen in der Zeitschrift der Vermittler ab, um dann
aber Ende der 1880er-Jahre erneut stark zuzunehmen. Sinnbild dafür waren mehrere Artikel von Jakob Wälli, Pfarrer in Schleitheim (SH).[233]

Als Befund dieses Überblicks über die Konjunkturen des Antisemitismus im
Zeichen der ‚Judenfrage' in den Zeitschriften der Positiven und Vermittler in der
Zeitspanne von 1870 bis 1895 gilt festzuhalten, dass von zwei judenfeindlichen
Hochphasen gesprochen werden kann. Eine erste lässt sich für die Jahre zwischen
1879 und 1882 und eine zweite für den Zeitraum zwischen 1888 und 1893 konstatieren. Dieses Muster weist Parallelen zum Antisemitismus in Deutschland auf, wobei – wie im fünften Kapitel eingehender gezeigt werden wird – die antisemitische
Betätigung Adolf Stoeckers den konservativen und vermittlerischen Protestantismus in der Deutschschweiz stark beeinflusste.

Auf Seiten der Liberalen zeigten sich ebenfalls deutliche Spuren des modernen
Antisemitismus. Artikel mit längeren antisemitischen Darstellungen waren jedoch
weit seltener als bei den Positiven und Vermittlern. Zudem zeigten sie sich mit einer zeitlichen Verzögerung. So kam es erst Ende der 1880er und Anfang der 1890er-
Jahre zu einem leicht gehäuften Auftreten von Artikeln, die sich aus einer klar antisemitischen Sichtweise eingehender mit der Position ‚der Juden' in der Gesellschaft
auseinandersetzten. Dies traf in erster Linie auf das „Schweizerische Protestantenblatt" und in zweiter Linie auf die „Schweizerischen Reformblätter" zu.[234] Das „Religiöse Volksblatt" und vorab die „Zeitstimmen" wiesen eine geringere Präsenz von
solchen Beiträgen auf.[235]

---

232   Siehe etwa: Eine bedeutsame soziale Frage. Jüdisches, in: VRK, 29. 11. 1879, S. 191; Nachrichten
      und Korrespondenzen, in: VRK, 4. 12. 1880, S. 195 f.; S. 196. Darüber hinaus als Artikelserie zu
      beachten: Rudolf Rüetschi, Ueber die Juden in naturhistorischer Sicht, 2 Teile, in: VRK, 26. 3.
      1881/2. 4. 1881, S. 50 f./S. 55 f.

233   Jakob Wälli, Hofprediger Stöcker in Stuttgart, 2 Teile, in: KRS, 9./16. 6. 1888, S. 93–95/S. 97–99;
      Jakob Wälli, Zur sozialen Frage (Statt einer Bettagsbetrachtung), in: KRS, 14. 9. 1889, S. 149 f.

234   Siehe für das „Schweizerische Protestantenblatt" etwa: Müller, Etwas vom Judenhaß, in: SPB,
      31. 10. 1885, S. 397–400; Aus der Rede gegen die Juden, 2 Teile, in: SPB, 25. 10. 1890/1. 11. 1890,
      S. 341–343/S. 350–354; Hans Emil Baiter, Die Judenfrage, 2 Teile, in: SPB, 4./11. 6. 1892, S. 180 f./
      S. 188–191. Für die „Schweizerischen Reformblätter" zudem: Conrad Bryner, Die Juden in Euro-
      pa, 3 Teile, in: SRB, 31. 5. 1890/14./28. 6. 1890, S. 173–175/S. 183–185/S. 199–203; Robert Ischer, Die
      Heilung der verdorrten Hand, Teil II, in: SRB, 18. 8. 1894, S. 257–262.

235   Dennoch sei verwiesen auf folgende wenig umfangreiche Beiträge: Hermann Albrecht, Aus Staat
      und Kirche, in: RVB, 7. 7. 1883, S. 223–226; Hermann Albrecht, Aus Staat und Kirche, in: RVB,

## Die ‚Judenfrage' wird ‚en vogue'

Vor allem nach dem Ausbruch des Berliner Antisemitismusstreits und des ersten Höhepunkts der antisemitischen Welle in Deutschland im Zeitraum von 1879 bis in die erste Hälfte der 1880er-Jahre waren Artikel, die sich eingehend mit der sogenannten Judenfrage befassten, vor allem in den konservativen und vermittlerischen Zeitschriften weit verbreitet. Die ersten Nennungen des judenfeindlichen Terminus ‚Judenfrage' in den systematisch untersuchten Zeitschriften fielen im „Evangelischen Wochenblatt". Es betitelte bereits im ersten Jahrgang seines Erscheinens im März 1860 zwei Artikel mit dieser Überschrift.[236] Auch das „Kirchenblatt für die reformirte" Schweiz sprach 1863 bereits von einer angeblich existierenden ‚Judenfrage'.[237] Diese Nennungen blieben jedoch Einzelbefunde und fielen während des noch laufenden rechtlichen Emanzipationsprozesses. Insbesondere im Falle des „Evangelischen Wochenblattes" zeigte sich jedoch bereits eine ausgesprochen negative Konnotation des Begriffs, und auch die vorgebrachten antisemitischen Stereotype, so etwa die Vorstellung eines großen ‚jüdischen Einflusses', ja einer ‚Dominanz', wiesen bereits Ähnlichkeiten zu den judenfeindlichen Texten in den 1870er- und 1880er-Jahren auf.[238] Populär wurde der Begriff in den protestantischen Zeitschriften allerdings erst in der postemanzipatorischen Zeit. Der Judenfragebegriff blieb auch in den folgenden eineinhalb Jahrzehnten auf vereinzelte Nennungen beschränkt.[239] Den eigentlichen ‚Durchbruch' schaffte der Begriff erst in der Zeitspanne von 1879 bis 1881, in der er zugleich den Höhepunkt in der hier untersuchten Periode von 1870 bis 1895 erlebte. Die zeitliche Parallelität zu den Ereignissen rund um den Berliner Antisemitismusstreit ist augenfällig. Besonders populär war der Begriff in den konservativ-protestantischen Zeitschriften und hier insbesondere im „Appenzeller Sonntagsblatt", „Evangelischen Wochenblatt" und „Freund Israels".[240]

23. 5. 1891, S. 174–176, S. 176. Für die „Zeitstimmen" siehe einzig im Kontext der Rezension von Ernest Renans „Das Judenthum vom Gesichtspunkte der Rasse und der Religion": Friedrich Meili, Rundschau, in: ZRS, 15. 9. 1883, S. 299–301.

236  Zur Judenfrage, in: EW, 8. 3. 1860, S. 46 f.; Zur Judenfrage, in: EW, 15. 3. 1860, S. 52.

237  Die Judenemanzipation im Aargau, in: KRS, 21. 5. 1863, S. 89–92.

238  Zur Judenfrage, in: EW, 8. 3. 1860, S. 46 f. Dass die ‚Judenfrage' mit Blick auf Berlin gestellt wurde, war ebenfalls bereits wegweisend, wurde doch die Hauptstadt des Deutschen Kaiserreichs gerade ab den 1870er-Jahren von den Antisemiten zu einem Symbol stilisiert.

239  So in den beiden immer wieder stark antisemitisch geprägten konservativ-protestantischen Zeitschriften „Appenzeller Sonntagsblatt" und „Freund Israels": Politisches, in: ASB, 29. 1. 1870, S. 47 f., S. 48; Friedrich Heman, Jahresbericht des Vereins von Freunden Israels zu Basel, in: FI 2 (1875) 4, S. 97–118, S. 100.

240  Siehe als Auswahl aus den zahlreichen Artikeln: Johann Jakob Schenkel, Nachrichten, in: ASB, 8. 11. 1879, S. 358–360, S. 391; Ludwig Pestalozzi, Kirchliche Rundschau vom Dezember, in: EW,

Auch im „Christlichen Volksboten" fand er regelmäßig Verwendung.[241] Auf liberaler Seite fehlte er für diese Periode hingegen fast ganz. Die Ausnahme stellte das „Schweizerische Protestantenblatt" dar.[242]

Ein Grund für die Popularität des judenfeindlichen Konstrukts ‚Judenfrage' lag sicherlich in seiner Vagheit, womit das Konstrukt einer allgemeinen Charakteristik des Antisemitismus folgte. Unter ‚Judenfrage' konnte eine enorme Fülle sozialer, ökonomischer, kultureller, religiöser, nationalistischer oder auch rassistischer antisemitischer Stereotype und Feindbilder subsumiert werden. Entsprechend vage definierte der Basler Theologieprofessor Georg Schnedermann ‚die Judenfrage', indem er sie im „Kirchenfreund" als Abwehrreaktion gegen ein angeblich zu mächtiges Judentum definierte: „[Was] machen wir mit unsren Juden d. h. wie wehren wir uns gegen ihren übermächtigen Einfluß? Das ist die Judenfrage." Etwas ‚präziser' drückte sich der Redakteur des „Freund Israels" aus. Er ließ dabei erkennen, dass vor allem die Deutschen ‚Opfer' der Juden seien und dass es sich bei der ‚Judenfrage' um ein postemanzipatorisches ‚Problem' handle:

> „Es ist ja gewiß: die Judenfrage ist in Deutschland eine brennende, und wird je länger je mehr nicht nur in Deutschland, sondern auch in Oesterreich und Russland zu einer brennenden werden, [...].
>
> Die Judenfrage ist eine mannigfach verwickelte und erstreckt sich über mehrere Lebensgebiete. Meist wird sie zwar nur beschränkt und einseitig von diesem oder jenem Gesichtspunct aus aufgefaßt; im Grunde jedoch ist sie eine dreifache: eine religiöse Frage, eine politisch-nationale und eine social-ökonomische. [...]

    8. 1. 1880, S. 5–7; Friedrich Heman, Neunundvierzigster Jahresbericht der Freunde Israels zu Basel, in: FI 7 (1880) 4, S. 81–98, S. 88; Johann Jakob Schenkel, Nachrichten, in: ASB, 20. 11. 1880, S. 374–376, S. 374.

241  Zeitfragen in Briefform. Ueber die Judenfrage, Teil I, in: CVB, 29. 10. 1879, S. 346–348; Politisches, in: CVB, 19. 1. 1881, S. 24; Ein Rückblick auf das Jahr 1880, Teil IV, in: CVB, 26. 1. 1881, S. 29–31, S. 29. In der Zeitschrift der Vermittler gab es nur vereinzelte Nennungen in jener Zeit. Siehe etwa: Eine bedeutsame soziale Frage. Jüdisches, in: VRK, 29. 11. 1879, S. 191; Jakob Wälli, Hofprediger Stöcker in Stuttgart, Teil I, in: KRS, 9. 6. 1888, S. 93–95, S. 94 f.

242  Siehe etwa: Alfred Altherr, Die Judenfrage, in: BPB, 30. 8. 1879, S. 285–290; Oskar Brändli, Kreuz und Quer, in: SPB, 6. 6. 1885, S. 211–213, S. 213. Siehe zudem die Artikelserie von Hans Emil Baiter, der bis 1887 Pfarrer in Kappel (SG) war und dann aus Krankheitsgründen aus dem Amt scheiden musste: Hans Emil Baiter, Die Judenfrage, 2 Teile, in: SPB, 4./11. 6. 1892, S. 180 f./S. 188–191. Zu Baiter, der zum Mitarbeiterkreis des „Religiösen Volksblatts" gehörte, siehe: Hans Martin Stückelberger, Die evangelische Pfarrerschaft des Kantons St. Gallen. Seit dem Bestehen jeder reformierten Kirchgemeinde bis 1979 zusammengestellt und mit biographischen Notizen versehen, St. Gallen 1971, S. 229.

Nachdem seit dem Jahre 1848 die Juden in den meisten deutschen Ländern gleiche Rechte mit den übrigen Staatsbürgern erlangt hatten, machten sie sich diese Stellung zu Nutze, indem sie sich nicht allein ausbreiteten und mehrten, sondern auch überall im religiösen, politischen, industriellen und mercantilen Leben ihren Einfluß zur Geltung brachten. Die Umgestaltung Deutschlands im Jahre 1870 wussten sie dann aufs Beste zu ihrem Nutzen und Emporkommen auszubeuten, so daß sie schließlich den Ton angaben nicht allein in der Presse, sondern auch im parlamentarischen Leben zumal auch das Capital in ihren Händen sich immer mehr concentrirte."[243]

Der Diskurs über die ‚Judenfrage' konzentrierte sich denn auch im Antisemitismus des Deutschschweizer Protestantismus innerhalb der von Heman gezeichneten Bahnen. Die Assoziation der ‚Judenfrage' mit der ab den 1870er-Jahren ebenfalls stark diskutierten ‚sozialen Frage' sowie wirtschaftlichen Aspekten war dabei am verbreitetsten.[244] Den christlich-sozialen deutschen „Reichsboten" zitierend, setzte Johann Jakob Schenkel die ‚soziale' sogar mit der ‚Judenfrage' gleich.[245] Neben diesem vor allem vom modernen Antisemitismus getragenen Diskurs einer angeblich sozialen ‚Schädlichkeit' der Juden kam gerade in Kreisen, die aufgrund heilsgeschichtlicher Erwartungen an der Judenmission interessiert waren, auch ein religiöses Verständnis der ‚Judenfrage' zum Tragen. In der ‚Verwerfung' von Jesus liege „die eigentliche Ursache oder, wenn man so will, der Anfang und Ursprung der Judenfrage", brachte der „Christliche Volksbote" diese Ansicht zum Ausdruck.[246] In dieser Perspektive war zugleich ein ‚Lösungsvorschlag' angelegt, denn die Lösung des angeblich durch ‚die Juden' verursachten gesellschaftlichen Problems wurde in der Bekehrung der Juden gesehen.[247] Untrennbar mit dieser religiösen Sichtweise war zudem die Aufforderung zu einer ‚Rechristianisierung' der Gesellschaft ver-

---

243 Friedrich Heman, Neunundvierzigster Jahresbericht der Freunde Israels zu Basel, in: FI 7 (1880) 4, S. 81–98, S. 88 f. Diese Rede Hemans druckte auch der „Christliche Volksbote" ab: Die Woche der religiösen Jahresfeste in Basel, Teil II, in: CVB, 14. 7. 1880, S. 218–221, S. 220.

244 Siehe beispielsweise: Eine bedeutsame soziale Frage. Jüdisches, in: KRS, 29. 11. 1879, S. 191; Conrad von Orelli, Literatur für und wider Israel, in: KF, 19. 3. 1880, S. 91–94, S. 93; Johann Jakob Schenkel, Nachrichten, in: ASB, 10. 7. 1883, S. 223 f., Jakob Wälli, Zur sozialen Frage (Statt einer Bettagsbetrachtung), in: KRS, 14. 9. 1889, S. 149 f., S. 149.

245 Johann Jakob Schenkel, in: ASB, 23. 9. 1882, S. 303 f., S. 303.

246 Zeitfragen in Briefform. Ueber die Judenfrage, Teil I, in: CVB, 29. 10. 1879, S. 346–348. Siehe als weitere Beispiele für eine religiöse Deutung der ‚Judenfrage' etwa: Literatur, in: KF, 2. 9. 1881, S. 283–288, S. 287 f.; Lutz, Festrede bei der Jahresfeier der Freunde Israels, in: FI 15 (1888) 4, S. 118–127, S. 120.

247 Siehe z. B.: J. Sch., Ueber den Zusammenhang von Judenwucher und Judenverfolgung im Mittelalter, in: FI 2 (1875) 5, S. 150–154, S. 154; Friedrich Heman, Jahresbericht des Vereins von Freunden Israels zu Basel, in: FI 2 (1875) 4, S. 97–118, S. 100.

bunden, welche die Lösung der ‚Judenfrage' bringen würde. Dabei wurden ‚die Judenfrage' respektive die angeblich ‚schädliche' jüdische Präsenz in den als ‚christlich' verstandenen Gesellschaften als ‚Strafe Gottes' an den Christen für den Abfall
von ihrem Glauben verstanden. So sah es etwa der Pfarrer von Elgg (ZH), Carl
Pestalozzi, im „Christlichen Volksfreund". Pestalozzi gab zugleich seiner Hoffnung
Ausdruck, dass die radikale antisemitische Bewegung in Deutschland als Instrument der ‚Rechristianisierung' dienen könnte:

> „[Wir können] die Befürchtung doch nicht unterdrücken, dass dieses wider-
> christliche Judenthum, zur Strafe für den Abfall und Unglauben so vieler Chris-
> ten, an Macht und Einfluß noch mehr erstarken und seine Herrschaft immer
> weiter ausbreiten wird. Mit äußeren Mitteln lässt sich gegen diesen Feind nicht
> viel ausrichten; nur ein lebendiges Christenthum kann vielmehr diese Geister-
> macht siegreich überwinden."[248] Wenn darum die antijüdische Bewegung, wel-
> che jetzt in Deutschland so hohe Wellen treibt, schließlich das deutsche Volk
> zu größerer Treue und neuem Eifer für den ihm anvertrauten Schatz des Evan-
> geliums antreibt, wird sie nicht ohne segensreiche Folgen sein."[249]

Der Herausgeber des „Appenzeller Sonntagsblatts", Pfarrer Otto Zellweger, offenbarte eine ähnliche Denkweise, indem er 1889 konstatierte, dass „gegen die Verjudung […] eine wirkliche Umkehr des christlichen Volkes zum lebendigen Christenthum" das wirksamste Heilmittel sei.[250] Die hier dargestellte heilsgeschichtliche
Interpretation der ‚Judenfrage' war keineswegs ausschließlich an antijudaistische
Argumentationslinien geknüpft, sondern trat oft in enger Verbindung mit Diskursen eines soziokulturell argumentierenden Antisemitismus auf.

Bezeichnend für den Judenfrage-Diskurs im Deutschschweizer Protestantismus
war, dass die ‚Judenfrage' exterritorialisiert wurde. Die ‚Judenfrage' wurde in ihrer
überwiegenden Mehrheit für das Ausland – vor allem für Deutschland – gestellt,
nicht aber für die Schweiz. Inwiefern dies für den untersuchten Antisemitismus des
Protestantismus der Deutschschweiz der Phase von 1870 bis 1895 charakteristisch
war, wird noch eingehender beleuchtet werden.[251] Nur vereinzelt wurde die ‚Juden-

---

248  Siehe als Beispiele: Johann Jakob Schenkel, Nachrichten, in: ASB, 15. 3. 1884, S. 87 f., S. 88; Karl
     Hackenschmidt, Die Juden und ihr göttlicher Beruf, Teil II, in: KF, 20. 5. 1887, S. 145–152, S. 151;
     Literatur, in: KF, 2. 9. 1881, S. 283–288, S. 287 f.
249  Carl Pestalozzi, Kirchliche Chronik, in: CVF, 27. 11. 1880, S. 424–426, S. 425. Pestalozzi äußerte
     diese Hoffnung im Zusammenhang mit seiner Besprechung der von der radikalantisemitischen
     „Berliner Bewegung" gestarteten sogenannten Antisemitenpetition zuhanden der Reichskanz-
     lers Otto von Bismarck.
250  Otto Zellweger, Nachrichten, in: ASB, 22. 6. 1889, S. 198–200, S. 199.
251  Siehe Kapitel 5 in diesem Teil.

frage‘ als drohendes Szenario für die helvetische Zukunft an die Wand gemalt. Dekan Georg Rudolf Zimmermann aus Zürich empfand es beispielsweise als eine Zumutung, dass eine jüdische Gemeinde einen (vergeblichen) Versuch unternommen hatte, in Analogie zu den christlichen Kirchen staatliche Unterstützungsbeiträge zu erhalten. Er äußerte sich im „Evangelischen Wochenblatt“ davon überzeugt, dieses jüdische Unterfangen zeige, „dass ein größerer Zuwachs der israelitischen Bevölkerung auch für unser Land seine Gefahren bringen würde“.[252] Dass in diesem numerischen Denken eine für den Antisemitismus typische Umkehr von Täter und Opfer angelegt war, zeigt, dass es ‚die Juden‘ letztlich durch ihre schiere (zahlenmäßige) Präsenz zu den Verursachern antisemitischer Reaktionen stempelte. Mit demselben Mechanismus arbeiteten Aussagen, die den Schweizer Juden Antisemitismus androhten, falls sie sich nicht mit dem von antisemitischer Seite zugewiesenen Platz ‚minderen Status‘ zufrieden geben würden. Wiederum mit Bezug auf die Petition der Zürcher Juden um staatliche finanzielle Unterstützung hatte das „Evangelische Wochenblatt“ bereits zwei Jahre früher in diesem Sinne drohend an ‚die Juden‘ appelliert: „Wir würden es daher im Interesse der Israeliten halten, wenn sie sich friedlich einzurichten suchten, statt muthwillig den Streit zu provoziren.“[253] Die Argumentationsstrategie der Androhung von Antisemitismus im Falle eines Verhaltens, das – von der antisemitischen Position aus – als nicht genehm taxiert würde, zeigte sich schließlich auch stark in den judenfeindlich geprägten Diskussionen um die Einführung des Schächtverbots Anfang der 1890er-Jahre.[254]

Mit der antisemitisch motivierten Postulierung der Existenz einer ‚Judenfrage‘ aufs engste verknüpft waren judenfeindliche Diskurse, die eine überproportionale Vertretung von Juden in bestimmten gesellschaftlichen Bereichen, eine ‚übermäßige Zunahme‘ oder eine ‚zu große Anzahl‘ an Juden beanstandeten. Dies zeigt deutlich auf, dass ‚die Juden‘ nicht als integraler und gleichberechtigter Teil der Gesellschaft, sondern als ‚fremde Gruppe‘ angesehen wurden, die per se einen vermeintlich ‚schädlichen Einfluss‘ ausüben würden. Diese unter Antisemiten weit verbreitete Grundhaltung zeigte sich auch im Deutschschweizer Protestantismus.

252  Georg Rudolf Zimmermann, Das moderne Judenthum in Deutschland, besonders in Berlin. Zwei Reden von Adolf Stöcker, in: EW, 30. 10. 1879, S. 199–201, S. 200. Die Entstehung einer ‚Judenfrage‘ erachteten auch als möglich: Rudolf Rüetschi, Miscelle. Zur Statistik der Juden, in: VRK, 14. 8. 1880, S. 132; Rundschau zur Jahreswende, Teil II, in: KF, 21. 1. 1881, S. 17–23, S. 21.

253  Christenkirche und Judenthum, in: EW, 22. 11. 1877, S. 212 f., S. 213.

254  Als Beispiele für diese Argumentationsweise, die sowohl von den Schächtgegnern auf positiver wie auch liberaler Seite Verwendung fand: Oskar Brändli, Kreuz und quer, in: SPB, 20. 8. 1892, S. 279 f., S. 280; Conrad von Orelli, Kirchliche Rundschau, in: KF, 16. 9. 1892, S. 300–306, S. 301 f.; Conrad Wilhelm Kambli, Aus Staat und Kirche, in: RVB, 27. 8. 1893, S. 301 f., S. 302; Kirchliche Rundschau, in: KF, 8. 9. 1893, S. 284–287, S. 285.

So wurde etwa die Präsenz einer größeren Zahl von Juden zu einem grundsätzlichen Problem stilisiert. Dahinter verbarg sich die judenfeindliche, einen Realkonflikt konstruierende Überzeugung, dass – quasi einem Naturgesetz folgend – ‚die Juden' dadurch zu einem Problem würden. Dabei wurde vor allem das Deutsche Kaiserreich und hier wieder primär Berlin als ‚Opfer' einer angeblich ‚übergroßen' Präsenz von Juden gesehen.[255] Pfarrer Johann Jakob Schenkel gab dieser Überzeugung in seiner gewohnt radikalen, antisemitischen Weise Ausdruck, indem er 1881 in Bezug auf Deutschland behauptete, dass auf die Dauer kein Volk es ertragen könne, „wenn die Juden in so großer Anzahl vorhanden" seien, und gab hierbei einen Artikel aus dem christlich-sozialen deutschen „Reichsboten" wieder.[256] Und 1884 fügte er im gleichen Sinne an, dass „eine aufstrebende Nation wie die deutsche […] eine so große Uebermacht des Judenthums auf die Dauer" nicht ertrage.[257]

Das antisemitische Bild einer vermeintlich zu großen jüdischen Präsenz akzentuierte sich noch im Verjudungs-Topos sowie in statistischen Argumentationen, die eine überproportionale und daher angeblich ‚verwerfliche' und ‚schädliche' Vertretung von Juden in bestimmten gesellschaftlichen Bereichen zu belegen suchten. Der Begriff ‚Verjudung' war in den untersuchten Zeitschriften weniger stark gebräuchlich als derjenige der ‚Judenfrage'. Er blieb weitgehend auf die konservativ-protestantischen Publikationsorgane beschränkt, wobei in erster Linie das „Appenzeller Sonntagsblatt" und in zweiter Linie der „Christliche Volksbote" und der „Freund Israels" den antisemitischen Verjudungs-Topos gebrauchten.[258] Wie der

---

255 Siehe etwa: Friedrich Heman, Jahresbericht des Vereins von Freunden Israels zu Basel, in: FI 2 (1875) 4, S. 97–118, S. 102; Zeitfragen in Briefform. Ueber die Judenfrage, Teil III, in: CVB, 12. 11. 1879, S. 364–366, S. 365. In Bezug auf Rumänien: Politisches, in: ASB, 2. 4. 1870, S. 158. Johann Jakob Schenkel sah es zudem als erwiesen an, dass dort, wo die jüdische Präsenz „unerträglich" werde, sich jeweils das Volk gegen die Juden erhebe. (Johann Jakob Schenkel, Nachrichten, in: ASB, 10. 7. 1883, S. 223 f., S. 223.)

256 Johann Jakob Schenkel, Nachrichten, in: ASB, 11. 6. 1881, S. 190 f., S. 190.

257 Johann Jakob Schenkel, Nachrichten, in: ASB, 15. 11. 1884, S. 367 f., S. 368.

258 Auch dieser Diskurs wurde in diesem Sonntagsblatt von Johann Jakob Schenkel geprägt. Die Erste Nennung stammt vom Frühjahr 1878: Johann Jakob Schenkel, Nachrichten, in: ASB, 30. 3. 1878, S. 102–104, S. 103. Siehe zudem beispielsweise: Johann Jakob Schenkel, Nachrichten, in: ASB, 6. 9. 1879, S. 286–288, S. 287; Johann Jakob Schenkel, Nachrichten, in: ASB, 3. 4. 1886, S. 111 f., S. 111; Johann Jakob Schenkel, Nachrichten, in: ASB, 26. 5. 1888, S. 166 f., S. 167. Für den „Christlichen Volksboten" vergleiche: Mittheilungen über die Verhandlungen der evangelischen Allianz, Teil VI, in: CVB, 15. 10. 1879, S. 330–333, S. 330; Brosamen von der Basler Festwoche, Teil II, in: CVB, 9. 7. 1890, S. 218 f., S. 218. Für den „Freund Israels" außerdem: Israels Rückkehr nach Palästina, eine politische Zeitfrage oder religiöse Zukunftsfrage?, in: FI 5 (1878) 2, S. 51–58, S. 56; Eduard Preiswerk, Festrede, in: FI 17 (1890) 5, S. 121–129, S. 125. Vereinzelt griff auch der „Kirchenfreund" auf den Begriff zurück: Justus J. Heer, Rundschau auf die kirchlichen Zustände in Deutschland, besonders in Preußen, in: KF, 28. 11. 1879, S. 383–391, S. 386.

Judenfrage-Topos wurde auch jener der ‚Verjudung‘ nicht auf die Schweiz, sondern auf das Ausland bezogen. Eine Ausnahme bildete eine ambivalente Äußerung des Vermittlers Rudolf Rüetschi. Er sprach 1880 davon, dass die Schweiz mit ungefähr 31 000 Juden – eine Zahl, die viel zu hoch gegriffen war – „beglückt“ sei, und meinte, dass bei uns bezüglich einer „Verjudung keine Gefahr“ bestünde. Dann fügte er jedoch, ‚die Juden‘ als negativen Referenzpunkt verwendend, an, dass dies nur zutreffe, falls die Christen nicht „selber Juden“ würden.[259]

Gebräuchlicher als der Verjudungs-Topos war die Argumentation mit statistischen Angaben, die den Anschein von Objektivität verleihen sollten. Diese Strategie zeigt erneut auf, wie ‚die Juden‘ als Kollektiv und nicht als Individuen gedacht wurden. Auch dieser Aspekt des modernen Antisemitismus war in den liberalen Zeitschriften wenig bis kaum präsent. Beliebte Zielscheibe war die Berufsstruktur ‚der Juden‘, deren starke Beschäftigung im Handels- und Dienstleitungssektor als disproportional und als ‚schädlich‘ dargestellt wurde.[260] Implizit oder explizit ging damit häufig der antisemitische Vorwurf einher, ‚die Juden‘ würden sich ‚unproduktiven‘ Wirtschaftszweigen zuwenden. Ein sehr prägnantes Beispiel für diese Argumentationsstrategie bietet die Nachrichtenmeldung „Zur Semitenfrage“ von 1885 aus dem vermittlerischen „Volksblatt für die reformirte Kirche der Schweiz“. Sie präsentierte ein Sammelsurium von aus dem Kontext gerissenen Zahlen aus verschiedenen Ländern und Städten, die eine vermeintlich ‚unnatürliche Berufsstruktur‘ des jüdischen Bevölkerungsanteils aufzeigen sollten:

> „Nach statistischen Erhebungen ist in Preußen die Zahl der ackerbautreibenden Juden 1 ¼ %, der handeltreibenden 53,8 %. In der Industrie befanden sich nur 20,8 Juden gegen 31,4 Christen, im Heeresdienst nur 0,68 Juden gegen 2,10 Christen. Diese Zahlen beweisen, daß, sofern sich die sozialen Verhältnisse der Juden auf die Nation im Großen und Ganzen übertrügen, der Organismus derselben in sich selbst zusammenbräche. Die Landwirtschaft schwände dahin, die Industrie ginge zurück, die Hälfte des Volks verwandelte sich in Kaufleute, 2/3 des stattlichen Kriegsheeres existirten nicht mehr. Noch schlimmer ist das Verhältniß in Oesterreich. Unter den 159 Professoren und Dozenten

---

259   Rudolf Rüetschi, Miscelle. Zur Statistik der Juden, in: VRK, 14. 8. 1880, S. 132. Die jüdische Bevölkerung der Schweiz belief sich 1880 auf kaum 7000 Seelen. (Gaby Knoch-Mund/Robert Uri Kaufmann/Ralph Weingarten/Jacques Picard/Philipp von Cranach, Art. ‚Judentum‘, in: Historisches Lexikon der Schweiz, http://www.hls-dhs-dss.ch/textes/d/D11376.php, 10. 12. 2013.)

260   Neben den Handelsberufen wurden auch oft die Jurisprudenz sowie der Ärztestand als überproportional ‚jüdisch‘ dargestellt. Siehe beispielsweise: Johann Jakob Schenkel, Nachrichten, in: ASB, 4. 1. 1879, S. 7 f.; Johann Jakob Schenkel, Nachrichten, in: ASB, 17. 1. 1880, S. 22–24; Rudolf Rüetschi, Miscelle, in: VRK, 14. 8. 1880, S. 132; Ernst Miescher, Bücherschau, in: CVF, 13. 10. 1888, S. 484 f., S. 485; Ernst Miescher, Allerlei Zahlen, in: CVF, 30. 6. 1894, S. 296 f., S. 297.

der Universität Wien sind 64 Semiten und die medizinische wie die juristische Fakultät daselbst sind von jüdischen Studirenden förmlich überfluthet. In Petersburg sind 2% der städtischen Einwohner Juden, dabei sind aber 43% der Handelskommissionen, 40% der Umsatzgeschäfte und 16% aller öffentlichen Häuser in jüdischen Händen."[261]

Im Zentrum der statistischen Argumentation standen des Weiteren oft Zahlen zum Bildungssektor. Dabei lag der Fokus zum einen auf dem Anteil Studenten jüdischen Glaubens an Gymnasien und Universitäten, der als ‚unverhältnismäßig‘ dargestellt wurde.[262] Zum anderen wurde vor einer „Verjudung der Wissenschaft"[263] durch jüdische Lehrer und Dozenten gewarnt.[264]

### *‚Jüdischer Einfluss‘ als antisemitisches Schreckensbild*

Das antisemitische Konstrukt der ‚Judenfrage‘ kann als Chiffre für ein breites Bündel antisemitischer Vorstellungen verstanden werden. Ihnen gemein war, die Präsenz der emanzipierten Juden zu einer Gefahr für die Gesellschaft und die Nation zu stilisieren. Wesentlicher Bestandteil dieses Gebildes antisemitischer Imaginationen war, ‚den Juden‘ einen ihrem Bevölkerungsanteil entsprechend ‚übermäßigen Einfluss‘ oder gar eine ‚beherrschende Stellung‘ in der modernen Gesellschaft zu unterstellen. Das antisemitische Schreckensbild des ‚einflussreichen Juden‘ war dabei auch aufs engste verbunden mit der Darstellung der Juden als ‚Zersetzer‘ der Gesellschaft. In dieser Stigmatisierung spiegelte sich die grundsätzlich negative Konnotation ‚der Juden‘ und alles ‚Jüdischen‘ wider. Das Attribut ‚jüdisch‘ diente dabei gleichsam als eine negative Referenzgröße.

Die mit dem Topos des ‚jüdischen Einflusses‘ verknüpften Diskurse gehörten zum absoluten Kernbestand des Antisemitismus des konservativen Protestantismus der Deutschschweiz in der Phase von 1870 bis 1895 und fügten sich lückenlos in das religiöse und gesellschaftliche Superioritätsempfinden der Positiven ein. In den im Folgenden zu analysierenden Diskursen artikulierte sich nicht zuletzt ein kritischer, anti-

---

261  Nachrichten und Korrespondenzen, in: VRK, 30. 5. 1885, S. 147 f. Ähnlich auch bei: [Johannes Friedrich Alexander de le Roi?], Die socialen Verhältnisse der Juden in Preußen, in: FI 12 (1885) 4, S. 120–127, S. 123.

262  Siehe z. B.: Johann Jakob Schenkel, Nachrichten, in: ASB, 6. 3. 1880, S. 78–80, S. 79; Gottlieb Schuster, Kirchliche Zeitschau, in: CVF, 10. 8. 1889, S. 364 f., S. 365; Gottlieb Schuster, Kirchliche Zeitschau, in: CVF, 15. 12. 1894, S. 554 f.

263  Johann Jakob Schenkel, Nachrichten, in: ASB, 10. 9. 1887, S. 294–296, S. 295.

264  Siehe etwa: Johann Jakob Schenkel, Nachrichten, in: ASB, 18. 11. 1882, S. 366–368, S. 367 f.; Johann Jakob Schenkel, Nachrichten, in: ASB, 21. 3. 1885, S. 94 f., S. 95.

modernistisch geprägter Blick der konservativ-protestantischen Kreise auf reale oder vermeintliche Transformationen der Gesellschaft des 19. Jahrhunderts.[265] Die Verflechtung antimodernistischer Vorbehalte mit antisemitischen Überzeugungen führte daher etwa dazu, ‚die Juden' als bedeutsamen Teil dieser Transformationen und als deren ‚Profiteure' darzustellen.[266] ‚Die Juden' würden danach streben, sich an „die Spitze des modernen Weltlebens" zu stellen, brachte Judenmissionsdirektor Friedrich Heman diese Befürchtung in seinem Jahresbericht von 1874 zum Ausdruck,[267] und bei den Verhandlungen des „Pfarrvereins des Kantons Zürich", der sogenannten Asketischen Gesellschaft, von 1882 über die ‚Judenfrage' wurde geäußert, dass das moderne Judentum gleichsam die Inkarnation des modernen Geistes sei.[268]

Es ist vor dem Hintergrund des Antimodernismus zudem kein Zufall, dass in Zeiten der Urbanisierung ebenso die Entstehung von Großstädten kritisch gesehen wurde, wobei sich auch diese Skepsis mit antisemitischen Positionen vermischte. Das „Appenzeller Sonntagsblatt" etwa sah 1887 gerade die Bevölkerung der Großstädte, die im Zentrum des Abfalls vom Christentum stünde, als leichte Beute des Judentums, und ein Jahr später erachtete es als sinnvolle Maßnahme gegen die ‚Judenfrage' – in Anlehnung an die deutsche „Kreuzzeitung" –, Ansammlungen von Juden in Großstädten zu verhindern.[269] Der antisemitisch geprägte ‚sorgenvolle'

---

265  Zum Verhältnis von Antimodernismus und Antisemitismus siehe die Überlegungen Kapitel 3 in Teil II.

266  Als Beispiele für das Bild der Juden als ‚Profiteure der Moderne' siehe: Conrad von Orelli, Literatur, in: KF, 25. 11. 1881, S. 378–381, S. 381; Jakob Wälli, Zur sozialen Frage (Statt einer Bettagsbetrachtung), in: KRS, 14. 9. 1889, S. 149 f., S. 149.

267  Friedrich Heman, Jahresbericht des Vereins von Freunden Israels zu Basel, in: FI 1 (1874) 1, S. 1–8, S. 3. Sehr ähnlich zudem auch 1875: Friedrich Heman, Jahresbericht des Vereins von Freunden Israels zu Basel, in: FI 2 (1875) 4, S. 97–118, S. 101.

268  So formulierte es der Erlenbacher Pfarrer und „Kirchenfreund"-Redakteur Justus J. Heer in seinem Bericht über die Verhandlungen: Justus J. Heer, Die asketische Gesellschaft, in: KF, 30. 6. 1882, S. 199–206, S. 200. Heer, Präsident der Gesellschaft, Kirchenrat und „Kirchenfreund"-Redakteur, bezog sich dabei auf seine eigene Aussage während der Diskussion zu einem Referat über das Verhältnis des Christentums zum Judentum. Die Diskussionsbeiträge – etwa durch Pfarrer Konrad Furrer oder Pfarrer Fay – zeigten sich dabei stark antisemitisch geprägt. Pfarrer Johann Jakob Urner aus Langnau am Albis hingegen, der das Referat über das „Verhältnis der christlichen Kirche der Gegenwart zum modernen Judenthum" hielt, enthielt sich fast völlig judenfeindlicher Äußerungen. Es wurde denn auch in den abschließenden Bemerkungen durch Heer moniert, dass er etwas mehr zu den „Schatten" des Judentums erwartet hätte. Das Referat und die anschließende Diskussion finden sich in: Johann Jakob Urner, Verhältnis der christlichen Kirche der Gegenwart zum modernen Judentum, in: Verhandlungen der Asketischen Gesellschaft des Kantons Zürich im Jahr 1882, Zürich 1882, S. 7–19.

269  Johann Jakob Schenkel, Nachrichten, in: ASB, 12. 2. 1887, S. 54 f., S. 55; Johann Jakob Schenkel, Nachrichten, in: ASB, 8. 9. 1888, S. 285–287.

Blick der Positiven, aber auch der Vermittler auf die Großstadt zeigte sich besonders in der Beurteilung der städtischen Zentren Berlin, Wien und Frankfurt am
Main. Diese Großstädte wurden als unter einem besonders großen ‚jüdischen Einfluss‘ stehend dargestellt.[270] Dabei wurde, Referenz nehmend auf antisemitische
Diskurse im konservativen Protestantismus des Deutschen Kaiserreichs, insbesondere die rasant wachsende Stadt Berlin zu einem eigentlichen ‚Menetekel‘ stilisiert,
zumal diese Stadt als Opfer einer starken ‚Entchristlichung‘ gezeichnet wurde.[271]
Dass die antisemitisch verzerrte Sicht auf die Hauptstadt des Deutschen Kaiserreiches nicht mit der Realität korrelierte, musste 1881 der Autor eines Reiseberichts im
„Christlichen Volksboten“, der stark auf die Tätigkeit Adolf Stoeckers fokussiert war,
feststellen, wusste jedoch sogleich seine (enttäuschenden) Eindrücke wieder in seinen antisemitischen Denkraster einzuordnen:

> Ich muß meinem Erstaunen Ausdruck geben, wie schwach ich das Semiten-
> thum auch hier [auf den Berliner Strassen] vertreten fand, war ich doch über
> einen Samstag da, an welchem Tage die Juden sich sonst besonders gern breit
> machen. Da tritt Einem das semitische Element in Städten Süddeutschlands,
> wie Frankfurt und Worms bedeutend auffallender in die Augen. Hofprediger
> Stöcker bekämpft in Berlin jedenfalls mehr und in erster Linie geistige Feinde
> wie Presse und Capital, als den lästigen materiellen und unheilvollen Einfluß
> der Juden auf das Volksleben.“[272]

270 Siehe mit Blick auf Berlin nur eine kleine Auswahl: Georg Rudolf Zimmermann, Das moderne
Judenthum in Deutschland, besonders in Berlin. Zwei Reden von Adolf Stöcker, in: EW, 30. 10. 1879,
S. 199–201; Nachrichten, in: CVB, 15. 6. 1881, S. 191 f.; Johann Jakob Schenkel, Nachrichten, in: ASB,
17. 11. 1883, S. 366–368, S. 367; Jakob Wälli, Hofprediger Stöcker in Stuttgart, Teil I, in: KRS, 9. 6.
1888, S. 93–95, S. 94 f.; Gottlieb Schuster, Kirchliche Zeitschau, in: CVF, 3. 1. 1891, S. 8–10, S. 9 f.;
Conrad von Orelli, Kirchliche Zeitschau, in: KF, 24. 3. 1893, S. 86–89, S. 87. Auch für die liberale
Seite lässt sich ein antisemitischer Blick auf Berlin vereinzelt nachweisen: Alfred Altherr, Hofprediger Stöcker in Basel, in: SPB, 9. 4. 1881, S. 119 f., S. 119. Für Frankfurt a. M. siehe z. B.: Stimmen
der Missionare über die Israeliten des Festlandes, in: FI 4 (1877) 2, S. 63–68, S. 65; Johann Jakob
Schenkel, Nachrichten, in: ASB, 23. 6. 1883, S. 198–200. Für Wien zudem: Des Volksboten Rückblick auf das Jahr 1878, Teil V, in: CVB, 29. 1. 1879, S. 33–39, S. 35; T.-W., Kirchliche Nachrichten,
in: KF, 6. 3. 1891, S. 77–79, S. 79; Otto Zellweger, Nachrichten, in: ASB, 28. 9. 1895, S. 310 f., S. 311.
271 Eine moralische Gefährdung der Stadtbevölkerung wurde vor allem dem Mangel an Kirchen
zugeschrieben. Ein Teil der Begeisterung der Positiven für den Hofprediger Adolf Stoecker, die
noch eingehender analysiert werden wird, ging daher auch auf dessen Bestrebungen zurück,
mit seiner „Stadtmission“ als Instrument der ‚inneren Mission‘ der angeblichen ‚Kirchennot‘ in
Berlin entgegenzuwirken. Beispielhaft hierfür etwa: Des Volksboten Rundschau in der Welt, in:
CVB, 6. 2. 1878, S. 44–47. Zur Rezeption Adolf Stoeckers siehe Kapitel 5 in diesem Teil.
272 J. C., Reiseeindrücke eines Freundes. Drei Tage in Berlin, Teil III, in: CVB, 12. 10. 1881, S. 324–326,
S. 326.

Der Berichterstatter verlagerte somit den Vorwurf eines angeblich negativen ‚jüdischen Einflusses' mehr von einer materiellen auf eine ‚geistige' Ebene, um seine antisemitische Sichtweise aufrechterhalten zu können.

Im antisemitischen Diskurs des vermeintlich ‚(über-)großen Einflusses' ‚der Juden' blieben jedoch sowohl der ‚geistige' als auch der ‚materielle' Aspekt tragend. In seiner ganzen Vagheit war der Vorwurf an ‚die Juden', einen ‚großen' und ‚schädlichen' Einfluss auf verschiedene Bereiche der Gesellschaft auszuüben, eine der häufigsten antisemitischen Projektionen in den untersuchten konservativen Zeitschriften. Es zeigt sich wiederum, dass die am stärksten antisemitisch geprägten Periodika, das „Appenzeller Sonntagsblatt", der „Christliche Volksbote" sowie der „Freund Israels", sich auch dieses Vorwurfs am häufigsten bedienten. Der antisemitische Topos des ‚jüdischen Einflusses' wurde dabei sowohl unter der Perspektive eines Zustands als auch eines fortlaufenden Vorgangs beschrieben, denn die Positiven unterstellten ‚den Juden' zum einen, dass sie über ein ausgesprochenes ‚Einfluss-' und ‚Machtstreben' verfügen würden, und zum anderen, dass sie bereits ‚übermäßigen Einfluss' besäßen.[273] Wie beim antisemitischen Konstrukt der ‚Judenfrage' im Allgemeinen, so sahen die konservativ-protestantischen Zeitschriften den ‚jüdischen Einfluss' vor allem für Deutschland als gegeben an, was sich in einer ausgesprochenen Machtsituation ‚des Judentums' niederschlage.[274] In den Händen einer halben Million Juden würde sich „ein so ungeheurer Reichthum und eine so große Macht" vereinigen, dass „Japhet oft genug in den Hütten Sems wohnen und der Deutsche Haus und Feld von dem Israeliten zu lehen tragen" müsse, beklagte etwa Pfarrer Carl Pestalozzi, Redakteur des „Christlichen Volksboten", diesen angeblichen Zustand der jüdischen ‚Übermacht' und bezog sich dabei in seiner bibli-

273 Zum Vorwurf des ‚Strebens nach Macht und Einfluss' siehe z. B.: Justus J. Heer, Literatur, in: KF, 20. 12. 1878, S. 410–419, S. 418 f. Zur Statistik der Juden, in: FI 7 (1880) 5, S. 123–128, S. 127; Politisches, in: CVB, 24. 11. 1880, S. 375 f., S. 376. Gerade Attribute wie ‚übermäßig', ‚übermächtig' oder ‚unberechtigt' fanden öfters Verwendung: Politisches, in: CVB, 24. 11. 1880, S. 375 f., S. 376; Georg Schnedermann, Die brennende Frage in der apostolischen Christenheit und ihre Lösung, Teil I, in: KF, 1. 6. 1888, S. 161–169, S. 166; Des Volksboten Rückblick auf's Jahr 1892, Teil II, in: CVB, 11. 1. 1893, S. 11 f., S. 12; Gottlieb Schuster, Kirchliche Zeitschau, in: CVF, 20. 10. 1894, S. 469–471, S. 470.

274 Siehe als kleine Auswahl aus der großen Zahl an Beispielen: Nachrichten und Correspondenzen, in: VRK, 14. 9. 1872, S. 174–176, S. 175; Carl Pestalozzi, Kirchliche Chronik, in: CVF, 25. 8. 1877, S. 273 f., S. 273; Politisches, in: CVB, 19. 9. 1877, S. 304; J. Alexander, Die gegenwärtige sociale und politische Lage des jüdischen Volkes, in: FI 5 (1878) 1, S. 22–31, S. 27; Politisches, in: CVB, 16. 10. 1878, S. 335 f., S. 336; Ludwig Pestalozzi, Kirchliche Rundschau vom Januar, Teil II, in: EW, 17. 2. 1881, S. 31–34, S. 33; Johann Jakob Schenkel, Nachrichten, in: ASB, 15. 9. 1883, S. 295 f., S. 295. Das antisemitische Bild des ‚jüdischen Einflusses' in Deutschland war vereinzelt auch auf liberaler Seite präsent. Siehe etwa: Salomon Zimmermann, Reformchronik, in: SRB, 6. 12. 1879, S. 460–463, S. 462.

schen Symbolik auf die Söhne Noahs, die nach biblischem Verständnis als Stamm-
väter für alle ‚nachsintflutlichen Völker' angesehen wurden.[275]

‚Jüdischen Einfluss' sah man jedoch auch in anderen europäischen Ländern am
Wirken. Oft wurde dabei Rumänien als Beispiel angeführt, das als Opfer ‚der Juden'
dargestellt wurde.[276] Diese antisemitische Solidarisierung mit dem jungen Staat auf
dem Balkan ließ sich bereits in der Emanzipationsdebatte feststellen.[277] Des Weiteren wurden sowohl Österreich als auch Frankreich als unter besonderem ‚jüdischem
Einfluss' stehend gesehen.[278] Nur gelegentlich fielen in den untersuchten Zeitschriften Äußerungen, die ‚den Juden' auch in der Schweiz zu viel ‚Einfluss' unterstellten.[279] Vor allem konzentrierten sich diese Äußerungen auf die Diskussion über die
Verstaatlichung der Eisenbahn in der Schweiz in den 1890er-Jahren, wobei Juden
aus dem Ausland als Feindbild dienten. Wie Friedrich Traugott Külling in seiner
Untersuchung schweizerischer Zeitungen nachgewiesen hat, fanden antisemitische
Argumentationslinien sowohl auf der befürwortenden als auch auf der ablehnenden
Seite Verwendung.[280] Von den für diese Forschungsarbeit untersuchten Zeitschriften war es allen voran das „Appenzeller Sonntagsblatt", das 1891 bei der ersten großen Verstaatlichungsdebatte ‚die Juden' als Feindbild instrumentalisierte. Dabei prägte der Herausgeber und Redakteur Otto Zellweger die Diskussion und verwendete
seine Zeitschrift als politisches Kampfmittel gegen die Verstaatlichung.[281] Er sprach

---

275   Carl Pestalozzi, Kirchliche Chronik, in: CVF, 27. 11. 1880, S. 424–426, S. 424. Japhet wurde in die-
      ser biblischen ‚Völkerkunde' als Urahne der europäischen Völker angesehen.

276   Mit Bezug auf Rumänien siehe etwa: Johann Jakob Schenkel, Nachrichten, in: ASB, 26. 7. 1879,
      S. 239 f., S. 240.

277   Siehe das vorangegangene Kapitel in diesem Teil.

278   Vor allem das „Appenzeller Sonntagsblatt" mit seinem Nachrichten-Schreiber Johann Jakob
      Schenkel ließ sich öfters in dieser Weise zu Österreich und Frankreich vernehmen. Siehe für Ös-
      terreich z. B.: Johann Jakob Schenkel, Nachrichten, in: ASB, 25. 7. 1885, S. 239 f.; Otto Zellweger,
      Nachrichten, in: ASB, 28. 9. 1895, S. 310 f., S. 311. Zu Frankreich: Johann Jakob Schenkel, Nach-
      richten, in: ASB, 26. 5. 1888, S. 166 f., S. 167.

279   Siehe z. B.: Johann Jakob Schenkel, Nachrichten, in: ASB, 27. 9. 1879, S. 311 f., S. 311; Otto Zell-
      weger, Nachrichten, in: ASB, 30. 8. 1890, S. 279; Hans Emil Baiter, Die Judenfrage, Teil I, in: SPB,
      4. 6. 1892, S. 180 f., S. 180.

280   Külling, Bei uns wie überall?, S. 81–97.

281   Siehe z. B.: Otto Zellweger, Nachrichten, in: ASB, 6. 7. 1889, S. 214 f.; Otto Zellweger, Nachrichten,
      in: ASB, 30. 8. 1890, S. 279; Otto Zellweger, Nachrichten, in: ASB, 28. 2. 1891, S. 70–72, S. 70; Otto
      Zellweger, Nachrichten, in: ASB, 20. 6. 1891, S. 197–199, S. 197. Im Zusammenhang mit dem un-
      terstellten großen Einfluss auf die Eisenbahnen wurde ein solcher auch für Bankneugründungen
      in der Schweiz angenommen. Vereinzelt äußerte sich auch der „Christliche Volksbote" antise-
      mitisch über das politische Unterfangen: Politisches, in: CVB, 27. 4. 1892, S. 135 f., S. 136; Ein Ge-
      spräch über das eidgenössische Schächtverbot, in: CVB, 16. 8. 1893, S. 259–261, S. 260. Siehe auch
      die Haltung der der protestantisch-konservativen Kleinpartei „Eidgenössischer Verein" naheste-

von „deutschen Finanzjuden"[282], die angeblich große Aktienpakete an schweizerischen Eisenbahnunternehmen besitzen und sich vom staatlichen Ankauf der Aktien – zum Schaden der Eidgenossenschaft – einen großen Gewinn versprechen würden. Im Zentrum der antisemitischen Kritik stand insbesondere Isaak Goldberger.[283] Im März 1891, als die Verstaatlichungspläne konkret wurden, vermeldete Otto Zellweger in diesem Sinne, dass der Bundesrat mit „Herrn Goldberger und Genossen" ein großes Geschäft abgeschlossen und „die Judensippe" dabei ein großes Geschäft gemacht habe. „Die Juden haben wieder ein schönes Stück Geld aus dem Bunde herausgeschlagen", bilanzierte der Pfarrer und Redakteur.[284] Kurz vor der Volksabstimmung von Dezember 1891 gab Zellweger die Nein-Parole aus. Für den Fall der Annahme drohte er: „[D]ie Herren Isak Goldberger und Genossen [würden] gewiss alle Anstrengungen machen, um mit den guten Schweizern noch weitere so vortheilhafte Geschäfte abzuschließen; sie würden nicht ermangeln, sich auch in den Besitz der andern schweizerischen Bahnaktien zu setzen und dieselben dann auch wieder der Eidgenossenschaft nach ihrem ‚innern Werth' verkaufen, [...]."[285]

Nachdem das Volk 1891 die Verstaatlichung in der Referendumsabstimmung noch klar verworfen hatte,[286] wurde die Notwendigkeit dieses Staatseingriffs gegen Ende der 1890er-Jahre immer offensichtlicher. Nun war es nicht mehr nur das „Appenzeller Sonntagsblatt", sondern auch der „Christliche Volksbote", der mit antisemitischen Argumenten gegen das Vorhaben mobil machte. Die Kosten von rund einer Milliarde Franken würde die Schweiz dem ‚jüdischen Einfluss' ausliefern, zeigte sich das pietistisch geprägte Blatt überzeugt.[287] Am 20. Februar 1898 wurde diese zweite Verstaatlichungsvorlage vom Stimmvolk jedoch deutlich angenommen.[288]

---

henden „Schweizerblätter" Friedrich Otto Pestalozzis: Friedrich Otto Pestalozzi, Zwei wichtige Entscheide, in: SB 9 (1891) 1, S. 1–3, S. 2; Der Centralbahn-Handel, in: SB 9 (1891) 4, S. 1–4, S. 3.

282  Otto Zellweger, Nachrichten, in: ASB, 19. 10. 1889, S. 334–336, S. 334.

283  Siehe z. B.: Otto Zellweger, Nachrichten, in: ASB, 30. 5. 1891, S. 174 f., S. 174.

284  Otto Zellweger, Nachrichten, in: ASB, 14. 3. 1891, S. 86–88, S. 86.

285  Otto Zellweger, Nachrichten, in: ASB, 28. 11. 1891, S. 381 f., S. 382.

286  Die Ablehnung erfolgte im Verhältnis 1:2: Botschaft des Bundesrathes an die Bundesversammlung betreffend die Volksabstimmung vom 6. Dezember 1891. (Vom 8. Januar 1892.), in: Schweizerisches Bundesblatt 44 (1892) 1, S. 70–72, S. 72. Reaktionen des „Appenzeller Sonntagsblatts" auf den erhofften Ausgang: Otto Zellweger, Nachrichten, in: ASB, 12. 12. 1891, S. 398 f., S. 398; Otto Zellweger, Nachrichten, in: ASB, 2. 1. 1892, S. 7 f., S. 7.

287  Politisches, in: CVB, 16. 2. 1898, S. 55 f., S. 56. Auf einen Artikel des „Appenzeller Sonntagsblattes" sei ebenfalls verwiesen: Otto Zellweger, Nachrichten, in: ASB, 10. 4. 1897, S. 117–119, S. 117 f. Siehe zudem auch die Haltung der „Schweizerblätter": Friedrich Otto Pestalozzi, Eisenbahnverstaatlichung, in: SB 15 (1897) 3, S. 1–4, S. 4.

288  Das Verhältnis von annehmenden zu verwerfenden Stimmen betrug 2:1: Botschaft des Bundesrates an die Bundesversammlung, betreffend die eidgenössische Volksabstimmung vom

Auch im antisemitischen Konstrukt des ‚jüdischen Einflusses' wird wiederum die
Charakterisierung ‚der Juden' als vermeintlich ‚fremdes' und ‚schädliches' Kollektiv
innerhalb einer Gesellschaft erkennbar. Aus antisemitischer Perspektive heraus bestand daher in konservativ-protestantischen Zeitschriften die Forderung, der Stellung ‚der Juden' entgegenzuwirken. So sah der „Christliche Volksbote" Deutschland
in einem Ringen zwischen Juden und Antisemiten, wobei er durchblicken ließ, dass
er der (radikal)antisemitischen Bewegung Sympathien entgegenbrachte, obwohl
diese oft maßlos und unchristlich vorgehe: „Es scheint, als ob dieser Streit nicht
ruhen wolle, bis der übermächtige Einfluss der jüdischen Geldmächte auf Kirche,
Schule und Staatsleben in seine natürlichen Grenzen zurückgedrängt sein wird."[289]
Als Schutz vor dem vermeintlichen ‚jüdischen Einfluss' propagierten die konservativ-protestantischen Kreise wiederum eine ‚Rechristianisierung' der Gesellschaft,
denn nur der Abfall vom Christentum habe die Menschen für den ‚jüdischen Einfluss' empfänglich gemacht.[290] Diese Sichtweise vertrat etwa das „Appenzeller
Sonntagsblatt", das hierzu aus der deutschen christlich-sozialen Zeitung „Der
Reichsbote" folgende Passage übernahm:

> „Ueber eine wahrhaft christliche Familie wird der Jude nie den Einfluß gewin-
> nen, wie über die religiös und sittlich verwahrloste; denn wo diese Verwahr-
> losung sich gezeigt, da setzt der jüdische Wucherer und Schacherer, wie der
> Preß- und Literaturjude ein und trägt sein zersetzendes Gift wie in das wirth-
> schaftliche und soziale, so in das geistige Leben hinein. Hätte unser Volk seine
> christliche Weltanschauung immer hoch gehalten, das Judenthum hätte weder
> in der Literatur und im öffentlichen Leben, noch im Handel und Verkehr eine
> so große Macht erlangen können. Deßhalb müssen wir unserm christlichen
> Volke immer wieder zurufen: werdet besser, christlicher, so wird das schwere
> Joch des Judenthums euch leichter werden, und es liegt eine große Wahrheit in
> dem Worte: jedes Volk hat die Juden, die es verdient!"[291]

---

20. Februar 1898. (Vom 18. März 1898.), in: Schweizerisches Bundesblatt 50 (1898) 2, S. 69–74,
S. 73.

289   Des Volksboten Rückblick auf's Jahr 1892, Teil II, in: CVB, 11. 1. 1893, S. 11 f., S. 12. Ähnlich auch
      nochmals: Nachrichten, in: CVB, 7. 6. 1893, S. 181–183, S. 183.

290   Siehe etwa: Johann Jakob Schenkel, Nachrichten, in: ASB, 15. 3. 1884, S. 87 f., S. 88; Karl Hacken-
      schmidt, Die Juden und ihr göttlicher Beruf, Teil II, in: KF, 20. 5. 1887, S. 145–152, S. 151; Literatur,
      in: KF, 2. 9. 1881, S. 283–288, S. 287 f.

291   Johann Jakob Schenkel, Nachrichten, in: ASB, 15. 3. 1884, S. 87 f., S. 88. Pfarrer Schenkel bezog
      sich auf eine Artikelserie des „Reichsboten" zum „Judentum im Staate", der er attestierte, in vor-
      trefflicher und grundlegender Weise den „Geist des modernen Judenthums" zu schildern (S. 87).

### *'Der Jude' als 'Beherrscher' von Wirtschaft und Presse*

Gesteigert wurde das antisemitische Schreckensbild des 'jüdischen Einflusses' noch mit der Behauptung, 'die Juden' hätten in Teilbereichen oder gar zur Gänze die 'Herrschaft' an sich gerissen. Auch dieser Topos war vor allem integraler Bestandteil des Antisemitismus der drei konservativen Zeitschriften „Appenzeller Sonntagsblatt", „Christlicher Volksbote" und „Freund Israels". In den anderen konservativ-protestantischen Blättern kam der Topos zwar ebenfalls, doch deutlich weniger häufig vor. Inhaltlich war er eng mit jenem des 'jüdischen Einflusses' verknüpft, sodass er oft gemeinsam auftrat oder in sehr ähnlichen Kontexten Verwendung fand. Der Beherrschungs-Topos konnte zudem auch in enger Verbindung mit den im zweiten Kapitel dieses Teils erläuterten Statusverlustängsten auftreten, die von einem christlichen Superioritätsanspruch getragen wurden. Im Zusammenhang mit einer Skandalisierung der Existenz 'jüdischer Lehrer', die 'christliche Kinder' unterrichteten, sah der bereits mehrfach zitierte Schaffhauser Pfarrer Johann Jakob Schenkel eine düstere Zukunft für Deutschland voraus: „Wenn das so fortgeht, so wird das deutche Reich zu einem umgekehrten Aegyptenland, daß die ursprünglichen Einwohner sich 'im Diensthause' befinden und die Kinder Israel die Vögte stellen."[292] Wiederum wurde Deutschland als primäres Opfer der angeblich jüdischen 'Vorherrschaft' dargestellt, wobei – wie generell in den mit dem Konstrukt der 'Judenfrage' und den damit verbundenen Diskursen – ein real existierender gesellschaftlicher Konflikt zwischen den konstruierten Kollektiven 'die Juden' und 'den Deutschen' oder anderen Nationen suggeriert wurde.[293]

Zu den häufigsten antisemitischen Äußerungen in den analysierten Texten gehörten Behauptungen, dass 'die Juden' die Wirtschaft und Presse stark beeinflussen oder dominieren würden. Diese Behauptungen lassen sich für alle drei protestantischen Richtungen nachweisen, wobei jedoch wiederum bei den Positiven und den Vermittlern wesentlich häufiger als bei den Liberalen. Selbstredend wurde der angeblich große Einfluss 'der Juden' auf die genannten gesellschaftlichen Teilbereiche stark negativ konnotiert und mit 'Schädlichkeit' assoziiert. Nicht selten wurde dabei in antisemitischen Passagen Bezug auf mehrere Teilbereiche genommen, sodass es zu eigentlichen Kaskaden von Behauptungen und Vorwürfen

---

292   Johann Jakob Schenkel, Nachrichten, in: ASB, 9. 8. 1879, S. 254–256, S. 255. Siehe zudem auch: Johann Jakob Schenkel, Nachrichten, in: ASB, 5. 3. 1881, S. 78–80, S. 79; Johann Jakob Schenkel, Nachrichten, in: ASB, 31. 10. 1885, S. 351 f., S. 352.

293   Siehe beispielsweise: Das Jahresfest der Freunde Israels in der Basler Festwoche, Teil II, in: CVB, 1. 8. 1866, S. 241–243, S. 241; Johann Jakob Schenkel, Nachrichten, in: ASB, 18. 8. 1883, S. 262 f., S. 263; Ernst Miescher, Zeitfragen in Briefform. Ueber die Judenfrage, Teil III, in: CVB, 12. 11. 1879, S. 364–366, S. 366.

kam.[294] Ein sehr illustratives Beispiel stellt eine Passage der Festrede des Basler Pfarrers Eduard Preiswerk am Jahresfest der Judenmission von 1890 dar. Preiswerk sah von der Wirtschaft über die Presse und Kultur bis hin zur Moral einen ‚schädlichen Einfluss‘ ‚der Juden‘ am Werk und nahm zudem eine klare Verknüpfung von religiösen mit soziokulturellen judenfeindlichen Stereotypen vor:

> „[…] Feinde Gottes, sind sie [die Juden] in Hinsicht auf das Evangelium, und man möchte sagen: sie verdienen diesen Zorn Gottes noch immer; denn sie sündigen an unserm Volke. Denken wir an das arme, verschuldete Bäuerlein, das in die Hände des Juden gerathen ist! Denken wir der armen Handwerker, welche um einen Hungerlohn für jüdische ‚Geschäfte‘ arbeiten müssen! Denken wir des vergiftenden Einflusses der Juden, namentlich vermittelst der Presse, auch christliche Zucht und Sitte! Denken wir ihrer frechen Angriffe auf unsre Religion, ihres Spottes und ihres giftigen Witzes über das Heilige! Denken wir ihrer Wirksamkeit an der Börse! Denken wir daran, wie ihr materieller Sinn, ihre Sinnlichkeit, sich anfängt breit zu machen in der Kunst und in der Wissenschaft, so werden wir sagen müssen: der Schaden ist groß, den ihr anrichtet; ihr vergiftet unser Volksleben, der Zorn Gottes ist mit Recht über euch.“[295]

Besonders stark verbreitet waren antisemitische Stereotype, die einen negativen Einfluss ‚der Juden‘ auf die Wirtschaft behaupteten. So wurden – langen antisemitischen Traditionen folgend –, die Juden‘ sehr häufig mit ‚Geld‘[296] und ‚Reichtum‘[297] assoziiert. Dabei wurde ihnen ein gieriges ‚Streben nach Geld‘ unterstellt.[298] Nicht selten kam es auch zu essentialisierenden Aussagen, die dieses angebliche Streben zu einem ‚natürlichen‘ Charaktermerkmal ‚der Juden‘ erklärten.[299] In konservativen

294  Siehe z. B. J. Alexander, Die gegenwärtige soziale und politische Lage des jüdischen Volkes, in: FI 5 (1878) 1, S. 22–31, S. 27; Politisches, in: CVB, 16. 10. 1878, S. 335 f., S. 336; Hermann Albrecht, Aus Staat und Kirche, in: RVB, 28. 8. 1880, S. 278–280, S. 280.

295  Eduard Preiswerk, Festrede, in: FI 17 (1890) 5, S. 121–129, S. 124.

296  Für die populäre negative Assoziation ‚der Juden‘ mit Geld siehe z. B.: Des Volksboten Rückblick auf das Jahr 1878, Teil V, in: CVB, 29. 1. 1879, S. 33–38, S. 34; Eine bedeutsame soziale Frage. Jüdisches, in: VRK, 29. 11. 1879, S. 191; Allerlei, in: ASB, 6. 4. 1889, S. 111; Conrad Bryner, Die Juden in Europa, Teil III, in: SRB, 28. 6. 1890, S. 199–203, S. 199.

297  Siehe z. B.: Zum Charfreitag einige Gänge und Betrachtungen in Jerusalem, in: CVB, 9. 4. 1873, S. 105–108, S. 107; Carl Pestalozzi, Kirchliche Chronik, in: CVF, 27. 11. 1880, S. 424–426, S. 424.

298  Siehe hierfür beispielsweise: Ein Rückblick auf Epiphanias, in: CVB, 9. 1. 1884, S. 9 f., S. 10; Gottlieb Schuster, Das Alte Testament, in: CVF, 12. 7. 1884, S. 293–298, S. 294; Hans Emil Baiter, Die Judenfrage, Teil I, in: SPB, 4. 6. 1892, S. 180 f., S. 180.

299  So schrieb Karl Hackenschmidt in seiner antisemitischen Artikelserie von 1887 im „Kirchenfreund“: „Aber alle, beinahe ohne Ausnahme, schätzen den Gewinn und den Gelderwerb viel mehr als wir andere, und entwickeln deßhalb im Wahrnehmen ihres Vortheils ein Geschick, und

Zeitschriften des Protestantismus wurden ‚die Juden' zudem oft mit Institutionen des ‚modernen' Kapitalismus in Verbindung gebracht. In der antisemitischen Assoziation des Judentums mit den Banken und mit der Börse wurde zugleich eine (moralische) Kritik an Eckpfeilern des modernen Finanzsystems vollzogen.[300] Vor allem die Börse wurde innerhalb der antisemitischen Argumentation zu einem Instrument betrügerischen Wirtschaftens stilisiert.[301] Dabei spielte auch der Vorwurf der Spekulation eine wichtige Rolle.[302] Eine eigentliche Personifizierung erfuhr die antisemitische Assoziation ‚der Juden' mit Geld und mit Institutionen der modernen Geldwirtschaft im Feindbild der Bankiersdynastie der Rothschilds, welche die Phantasie der Antisemiten beflügelte. „Rothschild ist nicht König der Juden, aber der Jude der Könige", ließ sich der „Christliche Volksbote" 1881 in einem Wortspiel vernehmen und unterstellte damit ‚den Rothschilds' einen enormen Einfluss auf die europäische Politik.[303] Mit dieser antisemitisch geprägten Bedeutungszuschrei-

in der Verfolgung ihres Vortheils eine Energie, die die Christen nie erreichen. […] Sie kennen keine Rücksicht in Geldsachen." (Karl Hackenschmidt, Die Juden und ihr göttlicher Beruf, Teil II, in: KF, 20. 5. 1887, S. 145–152, S. 149 f.) Siehe zudem: J. H., Die Leidensgeschichte Jesu ein Spiegel für die Sünden auch unserer Zeit, Teil I, in: EW, 18. 3. 1880, S. 49–51, S. 50; Rudolf Finsler, Die Schrecknisse in Armenien, Teil III, in: KRS, 29. 2. 1896, S. 37.

300  Zur Assoziation ‚der Juden' mit dem Bankensystem siehe etwa: Carl Pestalozzi, Kirchliche Chronik, in: CVF, 25. 8. 1877, S. 273 f., S. 273; Blätter aus dem Reisetagebuche eines Volksboten-Freundes, Teil II, in: CVB, 5. 2. 1879, S. 45–47, S. 45; Ein verfehltes Dichterleben, in: ASB, 14. 5. 1870, S. 223 f.; Reiseblätter aus Algerien, Teil VIII, in: CVB, 21. 9. 1892, S. 302; Johann Jakob Schenkel, Nachrichten, in: ASB, 8. 9. 1888, S. 285–287, S. 286.

301  Für die Verknüpfung von Judentum und Börse mit einer Akzentuierung in Richtung Betrugsvorwürfe siehe z. B.: Johann Jakob Schenkel, Nachrichten, in: ASB, 15. 9. 1883, S. 295 f., S. 295; Gottlieb Joss, 10 Thesen über die soziale Frage und deren Lösung, in: KRS, 9. 11. 1889, S. 183.

302  Siehe beispielsweise: Otto Zellweger, Nachrichten, in: ASB, 5. 9. 1891, S. 287 f., S. 287; In besonders perfider Weise, indem der Autor ‚den Juden' vorwarf, die Synagoge in Neustettin, die 1881 abgebrannt war, absichtlich angezündet zu haben, um die Versicherungsprämie zu erschleichen und zudem die Juden als Opfer antisemitischer Ausschreitungen erscheinen zu lassen: Johann Jakob Schenkel, Nachrichten, in: ASB, 3. 11. 1883, S. 350–352, S. 351. Die Synagoge hatte kurz nach einem Auftritt des antisemitischen Hetzers Carl Ernst Julius Henrici gebrannt. Johann Jakob Schenkel folgte in seinem Nachrichtenbeitrag der Argumentation Henricis und dessen Gefolgsleuten. Siehe zu Henrici und den pogromartigen Ausschreitungen im Anschluss an dessen Hasstiraden: Hoffmann Christhard, Politische Kultur und Gewalt gegen Minderheiten. Die antisemitischen Ausschreitungen in Pommern und Westpreußen 1881, in: Jahrbuch für Antisemitismusforschung 3 (1994), S. 93–120; Elke Kimmel, Art. ‚Henrici, Carl Ernst Julius [Walter Kolmas]', in: Handbuch des Antisemitismus, Bd. 2,1, S. 350 f. Der Spekulations-Vorwurf wurde etwa auch gegen ‚die jüdischen Händler' gerichtet, denen ‚Preistreiberei' vorgeworfen wurde: Politisches, in: CVB, 6. 8. 1879, S. 256.

303  Nachrichten, in: CVB, 20. 4. 1881, S. 124–126, S. 127.

bung war der „Christliche Volksbote" nicht alleine. Auch andere Beiträge aus den positiven Zeitschriften arbeiteten mit ähnlichen Apostrophierungen und nannten sie „Geldfürsten" oder „Geldkönige".[304] Zu ‚Opfern' des der weitverzweigten Familie Rothschild zugeschriebenen Einflusses wurde nebst Österreich und Deutschland vor allem Frankreich stilisiert.[305]

Neben der Assoziation ‚der Juden' mit Geld war deren Identifikation mit Tätigkeiten im Handel kennzeichnend für die antisemitischen Feindbildkonstruktionen im wirtschaftlichen Bereich. ‚Den Juden' wurde vorgeworfen, ihre Berufsstruktur einseitig auf den Handel ausgerichtet zu haben und diesen zu kontrollieren.[306] Als vermeintliche Leidtragende – im Sinne der Konstruktion eines dichotomen Gegensatzes – wurde die restliche Bevölkerung dargestellt. Der „Christliche Volksbote" erachtete deshalb, im Sinne einer Täter-Opfer-Umkehr, den Antisemitismus als gerechtfertigte Notwehr gegen das Judentum und begründete dies mit der Konstruktion eines realen Konflikts, basierend auf wirtschaftlichen Missständen, die angeblich auf ‚die Juden' zurückzuführen seien:

> „Es ist vielmehr ein Gefühl der Nothwehr gegen die Ausbeutung der christlichen Völker, welche sich die Juden erlauben, das sich geltend macht. [...]
>
> [Es] ist dieser Widerwille [gegen die Juden] begreiflich um der Stellung willen, welche im wirthschaftlichen Leben die Juden einnehmen. Der Handel auf allen Stufen, vom kleinen Handel mit Lumpen und alten Kleidern bis zum staatenbeherrschenden Geldhandel liegt vorzugsweise in den Händen des unter sich eng verbundenen Judenthums. Weitaus die größte Zahl der Wucherer, Rückkaufshändler und Gründer sind Juden. Und die auf dem Lande durch Hausir- und Schacherhandel reich gewordenen Juden ziehen dann in die Städte um dort die Geschäfte in größerm Maßstab fortzusetzen. Der jüdische Hausir-

---

304   Siehe hierfür: Nachrichten, in: CVB, 23. 2. 1881, S. 62–64, S. 63; Geiz ist eine Wurzel alles Uebels [sic!], in: ASB, 17. 5. 1890, S. 155 f., S. 155. Auf liberaler Seite: Hans Emil Baiter, Die Judenfrage, Teil I, in: SPB, 4. 6. 1892, S. 180 f., S. 181.

305   Siehe etwa: Politisches, in: ASB, 26. 11. 1870, S. 570–572, S. 571; Nachrichten, in: CVB, 20. 4. 1881, S. 124–126, S. 127; Friedrich Heman, Die historische Weltstellung der Juden und die moderne Judenfrage, Leipzig 1881, S. 45–47; Politisches, in: CVB, 3. 11. 1883, S. 352; Johann Jakob Schenkel, Nachrichten, in: ASB, 26. 5. 1888, S. 166 f., S. 167. Siehe auch aus liberaler Feder: Ch. Tester, Die Aufgabe des freien Christentums in den sozialen Bewegungen der Gegenwart, Teil I, in: SRB, 4. 8. 1894, S. 248–253, S. 251.

306   Als Beispiele seien genannt: Heinrich Tanner, Ein Gegenstück zur Verspottung Christi, in: VRK, 4. 4. 1874, S. 55 f., S. 56; Des Volksboten Rückblick auf das Jahr 1878, Teil VIII, in: CVB, 26. 2. 1879, S. 67–71, S. 68; Johann Jakob Schenkel, Nachrichten, in: ASB, 23. 6. 1883, S. 198–200, S. 199; Ludwig Pestalozzi, zur Charakteristik A. Stöckers und seiner Bestrebungen, Teil III, in: KF, 21. 8. 1885, S. 257–261, S. 259; Die Juden in Niederländisch-Guyana, in: FI 20 (1892) 1, S. 28 f., S. 28 f.

handel hat für das christliche Volksleben genau dieselbe Wirkung wie die Schmarotzerpflanze für den Baum: er entzieht die besten Kräfte und Säfte."[307]

Die ‚den Juden‘ unterstellte Vorliebe für den Handel wurde in den untersuchten Zeitschriften der Positiven und Vermittler nicht selten essentialisiert und als ‚nationale Vorliebe‘ bezeichnet.[308] Im antisemitischen Topos des ‚handeltreibenden Juden‘ war zugleich eine negative Konnotation des Handels als ‚Zirkulation‘ im Gegensatz zur positiv gewerteten ‚Produktion‘ angelegt. Dies zeigte sich darin, dass von konservativ-protestantischer Seite wiederholt seit langer Zeit etablierte antisemitische Stereotype vorgebracht wurden, die ‚den Juden‘ vorwarfen, ‚ehrliche‘ körperliche Arbeit zu vermeiden und somit ‚unproduktiv‘ zu sein.[309] Mit Blick auf Preußen folgte beispielsweise der „Freund Israels" diesem antisemitischen Diskurs. Die Produktion würde den Christen überlassen, während sich ‚die Juden‘ dem Handel und der Spekulation hingeben würden. Und essentialisierend fügte er an, „der jüdische Stamm" weise ein „durch und durch krankes" wirtschaftliches Denken auf.[310] Zu einem Symbol wurde dabei die Landwirtschaft stilisiert. Dieser seien ‚die Juden‘ abgeneigt.[311] „An allen Enden der Welt haben die Kinder Israel die Lust zum Ackerbau, zum Handwerk, zur einfachen Arbeit verloren", monierte etwa das „Volksblatt für die reformirte Kirche der Schweiz" und schob nach: „Spekuliren, nicht Kolonisiren ist das jüdische Losungswort".[312] Zugleich wurde ‚den Juden‘ unterstellt, sich im landwirtschaftlichen Bereich ebenfalls nur auf der Ebene

---

307  Zeitfragen in Briefform. Ueber die Judenfrage, Teil IV, in: CVB, 19. 11. 1879, S. 370–372, S. 371. Ähnlich auch bei: Johann Jakob Schenkel, Nachrichten, in: ASB, 23. 9. 1882, S. 303 f., S. 303.

308  Siehe etwa: Conrad Wilhelm Kambli, Das Christenthum in seinem Verhalten zum Besitz, Teil II, in: RZ, 13. 5. 1876, S. 181–188, S. 184; Carl Pestalozzi, Kirchliche Chronik, in: CVF, 25. 8. 1877, S. 273 f., S. 274; Wird das unbekehrte Israel wieder in den Besitz des heil. Landes eingesetzt werden, in: FI 17 (1890) 1, S. 22–31, S. 28–30; Der Zionismus, Teil I, in: ASB, 11. 9. 1897, S. 292–294, S. 292.

309  Siehe zum Vorwurf der ‚Unproduktivität‘: Justus J. Heer, Rundschau auf die kirchlichen Zustände in Deutschland, besonders in Preußen, in: KF, 28. 11. 1879, S. 383–391, S. 385; Carl Pestalozzi, Kirchliche Chronik, in: CVF, 27. 11. 1880, S. 424–426, S. 424. Und zu jenem der ‚Unfähigkeit‘ und des ‚Unwillens‘ zu ‚körperlicher Arbeit‘: Johann Jakob Schenkel, Nachrichten, in: ASB, 5. 6. 1880, S. 182–184, S. 184; Nachrichten, in: CVB, 23. 11. 1881, S. 375 f., S. 376. Zudem aus den Zeitschriften der Liberalen: Robert Ischer, die Heilung der verdorrten Hand, Teil II, in: SRB, 18. 8. 1894, S. 257–262, S. 259. Stark essentialisierend: Rudolf Rüetschi, Ueber die Juden in naturhistorischer Sicht, Teil I, in: KRS, 26. 3. 1881, S. 50 f., S. 50; Rudolf Rüetschi, Ueber die Juden in naturhistorischer Sicht, Teil II, in: KRS, 2. 4. 1881, S. 55 f., S. 55.

310  [Johannes Friedrich Alexander de le Roi?], Die socialen Verhältnisse der Juden in Preußen, in: FI 12 (1885) 4, S. 120–127, S. 123.

311  Siehe z. B.: Nachrichten und Korrespondenzen, in: VRK, 30. 5. 1885, S. 147 f.

312  Eine bedeutsame soziale Frage. Jüdisches, in: VRK, 29. 11. 1879, S. 191.

des Handels zu bewegen und dadurch die ('produktiven') Bauern auszubeuten.[313] So bemerkte Emil Ryser, Redakteur der liberalen „Schweizerischen Reformblätter", bezüglich nur mäßig erfolgreich verlaufender jüdischer Siedlungsprojekte in Südamerika süffisant, dass die Leute nicht an harte Landarbeit gewöhnt gewesen seien, und fuhr fort: „[…] [Sie] verstanden von der Landwirtschaft am besten den Viehhandel; es ist leichter ein Schuldenbäuerlein von seiner Scholle zu treiben als dann selber an seine Stelle zu treten."[314] Zu einem geläufigen antisemitischen Schlagwort wurde diesbezüglich der Vorwurf der „Güterschlächterei", das heißt des Aufkaufens und Aufteilens von landwirtschaftlichen Betrieben zu Spekulationszwecken.[315]

Die grundsätzlich negative Konnotation 'der Juden' im wirtschaftlichen Kontext legt offen, dass 'den Juden' im antisemitischen Diskurs eine 'minderwertige' Wirtschaftsmoral unterstellt wurde. Erstens zeigte sich dies daran, dass 'die Juden' mit 'Materialismus', 'Mammon' und 'Gewinnstreben' assoziiert wurden.[316] Zweitens wurden 'die Juden' in die Nähe betrügerischen Verhaltens gerückt, indem ihnen beispielsweise eine grundlegende Betätigung als sogenannte Gründer vorgeworfen wurde.[317]

313 Zum Stereotyp der angeblichen 'jüdischen Ausnützung' der Bauern etwa: Politisches, in: CVB, 11. 10. 1882, S. 327 f., S. 328; Johann Jakob Schenkel, Nachrichten, in: ASB, 20. 10. 1883, S. 335 f., S. 336. Die Viehhändler waren wiederholt im Fadenkreuz. So sprach der vermittlerisch eingestellte Emil Güder spöttisch von „Viehjuden", nannte sie eine „schmutzige Spezies der Gattung Jude" und warf ihnen vor, die Bauern zu übertölpeln. (Emil Güder, Die Judenfrage und das Schächten, in: KRS, 24. 9. 1892, S. 159–161, S. 160.) Zur Geschichte der jüdischen Viehhändler in der Schweiz und deren antisemitische Stereotypisierung siehe: Robert Uri Kaufmann, Jüdische und christliche Viehhändler in der Schweiz 1780–1930, Zürich 1988; Külling, Bei uns wie überall?, S. 110–112.

314 Emil Ryser, Chronik, in: SRB, 9. 10. 1897, S. 325–328, S. 326.

315 Siehe etwa: Johann Jakob Schenkel, Nachrichten, in: ASB, 23. 9. 1882, S. 303 f., S. 303; Otto Zellweger, Nachrichten, in: ASB, 20. 12. 1890, S. 406 f., S. 407; Friedrich Otto Pestalozzi, Die erste eidgenössische Initiative, in: SB 10 (1892) 3, S. 1–3; Friedrich Otto Pestalozzi, Briefkasten der Redaktion, in: SB 10 (1892) 4, S. 4; Alfred Altherr, Wochenschau, in: SRB, 11. 9. 1897, S. 293–295, S. 293. Dieses antisemitische Schlagwort wurde für den schweizerischen Kontext etwa in der Auseinandersetzung über das Schächtverbot verwendet: Conrad Wilhelm Kambli, Aus Staat und Kirche, in: RVB, 27. 8. 1891, S. 301 f., S. 302. Zum Vorwurf der 'Güterschlächterei' in der Schweiz des 19. Jahrhunderts siehe zudem: Külling, Bei uns wie überall?, S. 113–115.

316 Siehe z. B.: Ludwig Pestalozzi, Kirchliche Rundschau vom September, in: EW, 16. 10. 1879, S. 190–192, S. 192; Johann Jakob Schenkel, Nachrichten, in: ASB, 6. 12. 1879, S. 390 f., S. 391; Conrad von Orelli, Worte an Israel und aus Israel, in: KF, 5. 5. 1882, S. 140–142, S. 142; Friedrich Heman, Achtundfünfzigster Jahresbericht des Vereins der Freunde Israels zu Basel, in: FI 16 (1889) 4, S. 97–113, S. 99; S. 104. Zum Aspekt des 'Gewinnstrebens': Ein Rückblick auf Epiphanias, in: CVB, 9. 1. 1884, S. 9 f., S. 10; R. P., Der Stachel des Todes, in: ASB, 16. 8. 1884, S. 261–263, S. 262; Karl Hackenschmidt, Die Juden und ihr göttlicher Beruf, Teil II, in: KF, 20. 5. 1887, S. 145–152, S. 149 f.

317 Für die Identifizierung der sogenannten Gründer mit Juden und den Vorwurf des betrügerischen Wirtschaftens siehe z. B.: Johann Jakob Schenkel, Nachrichten, in: ASB, 25. 9. 1875, S. 317 f.; Zeitfragen in Brieform. Ueber die Judenfrage, Teil IV, in: CVB, 19. 11. 1879, S. 370–372, S. 371; Jo-

Drittens wurde ‚den Juden‘ – und dies war bezüglich des Vorwurfs einer angeblich ‚minderwertigen‘ Wirtschaftsmoral von zentraler Bedeutung – nicht nur in den konservativen Zeitschriften Wucher unterstellt.[318] Die Zeitschriften bedienten sich somit eines seit dem Mittelalter fest im judenfeindlichen Denken verankerten Bildes.[319] Für Gottlieb Schuster, von 1875 bis 1919 Redakteur des „Christlichen Volksboten" und Pfarrer in Männedorf (ZH), stand fest, dass der „Wuchergeist" ‚den Juden‘ „tief im Fleisch" stecke und das „Uebervortheilen" eine „arge Stammessünde" darstelle.[320] Das antisemitische Vorurteil des ‚jüdischen Wuchers‘ wurde auch auf liberaler Seite rege reproduziert. Ein besonders krasses Beispiel lieferte Pfarrer Hans Emil Baiter im „Schweizerischen Protestantenblatt" aus Basel. Es verrät zudem, dass Baiter Otto Böckel, einem der berüchtigtsten radikalantisemitischen Agitatoren, Glauben schenkte und dass er dem antisemitischen Konstrukt einer ‚jüdischen Physiognomie‘ anhing. Der für den Antisemitismus typischen Realkonfliktskonstruktion folgend, argumentierte er:

> „[Auch] bei den an unsre Sitten gewöhnten Juden bleibt immer im Teint, in den Gesichtszügen, in den Augen, in Gang und Haltung ein gewisses Etwas, das uns abstößt. [...] Aber unser Widerwille gegen den ganzen Stamm steigt noch, wenn uns haarsträubende Beispiele von Wucherern bekannt und bestätigt werden, die ihre Schuldner mit berechneter Grausamkeit verfolgen und zu Grunde richten, wie die Vampyre, [...]. Auch die im November des Jahres 1890 in diesem Blatte

hann Jakob Schenkel, Nachrichten, in: ASB, 6. 12. 1879, S. 390 f., S. 391; F., Die Nothwehr gegen die Juden, in: EW, 5. 2. 1880, S. 24 f., S. 24.

318 Siehe aus den zahlreichen Beispielen: J. Sch., Ueber den Zusammenhang von Judenwucher und Judenverfolgung im Mittelalter, in: FI 2 (1875) 5, S. 150–154; Johann Jakob Schenkel, Nachrichten, in: ASB, 25. 9. 1875, S. 317 f.; Carl Pestalozzi, Kirchliche Chronik, in: CVB, 25. 8. 1877, S. 273 f., S. 274; Johann Jakob Schenkel, Nachrichten, in: ASB, 13. 12. 1879, S. 399 f., S. 399; Des Volksboten Rückblick auf das Jahr 1881, Teil II, in: CVB, 4. 1. 1882, S. 3–5, S. 3; E. Bryner, Die Liebe im Heidenthum, Judenthum und Christenthum, Teil I, in: SRB, 5. 8. 1883, S. 241–245, S. 243; Conrad Bryner, Die Juden in Europa, Teil III, in: SRB, 28. 6. 1890, S. 199–203, S. 201. Conrad Wilhelm Kambli forderte gar ein Gesetz gegen „Wucher und jede Art sogenannten jüdischen Geschäftsgebahrens". (Conrad Wilhelm Kambli, Aus Staat und Kirche, in: RVB, 27. 8. 1893, S. 301 f., S. 302.) Auch in der protestantisch-konservativ ausgerichteten „Allgemeinen Schweizer Zeitung" war der Wucher-Diskurs stark präsent. Siehe als Beispiele: Ausland, in: ASZ, 3. 1. 1880, S. 2; Kantone, in: ASZ, 27. 3. 1880, S. 2.

319 Werner Bergmann und Ulrich Wyrwa sehen im Wucher-Vorwurf eine der wichtigsten motivischen Brücken zwischen dem religiös motivierten und dem modernen Antisemitismus. (Bergmann/Wyrwa, Antisemitismus in Zentraleuropa, S. 11.) Zum Wucherdiskurs siehe auch z. B.: Raphael, Sechstes Bild: „Der Wucherer"; Smith, The Discourse of Usury; Rohrbacher/Schmidt, Judenbilder, S. 43–147.

320 Gottlieb Schuster, Kirchliche Zeitschau, in: CVB, 6. 11. 1886, S. 533–535, S. 535.

erwähnten Erzählungen des Antisemiten Dr. Böckel[321] entsprechen ohne allen Zweifel wirklichen Zuständen und Begebenheiten, und unsere Bauern machen nicht weniger bedenkliche Erfahrungen mit den sogenannten Hofmetzgern, die kein Herz haben für das schönste Stück Land und es brach liegen lassen und zerstückeln, um nur recht viel Gewinn aus dem Handel zu ziehen."[322]

Auf liberaler Seite lässt sich zudem für die Phase von 1870 bis 1895 eine diskursive Besonderheit festmachen, die häufig im wirtschaftlichen Kontext aufschien. Diese Spezifität könnte man als ,aufklärerischen Antisemitismus' bezeichnen. Um den Leser über das Schicksal des Judentums ,aufzuklären', wurde auf die von Verfolgungen geprägte Geschichte der Juden verwiesen. Damit wurde vorgegeben, erklären zu können, weshalb ,die Juden' in Vergangenheit und Gegenwart jene angeblich negativen Eigenschaften entwickelt hätten, welche die Ablehnung in der christlichen Bevölkerung hervorrufen würden. Der Diskurs konnte dabei zwar Elemente anti-antisemitischer Haltungen aufweisen, doch bewegte er sich zum überwiegenden Teil auf antisemitischem Boden. Im Stile dieses aufklärerischen Antisemitismus wurde etwa eine ,Erklärung' für das antisemitische Bild des ,jüdischen Wucherers' zu geben versucht, indem die Schuld hierfür der christlichen Umwelt zugeschoben wurde, welche die Juden erst zu Wucherern gemacht hätte.[323] Auch das antisemitische Konstrukt der angeblich ,minderwertigen' Moral ,der Juden' wurde mittels dieses Diskurses begründet und folglich reproduziert.[324] Der aufklärerische Antisemitismus wies zudem in hohem Maße eine Tendenz zu Essentialisierungen auf. So hätten die Verfolgungen

321  Baiter bezog sich dabei auf folgenden Artikel, der die Argumentationslinien Otto Böckels wiedergab und anschließend kommentierte: Aus der Rede gegen die Juden, Teil I, in: SPB, 25. 10. 1890, S. 341–343. Der vor allem in ländlichen Gebieten Deutschlands aktive antisemitische Agitator und Politiker Otto Böckel war einer der berüchtigtsten radikalantisemitischen Demagogen des Deutschen Kaiserreichs. Siehe zu Böckel: Elke Kimmel, Art. ,Böckel, Otto [Pseudonym: Dr. Capistrano]', in: Handbuch des Antisemitismus, Bd. 2,1, S. 92–94.

322  Hans Emil Baiter, Die Judenfrage, Teil I, in: SPB, 4. 6. 1892, S. 180 f.

323  Siehe z. B.: Walter Bion, Aus dem Volke Israels, in: SPB, 1. 11. 1884, S. 403–406, S. 405; Conrad Bryner, Die Juden in Europa, Teil III, in: SRB, 28. 6. 1890, S. 199–203, S. 199; Emil Ryser, Chronik, in: SRB, 10. 10. 1896, S. 337–340, S. 339. Eine bedeutende Schuld an der angeblichen ,Schlechtigkeit' ,der Juden' schrieb etwa auch Friedrich Meili, Pfarrer in Wiedikon (ZH) und von 1880 bis 1883 Redakteur der Zeitstimmen, der Gesellschaft zu: Friedrich Meili, Rundschau, in: ZRS, 15. 9. 1883, S. 299–301, S. 301. Meili nahm dabei auf folgende Publikation des französischen Gelehrten Ernest Renan Bezug: Ernest Renan, Das Judenthum vom Gesichtspunkte der Rasse und der Religion. Vortrag gehalten am 27. Januar 1883. Autorisierte Uebersetzung, Basel 1883.

324  Siehe etwa: Eduard Langhans, Lessings Nathan, Teil II, in: SRB, 20. 2. 1881, S. 58–61, S. 60; Der Anti-Semitismus, in: SRB, 2. 4. 1882, S. 111 f.; Hans Emil Baiter, Die Judenfrage, Teil II, in: SPB, 11. 6. 1892, S. 188–191, S. 188.

der Vergangenheit den zeitgenössischen ‚Charakter' der Juden geprägt.[325] Dies mündete gar in sozialdarwinistischen Vorstellungen, die in ‚den Juden' einen Typ Menschen sahen, der durch die Leidenszeit in der Vergangenheit für den ‚darwinistischen Überlebenskampf' ‚gestählt' worden sei. Dies sah etwa Redakteur Emil Ryser von den „Schweizerischen Reformblättern" so, indem er behauptete: „Die Christenheit hat so viele Jahrhunderte lang den Juden den ländlichen Grundbesitz verwehrt, ihnen das Leben schwer gemacht und sie förmlich zum Handel und zu den gelehrten Berufsarten getrieben, dass es nicht zu verwundern ist, dass nun diese intelligente Rasse, im Feuer der Not gehärtet, sich ganz besonders tauglich zeigt für den Kampf ums Dasein."[326] Wie die Beispiele zeigen, relativierte dieser aufklärerische Diskurs den Antisemitismus keineswegs, da er ja darauf abzielte zu ‚erklären', weshalb die Juden ‚schlecht' seien, und diese Negativcharakterisierung nicht anzweifelte. In zentraler Weise setzte der Diskurs dabei einen Realkonflikt zwischen Juden und Nichtjuden voraus, mit dem zudem eine Täter-Opfer-Umkehr verbunden war: ‚Die Juden' würden aufgrund ihrer – aus antisemitischer Perspektive heraus auf sie projizierten – negativen Eigenschaften die Judenfeindschaft ‚provozieren'.

Zum Abschluss der Reflexionen über die im Deutschschweizer Protestantismus zwischen 1870 und 1895 vorherrschenden antisemitischen Projektionen auf den Wirtschaftsbereich sei ein weiteres Beispiel für den stark verbreiteten Wucherdiskurs genannt. Es bezieht sich auf einen schweizerischen Kontext und stellt insofern eine Ausnahme dar, da sich die überwiegende Mehrheit der antisemitischen Wuchervorwürfe auf das Ausland – vornehmlich Deutschland – bezogen. Zugleich verdeutlicht das Beispiel, wie die antisemitisch vorgeprägte Perspektive die Wahrnehmung steuerte und verzerrte. Ein Landwirt namens Hauser hatte Mitte der 1880er-Jahre einen jüdischen Händler, der Oppenheim hieß, ermordet. Der „Christliche Volksbote" berichtete darüber und ergriff dabei Position für den Mörder, obwohl er sich vordergründig von der Tat schockiert zeigte.[327] In beispielhafter Weise nahm die pietistisch geprägte Zeitschrift nun eine antisemitische Umkehr von Täter und Opfer vor. Die Tat Hausers rückte in der Berichterstattung in den Hintergrund. Eigentliches Thema wurde die angeblich in der Schweiz existierende „Wuchertyrannei" jüdischer Händler:

„Die Verhandlungen über die grausige That ließen auf das Treiben israelitischer Händler in vielen Bauerngemeinden des Kantons überraschende Streiflichter

---

325  Siehe etwa: Der Anti-Semitismus, in: SRB, 2. 4. 1882, S. 111 f.; Walter Bion, Aus dem Volke Israels, in: SPB, 1. 11. 1884, S. 403–406, S. 405.
326  Emil Ryser, Chronik, in: SRB, 9. 10. 1897, S. 325–328, S. 328. Siehe zudem auch: Ein tapferes Wort, in: RVB, 26. 6. 1886, S. 210.
327  Politisches, in: CVB, 27. 5. 1885, S. 167 f.

fallen und in eine Wuchertyrannei blicken, unter der ein großer Theil klcinerer Landwirthe schwerer seufzt als je unter den Aristokraten und gnädigen Herren˙ Die grässliche Selbtshülfe deren Opfer Oppenheim geworden ist, sollte gewissen Staatsmännern die Augen öffnen über das im Namen der Gleichheit und Freiheit ausgeübte jüdische Aussaugungssystem.“[328]

Ein weiterer Aspekt in der Berichterstattung des „Christlichen Volksboten" verlieh der antisemitischen Haltung der Zeitschrift zusätzliche Brisanz. Der ultrakonservative „Christliche Volksbote" war ein auch aus religiösen Motiven heraus starker Befürworter der Todesstrafe und forderte üblicherweise bei Mordtaten dieses Strafmaß.[329] Begnadigungen, welche die Strafe der zum Tode Verurteilten in lebenslange Haft umwandelten, lehnte er durchwegs ab, und die in der Rechtswissenschaft und Medizin aufkommenden Vorstellungen von ‚Unzurechnungsfähigkeit‘ oder ‚mildernden Umständen‘ verwarf er.[330] Umso mehr erstaunt es, dass er im Fall der Ermordung eines Juden nichts daran auszusetzen hatte, dass das Geschworenengericht den Landwirt Hauser wegen mildernder Umstände zu bloß 15 Jahren Zuchthaus verurteilte. Diese einmalige Haltung des „Christlichen Volksboten" wurde lediglich einen Monat später dadurch konterkariert, dass er immens gegen die Begnadigung des Kindsmörders Mattmann im Kanton Luzern wetterte und – gemäß seiner Grundhaltung – den Vollzug der Todesstrafe forderte.[331] Der Schluss liegt nahe, dass die antisemitische Einstellung des „Christlichen Volksboten" zu einer einmaligen Abkehr von der Forderung der Todesstrafe und zur Relativierung der Tat des Mörders Hauser geführt hatte. Mit seiner antisemitischen Berichterstattung war die pietistische Zeitschrift aus Basel allerdings nicht alleine. Dies lässt sich aus einem Kommentar Pfarrer Oskar Brändlis im liberalen „Schweizerischen Protestantenblatt" zum Prozess schließen. Brändli zeigte sich von der Berichterstattung enttäuscht und monierte, dass der Prozess von Teilen der Presse zum Anlass genommen worden sei, „eine kleine Judenhetze zu veranstalten".[332]

---

328  Ebenda, S. 167.

329  Mit antisemitischem Seitenhieb etwa: Politisches, in: CVB, 27. 10. 1880, S. 343 f., S. 344; Politisches, in: CVB, 22. 11. 1882, S. 375 f., S. 376. Betreffend die religiöse Argumentation für die Todesstrafe siehe z. B.: Nachrichten, in: CVB, 27. 6. 1877, S. 204–207, S. 207; Des Volksboten Rückblick auf das Jahr 1893, Teil II, in: CVB, 10. 1. 1894, S. 10–12, S. 10.

330  Siehe beispielsweise anlässlich der Ermordung des US-Präsidenten James A. Garfield 1881: Politisches, in: CVB, 7. 7. 1881, S. 216; Politisches, in: CVB, 13. 7. 1881, S. 223 f., S. 224; Politisches, in: CVB, 4. 6. 1884, S. 184; Nachrichten, in: CVB, 1. 8. 1888, S. 247 f., S. 247.

331  Politisches, in: CVB, 24. 6. 1885, S. 199 f.

332  Oskar Brändli, Kreuz und Quer, in: SPB, 6. 6. 1885, S. 211–213, S. 213. Siehe auch: Hermann Albrecht, Aus Staat und Kirche, in: RVB, 6. 6. 1885, S. 197–200, S. 197 f. Ein ähnlich gearteter Kriminalfall ereignete sich 1868, als Isak S. Guggenheim von Vater und Sohn der Bauernfamilie Seiler,

Neben den in den vorangegangenen Abschnitten analysierten antisemitischen Diskursen, die ‚den Juden‘ einen vermeintlich negativen ‚Einfluss‘ auf den Bereich der Wirtschaft unterstellten, waren besonders auch antisemitische Äußerungen sehr weit verbreitet, die einen dominanten ‚jüdischen Einfluss‘ auf das Pressewesen und somit auf die öffentliche Meinung konstruierten. Nicht selten waren diese judenfeindlichen Aussagen eng mit den Vorstellungen einer ‚jüdischen Dominanz‘ der (Geld-) Wirtschaft verknüpft. Das „Appenzeller Sonntagsblatt" etwa sah es als erwiesen an, dass sich ‚die Juden‘ „zweier Haupthebel des Einflusses auf das öffentliche Leben" immer mehr bemächtigen würden: des Kapitals und der Presse.[333] Wie stark die Verknüpfung zwischen diesen beiden Diskursbereichen sein konnte, zeigt auch die Haltung des vermittlerischen Berner Münsterpfarrers Rudolf Rüetschi. Sein Artikel „Ueber die Juden in naturhistorischer Sicht", der auf einer Artikelserie der deutschen Zeitschrift „Ausland" basierte,[334] offenbart zudem seine völkisch-rassisch und sozialdarwinistisch geprägte Sicht auf das Judentum, indem er die angebliche Vorliebe ‚der Juden‘ für die Presse essentialisiert und ihnen einen grundsätzlich ‚zersetzenden‘ Einfluss unterstellt. Zur Tätigkeit der Juden in der Presse meinte er:

„‚Die Juden suchten und fanden (wie bei den materiellen Gütern das Geld als die allgemeine Waare), so auch bei den immateriellen Gütern jenes Gut, welches im öffentlichen und geistigen Leben der Völker den größten Werth, die größte Herrschaft hat – die öffentliche Meinung und die Tagespresse. […] Sie schaffen sich dadurch eine ungeheure Heeresfolge und octroyiren dem Volk die öffentliche Meinung.‘ Und mit alledem, mit dieser Ausbildung der Kritik ohne Rücksicht auf den Werth und Ursprung des geistigen Besitzes, mit dieser

die ihm Geld schuldeten, auf brutalste Weise ermordet wurde. Der Sohn wurde zum Tode verurteilt, gegen den Vater wurde eine zwölfjährige Zuchthausstrafe verhängt. In der Presse kam es dabei zu einer gewissen Solidarisierung mit den Tätern, während dem jüdischen Opfer eine Mitschuld am Verbrechen zugesprochen wurde. Siehe: Külling, Bei uns wie überall?, S. 105 f.

333   Politisches, in: ASB, 23. 12. 1871, S. 407 f., S. 407. Als weitere Beispiele siehe: Ein verfehltes Dichterleben, in: ASB, 14. 5. 1870, S. 223 f., S. 223; Politisches, in: ASB, 23. 12. 1871, S. 407 f., S. 407; Politisches, in: CVB, 19. 9. 1877, S. 304; Ludwig Pestalozzi, zur Charakteristik A. Stöckers und seiner Bestrebungen, Teil III, in: KF, 21. 8. 1885, S. 257–261, S. 258; Gottlieb Schuster, Kirchliche Zeitschau, in: CVF, 3. 1. 1891, S. 8–10, S. 9 f.

334   Die anonym publizierte Artikelserie mit dem Titel „Der Judenstamm in naturhistorischer Betrachtung" gab vor, in objektiver, naturwissenschaftlicher Weise die ‚Judenfrage‘ zu beleuchten. Sie essentialisierte dabei jedoch gängige antisemitische Stereotype, indem sie beispielsweise die angebliche Abneigung gegen die körperliche Arbeit als Resultat von Abstammung und Vererbung darstellte und das Vorhandensein einer spezifisch ‚jüdischen Physiognomie‘ postulierte. (Der Judenstamm in naturhistorischer Betrachtung, in: Das Ausland. Ueberschau der neuesten Forschungen auf dem Gebiete der Natur-, Erd- und Völkerkunde, 7./14./21./28. 6. 1880/5. 7. 1880, S. 453–456/S. 474–476/S. 483–488/S. 509–513/S. 536–539.)

feuilletonistischen Zersplitterung in den einzelnen Wissenszweigen lähmen und erschöpfen sie, wie bei den materiellen Gütern durch die Zersplitterung des Bodens und Eigenthums, den Grund und Boden unseres geistigen Lebens; sich selbst aber erhalten sie eben damit stets obenauf im Kampfe um's Dasein – und daher ihre fortwährende starke Vermehrung."[335]

Die antisemitische Behauptung, ,die Juden' würden in hohem Maße die Presse beeinflussen, ja beherrschen, war in sämtlichen untersuchten positiven sowie vermittlerischen Zeitschriften stark bis sehr stark präsent. Im Gegensatz zu antisemitischen Assoziationen bezüglich der Wirtschaft fehlte sie bei den Liberalen jedoch fast gänzlich.[336] Der Fokus der Berichte, die diesem antisemitischen Pressediskurs folgten, sah in erster Linie Deutschland und in zweiter Österreich als Opfer eines angeblich ,schädlichen' ,jüdischen Einflusses'.[337] Dies bestätigt den Befund der bisherigen Analyse der an das Konstrukt der ,Judenfrage' angelagerten Diskurse, dass Deutschland für den Antisemitismus im Deutschschweizer Protestantismus als zentraler Referenzrahmen fungierte. Wie tief verankert der antisemitische Pressediskurs in den positiven und vermittlerischen Kreisen war, beweist zudem die häufige Verwendung der despektierlichen Bezeichnungen „Judenblätter"[338] und „Judenpresse"[339], die eine weitgehende Beeinflussung der Presse durch ,die Juden'

---

335 Rudolf Rüetschi, Ueber die Juden in naturhistorischer Sicht, Teil II, in: VRK, 2. 4. 1881, S. 55 f., S. 55.

336 Ausnahmen auf Seiten der Liberalen waren z. B.: Hermann Albrecht, Aus Staat und Kirche, in: RVB, 31. 1. 1880, S. 39 f., S. 39; Hans Emil Baiter, Die Judenfrage, Teil I, in: SPB, 4. 6. 1892, S. 180 f., S. 181.

337 Siehe mit besonderem Bezug auf Deutschland z. B.: Nachrichten und Correspondenzen, in: VRK, 14. 9. 1872, S. 174–176, S. 175; Christenthum und Presse, in: CVF, 20. 5. 1876, S. 165–168, S. 167; Politisches, in: CVB, 19. 9. 1877, S. 304; Politisches, in: CVB, 19. 1. 1881, S. 24; Johann Jakob Schenkel, Nachrichten, in: ASB, 15. 9. 1883, S. 295 f., S. 295; Albrecht Rytz, Judenpresse, in: KRS, 12. 4. 1890, S. 58 f.; Gottlieb Schuster, Kirchliche Zeitschau, in: CVF, 3. 1. 1891, S. 8–10, S. 9 f. Für Österreich siehe: Des Volksboten Rückblick auf das Jahr 1878, Teil V, in: CVB, 29. 1. 1879, S. 33–38, S. 34; Georg Rudolf Zimmermann, Das moderne Judenthum in Deutschland, besonders in Berlin. Zwei Reden von Adolf Stöcker, in: EW, 30. 10. 1879, S. 199–201, S. 200; Johann Jakob Schenkel, Nachrichten, in: ASB, 26. 5. 1888, S. 166 f., S. 167; Politisches, in: CVB, 20. 11. 1895, S. 375 f., S. 376.

338 Siehe beispielsweise: Justus J. Heer, Rundschau auf die kirchlichen Zustände in Deutschland, besonders in Preußen, in: KF, 28. 11. 1879, S. 383–391, S. 385; Zeichen der Zeit, in: ASB, 9. 10. 1880, S. 325 f.; Politisches, in: CVB, 22. 11. 1882, S. 375 f., S. 376; Rudolf Rüetschi, Nachrichten und Korrespondenzen, in: VRK, 25. 11. 1882, S. 188.

339 Siehe beispielsweise: Georg Langhans, Die türkische Frage und der Islam, Teil II, in: VKR, 7. 10. 1876, S. 161–163, S. 163; Ausland, in: ASZ, 3. 2. 1880, S. 2; Nachrichten, in: CVB, 15. 6. 1881, S. 191 f., S. 191; Johann Jakob Schenkel, Nachrichten, in: ASB, 15. 11. 1884, S. 367 f., S. 368; Alexander Beck, Zur socialen Frage, in: KF, 28. 12. 1888, S. 409–415, S. 414; Ernst Miescher, Der Christ und die Zeitung, Teil II, in: CVF, 20. 5. 1893, S. 232–238, S. 235.

suggerierten. Teilweise eng verwandt mit dem antisemitischen Topos der unter jüdischem Einfluss stehenden Presse war die Vorstellung, dass auch die (moderne)
Literatur und in weiterem Sinne die Kultur an sich stark durch Juden geprägt seien.
Dieser Aspekt war jedoch im Vergleich zum Presse-Diskurs in der Phase von 1870
bis 1895 weniger zentral.[340]

### Verschwörungstheorien und das Konstrukt eines jüdischen Strebens nach ‚Weltherrschaft‘

Die Furcht vor einer jüdischen ‚(Fremd-)Herrschaft‘ kulminierte in der antisemitischen Konstruktion eines jüdischen ‚Weltherrschaftsstrebens‘ und in Verschwörungstheorien. Letztere lassen sich im konservativen Deutschschweizer Protestantismus bereits für das letzte Drittel des 19. Jahrhunderts vereinzelt nachweisen. So
bestand etwa für die Zeitschrift der Vermittler das Ziel ‚der Juden‘ darin, „[a]lles
Geld der Welt zu gewinnen und damit die Welt zu regieren“.[341] Sowohl antisemitische Verschwörungstheorien als auch die Konstruktion eines jüdischen ‚Weltherrschaftsstrebens‘ beschrieben ‚die Juden‘ als ein gemeinsam agierendes Kollektiv, das
planmäßig seine Ziele zu erreichen suche.[342] Als ein Teil des Planes sahen konservativ-protestantische Autoren dabei etwa die „planmäßige Ausraubung“ der Christenheit.[343] Der Koordination des ‚planmäßigen‘ Vorgehens wurde dabei nicht selten
ein ‚rätselhafter‘ oder gar ‚instinktmäßiger‘ Charakter zugesprochen. So sah Friedrich Heman 1874 in seinem allerersten Jahresbericht als Direktor der „Freunde Israels“, mit dem er bereits eine Kostprobe seines sehr stark ausgebildeten Antisemitismus vorlegte, den hervorstechendsten Zug der zeitgenössischen Juden in ihrem
angeblich unermüdlichen und ruhelosen Streben, „sich an die Spitze des modernen Weltlebens zu stellen“. Heman fuhr fort:

> „Bei andern Völkern sind es meist nur sehr wenige Einzelne, die für ihre Per-
> son solchen Trieb besitzen, vorwärts zu kommen […]; anders aber bei den Ju-
> den, da ist dieser Drang nicht vereinzelt, sondern ein allgemeiner, und Jeder
> ringt nicht bloß für sich, sondern für sein ganzes Volk und Alle thun es aus ei-

---

340  Siehe als Beispiele: Meili, Rede am Jahresfest der Freunde Israels in Basel, in: FI 10 (1883) 4,
S. 81–87, S. 84; Der Sieg des Lichts, in: CVB, 12. 1. 1887, S. 9–11, S. 10; Johann Jakob Schenkel, Nachrichten, in: ASB, 26. 5. 1888, S. 166 f., S. 167. Zum Aspekt der Kultur zudem: Politisches, in: ASB,
23. 12. 1871, S. 407 f., S. 407; Justus J. Heer, Literatur, in: KF, 20. 12. 1878, S. 410–419.

341  Eine bedeutsame soziale Frage. Jüdisches, in: VRK, 29. 11. 1879, S. 191.

342  Siehe etwa: Politisches, in: ASB, 23. 12. 1871, S. 407 f., S. 407; Zeitfragen in Briefform. Ueber die
Judenfrage, Teil IV, in: CVB, 19. 11. 1879, S. 370–372, S. 371.

343  Die Woche der christlichen Jahresfeste in Basel, Teil II, in: CVB, 12. 7. 1882, S. 217–219, S. 217. Ähnlich argumentierte auch: Johann Jakob Schenkel, Nachrichten, in: ASB, 26. 7. 1879, S. 239 f., S. 240.

genem und doch gemeinsamen Antrieb, wie auf Commando und doch ohne Commando, denn sie haben ja weder gemeinsame weltliche noch geistliche Autorität. Trotz allen Parteiungen und sonstigen Verschiedenheiten: in diesem Streben sind alle eins, nicht aus Verabredung, sondern wie aus Instinkt, aus gemeinsamem Interesse. Dahin zielen alle ihre geistigen Anstrengungen, wie ihre materiellen Bemühungen, und alle ihre Thätigkeit ist nur Mittel zu diesem Zweck."[344]

Die antisemitische Unterstellung an die Adresse ‚der Juden‘, die Weltherrschaft anzustreben oder bereits eine weltbeherrschende Stellung erlangt zu haben, wurde mehrfach im „Freund Israels" artikuliert,[345] tauchte aber auch in liberalen Zeitschriften wie dem „Religiösen Volksblatt" oder dem „Basler Protestantenblatt" auf.[346] In dem bereits im vorangegangenen Abschnitt zitierten Jahresbericht von 1874 führte Friedrich Heman sein Konstrukt eines jüdischen Weltherrschaftsstrebens weiter aus:

„Der erste und einflußreichste Redner im Reichstage Deutschlands ist ein Jude [...]. Nehmen wir dazu, dass die Tagespresse fast ganz in jüdischen Händen ist, daß über die bedeutendste Kapitalmacht der Welt die nämlichen Hände verfügen und vergessen wir nicht die jüdische Internationale, genannt israelitische Allianz, die im verfloßnen Jahr sich fester organisirt und zur Wahrung jüdischer Interessen mit Kaisern und Königen und Fürsten Verhandlungen gepflogen hat, so werden wir gestehen müssen, ja das Judenthum ist auf dem besten

344 Friedrich Heman, Jahresbericht des Vereins von Freunden Israels zu Basel, in: FI 1 (1874) 1, S. 1–18, S. 3. Diese Aussage Hemans wurde auch vom „Christlichen Volksboten" wiedergegeben und tauchte auch in einer Publikation Heinrich Wilhelm Rincks nochmals auf: Die Festwoche der religiösen Jahresfeste in Basel, Teil II, in: CVB, 29. 7. 1874, S. 233–236, S. 234; Heinrich Wilhelm Rinck, Die Zeichen der letzten Zeit und die Wiederkunft Christi. Erklärung der Haupt-Abschnitte der Offenbarung Johannis, für die auf ihren Herrn wartende Gemeinde, 2. Aufl., Basel 1880, S. 376. Eine ‚instinktmäßige‘ Zusammenarbeit unterstellten auch: [Friedrich Heman?], Die Juden in den Donauländern und die Ausnahmegesetze gegen sie, in: FI 1 (1874) 2, S. 48–55, S. 50; Johann Jakob Schenkel, Nachrichten, in: ASB, 24. 9. 1881, S. 311 f., S. 312.

345 Siehe: [Friedrich Heman?], Die Juden in den Donauländern und die Ausnahmegesetze gegen sie, in: FI 1 (1874) 2, S. 48–55, S. 53–54; Israels Rückkehr nach Palästina, eine politische Zeitfrage oder religiöse Zukunftsfrage?, in: FI 5 (1878) 2, S. 51–58, S. 55. Siehe aber auch Artikel in anderen konservativ-protestantischen Zeitschriften, so z. B.: Johann Jakob Schenkel, Nachrichten, in: ASB, 11. 6. 1881, S. 190 f., S. 191; Ein Rückblick auf Epiphanias, in: CVB, 9. 1. 1884, S. 9 f., S. 10.

346 Hermann Albrecht, Aus Staat und Kirche, in: RVB, 28. 8. 1880, S. 278–280, S. 280; Alfred Altherr, Eine biblische Dichtung, in: SPB, 23. 11. 1878, S. 60–63, S. 62; Herrman Albrecht, Aus Staat und Kirche, in: RVB, 28. 8. 1880, S. 278–280, S. 280.

Wege, Einfluß und Herrschaft zu erlangen über alle Völker, auf allen Gebieten menschlichen Lebens, und der Graf von Shaftesbury hat nicht unrecht, wenn er das dießjährige Londner (sic) Jahresfest für Judenmission mit der Bemerkung eröffnete, daß die jüdische Nation immer weiter zur Regierung der Welt gelange."[347]

Mit seinen antisemitischen Projektionen auf die 1860 in Frankreich gegründete „Alliance Israélite Universelle" hatte Friedrich Heman auch einen verschwörungstheoretischen Aspekt in seine Rede eingearbeitet. Die von aufklärerischen Idealen geprägte „Alliance Israélite Universelle", die sich von Frankreich aus für die Juden in anderen Ländern einsetzte, war denn auch öfters Gegenstand der in den konservativ-protestantischen Zeitschriften geäußerten verschwörungstheoretischen Vorstellungen.[348] Im „Appenzeller Sonntagsblatt" wurde etwa insinuiert, dass die „Alliance" die Presse instruieren würde, um „überall, wo der jüdischen Angriffskolonne Widerstand" geleistet werde, „rechtzeitig die Geschütze der Polemik" spielen zu lassen.[349] Zugleich gab der Autor einen Ausschnitt aus einer angeblichen Rede des französischen Ministers Adolphe Crémieux, der 1863 die Präsidentschaft der jüdischen Organisation übernommen hatte, wieder, der deren Herrschaftsintention belegen sollte. Die verfälschte Crémieux-Rede wurde in verschiedenen ‚Klassikern‘ der antisemitischen Literatur verwendet.[350] Auch Jakob Wälli griff im Blatt der Vermittler in seinen Adolf Stoecker huldigenden Ausführungen auf

---

347  Friedrich Heman, Jahresbericht des Vereins von Freunden Israels zu Basel, in: FI 1 (1874) 1, S. 1–18, S. 7 f.

348  Siehe vor allem: Johann Jakob Schenkel, Nachrichten, in: ASB, 24. 7. 1880, S. 239 f.; Jakob Wälli, Hofprediger Stöcker in Stuttgart, Teil I, in: KRS, 9. 6. 1888, S. 93–95, S. 94. Des Weiteren stellten etwa auch folgende Artikel die „Alliance Israélite Universelle" als mächtige Institution dar, die im ‚Hintergrund‘ ihren Einfluss spielen lasse: Politisches, in: ASB, 29. 1. 1870, S. 47 f., S. 48; Johann Jakob Schenkel, Nachrichten, in: ASB, 26. 7. 1879, S. 239 f., S. 240; Ausland, in: ASZ, 24. 2. 1880, S. 3. Zur „Alliance Israélite Universelle" als Objekt antisemitischer Phantasien siehe: Dominique Trimbur, Art. ‚Alliance Israélite Universelle (Frankreich)‘, in: Handbuch des Antisemitismus, Bd. 5, S. 14–16.

349  Johann Jakob Schenkel, Nachrichten, in: ASB, 24. 7. 1880, S. 239 f., S. 240. Im judenfeindlichen Konstrukt eines verschwörerischen ‚Weltherrschaftsstrebens‘ ‚der Juden‘ wurde auch in anderen Texten der angeblichen ‚Beherrschung der Presse‘ durch ‚die Juden‘ eine zentrale Rolle beigemessen. Siehe etwa den Artikel von Pfr. Ernst Miescher: Ernst Miescher, Der Christ und die Zeitung, Teil II, in: CVF, 20. 5. 1893, S. 232–238, S. 234 f.

350  Laut Hans Engelmann sei August Rohling 1871 in seinem Buch „Der Talmudjude" der Erste gewesen, der die Rede von Crémieux im Sinne eines jüdischen Weltherrschaftsstrebens umgedeutet habe. (Engelmann, Kirche am Abgrund, S. 42). Auch Adolf Stoecker nahm in seiner antisemitischen Agitation auf Crémieux Bezug.

das Feindbild der „Alliance" sowie die angeblichen Aussagen von Crémieux zurück.[351]

Den Einfluss antisemitischer Literatur auf die Ausbildung verschwörungstheoretischer Ansichten im Deutschschweizer Protestantismus beweist zudem ein Artikel des von 1875 bis 1930 fast sechs Jahrzehnte den „Christlichen Volksfreund" als Chefredakteur maßgeblich mitprägenden Ernst Miescher. Miescher, der von 1879 bis 1891 an der Leonhardskirche in St. Gallen wirkte und 1891 die Leitung der „Basler Missionsgesellschaft" übernahm, bezog seine ‚Quellen' für die Behauptung, ‚die Juden' besäßen einen Plan, sich durch die Bemächtigung der Presse die Weltherrschaft zu sichern, aus den Publikationen des antisemitischen Publizisten und Verlegers Theodor Fritsch. Diesen zitierend, legte er dabei dem jüdischen Unternehmer und Philantrop Moses Montefiore die folgenden Worte in den Mund: „[…]So lange wir nicht die Presse, die Zeitungen in der ganzen Welt in den Händen haben, um die Völker zu täuschen und zu betäuben, bleibt unsere Herrschaft ein Hirngespinst.'"[352] Auch seine weiteren verschwörungstheoretischen Ausführungen basierten auf einer Publikation von Fritsch.[353]

Bezüglich der Postulierung eines (welt-)verschwörerischen Verhaltens ‚der Juden' ist zuletzt noch die Rückprojizierung dieser antisemitischen Sichtweise auf die Vergangenheit zu erwähnen. Dabei dienten das mittelalterliche Spanien und dessen Vertreibung der Juden als Exempel. In Form einer antisemitischen Geschichtsklitterung unterstellte Friedrich Heman in einer seiner Schriften zur ‚Judenfrage' den spanischen Juden, die arabische Herrschaft über die iberische Halbinsel initiiert zu haben. Er sah es dabei auch als höhere Fügung an, dass Amerika so kurz nach der Vertreibung der Juden entdeckt worden sei, da sonst eine jüdische Weltherrschaft gedroht hätte.[354] Das Buch Hemans, und insbesondere seine Bemerkungen

---

351  Jakob Wälli, Hofprediger Stöcker in Stuttgart, Teil I, in: KRS, 9. 6. 1888, S. 94.

352  Ernst Miescher, Der Christ und die Zeitung, Teil II, in: CVF, 20. 5. 1893, S. 232–238, S. 234. Miescher bezog sich auf: Thomas Frey [Theodor Fritsch], Brennende Fragen. Nationale Flugblätter zur Erweckung des deutschen Volksbewußtseins, Nr. 5, Leipzig 1883.

353  Miescher verweist auf die 22. Nummer von Fritschs Schrift „Wer schreibt unsere Zeitungen?". Wohl handelt es sich um die 22. Nummer von dessen Flugblättern „Brennende Fragen". Siehe zu Fritsch und seiner publizistischen Tätigkeit: Ferrari Zumbini, Die Wurzeln des Bösen, S. 321–422.

354  Heman, Die historische Weltstellung der Juden, S. 23–28. In einer Artikelserie im „Freund Israels", die offensichtlich aus der Feder Hemans stammt, wurden ähnliche Ansichten vertreten: Friedrich Heman, Die Schicksale der Juden in ihrer Zerstreuung, Teil VI, in: FI 7 (1880) 2, S. 25–41; Friedrich Heman, Die Schicksale der Juden in ihrer Zerstreuung, Teil XIII, in: FI 8 (1881) 5, S. 92–98, S. 97 f. Auch die Existenz von sogenannten Marranen im frühneuzeitlichen Spanien, das heißt von zwangsbekehrten Juden, die trotz ihres Religionsübertritts an jüdischen Bräuchen festhielten, beförderte antisemitische Phantasien. Siehe etwa: Friedrich Heman, Die Schicksale der Juden in ihrer Zerstreuung, Teil VII, in: FI 7 (1880) 3, S. 57–63, S. 57; Karl Hackenschmidt,

zu Spanien, wurden im „Kirchenfreund" von Redakteur Conrad von Orelli positiv rezensiert.[355]

### ‚Der Jude' als ‚Zersetzer' von Gesellschaften und Nationen

Unterstellte das antisemitische Bild ‚der Juden' als ‚Dominatoren' bereits einen negativen Effekt auf die Gesellschaft, in der sie lebten, so akzentuierte sich diese Unterstellung im Vorwurf, die Präsenz ‚der Juden' würde ‚zersetzend' wirken. So war
es in den Augen des Vermittlers und Redakteurs des „Kirchenblatts für die reformirte Schweiz', Pfarrer Rudolf Finsler, nicht zu verleugnen, dass „die Juden in Volk
und Staat vielfach eine zersetzende Wirkung" hätten.[356] Finsler war mit seiner antisemitischen Perzeption ‚der Juden' keineswegs alleine, denn der Zersetzungs-Topos zeigte sich in den Zeitschriften der Positiven und Vermittler recht verbreitet,
während er auf liberaler Seite nur vereinzelt auftrat. Die Analyse der Diskurse, die
diesem Topos zuzuordnen sind, macht sichtbar, dass die antisemitische Konstruktion der ‚zersetzenden Juden' zum einen auf die Gesellschaft, und hier beispielsweise auf die Moral, zum anderen auf den Staat bezogen wurde. Darüber hinaus war
der Zersetzungs-Topos ein wichtiger Bestandteil nationalistisch geprägter antisemitischer Diskurse, welche ‚die Juden' als außerhalb des ‚eigenen Volkes' stehend
konstruierten und aus der imaginierten ‚nationalen Gemeinschaft' ausschlossen.

Der antisemitische Topos der ‚jüdischen Zersetzung' der Gesellschaft in den
Publikationen der Positiven und Vermittler offenbart in der Analyse deren Idealbild eines durch das Christentum bestimmten Zusammenlebens, das mit der gesellschaftlichen Realität nicht mehr korrespondierte. Insbesondere das sogenannte moderne Judentum wurde als wichtiger Akteur in der angeblichen ‚Zerstörung' respektive ‚Zersetzung' der ‚christlichen Kultur' gesehen.[357] Die Sorge um den erhofften
christlichen Einfluss auf die Gesellschaft kulminierte in an verschwörungstheore-

Die Juden und ihr göttlicher Beruf, Teil I, in: KF, 6. 5. 1887, S. 129–132, S. 130. Ein sehr viel spä-
teres Beispiel, das hier dennoch angegeben werden soll: Walter Hoch, Wir Christen und die Judenfrage, Teil II, in: CVF, 7. 2. 1925, S. 65–68, S. 68.

355  Conrad von Orelli, Literatur, in: KF, 25. 11. 1881, S. 378–381, S. 380 f.

356  Rudolf Finsler, in: KRS, 21. 2. 1891, S. 31 f., S. 32.

357  Diese Meinung vertrat beispielsweise Pfarrer Justus J. Heer im „Kirchenfreund" und bezog sich
     dabei lobend auf die Agitation Adolf Stoeckers, indem er dem Hofprediger dankbar dafür war,
     dass er auf das Judentum als angeblichen „Hauptfactor" der ‚Zersetzung' verwiesen habe: Jus-
     tus J. Heer, Rundschau auf die kirchlichen Zustände in Deutschland, besonders in Preußen, in:
     KF, 28. 11. 1879, S. 383–391, S. 386. Siehe als weitere Beispiele, die eine ‚Zersetzung' der ‚christli-
     chen Kultur' konstruierten: Zeitfragen in Briefform. Ueber die Judenfrage, Teil I, in: CVB, 29. 10.
     1879, S. 346–348, S. 346; Friedrich Heman, Rede am Epiphaniasfest 1882, in: FI 9 (1882) 2, S. 25–33,
     S. 31; Nachrichten, in: CVB, 28. 1. 1885, S. 30 f., S. 31.

tische Überzeugungen grenzenden Befürchtungen, Juden würden die Kirche als Konvertiten auch von innen heraus ,gefährden' und ,zersetzen'. Diese Haltung, die eine tiefe Skepsis gegenüber Konversionen vom jüdischen zum christlichen Glauben verrät, wurde von Zeitschriften geäußert, die der Judenmission nahe standen, was auf den ersten Blick widersprüchlich erscheinen mag. Die Taufskepsis beruhte jedoch darauf, dass die judenmissionarischen Kreise einem Erweckungschristentum anhingen, welche Konversionen, die nicht auf ein ,Erweckungserlebnis' oder auf die Judenmission zurückzuführen waren, sehr misstrauisch gegenüberstanden.[358]

Einer der antisemitisch motivierten Hauptvorwürfe in gesellschaftlicher Hinsicht war, dass ,die Juden' auch die Sitte und Moral der (christlichen) Bevölkerung ,zersetzen' würden. Das Judentum wurde so etwa mit der Verbreitung von Alkohol, der das Volk ruinieren würde, in Verbindung gebracht, ein Vorwurf, der auf den osteuropäischen Kontext beschränkt blieb.[359] Für Westeuropa waren hingegen die antisemitisch motivierten Vorwürfe bedeutender, die ,den Juden' die Förderung der ,Unsittlichkeit' anlasteten, etwa indem sie ,Schundliteratur' oder Pornografie verbreiten würden.[360] Auch Prostitution und ,Mädchenhandel' wurden ihnen angekreidet.[361]

358 Siehe z. B.: Friedrich Heman, Vierundfünfzigster Jahresbericht des Vereins der Freunde Israels zu Basel, in: FI 12 (1885) 4, S. 97–111, S. 103. Sehr ausgeprägt in der Rede Friedrich Hemans am Jahresfest der Judenmission von 1899 mit Blick auf die relativ große Zahl an Religionsübertritten in Berlin: Friedrich Heman, 68. Jahresbericht der Freunde Israels in Basel, in: FI 26 (1899) 4, S. 50–63, S. 52. Die Rede wurde auch vom „Christlichen Volksboten" und vom „Evangelischen Wochenblatt" ausführlich rezipiert: Die Woche der christlichen Jahresfeste in Basel, Teil III, in: CVB, 12. 7. 1899, S. 217–220, S. 218; Ludwig Pestalozzi, Die Basler Festwoche, in: EW, 17. 8. 1899, S. 129–132, S. 130.

359 Siehe als Beispiele: Carl Pestalozzi, Kirchliche Chronik, in: CVB, 25. 8. 1877, S. 273 f., S. 274; Eine bedeutsame soziale Frage. Jüdisches, in: VRK, 29. 11. 1879, S. 191; Johann Jakob Schenkel, Nachrichten, in: ASB, 4. 3. 1882, S. 71 f.; Politisches, in: CVB, 11. 10. 1882, S. 327 f.

360 Siehe diesbezüglich etwa: Johann Jakob Schenkel, Nachrichten, in: ASB, 30. 11. 1878, S. 383 f., S. 383; Otto Zellweger, Nachrichten, in: ASB, 6. 4. 1889, S. 109–111, S. 110; Politisches, in: CVB, 14. 12. 1892, S. 399 f., S. 400; Nachrichten, in: CVB, 26. 8. 1896, S. 278 f., S. 279. Diese antisemitischen Vorwürfe wurden vereinzelt auch von liberalen Zeitschriften erhoben: Salomon Zimmermann, Reformchronik, in: RZ, 1. 3. 1879, S. 83–87, S. 85 f.; Hans Emil Baiter, Die Judenfrage, Teil I, in: SPB, 4. 6. 1892, S. 180 f., S. 181.

361 Siehe beispielsweise: Johann Jakob Schenkel, Nachrichten, in: ASB, 4. 3. 1882, S. 71 f., S. 72; Kirchliche Rundschau, in: KF, 18. 8. 1899, S. 265–267, S. 266 f. Der Vorwurf des ,Mädchenhandels' tauchte auch im „Säemann", dem vor allem ,erbaulich' ausgerichteten Monatsblatt der Landeskirche des Kantons Bern, auf: Kirchliche Nachrichten, in: Säemann 9 (1893) 1, S. 8. Der Menschenhandel respektive Sklavenhandel, das sei hier nur kurz bemerkt, wurde gelegentlich ebenfalls mit dem Judentum in Verbindung gebracht. So etwa in: Conrad von Orelli, Literatur, in: KF, 25. 11. 1881, S. 378–381, S. 380; Heman, Die historische Weltstellung der Juden, S. 22; Die Juden in Niederländisch Guyana, in: FI 19 (1892) 1, S. 28 f., S. 28.

Mit dem Vorwurf, die Moral zu ,zersetzen', ging auch das antisemitische Konstrukt einer angeblichen moralischen Inferiorität der Juden respektive einer jüdischen ,Sondermoral' einher.[362] Die judenfeindliche Unterstellung, eine ,Sondermoral' zu pflegen, die es ,den Juden' erlaube, die christlichen Mitmenschen schlecht zu behandeln, war aufs Engste mit antitalmudischen Stereotypen verknüpft.[363] Die Präsenz von Menschen jüdischen Glaubens in Deutschland und anderen Ländern wurde folglich aus der antisemitischen Perspektive heraus primär im konservativen Protestantismus der Deutschschweiz als ,schädlich' dargestellt.[364] Hierzu gehörte auch die Verwendung von Metaphern und Ausdrücken, welche ,die Juden' des ,Aussaugens' der (christlichen) Bevölkerung bezichtigten.[365]

Der Antisemitismus im konservativen Protestantismus der Deutschschweiz zeichnete sich bezüglich des Zersetzungs-Topos auch dadurch aus, dass er neben der Gesellschaft an sich auch die Ebene des Politischen beziehungsweise des Staates durch ,das Judentum' gefährdet sah, wobei der Vorwurf der ,Zersetzung' der staatlichen Ordnung im Zentrum der Argumentation stand. Dazu gehörte, dass Juden mit revolutionären Tendenzen in Verbindung gebracht wurden, beispielsweise mit der 1848er Revolution in Deutschland und Österreich.[366] In eine ähnliche Richtung ging die judenfeindliche Strategie, den Nihilismus im Russland des letzten Viertels des 19. Jahrhunderts in die Nähe des Judentums zu rücken.[367] Hauptsächlich basierte dieser Bereich der judenfeindlichen Zersetzungs-Diskurse zudem auf einer Kombination antisemitischer mit antisozialistischen Positionen, ein Vorgang, der

362 Für das Vorurteil der moralischen Inferiorität, das insbesondere gegenüber dem osteuropäischen Judentum herrschte, siehe: Johann Jakob Schenkel, Nachrichten, in: ASB, 6. 5. 1882, S. 142–144, S. 144; Die religiöse Bewegung unter den russischen Juden, in: VRK, 16. 5. 1885, S. 133 f., S. 134.

363 Siehe z. B.: Johann Jakob Schenkel, Nachrichten, in: ASB, 15. 9. 1883, S. 295 f., S. 295. Die Talmudkritik basierte hierbei auf einer langen antisemitischen Tradition gefälschter und veränderter Talmudzitate. Siehe zu diesem Aspekt der Judenfeindschaft: Noack, Unbelehrbar?

364 Siehe als Beispiele: Politisches, in: CVB, 16. 10. 1878, S. 335 f., S. 336; Johann Jakob Schenkel, Nachrichten, in: ASB, 10. 7. 1883, S. 223 f., S. 223; Meinest du, dass die Todtengebeine wieder lebendig werden?, in: CVB, 28. 5. 1890, S. 170.

365 Siehe etwa: Die Judenemanzipation, in: EW, 9. 2. 1860, S. 27; Eine bedeutsame soziale Frage. Jüdisches, in: VRK, 29. 11. 1879, S. 191; Hans Emil Baiter, Die Judenfrage, Teil I, in: SPB, 4. 6. 1892, S. 180 f., S. 181; Hess, Ueber religiöse und sittliche Toleranz, S. 30.

366 Die Revolution von 1848, Teil V, in: ASB, 29. 3. 1884, S. 100–102, S. 102; Die Revolution von 1848, Teil IX, in: ASB, 26. 4. 1884, S. 133–135, S. 134; Die Revolution von 1848, Teil X, in: ASB, 10. 5. 1884, S. 147–150, S. 149. Ein weiteres Beispiel: Friedrich Heman, Achtundfünfzigster Jahresbericht des Vereins der Freunde Israels zu Basel, in: FI 16 (1889) 4, S. 97–113, S. 102.

367 Siehe etwa: Zeitfragen in Briefform. Ueber die Judenfrage, Teil IV, in: CVB, 19. 11. 1879, S. 370–372, S. 371; Justus J. Heer, Rundschau auf die kirchlichen Zustände in Deutschland, besonders in Preußen, in: KF, 28. 11. 1879, S. 383–391, S. 386.

in einer späteren Phase – nach der Russischen Revolution von 1917 – innerhalb des protestantischen Antisemitismus noch deutlich an Bedeutung gewinnen sollte.[368] Der antisemitische Blick auf den Sozialismus zeigte sich vor allem durch Verweise auf Karl Marx und Ferdinand Lassalle, die als zentrale Figuren der sozialistischen Ideologie mit dem Judentum assoziiert wurden.[369] Dabei spielte es keine Rolle, dass Karl Marx in seinen Kinderjahren zum Christentum konvertiert war und sich völlig von seiner jüdischen Herkunft distanziert und sich selbst antisemitisch geäußert hatte.[370] Die verschiedenen Stränge der Diskurse, die eine ‚Gefährdung des Staates' durch ‚die Juden' postulierten, traten auch gemeinsam auf.[371] Paradigmatisch vereinte so der Elsässer Pfarrer Karl Hackenschmidt im „Kirchenfreund" die verschiedenen Stränge zu einem gemeinsamen Bedrohungsszenario: „Ein Jude Lassalle wars, der in der Arbeiterwelt den Haß gegen das Capital entzündete. Ein Jude, N. Marx [sic!], steht an der Spitze der rothen Internationale. Es kommt in Rußland kein Nihilistenprozeß vor, bei dem nicht Juden betheiligt wären. Wo in der Welt die Gesellschaft und die öffentliche Ordnung untergraben wird, da haben die Juden die Hände im Spiel."[372]

Der dritte, sehr wichtige Teilbereich des Zersetzungs-Topos bestand aus antisemitischen Diskursen, welche die Juden aus der Nation exkludierten und als ‚zersetzende' Gefahr der ‚nationalen Gemeinschaft' konstruierten. Im konservativen Protestantismus traten dabei die Diskurse eines nationalistisch argumentierenden Antisemitismus im „Appenzeller Sonntagsblatt" und im „Freund Israels" gehäuft auf. Sie fehlten aber auch auf Seiten der liberalen Zeitschriften nicht völlig.[373] Die Haltung des „Freund Israels" war insbesondere durch die (deutsch-)nationale Ausrichtung seines Redakteurs Friedrich Heman geprägt. Voraussetzung für den natio-

---

368 Siehe z. B.: Johann Jakob Schenkel, Nachrichten, in: ASB, 12. 2. 1881, S. 54 f., S. 240; Gottlieb Schuster, Kirchliche Zeitschau, in: CVF, 20. 10. 1894, S. 469–471, S. 470.

369 Siehe als Beispiele: Zeichen der Zeit, in: ASB, 27. 7. 1872, S. 239 f., S. 239; Ludwig Pestalozzi, Messias des Arbeiterstandes, 2 Teile, in: EW, 11./25. 5. 1876, S. 87–89/S. 99 f.; Literatur, in: KF, 2. 9. 1881, S. 283–288, S. 287 f.; Henri Mojon, Gehen wir einer sozialen Katastrophe entgegen? Oeffentlicher Vortrag gehalten in Zürich, Bern und Lausanne, Basel 1894, S. 10–12; Dreiundsechzigster Jahresbericht des Vereins der Freunde Israels in Basel, in: FI 21 (1894) 4, S. 57–71, S. 64; Henri Mojon, Ein sozialistischer ‚Diskussionsabend' im Lausanner Grütliabend, Teil I, in: KF, 11. 1. 1895, S. 5–11, S. 8.

370 Zum Antisemitismus von Karl Marx siehe: Matthias Vetter, Art. ‚Marx, Karl', in: Handbuch des Antisemitismus, Bd. 2,2, S. 525 f.

371 Siehe als Beispiele: Zeitfragen in Brieform. Ueber die Judenfrage, Teil IV, in: CVB, 19. 11. 1879, S. 370–372, S. 371; Friedrich Heman, Achtundvierzigster Jahresbericht des Vereins der Freunde Israels zu Basel, in: FI 6 (1879) 4, S. 81–94, S. 85; Die Woche der religiösen Jahresfeste in Basel, Teil II, in: CVB, 14. 7. 1880, S. 218–221, S. 220.

372 Karl Hackenschmidt, Die Juden und ihr göttlicher Beruf, Teil II, in: KF, 20. 5. 1887, S. 145–152, S. 150.

373 Siehe z. B.: Albert Bitzius, Reformchronik, in: RZ, 5. 10. 1872, S. 358–360, S. 358.

nalistisch argumentierenden Zersetzungs-Topos war, dass ‚die Juden‘ einerseits als nationale und nicht rein religiöse Gruppe definiert wurden, und andererseits, dass ‚die Juden‘ als vermeintlich ‚fremdes‘ Kollektiv außerhalb des ‚eigenen Volkes‘ beziehungsweise der ‚eigenen Nationalität‘ stehend konstruiert wurden. Dabei gilt hervorzuheben, dass dieses exklusionistische Prinzip ganz überwiegend am Beispiel Deutschlands zum Tragen kam.[374] In typisch antisemitischer Manier wurde ein realer Konflikt zwischen ‚den Juden‘ und der als christlich definierten ‚deutschen Nation‘ konstruiert. Die Juden würden als ‚Fremde‘ in Deutschland das „nationale und christliche Bewusstsein des deutschen Volkes“[375] empören und das deutsche Volk unter „Fremdherrschaft“[376] stellen.[377] Dabei wurde in diesem Sinne auch zentralen Exponenten des sich Ende der 1870er-Jahre im Kaiserreich in bislang unbekanntem Ausmaß breitmachenden Antisemitismus das Wort erteilt. So ging etwa das „Appenzeller Sonntagsblatt“ auf Wilhelm Marrs Schrift „Wählet keinen Juden“[378] ein, wobei Johann Jakob Schenkel diese eine „schneidige Schrift“ nannte und ausgiebig und wohlmeinend zitierte,[379] oder die wöchentlich erscheinende Zeitschrift gab Passagen einer Rede Adolf Stoeckers wieder, in denen ‚die Juden‘ als „fremdes Volk“ tituliert wurden.[380]

Untrennbar mit der nationalen Exklusion verbunden war der Vorwurf an ‚die Juden‘, integrationsunwillig zu sein. Dazu gehörte etwa das antisemitische Konstrukt einer bewussten jüdischen ‚Absonderung‘ von der restlichen Bevölkerung, oder die

---

374 Siehe als Beispiele: Friedrich Heman, Jahresbericht des Vereins von Freunden Israels zu Basel, in: FI 2 (1875) 4, S. 97–118, S. 103; Literatur, in: KF, 2. 9. 1881, S. 283–288, S. 287; Johann Jakob Schenkel, Nachrichten, in: ASB, 3. 9. 1881, S. 286–288, S. 287; Ludwig Pestalozzi, Zur Charakteristik A. Stöckers und seiner Bestrebungen, Teil III, in: KF, 21. 8. 1885, S. 257–261, S. 258.

375 Politisches, in: CVB, 14. 12. 1892, S. 399 f., S. 400.

376 Politisches, in: CVB, 24. 11. 1880, S. 375 f., S. 376.

377 Als Beispiele für die Exklusion ‚der Juden‘ aus dem ‚eigenen Volk‘ mit besonderem Fokus auf den deutschen Kontext: Schnedermann, Der christliche Glaube und die heilige Schrift, S. 11; Friedrich Heman, Vierundfünfzigster Jahresbericht des Vereins der Freunde Israels zu Basel, in: FI 12 (1885) 4, S. 97–111, S. 103; Johann Jakob Schenkel, Nachrichten, in: ASB, 17. 3. 1888, S. 86 f., S. 87; Johann Jakob Schenkel, Nachrichten, in: ASB, 8. 9. 1888, S. 285–287, S. 286; Ein Gespräch über das eidgenössische Schächtverbot, in: CVB, 16. 8. 1893, S. 259–261, S. 260.

378 Die Schrift erschien 1879 im Berliner Verlag „Otto Hentze“ und stellte eine ‚Kollage‘ vermeintlicher Beweise gegen ‚die Juden‘ dar: Wilhelm Marr, Wählet keinen Juden! Der Weg zum Siege des Germanenthums über das Judenthum. Ein Mahnwort an die Wähler nichtjüdischen Stammes aller Confessionen. Mit einem Schlußwort: „An die Juden in Preußen“, Berlin 1879. Siehe zum Pamphlet: Zimmermann, Wilhelm Marr, S. 83.

379 Johann Jakob Schenkel, Nachrichten, in: ASB, 6. 9. 1879, S. 286–288, S. 287.

380 Johann Jakob Schenkel, Nachrichten, in: ASB, 11. 3. 1882, S. 78 f., S. 78. Zitiert wurde eine Rede Stoeckers über die „Soziale Reform“, die er am 1. März 1882 in Berlin gehalten hatte.

Apostrophierung ‚der Juden‘ als national ‚unzuverlässig‘.[381] Die Beschuldigung der ‚Absonderung‘ kulminierte im Topos, ‚die Juden‘ würden in einer Gesellschaft einen ‚Staat im Staate‘ bilden.[382] So betonte auch das liberale „Schweizerische Protestantenblatt“, ‚die Juden‘ hätten während vieler Jahrhunderte einen „Staat im Staat und gegen die Bevölkerung unter welchen sie lebten, ein Komplott“ gebildet.[383] Im Sinne des auf liberaler Seite vorhandenen Assimilationsoptimismus sah der Autor für die kommenden einhundert Jahre hingegen eine Auflösung dieser angeblichen Sonderstellung. Im Gegensatz zu den liberalen Zeitschriften herrschte in den konservativ-protestantischen Blättern jedoch die Meinung vor, ‚die Juden‘ würden, wollten und könnten sich nicht an die Nation assimilieren, in der sie lebten.[384]

Die skizzierten Aspekte einer antisemitisch motivierten nationalen Ausgrenzung der Juden vertrat in besonders intensivem Maße Friedrich Heman. Der Direktor der Judenmissionsvereins der „Freunde Israels“ konstruierte in seiner 1881 verfassten Schrift „Die historische Weltstellung der Juden und die moderne Judenfrage“ einen nationalen Gegensatz zwischen ‚Juden‘ und ‚Deutschen‘ in Deutschland. Hemans auffallend germanophile Ansichten machten ihn zu einem Anhänger deutschnationalen Gedankengutes. Sein Buch, das er als Beitrag zum Antisemitismusstreit und somit vor allem für den ‚deutschen Markt‘ verfasst hatte, forderte ‚die

381   Siehe zum Vorwurf der ‚Absonderung‘ beispielsweise: Johann Jakob Schenkel, Nachrichten, in: ASB, 15. 9. 1883, S. 295 f., S. 295; Vom Missionsfest in Basel, Teil I, in: KF, 8. 7. 1892, S. 218–221, S. 219. Für das Attribut ‚nationaler Unzuverlässigkeit‘ siehe z. B.: A. Fisch, Merkwürdige Worte aus einer vor mehreren Jahren in Straßburg gehaltenen Predigt, in: ASB, 14. 1. 1871, S. 11 f., S. 11; Friedrich Heman, Die Schicksale der Juden in ihrer Zerstreuung, Teil VIII, in: FI 7 (1880) 5, S. 105–116, S. 108; Otto Zellweger, Nachrichten, in: ASB, 24. 12. 1892, S. 414 f., S. 415. Zum Bereich des Konstrukts der ‚nationalen Unzuverlässigkeit‘ ist auch das antisemitische Motiv der ‚Drückebergerei‘ zu zählen, das ‚den Juden‘ einen mangelnden militärischen Einsatzwillen zur Verteidigung der Nation unterstellte. Dieser Vorwurf gipfelte im Deutschen Kaiserreich in der sogenannten Judenzählung während des Ersten Weltkrieges: Zur Statistik der Juden, in: FI 7 (1880) 5, S. 123–128, S. 127 f.; Die Revolution von 1848, Teil X, in: ASB, 10. 5, 1884, S. 147–150, S. 149. Einen Überblick zur Judenzählung bietet: Wolfram Selig, Art. ‚Judenzählung (1916)‘, in: Handbuch des Antisemitismus, Bd. 4, S. 208–210.

382   Siehe etwa: Johann Jakob Schenkel, Nachrichten, in: ASB, 26. 7. 1879, S. 239 f., S. 240; Emil Güder, Die Judenfrage und das Schächten, in: KRS, 24. 9. 1892, S. 159–161, S. 161.

383   Müller, Etwas vom Judenhass, in: SPB, 31. 10. 1885, S. 397–400, S. 399.

384   Siehe auch die teilweise sehr frühen Beispiele: Israels religiöser Beruf und religiöse Grundgedanken, in: ASB, 24. 11. 1866, S. 491–494, S. 494; Juden-Emanzipation, in: EW, 19. 1. 1869, S. 10 f., S. 10; [Friedrich Heman?], Die Juden in den Donauländern und die Ausnahmegesetze gegen sie, in: FI 1 (1874) 2, S. 48–55, S. 50; Zeitfragen in Briefform. Ueber die Judenfrage, Teil III, in: CVB, 12. 11. 1879, S. 364–366, S. 365. Für die in den Reihen der Liberalen vertretene Assimilationshoffnung, die zugleich auch meist mit einer Assimilationsforderung verbunden war, siehe: Walter Bion, Aus dem Volke Israels, in: SPB, 1. 11. 1884, S. 403–406, S. 405; Oskar Brändli, Gottfried Keller und die Judenfrage, in: SPB, 9. 10. 1897, S. 328.

Deutschen' auf, sich des als schädlich erachteten angeblichen ,jüdischen Einflusses'
auf die Nation zu erwehren. Zugleich verlangte er von ,den Juden', ein ,nationales
Judentum' zu leben, eine Ansicht, die bei Heman religiös-heilsgeschichtlich motiviert war.[385] In einer Kernpassage von Hemans Schrift, die hier ausführlicher wiedergegeben werden soll, äußerte er seine Überzeugungen folgendermaßen:

> „Die Polen und Dänen und Franzosen, die zum Deutschen Reich gehören, ha-
> ben noch nie den Anspruch erhoben und sich angemaßt, sich in alle deut-
> schen Verhältnisse, Aemter und Stellungen eindrängen zu wollen, das deutsche
> Volk polonisiren, dänisiren, französiren zu wollen [...]. Nicht so die Juden, sie
> sind eine andere Nation als die Deutschen; sie können und wollen nicht ins
> Deutschtum so aufgehen wie die Wenden, aber sie wollen auch nicht sich so
> auf sich selbst beschränken wie die Dänen und Polen, sondern wollen im deut-
> schen Volk sich als Juden einnisten, als Juden mit den Deutschen über die
> Deutschen herrschen, den deutschen Geist, die deutsche Cultur, die deutsche
> Politik beeinflussen und dadurch verjuden, und das ist ihr Unrecht. Dagegen
> sich zu wehren, das abzuhalten hat die deutsche Nation ein Recht und eine
> Pflicht, wenn sie sich nicht selbst aufgeben will. Es gäbe keine Judenfrage, kei-
> ne Erbitterung gegen die Juden, wenn sie sich auf das beschränken wollten, was
> die Polen, Dänen und Franzosen fordern: daß man sie unangefochten leben
> lasse; aber die Juden haben in Deutschland eine andere Stellung sich bereits
> errungen, eine aggressive, erobernde, herrschende. [...] Der Pole und Däne
> hat den offenen Stolz, Pole und Däne sein zu wollen, der Jude ist – wir wollen
> sagen so – demüthig, seine jüdische Nationalität, die er doch weder ablegen
> noch verbergen kann, zu verleugnen, und sagt, er sei nur Deutscher, und des-
> wegen müsse er in alle Aemter eingelassen werden. Aber das ist eben die Un-
> wahrheit; denn so lange der Jude seine jüdische Religion behält, kann er seine
> Nationalität gar nicht ablegen, wenn er auch wollte, [...]. Die Deutschen sind
> also berechtigt, die Juden für Juden zu declariren und ihnen als besondere Na-
> tion neben und in der deutschen Nation ihre Stellung anzuweisen. [...] Man
> gebe ihnen also wie den Polen und Dänen ihre proportionalen Rechte; deut-
> sche Reichs- und Staatsbürger bleiben sie doch wie die deutsche Polen und
> deutschen Dänen. Den Eintritt in die Parlamente und den Reichstag gestat-
> te man auch den Juden nach Maßgabe ihrer Bevölkerung in Deutschland. [...]
> [A]ber über die zuständige Proportion hinaus sei ihnen in keiner Stadt, in kei-
> ner Provinz im ganzen Land und Reich irgend etwas gestattet. Eine jüdische
> Hochschule haben die Juden bereits in Berlin; aber jüdische Professoren für
> deutsche Studenten, jüdische Lehrer in deutschen Schulen, jüdische Richter

---

385 Siehe zu diesem Aspekt Kapitel 6 in diesem Teil.

an deutschen Gerichten, jüdische Officiere in deutschen Regimentern, – das ist ein Vergehen an der deutschen Nation! […].

Wie jetzt die Dinge liegen, muß es das deutsche Nationalgefühl verletzen und es zu Reibungen an den Juden veranlassen, daß sich solche, die gar keine Deutsche [sic!] sind, immer als Deutsche aufspielen und als Deutsche gelten wollen."[386]

Hemans Aussagen führen auch zum antisemitischen Topos der jüdischen ‚Zersetzungstätigkeit' zurück, der ebenso auf das nationale Denken angewendet wurde. Johann Jakob Schenkels Haltung von 1881, dass ‚die Juden' „allezeit instinktmäßig hinarbeiten würden auf die Zerstörung der Eigenthümlichkeit jedes Volkes, unter welchem sie wohnen", lag in genau dieser antisemitischen Haltung begründet.[387] Auch Professor Conrad von Orelli vertrat dieselbe Ansicht, als er in seinem „Kirchenfreund" ein Jahr früher dem „modernen Judentum" zuschrieb, „die Zersetzung der heutigen Nationen" mächtig zu fördern und deren „besseres Volksleben" zu ruinieren.[388]

Mit dem Vorwurf ‚nationaler Zersetzung' einher ging ein zweiter: Während ‚die Juden' andere Nationen ‚zersetzen' würden, würden sie hingegen an ihrer eigenen Nation umso stärker festhalten.[389] Dies formulierte das „Appenzeller Sonntagsblatt" sehr prägnant, verknüpfte dabei das Nationale stark mit dem Religiösen und stilisierte zugleich die ‚Zersetzung' zu einem Akt der Stärkung des Judentums:

„Das Recht der Eigenart lassen die Juden nur für ihren Stamm gelten; im übrigen predigen sie das allgemeine Menschenthum und schreiben die Prinzipien der

---

386  Heman, Die historische Weltstellung der Juden, S. 67–71. Es ist bezeichnend, dass die „Freunde Israels" sich 1933 angesichts der ‚Machtergreifung' der Nationalsozialisten, die in der Missionszeitschrift zu einem starken Anschwellen antisemitischer Äußerungen führte, wieder auf diese Passage des stark antisemitischen Textes ihres langjährigen Direktors bezogen und diesen bezüglich der Entwicklungen in Deutschland als prophetisch darstellten: August Gerhardt, 102. Jahresbericht des Vereins der Freunde Israels in Basel, in: FI 60 (1933) 3, S. 33–42, S. 34 f. Siehe auch Kapitel 1 in Teil VI.

387  Johann Jakob Schenkel, Nachrichten, in: ASB, 24. 9. 1881, S. 311 f., S. 312. Schenkel übernahm dabei Aussagen aus dem Beitrag von Friedrich Geß in den „Neuen Christoterpen": Friedrich Geß, Neutestamentliche Blicke in die Gegenwart und Zukunft des jüdischen Volkes, in: Neue Christoterpe 3 (1882), S. 65–130.

388  Conrad von Orelli, Literatur für und wider Israel, in: KF, 19. 3. 1880, S. 91–95, S. 95. Von Orelli verwies zudem in einer zustimmenden Rezension auf einschlägige Stellen in Friedrich Hemans Werk über die „historische Weltstellung der Juden". (Conrad von Orelli, Literatur, in: KF, 25. 11. 1881, S. 378–381, S. 380.)

389  Siehe z. B.: Jakob Wälli, Hofprediger Stöcker in Stuttgart, Teil I, in: KRS, 9. 6. 1888, S. 93–95, S. 94.

französischen Revolution, welche nur Individuen mit Menschenrechten kennen und Nationalität und Religion ignoriren, in ihre Fahne; während doch von jeher dem Judenthum nichts fremder gewesen ist als das Absehen von Nationalität und Religion. In ihrem Sonderinteresse, um der ‚Judenheit‘ Raum zu schaffen zur vollen Kraftentfaltung, zum Emporsteigen auf die ihm gebührende Stufe der Macht, arbeiten sie an der Zersetzung der Völker, unter denen sie leben. Auf alle Weise trachten die Juden alle Fäden zu lösen, welche die Völker mit Christus verknüpfen und die modernen Zeitanschauungen mit ihrer Missachtung der besondern nationalen Eigenthümlichkeit und der christlichen Religion zur Herrschaft zu bringen, damit das ganze Leben der Völker nur noch Erdenluft athme und der Hauch des Geistes Jesu Christi aus demselben verbannt werde."[390]

Die antisemitische Konzeption der angeblichen jüdischen nationalen Sonderinteressen manifestierte sich auch in der Formulierung, dass ‚die Juden‘ einem besonders starken ‚Nationalstolz‘ frönen würden, eine Vorstellung, die sich auch im liberalen Deutschschweizer Protestantismus präsent zeigte.[391] In Bezug auf das antisemitische Konstrukt der ‚Zersetzung‘ der Nationen durch die Juden gilt somit zu konstatieren, dass ‚die Juden‘ stark in nationalen Dimensionen und nicht als antinational oder anational an sich gedacht wurden. Antinational wurden sie nur insoweit gesehen, als sie sich gegen den Nationalismus anderer Nationen richten würden. Diese antinationale Charakterisierung wurde jedoch gleich wieder dadurch konterkariert, dass ‚den Juden‘ vorgeworfen wurde, selbst einem stark nationalistischen Denken anzuhängen. Die Definition des modernen Antisemitismus von Klaus Holz als nationalen Antisemitismus, der ‚die Juden‘ als Nation begreift, die keine sei, lässt sich folglich für den Antisemitismus im Deutschschweizer Protestantismus nicht voll bestätigen.[392]

Die Charakterisierung ‚der Juden‘ als ‚Fremde‘, ihre Exklusion aus der ‚nationalen Gemeinschaft‘ sowie der antisemitische Topos ihrer angeblich ‚zersetzenden Wirkung‘ auf ‚die Nation‘ liefen darauf hinaus, die Existenz eines dichotomen nationalen Gegensatzes zwischen der ‚Wir-Gruppe‘ und ‚den Juden‘ zu postulieren.[393]

---

390  Politisches, in: ASB, 23. 12. 1871, S. 407 f., S. 408.

391  Siehe als Beispiele von liberaler Seite, die den ‚Nationalstolz‘ zudem auch in der biblischen Zeit verorteten: Albert Bitzius, Reformchronik, in: RZ, 5. 10. 1872, S. 358–360, S. 358; Alfred Altherr, Die Bibel in ihrer Bedeutung für das Volk, in: SPB, 3. 7. 1880, S. 209–216, S. 215; Der gute Hirte, in: SPB, 26. 4. 1884, S. 155–157, S. 157.

392  Siehe Holz, Nationaler Antisemitismus, S. 543.

393  Siehe beispielsweise: Friedrich Heman, Neunundvierzigster Jahresbericht der Freunde Israels zu Basel, in: FI 7 (1880) 4, S. 81–98, S. 82; Johann Jakob Schenkel, Nachrichten, in: ASB, 15. 9. 1883, S. 295 f., S. 295.

Das kam etwa in einem Nachrichtenbeitrag des „Appenzeller Sonntagsblatts" zum Ausdruck, in dem auf Heinrich von Treitschkes den Antisemitismusstreit mit verursachende Schrift aus den „Preußischen Jahrbüchern" eingegangen wurde. Hierbei wurde von Treitschkes berühmter Ausspruch über den angeblichen Gegensatz zwischen Juden und Deutschen, „Die Juden sind unser Unglück!", zitiert:[394] Die Thematisierung des vermeintlichen Gegensatzes konnte auch in eine mehr oder weniger offen ausgesprochenen Drohung an ‚die Juden' münden, dass es zu einer ‚Abwehrreaktion' gegen sie kommen werde. Sie zu einem eigentlichen ‚Naturgesetz' erklärend, erwartete der „Freund Israels" diese Reaktion für Deutschland, da – einer Umkehr von Täter und Opfer folgend –, ‚die Juden' in der Vergangenheit immer Anlass zu einer solchen gegeben hätten.[395]

## 4 Grenzen des protestantischen Antisemitismus

Wie ausführlich aufgezeigt, zeichnete sich der Antisemitismus des konservativen Protestantismus und der Vermittler im Zeitraum von 1870 bis 1895 durch eine starke Präsenz religiöser sowie soziokulturell argumentierender Diskurse, Stereotype und Topoi aus. Wenn auch in einem deutlich geringeren Ausmaß, so fanden sich diese auch in den Texten der Liberalen wieder. Bisher nicht thematisiert wurde die Haltung des Deutschschweizer Protestantismus zu einer anderen Ausformung des modernen Antisemitismus, nämlich zum Rassenantisemitismus. Dieser war aus dem Zusammengehen von rassentheoretischen Modellen mit dem Antisemitismus in der zweiten Hälfte des 19. Jahrhunderts hervorgegangen.[396] Inwiefern rassenantisemitische Vorstellungen auch im Deutschschweizer Protestantismus präsent waren oder ob es zu einer Abgrenzung von bestimmten Inhalten und Ausformungen des Antisemiitismus kam, bilden die Schwerpunkte dieses Kapitels.

*Haltung gegenüber dem Rassenantisemitismus*

Klar rassistisch strukturierte antisemitische Vorstellungen lassen sich für die Phase von 1870 bis 1895 in keiner Richtung des Deutschschweizer Protestantismus nachweisen, und die Idee eines Kampfes zwischen einzelnen ‚Rassen' war in den analysierten Texten nicht präsent. Rassenantisemitischen Konzeptionen am nächsten

---

394  Johann Jakob Schenkel, Nachrichten, in: ASB, 6. 12. 1879, S. 390 f., S. 391.

395  Zur Statistik der Juden, in: FI 2 (1875) 2, S. 58–64, S. 60. Als weiteres Beispiel für eine unterschwellige Drohung siehe z. B.: Johann Jakob Schenkel, Nachrichten, in: ASB, 15. 11. 1884, S. 367 f., S. 368.

396  Zum Rassenantisemitismus siehe die Ausführungen in Kapitel 3 von Teil II.

kam eine Artikelserie Pfarrer Rudolf Rüetschis, auf die bereits weiter oben verwiesen wurde. Mit dem Anspruch, ‚die Juden' aus naturhistorischer Sicht zu betrachten, ließ der Berner Pfarrer Interesse an rassisch-völkischen Vorstellungen aufscheinen. Seine Empfänglichkeit für pseudowissenschaftliche Ansichten über ‚Vererbung' und ‚völkische Besonderheiten' zeigte sich daran, dass er für seine Ausführungen auf die Aussagen aus einer populärnaturwissenschaftlichen Zeitschrift zurückgriff.[397] Dass Rüetschi jedoch keineswegs in einem starren rassistischen Denksystem verankert war, das eine Unwandelbarkeit ‚der Juden' vertrat, zeigt sich in seinen abschließenden Bemerkungen, in denen er den „Zaun", der „Israel von den Völkern" scheide, letztlich doch in der Religion begründet sah. Er erblickte denn auch in der Missionierung durch die „Religion der Liebe" den Ausweg aus der nationalen „Absonderung" des Judentums.[398]

Sind eindeutig rassenantisemitische Konzeptionen für die untersuchten Zeitschriften und Publikationen nicht nachweisbar, so waren gegenteilige Stellungnahmen, die sich explizit gegen die Anfeindung der Juden auf der Basis einer rassistischen Weltanschauung wandten, ebenfalls selten anzutreffen. Soweit das der Fall war, stand im Zentrum der Abgrenzungsargumentation, dass der Rassenhass zu einem ‚unchristlichen' Verhalten erklärt wurde.[399] Diese Haltung führte auch zu einem kritischen Blick auf radikale Exponenten der antisemitischen Bewegung. So stellte sich der Elgger Pfarrer Carl Pestalozzi gegen den antisemitischen Publizisten Wilhelm Marr, der „den Racenhass der Germanen, d. h. Deutschen, gegen die Semiten" schüre, die jüdischen Sitten und Gebräuche verhöhne und sogar das ‚Alte Testament' beschmutze.[400] Die Stellungnahme Pestalozzis kam allerdings keineswegs einer grundsätzlichen Absage an den Antisemitismus gleich, denn im Anschluss an die gegen Marr gerichtete Passage hob er zu einem Plädoyer für die Haltung des Hofpredigers Adolf Stoecker in der ‚Judenfrage' an. Zudem hatte der Zürcher Pfarrer mit dem Begriff ‚Semitentum' die Semantik des Rassenantisemitismus übernommen. Die Abgrenzung lediglich gegenüber ‚besonders radikalen' Formen des Antisemitismus und die Absenz eines grundsätzlichen Plädoyers gegen die Judenfeindschaft war denn auch kennzeichnend für jene Artikel, die sich gegen den Rassenantisemitis-

---

397 Rudolf Rüetschi, Ueber die Juden in naturhistorischer Sicht, 2 Teile, in: VRK, 26. 3. 1881/2. 4. 1881, S. 50 f./S. 55 f. An dieser Stelle sei nochmals auf seine Quelle verwiesen: Der Judenstamm in naturhistorischer Betrachtung, in: Das Ausland. Ueberschau der neuesten Forschungen auf dem Gebiete der Natur-, Erd- und Völkerkunde, 7./14./21./28. 6. 1880/5. 7. 1880, S. 453–456/S. 474–476/ S. 483–488/S. 509–513/S. 536–539.

398 Rudolf Rüetschi, Ueber die Juden in naturhistorischer Sicht, Teil II, in: VRK, 2. 4. 1881, S. 55 f., S. 56.

399 Siehe z. B.: Rundschau zur Jahreswende, Teil I, in: KF, 21. 1. 1881, S. 17–23, S. 118 f.; Politisches, in: CVB, 5. 9. 1888, S. 287 f., S. 288; Conrad von Orelli, Kirchliche Rundschau, in: KF, 24. 3. 1893, S. 86–89, S. 87.

400 Carl Pestalozzi, Kirchliche Chronik, in: CVF, 27. 11. 1880, S. 424–426, S. 424.

mus wandten. Im ‚Kampf gegen die Juden‘ seien andere Mittel angebracht, lautete die Botschaft dieser Texte, denn die Autoren wollten die eigene Judenfeindschaft
durch den Radikalantisemitismus nicht in Verruf gebracht wissen. Die, wenn man
so will, ‚anti-antisemitischen‘ Positionen waren denn auch textlich in den entsprechenden Publikationen aufs engste mit antisemitischen Aussagen verflochten.[401]

War, wie aufgezeigt, eine rassenantisemitische Sichtweise im Protestantismus
der Deutschschweiz nicht verankert und auch nicht erwünscht, so kam dies keineswegs einem Fehlen von rassischen, biologistischen oder kulturalistischen Vorstellungen gleich. Inhaltlich zeigten sich in diesen Vorstellungen drei Schwerpunkte.
Erstens war der Rassebegriff durchaus geläufig, auch wenn dies nicht mit fest ausgebildeten rassentheoretischen Überzeugungen verbunden war. Der Rassebegriff
blieb denn auch vage und austauschbar. So wurde er teilweise in einem sinnver-
wandten Zusammenhang mit ‚Volk‘ oder ‚Nation‘ verwendet.[402] Nebst dem Begriff
‚Rasse‘ erfuhren auch die rassentheoretisch geprägten Bezeichnungen ‚Semiten‘
oder ‚semitisch‘ eine gewisse Verbreitung, aber ebenfalls ohne dass eine systematische Begriffsverwendung festzustellen wäre.[403] Die richtungsübergreifende Vorstellung von ‚den Juden‘ als ein nicht nur religiös, sondern auch durch ‚Abstammung‘,
‚Vererbung‘ und ‚Kultur‘ geprägtes Kollektiv korrespondierte mit den Ende des
19. Jahrhunderts populären Vorstellungen von einer ‚Seele‘ und festen ‚Charakter-

---

401 Als weiteres Beispiel neben dem im Haupttext zitierten Carl Pestalozzi kann der Vermittler
Heinrich Tanner genannt werden, der dies in seinem Artikel über Gotthold Ephraim Lessing
beispielhaft erkennen ließ, indem er ‚den Juden‘ im Sinne einer Täter-Opfer-Umkehr die Schuld
am Antisemitismus zuschob: „Wenn heutzutage die Manen Lessings wider die Judenhetze aufgerufen werden, so müssen wir mit ihm im Namen der Humanität gegen jede Hetze, Rassenhaß
und Rassenkampf protestiren, wir dürfen aber nicht vergessen, daß die Juden mit Wucher und
Schwindel, mit Preßfrechheit und Verhöhnung christlicher Sitten an einem guten Theil der zu
Tage tretenden Antipathie schuld sind." (Heinrich Tanner, Gotthold Ephraim Lessing, Teil I, in:
VRK, 19. 2. 1881, S. 29–31, S. 30.)

402 Siehe als Beispiele: Johann Jakob Schenkel, Nachrichten, in: ASB, 26. 7. 1879, S. 239 f., S. 240; Johann Jakob Schenkel, Nachrichten, in: ASB, 7. 1. 1888, S. 7 f., S. 7; Von der Mission in Palästina,
in: FI 13 (1886) 1. S. 10–23, S. 15; Ein tapferes Wort, in: RVB, 26. 6. 1886, S. 209 f., S. 210; Conrad
Bryner, Die Juden in Europa, Teil I, in: SRB, 31. 5. 1890, S. 173–175, S. 173; Politisches, in: CVB,
4. 11. 1891, S. 351 f., S. 352.

403 Siehe beispielsweise: Ernst Buss, Japhet in den Hütten Sems, Teil II, in: VRK, 9. 5. 1874, S. 75 f., S. 75;
Benjamin Disraeli, ein Proselyt als englischer Minister, in: FI 2 (1875) 1, S. 24–26, S. 24; Zeitfragen
in Briefform. Ueber die Judenfrage, Teil III, in: CVB, 12. 11. 1879, S. 364–366, S. 365; Johann Jakob
Schenkel, Nachrichten, in: ASB, 6. 12. 1879, S. 390 f., S. 391; Hermann Albrecht, Aus Staat und Kirche, in: RVB, 31. 1. 1880, S. 39 f., S. 40; Kirchliche Nachrichten, in: KF, 28. 11. 1890, S. 379–383, S. 381;
Ein bedeutungsvolles Zeichen unsrer Zeit, in: CVB, 13. 1. 1892, S. 9 f., S. 10. Der Begriff ‚Arier‘
war hingegen während dieser Periode in den untersuchten Zeitschriften nicht gebräuchlich.

eigenschaften' von Völkern und Nationen.[404] Letztlich ist in diesem Zusammenhang auch nochmals auf die weitverbreitete nationale Definition des Judentums und die damit verknüpfte Konstruktion ,der Juden' als ,Fremde' innerhalb der ,eigenen' Nation zu verweisen, in der ebenfalls eine essentialisierende Sicht auf ,die Juden' angelegt war.[405] Die Deutschschweizer Protestanten unterschieden sich hierbei sowohl auf liberaler als auch positiver Seite nicht grundsätzlich von ihren deutschen Glaubensgenossen.[406]

Einen zweiten thematischen Schwerpunkt stellte das weit verbreitete Stereotyp einer angeblich existierenden ,jüdischen Physiognomie' dar, das fest im antisemitischen Denken verankert war und gerade ab dem letzten Drittel des 19. Jahrhunderts stark durch Karikaturen popularisiert wurde.[407] Bemerkungen zur vermeintlichen ,jüdischen Physiognomie' fanden sich in den Publikationen aller drei protestantischen Richtungen und waren öfters in beiläufigen Bemerkungen über das Aussehen von Personen platziert.[408] Die Postulierung spezifisch jüdischer Gesichtszüge zielte nicht zuletzt darauf ab, ,die Juden' als ,Fremde' erscheinen zu

---

404  Für Beispiele sei verwiesen auf: Die religiösen Jahresfeste in der ersten Juliwoche, Teil III, in: CVB, 14. 8. 1872, S. 261–264, S. 263; Ernst Buss, Japhet in den Hütten Sems, Teil II, in: VRK, 9. 5. 1874, S. 75 f., S. 75; Hans Emil Baiter, Die Judenfrage, Teil II, in: SPB, 11. 6. 1892, S. 188–191, S. 188; Ernst Miescher, Der Volksgeist, in: CVF, 17. 9. 1892, S. 449–453, S. 450.

405  Siehe Kapitel 3 in diesem Teil.

406  Zur Verbreitung rassenantisemitischen Gedankengutes sowie rassischer und kulturalistischer Vorstellungen im Deutschen Protestantismus siehe: Heinrichs, Das Judenbild im Protestantismus, S. 166–186; S. 409–419.

407  So sieht Thomas Gräfe die Darstellung einer ,jüdischen Physiognomie' in Text und Bild als eine soziale Norm an. (Gräfe, Antisemitismus in Deutschland, S. 210.) Zu antisemitischen Karikaturen, die in zentraler Weise auf der Konstruktion einer ,jüdischen Physiognomie' basierten, siehe v. a.: Haibl, Zerrbild als Stereotyp; Schleicher, Antisemitismus in der Karikatur; Gräfe, Antisemitismus in Gesellschaft und Karikatur. Zur antisemitischen Vorstellung eines spezifischen ,jüdischen Körpers' zudem: Hödl, Die Pathologisierung des jüdischen Körpers; Gilman, The Jew's Body; Klaus Hödl, Art. ,Jüdischer Körper', in: Handbuch des Antisemitismus, Bd. 3, S. 166–168.

408  Siehe als kleine Auswahl: August Neander ein christlicher Gottesgelehrter aus Israel, in: CVB, 28. 10. 1868, S. 345–350, S. 345; Die religiösen Jahresfeste in der ersten Juliwoche, Teil III, in: CVB, 14. 8. 1872, S. 261–264, S. 263; Conrad von Orelli, Correspondenz aus Jerusalem, in: KF, 14. 4. 1876, S. 120–125, S. 124; Ludwig Pestalozzi, Der Messias des Arbeiterstandes, Teil III, in: EW, 25. 5. 1876, S. 99 f., S. 99; Kleine Zeitung, in: ASZ, 19. 2. 1880, S. 3; Eine Judenmissions-Predigt eines Hamburger Schuhmachers, in: ASB, 16. 5. 1891, S. 154–156, S. 155; Hans Emil Baiter, Die Judenfrage, Teil I, in: SPB, 4. 6. 1892, S. 180 f., S. 180. Vereinzelt wurde auch die Haltung vertreten, dass sich die ,Physiognomie' verändern könne, so etwa, wenn die Juden konvertieren würden. Siehe z. B.: Friedrich Heman, Siebenundfünfzigster Jahresbericht des Vereins der Freunde Israels zu Basel, in: FI 15 (1888) 4, S. 97–117, S. 107; Georg Langhans, Erinnerungen aus Karlsbad, Teil III, in: CVF, 22. 8. 1891, S. 399 f., S. 399.

lassen. Besonders offensichtlich war dies, wenn die ‚Physiognomie' als ‚orientalisch'
beschrieben wurde.[409] Dies lässt sich exemplarisch an der Berichterstattung über
den ersten Zionistenkongress von 1897 in Basel – die Phase von 1870 bis 1895 für
diesen Aspekt ausweitend – aufzeigen, in der es ein wiederkehrender Diskurs war,
das Aussehen, aber teilweise auch die ‚Gepflogenheiten' als ‚fremdartig', ja ‚orientalisch' zu konnotieren. Die Wahrnehmung zeigte sich dabei stark durch die verbreiteten antisemitischen Stereotype über Gesicht, Körper und Gestik ‚der Juden'
vorgeprägt.[410] Aus der Ferne urteilte so etwa Gottlieb Schuster als Redakteur des
in Zürich erscheinenden „Christlichen Volksfreundes" und spekulierte: „Schon der
Anblick dieser Versammlung, dieser paar hundert ausgeprägt jüdischen Gestalten
und Physiognomien muss ein eigenartiger gewesen sein, noch mehr die orientalisch lebhafte Art der Verhandlungen mit fast fanatisch begeisterten Reden und
stürmischem Zujubel, wenn von der nahenden Erlösung die Rede war."[411] Auch
der Berichterstatter des „Christlichen Volksboten" urteilte sehr ähnlich und präsentierte in Bezug auf die Physiognomie insbesondere die vielgenannten antisemitischen Stereotype zu Nase, Augen und Lippen ‚der Juden' und betonte zugleich die
‚Fremdartigkeit' des Geschehens:

> „Die Mehrzahl der Anwesenden trug Frack und weiße Halsbinde, aber trotz-
> dem stand man beim ersten Blick schon unter dem Gefühl, nicht in einer eu-
> ropäischen, sondern in einer asiatischen Gesellschaft zu sein. Die Augen, die
> Nasen, die Lippen, die Haare, alles kennzeichnete den Juden, den Orientalen.
> Und orientalisch oder doch zum wenigsten südländisch war auch das Beneh-
> men, die Gefühlsausbrüche. Die ungezügelte Begeisterung, […], das Zujauch-
> zen und Zuwinken, das sind alles Erscheinungen, die bei uns kühleren Nord-
> ländern in dieser Lebhaftigkeit völlig ungewohnt sind und uns fremdländisch
> anmuten."[412]

Verbunden mit den Anmerkungen zur ‚Physiognomie' wurden häufig weitere antisemitische Stereotype über vermeintliche Merkmale eines spezifisch ‚jüdischen
Körpers' vorgebracht, so etwa zu Gestik und Gang.[413] Die Beschreibungen skizzier-

---

409  Für die Betonung des ‚Orientalischen' etwa: Johann Jakob Schenkel, Nachrichten, in: ASB, 27. 11.
     1880, S. 382–384, S. 384.
410  Siehe beispielsweise: Der zweite Zionisten-Congreß in Basel, in: CVB, 31. 8. 1898, S. 274 f., S. 274;
     Alfred Altherr, Wochenschau, in: SPB, 3. 9. 1898, S. 287 f., S. 287.
411  Gottlieb Schuster, Kirchliche Zeitschau, in: CVF, 11. 9. 1897, S. 397–399, S. 399.
412  Der Zionismus, Teil I, in: ASB, 11. 9. 1897, S. 292–294, S. 293.
413  Siehe als Beispiele: Kirchliche Chronik, in: KRS, 24. 6. 1893, S. 109 f., S. 110; W., Der Dritte Zio-
     nistenkongreß in Basel, in: CVB, 23. 8. 1899, S. 269 f., S. 270.

ten ‚die Juden' als körperlich abstoßend und hässlich und konstruierten dabei eine körperliche Inferiorität.[414]

Offensichtlich in einen inneren Konflikt brachte die Vorstellung einer spezifisch ‚jüdischen' und zudem ‚hässlichen' ‚Physiognomie' einige Autoren, wenn sie sich Jesus vorstellten, der, wie sie nicht bestritten, ja Jude gewesen war. Für Jesus durfte das Gesetz der vermeintlich existierenden ‚jüdischen Physiognomie' nicht gelten. Beispielsweise zeigte sich Robert Lauterburg, Pfarrer im bernischen Ferenbalm, in der Zeitschrift der Vermittler erfreut darüber, dass die Juden Palästinas, die er auf seiner Reise antraf, nicht seiner antisemitisch geprägten stereotypen Vorstellung von ‚den Juden' entsprachen. Erleichtert schloss er daraus:

> „Wie läßt sich wohl diese große Verschiedenheit von dem uns bekannten israelitischen Typus erklären? Jedenfalls bestärkt sie in mir die Meinung, dass auch die realistische Malerei nicht nötig hat, das Christusbild mit den gewöhnlichen, unser christliches Bewußtsein nicht sehr ansprechenden jüdischen Gesichtszügen auszustatten, wenn sich doch hier in Palästina ein viel universellerer Typus vorfindet. In der That sah ich am nächsten Tage einen Mann, der nach seiner Gestalt und seinen edeln Gesichtszügen ein überaus schönes Vorbild für eine Christusfigur abgegeben hätte."[415]

Drittens wurden biologistische, kulturalistische oder andere essentialisierende Diskurse verwendet, um eine physische Andersartigkeit ‚der Juden' zu konstruieren. Diese unterstellten ‚den Juden' eine gemeinsame Wesenshaftigkeit, die sie von den (christlichen) Mitbürgern unterscheiden würde. Die Konstruktion von ‚bluts-' oder

---

414 Sehr stark der antisemitischen Konstruktion eines andersgearteten ‚jüdischen Körpers' Ausdruck gebend: Zur Statistik der Juden, in: FI 7 (1880) 5, S. 123–128, S. 126; Rudolf Rüetschi, Ueber die Juden in naturhistorischer Sicht, Teil I, in: VRK, 26. 3. 1881, S. 50 f., S. 50. Siehe zudem etwa: Georg Langhans, Erinnerungen aus Karlsbad, Teil II, in: VRK, 24. 2. 1877, S. 31 f., S. 31; Reiseblätter aus Algerien, Teil VIII, in: CVB, 9. 5. 1888, S. 149–151, S. 150; Hans Emil Baiter, Die Judenfrage, Teil I, in: SPB, 4. 6. 1892, S. 180 f., S. 180; Kirchliche Chronik, in: KRS, 24. 6. 1893, S. 109 f., S. 110.

415 Robert Lauterburg, Reiseerinnerungen aus Palästina (Galiläa), Teil III, in: KRS, 28. 11. 1896, S. 195–197, S. 195. Siehe als weitere Beispiele: Die religiösen Jahresfeste in Basel, Teil II, in: CVB, 24. 7. 1867, S. 233–237, S. 236; von Orelli, Durch's heilige Land, S. 106; Kirchliche Chronik, in: KRS, 24. 6. 1893, S. 109 f. Und etwas später zudem ganz stark: Die Bildnisse Jesu Christi, in: FI 29 (1902) 2, S. 27–30, S. 30 f. Weit negativer zum angeblichen Aussehen ‚der Juden' in Palästina: August Langmesser, Eine moderne Orientreise. Tagebuchblätter, Basel 1900, S. 52. Empörung über einen Jesus, der mit angeblich ‚jüdischen Gesichtszügen' dargestellt worden war, entlud sich mit Blick auf das Bild „Christus im Tempel" des jüdischen Künstlers Max Liebermann, das an der internationalen Kunstausstellung in München von 1879 präsentiert wurde: Hermann Albrecht, Aus Staat und Kirche, in: RVB, 31. 1. 1880, S. 39 f., S. 40; Hermann Albrecht, Aus Staat und Kirche, in: RVB, 4. 3. 1882, S. 72–74, S. 73 f.

‚wesensmäßiger' Andersartigkeit erreichte dabei – wie bereits betont – nicht die Qualität rassentheoretischer Vorstellungen, offenbarte aber dennoch eine Anfälligkeit für Differenzkonstruktionen, die deutlich über die religiöse Dimension hinausgingen und vermeintlich ‚natürliche' Merkmale integrierten.[416]

Der stark von nationalistischem Denken geprägte Friedrich Heman etwa vertrat, obwohl er Judenmissionar war, die Meinung, dass selbst Konvertiten einen nationalen Unterschied zu den geborenen Christen beibehalten und daher „Gäste" und „Fremdlinge" im Christentum bleiben würden. Indem er auch das Christentum essentialisierte und nationalisierte, brachte er Gründe für diese vermeintliche ‚Fremdheit' vor:

> „Ein solcher Grund ist vorzüglich der nationale Unterschied, welcher den Juden, auch wenn er Christ geworden ist, doch zeitlebens vom geborenen Christen trennt. Dieser Naturunterschied des Geschlechtes und Volkes wird nicht so schnell aufgehoben.
>
> Wie das deutsche Volk durch sein Christenthum nicht seinen deutschen Character verloren hat, sondern vielmehr unser ganzes Christenthum dem deutschen Charakter gemäß sich gestaltet hat, so verliert auch der Jude, wenn er Christ wird, nicht sofort seinen jüdischen Charakter; er bringt, bewußt und noch mehr unbewußt, unendlich viel Jüdisches in seiner Denk- und Lebensweise mit herüber, wenn er Christ wird. Daher entsteht auch, wenn viele Juden gemeinsam Christen werden, je und je die Neigung eine eigenthümliche Judenchristenheit zu bilden."[417]

### ‚Erlaubter' versus ‚unerlaubter' Antisemitismus?

War die kritische Distanz zum Rassenantisemitismus und zu den Rassentheorien als solche, die jedoch die Verwendung von Begriffen aus der Rassensemantik keines-

---

416 Siehe als Beispiel für die Präsenz verschiedener Tendenzen essentialisierender Vorstellungen im Spannungsfeld zwischen Bliologismus und Kulturalismus: Ernst Buss, Japhet in den Hütten Sems, Teil II, in: VRK, 9. 5. 1874, S. 75 f., S. 75; Conrad Wilhelm Kambli, Das Christenthum in seinem Verhalten zum Besitz, Teil II, in: RZ, 13. 5. 1876, S. 181–188, S. 184; Conrad von Orelli, Jakob und Israel. Rede gehalten am Epiphanias-Feste 1880, in: FI 7 (1880) 1, S. 1–8, S. 2 f.; Karl Hackenschmidt, Die Juden und ihr göttlicher Beruf, Teil II, in: KF, 20. 5. 1887, S. 145–152, S. 146; Wilhelm Hadorn, Eine kritische Stimme über die Judenmission, in: KF, 9. 12. 1892, S. 393–398, S. 395; Wismer, Der Sonntag als Ruhetag, S. 9.

417 Friedrich Heman, Vierundfünfzigster Jahresbericht des Vereins der Freunde Israels zu Basel, in: FI 12 (1885) 4, S. 97–111, S. 103. Ähnlich auch in: Der judenchristliche Gebetsbund, in: FI 12 (1885) 2, S. 62–64, S. 64.

wegs ausschloss, ein wichtiger Bestandteil eines festen Regelsystems im Deutsch-schweizer Antisemitismus, das eine Grenzziehung zwischen ‚erlaubten‘ und ‚uner-laubten‘ Formen von Judenfeindschaft vornahm? Ein solches ‚Koordinatensystem‘, wie es Urs Altermatt bezeichnet, haben er und Olaf Blaschke in ihren Forschungen zum katholischen Antisemitismus in der Schweiz und in Deutschland im 19. und 20. Jahrhundert ausmachen können.[418] Sie zeigen dabei die katholische Konzeption eines ‚doppelten Antisemitismus‘ auf, die den rassistisch begründeten Antisemitis-mus als ‚widerchristlich‘ ablehnte, die sozio-kulturell und religiös argumentierende Judenfeindschaft jedoch erlaubte, ja begrüßte.[419] Auch im Antisemitismus des Pro-testantismus der Deutschschweiz ist eine ähnliche Differenzierung zwischen ‚ak-zeptablen‘ und ‚inakzeptablen‘ Formen des Antisemitismus feststellbar, doch zeigte sie sich im Zeitraum von 1870 bis 1895 nicht in einer derart konzisen und konden-sierten Form, dass sie sich zu häufig wiederkehrenden festen Diktionen verdichte-te.[420] Die Differenzierung fand primär auf der Ebene des Stils und der Inhalte statt. Mit diesen beiden Aspekten verknüpft wurde auch eine zustimmende oder ableh-nende Haltung gegenüber bekannten Akteuren der antisemitischen Bewegung.

Auf der Ebene des antisemitischen Stils fand in den untersuchten Zeitschrif-ten eine Abgrenzung gegen bestimmte Formen des Auftretens der antisemitischen Bewegung statt, die mit dem Begriff ‚Radauantisemitismus‘ umschrieben werden können. So kam es vor allem im Zusammenhang mit dem Aufschwung des Anti-semitismus im Deutschen Kaiserreich Ende der 1870er-Jahre zur Kritik an einem Teilspektrum der antisemitischen Bewegung, dessen Agitationsweise als ‚unlau-ter‘ und ‚unwürdig‘ erachtet wurde.[421] Gut zehn Jahre nach dem ersten Auftreten

---

418  Siehe v. a.: Altermatt, Katholizismus und Antisemitismus; Blaschke, Katholizismus und Antise-mitismus. Zum Prinzip des ‚Koordinatensystems‘ zudem besonders: Altermatt, Das Koordina-tensystem des katholischen Antisemitismus. Siehe zum Thema des katholischen Antisemitis-mus auch die Ausführungen in Kapitel 4 von Teil II.

419  Sowohl Altermatt als auch Blaschke verwenden den aus der Quellensprache stammenden Be-griff: Altermatt, Vom doppelten Antisemitismus der Katholiken, S. 100; Blaschke, Katholizismus und Antisemitismus, S. 86.

420  Im Katholizismus wurde das Regelsystem insbesondere auch durch die Einträge in den vielge-lesenen Konversationslexika beeinflusst. Dies betont v. a.: Altermatt, Katholizismus und Antise-mitismus, S. 100–104. In vergleichender Perspektive zudem: Wiede, Antisemitismus zum Nach-schlagen.

421  Siehe z. B. Salomon Zimmermann, Reformchronik, in: RZ, 6. 12. 1879, S. 460–463, S. 461 f.; Con-rad von Orelli, Literatur für und wider Israel, in: KF, 19. 3. 1880, S. 91–95, S. 95; Weitere Beispie-le für eine Kritik des radikalen Antisemitismus und dessen Bereitschaft zur Gewaltanwendung: Hermann Albrecht, Aus Staat und Kirche, in: RVB, 1. 1. 1881, S. 7–10, S. 9; Ernst Miescher, Kirch-liche Chronik, in: CVF, 27. 8. 1881, S. 311–313, S. 313; Brosamen von der Basler Festwoche, Teil II, in: CVB, 5. 7. 1893, S. 210–212, S. 210.

radikalantisemitischer Agitatoren in Deutschland zeigte sich beispielsweise Rudolf Finsler, damals Pfarrer in Hausen am Albis (ZH) und Redakteur des vermittlerischen „Kirchenblatts für die reformirte Schweiz", angewidert vom radikalen Flügel der Bewegung und sah in ihm einen zivilisatorischen Rückschritt. Zugleich zeigte er sich aber dem Antisemitismus keineswegs per se abgeneigt und machte dadurch offenkundig, dass der ‚richtige' Antisemitimus für ihn eine Frage des ‚Stils' war:

> „[Die] antisemitische Bewegung [ist] bereits über die Grenze des Zulässigen hinausgediehen, indem sie sich immer mehr an die niedrigsten Instinkte des Volkes wendet und die moralische Vernichtung der ganzen jüdischen Rasse anstrebt. Was einzelne Personen, vielleicht auch Cliquen sündigen, das wird von den antisemitischen Führern sofort der Gesammtheit des israelitischen Volkes auf's Kerbholz geschrieben, und es muß der ‚Jud' für Alles, was überhaupt zur Klage Anlaß gibt, den Sündenbock abgeben. Wer sich von den ungeheuerlichen Uebertreibungen gewisser Judenfeinde einen Begriff machen will, der lese einmal eine Rede des bekannten, übrigens sehr begabten und redefertigen Agitators Böckel [...]. Wahrlich, einem nicht ganz voreingenommenen Gemüth muss ob des Fanatismus, wie er da zu Tage tritt, beinahe grauen. Wohin soll das führen? Sollen sich im gebildeten Theil Europa's die Gräuel wiederholen, die sich während eines Dezenniums in Russland periodisch abgespielt?
>
> Die antisemitische Bewegung trug in ihren ersten Anfängen etwas Großes an sich: einen Zug jenes kernigen Deutschthums, wie es ein E.M. Arndt auf die Fahne schrieb. Nach unserm Dafürhalten artet aber die Sache allmälig aus und geht aus dem Idealen in's Brutale über."[422]

Neben dem von Finsler wegen seines Radikalismus beanstandeten Otto Böckel wurden weitere Exponenten der deutschen antisemitischen Bewegung kritisiert, so etwa der antisemitische Reichstagsabgeordnete Hermann Ahlwardt, der ‚Vater' des Begriffs ‚Antisemitismus' Wilhelm Marr oder der Agitator Carl Ernst Julius Henrici.[423] Die Abgrenzung von der radikalantisemitischen Bewegung geschah nicht zuletzt deshalb, weil befürchtet wurde, dass die eigene antisemitische Position durch das negative Image des ‚Radauantisemitismus' kompromittiert, oder, wie sich Theodor Sarasin ausdrückte, die „gerechte Sache" gefährdet würde.[424] Es waren denn auch vor allem die Positiven, die sich genötigt sahen, den eigenen Antise-

422  Rudolf Finsler, Kirchliche Chronik, in: KRS, 21. 2. 1891, S. 31 f., S. 32.

423  Siehe z. B.: Salomon Zimmermann, Reformchronik, in: RZ, 6. 12. 1879, S. 460–463, S. 460; Carl Pestalozzi, Kirchliche Chronik, in: CVF, 27. 11. 1880, S. 424–426, S. 424; Ein Rückblick auf das Jahr 1880, Teil IV, in: CVB, 26. 1. 1881, S. 29–31, S. 29; Otto Zellweger, Nachrichten, in: ASB, 1. 4. 1893, S. 102 f., S. 103; Otto Zellweger, Nachrichten, in: ASB, 29. 7. 1893, S. 238–240, S. 239.

424  Des Volksboten Rückblick auf das Jahr 1881, Teil II, in: CVB, 4. 1. 1882, S. 3–5, S. 3.

mitismus gegenüber dem ‚Radauantisemitismus‘ zu beschönigen. Von ihnen und auch von den Vermittlern fast zu einer Ikone für die ‚richtige‘ Herangehensweise in Sachen Antisemitismus stilisiert wurde hingegen der führende Kopf der antisemitischen „Christlich-Sozialen“, Adolf Stoecker. Auch Finsler verwies in seinem ausführlich zitierten Artikel wohlwollend auf dessen Antisemitismus.[425] Mit Blick auf den „unmöglichen Ahlwardt“[426] beschuldigte der „Christliche Volksbote“ 1893 in einer Umkehr von Täter und Opfer sogar ‚die Juden‘, dass sie Schuld am Erfolg dieses radikalen Antisemiten seien und sich Stoeckers treue und massvolle Warnungen nicht zu Herzen genommen hätten.[427]

Neben der Abgrenzung vom ‚Kampfstil‘ des ‚Radauantisemitismus‘ gab ebenso die inhaltliche Kritik des Radikalantisemitismus dem Deutschschweizer Protestantismus Orientierung im Umreißen der ‚richtigen‘ Form der Judenfeindschaft. Auch in den diesbezüglichen Stellungnahmen – primär des konservativen Protestantismus – zeigte sich, dass der antisemitischen Bewegung keineswegs die grundsätzliche Berechtigung abgesprochen wurde. Zentrale Entscheidungsgrundlage war die Frage nach der ‚Christlichkeit‘ des Antisemitismus. Wie bereits ausgeführt, wurde der ‚Rassenhass‘ als ‚unchristlich‘ klassifiziert, was etwa Conrad von Orelli im „Kirchenfreund“ praktizierte. Zugleich betonte er aber die grundsätzliche Notwendigkeit, sich gegen ‚die Juden‘ zu verteidigen.[428] Das Attribut ‚unchristlich‘ war denn auch richtungsübergreifend in den untersuchten Quellen von herausragender Bedeutung für die Kennzeichnung von abzulehnenden antisemitischen Ansichten.[429] Zu einer besonders starken Ablehnung kam es in einer, wenn auch nur

425 Siehe z. B.: F., Die Nothwehr gegen die Juden, in: EW, 5. 2. 1880, S. 24 f., S. 24; Carl Pestalozzi, Kirchliche Chronik, in: CVF, 27. 11. 1880, S. 424–426, S. 424; Des Volksboten Rückblick auf das Jahr 1881, Teil II, in: CVB, 4. 1. 1882, S. 3–5, S. 3. Der „Volksbote“ etwa sah Stoecker – im Gegensatz zur „Antisemitenliga“ – „mannhaft aber mit christlichem, liebevollem Ernst“ in den Diskussionen um die ‚Judenfrage‘ mitwirken. (Ein Rückblick auf das Jahr 1880, Teil IV, in: CVB, 26. 1. 1881, S. 29–31, S. 29.)

426 Gemeint war der sehr populäre und durch sein rüpelhaftes Benehmen bekannte antisemitische Reichstagsabgeordnete Hermann Ahlwardt. Zu Ahlwardt siehe: Christoph Jahr, Art. ‚Ahlwardt, Hermann [Pseudonym: Hermann Koniecki]‘, in: Handbuch des Antisemitismus, Bd. 2,1, S. 6–8.

427 Politisches, in: CVB, 21. 6. 1893, S. 199 f., S. 200.

428 Conrad von Orelli, Kirchliche Rundschau, in: KF, 24. 3. 1893, S. 86–89, S. 87. Dass man in den Augen von Orellis von christlicher Seite auch zu weit in der Bekämpfung des ‚unchristlichen‘ Antisemitismus gehen konnte, wird klar, wenn man seine harsche Kritik am deutschen Theologen und Orientalisten Hermann Leberecht Strack betrachtet, die er weiter unten in seinem Beitrag vornimmt. Strack hatte sich mehrfach gegen antisemitische Vorstellungen geäußert, die den Talmud verunglimpften. Von Orelli griff in seiner Kritik selbst auf antitalmudische Argumente zurück.

429 Siehe als Beispiele: Heinrich Frank, Chronik, in: SRB, 21. 3. 1891, S. 94–96, S. 96; Des Volksboten Rückblick auf's Jahr 1892, Teil II, in: CVB, 11. 1. 1893, S. 11 f., S. 12; Kayser, Ansprache über Sa-

selten praktizierten Argumentation, dass einige antisemitische Tendenzen alles ‚Jüdische' auch aus dem Christentum entfernt sehen wollten und somit das Christentum an sich potentiell in Frage stellen würden.[430]

Antisemitismus war in den Augen jedoch gerade der konservativen Deutschschweizer Protestanten keineswegs a priori mit dem Christentum unvereinbar.
Vielmehr ließ er sich in ihren Augen mit christlichen Überzeugungen rechtfertigen.
Diese Diskurse waren primär in judenmissionarischen Kreisen um den „Freund Israels" und den „Christlichen Volksboten" präsent, besaßen doch gerade diese vermeintlichen ‚Freunde' der Juden ein Interesse daran, ihre Haltung gegenüber den
Juden im Kontext des Antisemitismus klar zu verorten. Die Haltung um 1880 wie
auch zu Beginn der 1890er-Jahre blieb sich dabei in der Argumentation gleich. Die
Gegenwehr gegen das ‚schädliche' Judentum wurde als problemlos mit dem Christentum vereinbar, ja sogar als im Sinne des Christentums und Gottes ausdrücklich erlaubt gesehen.[431] Eine Aufteilung in ‚gute' und ‚schlechte' Juden vornehmend,
argumentierte 1880 Judenmissionsdirektor Friedrich Heman mit dem biblischen
Gleichnis der ‚guten' und ‚schlechten' Feigen: „Können wir solche Freunde Israels
sein, die Alles schön und gut und recht an Israel finden? Oder umgekehrt: werden
wir ganz Israel für Feinde Gottes und Jesu Christi ansehen und darum Allen alle
Liebe und Sympathie verweigern? Gewiß nicht, das Eine wäre so unrecht, wie das
Andre."[432] Heman betonte, dass man den ‚guten' Feigen als wahre Freunde begegnen solle, und fuhr fort: „Dagegen jener sehr bösen Feigen, die so böse sind, daß

charja 8, 13, gehalten auf dem Jahresfest des Vereins der Freunde Israels in Basel, in: FI 23 (1896)
6, S. 74–79, S. 74.

430  Besonders dezidiert nahm Friedrich Heman 1895 am Basler Epiphaniasfest in diesem Sinne Stellung gegen den Antisemitismus, was zugleich einer außergewöhnlichen Stellungnahme des ansonsten stark antisemitischen Judenmissionsdirektors gleichkam. Die Erklärung für Hemans
dezidierte Stellungnahme lag in seiner den Juden zugeschriebenen heilsgeschichtlichen Funktion begründet. Seine Aussagen können deshalb nicht als ‚bedingungslos' anti-antisemitisch angesehen werden. (Friedrich Heman, Das Heil kommt von den Juden. Ev. Joh. 4, 22. Rede am
Epiphaniasfeste 1895, in: FI 22 (1895) 2, S. 17–23, S. 18; S. 21.) Siehe als weitere Beispiele: Carl Pestalozzi, Kirchliche Chronik, in: CVF, 12. 2. 1881, S. 65–67, S. 66; Vermischtes, in: KF, 31. 5. 1895,
S. 174–176, S. 175.

431  Friedrich Heman, Neunundvierzigster Jahresbericht der Freunde Israels zu Basel, in: FI 7 (1880)
4, S. 81–98, S. 83–88; Friedrich Heman, Zweiundsechzigster Jahresbericht des Vereins der
Freunde Israels in Basel, in: FI 20 (1893) 4, S. 73–92, S. 75–78. Beide Jahresberichte Hemans wurden inklusive der für diesen Aspekt zentralen Stellen ausführlich im „Christlichen Volksboten"
rezipiert: Die Woche der religiösen Jahresfeste in Basel, Teil II, in: CVB, 14. 7. 1880, S. 218–221,
S. 220; Brosamen von der Basler Festwoche, Teil II, in: CVB, 5. 7. 1893, S. 210–212, S. 210 f. Ähnlich
zudem auch bei: Eduard Preiswerk, Festrede, in: FI 17 (1890) 5, S. 121–129, S. 123–127.

432  Für dieses und das folgende Zitat: Friedrich Heman, Neunundvierzigster Jahresbericht der
Freunde Israels zu Basel, in: FI 7 (1880) 4, S. 81–98, S. 87; S. 87 f. Heman bezog sich auf Jeremia 24.

man sie nicht essen kann, deren wollen wir uns erwehren, so gut wir können und sie nicht ihre dem Reiche Gottes und den christlichen Völkern schädliche Wirksamkeit ausüben lassen. So verlangt es das Gesetz der Liebe Christi." Mit Blick auf Deutschland schließlich rechtfertigte Heman den Antisemitismus aus christlicher Perspektive und befand, dass Adolf Stoeckers politische Rolle eines Christen nicht unwürdig sei. Er bilanzierte:

> Nach dem oben Gesagten [...] bekenne [ich] offen, daß, wenn die Klagen [gegen die Juden] gerechtfertigt sind, und das sind sie zum guten Theil, es vielmehr jedes Christen Pflicht ist, dahin zu arbeiten, dass der Grund zu solchen Klagen beseitigt wird, zumal wenn, wie bei dem deutschen Volk, der nationale Charakter und die socialen Zustände so innig mit der christlichen Religion sich verwachsen zeigen. Die deutschen Christen und christlichen Deutschen werden doch das Recht haben, den Korb mit bösen Feigen, die so böse sind, dass man sie nicht essen kann, von sich zu weisen! Und sollten sie nur das Recht, nicht auch die Pflicht dazu haben? Dieses gerade hier an dieser Stelle und als ein Vertreter von Freunden Israels auszusprechen, halte ich für um so nöthiger und wichtiger, als Amtsgenossen und Mitarbeiter unter Israel, die solcher Ansicht sind, wegen ihrer Denk- und Handlungsweise bitter angefochten und als Feinde Israels angeschwärzt worden sind."[433]

Nicht immer aber stand das Attribut ‚christlich‘ im Zentrum der Rechtfertigung des Antisemitismus. Ganz grundsätzlich war die Konstruktion eines real existierenden Konflikts zwischen ‚den Juden‘ und dem Rest der Bevölkerung ebenfalls zentral für die Rechtfertigungsstrategien. Trotz Kritik an radikalen Formen des Antisemitismus wurde so eine Reaktion auf die vermeintlichen ‚Verfehlungen‘ ‚der Juden‘ als verständlich dargestellt und die Judenfeindschaft dadurch apologiert.[434] Die Reaktionen wurden als objektiv gerechtfertigt dargestellt und daher nicht zwingend mit Antisemitismus verbunden. Der potentiell verwerfliche Antisemitismus konnte so zur ‚Judenfeindschaft der anderen‘ erklärt, nicht aber mit den eigenen Positionen assoziiert werden.[435] Dass kritische Bemerkungen zum Antisemitismus ge-

---

433 Friedrich Heman, Neunundvierzigster Jahresbericht der Freunde Israels zu Basel, in: FI 7 (1880) 4, S. 81–98, S. 89 f.

434 Siehe als Beispiele: Rundschau zur Jahreswende, Teil II, in: KF, 21. 1. 1881, S. 17–23, S. 18 f.; Ludwig Pestalozzi, Zur Charakteristik A. Stöckers und seiner Bestrebungen, Teil III, in: KF, 21. 8. 1885, S. 257–261, S. 259; Politisches, in: CVB, 20. 7. 1892, S. 232; Otto Zellweger, Nachrichten, in: ASB, 17. 12. 1892, S. 406 f. Ein Beispiel von liberaler Seite: Salomon Zimmermann, Reformchronik, in: RZ, 6. 12. 1879, S. 460–463, S. 461 f.

435 Eine Variante des Diskurses war, die eigene Haltung im Stile von „Ich bin kein Antisemit, aber ..." als objektiv abgewogen erscheinen zu lassen. Diese Argumentationsstrategie fand sich insbeson-

paart mit eigenen antisemitischen Äußerungen vorkamen, war jedoch sowohl auf positiver als auch liberaler Seite der Regelfall.[436] Rein anti-antisemitische Artikel blieben eine große Seltenheit und waren fast ausschließlich liberaler Provenienz. In diesen Beiträgen weckte die antisemitische Welle – der Fortschrittssemantik der Liberalen folgend – etwa Assoziationen zu den mittelalterlichen Judenverfolgungen.[437] Auch der Antisemitismus von christlicher Seite wurde in diesem Kontext negativ rezipiert, wobei es die Positiven als Gegner im protestantischen Richtungsstreit waren, die von den Liberalen für den Anstieg der Judenfeindschaft mitverantwortlich gemacht wurden.[438]

Eines der antisemitischen Konstrukte fand sowohl auf Seiten der Liberalen als auch der Positiven keine Unterstützung: der Ritualmord.[439] Im Gleichschritt mit der ersten, stark vom modernen Antisemitismus geprägten antisemitischen Welle in Europa ab Ende der 1870er-Jahre tauchte der ursprünglich im Antijudaismus verwurzelte Topos des Ritualmords wieder im europäischen Kontext auf, nachdem er in der ,Damaskus-Affäre' von 1840 bereits breite mediale Beachtung gefunden hatte.[440] Die untersuchten protestantischen Zeitschriften der Deutschschweiz berichteten ebenfalls über die wichtigsten Ritualmordvorwürfe und die darauf folgenden Prozesse. Beachtung wurde primär den Ritualmordvorwürfen von 1882 im ungarischen Tiszaeszlár, von 1891 auf Korfu in Griechenland und Xanten im Westen Deutschlands sowie jenen von 1900 im westpreußischen Konitz geschenkt.[441]

dere auch unter den Liberalen. Siehe z. B.: Hermann Albrecht, Aus Staat und Kirche, in: RVB, 31. 1. 1880, S. 39 f.; Alfred Altherr, Judenthum und Christenthum, in: SPB, 20. 10. 1883, S. 342; Hess, Ueber religiöse und sittliche Toleranz, S. 30 f.; Georg Schnedermann, Aus der Welt der jüdischen Gedanken, Teil I, in: KF, 18. 11. 1887, S. 353–359, S. 353.

436  Siehe als kleine Auswahl: Politisches, in: Hermann Albrecht, Aus Staat und Kirche, in: RVB, 1. 1. 1881, S. 7–10, S. 9; Politisches, in: CVB, 5. 9. 1888, S. 287 f., S. 288.

437  Siehe beispielsweise: Alfred Altherr, Die Judenfrage, in: BPB, 30. 8. 1879, S. 285–290, S. 285; Salomon Zimmermann, Chronik, in: SRB, 11. 9. 1881, S. 295 f., S. 295.

438  Siehe etwa: Herrmann Albrecht, Aus Staat und Kirche, in: RVB, 27. 11. 1880, S. 383–386, S. 385; Salomon Zimmermann, Chronik, in: SRB, 9. 1. 1881, S. 14–16, S. 16; Salomon Zimmermann, Chronik, in: SRB, 11. 9. 1881, S. 295 f., S. 295. Siehe zu diesem Aspekt auch die Ausführungen zur Stoecker-Rezeption im folgenden Kapitel.

439  Zu den Positionen der (politischen) Schweizer Presse – vor allem der katholischen – gegenüber den Ritualmordbeschuldigungen siehe: Külling, Bei uns wie überall?, S. 206–208.

440  Der Ritualmord-Vorwurf von Damaskus war in maßgebender Weise vom französischen Konsul lanciert worden und stellte ein Novum für das Osmanische Reich dar. (Götz Nordbruch, Art. ,Damaskus-Affäre (1840)', in: Handbuch des Antisemitismus, Bd. 4, S. 80 f.)

441  Kompakte Beschreibungen der Ritualmordvorwürfe finden sich in: Marion Neiss, Art. ,Ritualmordvorwurf in Konitz (1900)', in: Handbuch des Antisemitismus, Bd. 4, S. 343–347; Maria Margaroni, Art. ,Ritualmordvorwurf auf Korfu (1891)', in: Handbuch des Antisemitismus, Bd. 4, S. 347 f.; Franz Sz. Horváth, Art. ,Ritualmordvorwurf in Tiszaeszlár (1882)', in: Handbuch des

Die in diesen rund zwanzig Jahren propagierten Ritualmordgeschichten wurden von den positiven Zeitschriften, die sich offensichtlich der Thematik mehr anzunehmen verpflichtet sahen, als unrichtig dargestellt und etwa als unwahre ‚Gerüchte' oder als ‚Märchen' klassifiziert.[442] Dies tat auch Pfarrer Otto Zellweger in seinem ansonsten stark antisemitischen „Appenzeller Sonntagsblatt", der anlässlich seiner Berichterstattung über den ‚Fall' von Konitz beklagte, dass die antisemitischen Blätter dieses Märchen immer wieder erneut benützen würden, obwohl noch nie ein ‚Ritualmord' nachgewiesen worden sei.[443] Auch aus den Reihen der Judenmission kamen deutliche Worte. Aufgrund der von Christen vorgebrachten Verleumdungen sah der „Freund Israels" die Chancen der Judenmission sinken, da die Juden nun keine Neigung mehr verspüren würden zu konvertieren.[444] Bezüglich der Stellungnahmen gegen die Ritualmordlegende ist jedoch auch hervorzuheben, dass einige Artikel gleichwohl antisemitische Passagen in ihre Berichterstattung einflochten und somit ihre anti-antisemitischen Aussagen relativierten.[445] In besonders krasser Weise tat dies der „Christliche Volksbote" aus Basel. Zwar zeigte sich auch das pietistische Blatt von den Ritualmordanschuldigungen in Xanten angeekelt, doch deutete es – einen Realkonflikt suggerierend – diese als Reaktion auf die angebliche „Vordringlichkeit" und den „jüdischen Einfluss". Letztlich erachtete der „Christliche Volksbote" aber gar ‚die Juden' als Gewinner der Ereignisse und sah gewissermaßen die ‚Abwehr' gegen ‚die Juden' gefährdet und machte dadurch deutlich, dass es den ‚Radikalantisemitismus' als Gefahr für den vermeintlich ‚berechtigten' Antisemitismus empfand:

> „Der Xantener Kindermordproceß wäre ohne die Hetzereien der Antisemiten nie und nimmer so weit gekommen. So aber hat das allerdings übers Maß hin-

---

Antisemitismus, Bd. 4, S. 355 f.; Werner Bergmann, Art. ‚Ritualmordvorwurf in Xanten (1891)', in: Handbuch des Antisemitismus, Bd. 4, S. 348–361.

442  Siehe etwa: Otto Zellweger, Nachrichten, in: ASB, 30. 5. 1891, S. 174 f., S. 175; Literarische Rundschau, in: KF, 25. 12. 1891, S. 404–408, S. 405; Otto Zellweger, Nachrichten, in: ASB, 30. 7. 1892, S. 246 f., S. 246. In den Argumentationen wurde auch auf die von den protestantischen Theologen Franz Delitzsch und Hermann Leberecht Strack verfassten Abwehrschriften verwiesen, die sich gegen die Ritualmordlüge wandten. Es handelte sich um folgende Schriften: Franz Delitzsch, Rohling's Talmudjude, Leipzig 1881; Hermann Leberecht Strack, Der Blutaberglaube bei Christen und Juden, München 1891.

443  Otto Zellweger, Nachrichten, in: ASB, 16. 6. 1900, S. 190 f., S. 191.

444  Der Aberglaube, dass die Juden Christenblut gebrauchen, in: FI 27 (1900) 5, S. 71–78, S. 74.

445  Conrad von Orelli beispielsweise schob anlässlich der Diskussionen um das Schächtverbot in der Schweiz ‚den Juden' eine Mitschuld am Ritualmordmärchen zu, da sie den Menschen aufgrund ihrer angeblich tierquälerischen Schlachtmethode zum Glauben an solche verleiten würden. (Conrad von Orelli, Kirchliche Rundschau, in: KF, 16. 9. 1892, S. 300–306, S. 302.)

ausgehende Selbstbewußtsein der jüdischen Presse vortrefflich Nahrung erhalten. Weil die Juden nun kein Christenkind ermordet haben, sind sie natürlich
wahre Engel in Menschengestalt, und alle, auch die berechtigten Anklagen gegen die übermäßige Ausbeutung ihres Einflusses erscheinen als ebenso nichti-
ge Anklagen wie die des Kindermords! Der Antisemitismus ist auf dem besten
Wege den Juden den Hasen in die Küche zu jagen."[446]

*Wahrnehmung und Deutung antisemitischer Gewalt*

Im Zuge des anschwellenden Antisemitismus in Europa ab den 1870er kam es vor
allem in Osteuropa zu einer Reihe von Pogromen gegen die jüdische Bevölkerung.
Diese brachen nach der Ermordung Zar Alexanders II. im März 1881 auf dem Gebiet der heutigen Ukraine aus. Das Attentat wurde von antisemitischer Seite unter
anderem ,den Juden' angelastet. Die Pogrome setzten im Anschluss an das Oster-
fest ein, das aufgrund der mit ihm verbundenen antijudaistischen Tradition schon
in der Vergangenheit häufig Auslöser für Übergriffe gegen Juden war. Auch nach
dem Höhepunkt in den Jahren 1881 und 1882 kam es in der Ukraine wiederholt zu
kleineren Pogromen, bis dann der Osterpogrom von 1903 in Kischinew in Bessara-
bien eine neue große Verfolgungswelle im Russischen Reich einleitete.[447] Neben der
Pogromwelle in Osteuropa kam es auch im Deutschen Kaiserreich zu einer Reihe
von antisemitischen Unruhen, die im Zusammenhang mit der Agitation der antisemitischen Bewegung auftraten. So ereigneten sich beispielsweise im Sommer 1881
mehrwöchige antisemitische Übergriffe in Pommern und Westpreußen.[448]

Die antisemitische Gewalt in Osteuropa und im Deutschen Kaiserreich wurde
auch in den Zeitschriften des Deutschschweizer Protestantismus thematisiert. Mit
dem „Appenzeller Sonntagsblatt" und dem „Christlichen Volksboten" waren es in
erster Linie zwei in jener Phase besonders antisemitische Zeitschriften, die sich am
häufigsten zu den Ereignissen vernehmen ließen.[449] Ein Grund hierfür lag wohl in

---

446  Politisches, in: CVB, 20. 7. 1892, S. 232.
447  Siehe als kompakte Überblicksdarstellung: Frank Golczewski, Art. ,Pogrome in der Ukraine', in:
       Handbuch des Antisemitismus, Bd. 4, S. 303–308. Zur Pogromwelle zudem auch: John Doyle
       Klier/Shlomo Lamborza (Hrsg.), Pogroms. Anti-Jewish Violence in Modern Russian History,
       Cambridge 1992.
448  Zu den antisemitischen Unruhen im Deutschen Kaiserreich: Hoffmann, Politische Kultur und
       Gewalt gegen Minderheiten; Hoffmann/Bergmann/Smith (Hrsg.), Exclusionary Violence; Wein-
       berg, Pogroms and Riots.
449  Siehe – mit Blick auf Osteuropa – beispielsweise: Politisches, in: CVB, 25. 5. 1881, S. 168; Johann
       Jakob Schenkel, Nachrichten, in: ASB, 2. 7. 1881, S. 215 f., S. 216; Politisches, in: CVB, 25. 1. 1882,
       S. 32; Politisches, in: CVB, 5. 9. 1883, S. 287–288, S. 288; Politisches, in: CVB, 20. 5. 1891, S. 159 f.,

den relativ ausführlichen Nachrichtenteilen der Blätter. Ein weiterer Grund, auf die Gewaltausbrüche des sich radikalisierenden Antisemitismus zu reagieren, hing eventuell mit dem Rechtfertigungsdruck zusammen, der aufgrund ihrer eigenen antisemitischen Positionen auf den beiden positiven Organen lastete. In den anderen konservativ-protestantischen Zeitschriften und im Blatt der Vermittler wurden die Verfolgungen zwar ebenfalls, doch in weit geringerem Maße, thematisiert.[450] Auch auf liberaler Seite waren sie nur gelegentlich Inhalt eines Berichtes.[451] In den Darstellungen und Kommentaren zeigten sich die Autoren üblicherweise ob der Pogrome erschrocken und teilweise angewidert, doch auch in diesem Zusammenhang war die direkte oder indirekte Kritik am Antisemitismus selbst wiederum mit judenfeindlichen Aussagen verknüpft, was die Missbilligung der Gewalt oft relativierte.[452] Diesbezüglich tat sich nicht zuletzt das „Appenzeller Sonntagsblatt" hervor, wobei einmal mehr der Schaffhauser Pfarrer Johann Jakob Schenkel als Schreiber des Nachrichtenteils diskursprägend wirkte.[453] Artikel, die das Thema der Judenverfolgungen tangierten und dabei keine antisemitischen Passagen aufwiesen, waren äußerst selten. Zu diesen Ausnahmen gehörte eine Betrachtung von Oskar Brändli im „Schweizerischen Protestantenblatt" vom Mai 1891. Der Pfarrer der Basler St. Leonhard Kirche stellte darin einen Bezug zwischen früheren Judenverfolgungen in der Region Basel und den aktuellen her, wobei er – den liberalen Fortschrittsdiskurs pflegend – eine zivilisatorische Unterentwicklung Russlands postulierte:

> „Als Nachfeier zum Weihnachtsfest des Jahres 1348 steckte die Basler Regierung vom Pöbel dazu genöthigt, sämmtliche Juden, die in der Stadt wohnten, in ein hölzernes Häuslein auf einer ‚Au' des Rheines und zündeten das Häuschen an, so dass die Juden jämmerlich im Rauch erstickten […].

S. 160; Otto Zellweger, Nachrichten, in: ASB, 23. 5. 1891, S. 166–168, S. 167 f.; Otto Zellweger, Nachrichten, in: ASB, 7. 11. 1891, S. 358–360, S. 359.

450 Siehe etwa: Ernst Miescher, Kirchliche Chronik, in: CVF, 7. 1. 1882, S. 9–11; Rudolf Finsler, Kirchliche Chronik, in: KRS, 25. 7. 1891, S. 124; Die Verfolgungen der Juden in Russland und ihre Auswanderung in andre Länder, 2 Teile, in: FI 18 (1891) 5/6, S. 142–152/S. 167–172.

451 Als Beispiel für die Berichterstattung der Liberalen: Hans Frank, Chronik, in: SRB, 14. 6. 1891, S. 191 f.

452 Siehe beispielsweise: Georg Langhans, Kirchliche Chronik, in: CVF, 28. 1. 1882, S. 40; Nachrichten und Korrespondenzen, in: VRK, 11. 3. 1882, S. 40; Politisches, in: CVB, 6. 6. 1883, S. 184; Die Verfolgung der Juden in Russland, in: SPB, 13. 6. 1891, S. 192. Der sich im Zusammenhang mit der Berichterstattung manifestierende Antisemitismus wird weiter unten in diesem Unterkapitel noch eingehender analysiert.

453 Siehe z. B.: Johann Jakob Schenkel, Nachrichten, in: ASB, 22. 10. 1882, S. 342–344, S. 343 f.; Johann Jakob Schenkel, Nachrichten, in: ASB, 8. 9. 1883, S. 286–288, S. 287. Mit der Übergabe des Nachrichtenressorts auf das Jahr 1893 von Johann Jakob Schenkel an den Herausgeber Otto Zellweger wurde zwar immer noch über Judenpogrome berichtet, doch gingen die damit verbundenen antisemitischen Stellungnahmen zurück.

Im Sommer des Jahres 1789 plünderten die Bauern die Juden im Elsass und verjagten sie. Mehrere hunderte Personen, darunter auch Greise, Kinder und Kranke wurden aus ihren Wohnungen vertrieben. Sie flüchteten nach dem nahen Basel, die Regierung und die Bürger daselbst nahmen die Verfolgten auf, beherbergten sie und speisten die Armen unter ihnen [...].

Zwischen diesen beiden Ereignissen liegen 541 Jahren [sic!]. Im Osten, wo die Sonne und die Barbarei aufgeht, da befinden sich im Jahr 1891 die Völker und Regierungen noch auf der Culturstufe, auf welcher die Basler im Jahr 1348 standen. Auf der Insel Corfu, wo einst der deutsche Dichter Geibel nur ‚Rosen pflückte und des Grabes vergaß', hat die vom thörichten Aberglauben aufgeregte Volkwuth eine blutige Metzelei unter den Juden angerichtet. In Rußland aber ist es die Regierung, die sämmtliche Juden des Landes verweist [...]. ‚O wenn der Türke thäte, der alte, kranke, schwache Mann, was jetzt der Russe thut – es lägen schon lange deutsche und englische, französische und italienische Kriegsschiffe vor Konstantinopel. Nach Petersburg ist der Weg zu weit und der Wind, der dort weht, ist gar zu kalt! Da bleibt man besser zu Hause! Aber wer wundert sich noch, dass Juden nicht Christen werden, wenn die Christen immer wieder vergessen, daß ihr Herr und Heiland auch ein Jude war?'"[454]

Im Vergleich zu den zahlreichen Pogromen in Osteuropa waren die antisemitischen Ausschreitungen in Deutschland von 1881 von geringerem Interesse. Auch hier waren es wiederum das „Appenzeller Sonntagsblatt" sowie der „Christliche Volksbote", die sich mit den Ereignissen auseinandersetzten. Dabei akzentuierte sich die antisemitische Färbung der Artikel im Vergleich zur Berichterstattung über die osteuropäischen Pogrome deutlich. Die von einer ausgeprägten Germanophilie und Solidarität mit den konservativ-protestantischen Richtungsgenossen im nördlichen Nachbarland gesteuerte Wahrnehmung resultierte in einer Verharmlosung und Rechtfertigung der antisemitischen Ausschreitungen. Insbesondere wurde Adolf Stoecker in Schutz genommen und dessen Agitation von jeglicher Mitschuld freigesprochen. Vielmehr wurde er als selbstloser Mahner an die Adresse der Juden dargestellt, dessen Warnungen diese jedoch in den Wind geschlagen hätten, was sie

---

454    Oskar Brändli, Kreuz und quer, in: SPB, 23. 5. 1891, S. 165 f. Das im Schlusssatz angedeutete christliche Schuldempfinden gegenüber den Juden kam vereinzelt auch in anderen Beiträgen zum Ausdruck. Diese griffen aber ihrerseits auf antisemitische Stereotypen zurück. Siehe etwa: Hans Emil Baiter, I. N. R. I., in: RVB, 10. 3. 1894, S. 81–83, S. 83; Hess, Ueber religiöse und sittliche Toleranz, 29. Aus judenmissionarischer Perspektive zudem: Conrad von Orelli, Festrede, in: FI 1 (1874) 2, S. 33–44, S. 39 f.

nun zu spuren bekämen.[455] Genau dies hob der „Christliche Volksbote" hervor und betonte mit Verweis auf die antisemitischen Übergriffe: „Von den Judenblättern werden solche Ausbrüche dem Hofprediger Stöcker auf die Rechnung geschrieben, während er gerade durch seine Warnungen die Juden bewahren wollte vor dem Uebermaß ihres Treibens und den nothwendig daraus entspringenden Folgen."[456]

Aus dem primär von Seiten der Positiven im Zusammenhang mit den Berichten über die Judenverfolgungen in Osteuropa und der judenfeindlichen Gewalt im Deutschen Kaiserreich geäußerten Antisemitismus lassen sich zwei diskursive Strategien zur Relativierung der Ereignisse herausarbeiten. Die erste Relativierungsstrategie stellte die Verharmlosung der Geschehnisse dar. Das „Appenzeller Sonntagsblatt" etwa tat dies, indem es die Berichte der Londoner „Times" aus Russland als ‚Schauerberichte' abtat und mit stark antibritischem Impetus dem Königreich seine Verbrechen im chinesischen Opiumhandel vorhielt und ihm somit das Recht absprach, für die Juden im Russischen Zarenreich seine Stimme zu erheben.[457] Ein verbreiteteres Prinzip der Verharmlosung war, den Judenverfolgungen die Einzigartigkeit zu nehmen, indem auf weitere Opfergruppen des Zarenreiches verwiesen wurde.[458] Hierbei wurden hauptsächlich die Protestanten in Russland erwähnt, die ebenfalls unter Diskriminierungen zu leiden hatten. Für Otto Zellweger, den Herausgeber des „Appenzeller Sonntagsblatts", stellten die oft deutschstämmigen Evangelischen in Russland die hilfloseren Opfer dar als die Juden, da er in typisch antisemitischer Manier ‚den Juden' internationalen Einfluss zuschrieb.[459] Zugleich warf er ‚den Juden', dem antisemitischen Strukturprinzip der Verkehrung von

---

455 Siehe etwa: Ernst Miescher, Kirchliche Chronik, in: CVF, 27. 8. 1881, S. 311–313, S. 313; Johann Jakob Schenkel, Nachrichten, in: ASB, 27. 8. 1881, S. 279 f., S. 279; Politisches, in: CVB, 11. 10. 1882, S. 327 f., S. 328.

456 Politisches, in: CVB, 17. 8. 1881, S. 264.

457 Johann Jakob Schenkel, Nachrichten, in: ASB, 11. 2. 1882, S. 46–48, S. 47 f. Siehe auch: Johann Jakob Schenkel, Nachrichten, in: ASB, 6. 5. 1882, S. 142–144, S. 144. Ähnlich und mit demselben antibritischen Affekt: Johann Jakob Schenkel, Nachrichten, in: ASB, 28. 1. 1882, S. 31 f., S. 32; Johann Jakob Schenkel, Nachrichten, in: ASB, 18. 3. 1882, S. 87 f., S. 88.

458 Der Verweis auf weitere Opfergruppen der russischen Diskriminierungspolitik intendierte jedoch nicht immer die Herabminderung des jüdischen Leids. Siehe als Beispiele: Politisches, in: CVB, 31. 10. 1894, S. 351 f., S. 352; Otto Zellweger, Nachrichten, in: ASB, 10. 11. 1894, S. 358–360, S. 360. Eine Andere Art der Relativierung nahm Friedrich Heman vor, indem er die Vertreibungen aus Russland als Mittel des Machtzuwachses ‚der Juden' wertete, da das Judentum durch die Flüchtlinge in anderen Weltteilen gestärkt würde. Die Verfolgung und Zerstreuung der russischen Juden würden folglich nicht zum Schaden, „sondern vielmehr zum Vortheil des gesammten jüdischen Volkes" gereichen, argumentierte er. (Friedrich Heman, Sechzigster Jahresbericht des Vereins der Freunde Israels in Basel, in: FI 18 (1891) 4, S. 97–121, S. 105.)

459 Otto Zellweger, Nachrichten, in: ASB, 9. 8. 1890, S. 254 f., S. 254.

Täter und Opfer folgend, vor, dass sie – offensichtlich im Gegensatz zu den Evangelischen – die antisemitischen Reaktionen provoziert hätten.[460]

Die zweite Strategie, die Judenverfolgungen zu relativieren, stellten Argumentationen dar, welche die Pogrome rechtfertigten. So wurden die Pogrome zum einen
als begreifliche und gerechtfertigte Reaktionen der Bevölkerung auf angebliches
jüdisches ‚Missverhalten' dargestellt oder zum anderen heilsgeschichtlich verortet.
Für den ersten Fall wurde die Existenz eines realen, durch ‚die Juden' verursachten
Konflikts zwischen ‚den Juden' und ‚den Nichtjuden' postuliert.[461] Mehrfach wurde
in die Realkonfliktskonstruktion die Behauptung eingeflochten, dass sich aufgrund
des vermeintlich jüdischen ‚Missverhaltens' die Wut in der Bevölkerung jeweils solange anstaue, bis sie sich eines Tages Bahn brechen würde.[462]

Die Rechtfertigung der antisemitischen Gewalt durch den Verweis auf das typische judenfeindliche Konstrukt eines Realkonfliktes resultierte grundsätzlich in
einer Umkehr von Täter und Opfer. ‚Die Juden' wurden zu ‚Tätern an sich selbst'

---

460  Wiederum mit antibritischem Unterton argumentierte der Pfarrer und Redakteur mit Bezug auf
     eine Protestkundgebung in London zugunsten der verfolgten russischen Juden: „So schön es ist,
     sich der Verfolgten anzunehmen, so verwunderlich ist es doch, daß die Engländer nur zu Guns-
     ten der Juden demonstriren, während doch die Evangelischen in den Ostseeprovinzen nicht
     minder hart bedrängt werden und zweifelsohne ein größeres Anrecht haben auf unsere Theil-
     nahme als die Juden, die doch zum Theil selbst Schuld tragen, wenn Ausnahmegesetze gegen sie
     erlassen werden." (Otto Zellweger, Nachrichten, in: ASB, 20. 12. 1890, S. 406 f., S. 407.)

461  Im Folgenden nur einige wenige Beispiele für die Realkonfliktskonstruktion, da jene für die Tä-
     ter-Opfer-Umkehr, die etwas weiter unten angegeben werden, ebenfalls die Konstruktion eines
     vermeintlich realen Konflikts vornahmen: Des Volksboten Rückblick auf das Jahr 1881, Teil IV,
     in: CVB, 25. 1. 1882, S. 22 f., S. 22; Johann Jakob Schenkel, Nachrichten, in: ASB, 4. 3. 1882, S. 71 f.,
     S. 72; Johann Jakob Schenkel, Nachrichten, in: ASB, 4. 6. 1881, S. 183 f., S. 184. Siehe zudem auch
     ein Beispiel aus „Die freie Gemeinde", einem freikirchlichen Organ: Nachrichten, in: Die freie
     Gemeinde 4 (1882) 4, S. 16.

462  Mit Blick auf Rumänien stellte so das „Appenzeller Sonntagsblatt" die ‚nichtjüdische' Bevölke-
     rung als Opfer ‚der Juden' hin, deren gewalttätiges Verhalten begreiflich erscheine: „Die einge-
     borne Bevölkerung sucht von Zeit zu Zeit gegen die jüdische Herrschaft zu opponiren. Von Zeit
     zu Zeit sammelt sich eine solche Summe von Haß gegen die Bedrücker an, daß daraus jene Aus-
     brüche des Volksunwillens entstehen, welche von Telegraphen dann als Judenverfolgungen, ent-
     standen aus ‚finsterm Religonshaß' und ‚mittelalterlicher Barbarei', in alle Winde telegraphirt
     werden." (Johann Jakob Schenkel, Nachrichten, in: ASB, 26. 7. 1879, S. 239 f., S. 240.) Siehe zu-
     dem z. B.: [Friedrich Heman?], Die Juden in den Donauländern und die Ausnahmegesetze ge-
     gen sie, in: FI 1 (1874) 2, S. 48–55, S. 50; Eine bedeutsame soziale Frage. Jüdisches, in: VRK, 29.
     11. 1879, S. 191; Johann Jakob Schenkel, Nachrichten, in: ASB, 27. 11. 1880, S. 382–384; Johann Ja-
     kob Schenkel, Nachrichten, in: ASB, 11. 6. 1881, S. 190 f., S. 190; Conrad von Orelli, Worte an Is-
     rael und aus Israel, Teil I, in: KF, 5. 5. 1882, S. 140–142, S. 140; Johann Jakob Schenkel, Nachrich-
     ten, in: ASB, 26. 5. 1888, S. 166 f., S. 167. Die ‚Volkswut' erhielt in den Schilderungen dabei oft den
     Charakter einer nicht steuerbaren, aber Gerechtigkeit erzeugenden Kraft.

stilisiert, die selbst die Ursache für ihre grausame Verfolgung seien.[463] In besonders krasser Form drückte diese Ansicht wiederum Johann Jakob Schenkel aus, wobei es nicht erstaunt, dass die Apologie der antisemitischen Gewalt auf den deutschen Kontext bezogen war:

> „Der Zornmuth des Volkes über Unrecht, Druck und Vergewaltigung ist ein kostbarer Artikel, ein Artikel, von dem der Staat in den Stunden der Gefahr nicht genug haben kann, aber der Staat hat die dringendste Veranlassung, Sorge zu tragen, dass dieser Zornmuth nicht da einen Brennstoff vorfindet, wo er mit Härte zurückgedrängt werden müßte. Wir haben nur geringe Hoffnung, daß die Juden und ihr Gefolge von seichten Humanitätsschwätzern, die es drängt, ihr Mitgefühl an der unrechten Stelle zu plaziren, sich jetzt endlich der Erkenntniß erschließen werden, daß Niemand auf der Welt gegen die Juden hetzt als sie selbst – aber wir hoffen zuversichtlich, dass es für den Staat nach dieser Pillnower Lektion keiner zweiten bedürfen wird, um mit Ernst an die Aufgabe heranzutreten, der gewissenlosen Ausbeutung einen wirksamen Riegel vorzuschieben."[464]

Derselben antisemitischen ‚Logik‘ folgend, argumentierte auch der „Christliche Volksbote". Mit Blick auf die russischen Pogrome sah auch er ‚die Juden‘ als ‚Täter an sich selbst‘, welche die Gewalt gegen sich selbst provoziert hätten. So seien die Israeliten sehr wahrscheinlich „nicht so ganz unschuldige Märtyrer", schrieb er im August 1890, sondern hätten „durch unbarmherzigen Wucher den Bauernstand bedrückt und so zu ihrer Bestrafung selbst Anlass gegeben".[465] Ebenfalls auf eine Verkehrung von Täter und Opfer liefen Bemerkungen hinaus, die ‚den Juden‘ eine Vergeltung androhten für das von antisemitischer Seite auf sie projizierte vermeintliche Fehlverhalten. Diese Drohungen sollten ‚den Juden‘ den ‚gemäßigten‘ Antisemitismus als warnenden Fingerzeig dafür erscheinen lassen, dass sich die antisemitische Bewegung unweigerlich radikalisieren würde, wenn ‚die Juden‘ sich nicht ‚mäßigen‘ würden. Zugleich belegt dieses Verhalten, dass Vertreter eines konservativen Protestantismus Verfolgungsszenarien nicht völlig abgeneigt respektive die

---

463  Als Beispiele für das antisemitische Strukturprinzip der Täter-Opfer-Umkehr: J. Sch., Ueber den Zusammenhang von Judenwucher und Judenverfolgung im Mittelalter, in: FI 2 (1875) 5, S. 150–154, S. 150 f.; Friedrich Heman, Die Schicksale der Juden in ihrer Zerstreuung, Teil VII, in: FI 7 (1880) 3, S. 47–63, S. 59 f.; Des Volksboten Rückblick auf das Jahr 1881, Teil II, in: CVB, 4. 1. 1882, S. 3–5, S. 3; Georg Langhans, Kirchliche Chronik, in: CVF, 28. 1. 1882, S. 40; Die Woche der christlichen Jahresfeste in Basel, Teil II, in: CVB, 12. 7. 1882, S. 217–219, S. 217; Otto Zellweger, Nachrichten, in: ASB, 20. 12. 1890, S. 406 f., S. 407.

464  Johann Jakob Schenkel, Nachrichten, in: ASB, 10. 12. 1881, S. 398–400, S. 399.

465  Politisches, in: CVB, 13. 8. 1890, S. 264.

Verfolgungen als Druckmittel gegen die Juden zu verwenden bereit waren.[466] Unter anderem war es erneut Pfarrer Johann Jakob Schenkel, der im „Appenzeller Sonntagsblatt" ein besonders prägnantes Beispiel für dieses Verhalten lieferte, indem er von der möglichen Wiederholung von Judenverfolgungen, wie sie im Mittelalter stattgefunden hätten, sprach: „Wenn die Israeliten klug sind, so ziehen sie ihre gar zu üppig geschwellten Segel vorsichtig ein. Fahren sie in ihrem Uebermuth fort, so könnte es doch noch zu Ausbrüchen der Volkswuth kommen, die denen des Mittelalters wenig nachstünden. Das ‚neunzehnte Jahrhundert' macht die Wiederholung jener Greuel nicht zur Unmöglichkeit." Und dem Diskurs des sich periodisch entladenden ‚Volkszorns' folgend, nahm er eine klare Täter-Opfer-Umkehr vor: „Auch damals [im Mittelalter] brachten sie [die Juden] durch ihre Wucherkünste unermeßliche Reichthümer in ihre Hände und die Ausgebeuteten sahen sich veranlaßt, den vollgesogenen Schwamm von Zeit zu Zeit wieder auszudrücken."[467]

Die Rechtfertigung von Judenverfolgungen konnte auch mittels der Diskurse des heilsgeschichtlichen Antisemitismus geschehen. Dieser Deutung der Ereignisse hing neben dem „Christlichen Volksboten" insbesondere auch der ebenfalls pietistisch ausgerichtete „Freund Israels" an. Die Verfolgungen wurden als ‚Strafe Gottes' und als ‚Instrument' im göttlichen ‚Heilsplan' interpretiert.[468] Friedrich Heman deutete daher die antisemitische Welle judenmissionarisch als ein kräftiges „Mittel in der Hand Gottes, um Israel wieder einen Schritt vorwärts zu bringen und es wider seinen eignen Willen zu nöthigen, ein Neues zu pflügen, und endlich einmal aufzuhören immer nur wie bisher unter die Hecken zu säen [...]".[469] Da es unendlich lange ginge, bis die rund dreieinhalb Millionen Juden des Ostens von sich aus beginnen würden, „ein Neues" zu pflügen, argumentierte Heman weiter, habe Gott eingegriffen:

> „Da muß eine höhere Macht eingreifen. Und so hat Gott diese Verfolgungen zugelassen, welche die Juden ohne Unterschied des Alters und Geschlechtes

---

466  Siehe als Beispiele: Johann Jakob Schenkel, Nachrichten, in: ASB, 25. 9. 1875, S. 317 f., S. 318; Zeitfragen in Briefform. Ueber die Judenfrage, Teil I, in: CVB, 29. 10. 1879, S. 346–348, S. 348; Politisches, in: CVB, 19. 1. 1881, S. 24; Ludwig Pestalozzi, Kirchliche Rundschau vom Januar, Teil II, in: EW, 17. 2. 1881, S. 31–34, S. 33.

467  Johann Jakob Schenkel, Nachrichten, in: ASB, 27. 11. 1880, S. 382–384, S. 384.

468  Siehe etwa: Friedrich Heman, Einundfünfzigster Jahresbericht des Vereins der Freunde Israels zu Basel, in: FI 9 (1882) 4, S. 75–96, S. 76 f.; Des Volksboten Rückblick auf das Jahr 1893, Teil III, in: CVB, 17. 1. 1894, S. 20–22, S. 21; Ein bedeutungsvolles Zeichen unsrer Zeit, in: CVB, 13. 1. 1892, S. 9 f., S. 10. Mit historischem Bezug auf die Vertreibung der Juden aus Spanien: Friedrich Heman, Die Schicksale der Juden in ihrer Zerstreuung, in: FI 8 (1881) 3, S. 41–50, S. 41 f.; Friedrich Heman, Die Schicksale der Juden in ihrer Zerstreuung, Teil XIII, in: FI 8 (1881) 5, S. 92–98, S. 97 f.

469  Friedrich Heman, Einundfünfzigster Jahresbericht des Vereins der Freunde Israels zu Basel, in: FI 9 (1882) 4, S. 75–96, S. 81. Er bezog sich dabei auf Jeremia 4,3.

treffen und welche sich über Schuldige und Unschuldige erstrecken, damit dieß ganze Volk aus seinem Geistesschlaf aufwache, [...].

Das ist also die Deutung und Bedeutung, welche wir den Ereignissen in Rußland zuschreiben. Wir betrachten die Verfolgungen daselbst als die unliebsamen Schläge, die den dortigen Haupttheil des jüdischen Volkes aus seinem langen und tiefen Geistesschlaf aufwecken sollen. Erreichen sie diese Absicht und diesen Zweck, dann tragen sie eine heilsame Frucht, so übel die Verfolger es meinen und so verabscheuenswerth ihre Handlungsweise ist [...].

Also wir dürfen wohl in den Ereignissen unsrer Zeit, welche die Juden treffen, die Hand Gottes sehen, die an jenem Volke arbeitet, und mit heiliger Scheu und Ehrerbietung wollen wir Gottes Walten darin erkennen; er ist ja ein heiliger und gerechter Gott, der wohl weiß, was er thut; der seine heiligen Absichten und gerechten Gründe hat, wenn er so schreckliche Drangsale über ein Volk, über Groß und Klein, Alte und Junge, Schuldige und Unschuldige bringt und der auch die richten wird, die er als Geißeln seines Grimmes, als Flammen seines Feuers gebraucht."[470]

Das am Beispiel der Aussagen von Friedrich Heman aufgezeigte, durch christlich-heilsgeschichtliche Erwartungen vorstrukturierte Denken verunmöglichte ein wirkliches Mitfühlen mit den unter den Verfolgungen leidenden Juden.

## 5 Der Antisemitismus im Deutschen Kaiserreich als Katalysator

Die Bedeutung des Deutschen Kaiserreichs für den Antisemitismus im Deutschschweizer Protestantismus schien in den bisherigen Ausführungen bereits mehrfach auf. In der Tat zeigt sich in der Analyse der antisemitischen Texte deutlich, dass ein sehr bedeutender Anteil der antisemitischen Äußerungen eine Verbindung zu Deutschland herstellte und dabei nicht selten direkt auf judenfeindliche Texte aus dem Nachbarland Bezug nahm. Dem Deutschen Kaiserreich, in dem der Antisemitismus ab den 1870er-Jahren einen gewaltigen Aufschwung erlebte, kam somit eine zentrale Bedeutung als transnationaler Bezugsrahmen für den Antisemitismus des Deutschschweizer Protestantismus zu. Das Deutsche Kaiserreich war so einerseits ein wichtiger Referenzrahmen für die eigenen antisemitischen Überzeugungen,

---

470 Friedrich Heman, Einundfünfzigster Jahresbericht des Vereins der Freunde Israels zu Basel, in: FI 9 (1882) 4, S. 75–96, S. 83–89. Wie üblich, gab auch der „Christliche Volksbote" einen Teil von Friedrich Hemans Worten in einem Bericht über die „christlichen Jahresfeste" in Basel wieder: Die Woche der christlichen Jahresfeste in Basel, Teil II, in: CVB, 12. 7. 1882, S. 217–219, S. 218.

andererseits wirkte der antisemitische Diskurs in Deutschland als Katalysator für die Judenfeindschaft im Protestantismus der Deutschschweiz. Die hier untersuchte Phase von 1870er bis 1895 wartete damit mit einem Muster auf, das – das mag an dieser Stelle vorausblickend bereits festgehalten werden – für den gesamten Untersuchungszeitraum kennzeichnend werden sollte. Die Wichtigkeit des deutschen Bezugsrahmens im antisemitischen Diskurs trat besonders stark bei den Positiven und Vermittlern zu Tage, in deren Publikationen der Antisemitismus an sich bereits eine gewichtigere Stellung als bei den Liberalen einnahm. Bei Letzteren ist der Deutschlandbezug auch zu finden, aber in einem weniger signifikanten Ausmaß. Die Analyse der zentralen Wirkung des deutschen Kontextes auf den protestantischen Antisemitismus in der Deutschschweiz gliedert sich im Folgenden in drei Bereiche. Als Erstes wendet sich dieses Kapitel einigen grundsätzlichen Überlegungen zu Deutschland als transnationalem Bezugsrahmen für den Deutschschweizer Protestantismus betreffend den Transfer antisemitischer Diskurse zu, um sich dann mit der Frage zu befassen, welchen antisemischen Publikationen und Periodika aus Deutschland eine besondere Rolle als Transferorgane zukam. Ein abschließendes Unterkapitel befasst sich mit der stark vom Richtungsgegensatz geprägten Rezeption Adolf Stoeckers im Deutschschweizer Protestantismus, denn dem Berliner Hofprediger kam eine zentrale Bedeutung in den genannten Prozessen zu.

### Deutschland als transnationaler Bezugsrahmen

Die Popularisierung antisemitischer Positionen in den Spalten der protestantischen Zeitschriften korrespondierte mit der ,antisemitischen Konjunktur' im jungen deutschen Nationalstaat. Dies erstaunt keineswegs, da die Entwicklungen in Deutschland und vor allem in Preußen den protestantischen Antisemitismus in der Deutschschweiz stark beeinflussten. Die ersten größeren antisemitischen Beiträge in den untersuchten Zeitschriften positiver und vermittlerischer Provenienz verfügten denn auch bereits über thematische Bezüge zu Deutschland, wobei sich dies von 1879 bis Anfang der 1880er-Jahre besonders ausgeprägt zeigte.[471] Prototypisch war etwa ein Nachrichtenbeitrag im „Appenzeller Sonntagsblatt" von 1875, der den deutschen antisemitischen Diskurs der angeblichen jüdischen Verantwortung für

---

471 Siehe als Beispiele: Kirchenchronik, in: VRK, 3. 11. 1877, S. 176; Ludwig Pestalozzi, Kirchliche Rundschau vom Dezember, in: EW, 8. 1. 1880, S. 5–7, S. 6 f.; Politisches, in: CVB, 24. 11. 1880, S. 375 f., S. 376; Nachrichten und Korrespondenzen, in: VRK, 4. 12. 1880, S. 195 f., S. 196; Rundschau zur Jahreswende, Teil II, in: KF, 21. 1. 1881, S. 17–23, S. 18; Ludwig Pestalozzi, Kirchliche Rundschau vom Januar, Teil II, in: EW, 17. 2. 1881, S. 31–34, S. 32 f.; Politisches, in: CVB, 14. 12. 1892, S. 399 f., S. 400.

die sogenannte Gründerkrise reproduzierte.[472] Der ausgesprochene Deutschlandbezug in den antisemitischen Beiträgen blieb in der von der Appenzeller Familie
Zellweger herausgegebenen Zeitschrift bis 1890 besonders präsent.[473]

Zum starken Deutschlandbezug des modernen Antisemitismus in den konservativ-protestantischen Zeitschriften gehörte auch, dass die ‚Judenfrage‘ insbesondere für das Kaiserreich gestellt und das antisemitische Gespenst der ‚Verjudung‘ an
die Wand gemalt wurde.[474] So wurde Deutschland wiederholt zu einem Opfer ‚der
Juden‘ stilisiert, wie etwa im „Christlichen Volksboten“, der das deutsche Volk durch
eine jüdische „Fremdherrschaft“ überwuchert sah.[475] Solche Aussagen bezeugen,
dass es vor allem im konservativen Protestantismus der Deutschschweiz in Sachen
Antisemitismus zu einer Solidarisierung mit dem Deutschen Kaiserreich respektive mit dem deutschen Antisemitismus vorweg konservativ-protestantischer Provenienz kam. Beispielsweise wurde – einen klassischen Realkonflikt suggerierend
– argumentiert, dass die antisemitischen Reaktionen in Deutschland von externer
Perspektive aus vielleicht weniger verständlich seien, da man selbst, im Gegensatz
insbesondere zu Berlin, nicht im selben Ausmass von der ‚Judenfrage‘ betroffen
sei.[476]

Der Blick auf den deutschen Kontext schlug sich nicht nur in den umfangreicheren judenfeindlichen Beiträgen, sondern auch in einer Vielzahl von kürzeren
Meldungen nieder. In diesen wurde etwa in judenfeindlicher Art über antisemitische Ereignisse wie die ‚Antisemitenpetition‘ oder die ‚Antisemitenkongresse‘[477]
berichtet, oder aber es wurden – meist aus der deutschen konservativ-protestantischen Presse übernommen – Berichte über das angebliche Fehlverhalten von
Juden vorgelegt, welche die eigenen antisemitischen Einstellungen zu bestätigen

---

472 Johann Jakob Schenkel, Nachrichten, in: ASB, 25. 9. 1875, S. 317 f., S. 317.

473 Siehe etwa: Politisches, in: ASB, 23. 12. 1871, S. 407 f.; Johann Jakob Schenkel, Nachrichten, in:
ASB, 4. 1. 1879, S. 7 f., S. 8; Johann Jakob Schenkel, Nachrichten, in: ASB, 17. 11. 1883, S. 366–368,
S. 367; Otto Zellweger, Nachrichten, in: ASB, 7. 2. 1891, S. 46 f., S. 46.

474 Siehe beispielsweise: Ludwig Pestalozzi, Kirchliche Rundschau vom Dezember, in: EW, 8. 1. 1880,
S. 5–7, S. 6; Politisches, in: CVB, 19. 1. 1881, S. 24; Ein Rückblick auf das Jahr 1880, Teil IV, in: CVB,
26. 1. 1881, S. 29–31, S. 29; Des Volksboten Rückblick auf das Jahr 1881, Teil II, in: CVB, 4. 1. 1882,
S. 3–5, S. 3; Die Woche der christlichen Jahresfeste in Basel, Teil II, in: CVB, 12. 7. 1882, S. 217–219,
S. 217; Johann Jakob Schenkel, Nachrichten, in: ASB, 23. 9. 1882, S. 303 f., S. 303.

475 Politisches, in: CVB, 24. 11. 1880, S. 375 f., S. 376. Siehe zudem auch: Carl Pestalozzi, Kirchliche
Chronik, in: CVF, 25. 8. 1877, S. 273 f.

476 Siehe etwa: Nachrichten und Korrespondenzen, in: VRK, 4. 12. 1880, S. 195 f., S. 196; Politisches,
in: CVB, 19. 1. 1881, S. 24; Jakob Wälli, Hofprediger Stöcker in Stuttgart, Teil I, in: KRS, 9. 6. 1888,
S. 93–95, S. 94 f.; Kirchliche Chronik, in: KRS, 2. 9. 1893, S. 150.

477 Zu den internationalen ‚Antisemitenkongressen‘ siehe zusammenfassend: Ulrich Wyrwa, Art.
‚Antisemitenkongresse‘, in: Handbuch des Antisemitismus, Bd. 4, S. 5–7.

schienen.[478] Auch für die analysierten liberalen Zeitschriften lässt sich Deutschland als Kristallisationspunkt für antisemitische Aussagen festmachen, doch ergibt sich aufgrund der grundsätzlich geringeren Präsenz judenfeindlicher Aussagen ein weniger prägnanter Befund.[479]

Der starke Deutschlandbezug im Antisemitismus vorab des konservativen Deutschschweizer Protestantismus legt offen, dass diese Judenfeindschaft eine stark transnationale Facette aufwies, die von drei Dimensionen bestimmt war, die im spezifischen Fall oft miteinander verschränkt waren.[480] Erstens wirkte die intensive Rezeption des Antisemitismus in Deutschland als Katalysator für die Popularisierung der Judenfeindschaft. Zweitens offenbart sich in diesem Zusammenhang ein Transfer antisemitischer Diskurse in den Deutschschweizer Protestantismus. Drittens dienten die Bezüge auf den (protestantischen) Antisemitismus in Deutschland und vor allem in Preußen als Kristallisationspunkt für bereits vorhandene antisemitische Positionen und ließen somit die Judenfeindschaft des Protestantismus der Deutschschweiz stärker manifest werden. Auf welche Weise soll aber die praktizierte Exterritorialisierung der ‚Judenfrage‘ mit dem Transferprozessen inhärenten Aspekt des Wandels respektive der Adaption des übernommenen Konzepts gedeutet werden?[481] Die Adaption kann darin gesehen werden, dass das antisemitische Denken, das dem Konzept der ‚Judenfrage‘ zugrundeliegt, bejaht, der vorgestellte Realkon-

478 Der Nachrichtenteil des „Appenzeller Sonntagsblatts" diente hierfür besonders oft als Vehikel. Siehe als Beispiele: Johann Jakob Schenkel, Nachrichten, in: ASB, 9. 8. 1879, S. 254–256, S. 255; Johann Jakob Schenkel, Nachrichten, in: ASB, 20. 11. 1880, S. 374–376, S. 374 f.; Johann Jakob Schenkel, in: ASB, 27. 11. 1880, S. 382–384, S. 383 f.; Johann Jakob Schenkel, Nachrichten, in: ASB, 3. 9. 1881, S. 286–288, S. 287; Johann Jakob Schenkel, in: ASB, 23. 9. 1882, S. 303 f., S. 303. Siehe zudem: Kirchliche Nachrichten, in: KF, 8. 11. 1878, S. 367; Nachrichten, in: CVB, 24. 8. 1892, S. 270–272, S. 271.

479 Siehe beispielsweise: Hermann Albrecht, Aus Staat und Kirche, in: RVB, 31. 1. 1880, S. 39 f.; Aus der Rede gegen die Juden, Teil I, in: SPB, 25. 10. 1890, S. 341–343; Hans Emil Baiter, Die Judenfrage, Teil I, in: SPB, 4. 6. 1892, S. 180 f.; Christian Tester, Die Aufgabe des freien Christentums in den socialen Bewegungen der Gegenwart, Teil I, in: RVB, 11. 8. 1894, S. 275–279, S. 277.

480 Transnationalität als Aspekt der Geschichtsforschung erfuhr in den letzten knapp zwei Jahrzehnten einen großen Bedeutungsgewinn. Siehe: Michael Werner/Bénédicte Zimmermann, Vergleich, Transfer, Verflechtung. Der Ansatz der Histoire croisée und die Herausforderung des Transnationalen, in: Geschichte und Gesellschaft 28 (2002) 4, S. 607–636; Philipp Ther, Comparisons, Cultural Transfers, and the Study of Networks. Toward a Transnational History of Europe, in: Heinz-Gerhard Haupt/Jürgen Kocka (Hrsg.), Comparative and Transnational History. Central European Approaches and New Perspectives, S. 204–225; Albert Wirz, Für eine transnationale Gesellschaftsgeschichte, in: Geschichte und Gesellschaft 27 (2001) 3, S. 489–498.

481 Die Relevanz von Transformationen in Transferprozessen betonen: Michel Espagne, Au delà du comparatisme, in: Michel Espagne, Les transferts culturels franco-allemands, Paris 1999, S. 35–49; Werner/Zimmermann, Vergleich, Transfer, Verflechtung.

flikt jedoch in nationaler Hinsicht als ein nichtschweizerischer angesehen wurde. Die Rezeption des deutschen Antisemitismus führte zu einer Aneignung judenfeindlicher Konzeptionen im Deutschschweizer Protestantismus. Zudem liegt der Schluss nahe, dass diese Rezeption durch die Multiplikatorwirkung von Zeitschriften auch zu einer Popularisierung antisemitischer Konzeptionen aus dem deutschen Protestantismus in der Deutschschweiz führte. Dies geschah beispielsweise dadurch, dass in den deutschlandbezogenen Artikeln sehr oft protestantische Zeitungen und Zeitschriften aus Deutschland als Bezugsquellen dienten oder auch auf antisemitische Reden Bezug genommen wurde. Diese Arbeitsweise wird in den folgenden beiden Unterkapiteln noch einer eingehenderen Analyse unterzogen, doch sei an dieser Stelle exemplarisch bereits auf eine Artikelserie im „Christlichen Volksboten" über eine Rede von Adolf Stoecker verwiesen, da sie zum einen den Antisemitismus des Hofpredigers reproduzierte und zum anderen dessen Argumentation in einem abschließenden Kommentar explizit goutierte und somit den Transfer bestätigte.[482]

Die Aneignung antisemitischer Diskurse war natürlich, was bei Transferprozessen generell zu betonen ist, stark vom Rezipienten gesteuert. So war die Bezugnahme auf antisemitische Entwicklungen oder die Wiedergabe antisemitischer Texte das Ergebnis einer bewussten Selektion, die – wenn keine bewusste Distanzierung stattfand – in sich bereits einer mehr oder minder deutlichen Zustimmung zu den antisemitischen Positionen gleichkam. Eine direkte Übertragung des angeeigneten Antisemitismus auf einen schweizerischen Kontext innerhalb der antisemitischen Berichterstattung über Deutschland war selten.[483] Dies unterstreicht die bereits früher gemachte Feststellung, dass die ‚Judenfrage' im Protestantismus der Deutschschweiz exterritorialisiert wurde und die Mehrzahl der analysierten antisemitischen Äußerungen – mit den großen Ausnahmen des Schächtverbots und der Eisenbahnverstaatlichung – die internalisierten antisemitischen Diskurse auf das Ausland bezogen.

Da der Deutschlandbezug im Antisemitismus des Deutschschweizer Protestantismus eine derart wichtige Rolle spielte, stellt sich unweigerlich die Frage nach dem Warum. Was steuerte die Auswahl und die Aneignung der antisemitischen Diskurse?[484] Das Phänomen gilt es in einen größeren transnationalen Rahmen einzuordnen,

---

482  Zeitfragen in Briefform. Ueber die Judenfrage, 4 Teile, in: CVB, 29. 10./5./12./19. 11. 1879, S. 346–348/S. 356–358/S. 364–366/S. 370–372.

483  Siehe als Beispiel: Politisches, in: CVB, 19. 9. 1877, S. 304; Nachrichten und Korrespondenzen, in: VRK, 4. 12. 1880, S. 195 f., S. 196; Hans Emil Baiter, Die Judenfrage, Teil I, in: SPB, 4. 6. 1892, S. 180 f., S. 180.

484  Die Wichtigkeit der Auswahlmechanismen und Aneignungsstrategien in Rezeptionsprozessen betonen stark: Werner/Zimmermann, Vergleich, Transfer, Verflechtung, S. 613.

denn Deutschland war für den Deutschschweizer Protestantismus im 19. Jahrhundert an sich ein sehr bedeutsamer Referenzrahmen. So zeigten sich germanophile Einstellungen unter den Redakteuren der untersuchten Zeitschriften und in der Pfarrerschaft weit verbreitet. Die Verbundenheit war zum einen auf die konfessionelle Nähe zum Nachbarstaat, der von den Deutschschweizer Protestanten, wie die Schweiz selbst, als überwiegend ‚protestantischer Staat' verstanden wurde, zurückzuführen. Zum anderen war sie auch sprachlich-kulturell oder biografisch bedingt, hatten doch viele Theologen der Deutschschweiz einen Teil der Studienzeit in Deutschland verbracht oder unterhielten wissenschaftliche Beziehungen zum Nachbarstaat.[485] Die germanophilen Tendenzen hatten sich in den untersuchten Zeitschriften beispielsweise deutlich während des Deutsch-Französischen Krieges von 1870/71 geäußert, wobei die Parteinahme für die deutsche Seite stark konfessionell-kulturell fundiert war.[486] In dieser Hinsicht tat sich besonders das „Appenzeller Sonntagsblatt" hervor, das in seinem Nachrichtenteil das Kriegsgeschehen rege kommentierte. In der entscheidenden französischen Niederlage von Sedan sah das Blatt im Artikel mit dem kriegstheologisch gefärbten Titel „Die Stimme Gottes in dem Donner der Schlachten" zum Beispiel eine wegweisende Niederlage des Katholizismus gegen den Protestantismus.[487]

---

485  Siehe als Beispiele für germanophile Tendenzen etwa: Zum Jahreswechsel, in: KF, 24. 1. 1879, S. 17–23, S. 21; Kirchliche Nachrichten, in: KF, 6. 4. 1888, S. 110–112, S. 110.

486  Zur Germanophilie in der Deutschschweiz siehe: Klaus Urner, Die Deutschen in der Schweiz. Von den Anfängen der Kolonienbildung bis zum Ausbruch des Ersten Weltkrieges, Frauenfeld/ Stuttgart 1976, v. a. S. 49–91. Siehe mit Fokus auf die deutsche Reichsgründung zudem: Peter Stadler, Die Schweiz und die deutsche Reichsgründung, in: Geschichte in Wissenschaft und Unterricht, Zeitschrift des Verbandes der Geschichtslehrer Deutschlands, 25 (1974) 4, S. 209–227; Eduard Vischer, Die deutsche Reichsgründung von 1871 im Urteil schweizerischer Zeitgenossen, in: Schweizerische Zeitschrift für Geschichte 1 (1951) 3, S. 452–484; Edit Anita Picard, Die deutsche Einigung im Lichte der schweizerischen Öffentlichkeit 1866–1871, Zürich 1940. Die germanophile Haltung war jedoch nicht grundsätzlich repräsentativ für die gesamte Deutschschweizer Bevölkerung. In dieser manifestierten sich im Gegenteil auch stark germanophobe Tendenzen. Diese machten sich beispielsweise 1871 bei Krawallen gegen die Feierlichkeiten zum deutschen Sieg in der Zürcher Tonhalle Luft. Siehe: Urner, Die Deutschen in der Schweiz, S. 208–222.

487  Die Stimme Gottes in dem Donner der Schlachten, in: ASB, 3. 9. 1870, Beilage S. 1–4, S. 1. Als weitere Beispiele für die ausgesprochen germanophile Position des „Appenzeller Sonntagsblatts", das die Geschehnisse wiederholt auch heilsgeschichtlich interpretierte, siehe etwa: Politisches, in: ASB, 31. 12. 1870, S. 617 f., S. 618; G. H. [Gustav Heusler?], Beiträge zur Betrachtung der Zeitereignisse im Lichte des prophetischen Wortes, Teil I, in: ASB, 8. 7. 1871, S. 211–213; G. H. [Gustav Heusler?], Beiträge zur Betrachtung der Zeitereignisse im Lichte des prophetischen Wortes, Teil V, in: ASB, 12. 8. 1871, S. 250–252. Siehe als Beispiel für die germanophile Haltung im Deutsch-Französischen Krieg aus einer anderen Zeitschrift: Reich und Kaiserthum in Deutschland wieder aufgerichtet, in: CVB, 14. 12. 1870, S. 399 f.

Der innige Deutschlandbezug im Antisemitismus des Protestantismus der Deutschschweiz kann somit zum einen mit der engen Verbundenheit mit dem Kaiserreich und der ‚deutschen Kultur' erklärt werden. Zum anderen bestand auf der Ebene des protestantischen Richtungswesens eine theologisch-weltanschauliche Nähe, die etwa den Deutschschweizer Positiven den Antisemitismus ihrer deutschen ‚Richtungsgenossen' als besonders glaubwürdig und solidarisierungswürdig erscheinen ließ.

*Rolle deutscher Publikationen und Zeitungen im Antisemitismustransfer*

Stellte der antisemitische Diskurs im Deutschen Kaiserreich einen transnationalen Referenzrahmen von herausragender Wichtigkeit dar, so kam judenfeindlichen Publikationen aus dem nördlichen Nachbarstaat eine wichtige Rolle als Transfervehikel zu. Die wiederholte Bezugnahme auf antisemitische Publikationen aus Deutschland sowie die Übernahme judenfeindlicher Artikel in den untersuchten Zeitschriften des Deutschschweizer Protestantismus widerspiegeln zum einen die Zunahme des Antisemitismus in der Phase von 1870 bis 1895. Zum anderen waren die Bezugnahme und Übernahme geprägt von einem richtungsspezifischen Verbundenheitsgefühl, das die Lektüre von Publikationen aus dem Deutschen Kaiserreich steuerte.

Der Transferprozess beschränkte sich fast ausschließlich auf die konservative Richtung des Protestantismus in der Deutschschweiz. Die starke Zunahme der antisemitischen Publizistik im Deutschen Kaiserreich im Zuge des Berliner Antisemitismusstreits schlug sich in den Spalten der konservativ-protestantischen Zeitschriften nieder. Die vermehrte Aufmerksamkeit, die dem antisemitischen Konstrukt der ‚Judenfrage' geschenkt wurde, äußerte sich beispielsweise in Rezensionen antisemitischer Literatur. Bei den antisemitischen Publikationen, auf die Bezug genommen wurde oder die rezensiert wurden, dominierten Schriften deutscher Provenienz. Bei den Rezensionen zeichnete sich vor allem der Theologieprofessor Conrad von Orelli aus, der als Redakteur regelmäßig für die Literaturbesprechungen im konservativ-protestantischen „Kirchenfreund" verantwortlich zeichnete.[488] Im März 1880 – rund ein halbes Jahr nachdem Heinrich von Treitschke und Adolf Stoecker mit ihrem Antisemitismus an die Öffentlichkeit getreten waren und den Antisemitismusstreit losgetreten hatten – reagierte er mit einer Sammelrezension auf die einsetzende Welle von Schriften zur ‚Judenfrage'. Da der „Streit für und wider das heutige ‚Israel'" in Deutschland mit ungeschwächtem Eifer fortgeführt werde, komme der „Kirchenfreund" nicht darum herum, betonte von Orelli, „einige der

---

488   Siehe etwa: Conrad von Orelli, Worte an Israel und aus Israel, 2 Teile, in: KF, 5./19. 5. 1882, S. 140–142/S. 154–156.

bedeutenderen literarischen Erscheinungen aus der Fluth von Broschüren" zu be-
sprechen, die der „Kampf" zu Tage gefördert habe.[489] In grundsätzlich lobendem
und zustimmendem Tone wandte er sich dabei den judenfeindlichen Schriften des
Judenmissionars Johannes Friedrich Alexander de le Roi, des Hofpredigers Adolf
Stoecker sowie des Historikers Heinrich von Treitschke zu.[490] Weitaus kritischer
besprach von Orelli hingegen die Schriften von Judenmissionar Paulus Cassel und
Pastor Bernhard Gruber, die aus einer heilsgeschichtlichen Erwartungshaltung heraus gegenüber den Juden auch verteidigende Worte fanden.[491] Seiner Kritik zugrunde legte von Orelli dabei Superioritäts- und Enterbungsvorstellungen, wobei
er, obwohl selbst der Judenmission nahestehend, die Aussage aus Joh 4,22, dass das
„Heil" von den Juden komme, nicht auf das zeitgenössische Judentum angewandt
haben wollte. Nationalistisch argumentierenden Antisemitismus mit Antijudaismus mischend, vertrat er die Ansicht:

> „Gerade wer den nationalen semitischen Geist sei es in der alttestamentlichen
> Geschichte oder am heutigen Judenthum studirt, in dem muß die Ueberzeu-
> gung täglich fester werden, daß in der Bibel und ihren für alle Zeit fundamen-
> talen Offenbarungen etwas unendlich Erhabeneres uns gegeben ist, als was ein
> solches Volk aus seiner Denkungsart und Gesinnung produciren könnte. Von
> diesem Volke wie es heute ist, verlassen von Gottes Geist, abtrünnig von Gottes
> Gesetz, ist daß Heil nicht zu erwarten. Dies zu behaupten sollte man den Aus-
> spruch des Herrn Joh. 4, 22 nicht mißbrauchen. Mit Recht bemerkt Treitschke,

---

489   Conrad von Orelli, Literatur für und wider Israel, in: KF, 19. 3. 1880, S. 91–95, S. 91.

490   Folgende Schriften wurden rezensiert: Heinrich von Treitschke, Ein Wort über unser Juden-
      thum, Separatabdruck aus dem 44. und 45. Bande der Preußischen Jahrbücher, Berlin 1880;
      Adolf Stoecker, Das moderne Judenthum in Deutschland, besonders in Berlin. Zwei Reden in
      der christlich-socialen Arbeiterpartei, 3. Aufl., Berlin 1880; Johannes Friedrich Alexander de le
      Roi, Stephan Schultz. Ein Beitrag zum Verständniß der Juden und ihrer Bedeutung für das Le-
      ben der Völker, 2. Aufl., Gotha 1878. De le Rois 1871 erstmals erschienene Schrift über den Ju-
      denmissionar Stephan Schultz umfasste auch einen umfangreichen Teil zur ‚Judenfrage' der Ge-
      genwart, der für die große Nachfrage nach dem Buch verantwortlich zeichnete. De le Rois Buch
      wurde auch im „Freund Israels" positiv rezensiert: Stephan Schultz, Ein Beitrag zum Verständnis
      der Juden und ihrer Bedeutung für das Leben der Völker von J. de le Roi, Pastor, in: FI 5 (1878) 2,
      S. 59–64. De le Roi war von 1885 bis 1888 zudem Mitredakteur der Judenmissionszeitschrift.
      Der Judenmissionar hatte seine Sicht auf die ‚Judenfrage' auch anlässlich der 7. Hauptversamm-
      lung der Evangelischen Allianz in Basel von 1879 in einem stark antisemitisch geprägten Referat
      kundgetan. (De le Roi, Die Aufgabe der Mission unter Israel.)

491   Paulus Cassel, Wider Heinrich von Treitschke. Für die Juden, Berlin 1880; Bernhard Gruber,
      Christ und Israelit. Ein Friedenswort zur Judenfrage, Reichenbach 1880. Als Konvertit erfuhr der
      Theologe Paulus Cassel häufig Anfeindungen von antisemitischer Seite. Zu Gruber siehe: Jensen,
      Gebildete Doppelgänger, S. 185–187.

es sei das noch viel verkehrter, als wenn man behauptete: das Heil komme heute von Rom, weil ja einst die Reformatoren aus der römischen Kirche hervorgegangen seien."[492]

Seine Sammelrezension schloss der Basler Professor, nachdem er noch einmal die angeblich verderbliche Einwirkung ‚der Juden' auf die sozialen Verhältnisse sowie die ‚Christentumsfeindlichkeit' des Judentums postuliert hatte, mit eigenen Ausführungen zur ‚Judenfrage' ab.[493]

Vor allem Adolf Stoecker, aber auch Heinrich von Treitschke, fanden ebenfalls in anderen konservativ-protestantischen Zeitschriften am häufigsten ihren Widerhall.[494] Auf Treitschke verwies etwa Johann Jakob Schenkel in seiner Nachrichtenrubrik im „Appenzeller Sonntagsblatt" und gab dabei in beipflichtender Weise längere Passagen wieder.[495] Auch radikalantisemitische Autoren wie Wilhelm Marr und Theodor Fritsch erhielten in den konservativ-protestantischen Zeitschriften des Deutschschweizer Protestantismus positive Rückmeldungen.[496]

Weit häufiger als auf antisemitische Literatur griffen die konservativ-protestantischen Zeitschriften auf deutsche Zeitschriften und Zeitungen als Quellen für antisemitische Artikel zurück, wobei sich vor allem das „Appenzeller Sonntagsblatt" sowie der „Christliche Volksbote" dieses Mittels der Textbeschaffung für ihre relativ umfangreichen Nachrichtenteile bedienten. Bei den Blättern, auf deren Meinung hinsichtlich der ‚Judenfrage' am häufigsten Bezug genommen wurde, handelte es

---

492  Conrad von Orelli, Literatur für und wider Israel, in: KF, 19. 3. 1880, S. 91–95, S. 93.

493  Conrad von Orelli, Literatur für und wider Israel, in: KF, 19. 3. 1880, S. 91–95, S. 93–95.

494  Zu Adolf Stoecker siehe das anschließende Unterkapitel. Auf eine größere Anzahl Autoren wurde in Einzelfällen zurückgegriffen oder in zustimmender Weise verwiesen. Siehe etwa: Zum Kapitel von der Verjudung, in: VRK, 17. 4. 1880, S. 63; Literatur, in: KF, 24. 12. 1880, S. 428–432, S. 431; H. M., Literatur, in: KF, 2. 9. 1881, S. 283–288, S. 287 f.; Vermischtes, in: EW, 23. 6. 1881, S. 116; Nachrichten, in: CVB, 7. 6. 1893, S. 181–183, S. 183. Auch das eine antisemitische Weltverschwörungstheorie um die „Alliance israélite universelle" konstruierende Werk Bey Osmans, das 1873 ursprünglich als deutsche Übersetzung im Verlag von Christian Krüsi in Basel erschienen war, wurde positiv aufgenommen: Johann Jakob Schenkel, Nachrichten, in: ASB, 11. 6. 1881, S. 190 f. Das „Appenzeller Sonntagsblatt" bezog sich auf folgende Ausgabe: Bey Osman, Die Eroberung der Welt durch die Juden. Versuch der Geschichte und der Gegenwart, Basel 1873. Zur unklaren Biografie Bey Osmans siehe: Magnus Brechtken, Art. ‚Osman Bey [eigentlich Frederick Millingen; Pseudonyme: Vladimir Andreyevich bzw. Andreevich; Osman-Seify-Bey; Osman-Seify-Pacha sowie Kıbrıslızade Binbaşı]', in: Handbuch des Antisemitismus, Bd. 2,2, S. 608 f.

495  Johann Jakob Schenkel, Nachrichten, in: ASB, 6. 12. 1879, S. 390 f., S. 391; Johann Jakob Schenkel, Nachrichten, in: ASB, 31. 1. 1880, S. 39 f., S. 39. Siehe auch: Ausland, in: ASZ, 24. 1. 1880, S. 2.

496  Siehe etwa: Johann Jakob Schenkel, Nachrichten, in: ASB, 6. 9. 1879, S. 286–288, S. 287; Johann Jakob Schenkel, Nachrichten, in: ASB, 6. 3. 1880, S. 78–80, S. 79; Ernst Miescher, Der Christ und die Zeitung, Teil II, in: CVF, 20. 5. 1893, S. 232–238, S. 234 f.

sich ebenfalls um streng konservative protestantische Organe, die den beiden Zeitschriften theologisch nahestanden.[497] Es waren dies die „Neue evangelische Kirchenzeitung", der „Reichsbote" sowie – in geringerem Maße – die „Kreuzzeitung".

Die „Neue Evangelische Kirchenzeitung", die von 1859 bis 1886 erschien und zu dessen antisemitischen Autoren auch Adolf Stoecker zählte, diente den konservativen Zeitschriften des Deutschschweizer Protestantismus primär in den 1870er-Jahren als Quelle für antisemitische Texte. Die sich für die Beibehaltung des kirchlichen Bekenntniszwangs einsetzende deutsche Kirchenzeitung, die ab Mitte der 1870er-Jahre zu einem Sprachrohr der konservativen „Positiven Union" (,Hofpredigerpartei') in Preußen wurde, setzte seit Beginn des Jahrzehnts vermehrt auf antisemitische Positionen.[498] Bereits Anfang der 1870er-Jahre etwa stützte sich das „Appenzeller Sonntagsblatt" bei seinen antisemitischen Stellungnahmen mehrfach auf die wöchentlich erscheinende „Neue evangelische Kirchenzeitung",[499] in der, in Anlehnung an die Schrift „Stephan Schultz" von Johannes Friedrich Alexander de le Roi, eine antisemitische Artikelserie erschien.[500]

Die mit Abstand wichtigste Bedeutung als Transferorgan für antisemitische Aussagen und als Referenzrahmen für die Beurteilung der ,Judenfrage' hatte der „Reichsbote". Er war das Organ des rechten Flügels der preußischen Konservativen und durch seine Gründung eng mit der elitärer ausgerichteten „Neuen Preußischen Zeitung" verbunden, die vor allem unter dem Übernamen „Kreuzzeitung" bekannt war. Der „Reichsbote" stand den „Christlich-Sozialen" Adolf Stoeckers sehr nahe und propagierte deren Antisemitismus.[501] Vor allem im „Appenzeller

---

497  Zu den präferierten Zeitungen des „Christlichen Volksboten" siehe: Die Presse, in: CVB, 24. 5. 1876, S. 165–168, S. 167 f. Der Beitrag bezog sich dabei auf: Karl August Mühlhäusser, Christenthum und Presse, Frankfurt a. M. 1876. Siehe auch: Kirchliche Rundschau, in: EW, 11. 5. 1876, S. 89 f.

498  Zum Antisemitismus der „Neuen evangelischen Kirchenzeitung" siehe: Heinrichs, Das Judenbild im Protestantismus, S. 156–213, v. a. S. 166–186. Siehe zudem: Engelmann, Kirche am Abgrund, S. 51–61.

499  Siehe z. B.: Politisches, in: ASB, 23. 12. 1871, S. 407–408; Politisches, in: ASB, 12. 10. 1872, S. 326–328, S. 327; Johann Jakob Schenkel, Nachrichten, in: ASB, 30. 8. 1873, S. 279–280, S. 280. Weitere Beispiele aus den konservativ-protestantischen Zeitschriften zudem: Vermischtes, in: EW, 28. 3. 1878, S. 58; Nachrichten, in: CVB, 15. 6. 1881, S. 191 f., S. 191; Ludwig Pestalozzi, Kirchliche Rundschau, in: EW, 23. 11. 1882, S. 211–213, S. 213.

500  Das Buch von de le Roi war gemäß Wolfgang E. Heinrichs aufgrund seines rund einhundertseitigen Kapitels über die ,Judenfrage' von sehr großem Einfluss auf die Interpretation der jüdischen Existenz im Deutschen Kaiserreich durch den protestantischen Sozialkonservatismus. Es habe auch einen prägenden Einfluss auf Adolf Stoecker gehabt. (Heinrichs, Das Judenbild im Protestantismus, S. 177.) Siehe zudem auch: Engelmann, Kirche am Abgrund, S. 51–61.

501  Siehe zum „Reichsboten": Dagmar Bussiek, Art. ,Der Reichsbote (1873–1936)', in: Handbuch des Antisemitismus, Bd. 6, S. 587 f.; Bussiek, „Das Gute gut und das Böse bös nennen".

Sonntagsblatt" diente die christlich-sozial ausgerichtete Berliner Tageszeitung als häufige Zitiergrundlage. Der Schwerpunkt der Verwendung antisemitischer Beiträge aus dem „Reichsboten" fiel in die Zeitspanne von 1879 bis in die Mitte der 1880er-Jahre und somit in eine Hochphase der Diskussionen um die ‚Judenfrage' sowie der Rezeption der judenfeindlichen Agitation Adolf Stoeckers.[502] Neben dem „Appenzeller Sonntagsblatt" und dem „Christlichen Volksboten" bediente sich vereinzelt auch das ebenfalls pietistisch geprägte „Evangelische Wochenblatt" beim konservativen Blatt aus Preußen.[503] Das Blatt der „Evangelischen Gesellschaft" Zürichs war es auch, das vereinzelt in seiner antisemitischen Berichterstattung auf die streng preußisch-konservative und ausgeprägt judenfeindliche „Kreuzzeitung"[504] aus Berlin zurückgriff, während dies das „Appenzeller Sonntagsblatt" kaum und der „Christliche Volksbote" gar nicht taten.[505] Dass der „Reichsbote" bei den letztgenannten Blättern im Vergleich zur „Kreuzzeitung" von weitaus größerer Bedeutung war, verdeutlicht die Affinität der beiden Zeitschriften zu christlich-sozialen Positionen innerhalb des konservativen Spektrums.[506] Ebenfalls auf der Linie der „Christlich-Sozialen" stand die von Adolf Stoecker ab 1887 selbst herausgegebene „Deutsche evangelische Kirchenzeitung", die gelegentlich Beachtung fand.[507]

Auf eine größere Anzahl deutscher Zeitschriften und Zeitungen wurde in Sachen Antisemitismus nur ganz sporadisch Bezug genommen. Die Auswahl war

---

502 Aus der Vielzahl von antisemitischen Artikeln, die sich zum Großteil oder partiell auf den „Reichsboten" stützten, siehe als Auswahl: Johann Jakob Schenkel, Nachrichten, in: ASB, 15. 3. 1879, S. 86 f., S. 87; Johann Jakob Schenkel, Nachrichten, in: ASB, 5. 3. 1881, S. 78–80, S. 79; Johann Jakob Schenkel, Nachrichten, in: ASB, 11. 6. 1881, S. 190 f.; Johann Jakob Schenkel, Nachrichten, in: ASB, 3. 9. 1881, S. 286–288, S. 287; Johann Jakob Schenkel, Nachrichten, in: ASB, 23. 9. 1882, S. 303 f., S. 303; Johann Jakob Schenkel, Nachrichten, in: ASB, 15. 9. 1883, S. 295 f., S. 295; Johann Jakob Schenkel, Nachrichten, in: ASB, 15. 3. 1884, S. 87 f.; Johann Jakob Schenkel, Nachrichten, in: ASB, 14. 6. 1884, S. 191 f., S. 191.

503 Als Beispiele für die beiden pietistischen Blätter siehe: Zeitfragen in Briefform. Ueber die Judenfrage, Teil IV, in: CVB, 19. 11. 1879, S. 370–372, S. 372; Ludwig Pestalozzi, Kirchliche Rundschau vom Januar, Teil I, in: EW, 12. 2. 1880, S. 28–30, S. 29 f.; Nachrichten, in: CVB, 26. 10. 1881, S. 342 f., S. 342; Nachrichten, in: CVB, 28. 1. 1885, S. 31.

504 Für die „Kreuzzeitung" siehe: Bussiek, „Mit Gott für König und Vaterland!".

505 Siehe z. B.: Ludwig Pestalozzi, Kirchliche Rundschau vom Dezember, Teil II, in: EW, 20. 1. 1881, S. 13–15, S. 13; Ludwig Pestalozzi, Kirchliche Rundschau vom Dezember, Teil III, in: EW, 17. 2. 1881, S. 31–34, S. 32 f.; Johann Jakob Schenkel, Nachrichten, in: ASB, 8. 9. 1888, S. 285–287, S. 286.

506 Dies erklärt zum Teil auch die begeisterte Rezeption Stoeckers. Siehe das folgende Unterkapitel.

507 Siehe beispielsweise: Johann Jakob Schenkel, Nachrichten, in: ASB, 12. 3. 1887, S. 86 f., S. 86; Nachrichten, in: CVB, 6. 9. 1893, S. 287. Die Zeitschrift trat, entgegen dem Wunsch des früheren Herausgebers, unter der Leitung Adolf Stoeckers die Nachfolge der „Neuen Evangelischen Kirchenzeitung" an. Siehe zum Antisemitismus dieser christlich-sozialen Zeitschrift, die von 1887 bis 1901 erschien: Heinrichs, Das Judenbild im Protestantismus, S. 213–250.

dabei theologisch weltanschaulich bedingt und beschränkte sich auf konservativ-
protestantisch geprägte Periodika. Aus dem süddeutschen Raum, der religionsge-
schichtlich eng mit dem Deutschschweizer Protestantismus und insbesodere mit
dessen pietistischen Traditionslinien vernetzt war, wurden etwa vereinzelt antisemitische Beiträge aus der „Deutschen Reichspost" oder dem „Stuttgarter Evangelischen Sonntagsblatt" übernommen.[508] Nur ganz vereinzelt wurde in antisemitischem Kontext beispielsweise auf Texte der „Allgemeinen konservativen Monatsschrift für das christliche Deutschland"[509], die „Allgemeine Evangelisch-Lutherische
Kirchenzeitung"[510] oder die „Staatsbürger-Zeitung"[511] aus Berlin zurückgegriffen.
Der judenmissionarische „Freund Israels", der regelmäßig Beiträge aus anderen Ju-
denmissionszeitschriften publizierte, tat dies in der Phase von 1870 bis 1895 nur
selten in Bezug auf antisemitische Artikel. Am häufigsten wurden solche vom
„Missions-Blatt des Rheinisch-Westphälischen Vereins für Israel", das von dem in
Köln beheimateten Judenmissionsverein herausgegeben wurde, übernommen.[512]

508  Die „Deutsche Reichspost" fungierte als Zentralorgan der Konservativen Süddeutschlands und
     diente dem „Appenzeller Sonntagsblatt" 1879 mehrfach als Quelle: Johann Jakob Schenkel, Nach-
     richten, in: ASB, 4. 1. 1879, S. 7–8, S. 8; Johann Jakob Schenkel, Nachrichten, in: ASB, 26. 7. 1879,
     S. 239 f., S. 240; Johann Jakob Schenkel, Nachrichten, in: ASB, 23. 8. 1879, S. 270–272, S. 270 f.; Jo-
     hann Jakob Schenkel, Nachrichten, in: ASB, 13. 12. 1879, S. 399 f., S. 399. Das „Stuttgarter Evan-
     gelische Sonntagsblatt" wurde von der „Evangelischen Gesellschaft" Stuttgarts herausgegeben.
     Mehrere konservativ-protestantische Zeitschriften der Deutschschweiz bezogen sich in antise-
     mitischen Äußerungen auf dieses pietistisch geprägte Blatt. Siehe etwa: Ein verfehltes Dichterle-
     ben, in: ASB, 14. 5. 1870, S. 223 f.; Vermischtes, in: EW, 10. 6. 1880, S. 105 f., S. 106; Ernst Miescher,
     Kirchliche Chronik, in: CVF, 28. 6. 1884, S. 281–283, S. 283; Nachrichten, in: CVB, 25. 2. 1891, S. 62 f.
509  F., Die Nothwehr gegen die Juden, in: EW, 5. 2. 1880, S. 24 f. Die konservative Zeitschrift stand in
     den 1880er-Jahren der christlich-sozialen Bewegung Adolf Stoeckers nahe. (Dagmar Bussiek, Art.
     ‚Konservative Monatsschrift (1879–1922)', in: Handbuch des Antisemitismus, Bd. 6, S. 413–415.)
510  Johann Jakob Schenkel, Nachrichten, in: ASB, 6. 3. 1880, S. 78–80, S. 79. Gemäß Wolfang Hein-
     richs war die „Allgemeine Evangelisch-Lutherische Kirchenzeitung das wichtigste kirchliche
     Organ des evangelischen Deutschland und richtete sich primär an Theologen. Siehe hierzu und
     zum sich wandelnden ‚Judenbild' der „Kirchenzeitung" im Allgemeinen: Heinrichs, Das Juden-
     bild im Protestantismus, S. 32–138.
511  Johann Jakob Schenkel, Nachrichten, in: ASB, 25. 9. 1875, S. 317 f. Ursprünglich eine Berliner Zei-
     tung, die als ‚Skandalblatt' wirkte, näherte sie sich Ende der 1870er-Jahre der antisemitischen Be-
     wegung Adolf Stoeckers an. (Christoph Jahr, Art. ‚Staatsbürger-Zeitung (1865–1926)', in: Hand-
     buch des Antisemitismus, Bd. 6, S. 668–669.)
512  Benjamin Disraeli, ein Proselyt als englischer Minister, in: FI 2 (1875) 1, S. 24–26; Einundsieb-
     zigstes Jahr der Londoner Judenmission, in: FI 7 (1880) 1, S. 15–21; Zur Statistik der Juden, in: FI
     7 (1880) 5, S. 123–128. Auch aus der von Franz Delitzsch herausgegebenen „Saat auf Hoffnung"
     wurde ein antisemitisch geprägter Artikel übernommen: Franz Delitzsch, Der Verfluchte und
     doch Gesegnete, in: FI 6 (1879) 2, S. 36–51.

*Rezeption der antisemitischen Agitation Adolf Stoeckers als zentraler Katalysator für die Verdichtung judenfeindlicher Diskurse*

Die politische Agitation des Berliner Hofpredigers Adolf Stoecker erlangte im deutschsprachigen Raum eine beträchtliche mediale Wirkung, die gerade auch im Protestantismus der Deutschschweiz ihre Spuren hinterließ, schieden sich doch am polarisierenden Hofprediger richtungsbedingt die Geister. Der Stoecker-Rezeption, so wird die Analyse der untersuchten protestantischen Texte aufzeigen, kam eine herausragende Bedeutung für den Antisemitismus im Deutschschweizer Protestantismus im letzten Viertel des 19. Jahrhunderts zu. Darauf, dass die deutliche Zunahme antisemitischer Positionen ab Ende der 1870er-Jahre stark mit der beginnenden antisemitischen Betätigung Stoeckers korrelierte, wurde bereits ganz zu Beginn dieser Forschungsarbeit verwiesen.[513] Die Berichterstattung über die Aktivitäten Stoeckers bildete dabei den bedeutendsten Teil der Rezeption des Antisemitismusstreits im Deutschschweizer Protestantismus. Die Debatten über die ‚Judenfrage‘ besaßen einen ausgeprägten Ereignischarakter, wobei, um mit Frank Bösch zu sprechen, ‚Ereignisse‘ als eine verdichtete Kommunikation auslösende Momente, bei denen konkurrierende Erzählungen und Vorstellungen thematisch zentriert zusammenlaufen, verstanden werden können.[514] Ereignisse vermögen existierende ‚Erfahrungsräume‘[515] zu erschüttern, ja zu sprengen – so im konkreten Fall etwa das Sprechen über ‚die Juden‘ –, und sie wirken strukturverändernd.[516] Auf die Rezeption der antisemitischen Betätigung Stoeckers im Deutschschweizer Protestantismus treffen diese Dimensionen des Ereignis-Konzepts zu.

Der 1874 zum Hofprediger berufene Adolf Stoecker und mit ihm der konservative deutsche Protestantismus fühlten sich in dem durch den Liberalismus in Politik und Kirche geprägten Berlin an den Rand und in einen kulturkämpferischen

---

513   Siehe den Beginn der Einleitung.

514   Frank Bösch, Ereignisse, Performanz und Medien in historischer Perspektive, in: Frank Bösch/ Patrick Schmidt (Hrsg.), Medialisierte Ereignisse. Performanz, Inszenierung und Medien seit dem 18. Jahrhundert, Frankfurt a. M./New York 2010, S. 7–29, S. 8. Ereignisse würden sich hierbei nach Bösch auch durch ihre Einmaligkeit charakterisieren, ohne aber von Strukturen losgelöst zu sein. Den Zusammenhang zwischen Ereignis und Struktur, mit einer weniger starken Betonung des medialen Aspekts, erörtern auch: Andreas Suter/Manfred Hettling, Struktur und Ereignis – Wege zu einer Sozialgeschichte des Ereignisses, in: Andreas Suter/Manfred Hettling (Hrsg.), Struktur und Ereignis, Göttingen 2001, S. 7–32.

515   Reinhart Koselleck, Vergangene Zukunft. Zur Semantik geschichtlicher Zeiten, Frankfurt a. M. 1989, S. 349–375.

516   Wie Andreas Suter und Manfred Hettling betonen, sind dies Eigenschaften, die Ereignisse von ‚normalem‘ Handlungsgeschehen unterscheiden. (Suter/Hettling, Struktur und Ereignis, S. 23–25.)

Konflikt gedrängt.[517] Zugleich sah der konservative Protestantismus – nicht nur in Deutschland – die moderne Gesellschaft in einer moralisch-sittlichen Krise,[518] ein Bild, das die konservativen protestantischen Zeitschriften der Deutschschweiz gerne auf Berlin projizierten.[519] Stoeckers politisches Denken war von integralem Nationalismus sowie der Idee eines christlichen Obrigkeitsstaates geprägt und zeigte sich sehr anschlussfähig für antisemitische Positionen.[520] Am Beginn von Stoeckers politischer Tätigkeit stand 1878 die Gründung der „Christlich-Sozialen Arbeiterpartei", die, in Opposition zur Sozialdemokratie, durch eine ‚Rechristianisierung' der Gesellschaft auf der Grundlage eines konservativen Protestantismus eine Lösung der vieldiskutierten ‚sozialen Frage' anstrebte.[521]

Die Hinwendung Stoeckers zum Antisemitismus ging mit dem Fokuswechsel auf den Mittelstand als Hauptwählergruppe einher.[522] Sind für die Jahre vor 1879 relativ wenige antisemitische Äußerungen Stoeckers belegt,[523] wurde der Antisemitismus alsbald zum Charakteristikum Stoeckers und seiner Partei. Wie Martin Greschat betont, habe ein von christlich-konservativem Geist gespiesener integra-

---

517 Zu diesen gesellschaftlichen Spannungen siehe: Martin Greschat, Adolf Stoecker und der deutsche Protestantismus, in: Brakelmann/Greschat/Jochmann, Protestantismus und Politik, S. 19–83, S. 59–74; Berding, Moderner Antisemitismus, S. 87–88; Engelmann, Kirche am Abgrund, S. 62–65.

518 Zur Bedeutung der Kritik der Moderne für den Antisemitismus im deutschen Protestantismus siehe: Heinrichs, Das Judenbild im Protestantismus.

519 So wurde insbesondere hervorgestrichen, dass es im schnell wachsenden Berlin an Kirchen mangeln würde. Siehe z. B.: Des Volksboten Rundschau in der Welt, in: CVB, 6. 2. 1878, S. 44–47, S. 44–45; Johann Jakob Schenkel, Nachrichten, in: ASB, 3. 5. 1879, S. 142–144, S. 143 f.; Kirchliche Nachrichten, in: KF, 14. 7. 1882, S. 226–228, S. 228.

520 Siehe für Stoeckers sozialpolitische, kirchliche und politische Leitbilder: Greschat, Adolf Stoecker und der deutsche Protestantismus, S. 31–74; Werner Bergmann, Art. ‚Stoecker, Adolf', in: Handbuch des Antisemitismus, Bd. 2,2, S. 798–802; Pulzer, Die Entstehung des politischen Antisemitismus, S. 136; Greschat, Protestantischer Antisemitismus, S. 34.

521 Zur frühen Verknüpfung der ‚sozialen Frage' mit der ‚inneren Mission' bei Stoecker siehe: Brakelmann, Stoecker und der deutsche Protestantismus, S. 40–43. Stoecker selbst begründete seinen Eintritt in die Politik denn auch mit seelsorgerischen und missionarischen Motiven. (Günter Brakelmann, Adolf Stoecker und die Sozialdemokratie, in: Brakelmann/Greschat/Jochmann, Protestantismus und Politik, S. 84–122, S. 93.)

522 Pulzer sieht darin einen bewussten taktischen Entscheid: Pulzer. Die Entstehung des politischen Antisemitismus, S. 138. Ähnlich auch: Werner Jochmann, Stoecker als nationalkonservativer Politiker und antisemitischer Agitator, in: Brakelmann/Greschat/Jochmann, Protestantismus und Politik, S. 145–148. Werner Bergmann betont jedoch, dass Stoeckers Antisemitismus nicht nur taktischem Kalkül entsprungen, sondern auch integraler Bestandteil und eine wesentliche Triebfeder seines Denkens und Handelns gewesen sei. (Bergmann, Art. ‚Stoecker, Adolf', S. 799.) Ähnlich auch: Brakelmann, Adolf Stoecker und die Sozialdemokratie, S. 106.

523 Siehe die Verweise bei: Engelmann, Kirche am Abgrund, S. 39–61.

ler Nationalismus den Kern von Stoeckers Antisemitismus gebildet. Zugleich habe der Hofprediger traditionelle Formen des Judenhasses erweitert, modernisiert und transformiert.[524] Der von ihm vertretene christliche Superioritätsanspruch war, wie in dieser Arbeit bereits gezeigt wurde, auch im konservativen Protestantismus der Deutschschweiz tief verankert. Im Allgemeinen zeigte sich Stoeckers Antisemitismus vor allem in seinen politischen Reden und Texten, während judenfeindliche Passagen in seinen Predigten weniger stark präsent waren.[525]

Als Leiter der „Berliner Stadtmission" versuchte Stoecker sein Rechristianisierungspostulat aktiv in der ‚innern Mission' umzusetzen. In dieser Funktion wurde Stoecker zu einem international bekannten und gefragten Prediger, und seine in Massen gedruckten Predigten wurden auch in der Schweiz rege gelesen.[526] Die Rezeption Stoeckers im Deutschschweizer Protestantismus setzte im Zusammenhang mit der ‚inneren Mission' und der Gründung seiner Partei, die in den Reihen der Konservativ-Protestantischen eine positive Aufnahme fand, ein.[527] So brachten mehrere Zeitschriften ausführliche Berichte über Stoeckers Versammlung im „Eiskeller" in Berlin vom 3. Januar 1878, die den eigentlichen Beginn seiner christlich-sozialen Bewegung markierte.[528] Zeitschriften des konservativen Protestantis-

---

524 Greschat, Protestantischer Antisemitismus, S. 34. Zum Antisemitismus Stoeckers siehe zudem: Heinrichs, Das Judenbild im Protestantismus, passim; Engelmann, Kirche am Abgrund; Ferrari Zumbini, Die Wurzeln des Bösen, S. 151–165; Bergmann, Art. ‚Stoecker, Adolf'; Jochmann, Stoecker als nationalkonservativer Politiker; Pulzer, Die Entstehung des politischen Antisemitismus, S. 134–145.

525 Die Predigten waren weniger politisch geprägt. Erst in den späten Wirkungsjahren wurde, gemäß Engelmann, Antisemitismus auch zu einem wichtigen Bestandteil der Predigten des Pastors. (Engelmann, Kirche am Abgrund, S. 68.)

526 Engelmann, Kirche am Abgrund 152; Hofmann, Adolf Stoecker in Basel, S. 17. Betreffend die Lektüre der Predigten Stoeckers in der Schweiz: Conrad von Orelli, Adolf Stöcker †, in: KF, 19. 2. 1909, S. 53–58, S. 56.

527 Siehe etwa: Justus J. Heer, Ein Rückblick auf die kirchlichen Zustände in Preußen, in: KF, 1. 2. 1878, S. 40–44, Justus J. Heer, Die kirchlichen Zustände in Deutschland, in: KF, 8. 11. 1878, S. 357–361; Ernst Miescher, Ein Mann des Volkes, Teil II, in: CVF, 14. 5. 1881, S. 177–180; Nachrichten, in: CVB, 17. 8. 1881, S. 262–264, S. 262 f.; Literarisches, Teil I, in: EW, 5. 3. 1885, S. 42 f. Siehe zur Rezeption seiner christlich-sozialen Gedanken in der Schweiz auch: Hofmann, Adolf Stoecker in Basel.

528 Die Gründung am 3. Januar misslang, da die Sozialdemokraten im Saal die Veranstaltung an sich rissen. Die Partei wurde schließlich am 1. Februar im geschlossenen Kreis gegründet. (Brakelmann, Stoecker und der deutsche Protestantismus, S. 26–28.) Beispiele für die Berichterstattung in den konservativ-protestantischen Zeitschriften sind: Ernst Miescher, Kirchliche Chronik, in: CVF, 2. 2. 1878, S. 41 f.; Nachrichten, in: ASB, 2. 2. 1878, S. 39 f.; Des Volksboten Rundschau in der Welt, in: CVB, 6. 2. 1878, S. 44–47, S. 46 f.; Justus J. Heer, Die christlich-soziale Arbeiterbewegung in Berlin, in: KF, 15. 2. 1878, S. 59–62. Das „Evangelische Wochenblatt" druckte sogar die Rede Stoeckers ab: Christenthum und Sozialdemokratie, in: EW, 24. 1. 1878, S. 15–17.

mus der Deutschschweiz stilisierten den Hofprediger zum heroischen Vorkämpfer der ‚Rechristianisierung' in der vermeintlich durch den politischen und religiösen ‚Fortschritt' ‚entchristlichten' und ‚moralisch verkommenen' Großstadt Berlin, während die Organe des religiösen ‚Freisinns' Stoecker als Exponenten der ‚Orthodoxie' brandmarkten.[529]

Die Wahrnehmung und Diskussion des Stoeckerschen Antisemitismus setzten unmittelbar nach dessen ersten beiden ‚Judentum-Reden'[530] von September 1879 ein und blieben in unterschiedlicher Intensität über seinen Tod im Jahre 1909 hinaus ein Thema. Insgesamt gilt festzuhalten, dass die konservativen Organe sowie die Zeitschrift der Vermittler weit häufiger auf Stoeckers Antisemitismus zu sprechen kamen, als es die liberalen Theologen taten. Die Schlussfolgerungen, welche die unterschiedlichen kirchlich-theologischen Richtungen zogen, differierten stark und deckten sich mit gegensätzlichen Standpunkten zu anderen kirchlichen und gesellschaftlichen Themen. Vor allem die Positiven, aber auch die Vermittler stellten sich in der Regel hinter die antisemitische Agitation Stoeckers, gaben seine Argumentation wieder, stimmten ihr zu oder rechtfertigten sie. Charakteristisch für die zustimmende Rezeption durch die konservativ-protestantischen Blätter war, dass einige die beiden Berliner Reden Stoeckers von September 1879, die den Beginn seiner antisemitischen Agitation markierten, in mehr oder minder ungekürzter Form abdruckten. Stoeckers Rechtfertigung seines eigenen Handelns als „Notwehr"[531] und seinen Forderungen an das Judentum, „ein wenig bescheidener", „ein klein wenig toleranter" zu sein und „etwas mehr Gleichheit"[532] walten zu lassen, wurde somit eine große Plattform geboten. In diesem Zusammenhang besonders hervorzuheben sind der „Christliche Volksbote" aus Basel sowie das „Evangelische Wochenblatt" aus Zürich, die den Reden mehrere zustimmende Artikel

---

529  Zur Heroisierung Stoeckers als christlicher Vorkämpfer durch die Positiven siehe beispielsweise: Ludwig Pestalozzi, Kirchliche Rundschau, in: EW, 20. 12. 1883, S. 227 f., S. 227; Politisches, in: CVB, 1. 7. 1885, S. 208. Für die liberale Perspektive siehe z. B.: Christian Tester, Rundschau und Selbstschau, in: RVB, 9. 3. 1878, S. 76–80, S. 76; Im hehren deutschen Reich, in: SPB, 28. 1. 1882, S. 28–30, S. 28; Heinrich Frank, Chronik, in: SRB, 5. 7. 1885, S. 215 f., S. 216; Alfred Altherr, Wochenschau, in: SPB, 14. 3. 1896, S. 83–85, S. 83. Zur unterschiedlichen Rezeption Stoeckers in Basel siehe: Hofmann, Adolf Stoecker in Basel.

530  Stoecker, Unsere Forderungen an das moderne Judentum; Stoecker, Notwehr gegen das moderne Judentum.

531  Stoecker, Notwehr gegen das moderne Judentum.

532  Stoecker, Unsere Forderungen an das moderne Judentum, S. 14; S. 19; S. 22. Auf diese drei Schlüsselaussagen Stoeckers, vor allem den Aufruf zur ‚Bescheidenheit', wurde auch in den folgenden Jahren wiederholt verwiesen. Siehe beispielsweise: Johann Jakob Schenkel, Nachrichten, in: ASB, 15. 11. 1884, S. 367 f., S. 368; Ludwig Pestalozzi, Zur Charakteristik A. Stöckers und seiner Bestrebungen, Teil III, in: KF, 21. 8. 1885, S. 257–261, S. 258.

widmeten.[533] Diese ausführliche Wiedergabe und Würdigung von positiver Seite – diese mediale Verdichtung – verdeutlichen den Ereignischarakter dieser beiden Reden Stoeckers, welche die ‚Judenfrage' für den Deutschschweizer Protestantismus erst richtig zu einem Thema werden ließen.

Die bereits mit dem ersten antisemitischen Auftreten Stoeckers einsetzende zustimmende Rezeption im Lager der Positiven und weitgehend auch in jenem der Vermittler blieb sich in den kommenden Jahren gleich. Insbesondere in den 1880er-Jahren hielt die starke Anteilnahme an den Aktivitäten des Hofpredigers an und mit ihr auch die Wiedergabe und Kommentierung seines Antisemitismus. Wiederholt sprachen Lob und Wertschätzung für seine Agitation aus den Zeilen der konservativen Blätter.[534] Er wurde gar als Held dargestellt, der sich dem „unerträglichen Uebermuth der jüdischen Presse"[535] und gegen die „jüdischen Impertinenzen"[536] zu stellen gewagt habe. Stolz betonte der „Christliche Volksbote" in einem Artikel über die Diskussionen zur ‚Judenfrage' in Deutschland, dass es der Hofprediger Stoecker gewesen sei, dem „das Verdienst" gebühre, „zuerst den Finger auf die schmerzende Wunde am Körper Deutschlands gelegt zu haben".[537] Stoeckers antisemitisches Vorgehen wurde zudem als „maßvoll" dargestellt, zumal seine Kampagne in den Augen der konservativen Protestanten gerechtfertigt war und die anti-

---

533 Siehe: Zeitfragen in Briefform. Ueber die Judenfrage, 4 Teile, in: CVB, 29. 10. 1879/5./12./19. 11. 1879, S. 346–348/S. 356–358/S. 364–366/S. 370–372; Ludwig Pestalozzi, Kirchliche Rundschau vom September, in: EW, 16. 10. 1879, S. 190–192; Georg Rudolf Zimmermann, Das moderne Judenthum in Deutschland, besonders in Berlin. Zwei Reden von Adolf Stöcker, in: EW, 30. 10. 1979, S. 199–201. Siehe aber beispielsweise auch: Justus J. Heer, Rundschau auf die kirchlichen Zustände in Deutschland, besonders in Preußen, in: KF, 28. 11. 1879, S. 383–391, S. 385 f. Auch später wurde noch auf diese Reden verwiesen, so z. B.: Ludwig Pestalozzi, Zur Charakteristik A. Stöckers und seiner Bestrebungen, Teil III, in: KF, 21. 8. 1885, S. 257–261. Zudem auch im Organ der Vermittler: Nachrichten und Korrespondenzen, in: VRK, 4. 12. 1880, S. 195 f. Auch andere antisemitische Reden Stoeckers wurden rezipiert. Siehe beispielsweise: Politische Uebersicht, in: ASZ, 14. 10. 1879, S. 2; Johann Jakob Schenkel, Nachrichten, in: ASB, 10. 7. 1883, S. 223 f.; Jakob Schläpfer, Nachrichten, in: ASB, 16. 10. 1886, S. 334–336, S. 335.

534 Um nur einige der vielen Beispiele anzugeben: Carl Pestalozzi, Kirchliche Chronik, in: CVF, 27. 11. 1880, S. 424–426, S. 424; Ludwig Pestalozzi, Die Basler Festwoche, in: EW, 17. 8. 1893, S. 139–142, S. 140; Nachrichten, in: CVB, 6. 12. 1905, Beilage, S. 1. Für das Vermittler-Organ lässt sich z. B. auf eine Artikelserie des Mitarbeiters und Stoecker-Bewunderers Pfarrer Jakob Wälli verweisen, der in dieser Zeitschrift noch weitere antisemitische Artikel verfasste: Jakob Wälli, Hofprediger Stöcker in Stuttgart, 2 Teile, in: KRS, 9./16. 6. 1888, S. 93–95/S. 97–99. Siehe zudem: Nachrichten und Korrespondenzen, in: VRK, 4. 12. 1880, S. 195 f., S. 196.

535 Johann Jakob Schenkel, Nachrichten, in: ASB, 27. 6. 1885, S. 207 f., S. 208.

536 Justus J. Heer, Rundschau auf die kirchlichen Zustände in Deutschland, besonders in Preußen, in: KF, 28. 11. 1879, S. 383–391, S. 385.

537 Politisches, in: CVB, 19. 1. 1881, S. 24.

jüdische Reaktion – im Sinne der Konstruktion eines vermeintlich realen Konflikts – von ‚den Juden' selbst provoziert worden sei.[538] Im Stile einer völligen Verharmlosung der Aktivitäten Stoeckers und der Verkehrung von Täter und Opfer bilanzierte etwa Pfarrer Johann Jakob Schenkel 1881:

> „Gerade weil er die Dinge, die jetzt geschehen, und Schlimmeres, das unter Umständen noch kommen wird, voraussah, hat er die Juden wohlmeinend und rechtzeitig gewarnt und etwas mehr Bescheidenheit und Rücksichtnahme auf die Gefühle der christlichen Bevölkerung von ihnen verlangt. Das ist sein ganzes Vergehen. Man wird bei genauester Prüfung in allen seinen Vorträgen und Ansprachen, die ja sämmtlich [sic!] gedruckt vorliegen, auch nicht Einen gehässigen Ausfall gegen die Juden finden, wohl aber manche ernste Zurückweisung schnöder Aeußerungen, die sich Juden gegen christlicher Lehren und Ueberzeugungen haben zu Schulden kommen lassen, wie auch manches scharfe Zeugniß gegen das schamlose jüdische Treiben im Verkehrsleben [...]. Die Schuld an dem unheimlich glühenden Volkshaß mögen die Juden nirgend anderswo suchen als bei sich selbst."[539]

Auf der Grundlage der antisemitischen Konstruktion eines vermeintlich realen Konfliktes zwischen ‚den Juden' und dem als christlich definierten Deutschland rechtfertigten die konservativ-protestantischen Zeitschriften die judenfeindliche Reaktion – in Übereinstimmung mit Hofprediger Stoecker – als berechtigte ‚Notwehr', wodurch die antisemitischen Täter zu Opfern gemacht wurden. So war für das Organ der Vermittlungstheologie, das „Volksblatt für die reformirte Kirche", Stoeckers antisemitische Agitation im Herbst 1879 „durchaus eine That der erlaubten Ab- und Nothwehr", da Stoecker in seinen öffentlichen Vorträgen das Judenthum in seine Schranken habe zurückweisen wollen.[540] Ihre eigentliche Personalisierung fand die Täter-Opfer-Umkehr in der Stilisierung Pastor Stoeckers zum Opfer, das auf-

---

538  Siehe u. a.: Nachrichten und Korrespondenzen, in: VRK, 4. 12. 1880, S. 195 f.; Politisches, in: CVB, 21. 6. 1893, S. 199 f., S. 200.

539  Johann Jakob Schenkel, Nachrichten, in: ASB, 27. 8. 1881, S. 279–280, S. 279. Die dieser Aussage innewohnende apologetische Strategie, die eine Mitschuld Stoeckers an der Radikalisierung des Antisemitismus, wie sie sich etwa in pogromartigen Vorfällen im Deutschen Reich in den 1880er-Jahren zeigte, abstritt, wurde zu einem wiederkehrenden Diskurselement der Stoecker-Rezeption der konservativ-protestantischen Zeitschriften. Siehe etwa: Nachrichten und Korrespondenzen, in: VRK, 4. 12. 1880, S. 195 f., S. 196; Nachrichten und Korrespondenzen, in: VRK, 8. 1. 1881, S. 8.

540  Eine bedeutsame soziale Frage. Jüdisches, in: VRK, 29. 11. 1879, S. 191. Die Zeitschrift der „Evangelischen Gesellschaft" Zürichs setzte sogar einen entsprechenden Titel: F., Die Nothwehr gegen die Juden, in: EW, 5. 2. 1880, S. 24 f. Des Weiteren siehe: Johann Jakob Schenkel, Nachrichten, in: ASB, 17. 1. 1880, S. 22–24, S. 23.

grund seiner mutigen Stellungnahmen den Anfeindungen des ‚mächtigen' Judentums ausgeliefert sei.[541]

Die Konstruktion ‚der Juden' als dichotom entgegen gesetzte ‚Täter' verband sich zudem häufig mit Angriffen auf den religiösen und politischen Liberalismus.[542] Der Argumentation Stoeckers folgend und auch vom theologischen Richtungsdenken geprägt, verquickten die konservativen protestantischen Zeitschriften Liberale und Juden zu einem gemeinsam agierenden Gegner und sprachen etwa despektierlich von der „Judenpresse und deren christlichen Trabanten"[543]. Häufig fand dabei der Code ‚Judengenossen' zur Bezeichnung der mit den Juden in Verbindung gebrachten Liberalen Verwendung.[544]

Auch nach dem Tode Stoeckers im Jahre 1909 änderte sich die Haltung gegenüber dessen Antisemitismus in den positiven Zeitschriften nicht. Zu seinem Tode erschienen teils umfangreiche Würdigungen seines Lebens,[545] und in den folgenden zwei Jahrzehnten wurden mehrere biografische Porträts publiziert. Diese verharmlosten oder begrüßten auch retrospektiv dessen antisemitische Agitation.[546]

---

541  Für diesen Diskurs siehe etwa: Ernst Miescher, Ein Mann des Volkes, Teil II, in: CVF, 14. 5. 1881, S. 177–180, S. 179 f.; Jakob Wälli, Hofprediger Stöcker in Stuttgart, Teil I, in: KRS, 9. 6. 1888, S. 93–95, S. 93.

542  Siehe z. B.: Justus J. Heer, Rundschau auf die kirchlichen Zustände in Deutschland, besonders in Preußen, in: KF, 28. 11. 1879, S. 383–391, S. 385. Nachrichten, in: CVB, 15. 6. 1881, S. 191 f., S. 191; Johann Jakob Schenkel, Nachrichten, in: ASB, 15. 11. 1884, S. 367 f., S. 368; Nachrichten, in: CVB, 19. 9. 1888, S. 302 f., S. 303.

543  Justus J. Heer, Rundschau auf die kirchlichen Zustände in Deutschland, besonders in Preußen, in: KF, 28. 11. 1879, S. 383–391, S. 384.

544  Als Beispiele seien genannt: Vermischtes, in: EW, 12. 10. 1882, S. 185 f.; Politisches, in: CVB, 1. 7. 1885, S. 208; Otto Zellweger, Nachrichten, in: ASB, 15. 11. 1890, S. 366 f.

545  Siehe: Theodor Sarasin-Bischoff, Ein Blick in das Leben Hofprediger D. Ad. Stöckers, 3 Teile, in: CVB, 17./24. 2. 1909/3. 3. 1909, S. 50–52/S. 60 f./S. 69 f.; Ludwig Pestalozzi, Adolf Stöcker, 2 Teile, in: EW, 18./25. 2. 1909, S. 25–27/S. 29–31. Dass in diesen Lebensbildern Stoeckers Antisemitismus keineswegs kritisiert wurde, zeigte etwa Conrad von Orelli, in dem er in seinem Nachruf hervorhob: „Wie es seine Art war, den Stier bei den Hörnern zu packen, so hat er's auch gewagt, dem hochmütigen Berliner Judentum, dem nichts heilig war, und das sich bereits als die herrschende Macht der Zukunft gebärdete, die Spitze zu bieten. Das ist ihm aber teuer zu stehen gekommen. Bei der die Presse beherrschenden Stellung des Judentums ist es diesem gelungen, Stöcker in der ganzen Welt als Mucker, Heuchler, engherzigen Fanatiker, kurz, als das gerade Gegenteil von dem, was er war, zu verschreien. Die ‚öffentliche Meinung' verstehen diese Herrn ja vortrefflich zu machen und den absurdesten Beschuldigungen z. B. bei der Meineidsgeschichte wußten sie Tür und Tor zu öffnen." (Conrad von Orelli, Adolf Stöcker †, in: KF, 19. 2. 1909, S. 53–58, S. 56.)

546  Siehe: Pf. i. W., Adolf Stöcker, 4 Teile, in: CVF, 13./20./27. 5. 1911/3. 6. 1911, S. 208–211/S. 220–225/S. 233–237/S. 245–247.

Besonders der in Basel erscheinende „Kirchenfreund" stach in dieser Hinsicht heraus. So erschien 1917 eine stark antisemitisch geprägte Artikelserie von Pfarrer Karl Huber. Unter anderem stellte er ins Zentrum seiner Betrachtungen, dass das ‚moderne Judentum' neben der Sozialdemokratie der zweite große Gegner Stoeckers gewesen sei und pflichtete zugleich Heinrich von Treitschke bei:

> „Die zweite Mauer, die Stoecker bekämpfte, war das moderne Geschäftsjudentum. Gegen diese Pestilenz, die im Finstern schleicht, ist er radikal, mit schonungsloser Offenheit, oft auch mit schärfster Satiere [sic!] vorgegangen […].
>
> Wiefern die Kirche heute angesichts des grenzenlosen geschäftlichen Wuchers die Pflicht hat, warnend ihre Stimme zu erheben, ist eine Frage für sich. Wir erinnern nur an das ernste Wort Heinrich von Treitschkes: ‚Die Juden sind unser Unglück.' In der Zeit gewissenlosesten Wuchers liegt es gewiß manchem ehrlichen christlichen Geschäftsmann nahe, dies Urteil zu bestätigen; vielleicht muß es auch unser Volk schmerzlich erfahren, daß sie auch unser Unglück werden könnten."[547]

Auch der von 1913 bis 1929 als Chefredakteur des „Kirchenfreunds" amtierende Pfarrer Wilhelm Hadorn nahm vier Monate nach Ende des Ersten Weltkrieges Bezug auf die beiden wichtigen Figuren des Berliner Antisemitismusstreits Treitschke und Stoecker und rechtfertigte deren judenfeindliche Haltung: „Treitschkes Wort: Die Juden sind unser Unglück! ist nur zu wahr geworden, ist aber nicht beachtet worden. Stoecker ist als ‚Antisemit' verschrien worden, die Judenpresse ruhte nicht, bis er politisch vernichtet war, […]!"[548] Die antisemitische Bezugnahme auf Stoecker hielt bis in die 1930er-Jahre an.[549] Wie bereits zu Stoeckers Lebzeiten, so wurde auch nach seinem Tod dessen Antisemitismus verharmlost und der Hofprediger als von ‚den Juden' nicht gehörter Warner und Mahner geschildert.[550] Apologetisch verklärt wurde etwa Stoeckers Antisemitismus auch anlässlich seines einhun-

---

547   Karl Huber, Vinet und Stoecker, Teil V, in: KF, 23. 3. 1917, S. 86–90, S. 88 f.

548   Wilhelm Hadorn, Das was aufhält, Teil V, in: KF, 15. 3. 1919, S. 45–47, S. 46. Beispiele weiterer Artikel im „Kirchenfreund": Walter Hoch, Christ und Jude, Teil I, in: KF, 17. 5. 1934, S. 145–147, S. 146; Walter Eichrodt, Antisemitismus in alter und neuer Zeit, Teil III, in: KF, 4. 3. 1937, S. 65–72, S. 69.

549   Gerade in Deutschland wirkte Stoecker stark bis nach 1945 nach. Siehe: Jochmann, Stoecker als nationalkonservativer Politiker, S. 185–192; Greschat, Protestantischer Antisemitismus, S. 74–83.

550   Siehe beispielsweise: Ernst Stähelin, Juden und Christen in Vergangenheit, Gegenwart und Zukunft, Teil VI, in: CVF, 21. 3. 1931, S. 138–141, S. 139. Pfarrer Walter Hoch, der sich publizistisch vor allem der ‚Judenfrage' widmete und stark antisemitische Positionen vertrat, machte wiederholt Bezüge auf Stoecker. Siehe z. B.: Walter Hoch, „Die Judenfrage" von Gerhard Kittel. (Eine grundsätzliche Besprechung.), in: KRS, 24. 8. 1933, S. 261–265, S. 261; Walter Hoch, Adolf Stoecker, 2 Teile, in: CVF, 30. 11. 1935/7. 12. 1935, S. 572–574/S. 582–587.

dertsten Geburtstags 1935, als der „Schweizerische Verband evangelischer Arbei ter und Angestellter", der in christlich-sozialer Tradition stand, dem Hofprediger in seinem Publikationsorgan eine von Edmund Ernst verfasste hagiografische Ar tikelserie widmete.[551] Auch Stoeckers zynischer Aufruf an ‚die Juden' aus der ersten ‚Judentum-Rede', ein bisschen „bescheidener" und „toleranter" zu sein und mehr „Gleichheit" anzustreben,[552] wurde in der posthumen Stoecker-Rezeption wieder aufgegriffen.[553]

Während somit die Positiven wie auch die Vermittler aufgrund der theologisch- weltanschaulichen Nähe Stoeckers Haltung in der ‚inneren Mission' sowie in Sachen Antisemitismus rezipierten, goutierten und reproduzierten, stellte der Hofprediger für den liberalen Protestantismus der Deutschschweiz eine Personifikation der ‚or- thodoxen' Gegner des religiösen ‚Freisinns' in Preußen – speziell in Berlin – dar.[554] Der Richtungsgegensatz führte auf liberaler Seite somit zu einer weitgehenden Ab- lehnung des politisierenden Pastors. Zugleich war die Beschäftigung mit Stoeckers Ansichten weniger intensiv als auf positiver Seite. Von den Liberalen wurden die Juden und der kirchliche und politische Freisinn als gemeinsame Opfer Stoeckers dargestellt, weswegen eine Abgrenzung von dessen Antisemitismus stattfand. Die- sem Diskurs folgend, betonte die in Bern erscheinende „Reform" Ende 1879, dass nun den ‚Orthodoxen' die Bekämpfung des freisinnigen Christentums nicht mehr aus- reiche, nun müsse auch noch ‚der Jude' dranglauben.[555] Dieselbe Zeitschrift schrieb im Juni 1880 in lebhafter Sprache, dass der Hofprediger bildlich am besten so dar- gestellt würde, wenn er mit dem rechten Fuß einen Juden zertrete und mit der lin- ken Hand einen freisinnigen Geistlichen erwürge.[556] Entsprechend hoffnungsvoll

---

551 Edmund Ernst, Zum hundertsten Geburtstag Adolf Stoeckers, 3 Teile, in: Evangelisch-sozia- le Warte, 15. 6. 1935/1./15. 1. 1936, S. 1 f./S. 1 f./S. 1–3. Die Artikelserie erschien auch als Broschüre: Edmund Ernst, Adolf Stöcker, der evangelische Arbeiterführer 1835/1935. Dem Vorkämpfer für evangelisch-soziale Arbeit in Deutschland, Zürich-Seebach 1935.

552 Stoecker, Unsere Forderungen an das moderne Judentum, S. 14; S. 19; S. 22.

553 Siehe Pf. i. W., Adolf Stöcker, Teil II, in: CVF, 20. 5. 1911, S. 220–225, S. 224; Der Antisemitismus in Deutschland nach dem Kriege 1870 und dem Weltkriege, in: FI 52 (1925) 3, S. 42–44, S. 42; Wal- ter Hoch, Christ und Jude, Teil I, in: KF, 17. 5. 1934, S. 145–147, S. 146; Walter Eichrodt, Antisemi- tismus in alter und neuer Zeit, Teil III, in: KF, 4. 3. 1937, S. 65–72, S. 69.

554 Für die Darstellung Stoeckers als theologischer Gegner siehe z. B. die redaktionelle Bemerkung in: Gottfried Schönholzer, Eine andere Meinung, in: RVB, 16. 3. 1878, S. 83–85, S. 83. Siehe zu- dem: Salomon Zimmermann, Chronik, in: SRB, 24. 4. 1881, S. 135–136; Albert Kalthoff, Aus dem kirchlichen Leben Berlins, Teil I, in: SPB, 11. 10. 1884, S. 374–378, S. 377 f.; Hans Albrecht, Aus Staat und Kirche, in: RVB, 26. 9. 1885, S. 327–329, S. 328 f.

555 Salomon Zimmermann, Reformchronik, in: RZ, 6. 12. 1879, S. 460–463, S. 460.

556 Salomon Zimmermann, Reformchronik, in: RZ, 12. 6. 1880, S. 197–200, S. 199. Als weitere Bei- spiele für diesen Diskurs: Die neueste Volksbeschwindelung, in: SPB, 29. 10. 1881, S. 352 f.; Die

folgerte das „Schweizerische Protestantenblatt" Ende Juli 1885, dass Stoecker als ideologischer Gegner aus dem kirchlichen und politischen Leben gedrängt werde, da ihm in einem Verleumdungsprozess ein Meineid nachgewiesen werden konnte:

> „Und Hofprediger Stöcker ist derselbe Mann, der den Beruf in sich fühlt, dem deutschen Volke als Bußprediger in's Gewissen zu reden, die liberalen Geistlichen am Ohrläppchen von der Kanzel herunter zu führen, den Juden Bescheidenheit beizubringen [...]. Wird dieser dreiste Mund nun endlich verstummen, wird diese unheilvolle Persönlichkeit nun endlich von der Bildfläche einer ungeistlichen und unchristlichen Agitation verschwinden, werden seine Trabanten anfangen, sich dieses Führers zu schämen?"[557]

Begriffe wie ,Judenhetze' und ,Judenverfolgung' wurden von den Liberalen zur Beschreibung der Vorgänge, die an die „niedrigsten Volksinstinkte"[558] appellieren würden, herbeigezogen. Dies ließ die antisemitische Agitation des Hofpredigers besonders verwerflich erscheinen, wurde sie doch damit zu einem barbarischen, unzivilisierten, sprich einem dem Fortschritt, den sich die Liberalen auf die Fahnen geschrieben hatten, entgegengesetzten Akt erklärt.[559] In diesen Diskurs fügte sich auch der Vergleich der antisemitischen Hetze mit mittelalterlichen Zuständen ein.[560] Die in den liberal-protestantischen Zeitschriften überwiegende Ablehnung des Stoeckerschen Antisemitismus schloss hingegen nicht aus, dass dieselben Periodika in den gleichen Artikeln ebenfalls antisemitisch argumentierten.[561] Die theo-

kirchlichen Wahlen in Berlin, in: SPB, 11. 11. 1882, S. 371 f.; Aus Staat und Kirche, in: RVB, 15. 11. 1890, S. 384–386; Mancherlei Socialismus, in: SPB, 27. 3. 1897, S. 101 f.

557 Hofprediger Stöcker im Prozess, in: SPB, 25. 7. 1885, S. 277 f., S. 278.

558 Conrad Wilhelm Kambli, Der Hofprediger Stöcker in Zürich, in: ZRK, 16. 4. 1881, S. 138–153, S. 148.

559 Siehe z. B.: Conrad Wilhelm Kambli, Der Hofprediger Stöcker in Zürich, in: ZRK, 16. 4. 1881, S. 138–153, S. 139; S. 148; Salomon Zimmermann, Chronik, in: SRB, 11. 9. 1881, S. 295 f., S. 295; Die kirchlichen Wahlen in Berlin, in: SPB, 11. 11. 1882, S. 371 f., S. 372.

560 Siehe z. B.: Salomon Zimmermann, Chronik, in: SRB, 11. 9. 1881, S. 295 f., S. 295. Die Assoziierung des Antisemitismus mit mittelalterlicher Rückständigkeit entsprach einer von liberaler Seite auch in Deutschland öfters angewandten Diskursstrategie im ,Berliner Antisemitismusstreit', wie dies Christhard Hoffmann in seiner Analyse dieser Debatte aufzeigt: Hoffmann, Geschichte und Ideologie, S. 229–233. Ebenfalls geschichtlich argumentierend, versuchte deshalb laut Hoffmann Heinrich von Treitschke die Konzeption eines barbarischen Mittelalters als ,jüdische Konstruktion' zu diskreditieren.

561 Dies war vor allem beim „Schweizerischen Protestantenblatt" aus Basel der Fall. Siehe z. B.: Alfred Altherr, Hofprediger Stöcker in Basel, in: SPB, 9. 4. 1881, S. 119 f., S. 119; Oskar Brändli, Kreuz und Quer, in: SPB, 18. 7. 1885, S. 266 f., S. 266; Aus der Rede gegen die Juden, 2 Teile, in: SPB, 25. 10. 1890/1. 11. 1890, S. 341 f./S. 350–354. Als prototypisch kann zudem angesehen werden: Salomon Zimmermann, Reformchronik, in: RZ, 6. 12. 1879, S. 460–463, S. 461 f.

logisch-kirchenpolitische Richtung gab die Haltung gegenüber Adolf Stoecker und somit auch gegenüber dessen Antisemitismus vor. Die richtungsspezifischen Deutungen überlagerten sich folglich mit innerprotestantischen Konfliktlinien. Man war für oder gegen den Antisemitismus Stoeckers, weil man grundsätzlich ein Anhänger oder Gegner des Hofpredigers war. Die Liberalen kritisierten daher Stoeckers Antisemitismus nicht aus dem Grund, dass sie die Judenfeindschaft per se für verwerflich hielten, sondern da sie seine dem Liberalismus diametral entgegengerichteten theologischen, gesellschaftlichen und politischen Ansätze verabscheuten.

Die starke mediale Präsenz Adolf Stoeckers als Folge seiner politischen Agitation ließ den Berliner Hofprediger zu einem eigentlichen Ereignis, zu einem begehrten Redner und Prediger werden. Daher erstaunt es nicht, dass Stoecker aufgrund seiner Beliebtheit in konservativ-protestantischen Kreisen zu insgesamt fünf Vortragsreisen in die Schweiz eingeladen wurde, wobei er besonders häufig Basel besuchte. Die ‚Gönner‘ respektive Organisatoren, denen es gelang, Stoecker für Vorträge in die Schweiz zu locken, waren konservativ-protestantische Netzwerke aus Basel, Bern und Zürich.[562] Das erste Mal kam das ‚Ereignis Stoecker‘ 1881, also in der Phase des Antisemitismusstreits, in die Schweiz. Die vier weiteren Visiten fanden 1891 (zweimal), 1894 und 1901 statt.[563] 1907 besuchte Stoecker ein sechstes Mal die Schweiz, sprach aber aufgrund seines verschlechterten Gesundheitszustandes nur noch in privatem Rahmen.[564] Anlässlich seines ersten Besuches sprach Stoecker am 3. und 4. April 1881 in Basel, reiste für drei Veranstaltungen weiter nach Bern und referierte schließlich am 7. April in Zürich. Stoecker war ein Publikumsmagnet.[565] Der erste Besuch des Hofpredigers setzte den Trend für die weiteren Reisen: Einerseits bildeten die drei großen protestantischen Städte der Deutschschweiz den üblichen Rahmen, andererseits referierte oder predigte Stoecker jeweils sowohl im öffentlichen als auch geschlossenen Rahmen. Auch die Themenfelder von 1881 –

562 Zu den Organisatoren siehe beispielsweise: Ludwig Pestalozzi, Stöcker in Zürich, in: EW, 14. 4. 1881, S. 68–70; Heinrich Frank, Chronik, in: SRB, 5. 7. 1885, S. 215 f.; J. Häberlin-Schaltegger, Stöcker in Zürich, in: RVB, 2. 5. 1891, S. 149. Zu Basel siehe: Janner, Zwischen Machtanspruch und Autoritätsverlust, S. 214.

563 Stoecker besuchte auf seinen Vortragsreisen folgende Städte: 1881: Basel, Bern, Zürich; 1891: Basel, Bern, Genf; 1891 (auf der Rückreise von der Versammlung der Evangelischen Allianz in Florenz): Zürich; 1894: Basel, Olten, Bern; 1901: Basel; 1907: Basel.

564 In Basel, aber auch in anderen Städten hielt Stoecker während seiner Aufenthalte meist mehrere Predigten oder Vorträge. Eine Auflistung aller von Stoecker gehaltenen Vorträge und Predigten in Basel (und Riehen) zwischen 1881 und 1907 findet sich in: Theodor Sarasin, Ein Blick in das Leben Hofprediger D. Ad. Stöckers, Teil III, in: CVB, 3. 3. 1909, S. 69 f., S. 69.

565 Für die Berichterstattung siehe z. B.: Johann Jakob Schenkel, Nachrichten, in: ASB, 9. 4. 1881, S. 118 f., S. 119; Nachrichten, in: CVB, 13. 4. 1881, S. 118–120; Ludwig Pestalozzi, Stöcker in Zürich, in: EW, 14. 4. 1881, S. 68–70.

‚Kirche', ‚Mission' und ‚soziale Frage' – blieben sich bei den späteren Besuchen gleich. Vor allem seine ersten beiden Reisen von 1881 und 1891 waren ein großes gesellschaftliches und mediales Ereignis, das stark polarisierte.[566] Es kam sogar zu Protestaktionen von sozialdemokratischer Seite.[567] Gerade im Vorfeld von Stoeckers erstem Besuch kam es auch von Seiten des liberalen Protestantismus teilweise zu beißender Kritik.[568] Nicht erstaunlich ist, dass die Auftritte Stoeckers in den konservativ-protestantischen Zeitschriften sehr positiv aufgenommen wurden. Mehrere Reden wurde abgedruckt und anschließend als Separatdrucke veröffentlicht.[569]

566  So kam es zu einer ausgedehnten Pressepolemik zwischen den protestantischen Periodika, aber auch in den Tageszeitungen wurde Stellung bezogen. Siehe etwa die heftige Reaktion auf die „Zeitstimmen"-Artikel des liberalen Pfarrers Conrad Wilhelm Kambli, der selbst regelmäßig zur ‚sozialen Frage' publizierte und somit in thematischer Konkurrenz zu Stoecker stand: Ludwig Pestalozzi, Herr Pfarrer Kambli in Horgen und Herr Hofprediger Stöcker in Berlin, in: EW, 5. 5. 1881, S. 81–83; Justus J. Heer, Hofprediger Stöcker vor dem Richterstuhl der „Zeitstimmen", 2 Teile, in: KF, 13./27. 5. 1881, S. 154–160/S. 165–169. Die Kritik bezog sich auf folgenden Artikel Kamblis: Conrad Wilhelm Kambli, Der Hofprediger Stöcker in Zürich, in: ZRK, 16. 4. 1881, S. 138–153.

567  Die Sozialdemokratie betrachtete Stoecker seit seiner Gründung der „Christlich-Sozialen Arbeiterpartei" als politischen Gegner. Siehe zu den Protesten: Nachrichten, in: CVB, 13. 4. 1881, S. 118–120; Ludwig Pestalozzi, Stöcker in Zürich, in: EW, 14. 4. 1881, S. 68–70; Hans Albrecht, Aus Staat und Kirche, in: RVB, 28. 3. 1891, S. 108–110; Otto Zellweger, Nachrichten, in: ASB, 4. 4. 1891, S. 111 f. Auch die „Neue Zürcher Zeitung" berichtete über diese Störmanöver: Lokales, in: NZZ, 8. 4. 1881, S. 2. Die liberale Zeitung gab auch eine Version von Stoeckers Rede wider, in der die Zwischenrufe vermerkt waren: Rede des Herrn Hofprediger Stöcker, in: NZZ, 9. 4. 1881, S. 2 f.

568  Hierbei ist vor allem auf mehrere Artikel von Pfarrer Albert Bitzius (Jr.) zu verweisen: Albert Bitzius, Stöcker, 3 Teile, in: SRB, 24. 4. 1881/22./29. 5. 1881, S. 132–135/S. 162–166/S. 171–175. Vereinzelt wurde Stoecker in der liberalen Presse aber auch Lob für dessen soziale Tätigkeit gezollt: Alfred Altherr, Hofprediger Stöcker in Basel, in: SPB, 9. 4. 1881, S. 119 f., S. 120; Oskar Brändli, Ein Hofprediger in Basel, in: RVB, 16. 4. 1881, S. 132–134, S. 134; J. Häberlin-Schaltegger, Stöcker in Zürich, in: RVB, 2. 5. 1891, S. 149.

569  Als Broschüren erschienen: Adolf Stoecker, Die soziale Frage im Lichte der Bibel. Vortrag gehalten Dienstag den 5. April 1881 in der französischen Kirche in Bern, Bern 1881; Adolf Stoecker, Die persönliche Verantwortung der Besitzenden und Nichtbesitzenden in der socialen Bewegung der Gegenwart, Vortrag gehalten in der St. Martinskirche zu Basel, Basel 1881. Diese Schrift wurde dem „Christlichen Volksboten" am 13. April 1881 auch als Extrabeilage hinzugefügt. Siehe zudem: Adolf Stoecker, Arm und Reich. Vortrag gehalten im Münster zu Basel am 18. März 1891, Separat-Abdruck aus dem „Christlichen Volksboten", Basel 1891. Auch die protestantisch-konservative Zeitung des „Eidgenössischen Vereins", die „Allgemeine Schweizer Zeitung", gab unter anderem 1881 Stoeckers Reden in Basel umfangreich wieder: W. M., Licht und Schatten in der evangelischen Kirche der Gegenwart, in: ASZ, 5. 4. 1881, S. 1; Ein christlich-sociales Mahnwort, in: ASZ, 6. 4. 1881, S. 1. Das Organ der Vermittler äußerte sich ebenfalls mehrfach sehr positiv über die Auftritte Stoeckers. Siehe z. B.: Kirchliche Chronik, in: KRS, 9. 5. 1891, S. 75 f.

Es fällt auf, dass Stoecker auf seinen Reisen durch die Schweiz nie die 'Juden-frage', zu der er in Deutschland landauf, landab referierte, zum Thema eines Vor-trags machte.[570] Die liberalen „Schweizerischen Reformblätter" führten dies anläss-lich des ersten Besuchs des Hofpredigers darauf zurück, dass „im antisemitischen Geschäft in der Schweiz" nicht viel zu machen sei.[571] Die Positiven wiederum erach-teten durch seine gemäßigten Auftritte die Verunglimpfung Stoeckers als Agitator als widerlegt.[572]

Es überrascht wenig, dass Adolf Stoecker nicht die 'Judenfrage' zum Inhalt sei-ner Auftritte machte, da er in der Schweiz primär als religiöser Redner und Predi-ger und nicht als politischer Agitator auftrat. Auch pflegten Stoeckers Predigten, wie Hans Engelmann betont, im Vergleich zu seinen politischen Reden grundsätz-lich weniger antisemitisch zu sein.[573] Ganz frei von antisemitischen Äußerungen waren seine Auftritte dennoch nicht. Bei einer exklusiv für Männer organisierten Versammlung im Berner „Casino" wurde die 'Judenfrage' von Seiten des Publikums thematisiert und in der Folge diskutiert. Der „Christliche Volksbote" aus Basel war darob begeistert und attestierte Stoecker – den Diskurs reproduzierend, dass dieser die Juden ja nur ermahnen wolle – große 'Liebe' gegenüber 'Israel':

> „Ueber seine Stellung zur Judenfrage von einem hiesigen Geistlichen interpel-liert, gab uns Hr. Stöcker in seiner durchsichtigen lebendigen Weise Aufschluß. Wie anders, als man's aus Schimpfblättern schließen könnte, stand der edle Mann da, der Israel liebt, nur seine Uebergriffe in die Heiligthümer der Völ-ker, unter welchen Israel als gesetzlich, gleichberechtigt lebt, nicht ungeahndet wissen will. Kein Racenhaß, keine Ausnahmegesetze; aber Schutz gegen Verun-glimpfung und Beeinträchtigung durch freche Menschen ohne Religion, Pietät, das will Hr. Stöcker, – und zwar Schutz nicht durch Gewalt, sondern durch die Neubelebung des christlich nationalen Geistes Deutschlands."[574]

Antisemitische Aussagen Stoeckers lassen sich anhand der Berichterstattung in den konsultierten Zeitschriften auch für seine wohl am stärksten politisch gefärbte Rede in der Schweiz nachweisen, die er am 7. April 1881 in der Zürcher Tonhalle

---

570   Siehe die Zeittafel, in der auch Vorträge aufgenommen sind, in: Günter Brakelmann, Adolf Stoe-cker als Antisemit, Teil 1: Leben und Wirken Adolf Stoeckers im Kontext seiner Zeit, Waltrop 2004, S. 7–116.

571   Salomon Zimmermann, Chronik, in: SRB, 3. 4. 1881, S. 111 f.

572   Siehe z. B.: Licht und Schatten aus der evangelischen Kirche der Gegenwart, in: CVB, 6. 4. 1881, S. 106–108, S. 106; Johann Jakob Schenkel, Nachrichten, in: ASB, 9. 4. 1881, S. 118 f., S. 119.

573   Engelmann, Kirche am Abgrund, S. 68; Greschat, Protestantischer Antisemitismus, S. 30.

574   Nachrichten, in: CVB, 13. 4. 1881, S. 118–120, S. 119.

vor 2000 Anwesenden zum Thema „Socialdemokratisch, socialistisch, christlich-social" hielt.[575]

Die intensive Rezeption von Stoeckers Antisemitismus durch die Positiven und Vermittler zeigt auf, welch großen Einfluss der deutsche Kontext auf den Antisemitismus im Protestantismus der Deutschschweiz besaß. Die transnationale theologisch-weltanschauliche, konfessionelle, aber auch sprachlich-kulturelle Verbundenheit mit dem (protestantischen) Deutschen Reich führte dazu, dass die Positiven Stoeckers Antisemitismus breit rezipierten und wiedergaben. Daraus resultierte eine Verdichtung judenfeindlicher Diskurse, und Deutschland wurde für den Deutschschweizer Protestantismus durch die Rezeption der Aktivitäten des Berliner Hofpredigers noch ausgeprägter zum Referenzrahmen in Sachen Antisemitismus. Die im Zusammenhang mit der Rezeption Stoeckers getätigten antisemitischen Aussagen – und dies ist wichtig – bezogen sich hierbei fast ausschließlich auf Deutschland. Die ‚Judenfrage' wurde somit auch in diesem Fall exterritorialisiert. Aufgrund der Multiplikatorwirkung von Periodika kann davon ausgegangen werden, dass die Stoecker-Rezeption auch zu einer allgemeinen Popularisierung und Verstärkung modern-antisemitischer Diskurse im konservativen Protestantismus, aber auch in den Kreisen der Vermittlungstheologie in der Deutschschweiz führte. Zentrale Elemente des Transfers stellten hierbei der Abdruck und die Besprechung antisemitischer Reden Stoeckers dar, wobei vor allem das deutsche christlich-soziale Blatt „Der Reichsbote" als Transmissionsriemen diente, denn die konservativen protestantischen Zeit-schriften der Deutschschweiz bezogen sich oft auf diese Stoecker freundlich gesinnte Quelle.[576] Dass der Transfer antisemitischer Aussagen aus dem Berliner Kontext tatsächlich vollzogen wurde und es sich nicht um eine bloße Darstellung der Diskussionen handelte, verdeutlichen die grundsätzlich zustimmenden Kommentare zu Stoeckers antisemitischen Aussagen und das Aufgreifen seiner Argumentation.

---

575  Zur antisemitischen Äußerung Stoeckers: Conrad Wilhelm Kambli, Der Hofprediger Stöcker in Zürich, in: ZRK, 16. 4. 1881, S. 138–153, S. 142; S. 148; Rede des Herrn Hofprediger Stöcker, in: NZZ, 9. 4. 1881, S. 2 f., S. 2. Für die Berichterstattung siehe u. a.: Nachrichten, in: CVB, 20. 4. 1881, S. 124–126. Zu weiteren antisemitischen Aussagen kam es offensichtlich auch 1891 in Genf und 1894 anlässlich seines Auftritts vor der Jahresversammlung des „Evangelisch-kirchlichen Vereins" in Olten. Zu Genf siehe: Otto Zellweger, Nachrichten, in: ASB, 4. 4. 1891, S. 111 f., S. 112. Zu Olten siehe: Karl Stockmeyer, Die Jahresversammlung des schweizerischen evangelisch-kirchlichen Vereins, in: KRS, 16. 6. 1894, S. 94 f., S. 95; Der schweizerische Evangelisch-kirchliche Verein, in: KF, 29. 6. 1894, S. 202–207, S. 205.

576  Siehe z. B.: Ludwig Pestalozzi, Kirchliche Rundschau vom Januar, Teil I, in: EW, 12. 2. 1880, S. 28–30, S. 29 f.; Johann Jakob Schenkel, Nachrichten, in: ASB, 26. 9. 1885, S. 310–312; Otto Zellweger, Nachrichten, in: ASB, 2. 3. 1889, S. 70–72, S. 71.

## 6 Die ‚Freunde' als Judenfeinde – der Antisemitismus des judenmissionarischen „Vereins der Freunde Israels"

Nachdem in der bisherigen Analyse des Antisemitismus in der Zeitspanne von 1870 bis 1895 zentrale Charakteristika der Judenfeindschaft des deutschschweizerischen Protestantismus die Kapitelstruktur bestimmten, ist das sechste Kapitel nicht richtungsübergreifend ausgerichtet, sondern widmet sich mit der Beleuchtung des judenmissionarischen „Vereins der Freunde Israels" einem Fallbeispiel. Das Missionsblatt „Freund Israels" des Basler Judenmissionsvereins, der 1830 durch eine kleine Gruppe junger, pietistisch geprägter Theologen, Judenmissionare und Laien als eines verschiedener sogenannter Reichgotteswerke konstituiert worden war, nimmt innerhalb der systematisch analysierten Zeitschriften eine Sonderstellung ein. Dies insofern, als aufgrund seiner christlich-heilsgeschichtlich motivierten Beschäftigung mit dem Judentum antisemitische Äußerungen in den Spalten dieser monothematischen Zeitschrift überaus häufig zu finden waren.[577] Nach einem kurzen Blick auf die Geschichte der „Freunde Israels" und ihrer judenmissionarischen Motivation werden die spezifischen Dimensionen des Antisemitismus des Vereins, die sein zwischen heilsgeschichtlicher Stilisierung und antisemitischer Verteufelung schwankendes ‚Judenbild' prägten, analysiert. Des Weiteren wird auch die breite Rezeption judenmissionarischer Anläße vor allen Dingen im pietistisch geprägten Protestantismus der Deutschschweiz und der damit einhergehenden groß-

---

577  Während der Forschungsarbeit für diese Dissertation veröffentlichte der Autor zwei Publikationen zum Antisemitismus des judenmissionarischen Vereins, die einige der hier entwickelten Gedanken bereits beleuchten: Metzger, Zwischen heilsgeschichtlichen Erwartungen und Judenfeindschaft; Metzger, Vereinnahmende Inklusion. Zum „Verein der Freunde Israels" existiert für den Untersuchungszeitraum von 1830 bis 1890 eine umfangreiche Untersuchung der Basler Historikerin Sara Janner: Janner, Zwischen Machtanspruch und Autoritätsverlust. Janner zieht den Verein als exemplarisches Beispiel für die Vergemeinschaftungsbestrebungen des konservativ-protestantischen alten Bürgertums der Stadt Basel heran. Ein ausführliches Hauptkapitel setzt sich hierbei aus sozialgeschichtlicher Perspektive mit den Akteuren, dem Netzwerk und der Struktur des Vereins auseinander. Der Antisemitismus des judenmissionarischen Vereins, der sich vor allem in seinem Publikationsorgan greifen lässt, wurde jedoch nicht in die Charakterisierung dieses ‚Reichgotteswerkes' integriert, wie auch generell Janners Ansatz eine Analyse des Vereinsorgans ausklammerte. Zur Gründungsphase der „Freunde Israels" siehe zudem: Janner, Judenmission in Basel in der ersten Hälfte des 19. Jahrhunderts. Aus einer vereinsinternen Perspektive bieten auch die drei Festschriften der Vereinigung einen Einblick in dessen Geschichte. Die judenmissionarische Perspektive scheint vor allem in den beiden Festschriften von 1881 und 1931 deutlich durch: Johannes Schnell, Der Verein der Freunde Israels zu Basel. Seine Entstehung und seine Arbeit während fünfzig Jahren, Basel 1881; Gerhardt, Hundert Jahre Verein der Freunde Israels. Neueren Datums und mit selbstkritischem Blick: Willi, Die Geschichte des Vereins der Freunde Israels in Basel.

räumigeren Verbreitung antisemitischer Konzeptionen des Vereins thematisiert. Im abschließenden Unterkapitel liegt der Fokus auf Friedrich Heman, der als langjähriger Direktor die publizistischen Geschicke des Vereins und dessen Antisemitismus grundlegend prägte.

## Heilsgeschichtlich motiviertes Interesse am Judentum im Zeichen endzeitlicher Hoffnungen

„Israels Sünde und Fehler [ist], dass es bis auf den heutigen Tag nicht einsehen will, dass es nur durch den Glauben an Jesum, den vollkommenen Knecht Gottes, tüchtig werden kann wahrhaftig Gottes Knecht zu werden [...]. Helfen wir also, beten und arbeiten wir, dass die Decke von Israels Angesicht weggenommen werde, dann wird das Reich Gottes kommen."[578] Dieser Aufruf zum Gebet für die Bekehrung Israels aus der Vereinszeitschrift von März 1876 legt die judenmissionarische Motivation der Vereinigung frei: Von der Konversion ‚der Juden' erhofften sich die judenmissionarischen Kreise der „Freunde Israels" den Anbruch des ‚Reich Gottes', die Wiederkunft Christi. Der funktionale Zusammenhang, der von der protestantischen Judenmission zwischen der Konversion der Juden und der Ankunft des ‚Tausendjährigen Reiches' theologisch konstruiert wurde, zeigt auf, dass die Judenmission nicht zuletzt als Versuch verstanden werden kann, aktiv in den imaginierten heilsgeschichtlichen Prozess einzugreifen und die Ankunft des ‚Reich Gottes' zu beschleunigen. Dies offenbarte Friedrich Heman beispielsweise in seinem Bericht am Jahresfest der „Freunde Israels" von 1877. Er war überzeugt, dass der Herr umso eher erkennen werde, „dass er sein Volk in die Christenheit einführen" könne, – was als Voraussetzung für die Ankunft des ‚Reiches Gottes' gesehen wurde –, wenn sich die Gläubigen der Judenmission annehmen würden.[579] Für das Interesse des „Vereins der Freunde Israels" an ‚den Juden' ist diese chiliastische und heilsgeschichtliche Erwartungshaltung fundamental wichtig, denn es war kein Interesse an ‚den Juden' um der Juden willen, sondern eines um der Christen willen. Deshalb wurde in den theoretischen Ausführungen dagegen votiert, die christlich-verzerrte Wahrnehmung und heilsgeschichtliche Stilisierung der Juden durch die Judenmission mit dem Konzept ‚Philosemitismus' fassen zu wollen.[580]

Die heilsgeschichtliche Funktionszuschreibung der „Freunde Israels" an ‚die Juden' fußte auf einem biblizistischen Schriftverständnis, das der neutestamentlichen

---

578  Der Knecht Jehova's, in: FI 3 (1876) 2, S. 25–32, S. 32.

579  Friedrich Heman, Sechsundvierzigster Jahresbericht des Vereins der Freunde Israels in Basel 1876–1877, in: FI 4 (1877) 4, S. 101–119, S. 118.

580  Siehe hierfür Kapitel 4 in Teil II.

Aussage, das Heil komme von den Juden (Joh 4,22), bleibende Bedeutung beimaß.[581] Die Vorstellung einer fortdauernden Auserwähltheit des ‚jüdischen Volkes' wies judenmissionarischen Gesellschaften im Protestantismus eine Randstellung zu.[582] Auch deshalb hatte die Judenmission im Vergleich zur viel größeren ‚Heidenmission' einen schwereren Stand, zumal ihr vorgehalten wurde, dass sie erfolglos sei.[583] In der Tat ließ sich denn auch nur eine Minderheit der Religionsübertritte vom Christentum zum Judentum auf direkte Missionstätigkeit zurückführen.[584] Die chilias-

581   Auf diese Bibelstelle wurde im „Freund Israels" regelmäßig verwiesen. Siehe etwa: Carl Sarasin, Rede am Jahresfeste der Freunde Israels, in: FI 5 (1877) 5, S. 141–149, S. 142; Lutz, Festrede bei der Jahresfeier der Freunde Israels, in: FI 15 (1888) 4, S. 118–127, S. 120; Das Heil kommt von den Juden. Ev. Joh. 4, 22. Rede am Epiphaniasfeste 1895, in: FI 22 (1895) 2, S. 17–23.

582   Diese Randstellung der Judenmission im kontinentalen Protestantismus betont auch: Heinrichs, Das Judenbild im Protestantismus, S. 499.

583   Diesem Rechtfertigungsdruck sah sich der Verein wiederholt ausgesetzt. Dies geht etwa daraus hervor, dass er sich häufiger über das in seinen Augen zu geringe Maß an Anerkennung und Unterstützung beschwerte. Siehe etwa: Die Collecte im Jahre 1898, in: FI 16 (1899) 2, S. 17–23, S. 17 f. Zum Rechtfertigungsdruck der Judenmission im Allgemeinen siehe auch: Heinrichs, Das Judenbild im Protestantismus, S. 499–503; Viola Schrenk, „Seelen Christo zuführen". Die Anfänge der preußischen Judenmission, Berlin 2007, S. 341–343. Angriffen sah sich die Judenmission selbst von konservativer Seite ausgesetzt. Ob einer Kritik an der Judenmission vom Berner Pfarrer und „Kirchenfreund"-Redakteur Wilhelm Hadorn im Jahre 1892 kam es zu einem Zwist mit dem „Freund Israels", in den sich auch das liberale „Schweizerische Protestantenblatt" einschaltete: Wilhelm Hadorn, Eine kritische Stimme über die Judenmission, in: KF, 9. 12. 1892, S. 393–398; Friedrich Heman, Die Angriffe des Herrn A. Wiegand in Stanislau auf die Judenmission, in: KF, 23. 12. 1892, S. 411–417; Ein wahres Wort über die Juden-Bekehrung, in: SPB, 7. 1. 1893, S. 6–8; Noch einmal Judenmission, in: SPB, 28. 1. 1893, S. 30–32; Kirchenfreund und Protestantenblatt gegen Judenmission, in: FI 20 (1893) 1, S. 1–14; Conrad von Orelli, Kirchliche Rundschau, in: KF, 24. 3. 1893, S. 86–89, S. 89; Kirchenfreund gegen Judenmission?, in: FI 21 (1893) 2, S. 40–45; Erklärung von Pastor Wiegand, betreffend sein Urtheil über die Judenmission, in: FI 20 (1893) 4, S. 96. Das vermittlerische „Volksblatt für die reformirte Kirche der Schweiz" argumentierte stärker finanziell, indem es suggerierte, dass viel höhere Summen notwendig seien, um einen Juden zu bekehren als einen ‚Heiden': Kirchenchronik, in: VRK, 14. 7. 1877, S. 111 f., S. 112; Nachrichten und Korrespondenzen, in: VRK, 19. 7. 1884, S. 230–232, S. 232.

584   Zu Konversionen und ihren Motiven siehe die beiden Fallstudien zu zwei Städten mit großer jüdischer Einwohnerzahl: Anna Staudacher, Jüdische Konvertiten in Wien 1782–1858, Frankfurt a. M. 2002; Deborah Hertz, How Jews Became Germans. The History of Conversion and Assimilation in Berlin, New Haven/London 2007. Der „Verein der Freunde Israels" zeigte sich gegenüber Konversionen, die nicht durch die Judenmission und ‚erweckliche' Ereignisse befördert wurden, skeptisch, wobei antisemitische Sichtweisen erkennbar wurden. Selbst gegenüber durch die Judenmission Bekehrten blieb eine gewisse Skepsis zurück, da eine völlige ‚Umkehr' der Proselyten angezweifelt wurde. Siehe etwa: Stimmen der Missionare über die Israeliten des Festlandes, in: FI 4 (1877) 2, S. 63–68, S. 66; Friedrich Heman, Erfahrungen aus der Proselytenpflege, in: FI 6 (1879) 5, S. 113–131, S. 117; Das Verhalten der Juden zum Christenthum in der Neu-

tische Grundströmung in der Theologie der „Freunde Israels" prägte auch ihr Geschichtsverständnis und den Blick auf das Zeitgeschehen, indem Entwicklungen in der Gegenwart häufig als ‚Zeichen der Zeit' gedeutet und innerhalb des endzeitlich ausgerichteten Erwartungshorizonts verortet wurden. Entsprechende Hoffnungen löste etwa die messianisch-judenchristliche Bewegung des Rabbiners Joseph Rabinowitz in Kischinew Ende des 19. Jahrhunderts aus.[585] Diesen Erwartungen verlieh zum Beispiel der Leipziger Missionar Wilhelm Faber als Gastredner am Jahresfest des Vereins von 1886 Ausdruck, als er die kleine Gruppierung als Schritt in die Endzeit deutete: „Wir sollen die Hände betend über die zarte Pflanzung breiten, dass der raue Frost sie nicht verderbe und Gott ihr gebe Früh- und Spatregen [sic!] zu seiner Zeit. Die Kischinewer Bewegung ist ein wichtiger Ruck des Zeigers vorwärts auf dem Zifferblatt der Geschichte des Reiches Gottes, der durch keine Feindschaft zurückgeschraubt werden kann [...]."[586]

Aktive Mission wurde von Seiten des Basler Vereins seit Beginn seiner Existenz betrieben. Die Hauptaufgabe stellte für den Verein jedoch die sogenannte Proselytenpflege dar, denn er unterhielt ein eigenes Heim, das sich Konversionswilliger annahm, die ihm oft von anderen judenmissionarischen Netzwerken zugehalten wurden.[587] Innerhalb des Vereins blieb diese Stellung als ‚Hilfsorganisation'

zeit, Teil II, in: FI 19 (1892) 3, S. 57–71, S. 63; Friedrich Heman, 67. Jahresbericht des Vereins der Freunde Israels zu Basel, in: FI 25 (1898) 4, S. 49–64, S. 62. Dieser Haltung gab Friedrich Heman etwas später ebenfalls Ausdruck in: Friedrich Heman, Art. ‚Mission unter den Juden, in: Realencyklopädie für protestantische Theologie und Kirche, hrsg. von Albert Hauck, Bd. 13, 3. Aufl., Leipzig 1903, S. 171–192, S. 172 f.

585  Im „Freund Israels" wurde 1887 sogar eine Predigt von Rabinowitz abgedruckt: Predigt von S. Rabinowitsch, die am Charfreitag, den 11. April 1886 in dem Tempel der Israeliten des Neuen Bundes in Kischineff, in hebräischer Sprache gehalten wurde, in: FI 14 (1887) 2, S. 53–59. Zu den Diskussionen um Rabinowitz im deutschen Protestantismus siehe zudem: Heinrichs, Das Judenbild im Protestantismus, z. B. S. 73–75.

586  Wilhelm Faber, Rede am Jahresfeste 1886, in: FI 13 (1886) 5, S. 129–136, S. 134. Mit der Zeit nahmen die „Freunde Israels", und allen voran Friedrich Heman, gegenüber Joseph Rabinowitz eine kritischere Haltung ein, als dies Missionar Faber getan hatte. In judenmissionarischen Kreisen kam es zu einer eigentlichen Kontroverse über die ‚judenchristliche' Bewegung des Rabbiners, an der sich auch Heman beteiligte. Der Konflikt entbrannte insbesondere an der Frage, ob es Rabinowitz erlaubt sein sollte, eine ‚judenchristliche' ‚Sonderkirche' außerhalb der etablierten protestantischen Kirche zu gründen. Siehe etwa: Friedrich Heman, Zur Klarstellung, in: FI 14 (1887) 6, S. 183–188; Friedrich Heman, Siebenundfünfzigster Jahresbericht des Vereins der Freunde Israels zu Basel, in: FI 15 (1888) 4, S. 97–117, S. 101–111.

587  Insgesamt taufte der Verein bis nach dem Zweiten Weltkrieg 300 Personen. (Willi, Die Geschichte des Vereins der Freunde Israels, S. 54.) Siehe zu den vom Verein im 19. Jahrhundert Getauften: Janner, Zwischen Machtanspruch und Autoritätsverlust, S. 462–466. Zur ‚Proselytenpflege' zudem: Janner, zwischen Machtanspruch und Autoritätsverlust, v. a. S. 466–477. Dem ‚Proselyten-

jedoch umstritten, und die Befürworter einer aktiven Missionstätigkeit setzten sich schließlich durch. Ab 1890 begann der Verein deshalb mit dem Aufbau eigener Missionsstationen. Mit diesem Grundsatzentscheid verlagerte sich auch das Zielgebiet des Missionierens vom ‚Stammgebiet' des Vereins im Großraum Basel, Elsass und Süddeutschland nach Osteuropa. Zu den wichtigsten Missionsstationen entwickelten sich in den kommenden Jahrzehnten Wilna und Łódź.[588] Mit der ‚äußeren' untrennbar verbunden war in den Augen der „Freunde Israels" auch die ‚innere Mission'.[589] Mit dem Übergang zu einer systematisch betriebenen aktiven Mission folgte der Basler Judenmissionsverein dem Beispiel der anderen bedeutenden Judenmissionsgesellschaften, die sich seit Anfang des 19. Jahrhunderts zu bilden begonnen hatten.[590] Ausgangspunkt dieser Entwicklung war Großbritannien, das mit der 1808 gegründeten „London Society for Promoting Christianity amongst the Jews" die mit Abstand bedeutendste Organisation beheimatete. Sie übertraf die kontinen-

---

haus' stand ein ‚Proselytenvater' vor. Als Sekretär des Vereins bekleidete Friedrich Heman, wie es bereits sein Vater David getan hatte, auch das Amt des ‚Proselytenvaters'.

588   Die Verlagerung des Zielgebietes hing auch damit zusammen, dass man sich im osteuropäischen Judentum größere Missionschancen ausmalte. Diese Erwartungshaltung zeigte sich beispielsweise in Texten Friedrich Hemans aus der Zeit des Strategiewechsels des Vereins: Friedrich Heman, Achtundfünfzigster Jahresbericht des Vereins der Freunde Israels zu Basel, in: FI 16 (1889) 4, S. 97–113, S. 105–109; Friedrich Heman, Sechzigster Jahresbericht des Vereins der Freunde Israels in Basel, in: FI 18 (1891) 4, S. 97–121, S. 115–117.

589   So war das ‚Beten für die Juden' ein fester Bestandteil der Aktivitäten des Vereins. Ebenfalls verband der Verein Rechristianisierungsforderungen mit der Hoffnung auf eine vermehrte Konversion von Juden, da diese durch ein vorbildliches ‚christliches Leben' zum Christentum ‚gereizt' würden. Eine Verknüpfung von Aspekten der ‚äußeren' mit der ‚inneren Mission' zeigte sich bereits in den ersten Statuten des Vereins von 1831: Verein der Freunde Israels, Statuten vom 1. März 1931, zit. in: Gerhardt, Hundert Jahre Verein der Freunde Israels in Basel, 10. Als Beispiel für den Rechristianisierungsdiskurs sei erwähnt: Hofert, Festrede, gehalten am 45. Jahresfeste der Freunde Israels, in: FI 3 (1876) 4, S. 109–119, S. 114.

590   Aus der Literatur zur Geschichte der Judenmission im deutschsprachigen Raum im 19. und 20. Jahrhundert siehe: Schrenk, „Seelen Christo zuführen"; Heinrichs, Das Judenbild im Protestantismus, S. 484–594; Heinrichs, Das Bild vom Juden in der protestantischen Judenmission; Christopher P. Clark, The Politics of Conversion. Missionary Protestantism and the Jews in Prussia, 1728–1941, Oxford 1995; Kaiser, Der deutsche Protestantismus und die „Mission unter Israel"; Kaiser, Evangelische Judenmission im Dritten Reich; Paul Gerhard Aring, Art. ‚Judenmission', in: Theologische Realenzyklopädie, Bd. 17, Berlin/New York 1988, S. 325–330; Paul Gerhard Aring, Christen und Juden heute – und die ‚Judenmission'? Geschichte und Theologie protestantischer Judenmission in Deutschland, dargestellt und untersucht am Beispiel des Protestantismus im mittleren Deutschland, Frankfurt a. M. 1987; Paul Gerhard Aring, Christliche Judenmission. Ihre Geschichte und Problematik dargestellt und untersucht am Beispiel des evangelischen Rheinlandes, Neukirchen-Vluyn 1980. Für weitere Werke siehe die Literaturangaben in anderen Fußnoten dieses Unterkapitels.

taleuropäischen Vereinigungen in Deutschland, Skandinavien oder der Schweiz an finanziellen und personellen Mitteln, aber auch betreffend der Verankerung in der Kirche deutlich.[591] Die Wurzeln der Judenmission reichten im deutschsprachigen Raum jedoch weiter zurück und waren eng mit dem Aufkommen des Pietismus ab der zweiten Hälfte des 17. Jahrhunderts und der Bildung von Erweckungsbewegungen verknüpft.[592] Die pietistisch-,erweckliche' Tradition traf auch auf die Basler „Freunde Israels" zu. Von einiger Bedeutung – vor allem in den Anfangsjahrzehnten – waren für den Verein zudem Exponenten, die mit der „Herrnhuter Brüdersozietät" verbunden waren.[593] Die Bedeutung der „Brüdersozietät" für die „Freunde Israels" und weitere Vergemeinschaftungen im konservativen alten Bürgertum Basels hat Sara Janner in ihrer Dissertation ausführlich aufgezeigt.[594] Ein weiteres Charakteristikum der Vereinigung war, dass sie transnational abgestützt war. Vom Zentrum Basel aus erhielten die „Freunde Israels" auch Unterstützung aus Netzwerken in Süddeutschland, dem Elsass und dem französischen Jura.[595] Die Leitung des Vereins

---

591  Zur stärkeren Verankerung der britischen Organisationen in der etablierten Kirche: Yaron Perry, British Mission to the Jews in Nineteenth-Century Palestine, London/Portland 2003, S. 12–51. Zur Londoner Gesellschaft siehe zudem auch: Yaron Perry/Erik Petry (Hrsg.), Juden-Mission. Die Arbeit der „London Society for Promoting Christianity Amongst the Jews" im 19. Jahrhundert in Palästina, Basel 2006.

592  Zum Zusammenhang zwischen dem Pietismus und den europäischen Erweckungsbewegungen siehe: Hartmut Lehmann, Religiöse Erweckung in gottferner Zeit. Studien zur Pietismusforschung, Göttingen 2010; Ulrich Gäbler, „Erweckung" – Historische Einordnung und theologische Charakterisierung, in: Ulrich Gäbler, „Auferstehungszeit". Erweckungsprediger des 19. Jahrhunderts. Sechs Porträts, München 1991, S. 161–186; Ulrich Gäbler, Art. ,Erweckungsbewegung', in: Evangelisches Kirchenlexikon. Internationale theologische Enzyklopädie, hrsg. von Erwin Fahlbusch et al., Bd. 1, 3. Aufl., Göttingen 1986, S. 1081–1088; Friedrich-Wilhelm Graf, Art. ,Erweckungsbewegungen. I. Erweckungsbewegungen in Europa', in: Religion in Geschichte und Gegenwart, Bd. 2, 4. Aufl., Tübingen 1999, S. 1490–1495. Für die Anfänge der Judenmission in Basel in ,erwecklichen' Kreisen siehe: Janner, Judenmission in Basel.

593  Janner, Zwischen Machtanspruch und Autoritätsverlust, S. 364–365. Zu den tragenden Kreisen der „Freunde Israels" im Allgemeinen: Janner, Zwischen Machtanspruch und Autoritätsverlust, S. 276–293; S. 285–383; S. 477–497. Die „Brüdersozietät" ging auf eine Gründung von Niklaus Ludwig Graf von Zinzendorf in Herrnhut (Sachsen) im 18. Jahrhundert zurück. Für Zinzendorfs Interesse am Judentum, das in seiner pietistischen Theologie fußte, siehe: Dithmar, Zinzendorfs nonkonformistische Haltung zum Judentum; Dietrich Meyer, Zinzendorf und Herrnhut, in: Geschichte des Pietismus, Bd. 2: Der Pietismus im achtzehnten Jahrhundert, hrsg. von Martin Brecht/Klaus Deppermann, Göttingen 1995, S. 3–115.

594  Janner, Zwischen Machtanspruch und Autoritätsverlust.

595  Siehe: Willi, Die Geschichte des Vereins der Freunde Israels, S. 27 f.; Janner, Zwischen Machtanspruch und Autoritätsverlust, S. 408–461. Neben dem „Freund Israels" erschien mit dem „Ami d'Israël" auch eine französischsprachige Zeitschrift. Dieses in geringerer Auflagenzahl erscheinende Organ druckte oft Übersetzungen der Artikel aus dem Schwesterorgan ab.

oblag einem Komitee, das sich aus dem religiös-konservativen Bürgertum rekrutierte, wobei familiäre Traditionen wichtig waren.[596] Die praktische Arbeit oblag einem ‚Agenten‘ respektive Sekretär – im 20. Jahrhundert Direktor genannt –, der üblicherweise auch als Redakteur der Vereinszeitschrift fungierte.[597] Im Gegensatz zu den Komiteemitgliedern verfügten viele der Missionsarbeiter, aber auch einzelne Direktoren, über einen Konversionshintergrund.[598] Für die finanziellen Belange war das Kollektieren von großer Bedeutung. Hierfür spielten Frauen eine wichtige Rolle.[599] Auch der „Christliche Volksbote" nahm Spenden zuhanden des Vereins an.[600] Einen Eindruck von der Größe des Unterstützerkreises vermittelt die Auflage der Zeitschrift ab 1880, als sie in ein ‚Kollekteblatt‘ umgewandelt worden war, das die Mitglieder der Kollektenvereine erhielten, die den Verein unterstützten. Lag die Auflage des Blattes 1873 – vor der Übernahme der Redaktion durch Friedrich Heman – noch bei 200 Stück, so stieg sie bis 1885 auf 1300 und bis 1895 auf 2000 an.[601]

*Die Dimensionen des Antisemitismus des judenmissionarischen Vereins*

Die Wahrnehmung der Juden im „Verein der Freunde Israels" wurde durch die christlich-heilsgeschichtliche Erwartungshaltung gesteuert und war entsprechend selektiv und verzerrt. Die funktionale Vereinnahmung der Juden in Bezug auf die Heilserwartungen sowie der Missionsanspruch an sich verdeutlichen zudem, dass das Judentum keineswegs als eine gleichwertige Religion betrachtet wurde, sondern dass

596 Siehe die Auflistung der Komiteemitglieder in: Janner, Zwischen Machtanspruch und Autoritätsverlust, S. 538–540. Zu den verwandtschaftlichen Beziehungen zudem: Janner, Zwischen Machtanspruch und Autoritätsverlust, S. 365 f.

597 In der Phase von 1870 bis 1895 walteten lediglich zwei Agenten beziehungsweise Sekretäre. Pfarrer Eduard Bernoulli hatte diesen Posten von 1839 bis 1873 inne, der dann von Friedrich Heman von 1873 bis 1913 weitergeführt wurde. Zum Amt des Sekretärs siehe: Janner, Zwischen Machtanspruch und Autoritätsverlust, S. 380 f.

598 Mit Benjamin Paul Laub, der von 1913 bis 1924 als Sekretäre fungierte, sowie Friedrich Heman, besaßen zwei Direktoren einen Konversionshintergrund. Für Kurzbiografien einzelner Missionsarbeiter siehe: Gerhardt, Hundert Jahre Verein der Freunde Israels, S. 41–44. Zu Heman siehe zudem das übernächste Unterkapitel.

599 Siehe: Janner, Zwischen Machtanspruch und Autoritätsverlust, S. 372–379.

600 Der „Christliche Volksbote" druckte jährlich eine Auflistung der ‚Liebesgaben‘ nach empfangenden Institutionen ab. Zur Herkunft der Spenden des Vereins siehe die detaillierte Auflistung in: Janner, Zwischen Machtanspruch und Autoritätsverlust, S. 551–554.

601 Für die Zahlen siehe: Friedrich Heman, 52. Jahresbericht des Vereins der Freunde Israls [sic!] zu Basel, in: FI 10 (1883) 3, S. 49–67, S. 64; Friedrich Heman, Vierundfünfzigster Jahresbericht des Vereins der Freunde Israels zu Basel, in: FI 12 (1885) 4, S. 97–111, S. 109; Friedrich Heman, 64. Jahresbericht des Vereins der Freunde Israels zu Basel, in: FI 22 (1895) 4, S. 49–64, S. 63.

ein ausgeprägter christlicher Superioritätsanspruch aus den Verlautbarungen des Vereins sprach. Entsprechend verbreitet waren antisemitische Stereotypisierungen, welche die Juden oder das Judentum herabwerteten. Die Zeitschrift des Judenmissionsvereins, der „Freund Israels", zeichnete sich denn auch durch ein ausgesprochen antisemitisches Gepräge aus. Für die Judenfeindschaft des Vereins, wie sie sich in seinem Publikationsorgan manifestierte, waren drei Dimensionen charakteristisch.

Eine erste Dimension stellte die vordergründig ambivalente Haltung gegenüber dem Judentum dar. Die heilsgeschichtlichen Projektionen auf das Judentum bei gleichzeitig starker Präsenz judenfeindlicher Konzeptionen führten zu einem Spannungsverhältnis, das es argumentativ zu bewältigen galt. Wie konnten die „Freunde Israels" die Juden gleichzeitig ‚hassen‘ und ‚lieben‘? Dieser vermeintliche innere Widerspruch ist etwa in einer Rede des Basler Pfarrers Eduard Preiswerk deutlich erkennbar, der von 1885 bis 1896 im Komitee des Vereins saß. Am Jahresfest der Judenmission in Basel von 1890 ließ er sich wie folgt verlauten:

> „[F]ür das Schlechte an den Juden, für ihre dunkeln Seiten, für ihren Christen- und Christushaß können wir sie nicht lieben, sondern da gilt ihnen einfach unser Widerwille. Wenn wir aber dabei stehen bleiben wollen, dann wäre allerdings die Judenmission an ihrem Ende angelangt. Wir bleiben aber nicht da stehen, sondern beherzigen auch noch die andere Hälfte des Wortes des Apostels [Paulus], da er sagt: ‚Und dennoch, um der Berufung willen, und dennoch, um der Väter willen sind sie geliebt bei Gott;‘ […].
>
> Ja fürwahr, Feinde Gottes sind die Juden, und wir unsererseits wollen ihnen zürnen für alles Schlimme, das sie an unserm Volk thun. Wir wollen hassen ihren materiellen Sinn, hassen ihren Schachergeist, hassen alles, was in ihnen Schlimmes ist und namentlich so hassen, meine Freunde, dass wir diesen Sauerteig zu allererst aus uns ausfegen, dass wir von uns abthun alles, was ‚jüdisch‘ ist. Zweitens aber wollen wir sie lieben; wir wollen sie lieben um ihrer Vergangenheit willen und um ihrer Zukunft willen; um der Verheißung willen an die Väter, um der Verheißungen willen, die an dem Judenvolke noch in Erfüllung gehen sollen. Lieben wollen wir sie, weil Gott sie liebt."[602]

Die Botschaft Preiswerks an die „Freunde Israels" war somit, dass ‚die Juden‘ aus irdischen Gründen ‚hassenswert‘, aus göttlicher Perspektive jedoch auch zu ‚lieben‘ seien.

---

602 Eduard Preiswerk, Festrede, in: FI 17 (1890) 5, S. 121–129, S. 127. Preiswerk bezog sich in seiner Rede auf Röm. 11, 28: „Nach dem Evangelium zwar sind sie Feinde um euertwillen, aber nach der Wahl sind sie lieb um der Väter willen." Weitere Beispiele für diesen Diskurs: Friedrich Heman, Neunundvierzigster Jahresbericht der Freunde Israels zu Basel, in: FI 7 (1880) 4, S. 81–98, S. 83–85; Meili, Rede am Jahresfest der Freunde Israels in Basel, in: FI 10 (1883) 4, S. 81–87, S. 81 f.

Die Hervorhebung, dass ‚die Juden' trotz ihrer vermeintlichen ‚Schlechtigkeit' aus heilsgeschichtlichen Überlegungen heraus ‚geliebt' werden sollten, spiegelte sich auch im Missionsimpetus des „Vereins der Freunde Israels" wider. Obwohl ‚die Juden' kaum sympathisch seien, gelte es Mission unter ihnen zu treiben, betonte etwa ein Pfarrer Meili. Daher brauche die Judenmission „Ueberwindung und Selbstverleugnung".[603] Der scheinbare Philosemitismus, der sich hinter dem Liebes-Diskurs des Basler Judenmissionsvereins verbarg, erweist sich als sehr ‚selektiv', sobald man sich dessen christlichzentrierte Motivation vor Augen führt. Die Juden blieben in den Augen des „Vereins der Freunde Israels" solange aus der Gesellschaft exkludiert, als sie Juden blieben. Die Voraussetzung für eine Inklusion blieb letztlich auf die Konversion beschränkt. Michael Brenner fasste diese Haltung treffend in seiner Feststellung zu christlichen Judenmissionsbestrebungen: „Man liebt eben die Juden ganz besonders dann, wenn sie keine Juden mehr sind."[604] Judenmissionsdirektor Friedrich Heman brachte diese intentionale ‚Liebe' in seinem Jahresbericht von 1880 besonders prägnant zum Ausdruck, als er in seiner Ansprache schrieb:

> „Die Liebe der Freunde Israels zu den Einzelnen und zum gesammten Volk ist […] eine solche mit Rücksicht auf die Bekehrung der Einzelnen und des Volkes zur christlichen Religion; das ist Zweck und Ziel dieser Liebe, das bestimmt ihren Umfang und ihre Gränze. Nicht daß wir der Meinung wären, die Israeliten besäßen schon von Natur lauter solche Vorzüge, um deretwillen wir sie allesammt lieben müßten; selbst die Erinnerung daran, daß unser Heiland Jesus und seine Apostel aus den Juden gekommen sind, vermag gegen das jetzige Israel allenfalls Gefühle des Wohlwollens, der Nachsicht und dergleichen in uns hervorzurufen und wach zu halten, aber fordert noch lange nicht Freundschaft gegen Alle insgesamt."[605]

Friedrich Hemans Abgrenzung gegenüber dem ‚jetzigen Israel' widerspiegelt hierbei nicht nur das dargestellte Spannungsverhältnis zwischen heilsgeschichtlichen Projektionen und antisemitischer Perhorreszierung, sondern deutet auch die aus diesem spannungsgeladenen Verhältnis resultierende negative Perzeption des zeitgenössischen Judentums an. So hatte das ‚Judenbild' der Judenmission oft ein

---

603 Meili, Rede am Jahresfest der Freunde Israels in Basel, in: FI 10 (1883) 4, S. 81–87, S. 87. Siehe für die Vorstellung, die Juden um der Mission willen zu ‚lieben', ebenfalls: Die Proselytenpflege des Vereins von Freunden Israels in Basel, in: FI 3 (1876) 3, S. 59–66, S. 65; Friedrich Heman, Gott hat wohl Macht, sie wieder einzufropfen, in: FI 4 (1877) 1, S. 4–12, S. 10.

604 Michael Brenner, Wider die Vereinnahmung. Wenn Christen Juden noch immer ‚bekehren' wollen, haben sie aus der Geschichte nichts gelernt, in: NZZ, 20. 7. 2009, S. 19.

605 Friedrich Heman, Neunundvierzigster Jahresbericht der Freunde Israels zu Basel, in: FI 7 (1880) 4, S. 81–98, S. 83.

idealisiertes ‚biblisches Israel' vor Augen und erachtete das zeitgenössische Judentum als eine abweichende Fehlentwicklung.[606]

Der Sicht auf das zeitgenössische Judentum war eine für die Judenmission charakteristische dichotome Einteilung der Juden in ‚gute' und ‚schlechte' Juden inhärent.[607] Diese Dichotomie stellte die zweite charakteristische Dimension des Antisemitismus der „Freunde Israels" dar. Hierbei wurden sowohl das ‚religiöse' Judentum Osteuropas als auch das ‚moderne' Judentum Westeuropas und Nordamerikas fast ausnahmslos sehr negativ beschrieben. Die Kritik erfuhr hierbei jedoch unterschiedliche Akzentuierungen. Während den osteuropäischen Juden zwar zugebilligt wurde, religiös und somit für die Missionierung eher empfänglich zu sein, wurde – im Sinne des christlichen Superioritätsanspruchs – deren religiöse Minderwertigkeit postuliert. Die Argumentation war dabei stark von antijudaistischen Topoi geprägt. Unter der Verwendung der vor allem im konservativen Protestantismus der Deutschschweiz stark präsenten Blindheits-Metaphern[608] wurde den osteuropäischen Juden beispielsweise judenfeindlich unterstellt, ‚blind' gegenüber der christlichen ‚Wahrheit' zu sein. Antitalmudische Bemerkungen traten in diesem Zusammenhang regelmäßig auf,[609] wie überhaupt der Talmud oder auch die Rabbiner wiederholt das Ziel der judenfeindlichen Angriffe waren.[610] Wurde dem ‚religiösen Judentum' zumindest sein Festhalten an der Frömmigkeit ansatzweise positiv angerechnet, so erfuhr das ‚moderne', ‚liberalreligiöse Judentum' eine noch grundsätzlichere Anfeindung, wobei häufig modernantisemitische Stereotype verwendet wurden.[611]

Diesen beiden negativ konnotierten jüdischen Gruppen wurden eine kleine Anzahl von Juden positiv entgegengestellt: die Konversionswilligen. Der Maxime

---

606  Viola Schrenk, „Seelen Christo zuführen", S. 286.

607  Siehe für das Deutsche Kaiserreich: Heinrichs, Das Judenbild im Protestantismus, S. 509.

608  Siehe Kapitel 1 in diesem Teil.

609  Siehe beispielsweise: [Friedrich Heman?], Israels geistiges Erwachen, ein Zeichen der Zeit, in: FI 3 (1876) 5, S. 129–140, passim; Friedrich Heman, Achtundfünfzigster Jahresbericht des Vereins der Freunde Israels zu Basel, in: FI 16 (1889) 4, S. 97–113, S. 99; S. 104.

610  Siehe z. B.: Zur Statistik der Juden, in: FI 2 (1875) 2, S. 58–64, S. 61; Friedrich Heman, Fünfundvierzigster Jahresbericht des Vereins der Freunde Israels zu Basel, in: FI 3 (1876) 4, S. 91–108; Die israelitischen Elemente in der ersten christlichen Kirche, in: FI 4 (1877) 1, S. 13–29, S. 28; Friedrich Heman, Neunundfünfzigster Jahresbericht des Vereins der Freunde Israels zu Basel, in: FI 17 (1890) 4, S. 97–118, S. 99.

611  Siehe z. B.: Hofert, Festrede, gehalten am 45. Jahresfeste der Freunde Israels, in: FI 3 (1876) 4, S. 109–119, S. 111 f.; Friedrich Heman, Soll in unsrer Zeit Mission unter Israel getrieben werden? Rede am Epiphaniasfest 1879 gehalten zu Basel, in: FI 6 (1879) 1, S. 1–10, S. 10; Einundsiebzigstes Jahr der Londoner Judenmission, in: FI 7 (1880) 1, S. 15–21, S. 16; Rudolf Faltin, Aus dem Bericht über die Arbeit an Israel zu Kischinew vom 31. October 1878 bis zum 31. October 1879, in: FI 7 (1880) 3, S. 71–80, S. 73 f.

folgend, dass den Konversionswilligen ‚Liebe' entgegenbracht werden müsse, wurden die für eine Missionierung zugänglichen Juden als ‚Nathanaelsseelen' oder ‚Israeliten ohne Falsch' moralisch überhöht.[612] Diese Idealisierung war beispielsweise ein Strukturelement in den Bekehrungsgeschichten, die im „Freund Israels" gerne abgedruckt wurden. Die Kennzeichnung der Konversionswilligen als ‚Nathanaelsseelen' sollte in diesen Lebensbildern der Empfänglichkeit für eine Erweckung Ausdruck geben.[613] Bekehrungsgeschichten, zum Teil dieselben,[614] fanden regelmäßig auch in anderen pietistisch geprägten Zeitschriften Beachtung, so etwa im „Christlichen Volksboten" oder aber auch in den beiden stark an missionarischen Belangen interessierten freikirchlich ausgerichteten positiven Zeitschriften „Der Christ" oder

612  Diese Begrifflichkeit lehnte sich dabei an folgende Stelle aus dem Johannesevangelium an: „Jesus sah Nathanael kommen und sagte von ihm: Siehe, ein rechter Israelit, in dem kein falsch ist." (Joh. 1, 47.)

613  Siehe als Beispiele etwa: Rabbi Abraham Schwartzenberger, in: FI 9 (1882) 1, S. 17–20; Dr. Heinrich Aaron Stern, in: FI 12 (1885) 5, S. 149–160; Carl Axenfeld, Johan Peter Goldberg. Lebensbild eines gläubigen Israeliten und gesegneten Missionars unter den Juden, Teil I, in: FI 18 (1890) 5, S. 137–148, S. 137. Die Bekehrungsgeschichten wiesen eine beinahe standardisierte Struktur auf, welche die verfestigten ‚Judenbilder' der Judenmission bestätigen sollten: Ein entweder völlig von seiner Religion entfremdeter oder aber durch den Talmud von der ‚Wahrheit' getrennter Jude kommt durch eine Fügung des Schicksals in Kontakt mit dem ‚Wort Gottes' (z. B. durch ein Exemplar des Neuen Testaments oder durch ‚christliche Nächstenliebe'). Durch dieses Erweckungserlebnis in innere Unruhe versetzt, bricht sich schließlich die ‚Wahrheit' Bahn, und die jüdische Person beginnt sich offen zu Jesus zu bekennen. Zur stereotypen Struktur der Bekehrungsgeschichten gehörte auch, dass die Konversionswilligen als Opfer des jüdischen ‚Hasses' dargestellt wurden, die aufgrund ihres Bekenntnisses zu Jesus durch die eigene Familie und das jüdische Umfeld großen Anfeindungen ausgesetzt würden. Siehe als kleine Auswahl: Johannes Schnell, Heinrich Wilhelm David Heman, in: FI 2 (1875) 4, S. 119–132; Elieser Bassin, der Judenmissionar im Soldatenrock, in: FI 11 (1884) 3, S. 55–60; Aus dem Leben Paul Eduard Gottheils, in: FI 21 (1893) 5, S. 97–116.

614  Bekehrungsgeschichten erfüllten in den der Judenmission gewogenen Zeitschriften den Zweck einer Trophäe und eines Beweises für die Wirksamkeit der Missionsbemühungen. Die Geschichten in den untersuchten Zeitschriften in einem längeren Zeitraum teils mehrfach abgedruckt. So etwa die Geschichte einer schwedischen Konvertitin: Marx Gustaf, Einige Blätter aus den Erinnerungen einer schwedischen Jüdin, in: FI 7 (1880) 2, S. 44–51; Einige Blätter aus den Erinnerungen einer schwedischen Jüdin, in: FI 10 (1883) 2, S. 37–44; Es wurde auch gerne auf Geschichten aus anderen Missionszeitschriften zurückgegriffen. Siehe als Beispiele: „Als die Traurigen, aber allzeit fröhlich." 2. Cor. 6.10, in: FI 2 (1875) 2, S. 47–52; Franz Delitzsch, Der Verfluchte und doch Gesegnete, in: FI 6 (1879) 2, S. 36–51; Aus der Finsterniß zum Licht. Rückblick P. Elieser Kropveld's auf den Anfang seiner Bekehrung, 2 Teile, in: FI 16 (1889) 3/4, S. 92–96/S. 121–128. Ein Beispiel dafür, dass eine Bekehrungsgeschichte in mehreren Zeitschriften thematisiert wurde, war etwa die Bekehrung des Rabbiners Abraham Schwarzberg: Der jüdische Cornelius, in: Der Christ, 15. 6. 1872, S. 183–188; Rabbi Abraham Schwartzenberger, in: FI 9 (1882) 1, S. 17–20.

„Die Freie Gemeinde".[615] Letztlich hatte die Judenmission zum Ziel, die positiv konnotierte Gruppe der Konversionswilligen zu vergrößern. Der zentralen Rolle, welche die judenmissionarisch orientierten Kreise ihrer Theologie zufolge der Schrift
als ‚Wort Gottes' beimaßen, war es geschuldet, daß sie diese Gruppe insbesondere
durch das Verteilen von ‚Neuen Testamenten' in Jiddisch und Hebräisch zu vergrößern suchten, da sie nicht zuletzt von der Kraft ‚der Schrift' zur direkten Erweckung
überzeugt waren.[616] Die Aufteilung in ein ‚gutes' und ein ‚schlechtes' Judentum, eine
im Antisemitismus immer wieder zu beobachtende Argumentationsstruktur, verdeutlicht noch einmal die bereits weiter oben gemachte Feststellung, dass eine Ak-
zeptanz der Juden als Juden im Verein nie angedacht war, sondern Juden nur dann
positiv konnotiert wurden, wenn sie konversionswillig oder bereits getauft waren.

Im systematisch analysierten „Freund Israels" findet sich für den Zeitraum von
1870 bis 1895 eine große Bandbreite judenfeindlicher Diskurse. Sowohl religiös argumentierende Judenfeindschaft als auch Topoi eines soziokulturellen oder nationalistischen Antisemitismus waren stark verbreitet. Topoi wie der Gottesmord-
Vorwurf oder jener des Judentums als einer sich angeblich durch ‚Äußerlichkeit'
auszeichnenden ‚Gesetzesreligion' gehörten zum Standardrepertoire der Judenfeindschaft der „Freunde Israels", ebenso das Bild ‚der Juden' als ‚Feinde der Christen' und Jesu.[617] Gleiches ist von antisemitischen Konstruktionen zu sagen, welche

615   Das religiöse Volksblatt „Der Christ" erschien in Basel. Die in Bern gedruckte „freie Gemein-
      de" richtete sich mit ihren ‚erbaulichen' und belehrenden Texten an die freien evangelischen Ge-
      meinden und Gemeinschaften der Deutschschweiz. Ab 1893 erschienen die beiden Zeitschrif-
      ten gemeinsam unter dem Namen „Der Christ". Siehe als Beispiele aus diesen drei Zeitschriften:
      Die Bekehrung eines Rabbiners, in: Der Christ, 19. 11. 1870, S. 376–383; Onkel Lichtenstädt oder
      Jugenderinnerungen aus Russland, 4 Teile, in: CVB, 25. 6. 1884/2./9./16. 7. 1884, S. 205 f./S. 213 f./
      S. 220–222/S. 228–230; Christian, der treue Knecht. Eine Geschichte für die Bibel- und Juden-
      freunde, in: CVB, 1. 7. 1885, S. 205 f.; Aus der Judenmission, in: Die freie Gemeinde 13 (1891) 2,
      S. 38–41; Charlie Coulson, der junge Trommler, oder die Bekehrung des jüdischen Arztes Roß-
      wally, 3 Teile, in: Der Christ, 15. 9. 1893/15. 10. 1893/15. 11. 1893, S. 212–214/S. 219–227/S. 258–267.
      Auch der „Christliche Volksfreund" druckte mehrfach Bekehrungsgeschichten ab. Siehe z. B.:
      Carl Pestalozzi, Von dem merkwürdigen Büchlein „Licht am Abend", 2 Teile, in: CVF, 3./10. 12.
      1887, S. 572–575/S. 585–588; Gottlieb Schuster, Kirchliche Zeitschau, in: CVF, 17. 10. 1896, S. 454 f.
616   Aus diesem Grund unterhielt der Verein in seinen Missionsstationen Buchläden. Als Beispie-
      le für den Glauben an eine direkte Missionswirkung der ‚heiligen Schrift' etwa: ‚Und will euch
      holen, dass einer eine ganze Stadt und zwei ein ganzes Land führen sollen; und will euch brin-
      gen gen Zion.' Jeremia 3, 14, in: FI 6 (1879) 3, S. 70–73, S. 71; Die Wege Gottes in der Führung ei-
      nes Israeliten zur Erkenntnis des Heils, in: FI 9 (1882) 5, S. 121–130, S. 127; Die Verbreitung Neu-
      er Testamente unter den Juden Russlands 1890 und 1891, in: FI 19 (1892) 2, S. 36–46.
617   Da die hier erwähnten antisemitischen Topoi bereits in den Kapiteln 1 und 2 dieses Teils ausführlich
      analysiert und auch Beispiele aus dem „Freund Israels" in die Darstellung integriert wurden, wird
      an dieser Stelle nur auf eine sehr kleine Auswahl aus den zahlreichen Nennungen verwiesen: Die

die Juden als ‚zersetzend', ‚einflussreich' und ‚machtvoll' oder ‚national unzuverlässig' darstellten, um hier nur einige Hauptdiskursbündel hervorzuheben.[618] Mit Blick auf das Publikationsorgan des Basler Judenmissionsvereins wird dabei evident, dass es ein schlagendes Beispiel dafür abgibt, dass antijudaistische und modernantisemitische Konzeptionen keineswegs getrennt voneinander, sondern im Antisemitismus des Deutschschweizer Protestantismus eng verflochten, ja verschmolzen miteinander auftraten. Folglich ist die Idee, dass Antijudaismus und moderner Antisemitismus zwei unterschiedliche Phänomene darstellen würden, abzulehnen.[619] Diese starke Verschränkung religiöser mit soziokulturellen und nationalistischen Diskursen des Antisemitismus stellt die dritte charakteristische Dimension der Judenfeindschaft der „Freunde Israels" dar. Besonders aussagekräftig für diesen Aspekt sind die Predigten am Epiphaniasfest[620] sowie die Berichte und Ansprachen am Jahresfest der Judenmission während der jährlich im Juli stattfindenden Festwoche der Missionsgesellschaften in Basel. Diese Reden waren für den Verein von großer Bedeutung für die Kommunikation nach innen und nach außen. Entsprechend wurden sie auch im „Freund Israels" abgedruckt. Es war üblich, dass bei diesen Anlässen ‚die Juden' und ‚das Judentum' einerseits in Bezug auf die theologisch-heilsgeschichtliche Bedeutung und andererseits auf die ihm zugeschriebene zeitgenössische Wirkung hin beleuchtet wurden. Deshalb traten religiöse, soziokulturelle und nationalistische antisemitische Diskurse häufig in enger Verbindung miteinander auf.[621] Das damalige Mitglied des Vereinskomitees, Professor Conrad

Messiasfrage unter den Juden in alter und mittlerer Zeit, in: FI 3 (1876) 2, S. 33–44, S. 44; In der Synagoge, in: FI 6 (1879) 1, S. 18–21, S. 19; Franz Delitzsch, Der Verfluchte und doch Gesegnete, in: FI 6 (1879) 2, S. 36–51, S. 40; Der grosse Carfreitag Israels. (Sacharja 12. 10.) Eine Missionsbetrachtung in der Carwoche, in: FI 11 (1884) 2, S. 39–48, S. 32; Wird das unbekehrte Israel wieder in den Besitz des heil. Landes eingesetzt werden, in: FI 18 (1890) 1, S. 22–31, S. 30; Friedrich Heman, Neunundfünfzigster Jahresbericht des Vereins der Freunde Israels zu Basel, in: FI 17 (1890) 4, S. 97–118, S. 110.

618  Auch für diese Diskurse des modernen Antisemitismus werden nur einige wenige Beispiele vermerkt, ansonsten sei auf die Analyse in den Kapiteln 1 und 2 dieses Teils verwiesen: Benjamin Disraeli, Ein Proselyt als englischer Minister, in: FI 2 (1875) 1, S. 24–26; J. Alexander, Die gegenwärtige sociale und politische Lage des jüdischen Volkes, in: FI 5 (1878) 1, S. 22–31, S. 27; Zur Statistik der Juden, in: FI 7 (1880) 5, S. 123–128, S. 127; Friedrich Heman, Die Schicksale der Juden in ihrer Zerstreuung, Teil VIII, in: FI 7 (1880) 5, S. 105–116, S. 108; [Johannes Friedrich Alexander de le Roi?], Die socialen Verhältnisse der Juden in Preußen, in: FI 12 (1885) 4, S. 120–127, S. 127.

619  Siehe hierfür die theoretischen Überlegungen in Kapitel 2 von Teil II.

620  Am 6. Januar, dem Dreikönigstag, wurde der Tag der ‚Weltmission' gefeiert. Ab Ende der 1840er-Jahre feierten die „Freunde Israels" dieses Fest gemeinsam mit der Basler „Missionsgesellschaft". (Janner, Zwischen Machtanspruch und Autoritätsverlust, S. 343.)

621  Siehe etwa Meili, Rede am Jahresfest der Freunde Israels in Basel, in: FI 10 (1883), 4, S. 81–87; Eduard Preiswerk, Festrede, in: FI 17 (1890) 5, S. 121–129. Siehe zudem die Quellenangaben in den folgenden Anmerkungen. Die Verknüpfung von antijudaistischen mit modernantisemitischen

von Orelli, etwa kombinierte in seinen Ausführungen am Epiphaniasfest von 1880 den Verworfenheits-Topos mit Diskursen des heilsgeschichtlichen Antisemitismus und den antisemitischen Konzeptionen der angeblichen ‚Schädlichkeit' und ‚nationalen Fremdheit' der Juden.[622] Friedrich Heman wiederum bemühte in seiner Rede zum Jahresfest von 1889 ausgiebig den antijudaistischen Topos des von ‚Blindheit' geschlagenen Israel und setzte die ‚Blindheit' in einen kausalen Zusammenhang mit Israels angeblichem Materialismus und offenbarte dabei antisemitische Vorstellungen eines vermeintlichen ‚Geld-', ‚Macht-' und ‚Einflussstrebens' ‚der Juden'.[623] Ein halbes Jahr zuvor hatte Heman ‚den Juden' in seiner Rede anlässlich des Epiphaniasfestes in Basel ebenfalls in antisemitischer Manier dieses ‚Streben', ja ‚Vordrängen' unterstellt und dabei einen Zusammenhang mit der antijudaistischen Vorstellung der ‚Verwerfung' ‚der Juden' durch Gott hergestellt. Zur Passage von Matthäus 20,16, daß die Ersten die Letzten sein würden, bemerkte er:

> „Dieß ist fürs Erste ein Strafurtheil. Weil die Juden den Vorzug, die Ersten im Reich Gottes zu sein für nichts hielten, sind sie nun ausgeschlossen und zurückgestellt auf die letzte Stelle. [...] Und so sind sie nun schon fast 1900 Jahre die Letzten, die Verstoßenen, die Zurückgesetzten. Und gerade das macht ihnen ihre Zurücksetzung um so schmerzlicher, weil sie das Gefühl und Bewußtsein haben, dass sie eigentlich die Ersten unter den Völkern sein könnten und sein sollten. Daher geben sie sich alle Mühe, doch unter den Völkern oben auf zu kommen. Sie können es nicht ertragen, dass sie die Letzten sein sollen, darum wollen sie durch ihre Reichthümer und allerlei Künste den ersten Platz erobern. Aber wie sehr sie auch ihre Kräfte anstrengen, wenn sie auch überall sich eindrängen; es wird ihnen doch nicht gelingen auf diesem Wege. Denn der Urtheilsspruch des Herrn über sie lautet: die Ersten werden die Letzten sein; und dieses Urtheil können sie nicht umstoßen; auch wenn sie alles Geld und alle Ehrenstellen unter den Völkern in ihre Hand bekämen, es würde doch dabei bleiben: sie bleiben die Letzten, die Verachteten, die Gehaßten."[624]

Diskursen war auch in Beiträgen, die nicht im Zusammenhang mit diesen beiden großen Festveranstaltungen standen, präsent. Siehe etwa: Friedrich Heman, Die Schicksale der Juden in ihrer Zerstreuung, Teil IV, in: FI 6 (1879) 6, S. 137–144; [Johannes Friedrich Alexander de le Roi?], Die Aufgabe und die Bedeutung der Judenmission in unsrer Zeit. Ein Wort an Studirende, in: FI 12 (1885) 5, S. 129–139.

622  Conrad von Orelli, Jakob und Israel. Rede gehalten am Epiphanias-Feste 1880, in: FI 7 (1880) 1, S. 1–8. Von Orelli verwendete allegorisch das biblische Bild des ‚gerissenen' und ‚verschlagenen' Jakobs zur Charakterisierung ‚der Juden'.

623  Heman, Achtundfünfzigster Jahresbericht des Vereins der Freunde Israels zu Basel, in: FI 16 (1889) 4, S. 97–113, S. 97–104.

624  Friedrich Heman, Rede am Epiphaniasfeste 1889, in: FI 16 (1889) 1, S. 1–10, S. 5 f.

Zwei Diskursbündeln kam bei der Verschränkung religiöser mit soziokulturellen und nationalistischen Diskursen eine zentrale Klammerfunktion zu. Zum einen galt dies für Diskurse, welche ‚die Juden‘ als ‚Feinde des Christentums‘ taxierten. Der Schritt hin zur antisemitischen Beschuldigung an die Adresse ‚der Juden‘, ‚schädlich‘ und ‚zersetzend‘ zu sein, war klein. So war für den Vereinsdirektor Friedrich Heman klar, dass ‚die Juden‘ zu jeder Zeit – auch in der Gegenwart – jenen geholfen hätten, „welche den Unkrautsamen in den Acker des Reiches Gottes" gestreut hätten.[625] Zum anderen nahm der ‚heilsgeschichtliche Antisemitismus‘ eine zentrale Brückenfunktion ein. Die durch die heilsgeschichtliche Funktionszuschreibung verzerrte Wahrnehmung des Judentums ließ etwa die antisemitische Bewegung als weitere göttliche Züchtigung gegen das ‚abgefallene Israel‘ erscheinen und deren Inhalte goutieren. Dass dabei die von antisemitischer Seite ‚den Juden‘ unterstellten Verfehlungen zu real existierenden Konflikten konstruiert werden konnten, überrascht nicht.[626]

Abgesehen von den hier analysierten drei charakteristischen Dimensionen des Antisemitismus der „Freunde Israels", muss darüber hinaus gerade mit Bezug auf die Jahresfeste des Judenmissionsvereins darauf hingewiesen werden, dass die verbreitete Rezeption dieses Festanlasses im konservativen Protestantismus zu einem innerprotestantischen Transfer antisemitischer Aussagen aus dem Kontext der Judenmission in ein breiteres publizistisches Umfeld führte. Diese verstärkte Multiplikatorwirkung der antisemitischen Diskurse der Judenmission weit über die Auflage des „Freund Israels" hinaus ist nicht außer Acht zu lassen. Die ebenfalls pietistisch und besonders stark von einem biblizistischen Bibelverständnis geprägten Zeitschriften „Christlicher Volksbote" und „Evangelisches Wochenblatt" informierten innerhalb ihrer Berichterstattung über die Woche der religiösen Jahresfeste in Basel am prominentesten über das Jahresfest der Judenmission. Insbesondere der „Christliche Volksbote" gab das Gesagte jährlich in langen Berichterstattungen ausführlich wieder, so auch die antisemitischen Passagen, die sich offensichtlich mit der Haltung der Basler Zeitschrift deckten.[627] Mit seiner Auflage, die sich

---

625    Friedrich Heman, Rede am Epiphaniasfest 1882, in: FI 9 (1882) 2, S. 25–33, Zitat S. 28. Siehe zudem auch: Friedrich Heman, Jahresbericht des Vereins von Freunden Israels zu Basel, in: FI 2 (1875) 4, S. 97–118, S. 99–104; Friedrich Heman, Soll in unsrer Zeit Mission unter Israel getrieben werden?, in: FI 6 (1876) 1, S. 1–10.

626    Siehe etwa: J. Schlaich, Rede gehalten am Jahresfest der Freunde Israels, in: FI 6 (1879) 4, S. 95–108; Friedrich Heman, Rede am Epiphaniasfest 1882, in: FI 9 (1882) 2, S. 25–33; Friedrich Heman, Einundfünfzigster Jahresbericht des Vereins der Freunde Israels zu Basel, in: FI 9 (1882) 4, S. 75–96.

627    Siehe als kleine Auswahl: Die religiösen Jahresfeste in der ersten Juliwoche, Teil III, in: CVB, 14. 8. 1872, S. 261–264, S. 262–264; Die Woche der religiösen Jahresfeste in Basel, Teil II, in: CVB, 14.

1896 auf stattliche 6500 belief, sorgte der „Christliche Volksbote" für eine Verviel-
fachung der Breitenwirkung der Jahresberichte.[628] Eine Sonderrolle übernahm der
„Christliche Volksbote" zudem dadurch, dass er auch den Epiphanias-Reden der
„Freunde Israels" und den darin enthaltenen judenfeindlichen Topoi regelmäßig
Raum gewährte.[629] Ebenfalls das „Evangelische Wochenblatt" berichtete sehr regelmäßig, wenn auch in weniger umfangreichen Artikeln, über den Festanlass des
judenmissionarischen Vereins zur Jahresmitte und übernahm dabei wiederholt die
antisemitischen Aussagen.[630] Auch in den anderen untersuchten konservativ-protestantischen Zeitschriften lässt sich eine Rezeption nachweisen. So berichteten das
„Appenzeller Sonntagsblatt" oder der „Kirchenfreund", die beide einen mehr oder
minder starken Basel-Bezug aufwiesen, gelegentlich über den Festanlass und gaben
auch antisemitische Aussagen wieder.[631] Kaum zur Geltung kam der Antisemitismus der „Freunde Israels" hingegen in den bisweilen im Organ der Vermittler abgedruckten kurzen Berichten zur Jahresfeier.[632] Von Seiten der Liberalen schenkte man dem Anlass des judenmissionarischen Vereins keine Aufmerksamkeit. Nur
das „Schweizerische Protestantenblatt" berichtete einmal über den judenmissionarischen Anlass in der Stadt seines Erscheinens und diente dabei sogar dem Antisemitismus von Friedrich Heman als Sprachrohr.[633]

7. 1880, S. 218–221, S. 219–221; Die Basler Festwoche, Teil III, in: CVB, 13. 7. 1887, S. 217–219; Brosamen von den christlichen Jahresfesten in Basel, Teil II, in: CVB, 8. 7. 1891, S. 207–211, S. 210 f.

628   Zur Auflage des „Christlichen Volksboten", zu der nur spärliches Zahlenmaterial verfügbar ist,
siehe: Die Schweizer Presse, S. 392.

629   Siehe hierfür etwa: Sind wir ein Missionsvolk?, in: CVB, 16. 1. 1878, S. 17 f.; Ein Rückblick auf Epiphanias, in: CVB, 9. 1. 1884, S. 9 f., S. 10; Der Sieg des Lichts, in: CVB, 12. 1. 1887, S. 9–11; Ein Volk
ohne Regierung, in: CVB, 11. 1. 1893, S. 9 f.

630   Siehe z. B.: Ludwig Pestalozzi, Die Basler Festwoche, in: EW, 5. 8. 1880, S. 139–141, S. 139 f.; Ludwig Pestalozzi, Die Basler Festwoche, in: EW, 14. 8. 1890, S. 143–145, S. 144. Eine besonders ausführliche Wiedergabe antisemitischer Aussagen: Ludwig Pestalozzi, Die Basler Festwoche, in:
EW, 17. 8. 1899, S. 129–132, S. 130.

631   Siehe als Beispiele: Kirchliche Nachrichten, in: KF, 13. 7. 1883, S. 220–224, S. 221; Die judenchristliche Bewegung in Russland, in: ASB, 14. 8. 1886, S. 259–261; Die Zerstreuung und Sammlung Israels, in: ASB, 20. 8. 1887, S. 268–270; Vom Missionsfest in Basel, Teil I, in: KF, 8. 7. 1892, S. 218–
221. Der „Christliche Volksfreund" kam im Zeitraum von 1870 bis 1875 nur sehr selten auf das
Jahresfest der „Freunde Israels" zu sprechen und übernahm dabei keine antisemitischen Passagen. Erstmals sehr ausführlich berichtete er 1898 über die Rede des Vereinsdirektors Friedrich
Heman, die sich mit dem Zionismus auseinandersetzte und eine breite Palette antisemitischer
Diskurse aufwies: Aus dem Bericht des Herrn Professor Heman an der Jahresfeier der Freunde
Israels, 4 Teile, in: CVF, 6./27. 8. 1898/3./10. 9. 1898, S. 345–347/S. 376 f./S. 389 f./S. 400–402.

632   Siehe als Ausnahme: Über die Basler Festwoche, in: KRS, 13. 7. 1895, S. 113 f., S. 113.

633   Alfred Altherr, Allerlei Feste, in: SPB, 1. 7. 1882, S. 208–212, S. 209 f.

*Vereinssekretar Friedrich Heman als antisemitischer Publizist*

Mit Blick auf die Befunde zum Antisemitismus des Judenmissionsvereins der „Freunde Israels" gilt es ebenfalls die Rolle des langjährigen Vereinssekretärs Friedrich Heman in den Fokus zu rücken, firmierte er doch in der Phase von 1870 bis 1895 als Verfasser eines bedeutenden Teils der antisemitischen Artikel, Jahresberichte und Reden und somit als zentraler Träger des antisemitischen Diskurses im Judenmissionsverein. Geboren wurde Johann Friedrich Carl Gottlob Heman, wie er mit ganzem Namen hieß, 1839 im pfälzischen Grünstadt als Sohn von David Heman und dessen zweiter Frau, Friederike Baur. Sein Vater war 1833 vom Judentum zum Christentum konvertiert.[634] Die Familie Heman zog 1844 nach Basel, da ihr vom „Verein der Freunde Israels" die Leitung des ‚Proselytenhauses' übertragen worden war. Nachdem Heman einen Großteil seiner schulischen Ausbildung in Basel absolviert hatte, schloss er das Gymnasium in Bayern ab, um anschließend für sein Theologie- und Philosophiestudium – mit Ausnahme eines Studienaufenthalts in Tübingen – zurück nach Basel zu wechseln. Schließlich promovierte Heman in Erlangen. Nachdem er seine erste Vikariats- und Pfarrstelle in der Pfalz bekleidet hatte, übernahm er die Stelle seines Vaters als Leiter des vereinseigenen ‚Proselytenhauses', da dieser 1873 verstorben war. Für den Verein amtierte er auch als Sekretär und als Redakteur des Vereinsorgans. Neben seiner Arbeit für den Judenmissionsverein unterrichtete Heman zudem an der Basler Predigerschule und am Missionsseminar der Pilgermission, zwei streng konservativ-protestantischen Lehrinstituten. Die angestrebte Universitätsprofessur erhielt Heman schließlich 1888, als er auf eine außerordentliche Professur für Philosophie und Pädagogik an der Philosophisch-Historischen Fakultät der Universität Basel berufen wurde, nachdem er eine Berufung auf den Dogmatiklehrstuhl an derselben Universität ausgeschlagen hatte.[635] Diese Entscheidung war sinnbildlich für sein wissenschaftliches Wirken im Grenzgebiet zwischen Philosophie und Theologie. 1913 legte er seine Tätigkeit

---

634 Zur Biografie Friedrich Hemans siehe: Hans L. Reichrath, Johann Friedrich Carl Gottlob Heman (1839–1919), in: Pfälzer Lebensbilder, Bd. 5, hrsg. von Hartmut Harthausen, Speyer 1996, S. 135–170; Janner, Friedrich Heman und die Anfänge des Zionismus. Im Folgenden stütze ich mich für Hemans Biografie auf diese beiden Artikel. Israel David, wie sein Vater von Geburt her hieß, ließ sich mit seiner ersten Frau und seinen drei Kindern taufen, wobei er mit staatlicher Erlaubnis den Namen Heman – eine Anspielung auf eine alttestamentarische Gestalt – annahm. (Reichrath, Johann Friedrich Carl Gottlob Heman, S. 138 f.)

635 Janner, Friedrich Heman und die Anfänge des Zionismus, S. 88. Der Dogmatiklehrstuhl wurde vom konservativ-protestantischen „Verein für christlich-theologische Wissenschaft und christliches Leben" alimentiert. Siehe zu diesem Verein und den von ihm getragenen Professuren: Hauzenberger, Der „Verein zur Beförderung christlich-theol. Wissenschaft und christlichen Lebens".

für den „Verein der Freunde Israels" nieder. 1919 verstarb der deutschnational ausgerichtete Heman, der sich erst 1891 in Basel hatte einbürgern lassen.

Abgesehen von seinen Beiträgen als Redakteur und Vereinssekretär im „Freund
Israels", schlug sich Hemans Antisemitismus auch in weiteren Publikationen nieder, die im Zentrum der folgenden Analyse stehen. Diese Veröffentlichungen verfasste Heman primär für den deutschen Markt. Dies gilt ganz besonders für seine
beiden Schriften zur ,historischen' und ,religiösen Weltstellung der Juden', die er
1881 und 1882 im Kontext des ,Berliner Antisemitismusstreits' im Verlag der J.C.
Hinrichs'schen Buchhandlung in Leipzig veröffentlichte.[636] In diesen beiden Schriften, die 1885 in einer neuaufgelegten Gesamtausgabe herausgegeben wurden,[637]
nahm Heman auffallenderweise eine Teilung von ,historischem' und ,religiösem'
Blick auf die ,Judenfrage' vor, eine Trennung, die er im „Freund Israels" so nicht
praktizierte. Derselben Strategie sollte sich der Professor auch bei seinen Schriften
zum Zionismus bedienen.[638] Während diese Zweiteilung dem Leser des 1881 herausgegebenen Werkes über die „historische Weltstellung", das sich aufgrund seines
ausgeprägt antisemitischen Charakters lückenlos in die große Fülle judenfeindlicher Pamphlete des Antisemitismusstreits einordnete, nicht klar ersichtlich wurde, betonte der Vereinssekretär dies im Vorwort zur zweiten Schrift. Heman sprach
der ,Judenfrage' eine religiöse sowie eine soziopolitisch-nationale Dimension zu.
Die endgültige Lösung – und hier bewegte er sich im klassischen Rahmen heilsgeschichtlicher Funktionszuschreibungen judenmissionarischer Kreise – sah er dabei auf der religiösen Ebene, indem ,die Juden' in Jesus ihren Messias zu erkennen
hätten. Neben diesem religiösen Aspekt, den er als sehr langen Prozess ansah, erachtete Heman im vermeintlich realen Konflikt zwischen ,den Juden' und ,den anderen Völkern' eine zweite Dimension der ,Judenfrage', mit der sich die ,Nationen'
auseinanderzusetzen hätten. Diese Auseinandersetzung sah Heman aus klar antisemitischer Perspektive als eine Art ,Schadensbegrenzung'. Es sollte solange versucht werden, einen ,*modus vivendi*' zu schaffen, bis ,die Juden' von sich aus erkennen würden, dass es an ihnen sei, die ,Judenfrage' als ,Religionsfrage' endgültig, das
heißt durch ihr Bekenntnis zu Jesus, zu lösen.[639]

---

636  Heman, Die historische Weltstellung der Juden; Friedrich Heman, Die religiöse Weltstellung des
      Jüdischen Volkes, Leipzig 1882.

637  Friedrich Heman, Die historische und religiöse Weltstellung der Juden und die moderne Juden-
      frage. Gesammt-Ausgabe, Leipzig 1885. Die Texte wurden unverändert wiedergegeben.

638  Friedrich Heman, Das Erwachen der jüdischen Nation. Der Weg zur endgültigen Lösung der Ju-
      denfrage, Basel 1897; Friedrich Heman, Die religiöse Wiedergeburt des jüdischen Volkes. Vor-
      trag an der IV. Herrnhuter Missionswoche im Oktober 1909, Basel 1909.

639  Heman, Die religiöse Weltstellung des Jüdischen Volkes, S. V f.

Korrespondierend zu den beiden Dimensionen der ‚Judenfrage', schrieb Heman in seinen beiden im Kontext des Antisemitismusstreits verfassten Schriften zur ‚Judenfrage' ‚den Juden' zwei Funktionen in der Welt zu, eine religiös-heilsgeschichtliche und eine historische. Erstere reflektierte die endzeitlichen Heilserwartungen Hemans, die zweite offenbarte das stark nationalistische Element seines Antisemitismus. Dieser zweite Aspekt soll anhand seiner im konservativen Protestantismus der Deutschschweiz zustimmend aufgenommenen Schrift zur „historischen Weltstellung der Juden" eingehender analysiert werden, da er später auch für Hemans Blick auf den Zionismus mitprägend sein sollte. Der Text war ursprünglich im Mai und Juni 1881 in der vom sozial-konservativen Theologen Martin von Nathusius in Leipzig herausgegebenen „Allgemeinen conservativen Monatsschrift für das christliche Deutschland" erschienen.[640] Als ‚historische Funktion' des Judentums erachtete Heman dabei, dass ‚die Juden' als „Ferment" in Zersetzungsprozessen von Nationen fungieren würden. Ihre weltgeschichtliche Funktion respektive ihr „Beruf", wie er es nannte, bestünde darin, dass sie bestehende Krisen in Nationen in ihrem Fortschreiten beschleunigen würden. In der vermeintlichen Existenz der ‚Judenfrage' sah Heman somit einen Indikator für Krisen in Nationen. Er sah ‚die Juden' jedoch nicht als Ursprung dieser ‚Krisen' an. Für Staaten, die sich in keiner Krise befinden würden, seien ‚die Juden' somit keine Gefahr.[641] Geprägt von einem starken Antitalmudismus führte Heman den von ihm ‚den Juden' zugeschriebenen ‚Nationalcharakter', der für das die ‚Zersetzung' fördernde Verhalten bestimmend sei, in essentialisierender Weise auf die Wirkung des Talmud zurück.[642]

Für seine auf Deutschland ausgerichtete Schrift diente Heman das mittelalterliche Spanien als Referenzpunkt. Verschwörungstheoretische antisemitische Konzeptionen integrierend, erklärte Heman, dass ‚die Juden' als ‚zersetzendes Ferment' in Spanien hätten eindringen und somit die Krise verschärfen können, da das christliche Spanien schwach gewesen sei. Die ‚Zersetzung' sei unter anderem dadurch entstanden, dass viele Juden zum Schein zum Christentum konvertiert seien und daher die christliche Dimension der spanischen Nation durch ‚Verjudung' weiter geschwächt hätten. Dies habe schließlich aus Notwehr zu einer Abwehrreaktion

---

640  Friedrich Heman, Die historische Weltstellung der Juden und die moderne Judenfrage, 2 Teile, in: Allgemeine Conservative Monatsschrift für das christliche Deutschland 38 (1881) 5/6, S. 385–405/ S. 446–471. Siehe folgende stark lobenden Rezensionen: Ludwig Pestalozzi, Kirchliche Rundschau vom August, Teil II, in: EW, 22. 9. 1881, S. 174–176; Conrad von Orelli, Literatur, in: KF, 25. 11. 1881, S. 378–381, S. 379–381. Die Argumentation schlug sich primär in folgendem Werk Hemans zum Zionismus nieder: Heman, Das Erwachen der jüdischen Nation. Siehe zudem: Metzger, Art. ‚Das Erwachen der jüdischen Nation (Friedrich Heman, 1897)'. Siehe zudem Kap. 3 in Teil IV.

641  Heman, Die historische Weltstellung der Juden, S. 16.

642  Siehe folgende Passagen: Heman, Die historische Weltstellung der Juden, S. 3–14.

der Spanier gegen ‚die Juden' geführt, an deren Ende eine Genesung der spanischen Nation und Stärkung des nationalen Denkens im Zeichen der ‚Rechristianisierung' gestanden hätten.[643] Vor dem Hintergrund von Spanien als historischem Beispiel sah Heman auch Deutschland in einer nationalen Krise. Hierfür erachtete er das Stellen der ‚Judenfrage' als einen Indikator. In vermeintlicher Verteidigung ‚der Juden' gegenüber den Antisemiten folgerte er:

> „Den Deutschen ist der innere Zusammenhang, der zwischen dem Aufschwung der Juden und dem Niedergang zunächst der deutschen Art und Sitte und des deutschen Wohlstandes herrscht, zum Bewußtsein gekommen und hat die antisemitische Bewegung hervorgerufen. Aber klar hat man sich das Verhältnis und den Zusammenhang nicht gemacht. Denn vielfach ist man der Meinung, der Aufschwung der Juden sei die Ursache des Niedergangs der Deutschen. Dies ist ein großer und für die ganze Bewegung schädlicher Irrtum. Nicht weil die Juden obenaufkommen, geht deutscher Wohlstand und Sitte unter, sondern umgekehrt: weil das deutsche Volk in einem geistigen und materiellen Zersetzungsprozess begriffen ist, darum kommen die Juden in Deutschland obenauf. […] Denn das ist ja eben ihre Aufgabe in der Weltgeschichte allenthalben."[644]

Ähnlich wie in Spanien sah Heman im Aufstieg ‚der Juden' somit einen Beweis für eine tiefgehende Krise der Nation.[645] In seiner ‚Krisendiagnose' offenbarte sich Hemans zutiefst konservatives, ja reaktionäres Weltbild. Kernursache der vermeintlichen Krise stellten für ihn die Französische Revolution und ihre Errungenschaften dar.[646] Diese hätte zu drei Entwicklungen geführt, die den Aufstieg ‚der Juden' befördert hätten, wobei ‚die Juden' – ihrer angeblich weltgeschichtlichen Rolle als ‚zersetzendes Ferment' folgend – diese Prozesse hätten beschleunigen helfen. Erstens habe der moderne Staatsgedanke fälschlicherweise das Bürgerrecht als ein Menschenrecht verstanden und daher ‚den Juden' aus Menschlichkeit das Staats-

---

643 Heman, Die historische Weltstellung der Juden, S. 21–27. Unter anderem behauptete Heman, dass ‚die Juden' Spanien den Muslimen gehöffnet hätten. Siehe auch die Ausführungen in Kapitel 3 dieses Teils.

644 Heman, Die historische Weltstellung der Juden, S. 34 f.

645 Als Kontrapunkt aus der deutschen Geschichte konstruierte er dabei die vermeintliche deutsche Nationsbildung im Anschluss an den Sieg der Germanen gegen die Römer im Teutoburger Wald, die ‚Schutz' vor ‚den Juden' geboten habe: „In der Teutoburger Waldschlacht wurde auch dem Vordringen der Juden gewehrt; denn durch Armin's Sieg war die selbständige und eigentümliche Entwicklung der deutschen Nation gerettet. In eine selbständige, geschlossene Nation, die sich frei entwickeln kann, können aber die Juden nicht eindringen, da haben sie keine Aufgabe; nur da wo Nationalitäten sich mischen oder solche sich zersetzen, können sie bedeutenderen Einfluß gewinnen." (Heman, Die historische Weltstellung der Juden, S. 28 f.)

646 Heman, Die historische Weltstellung der Juden, S. 36.

bürgerrecht verliehen. In diesem Punkt wird Hemans stark nationalistische Sichtweise erkennbar, indem er das Individuum in erster Linie als Bestandteil eines nationalen Kollektivs definierte. Für ihn waren ,der Jude' und ,der Deutsche' nicht zuerst Menschen, sondern eben ,Jude' respektive ,Deutscher'.[647] Zweitens sah Heman die Entwicklung einer modernen Geldwirtschaft als Resultat der Revolution in Frankreich. Davon hätten ,die Juden', und hier bemühte er ein ,klassisches' Stereotyp des soziokulturellen Antisemitismus, mit ihrer ,Vorliebe für Handel' profitiert.[648] Drittens schließlich sah er eine fortschreitende Entchristlichung – vor allem im Protestantismus – als Kernelement der vermeintlichen Krise der deutschen Nation, wobei Heman das Christentum zum tragenden Element deutscher ,Nationalkultur' erklärte. Daher konstruierte er einen Antagonismus zwischen Judentum und „evangelisch-protestantisch-deutschem Christentum".[649]

Als Lösung ,der Judenfrage' in Deutschland postulierte Heman deshalb einerseits die Rechristianisierung Deutschlands, indem er eine starke, vom Staat unabhängige Kirche forderte, die ein Bollwerk gegen die ,Verjudung' darstellen würde.[650] Noch prädestinierter für die Lösung ,der Judenfrage' sah der Theologe und Philosoph jedoch den nationalen Staat. Dieser habe ,die Juden' als fremde Nation und nicht als Konfession zu betrachten. Hemans Vorstellung vom Judentum war national geprägt, indem er eine untrennbare Verbindung zwischen ,jüdischer Religion' und ,Nation' postulierte, genauso wie er ein solches zwischen Christentum und Deutschtum konstruierte.[651] Entsprechend habe der deutsche Nationalstaat das Recht, so Heman, ,die Juden' auf sich selbst zu beschränken, weshalb er sein Pamphlet unter das Motto „suum cuique" (jedem das Seine) stellte.[652] Die Juden

---

647   Heman, Die historische Weltstellung der Juden, S. 36–42. In einer Verkehrung der liberalen Vorstellung von Individuen beteuerte er, die Semantik von ,Arier' und ,Semite' gebrauchend: „Man vergißt, daß der Jude zu allererst Jude und dann erst Semit und weiter Orientale und erst zuletzt Mensch ist und nicht umgekehrt. Daß zuerst das Individuelle kommt, daß das die eigenste Natur eines jeden Sterblichen ist, das verkannte man und wähnte das Allgemeine, das abstracte Menschentum sei das erste an den Menschen: Das ist aber nirgend so. Auch der Deutsche ist zuerst Deutscher, und zwar speciell noch Schwabe oder Preuße u. dgl., dann Germane, dann Arier und zuletzt Mensch." (Heman, Die historische Weltstellung der Juden, S. 38.)

648   Siehe: Heman, Die historische Weltstellung, S. 42–52.

649   Heman, Die historische Weltstellung, S. 53 f.

650   Die in dieser Kirchenkonzeption enthaltene Trennung von Staat und Kirche war dem konservativ-protestantischen, freikirchlich geprägten Kirchenverständnis Hemans geschuldet. Dieses nahm den modernen Staat als religionslos wahr und wollte diesem deshalb die Kontrolle über die Kirche entzogen wissen. Zu seiner Kirchenkonzeption siehe: Heman, die historische Weltstellung, S. 65 f.

651   Heman, Die historische Weltstellung, S. 69.

652   Heman, Die historische Weltstellung, S. 69 f.

dürften daher nur dann ‚Deutsche' werden, wenn sie sich völlig vom Judentum lösen würden, sonst hätten sie Deutsche ‚jüdischer Nationalität' zu bleiben. Dies sei für Deutschland lebenswichtig, weshalb Heman ultimativ forderte:

> „Wollen aber um jeden Preis die Juden auch der Nationalität nach Deutsche werden, nun dann müssen sie alle jüdischen Schranken niederreißen, dürfen ihren Kindern nicht mehr das Zeichen der jüdischen Nationalitätszugehörigkeit einschneiden, müssen alle Speiseverbote und was sonst die volle Gemeinschaft hindert, aufheben. Daß alle diese Dinge zugleich Religionsvorschriften für die Juden sind, darnach hat das deutsche Volk nicht zu fragen, darauf kann der deutsche Nationalstaat keine Rücksichten nehmen; was er fordert ist volle wahre Gemeinschaft, voller, wahrer Uebergang in die deutsche Natur, Art und Sitte. Hindert die Juden daran ihre Religion oder sonst etwas, so ist das dem Staat einerlei; dann müssen sie eben auch ihre jüdische Nationalität behalten, und er kann sie nicht als Deutsche anerkennen, sondern nur als Juden resp. als jüdische Bürger des deutschen Staates. Was das deutsche Volk nicht will, ist, dass das deutsche Reich deutscher Nation ein deutsches Reich jüdischer Nation werde. Also werden wir auch den Juden gegenüber ein wahrer deutscher Nationalstaat, wie wir es den Polen und Dänen gegenüber sind, obwohl Polen und Dänen so gut wie Juden deutsche Staatsbürger sind!"[653]

Zum Ende dieser Ausführungen zum nationalistischen Lösungsvorschlag Hemans zur ‚Judenfrage' Deutschlands sollen die Postulierung eines Realkonflikts sowie die konsequente Verkehrung von Täter und Opfer als Strukturmerkmal von Hemans Schrift hervorgehoben werden. Diese apologierte das Christentum und sprach den Juden das Schicksal als Opfer des Christentums während der vergangenen 1900 Jahre ab und stilisierte sie zu einem ‚Tätervolk'. Offensichtlich war diese Strategie gegen Heinrich Graetz' elfbändige „Geschichte der Juden" gerichtet, die auch für andere Antisemiten, so etwa Heinrich von Treitschke, ein Feindbild darstellte.[654] Heman stilisierte Graetz zu einem ‚Feind der Christen' und zu einem Prototyp des vom Talmud geprägten Juden.[655]

---

653   Heman, Die historische Weltstellung der Juden, S. 71.

654   Die Polemik gegen Graetz stellte ein wiederkehrendes Element des ‚Antisemitismusstreits' dar. Siehe zu Graetz als Feindbild des Antisemitismus: Daniel R. Schwartz, From Feuding Medievalists to the Berlin Antisemitismusstreit of 1879–1881, in: Jahrbuch für Antisemitismusforschung 3 (1994), S. 239–267.

655   Heman, Die historische Weltstellung der Juden, S. 15. Um ein Beispiel zu nennen: Heman betonte etwa, dass es nicht die Christen gewesen seien, welche ‚die Juden' so schlecht gemacht hätten, wie sie heute seien, sondern dass dies ein Resultat des jüdischen ‚Nationalcharacters' gewesen sei, der sich schon vor der Entstehung des Christentums herausgebildet habe. (Heman, Die

Im Gegensatz zu Friedrich Hemans Schrift über die angebliche ‚historische Weltstellung' der Juden war seine 1882 nachfolgende Publikation zur ‚religiösen' Dimension der Weltstellung des Judentums weniger stark antisemitisch geprägt. Vor allem griff die Schrift weit weniger auf Diskurse des modernen Antisemitismus zurück. Ihr Fundament bildete ein durch religiöse Topoi geprägter Antijudaismus, der eine Superiorität des Christentums gegenüber dem Judentum postulierte. In der Herabwürdigung des Judentums kam antitalmudischen Positionen eine zentrale Rolle zu.[656] Darin bestand ein diskursiver Berührungspunkt zur 1881 erschienenen Publikation. In Hemans Augen hatte der Talmud das Judentum in eine bis ins 19. Jahrhundert andauernde Krise geführt.[657] Der Basler Autor stilisierte ‚die Juden' des Weiteren zu ‚Feinden des Christentums', wobei er ihnen, in Analogie zu seiner ersten Schrift, wiederum die Funktion als die Zersetzung förderndes „kritisches Ferment" zuwies.[658] Einen zentralen Aspekt der Publikation, die wiederum eine Spitze gegen Heinrich Graetz enthielt,[659] stellten die christlich-heilsgeschichtlichen Funktionszuschreibungen den Juden gegenüber dar, die von Diskursen des heilsgeschichtlichen Antisemitismus begleitet waren.[660] Hemans Ausführungen gipfelten schließlich – für einen Vertreter der Judenmission nicht überraschend – in der von heilsgeschichtlichen Erwartungen motivierten Hoffnung, dass sich die Juden

historische Weltstellung der Juden, S. 14.) Auch beschrieb Heman beispielsweise die Ghettos als selbstgewählte Absonderung im Zeichen des angeblichen jüdischen ‚Partikularismus'. (Heman, Die historische Weltstellung der Juden, S. 18.)

656  Antitalmudismus war in der gesamten Schrift verbreitet.

657  Heman, Die religiöse Weltstellung des Jüdischen Volkes, S. 81.

658  Heman, Die religiöse Weltstellung des Jüdischen Volkes, S. 90.

659  So apostrophierte Heman Graetz als „christenfeindlich": Heman, Die religiöse Weltstellung des Jüdischen Volkes, S. 102.

660  Besonders prägnant kam der heilsgeschichtliche Antisemitismus in einer Passage, die den Topos der ‚Verwerfung' Jesu durch ‚die Juden' reproduzierte, zum Ausdruck: „Ohne Ahnung von der Größe seines [Jesu] Werkes, wähnten sie die begonnene Bewegung unterdrücken, sein Werk im Keime ersticken zu können, wenn sie nur ihn selbst zu beseitigen vermöchten. So kam es zu jener Katastrophe, die ihm und seinem Werke erst recht den Stempel der Unsterblichkeit und Unvergänglichkeit aufdrückte, aber auch das Geschick des jüdischen Volkes besiegelte. Ein Menschenalter nachher war auch Jerusalem, die von den Propheten so hochgepriesene Stadt, zerstört, daß kein Stein auf dem andern blieb. Die Weltgeschichte hatte die Entscheidung des jüdischen Volkes angenommen und es als Thatsache mit flammender Glut und Strömen von Blut auf ihre Tafeln geschrieben, daß das jüdische Volk aus der Reihe der weltbewegenden Völker für lange ausgestrichen sei; daß seine Selbstentscheidung nunmehr ihren Abschluss gefunden habe und endgültig acceptirt und ratificirt sei. Wenn irgendwo, so war hier die Weltgeschichte ein Stück Weltgericht. Auch das hatte Jesus warnend voraus gesagt!" (Heman, Die religiöse Weltstellung des Jüdischen Volkes, S. 60 f.)

zu Christus bekehren würden, da Gott das von ihm zerstreute ‚Israel' irgendwann wieder sammeln werde.[661] Dabei wies er der Evangelisationsarbeit unter den Juden eine wichtige Rolle zu, forderte jedoch ansonsten die Kirche zu Zurückhaltung im Kampf „zwischen dem jüdischen Volk und den Völkern, unter denen es lebt", auf.[662]

Abgesehen von seinen Schriften zum Zionismus, auf die im nächsten Teil eingegangen werden wird,[663] manifestierte sich Friedrich Hemans Antisemitismus auch in seinen Publikationen zum Judentum mit (religions)wissenschaftlichem Anspruch. So in zwei Artikeln, die er für die „Realencyklopädie für protestantische Theologie und Kirche" zum Thema des nachbiblischen Israel und der Judenmission verfasst hatte.[664] In beiden Artikeln kam es beispielsweise zu antitalmudischen Äußerungen.[665] Auffallend an den beiden Texten war zudem, dass erneut Spanien als Negativschablone Verwendung fand. Hemans antisemitischer Blick auf die Zeit der jüdischen Präsenz im Spanien des Mittelalters hatte sich bereits im „Freund Israels" mehrfach bemerkbar gemacht.[666] Insbesondere kam Hemans Furcht vor vermeintlichen ‚Kryptojuden' zum Vorschein. Diese Juden seien um gewisser Vorteile willen nur vordergründig zum Christentum konvertiert oder zur Konversion gezwungen worden. Darin widerspiegelte sich die bereits an früherer Stelle angesprochene Taufskepsis, die mit der Missionshoffnung der Judenmission kontrastierte und die das Misstrauen gegen nicht in einer durch die Judenmission beförderten ‚Erweckung' gründenden Konversion zum Ausdruck brachte. Mit Blick auf den Staat als auch die Kirche argumentierte Heman: „Die vielen getauften Juden, die heimlich dem alten Glauben anhingen, waren ein stäter [sic!] Pfahl im Fleisch

---

661  Heman, Die religiöse Weltstellung des Jüdischen Volkes, S. 130.

662  Heman, Die religiöse Weltstellung des Jüdischen Volkes, S. 127–129; Zitat S. 128.

663  Siehe Kapitel 3 in Teil IV.

664  Friedrich Heman, Art. ‚Israel, Geschichte, nachbiblische', in: Realencyklopädie für protestantische Theologie und Kirche, hrsg. von Albert Hauck, Bd. 9, 3. Aufl., Leipzig 1901, S. 483–511; Friedrich Heman, Art. ‚Mission unter den Juden', in: Realencyklopädie für protestantische Theologie und Kirche, hrsg. von Albert Hauck, Bd. 13, 3. Aufl., Leipzig 1903, S. 171–192.

665  In Verknüpfung mit einem Seitenhieb auf die Rabbiner: Heman, Art. ‚Israel, Geschichte, nachbiblische', S. 485. Zudem fand auch der für die Judenmission typische Topos, dass der Talmud eine Schranke zwischen Christentum und Judentum bedeute, Verwendung: Heman, Art. Mission unter den Juden', S. 172.

666  Dies war primär in einer langen Artikelserie Hemans der Fall, die inhaltlich viele Berührungspunkte mit den beiden 1881 und 1882 erschienenen Schriften zur ‚Weltstellung' der Juden besaß. Für Antisemitismus in Bezug auf Spanien siehe aus dieser Artikelserie: Friedrich Heman, Die Schicksale der Juden in ihrer Zerstreuung, Teil VI, in: FI 7 (1880) 2, S. 25–41; Friedrich Heman, Die Schicksale der Juden in ihrer Zerstreuung, Teil VII, in: FI 7 (1880) 3, S. 57–63, S. 57; Friedrich Heman, Die Schicksale der Juden in ihrer Zerstreuung, Teil XIII, in: FI 8 (1881) 5, S. 92–98, S. 97 f.

der Kirche Spaniens. [...] Die vielen Tausend heimlicher Juden bildeten eine Gefahr nicht bloß für die Kirche, sondern auch für den Staat."[667]

Sein wissenschaftliches Hauptwerk legte Professor Heman 1908 mit seiner „Geschichte des jüdischen Volkes seit der Zerstörung Jerusalems" vor.[668] Mit ihm schloss sich ein Kreis, da sich in diesem sechshundertseitigen Buch viele Ansichten aus seiner 1881 erschienenen Publikation zur „historischen Weltstellung der Juden" immer noch lebendig zeigten. So wandte sich das Buch explizit gegen die „Geschichte der Juden" von Heinrich Graetz, obwohl sie ihm als zentrale Quelle diente, denn Hemans Buch basierte nicht auf eigenem Quellenstudium.[669] Doch Heman wollte der, wie er meinte, geschönten und heroisierenden ‚jüdischen Perspektive' auf die Geschichte des Judentums das Pionierwerk einer christlichen Judentumsgeschichte für ein christliches Publikum entgegenstellen.[670] Die antisemitische Haltung Hemans drang im Buch vor allem in die Beurteilung der jüdischen Geschichte ein, während sie in den langen und detailreichen Ausführungen über die Geschichte der Juden in den einzelnen Ländern weniger deutlich zu Tage trat. Insbesondere tauchte sein judenfeindliches Konzept von ‚den Juden' als ein angeblich die ‚Zersetzung' förderndes ‚Ferment' erneut auf,[671] und die antisemitische Realkonfliktskonstruktion wurde wiederum am sehr umfangreich dargestellten Beispiel Spaniens manifest.[672] Auch die nationalistische Argumentation zum Judentum nach der

---

667 Heman, Art. ‚Israel, Geschichte, nachbiblische', S. 492. In seinem Beitrag zur nachbiblischen Geschichte Israels schnitt Heman die zeitgenössischen Verhältnisse nur marginal an. Den Antisemitismus in Deutschland tangierte er nur ganz am Schluss seiner Ausführungen und führte ihn in typisch antisemitischer Manier auf die vermeintliche Existenz eines Realkonflikts zurück. (Heman, Art. ‚Israel, Geschichte, nachbiblische', S. 510–511.) Mit dem ebenfalls sehr konservativ ausgerichteten Conrad von Orelli war auch ein weiterer Basler Professor Autor des Artikels zur biblischen Geschichte Israels: Conrad von Orelli, Art. ‚Israel, Geschichte, biblische', in: Realencyklopädie für protestantische Theologie und Kirche, Bd. 9, S. 458–483.

668 Friedrich Heman, Geschichte des jüdischen Volkes seit der Zerstörung Jerusalems, Calw/Stuttgart 1909. 1927 erschien eine zweite Auflage von Hemans Werk. Die gekürzte Fassung wurde von Otto von Harling bis auf die Gegenwart fortgeführt: Friedrich Heman/Otto von Harling, Geschichte des jüdischen Volkes seit der Zerstörung Jerusalems, Stuttgart 1927.

669 Der Angriff auf Graetz wird im Vorwort des Buches explizit. Graetz wird wiederum als ‚fanatischer Christenhasser' dargestellt. (Heman, Die Geschichte des jüdischen Volkes, S. VII-XII.) Eine Rezension im „Israelitischen Wochenblatt" kam zum Schluss, dass Hemans Werk „zum weit überwiegenden Teile einfach aus Grätz abgeschrieben" worden sei. (F. Heman's Geschichte des jüdischen Volkes, in: IW, 23. 10. 1908, S. 13 f., S. 13.)

670 Heman, Geschichte des jüdischen Volkes, S. IX.

671 Heman, Die Geschichte des jüdischen Volkes, S. 20.

672 Siehe v. a.: Die Geschichte des jüdischen Volkes, S. 119–252. Auch die Interpretation der Vertreibung der Juden aus Spanien als ‚göttliches Geschick' tauchte wieder auf, da dadurch verhindert worden sei, dass durch die Entdeckung Amerikas die jüdische ‚Geldherrschaft' schon 300 Jahre

Französischen Revolution tauchte in Ansätzen wieder auf, wobei die Definition ‚der Juden' als Nation, ja als ‚Rasse' – wenn auch nicht in einem naturwissenschaftlichen Sinn – deutlich zutage trat.[673] Hemans Werk von 1908 ist letztlich ein weiteres Beispiel für seine zu einer Vereinnahmung der Juden führenden Vorstellung einer spezifisch religiösen und heilsgeschichtlichen Funktion ‚der Juden'.[674] Gegen Ende des ersten Kapitels ließ er diese Vorstellungen denn auch deutlich aufscheinen:

> „Das jüdische Volk hat zwar seine eigene Geschichte, aber sie ist doch nicht sein eigen, denn sie ist hineingeflochten in die Geschicke aller Kulturvölker. Sie verläuft weniger um der Juden selbst willen, als um der Völker willen, unter denen das jüdische Volk dienend und leidend sein Dasein fristet. Es ist eine Geschichte ohnegleichen, eine Tragödie, wie sie sonst nirgend in der Welt sich ereignet. Darin besteht ihre geheimnisvolle Größe und die unvergleichliche Majestät ihres Elendes."[675]

Diese theologisch verzerrte Wahrnehmung des Judentums durch Heman und die heilsgeschichtliche Vereinnahmung ‚der Juden' stieß im schweizerischen Judentum auf Widerspruch. So wurde den in seinem Buch präsentierten Vorstellungen in einer Rezension im „Israelitischen Wochenblatt" heftig widersprochen.[676]

früher errichtet worden wäre: Heman, Die Geschichte des jüdischen Volkes, S. 247 f. Siehe zum Vergleich: Heman, Die historische Weltstellung der Juden, S. 27.

673   Heman, Die Geschichte des jüdischen Volkes, S. 550 f.

674   Die heilsgeschichtliche Dimension seiner Interpretation der jüdischen Geschichte blendete Heman in seinem voluminösen Buch, wie er dies bereits bei der Publikation „Die historische Weltstellung der Juden" getan hatte, fast völlig aus. Nur ganz zum Schluss ließ er seine endzeitlichen Hoffnungen aufscheinen. (Heman, Die Geschichte des jüdischen Volkes, S. 601.)

675   Heman, Die Geschichte des jüdischen Volkes, S. 24.

676   F. Heman's Geschichte des jüdischen Volkes, in: IW, 23. 10. 1908, S. 13 f. Die Rezension stützte sich dabei vor allem auf eine Besprechung durch Professor Martin Philippson aus Berlin.

# IV. Die Phase 1896 bis 1918 – Zwei Jahrzehnte vermeintlicher Ruhe bei diskursiven Kontinuitäten und inhaltlichen Akzentverschiebungen

Die Jahre von 1870 bis 1895 waren geprägt von einer starken Präsenz judenfeindlicher Äußerungen in den analysierten protestantischen Zeitschriften, vorab jenen konservativ-protestantischer Provenienz. Im Besonderen gilt dieser Befund für die Zeitspanne von Ende der 1870er bis Mitte der 1880er-Jahre. Die Zunahme der Judenfeindschaft war mit der Popularisierung von Diskursen des modernen Antisemitismus einhergegangen, was besonders anhand der Analyse der an die judenfeindliche Konstruktion ‚Judenfrage‘ angelagerten antisemitischen Diskurse und Topoi beleuchtet wurde. Einen weiteren Schwerpunkt stellte eine differenzierte Untersuchung christlich-theologisch motivierter judenfeindlicher Konzeptionen dar, die für das stark ausgeprägte Superioritätsempfinden gegenüber dem Judentum bezeichnend waren. Zugleich wurde die große Bedeutung des Antisemitismus in Deutschland für die Judenfeindschaft im Deutschschweizer Protestantismus erkannt. Mit diesen Befunden legte die Analyse des Antisemitismus in der ersten Periode eine wichtige Grundlage auch für die Betrachtung der weiteren Untersuchungsphasen.

Die in diesem Teil im Fokus stehende zweite Periode erstreckt sich über die Zeitspanne von 1896 bis zum Ende des Ersten Weltkrieges. Während 1918 eine recht deutliche Zäsur bildet, sind die Übergänge zu Beginn dieses Untersuchungszeitraumes fließend. Der für diese zweite Periode charakteristische Rückgang der Häufigkeit antisemitischer Äußerungen setzte zeitlich, je nach Zeitschrift leicht variierend, um die Mitte der 1890er-Jahre ein – sicher jedoch erst nach der Abstimmung über das Schächtverbot von 1893 und vor dem ersten Zionistenkongress von 1897 in Basel. Der Fokus der folgenden Darstellung des protestantischen Antisemitismus in der zweiten Periode liegt in einem ersten Kapitel darauf, den Rückgang der Häufigkeit antisemitischen Schreibens im Deutschschweizer Protestantismus in seinen Binnenkonjunkturen eingehender zu erfassen und dabei inhaltliche Kontinuitäten und Akzentverschiebungen im Antisemitismus aufzuzeigen. Hierbei kommt den Unterschieden zwischen den verschiedenen protestantisch theologisch-kirchenpolitischen Richtungen eine wichtige Bedeutung zu, zumal sich das Richtungswesen mit der Formierung der Religiös-Sozialen weiter ausdifferenzierte. Das zweite Kapitel wendet sich der Rezeption der ‚Dreyfus-Affäre‘ zu, die in Frankreich, ähnlich wie in Deutschland der Berliner Antisemitismusstreit, zu einer massiven Popularisierung antisemitischer Positionen im öffentlichen Diskurs führte. Das abschließende dritte Kapitel thematisiert die intensive und stark von heilsgeschichtlichen

Erwartungshaltungen geprägte Rezeption der zionistischen Bewegung insbesondere im konservativen Protestantismus der Deutschschweiz – eine Rezeption, die der protestantischen Judenfeindschaft eine weitere inhaltliche Facette hinzufügte.

## 1 Richtungsspezifische Unterschiede, Kontinuitäten und Transformationen

Auch in der Periode von 1896 bis 1918 blieben antisemitische Äußerungen in den untersuchten protestantischen Zeitschriften präsent. Von seinen diskursiven Inhalten her zeigte sich der Antisemitismus zudem wenig verändert, allerdings kam es innerhalb des judenfeindlichen Schreibens zu Akzentverschiebungen. Zunächst werden in einer überblicksartigen Gesamtschau einerseits die Binnenkonjunkturen des Antisemitismus innerhalb der zu untersuchenden zwei Jahrzehnte und andererseits richtungs- und zeitschriftenspezifische Unterschiede herausgearbeitet. In einem zweiten Schritt stehen die inhaltlichen Schwerpunkte der protestantischen Judenfeindschaft im Zentrum der Analyse.

*Konjunkturen des Antisemitismus*

Überblickt man die in sämtlichen systematisch untersuchten Zeitschriften aufgefundenen antisemitischen Äußerungen bezüglich ihrer Häufigkeit und Verteilung, so fällt Zweierlei auf. Erstens lassen sich innerhalb der relativ ruhigen Phase von 1896 bis 1918 Schwankungen feststellen. So waren zunächst antisemitisch geprägte Artikel gerade in den konservativen Periodika noch relativ häufig, auch wenn sie im Vergleich zur vorangegangenen Periode seltener auftraten. Ab 1900 ging ihre Präsenz noch einmal deutlich zurück, flackerte 1909 jedoch kurzzeitig aufgrund der Berichte über den Tod von Adolf Stoecker wieder auf, um nach weiteren Jahren relativer Ruhe in der Mehrheit der Zeitschriften ab Mitte der 1910er-Jahre allmählich wieder zuzunehmen. Zweitens waren antisemitische Grundsatzartikel oder Artikel, die antisemitische Konzeptionen über längere Passagen zum Ausdruck brachten, seltener als in der vorangegangenen Periode. Antisemitische Äußerungen waren oft kurz gefasst und teilweise beiläufig. Diese beiden Beobachtungen treffen mit Abstufungen auf die drei theologisch-kirchenpolitischen Richtungen der Positiven, Vermittler und Liberalen zu. Inwiefern dies auch auf die vierte, sich Anfang des 20. Jahrhunderts formierende Richtung der Religiös-Sozialen zutrifft, wird zu prüfen sein.

Die im Vergleich zum theologischen Liberalismus deutlich stärkere Präsenz antisemitischer Haltungen im konservativen und auch vermittlerischen Protestantismus der Deutschschweiz in der ersten Phase dauerte auch zwischen 1896 und 1918 fort. Für die Entwicklung der Judenfeindschaft in der konservativ-protestantischen Richtung können das „Appenzeller Sonntagsblatt" und der „Christliche Volksbote" als repräsentative Beispiele angeführt werden. Die beiden Blätter waren in der Zeitspanne von 1870 bis 1895, zusammen mit dem stark durch eine biblizistische Theologie geprägten „Freund Israels", durch eine ausgesprochen starke Präsenz antisemitischer Artikel aufgefallen. Dies blieb sich auch in den Folgejahren gleich. Im „Appenzeller Sonntagsblatt" nahmen die antisemitisch geprägten Artikel jedoch insbesondere ab Ende des 19. Jahrhunderts sehr deutlich ab.[1] Diese ‚ruhige' Phase hielt bis 1915 an, was nicht davon ablenken soll, dass nebst kürzeren antisemitischen Äußerungen vereinzelt auch längere antisemitische Artikel in dem von Otto Zellweger herausgegebenen Blatt zum Abdruck kamen.[2] Ähnlich verhielt es sich beim „Christlichen Volksboten", der in den Jahren bis zur Jahrhundertwende noch einige stark antisemitische Artikel publizierte.[3] Dazu ist ein kurzer Nachruf auf Heinrich von Treitschke, der 1879 den Berliner Antisemitismusstreit in entscheidender Weise mit zu verantworten hatte, zu zählen. Treitschke wurde darin zu einem Kämpfer gegen die vermeintlich „schädlichen Einflüße eines großen Theils des modernen Judenthums" und zum ‚Opfer' der ‚jüdischen Presse' stilisiert. Dem Antisemitismus Treitschkes beipflichtend, behauptete die pietistisch geprägte Zeitschrift: „Die jüdischen Federn sind ja so zahlreich und so eifrig geschäftig, daß sofort jeder Mann, jede politische Richtung, jedes Gesetz, kurz alles, was den übermächtigen Einfluß des Judenthums auch nur ein wenig zu schwächen droht, sofort der öffentlichen Verhöhnung, Verachtung und Verlästerung preisgegeben wird."[4] In den ersten Jahren des 20. Jahrhunderts zeigten sich antisemitische Positionen in der in Basel gedruckten Zeitschrift deutlich seltener. Sowohl im „Appenzeller Sonntagsblatt" als auch im „Christlichen Volksboten" lässt sich zudem eine inhaltliche Akzentverschiebung im Antisemitismus beobachten: Innerhalb dieses Prozesses des Nachlassens gewannen religiös argumentierende Diskurse der Judenfeindschaft gegenüber soziokulturell oder nationalistisch geprägten relativ gesehen wieder an Gewicht. Die Diskurse des modernen Antisemitismus, die insbesondere zwischen 1870 und 1895 im „Christlichen Volksboten" überaus präsent waren,

1    Siehe als Beispiele stark antisemitisch geprägter Beiträge zwischen 1896 und 1900: Von der Basler Festwoche, in: ASB, 11. 7. 1896, S. 219–222; Der Zionismus, Teil I, in: ASB, 11. 9. 1897, S. 292–294.

2    Siehe etwa: Die Wege des Herrn sind richtig, Teil I, in: ASB, 3. 9. 1904, S. 281 f.; Otto Zellweger, Nachrichten, in: ASB, 5. 1. 1907, S. 6–8, S. 7 f.

3    Siehe etwa: Jesus Christus, gesetzt zu einem Fall und zu einem Auferstehen Vieler in Israel, in: CVB, 11. 1. 1899, S. 9–11; Die Woche der christlichen Jahresfeste in Basel, Teil III, in: CVB, 12. 7. 1899, S. 217–220, S. 217–219; Ein Rückblick auf die Epiphanienfeier, Teil I, in: CVB, 9. 1. 1901, S. 9–11. Diese Beispiele zeigen die weiterhin große Bedeutung des judenmissionarischen „Verein der Freunde Israels" präsenten Antisemitismus für die Judenfeindschaft im „Christlichen Volksboten".

4    Nachrichten, in: CVB, 20. 5. 1896, S. 166 f., S. 166.

traten somit in der zweiten Periode deutlich seltener auf, während dieses Phänomen des Rückgangs beim Antijudaismus weniger deutlich zum Tragen kam.

Die Analyse der ersten Periode von 1870 bis 1895 hatte auch die große Bedeutung des Antisemitismus in Deutschland als Katalysator für judenfeindliche Vorstellungen im Deutschschweizer Protestantismus aufgezeigt. Der Rückgang von Artikeln, die sich auf den deutschen Kontext bezogen, mag ein Grund dafür sein, dass die Präsenz von Diskursen des modernen Antisemitismus deutlich zurückging. Dies ist nicht zuletzt auf die nachlassende Rezeption der antisemitischen christlich-sozialen Bewegung Adolf Stoeckers zurückzuführen, die seit den 1890er-Jahren massiv an Bedeutung verloren hatte. Bezog sich das „Appenzeller Sonntagsblatt" in den 1870er- und 1880er-Jahren beispielsweise in vielen antisemitischen Artikeln auf den christlich-sozialen „Reichsboten", so war dies ab den 1890er-Jahren nicht mehr der Fall.[5] Diese Entwicklung hing wohl zudem mit der Übergabe des Nachrichtenressorts von Johann Jakob Schenkel an Otto Zellweger, der eine geringere Nähe zum christlich-sozialen Gedankengut erkennen ließ, zusammen.[6]

Hatte die Bezugnahme auf den Antisemitismus des Kaiserreichs grundsätzlich deutlich an Bedeutung verloren, so zeigte sich dennoch Deutschland im punktuellen Auftreten längerer antisemitischer Beiträge von der Jahrhundertwende bis 1918 erneut als zentraler Bezugsrahmen. Der Tod des ehemaligen Hofpredigers Adolf Stoecker im Februar 1909 etwa führte in den Zeilen der pietistisch-geprägten Zeitschrift „Christlicher Volksbote" zu einem Wiederaufleben modernantisemitischer Topoi, wie zum Beispiel des angeblichen jüdischen ‚Macht- und Einflussstrebens'. Dies verdeutlicht, dass solche judenfeindliche Vorstellungen latent vorhanden waren und jederzeit abgerufen werden konnten.[7]

1916 publizierte das „Appenzeller Sonntagsblatt" erstmals seit längerer Zeit wieder einen Beitrag, der in großem Ausmaß antisemitische Passagen aufwies. Die Artikelserie bezog sich auf die von Pfarrer Ludwig Schneller herausgegebene Missions-

5    Zur Bedeutung des „Reichsboten" als Vehikel des Antisemitismustransfers siehe Kapitel 5 in Teil III.

6    Der stark antisemitisch eingestellte Schaffhauser Pfarrer Johann Jakob Schenkel verfasste die ‚Nachrichten' zwischen 1873 und 1888 und zeichnete daher für viele der antisemitischen Artikel im „Appenzeller Sonntagsblatt" verantwortlich.

7    Theodor Sarasin, Ein Blick in das Leben Hofprediger D. Ad. Stöckers, 3 Teile, in: CVB, 17./24. 2. 1909/3. 3. 1909, S. 50–52/S. 60 f./S. 69 f. Stoecker wurde von Theodor Sarasin beispielsweise in einer Täter-Opfer-Umkehr zum ‚Opfer' ‚des Judentums', das die Presse beherrschen würde, stilisiert. (Theodor Sarasin, Ein Blick in das Leben Hofprediger D. Ad. Stöckers, Teil 3, in: CVB, 3. 3. 1909, S. 69 f., S. 69.) Auch schon 1905 hatte sich die Basler Zeitschrift lobend über die „Schilderhebung gegen die Anmaßung des widerchristlichen Judentums" durch Stoecker geäußert: Nachrichten, in: CVB, 6. 12. 1905, Beilage S. 1. Dieselbe Bemerkung in: Conrad von Orelli, Rundschau, in: KF, 1. 12. 1905, S. 372–375, S. 375.

zeitschrift „Bote aus Zion". Schneller stand der deutschen Missionsgesellschaft für das Syrische Waisenhaus in Palästina vor, die zur Unterstützung dieser von seinem Vater Johann Ludwig Schneller gegründeten protestantischen Missionseinrichtung diente.[8] Das Waisenhaus, das in der süddeutschen und schweizerischen Erweckungsbewegung wurzelte, erhielt auch viele Zuwendungen aus der Schweiz.[9] Das missionarische Netzwerk um das „Syrische Waisenhaus", dem der von Ludwig Schneller herausgegebene „Bote aus Zion" als Publikationsorgan diente, wurde zu einer wichtigen Informationsquelle in Sachen Palästina und Zionismus für den konservativen Protestantismus der Deutschschweiz. Die Artikelserie Schnellers von 1916 bediente sich einer Fülle antisemitischer Stereotypen, vom Topos der ‚Schädlichkeit' ‚der Juden' für andere Völker über das Konstrukt einer jüdischen ‚Presse- und Geldmacht' bis hin zu einer angeblich besonderen ‚antichristlichen' talmudischen ‚Moral'.[10] Auch der nächste umfangreiche antisemitische Beitrag stammte aus demselben Netzwerk, denn im April 1918 übernahm das „Appenzeller Sonntagsblatt" einen Artikel Ludwig Schnellers über den Zionismus, der heilsgeschichtlichen mit soziokulturellem Antisemitismus verknüpfte.[11] Auch der „Christliche Volksbote" stützte sich auf die ‚Expertise' Schnellers. So hatte er bereits 1908 einen Bericht des Pastors, der sich auf einer Vortragsreise zum Zwecke des Sammelns von Spenden befand, über New York abgedruckt, in dem er die Ostküstenmetropole als unter der ‚Herrschaft' ‚der Juden' stehend beschrieb.[12] Aus seiner antisemitischen Perspektive heraus, die einen naturgesetzmäßigen Zusammenhang zwischen einem hohen jüdischen Bevölkerungsanteil und dem Entstehen von Antisemitismus konstruierte, folgerte Schneller, zugleich den europäischen Antisemitismus apologierend, in ‚triumphierendem' Ton:

> „Den Amerikanern wird die Judenfrage wohl noch viel Kopfschmerzen machen, vielleicht mehr als irgend einem Volke. Das Judentum beginnt in der Tat

---

8    Siehe zum „Syrischen Waisenhaus" der Familie Schneller und dessen Netzwerk: Roland Löffler, Protestanten in Palästina. Religionspolitik, Sozialer Protestantismus und Mission in den deutschen evangelischen und anglikanischen Institutionen des Heiligen Landes 1917–1939, Stuttgart 2008, S. 244–348.

9    Löffler, Protestanten in Palästina, S. 248–250; S. 290; S. 314–316.

10    Die Juden in Palästina, 3 Teile, in: ASB, 14./21./28. 10. 1916, S. 332 f./S. 340 f./S. 348 f.

11    Vom Zionismus, 3 Teile, in: ASB, 13./20./27. 4. 1918, S. 115 f./S. 123 f./S. 132 f. Geprägt vom Weltkrieg, sah Schneller in deutlich antibritischem und antiamerikanischem Unterton diese beiden Länder unter dem Einfluss ‚der Juden', weshalb die beiden verbündeten Staaten den Zionismus befördern würden. Vom christlich-heilsgeschichtlichen Denken geprägt, wendete Schneller ein, dass ‚die Juden', da sie unter der ‚Strafe Gottes' stünden, nur als Teil des ‚Heilsplanes' nach Palästina zurückkehren dürften, nachdem sie sich zu Jesus bekannt hätten.

12    Die größte Judenstadt der Welt, 2 Teile, in: CVB, 26. 2. 1908/4. 3. 1908, S. 67 f./S. 75 f.

in New York übermächtig zu werden [...]. Aber wenn es so fort geht, so kann es über kurz oder lang zu einem furchtbaren Aufflammen des allgemeinen Zorns kommen, und die Welt mag dann eine Judenverfolgung erleben, wie sie nur jemals stattgefunden hat.

Vor einigen Jahren hat, wenn ich mich recht erinnere, der Präsident Roosevelt sich veranlaßt gesehen, dem Kaiser Nikolaus eine brüderliche Vermahnung zu erteilen, für eine humanere Behandlung der Juden Sorge zu tragen. Der Zar könnte vielleicht bald in die Lage kommen, dem amerikanischen Präsidenten das Kompliment zwiefach zurückzugeben!"[13]

Wie bereits hervorgehoben, kann die Entwicklung im „Appenzeller Sonntagsblatt" und im „Christlichen Volksboten" bezüglich des Antisemitismus als typisch für die konservativ-protestantischen Zeitschriften angesehen werden. In der Tat wiesen die drei weiteren systematisch analysierten positiven Zeitschriften, der „Christliche Volksfreund", der „Kirchenfreund" und das „Evangelische Wochenblatt" in den Jahren von 1896 bis 1918 dieselben Muster auf. Während im „Christlichen Volksfreund" kurz vor Ende des 19. Jahrhunderts noch mehrere Artikel mit umfangreichen antisemitischen Passagen erschienen waren, akzentuierte sich der Rückgang judenfeindlicher Äußerungen in dessen Spalten Anfang des 20. Jahrhunderts.[14] Ähnlich verhielt es sich mit dem „Evangelischen Wochenblatt".[15] Im „Kirchenfreund" setzte dieser Prozess bereits in der zweiten Hälfte der 1890er-Jahre ein. Allerdings verschwanden umfangreichere judenfeindliche Beiträge nicht gänzlich aus diesen drei konservativ-protestantischen Zeitschriften.[16] Exemplarisch sei die Rezension des durch einen integralen Rassismus und Antisemitismus geprägten populärphilosophischen Werks von Houston Stewart Chamberlain „Die Grundlagen des 19. Jahrhunderts" durch den Berner Pfarrer Wilhelm Hadorn erwähnt.[17] Zwar kritisierte Hadorn Chamberlains rein rassentheoretischen Blick auf ‚die Juden', dem er einen heilsgeschichtlichen gegenüberstellte, doch zollte er Chamberlains Antisemitismus

---

13    Die größte Judenstadt der Welt, Teil 2, in: CVB, 4. 3. 1908, S. 75 f.

14    Siehe für das späte 19. Jahrhundert: Gottlieb Schuster, Kirchliche Zeitschau, in: CVF, 11. 9. 1897, S. 397–399, S. 398 f.; Schm., Verstockte Herzen, in: CVF, 12. 3. 1898, S. 114–117.

15    1899 erschien im Zusammenhang mit der Rezeption der Jahresfeste des „Vereins der Freunde Israels" noch einmal ein umfangreicher antisemitischer Artikel: Ludwig Pestalozzi, Die Basler Festwoche, in: EW, in: 17. 8. 1899, S. 129–132, S. 130.

16    Siehe z. B.: K. L., Das jüdische Volk zur Zeit Jesu Christi, 5 Teile, in: CVF, 6./13./20./27. 1. 1906/3. 2. 1906, S. 5–9/S. 15–21/S. 29–32/S. 39–42/S. 45–49; Aus Österreich, in: EW, 25. 6. 1908, S. 101 f.; Conrad von Orelli, Adolf Stöcker †, in: KF, 19. 2. 1909, S. 53–58.

17    Wilhelm Hadorn, H. S. Chamberlain: Die Grundlagen des 19. Jahrhunderts, 2 Teile, in: KF, 24. 5. 1901/7. 6. 1901, S. 166–171/S. 177–183.

dennoch Respekt. Chamberlain sei kein verblendeter Antisemit, argumentierte er, antijudaistische und modernantisemitische Diskurse verknüpfend, „sondern [ein] Mann, dem die heillose Verjudung Europas zu Herzen gegangen ist. Und wie wahr ist das, was er über den Einfluß der Juden schreibt, eine innerlich erregende Anklagerede gegen das halsstarrige Volk, und wie überzeugend weist er aus der Geschichte des Volkes Israel, wie sie im Alten Testament berichtet wird, die Keime dieser jetzt ausgeprägten Charakterzüge der Juden nach."[18] Es waren denn auch Hadorn und insbesondere der Theologieprofessor Conrad von Orelli, die in der Redaktion des „Kirchenfreundes" mehrfach für antisemitische Artikel verantwortlich zeichneten.[19] Von Orelli deutete etwa 1909 in einer Darstellung des Sturzes des Sultans des Osmanischen Reiches durch die Jungtürken antisemitische Verschwörungsvorstellungen an, indem er diese Revolution nicht zuletzt auf angeblich ‚jüdischen Einfluss' zurückführte.[20]

Analogien zum „Christlichen Volksboten" und „Appenzeller Sonntagsblatt" bestanden beim „Kirchenfreund" sowie beim „Christlichen Volksboten" ebenfalls hinsichtlich des Deutschlandbezugs. Waren antisemitische Artikel, die sich auf den deutschen Kontext bezogen, insgesamt auch seltener, so blieben sie dennoch bestimmend für die antisemitischen Kernartikel der Periode von 1896 bis 1918. Wiederum war es der Tod Adolf Stoeckers, der als Kristallisationspunkt für judenfeindliche Äußerungen diente. Der „Kirchenfreund"-Redakteur Conrad von Orelli sowie Karl Huber, Pfarrer in Rüeggisberg (BE), widmeten dem ‚Führer' der deutschen „Christlich-Sozialen" in dessen Todesjahr sowie 1917 ‚Lebensbilder', die Stoeckers Antisemitismus goutierten, und der „Christliche Volksfreund" ließ 1911 eine ähnlich geartete Biografie des Hofpredigers folgen.[21] Auch das „Evangelische Wochenblatt" brachte, kurz bevor es nach dem Tod seines Redakteurs Ludwig Pestalozzi

18   Wilhelm Hadorn, H. S. Chamberlain: Die Grundlagen des 19. Jahrhunderts, in: KF, 7. 6. 1901, S. 177–183; S. 179.

19   Siehe als Beispiele: Wilhelm Hadorn, Die konfessionellen Verhältnisse der Schweiz auf Grund der vorläufigen Ergebnisse der eidgenössischen Volkzählung von 1910, in: KF, 9. 6. 1911, S. 177–184, S. 183; Conrad von Orelli, Reisebilder aus dem Gelobten Lande, Teil V, in: KF, 13. 4. 1911, S. 119–124, S. 121.

20   Conrad von Orelli, in: KF, 14. 5. 1909, S. 152–154, S. 153 f.

21   Conrad von Orelli, Adolf Stöcker †, in: KF, 19. 2. 1909, S. 53–58; Pf. i. W., Adolf Stöcker, 4 Teile, in: CVF, 13./20./27. 5. 1911/3. 6. 1911, S. 208–211/S. 220–225/S. 233–237/S. 245–247; Karl Huber, Vinet und Stoecker, 6 Teile, in: KF, 12./26. 1. 1917/9. 2. 1917/9./23. 3. 1917/6. 4. 1917, S. 6–10/S. 21–25/ S. 33–36/S. 65–70/S. 86–90/S. 102–106. Die antisemitischen Äußerungen konzentrierten sich auf die Teile IV und V der Artikelserie. 1911 und 1916 erschienen im „Christlichen Volksfreund" zudem antisemitisch geprägte Berichte Ludwig Schnellers respektive seines „Boten aus Zion": Begegnung mit einem Juden, 2 Teile, in: CVF, 8./15. 7. 1911, S. 299–301/S. 308–312; Der Zionismus in Amerika, in: CVF, 11. 11. 1916, S. 549–552.

sein Erscheinen einstellte, eine gleich ausgerichtete Artikelserie zum sogenannten Hofprediger aller Deutschen.[22] Diese stellten zusammen mit einem aus österreichischer Feder stammenden Artikel den heftigsten antisemitischen Ausbruch der in Zürich erscheinenden Zeitschrift nach der Jahrhundertwende dar.[23]

Am Beispiel des „Evangelischen Wochenblattes" zeigt sich zudem, dass der Berichterstattung über die Jahresfeste der „Freunde Israels" auch nach 1895 eine wichtige Funktion bei der Verbreitung antisemitischer Aussagen in den konservativ-protestantischen Zeitschriften zukam.[24] Auch der „Christliche Volksfreund" sowie das „Appenzeller Sonntagsblatt" thematisierten die Jahresfeste gelegentlich und übernahmen dabei antisemitische Äußerungen des Judenmissionsvereins.[25] Eine besondere Nähe zum judenmissionarischen Verein wies wiederum der „Christliche Volksbote" aus Basel auf, der in großer Regelmäßigkeit über dessen Festivitäten berichtete und dabei den Antisemitismus Friedrich Hemans und anderer Redner reproduzierte.[26] Zudem druckte die Zeitschrift auch meist die Reden des Vereinsdirektors anlässlich des Epiphaniasfestes ab, die im „Freund Israels" Anfang des 20. Jahrhunderts selbst nur noch selten publiziert wurden.[27] Das Blatt des Basler Judenmissionsvereins seinerseits fiel im Zeitraum von 1896 bis 1918 aufgrund seiner monothematischen Ausrichtung auf die Mission und das Judentum weiterhin durch eine überdurchschnittliche Präsenz antisemitischer Aussagen auf. Jedoch zeigte sich auch in dieser Zeitschrift, insbesondere für die unmittelbare Zeit nach der Jahrhundertwende, ein deutliches Nachlassen der Intensität, selbst wenn um-

---

22  Ludwig Pestalozzi, Adolf Stöcker, 2 Teile, in: EW, 18./25. 2. 1909, S. 25–27/S. 29–31.

23  Aus Österreich, in: EW, 25. 6. 1908, S. 101 f. Der Artikel über Österreich war ein Abdruck eines Privatbriefs eines Lesers aus Österreich an Ludwig Pestalozzi. Der Beitrag stilisierte in der Rückschau ‚die Juden' zu Herrschern über Österreich und insbesondere dessen Hauptstadt Wien.

24  Siehe v. a.: Ludwig Pestalozzi, Die Basler Festwoche, in: EW, 17. 8. 1899, S. 129–132, S. 130; Ludwig Pestalozzi, Die Basler Festwoche, in: EW, 27. 8. 1908, S. 137–139, S. 137 f.

25  Siehe z. B.: Von der Basler Festwoche, in: ASB, 11. 7. 1896, S. 219–222, S. 220 f.; Aus dem Bericht des Herrn Professor Heman an der Jahresfeier der Freunde Israels, 4 Teile, in: CVF, 6./27. 8. 1898/3./10. 9. 1898, S. 345–347/S. 376 f./S. 389 f./S. 400–402; Die Stellung der Juden zu Jesus einst und jetzt, 2 Teile, in: ASB, 2./9. 8. 1902, S. 244 f./S. 251–253.

26  Siehe als besonders markantes Beispiel: Die Woche der christlichen Jahresfeste in Basel, Teil III, in: CVB, 12. 7. 1899, S. 217–220. Siehe darüber hinaus etwa: Das 66. Jahresfest des Vereins der Freunde Israels, in: CVB, 7. 7. 1897, S. 209–212; Brosamen von der Basler Festwoche, Teil III, in: CVB, 14. 7. 1897, S. 217–219, S. 217 f.

27  Siehe beispielsweise: Jesus Christus, gesetzt zu einem Fall und zu einem Auferstehen Vieler in Israel, in: CVB, 11. 1. 1899, S. 9–11; Ein Rückblick auf die Epiphanienfeier, Teil I, in: CVB, 9. 1. 1901, S. 9–11; Ein Blick auf das Gericht über die Juden und die Mission der Bibel unter den Heiden, Teil I, in: CVB, 13. 1. 1904, S. 14 f.; Das Volk, zu dem sein Gott kein Herz hat, Teil II, in: CVB, 17. 1. 1906, S. 17 f.

fangreichere antisemitische Beiträge nach wie vor keine Seltenheit waren.[28] Mit dem 1913 vollzogenen Direktions- und Redaktionswechsel von Friedrich Heman zu Paul Laub, der selbst Konvertit war, nahm die Häufigkeit antisemitischer Beiträge noch einmal leicht ab.[29]

Bezüglich der Präsenz des Antisemitismus ging auch das Organ der Vermittlungstheologie, die Anfang des 20. Jahrhunderts zunehmend an Bedeutung verlor, im Gleichschritt mit den positiven Zeitschriften. So publizierte das „Kirchenblatt für die reformierte Schweiz" Ende der 1890er-Jahre zwar noch einige Beiträge mit umfangreicheren antisemitischen Passagen, doch nahm die Verbreitung antisemitischer Aussagen insgesamt ab, was sich wiederum im ersten Jahrzehnt des neuen Jahrhunderts noch akzentuierte. Für die antisemitischen Stellungnahmen gegen Ende des letzten Jahrzehnts des 19. Jahrhunderts zeichnete mehrfach der Davoser Pfarrer Eberhard Vischer – seit 1896 auch als Redakteur firmierend – mit seiner Berichterstattung über die ersten Zionistenkongresse in Basel verantwortlich.[30] Die Parallelen zum konservativen Protestantismus bestanden auch bezüglich der weiterbestehenden Wichtigkeit des Deutschlandbezuges. So konnte sich beispielsweise Redakteur Rudolf Finsler über die Ehrung des ‚jüdischen‘ Autors Heinrich Heine anlässlich dessen 100. Geburtstags antisemitisch ereifern und dabei in drohender Manier einen direkten Bezug zur Schweiz herstellen:

> „Wie die jüdische ‚Frankfurter Zeitung‘ den Juden Heinrich Heine feiert! […] Man macht sich bei uns in der Schweiz doch gewöhnlich keinen Begriff davon, was die jüdische Tageslitteratur im Reiche draußen dem lesenden Christenvolk an Blasphemien und Gottlosigkeiten zu bieten wagt und – wie viel das lesende Christenvolk in dieser Beziehung schluckt. Hierzulande käme der Abscheu vor solch raffinierter Verhöhnung des Heiligen explosiv zum Ausbruch."[31]

---

28  Siehe als Beispiele: Friedrich Heman, Die Revision des Todesurtheils Jesu, in: FI 16 (1899) 3, S. 33–39; Vom Saatfeld, Teil II, in: FI 30 (1903) 2, S. 25–33, S. 30 f.; Friedrich Heman, Fünfundsiebzigster Jahresbericht des Vereins der Freunde Israels in Basel, in: FI 33 (1906) 3, S. 33–54, S. 34–42; Friedrich Heman, Achtundsiebzigster Jahresbericht des Vereins der Freunde Israels in Basel, in: FI 36 (1909) 4, S. 49–73, S. 60; Ist das Judentum eine falsche Religion, welche aufhören muss?, Teil II, in: FI 38 (1911) 2, S. 17–28.

29  Als Beispiel für den weiter vorhandenen Antisemitismus siehe: Paul Laub, Siebenundachtzigster Jahresbericht des Vereins der Freunde Israels in Basel, in: FI 45 (1918) 4, S. 49–67.

30  Eberhard Vischer, Der Zionistenkongreß in Basel, 2 Teile, in: KRS, 9./23. 10. 1897, S. 169 f./S. 178–180; Eberhard Vischer, Der zweite Zionistenkongreß in Basel, in: KRS, 10. 9. 1898, S. 148 f.

31  Rudolf Finsler, Kirchliche Chronik, in: KRS, 24. 2. 1900, S. 33 f. Auch im Blatt der Vermittler erschien 1909 ein Nachruf auf Adolf Stoecker mit antisemitischen Aussagen: Max Rüetschi, Chronik, in: KRS, 27. 2. 1909, S. 35 f., S. 36.

Der allgemeine Rückgang in der Häufigkeit antisemitischer Äußerungen schlug sich nicht nur in den Zeitschriften der beiden theologisch-kirchenpolitischen Richtungen der Positiven und der Vermittler nieder, sondern mindestens ebenso stark in den von der liberalen Theologie geprägten Blättern. Besonders trifft dies auf das „Religiöse Volksblatt" aus St. Gallen und das „Schweizerische Protestantenblatt" aus Basel zu. In beiden war der Antisemitismus phasenweise nicht mehr präsent respektive blieb auf vereinzelte kurze Randbemerkungen beschränkt.[32] In der stärker wissenschaftlich-theoretisch ausgerichteten „Theologischen Zeitschrift aus der Schweiz", den ehemaligen „Zeitstimmen", die ihren Titel 1899 in „Schweizerische Theologische Zeitschrift" abänderte, waren antisemitische Texte im Zeitraum von 1896 bis 1918 – mit einer Ausnahme[33] – nicht präsent. In den „Schweizerischen Reformblättern" ging die Intensität des Antisemitismus erst nach 1905 auf ein mit den anderen liberalen Zeitschriften vergleichbares Maß zurück. Davor waren in dieser Berner Zeitschrift vereinzelt noch deutlich antisemitische Artikel erschienen. Darunter fiel etwa der Bericht von Chefredakteur Emil Ryser zum ersten Zionistenkongress von 1897, den er zur Thematisierung der ‚Judenfrage' aus volkswirtschaftlicher Perspektive und zu einer Polemik gegen die Juden in der Schweiz benutzte.[34] Ebenfalls aus der Feder Emil Rysers stammte ein Bericht über die Pogrome im russischen Zarenreich im Gefolge der Russischen Revolution von 1905, der in der klassischen antisemitischen Konstruktion eines Realkonfliktes und der Verkehrung von Täter und Opfer mündete. Zugleich warf er die rhetorische Frage auf – den antisemitischen Topos des angeblich großen ‚jüdischen Einflusses' vor Augen –, warum den Opfern der Pogrome nicht die Juden der anderen Länder zu Hilfe eilen würden:

> „Mit Grimm denken wir allerdings an ihre reichen Glaubensgenossen in den
> Weltstädten, die in New-York und London, Paris und Berlin ihre Paläste gebaut,
> die sich Barone und Geheimräte nennen und die seit langen Jahren der russi-

---

32   Siehe als Beispiele hierfür: August Steiger, Allerlei Materialismus, Teil III, in: SPB, 17. 4. 1897, S. 123–126, S. 125; Alfred Altherr, Wochenschau, in: SPB, 4. 9. 1897, S. 285–287, S. 286; Conrad Wilhelm Kambli, Aus Staat und Kirche, in: RVB, 29. 4. 1899, S. 140–142, S. 141; Alfred Altherr, Vom Schätzesammeln, in: SPB, 17. 3. 1906, S. 81–83, S. 82; Peter Hitz, Die Sündflut und die Zeiten, in: RVB, 19. 4. 1913, S. 125 f., S. 126; Hans Baur, Aus Sturm und Stille, in: SPB, 10. 6. 1911, S. 183 f.

33   Bei dieser handelte es sich um einen Artikel des Schriftstellers Salomon David Steinberg, der jüdischen Glaubens war. Sein Text war stark von Essentialisierungen geprägt, die den Diskursen des aufklärerischen Antisemitismus nahestanden: Salomon David Steinberg, Die Proselyten der Stadt Zürich. Ein Beitrag zur Geschichte und Psychologie des Überläufers, Teil II, in: STZ 31 (1914) 4/5, S. 193–232, S. 219–222. Zu Steinberg siehe: Franziska Schönauer, Art. ‚Steinberg, Salomon David', in: Historisches Lexikon der Schweiz, http://www.hls-dhs-dss.ch/textes/d/D29453. php, 16. 2. 2014.

34   Emil Ryser, Chronik, in: SRB, 9. 10. 1897, S. 325–328, S. 327 f.

schen Regierung unbekümmert um ihre armen Religionsgenossen Millionen auf Millionen geliehen und die auch heute noch bei gehöriger Sicherheit den Mördern ihrer Brüder ungezählte weitere leihen würden. Sie nennen sich eine Weltmacht und sie sind es auch; warum machen sie denn von dieser Macht keinen Gebrauch, warum reden diese Geldmänner, diese vielvermögenden Gläubiger des russischen Reiches, in Petersburg nicht eine energische Sprache zugunsten ihrer armen, mißhandelten Volksgenossen? Man redet so viel von der ‚glaubenslosen Internationale der Proletarier‘; läßt sich denn etwa bei der Internationale des Großkapitals ein religiöser Glaube entdecken, ein Glaube an einen Gott, wenn es nicht der Gott Mammon ist?"[35]

Im Gegensatz zu den positiven und vermittlerischen Zeitschriften blieben in den liberalen Deutschlandbezüge im Kontext antisemitischer Äußerungen in dieser Phase fast vollständig aus.[36]

Abschließend soll überdies erstmals ein Blick auf den Antisemitismus der vierten theologisch-kirchenpolitischen Richtung geworfen werden. Die religiös-soziale Bewegung begann sich kurz nach der Jahrhundertwende zu formieren. Als ihr Publikationsorgan fungierten in der Deutschschweiz die „Neuen Wege", welchen die für die religiös-soziale Bewegung typische enge Verbindung von theologischem und politischem Diskurs inhärent waren. Die vom Theologieprofessor und Pfarrer Leonhard Ragaz geprägte Bewegung war keinem strikten Konfessionalismus verbunden, sondern umfasste sowohl liberal als auch konservativ-protestantisch geprägte Theologen und pflegte interreligiöse Kontakte. So gehörten auch Juden zum Mitarbeiterkreis um die „Neuen Wege" oder beteiligten sich sogar aktiv an der Bewegung.[37] Ähnlich wie die liberalen Zeitschriften wiesen die „Neuen Wege" in der Untersuchungsperiode von 1896 bis 1918 nur eine sehr geringe Dichte judenfeindlicher Äußerungen auf. Peter Aerne streicht für die religiös-soziale Bewegung denn auch hervor, dass sie dem Judentum auf Augenhöhe begegnen wollte und daher beispielsweise jegliche Judenmission verworfen habe.[38] Doch die „Neuen Wege" waren zwischen 1906 – dem Beginn ihres Erscheinens – und 1918 keineswegs gänzlich

---

35    Emil Ryser, Chronik, in: SRB, 16. 12. 1905, S. 417 f., S. 418.

36    Siehe als eine Ausnahme: M. Schärer, Ein Sonntag in Berlin, Teil II, in: SRB, 9. 5. 1903, S. 151 f., S. 152.

37    Aerne, Religiöse Sozialisten, S. 129.

38    Siehe hierfür die Ausführungen Aernes zur Haltung der religiös-sozialen Bewegung zum Judentum von 1922 bis 1945: Aerne, Religiöse Sozialisten, S. 129–156; zu Aernes Einordnung v. a. 156. Zentrale Bedeutung erlangten in der Bewegung dabei zwei Schriften von Leonhard Ragaz, auf die in späteren Kapiteln noch eingegangen werden wird: Leonhard Ragaz, Judentum und Christentum. Ein Wort zur Verständigung, Erlenbach-Zürich/Leipzig 1922; Leonhard Ragaz, Israel – Judentum – Christentum, Zürich 1942.

frei von judenfeindlichen Topoi. Diese gruppierten sich erstens trotz in Ansätzen
vorhandener interreligiöser Offenheit um ein gleichwohl existierendes christliches
Superioritätsempfinden gegenüber dem Judentum. Dies schlug sich beispielsweise in der Negativcharakterisierung des ‚biblischen‘ Judentums als ‚Gesetzesreligion‘
nieder.[39] Zweitens stellte die religiös-sozialistische Kritik am Nationalismus einen
Anknüpfungspunkt für judenfeindlich geprägte Äußerungen dar. In diesem Zusammenhang kam es zur negativen Konnotation des Judentums mit ‚Nationalden-
ken‘. So sprach etwa 1917 Pfarrer Lukas Stückelberger davon, dass Jesus die jüdische,
religiös-patriotische Engherzigkeit mit aller Energie durchbrochen und die nationalen Schranken, die den Juden ein unantastbares geheiligtes Erbgut gewesen sei-
en, zertrümmert habe.[40] Vereinzelt drangen in den „Neuen Wegen“ auch Diskurse
des modernen Antisemitismus durch. So wurden ‚die Juden‘ in einem Beitrag mit
Mädchenhandel assoziiert[41] oder in einem klassenkämpferisch und deutlich judenfeindlich geprägten Artikel „Zur jüdischen Frage“ als ‚zersetzende‘ Kräfte apostrophiert.[42] Der Autor dieses 1918 erschienenen Beitrags forderte zudem von ‚den Juden‘ eine Niedrigprofilpolitik. Indem er sie zu potentiellen ‚Tätern an sich selbst‘
stilisierte, forderte er sie auf, sich zurückzuhalten, um das Aufkommen von Antisemitismus zu verhindern.[43]

*Diskursive Kontinuitäten mit Akzentverschiebungen*

In inhaltlicher Hinsicht zeichnete sich der protestantische Antisemitismus in der
Phase von 1896 bis 1918 durch eine große diskursive Kontinuität aus. Es kam allerdings zu Akzentverschiebungen. Vor dem Hintergrund der insgesamt zurückge-
gangenen Häufigkeit antisemitischer Äußerungen ist hierbei in erster Linie der relative Bedeutungsgewinn religiöser Argumentationsmuster gegenüber solchen des

---

39   Siehe als Beispiele: Albert Barth, Gegenwartsreligion und geschichtliche Religion, in: NW 1 (1907)
     4, S. 73–82, S. 74; Rudolf Liechtenhan, Vom Tage, in: NW 1 (1907) 7, S. 178–181, S. 179; Rudolf
     Liechtenhan, Aus der Werdezeit des Christentums, Teil VI, in: NW 4 (1910) 6, S. 184–195, S. 186.

40   Lukas Stückelberger, Des Menschen Sohn, in: NW 11 (1917) 2, S. 50–56, S. 53. Siehe zudem etwa
     auch: J. U. Wuhrmann, Verschiedene Auffassungen vom Reiche Gottes, in: NW 5 (1911) 7, S. 237–
     248, S. 237 f.

41   Johannes Ninck, Mädchenhandel, Teil I, in: NW 5 (1911) 11, S. 411–421, S. 414 f. Die Artikelserie
     erschien auch als Broschüre im konservativ-protestantischen Verlag Paul Kober in Basel: Johan-
     nes Ninck, Mädchenhandel mit besonderer Beziehung auf die Schweiz, Basel 1912. Der Autor
     stand der „Evangelischen Gesellschaft“ Zürichs nahe. (Meyer/Schneider, Mission und Diakonie,
     S. 106.)

42   A. Bruckwilder, Zur jüdischen Frage, in: NW 12 (1918) 2, S. 71–80.

43   Ebenda, S. 80.

modernen Antisemitismus hervorzuheben. Für diese relative Gewichtsverschie
bung kann der Bedeutungsverlust der Judenfrage-Thematik im antisemitischen
Diskurs des Deutschschweizer Protestantismus als sinnbildlich erachtet werden.
Insbesondere im Vergleich zum Zeitraum zwischen Ende der 1870er und Mitte der
1880er-Jahre fand das antisemitische Konstrukt der ,Judenfrage' in der zweiten Periode deutlich weniger Beachtung. Dies zeigte sich zunächst auf der begrifflichen
Ebene, indem die Ausdrücke ,Judenfrage' und ,Verjudung' seltener verwendet wurden. Allerdings verschwanden beide Begriffe und die damit verknüpften antisemitischen Konzepte nicht aus dem Sprachgebrauch des konservativen und der Begriff
,Judenfrage' nicht aus jenem des vermittlerischen und liberalen Protestantismus.[44]
Dies zeigte sich beispielsweise in der bereits erwähnten Rezension Wilhelm Ha-
dorns zu Houston Stewart Chamberlains rassistischem und kulturpessimistischem
Werk „Die Grundlagen des 19. Jahrhunderts" im positiven „Kirchenfreund", oder
– in einer religiös-heilsgeschichtlichen Deutung – im Rahmen einer geschichtstheologischen Interpretation der Ereignisse des Ersten Weltkriegs im „Christlichen
Volksboten".[45] Auffallend ist, dass die ,Judenfrage' im Vergleich zur vorangehenden Periode nicht mehr nur exterritorialisiert wurde, denn eine ,Judenfrage' wurde nun auch für die Schweiz als potentielle, wenn auch noch nicht existente Bedrohung erachtet.[46]

Mit dem Bedeutungsverlust der Judenfrage-Thematik einhergehend, nahm auch
die Präsenz der mit dieser verknüpften antisemitischen Diskurse ab. Sie sind allerdings für die Analyse der Judenfeindschaft im Deutschschweizer Protestantismus
in der Periode von 1896 bis 1918 nach wie vor relevant. Erstens äußerte sich das dem

---

44    Als Beispiele für die Thematisierung einer angeblich existierenden ,Judenfrage' siehe: Die reli-
      giöse Seite der socialen Frage, Teil II, in: CVB, 12. 2. 1896, S. 54 f., S. 54; Oskar Brändli, Gottfried
      Keller und die Judenfrage, in: SPB, 9. 10. 1897, S. 328; Eberhard Vischer, Der zweite Zionisten-
      kongreß in Basel, in: KRS, 10. 9. 1898, S. 148 f., S. 149; Friedrich Heman, Sechsundsiebenzigs-
      ter Jahresbericht des Vereins der Freunde Israels in Basel, in: FI 34 (1907) 4, S. 49–70, S. 53–55;
      Paul Laub, Siebenundachtzigster Jahresbericht des Vereins der Freunde Israels in Basel, in: FI 45
      (1918) 4, S. 49–67, S. 56. Siehe als Beispiele für die Verjudungs-Vorstellung: Vom Saatfeld, Teil
      II, in: FI 30 (1903) 2, S. 25–32; Karl Huber, Vinet und Stoecker, Teil V, in: KF, 23. 3. 1917, S. 86–90,
      S. 88; Wilhelm Hadorn, Hermann Kutters „Reden an die deutsche Nation", in: KF, 20. 4. 1917,
      S. 113–118, S. 117.

45    Wilhelm Hadorn, H. S. Chamberlain: Die Grundlagen des 19. Jahrhunderts, Teil II, in: KF, 7. 6.
      1901, S. 177–188, S. 177–179; Weltkriegsfragen in alttestamentlichem Gewande, Teil I, in: CVB, 31.
      5. 1916, S. 171–173, S. 172 f.

46    Siehe z. B.: Emil Ryser, Chronik, in: SRB, 9. 10. 1897, S. 325–328, S. 327–328; Wilhelm Hadorn, Die
      konfessionellen Verhältnisse der Schweiz auf Grund der vorläufigen Ergebnisse der eidgenössi-
      schen Volkszählung von 1910, in: KF, 9. 6. 1911, S. 177–184, S. 183; Karl Huber, Vinet und Stoecker,
      Teil V, in: KF, 23. 3. 1917, S. 86–90, S. 88 f.

antisemitischen Konstrukt ‚Judenfrage' inhärente judenfeindliche Bild der angeblichen ‚Schädlichkeit' ‚der Juden' – vorab in den konservativ-protestantischen Zeitschriften – in mehreren antisemitischen Topoi.[47] Mit Blick auf die Politik spielte dabei etwa eine stärkere Assoziation ‚der Juden' mit Revolution eine gewisse Rolle, was sich primär an der Berichterstattung über die Russische Revolution von 1905 festmachen lässt. Im konservativen, aber auch im liberalen Protestantismus wurde ‚den Juden' zudem wiederholt ein wichtiger Einfluss auf die revolutionären Vorgänge in Russland nachgesagt. Damit konnte eine Relativierung der im Kontext der Ereignisse stattfindenden Pogrome verbunden sein, da ‚den Juden' im Sinne einer antisemitischen Täter-Opfer-Umkehr eine Mitschuld an den gegen sie verübten Gräueln unterstellt wurde.[48] Als weiteres Beispiel für den antisemitischen Topos der ‚Schädlichkeit' ‚der Juden' können Assoziierungen mit ‚minderwertigen' Moralvorstellungen genannt werden, was sich unter anderem im Vorwurf einer ‚schädlichen' Geschäftsmoral zuspitzte.[49] Diesbezüglich wurden gerade in den liberalen Zeitschriften in essentialisierender Weise gleichermaßen ‚die Juden' und ‚die Armenier', die damals unter den Verfolgungen durch die Osmanen zu leiden hatten, negativ charakterisiert.[50]

Überwiegend im konservativen Deutschschweizer Protestantismus zeigten sich zweitens weiterhin auch Diskurse des soziokulturellen Antisemitismus, die ‚den Juden' ein besonderes Streben nach Macht, Einfluss und Dominanz unterstellten. Sie waren aber im Vergleich zur vorhergehenden Periode deutlich weniger prä-

---

47  Siehe als Beispiel für den Zersetzungs-Topos: Friedrich Heman, 68. Jahresbericht der Freunde Israels in Basel, in: FI 26 (1899) 4, S. 50–63, S. 52; Gustav Benz, Wie viele Juden gibt es?, in: CVF, 10. 2. 1912, S. 70 f.; Wilhelm Hadorn, Die Kirchenaustrittsbewegung in Deutschland, in: KF, 16. 1. 1914, S. 19–21, S. 21. Siehe zur Vorstellung der ‚Schädlichkeit' zudem auch: Conrad von Orelli, Der Zionisten-Kongreß in Basel, in: KF, 3. 9. 1897, S. 287–289, S. 288; Pf. i. W., Adolf Stöcker, Teil II, in: CVF, 20. 5. 1911, S. 220–225, S. 224; Die Juden in Palästina, Teil I, in: ASB, 14. 10. 1916, S. 332 f., S. 333.

48  Siehe z. B.: Entsetzliche Judenverfolgungen in Russland, in: FI 32 (1905) 6, S. 111–114, S. 112–114; Alfred Altherr, Die neueste Gottlosigkeit, in: SPB, 18. 11. 1905, S. 372 f., S. 372.

49  Siehe beispielsweise: Die größte Judenstadt der Welt, Teil I, in: CVB, 26. 2. 1908, S. 67 f.; Aus dem Briefe eines Kaufmanns über die moderne Werkgerechtigkeit, in: KRS, 6. 4. 1918, S. 54 f.; Salomon David Steinberg, Die Proselyten der Stadt Zürich. Ein Beitrag zur Geschichte und Psychologie des Überläufers, Teil II, in: STZ 31 (1914) 4/5, S. 193–232, S. 222; Fritz Mühlheim, Oeppis vom Chuehandel, in: SRB, 11. 12. 1915, S. 398 f., S. 399. In starker Verbindung mit Antitalmudismus zudem: Die Juden in Palästina, Teil I, in: ASB, 14. 10. 1916, S. 332 f.

50  Siehe hierfür teilweise in Form des aufklärerischen Antisemitismus: Emil Ryser, Chronik, in: SRB, 10. 10. 1896, S. 337–340, S. 338 f.; Conrad Wilhelm Kambli, Aus Staat und Kirche, in: RVB, 23. 5. 1896, S. 193 f., S. 193; Alfred Altherr, Wochenschau, in: SPB, 12. 11. 1898, S. 367 f., S. 367. Siehe auch ein Beispiel von vermittlerischer Seite: Rudolf Finsler, Die Schrecknisse in Armenien, Teil III, in: KRS, 29. 2. 1896, S. 37.

sent.[51] In wirtschaftlicher Hinsicht tauchten dabei die bekannten Assoziationen von einer ‚jüdischen Dominanz‘ von Handel und Geldwirtschaft auf.[52] Im Falle des Viehhandels fand diese antisemitische Stereotypisierung sogar Eingang in den Abstimmungskampf des „Appenzeller Sonntagsblattes" gegen das „Bundesgesetz betreffend die Gewährleistung beim Viehhandel". ‚Die Juden‘ zu einem negativen Referenzpunkt machend, warf Otto Zellweger gegen das neue Gesetz ein:

> „Soll nun der Bauer bei jedem Viehhandel zum Advokaten oder Notar laufen? Oder soll er dem gewandten Geschäftsjuden unterzeichnen, was dieser ihm zu repräsentieren für gut findet? [...] Wer deshalb die Lage der Bauern nicht noch zu Gunsten von Advokaten und Juden (ob semitische oder antisemitischen Stammes) im Viehhandel verschlimmern will, der stimmt am 4. Oktober mit Nein!"[53]

Anzumerken ist, dass Pfarrer Otto Zellwegers Sonntagsblatt Ende des 19. Jahrhunderts ebenfalls in anderen eidgenössischen Abstimmungen Antisemitismus als Kampfmittel einsetzte. Wie schon bei der ersten Abstimmung über die Eisenbahnverstaatlichung von 1891 stellte sich Zellweger aus seiner zutiefst konservativen politischen Einstellung heraus auch bei der zweiten, erfolgreichen Abstimmung über die Verstaatlichung von 1898 gegen das Zentralisierungsprojekt.[54] Er begrüßte in einem Beitrag zwar, dass die Privatbahnen aus den Händen der angeblich ‚jüdischen Spekulanten‘ genommen würden, sah dadurch jedoch die Schweiz als Ganzes ‚den Juden‘ ausgeliefert.[55]

---

51   Siehe als Beispiele für das judenfeindliche Konstrukt eines jüdischen ‚Macht-‘ und ‚Herrschaftsstrebens‘: Conrad von Orelli, Kirchliche Rundschau, in: KF, 23. 6. 1897, S. 239–242, S. 242; Gottlieb Schuster, Kirchliche Zeitschau, in: CVF, 28. 1. 1899, S. 46; Die größte Judenstadt der Welt, Teil II, in: CVB, 4. 3. 1908, S. 75 f.; Aus Österreich, in: EW, 25. 6. 1908, S. 101 f.; Conrad von Orelli, Rundschau, in: KF, 14. 5. 1909, S. 152–154, S. 153 f.; Politisches, in: CVB, 14. 8. 1912, S. 263 f., S. 264; Vom Zionismus, Teil I, in: ASB, 13. 4. 1918, S. 115 f., S. 116.

52   Siehe als Beispiele: Emil Baudenbacher, Die Vergeltung im Leben der Völker, Teil V, in: SRB, 21. 10. 1899, S. 332–336, S. 333; Das Volk Israels vor hundert Jahren und heute, in: CVB, 10. 1. 1900, S. 9–11, S. 10; Gottlieb Schuster, Kirchliche Zeitschau, in: CVF, 16. 12. 1905, S. 534 f., S. 535; Alfred Altherr, Vom Schätzesammeln, in: SPB, 17. 3. 1906, S. 81–83, S. 82; Otto Zellweger, Nachrichten, in: ASB, 5. 1. 1907, S. 6–8, S. 8; Ist das Judentum eine falsche Religion, welche aufhören muss?, Teil II, in: FI 38 (1911) 2, S. 17–28, S. 20–24.

53   Otto Zellweger, Nachrichten, in: ASB, 26. 9. 1896, S. 309–311, S. 310. Sehr ähnlich bereits: Otto Zellweger, Nachrichten, in: ASB, 16. 5. 1896, S. 158–160, S. 159. Die Vorlage wurde von den Stimmberechtigten mit 54,5 zu 45,5 Prozent verworfen. Mit Blick auf den Viehhandel auch: Vom „Märten‘, in: SRB, 12. 10. 1912, S. 326–328, S. 327.

54   Siehe Kapitel 3 in Teil III. Die Vorlage wurde mit 67,9 zu 32,1 Prozent angenommen.

55   Politisches, in: CVB, 16. 2. 1898, S. 55 f., S. 56.

Friedrich Heman, der bis zum Ende seiner Tätigkeit als Redakteur des Publikationsorgans und als Direktor des „Vereins der Freunde Israels" im Jahre 1913 durch seine ausgeprägt antisemitische Ausrichtung auffiel, sah 1909 ‚das Judentum' sogar auf dem Weg zur Weltmacht. In verschwörungstheoretisch geprägten Ausführungen skizzierte er die „Alliance Israélite Universelle" und den Orden „B'nai B'rith" als international agierende Organisationen und fügte bei:

> „Rechnet man dazu, daß es fast kein bedeutendes Land der Welt gibt, in welchem nicht auch Juden zu den einflußreichsten Stellungen emporgestiegen sind, und daß die jüdische Geldmacht den ganzen Weltverkehr in ihren Händen hat, so wird man sagen müssen, dass nicht mehr viel dazu fehlt, daß das jüdische Volk sich eine so königliche Weltstellung erringt, wie sie nur irgendein Volk der Erde besitzt; und daß diese seine Weltstellung den Vorzug hat, keine beschränkte territoriale, sondern eine internationale und kosmopolitische im eigentlichen Sinne zu sein [...]. Wahrlich man könnte ein ganzes Buch darüber schreiben, wenn man zeigen wollte mit welcher Energie, und mit welchem Erfolg sie in allen fünf Weltteilen ihr Ziel zu erreichen suchen."[56]

Die in der ersten Periode von 1870 bis 1895 im Deutschschweizer Protestantismus sehr populäre Konzeption, dass ‚die Juden' über einen angeblich überaus großen ‚Einfluss' in der Presse – primär Deutschlands – besitzen würden, verlor in den folgenden beiden Jahrzehnten deutlich an Bedeutung, was wohl auch mit der verringerten Rezeption des deutschen Antisemitismus zusammenhing. Gleichwohl blieb dieses Motiv – wie bei anderen Diskursen des antisemitischen Topos der angeblichen ‚jüdischen Dominanz' – lebendig.[57] In eine statistische Argumentation eingearbeitet, die einen überproportionalen ‚jüdischen Einfluss' belegen sollte, bediente sich auch die auf ein breites Publikum ausgerichtete Familienillustrierte „Grüß' Gott! Ein christlicher Freund für Jedermann" in einem ihrer Artikel dieses Motivs. Das konservativ-protestantisch geprägte Blatt, das auch ein großes Interesse an der Judenmission zeigte,[58] druckte Zahlen zur Schulbildung und zur Berufsstruktur

---

56　Friedrich Heman, Achtundsiebzigster Jahresbericht des Vereins der Freunde Israels in Basel, in: FI 36 (1909) 4, S. 49–73, S. 60.

57　Siehe als Beispiele: Aus Österreich, in: EW, 25. 6. 1908, S. 101 f.; Theodor Sarasin, Ein Blick in das Leben Hofprediger D. Ad. Stöckers, Teil III, in: CVB, 3. 3. 1909, S. 69 f., S. 69; Wilhelm Hadorn, Die Kirchenaustrittsbewegung in Deutschland, in: KF, 16. 1. 1914, S. 19–21, S. 21; Das Leiden und Sterben eines Volkes, Teil I, in: ASB, 23. 9. 1916, S. 307 f., S. 307.

58　Die Zeitschrift wurde für die ersten Jahre ihres Bestehens partiell angeschaut. Die Zählweise und Datumsangabe änderten sich in den Anfangsjahren mehrfach. Zur Judenmission siehe etwa: Judenmission, in: GG, 1. 6. 1903, S. 158; Die Mildmay Judenmission, in: GG, März/April 1904, S. 93/S. 101; Die Judenmission in Hamburg, in: GG, 12. 3. 1905, S. 84. Auch Bekehrungsgeschich-

der Juden in Preußen ab. Einer typischen antisemitischen Arbeitstechnik folgend, stützte der Beitrag seine zentrale Aussage zur Position ‚der Juden' im gesellschaftlichen Leben schließlich jedoch nicht auf Zahlen ab. Er stellte in den Raum, dass ‚die Juden' sich „weitestgehenden Einfluß" dadurch sichern würden, dass sich die Presse „in ganz unverhältnismäßigem Grade" in jüdischem Besitz befinden oder unter jüdischer Leitung stehen würde.[59]

Neben der Judenfrage-Thematik und der mit ihr verknüpften antisemitischen Diskurse sind noch zwei weitere Aspekte aus dem Bereich des modernen Antisemitismus eingehender zu beleuchten. Zum einen ist dies die Präsenz rassenantisemitischer Diskurse und zum anderen die fortdauernde Verwendung der Realkonfliktskonstruktion und Täter-Opfer-Umkehr als Argumentationsstrategien. Rassenantisemitische Vorstellungen waren auch in der Phase von 1896 bis 1918 weiterhin nicht charakteristisch für den protestantischen Antisemitismus in der Deutschschweiz. Eine Ausnahme bildete eine Publikation des von der Erweckungsbewegung geprägten konservativ-protestantischen Basler Theologieprofessors und langjährigen Lehrers an der Basler „Predigerschule", Eduard Riggenbach, über „Vererbung und Verantwortung". Auch wenn für Riggenbach ‚Vererbung' nicht von ‚Verantwortung' entbinden würde, sah er die kollektiven Eigenschaften von Völkern als gegeben an und vertrat gegenüber ‚den Juden' die Meinung:

> „Das merkwürdigste Beispiel von Rassen-Vererbung bieten aber die Juden und die Zigeuner. Mit den Stammeseigentümlichkeiten der Juden brauche ich den Leser nicht erst bekannt zu machen, die sind uns geläufig bis auf die krummen Nasen und die Vorliebe für den Knoblauch. Und wer anderseits mit den Gestalten des alten Testaments vertraut ist, der sieht, wie aus ihnen, aus einem Jakob und David z. B., die Eigenschaften hervorleuchten, die die Juden bis auf den heutigen Tag zum ‚odium generis humani' machen und die ihnen anderseits jene unheimliche Überlegenheit sichern, um deretwillen der echte Israelite doch immer wieder geachtet und begehrt wird. […] Und so wie sie heute sind, so waren sie von jeher; und wie bei den Juden so hat sich auch bei ihnen der körperliche und seelische Typus darum so treu erhalten, weil sie nur unter einander heirateten."[60]

---

ten wurden regelmäßig abgedruckt. Siehe z. B.: Errettungen, in: GG 1 (1901) 9, 2; Das bekehrte Judenmädchen, in: GG 2 (1902) 5, S. 117 f.

59   Juden-Mission, in: GG 4 (1904) 10/11, S. 316 f., S. 317. Ebenfalls stark mit statistischer Argumentationsstrategie: Vom Saatfeld, Teil II, in: FI 30 (1903) 2, S. 25–32, S. 30 f.

60   Eduard Riggenbach, Vererbung und Verantwortung, Stuttgart 1906. Die Schrift erschien als Heft 5 des 31. Bandes der „Zeitfragen des christlichen Volkslebens". Zu Riggenbach siehe: Thomas K. Kuhn, Art. ‚Riggenbach, Eduard', in: Historisches Lexikon der Schweiz, http://www.hls-dhs-dss.

Weit verbreiteter als rassenantisemitische Vorstellungen war die Verwendung von Rassensemantiken.[61] Biologistische Denkmuster verrieten zudem, wofür auch das obige Zitat von Eduard Riggenbach ein Beispiel darstellt, dass der antisemitische Topos einer spezifisch ‚jüdischen Physiognomie' verbreitet war. Im europäischen Kontext dominierte dabei das judenfeindliche Motiv des ‚hässlichen Juden', da die konstruierten ‚physiognomischen Merkmale' negativ konnotiert waren.[62] Anders verhielt es sich bei Reiseberichten über den ‚Nahen Osten', in denen von ‚schönen' Juden' die Rede ist, was dem konstruierten Bild ‚jüdischer Physiognomie' entgegenlief.[63] Solche ‚Entdeckungen' wurden etwa dazu verwendet, Jesus von einer ‚jüdischen Physiognomie' freizusprechen, eine Taktik, die bereits angesprochen wurde.[64] ‚Fremdheit' wurde in den untersuchten Zeitschriften auch durch die Kon-

ch/textes/d/D10799.php, 18. 2. 2014. Rassenantisemitische Vorstellungen ließ auch durchblicken: Aus Österreich, in: EW, 25. 6. 1908, S. 101 f., S. 102.

61    Siehe als Beispiele für die Verwendung von Rassensemantiken: Henri Mojon, Zwei Tage unter den zionistischen Juden, Teil I, in: KF, 16. 9. 1898, S. 302–306, S. 303; Friedrich Heman, Die Freiheit der Judenchristen vom Gesetze Mosis. Aus der Korrespondenz mit einem Judenchristen, in: FI 29 (1902) 3, S. 33–46, S. 33 f.; Albert Dieth, Aus Staat und Kirche, in: RVB, 20. 7. 1906, S. 234 f., S. 234; Nachrichten, in: ASB, 29. 1. 1910, S. 37 f., S. 38; Palästina den Juden, in: CVF, 13. 8. 1910, S. 347 f., S. 348; Hans Baur, Aus Sturm und Stille, in: SPB, 10. 6. 1911, S. 183 f., S. 183.

62    Als Beispiele seien genannt: Ludwig Pestalozzi, Der erste evangelische Bischof in Jerusalem, Teil I, in: EW, 11. 11. 1897, S. 209–212, S. 212; Die größte Judenstadt der Welt, Teil I, in: CVB, 26. 2. 1908, S. 67 f. Siehe auch folgende Darstellung im evangelischen illustrierten Familienblatt „Die Glocke": Otto Funcke, Im Ghetto von Amsterdam, in: Die Glocke, 14. 7. 1906, S. 646–648, S. 646.

63    Siehe z. B.: Robert Lauterburg, Reiseerinnerungen aus Palästina (Galiläa), Teil III, in: KRS, 28. 11. 1896, S. 195–197, S. 195; Thessalonich, in: CVF, 16. 11. 1912, S. 543–547, S. 545.

64    Siehe Kap. 4 in Teil III. Diesen Gedankengang führte der „Freund Israels" 1902 mit einer Spitze gegen ‚jüdische Künstler'. Dabei verriet der Autor ein biologistisches Verständnis, das dem sozialen Umfeld einen Einfluss auf die ‚biologische Substanz' der Menschen zusprach. Er führte aus: „Ganz unglücklich sind aber die modernsten, oft von Juden gemalten Bilder Jesu, welche ihn etwa als einen schönen Rabbi darstellen oder ihm überhaupt die Züge eines jüdischen Mannes geben, nach dem Muster der Juden, wie sie heute sind. Es ist ja wahr, unser Herr Jesus war ein Jude und verleugnete gewiß nicht den Typus der Kinder Abrahams. Und schon die erhaltenen Bilder jüdischer Gefangener auf den Denkmälern alter ägyptischer Könige lassen leicht die bekannten, eigentümlich jüdischen Züge erkennen. Man erkennt auch da schon die jüdischen Physiognomien aus allen andern heraus. Aber sie sind doch anders, als die jetzt lebenden Juden, denn die lange Knechtschaft, Verachtung und Verfolgung, die ganze Schmach der Erniedrigung, welche das jüdische Volk seit fast 2000 Jahren überall hat erdulden müssen, hat auch ihre Spuren dem Angesicht der Juden und ihrem ganzen Aussehen aufgedrückt und ihre Züge nicht nur verdüstert und häßlich und schmerzlich verzerrt, sondern ihnen oft auch etwas lauerndes, listiges, mißtrauisches, niedriges gegeben, was besonders den polnischen Juden (Ashkenaschim [sic!]) anhaftet, während die spanischen Juden (Sephardim), denen es Jahrhunderte lang besser ging, sich davon freigehalten und ein edleres Aussehen gewahrt haben. Wir dürfen daraus schließen,

struktion nationaler Differenz erzeugt, was in der Periode von 1896 bis 1918 jedoch keine zentrale Position im antisemitischen Diskurs des Deutschschweizer Protestantismus einnahm.[65]

Realkonfliktskonstruktionen und die Verkehrung von Täter und Opfer stellten auch im modernen Antisemitismus der Periode von 1896 bis 1918 eine Strukturkonstante dar. Zu einer besonderen Häufung dieser Argumentationsstrategien kam es anlässlich der Berichterstattung über die Pogrome im Umfeld der Revolution von 1905 in Russland.[66] Einmal mehr legen diese beiden Strategien den Versuch offen, antisemitische Gewalt anhand ,der Juden' zu ,erklären'. Die Konstruktion eines zumindest partiellen Selbstverschuldens der Pogrome war sowohl im positiven als auch liberalen Protestantismus beliebt. Im positiven „Kirchenfreund" etwa war es Redakteur Conrad von Orelli, der ,den Juden' eine zentrale Rolle in der Russischen Revolution unterstellte und ihnen die Schuld an ihrem eigenen Leid zuschob, und der liberale Theologe Emil Ryser sah eine ,Mitschuld' der Opfer als gegeben an und polemisierte zugleich gegen die „Internationale des Großkapitals".[67] Mangelndes Taktgefühl schließlich ließ der liberale Basler Pfarrer Johann Georg Birnstiel in einem Bericht über einen Eisenbahnzug mit jüdischen Flüchtlingen erkennen, indem er ,witzelte':

daß die Juden, solange sie in Freiheit in ihrem Vaterlande lebten, auch noch nicht diese unangenehmen Züge unsrer jetzigen Juden aufwiesen. Deswegen ist es nicht statthaft, den Herrn Jesum wie einen jetzigen Juden darzustellen, wenn er auch wahrscheinlich die Züge Abrahams an sich trug. Wir dürfen ihm wohl israelitische, aber nicht specifisch modern jüdische Züge zuschreiben, das wäre ebenso falsch, wie wenn man ihn als schönen deutschen Mann darstellt, wie es jetzt auch oft geschieht." (Die Bildnisse Jesu Christi, in: FI 29 (1902) 2, S. 27–30, S. 30 f.)

65  Siehe für den Diskurs der ,nationalen Fremdheit' etwa: Literarische Beilage des Kirchenfreunds, in: KF, 23. 2. 1917, S. 11; Ernst Miescher, Bücherschau, in: CVF, 7. 4. 1917, S. 168; Gottlieb Schuster, Kirchliche Zeitschau, in: CVF, 23. 3. 1918, S. 142–144, S. 143. Eine wichtige Rolle kam dem nationalen Antisemitismus in einigen Texten Friedrich Hemans zu: Friedrich Heman, Sechsundsechzigster Jahresbericht des Vereins der Freunde Israels zu Basel, in: FI 24 (1897) 3, S. 33–48, S. 36; Heman, Das Erwachen der jüdischen Nation. Zum Bereich des nationalen Antisemitismus ist auch der Vorwurf an die Juden zu sehen, einem ausgeprägten ,Nationalstolz' zu frönen. Siehe als Beispiele: Das Kaffeehaus von Surate, Teil I, in: RVB, 5. 7. 1913, S. 215–217, S. 216; Eduard Riggenbach, Die jüdische Propaganda in der griechischen Welt und ihre Bedeutung für die christliche Mission der Vergangenheit und Gegenwart. Vortrag, gehalten bei der Jahresversammlung der „Missionskonferenz in Württemberg", Mittwoch den 22. Mai 1918 zu Stuttgart, Stuttgart [1918?], S. 28; S. 30.

66  Zu der Pogromphase im Zarenreich in den Jahren 1903 bis 1906 siehe: Anke Hilbrenner, Art. ,Pogrome im Russischen Reich (1903–1906)', in: Handbuch des Antisemitismus, Bd. 4, S. 298 f.

67  Conrad von Orelli, Das Opfer der russischen Revolution, in: KF, 9. 2. 1906, S. 37–41, S. 37 f.; Emil Ryser, Chronik, in: SRB, 16. 12. 1905, S. 417 f. Siehe als weitere Beispiele: Alfred Altherr, Die neueste Gottlosigkeit, in: SPB, 18. 11. 1905, S. 372 f., S. 372; Entsetzliche Judenverfolgungen in Russland, in: FI 32 (1905) 6, S. 111–114.

„Sogar der Humor kam zu seinem Recht, denn kaum war die hundertköpfige Schar mit Ach und Krach in den Hitze ausstrahlenden Wagen versorgt, da schrie noch einer stürmisch nach seinem vergessenen Ueberzieher. Und siehe, der Ueberzieher, ein wunderbares Stück aus der Rumpelkammer eines polnischen Juden, kam, von der Hand eines barmherzigen Samariters getragen und er flog im letzten Moment mit Wucht ans Wagenfenster, daß eine wahre Rauchwolke aufging über den wandernden Kindern Israels. Darauf ein groß‚ Gelächter drinnen und draußen und dann ade in die weite Welt!"[68]

Realkonfliktskonstruktionen verwendete auch der Historiker Felix Stähelin in einer apologetischen Schrift, die einem ‚ewigen Antisemitismus' das Wort redete.[69] Für Stähelin war evident, dass die ‚Judenfrage' schon in der Antike bestanden hätte, weshalb das Christentum keine Schuld an der Entstehung des Antisemitismus trage.[70]

Nicht nur in den modernantisemitischen Diskursen, sondern auch in jenen des Antijudaismus ist die inhaltliche Kontinuität in den Jahren von 1896 bis 1918 im Vergleich zur vorangegangenen Periode augenfällig. Wie bereits betont, gewannen diese christlich-theologischen Bereiche der Judenfeindschaft an relativer Bedeutung innerhalb des Antisemitismus im Deutschschweizer Protestantismus. Die antijudaistischen Motive lagerten sich an das Konstrukt der angeblichen ‚Christentumsfeindschaft' ‚der Juden', an den Superioritätsanspruch des Christentums gegenüber dem Judentum sowie an die christlichen heilsgeschichtlichen Funktionszuschreibungen an. Das antisemitische Konstrukt, das ‚die Juden' zu ‚Feinden des Christentums' stempelte, war in konservativ-protestantischen Kreisen weiterhin verankert.[71] Diesem Aspekt sind auch die antijudaistischen Vorwürfe des ‚Gottesmords' und des

---

68  Johann Georg Birnstiel, Das Schweizerfähnlein und der Auswandererzug, in: SPB, 11. 8. 1906, S. 249–251, S. 249.

69  Felix Stähelin, Der Antisemitismus des Altertums in seiner Entstehung und Entwicklung, Basel 1905, S. 23; S. 32–37; S. 53 f. Siehe für die judenfeindliche Vorstellung des ‚ewigen Antisemitismus' Kapitel 4 in Teil II.

70  Stähelin, Der Antisemitismus des Altertums, S. 53 f. Weitere Beispiele für Realkonfliktskonstruktionen und die Verkehrung von Täter und Opfer: E. R., Der Zionisten-Congreß vom 29. bis 31. August in Basel, in: CVB, 1. 9. 1897, S. 277 f., S. 278; Alfred Altherr, Wochenschau, in: SPB, 11. 9. 1897, S. 293–295, S. 293; Otto Zellweger, Nachrichten, in: ASB, 30. 5. 1903, S. 174 f., S. 175; Otto Zellweger, Nachrichten, in: ASB, 1. 8. 1903, S. 246 f., S. 247; Otto Zellweger, Nachrichten, in: ASB, 30. 3. 1907, S. 102 f., S. 103; Begegnung mit einem Juden, Teil II, in: CVF, 15. 7. 1911, S. 308–312, S. 309.

71  Siehe als Beispiele: Die Woche der christlichen Jahresfeste in Basel, Teil III, in: CVB, 12. 7. 1899, S. 217–220, S. 218; Das göttliche Dennoch, in: CVB, 11. 1. 1905, S. 9–12, S. 11; Wilhelm Hadorn, Die Kirchenaustrittsbewegung in Deutschland, in: KF, 16. 1. 1914, S. 19–21, S. 21.

‚Jesus-Hasses' zuzuordnen.[72] Letzteren unterstellte ‚den Juden' in besonders kon-
densierter Form eine Artikelserie zur „Stellung der Juden zu Jesus einst und jetzt",
die im August 1902 im „Appenzeller Sonntagsblatt" erschien.[73] Sie erhob den angeblichen ‚Jesus-Hass' zu einer über die Jahrhunderte gepflegten Tradition des Judentums. Er werde ‚den Juden' seit der Kindheit eingepflanzt, war der Beitrags-
schreiber überzeugt und fuhr fort: „Schon den Kindern wurde eingeschärft, wo der
Name Jesu genannt werde, dürften sie nicht stehen bleiben, müssten sich die Ohren
zuhalten, müssten fliehen, wie vor der Pest und dem Tod. Und so haben es die Juden wirklich alle die Jahrhunderte hindurch gehalten; sobald auch nur Jesu Name
genannt wurde, fingen sie an zu schreien, sich die Ohren zu verstopfen und fortzu-
laufen."[74]

Das christliche Superioritätsempfinden wiederum zeigte sich beispielsweise an
der viel praktizierten negativen Konnotation des Judentums als ‚äußerliche' ‚Gesetzesreligion', dem ein ‚innerliches' Christentum dichotom entgegengesetzt wurde.[75]
Diese Haltung, die in allen vier theologisch-kirchenpolitischen Richtungen des Protestantismus präsent war, akzentuierte sich nicht selten im Vergleich des jüdischen

72   Siehe etwa: Lyra passionis. Lieder vom Leiden des Herrn, 4. Aufl., Basel 1896, S. 47 f.; Jesus Chris-
     tus, gesetzt zu einem Fall und zu einem Auferstehen Vieler in Israel, in: CVB, 11. 1. 1899, S. 9–11,
     S. 10; Langmesser, Eine moderne Orientreise, S. 53; Karl Stockmeyer, Die Sage vom ewigen Ju-
     den in der deutschen Litteratur, Teil I, in: KRS, 5. 1. 1901, S. 2–4, S. 2; Ein Rückblick auf Epiphani-
     as, in: CVB, 14. 1. 1903, S. 9–11, S. 10; Notizen, in: KRS, 6. 8. 1910, S. 128; Arnold Rüegg, Die Zeug-
     nisse der außerbiblischen Literatur über die Existenz Jesu und ihr historischer Wert, Teil II, in:
     KF, 26. 5. 1911, S. 161–166, S. 164; Conrad von Orelli, Reisebilder aus dem Gelobten Lande, Teil V,
     in: KF, 13. 4. 1911, S. 119–124, S. 121; Ernst Miescher, Kirche und Gemeinde St. Leonhard in Basel
     bis zum Erdbeben 1356, Teil V, in: CVF, 8. 11. 1913, S. 530–537, S. 535.
73   Die Stellung der Juden zu Jesus einst und jetzt, 3 Teile, in: ASB, 2./9./16. 8. 1902, S. 244 f./S. 251–
     253/S. 260 f.
74   Die Stellung der Juden zu Jesus einst und jetzt, Teil I, in: ASB, 2. 8. 1902, S. 244 f., S. 245.
75   Siehe als Beispiele: Brosamen von den christlichen Jahresfesten in Basel, Teil II, in: CVB, 8. 7.
     1896, S. 217 f., S. 218; Conrad Wilhelm Kambli, An der Schwelle einer neuen Zeit, in: RVB, 13.
     2. 1897, S. 58; Die Wege des Herrn sind richtig, Teil I, in: ASB, 3. 9. 1904, S. 281 f., S. 282; Rudolf
     Steck, Nachklänge vom religionsgeschichtlichen Kongreß in Basel, Teil II, in: SRB, 8. 10. 1904,
     S. 325–329, S. 328; K. L., Das jüdische Volk zur Zeit Jesu Christi, Teil V, in: CVF, 3. 2. 1906, S. 45–
     49, S. 45; Der Tageslauf eines rechtgläubigen Juden, in: CVB, 11. 9. 1912, S. 290–293, S. 293; Ar-
     nold Rüegg, Das Neue Testament und die Bildung unsrer Zeit, Teil I, in: KF, 13. 2. 1914, S. 49–53,
     S. 53. Siehe etwa für andere Akzentuierungen des Superioritätsdiskurses, beispielsweise in Ver-
     knüpfung mit dem Fortschrittsdenken bei den Liberalen: Alfred Altherr, Paulus in Rom, Teil II,
     in: SPB, 25. 1. 1902, S. 27–29, S. 28; Conrad, Wilhelm Kambli, Einige Gedanken über die Gerech-
     tigkeit Gottes und den Weltlauf, Teil I, in: RVB, 10. 10. 1903, S. 333–337, S. 336; Emil Ryser, Chro-
     nik, in: SRB, 15. 9. 1906, S. 294–296, S. 296.

Sabbats mit dem christlichen Sonntag.[76] So bediente sich der auch nach der Jahrhundertwende von 1900 in der hohen Auflagezahl von rund 20 000 Stück erscheinende „Schweizer Sonntagsfreund" wiederholt dieser Dichotomisierung, wobei ein Beitrag des Basler Sekretärs des von pietistischen Unternehmern geschaffenen „Evangelischen Arbeitervereins", Pfarrer Gustav Benz, in seiner Argumentation prototypisch war.[77] Auch die antijudaistischen Topoi der jüdischen ‚Verworfenheit', ‚Verstocktheit' und ‚Blindheit' widerspiegelten den christlichen, auf dem ‚Neuen' Testament und der christologischen Auslegung des ‚Alten' Testaments basierenden Superioritätsanspruch.[78] Insbesondere der judenfeindliche Topos der angeblichen ‚Blindheit' ‚der Juden' gegenüber der christlichen ‚Wahrheit' gehörte in der Periode von 1896 bis 1918 zu den populärsten antijudaistischen Topoi vorab im konservativen Deutschschweizer Protestantismus. Geradezu exemplarisch arbeitete ein 1898 im „Christlichen Volksfreund" erschienener Artikel mit dem bezeichnenden Titel „Verstockte Herzen" mit diesen Diskursen des Superioritätsdenkens. Zugleich unterstellte er dem ‚Judentum' – ihm die christliche ‚Liebe' entgegenhaltend – ‚Diesseitigkeit' und ‚Materialismus':

> „Ihr Herz ist verstockt wie das Herz ihrer Väter, zu denen Jesaja redete, wie das
> Herz ihrer Söhne, der Juden aller Zeiten bis auf den heutigen Tag. Sie haben
> während achtzehn Jahrhunderten gesehen, dass Gott ihre irdischen Wünsche
> nicht erfüllt hat, daß sie nie mehr zu Einem Volke gesammelt worden sind, daß

---

76    Siehe für den Superioritätsdiskurs mit Bezug auf den ‚christlichen Sonntag' etwa: K. Baer, Auf Pfingsten, in: RVB, 17. 5. 1902, S. 157–159, S. 158; Walter Huber, Sonntagspredigt, in: ASB, 19. 6. 1909, S. 193–195, S. 194. Auch der antisemitische Stereotyp der Juden als ‚Feinde des Sonntags' existierte in der Phase von 1896 bis 1918 fort: Rudolf Finsler, Kirchliche Chronik, in: KRS, 9. 12. 1899, S. 205 f., S. 206; Nachrichten, in: CVB, 17. 7. 1912, S. 231.

77    Gustav Benz, Der Sonntag ein Tag der christlichen Freiheit, der Nächstenliebe und der Ordnung Gottes. Ansprache am 50jährigen Jubiläum der Gesellschaft für Sonntagsfeier, am 8. Oktober 1912, in: SS, 30. 11. 1912, S. 435–440, S. 436 f. Siehe zu Gustav Benz: Peter Rotach, Gustav Benz, in: Kirchenrat der Evangelisch-reformierten Kirche Basel-Stadt, Der Reformation verpflichtet, S. 147–153. Siehe als weitere Beispiele zudem: Eduard Riggenbach, Recht und Art der evangelischen Sonntagsfeier, in: SS, 7. 4. 1906, S. 129–135, S. 131 f.; S. 135; Das Gottesgebot, in: SS, 2. 4. 1910, S. 323–325, S. 323.

78    Siehe als Beispiele für den Topos der ‚Verstocktheit' und ‚Verworfenheit': Von der Basler Festwoche, in: ASB, 11. 7. 1896, S. 219–222, S. 221; A. N., Der verdorrende Feigenbaum, in: CVF, 19. 3. 1898, S. 121 f.; W. Reiner, Ahasver, Teil II, in: RVB, Teil II, 4. 4. 1908, S. 112–115, S. 114 f.; Paul Laub, Dreiundachtzigster Jahresbericht des Vereins der Freunde Israels in Basel für das Jahr 1913, in: FI 41 (1914) 4, S. 49–68, S. 52. In enger Verknüpfung mit diesen beiden Topoi stand auch die Vorstellung des Übergangs der ‚Auserwähltheit' vom ‚alten' auf den ‚neuen' Bund. Siehe etwa: Das Passahlamm und das Lamm auf Golgatha, in: CVB, 11. 4. 1900, S. 113 f., S. 113; Der neue Bund, in: CVB, 9. 6. 1909, S. 177 f., S. 177; Ernst Miescher, Die Stärkung für den Kämpfer in Gethsemane, in: CVF, 23. 3. 1918, S. 134–139, S. 136.

nie das geträumte, weltbeherrschende Königtum der Juden erschien, hingegen haben sie mit Augen während achtzehnhundert Jahren gesehen, was Christus in der Welt gewirkt hat, haben mit eigenen Augen Sein Reich wachsen sehen; aber fortwährend schließen sie die Augen vor allem dem zu, damit sie es nicht sehen, damit sie es nicht als eine lehrreiche, gewaltige Wahrheit erkennen; sie halten ihre Ohren zu, damit sie diese überaus ernste Geschichte nicht als eine Predigt Gottes verstehen: von diesem armen, demütigen Christus, der ihre glänzenden, weltlichen Hoffnungen vernichtet, der nur die Herzen mit Seligkeit füllen will und nicht die Beutel mit Gold, der die dienende Liebe als die alleinige Größe preist, von diesem Christus wollen sie nichts wissen und nichts hören, sie wollen immerfort auf einen andern warten. Wie lange müssen sie noch warten, bis ihnen die Schuppen von den Augen fallen?"[79]

Eng mit dem in der antijudaistischen Herabwürdigung des Judentums inhärenten Superioritätsdenken verknüpft waren heilsgeschichtliche Funktionszuschreibungen, die durch heilsgeschichtlichen Antisemitismus geprägt waren. Im biblizistisch ausgerichteten konservativen Protestantismus war dieses Denken auch in der Zeitspanne von 1896 bis 1918 weit verbreitet.[80] Diskursbestimmend waren vor allem Friedrich Heman und sein „Freund Israels", die auch stark auf den „Christlichen Volksboten" zurückwirkten. Der heilsgeschichtliche Antisemitismus manifestierte sich im Zusammenhang mit der theologischen Verortung von Zeitereignissen, die ‚die Juden' betrafen. Dabei stand die heilsgeschichtliche Deutung von Judenverfolgungen im Zentrum. Seine geschichtstheologischen Überzeugungen aufzeigend, nahm Friedrich Heman am Epiphaniasfest von 1901 eine heilsgeschichtliche Interpretation der gesamten Verfolgungsgeschichte vor. Die Rede wurde im „Christlichen Volksboten" wiedergegeben. Heman machte die Verfolgungsgeschichte an der ‚Verwerfung' von Jesus als ‚Grund-' und ‚Eckstein' durch ‚die Juden' fest und deutete die Verfolgungen als Strafe Gottes. Zugleich nahm er eine Apologie des Christentums vor, da er die Verfolgungen als wiederkehrende Reaktion auf die ‚Art' der Juden deutete. Heman argumentierte:

---

79  Schm., Verstockte Herzen, in: CVF, 12. 3. 1898, S. 114–117, S. 114 f. Siehe zudem als Beispiele für das Blindheits-Motiv: Ein Rückblick auf das Dreikönigsfest, in: CVB, 13. 1. 1897, S. 9–11, S. 9 f.; W. L. Horowitz, Die Sammlung und Gemeinschaft der Judenchristen, in: FI 26 (1899) 3, S. 40–47, S. 45; Ich bin zu Gericht auf diese Welt gekommen, in: ASB, 20. 4. 1901, S. 121 f., S. 121; Werde Licht, Jerusalem, in: CVF, 13. 12. 1913, S. 589 f., S. 589; Jakob Vetter, Jerusalem vor hundert Jahren und jetzt, in: CVB, 13. 2. 1918, S. 50–52, S. 52.

80  Nicht zuletzt tauchte der heilsgeschichtliche Antisemitismus in der protestantischen Erwartungshaltung gegenüber dem Zionismus auf, worauf im dritten Kapitel dieses Teils eingehender eingegangen werden wird.

„Die Bauleute, welche den köstlichen Grundstein verworfen haben, das waren vor 1900 Jahren die Juden mit ihren Obersten und Schriftgelehrten, die da riefen: ‚Weg mit ihm, kreuzige ihn, sein Blut komme über uns und unsere Kinder.‘ Und seitdem ist dieser Grundstein ihnen zum zerschmetternden und zermalmenden Eckstein geworden [...]. Und warum ist fast kein Jahrhundert, in dem nicht Ströme jüdischen Blutes vergossen worden sind? Warum ist es allenthalben gehaßt, geächtet, verfolgt? Warum anders, als weil der Grundstein ihm zum zerschellenden und zum zermalmenden Eckstein geworden ist. Das ist kein Zufall, sondern das ist vom Herrn geschehen und darum wunderlich vor unsern Augen. Und ist das 1900 Jahre lang geschehen, so wird das im 20. Jahrhundert wohl auch nicht anders sein. Oder deuten nicht darauf alle Anzeichen?

Ueberall, wo Juden wohnen, da lodert ja offen und heimlich die Flamme des Hasses, der Feindschaft, des Neides gegen sie auf, nicht ihrer Religion wegen, sondern ihrer Rasse, ihres Charakters, ihrer Eigenschaften, ihres Gebahrens wegen."[81]

Im Zentrum der Diskurse des heilsgeschichtlichen Antisemitismus standen in der Phase von 1896 bis 1918 vorrangig die Pogrome im Zarenreich im ersten Jahrzehnt des 20. Jahrhunderts. Die von einem biblizistischen Bibelverständnis geprägten und an heilsgeschichtlichen ‚Zeichen der Zeit‘ interessierten Kreise um den „Freund Israels" und den „Christlichen Volksboten" interpretierten die Verfolgungswellen als weiteren Wink Gottes an die Adresse ‚der Juden‘, sich zu Jesus und zur christlichen ‚Wahrheit‘ zu bekehren.[82] Angesichts der russischen Pogrome keimten zudem Hoffnungen auf, ‚die Juden‘ würden sich in absehbarer Zeit bekehren.[83] Die reformierte Familienillustrierte „Grüß’ Gott!" etwa versprach sich von den Verfolgungen einen Anstoß zur Rückkehr der Juden nach Palästina. Die Vorgänge als göttliches ‚Zeichen der Zeit‘ deutend, argumentierte sie im Stile des heilsgeschichtlichen Antisemitismus: „Haben wir unter den fortwährenden Judenhetzen und antisemitischen Bewegungen nur menschliche Ursachen zu suchen? Haben wir es hier nicht mit einem Zeichen der Zeit zu tun? Israel soll ja wieder in sein Land zurückkehren und dazu muss ihm wohl die bisher innegehabte Wohnstätte mehr und mehr

---

81  Ein Rückblick auf die Epiphanienfeier, Teil I, in: CVB, 9. 1. 1901, S. 9–11, S. 10.

82  Siehe etwa: Ein Blick auf das Gericht über die Juden und die Mission der Bibel unter den Heiden, Teil I, in: CVB, 13. 1. 1904, S. 14 f., S. 14; Das Volk, zu dem sein Gott kein Herz hat, in: FI 33 (1906) 1, S. 4–11, S. 10 f.; Friedrich Heman, Fünfundsiebzigster Jahresbericht des Vereins der Freunde Israels in Basel, in: FI 33 (1906) 3, S. 33–54, S. 42; Vom Zionismus, Teil III, in: ASB, 27. 4. 1918, S. 132 f.

83  Beispielsweise gab Friedrich Heman angesichts der verübten Gräuel in seinem Jahresbericht von 1905 dieser Hoffnung in fast schon flehendem Ton Ausdruck: Friedrich Heman, Vierundsiebzigster Jahresbericht des Vereins der Freunde Israels in Basel, in: FI 32 (1905) 4, S. 49–74, S. 66.

wertlos gemacht werden."[84] In einem extremen geschichtstheologischen Denken war auch der Zürcher Prediger Samuel Limbach verhaftet, der sich in seinem in Basel erscheinenden „Weissagungs-Freund" der Deutung des Zeitgeschehens widmete. In seinem 1916 am Jahresfest des „Vereins der Freunde Israels" gehaltenen Referat verortete er die Judenverfolgungen als ‚Strafe Gottes'.[85] Dieselbe Deutung nahm er auch in seiner Zeitschrift vor.[86]

Der Topos des heilsgeschichtlichen Antisemitismus, dass ‚die Juden' seit der ihnen von christlicher Seite unterstellten ‚Verwerfung' und ‚Tötung' Jesu unter der ‚Strafe Gottes' stünden, äußerte sich auch in der Verwendung des sogenannten Blutrufs (Mt 27,25) zur Deutung der durch Verfolgungen geprägten Geschichte des Judentums.[87] Wie populär dieses Zitat aus dem Matthäusevangelium war, das auch in die ausführlich zitierte Epiphaniaspredigt Friedrich Hemans integriert worden war, zeigten die „Jesusgeschichten" des Schaffhauser Pfarrers Carl Stuckert, die er für den religiösen Jugendunterricht verfasst hatte. Ausführlich schilderte er darin den Prozess gegen Jesus und entwickelte dabei den Gottesmord- und den Selbstverfluchungs-Topos.[88] Die angeführten Beispiele für den im konservativen Protestantismus der Deutschschweiz verbreiteten heilsgeschichtlichen Antisemitismus zeigen,

---

84   Judenverfolgungen in Russland, in: GG 1. 7. 1903, S. 182. Siehe ähnlich: Der 6. Zionistenkongreß in Basel, Teil III, in: CVB, 13. 1. 1904, S. 14 f., S. 14.

85   Samuel Limbach, Ansprache beim Jahresfest der Freunde Israels, in: FI 43 (1916) 4, S. 56–59, S. 58. Limbach wurde 1919 Präsident des neu gegründeten „Verbandes unabhängiger evangelischer Korporationen der Schweiz", des „Aarauer Verbands". (Pfister, Kirchengeschichte der Schweiz, Bd. 3, S. 412.). Aus der langen Reihe der oft im Basler Verlag Paul Kober erschienenen Publikationen Limbachs, in denen es um das Erkennen der ‚Zeichen der Zeit' ging, sei als Beispiel genannt: Samuel Limbach, Was hat der gegenwärtige Krieg uns zu sagen?, Basel 1914.

86   Siehe z. B.: Samuel Limbach, Der Feigenbaum treibt, in: Weissagungs-Freund 43 (1915) 8, S. 121–123, S. 122 f.; Samuel Limbach, Was sagt das prophetische Wort zum gegenwärtigen Kriege?, Teil VII, in: Weissagungs-Freund 44 (1916) 2, S. 18–27, S. 18–20.

87   Siehe z. B.: Sein Blut komme über uns und unsre Kinder!, in: CVB, 14. 4. 1897, S. 113; Friedrich Heman, Die Revision des Todesurtheils Jesu, in: FI 26 (1899) 3, S. 33–39, S. 33–35; Sein Blut komme über uns und unsere Kinder, in: GG, Juli/August 1904, S. 241 f.; Sein Blut komme über uns und unsere Kinder, in: CVB, 12. 4. 1905, S. 113 f., S. 114; s.-, Weinet nicht über mich, sondern über euch und über eure Kinder!, in: ASB, 28. 3. 1914, S. 97 f., S. 97. Im liberalen Protestantismus wurde üblicherweise auf diese biblizistische ‚Beweisführung' verzichtet. Als Ausnahme: Alfred Altherr, Barrabas und Christus, in: SPB, 29. 3. 1902, S. 97–99, S. 99.

88   Carl Stuckert, Jesusgeschichten für den religiösen Jugendunterricht, 2. Aufl., Basel 1921. Die „Jesusgeschichten" waren zwischen 1910 und 1914 in der ersten Auflage in drei Bänden herausgegeben worden. Ebenfalls verschiedene antijudaistische Motive – insbesondere jenes des Judentums als ‚äußerliche' ‚Gesetzesreligion' – reproduzierte Pfarrer Arnold Näfs Unterrichtsmittel für Mittel-, Sekundar- und Realschulen: Arnold Näf, Geschichte des Volkes Israel und seiner Religion. Leitfaden für Mittel-, Sekundar- und Realschulen, 3. Aufl., Zürich 1901, S. 42.

wie sehr die christlich-heilsgeschichtliche Funktionalisierung ‚der Juden' in biblizistisch ausgerichteten Kreisen den Blick auf die Ereignisse trübte und ein wirkliches ‚Mit-Leid'-Empfinden verunmöglichte.

## 2 Die Haltung in der Dreyfus-Affäre als Zeichen einer Abkehr vom Antisemitismus?

1894 verurteilte das französische Kriegsgericht in Rennes unter Ausschluss der
Öffentlichkeit den aus dem Elsass stammenden Hauptmann Alfred Dreyfus wegen Hochverrats aufgrund angeblicher Spionage für das Deutsche Kaiserreich zur
Höchststrafe: Der erste jüdische Generalstabsoffizier wurde degradiert und musste eine lebenslange Verbannungsstrafe antreten. Als ab 1896 zunehmend Zweifel
an der Schuld von Dreyfus aufkamen, initiierte dies eine ‚Affäre', die nicht nur die
französische Gesellschaft in ‚Antidreyfusards' und ‚Dreyfusards' spaltete und tiefe Auswirkungen auf die französische Republik haben sollte, sondern in Frankreich auch eine bis anhin nicht gekannte antisemitische Welle auslöste. Die Polarisierung der französischen Gesellschaft in Konservative, Armee und antisemitisch
ausgerichteten Katholizismus auf der einen und in einzelne Intellektuelle wie Emile Zola, Sozialisten und Republikaner auf der anderen Seite stürzte die Dritte Republik in eine tiefe Krise.[89]

Die Dreyfus-Affäre wurde auch in den anderen westeuropäischen Staaten me-
dial rege rezipiert.[90] Die schweizerische Presse schaltete sich vor allem ab 1898 in
die Diskussion ein. Wie Friedrich Traugott Külling und Pierre-Alain Eltschinger in
ihren Studien aufzeigen, fanden sich die schweizerischen Tageszeitungen mehrheitlich im Lager jener wieder, die in zunehmendem Maße von der Unschuld des Ar-
tilleriehauptmanns überzeugt waren.[91] Die Diskussionen waren dabei in der Westschweiz deutlich lebhafter als in der Deutschschweiz. Da es zu einer Überlagerung
konfessioneller mit sprachlich-kulturellen Affinitäten kam, waren stark antisemi-

89　Bjoern Weigel, Art. ‚Dreyfus-Affäre', in: Handbuch des Antisemitismus, Bd. 4, S. 90–93. Zur
　　Dreyfus-Affäre siehe zudem: Noiriel, Immigration, antisémitisme et racisme en France, S. 253–
　　286; Vincent Duclert, Die Dreyfus-Affäre. Militärwahn, Republikfeindschaft, Judenhaß, Berlin
　　1994; Julius H. Schoeps/Hermann Simon (Hrsg.), Dreyfus und die Folgen, Berlin 1995.

90　Siehe hierzu mehrere Beiträge in: Schoeps/Simon (Hrsg.), Dreyfus und die Folgen.

91　Külling, Bei uns wie überall?, S. 209–222; Pierre-Alain Eltschinger, La presse suisse face à l'Affaire
　　Dreyfus. Une comparaison entre gazettes catholiques romandes et alémaniques 1894–1906, in:
　　Zeitschrift für schweizerische Kirchengeschichte 92 (1998), S. 19–41; Pierre-Alain Eltschinger,
　　La presse suisse face à l'Affaire Dreyfus. Une comparaison entre les journaux romands et aléma-
　　niques, 1894–1906, unveröffentlichte Lizentiatsarbeit Universität Freiburg i. Ue. 1996.

tische Stellungnahmen gegen Dreyfus vor allem in der katholisch-konservativen Presse der Westschweiz präsent, wobei die Freiburger „Liberté" sowie der Genfer „Courrier de Genève" herausstachen. Zeitungen des katholischen Milieus der Deutschschweiz hingegen distanzierten sich von den ‚Antidreyfusards'.[92] Der Antisemitismus der „Liberté" und des „Courrier de Genève" in Bezug auf die Dreyfus-Affäre war nicht zuletzt durch Weltverschwörungskonstrukte geprägt – Vorstellungen, die in der Deutschschweiz auch der liberale „Bund" aus Bern zu Beginn der Debatte vertrat.[93] Mit seiner Haltung gehörte der „Bund" in der Deutschschweiz zu einer kleinen Minderheit in der Presselandschaft, denn auch die in anderen Zusammenhängen öfters auf antisemitische Topoi zurückgreifenden protestantisch-konservativ geprägten Zeitungen „Allgemeine Schweizer Zeitung" und „Berner Volkszeitung" waren laut Külling in der Dreyfus-Affäre von der Unschuld Albert Dreyfus' überzeugt.[94] Vor dem Hintergrund der existierenden Befunde für die Rezeption der Dreyfus-Affäre in der Schweiz stellt sich die Frage, wie sich die Zeitschriften der unterschiedlichen theologisch-kirchenpolitischen Richtungen in die Diskussionen einfügten. Dabei ist von besonderem Interesse, wie sich die Debatte in die bestehende Topografie des Antisemitismus des Deutschschweizer Protestantismus einfügte und welche Faktoren diskursprägend wirkten.

## Die protestantischen Zeitschriften im Lager der ‚Dreyfusards'

In ihrer Haltung zur Dreyfus-Affäre unterschieden sich die analysierten protestantischen Zeitschriften nicht von der großen Mehrheit der Presseerzeugnisse der Deutschschweiz. Über alle theologisch-kirchenpolitischen Gräben hinweg fanden sich die Zeitschriften im Lager derjenigen wieder, die der ‚offiziellen Version' der Affäre misstrauten und letztendlich eine Revision des Prozesses verlangten.[95] Der liberale Theologe Conrad Wilhelm Kambli beispielsweise sprach Ende 1897 im

---

92  Siehe: Eltschinger, La presse suisse face à l'Affaire Dreyfus (1998). Sowohl der Redakteur des „Courrier de Genève" als auch der „Liberté" stammten ursprünglich aus Frankreich, was die Nähe zum Diskurs der konservativen katholischen Zeitschriften weiter verstärkte. (Eltschinger, La presse suisse face à l'Affaire Dreyfus (1998), S. 40.)

93  Siehe zum Antisemitismus der Zeitungen, die sich gegen Dreyfus stellten: Eltschinger, La presse suisse face à l'Affaire Dreyfus (1998); Külling, Bei uns wie überall?, S. 209–218.

94  Külling, Bei uns wie überall?, S. 212 f.

95  Siehe als Beispiele für Stellungnahmen, die die Unschuld von Alfred Dreyfus betonten: Politisches, in: CVB, 1. 12. 1897, S. 384; Otto Zellweger, Nachrichten, in: ASB, 18. 12. 1897, S. 406 f., S. 407; Conrad Wilhelm Kambli, Aus Staat und Kirche, in: RVB, 10. 6. 1899, S. 194–196, S. 195; Ludwig Flodur, J'accuse!, in: KF, 5. 12. 1902, S. 395–397, S. 395; Otto Zellweger, Nachrichten, in: ASB, 18. 4. 1903, S. 126 f., S. 127; Politisches, in: CVB, 16. 3. 1904, S. 87 f., S. 88. Die Dreyfus-Affäre war in den religiös-sozialen „Neuen Wegen", die erst Ende 1906 zu erscheinen begannen, kein Thema mehr.

„Religiösen Volksblatt" aus St. Gallen von einem sich abzeichnenden Justizmord an Alfred Dreyfus und argumentierte im Sinne liberalen Aufklärungsdenkens:

> „Und es ist leider noch gar nicht Licht geworden im Fall Hauptmann Dreyfus, und scheint es erst werden zu wollen, wenn Dreyfus nicht mehr unter den Lebenden weilt. Aber wir haben die feste Ueberzeugung: auch hier wird die Wahrheit einmal doch noch an den Tag kommen. Je mehr Lügengewebe erdichtet werden, um so eher; denn es ist nichts so fein gesponnen, es kommt doch an das Licht der Sonnen."[96]

Diese klare Parteinahme hing wohl auch damit zusammen, dass die Vorgänge in Frankreich erst um die Jahreswende 1897/98 in den protestantischen Zeitschriften Beachtung fanden, zu einem Zeitpunkt also, als die Revisionsforderungen in Frankreich immer lauter wurden und die unternommenen Versuche der französischen (Militär-)Justiz, die wahren Vorgänge zu vertuschen, immer offensichtlicher wurden.[97] Eine Ausnahme bildete lediglich der „Christliche Volksbote", der im Januar 1895, bereits wenige Tage nach der Verurteilung von Alfred Dreyfus, erstmals zu berichten begann und im selben Jahr weitere kürzere Beiträge folgen ließ.[98]

Der Schwerpunkt der Berichterstattung in den Zeitschriften des Deutschschweizer Protestantismus fiel auf die Jahre 1898 und 1899, als die Auseinandersetzungen in Frankreich besonders intensiv waren und im August 1899 zur Wiederaufnahme des Prozesses vor dem Militärgericht in Rennes führten. Aus diesem Prozess resultierte jedoch eine erneute Verurteilung des ehemaligen Hauptmanns. Mit der durch die Regierung ausgesprochenen Begnadigung von September 1899 endete die Phase der intensiven Berichterstattung, auch wenn damit die Forderungen nach einem formalen Freispruch nicht abrissen.[99] Der Tod des Schrift-

---

96  Conrad Wilhelm Kambli, Aus Staat und Kirche, in: RVB, 18. 12. 1897, S. 432–434, S. 433.

97  Siehe für den Beginn der Berichterstattungen: Otto Zellweger, Nachrichten, in: ASB, 13. 11. 1897, S. 366 f., S. 367; Conrad Wilhelm Kambli, Aus Staat und Kirche, in: RVB, 18. 12. 1897, S. 432–434, S. 433; Rudolf Finsler, Kirchliche Chronik, in: KRS, 1. 1. 1898, S. 3 f., S. 4; Alfred Altherr, Wochenschau, in: SPB, 1. 1. 1898, S. 5 f.; Emil Ryser, Chronik, in: SRB, 26. 2. 1898, S. 70–72, S. 71; Kirchliche Nachrichten, in: KF, 4. 3. 1898, S. 76–79, S. 78; Ludwig Pestalozzi, Eine Zeitbetrachtung, in: EW, 8. 9. 1898, S. 159 f., S. 159. Die Berichterstattung setzte vor allem ab dem in einen Freispruch mündenden Prozess gegen Ferdinand Walsin-Esterházy ein, welcher der eigentliche Urheber des Dokumentes war, das die Spionagetätigkeit Alfred Dreyfus' hätte belegen sollen. Dieser umstrittene Freispruch provozierte Emile Zola, seinen berühmten offenen Brief „J'accuse" zugunsten von Dreyfus in der Zeitung „L'Aurore" zu veröffentlichen. Der später geständige Walsin-Esterházy wurde nie verurteilt und setzte sich nach London ins Exil ab.

98  Politisches, in: CVB, 2. 1. 1895, S. 7 f., S. 8.

99  Zu den Vorgängen siehe: Duclert, Die Dreyfus-Affäre. Siehe als Beispiele für die Berichterstattung: Kirchliche Rundschau, in: KF, 23. 6. 1899, S. 199–203, S. 199; Otto Zellweger, Nachrichten,

stellers und Journalisten Emile Zola im Herbst 1902 und schließlich die endgültige Revision des Urteils gegen Dreyfus vom 11. Juni 1906 führten in den untersuchten Zeitschriften zu einem Wiederaufflammen des Interesses an der Dreyfus-Affäre.[100] Besonders häufig berichteten mit dem „Appenzeller Sonntagsblatt" und dem „Christlichen Volksboten" jene beiden Zeitschriften, die einen längeren Teil für Nachrichten und politische Meldungen enthielten. Ebenfalls die liberalen Blätter nahmen recht rege von den Vorgängen Notiz, was auch mit spezifisch liberalen Interpretationsfaktoren zusammenhing, die im zweiten Unterkapitel eingehender besprochen werden.

Die Selbstverortung der Richtungsblätter im Lager jener, die an der Rechtmäßigkeit der Verurteilung von Hauptmann Alfred Dreyfus zweifelten, führte dazu, dass die antisemitischen Konstrukte der ‚Antidreyfusards' keinen Widerhall in ihren Zeilen fanden. Dies mag erstaunen, gebärdeten sich doch vorab die untersuchten konservativ-protestantischen Zeitschriften ansonsten regelmäßig stark judenfeindlich. In der Analyse der Texte zur Dreyfus-Affäre ist zwar keine Übernahme antisemitischer Diskurse aus dem französischen Kontext erkennbar, die Texte weisen aber trotzdem judenfeindliche Äußerungen auf. Der Fall Dreyfus fungierte somit dennoch als Kristallisationspunkt für Antisemitismus, wenn auch in einem relativ geringen Ausmaß. Die antisemitischen Bemerkungen blieben dabei fast ausschließlich auf die konservativ-protestantischen Zeitschriften beschränkt und nahmen entweder Alfred Dreyfus als Person oder aber das gesamte (französische) Judentum ins Visier. Auf Dreyfus persönlich etwa zielte Otto Zellwegers Bemerkung ab, dass Dreyfus eben überreichlich ausgestattet gewesen sei „mit den unangenehmen Eigenschaften seiner Rasse".[101] Zellwegers rassensemantisch geprägte Äußerung verriet, dass er trotz seines grundsätzlichen Zweifels an Dreyfus' Schuld dem Opfer eine Teilschuld zuschob, einfach weil Dreyfus als Jude grundsätzlich über negative Eigenschaften verfügen würde. Ähnlich argumentierte auch der „Kirchenfreund".[102] Andere Beiträge deuteten die Dreyfus-Affäre als einen Kampf zweier

in: ASB, 16. 9. 1899, S. 294 f.; Gottlieb Schuster, Kirchliche Zeitschau, in: CVF, 16. 9. 1899, S. 402 f., S. 403; August Steiger, Zum Bettag, in: SPB, 16. 9. 1899, S. 289–293, S. 290; Conrad Wilhelm Kambli, Aus Staat und Kirche, in: RVB, 23. 9. 1899, S. 315 f., S. 316.

100  Zur Berichterstattung über den Tod von Zola mit Blick auf die Dreyfus-Affäre etwa: Alfred Altherr, Wochenschau, in: SPB, 11. 10. 1902, S. 323 f.; Ludwig Flodur, J'accuse!, in: KF, 5. 12. 1902, S. 395–397. Bezüglich des Freispruchs von 1906 z. B.: Otto Zellweger, Nachrichten, in: ASB, 21. 7. 1906, S. 230 f., S. 231; Alfred Altherr, Der 12. Juli 1906, in: SPB, 21. 7. 1906, S. 225 f.; Gottlieb Schuster, Kirchliche Zeitschau, in: CVF, 18. 8. 1906, S. 347.

101  Otto Zellweger, Nachrichten, in: ASB, 24. 9. 1898, S. 310 f., S. 311. Siehe ebenfalls in stark essentialisierender Weise: Albert Dieth, Aus Staat und Kirche, in: RVB, 20. 7. 1906, S. 234 f., S. 234.

102  Rr., Kirchliche Nachrichten, in: KF, 28. 8. 1903, S. 289–292, S. 292.

vermeintlich gleichstarker Gegner. So der „Christliche Volksbote", der 1897 bilanzierte: „Immer klarer tritt hervor, dass die eigentlich in dieser Sache kämpfenden
Parteien einerseits der Generalstab mit der Armee und dem größten Theil der Nation, anderseits die Israeliten mit ihrer Geldmacht und einigen einflussreichen Blättern und Personen sind."[103] Hilfe durch ‚jüdischen Einfluss' hatte dasselbe Blatt bereits wenige Tage nach Dreyfus' Verurteilung von Ende 1894 erwartet.[104]

Einer ganz anderen Argumentation bediente sich Friedrich Heman vom „Verein der Freunde Israels". Der „Freund Israels", der ansonsten der Dreyfus-Affäre
desinteressiert gegenüberstand, verknüpfte diese in mehreren Artikeln mit dem
antijudaistischen Topos des jüdischen ‚Gottesmordes'. Heman verlangte in Analogie zu einer Revision des Urteils von Alfred Dreyfus eine solche des Prozesses gegen Jesus. Er behaftete dabei ‚die Juden' als Kollektiv, sie seien ‚den Christen' eine
Revision des Prozesses gegen Jesus schuldig, da christliche Unterstützer eine Revision des Prozesses gegen ‚den Juden' Dreyfus angestrengt hätten.[105] Anlass zu seinen Überlegungen gab ihm eine Meldung, in Odessa habe sich ein Komitee zur Revision des Jesus-Prozesses formiert. Eine ganze Bandbreite antijudaistischer Topoi
integrierend und geprägt von heilsgeschichtlichem Denken, forderte der Direktor
des judenmissionarischen Vereins aus Basel:

> „Das jüdische Volk wird nicht in Besitz seines Landes [...] kommen, wenn es
> nicht zuvor die große Ungerechtigkeit und das himmelschreiende Unrecht ein-
> gesehen hat, das seine Väter an Jesus von Nazareth begangen haben dadurch,
> dass sie ihn verwarfen, ‚Kreuzige, kreuzige' riefen und ihn den Römern zur
> Hinrichtung auslieferten [...].
> Als vor vier Jahren in Paris der jüdische Hauptmann Dreyfuß wegen Lan-
> desverraths vom Kriegsgericht verurtheilt, degradirt und nach der Teufelsinsel

---

103   Politisches, in: CVB, 15. 12. 1897, S. 399 f., S. 400. Zudem nochmals: Politisches, in: CVB, 19. 1.
      1898, S. 23 f., S. 24.

104   Politisches, in: CVB, 9. 1. 1895, S. 15 f., S. 16. Etwas später zudem: Politisches, in: CVB, 5. 6. 1895,
      S. 183 f. Siehe zudem auch: Ludwig Pestalozzi, Eine Zeitbetrachtung, in: EW, 8. 9. 1898, S. 159 f.,
      S. 159.

105   Diese Gedanken brachte Heman zweimal vor: Jesus Christus, gesetzt zu einem Fall und zu ei-
      nem Auferstehen Vieler in Israel, in: CVB, 11. 1. 1899, S. 9–11, S. 10; Friedrich Heman, Die Revisi-
      on des Todesurtheils Jesu, in: FI 26 (1899) 3, S. 33–39, S. 33–35. Siehe zudem: Friedrich Heman, 68.
      Jahresbericht der Freunde Israels in Basel, in: FI 26 (1899) 4, S. 50–63, S. 55–57. Interessanterwei-
      se nahm auch Pfarrer Heinrich Mötteli im liberalen „Schweizerischen Protestantenblatt" einen
      Vergleich des Prozesses gegen Jesus mit jenem gegen Dreyfus vor. Mötteli betonte, dass es dies-
      mal Christen seien, die das „kreuziget, kreuziget" rufen würden und machte somit indirekt ‚die
      Juden' für den Tod Jesu verantwortlich. (Heinrich Mötteli, Dennoch treu!, in: SPB, 19. 11. 1898,
      S. 374 f., S. 375.)

verbannt wurde, da verbreitete sich bald das Gerücht, er sei unschuldig ver-
urtheilt worden. Da traten nun sofort eine Anzahl Christen auf, welche ihre
Stimmen zu Gunsten des Verurtheilten erhoben, und sie ruhten nicht, bis die
Sache noch einmal aufgenommen wurde, um eine Revision des Urtheils her-
beizuführen. Die angesehensten Männer in Paris haben ihre Mühe und Zeit,
ihre Ehre und ihr Geld geopfert, damit doch ja kein Unschuldiger Strafe leiden müsse [...].

Anders das jüdische Volk. Vor fast 1900 Jahren hat es den Heiligen Gottes,
den Wohlthäter und Heiland des Menschengeschlechts dem römischen Procu-
rator Pontius Pilatus überliefert und durch sein Geschrei und Drängen ihn ge-
nöthigt, Jesum zum Kreuzestod zu verurtheilen, obwohl Pilatus selbst ihn für
unschuldig erkannte [...]. Das jüdische Volk mit seinen Hohenpriestern und
Obersten hat damals diesen Justizmord erzwungen. Das jüdische Volk hat aber
nun so viele Jahrhunderte verstreichen lassen, ohne das Unrecht gut zu machen, ohne das Geschehene zu bereuen, ohne dafür irgend welche Sühne zu
leisten. Sie haben damals in furchtbarer Verblendung gerufen: ‚Sein Blut komme über uns und unsre Kinder!‘ und es ist schrecklich über sie gekommen.
Man hat sie Jahrhunderte hindurch geschmäht, verfolgt, getödtet, beraubt, ge-
martert und entehrt, und bis heute haben die Judenverfolgungen noch nicht
aufgehört. Diese Schuld lastet als schweres Verhängniß auf dem jüdischen Volk
und ist der eigentliche Grund alles ihres Unglücks und Elendes. Hier wird offenbar, wie die Weltgeschichte wirklich das Weltgericht ist.

Sobald die Juden ihre Schuld durch Reue über die Verblendung ihrer Väter sühnen und durch Anerkennung der Unschuld und Würde Jesu gutmachen,
wird das Gericht aufhören, ihr Geschick sich wenden und wird ihr Elend ein
Ende nehmen [...]."[106]

## Pro Dreyfus aus anti-antisemitischen Motiven?

Die geringe Präsenz antisemitischer Äußerungen im Zusammenhang mit der Berichterstattung über die Dreyfus-Affäre ist angesichts der insbesondere in den positiven und vermittlerischen Zeitschriften grundsätzlich verbreiteten antisemitischen
Einstellungen auf den ersten Blick erstaunlich. Sie lässt sich zweifach begründen.
Erstens setzte, wie bereits erwähnt, die Rezeption der Affäre erst relativ spät ein. Sie
orientierte sich an der mehrheitlich kritischen Haltung gegenüber dem Urteil gegen Dreyfus in der deutschschweizerischen und internationalen Presse. Zweitens

---

106  Friedrich Heman, Die Revision des Todesurtheils Jesu, in: FI 26 (1899) 3, S. 33–39, S. 33–35.

kam in der Beurteilung der Dreyfus-Affäre die antikatholisch geprägte Frankophobie zum Tragen.

Ein erstes Charakteristikum der durch konfessionelle und nationale Präferen-
zen gelenkte protestantischen Berichterstattung über die Vorkommnisse war, dass
die Protestanten in Frankreich heroisiert und zu Opfern erklärt wurden, die von
der Affäre mitbetroffen gewesen seien. ‚Die Juden‘ und ‚die Protestanten‘ Frankreichs wurden richtungsübergreifend zu gemeinsamen Leidtragenden der Ereignisse in der Dritten Republik erklärt.[107] In diesen Opfer-Diskurs integriert, fanden
wiederholt Rückgriffe auf frühere antiprotestantische Vorkommnisse in Frankreich
statt wie die Bartholomäusnacht von 1572 sowie Jean Calas, der im 18. Jahrhundert
Opfer eines Justizmordes geworden war.[108] Der Diskurs konnte soweit gehen, dass
liberale Zeitschriften die Dreyfus-Affäre insofern für den Protestantismus vereinnahmten, als diesem das Streben nach Gerechtigkeit in diesem Skandal zugeschrieben wurde.[109] Diese Vereinnahmung spricht etwa aus den Zeilen eines Berichts
von Conrad Wilhelm Kambli vom 19. Februar 1898 zum Prozess gegen Emile Zola.
Dieser war aufgrund seines publizistischen Engagements für Alfred Dreyfus in einem politisch gesteuerten Prozess wegen Verleumdung verurteilt worden. Kamblis
Meinung nach konnte Frankreich nur am ‚fortschrittlichen‘ ‚protestantischen Geist‘
‚genesen‘.[110] Auch Pfarrer Alfred Altherr, Redakteur des „Schweizerischen Protestantenblatts", argumentierte ähnlich, indem er den Fokus auf den französischen
Protestantismus lenkte. In seinen Augen hätte in Frankreich der Schlag gegen den
Juden Alfred Dreyfus lediglich den Beginn zur Entfernung der Protestanten aus Armee, Verwaltung und Schule bilden sollen, was aber glücklicherweise habe verhindert werden können.[111]

---

107  Siehe hierfür etwa: Politisches, in: CVB, 19. 1. 1898, S. 23 f., S. 24; Otto Zellweger, Nachrichten, in:
      ASB, 29. 1. 1898, S. 38 f., S. 39; Rr., Kirchliche Nachrichten, in: KF, 4. 3. 1898, S. 76–79, S. 78; Otto
      Zellweger, Nachrichten, in: ASB, 7. 1. 1899, S. 7 f., S. 8.

108  So handelte Alfred Altherr in seinem Beitrag zum Freispruch von Alfred Dreyfus in mehr als der
      Hälfte des Textes den Fall von Jean Calas ab: Alfred Altherr, Der 12. Juli 1906, in: SPB, 21. 7. 1906,
      S. 225 f. Siehe zudem: Römischer Fanatismus, in: Protestant, 1. 9. 1898, S. 98; Emil Ryser, Chro-
      nik, in: SRB, 16. 9. 1899, S. 295 f., S. 296; Der Justizmord an Jean Calas, in: SPB, 4. 6. 1910, S. 186–
      188, S. 188. Der Fall von Jean Calas bot sich deswegen als protestantischer Vergleichsfall an, da
      sich mit Voltaire, wie im Falle von Alfred Dreyfus mit Emile Zola, eine einzelne Persönlichkeit
      im Kampf um die Gerechtigkeit besonders verdient gemacht hatte.

109  Siehe beispielsweise: Rudolf Finsler, Kirchliche Chronik, in: KRS, 1. 1. 1898, S. 3 f., S. 4; Alfred
      Altherr, Wochenschau, in: SPB, 7. 5. 1898, S. 148–150, S. 150; Hans Emil Baiter, Die Wahrheitslie-
      be im heutigen Frankreich, in: RVB, 27. 8. 1898, S. 288–291; Emil Baudenbacher, Familie Dreyfus,
      in: SRB, 4. 8. 1906, S. 244 f., S. 245.

110  Conrad Wilhelm Kambli, Aus Staat und Kirche, in: RVB, 19. 2. 1898, S. 67 f., S. 68.

111  Alfred Altherr, Wochenschau, in: SPB, 3. 11. 1900, S. 349–351, S. 350.

Im Diskurs der Heroisierung der französischen Protestanten spielte im Weitern die Tatsache eine wichtige Rolle, dass zu den Verteidigern von Alfred Dreyfus auch protestantische Persönlichkeiten zählten. Allen voran traf dies auf den Industriellen und Senator August Scheurer-Kestner zu, der die Bestrebungen zur Revision des Urteils entscheidend beförderte.[112] Eine Troika aus „Juden, Protestanten und romfreien Katholiken" war in den Augen des liberalen damaligen Pfarrers an der Pauluskirche in Bern, Emil Baudenbacher, verantwortlich für den furchtlosen Kampf gegen die Ungerechtigkeit gewesen, während die Affäre einem „Schandfleck der Kirche Roms und der Gesellschaft, da der Zweck die Mittel heiligt [= Jesuiten]", gleichkomme.[113] Auch dem nichtprotestantischen Emile Zola zollten die Zeitschriften großen Respekt, was sich insbesondere anlässlich seines Todes zeigte.[114] Die Tendenzen zur Vereinnahmung des Kampfes für Gerechtigkeit für den Protestantismus auf liberaler Seite führten zum eigentümlichen Vergleich zwischen Zola und Jesus, wobei eigene Werthaltungen auf Zola projiziert wurden.[115]

Neben der Betonung des Beitrags ‚der Protestanten' im Kampf um die Rehabilitierung von Alfred Dreyfus stellte eine massive Kritik an Frankreich das zweite Charakteristikum der Berichterstattung über die Dreyfus-Affäre im Deutschschweizer Protestantismus dar. Diese Kritik legte nicht selten frankophobe Überzeugungen frei. Die im Zuge der Affäre zu Tage tretenden Betrügereien der französischen Dienststellen führten dazu, dass die Ereignisse als beschämendes Kapitel für Frankreich dargestellt wurden.[116] So verleitete die erneute Verurteilung von Alfred Dreyfus in Rennes im September 1899 Redakteur Emil Ryser zur pauschalisierenden Aussage, dass er entsetzt sei, dass ein „ganzes Volk so schmählich sinken" könne. Indem er betonte, dass daher Frankreich mehr zu bedauern sei als Dreyfus, zeigte er auf, dass das eigentliche Opfer, Dreyfus, in der protestantischen Berichterstattung gar nicht im Zentrum zu stehen hatte.[117] Gerade bei den Liberalen flossen in

---

112 Siehe vor allem: Otto Zellweger, Nachrichten, in: ASB, 4. 12. 1897, S. 390 f., S. 391; Kirchliche Chronik, in: KRS, 1. 1. 1898, S. 3 f., S. 4.

113 Emil Baudenbacher, Familie Dreyfus, in: SRB, 4. 8. 1906, S. 244 f., S. 245.

114 Siehe etwa: Alfred Altherr, Wochenschau, in: SPB, 6. 8. 1898, S. 255 f., S. 255; Otto Zellweger, Nachrichten, in: ASB, 11. 10. 1902, S. 326–328, S. 326 f.; Ludwig Flodur, J'accuse!, in: KF, 5. 12. 1902, S. 395–397; Politisches, in: CVB, 10. 6. 1908, S. 192.

115 Besonders Sehet, wir geh'n hinauf gen Jerusalem, in: RVB, 12. 3. 1898, S. 89–91, S. 91. Siehe zudem: Emil Brändli, Die Märtyrer der Wahrheit, in: RVB, 5. 3. 1898, S. 77–79; Emil Brändli, Briefkasten der Redaktion, in: RVB, 12. 3. 1898, S. 96. Ebenfalls in vereinnahmendem Sinne, aber ohne Bezug auf die Dreyfus-Affäre: Dr. T., Zola, ein Apostel der Aufklärung, in: SPB, 26. 3. 1898, S. 102 f.

116 Siehe z. B.: Alfred Altherr, Wochenschau, in: SPB, 1. 1. 1898, S. 5 f., S. 6; Otto Zellweger, Nachrichten, in: ASB, 29. 1. 1898, S. 38 f., S. 39; Otto Zellweger, Nachrichten, in: ASB, 5. 11. 1898, S. 359 f., S. 359.

117 Emil Ryser, Chronik, in: SRB, 16. 9. 1899, S. 295 f., S. 295.

die Kritik an Frankreich auch legalistische Aspekte ein, indem eine Lanze für den fortschrittlichen Rechtsstaat gebrochen wurde.[118]

Eine zentrale Dimension innerhalb der Kritik an Frankreich stellte der Antikatholizismus dar. Vorab für das Lager der Liberalen kann sogar von einer eigentlichen Konfessionalisierung der Wahrnehmung der Dreyfus-Affäre gesprochen werden. Frankreichkritische beziehungsweise frankophobe Positionen überlagerten sich dabei mit antikatholischen. Wiederholt brach dabei der Antijesuitismus durch, der gerade im liberalen Lager zum festen kulturkämpferischen Arsenal gehörte.[119] So auch in der von einem liberalen Protestantismus geprägten Zeitschrift „Der Protestant", die, seit 1897 in Zürich erscheinend, als eigentliches ‚Kampfblatt' gegen den Katholizismus fungierte.[120] In selten kruder Form verwendete der St. Galler Dekan Conrad Wilhelm Kambli das Feindbild der Jesuiten in seiner frankophoben Wahrnehmung des westlichen Nachbarstaates. Die am 19. September 1899 erfolgte Begnadigung von Dreyfus bei gleichzeitiger Verweigerung eines Freispruchs nannte er ein „schlaues Jesuitenstücklein" und fuhr fort: „Frankreich ist krank an Haupt und Gliedern, die Geschwüre sind bereits so groß, daß es keine Operation mehr wagt, die allein völlige Wiedergenesung ermöglichte. Es hat den Glauben an die erlösende Macht der Wahrheit und der Sittlichkeit verloren dank des jesuitischen Geistes, mit dem es durchseucht ist."[121]

Die antikatholisch geprägte Frankophobie der Liberalen führte darüber hinaus zur Vorstellung, Frankreich befände sich in einem Prozess des Niedergangs und Zerfalls. Wurden solche Ideen geäußert, so offenbarte sich darin eine von geschichtstheologischen Vorstellungen geprägte Theorie vom Aufstieg und Fall von Nationen, die zu tiefst von einem dichotomen Denken geprägt war, das den Katholizismus mit ‚Rückschritt' und den Protestantismus mit ‚Fortschritt' assoziierte. Das „Schweizerische Protestantenblatt" erhoffte sich in einer Betrachtung zum Eidgenössischen Dank-, Buß- und Bettag, dass mit Frankreich eine ‚katholische Weltmacht' an Einfluss einbüßen würde, eine Hoffnung, die zugleich dadurch ge-

118 Siehe für diesen Diskurs etwa: Emil Ryser, Chronik, in: SRB, 26. 2. 1898, S. 70–72, S. 71; Emil Ryser, Chronik, in: SRB, 10. 12. 1898, S. 398–400, S. 399.

119 Siehe als Beispiele: Alfred Altherr, Wochenschau, in: SPB, 10. 9. 1898, S. 294–296, S. 295; Otto Zellweger, Nachrichten, in: ASB, 7. 1. 1899, S. 7 f., S. 8; Emil Ryser, Chronik, in: SRB, 16. 9. 1899, S. 295 f., S. 296; Litteratur, in: KRS, 9. 6. 1900, S. 93 f., S. 93; Conrad Wilhelm Kambli, Aus Staat und Kirche, in: RVB, 8. 6. 1901, S. 190–192, S. 192. Antijesuitismus zeigte sich in den liberalen Zeitschriften gerade im letzten Drittel des 19. Jahrhunderts weit verbreitet. Siehe als kleine Auswahl: Oskar Brändli, Kreuz und quer, in: SPB, 28. 4. 1894, S. 135 f.; Conrad Wilhelm Kambli, Aus Staat und Kirche, in: RVB, 10. 11. 1900, S. 376–378, S. 377 f.

120 Aus Frankreich, in: Protestant, 15. 9. 1898, S. 102.

121 Conrad Wilhelm Kambli, Aus Staat und Kirche, in: RVB, 23. 9. 1899, S. 315 f., S. 316.

stärkt wurde, dass mit den USA eine ‚protestantische Macht' das katholische Spanien 1898 im kurzen Spanisch-Amerikanischen Krieg in Übersee vernichtend geschlagen hatte und es um seine wichtigsten verbleibenden Kolonien brachte. So schrieb der Autor, der Basler Pfarrer August Steiger:

> „Es ist in der That, als hörten wir die Posaunentöne des weltgeschichtlichen Gerichts, wenn wir sehen, wie die einstige spanische Weltmacht jämmerlich zusammengebrochen ist, [...] wenn wir sehen, wie in Frankreich die anfänglich wenig beachtete Dreyfusgeschichte zum großen Volksschicksal und Volksgerichte wird.
>
> Eben diese Dreyfusgeschichte, die so weite Kreise gezogen hat und uns alle in hochgradiger Aufregung erhält, unter deren Zeichen wir recht eigentlich den diesjährigen Bettag feiern, – bedeutet für den Tieferblickenden den Bankrott des klerikal-jesuitischen Systems, das die französische Republik so ganz umgarnt und gerade an jenem schwarzen Gewebe einen wesentlichen Anteil hat. Sie und die in neuester Zeit offenbar gewordene Dekadenz der romanisch-katholischen Nationen müssen uns den Gedanken nahe legen, dass die römisch-katholische Papstkirche überhaupt ihre Mission in der Völkererziehung, die sie ohne Zweifel einmal hatte, verloren hat, wenn wir es auch den einseitigen Aufklärern und Fortschrittsphilistern überlassen müssen, zu glauben, mit dem Ende des Jahrhunderts werde auch das Ende der katholischen Kirche gekommen sein oder es sei ihre Lebensdauer höchstens noch nach Jahrzehnten zu bemessen."[122]

Und Alfred Altherr doppelte in derselben Zeitschriftennummer im gleichen Sinne nach und führte die ‚Sittlichkeit' eines Volkes und letztlich dessen ‚Schicksal' auf seine Religion zurück.[123] Folglich erblickte er im Katholizismus die Ursache des angeblichen Niedergangs Frankreichs.

Die frankophob geprägte Kritik an Frankreich, die die Dreyfus-Affäre zum Anlass nahm, sich zu manifestieren, zeigt also eine doppelte Abgrenzung auf, die insbesondere die liberalen Deutschschweizer Protestanten gegenüber Frankreich vornahmen. Die eine war konfessionell, die andere ideologisch bedingt. Darüber hinaus ist anzunehmen, dass die weitverbreitete Germanophilie das Ihrige zu dieser Haltung beisteuerte. Der Charakter der Berichterstattung des Deutschschweizer Protestantismus zeigte zwar eine grundsätzliche Unterstützung für die Positionen der ‚Dreyfusards' auf, doch geschah dies nicht aus einer Kritik des Antisemitismus oder gar aus einer Abkehr von judenfeindlichen Positionen heraus. Zudem stand Dreyfus

---

122  August Steiger, Zum Bettag, in: SPB, 16. 9. 1899, S. 289–293, S. 290.
123  Alfred Altherr, Wochenschau, in: SPB, 16. 9. 1899, S. 293 f., S. 294. Siehe zudem auch: Alfred Altherr, Wochenschau, in: SPB, 7. 5. 1898, S. 148–150, S. 150.

oft nicht im Fokus der Berichterstattung. Sie war vielmehr geprägt durch den konfessionellen Gegensatz zu Frankreich und eine daraus resultierende frankreichkritische Haltung. Hätte sich die Dreyfus-Affäre im ‚protestantischen Deutschland‘
abgespielt, hätte die Position der Zeitschriften eine ganz andere sein können.

### 3 Der Zionismus als Projektionsfläche für Antisemitismus und heilsgeschichtliche Hoffnungen

Der Ende August 1897 in Basel durchgeführte erste Zionistenkongress ließ im
Deutschschweizer Protestantismus ein reges Interesse an der jüdischen Nationalbewegung des Zionismus entstehen. Diese große Beachtung, die insbesondere die
anfangs jährlich und ab 1901 alle zwei Jahre stattfindenden Kongresse fanden, hing
auch damit zusammen, dass von den elf bis zum Ersten Weltkrieg durchgeführten Kongressen deren sieben in der Stadt am Rheinknie und somit in einem Zentrum der protestantischen Publizistik stattfanden.[124] Der Blick des Deutschschweizer Protestantismus auf den Zionismus war durch etablierte, oft im Zeichen des
Antisemitismus stehende ‚Judenbilder‘ gesteuert. Zum Einstieg soll ein Bild der Berichterstattung über den Zionismus gezeichnet werden, das richtungsspezifische
Relevanzunterschiede offenlegt. Anschließend steht der Antisemitismus innerhalb
der Zionismus-Rezeption im Zentrum der Analyse, die sich über das zweite und
dritte Unterkapitel erstreckt. Das zweite untersucht die soziokulturellen und essentialisierenden antisemitischen Diskurse, die sich beispielsweise in den Berichten zu
den Zionistenkongressen niederschlugen, während sich das dritte mit den heilsgeschichtlichen Projektionen und dem darin integrierten heilsgeschichtlichen Antisemitismus zuwendet. Besonders das Letztere wird aufzeigen, wie christlichzentrierte Erwartungshaltungen und heilsgeschichtliche Funktionszuschreibungen die
Wahrnehmung des Zionismus steuerten.

---

124  Einen kurzen Überblick liefert: Bettina Zeugin, Die 22 Zionistenkongresse bis zur Staatsgrün-
     dung Israels. Ein kurzer Überblick, in: Der Erste Zionistenkongress von 1897 – Ursachen, Be-
     deutung, Aktualität, hrsg. von Heiko Haumann in Zusammenarbeit mit Peter Haber/Patrick
     Kury/Kathrin Ringger/Bettina Zeugin, Basel et al. 1997, S. 244–249. Zur Ausrichtung des ersten
     Kongresses: Nadia Guth Biasini, Basel und der Zionistenkongress, in: Der Erste Zionistenkon-
     gress von 1897, S. 131–140. Zu Reaktionen auf die ersten Zionistenkongresse in Basel respektive
     der Schweiz im Allgemeinen siehe: Patrick Kury, Die ersten Zionistenkongresse aus der Sicht der
     damaligen Baseler Publizistik, in: Heiko Haumann (Hrsg.), Der Traum von Israel. Die Ursprün-
     ge des modernen Zionismus, Weinheim 1998, S. 232–249; Christina Späti, Die Schweiz und die
     zionistische Bewegung 1917–1948: Zwischen Bewunderung, Gleichgültigkeit und Ablehnung, in:
     Barbara Haider-Wilson/Dominique Trimbur (Hrsg.), Europa und Palästina 1799–1948: Religion
     – Politik – Gesellschaft, Wien 2010, S. 315–338, S. 316–321.

*Die Zionistenkongresse im Fokus der konservativ-protestantischen Zeitschriften*

Die Rezeption der zionistischen Bewegung setzte im Deutschschweizer Protestantismus im Allgemeinen mit der Durchführung des ersten Kongresses 1897 in Basel ein. Nur der „Freund Israels", der aus seiner judenmissionarischen Stoßrichtung heraus die Entwicklungen im Judentum genauer beobachtete, und mit ihm der „Christliche Volksbote" und das „Evangelische Wochenblatt", welche die Beobachtungen Friedrich Hemans rezipierten, hatten schon vor 1897 Notiz von der zionistischen Bewegung genommen.[125] Der erste Zionistenkongress, der vom 29. bis 31. August 1897 im Stadtcasino in Basel tagte, stellte ein Ereignis dar, das in Teilen des Deutschschweizer Protestantismus zu einer umfangreichen Berichterstattung führte. In der Beurteilung und alsbald in der weiteren Berichterstattung über die Bewegung manifestierte sich jedoch ein grundsätzlicher Unterschied zwischen dem konservativen und vermittlerischen Protestantismus auf der einen und dem liberalen und religiös-sozialen auf der anderen Seite.

Die Religiös-Sozialen ließen in ihren erst mehrere Jahre nach dem ersten Zionistenkongress erscheinenden „Neuen Wegen" überhaupt kein Interesse an der jüdischen Nationalbewegung erkennen. Auf liberaler Seite ignorierten die „Schweizerischen Reformblätter" die zionistische Bewegung nach ihrer klar antisemitisch geprägten Meldung zum Kongress von 1897 bis zum Ende des Ersten Weltkriegs,[126] und auch das „Religiöse Volksblatt" zeigte nur ein sehr geringes Interesse.[127] Lediglich das „Schweizerische Protestantenblatt" berichtete über mehrere Kongresse, was wohl damit zusammenhing, dass es als Basler Zeitschrift den zionistischen Zusammenkünften in seiner ,Heimatstadt' eine viel größere Aufmerksamkeit schenkte.[128] Das liberale Desinteresse lag in der Absenz heilsgeschichtlicher Erwartungen gegenüber dem Zionismus begründet.[129] Der Basler Pfarrer Alfred Altherr, Redakteur

---

125 Brosamen von der Basler Festwoche, Teil II, in: CVB, 10. 7. 1895, S. 217–219, S. 219; Ludwig Pestalozzi, Die Basler Festwoche, in: EW, 29. 8. 1895, S. 155–158, S. 156. Am Ursprung stand die Rezeption von Friedrich Hemans Jahresbericht von 1895: Friedrich Heman, 64. Jahresbericht des Vereins der Freunde Israels zu Basel, in: FI 22 (1895) 4, S. 49–64.

126 Emil Ryser, Chronik, in: SRB, 9. 10. 1897, S. 325–328, S. 326–328.

127 Das „Religiöse Volksblatt" berichtete sogar erst 1905 erstmals über den Zionismus: Aus Staat und Kirche, in: RVB, 19. 8. 1905, S. 285 f. Auch die „Theologische Zeitschrift aus der Schweiz" respektive ihr Nachfolgeblatt, die „Schweizerische Theologische Zeitschrift", interessierten sich nicht für die jüdische Nationalbewegung.

128 Siehe als Beispiele: Alfred Altherr, Wochenschau, in: SPB, 11. 9. 1897, S. 293 f.; Der Zionismus, 2 Teile, in: SPB, 26. 9. 1903/3. 10. 1903, S. 310 f./S. 319 f.

129 Das „Schweizerische Protestantenblatt" brachte zudem wiederholt seine Skepsis gegenüber der jüdischen Nationalbewegung zum Ausdruck: Alfred Altherr, Wochenschau, in: SPB, 11. 9. 1897,

des „Schweizerischen Protestantenblatts", etwa meinte, hinter dem Enthusiasmus am ersten Kongress wenig Realitätssinn erkennen zu können: „[Ein] großer, herz-licher, ja flammender und hinreißender Enthusiasmus beherrschte überhaupt die ganze Tagung; es sah stellenweise aus und hörte sich an als ob die ganze Judenschaft den nächsten Zug nach Jerusalem nehmen wollte, aber es wird nichts dergleichen geschehen, gar nichts, weder morgen noch in einem Jahr, noch in zehn Jahren." Dass seiner Annahme nicht zuletzt geradezu klassische Diskurse eines soziokul-turellen Antisemitismus zugrunde lagen, offenbarte Altherr in seiner anschließen-den Begründung, in der er ‚die Juden' materialistischen Denkens bezichtigte und als ‚schädlich' für die restliche Bevölkerung apostrophierte. So sei für ‚die Juden' Pa-lästina nicht mehr das Land, wo Milch und Honig flössen, sondern dieses würde überall in der Welt liegen, wo es einen Markt und eine Börse gäbe. In diesem Sin-ne fuhr er fort:

> „Es wird ihnen kaum einfallen, nach der dürren, glutigen Hochebene und nach den wüsten Steppen zwischen dem Libanon und Egypten zu ziehen.
> Und wenn sie gingen, samt und sonders gingen – welch einen Jubel gäbe das unter den Antisemiten diesseits und jenseits des Oceans, ganze Städte und Thalschaften, unzählige gedrückte Bauern und Geschäftsleute würden den Ab-ziehenden mit einem Gefühl der Erlösung aus furchtbarer Konkurrenz nach-sehen und Gott danken. Aber diesen Gefallen werden den Antisemiten nicht tausend von den 50 000 Zionisten thun, ja nicht hundert und nicht zehn, am allerwenigsten Dr. Max Nordau in Paris und Dr. Herzl in Wien, denen es an der Seine und an der Donau viel zu wohl ist."[130]

Ganz anders gestaltete sich der Blick auf den Zionismus in konservativ-protestan-tischen und vermittlerischen Zeitschriften. In ihnen wurde bis zum Ausbruch des Ersten Weltkrieges oft und häufig umfangreich über die Zionistenkongresse be-richtet. Aufgrund der kurzen Kommunikationswege und des regionalen Interes-ses erfuhren jene sieben Kongresse, die bis 1911 in Basel stattfanden, besondere Be-achtung.[131] Nur das in großen Teilen von Ludwig Pestalozzi verfasste „Evangelische

S. 293 f.; Alfred Altherr, Wochenschau, in: SPB, 19. 8. 1899, S. 261 f.; Alfred Altherr, Wochenschau, in: SPB, 20. 10. 1900, S. 331–334, S. 331 f.

130   Alfred Altherr, Wochenschau, in: SPB, 4. 9. 1897, S. 285–287, S. 286.

131   Siehe als Auswahl für Berichte im „Appenzeller Sonntagsblatt", „Christlichen Volksfreund" und „Kirchenfreund": Der Zionismus, 2 Teile, in: ASB, 11./18. 9. 1897, S. 292–294/S. 299–302; Der II. Zionistenkongreß in Basel, 2 Teile, in: ASB, 10./17. 9. 1898, S. 292 f./S. 299–301; Henri Mojon, Zwei Tage unter den zionistischen Juden, 2 Teile, in: KF, 16./30. 9. 1898, S. 302–306/S. 309–313; Die Zi-onisten, 2 Teile, in: ASB, 4./11. 1. 1902, S. 4–6/S. 11–13; K. St. [Karl Stockmeyer?], Vom Zionisten-kongreß, in: CVF, 12. 9. 1903, S. 391–394; Conrad von Orelli, Der VII. Zionistenkongreß, in: KF,

Wochenblatt" wich mit seiner Zurückhaltung von der Norm ab.[132] Besonders intensiv befassten sich die beiden pietistisch geprägten Zeitschriften „Christlicher Volksbote" und „Freund Israels" mit der jüdischen Bewegung.[133] Das Interesse am Zionismus reflektierte den Goodwill, den man im konservativ-protestantischen Lager der jüdischen Nationalbewegung entgegenbrachte. Der Berichterstatter des „Appenzeller Sonntagsblatts" brachte diese positive Grundeinstellung anlässlich des zweiten Zionistenkongresses von 1898 deutlich zum Ausdruck, indem er betonte, dass die zionistische Bewegung eine solche sei, der man volle Sympathie entgegenbringen könne, auch wenn man noch nicht wisse, was aus ihr werde.[134] Die Zustimmung der Konservativen gründete jedoch nicht in einer Sympathie für die eigentlichen Motive der Zionisten, sondern entsprang zutiefst einer christlichen Optik. Die zionistische Bewegung wurde eine beliebte Projektionsfläche für christliche heilsgeschichtliche Hoffnungen, denen klare Funktionszuweisungen an ‚die Juden' inhärent waren. Deshalb erstaunt es nicht, dass das heilsgeschichtlich motivierte Wohlwollen gegenüber dem Zionismus Schwankungen unterworfen war, abhängig davon, ob sich die Entwicklungen in der zionistischen Bewegung mit den heilsgeschichtlichen Erwartungen deckten oder nicht.[135]

Die in einem biblizistischen Schriftverständnis gründenden heilsgeschichtlichen Erwartungen erklären auch das stark ausgeprägte Interesse des konservativen Protestantismus bezüglich Entwicklungen im ‚Heiligen Land', insbesondere, wenn diese die Juden betrafen. Dieses Interesse reflektierte die nach der erzwungenen internationalen ‚Öffnung' Palästinas in den 1830er-Jahren gerade in England populär gewordene Hoffnung auf eine ‚Restoration of the Jews' im ‚Heiligen Land', die als wichtiger endzeitlicher Schritt angesehen wurde.[136] Entwicklungen, die in diesem

11. 8. 1905, S. 245–248; Th. Iselin, Vom zehnten Zionistenkongreß, in: KF, 29. 9. 1911, S. 313–315. Für das Organ der Vermittler zudem: Eberhard Vischer, Der Zionistenkongreß in Basel, 2 Teile, in: KRS, 9./23. 10. 1897, S. 169 f./S. 178–180; R. L., Chronik, in: KRS, 12. 8. 1905, S. 133 f., S. 134.

132 Redakteur Ludwig Pestalozzi zeigte sich gegenüber dem Zionismus reserviert bis skeptisch. Die Berichterstattung über die jüdische Nationalbewegung beschränkte sich auf vereinzelte kürzere Äußerungen, so z. B.: Kirchliche Rundschau, Teil I, in: EW, 9. 9. 1897, S. 161 f., S. 162.

133 Siehe etwa: Der Zionisten-Congreß in Basel, in: FI 24 (1897) 5, S. 65–68; Der zweite Zionisten-Congreß in Basel, 3 Teile, in: CVB, 31. 8. 1898/7./14. 9. 1898, S. 274 f./S. 283 f./S. 290–292; Der siebente Zionistenkongreß, in: CVB, 2. 8. 1905, S. 246 f.; Der VII. Zionistenkongreß, in: FI 32 (1905) 5, S. 89–95; Der zehnte Zionisten- Kongreß in Basel, in: FI 38 (1911) 5, S. 77–80.

134 Der II. Zionistenkongreß in Basel, in: ASB, 17. 9. 1898, S. 299–301, S. 301.

135 Diese Feststellung soll hier nicht weiter ausgeführt werden, da das abschließende Unterkapitel genauer auf Aspekte der heilsgeschichtlichen Hoffnungen der Positiven eingehen wird.

136 Siehe zu diesem Aspekt: Perry, British Mission to the Jews, S. 1–3; Löffler, Protestanten in Palästina, v. a. S. 36–68. Zum christlichen Interesse an Palästina zudem: Alex Carmel, Christliche Zionshoffnungen: Palästina im 19. Jahrhundert, in: Der Erste Zionistenkongress von 1897, S. 34–

Sinne hätten gedeutet werden können, wurden als ‚Zeichen der Zeit' verstanden und entsprechend beachtet. So stießen Pläne zur Ansiedlung von Juden in Palästina, wie sie etwa Sir Moses Montefiore oder der christliche Schriftsteller Laurence Oliphant hegten, oder die von britischen Missionaren initiierte jüdische Ackerbaukolonie Artuf ab den 1860er-Jahren in konservativ-protestantischen Kreisen auf einiges Interesse.[137] Aufmerksam beobachtete man auch die der langsam einsetzenden Einwanderung geschuldete Zunahme der jüdischen Bevölkerung Palästinas.[138] Für die Entwicklungen im letzten Drittel des 19. Jahrhunderts, aber vor allem auch für das weiter gesteigerte Interesse an Palästina in der in diesem Teil im Fokus stehenden Periode von 1896 bis 1916 stützten sich die untersuchten positiven Zeitschriften maßgeblich auf zwei Kommunikationskanäle aus Palästina. Beim einen handelte es sich um das von der Familie Schneller gegründete Syrische Waisenhaus in Palästina und den mit ihm verbundenen „Boten aus Zion", beim anderen um den aus Deutschland stammenden Baurat Conrad Schick.[139] Sowohl Johann Ludwig Schneller, der Begründer des Waisenhauses, als auch Schick waren im schweizerisch-süddeutschen Pietismus verwurzelt und waren von Basel aus als Missionare der durch Christian Friedrich Spittler Mitte des 19. Jahrhunderts gegründeten Pilgermission St. Chrischona entsandt worden. Daher waren sie besonders in das kommunikative Netzwerk des konservativen Basler Protestantismus eingebunden.[140] Die

41.  Zur Politik europäischer Mächte mit Blick auf christliche Interessen im 19. Jahrhundert siehe u. a.: Yaron Perry/Erik Petry (Hrsg.), Das Erwachen Palästinas im 19. Jahrhundert. Alex Carmel zum 70. Geburtstag, Stuttgart/Berlin/Köln 2001.

137  Siehe etwa: Von Jerusalem und Bethlehem, in: CVB, 20. 6. 1866, S. 195–199, S. 196; Die Palästinagesellschaft, in: FI 3 (1876) 2, S. 33–58; Politisches, in: CVB, 26. 5. 1880, S. 168; Artuf, in: FI 12 (1885) 3, S. 91–93; Nachrichten, in: CVB, 30. 6. 1886, S. 206 f., S. 207.

138  Siehe beispielsweise: Ludwig Pestalozzi, Kirchliche Rundschau vom Dezember, Teil II, in: EW, 16. 1. 1890, S. 10–12, S. 12; Kirchliche Chronik, in: KRS, 5. 4. 1890, S. 56; Nachrichten, in: CVB, 16. 8. 1899, S. 262 f., S. 263.

139  So fanden im letzten Drittel des 19. Jahrhunderts auch die Jahresberichte und Spendenaufrufe des Waisenhauses ihren Widerhall in den Zeitschriften. Für eine kleine Auswahl von frühen Berichten aus dem Netzwerk des Waisenhauses für jene Zeit siehe: Sendschreiben aus Jerusalem, in: ASB, 19. 3. 1881, S. 94; Ein Brief des Waisenvaters Schneller in Jerusalem, in: CVB, 16. 5. 1883, S. 156 f.; A., Vom syrischen Waisenhaus in Jerusalem, in: KF, 10. 8. 1883, S. 251 f.; Vom heiligen Lande, in: ASB, 23. 9. 1893, S. 301 f.; Aus dem Briefkasten des Volksboten, in: CVB, 4. 3. 1896, S. 78. Baurat Conrad Schick kam im „Christlichen Volksboten" zu Wort. In großer Regelmäßigkeit berichtete er in der Rubrik „Allerlei aus Palästina" über die Entwicklungen im ‚Heiligen Land'. Als dieser 1901 verstarb, übernahm vor allem Ludwig Schneller das Verfassen dieser Artikel. Siehe als Beispiele: Conrad Schick, Allerlei aus Palästina, in: CVB, 2 Teile, 11/18. 8. 1897, S. 251–253/ S. 261 f.; Conrad Schick, Allerlei aus dem heiligen Land, in: CVB, 9. 8. 1899, S. 252.

140  Für Johann Ludwig Schneller und dessen „Syrisches Waisenhaus" siehe: Löffler, Protestanten in Palästina, S. 244–348. Zu Conrad Schick siehe: Haim Goren, „Zieht hin und erforscht das Land".

Palästinaberichterstattung dieser Netzwerke beeinflusste auch das Zionismus-Bild in den konservativen Zeitschriften des Deutschschweizer Protestantismus, wobei es durch den Abdruck der Mitteilungen nicht selten auch zu einer Wiedergabe antisemitischer Aussagen kam.[141]

Als weiterer Referenzpunkt in Sachen Zionismus galt zudem Friedrich Heman, der einer der bekanntesten christlich motivierten Prozionisten der damaligen Zeit war.[142] Für Ansichten, wie sie der Judenmissionsdirektor vertrat, findet sich in der Forschung wiederholt auch der Begriff ‚christlicher Zionismus'. Diesem Begriff ist jedoch jener des ‚christlichen Prozionismus' vorzuziehen, da bei den christlichen ‚Unterstützern' des Zionismus ein christlichzentrierter Blick die Wahrnehmung der jüdischen Nationalbewegung steuerte und auf diese Hoffnungen projizierte, die sich nicht mit den Zielen des Zionismus deckten.[143] Im konservativen Protestan-

Die deutsche Palästinaforschung im 19. Jahrhundert, Göttingen 2003, S. 273–292; Alex Carmel, Christen als Pioniere im Heiligen Land. Ein Beitrag zur Geschichte der Pilgermission und des Wiederaufbaus Palästinas im 19. Jahrhundert, Basel 1981. Auch Briefe des in Basel verwurzelten und von 1846 bis 1879 wirkenden zweiten Bischofs des anglo-preußischen Bistums von Jerusalem, des auch in der Judenmission aktiven Samuel Gobat, fanden in konservativ-protestantischen Zeitschriften mehrfach Beachtung und informierten über Entwicklungen im ‚Heiligen Land'. Siehe als Beispiele: Aus Jerusalem. Bischof Gobats heuriges Sendschreiben an seine Freunde, in: CVB, 6. 12. 1871, S. 385–390; Aus Jerusalem. Ein Sendschreiben des Bischofs Gobat über die evangelische Arbeit im heiligen Lande, 2 Teile, in: CVB, 20./27. 12. 1876, S. 402–404/S. 411–413; S. Angl. Hierosol. Sendschreiben des Bischofs Gobat über die evangelische Arbeit im heiligen Lande, 2 Teile, in: ASB, 26. 1./2. 2. 1878, S. 28 f./S. 36 f.

141   Siehe z. B.: Gottlieb Schuster, Kirchliche Zeitschau, in: CVF, 21. 9. 1901, S. 421–424, S. 423; Ludwig Schneller, Israel, ein Zeiger an der Weltuhr, in: FI 23 (1902) 3, S. 46; Allerlei aus Jerusalem, in: CVB, 4. 3. 1903, S. 67–69; Die Zukunft Palästinas, in: ASB, 1. 4. 1916, S. 107 f. Gegen Ende des Ersten Weltkrieges rückte Palästina durch den Vorstoß englischer Truppen gegen das Osmanische Reich auch geostrategisch in den Fokus. Auch die Weltkriegsberichterstattung stützte sich auf dieselben Netzwerke: Das heilige Land und der Krieg, 2 Teile, in: CVF, 8./15. 7. 1816, S. 331–334/ S. 344–347; Neueste Nachrichten aus Jerusalem, in: CVF, 16. 2. 1918, S. 77–79. Siehe als eine Auswahl von Artikeln mit antisemitischen Passagen: Die heutigen Bewohner Jerusalems, in: ASB, 12. 5. 1894, S. 146–148, S. 147; Allerlei aus Palästina, in: CVB, 22. 12. 1897, S. 405 f. Ganz stark zudem: Die Juden in Palästina, 3 Teile, in: ASB, 14./21./28. 10. 1916, S. 332 f./S. 340 f./S. 348 f.; Vom Zionismus, 3 Teile, in: ASB, 13./20./27. 4. 1918, S. 115 f./S. 123 f./S. 132 f.

142   Als solcher verfasste er mehrere Schriften, in denen er den Zionismus aus seiner christlichen Perspektive heraus begrüßte und auf die im letzten Unterkapitel vertieft eingegangen werden wird. Es handelt sich um folgende Schriften: Heman, Das Erwachen der jüdischen Nation; Friedrich Heman, Was soll man vom Zionismus halten? Gedanken eines Nichtjuden, in: Emil Kronberger, Zionisten und Christen. Ein Beitrag zur Erkenntnis des Zionismus, Leipzig 1900, S. 53–67; Heman, Die religiöse Wiedergeburt des jüdischen Volkes.

143   Siehe zur Kritik am Begriff ‚christlicher Zionismus' ebenfalls: Janner, Friedrich Heman und die Anfänge des Zionismus, S. 84 f.

tismus der Deutschschweiz wurde Heman weitherum als Referenz für die Zionismus-Thematik herangezogen. Neben den systematisch untersuchten Zeitschriften traf dies etwa auch auf das evangelische Volksblatt „Brosamen", Organ der „Evangelischen Gesellschaft" des Kantons Bern, zu. Es führte anlässlich einer vierteiligen Reportage des Volksblatts über den ersten Zionistenkongress von 1897 das Urteil dieses „kompetenten Mannes" zur abschließenden Einschätzung des Zionismus an.[144] Gerade der „Christliche Volksbote", aber auch die anderen konservativ-protestantischen Zeitschriften schätzten die ‚Expertise' des Professors und Vereinsdirektors sehr respektive gaben dessen Einschätzungen wieder, die er im Rahmen der Jahresfeste der „Freunde Israels" tätigte.[145]

## *Zionismus-Rezeption als Kristallisationspunkt für modernantisemitische Topoi*

Die Zionismusberichterstattung in den systematisch untersuchten Richtungsorganen fungierte mit großer Regelmäßigkeit als Projektionsfläche für fest verankerte antisemitische Vorurteile im Deutschschweizer Protestantismus. Diese entstammten sowohl dem Fundus einer stark soziokulturell als auch dem einer religiös argumentierenden Judenfeindschaft.

In diesem Unterkapitel steht die Analyse der Diskurse der soziokulturell argumentierenden Judenfeindschaft im Fokus. Diskurse des modernen Antisemitismus manifestierten sich in den Artikeln zum Zionismus vorwiegend entlang von drei Argumentationslinien. Die Beschreibung des Ablaufs der Zionistenkongresse und insbesondere ihrer Teilnehmenden konstruierten erstens ein Bild, das ‚die Juden' mit ‚Fremdheit' assoziierte. Hierzu gehörte, dass sowohl auf positiver wie auch auf liberaler Seite wiederholt auf die Physiognomie der Teilnehmenden verwiesen wurde, die sie als Juden verraten würde. Diese würde ein einigendes Band zwischen den Vertretern aus aller Herren Länder darstellen.[146] Auch Verweise auf vermeint-

---

144   Der Zionisten-Kongreß in Basel, in: Brosamen, 26. 9. 1897, S. 2 f., S. 2. Es handelte sich um eine fünfteilige Artikelserie: Der Zionisten-Kongreß in Basel, 5 Teile, in: Brosamen, 5./12./19./19./26. 9. 1897, S. 3 f./S. 1–3/S. 2 f./Beilage S. 1/S. 2 f.

145   Siehe z. B.: Aus dem Bericht des Herrn Professor Heman an der Jahresfeier der Freunde Israels, 4 Teile, in: CVF, 4./27. 8. 1898/3./10. 9. 1898, S. 345–347/S. 376 f./S. 389 f./S. 400–402, primär die Teile 3 und 4; Ludwig Pestalozzi, Die Basler Festwoche, in: EW, 11. 8. 1898, S. 142–145, S. 143; Conrad von Orelli, Vom Missionsfest in Basel, in: KF, 7. 7. 1899, S. 214–218, S. 215–217; Ueber die Bedeutung des 6. Zionismuskongreßes, in: CVB, 11. 11. 1903, S. 354 f.; Ludwig Pestalozzi, Die Basler Festwoche, in: EW, 3. 8. 1905, S. 122–124, S. 122; Von den christlichen Jahresfesten in Basel, in: ASB, 7. 7. 1906, S. 209–212, S. 209 f.

146   Dies kam beispielsweise im „Christlichen Volksboten" zum Ausdruck, der anlässlich des zweiten Kongresses die Äußerung fallen ließ: „Welcher Unterschied in Gestalt und Gesichtsausdruck von dem typischen Handelsjuden des Ostens bis zum hochmodernen Gelehrten und Schriftsteller

liche jüdische Charaktereigenschaften waren ein tragender Teil essentialisierender Vorstellungen über ‚die Juden'.[147] Der Konstruktion von ‚Fremdheit' dienten auch die Stigmatisierung der Zionisten als ‚orientalisch' oder beispielsweise die durch Pfarrer Henri Mojon, der damals an der „Deutschen evangelischen Kirche" in Lausanne wirkte und wenig später nach Bern wechselte, im „Kirchenfreund" verwendeten rassentheoretischen Begriffe ‚Arier' und ‚Semit'.[148] Auch Aspekte des Exotismus konnten bei den Berichterstattern mitschwingen, so beim liberalen Basler Pfarrer Alfred Altherr, der Anfang September 1898 mit einer Andeutung des Gottesmord-Topos schrieb:

> „In den letzten Tagen des August sah es auf den Straßen Basels aus, als ob wir in Zion wären. [...] Ich mußte immer wieder die Reihe orientalischer Rabbiner ansehen, die in ihren schwarzen Talaren [...] schweigend auf das Menschengewimmel herabschauten. So mögen sie einst im hohen Rat zu Jerusalem gesessen haben, als ein gewisser Jesus von Nazareth gebunden vor sie geführt wurde ...."[149]

Eine zweite antisemitische Argumentationslinie in der Zionismusberichterstattung stellte die Behauptung dar, es bestünde ein in jüdischem ‚Fehlverhalten' gründender realer Konflikt zwischen Juden und Nichtjuden. Da der Antisemitismus in Europa für die zionistische Bewegung mitkonstituierend war und demnach die Feindseligkeiten gegen die Juden in den Verhandlungen des Kongresses thematisiert wurden, wurde von Zeitschriften unterschiedlicher theologischer Ausrichtung der Vorwurf an die Zionisten laut, sie würden die wahren Ursachen für die Angriffe auf die Juden nicht thematisieren.[150] Dieser Diskursschiene folgend, monierte der Kongressberichterstatter des „Christlichen Volksboten":

des Westens. Und doch überall der nationale Typus sogleich erkennbar!" (Der zweite Zionisten-Congreß in Basel, in: CVB, 31. 8. 1898, S. 274 f., S. 274.) Siehe als weitere Beispiele: Gottlieb Schuster, Kirchliche Zeitschau, in: CVF, 11. 9. 1897, S. 397–399, S. 399; Alfred Altherr, Wochenschau, in: SPB, 3. 9. 1898, S. 287 f., S. 287; Der siebente Zionistenkongreß, in: CVB, 2. 8. 1905, S. 246 f., S. 246; Alfred Altherr, Wochenschau, in: SPB, 3. 9. 1898, S. 287 f., S. 287.

147 So etwa anzutreffen in: Eberhard Vischer, Der Zionistenkongreß in Basel, Teil I, in: KRS, 9. 10. 1897, S. 169 f., S. 170; Gottlieb Schuster, Kirchliche Zeitschau, in: CVF, 12. 8. 1905, S. 338 f., S. 339. Auch die Beschreibung der Kongressteilnehmer als ‚wild gestikulierend' war ein aus dem antisemitischen Fundus essentialisierender Vorstellungen entnommenes Stereotyp. Siehe z. B.: W., Der Dritte Zionistenkongreß in Basel, in: CVB, 23. 8. 1899, S. 269 f., S. 270.

148 Henri Mojon, Zwei Tage unter den zionistischen Juden, Teil I, in: KF, 16. 9. 1898, S. 302–306, S. 303.

149 Alfred Altherr, Wochenschau, in: SPB, 3. 9. 1898, S. 287 f., S. 287.

150 Siehe hierfür: Conrad von Orelli, Der Zionistenkongreß in Basel, in: KF, 3. 9. 1897, S. 287–289, S. 288; Kirchliche Rundschau, Teil I, in: EW, 9. 9. 1897, S. 161 f., S. 162; Alfred Altherr, Wochenschau, in: SPB, 11. 9. 1897, S. 293 f., S. 293; Alfred Altherr, Wochenschau, in: SPB, 3. 9. 1898, S. 287 f., S. 288.

„Auch ist es auffallend, daß sie immer nur über das Unrecht klagen, das den Juden angethan wird, und wider das Schicksal murren, welches ihr Volk betroffen hat. Es stände ihnen, so scheint uns, besser an, auch einmal den Rath des Propheten Jeremia zu befolgen und wider ihre eigenen Sünden zu murren. Wir wünschen den Zionisten diese heilsame Selbsterkenntniß, daß sie an ihrem Loose mitschuldig sind, dann werden sie auch ihre Blicke mehr dahin richten, woher ihnen wahre Hülfe kommt, zu Gott."[151]

Einer letzten Argumentationslinie schließlich sind antisemitische Äußerungen zuzuordnen, die zur Kritik der zionistischen Ziele verwendet wurden und dabei etwa intendierten, die Aussichten der Nationalbewegung als schlecht erscheinen zu lassen. Dem diente in den Zeitschriften des liberalen Protestantismus der judenfeindliche Einwand, ‚die Juden' könnten ihre ‚materialistischen' Ziele in Europa und Nordamerika viel eher erreichen als im kargen Palästina. Entsprechend würden sie keine Lust zur Auswanderung verspüren. So polemisierte Emil Ryser, dass es ‚den Juden' in Mühlhausen oder in Basel selbst viel besser gefalle „als in den Steinwüsten Palästinas", und dass sie „von den Wechseln auf der Börse" mehr halten würden „als vom Fruchtwechsel auf den Aeckern".[152] Eng verquickt mit dieser durch das judenfeindliche Stereotyp des ‚jüdischen Materialismus' geprägten Sicht auf die Ideale des Zionismus schwang der Vorwurf mit, ‚die Juden' würden sich nur ‚unproduktiver', jedoch nicht der ‚körperlichen' landwirtschaftlichen Arbeit zuwenden.[153] Stärker die Furcht vor einem zionistischen Erfolg ließen Aussagen erkennen, die den Topos des angeblichen jüdischen ‚Machtstrebens' auf ein zunehmend jüdisch beeinflusstes Palästina projizierten.[154]

Die drei hier dargestellten antisemitischen Argumentationslinien in den Berichten über den Zionismus hatten bereits ab den 1870er-Jahren auch die Haltung gegenüber präzionistischer Siedlungsprojekte in Palästina geprägt. Ja sie waren sogar vergleichsweise stärker präsent, was mit der allgemein höheren Intensität des Antisemitismus in der Phase von 1870 bis 1895 korrelierte. Insbesondere das antisemitische Stereotyp der jüdischen Präferenz für angeblich ‚unproduktive' Arbeit war

---

151   E. R., Der Zionisten-Congreß vom 29. bis 31. August in Basel, in: CVB, 1. 9. 1897, S. 277 f., S. 278.

152   Emil Ryser, Chronik, in: SRB, 9. 10. 1897, S. 325–328, S. 327. Siehe als weitere Beispiele zudem: Alfred Altherr, Wochenschau, in: SPB, 4. 9. 1897, S. 285–287, S. 286; Alfred Altherr, Wochenschau, in: SPB, 19. 8. 1899, S. 261 f., S. 261.

153   Siehe als Beispiele, Emil Ryser, Chronik, in: SRB, 9. 10. 1897, S. 325–328, S. 326; Der zweite Zionisten-Congreß in Basel, in: CVB, 31. 8. 1898, S. 274 f., S. 274.

154   Siehe: Aus dem Bericht des Herrn Professor Heman an der Jahresfeier der Freunde Israels, Teil IV, in: CVF, 10. 9. 1898, S. 400–402, S. 400.

in diesem Kontext verbreitet.[155] Zudem zeigten sich die drei Argumentationslinien damals stärker in den konservativ-protestantischen Zeitschriften, während sie in der Berichterstattung über den Zionismus ab 1897 gerade auch in den liberalen präsent waren. Im „Freund Israels" hatte sich die Ablehnung präzionistischer Projekte zudem in der Konstruktion jüdischen ‚(Welt)Herrschaftsstrebens' Luft gemacht.[156] Unter anderem antisemitischen Weltverschwörungsvorstellungen folgend, ließ sich das Missionsblatt 1878 gegen die Rückgabe Palästinas an die Juden aus:

> „Gewiß, nur wenn es in den Absichten der Vorsehung liegen würde, die Christenheit und den Christennamen, ja den Namen ‚Jesus' in die allertiefste und schmachvollste Erniedrigung zu versenken, – nur dann wäre es möglich, daß die Juden als Juden wieder Palästina in Besitz nehmen würden. Damit wäre aber auch die Judenherrschaft auf der ganzen Erde inaugurirt, denn wenn sie jetzt schon einen ganz unverhältnißmäßigen Einfluß auf geistigem wie materiellem Gebiet in allen Ländern Europas geltend machen, wie erdrückend würde erst ihre Macht werden, wenn sie noch ein nationales und politisches Centrum besäßen, eine local und politisch unabhängige Macht, auf welche sie sich stützen könnten, und von wo aus sie das Capital, die Presse, Literatur und Politik der übrigen Völker dirigiren und nach einheitlichem Plane systematisch zu ihrem Nutzen verwenden könnten! […] Den europäischen Nationen ist jetzt schon diese Verjudung lästig geworden, sie werden gewiß nicht die Hand dazu bieten, daß ihre eigene Zersetzung und Unterdrückung systematisch betrieben werden wird. Nicht bloß vom christlich-theologischen Standpuncte aus, sondern auch vom nationalen und politischen erheben sich die schwersten Bedenken gegen eine Rückgabe Palästina's an die Juden."[157]

155 Siehe als Beispiele hierfür: Johann Jakob Schenkel, Nachrichten, in: ASB, 19. 11. 1881, S. 374–376, S. 375 f.; Nachrichten, in: CVB, 23. 11. 1881, S. 375 f., S. 376; Nachrichten, in: CVB, 21. 12. 1881, S. 406–408, S. 407 f.; Johann Jakob Schenkel, Nachrichten, in: ASB, 6. 5. 1882, S. 142–144, S. 144; Artuf, in: FI 12 (1885) 3, S. 91–93, S. 93; Politisches, in: CVB, 3. 6. 1891, S. 175 f., S. 176. Auch der Diskurs, dass ‚die Juden' nicht vor hätten, nach Palästina auszuwandern, da sie an den Orten, an denen sie bislang lebten, viel einfacher zu Erfolg kommen würden, fand sich in der Kritik präzionistischer Projekte wieder. So kritisierte der „Christliche Volksbote" die Idee von Laurence Oliphant mit diesem Argument als völlig unrealistisch: Nachrichten, in: CVB, 5. 4. 1882, S. 110–112, S. 111. Siehe zudem auch: Johann Jakob Schenkel, Nachrichten, in: ASB, 5. 6. 1880, S. 182–184, S. 184.

156 Siehe z. B.: Jerusalem die Gottesstadt, aller Gläubigen Hoffnung, in: FI 11 (1884) 1, S. 1–10, S. 3 f.; Wird das unbekehrte Israel wieder in den Besitz des heil. Landes eingesetzt werden, in: FI 17 (1890) 1, S. 22–31, S. 28–30. Siehe zudem auch: Herrmann Albrecht, Aus Staat und Kirche, in: RVB, 23. 5. 1891, S. 174–176, S. 176.

157 Israels Rückkehr nach Palästina, eine politische Zeitfrage oder religiöse Zukunftsfrage?, in: FI 5 (1878) 2, S. 51–58, S. 55 f.

Diese antisemitische Passage aus dem „Freund Israels" von 1878 legt in ihrem Schluss-satz offen, dass eine Rückkehr ‚Israels' nach Palästina im Organ des „Vereins der Freunde Israels" auch in theologischer Hinsicht umstritten war. Diese Skepsis sollte sich mit dem Aufkommen der zionistischen Bewegung unter Theodor Herzl im bibli-zistisch geprägten Protestantismus der Deutschschweiz deutlich abschwächen, da sie zu einer beliebten Projektionsfläche für heilsgeschichtliche Erwartungen wurde.

*Christlicher Prozionismus im Zeichen heilsgeschichtlicher Projektionen auf*
*‚die Juden'*

Im Gegensatz zu den Liberalen und Religiös-Sozialen war das Interesse am Zionis-mus unter den Positiven weit größer. Ihr biblizistisches Schriftverständnis brach-te sie dazu, das Zeitgeschehen einer biblischen Deutung zu unterziehen. Mit Blick auf das Judentum waren hierbei heilsgeschichtliche Deutungen zentral, weshalb innerjüdische Entwicklungen an den von christlicher Seite auf ‚die Juden' proji-zierten Funktionszuschreibungen gemessen wurden. Dieser christliche Prozionis-mus war im positiven Lager vorab in den beiden pietistisch geprägten Zeitschrif-ten „Freund Israels" und „Christlicher Volksbote" präsent.[158] Mit dem christlich vorstrukturierten Blick auf den Zionismus wurde diesem jedoch das Recht auf eine eigene, jüdische Identität genommen und somit, wie Sara Janner treffend betont, genau das versagt, wofür er kämpfte.[159] Die Unterstützung für den Zionismus war jedoch nicht unbestritten. Vielmehr war bestimmend, ob die Entwicklungen in der Bewegung mit den christlich-heilsgeschichtlichen Erwartungen im Einklang stan-den oder nicht. Die Haltung gegenüber dem Zionismus blieb daher schwankend zwischen konkreten endzeitlichen Erwartungen und starker Kritik an Verhaltens-weisen, die der von konservativ-protestantischer Seite dem Judentum zugeschrie-benen heilsgeschichtlichen Funktion zuwiderliefen.[160] Diese das Judentum verein-nahmende Grundhaltung trug eine prinzipielle Offenheit gegenüber Positionen des heilsgeschichtlichen Antisemitismus in sich, was sich auch in den analysierten Texten deutlich niederschlug.

---

158 Zur heilsgeschichtlichen Verortung der zionistischen Bewegung durch Christen siehe auch: Ek-kehard W. Stegemann, Zionismus und Christentum, in: Ekkehard W. Stegemann (Hrsg.), 100 Jahre Zionismus. Von der Verwirklichung einer Vision, Stuttgart/Berlin/Köln 2000, S. 136–143. Für den christlichen Prozionismus siehe u. a.: Alex Carmel, „Christlicher Zionismus" im 19. Jahrhundert – einige Bemerkungen, in: Stegemann (Hrsg.), 100 Jahre Zionismus, S. 127–135; Paul Charles Merkley, The Politics of Christian Zionism 1891–1948, London 1998.

159 Janner, Friedrich Heman und die Anfänge des Zionismus, S. 85.

160 Ein prägnantes Beispiel für eine schwankende Haltung in ein und demselben Artikel: Der zwei-te Zionisten-Congreß in Basel, in: CVB, 31. 8. 1898, S. 274 f.

Heilsgeschichtliche Hoffnungen brachen sich in der Berichterstattung insbesondere anlässlich der allerersten Zionistenkongresse, aber dann auch wieder vermehrt ab Ende des ersten Jahrzehnts des 20. Jahrhunderts öfters Bahn.[161] In Anlehnung an Hesekiel 37 war etwa mehrfach davon die Rede, dass die ‚Totenbeine' beginnen würden, sich wieder zusammenzufinden, eine Metapher für die in den Zionismus projizierte Hoffnung, eine (endzeitliche) Bewegung ‚der Juden' hin zu Jesus würde sich abzeichnen. Dies war beispielsweise im Bericht des „Christlichen Volksboten" zum sechsten Kongress, der 1903 wiederum in Basel stattfand, der Fall. Der Kommentator deutete in seinem Text zugleich die wiederkehrenden Judenverfolgungen im Sinne des heilsgeschichtlichen Antisemitismus, indem er in ihnen ein göttliches Instrument zu entdecken glaubte, in den Zionisten „eine Sehnsucht nach einer Freistatt im Lande ihrer Väter" zu erwecken.[162] Andere Artikel sprachen im Zusammenhang der Kongresse von deutlichen „Zeichen der Zeit",[163] und der nur wenige Tage nach dem ersten Zionistenkongress in Basel referierende deutsche Theologe und Orientalist Johannes Lepsius, der an den Kongressversammlungen teilgenommen hatte, glaubte es fast mit Händen greifen zu können, an einem großen Wendepunkt zu stehen.[164]

---

161   Siehe etwa: Conrad von Orelli, Vom Missionsfest in Basel, in: KF, 7. 7. 1899, S. 214–218, S. 217; Gottlieb Schuster, Kirchliche Zeitschau, in: CVF, 24. 8. 1901, S. 378 f., S. 379; Gottlieb Schuster, Kirchliche Zeitschau, in: CVF, 22. 10. 1904, S. 449–451, S. 451; Die Zukunft Palästinas, in: ASB, 1. 4. 1916, S. 107 f., S. 108; Arnold Rüegg, Das befreite Jerusalem, Teil II, in: KF, 31. 5. 1918, S. 165–167, S. 167; Paul Laub, Siebenundachtzigster Jahresbericht des Vereins der Freunde Israels in Basel, in: FI 45 (1918) 4, S. 49–67, S. 55 f. Siehe als zusätzliches Beispiel noch folgenden Beitrag aus dem Publikationsorgan der aargauischen evangelisch-reformierten Landeskirche: Der Zionismus, in: Monats-Blatt für die evangelisch-reformierte Landeskirche des Kantons Aargau 8 (1898) 8, S. 62–64, S. 64.

162   Der 6. Zionistenkongreß in Basel, Teil III, in: CVB, 9. 9. 1903, S. 284 f., S. 285. Als weitere Beispiele: Eberhard Vischer, Der Zionistenkongreß in Basel, Teil II, in: KRS, 23. 10. 1897, S. 178–189, S. 180; Theodor Sarasin, Nachrichten, in: CVB, 1. 1. 1902, Beilage S. 1. Mit Blick auf Hesekiel 37 schrieb auch die Familienillustrierte „Grüß' Gott!": „Israel muß wieder nach Palästina zurückkehren, so bestimmt es die biblische Weissagung. Wann und auf welche Weise dies geschehen soll, müssen wir dem Herrn überlassen. Für uns Christen ist die zionistische Bewegung ein ‚Zeichen der Zeit', das wir nicht mißkennen dürfen." (R. G. Richner, Aus Israel, in: GG, September/Oktober 1903, S. 294.)

163   Der „Christliche Volksbote" verwies beispielsweise auf die Publikation der Protokolle des ersten Zionistenkongresses, die für alle, die den Zionismus als „Zeichen der Zeit" verstünden, hoch interessant seien. (Nachrichten, in: CVB, 2. 3. 1898, S. 70 f., S. 71.) Siehe zudem: Nachrichten, in: CVB, 21. 7. 1909, Beilage S. 1; Merkwürdiges vom Zionistenkongreß in Amsterdam 1909, in: FI 37 (1910) 2, S. 19–21, S. 20 f.; Gottlieb Schuster, Kirchliche Zeitschau, in: CVF, 18. 3. 1911, S. 121 f., S. 122; Henri Mojon, Auszug aus der Festrede, in: FI 44 (1917) 5, S. 71–75, S. 74.

164   Die Zukunft des Morgenlandes mit Beziehung auf die armenische Frage und den Zionistenkongreß, in: CVB, 15. 9. 1897, S. 290–292, S. 291. Johannes Lepsius war vom „Verein christlicher Ge-

Vermochten die Zionisten die auf sie projizierten Erwartungen nicht zu erfüllen, dann blickten die konservativ-protestantischen Zeitschriften deutlich skepti-
scher auf die jüdische Nationalbewegung. Insbesondere störten sie sich an dem in
ihren Augen mangelnden ‚religiösen Gehalt' der Bewegung. Deshalb wurde eine
religiöse Wende im Zionismus gefordert.[165] Auch dem stark prozionistisch eingestellten Friedrich Heman und seinem „Freund Israels" erschien es notwendig, dass
der Zionismus eine religiöse Bewegung zu sein habe, ansonsten sie ihren heilsgeschichtlichen Wert verlieren würde.[166] Die diesbezüglichen Befürchtungen waren
jedoch nicht immer gleich ausgeprägt, wurde ‚den Zionisten' an anderer Stelle doch
durchaus eine Tendenz zum Religiösen zugesprochen.[167] Ihren Höhepunkt erreich-
ten die Befürchtungen zwischen 1903 und 1905, als es im Zionismus zu starken internen Auseinandersetzungen ob des Plans kam, in Uganda ein ‚nationales Heim'
außerhalb Palästinas zu errichten. Als 1905 am ersten Zionistenkongress nach dem
überraschenden Tod Theodor Herzls der Uganda-Plan verworfen wurde, war nicht
nur bei den „Freunden Israels" die Erleichterung groß, hätte doch der Uganda-Plan
für die christlichen Prozionisten eine Abkehr ‚der Juden' von der ihnen zugeschriebenen heilsgeschichtlichen Funktion bedeutet.[168]

Hinter der Forderung nach einem Bedeutungsgewinn des Religiösen im Zionismus verbarg sich letzten Endes die Hoffnung nach einem Schritt des Judentums
hin zu Jesus, was erneut verdeutlicht, dass der Zionismus nicht als eine jüdische Bewegung akzeptiert, sondern grundsätzlich für christlich-heilsgeschichtliche Vorstellungen vereinnahmt wurde. Die Funktion ‚der Juden' war in den Augen des biblizistisch geprägten Protestantismus eben dann erfüllt, wenn sie keine Juden mehr

meinschaft" eingeladen worden. In der intensiv benutzten Diskussion betonte auch Friedrich
Heman, dass er den Zionismus für etwas außerordentlich Wichtiges halte. Lepsius, Experte für
die Geschichte der Armenier, berichtete im Referat auch über die Armenierverfolgungen im Osmanischen Reich.

165   Siehe etwa: Conrad Schick, Allerlei aus dem heiligen Land, in: CVB, 9. 8. 1899, S. 252; Gottlieb
Schuster, Kirchliche Zeitschau, in: CVF, 9. 9. 1899, S. 389 f., S. 390; Der vierte Zionistenkongreß,
in: KF, 31. 8. 1900, S. 286; Theodor Sarasin, Nachrichten, in: CVB, 1. 1. 1902, Beilage S. 1; Gottlieb
Schuster, Kirchliche Zeitschau, in: CVF, 14. 7. 1906, S. 293 f.

166   Friedrich Heman, 67. Jahresbericht des Vereins der Freunde Israels zu Basel, in: FI 25 (1898) 4,
S. 49–64, S. 59. Siehe zudem etwa auch: Friedrich Heman, Vierundsiebzigster Jahresbericht des
Vereins der Freunde Israels, in: FI 32 (1905) 4, S. 49–74, S. 61–63.

167   Siehe etwa: Nachrichten, in: CVB, 22. 6. 1898, S. 198 f., S. 198; Kirchliche Chronik, in: KRS, 2. 9.
1899, S. 145 f., S. 146; Der Zionismus und der vierte Zionistenkongreß, in: FI 27 (1900) 5, S. 78–
86, S. 84–86; Der fünfte Zionistenkongreß, in: FI 28 (1901) 1, S. 7–16, S. 14.

168   Siehe zur Kritik am Uganda-Plan: Friedrich Heman, Dreiundsiebzigster Jahresbericht des
Vereins der Freunde Israels zu Basel, in: FI 31 (1904) 4, S. 49–75, S. 56–58; Politisches, in: CVB,
9. 8. 1905, S. 256; Der VII. Zionistenkongreß, in: FI 32 (1905) 5, S. 89–95.

waren. Für Gottlieb Schuster vom „Christlichen Volksboten" war daher die Konversion sogar die Vorbedingung für eine Rückkehr nach Palästina.[169] Ganz ähnlich sah es auch ein stark antisemitisch-heilsgeschichtlich argumentierender Beitrag im „Appenzeller Sonntagsblatt" von 1918, der sich auf den „Boten aus Zion" stützte.[170] Andere Autoren sahen hingegen eine Rückkehr auch als ersten möglichen Schritt zur Hinwendung zum Christentum und waren entsprechend dem Zionismus gegenüber weniger kritisch eingestellt.[171]

Ein Kernproblem des in ihren Augen nicht ausreichend religiös ausgerichteten Zionismus stellte für die Positiven sein mangelnder Wille zur ‚Busse' und ‚Umkehr' dar. ‚Die Juden' müssten sich der Ursache ihrer ‚Verwerfung' bewusst werden und ihren Weg zu Jesus finden, stellte die Essenz dieses stark durch den heilsgeschichtlichen Antisemitismus geprägten Diskurses dar.[172] Ausgeprägt in diesem Sinne argumentierte der Kongressberichterstatter des „Christlichen Volksboten" im Frühherbst 1898. Die von ihm erwähnte protestantische Briefschreiberin bringt dabei die heilsgeschichtlichen Hoffnungen bezüglich des Zionismus, die gerade in Teilen des konservativen Protestantismus Basels existierten, deutlich zum Ausdruck. Das Kongressgeschehen beurteilte er im Sinne des heilsgeschichtlichen Antisemitismus und einer christologischen Auslegung des ‚Alten Testaments' wie folgt:

> „Während ich dem allem zuhörte, mußte ich denken: Wenn nun plötzlich einer der Propheten des alten Bundes in diese Versammlung hereinträte, wie ganz anders würde er reden! Von Buße und Rückkehr zu Gott war auch kein Wörtlein gesagt worden. Eine christliche Freundin hatte gesucht, ihnen diesen Gedanken nahe zu legen, indem sie an sämmtliche Theilnehmer in künstlerisch ausgestattetem Couvert einen Brief hatte vertheilen lassen, worin einfach in hebräischer und deutscher Sprache eine Anzahl darauf bezüglicher Prophetenstellen abgedruckt waren. Aber diese Stimme ihrer eigenen Propheten fand unter den Zionisten kein Echo, und so lange der Geist der Buße fehlt, ist natürlich auch keine Hoffnung, dass Israel als solches seinen Messias erkennen wird.

---

169 Gottlieb Schuster, Kirchliche Zeitschau, in: CVF, 11. 9. 1897, S. 397–399, S. 399.

170 Vom Zionismus, Teil III, in: ASB, 27. 4. 1918, S. 132 f. In eine ähnliche Richtung zielte auch: Nachrichten, in: CVB, 15. 12. 1915, Beilage S. 1 f.

171 Zu diesen Autoren gehörte beispielsweise Friedrich Heman, der als ersten Schritt die äußere, organisatorische Sammlung ‚der Juden' und erst als zweiten Schritt die religiöse Erneuerung erwartete. (Friedrich Heman, Dreiundsiebzigster Jahresbericht des Vereins der Freunde Israels zu Basel, in: FI 31 (1904) 4, S. 49–75, S. 62; S. 66 f.)

172 Siehe für diesen Diskurs etwa: Die Zukunft des Morgenlandes mit Beziehung auf die armenische Frage und den Zionistenkongreß, in: CVB, 15. 9. 1897, S. 290–292, S. 291; Nachrichten, in: CVB, 15. 1. 1902, Beilage S. 1 f., S. 2; Paul Laub, Siebenundachtzigster Jahresbericht des Vereins der Freunde Israels in Basel, in: FI 45 (1918) 4, S. 49–67, S. 56.

Da müssen dann, auch wenn sie in ihr Land zurückgekommen sind, und den Tempel wieder gebaut haben, erst schwere Heimsuchungen über das Volk ergehen, die ihnen zeigen, daß auch der Besitz ihres Landes allein sie nicht glücklich machen kann. [...] Und dann wird der Herr wiederkommen und sie werden Ihn ansehn, welchen Jene zerstochen haben und werden klagen und sich betrüben [...]"[173]

Wenn die heilsgeschichtlichen Projizierungen auf den Zionismus im konservativen Protestantismus der Deutschschweiz thematisiert werden, so muss in besonderem Maße auch auf den Direktor des judenmissionarischen „Vereins der Freunde Israels", Friedrich Heman, verwiesen werden.[174] Heman war einer der explizitesten christlich motivierten Prozionisten, und als solcher versuchte er in Basel Fühlung mit den Zionisten aufzunehmen, was zu kurzen Briefwechseln mit Theodor Herzl und Max Nordau führte.[175] Er schrieb auch mehrfach in der von Herzl redigierten Zeitung „Die Welt", in der auch andere christliche Prozionisten zu Wort kamen, da Herzl christliche Autoren der Stärkung des zionistischen Renommees dienten.[176] Vor allem aber trat Heman publizistisch auf den Plan, indem er den Zionismus als Weg zur endgültigen Lösung der ‚Judenfrage' anpries. Vor der Genese der zionistischen Bewegung stand Heman gegenüber einer Rückgabe Palästinas an die Juden

---

173 Der zweite Zionisten-Congreß in Basel, Teil III, in: CVB, 14. 9. 1898, S. 290–292, S. 292.

174 Siehe zu Friedrich Hemans stark antisemitisch geprägtem, vereinnahmendem Blick auf den Zionismus: Metzger, Vereinnahmende Inklusion, S. 302–308; Metzger, Art. ‚Das Erwachen der jüdischen Nation (Friedrich Heman, 1897)'.

175 Siehe hierzu die Editionsarbeit von Sara Janner: Sara Janner, Friedrich Heman und die Anfänge des Zionismus, S. 99–121. Zudem: Levenson, Between Philosemitism and Antisemitism, S. 102–104. Friedrich Heman, der 1898 auch kurz mit Theodor Herzl zusammengetroffen war, verwies 1909 stolz selbst auf den Briefwechsel: Ein Brief an Dr. Th. Herzl in Wien aus dem Jahre 1899, in: FI 36 (1909) 5, S. 81–87. Weitere stark prozionistische Christen aus Basel waren der Konvertit Bernhard Collin-Bernoulli und der Verleger Paul Kober. Siehe hierfür: Kury, Die ersten Zionistenkongresse, S. 242–249; Patrick Kury, „Zuerst die Heimkehr, dann die Umkehr". Christlicher Zionismus und Philosemitismus in Basel im Umfeld des Ersten Zionistenkongresses, in: Der Erste Zionistenkongress von 1897, S. 185–190; Pierre Heumann, Israel entstand in Basel. Die phantastische Geschichte einer Vision, Zürich 1997, S. 97–114. Heman gehörte auch international zu den bedeutendsten christlichen Prozionisten. Siehe für den internationalen Aspekt: Brenner, „Gott schütze uns vor unseren Freunden", S. 190; Levenson, Between Philosemitism and Antisemitism, S. 101–109. Wenn von christlichem Prozionismus die Rede ist, wird zudem häufig auf den anglikanischen Geistlichen William Hechler verwiesen, dessen aus dem Badischen stammender Vater für die Basler „Pilgermission" gearbeitet hatte: Alex Carmel, William Hechler: Herzls christlicher Verbündeter, in: Der Erste Zionistenkongress, S. 42–45.

176 Heumann, Israel entstand in Basel, S. 98; S. 107.

ohne vorgängige Konversion sehr reserviert gegenüber.[177] Vor allem ab dem ersten Zionistenkongress revidierte er jedoch seine Meinung, und die nationale Sammlung der Juden wurde für ihn umgekehrt zu einem zentralen Schritt hin zur von ihm geforderten ‚Umkehr' zu Jesus.[178]

Diese Trennung der auf den Zionismus projizierten Erwartungen in eine nationale und eine religiöse Dimension widerspiegelte sich auch in den beiden bekanntesten Publikationen des Missionsdirektors Friedrich Heman, die im Kontext des Zionismus zu sehen sind. Die Trennung erinnert auch stark an die für seine beiden im Kontext des Berliner Antisemitismusstreits verfassten Schriften zur ‚Judenfrage' gewählte Strategie, zwischen historischer und religiöser ‚Weltstellung' ‚der Juden' zu unterscheiden.[179] 1897, nur kurze Zeit nach dem ersten Zionistenkongress, erschien im Verlag von Paul Kober Hemans „Erwachen der jüdischen Nation. Der Weg zur endgültigen Lösung der Judenfrage". Diesem 114-seitigen Büchlein ließ er 1909 schließlich „Die religiöse Wiedergeburt des jüdischen Volkes" im ebenfalls baslerischen Verlag von M. Werner-Riehm folgen. Diese Schrift war als Ergänzung zu jener von 1897 gedacht. Sie thematisierte den Zionismus als solchen nicht, wollte aber den Christen – und den Juden – die angeblich heilsgeschichtliche Funktion ‚der Juden' vor Augen führen – dies zu einer Zeit, da der Zionismus in Hemans Augen bereits erfolgreich zu einer nationalen Wiedergeburt des jüdischen Volkes geführt hatte.[180]

Insbesondere seine Schrift von 1897 ließ Heman zu einem Experten für die christliche Deutung des Zionismus im konservativen Protestantismus der Deutschschweiz werden.[181] Seine darin geäußerten Haltungen gegenüber dem Judentum müssen in der Tradition seiner während des Antisemitismusstreits verfassten Schriften

---

177 Siehe etwa: Heman, Die religiöse Weltstellung des Jüdischen Volkes, S. 126 f. Zudem auch der wohl von Friedrich Heman verfasste Artikel: Israels Rückkehr nach Palästina, eine politische Zeitfrage oder religiöse Zukunftsfrage?, in: FI 5 (1878) 2, S. 51–58, S. 55 f.

178 Siehe etwa: Heman, Die religiöse Wiedergeburt des jüdischen Volkes, u. a. S. 3–5; Heman, Das Erwachen der jüdischen Nation, S. 26; S. 94. Oder auch: Der Zweite Zionistencongreß, in: FI 25 (1898) 5, S. 65–75, S. 69; Friedrich Heman, Dreiundsiebenzigster Jahresbericht des Vereins der Freunde Israels zu Basel, in: FI 31 (1904) 4, S. 49–75, S. 62.

179 Siehe Kapitel 6 in Teil III. Siehe auch Friedrich Hemans Bemerkung in: Heman, Das Erwachen der jüdischen Nation, S. 2.

180 Heman, Die religiöse Wiedergeburt des jüdischen Volkes. Erstaunlich skeptisch lesen sich Friedrich Hemans nur sehr kurzen Bemerkungen zum Zionismus in seiner voluminösen Geschichte des Judentums: Heman, Geschichte des jüdischen Volkes, S. 567–569.

181 Eine sehr positiv gestimmte Rezension, die auch antisemitische Ansichten Friedrich Hemans wiedergab, verfasste Eberhard Vischer im Organ der Vermittler: Eberhard Vischer, Litteratur, in: KRS, 1. 1. 1898, S. 3. Ablehnend, da den Erfolgsaussichten des Zionismus sehr pessimistisch gegenüberstehend: Vom Büchertisch, in: SPB, 5. 2. 1898, S. 47 f., S. 48.

gesehen werden und waren durch einen stark national ausgerichteten Antisemitismus geprägt.[182] Für Heman bedeutete das Nationale das zentrale Ordnungsprinzip von Staaten und Gesellschaften. So führte er auch den Antisemitismus auf eine natürliche, quasi naturgesetzliche Abwehrreaktion zurück. Der Drang ‚der Juden‘, sich in Deutschland als ‚deutsche Brüder‘ zu fühlen, so letztlich seine den Antisemitismus apologierende Realkonfliktskonstruktion, sei der Grund für die Judenfeindschaft. Dieser Überzeugung gab er in einer zionistischen Publikation von 1900 Ausdruck, die eine Reihe prozionistischer Stimmen aus dem Christentum sammeln wollte. Einem ‚romantischen‘ Rassedenken anhängend, folgerte Heman:

> „Der Antisemitismus wird solange volksthümlich bleiben, als es Assimilanten in Deutschland gibt. Das liegt in der Natur der Sache. Wenn einmal Chinesen aus Kiautschau oder Neger aus Kamerun in Deutschland sich als ‚deutsche Brüder‘ aufspielen werden, dann wird sich des deutschen Volkes ebenso ein Antimongolismus und Antiniggerthum bemächtigen, wie sie im freien Amerika bestehen. Denn die Menschen sind überall gleicher Natur. Wird diese verletzt, so reagiert sie überall gleich. Nationalitäts- und Rassenunterschiede sind nun einmal Naturverhältnisse, die sich nicht ignorieren lassen. Wollen die deutschen Juden wirklich einmal ‚deutsche Brüder‘ werden, dann müssen sie ihre nationale Natur zuerst ändern, zuerst die geistignationale, dann ändert sich auch bald die körperlichnationale."[183]

Die Lösung der ‚Judenfrage‘ als ‚nationale Frage‘ sah Heman in der Exklusion der Juden aus der deutschen Nation, und den Zionismus hieß er als Mittel willkommen, dieses Ziel zu erreichen. Er blieb auch in seiner Schrift über das „Erwachen der jüdischen Nation" seinem 1881 verwendeten nationalistischen Motto „suum cuique" treu.[184] Schon 1881 hatte er die Juden in Deutschland aufgefordert, entweder alles ‚Jüdische‘ aufzugeben oder aber den Status als ‚Fremde‘ in Deutschland zu akzeptieren.[185] 1897 sah er nun den Zionismus als Akzelerator in diesem Entscheidungsprozess, da ein jüdisches Palästina den Status der Juden als Fremde in Deutschland untermauern würde, und argumentierte: „So wenig ein Mensch gleichzeitig zwei Nationen angehören kann, kann er auch zwei Staaten angehören. Existiert einmal

---

182   Das Büchlein griff zudem auch wieder seine schon in der 1881 erschienenen Schrift „Die historische Weltstellung der Juden" geäußerten antisemitischen Vorstellungen auf, zu denen etwa der Topos gehörte, dass das Judentum in der Geschichte der Menschheit ein ‚Element der Zersetzung‘ bilden würde.

183   Friedrich Heman, Was soll man vom Zionismus halten?, S. 54.

184   Unter dieses Motto hatte er sein antisemitisches Pamphlet „Die historische Weltstellung der Juden" von 1881 gestellt.

185   Heman, Die historische Weltstellung, S. 69–71.

ein jüdischer Staat, dann haben die andern Staaten ein Recht, die Juden in ihrem Bereich vor die Frage zu stellen, ob sie ihre Staatsangehörigkeit behalten oder dem neuen jüdischen Nationalstaat angehören wollen."[186] Wenn aber Juden sich entscheiden würden, nicht den national-jüdischen Weg zu gehen, dann hätte dieser – in den Augen Hemans – kleine Rest die Pflicht, volle und ganze und – in doppeldeutigem Sinn formuliert – „unbeschnittene Deutsche" zu werden.[187] Dieses Stellen der Juden unter Fremdenrecht erachtete Heman euphemistisch als eine „gründliche, zwanglose Lösung der Judenfrage".[188]

Friedrich Hemans Haltung zum Zionismus stellt ein prägnantes Beispiel dafür dar, wie christlich-heilsgeschichtliche Projektionen mit Diskursen des modernen Antisemitismus zusammengehen konnten. Wie Alan T. Levenson richtig betont, verwendete Heman den Zionismus dazu, seine eschatologische Vision mit seiner ausgesprochenen Feindseligkeit gegenüber Pluralismus zu versöhnen.[189] Die Sicht des konservativen und insbesondere pietistisch geprägten Protestantismus auf den Zionismus im Allgemeinen und jene Hemans im Besonderen sind zudem ein Exempel dafür, wie die heilsgeschichtliche Erwartungshaltung an die Juden, die diese grundsätzlich in eine funktionale Beziehung zur christlichen Heilsgeschichte setzte, zu einer grundlegend verzerrten Wahrnehmung der Juden und ihrer Geschichte führte.

---

186  Heman, Das Erwachen der jüdischen Nation, S. 95.

187  Heman, Das Erwachen der jüdischen Nation, S. 95. Sehr ähnlich argumentierte Friedrich Heman auch am Jahresfest seines „Vereins der Freunde Israels" von 1899: Die Woche der christlichen Jahresfeste in Basel, Teil III, in: CVB, 12. 7. 1899, S. 217–220, S. 218; Friedrich Heman, 68. Jahresbericht der Freunde Israels in Basel, in: FI 26 (1899) 4, S. 50–63, S. 54.

188  Heman, Das Erwachen der jüdischen Nation, S. 18.

189  Levenson, Between Philosemitism and Antisemitism, S. 103.

# V. Die Phase 1919 bis 1932 – Intensivierung des Antisemitismus unter germanophilen Vorzeichen

Waren für den Zeitraum von 1896 bis 1918 im Vergleich zur vorangegangenen Periode von 1870 bis 1895 ein Rückgang des Antisemitismus und somit eine Phase der relativen Ruhe hinsichtlich der Judenfeindschaft im Protestantismus der Deutschschweiz zu konstatieren, so änderte sich dies in der Phase von 1919 bis 1932. Insbesondere die Jahre 1919 und 1920 sahen einen fast sprunghaften Anstieg des Antisemitismus in den untersuchten protestantischen Zeitschriften. Der Deutschschweizer Protestantismus begann in einem Ausmaß die Stellung der Juden in der Gesellschaft zu diskutieren, wie er es seit der antisemitischen Hochphase Ende der 1870er und in den 1880er-Jahren sowie während der Diskussionen um das Schächtverbot von 1893 nicht mehr getan hatte. Das antisemitische Konstrukt der ‚Judenfrage‘ erfuhr in der Diskussion eine umfassende Wiederbelebung und hinterließ in den Organen sämtlicher theologisch-kirchenpolitischer Richtungen seine Spuren. Der Deutschschweizer Protestantismus widerspiegelte damit nicht zuletzt auch eine sich akzentuierende sowie radikalisierende Judenfeindschaft in der Schweiz, aber auch im vom Krieg versehrten Europa.

Die für die Eidgenossenschaft auch allgemein feststellbare verstärkte Präsenz des Antisemitismus zeigte sich etwa in der Verbreitung antisemitischer Literatur, weiter in der sich in der Deutschschweiz durch einen starken antisemitischen Aktionismus bemerkbar machenden ‚Hakenkreuzwelle‘ der Jahre 1923 und 1924 oder in der Konstituierung verschiedener Organisationen, in denen antisemitische Vorstellungen eine tragende Rolle übernahmen.[1] Zudem schlug sich der Antisemitis-

---

[1]  Siehe zu diesen Entwicklungen in erster Linie: Kamis-Müller, Antisemitismus in der Schweiz, S. 115–216. Siehe auch folgende Lokalstudie: Metzger, Antisemitismus in der Stadt St. Gallen. Eine dieser radikalantisemitischen Gruppierungen stellte die „Schweizer Christenwehr" dar. Die kleine gemischtkonfessionelle Gruppierung, die sich mit ihrem Namen einen ‚christlichen‘ Anstrich gab, zeichnete sich unter anderem durch rassenantisemitische Überzeugungen und ihren Kampf gegen St. Galler Politiker jüdischen Glaubens aus. Zur „Schweizer Christenwehr" siehe: Thomas Metzger, Art. ‚Schweizer Christenwehr‘, in: Handbuch des Antisemitismus, Bd. 5, S. 556–667; Metzger, Antisemitismus in der Stadt St. Gallen, S. 295–329. In der Rezeption der Ereignisse um die „Schweizer Christenwehr" in der St. Galler Presse machte unter anderem der liberale protestantische Pfarrer und Kantonsschullehrer Michael Schüli durch antisemitische Aussagen auf sich aufmerksam. Er gab vor, die antisemitischen Ziele der Gruppierung abzulehnen, übernahm jedoch deren Argumentation. (Metzger, Antisemitismus in der Stadt St. Gallen, S. 247; S. 322–324.)

mus auch in der schweizerischen Einbürgerungspolitik nieder. Zunehmend vom Antiüberfremdungs-Diskurs geprägt, verfolgte die Gesetzgebung eine restriktivere Einbürgerungspraxis, weshalb die Schranken für die ‚Naturalisation' schrittweise angehoben wurden. Diese Praxis richtete sich nicht zuletzt gegen die Juden aus Osteuropa, die despektierlich als ‚Ostjuden' bezeichnet wurden. Den ‚Ostjuden' wurden als Juden und als Ausländer eine ‚doppelte Fremdheit'[2] unterstellt und jegliche ‚Assimilationsfähigkeit' abgesprochen, was im Falle der Stadt Zürich sogar zu administrativen Vorgaben führte, die gezielt ‚Ostjuden' bei den Einbürgerungskriterien diskriminierten.[3]

Nach einem Höhepunkt des Antisemitismus im Deutschschweizer Protestantismus zu Beginn der dritten Phase gingen die antisemitischen Äußerungen ab Mitte der 1920er-Jahre zurück, um dann ab Anfang der 1930er-Jahre wieder zuzunehmen. Die Schwankungen des durch das Konstrukt der ‚Judenfrage' bestimmten Antisemitismus innerhalb der dritten Phase, dessen inhaltliche Charakteristika sowie dessen Verbreitung in den unterschiedlichen theologisch-kirchenpolitischen Richtungen sind Inhalt des ersten Kapitels. Der Bedeutungsgewinn antisemitischer Verschwörungstheorien innerhalb der protestantischen Judenfeindschaft, der nicht zuletzt der neuen konservativ-protestantischen Strömung der Jungreformierten geschuldet war, sowie die partielle Abgrenzung gegen bestimmte Ausformungen der Judenfeindschaft bilden den Inhalt der nächsten beiden Kapitel. Zum Abschluss der Analyse des Antisemitismus im Deutschschweizer Protestantismus von 1919 bis 1932 wird der Frage nach der Bedeutung germanophiler Kreise für den antisemitischen Diskurs in den untersuchten Richtungsblättern nachgegangen.

## 1 Wiederbelebung der ‚Judenfrage'

Zwischen 1919 und 1932 waren das antisemitische Konstrukt der ‚Judenfrage', das ‚die Juden' unter anderem zu einem sozioökonomisch, nationalen oder religiösen ‚Problem' stilisierte, sowie die mit ihm verknüpften Diskurse des modernen Antise-

---

2    Kury, Über Fremde reden, S. 134.

3    Zur antisemitischen Ausgrenzung der ‚Ostjuden': Patrick Kury, „... die Stilverderber, die Juden aus Galizien, Polen, Ungarn und Russland ... Überhaupt die Juden." Ostjudenfeindschaft und die Erstarkung des Antisemitismus, in: Mattioli (Hrsg.), Antisemitismus in der Schweiz 1848–1960, S. 423–443; Kury, „Man akzeptierte uns nicht, man tolerierte uns!". Für die antisemitische Einbürgerungspolitik: Stefan Mächler, Kampf gegen das Chaos – die antisemitische Bevölkerungspolitik der eidgenössischen Fremdenpolizei und Polizeiabteilung 1917–1954, in: Mattioli (Hrsg.), Antisemitismus in der Schweiz 1848–1960, S. 357–421; Gast, Von der Kontrolle zur Abwehr, S. 235–238; Christian Dütschler, Das Kreuz mit dem Pass, Die Protokolle der ‚Schwei-

mitismus innerhalb der protestantischen Judenfeindschaft von zentraler Bedeutung. Ihre argumentative Wiederbelebung führte zu einer diskursiven Gewichtsverschiebung innerhalb des Antisemitismus des Deutschschweizer Protestantismus. Hatten religiös-theologische Diskurse in der vorangegangenen Periode gegenüber solchen des modernen Antisemitismus an Gewicht gewonnen, verkehrte sich dieser Prozess ab 1919 wieder ins Gegenteil. Vorab im konservativen Protestantismus dauerte die Präsenz antijudaistischer Topoi wie beispielsweise des Gottesmord-Vorwurfs[4] oder der negativ konnotierten Apostrophierung des Judentums als ‚äußerlich'[5] und als ‚Gesetzesreligion'[6] im Zeichen christlichen Superioritätsempfindens[7] jedoch fort. Auch das Motiv der jüdischen ‚Blindheit' gegenüber der angeblich christlichen

---

zermacher'. Zürich 1998, S. 218–248. Siehe zu Zürich: Kamis-Müller: Antisemitismus in der Schweiz, S. 85–89; Karin Huser Bugmann, Schtetl an der Sihl. Einwanderung, Leben und Alltag der Ostjuden in Zürich 1880–1939, Zürich 1998, S. 99–109.

4 Als Beispiele siehe: F. S., Passion, in: CVF, 31. 3. 1928, S. 146 f., S. 147; August Gerhardt, Freuet euch!, in: FI 57 (1930) 1, S. 1–3, S. 1 f.; Ungerechtes Urteil, in: CVB, 2. 4. 1930, S. 105 f.

5 Siehe etwa: Hans Wegmann, Jung und Alt, in: RVB, 8. 3. 1924, S. 73–75, S. 74; Wilhelm Hadorn, Vermischtes, in: KF, 19. 2. 1926, S. 61 f., S. 62; Gustav Benz, Gehe in dein Kämmerlein!, in: CVF, 20. 6. 1931, S. 289–293, S. 289; Johannes Schlatter, Durchs Morgenland. Eine Frühlingsfahrt, Zürich 1931, S. 15.

6 Siehe beispielsweise: Ernst Miescher, Jüdisches Leben in Galizien, in: CVF, 9. 6. 1923, S. 270–272, S. 272; Nachrichten, in: CVB, 29. 10. 1924, Beilage S. 1; Gottes Volk, in: ASB, 31. 8. 1929, S. 273 f., S. 273; Ludwig Schweizer, Vom Saatfelde, in: FI 57 (1930) 5, S. 88–93, S. 93. Siehe auch den Beitrag von Karl Gerold Goetz in einer vom religiös-sozialen Pfarrer und Anhänger des Freiwirtschafts-Gedankens Eduard Burri herausgegebenen Schrift sowie die Publikation des aus St. Gallen stammenden und an der Universität Tübingen lehrenden Adolf Schlatter: Adolf Schlatter, Wir Christen und die Juden, Velbert im Rheinland 1930, S. 8; S. 21 f.; Karl Gerold Goetz, Bedenken gegen die freiwirtschaftliche Stellung in der Frage Christentum und Zins, in: Eduard Burri (Hrsg.), Christentum und Zins. Eingabe an die theologischen Fakultäten der schweizerischen Hochschulen und die Antworten der Fakultäten von Basel, Bern und Zürich auf die Frage nach der sittlichen Berechtigung des Zinses nebst einer weitern Antwort von Prof. theol. Goetz in Basel und den Repliken des Verfassers der Denkschrift Eduard Burri, Pfarrer, 2. Aufl., Bern 1926, S. 74–90, S. 75.

7 Siehe hierfür im Speziellen: Blicke in das religiöse Leben des jüdischen Volkes, Teil II, in: CVB, 23. 11. 1921, S. 370 f., S. 370; Gustav Benz, Warum Sonntag statt Sabbath?, in: CVF, 6. 2. 1926, S. 61–63, S. 62 f. ‚Die Juden' als Feinde des christlichen Sonntags konstruierend, brachte die jungreformierte „Reformierte Schweizer Zeitung" das christliche Superioritätsgefühl in einem Beitrag in besonders extremer und polemischer Weise zum Ausdruck. Da die in den Augen der Zeitschrift ‚jüdisch dominierte' „Frankfurter Zeitung" sich auch für Sonntagsflüge des Flugschiffs „Graf Zeppelin" aussprach, die in den Augen der Jungreformierten die christlichen Gottesdienste stören würden, verhöhnte der Autor 1929 den jüdischen Gottesdienst und gebrauchte zudem antisemitisch verfälschte jüdische ‚Ekelnamen': „Wenn einer oder der andere ihrer Schreiber [der Frankfurter Zeitung] am Sabbath in die liberale Synagoge geht, so kann er dort zusehen, wie seine Glaubensbrüder während des Gottesdienstes miteinander schwatzen, als wä-

‚Wahrheit' blieb weiterhin populär.[8] Etwa durch den Topos der jüdischen ‚Christen-feindschaft' oder durch Motive des Antitalmudismus sahen sich zudem in den Ar-tikeln zur Judenfrage-Thematik häufig Diskurse des Antijudaismus und des mo-dernen Antisemitismus aufs Engste miteinander verschränkt.[9]

### Richtungsübergreifende Thematisierung der ‚Judenfrage'

Wie im Folgenden gezeigt wird, zeigten sich die antisemitische Vorstellung einer real existierenden ‚Judenfrage' und die mit ihr verknüpften judenfeindlichen Dis-kurse sowohl im konservativen als auch liberalen Protestantismus verbreitet. Mit der Gewichtsverschiebung vom Antijudaismus hin zum modernen Antisemitis-mus ging somit parallel eine gewisse Angleichung des Antisemitismus in quanti-tativer und qualitativer Hinsicht in den beiden protestantischen Richtungen ein-her, deren Gegensatz in den ersten Jahrzehnten nach der Jahrhundertwende etwas weniger schroff geworden war. Selbst unter den insgesamt kaum antisemitisch ge-prägten Religiös-Sozialen fand die Judenfrage-Thematik ihren Niederschlag. Nur die Vermittler mit ihrem „Kirchenblatt für die reformierte Schweiz" zeigten sich daran nicht interessiert. Jedoch war diese theologisch-kirchenpolitische Richtung in einem steten Niedergang begriffen, sodass sie de facto zu existieren aufhörte. Ihr sich ebenfalls in einer existentiellen Krise befindliches Publikationsorgan kam schließlich Ende der 1920er-Jahre unter den Einfluss der aufstrebenden theologi-schen Strömung der konservativ ausgerichteten dialektischen Theologie. Bis 1933 beteiligte sich deren Zeitschrift jedoch ebenfalls nicht an der antisemitischen De-batte über die ‚Judenfrage'.

---

ren sie auf einem Jahrmarkt. Warum sollte es auch im Gottesdienst [sic!] ruhig sein! Warum sollte es für den Gottesdienst nicht eine willkommene Abwechslung sein, wenn der Zeppelin mit lautem Geknatter die Eintönigkeit der Synagoge unterbricht? [...] Man denke sich doch: Eben hat der Mauschel Kanalgeruch im Gottesdienst mit dem Moritz Rosenduft über die neues-ten Sorten Hosenträger gesprochen, während der Rabbi die langweilige Thora verlas. Und nun plötzlich knattert es und man tritt aus der muffigen Synagoge heraus, um oben am Himmel den Zeppelin zu sehen und aus der traurigen Niedrigkeit des Gottesdienstes ‚zu einem Augenblick der Erhebung und der Begeisterung' emporgerissen zu werden." (U., Die Frankfurter Zeitungs-juden und die Sonntagsheiligung, in: RSZ, 25. 10. 1929, S. 3.)

8    Siehe folgende beiden Beispiele: U., Ein neu Gebot gebe ich euch!, in: FI 56 (1929) 3, S. 37; Alex-ander Vömel, Haben wir Licht?, in: CVB, 24. 7. 1929, S. 233 f., S. 234.

9    Siehe zum Beispiel: Wilhelm Hadorn, Das, was aufhält, Teil V, in: KF, 15. 3. 1919, S. 45–47, S. 46–47; Ernst Stähelin, Juden und Christen in Vergangenheit, Gegenwart und Zukunft, Teil III, in: CVF, 28. 2. 1931, S. 100–103, S. 100 f. Siehe zudem auch: Die Judenfrage, 5 Teile, in: ASB, 14./21./28. 8. 1920/4./11. 9. 1920, S. 259 f./S. 267 f./S. 275 f./S. 283 f./S. 292 f.; Ringende Mächte im Judentum, 2 Teile, in: ASB, 25. 6. 1921/2. 7. 1921, S. 204 f./S. 211 f.

Im Lager der Positiven stand der Berner Pfarrer Wilhelm Hadorn als Redakteur des „Kirchenfreunds" mit einem Beitrag im Frühjahr 1919 am Beginn einer Reihe antisemitischer Texte, die letztlich die Existenz einer ‚schädlichen' ‚Judenfrage' postulierten. Motivisch Elemente des Antijudaismus mit dem modernen Antisemitismus verschränkend, assoziierte er in einer Zeitbetrachtung ‚die Juden' mit dem ‚Antichristentum' und unterstellte ihnen als ‚Feinde des Christentums' unter anderem, durch Revolutionen zur Weltherrschaft gelangen zu wollen.[10] 1920 ließen der „Christliche Volksbote" und das „Appenzeller Sonntagsblatt" ebenfalls längere antisemitische Artikelfolgen erscheinen. Jene im von Pfarrer Otto Zellweger herausgegebenen „Appenzeller Sonntagsblatt" war fünfteilig und stützte sich auf Artikel des „Boten aus Zion" des Netzwerks um das „Syrische Waisenhaus" in Palästina, auf das sich die konservativ-protestantische Zeitschrift schon in der Phase von 1896 bis 1918 gerne gestützt hatte.[11] Ein knappes Jahr später druckte sie zudem einen Artikel Otto von Harlings, Leiter des Leipziger judenmissionarischen „Institutum Judaicum Delitzschianum", aus der „Allgemeinen Evangelisch-Lutherischen Kirchenzeitung" ab.[12] Beide Artikelserien des „Appenzeller Sonntagsblattes" kombinierten in auffallender Weise religiöse mit soziokulturellen antisemitischen Diskursen. Auch kurz nach Beginn des vierten Jahrzehnts des 20. Jahrhunderts häufte sich der Antisemitismus in dieser Zeitschrift, wobei insbesondere ein stark antisemitischer Artikel von April 1932 heraussticht, der eine jüdische Dominanz in verschiedenen wirtschaftlichen Bereichen konstruierte.[13]

Einem anderen Muster als der „Kirchenfreund", der „Christliche Volksbote" und das „Appenzeller Sonntagsblatt" folgte der in Zürich erscheinende „Christliche Volksfreund". Bei ihm nahm der Antisemitismus in der unmittelbaren Nachkriegszeit zwar nicht deutlich zu, er druckte jedoch Mitte der 1920er-Jahre einen Grundsatzartikel zur ‚Judenfrage' ab.[14] Autor der Artikelserie mit dem Titel „Wir Christen und die Judenfrage" war der aus Basel stammende St. Galler Pfarrer Walter Hoch. Der den Netzwerken der judenmissionarischen „Freunde Israels" nahe-

---

10 Wilhelm Hadorn, Das, was aufhält, Teile V/VI, in: KF, 15. 3. 1919/15. 4. 1919, S. 45–47/S. 62–64.

11 Die Judenfrage, 5 Teile, in: ASB, 14./21./28. 8. 1920/4./11. 9. 1920, S. 259 f./S. 267 f./S. 275 f./ S. 283 f./S. 292 f. Professor Daniel Burckhardt-Werthemann nahm seinen häufig Anfang des Jahres Jahr publizierten symbolischen Rundgang durch Basel zum Anlass für längere antisemitische Ausführungen mit starkem Basler Bezug: Daniel Burckhardt-Werthemann, Des Volksboten Silvestergang durch die Vaterstadt, Teile IV/V/VII, in: CVB, 21./28. 1. 1920/11. 2. 1920, S. 19–21/S. 27–29/S. 43 f.

12 Ringende Mächte im Judentum, 2 Teile, in: ASB, 25. 6. 1921/2. 7. 1921, S. 204 f./S. 211 f.

13 Dies und das aus aller Welt, in: ASB, 9. 4. 1932, S. 117 f.

14 Walter Hoch, Wir Christen und die Judenfrage, 5 Teile, in: CVF, 31. 1. 1925/7./14./21./28. 2. 1925, S. 53–56/S. 65–68/S. 76–82/S. 90–94/S. 101–105.

stehende Theologe sollte sich in den Jahren bis zum Ende des Zweiten Weltkrieges zu einem jener Akteure entwickeln, die sich innerhalb der protestantischen Kommunikationsgemeinschaften zu Experten für die ,Judenfrage' erklärten. In seiner Artikelserie, die der antisemitischen Vorstellung eines ,ewigen Antisemitismus' das Wort redete, nahm er eine eigentümliche Verknüpfung antijudaistischer, soziokultureller und völkisch-rassenantisemitischer Diskurse vor, die für seine Beiträge zur ,Judenfrage' kennzeichnend werden sollten.[15] Der „Christliche Volksfreund" ließ in der Folge seine Judenfeindschaft mehrfach kurz aufscheinen, bis er dann 1931 nebst anderen antisemitischen Beiträgen wiederum eine lange Artikelserie folgen ließ. Der Basler Professor für Kirchen- und Dogmengeschichte, Ernst Stähelin, skizzierte darin einen angeblich manichäischen Kampf zwischen Judentum und Christentum.[16]

Hatten sich das „Appenzeller Sonntagsblatt" und der „Christliche Volksbote" seit 1870 durch eine besonders hohe Präsenz antisemitischer Äußerungen im konservativen Protestantismus hervorgetan, verloren sie diese Sonderstellung in den Jahren nach dem Ersten Weltkrieg. Gerade der „Christliche Volksbote" brachte – entgegen dem Trend in den konservativ-protestantischen, aber auch liberalen Zeitschriften – modern antisemitische Diskurse kaum mehr zum Ausdruck. Religiös geprägte Stereotype blieben hingegen weiterhin präsent, so etwa in den zahlreichen Bekehrungsgeschichten, die in der pietistisch geprägten Zeitschrift abgedruckt wurden.[17] Weiterhin eine starke Präsenz antisemitischer Diskurse wies hingegen – ohne große Intensitätsschwankungen – der judenmissionarische „Freund Israels" auf.[18] Eine

---

15   Zu Walter Hochs Antisemitismus siehe: Metzger, Antisemitismus in der Stadt St. Gallen, S. 273–275; Thomas Metzger, Art. ,Kompass durch die Judenfrage (Walter Hoch, 1944)', in: Handbuch des Antisemitismus, Bd. 6, S. 412 f. Siehe zu Walter Hoch auch Kapitel 3 in Teil VI.

16   Ernst Stähelin, Juden und Christen in Vergangenheit, Gegenwart und Zukunft, 7 Teile, in: CVF, 14./21./28. 2. 1931/7./14./21./28. 3. 1931, S. 76–79/S. 90 f./S. 100–103/S. 115–118/S. 127–129/S. 138–141/S. 150–153. Siehe als weitere, wenn auch kürzere Artikel aus dem Jahre 1931, die sich mit der Judenfrage-Thematik befassten: Kirchliche Zeitschau, in: CVF, 27. 6. 1931, S. 309–312, S. 310 f.; Kirchliche Zeitschau, in: CVF, 19. 9. 1931, S. 454–456, S. 455.

17   In den Bekehrungsgeschichten schlugen sich insbesondere christliche Superioritätsvorstellungen nieder. Zudem wurden in fast schon standardisierter Form die angeblich ,fanatischen' Anfeindungen der Konvertiten durch ihr ehemaliges (familiäres) Umfeld geschildert: Siehe etwa: Aus dem Leben eines russischen Israeliten, in: CVB, 29. 10. 1919, S. 338–340; Seltsame Führungen zweier Israeliten, in: CVB, 6. 4. 1921, S. 107–109; Was Gott an mir getan hat, in: CVB, 11. 7. 1923, S. 220–222; Eine standhafte Bekennerin aus Israel, in: CVB, 16. 7. 1930, S. 226–228; Etwas vom jüdischen Volk und von unsren Pflichten ihm gegenüber, in: CVB, 29. 7. 1931, S. 235–237.

18   Siehe etwa folgende umfangreichen Artikel, die sich mit der ,Judenfrage' befassten respektive von den an diese Thematik angelagerten Diskursen geprägt waren: Paul Laub, Neunundachtzigster Jahresbericht des Vereins der Freunde Israels in Basel für das Jahr 1919, in: FI 47 (1920) 3,

Sonderposition innerhalb des konservativen Protestantismus nahm zudem – insbesondere ab der zweiten Hälfte der 1920er-Jahre – die neue theologische Strömung der Jungreformierten um den Zürcher Pfarrer und Direktor der „Schweizerischen Anstalt für Epileptische", Rudolf Grob, ein, da in dessen Sprachrohr „Reformierte Schweizer Zeitung" judenfeindliche Äußerungen zu einem konstituierenden Faktor wurden. Nur wenige Jahre nach ihrer Gründung im Frühjahr 1922 entbrannte in der wöchentlich im Zeitungsformat erscheinenden Zeitschrift eine hitzige Diskussion über die ,Judenfrage', die bis ins erste Quartal von 1923 fortdauerte. Zu diesem frühen Zeitpunkt fungierte das Organ der „Jungreformierten" noch als Forum für unterschiedliche Meinungen, schalteten sich doch neben radikal antisemitischen Meinungen, die auch rassenantisemitische Denkmuster enthielten, auch klar anti-antisemitische Stimmen ein.[19] In den nachfolgenden Jahren radikalisierte sich das Schreiben über die ,Judenfrage', wobei germanophil geprägte antisemitische Verschwörungstheorien bis Anfang der 1930er-Jahre zunehmend zu einem unverkennbaren Merkmal der „Reformierten Schweizer Zeitung" wurden.[20]

Die drei Publikationsorgane des liberalen Protestantismus gaben ein ähnliches Bild ab wie jene ihrer Richtungsgegner. Sowohl die „Schweizerischen Reformblätter", das „Religiöse Volksblatt" als auch das „Schweizerische Protestantenblatt" setzten sich in umfangreichen Artikeln in antisemitischer Weise mit der Judenfrage-Thematik auseinander. Die in Bern erscheinenden „Schweizerischen Reformblätter" und sein ostschweizerisches Pendant, das „Religiöse Volksblatt", ließen bereits wenige Monate nach Kriegsende entsprechende Gedanken in ihren Zeilen aufscheinen.[21]

---

S. 33–54, S. 34–40; Paul Laub, Dreiundneunzigster Jahresbericht des Vereins der Freunde Israels in Basel für das Jahr 1923, in: FI 50 (1923) 3, S. 33–46, S. 35–37; Der Antisemitismus, in: FI 52 (1925) 1, S. 7–11; Der Antisemitismus in Deutschland nach dem Kriege 1870 und dem Weltkriege, in: FI 52 (1925) 3, S. 42–44; Vom Saatfelde und verschiedene Nachrichten, in: FI 58 (1931) 2, S. 34–43, S. 36 f.; Vom Saatfelde, in: FI 59 (1932) 2, S. 28–32, S. 28 f.

19  Siehe für die Debatte: T. Ch., Die Juden, in: RSZ, 15. 9. 1922, S. 3; W. G., Judenfrage, in: RSZ, 6. 10. 1922, S. 2; Quidam, Die Juden in Lettland, in: RSZ, 30. 12. 1922, S. 3; Quidam, Ein letztes Wort zur Judenfrage, in: RSZ, 19. 1. 1923, S. 3. Anti-antisemitisch eingestellt hingegen: -f [Dr. A. Graf?], Die Juden, in: RSZ, 18. 8. 1922, S. 2; -f [Dr. A. Graf?], Die Juden, in: RSZ, 29. 9. 1922, S. 2 f.; M. F., Judenhetze und Evangelium, in: RSZ, 12. 10. 1922, S. 3; -r-, Nochmals die Judenfrage, in: RSZ, 17. 11. 1922, S. 2; Dr. A. Graf, Die Juden in Lettland, in: RSZ, 6. 1. 1923, S. 3.

20  Siehe als Beispiele aus der Zeit zwischen 1925 und 1932: U. Entschuldigung, in: RSZ, 23. 10. 1925, S. 6; Die Wahrheit über die fälschlich sogenannte hebräische Universität in Jerusalem, in: RSZ, 30. 10. 1925, S. 2; Politischer Ausblick, in: RSZ, Neujahr 1931, S. 1 f.; Charles Schüle, Politische Rundschau, in: RSZ, 10. 7. 1931, S. 1; Charles Schüle, Zur Judenfrage in der Schweiz, in: RSZ, 18. 11. 1932, S. 2 f.

21  Eine neue Zeitrechnung, in: SRB, 8. 2. 1919, S. 46 f.; Wilhelm Kambli, Jude und Christ, in: RVB, 7. 6. 1919, S. 179–181.

Der vom Lichtensteiger Pfarrer Wilhelm Kambli verfasste Beitrag „Jude und Christ",
der ‚den Juden' ‚Materialismus', die ‚Förderung des Kommunismus' und ‚Weltherrschaftsstreben' anlastete, blieb jedoch nicht ohne Widerspruch. Der liberale Theologe Ludwig Köhler, Professor für Altes Testament an der Universität Zürich, em-
pörte sich insbesondere, dass Kamblis antisemitischer Beitrag zur ‚Judenfrage' zu
einer Zeit erschienen sei, in der „der christliche Judenhaß" mache, „dass ‚jetzt stünd-
lich jüdisches Blut fließt', nur weil die Juden Juden" seien. Zugleich rief er dazu auf,
dass die Christen menschlich von den Juden denken und schreiben sollten.[22] Köh-
lers mahnende Worte wiederum mündeten in eine heftige antisemitische Reaktion
seines Zürcher Kollegen Adolf Frey, Professor für Literaturgeschichte, der die ‚Judenfrage' primär unter dem Aspekt der ‚Rasse' abhandelte.[23]

Während im „Religiösen Volksblatt" nach dieser hitzigen Diskussion der Antisemitismus wieder an Bedeutung verlor, blieb die antisemitische Judenfrage-Thematik in den „Schweizerischen Reformblättern" bis Mitte der 1920er-Jahre weit
stärker präsent.[24] Besonders zu erwähnen ist hierbei eine Artikelfolge, die Deutschland als Opfer der angeblich revolutionären Umtriebe ‚der Juden' darstellte. Der
sich stark auf antisemitische Publikationen aus Frankreich und Deutschland stützende Beitrag stammte aus der Feder des Journalisten Rudolf Riesenmey.[25] Riesenmey wehrte sich im zweiten Teil seines Beitrags zugleich gegen den Vorwurf des
Antisemitismus und stellte sich, einer häufig verwendeten Diskursstrategie folgend,
als objektiven Betrachter der Angelegenheit dar, der sich die „Verjudung" nicht er-
träumt habe und der um der Wahrheit willen zur Publikation seiner Entdeckungen ‚gedrängt' worden sei.[26]

22   Ludwig Köhler/Wilhelm Kambli, Zu dem Artikel „Jude und Christ", in: RVB, 21. 6. 1919, S. 198–
     199, S. 199. Den Ausführungen Ludwig Köhlers war eine kurze Replik Kamblis beigefügt.

23   Adolf Frey, Noch einmal „Jude und Christ", in: RVB, 2. 8. 1919, S. 245 f.

24   Siehe v. a.: Werner Kasser, Umschau, in: SRB, 19. 4. 1924, S. 125–127, S. 125 f. Ohne Antisemitis-
     mus hingegen die Artikelserie des Theologen und Philosophen sowie Redakteurs der libera-
     len Zeitschrift, Martin Werner: Das heutige Judentum in der Schweiz, 4 Teile, in: SRB, 21./28. 5.
     1927/4./11. 6. 1927, S. 178 f./S. 187 f./S. 193–195/S. 202 f.

25   Rudolf Riesenmey, Judentum und Revolution, in: SRB, 26. 2. 1921, S. 62–64; Rudolf Riesenmey,
     Noch einmal: Judenfrage, in: SRB, 26. 3. 1921, S. 92–95. Der vor allem als Sportjournalist tätige
     Riesenmey, der auch Gedichte verfasste, stützte sich auf folgende antisemitische Literatur: Am-
     broise Got, L'Allemagne après la débâcle. Impressions d'un Attaché à la mission militaire fran-
     çaise à Berlin mars-juillet 1919, Strasbourg 1919; Ambroise Got, La contre-révolution allemande,
     Strasbourg 1920; Ambroise Got, L'Allemagne à l'œuvre, Strasbourg 1920; Werner Sombart, Die
     Juden und das Wirtschaftsleben, Leipzig 1911; Leo Haubenberger, Das Judentum in Oesterreich,
     München 1920; Theodor Fritsch, Handbuch der Judenfrage. Eine Zusammenstellung des wich-
     tigsten Materials zur Beurteilung des jüdischen Volkes, 28. Aufl., Hamburg 1919.

26   Rudolf Riesenmey, Noch einmal: Judenfrage, in: SRB, 26. 3. 1921, S. 92–95, S. 92.

Die umfangreichen antisemitischen Artikel, die Anfang der 1920er-Jahre auch im dritten liberal-protestantischen Blatt, dem in Basel herausgegebenen „Schweizerischen Protestantenblatt", erschienen, waren mit dem Namen des Basler Pfarrers Hans Baur verknüpft, der von 1907 bis 1937 dreißig Jahre lang als Redakteur diese Zeitschrift mitprägte. Aus seiner zutiefst germanophilen Haltung heraus erachtete er ‚die Juden' als Gewinner des Krieges und auf dem Wege zur ‚Eroberung der Welt'.[27] Nach 1924 verschwand die Judenfrage-Thematik jedoch bis zur ‚Machtergreifung' des Nationalsozialismus in Deutschland wieder aus der liberalen Zeitschrift.

Auf religiös-sozialer Seite hatten sich die seit 1906 erscheinenden „Neue Wege" von Leonhard Ragaz durch eine weitgehende Absenz antisemitischer Topoi in der Zeit bis 1918 ausgezeichnet. Judenfeindliche Äußerungen blieben zwar auch in den Folgejahren selten, kamen jedoch vergleichsweise häufiger vor. Dabei stechen primär zwei Artikel des sozialdemokratischen Arztes und Literaten Charlot Strasser sowie des führenden österreichischen Religiös-Sozialen Oskar Ewald heraus, wenn auch das antisemitische Konstrukt ‚Judenfrage' nicht im Zentrum der Ausführungen stand.[28] Leonhard Ragaz wiederum hatte sich als führender Kopf der religiös-sozialen Bewegung in der Deutschschweiz 1922 in seiner Schrift „Judentum und Christentum"[29] eingehend mit dem Verhältnis zwischen Christentum und Judentum auseinandergesetzt und dabei neue Wege beschritten, indem er das Vereinende betonte. Allerdings löste sich auch Ragaz in seiner ebenfalls die ‚Judenfrage' thematisierenden Schrift, die auf einen erweiterten Vortrag vor der zürcherischen „Vereinigung für soziale und kulturelle Arbeit im Judentum" zurückging, keineswegs gänzlich von antisemitischen Denkmustern. Sowohl Christentum als auch Judentum hätten sich, so die Meinung von Ragaz, von ihren (gemeinsamen) Wurzeln entfernt. Während das Christentum den Messias ohne den Messianismus vertreten würde, gäbe sich das Judentum einem Messianismus ohne Messias hin. Mit Bezug auf das Judentum sprach der religiös-soziale Theologe deshalb von einer „Entartung" des jüdischen „Gotteshungers" und vertrat die essentialisierende These, dass der angeblich aus dieser Haltung resultierende „jüdische Energismus" fälschlicher-

---

27 Siehe: Hans Baur, Ich war hungrig, und ihr speistet mich. Eine Reise nach Oesterreich, Teil II, in: SPB, 16. 10. 1920, S. 333–335; Hans Baur, Aus Sturm und Stille, in: SPB, 24. 9. 1921, S. 309; Hans Baur, Aus Sturm und Stille, in: SPB, 2. 2. 1924, S. 38 f., S. 39.

28 Charlot Strasser, Latenter Antisemitismus, in: NW 14 (1920) 10, S. 427–437, S. 433–436; Oskar Ewald, Religion und Nationalität, in: NW 18 (1924) 4, S. 154–158, S. 156 f. Strasser intendierte, mit seinem Artikel gegen den Antisemitismus anzuschreiben, argumentierte jedoch unter anderem essentialisierend und geriet über längere Passagen in das Fahrwasser des ‚aufklärerischen Antisemitismus'.

29 Ragaz, Judentum und Christentum. Die Schrift erschien im Rotapfel-Verlag.

weise auf das ‚Weltliche' gerichtet sei. An diese Konzeption lagerten sich antisemitische Vorstellungen von jüdischem ‚Materialismus' und ‚Mammonismus', aber auch
von jüdischem Streben nach ‚Herrschaft' oder der potentiell ‚zersetzenden' Wirkung ‚der Juden' an.[30] Im Gegensatz zu den „Neuen Wegen" entwickelte sich in der
zweiten wichtigen religiös-sozialen Zeitschrift der Deutschschweiz, dem „Aufbau",
der seit 1919 wöchentlich von Pfarrer Max Gerber und dem Juristen Max Gerwig
herausgegeben wurde, gegen Mitte der 1920er-Jahre eine Diskussion über die ‚Judenfrage', nachdem das Thema bereits einmal 1920 angeschnitten worden war.[31] Als
sich Max Gerber im Oktober 1924 in einem Beitrag deutlich gegen die „Judenhetze"
ausgesprochen hatte, druckte das Blatt eine stark antisemitische Replik ab, dem im
Januar 1925 aus der Feder des Schaffhauser Lehrers Johannes Tscharner ein weiterer – wenn auch nicht mehr in direkter Verbindung zur kurzen Debatte stehender –
ausgeprägt judenfeindlicher Artikel folgte.[32]

Abgesehen von den untersuchten protestantischen Zeitschriften war die ‚Judenfrage' auch Thema von Vorträgen in protestantischen Vereinigungen. Als Beispiele
können ein Referat von Pfarrer Walter Hoch zur ‚Judenfrage' vor dem „Münster-
gemeindeverein" der Positiven in Basel sowie ein von den religiös-sozialen Zeitschriften „Aufbau" und „Neue Wege" organisierter Vortrag von S. Brin über das
„Judenproblem" dienen.[33] Des Weiteren kann auf die Vortragtätigkeit der judenmissionarischen „Freunde Israels" verwiesen werden, deren in der Schweiz aktiver
Missionar, Pastor John Witt, etwa im März 1931 in Zürich über die Lösung der ‚Judenfrage' referierte und dabei unter anderem im Stile des heilsgeschichtlichen Antisemitismus argumentierte.[34] Im Zusammenhang mit den „Freunden Israels" ist

---

30    Ragaz, Judentum und Christentum, S. 42–44; S. 60. Ragaz sieht zudem im Sinne einer Realkon-
      fliktskonstruktion und Täter-Opfer-Umkehr die Judenpogrome als Reaktion auf den ‚falschen
      Messianismus' des Judentums. Siehe zur Israel-Theologie von Leonhard Ragaz: Aerne, Religiöse
      Sozialisten, S. 129–133.

31    Zur politischen Erneuerung, in: A, 22. 10. 1920, S. 301–303. Der Artikel gab Gedanken des deut-
      schen Ethikers und Pädagogen Friedrich Wilhelm Foerster, der von 1920 bis 1926 in Zürich im
      Exil lebte, zur ‚Erneuerung' Deutschlands nach dem Kriege wieder. Dieser erachtete auch die
      ‚Judenfrage' als eines der wichtigsten Probleme im Nachkriegsdeutschland.

32    Max Gerber, Gegen die Judenhetze, in: A, 31. 10. 1924, S. 182 f.; E. G., Zur Judenhetze, in: A,
      14. 11. 1924, S. 190 f.; Johannes Tscharner, Der edle Jude, in: A, 9. 1. 1925, S. 7. E. G. nahm in seinem
      Beitrag unter anderem antisemitische Realkonfliktskonstruktionen vor, und Tscharners Beitrag
      stütze sich auf den siebten Band („Dans la maison") des zehnteiligen Romans „Jean Christophe"
      des französischen Autors und Pazifisten Romain Rolland, der stark essentialisierende Charakte-
      risierungen eines Juden beinhaltete.

33    Basler Nachrichten, 2. 12. 1923, S. 6; Leonhard Ragaz, Rundschau, in: NW 23 (1929) 2, S. 94–104, S. 104.

34    Siehe zum Vortrag: John Witt, Vorträge für Christen und Juden in Zürich, Teil II, in: FI 58 (1931)
      5, S. 91–96, S. 95 f.

schließlich auch auf deren aktive Teilnahme an den von den vier deutschsprachigen Judenmissionsvereinen organisierten internationalen „Studientagungen über die Judenfrage" zu verweisen, die zwischen 1924 und 1930 in verschiedenen Städten Deutschlands abgehalten wurden.[35]

### Schwerpunkte im Judenfrage-Diskurs

Die geopolitischen Grenz- und Gewichtsverschiebungen sowie wirtschaftliche und soziale Spannungen lösten in den ersten Nachkriegsjahren nicht nur in konservativen Kreisen ein breit verbreitetes Krisenempfinden aus, was unter anderem kulturpessimistischen Einstellungen Vorschub leistete.[36] Die als krisenhaft empfundene Gegenwart war im Deutschschweizer Protestantismus mit ein wichtiger Grund für die Wiederbelebung der antisemitischen ‚Judenfrage‘, die ‚die Juden‘ zu vermeintlichen Akteuren der Transformationsprozesse sowie zu deren Nutznießern stilisierte. Parallelen zum antisemitischen Diskurs der 1870er- und 1880er-Jahre, als das Bild eines Aufstiegs ‚der Juden‘ zu ‚Einfluss‘ und ‚Dominanz‘ konstruiert wurde und die Juden zu ‚Zersetzern‘ von Nation und ‚Gemeinschaft‘ erklärt wurden, sind deutlich auszumachen. Der Begriff ‚Judenfrage‘ fungierte damals wie auch nach dem Ersten Weltkrieg nicht zuletzt als Chiffre dafür, dass die Präsenz der Juden in den zeitgenössischen Gesellschaften zu ‚realen‘ Konflikten insbesondere in sozioökonomischer, gesellschaftlicher, politischer und nationaler Hinsicht führen würde. Die diskursiven Schwerpunkte der Judenfrage-Thematik in der Periode von 1919 bis 1932 gruppierten sich denn auch weiterhin um die antisemitischen Topoi jüdischer ‚Dominanz‘ und ‚Zersetzungstätigkeit‘, die auf das soziale, kulturelle und politische Zeitgeschehen projiziert wurden. Als Resultat davon wurde mit Blick auf die

35 Verantwortlich für die Tagungen war eine eigens gegründete „Arbeitsgemeinschaft zur Lösung der Judenfrage". Die Zusammenkünfte fanden in Klotzsche (1924 und 1925), Herrnhut (1926), Kassel (1927), Nürnberg (1929) und Stuttgart (1930) statt. Siehe für die Berichterstattung im „Freund Israels": Die zweite Studientagung über die Judenfrage, in: FI 52 (1925) 5, S. 74–76; Die III. Studientagung über die Judenfrage in Kassel, 3 Teile, in: FI 55 (1928) 1/2/3, S. 7 f./S. 24–26/ S. 46–48; Hans Philipp Ehrenberg, Judentum, Deutschtum, Christentum, in: FI 55 (1928) 5, S. 83–85; Die 4. Studientagung in Nürnberg, in: FI 56 (1929) 2, S. 23–28; Die 5. Studientagung zur Judenfrage, in: FI 57 (1930) 2, S. 18–26. Für die fünfte und letzte Durchführung der „Studientagung", die in Stuttgart stattfand, zeichnete der „Verein der Freunde Israels" verantwortlich. Pastor August Gerhardt, der seit 1924 als Direktor des Vereins amtete, hatte für die Versammlung Grundsätze zum Antisemitismus ausgearbeitet. (F. Hilzinger, Chronik, in: KF, 24. 4. 1930, S. 139–141, S. 140.)

36 Siehe zum Krisenempfinden in der Schweiz der Nachkriegszeit: Ruedi Brassel-Moser, Dissonanzen der Moderne. Aspekte der Entwicklung der politischen Kulturen in der Schweiz der 1920er Jahre, Zürich 1994, v. a. S. 93–166.

bolschewistische Russische Revolution und die revolutionären Ereignisse in den
Verliererstaaten des Ersten Weltkrieges der Antisozialismus respektive Antikommunismus deutlich verstärkt in die antisemitische Weltsicht eingebaut.

Ganz grundsätzlich liegt dem Terminus ‚Judenfrage' ein judenfeindliches Verständnis zu Grunde, denn er suggeriert, dass ‚die Juden' für die restliche Gesellschaft ein Problem darstellen und somit zur ‚Frage' werden würden. So erstaunt es
wenig, dass innerhalb der Diskussionen über die ‚Judenfrage' im Deutschschweizer
Protestantismus das Aufzeigen vermeintlich realer Konflikte eine zentrale Diskursstrategie darstellte, zumal diese zugleich die eigenen judenfeindlichen Einstellungen als objektive und gerechtfertigte Reaktionen erscheinen lassen sollte. Ein Autor
des „Appenzeller Sonntagsblatts" beispielsweise argumentierte deshalb numerisch,
indem er die Entstehung der ‚Judenfrage' am Wachstum der jüdischen Bevölkerung festmachte.[37] Gebräuchlicher hingegen war, die ‚Judenfrage' als ein seit langer
Zeit bestehendes respektive zyklisch auftauchendes Phänomen darzustellen. Letztlich wurde dadurch das judenfeindliche Konstrukt eines ‚ewigen Antisemitismus'
bemüht und das Auftauchen respektive das Stellen der ‚Judenfrage' essentialisiert,
indem sie zu einer anthropologischen Konstante erklärt wurde. Dieses Verständnis brachte, um wiederum ein Beispiel aus dem „Appenzeller Sonntagsblatt" anzu-
führen, ein Beitrag aus einer Artikelserie über die ‚Judenfrage' von Herbst 1920 auf
den Punkt: „Die Judenfrage ist genau so alt wie die Juden selbst. Kaum waren die
Juden ein Volk geworden, so trat auch schon die Judenfrage auf. Denn wo immer
die Juden mit anderen Völkern in Berührung kamen, wurden sie diesen lästig und
unbequem."[38] Indem der Beitrag eine Reihe von Beispielen aus der Antike anführte, sollte dieser Befund bestätigt werden. Gerade mit Verweis auf die vorchristliche
Zeit durch die judenfeindliche Auslegung des ‚Alten Testaments' situierte der Artikel nicht nur die Entstehung der ‚Judenfrage', sondern auch des Antisemitismus in
der vorchristlichen Zeit.[39] Diese zeitliche Rückversetzung intendierte nicht zuletzt
eine Apologie der Judenfeindschaft des Christentums.

Derselben Strategie der Konstruktion eines ewig existierenden Realkonflikts
folgend und dadurch eine Umkehr von Täter und Opfer vornehmend, argumentierte 1925 auch Pfarrer Walter Hoch im „Christlichen Volksfreund". Der für Hoch
typisch ‚völkischen' Prägung seiner Argumentation zufolge stellte der (negative)
„jüdische Rassecharakter" – Hoch hing dabei einer nichtstatischen Rassen-Konzep-
tion an – nicht nur das Produkt von Abstammung, sondern auch vom bewegten

---

37   Dies und das aus aller Welt, in: ASB, 9. 4. 1932, S. 117 f., S. 117.

38   Die Judenfrage, Teil I, in: ASB, 14. 8. 1920, S. 259 f., S. 259. Siehe als weiteres Beispiel: T. Ch., Die
     Juden, in: RSZ, 15. 9. 1922, S. 3; Walter Hildebrandt, Das Buch Esther, in: RSZ, 22. 11. 1929, S. 3.

39   Die Behauptung, der Antisemitismus hätte schon in der vorchristlichen Antike existiert, stellt eine
     wiederkehrende judenfeindliche Argumentationsstrategie dar. Siehe auch Kapitel 4 in Teil II.

Schicksal des jüdischen Volkes dar. Damit auf die vielen Judenverfolgungen anspielend, wies er apologetisch dennoch jegliche christliche Verantwortung an diesen zurück und machte ‚die Juden' für diese verantwortlich:

> „Gerade der jüdische Rassecharakter, wie er in der Gegenwart gesehen wird, ist doch in hohem Maße nicht nur das Produkt der Abstammung von einem ewig gleichbleibenden Völkertypus, sondern sehr stark beeinflußt von den außerordentlichen Schicksalen, welche das Judenvolk im Lauf der letzten 2000 Jahre bewußt erlitten hat. Besonders das enge Ghettoleben und die harten Verfolgungen haben hier deutliche Spuren hinterlassen. Hingegen ist es nach meiner Ansicht nicht richtig, zu sagen, wir Christen hätten den Juden zum ‚Juden' gemacht. Wir seien auch die Väter des Antisemitismus. Wir treffen nämlich den Antisemitismus vor dem Christentum (in Aegypten) schon an. Ferner hat das jüdische Volk manche seiner Verfolgungen durch maßlose Ueberhebung über die andern Völker und durch rücksichtslose Ausnützung seiner intellektuellen und motorischen Ueberlegenheit hervorgerufen (Spanien und Polen!)."[40]

Ähnlich argumentierte auch Ernst Stähelin. Auch er sprach ‚den Juden' intellektuelle Überlegenheit zu, apologierte die Judenfeindschaft des Christentums und erachtete den Hass gegen ‚die Juden' als sehr altes Phänomen. Zudem erachtete er Judenverfolgungen als zyklisches Phänomen.[41]

Der antisemitischen Konstruktion eines Realkonflikts als vermeintlicher Ursache der ‚Judenfrage' zugrunde gelegt wurden Imaginationen großen jüdischen ‚Erfolgs', ‚Einflusses' und ‚Dominierens'. Diese zeigten sich in der Verwendung der fest etablierten antisemitischen Topoi von jüdischer ‚Macht' etwa in der Presse, der Kultur und der Geldwirtschaft.[42] Entscheidend für die Wiederbelebung der Juden-

---

40  Walter Hoch, Wir Christen und die Judenfrage, Teil III, in: CVF, 14. 2. 1925, S. 76–82, S. 81 f. Hoch erinnerte mit seiner Apologie des Christentums an die Argumentationsstrategie des Historikers Felix Stähelin: Stähelin, Der Antisemitismus des Altertums, S. 53 f. Angeblichen jüdischen ‚Rassenmerkmalen' schrieb auch der liberale Zürcher Literaturhistoriker Adolf Frey die Ursache des Konflikts mit ‚den Juden' zu: Adolf Frey, Noch einmal „Jude und Christ", in: RVB, 2. 8. 1919, S. 245 f., S. 245.

41  Dies an mehreren Stellen in seiner Artikelserie: Ernst Stähelin, Juden und Christen in Vergangenheit, Gegenwart und Zukunft, in: CVF, 14./21./28. 2. 1931/7./14./21./28. 3. 1931, S. 76–79/S. 90 f./ S. 100–103/S. 115–118/S. 127–129/S. 138–141/S. 150–153.

42  Siehe zum Beispiel: Wilhelm Hadorn, Das, was aufhält, Teil VI, in: KF, 15. 3. 1919, S. 45–47, v. a. S. 46 f.; Daniel Burckhardt-Werthemann, Des Volksboten Silvestergang durch die Vaterstadt, Teil VII, in: CVB, 11. 2. 1920, S. 43 f., S. 44; Rudolf Riesenmey, Noch einmal: Judenfrage, in: SRB, 26. 3. 1921, S. 93 f.; Walter Hoch, Wir Christen und die Judenfrage, Teil IV, in: CVF, 21. 2. 1925, S. 90–94, S. 93 f.; Der Antisemitismus in Deutschland nach dem Kriege 1870 und dem Weltkriege, in: FI 52 (1925) 3, S. 42–44, S. 44; Vom Saatfelde, in: FI 59 (1932) 2, S. 28–32, S. 28 f. Gerade

frage-Thematik und der mit ihr verbundenen judenfeindlichen Diskurse war die sowohl bei einigen Autoren des konservativen als auch liberalen Protestantismus präsente Vorstellung, dass der Erste Weltkrieg die Position ‚der Juden‘ weiter gestärkt habe, ja dass sie als eigentliche Gewinner aus dem Krieg und den revolutionären Umstürzen hervorgegangen seien.[43] Für Pfarrer Max Thomann aus dem zürcherischen Embrach stellte der ‚den Juden‘ zugeschriebene Einflussgewinn das Resultat einer grundsächlichen Essenz jüdischen Daseins dar. Wie Walter Hoch ließ auch Thomann rassentheoretische Überzeugungen aufscheinen, in dem er den vermeintlich überproportionalen Einfluss ‚der Juden‘ darauf zurückführte, dass sie, obwohl sie seit den ältesten Zeiten verfolgt und ohne Vaterland unter die Völker zerstreut seien, „ihre Rasse“ hätten reinerhalten können und sich allen Verhältnissen anzupassen gewusst hätten. Deshalb seien sie zu einflussreichen und führenden Stellungen gelangt.[44]

Die ‚den Juden‘ aus judenfeindlicher Position heraus nachgesagte Machtstellung war zugleich Grundlage für den antisemitischen Zersetzungs-Topos. Es war gerade die auf ‚die Juden‘ projizierte Verantwortung für gesellschaftliche und politische Transformationen, die als ‚Zersetzungssymptome‘ respektive Beschleuniger für ‚Zersetzungsvorgänge‘ interpretiert wurden, die in den Augen der protestantischen Antisemiten ‚die Juden‘ erst zur ‚Frage‘ werden ließen. Insbesondere das nachemanzipatorische Judentum, das sich säkularisiert habe, wurde dabei zur Hauptgefahr stilisiert. Für den Basler Sekretär des „Evangelischen Arbeitervereins“, Pfarrer Gustav Benz, waren die ‚modernen Juden‘ – Krankheitsmetaphern verwendend – gleichbedeutend mit einem „Schwamm im Gebälk des Volkshauses“ mit einem „Zersetzungsbazillus im staatlichen Organismus“,[45] und für den in Mönchaltdorf (ZH) als Pfarrer wirkenden Jakob Gessler stellten die ‚modernen Juden‘ nichts weniger als den ‚Fluch der ganzen Menschheit‘ dar. Dies äußerte Gessler, der Vereinskomiteemitglied der „Freunde Israels“ war, an der dritten kantonalen Zusammenkunft des judenmissionarischen Vereins in Zürich von 1928. Aus der „Geschichte des Volkes Israels“ von Ludwig Albrecht zitierend, führte er aus:

---

Assoziationen ‚der Juden‘ mit Geld und der Geldwirtschaft waren auch außerhalb der Judenfrage-Thematik weiterhin populär. So etwa: Robert Schedler, Algerienfahrt, Teil XXVI, in: SRB, 26. 10. 1922, S. 342–344, S. 344; Wilhelm Hadorn, Schwarz-Rot-Gold, in: KF, 25. 7. 1924, S. 233 f., S. 233; Gustav Benz, Kirchliche Zeitschau, in: CVF, 8. 11. 1924, S. 539 f., S. 540.

43   Siehe z. B.: Hans Baur, Ich war hungrig, und ihr speistet mich. Eine Reise nach Oesterreich, Teil II, in: SPB, 16. 10. 1920, S. 333–335, S. 334; Walter Hoch, Wir Christen und die Judenfrage, Teil II, in: CVF, 7. 2. 1925, S. 65–68, S. 67. Auf die oft mit solchen Ansichten verknüpften antisemitischen Verschwörungstheorien wird in Kapitel 2 dieses Teils ausführlich eingegangen.

44   Max Thomann, Chronik, in: KF, 3. 4. 1925, S. 108 f., S. 109.

45   Gustav Benz, Kirchliche Zeitschau, in: CVF, 19. 9. 1931, S. 454–456, S. 454.

„„In der Gegenwart sind die Juden ein Fluch der ganzen Menschheit geworden. Bei ihrem Abfall von dem Glauben ihrer Väter sind sie die Hauptträger des Atheismus und Materialismus. So wirken sie zersetzend im politischen, sozialen und geistigen Leben der Völker. Wo die Juden die Führung haben, da werden die göttlichen und menschlichen Gesetze im Leben der Völker mit Füssen getreten, alle heilsamen Sitten und Ordnungen untergraben und die heiligsten Bande aufgelöst.“"[46]

Spezifische Zersetzungs-Vorwürfe wurden vor allem in dreierlei Hinsicht laut. Erstens war dies mit Bezug auf eine angebliche Gefährdung des Moralgefüges der Gesellschaft der Fall. Gegen ‚die Juden‘, denen generell eine schlechte und aufgrund des Talmuds gegen die christlichen Mitmenschen gerichtete ‚Geschäftsmoral‘ unterstellt wurde,[47] wurde etwa vorgebracht, die Sexualmoral der Bevölkerung zu untergraben oder beispielsweise durch die neue Unterhaltungsform des Kinos moralische Grundsätze zu unterminieren.[48] Ein antisemitischer Teilnehmer an der Judenfrage-Diskussion im religiös-sozialen „Aufbau" bezeichnete ‚die Juden‘ sogar schlichtweg als „amoralisch".[49]

---

46  Jakob Gessler, Gottes Verheißung an Israel, in: FI 55 (1928) 2, S. 17–20, S. 17. Gessler bezog sich auf: Ludwig Albrecht, Die Geschichte des Volkes Israel von Moses bis auf die Gegenwart, 3 Bde., Berlin 1909–1910. Siehe für weitere Beispiele des Zersetzungs-Topos: Adolf Frey, Noch einmal „Jude und Christ", in: RVB, 2. 8. 1919, S. 245 f.; Paul Laub, Neunundachtzigster Jahresbericht des Vereins der Freunde Israels in Basel, in: FI 47 (1920) 3, S. 33–54, S. 34; Die Judenmission und der Zionismus, in: FI 50 (1923) 5, S. 73–76, S. 76; Hans Baur, Aus Sturm und Stille, in: SPB, 2. 2. 1924, S. 38 f., S. 39; Ernst Stähelin, Juden und Christen in Vergangenheit, Gegenwart und Zukunft, Teile III/VI, in: CVF, 28. 2. 1931/21. 3. 1931, S. 100–103/S. 138–141, S. 103; S. 138–140; Walter Hoch, Friede über Israel. Festpredigt zur Jahrhundertfeier des Vereins der Freunde Israels in Basel, in: FI 58 (1931) 5, S. 85–88, S. 85.

47  Als Beispiele für das antisemitische Bild einer ‚schädlichen‘ Geschäftsmoral: Daniel Burckhardt-Werthemann, Des Volksboten Silvestergang durch die Vaterstadt, Teil IV, in: CVB, 21. 1. 1920, S. 19–21; E. G., Zur Judenhetze, in: RSZ, 14. 11. 1924, S. 190 f., S. 191. Für die besondere Konstruktion einer angeblich durch den Talmud geprägten jüdischen ‚Sondermoral‘, die ein populäres Stereotyp des Antitalmudismus darstellte: W., Das doppelte Gesicht, in: RSZ, 6. 11. 1925, S. 2 f., S. 2; Schlatter, Wir Christen und die Juden, S. 21; Ernst Stähelin, Juden und Christen in Vergangenheit, Gegenwart und Zukunft, Teil III, in: CVF, 28. 2. 1931, S. 100–103, S. 101.

48  Siehe bezüglich der Sexualmoral: Wilhelm Hadorn, Chronik, in: KF, 20. 4. 1925, S. 123–126, S. 125. In eine ähnliche Richtung ging der Vorwurf des Mädchenhandels, der etwa gemacht wurde in: Rudolf Riesenmey, Noch einmal: Judenfrage, in: SRB, 26. 3. 1921, S. 92–95, S. 94; J. R., Die Schildbürger von Schwanden, Zugleich Offener Brief an die Juden der Frankfurter Zeitung, in: RSZ, 4. 7. 1930, S. 3. Mit negativer Konnotation bezüglich des Kinos: Hans Baur, Aus Sturm und Stille, in: SPB, 28. 2. 1925, S. 75; Um den Kino, in: RSZ, 24. 11. 1927, S. 2.

49  E. G., Zur Judenhetze, in: A, 14. 11. 1924, S. 190 f.

Zweitens wurde der Zersetzungs-Vorwurf auch mit Diskursen des nationalistisch argumentierenden Antisemitismus verknüpft, indem ‚die Juden' zur Gefahr für eine nationale Ordnung der Staaten erklärt wurden. Deshalb überrascht es nicht, dass mit dem konservativ-protestantischen Eduard Blocher – Pfarrer an den kantonalen Krankenanstalten in Zürich – ein Mitglied des antipluralistischen, nationalkonservativen „Volksbundes für die Unabhängigkeit der Schweiz" ‚die Juden' zu Feinden des nationalen Denkens erklärte. In seiner ablehnenden Rezension der Schrift „Judentum und Christentum" des Religiös-Sozialen Leonhard Ragaz, der im Gegensatz zu Blocher die Schaffung des supranationalen Völkerbundes stark befürwortet hatte, erklärte Letzterer ‚die Juden' zu einem internen Gefahrenherd für Nationalstaaten. In biologistisch geprägter Sprache schrieb Blocher:

> „Ragaz haßt den nationalen Staat und was damit zusammenhängt: Machtbestrebungen, Zwang, Landesverteidigung und Kriegswesen, das Schablonenhafte, das notwendig aller ‚Organisation' anhaftet. Die Juden als Gastvolk anderer Völker, ohne eigenen Staat, bringen sich dadurch zur Geltung, dass sie die staatlichen Gedanken (keineswegs nur deren unsittliche Verirrungen) ihrer Wirtsvölker zu schwächen suchen; sie stehen in der vordersten Reihe des Heeres, das gegen den starken Obrigkeitsstaat, für den Internationalismus, den Pazifismus, die Versöhnungs- und Vermittlungsgedanken, aber auch für die Verwischung der Kulturgrenzen und der national ausgeprägten Kulturarbeit, kämpft. Darum sind sie für Ragaz Bundesgenossen [...]."[50]

Drittens schließlich erklärten vor allem konservativ-protestantische Autoren den nach der Russischen Revolution von 1917 aufstrebenden Bolschewismus und im Weiteren den Sozialismus zu Instrumenten angeblich jüdischer ‚Zersetzungstätigkeit'. Mit Blick auf die Russische Revolution wurden ‚die Juden' – teilweise in essentialisierender Weise – zugleich zu Trägern revolutionären Gedankenguts gestempelt.[51] So galt es für die Artikelserie zur ‚Judenfrage', die das „Appenzeller Sonntagsblatt" im Herbst 1920 abdruckte, als erwiesen, dass ‚die Juden' überall an der Spitze stünden, wo es nach dem Krieg zu revolutionären Ereignissen gekommen sei, von Russland

50  Eduard Blocher, Bücher, in: SMH 3 (1923) 9, S. 470–476, S. 471. Siehe als weiteres Beispiel für diese Argumentation: Charles Schüle, Politische Rundschau, in: RSZ, 30. 8. 1929, S. 1.

51  Siehe z. B.: Wilhelm Hadorn, Das, was aufhält, Teil V, in: KF, 15. 3. 1919, S. 45–47, S. 46; Paul Laub, Achtundachtzigster Jahresbericht des Vereins der Freunde Israels in Basel für das Jahr 1918, in: FI 46 (1919) 4, S. 49–70, S. 52; Rudolf Riesenmey, Judentum und Revolution, in: SRB, 26. 2. 1921, S. 62–64; Walter Hoch, Wir Christen und die Judenfrage, Teil II, in: CVF, 7. 2. 1925, S. 65–68, S. 67; Ernst Stähelin, Juden und Christen in Vergangenheit, Gegenwart und Zukunft, Teil VI, in: CVF, 21. 3. 1931, S. 138–141.

über Ungarn bis hin zu Deutschland.[52] Bereits in der Phase von 1896 bis 1918 hatte sich im Zusammenhang mit der Revolution in Russland von 1905 ein Zusammengehen von antisemitischen mit antisozialistischen Motiven gezeigt.[53] Nach dem Ende des Ersten Weltkrieges wurde dieses zu einer tragenden Stütze des Antisemitismus im Protestantismus der Deutschschweiz, wobei auch verschwörungstheoretische Momente nicht fehlten.[54] Darin zeigten sich Ähnlichkeiten zum Antisemitismus im katholischen Milieu der Schweiz in jenen Jahren.[55] Eine oft praktizierte Argumentationsstrategie, um den Eindruck angeblich jüdischer ‚Dominanz‘ des Sozialismus zu erhärten, stellte die Identifikation von einzelnen Personen in den Führungsriegen der revolutionären sozialistischen Bewegungen, die aus jüdischen Familien stammten, dar. So wurden vorab Leo Trotzki für die Sowjetunion, Bela Kun für Ungarn und Kurt Eisner für Deutschland zu ‚Beweisen‘ für das antisemitische Konstrukt einer jüdischen ‚Dominanz‘ erklärt.[56] Mit schweizerischem Bezug wurde Karl Radek ebenfalls zu einer solchen symbolischen Figur, indem ihm nach-

52   Die Judenfrage, Teil IV, in: ASB, 4. 9. 1920, S. 283 f.

53   Siehe Kapitel 1 in Teil IV.

54   Siehe z. B.: Wilhelm Kambli, Jude und Christ, in: RVB, 7. 6. 1919, S. 179–181, S. 180–181; Rudolf Riesenmey, Judentum und Revolution, in: SRB, 26. 2. 1921, S. 62–64, S. 63. Siehe aber v. a. Kapitel 2 in diesem Teil. Auch eine Verknüpfung mit antijudaistischen Topoi war möglich, wie folgendes Beispiel aus dem „Appenzeller Sonntagsblatt“ verdeutlicht: „Aber die Juden verwarfen ihren Heiland und schlugen ihn ans Kreuz, weil er den Anspruch erhob, Gottes Sohn zu sein. Damit zerschnitten sie vollends ganz das Band der Treue, das sie mit Gott verbunden hatte. Von nun an kommt etwas Unstätes [sic!], Friedloses, Verbissenes in die Geschichte der Juden. [...] Es ist, als ob das Judenvolk besessen wäre, als ob es damals zum ersten Male den Bolschewismus mit seinen Greueln erfunden hätte, den es 1900 Jahre später über die Welt gebracht hat.“ (Die Judenfrage, Teil II, in: ASB, 21. 8. 1920, S. 267 f., S. 267.)

55   Siehe hierfür: Altermatt, Katholizismus und Antisemitismus, S. 150–171; Metzger, Antisemitismus in der Stadt St. Gallen, S. 141–148.

56   Siehe als kleine Auswahl: Wilhelm Hadorn, Die kirchliche Lage in Deutschland, in: KF, 1. 2. 1919, S. 22 f., S. 22; Nachrichten, in: CVB, 23. 7. 1919, S. 238 f., S. 239; Daniel Burckhardt-Werthemann, Des Volksboten Silvestergang durch die Vaterstadt, Teil VII, in: CVB, 11. 2. 1920, S. 43 f., S. 44; Die Judenfrage, Teil IV, in: ASB, 4. 9. 1920, S. 283 f., S. 284; Ringende Mächte im Judentum, Teil I, in: ASB, 25. 6. 1921, S. 204 f., S. 205; Quidam, Ein letztes Wort zur Judenfrage, in: RSZ, 19. 1. 1923, S. 3; Benjamin Balslev, Die Juden und die russische Revolution, in: FI 51 (1924) 2, S. 25–27, S. 25; Aus Russland, in: RSZ, 4. 1. 1929, S. 3. Sehr ausgeprägt zudem mit einer Auflistung angeblich ‚jüdischer‘ Sozialisten: Wilhelm Hadorn, Das, was aufhält, Teil V, in: KF, 15. 3. 1919, S. 45–47, S. 47. Vom Lager der Religiös-Sozialen wurde hingegen insbesondere Kurt Eisner und Gustav Landauer, die an führender Stelle an der Bayrischen Republik beziehungsweise der Münchner Räterepublik von 1918/19 beteiligt waren und beide ermordet wurden, große Sympathie entgegengebracht. Siehe u. a.: Johannes Voeste, Eisners Vermächtnis, in: NW 13 (1919) 3, S. 142–149; Leonhard Ragaz, Kurt Eisner und die Presse, in: NW 13 (1919) 4, S. 218 f.; Was wir wollen, Teil I, in: A, 5. 12. 1919, S. 1 f., S. 1; Ragaz, Judentum und Christentum, S. 63. Jedoch fehlten auch nicht

gesagt wurde, dass er von der Sowjetunion als Diktator für die Schweiz vorgese-
hen sei. In diesem Sinne äußerte sich beispielsweise ein Beitrag der jungreformierten „Reformierten Schweizer Zeitung" samt einer verzerrenden Zeichnung, welche
die ‚jüdische Physiognomie' Radeks betonen sollte.[57] Als das „Appenzeller Sonntagsblatt" schon 1921 den Stern Leo Trotzkis in der Sowjetunion im Sinken wähnte,
löste dies in seinen Zeilen Hoffnungen auf den Zusammenbruch des bolschewisti-
schen Staates aus, da es der antisemitischen Überzeugung anhing, dass die Sowjet-
regierung mit dem Judentum stehe und falle, da die gesamte Regierungsmaschine
in dessen Händen sei.[58]

Die antisemitischen Darstellungen zur Judenfrage-Thematik im Deutschschweizer Protestantismus blieben weiterhin mehrheitlich auf das Ausland gerichtet. Der mit „Zur Judenfrage in der Schweiz" betitelte Artikel des Redakteurs der
jungreformierten „Reformierten Schweizer Zeitung", Charles Schüle, gehörte zu
den Ausnahmen.[59] Die ‚Judenfrage' wurde somit in der Regel – wie schon in den
beiden vorangehenden Perioden – exterritorialisiert. In den relativ wenigen Fällen,
in denen die Schweiz im Zusammenhang mit der Judenfrage-Thematik angesprochen wurde, wurde jedoch nur vereinzelt explizit betont, dass gegenwärtig in der
Schweiz keine ‚Judenfrage' existieren würde.[60] Öfters war das Umgekehrte der Fall.
So konstruierten mehrere Artikel ein Problem mit Juden in der Schweiz.[61] Dies war
etwa beim Jahresrückblick Daniel Burckhardt-Werthemanns auf das Jahr 1919 im
pietistisch geprägten „Christlichen Volksboten" so, indem er, einem Masterdiskurs
des schweizerischen Antisemitismus der unmittelbaren Nachkriegszeit folgend,[62]
‚die Juden' mit ‚Schiebern' assoziierte und sie mit der schlechten Lebensmittelver-
sorgung der Schweiz in Verbindung brachte. Er verglich dabei Basel mit einem

bei den Religiös-Sozialen antisemitische Äußerungen gegen den russischen Bolschewismus: Oskar Ewald, Religion und Nationalität, in: NW 18 (1924) 4, S. 154–158, S. 157.

57   Charles Schüle, Der „Diktator der Schweiz", in: RSZ, 20. 1. 1933, S. 3.

58   Nachrichten, in: ASB, 2. 7. 1921, S. 213 f., S. 213.

59   Charles Schüle, Zur Judenfrage in der Schweiz, in: RSZ, 18. 11. 1932, S. 2 f.

60   Siehe hierfür als Beispiele: -f [Dr. A. Graf?], Die Juden, in: RSZ, 18. 8. 1922, S. 2; Martin Werner,
     Das heutige Judentum in der Schweiz, Teil IV, in: SRB, 11. 6. 1927, S. 202 f., S. 203; Aufwärts! Vor-
     wärts!, in: FI 56 (1929) 1, S. 3–6, S. 4.

61   Siehe z. B.: Daniel Burckhardt-Werthemann, Des Volksboten Silvestergang durch die Vaterstadt,
     Teil VII, in: CVB, 11. 2. 1920, S. 43 f., S. 44; Die vorläufigen konfessionellen Ergebnisse der Volks-
     zählung von 1920, in: KF, 4. 3. 1921, S. 68; W. G., Judenfrage, in: RSZ, 6. 10. 1922, S. 2; Walter Hoch,
     Wir Christen und die Judenfrage, Teil III, in: CVF, 14. 2. 1925, S. 76–82.

62   Siehe etwa: Kamis-Müller, Antisemitismus in der Schweiz, z. B. S. 76–81; Kury, Über Fremde reden,
     S. 137; Kury, „… die Stilverderber […]", S. 432–435; Metzger, Antisemitismus in der Stadt St. Gal-
     len, S. 177–180. Vorab die ‚Ostjuden' standen am Pranger, zumal sie als ‚nichtassimilierbar' ta-
     xiert wurden. So etwa in: Gustav Benz, Kirchliche Zeitschau, in: CVF, 1. 11. 1919, S. 518–519, S. 519.

orientalischen Bazar. ,Die Juden' würden mit „aus dem Orient stammenden Arm-Gestikulationen aufeinander einreden und sich mit ihren kalten gelben Augen lauernd beobachten" und sie würden alles daran setzen ihren Nächsten auszubeuten.[63] Weit expliziter äußerte sich 1923 Eduard Blocher in den „Schweizerischen Monatsheften für Politik und Kultur", dem Sprachrohr des reaktionären „Volksbunds für die Unabhängigkeit der Schweiz". Im Gegensatz zum allgemeinen Tenor existiere in der Schweiz sehr wohl eine ,Judenfrage', betonte Blocher: „Für uns Schweizer gibt es jetzt eine praktische Judenfrage: wie verhindern wir das Eindringen der fressenden Säure jüdischen Geistes und des in den Nachbarländern wütenden judenfeindlichen Wahnwitzes in unsern noch leidlich gesunden Volkskörper?"[64] Nebst der Konstruktion eines ,zersetzenden' ,jüdischen Geistes' argumentierte Blocher in dieser Passage zugleich im Sinne eines ,prophylaktischen Antisemitismus'[65], denn er mahnte vor der Ausbreitung des Antisemitismus in der Schweiz, verknüpfte diese jedoch diskursiv mit der Postulierung der ,Judenfrage' und machte somit letztlich die Juden selbst für den Aufstieg des Antisemitismus verantwortlich.[66]

### Lösung der ,Judenfrage' durch Bekehrung

Welche Antworten wurden von protestantischer Seite auf das antisemitische Konstrukt der ,Judenfrage' präsentiert? Die sich der ,Judenfrage' widmenden Artikel umfassten in der Regel lange judenfeindliche Ausführungen über die angebliche ,Schädlichkeit' ,der Juden', der Weg zur ,Lösung' der ,Judenfrage' besaß hingegen keine hohe Priorität und wurde meist nur am Rande oder ganz am Schluss knapp erwähnt, wobei die Positiven diese üblicherweise in der Konversion der Juden zum Christentum erblickten.

---

63 Daniel Burckhardt-Werthemann, Des Volksboten Silvestergang durch die Vaterstadt, Teil IV, in: CVB, 21. 1. 1920, S. 19–21, S. 19.

64 Eduard Blocher, Bücher, in: SMH 3 (1923) 9, S. 470–476, S. 472. Großen jüdischen ,Einfluss' in der Schweiz unterstellend zudem: Hans Baur, Aus Sturm und Stille, in: SPB, 24. 9. 1921, S. 309. Von einem „Judenproblem" in der Schweiz sprach auch: Charles Schüle, Zur Judenfrage in der Schweiz, in: RSZ, 18. 11. 1932, S. 2 f.

65 Der Begriff geht zurück auf: Gerhart M. Riegner, Vorbeugender Antisemitismus, in: Madeleine Dreyfus/Jürg Fischer (Hrsg.), Manifest vom 21. Januar 1997. Geschichtsbilder und Antisemitismus in der Schweiz, Zürich 1997, S. 49–56, S. 50.

66 Eine ähnliche Verkehrung von Täter und Opfer formulierte Blocher 1923 in seinem Buch über die „deutsche Schweiz", in dem er auch auf die Juden zu sprechen kam. Darin machte er einen tiefsitzenden Antisemitismus in der schweizerischen Bevölkerung aus und ermahnte zugleich die „alteingesessenen Juden", dafür besorgt zu sein, dass die „jüdische Zuwanderung aufhöre", damit keine antisemitische Kampfpartei entstünde, die dann zu unfruchtbarem Streit Anlass geben würde. (Eduard Blocher, Die deutsche Schweiz in Vergangenheit und Gegenwart, Stuttgart 1923, S. 162.)

Am ausführlichsten ging der St. Galler Pfarrer Walter Hoch in seiner Artikelserie über die Stellung der Christen zur ‚Judenfrage' auf mögliche Lösungsansätze
ein, wobei auch er schließlich den Übertritt der Juden zum Christentum als einzig gangbaren Weg erachtete. Neben dem Antisemitismus, den er selbst in seinen
durch und durch judenfeindlichen Ausführungen abzulehnen vorgab, beurteilte er
auch den Assimilationsgedanken als nicht valablen Lösungsansatz für die ‚Judenfrage', da das Resultat enttäuschend gewesen sei. Denn mit der Gleichberechtigung
der Juden empfinde nun umgekehrt der Christ den Juden als Druck. Als Kronzeu-
gen für das angebliche Scheitern der Assimilation führte er dabei Theodor Herzls
Aussage an, dass die „Volkspersönlichkeit der Juden" nicht verschwinden dürfte
und ‚die Juden' im Mittelalter ihre Assimilierbarkeit verloren hätten.[67] So argumentierend, folgte Hoch dabei einer etablierten antisemitischen Argumentationsstrategie, die vermeintliche ‚Selbstbekenntnisse' von Juden als Bestätigung für antisemitische Ansichten heranzog.[68] Herzl sollte letztlich Hochs völkische Vorstellung des
Judentums untermauern. Walter Hoch lehnte hingegen umgekehrt Theodor Herzls
Wunsch einer jüdischen Heimstätte in Palästina als falschen respektive lediglich
teilweise geeigneten Lösungsansatz für die ‚Judenfrage' ab, da diese dadurch geografisch nur an einen anderen Ort verlagert würde.[69] Die ablehnende Sicht auf den
Zionismus wurde auch von anderen Autoren, die in den konservativ-protestantischen Zeitschriften zur ‚Judenfrage' schrieben, geteilt.[70] Diese Sichtweise korrespondierte mit der in den positiven Kreisen weitverbreiteten Aufforderung an den
Zionismus, religiös zu werden, um die Juden der Konversion näher zu bringen,[71]
sowie mit dem in der Phase von 1919 bis 1932 im Vergleich zu vorangegangenen

---

67  Walter Hoch, Wir Christen und die Judenfrage, Teil II, in: CVF, 7. 2. 1925, S. 65–68, S. 67 f. Auch
    Ernst Stähelin sah die Assimilation als gescheitert an, da die Gleichberechtigung aus dem einsti-
    gen Sklavenvolk die Herren gemacht habe und ‚die Juden' somit Widerspruch provozieren wür-
    den. (Ernst Stähelin, Juden und Christen in Vergangenheit, Gegenwart und Zukunft, Teil VI, in:
    CVF, 21. 3. 1931, S. 138–141, S. 138 f.)

68  Hoch zitierte zwar falsch, bezog sich aber auf folgende Stelle aus Herzls „Judenstaat", die meh-
    rere antisemitische Topoi von ‚jüdischer Seite' zu bestätigen schien: Theodor Herzl, Der Juden-
    staat. Versuch einer modernen Lösung der Judenfrage, Leipzig/Wien 1896, S. 25. Herzls national-
    jüdische Staatsvorstellung ließ ihn den Assimilationsgedanken bekämpfen. Des Weiteren führte
    Hoch die Marranen, die zwangsbekehrten Juden Spaniens und Portugals, als ‚Beleg' dafür an,
    dass die ‚Assimilation' ‚der Juden' nie eine vollständige sei.

69  Walter Hoch, Wir Christen und die Judenfrage, Teil I, in: CVF, 31. 1. 1925, S. 53–56, S. 55.

70  Siehe etwa: Die Judenfrage, Teil IV, in: ASB, 4. 9. 1920, S. 283 f., S. 283; Der 14. Zionistenkongreß,
    in: FI 52 (1925) 5, S. 76–78, S. 78; Kirchliche Zeitschau, in: CVF, 27. 6. 1931, S. 309–312, S. 310.

71  Siehe als Beispiele: Gustav Benz, Kirchliche Zeitschau, in: CVF, 7. 12. 1929, S. 587 f., S. 588; K. K.,
    Der 17. Zionistenkongreß in Basel, in: FI 58 (1931) 5, S. 96–99, S. 98. Siehe hierfür auch Kapitel 3
    in Teil IV.

Perioden allgemein deutlich pessimistischeren Blick der Positiven auf den Zionismus.[72]

Letztlich forderten all jene Beiträge, die einen Vorschlag zur Lösung der ‚Judenfrage‘ unterbreiteten, eine religiöse Lösung. Dies stellte in den konservativ-protestantischen Beiträgen eine eigentliche Konvention dar, auch wenn diese Texte an anderer Stelle ausführlich mit Diskursen des modernen Antisemitismus argumentierten, ja selbst – wie etwa im Falle der jungreformierten „Reformierten Schweizer Zeitung" – rassenantisemitische Vorstellungen durchdrangen.[73] Diese Diskurse ließen sich offenbar problemlos mit dem religiösen Lösungsansatz verbinden, sollten sie doch lediglich bezeugen, dass ‚die Juden‘ sich zum ‚Schaden‘ für die anderen Völker auf einem Irrweg befänden. Mit der Vorstellung einer religiösen Lösung blieb somit die von christlicher Seite auf die Juden projizierte heilsgeschichtliche Funktion auch in der Judenfrage-Thematik einflussreich. Diese Argumentationsstruktur schien beispielsweise auch in einem Beitrag zur ‚Judenfrage‘ auf, den das „Appenzeller Sonntagsblatt" 1920 abdruckte:

> „Die Juden stehen noch ganz genau auf dem verkehrten Standpunkte, der sie einst zum verhängnisvollen Bruch mit Jesu geführt hat. Und solange sie davon nicht abgehen, mögen sie ihre Wohnungen verändern, so viel sie wollen, und wenn es selbst das ersehnte Palästina, ja ein wahres Paradies wäre, das ihnen zufiele, es würde damit nur zu den vielen vergeblichen bisherigen ein neuer Versuch zur Lösung der Judenfrage treten, der wie alle seine Vorgänger von vorneherein zum Scheitern verurteilt ist. Die Lösung kann nicht eher eintreten, als bis Israel sich endlich bekehrt. Das aber ist im Neuen Testamente mit aller Bestimmtheit verheißen."[74]

Dieser auf heilsgeschichtlichen Erwartungen basierende Lösungsansatz für die ‚Judenfrage‘ verlangte von den Juden somit nichts weniger als ihre Konversion und somit, durch das Einfügen in das Christentum, ihr Verschwinden. Eine eigenwillige Verknüpfung dieses judenmissionarischen Ansatzes, der auch bei den von den

---

72 Für die häufig negativ gefärbte Berichterstattung über den Zionismus siehe etwa: Wilhelm Hadorn, Die Erwartung des Endes in der Gegenwart und die Stellung der glaubenden Gemeinde zu ihr, Teil III, in: KF, 4. 2. 1921, S. 33–38, S. 35; Vom Zionismus, 2 Teile, in: ASB, 19./26. 1. 1924, S. 19–20/S. 27–28; Nachrichten, in: ASB, 12. 9. 1925, S. 293 f., S. 294; Der 16. Zionistenkongreß, in: FI 56 (1929) 5, S. 89–91, S. 91.

73 Siehe etwa: Paul Laub, Neunzigster Jahresbericht des Vereins der Freunde Israels in Basel für das Jahr 1920, in: FI 48 (1921) 4, S. 49–68, S. 60; Politischer Ausblick, in: RSZ, Neujahr 1931, S. 1 f., S. 2; Vom Saatfelde und verschiedene Nachrichten, in: FI 58 (1931) 2, S. 34–43, S. 36; Charles Schüle, Zur Judenfrage in der Schweiz, in: RSZ, 18. 11. 1932, S. 2 f., S. 3.

74 Die Judenfrage, Teil IV, in: ASB, 4. 9. 1920, S. 283 f., S. 283.

deutschsprachigen Judenmissionsgesellschaften durchgeführten internationalen Konferenzen zur ‚Judenfrage' propagiert wurde,[75] mit der Forderung nach Rechristianisierung nahm der Basler Professor Ernst Stähelin vor. Er deutete die angeblich durch das ‚moderne Judentum' hervorgerufene ‚Judenfrage' als Strafe Gottes an den ‚entchristlichten' Christen. Falls die Christen, so die Schlussfolgerung Stähelins, ein vorbildliches christliches Leben führen würden, würden sie die Juden von der Überlegenheit des Christentums überzeugen und letztlich zu Christus führen.[76] Auch der religiös-soziale Leonhard Ragaz vertrat in seiner Schrift „Judentum und Christentum" einen religiösen Lösungsansatz. Seine Überzeugungen, die das Trennende zwischen Christentum und Judentum durch eine beidseitige Rückbesinnung auf die gemeinsamen Wurzeln zu beseitigen hofften, stießen jedoch in konservativen Kreisen auf Kritik. Sie warfen ihm nicht zuletzt ‚Philosemitismus' vor.[77] Allerdings war auch dem Blick von Ragaz auf das Judentum eine funktionale Vereinnahmung der Juden für das Christentum inhärent.[78]

## 2 Vormarsch antisemitischer Verschwörungstheorien

Das Ende des Ersten Weltkrieges brachte, wie eben analysiert, auch im Deutschschweizer Protestantismus eine deutliche Akzentuierung antisemitischer Positio-

---

75  Siehe: Chronik, in: KF, 16. 4. 1926, S. 127–130, S. 128.

76  Ernst Stähelin, Juden und Christen in Vergangenheit, Gegenwart und Zukunft, Teil VII, in: CVF, 28. 3. 1931, S. 150–153, S. 152. Auch in einem Artikel des „Freund Israels" wurde das ‚moderne Judentum' zur „Zuchtrute" an der Menschheit stilisiert: Hans Philipp Ehrenberg, Judentum, Deutschtum, Christentum, in: FI 55 (1928) 5, S. 83–85, S. 83 f.

77  Siehe diesbezüglich: Eduard Blocher, Bücher, in: SMH 3 (1923) 9, S. 470–476, S. 470–472. Aus der Tatsache, dass Leonhard Ragaz das der Schrift zugrundeliegende Referat vor einer jüdischen Vereinigung gehalten hatte, konstruierte Redakteur Hans Baur im „Schweizerischen Protestantenblatt" gar eine Abhängigkeit des religiös-sozialen Theologen von ‚den Juden' und warf ihm ‚jüdischen Geist' vor. (Hans Baur, Aus Sturm und Stille, in: SPB, 2. 2. 1924, S. 38 f., S. 39.)

78  Ragaz, Judentum und Christentum, v. a. S. 58–64. Die heilsgeschichtliche Vereinnahmung wird z. B. aus folgender Aussage zur ‚Judenfrage' deutlich: „Die Frage besteht darin, daß dieses Volk unter uns in Leiden und Verkanntwerden, vielleicht auch manchmal in eigener Verkennung des Größten, was ihm gegeben ist, das Geheimnis Gottes für die Völkerwelt hütet; die Lösung darin daß, vielleicht wieder unter allerschwersten Kämpfen, dieses Geheimnis hervortritt als die Gottesherrschaft im Leben der Völker. In dem Maße, als diese kommt, erfüllt sich Israel und leuchtet in aller Welt Zion auf, aber das Judentum muß um der Gottesherrschaft willen leiden und sterben, um freilich darin seine Auferstehung zu finden. Die Judenfrage ist eine an die ganze Völkerwelt, besonders aber an die Christenheit gestellte Frage. Sie kann nur beantwortet werden durch das volle Kommen des Christus und des Reiches Gottes." (Ragaz, Judentum und Christentum, S. 59.)

nen mit sich. Er bewegte sich dabei in einem gesamteuropäischen Kontext eines sich radikalisierenden Antisemitismus, was sich in Deutschland als Verlierer des Krieges besonders deutlich bemerkbar machte.[79] Die als nationales Trauma wirkende Niederlage führte laut Wolfgang Benz dazu, dass in der jungen Weimarer Republik ein Markt für Erklärungen außerhalb der Rationalität entstand.[80] Zu diesen Konstrukten gehörten insbesondere auch antisemitische Verschwörungstheorien, die alsbald vor allem in deutsch-völkischen und deutschnationalen Kreisen auf Widerhall stießen, wobei der antisemitischen Fiktion „Die Protokolle der Weisen von Zion" eine vorrangige Stellung zukam.[81] Die „Protokolle" plagiierten mehrere literarische Werke, die inhaltlich teilweise ins Gegenteil verkehrt wurden.[82] Die genaue Autorenschaft der anonym verfassten Schrift konnte bis heute nicht geklärt werden. Zudem bleiben die Urheber, der Entstehungszeitpunkt sowie die Verbreitung der Schrift bis ins erste Jahrzehnt des 20. Jahrhunderts in der Forschung bis heute umstritten. Es ist davon auszugehen, dass der fiktive Text entweder während der Dreyfus-Affäre Ende des 19. Jahrhunderts unter Einfluss des russischen Geheimdienstes in Frankreich oder zu Beginn des 20. Jahrhunderts in Russland

---

79  Siehe etwa: Bergmann/Wyrwa, Antisemitismus in Zentraleuropa, S. 70–83; Werner Jochmann, Die Ausbreitung des Antisemitismus in Deutschland, in: Jochmann, Gesellschaftskrise und Judenfeindschaft, S. 99–170; Winkler, Die deutsche Gesellschaft der Weimarer Republik; Donald Niewyk, Solving the „Jewish Problem". Continuity and Change in German Antisemitism 1871–1945, in: Leo Baeck International Year Book 35 (1990), S. 335–370; Berding, Geschichte des Antisemitismus, S. 70–91.

80  So mit Blick auf das antisemitische Verschwörungskonstrukt der „Protokolle der Weisen von Zion": Wolfgang Benz, Zur Überzeugungskraft des Absurden. Die „Protokolle der Weisen von Zion" und ihre Wirkung, in: Jahrbuch für Antisemitismusforschung 14 (2005), S. 137–145, S. 138.

81  Zu den „Protokollen der Weisen von Zion" siehe v. a.: Horn/Hagemeister (Hrsg.), Die Fiktion von der jüdischen Weltverschwörung; Benz, Die Protokolle der Weisen von Zion; Cohn, Warrant for Genocide; Cesare G. De Michelis, The Non-Existent Manuscript. A Study of the „Protocols of the Sages of Zion", Lincoln/London 2004; Jeffrey L. Sammons, Die Protokolle der Weisen von Zion. Die Grundlage des modernen Antisemitismus – eine Fälschung. Text und Kommentar, 2. Aufl., Göttingen 2003. Für antisemitische Verschwörungstheorien im Allgemeinen zudem: Heil, „Gottesfeinde" – „Menschenfeinde"; Caumanns/Niendorf (Hrsg.), Verschwörungstheorien; Loewy (Hrsg.), Gerüchte über die Juden; Wippermann, Agenten des Bösen.

82  Große Teile stützten sich auf Maurice Jolys polemische Schrift gegen Napoleon III. „Dialogue aux enfers entre Machiavel et Montesquieu, ou la politique de Machiavel au XIXe siècle" von 1864 sowie auf ein Kapitel aus dem 1868 erschienenen Fortsetzungsroman „Biarritz" des Redakteurs der „Kreuzzeitung" Herrmann Ottomar Friedrich Goedsches (Pseudonym „Sir John Retcliffe"). Ebenfalls sind Versatzstücke aus russischer und französischer Trivialliteratur nachgewiesen worden. Siehe zur textlichen Zusammensetzung: Michael Hagemeister, Art. ‚Die Protokolle der Weisen von Zion (1903)', in: Handbuch des Antisemitismus, Bd. 6, S. 553 f.; Benz, Die Protokolle der Weisen von Zion, S. 31–45.

entstanden ist.[83] Durch die Vermittlung russischer Emigranten tauchten die „Protokolle" im Sommer 1919 erstmals in Deutschland auf. Erst kursierten sie in maschinengeschriebenem Format, eine erste gedruckte deutschsprachige Version erschien schließlich 1920.[84] Dass es sich bei dem Machwerk um eine Kompilation verschiedener literarischer Texte und folglich um eine antisemitische Fiktion handelte, wies ein Journalist der „Times" bereits im August 1921 nach.[85]

Inwiefern antisemitische Verschwörungstheorien und Weltherrschaftsvorstellungen auch im Deutschschweizer Protestantismus in der Periode von 1919 bis 1932 an Bedeutung gewannen, wird im Folgenden untersucht. Neben der Haltung zu den „Protokollen der Weisen von Zion" als bekanntestem Verschwörungskonstrukt der 1920er-Jahre liegt ein zweiter Fokus auf den sich als kirchliche Erneuerungsbewegung verstehenden konservativ-protestantischen Jungreformierten, deren ausgeprägter Antisemitismus deutlich von der Vorstellung eines jüdischen ‚Weltherrschaftsstrebens' und von Verschwörungstheorien geprägt war.

*Verschwörungstheoretisches Denken im konservativen und liberalen*
*Protestantismus*

Via die Berichterstattung in Deutschland drang die antisemitische Fiktion „Die Protokolle der Weisen von Zion" in kurzer Zeit auch in den Blickwinkel einzelner Medienschaffender in der Schweiz. Bekannt ist, dass Teile der „Protokolle" in der integralistisch-rechtskatholischen Zeitung „Schildwache" bereits im Februar und März 1920 zum Abdruck gelangten.[86] Auch die „Schweizerischen Republikanischen Blätter

83   Unterschiedliche Thesen zur Datierung und Autorenschaft etwa: Michael Hagemeister, Zur Frühgeschichte der „Protokolle der Weisen von Zion" I. Im Reich der Legenden, in: Horn/Hagemeister (Hrsg.), Die Fiktion von der jüdischen Weltverschwörung, S. 140–160; Michael Hagemeister, Zur Frühgeschichte der „Protokolle der Weisen von Zion" II. Das verschollene Exemplar der Lenin-Bibliothek, in: Horn/Hagemeister (Hrsg.), Die Fiktion von der jüdischen Weltverschwörung, S. 161–189; Benz, Die Protokolle der Weisen von Zion; De Michelis, The Non-Existent Manuscript; Cohn, Warrant for Genocide. Überblickend zudem: Eva Horn/Michael Hagemeister, Ein Stoff für Bestseller, in: Horn/Hagemeister (Hrsg.), Die Fiktion von der jüdischen Weltverschwörung, VII–XXII; Michael Hagemeister, Art. ‚Protokolle der Weisen von Zion', in: Handbuch des Antisemitismus, Bd. 4, S. 321–325.

84   Sie wurden von Ludwig Müller alias Gottfried zur Beek im völkischen Verlag „Auf Vorposten" herausgegeben. Siehe hierzu und zur Verbreitung der „Protokolle" in Deutschland: Benz, Die Protokolle der Weisen von Zion, S. 68–76; Sammons, Die Protokolle der Weisen von Zion, S. 20 f.; Hagemeister, Art. ‚Protokolle der Weisen von Zion', S. 322 f. Zu Ludwig Müller: Elke Kimmel, Art. ‚Müller von Hausen, Ludwig [Pseudonym: Gottfried zur Beek]', in: Handbuch des Antisemitismus, Bd. 2,2, S. 566 f.

85   Benz, Die Protokolle der Weisen von Zion, S. 74 f.

86   Metzger, Die „Schildwache", S. 234 f.

des katholischen Publizisten Johann Baptist Rusch taten es der „Schildwache" gleich,[87] und in der Westschweiz war es wiederum die reaktionäre Kulturzeitschrift „Revue Romande", deren Bezugnahme auf die „Protokolle" auf breites Interesse stieß.[88] Allerdings stellte die Artikelserie in der integralistisch-rechtskatholischen „Schildwache" nicht den Anfang der zustimmenden Rezeption der „Protokolle" in der Schweiz dar, da sie auf protestantischer Seite bereits zwei Monate früher einsetzte. Es war das „Appenzeller Sonntagsblatt", das schon am 13. Dezember 1919 im Artikel „Eine jüdische Prophezeiung" Ausschnitte aus einer vermeintlichen „Werbeschrift" der „Weisen von Zion" aus dem Jahre 1911 publizierte.[89] Für den Text konnte die Zeitschrift noch nicht auf eine gedruckte Version der „Protokolle" zurückgegriffen haben. Folglich musste sich das „Appenzeller Sonntagsblatt" auf eine in Deutschland noch unter der Hand kursierende Abschrift gestützt haben. Allerdings tat sie dies nicht aus erster Hand, denn die konservativ-protestantische Zeitschrift vertraute diesbezüglich erneut auf das Netzwerk des „Syrischen Waisenhauses", auf dessen Zeitschrift „Bote aus Zion" sie sich in ihrer Darstellung bezog.[90]

Die vom „Appenzeller Sonntagsblatt" gewählten Textausschnitte im insgesamt kurz gehaltenen Artikel sollten als Erklärung für die politischen Transformationen nach dem Ersten Weltkrieg dienen und einen ‚jüdischen Plan' zur Erringung der Weltherrschaft des ‚internationalen Judentums' belegen. Zur vermeintlichen Bestätigung des Weltherrschaftsplans wurde angeführt, dass das im Text ausgegebene Ziel des Sturzes des russischen Zaren- und deutschen Kaisertums in der Zwischenzeit Realität geworden sei. Im abschließenden eigenen Kommentar zeigte sich das „Appenzeller Sonntagsblatt" aber hoffnungsvoll, dass der Weltherrschaftsplan scheitern würde, denn es führte aus:

> „Der Zar und der Kaiser sind tatsächlich gefallen und der deutsche Militarismus ist gestürzt worden. Das internationale Judentum hat in der Person Trotzkis und anderer die Herrschaft in Rußland an sich gerissen, für kurze Zeit auch in Ungarn; aber hier nahm seine Herrschaft bald ein Ende. Die furchtbaren

---

87  Die von Johann Baptist Rusch redigierte Zeitung druckte zudem 1923 Auszüge aus Henry Fords antisemitischer Schrift „Der internationale Jude" ab. Siehe zu Ruschs Antisemitismus: Bundi, Die Schweizerischen Republikanischen Blätter, S. 123–146.

88  Kamis-Müller, Antisemitismus in der Schweiz, S. 121. Das große Interesse auch protestantischer Kreise an den Artikeln der „Revue Romande" bedauerte der mit dem „Verein der Freunde Israels" verbundene judenmissionarisch aktive Pastor Gustave Naymark: Vom Saatfeld, in: FI 48 (1921) 3, S. 38–41, S. 39. Ausschnitte oder zustimmende Stimmen zu den „Protokollen" erschienen noch in weiteren Zeitungen der Schweiz, so etwa im demokratischen „Stadt-Anzeiger" aus St. Gallen. (Metzger, Antisemitismus in der Stadt St. Gallen, S. 263–268.)

89  Eine jüdische Prophezeiung, in: ASB, 13. 12. 1919, S. 388.

90  Ludwig Schneller, Vom Zionismus, in: Bote aus Zion 35 (1919) 3, S. 10–25, S. 13.

Judenverfolgungen, die gegenwärtig in Polen vor sich gehen, zeigen, daß einstweilen unter den Völkern wenig Geneigtheit besteht, sich unter die Herrschaft des internationalen Judentums zu stellen."[91]

Die vermeintliche Bestätigung der antisemitischen Verschwörungstheorie durch das Zeitgeschehen gegen Ende des Weltkrieges und in der unmittelbaren Nachkriegszeit konnte denn auch als Einfallstor für die „Protokolle" dienen. Dies blieb selbst dann so, als nach 1921 die Protokolle als antisemitisches Konstrukt entlarvt worden waren. Als Experte für die Geschichte der „Protokolle" betont Michael Hagemeister denn auch, dass die Frage, ob es sich beim Text um ein authentisches Dokument handle, für den Glauben an die Verschwörung letztlich belanglos gewesen sei. Vielmehr sei für die Antisemiten entscheidend gewesen, dass der Gang der Geschichte in Übereinstimmung mit ihren „angeblichen Vorhersagen" verlaufen sei.[92] Genau dieser Argumentationslogik folgte die „Reformierte Schweizer Zeitung" der Jungreformierten. Ohne die „Protokolle" als echt bezeichnen zu müssen, konnte die Zeitung die Vorstellung einer ‚jüdischen Weltverschwörung' auf diese Weise als gerechtfertigt erscheinen lassen, indem sie 1931 in einem politischen Ausblick schrieb: „So sehen wir, wie sich ein gewaltiger Kampf auf Erden vorbereitet. Man braucht gar nicht an die berüchtigten ‚Protokolle der Weisen aus Zion' zu glauben, in denen dieser Kampf vorausgeschildert wurde, um zu erkennen, dass in den Brennpunkt des politischen Geschehens immer mehr die Judenfrage rückt."[93] Geradezu zynisch nahm sich der kurze Nachsatz – ganz im Stile eines bekannten antisemitischen Argumentationsprinzips – aus, dass man mit dieser Aussage keineswegs zu Hass oder Antisemitismus aufzurufen gedenke.

Während die liberalen, vermittlerischen und einige der positiven Zeitschriften sich nie mit den „Protokollen der Weisen von Zion" auseinandersetzten, fielen die beiden Organe der Religiös-Sozialen sowie der judenmissionarische „Freund Israels" durch klare Stellungnahmen gegen diese fiktive antisemitische Schrift auf. So taxierte der österreichische Religiös-Soziale Oskar Ewald die „Protokolle" in den „Neuen Wegen" als „läppisches Märchen",[94] und im „Aufbau" wandte sich Pfarrer Rudolf Schwarz 1931 nicht nur gegen die Vorstellung einer internationalen Verschwörung des Judentums, sondern nannte zudem auch die „Jesuiten- und Freimaurerfurcht eine krankhafte Weltanschauung".[95] Das ansonsten häufig durch seine

91    Eine jüdische Prophezeiung, in: ASB, 13. 12. 1919, S. 388.
92    Hagemeister, Art. ‚Protokolle der Weisen von Zion', S. 322.
93    Politischer Ausblick, in: RSZ, Neujahr 1931, S. 1 f., S. 2.
94    Oskar Ewald, Religion und Nationalität, in: NW 18 (1924) 4, S. 154–158, S. 157.
95    Rudolf Schwarz, Nach der Lektüre des Buches „Mein Kampf". Brief an einen schweizerischen Hitler-Verehrer, in: A, 12. 6. 1931, S. 97 f., S. 98. Zugleich verwies Rudolf Schwarz darauf, dass

antisemitischen Aussagen auffallende Publikationsorgan der in Basel beheimateten „Freunde Israels" nahm in Bezug auf die „Protokolle" hingegen ebenso eine eindeutig ablehnende Haltung ein. Vereinsdirektor Paul Laub zeigte sich Ende 1921 hoch erfreut darüber, dass die englische „Times" bewiesen hatte, dass die „Protokolle" unecht waren.[96] Ein wichtiger Grund für die Einstellung des „Freund Israels" war wahrscheinlich die Furcht, dass der sich radikalisierende Antisemitismus die Aussichten auf die Bekehrung von Juden trüben würde. Diese Sorge äußerte zumindest Pastor Gustave Naymark.[97] Der Waadtländer Pastor war der Hauptträger des Kampfes der „Freunde Israels" gegen die „Protokolle". Er war von 1909 bis 1936 Schriftleiter des französischen Publikationsorgans des Judenmissionsvereins, des „Ami d'Israël". Naymark, der selbst Konvertit war, missionierte zudem in der Westschweiz für den Verein.[98] Wie er in seinen Tätigkeitsberichten schilderte, trat er in der französischsprachigen Schweiz in Vorträgen aktiv gegen die „Protokolle" auf und wurde sogar von einer jüdischen Organisation eingeladen, vor ihr ebenfalls zu diesem Thema zu referieren.[99]

Abgesehen von den „Protokollen der Weisen von Zion" fanden punktuell auch andere antisemitische Verschwörungsbücher Beachtung. So etwa rezipierte die jungreformierte „Reformierte Schweizer Zeitung" das antisemitische Verschwörungskonstrukt einer jüdischen Finanzierung der Sekte der „Ernsten Bibelforscher" zur Unruhestiftung in der Christenheit positiv.[100] Im Gegensatz zum schweizeri-

---

er jüdische Vorfahren besitze und ihm dies von antisemitischer Seite mit Sicherheit vorgehalten werde. Der Großvater mütterlicherseits des langjährigen Redakteurs und Mitarbeiters des vermittlerischen „Kirchenblatts für die reformierte Schweiz" war der Konvertit David Heman, der als ‚Proselytenvater' der „Freunde Israels" beschäftigt war. Schwarz war somit ein Neffe von Friedrich Heman.

96   Paul Laub, Die „Protokolle der Weisen von Zion", in: FI 48 (1921) 5, S. 83 f.

97   Vom Saatfeld. Aus den Berichten unserer Missionare, in: FI 48 (1921) 5, S. 75–80, S. 76.

98   Zu Naymark: Pasteur Gustave Naymark, Lausanne †, in: FI 65 (1938) 6, S. 82–84.

99   Siehe für seine Aufklärungsarbeit: Vom Saatfeld. Aus den Berichten unserer Missionare, in: FI 48 (1921) 5, S. 75–80, S. 76; Vom Saatfeld. Aus den Berichten und Briefen unserer Mitarbeiter, in: FI 49 (1922) 5, S. 70–75, S. 71. Zudem schrieb Naymark in dem von ihm redigierten „Ami d'Israël" gegen die „Protokolle" an. Siehe v. a.: Gustave Naymark, Les faux „Protocoles des Sages de Sion", in: Ami d'Israël 54 (1921) 3, S. 50–59.

100  Zur Entlarvung der Bibelforscher, in: RSZ, 24. 4. 1925, S. 3. Der Artikel fußte letztlich auf einer mehrbändigen Schrift von Herbert von Bomsdorff-Bergen, die eine freimaurerische Verschwörung konstruierte: Christian Kreuz [Herbert von Bomsdorff-Bergen], Ein Welt-Betrug durch Zeichen, Wort und Griff an der Werkmaurerei, 3 Bde., Zürich 1923/1925/1933, Betreffend die Ernsten Bibelforscher Bd. 1, S. 141–144. Siehe zudem auch: W., Das doppelte Gesicht, in: RSZ, 6. 11. 1925, S. 2 f., S. 2. Eine gewisse Aufmerksamkeit erhielt der Verleumdungsprozess zwischen den „Ernsten Bibelforschern" und einem Mitglied der in St. Gallen beheimateten „Schweizer Christenwehr", da Letztere den „Ernsten Bibelforschern" eine jüdische Finanzierung unterstellte. Sie-

schen Katholizismus und zur antisemitischen Bewegung im Allgemeinen war eine
verschwörungstheoretische Verknüpfung von Freimaurerei und Judentum im
Deutschschweizer Protestantismus aber sehr selten.[101] Häufiger Verwendung fand
hingegen das Pamphlet „Der internationale Jude" des Automagnaten Henry Ford,
das zwischen 1920 und 1922 in mehreren Bänden erstmals erschien.[102] Es waren
die beiden liberalen Zeitschriften „Schweizerische Reformblätter" und „Schweizerisches Protestantenblatt", welche die den „Protokollen" zustimmende Schrift von
Ford als ‚Beleg' für die angeblich große ‚internationale Macht' des Judentums an-
führten. Dies beweist, dass antisemitische Verschwörungstheorien auch bei Vertretern der liberalen Theologie Anklang fanden. Betonend, dass er immer wieder
aufgefordert worden sei, Fords Werk zu rezensieren, hielt der wiederholt durch seinen Antisemitismus hervorstechende Redakteur Hans Baur dem amerikanischen
Industriellen zu Gute, dass er „die erschreckend große Mitwirkung der Juden am
Handelskrieg, an der Propaganda des Hasses, an der Unterhöhlung der Gesellschaft,
am Bolschewismus, an den Christenverfolgungen im Osten, an der materialistischen Ausnützung aller idealen Güter, dem Handel mit Bildern, Musik, Künstler-
persönlichkeiten, dem Kino- und Tangobetrieb, dem Niedergang unserer Kultur
schonungslos" aufdecke.[103] Ganz ähnlich argumentierte auch der liberale Pfarrer
in Melchnau (BE) und Chefredakteur der „Schweizerischen Reformblätter", Werner Kasser.[104] Kritik an Henry Ford kam primär aus dem religiös-sozialen Lager.[105]

---

he etwa: Albert Rothenberger, Aus Staat und Kirche, in: RVB, 1. 3. 1924, S. 67–70; Wilhelm Hadorn, Chronik, in: KF, 20. 4. 1925, S. 123–126, S. 125. Zum Prozess siehe: Metzger, Antisemitismus
in der Stadt St. Gallen, S. 311–314. Auch in den 1930er-Jahren war die Vorstellung, dass eventuell
‚jüdisches Geld' an die „Ernsten Bibelforscher" fließe, noch präsent: Kuno Christen, Kirche und
Sekten, 2. Aufl., Interlaken 1937, S. 65.

101   Eine Ausnahme bildete in Ansätzen: Wilhelm Hadorn: Das, was aufhält, in: KF, 15. 3. 1919, S. 45–
47, S. 46. Zudem auch: W., Das doppelte Gesicht, in: RSZ, 6. 11. 1925, S. 2 f., S. 2.

102   Henry Ford, Der internationale Jude. Ein Weltproblem, 7. Aufl., Leipzig 1922. Zu Fords Antisemitismus: Neil Baldwin, Henry Ford and the Jews. Mass Production of Hate, New York 2001. Siehe zur Entstehungsgeschichte dieser antisemitischen Schrift zudem: Fabian Virchow, Art. ‚The
International Jew (Henry Ford, 1920–1922)', in: Handbuch des Antisemitismus, Bd. 6, S. 288–289.

103   Hans Baur, Aus Sturm und Stille, in: SPB, 2. 2. 1924, S. 38 f., S. 39. Baur gab vor, das Buch deshalb
noch nicht besprochen zu haben, weil noch einiges unklar wäre. Mit seiner dennoch nachgeschobenen Zustimmung in der ‚Sache an sich' verfolgte er die gleiche Argumentationsstrategie,
die die „Reformierte Schweizer Zeitung" 1931 in Bezug auf die „Protokolle" anwendete. Siehe Politischer Ausblick, in: RSZ, Neujahr 1931, S. 1 f., S. 2. Stellung für Henry Ford nahm zudem auch:
Mitteilungen, in: RSZ, 6. 5. 1927, S. 4.

104   Werner Kasser, Umschau, in: SRB, 19. 4. 1924, S. 125–127, S. 125 f.

105   Siehe v. a.: Alfred Bietenholz-Gerhard, Nochmals Henry Ford, in: A, 29. 8. 1924, S. 147 f., S. 147;
Leonhard Ragaz, Rundschau, in: NW 21 (1927) 7/8, S. 379–386, S. 382.

Ein interessantes Beispiel für den Umgang mit antisemitischen Weltverschwörungstheorien stellte letztlich auch Pfarrer Walter Hoch dar. Seine Argumentationsstrategie eines ,ja, aber' arbeitete mit einer vordergründigen Ablehnung antisemitischer Verschwörungsschriften, stellte aber deren Erscheinen als begreifliche
Reaktion auf die Zeitereignisse hin. Argumentativ erinnerte er daher stark an den
weiter oben besprochenen Artikel aus der „Reformierten Schweizer Zeitung", zumal auch er gegen Ende seines Beitrags seine schon getätigten Andeutungen nochmals leicht relativierte.[106] Zudem führte Hoch, wie auch an anderer Stelle in seinem
Text, ,jüdische' Aussagen an, die seine Position untermauern sollten:

> „Die schwerwiegende Anklage gegen die Juden, daß sie nach der Weltherr-
> schaft trachteten, kommt selbstverständlich gerade in unserer Zeit nicht von
> ungefähr, und man kann jemandem, der daran glaubt, nicht einfach den Vor-
> wurf machen, er sehe Gespenster. Tatsächlich verfügen jüdische Kreise in al-
> len Ländern über große Macht und außerordentlichen Einfluß. Das wird nicht
> nur von Antisemiten schlankweg behauptet, sondern von Juden selbst ehrlich
> zugegeben."[107]

Dieser mäandernden Strategie blieb Hoch auch in der Folge in seiner Artikelserie
treu. So wollte er aufzeigen, weshalb ,den Juden' Weltherrschaftsstreben zugetraut
werde. Zudem sei ein solches ja nicht an sich verwerflich, da es ja auch ein katho-
lisches Streben nach Weltherrschaft gäbe. Für den Fall einer ,jüdischen Weltmacht'
prophezeite Hoch abschließend mit Sicherheit einsetzende ,jüdische Christenverfolgungen'.[108]

Wie die analysierten Beispiele aufzeigen, stießen antisemitische Verschwörungstheorien in den Zeitschriften des Deutschschweizer Protestantismus auf ein gele-
gentliches Interesse. Dieses äußerte sich sowohl in Form zustimmender als auch
ablehnender Stellungnahmen. Eine explizite Zustimmung war selten,[109] häufiger

---

106   Walter Hoch, Wir Christen und die Judenfrage, Teil IV, in: CVF, 21. 2. 1925, S. 90–94. Hoch kri-
      tisierte die „Protokolle" sowie die Schrift Henry Fords. Darüber hinaus lehnte er eine von Au-
      gust Fetz gegen die „Ernsten Bibelforscher" gerichtete antisemitische Schrift ab. (August Fetz,
      Der große Volks- und Weltbetrug durch die „Ernsten Bibelforscher", 2. Aufl., Hamburg 1921.)
      Für die vermeintliche Relativierung zudem: Walter Hoch, Wir Christen und die Judenfrage, Teil
      IV, in: CVF, 21. 2. 1925, S. 90–94, S. 94.

107   Walter Hoch, Wir Christen und die Judenfrage, Teil IV, in: CVF, 21. 2. 1925, S. 90–94, S. 93. Wie-
      derum führte Hoch Theodor Herzl als ,Kronzeugen' an.

108   Walter Hoch, Wir Christen und die Judenfrage, Teil V, in: CVF, 28. 2. 1925, S. 101–105, S. 102 f.

109   Es sei nochmals verwiesen auf: Eine jüdische Prophezeiung, in: ASB, 13. 12. 1919, S. 388; Hans
      Baur, Aus Sturm und Stille, in: SPB, 2. 2. 1924, S. 38 f., S. 39; Werner Kasser, Umschau, in: SRB,
      19. 4. 1924, S. 125–127, S. 125 f.; Politischer Ausblick, in: RSZ, Neujahr 1931, S. 1 f., S. 2.

wurde vorsichtiger argumentiert, indem den Theorien eine gewisse Plausibilität nicht abgesprochen wurde und diese dadurch indirekt gutgeheißen wurden. Dass die konservativ-protestantischen und liberalen Zeitschriften – auf die religiös-sozialen traf dies nicht zu – nicht völlig abgeneigt waren, antisemitischen Weltverschwörungsvorstellungen Glauben zu schenken, erklärt auch, dass Imaginationen eines jüdischen ,Weltherrschaftsstrebens' respektive die Idee, dass ,die Juden' bereits eine etablierte ,Weltmacht' seien, ebenfalls präsent waren. Die Grenze zu verschwörungstheoretischem Denken war dabei fließend, wenn etwa der konservative Wilhelm Hadorn im März 1919 im Rückblick auf den Zeitraum der zweiten Hälfte des 19. Jahrhunderts bis zum Ende des Ersten Weltkrieges die Presse, aber auch politische Bewegungen wie den Sozialismus als jüdisch dominiert betrachtete und hinter dem Zionismus den ,Traum' des jüdischen Volkes, als „Volksmessias die Weltherrschaft" für sich zu beanspruchen, zu erkennen wähnte.[110] In demselben Artikel hatte Hadorn die jüdische ,Weltherrschaft' als bereits existent erachtet, und seine Meinung deckte sich dabei mit jener des liberalen Wilhelm Kambli, indem beide von 300 Juden sprachen, welche die Welt in der Hand hätten.[111] Sie rekurrierten hierbei auf eine Aussage des jüdischen deutschen Industriellen Walther Rathenau, der diese 1909 als Kritik an oligarchischen Strukturen, allerdings keineswegs mit Bezug auf das Judentum, getätigt hatte. Theodor Fritsch verfremdete diese Aussage Rathenaus jedoch antisemitisch, sodass dieser von den Antisemiten zu einem angeblichen jüdischen ,Kronzeugen' für die angebliche Valabilität der Verschwörungsvorstellungen erklärt wurde.[112]

Die Idee eines jüdischen Strebens nach ,Weltherrschaft' zeigte sich zudem auch beim liberalen Theologen Hans Baur sowie beim konservativ-protestantischen Universitätsprofessor Ernst Stähelin. Während Ersterer das Zurückweisen der Anfrage der Schweizer Juden auf Lockerung des Schächtverbots in der Eidgenossenschaft als Abwehrkampf gegen die „Welteroberung des Judaismus, [...] die anderswo solch freche Triumphe" feiere, betrachtete, führte Stähelin den angeblichen jüdischen Anspruch auf ,Weltherrschaft' auf ein in seinen Augen religiös fundiertes ,Auserwähltheitsdenken' zurück.[113]

---

110   Wilhelm Hadorn, Das, was aufhält, Teil V, in: KF, 15. 3. 1919, S. 45–47; Zitat S. 47.

111   Ebenda, S. 46; Wilhelm Kambli, Jude und Christ, in: RVB, 7. 6. 1919, S. 179–181, S. 180.

112   Siehe zur Transformation der Aussage Rathenaus: Mark Swartzburg, Art. ,The Three Hundred', in: Antisemitism. A Historical Encyclopedia of Prejudice and Persecution, Bd. 2, hrsg. von Richard S. Levy, Santa Barbara 2005, S. 705; Benz, Die Protokolle der Weisen von Zion, S. 71.

113   Hans Baur, Aus Sturm und Stille, in: SPB, 24. 9. 1921, S. 309; Ernst Stähelin, Juden und Christen in Vergangenheit, Gegenwart und Zukunft, Teil I, in: CVF, 14. 2. 1931, S. 76–79, S. 77 f.; Ernst Stähelin, Juden und Christen in Vergangenheit, Gegenwart und Zukunft, Teil II, in: CVF, 21. 2. 1931, S. 90 f., S. 91.

*Verschwörungstheoretische Vorstellungen als tragende Säule des radikalen Antisemitismus der Jungreformierten*

Zu Beginn der 1920er-Jahre formierte sich vorab in Zürich und Basel innerhalb des konservativen Protestantismus mit den Jungreformierten eine neue Gruppierung, die im Zürcher Pfarrer Rudolf Grob ihren wichtigsten Wortführer besaß.[114] Seit Mai 1922 brachte die theologische Strömung die „Reformierte Schweizer Zeitung" heraus, die sich in ihrer ersten Nummer vollmundig als protestantisches ‚Zentralblatt' präsentierte.[115] Die einer ‚altprotestantisch-calvinistischen' Theologie anhängenden Jungreformierten redeten der Idee einer autoritären und vom Staat unabhängigen Kirche das Wort. Sie zeichneten sich politisch durch eine Verknüpfung antietatistischer mit autoritären Positionen aus und besaßen im politisierenden niederländischen Pastor Abraham Kuyper und dessen „Anti-Revolutionaire Partij" ein Vorbild.[116] Die Jungreformierten sahen sich auch als protestantische ‚Erneuerungsbewegung'. Ohne eine ‚Erneuerung' des „christlichen Gemeindebewußtseins", davon waren sie überzeugt, könne eine solche des gesamten Volkslebens nicht anbrechen.[117]

Einsetzend mit der umfangreichen Diskussion über die ‚Judenfrage' im Herbst 1922,[118] blieb der Antisemitismus in den Spalten der wöchentlich erscheinenden Zeitung stets präsent, und spätestens ab Ende der 1920er-Jahre wurde er zu einem tragenden Element des Organs der Jungreformierten. Seine Judenfeindschaft war durch eine ausgeprägte Verknüpfung von Antisozialismus mit Antisemitismus und – häufig miteinander verflochten – starker Präsenz verschwörungstheoretischer Beiträge gekennzeichnet, was die „Reformierte Schweizer Zeitung" während ihres Erscheinens von 1922 bis 1936 eine Sonderstellung innerhalb der untersuchten protestantischen Periodika einnehmen ließ.[119] Die folgende Analyse des Antisemi-

114 Zu den Jungreformierten siehe v. a.: Aerne, Religiöse Sozialisten, S. 38–48; Kocher, Rationierte Menschlichkeit, S. 441–444.

115 Der Verlag, Nummer Eins!, in: RSZ, 6. 5. 1922, S. 1.

116 Zur Theologie der Jungreformierten: Aerne, Religiöse Sozialisten, S. 42–44; Kocher, Rationierte Menschlichkeit, S. 441 f. Der 1837 geborene Abraham Kuyper war von 1901 bis 1905 Ministerpräsident der Niederlande und verstarb 1920.

117 Mehr Zusammenhang!, in: RSZ, 6. 5. 1922, S. 1.

118 Siehe Kapitel 1 in diesem Teil.

119 1937 wurde der Name der „Reformierten Schweizer Zeitung" in „Freitagszeitung für das reformierte Schweizervolk" abgeändert. Auf 1939 hin gab das Organ der Jungreformierten seinen Zeitungscharakter auf und erschien fortan bis 1946 monatlich als Zeitschrift unter dem Namen „Grundriss". Die stark antisozialistische Ausrichtung des Netzwerks der Jungreformierten hatte sich im Nationalratswahlkampf von 1928 gezeigt, in dem die „Schweizerische Vereinigung für wirtschaftliche Solidarität", mit dem katholisch-konservativen Bundesrat Jean Marie Musy an

tismus der Jungreformierten anhand der „Reformierten Schweizer Zeitung" fokussiert deshalb auf die zentralen Elemente antisemitischer Verschwörungsdiskurse im jungreformierten Antisemitismus.

Einen gewissen programmatischen Charakter für den Antisemitismus der „Reformierten Schweizer Zeitung" wies der „Politische Ausblick" des Redakteurs Charles Schüle an Neujahr 1931 auf.[120] In ihm thematisiert Schüle drei der in seinen Augen brennendsten Probleme: das „Judenproblem", das „Kriegsproblem" und das „Sozialproblem". Das „Judenproblem", das er auch als „Krankheit" verstanden haben wollte, sah Schüle letztlich als ein religiöses, doch der heilsgeschichtliche Anstrich relativiert sich, da er die religiöse mit der rassentheoretischen Ebene verknüpfte:

> „Die Juden bilden nicht nur eine Konfession, wie es unser Liberalismus meint, sondern sie bilden in erster Linie eine Nation. Eine Nation freilich, die durch eine Religion zusammengehalten ist, nicht durch ein Land und nicht durch eine Sprache und nicht durch eine Regierung. Durch eine Religion, die tief bis in die Blutsbande eingreift und die Nation auch zur Rasse macht. Das Judenproblem ist darum in letzter Linie ein religiöses Problem. Allein vom Rassenstandpunkt aus oder vom nationalen Gesichtswinkel läßt es sich nicht in seiner Tiefe erfassen."[121]

Das Zitat zeigt zudem deutlich auf, wie Schüle – wie im gesamten Artikel – darum bemüht war, seine radikalantisemitischen Aussagen letztlich mit einer ‚religiösen' Argumentation abzufedern.

Schon alleine die Strukturierung der Neujahrsbetrachtung verdeutlicht die Intention Schüles, wies er dem „Judenproblem" doch deutlich am meisten Raum zu. Darüber hinaus präsentierte er die ‚Judenfrage' als eigentliches Kardinalproblem,

---

der Spitze, zwei anonym verfasste antisozialistische Propagandaschriften in großer Auflage drucken ließ. Hinter der anonymen Autorenschaft versteckten sich auf katholischer Seite der Freiburger Theologieprofessor Josef Beck, der die Kampfschrift „Wird der Sozi die Schweiz regieren?" zur Propagandaaktion beisteuerte, und auf protestantischer waren es mit Rudolf Grob, Charles Schüle, Emil Koenig und Walter Hildebrandt vier Exponenten der Jungreformierten, die die Schrift „Gegen den Strom" verfassten. (Helveticus [Beck Josef], Wird der Sozi die Schweiz regieren? Eine Frage an das Schweizervolk, Bern 1928; [Rudolf Grob/Walter Hildebrandt/Emil Koenig/Charles Schüle], Gegen den Strom, Solidarität statt Sozialismus. Weckruf ans Schweizervolk, Zürich 1928.) Koenig, Schüle und Hildebrandt waren allesamt in den 1920er- oder 1930er-Jahren eine gewisse Zeit als Redakteure für die „Reformierte Schweizer Zeitung" tätig. Siehe für diese Propagandaaktion: Christian Werner, Für Wirtschaft und Vaterland. Erneuerungsbewegungen und bürgerliche Interessengruppen in der Deutschschweiz 1928–1947, Zürich 2000, S. 53–79.

120 Charles Schüle, Politischer Ausblick, in: RSZ, Neujahr 1931, S. 1 f.

121 Ebenda, S. 1.

indem er das „Kriegs-" und das „Sozialproblem" letztlich ebenfalls auf einen vermeintlich realen Konflikt mit ‚den Juden' und somit auf das „Judenproblem" zurückführte.[122] So interpretierte er das „Sozialproblem" als einen Kampf um die Befreiung von jüdischer „Fremdherrschaft", als „eine Reinigung des Wirtschaftslebens von den Machteinflüssen des Judentums". Und die nationalistischen Konflikte der Nachkriegszeit führte er nicht auf einen nationalen Gegensatz zurück, sondern stilisierte sie zu einem Kampf gegen die angeblich unter „jüdischem Einfluß stehende Politik in diesen Ländern, gegen die Fremdherrschaft, die sich überall" ausdehnen würde. Zudem würden, so Schüle weiter, nur ‚die Juden' von der Rüstung und der Angst der Völker profitieren, und sie hätten sich im Völkerbund „ein organisatorisches Instrument" aufgebaut, „um den eigenen Einfluß zu stärken".[123] In dieser Sicht auf die Nachkriegsordnung dienten Schüle ‚die Juden' als ‚Welterklärung', was zeigt, welch hohen Stellenwert der Antisemitismus in der Ideologie der jungreformierten Zeitung einnahm. Zugleich legen die näher erläuterten Textstellen zentrale Elemente des verschwörungstheoretischen Denkens der Jungreformierten frei. Aus einer explizit germanophilen Haltung heraus, die sich über den internationalen Bedeutungs- und Imageverlust des nördlichen Nachbarstaates enttäuscht zeigte, wurden ‚die Juden' zu Verantwortlichen der für Deutschland unvorteilhaften Nachkriegsordnung gestempelt und in Verbindung mit dem diese Ordnung stützenden Völkerbund gebracht. Solche antisemitischen Verschwörungstheorien rückten die „Reformierte Schweizer Zeitung" in die Nähe rechtsextremer Zeitungen der Schweiz der 1920er-Jahre,[124] zumal Charles Schüle, wie ausgeführt, mehrdeutig auf die „Protokolle der Weisen von Zion" verwies.[125] Ein unterscheidendes Charakteristikum blieb jedoch, dass im Organ der Jungreformierten die Religion mitbestimmend blieb. So führte Schüle die vermeintlich ‚mächtige' Stellung ‚der Juden' letztlich auf eine Krise des Christentums zurück, die mit der Aufklärung und dem Liberalismus eingesetzt habe, was implizit einer Forderung nach ‚Rechristianisierung' gleichkam.[126]

122 Ebenda, S. 2.
123 Charles Schüle, Politischer Ausblick, in: RSZ, Neujahr 1931, S. 1 f., S. 2. Auch führte Schüle innergesellschaftliche Konfliktlinien, beispielsweise den ‚Klassenkampf', als Instrumente einer ‚jüdischen Politik' an.
124 Als Beispiel kann das von der „Schweizer Heimatwehr" herausgegebene „Schweizerbanner" dienen. Siehe: Thomas Metzger, Art. ‚Schweizerbanner (Schweiz, 1925–1934)', in: Handbuch des Antisemitismus, Bd. 6, S. 630–632.
125 Ein weiteres verschwörungstheoretisches Element bildete der Verweis auf eine angeblich 1929 geschaffene ‚alljüdische Exekutive'. Es rekurrierte offensichtlich auf die am 16. Zionistenkongress in Zürich gegründete zionistische „Jewish Agency". (Charles Schüle, Politischer Ausblick, in: RSZ, Neujahr 1931, S. 1 f.)
126 Charles Schüle, Politischer Ausblick, in: RSZ, Neujahr 1931, S. 1 f., S. 2.

Für die in der „Reformierten Schweizer Zeitung" präsente verschwörungstheoretische Konzeption, ‚die Juden' seien die entscheidungsbringende Macht im Ersten Weltkrieg gewesen, war die antisemitisch konstruierte Erklärung der Macht-
verhältnisse in Europa nach dem Ersten Weltkrieg, wie sie Charles Schüle in seinem
programmatische Züge tragenden Artikel zum Neujahr 1931 vorbrachte, charakteristisch. Dieser judenfeindliche Topos resultierte in einer stark antizionistischen
Grundhaltung. Die „Reformierte Schweizer Zeitung" postulierte etwa mehrfach,
die Entente hätte ‚die Juden' mittels der Versprechungen der Balfour-Deklaration auf ihre Seite gezogen gehabt. Das Geld und der ‚Einfluss' ‚der Juden' hätten
schließlich zur für Deutschland negativen Entscheidung im Weltkrieg geführt.[127]
Rudolf Grob nahm diese antisemitische Konstruktion beispielhaft in einer der
meist von ihm verfassten „Politischen Rundschauen" vor.[128] Mit einem Seitenblick
auf die Sowjetunion schrieb im November 1930 der führende Kopf der jungreformierten Strömung in Bezug auf die Balfour-Deklaration:

> „Diese Erklärung brachte die Wendung für das Kriegsglück der Entente, in-
> dem unter dem mächtigen Einfluß der Juden die Amerikaner in entscheiden-
> der Weise in den Kampf eingriffen und den Sieg herbeiführten. Und auf dieses
> Versprechen gründet sich die seitherige Palästinapolitik Englands [...].
>
> Das englische Palästinaversprechen war der größere Vorteil für die Juden
> als die unsichere Möglichkeit, das russische Reich durch die Revolution un-
> ter jüdische Macht zu bringen, und das führte in starkem Maße die Entschei-
> dung des Weltkrieges zugunsten der Entente herbei. Aber auch die bolschewis-
> tischen Geister, die Deutschland rief, die wird es nun nicht los, und von zwei
> Seiten her macht sich heute der jüdische Druck auf die Weltpolitik geltend:
> über das englische Palästinaversprechen durch die Ententepolitik, und über die
> russische Revolution durch den Kommunismus in allen Ländern."[129]

Die antizionistische Haltung der „Reformierten Schweizer Zeitung" drang auch
sonst in der Berichterstattung über Palästina regelmäßig durch. Besonders stark
zeigte sie sich in der Polemik gegen die junge „Hebräische Universität Jerusalem",

---

127  Siehe etwa: Die Wahrheit über die fälschlich sogenannte hebräische Universität in Jerusalem, in:
     RSZ, 30. 10. 1925, S. 2; Charles Schüle, Politische Rundschau, in: RSZ, 10. 7. 1931, S. 1.
128  Nach 1930 verfassten primär Rudolf Grob und Charles Schüle die Rubrik „Politische Rund-
     schau". Während Schüle meist mit ‚S.' zeichnete, verwendete Grob die anonymen Kürzel ‚*' res-
     pektive ‚***'. Siehe zu Grobs Autorenschaft der „Politischen Rundschau": Kaiser, Deutscher Kir-
     chenkampf, S. 200–202; S. 241.
129  Rudolf Grob, Politische Rundschau, in: RSZ, 14. 11. 1930, S. 1.

die als phantomartige Propagandaidee ‚der Juden' hingestellt wurde.[130] Der antisemitische Erklärungsansatz der Wende im Ersten Weltkrieg entsprach auch der Diktion des „Boten aus Zion", die sich im „Appenzeller Sonntagsblatt" niederschlug. „Damals handelte es sich darum, die Unterstützung des über die Reichtümer der Erde verfügende Weltjudentum für Englands Kriegsführung zu gewinnen", lautete die antisemitische Deutung der Balfour-Deklaration von November 1917 durch den deutschen Pfarrer Ludwig Schneller in einem Artikel seines „Boten aus Zion", auf den sich das „Appenzeller Sonntagsblatt" bezog.[131] Ebenso der in Charles Schüles Artikel zum Neujahr 1931[132] vertretene antisemitische Standpunkt, ‚die Juden' seien die Profiteure des Ersten Weltkrieges gewesen und sie würden unter anderem mit Hilfe des von den Jungreformierten abgelehnten Völkerbunds die Nachkriegsordnung kontrollieren, wurde vereinzelt auch an anderer Stelle im konservativ-protestantischen Blatt aufgegriffen.[133]

## 3 Selektive Kritik am Antisemitismus

Die starke ‚Wiederbelebung' des Judenfrage-Topos sowie die erhöhte Präsenz antisemitischer Verschwörungskonstrukte waren Ausdruck der deutlichen Zunahme antisemitischer Äußerungen im Deutschschweizer Protestantismus in der Phase

130  Siehe v. a.: Die Wahrheit über die fälschlich sogenannte hebräische Universität in Jerusalem, in: RSZ, 30. 10. 1925, S. 2. Zudem auch: U., Entschuldigung, in: RSZ, 23. 10. 1925, S. 6; Charles Schüle, Politische Rundschau, in: RSZ, 6. 9. 1929, S. 1. Mit Verweis auf den Zionismus wurde auch der antisemitische Topos der ‚nationalen Unzuverlässigkeit' ‚der Juden' bemüht und als Argument gegen die Einbürgerung von Menschen jüdischen Glaubens verwendet. So schrieb Charles Schüle 1927 mit Blick auf den Zionistenkongress in Basel: „Auch am Zionistenkongress in Basel wurde wieder stark die jüdische Nationalität betont. Von den zwölf Millionen lebenden Juden auch nur einen größeren Bruchteil aufzunehmen, wäre das kleine Palästina niemals in der Lage. Es handelt sich für die Juden vielmehr darum, in Palästina ein Zentrum für ihre politisch-nationale Betätigung in allen Ländern der Welt zu gewinnen. Es wäre gut, wenn gerade in Fragen der Einbürgerung von Juden unsere Obrigkeiten sich dessen bewußt wären, dass mit der Bürgerrechtserteilung an Juden immer einer fremden Nation ein Stück des Heimatlandes ausgeliefert wird." (Charles Schüle, Politische Rundschau, in: RSZ, 2. 9. 1927, S. 1.)

131  Die Zionisten und das heilige Land, Teil I, in: ASB, 22. 7. 1922, S. 227 f., S. 227. Zudem ebenfalls sich auf Schneller beziehend: Die Judenfrage, Teil III, in: ASB, 28. 8. 1920, S. 275 f., S. 276. Ebenfalls mit Bezugnahme auf Schneller sogar schon gegen Ende des Krieges bei der Besetzung Palästinas durch englische Truppen: Vom Zionismus, Teil II, in: ASB, 20. 4. 1918, S. 123 f.

132  Charles Schüle, Politischer Ausblick, in: RSZ, Neujahr 1931, S. 1 f.

133  Siehe als Beispiel: W. G., Judenfrage, in: RSZ, 6. 10. 1922, S. 2. Schüle sah den Völkerbund beispielsweise auch als Ausdruck der angeblich auch von ‚assimilierten' Juden geübten Praxis, ‚Rassenunterschiede' zu verneinen: Charles Schüle, Zur Judenfrage in der Schweiz, in: RSZ, 18. 11.

von 1919 bis 1932. In diesem Anstieg widerspiegelte sich nicht zuletzt die antisemitische Welle in Europa in den ersten Jahren nach dem Ersten Weltkrieg, mit der auch eine Radikalisierung der Judenfeindschaft einherging. Gerade in dem für den Deutschschweizer Protestantismus so wichtigen Referenzrahmen Deutschland nahm der Antisemitismus schon ab der Mitte des Ersten Weltkrieges einen gewaltigen Aufschwung. Er setzte sich noch stärker auf der politischen, aber auch gesellschaftlichen Ebene fest, was sich nicht zuletzt in einem deutlichen Anstieg antisemitischer Gewalt niederschlug.

Die Radikalisierung des Antisemitismus, die auch in der schweizerischen Gesellschaft ihre Folgen zeitigte – es sei in diesem Zusammenhang noch einmal auf die sogenannte Hakenkreuzwelle verwiesen[134] – wurde im Deutschschweizer Protestantismus teilweise als Herausforderung wahrgenommen und führte innerhalb des antisemitischen Argumentierens zu Abgrenzungsbemühungen. Die Grenzen des Sagbaren sowie die Haltung gegenüber antisemitischer Gewalt stehen im Vordergrund der folgenden Analyse. Von der Argumentationsstruktur her wiesen die Grenzziehungen deutliche Parallelen mit jenen Diktionen auf, die schon für die Periode von 1870 bis 1895 herausgearbeitet worden sind, einen Zeitraum, der ebenfalls sowohl von einem generellen Anstieg des Antisemitismus als auch von dessen Radikalisierung geprägt war.[135]

### *Kritik an Stil und Inhalt*

Breitere Diskussionen darüber, welche Formen der Judenfeindschaft als ‚erlaubt‘ und welche als ‚unerlaubt‘ zu betrachten seien, fanden in den untersuchten Zeitschriften zwischen 1919 und 1932 keine statt. Dennoch lassen sich aus vereinzelten Äußerungen Grundsätze herausarbeiten. Diese weisen Parallelen zu dem von Urs Altermatt für den schweizerischen Katholizismus der Nachkriegszeit festgestellten ‚Koordinatensystem‘ auf, gemäß welchem rassenantisemitische Vorstellungen auf Ablehnung stießen, soziokulturell argumentierende hingegen als berechtigte Form der Abwehr ‚der Juden‘ taxiert wurden.[136] In den analysierten Zeitschriften des Deutschschweizer Protestantismus wurden solche Grundsätze aber selten in einer derart konzisen Form geäußert. Dies galt für sämtliche Organe, jedoch mit

---

1932, S. 2 f., S. 3. Über angeblich jüdischen Einfluss auf den Völkerbund zudem: Chronik des Kirchenfreund, in: KF, 1. 5. 1919, S. 75 f., S. 75.

134  Zur ‚Hakenkreuzwelle‘ in der Schweiz siehe primär: Kamis-Müller, Antisemitismus in der Schweiz, S. 145–151.

135  Siehe Kapitel 5 in Teil III.

136  Altermatt, Katholizismus und Antisemitismus. Zudem ebenfalls: Altermatt, Das Koordinatensystem des katholischen Antisemitismus.

Ausnahme des judenmissionarischen „Freund Israels". Dieses pietistisch geprägte Blatt, das während des gesamten Untersuchungszeitraums von 1870 bis 1950 ausgeprägt antisemitisch war, befand sich in den Jahren nach dem Ersten Weltkrieg in einer Phase, in der es sich verstärkt gegenüber gewissen Formen der Judenfeindschaft abgrenzte. In besonders konziser Form war dies in einem als programmatisch anzusehenden Artikel zum Thema Antisemitismus von Februar 1925 der Fall. Obgleich rassenantisemitische Diktionen verwendend, nahm das judenmissionarische Blatt dabei in erster Linie mit Blick auf die Intentionen der Judenfeindschaft und in zweiter Linie bezüglich ihrer inhaltlichen Ausprägung eine Unterscheidung in ‚erlaubten' und ‚unerlaubten' Antisemitismus vor:

> „Gegen das Bestehen einer vernünftigen Abwehr der ‚Übergriffe' der semitischen Rasse ließe sich nichts einwenden; eine solche Abwehr kann unter Umständen zu einer politischen, sozialen und auch moralischen Pflicht gehören. Dennoch ist die Behandlung aller Semiten nach einem Schema, die Anwendung roher Gewalt und Ausnahmegesetze gegen die eigenen Bürger, das Aufpeitschen der Leidenschaft bei den Volksmassen, das erheben des Hasses und der Gewalt zum erlaubten sittlichen Abwehrmittel des Einzelnen, bedenklich und verwerflich. Diese instinktive Feindschaft und Abwehr trifft gewöhnlich die Unschuldigen und Wehrlosen am ehesten und meisten; und wie jede Ungerechtigkeit und Gewalt sich letztes Endes gegen den eigenen Urheber wendet, so führt auch der Rasseantisemitismus zuletzt zum Schaden und Verfall des eigenen Landes, der eigenen Rasse."[137]

Sehr ähnlich argumentierte der Verein fünf Jahre später, als dessen Direktor August Gerhardt am fünften „Studientag zur Judenfrage" der deutschsprachigen Judenmissionsvereine, der in 1930 Stuttgart stattfand, Leitsätze zum Thema Antisemitismus präsentierte, wobei er insbesondere gegen den Rassenantisemitismus Front machte. Den Antisemitismus, verstanden als „Ablehnung und Gegensatz zu dem als schädlich empfundenen, speziell jüdischen Geist", taxierte Gerhardt hingegen als „verständlich und erklärlich".[138]

Worin bestand die Motivation des judenmissionarischen „Vereins der Freunde Israels", den Lesern ihres Missionsblattes eine ‚Wegleitung' für das Verhalten gegenüber dem Antisemitismus zu geben? Zu einem guten Teil lag sie in der Furcht begründet, der stark zunehmende und sich radikalisierende Antisemitismus würde die Chancen der Missionierung unter den Juden vermindern und die Existenz der

---

137  Der Antisemitismus, in: FI 52 (1925) 1, S. 7–11, S. 11.
138  Die 5. Studientagung zur Judenfrage, in: FI 57 (1930), S. 18–26, S. 26. Siehe zudem die Berichterstattung im „Kirchenfreund": F. Hilzinger, Chronik, in: KF, 24. 4. 1930, S. 139–141, S. 140.

Judenmission gefährden, da sie an Rückhalt im Protestantismus verlieren würde.[139] Wie für den judenmissionarischen Verein charakteristisch, war dieses Einstehen für die Juden letztlich durch die auf das Judentum projizierten heilsgeschichtlichen Hoffnungen motiviert. Dies schlug sich auch in einem Aufruf zu Beginn des Jahres 1930 nieder, der um Christus willen zur ‚Liebe‘ gegenüber den Juden aufforderte, gleichzeitig aber verächtlich über die Juden sprach:

> „Liebst du den Juden? Trauerst du mit Jerusalem? Du sprichst: Ich kann den Juden nicht leiden; er hat so viele Schattenseiten in seinem Charakter: Unaufrichtigkeit, Empfindlichkeit, Hochmut, Frechheit, Gier … Ich kann den Juden nicht lieben; er ist mir so unsympathisch, so abstoßend … Es ist klar, daß wir ihn nicht um seiner selbst willen, aber auch nicht aus eigener Kraft lieben können; wir können es aber um des Herrn willen, der das Volk ansah und den das Volk jammerte; wir werden es um des Herrn willen lieben, der auch uns unsere Sünde und Untugenden vergab und aus uns neue Menschen schuf. Lasset uns den Juden um Jesu willen lieben.“[140]

Indem er den Antisemitismus im jungen Kaiserreich nach dem Deutsch-Französischen Krieg mit jenem nach dem Ersten Weltkrieg verglich, ließ der „Freund Israels“ in seinen Reflexionen über den Antisemitismus in einem anderen Beitrag zudem durchscheinen, dass er die zeitgenössische Judenfeindschaft als eine Fehlentwicklung verstand. Als vermeintlich positives Gegenbeispiel zu dem nach dem Ersten Weltkrieg vorherrschenden Antisemitismus führte das Blatt Hofprediger Adolf Stoecker an.[141] Dies zeigt einmal mehr, wie Stoecker auch über seinen Tod hinaus im konservativen Protestantismus der Deutschschweiz als Kämpfer gegen ‚die Juden‘ heroisiert wurde.[142] Denselben nostalgischen Blick auf Stoecker pflegte auch der „Christliche Volksfreund“. In deutlich judenfeindlichen Ausführungen, die auch dem gegenwärtigen Antisemitismus Positives abgewannen, hob Ernst Stähelin 1931 hervor, dass der in seinen Augen fälschlicherweise als Antisemit bezeichnete Stoecker der Erste gewesen sei, der, „um dem deutschen Volk den lebendigen Christenglauben zu erhalten, gegen das Eindringen des jüdischen frivolen Geistes

---

139   Siehe für diese Argumentation etwa: Antisemitische Früchte, in: FI 48 (1921) 2, S. 28–31, S. 30–31; Paul Laub, Neunzigster Jahresbericht des Vereins der Freunde Israels in Basel für das Jahr 1920, in: FI 48 (1921) 4, S. 49–68, S. 59 f.; Paul Laub, Einundneunzigster Jahresbericht des Vereins der Freunde Israels in Basel für das Jahr 1921, in: FI 49 (1922) 4, S. 49–63, S. 63; August Gerhardt, 99. Jahresbericht des Vereins der Freunde Israels in Basel, in: FI 57 (1930) 3, S. 37–46, S. 38.

140   [August Gerhardt], Freuet euch!, in: FI 57 (1930) 1, S. 1–3, S. 2.

141   Der Antisemitismus in Deutschland nach dem Kriege 1870 und dem Weltkriege, in: FI 52 (1925) 3, S. 42–44, S. 42.

142   Zur Heroisierung Stoeckers siehe v. a. Kapitel 5 in Teil III.

Front" gemacht habe. „Der jetzige Antisemitismus" könne hingegen von den Christen nicht anders denn als „öder Nationalitäts- und Rassengrößenwahn" beurteilt werden.[143] In beiden Stoecker lobenden Artikeln stellte die Bewertung der Judenfeindschaft Stoeckers als ‚christlich' das entscheidende Abgrenzungsmerkmal gegen den Antisemitismus der Zeit nach dem Ersten Weltkrieg dar. Diesbezüglich strich der Artikel des „Freund Israels" zudem heraus, dass Stoecker sich in seinem Antisemitismus – im Gegensatz zum zeitgenössischen – nicht gegen das ‚Alte Testament' gestellt habe.[144]

Die Konnotation gewisser Ausformungen des zeitgenössischen Antisemitismus mit ‚unchristlich' respektive die Erkenntnis, dass diese auch zentrale Glaubenssätze des Christentums gefährden würden, stellten im Deutschschweizer Protestantismus denn auch eine der drei zentralen Achsen der abgrenzenden Kritik gegen die sich radikalisierende Judenfeindschaft dar.[145] Gerade die Haltung zum ‚Alten Testament' wurde dabei zu einem Lakmustest. Vor allem in den positiven Zeitschriften – aber auch vereinzelt in den liberalen – wurde daher im Zusammenhang mit Antisemitismuskritik für eine untrennbare Verbindung zwischen ‚Altem' und ‚Neuem Testament' votiert.[146] Dass dort, wo fundamentale christliche Glaubensinhalte durch die antisemitische Bewegung tangiert wurden, eine unverrückbare Grenze verlief, zeigt eine ablehnende Rezension einer antisemitischen Schrift im „Freund Israels" auf. Der in den judenmissionarischen Kreisen präsente heilsgeschichtlich motivierte Glaube an eine fortdauernde ‚Auserwähltheit' der Juden ließ den „Freund Israels" in den 1920er-Jahren wiederholt das ‚Alte Testament' gegenüber antisemitischen Angriffen verteidigen.[147] Die Besprechung der 1919 in Berlin erschienenen Schrift „Von der Vergiftung des deutschen Volkes"[148] zeigte sich da-

---

143 Ernst Stähelin, Juden und Christen in Vergangenheit, Gegenwart und Zukunft, Teil VI, in: CVF, 21. 3. 1931, S. 138–141, S. 139 f.

144 Der Antisemitismus in Deutschland nach dem Kriege 1870 und dem Weltkriege, in: FI 52 (1925) 3, S. 42–44, S. 43 f.

145 Siehe neben den im vorangegangenen Abschnitt angeführten Beispielen auch: Aus der Sammelmappe des Herausgebers, in: FI 47 (1920) 2, S. 31 f., S. 31; Der Antisemitismus, in: FI 52 (1925) 1, S. 7–11, S. 9; Das Recht der Judenmission, in: FI 52 (1925) 2, S. 17–20, S. 17; Die 5. Studientagung zur Judenfrage, in: FI 57 (1930) 2, S. 18–26, S. 26; F. Hilzinger, Chronik, in: KF, 24. 4. 1930, S. 139–141, S. 140.

146 Siehe z. B. Walter Hoch, Wir Christen und die Judenfrage, Teil III, in: CVF, 14. 2. 1925, S. 76–82, S. 79; R. H. Eprecht, „Ich bin, der ich bin!", in: RVB, 8. 8. 1925, S. 257–259, S. 257; Alexander Vömel, Jesu, deine Passion will ich jetzt bedenken!, in: CVB, 10. 3. 1926, S. 73 f., S. 74.

147 Siehe etwa: Antisemitische Früchte, in: FI 48 (1921) 2, S. 28–31, S. 28; Der Antisemitismus in Deutschland nach dem Kriege 1870 und dem Weltkriege, in: FI 52 (1925) 3, S. 42–44, S. 43.

148 Karl Foerster, Von der Vergiftung des Deutschen Volkes. Drei Aufsätze für Deutschlands Volkserzieher, Berlin 1919.

bei – wie sehr oft in anti-antisemitischen Artikeln – selbst keineswegs frei von antisemitischen Denkmustern, erachtete sie doch ‚die Juden‘ aufgrund ihrer „Rasse und Religion" als „Fremdkörper im Volksleben". Doch der Fakt, dass das antisemitische Pamphlet das ‚Alte Testament‘ in den Staub ziehe, würde dem Geiste Christi widersprechen und die wahre Vergiftung des deutschen Volkes darstellen, urteilte die Rezension.[149] Auch die deutsche völkische Bewegung geriet ob ihres antichristlich geprägten Antisemitismus in die Kritik.[150]

Eine zweite Argumentationsachse der Kritik an bestimmten Formen des Antisemitismus fokussierte auf deren Agitationsstil. So grenzte sich der liberale Pfarrer Werner Kasser in den „Schweizerischen Reformblättern" gegen Flugblattaktionen ‚hakenkreuzlerischer‘ Kreise ab, um aber zugleich zu betonen, dass „unser Antisemitismus" sich gegen die unheimliche Macht des Judentums zu richten habe.[151] Antisemitische Aussagen im Zusammenhang einer ‚Stilkritik‘ des Antisemitismus zeigten sich auch in einem Blick des religiös-sozialen Pfarrers Leonhard Ragaz auf Adolf Hitlers „Mein Kampf". Hitler zwar als Demagogen charakterisierend, hob der Redakteur der „Neuen Wege" gleichwohl relativierend hervor:

> „Seine Kritik des Parlamentarismus, des Zeitungswesens und Politikertums ist sachlich zutreffend und mit Kraft und Geist ausgesprochen. In diesen Partieen [sic!] kommt offenbar etwas vom Besten und Wahrsten in Hitler zum Vorschein. Auch was er von der Rolle des Judentums sagt ist nicht alles falsch und es dürfte für Juden, die an ihrem Volke nicht blind sind (das sind übrigens die Juden meistens nicht), ganz wertvoll sein, an diesen Anklagen zu prüfen, wie es sich im Spiegel eines seiner Todfeinde darstellt. Freilich ist im übrigen Hitlers Antisemitismus so brutal, gemein und kindisch als möglich."[152]

Auf besonderen Widerspruch stießen Schändungen jüdischer Friedhöfe, die in Deutschland in den Jahren vor der nationalsozialistischen Herrschaft sprunghaft angestiegen waren.[153]

---

149  „Von der Vergiftung des deutschen Volkes", in: FI 47 (1920) 1, S. 11 f. Die kritischen Aussagen hatte der „Freund Israels" aus dem in Leipzig erscheinenden judenmissionarischen Blatt „Friede über Israel" übernommen.

150  Als Beispiele siehe: Gustav Benz, Kirchliche Zeitschau, in: CVF, 2. 6. 1928, S. 262–264, S. 264; Theodor Lang, Berliner Brief, in: KF, 13. 8. 1931, S. 259–262, S. 261 f.; Hans Baur, Aus Sturm und Stille, in: SPB, 18. 6. 1932, S. 196–199, S. 197 f.

151  Werner Kasser, Umschau, in: SRB, 19. 4. 1924, S. 125–127, S. 125 f.

152  Leonhard Ragaz, Rundschau, in: NW 24 (1930) 12, S. 588–600, S. 597.

153  Siehe etwa: Kirchliche Zeitschau, in: CVF, 3. 9. 1927, S. 430–432, S. 431; Gustav Benz, Kirchliche Zeitschau, in: CVF, 24. 9. 1932, S. 465–468, S. 468; Allerlei, in: ASB, 15. 10. 1932, S. 334 f., S. 335.

Die dritte Achse, über die eine Abgrenzung gegen den radikalen Antisemitismus gelegentlich laufen konnte, bestand in der Kritik rassenantisemitischen Denkens.[154] Eine besondere Form wählte der konservativ-protestantische Pfarrer Walter Hoch in seiner Artikelserie von 1925 im „Christlichen Volksboten". An mehreren Stellen selbst rassenantisemitisch argumentierend, gab er vor, den Rassenantisemitismus zu verurteilen, und zwar weil die Fokussierung auf die Abstammung eine angeblich jüdische Denkart darstelle. Die radikalen Antisemiten würden folglich „die Juden mit jüdischen Waffen" bekämpfen.[155] Die Diskursstrategie, ‚abzulehnende' Formen des Antisemitismus durch eine Apostrophierung als ‚jüdisch' zu diskreditieren, wurde mehrfach angewendet.[156] Die Kritik rassenantisemitischer Konzeptionen war jedoch keine absolute, zeigten sich doch in der Phase von 1919 bis 1932 rassenantisemitische Vorstellungen im Deutschsprachigen Protestantismus stärker verbreitet als noch in den vorangegangenen Jahrzehnten. Vor allem zu verweisen ist auf Adolf Frey und Rudolf Riesenmey, die als Nichttheologen Artikel zu liberalen Zeitschriften beisteuerten.[157] Auf konservativ-protestantischer Seite zeigten sich etwa Walter Hoch und Max Thomann und die jungreformierte „Reformierte Schweizer Zeitung" offen für rassenantisemitisches Gedankengut.[158] Darüber hinaus blieb die Abgrenzung insofern eine halbherzige, als Versatzstücke des Denkens und Sprechens in der Kategorie ‚Rasse' über alle Richtungen hinweg präsent waren, womit sich in dieser Hinsicht der Befund der ersten beiden Perioden wiederholt.[159] Bei diesen Versatzstücken handelte es sich zum einen um Anleihen bei der Rassensemantik. So waren der Rassebegriff und in geringerem Ausmaß die Begriffe

---

154 Siehe z. B.: Aus der Sammelmappe des Herausgebers, in: FI 47 (1920) 2, S. 31 f., S. 31. Allerdings selbst mit essentialisierenden Vorstellungen durchsetzt: Charlot Strasser, Latenter Antisemitismus, in: NW 14 (1920) 10, S. 427–437, S. 431 f.

155 Walter Hoch, Wir Christen und die Judenfrage, Teil III, in: CVF, 14. 2. 1925, S. 76–82, S. 79 f. Diese Argumentationsstrategie sollte Hoch in den 1930er- und 1940er-Jahren wiederholt verwenden. Den angeblichen jüdischen ‚Rassestolz' ebenfalls betonend: Julius Richter, Eine wichtige Tagung in einer wichtigen Angelegenheit, in: FI 59 (1932) 1, S. 3–9, S. 5.

156 So lehnte Wilhelm Hadorn den ‚völkischen Geist' unter anderem mit dem antisemitischen Argument ab, dieser entspräche einer ‚jüdischen Denkart': Wilhelm Hadorn, Chronik, in: KF, 9. 1. 1925, S. 9–13, S. 11–13.

157 Rudolf Riesenmey, Noch einmal Judenfrage, in: SRB, 26. 3. 1921, S. 92–95, S. 93; Adolf Frey, Noch einmal „Jude und Christ", in: RVB, 2. 8. 1919, S. 245 f., S. 245.

158 W. G., Judenfrage, in: RSZ, 6. 10. 1922, S. 2; Walter Hoch, Wir Christen und die Judenfrage, Teil III, in: CVF, 14. 2. 1925, S. 76–82, S. 80–82; Max Thomann, Chronik, in: KF, 3. 4. 1925, S. 108 f., S. 109; Charles Schüle, Zur Judenfrage in der Schweiz, in: RSZ, 18. 11. 1932, S. 2 f. Siehe aber auch: Ernst Stähelin, Juden und Christen in Vergangenheit, Gegenwart und Zukunft, Teil VI, in: CVF, 21. 3. 1931, S. 138–141, S. 141.

159 Siehe hierfür Kapitel 4 in Teil III sowie Kapitel 1 in Teil IV.

‚Semiten' und ‚Arier' durchaus gängige Bezeichnungen für ‚Juden' und ‚Nichtjuden' im Deutschschweizer Protestantismus.[160] Der Gebrauch dieser Kategorien illustriert die Popularität rassischer Sprachkategorien in der damaligen Gesellschaft. Populär war zum anderen auch die Vorstellung einer spezifisch jüdischen ‚Physiognomie'.[161] Eine wahrhaft physiognomische ‚Monstrosität' zeichnete Johannes Tscharner im „Aufbau". Die Romanfigur Taddée Mooch aus dem mehrteiligen Roman „Jean Christophe" Romain Rollands beschreibend, zeichnet er ein antisemitisches Bild körperlicher Hässlichkeit und Minderwertigkeit: „Mooch schien eben äußerlich mehr Jude zu sein, als er in Wirklichkeit war [...]: ‚klein, kahl, mißgestaltig, mit einer pappigen Nase, mit klotzigen Augen, die hinter dicken Brillengläsern hervorschielten, mit einem Gesicht, das hinter einem harten schwarzen und unordentlichen Bart versteckt zu sein schien, mit behaarten Händen, langen Armen und kurzen krummen Beinen, so recht ein kleiner syrischer Baal."[162]

*Haltung gegenüber antisemitischer Gewalt*

Antisemitische Gewalt wurde in den untersuchten protestantischen Zeitschriften wiederholt angesprochen. Obwohl in den Jahren von 1919 bis 1932 Pogrome gegen Juden in Osteuropa im Gegensatz zu den beiden vorangegangenen Perioden kein bedeutendes Thema darstellten, fanden Judenverfolgungen in historischer Perspektive mehrfach Beachtung in den Periodika. Darüber hinaus stellte die Ermordung des deutschen Reichsaußenministers Walther Rathenau am 24. Juni 1922 ein Ereignis dar, das die rechtsextreme antisemitische Gewalt in der Weimarer Republik zum Thema werden ließ. Die Ermordung des in Deutschland vielfach antisemitisch geschmähten Rathenau stellte richtungsunabhängig für mehrere Zeitschriften

---

160  Für den Gebrauch der Kategorie ‚Rasse' siehe beispielsweise: Berichte, in: NW 18 (1924) 1, S. 35–37, S. 36; Jakob Wirz, Das Judentum, Teil II, in: KRS, 11. 6. 1925, S. 95 f., S. 95; Julius Richter, Eine wichtige Tagung in einer wichtigen Angelegenheit, in: FI 59 (1932) 1, S. 3–9, S. 5. Für die Begriffe ‚Arier' und ‚Semit' zudem: Eduard Burri, Christentum, Kirche und moderne Belletristik, Teil II, in: KRS, 12. 1. 1922, S. 5–7, S. 5; Robert Schedler, Algerienfahrt, Teil VIII, in: SRB, 11. 3. 1922, S. 77–80, S. 79; Heinrich Ströbel, Die Korruptions-Skandale in Deutschland, in: A, 6. 3. 1925, S. 37 f., S. 37.

161  Siehe z. B.: Daniel Burckhardt-Werthemann, Des Volksboten Silvestergang durch die Vaterstadt, Teil IV, in: CVB, 21. 1. 1920, S. 19–21, S. 19; Jakob Keller, Fahrt nach Holland, Teil I, in: RVB, 24. 4. 1920, S. 133–136, S. 135; Vom Zionismus, in: ASB, 3. 9. 1921, S. 283–284, S. 283; Politisches, in: CVB, 16. 4. 1924, S. 127; Walter Hoch, Wir Christen und die Judenfrage, Teil II, in: CVF, 7. 2. 1925, S. 65–68, S. 68; Johann Huldreich Brassel, Juden, in: CVF, 23. 11. 1929, S. 559 f., S. 559.

162  Johannes Tscharner, Der edle Jude, in: A, 9. 1. 1925, S. 7. Tscharner bezog sich auf den siebten Band („Dans la maison") des zehnteiligen Romans „Jean Christophe" des französischen Autors und Pazifisten Romain Rolland.

einen Schock dar, war er doch wohl die am positivsten konnotierte jüdische Persönlichkeit im Deutschschweizer Protestantismus jener Jahre. Seine Verdienste für Deutschland und seine publizistische Tätigkeit waren auf einiges Wohlwollen gestoßen.[163] Sein ‚Jude-Sein' spielte beim ‚guten Juden' Rathenau nur eine untergeordnete Rolle; so thematisierte dieses eine wohlwollend verfasste kurze Biografie im „Appenzeller Sonntagsblatt" anlässlich seiner Ermordung mit keinem Wort.[164] Da hinter Rathenaus Ermordung die rechtsextreme „Organisation Consul" stand und auch antisemitische Motive für die Tat ausschlaggebend waren, kam es zu einer Kritik des radikalen Antisemitismus in Deutschland. Pfarrer Gustav Benz aus Basel etwa, der betonte, dass er aus Rathenaus philosophischen Schriften viel „Anregung und Förderung" empfangen und er ihn bewundert habe, zeigte sich bestürzt, dass politische und antisemitische Fanatiker hinter der Tat stünden, und bilanzierte mit Blick auf die Zustände in Deutschland angewidert:

> „Es läßt sich nicht leugnen, daß die Stimmung und Geistesverfassung, aus denen solcher Wahnwitz geboren werden musste, durch die alles Maß berechtigter Kritik überschreitende, verleumderische und haßerfüllte Agitation gewisser politischer Parteien und Kreise gegen die jetzige Regierung und gegen die Juden mit Hochdruck erzeugt worden ist. Daß an dieser entsetzlichen Hetze auch Blätter mitbeteiligt sind, die sonst für das Christentum eintreten, hat uns schon lang mit Scham und Sorge erfüllt. Es ist einfach unfaßbar, wie auch von christlichen Blättern über die an der Spitze stehenden Männer oder über politische Gegner wie z. B. Rathenau, Förster und andere geschrieben wird."[165]

Die Solidarisierung mit ‚einem Juden' im Falle Rathenaus führte jedoch, wie dies schon bei der Dreyfus-Affäre beobachtet werden konnte, auch zu einer Vereinnahmung des Opfers für den Protestantismus. So wird in der Analyse ein Diskurs sichtbar, der Rathenau als eine Persönlichkeit darstellte, die sich nicht mehr auf dem Boden des Judentums, sondern bereits auf jenem ‚der Evangelien' bewegt habe.[166]

---

163　Siehe etwa: O. Moppert, Vom Büchertisch, in: KRS, 13. 4. 1918, S. 59 f., S. 60; Otto Zellweger, Nachrichten, in: ASB, 6. 5. 1922, S. 141–143, S. 142.

164　Nachrichten, in: ASB, 1. 7. 1922, S. 204–206, S. 205 f.

165　Gustav Benz, Kirchliche Zeitschau, in: CVF, 15. 7. 1922, S. 335 f., Zitat S. 336. Siehe als weitere Beispiele, die teilweise einige Jahre später verfasst wurden, aber demselben Diskurs folgten: Max Gerwig, Ein neues Opfer nationalistischer Mordbuben, in: A, 30. 6. 1922, S. 157–159; Dr. A. Graf, Die Juden in Lettland, in: RSZ, 6. 1. 1923, S. 3; A. G., Einer jüdischen Mutter Rache, in: CVF, 17. 11. 1928, S. 545–547; A. G., Einer jüdischen Mutter Rache, in: RVB, 30. 3. 1929, S. 117 f.

166　Siehe z. B.: Walter Rathenau, in: RSZ, 30. 6. 1922, S. 2; Gustav Benz, Kirchliche Zeitschau, in: CVF, 15. 7. 1922, S. 335 f., S. 336; A. G., Einer jüdischen Mutter Rache, in: CVF, 17. 11. 1928, S. 545–547, S. 545; Ernst Stähelin, Juden und Christen in Vergangenheit, Gegenwart und Zukunft, Teil

Die Thematisierung von Judenverfolgungen als paradigmatischer Fall für antisemitische Gewalt beschränkte sich in den Jahren nach dem Ersten Weltkrieg mehrheitlich auf historische Fälle, denn die Berichterstattung über zeitgenössische Übergriffe war nur von geringer Bedeutung. Vereinzelt kam es aber zu kurzen Notizen
über Protestveranstaltungen oder Verlautbarungen gegen Judenverfolgungen.[167] Gerade anhand der in einzelnen Artikeln vorhandenen Verweise auf historische Judenverfolgungen lassen sich jedoch die vorherrschenden Deutungen analysieren und
systematisieren. Dabei zeigt sich, dass primär zwei Deutungen bestimmend waren,
die beide mit einer antisemitischen Relativierung der Gräuel verbunden waren. Es
waren dies zum einen die Konstruktion eines angeblich realen Konflikts zwischen
,den Juden' und ,Nichtjuden' – häufig verknüpft mit einer Umkehr von Täter und
Opfer –, zum anderen die Einordnung der gewalttätigen Ereignisse in einen heilsgeschichtlichen Horizont. Damit zeigte sich im Vergleich zu den beiden vorangegangenen Perioden eine argumentative Kontinuität bei der Erklärung von Judenverfolgungen. Während die heilsgeschichtliche Deutung auf den konservativen
Protestantismus beschränkt blieb, gehörte die Realkonfliktskonstruktion zum antisemitischen Repertoire aller Richtungen im Deutschschweizer Protestantismus.

Gerade die Realkonfliktskonstruktion war in den umfangreichen Abhandlungen
zur ,Judenfrage', die in diversen Zeitschriften zwischen 1919 und 1932 zum Abdruck
gelangten, eine Standarderklärung für die in der Vergangenheit vorgekommen
Judenverfolgungen. Die Beiträge von Adolf Frey und Walter Hoch, die sie für das
„Religiöse Volksblatt" beziehungsweise für den „Christlichen Volksfreund" schrieben,
können hierfür als besonders illustrativ angesehen werden.[168] Vielsagend war auch
die ,Erklärung', die der Redakteur des „Christlichen Volksboten", Daniel Burckhardt-

---

VI, in: CVF, 21. 3. 1931, S. 138–141, S. 141. Außerhalb der Mehrheitsmeinung im Deutschschweizer Protestantismus bewegte sich hingegen ein Teilnehmer der Diskussion über die ,Judenfrage'
in der jungreformierten „Reformierten Schweizer Zeitung" von Herbst und Winter 1922/1923.
Der antisemitischen Strukturkonstante folgend, die jeden Juden als Teil eines angeblichen jüdischen Kollektivs erachtete, rechnete der unter dem Pseudonym „Quidam" schreibende Autor die
auf das Konto der Antisemiten gehende Ermordung Rathenaus mit den Taten des „semitischen
Massenmörder[s] Trotzki" auf. (Quidam, Ein letztes Wort zur Judenfrage, in: RSZ, 19. 1. 1923, S. 3.)

167  Siehe z. B.: Vom Saatfeld. Aus den Berichten und Briefen unserer Missionare, in: FI 46 (1919) 1,
S. 7–11, S. 8; Gottlob Schuster, Kirchliche Zeitschau, in: CVF, 28. 6. 1919, S. 310–312, S. 311 f.; Aus
der Sammelmappe des Herausgebers, in: FI 48 (1921) 2, S. 31 f., S. 32; Nachrichten, in: CVB, 23. 4.
1930, S. 134.

168  Adolf Frey, Noch einmal „Jude und Christ", in: RVB, 2. 8. 1919, S. 245 f., S. 245 f.; Walter Hoch,
Wir Christen und die Judenfrage, Teile III/V, in: CVF, 14./28. 2. 1925, S. 76–82/S. 101–105, S 81 f./S.
104. Siehe zudem auch: Wilhelm Hadorn, Das, was aufhält, Teil V, in: KF, 15. 3. 1919, S. 45–47, S.
46; Quidam, Die Juden in Lettland, in: RSZ, 30. 12. 1922, S. 3; Ernst Stähelin, Juden und Christen in Vergangenheit, Gegenwart und Zukunft, Teil II, in: CVF, 21. 2. 1931, S. 90 f., S. 91. Realkon-

Werthemann, zu den Pestverfolgungen in Basel von Januar 1349 lieferte, indem er einen Bezug zu den aus Osteuropa stammenden Juden in der Stadt am Rheinknie kurz nach dem Ersten Weltkrieg herstellte, denen er verwerfliche Geschäftsmethoden vorwarf. Mit Blick auf das mittelalterliche Basel kam Burckhardt-Werthemann zum judenfeindlichen Schluss, dass jene „jüdischen Volksgenossen", die als „Wucherer und Kehlabschneider" vielerorts verhasst gewesen seien, den mittelalterlichen Pogrom provoziert hätten: „Diese Sippe ist's gewesen, welche durch ihr Gebaren die entsetzlichen Judenverfolgungen von 1348/49 heraufbeschworen hat."[169] Vereinzelt kam es auch zu Drohungen an die Adresse ‚der Juden', dass es zu Übergriffen kommen könnte, würden sie ihr ‚schädliches' Verhalten nicht anpassen.[170]

Wie im Zuge dieser Forschungsarbeit schon mehrfach aufgezeigt, war der Realkonfliktskonstruktion zugleich im Ansatz eine Täter-Opfer-Umkehr inhärent.[171]

---

fliktskonstruktionen waren nicht nur im Zusammenhang mit Judenverfolgungen ein beliebtes antisemitisches Argumentationsprinzip. Siehe als Beispiele hierfür aus den Jahren von 1919 bis 1932: Die Judenfrage, Teil I, in: ASB, 14. 8. 1920, S. 259 f., S. 259; Nachrichten, in: CVB, 25. 4. 1923, S. 134; Oskar Ewald, Religion und Nationalität, in: NW 18 (1924) 4, S. 154–158; Leonhard Ragaz, Rundschau, in: NW 24 (1930) 9, S. 425–438, S. 431; Aufwärts! Vorwärts!, in: FI 56 (1929) 1, S. 3–6, S. 4; Dies und das aus aller Welt, in: ASB, 9. 4. 1932, S. 117 f., S. 117.

169  Daniel Burckhardt-Werthemann, Des Volksboten Silvestergang durch die Vaterstadt, Teil IV, in: CVB, 21. 1. 1920, S. 19–21, S. 19.

170  Siehe etwa: Wilhelm Hadorn, Chronik, in: KF, 2. 9. 1921, S. 282–286, S. 283; Blocher, Die deutsche Schweiz, S. 162. Ein Beispiel aus den „Schweizerischen Reformblättern" zeigt dabei auf, wie solche Drohungen, die insbesondere auch von der antisemitischen Überzeugung geleitet waren, die Juden hätten in der Gesellschaft eine untergeordnete Stellung einzunehmen, sich an kleinsten Meldungen aus aller Welt entladen konnten. Die Meldung, dass der Wiener Pazifist Johannes C. Barolin eine Reform der Jahreszahlen vorgeschlagen hatte und das Jahr 1917 als Jahr 1 definieren wollte, unter anderem, weil in Palästina wieder eine jüdische Heimstätte errichtet worden sei, sprach die liberale Zeitschrift – natürlich nicht, ohne sich selbst als frei von jeglichem Antisemitismus zu erklären – in Rage wilde antisemitische Drohungen aus: „Also sollen alle christlichen Völker Europas und Amerikas danach sich richten, ihre Bücher umdatieren und sich nach dem jüdischen Jerusalem orientieren. Dieser jüdische Größenwahn ist nicht übel und ganz und gar dazu angetan, den zionistischen Bestrebungen und den imperialistischen Machtgelüsten der jüdischen Börsenkönige neue ‚Sympathien' zu erwerben. Er kann auch dazu dienen, in die Judenpogrome des östlichen ‚freien' Europa mit seiner herrlichen, neuen Kultur frisches Petroleum zu gießen. Wir wissen uns vollständig frei von antisemitischen Regungen. Wir verpönen alle Ausschreitungen des religiösen Fanatismus. Gerade aus diesem Grunde bedauern wir die eifrige Propaganda des Wiener Herrn für die neue Zeitrechnung im Zeichen Zions, denn auch sie entspringt einem verletzenden, religiösen Fanatismus. Wir möchten dem aus Galizien und dem Balkan, aus Polen und Russland zugeströmten und mit wachsender Zahl immer aggressiver sich gebärdenden Judentum empfehlen, sich etwas taktvoller zu äußern und derartige dumme Provokationen klugerweise zu unterlassen." (Eine neue Zeitrechnung, in: SRB, 8. 2. 1919, S. 46 f., S. 47.)

171  Siehe z. B. Kapitel 4 in Teil III.

Entsprechend dieser antisemitischen Diskurslogik waren die Judenverfolgungen durch ‚die Juden' provoziert worden, weshalb sie selbst für ihr Schicksal verantwortlich seien.[172] Durch seine sprachliche Radikalität sticht unter den Artikeln, die sich dieser Argumentationsstrategie bedienten, der Beitrag des Journalisten Rudolf Riesenmey in den „Schweizerischen Reformblättern" heraus. Er sprach ‚den Juden' den Status als Opfer von Verfolgungen grundsätzlich ab und erklärte sie zu ‚Tätern an sich selbst':

> „Tatsache ist, daß das Judentum sich nie und nirgends der Gesamtheit untergeordnet hat, es hat aber für sich immer und überall unbedingte Rücksichtnahme verlangt. Heute wird selbst eine bloße Andeutung jüdischer Uebergriffe als ‚Barbarismus' niedergekläfft. Berechtigte Gegenwehr heißt Anmaßung, jüdische Anmaßung aber Gegenwehr eines Märtyrervolkes, das sein sogenanntes Märtyrium [sic!] freilich immer selbst verschuldet hat. Doch ist auch das schon Pöbelgeschrei und es genügt, sich mit der historischen Tatsache zu bescheiden, daß der Ruf nach Toleranz im Munde der Juden Duldsamkeit für jüdische Unduldsamkeit bedeutet und auch fürderhin nie etwas anderes bedeuten wird!"[173]

Führte die Realkonfliktskonstruktion die Gewalt an den Juden auf ein angebliches Fehlverhalten des Opfers zurück, das dadurch zum Täter umgedeutet wurde, so argumentierte der heilsgeschichtliche Antisemitismus, der die zweite dominante Deutung der Judenverfolgungen darstellte, in seinem innersten sehr ähnlich. Dieser lag in der theologischen Konstruktion begründet, dass ‚die Juden' aufgrund von ‚Verfehlungen' gegenüber Gott – sie hatten in den Augen der christlichen Theologie Jesus Christus verworfen und getötet – göttliche Strafen über sich gerufen hätten. Somit stellte auch der heilsgeschichtliche Antisemitismus die Juden als Täter hin und sprach ihnen die Opferrolle ab. Diese Deutung antisemitischer Ereignisse war im biblizistisch geprägten konservativen Protestantismus der Deutschschweiz weiterhin sehr präsent,[174] und erneut kam dabei dem ‚Blutruf' nach Matthäus 27,25 als wiederkehrende Verbildlichung der vermeintlich selbstverschuldeten fort-

---

172   Siehe als Beispiele für diesen Diskurs: Adolf Frey, Noch einmal „Jude und Christ", in: RVB, 2. 8. 1919, S. 245 f.; Paul Laub, Dreiundneunzigster Jahresbericht des Vereins der Freunde Israels in Basel für das Jahr 1923, in: FI 51 (1924) 3, S. 33–46, S. 37; E. G., Zur Judenhetze, in: A, 14. 11. 1924, S. 190 f., S. 191; Walter Hoch, Wir Christen und die Judenfrage, Teil III, in: CVF, 14. 2. 1925, S. 81 f.

173   Rudolf Riesenmey, Noch einmal: Judenfrage, in: SRB, 26. 3. 1921, S. 92–95, S. 92. Mit ähnlicher Diktion: J. J. Landsmann, Ein Wunder der Gnade, in: FI 49 (1922) 1, S. 11–14, S. 13.

174   Siehe als Beispiele: Daniel Burckhardt-Werthemann, Des Volksboten Silvestergang durch die Vaterstadt, Teil VII, in: CVB, 11. 2. 1920, S. 43 f., S. 43; Paul Laub, Neunundachtzigster Jahresbericht des Vereins der Freunde Israels in Basel für das Jahr 1919, in: FI 47 (1920) 3, S. 33–54, S. 36; Die Judenfrage, Teil III, in: ASB, 28. 8. 1920, S. 275 f., S. 276.

dauernden ,Züchtigungen' durch Gott eine wichtige Bedeutung zu.[175] Selbst die antisemitische Bewegung konnte in den flexiblen Raster heilsgeschichtlicher Zeitdeutung integriert werden, sprach doch der „Christliche Volksbote" in seinem Bericht über das Jahresfest der „Freunde Israels" von 1921 davon, dass die Erfahrungen lehren würden, dass Gott mit „seinem Volk der Juden" einen ewigen Plan verfolge und auch der Antisemitismus diesem „verschleierten Plane" dienen müsse.[176]

Eine besondere heilsgeschichtliche Beleuchtung erfuhren die Unruhen in Palästina gegen Ende der 1920er-Jahre in den religiös-sozialen „Neuen Wegen", da sich die Zionismusvorstellungen von Leonhard Ragaz und seinen Gefolgsleuten nicht mit dem real gelebten Zionismus deckten. Die Kritik der gegenüber dem Nationalismus ablehnend eingestellten Religiös-Sozialen am Zionismus setzte an der nationalistischen Ausrichtung der zionistischen Bewegung an und verband sich dabei mit Elementen des heilsgeschichtlichen Antisemitismus. So wurden die Unruhen als Strafe Gottes an den Zionisten für ihren in den Augen der Religiös-Sozialen falsch gelebten Zionismus ausgelegt. Leonhard Ragaz argumentierte in seinen „Neuen Wegen" mit Blick auf die am Zionistenkongress von 1929 in Zürich gegründete „Jewish Agency":

> „Es regte sich in Zürich und in der Judenschaft etwas wie ein jüdischer Machtwille, dem eine große weltliche Verheißung gegeben schien – war das Gottes Wille mit Israel? War das Zion?
>
> Die Antwort der Geschichte (oder dürfen wir so kühne sein, zu sagen: Gottes?) ist viel rascher erfolgt, als wir erwartet hatten: in Gestalt der furchtbaren Ereignisse in Palästina. Diese Antwort ist eine der Judenverfolgungen grossen Stils, wie sie die Geschichte dieses heimgesuchtesten aller Völker durchziehen. Was sollen wir dazu sagen? [...]
>
> Und welches ist das letzte Ziel Israels?
>
> Sicher nicht der ,Judenstaat', von dem Herzl und nach ihm manche Zionisten träumten. Dass dieser nicht Israels Bestimmung ist, darüber hat Gott in der Geschichte deutlich genug geredet. Der ,Judenstaat', wenn er denkbar wäre, was zweifelhaft ist, würde Israels Verhängnis. Nein, nicht das ist's, was das Judentum braucht. Das ist's was die ,Völker' wollen, das Judentum ist zu Grösserem berufen. Israel heisst: Gotteskämpfer, man darf vielleicht sagen: Gottesträger. Als ganzes Volk nicht nationale Macht und Grösse zu suchen, sondern Gottes Willen und das heisst: das Reich seiner Gerechtigkeit, in der Völkerwelt

---

175  Als Beispiele für die argumentative Verwendung des ,Blutrufs': Ernst Miescher, Kirchliche Zeitschau, in: CVF, 17. 12. 1921, S. 611–612; Die schwedische Mission in Wien, in: FI 50 (1923) 2, S. 27–29, S. 28; R. Fliedner, Richtige Entschuldigungen gegenüber gewichtiger Schuld, in: FI 56 (1929) 4, S. 62–68, S. 63; Gustav Benz, Kirchliche Zeitschau, in: CVF, 23. 4. 1932, S. 202–204, S. 203.

176  Zeichen der Zeit, Teil I, in: CVB, 6. 7. 1921, S. 212 f., S. 213.

zu vertreten, das ist seine Bestimmung, die höchste, die es gibt. So oft es von diesem ‚heiligen Wege' abwich und werden wollte, ‚wie die andern Völker', geriet es unter das Gericht Gottes und ins Elend."[177]

Die von Leonhard Ragaz vorgebrachte Kritik am Zionismus als Nationalbewegung kann zudem in Verbindung mit dem judenfeindlichen Stereotyp, das Judentum würde von der Vorstellung ‚nationaler Auserwähltheit' beseelt sein und einem ausgeprägten ‚Nationalstolz' frönen, gesehen werden. Dieses Stereotyp schien in den „Neuen Wegen", aber auch anderen Zeitschriften des Deutschschweizer Protestantismus in der Periode von 1919 bis 1932 mehrfach auf.[178]

## 4 Antisemitismus als Reaktion germanophiler Kreise auf die Niederlage Deutschlands

Vor allem die Analyse des Antisemitismus der ersten Periode von 1870 bis 1895 hatte deutlich gemacht, welch große Bedeutung Deutschland als transnationaler Referenzrahmen für den Antisemitismus im Deutschschweizer Protestantismus besaß und welche Rolle den in der Schweiz rezipierten judenfeindlichen protestantischen Druckerzeugnissen als Transferorganen zukam. Insbesondere der Antisemitismus der christlichsozialen Bewegung des Hofpredigers Adolf Stoecker hatte auf den konservativen Protestantismus in der Deutschschweiz eine große Anziehungskraft ausgeübt und war auf Verständnis und Zustimmung gestoßen.[179] In den Jahren von 1896 bis 1918 blieben das Deutsche Kaiserreich und der Antisemitismus im deutschen Protestantismus weiterhin als Katalysator und Kristallisationspunkt für die Judenfeindschaft im Protestantismus der Deutschschweiz von Belang, auch wenn im Vergleich zur vorangegangenen Periode in etwas geringerem Maße. In den Jahren nach dem Ersten Weltkrieg nahm Deutschlands Bedeutung als Referenzrahmen wieder zu. Dies widerspiegelte sich zum einen darin, dass Deutschland in den bedeutenden antisemitischen Artikeln der untersuchten Zeitschriften regelmäßig thematisiert wurde und deutsche Quellen Orientierung boten. Zum anderen zeigten

---

177   Leonhard Ragaz, Zion und die Völkerwelt, in: NW 23 (1929) 9, S. 401–407, S. 403–405. Für weitere Beispiele der Kritik des zionistischen Nationalismus: Leonhard Ragaz, Rundschau, in: NW 24 (1930) 6, S. 303–316, S. 306.

178   Siehe als Beispiele für diesen judenfeindlichen Diskurs: Eduard Riggenbach, Auf den Trümmern Jerusalems, Teil III, in: KF, 10. 8. 1923, S. 237–243; S. 242 f.; Berichte, in: NW 18 (1924) 1, S. 35–37, S. 36; August Häberlin, Ein Protestant, in: RVB, 13. 12. 1924, S. 398 f., S. 398; Gustav Benz, Der niedergelegte Zaun, in: CVF, 27. 2. 1932, S. 97–102, S. 100.

179   Siehe hierfür Kapitel 5 in Teil III.

sich in der Phase von 1919 bis 1932 stark germanophile Autoren als zentrale Träger des protestantischen Antisemitismus.

*Bedeutung Deutschlands für den Antisemitismus der Jahre 1919 bis 1932*

Der sich in den analysierten Zeitschriften der verschiedenen theologisch-kirchen-politischen Richtungen des Protestantismus der Deutschschweiz nach dem Ersten Weltkrieg intensivierende Antisemitismus nahm regelmäßig Bezug auf Deutschland. Die Wiedergabe antisemitischer Artikel aus deutschen protestantischen Zeitschriften besaß im Gegensatz zu den vorangegangenen Perioden jedoch für die große Mehrheit der analysierten Periodika keine große Bedeutung mehr. Eine Ausnahme stellte allerdings das „Appenzeller Sonntagsblatt" dar, in welchem dem „Boten aus Zion" letztlich die Deutungshoheit in Fragen des Judentums und des Zionismus überlassen wurde. Bereits während des Weltkrieges hatte das „Appenzeller Sonntagsblatt" dem „Boten aus Zion" eine mehrteilige stark antisemitische Artikelserie zu den „Juden in Palästina" entnommen.[180] 1921, 1922, 1924 und 1926 folgten weitere Artikel, die sich sehr negativ zum Zionismus äußerten und in diesem Zusammenhang überaus stark mit antisemitischen Topoi argumentierten.[181] Außerdem bezog sich auch jener Artikel von Dezember 1919, der die „Protokolle der Weisen von Zion" als angeblichen Beleg für die durch den Krieg ausgelösten politischen Veränderungen anführte, auf den „Boten aus Zion".[182] Der Verweis auf diese antisemitische Fiktion diente gerade auch dazu, und dies ist zentral, die missliche Lage Deutschlands zu ‚erklären'. Diese Argumentationsstrategie kann daher als beispielhaft dafür gesehen werden, wie die Enttäuschung über den Kriegsausgang in germanophilen Kreisen des Deutschschweizer Protestantismus antisemitische Deutungen stimulierte. Eine ähnliche Argumentation enthielt auch der fünfteilige, ebenfalls dem „Boten aus Zion" entnommene Artikel zur ‚Judenfrage', den das „Appenzeller Sonntagsblatt" im Spätsommer 1920 folgen ließ und der ‚die Juden' mit ‚Zersetzung' und ‚Revolution' assoziierte.[183] Auch die jungreformierte

---

180 Die Juden in Palästina, 3 Teile, in: ASB, 14./21./28. 10. 1916, S. 332 f./S. 340 f./S. 348 f.

181 Vom Zionismus, in: ASB, 3. 9. 1921, S. 283 f.; Die Zionisten und das heilige Land, 2 Teile, in: ASB, 22./29. 7. 1922, S. 227 f./S. 235; Vom Zionismus, 2 Teile, in: ASB, 19./26. 1. 1924, S. 19 f./S. 27 f.; Das heilige Land, in: ASB, 23. 10. 1926, Beilage S. 1. Auch der „Christliche Volksbote" bezog sich in einem zionismuskritischen Artikel von 1922 auf den „Boten aus Zion" und übernahm dabei antisemitische Aussagen: Nachrichten, in: CVB, 28. 6. 1922, S. 205 f., S. 206.

182 Eine jüdische Prophezeiung, in: ASB, 13. 12. 1919, S. 388.

183 Die Judenfrage, 5 Teile, in: ASB, 14./21./28. 8. 1920/4./11. 9. 1920, S. 259 f./S. 267 f./S. 275 f./S. 283 f./S. 292 f. Für die Bemerkung bezüglich des Kriegsausgangs siehe: Die Judenfrage, Teil III, in: ASB, 28. 8. 1920, S. 275 f., S. 276.

„Reformierte Schweizer Zeitung" gebrauchte einen antizionistischen Beitrag aus diesem deutschen Missionsblatt, um ihrer Enttäuschung über die Nachkriegsordnung Ausdruck zu verleihen, und unterstellte dabei ‚den Juden‘, im negativen Sinne das ‚Zünglein an der Waage‘ des Weltkrieges gewesen zu sein.[184] Abgesehen vom systematischen Gebrauch antisemitischer Artikel aus dem „Boten aus Zion" durch das „Appenzeller Sonntagsblatt", um die Themen ‚Judentum‘ und ‚Zionismus‘ abzudecken, blieb die Bezugnahme auf antisemitische Artikel aus anderen deutschen Zeitschriften – wie bereits betont – ein marginales Phänomen. Zu nennen sind als Einzelfälle beispielsweise die Übernahme judenfeindlicher Artikel aus der „Allgemeinen Evangelisch-Lutherischen Kirchenzeitung"[185], der „Deutsch-evangelischen Korrespondenz"[186] sowie dem „Reichsgottesarbeiter"[187].

Weit bedeutender für die wichtige Funktion Deutschlands als Bezugsrahmen für die Judenfeindschaft war, dass in vielen der zentralen antisemitischen Beiträge der Phase von 1919 bis 1932 ein spezielles Augenmerk auf das angeblich besonders unter ‚den Juden‘ leidende Deutschland gerichtet wurde. Dieses inhaltliche Charakteristikum erinnert an die stark antisemitische Periode von 1870 bis 1895, auch wenn ein dominanter Kristallisationspunkt für antisemitische Äußerungen, wie es Adolf Stoecker für jene Zeitspanne war, fehlte. Allerdings brach die seinen Antisemitismus lobende posthume Stoecker-Rezeption auch nach dem Ersten Weltkrieg nicht ab.[188] Beispielhaft kann dabei auf den Artikel des deutschfreundlichen „Kirchenfreund"-Redakteurs Wilhelm Hadorn verwiesen werden. Sich auf einen Aufruf des Herausgebers des „Boten aus Zion", Ludwig Schneller, stützend, beklagte er das krisenbedingte Eingehen zahlreicher protestantischer Blätter und strich dabei das Schicksal des in der Tradition Stoeckers stehenden „Reichsboten" heraus. Obwohl man politisch nicht dieselben Ansichten wie das monarchistisch geprägte Blatt geteilt habe, führte Hadorn, den antisemitischen Kampf des konservativen Blattes heroisierend und eine theologische Spitze gegen die Liberalen führend, an:

---

184 Die Wahrheit über die fälschlich sogenannte hebräische Universität in Jerusalem, in: RSZ, 30. 10. 1925, S. 2. Siehe zu dieser in der jungreformierten Wochenzeitung mehrfach vorgebrachten antisemitischen Verschwörungstheorie Kap. 2 dieses Teils.

185 Ringende Mächte im Judentum, 2 Teile, in: ASB, 25. 6. 1921/2. 7. 1921, S. 204 f./S. 211 f.

186 Chronik, in: KF, 6. 8. 1920, S. 254 f., S. 255.

187 Rätsel oder Wunder?, in: FI 47 (1920) 1, S. 12–14.

188 Siehe als Beispiele: Wilhelm Hadorn, Das, was aufhält, Teil V, in: KF, 15. 3. 1919, S. 45–47, S. 46; Quidam, Ein letztes Wort zur Judenfrage, in: RSZ, 19. 1. 1923, S. 3; Der Antisemitismus in Deutschland nach dem Kriege 1870 und dem Weltkriege, in: FI 52 (1925) 3, S. 42–44, S. 42; Ernst Stähelin, Juden und Christen in Vergangenheit, Gegenwart und Zukunft, Teil VI, in: CVF, 21. 3. 1931, S. 138–141, S. 139 f.

„[Man muß] doch anerkennen, dass kein Blatt wie der ‚Reichsbote‘ so entschieden für den an der Bibel festhaltenden Christusglauben eingetreten ist, daß auch keines wie er die ingrimmige Feindschaft des Judentums und des mit dem Judentum verhängten Freisinns zu spüren bekam. Und nichts war leichter als das. Die jüdische Handelswelt brauchte dem ‚Reichsboten‘ nur die Inserate zu sperren. So kam es, dass das Blatt nie einen Gewinn abwarf […]. Gehen aber Blätter wie der ‚Reichsbote‘ ein, dann ist das evangelische Deutschland nachgerade wehrlos der Beeinflussung durch die jüdischen Zeitungskonzerne ausgeliefert.“[189]

Der antisemitisch geprägte Diskurs der Opferrolle Deutschlands war in den protestantischen Zeitschriften – sowohl konservativer als auch liberaler Couleur – besonders in den ersten Nachkriegsjahren präsent. So wurden ‚die Juden‘ zu Gewinnern des Krieges[190] und ‚Zersetzern‘ der deutschen Gesellschaft erklärt[191] sowie für die auf den Krieg folgenden politischen Wirren in der jungen deutschen Republik verantwortlich gemacht.[192] Für das „Appenzeller Sonntagsblatt“ waren es die Juden gewesen, welche die Revolutionsregierung in Berlin geprägt und Deutschland völlig zugrunde gerichtet hätten.[193] Gerade das Bild einer durch Juden geprägten Politik in der Weimarer Republik wurde mehrfach portiert. Dies war insbesondere in der jungreformierten „Reformierten Schweizer Zeitung“ der Fall, deren stark ausgeprägter Antisemitismus vor allem ab 1930 einen immer stärkeren Deutschlandbezug erhielt. Daher zeigte sich die Zeitung ob der Resultate der Reichstagswahlen von Mitte September 1930 in Deutschland hoffnungsvoll, da die Mitteparteien stark an Stimmen eingebüßt hatten. Obwohl es dem Wahlerfolg der Nationalsozialisten mit Vorsicht begegnete, erhoffte sich das Blatt, welches das Prinzip von staatlichen Sozialversicherungen ablehnte, nicht zuletzt ein Ende des ‚Staatssozialismus‘ in Deutschland, für den es ‚die Juden‘ verantwortlich machte. Die „Reformierte Schweizer Zeitung“ skizzierte daher einen deutschen ‚Überlebenskampf‘. Zu den von ihr als „hocherfreuliche Erscheinung“ taxierten herben Verlusten der Mitteparteien ließ es sich am 19. September 1930 antisemitisch verlauten, indem es sich unter anderem Schädlingssemantiken bediente:

---

189  Wilhelm Hadorn, Fallende Blätter, in: KF, 13. 10. 1922, S. 321 f., S. 322.

190  Siehe z. B.: Hans Baur, Ich war hungrig, und ihr speistet mich. Eine Reise nach Oesterreich, Teil II, in: SPB, 16. 10. 1920, S. 333–335, S. 333 f.; W. G., Judenfrage, in: RSZ, 6. 10. 1922, S. 2.

191  Siehe beispielsweise: Zur politischen Erneuerung, in: A, 22. 10. 1920, S. 301–303, S. 302; Wilhelm Hadorn, Chronik, in: KF, 20. 4. 1925, S. 123–126, S. 125; Ernst Stähelin, Juden und Christen in Vergangenheit, Gegenwart und Zukunft, Teil VI, in: CVF, 21. 3. 1931, S. 138–141, S. 139 f.

192  Siehe: Wilhelm Hadorn, Die kirchliche Lage in Deutschland, in: KF, 1. 2. 1919, S. 22 f., S. 22; Rudolf Riesenmey, Judentum und Revolution, in: SRB, 26. 2. 1921, S. 62–64, S. 64;

193  Die Judenfrage, Teil IV, in: ASB, 4. 9. 1920, S. 283 f., S. 284.

„Aus den tausendfachen ‚Waigeschrien' [sic!] der Judenblätter, von der Frankfurter Zeitung bis zu den Berliner Abendblättern, wird uns diese Niederlage
tröstlich bestätigt. Das Volk hat endlich den Schwindel satt, daß die jüdische
Hochfinanz staatssozialistische Politik treibt und sich dabei die Taschen berei-
chert. Die antisemitische Haltung Hitlers riß Millionen mit sich; und je mehr
die Judenblätter samt den jüdischen Korrespondenten auch einiger Schweizer
Blätter diese Wahlen als ein Zeichen der politischen Unreife darstellen, desto
klarer sehen wir, wie sehr die Blutsauger Deutschlands von diesen Wahlen betroffen worden sind. [...].
    Der deutsche Bär hat mit plumpen Pratzenhieben einen Ausweg aus den
Schlingen des von den sozialistischen Kreisen und der Hochfinanz einträch-
tig geknüpften Netzes des Staatssozialismus gesucht [sic!]. Von den Insekten
der goldenen und der roten Internationale zur Verzweiflung getrieben, sucht
er nun mit Aufraffung der letzten Kräfte den Weg zur Freiheit und zur Gesun-
dung. Es liegt etwas Erschütterndes in diesem Kampf, der in seiner Art tiefer
ins Leben des deutschen Volkes eingreift als der Weltkrieg."[194]

Kürzere Nachrichten-Meldungen zu Deutschland, welche die vertretenen antisemitischen Topoi belegen sollten, gelangten auch in den Jahren nach dem Ersten Weltkrieg zum Abdruck, dies allerdings deutlich seltener als in der ebenfalls stark antisemitischen Phase von 1870 bis 1895. Diese Meldungen sollten beispielsweise die
‚jüdische Herrschaft' über die Presse belegen,[195] oder sie stellten ‚die Juden' als Gefahr für die christliche ‚Mehrheitsgesellschaft' dar. Hierin schien das christlich motivierte Superioritätsdenken auf, das für ‚die Juden' eine untergeordnete Stellung in
der Gesellschaft vorsah. Es artikulierte sich primär am arbeitsfreien Sonntag und der
Schule, die als Symbole für den christlichen Superioritätsanspruch fungierten.[196]

*Germanophile Kerngruppe als Träger des antisemitischen Diskurses*

Hatte der deutsche Kontext für antisemitische Positionen im Deutschschweizer Protestantismus nach dem Ersten Weltkrieg sowohl eine wichtige Funktion als Refe-

---

194  r., Politische Rundschau, in: RSZ, 19. 9. 1930, S. 1. Siehe diesbezüglich auch: Politische Rundschau,
     in: RSZ, 19. 12. 1930, S. 5. Siehe zudem zur Vorstellung eines Einflusses ‚der Juden' im politischen
     und kulturellen Betrieb der Weimarer Republik: Rudolf Riesenmey, Noch einmal: Judenfrage, in:
     SRB, 26. 3. 1921, S. 92–95, S. 93–95. In Ansätzen auch: Chronik, in: KF, 14. 3. 1929, S. 87–93, S. 91.

195  Siehe z. B.: r., Politische Rundschau, in: RSZ, 10. 6. 1932, S. 1. Mit Bezug auf Studierendenzahlen:
     Verschiedene Nachrichten, in: RSZ, 19. 12. 1930, S. 2 f., S. 3.

196  Siehe zur ‚Sonntags-' und ‚Schulfrage': Wilhelm Hadorn, Chronik, in: KF, 2. 9. 1921, S. 282–286,
     S. 283; Wilhelm Hadorn, Chronik, in: KF, 18. 8. 1922, S. 267–270, S. 267; U., Die Frankfurter Zei-

renz- wie auch als Kristallisationspunkt, so fragt sich, ob diese Nähe zu Deutschland einer spezifisch deutschlandfreundlichen Haltung geschuldet war. In der Tat zeichneten sich viele jener Autoren, die wiederholt durch antisemitische Äußerungen auffielen, durch eine ausgeprägte Germanophilie aus. Dies traf etwa auf den konservativ-protestantischen „Kirchenfreund"-Redakteur Wilhelm Hadorn, den Schriftleiter des liberalen „Schweizerischen Protestantenblatts", Hans Baur, sowie das jungreformierte Netzwerk um Rudolf Grob zu. Ihr Antisemitismus in der Phase von 1919 bis 1932 muss nicht zuletzt vor dem Hintergrund der Frustration germanophiler Kreise über den Statusverlust Deutschlands betrachtet werden. Deshalb sollen im Folgenden einige zentrale Aspekte der Deutschlandverehrung unter den Autoren der untersuchten Zeitschriften dargestellt werden. Für einmal rückt die Analyse des Antisemitismus in den Hintergrund.

Die Kerngruppe der in der Nachkriegszeit durch ihre explizite Germanophilie auffallenden protestantischen Autoren hatte sich bereits während des Ersten Weltkriegs stark exponiert. Auf liberaler Seite tat dies etwa der Zürcher Neumünster-Pfarrer Adolf Bolliger mit seiner 1915 und 1916 stark erweitert erschienenen Schrift „Weltkrieg und Gottesreich", in der er sich auch antisemitisch äußerte.[197] Zudem machte sich das „Schweizerische Protestantenblatt" lauthals für Deutschland stark. Nebst Hans Baur prägten in dieser in Basel herausgegebenen Zeitschrift vor allem Paul Thürer und Willy Wuhrmann in jenen Jahren den germanophilen Diskurs.[198]

tungsjuden und die Sonntagsheiligung, in: RSZ, 25. 10. 1929, S. 3; Kirchliche Zeitschau, in: CVF, 19. 9. 1931, S. 454–456, S. 454 f.

197 Adolf Bolliger, Weltkrieg und Gottesreich, Zürich 1915. Bolliger hatte von der Schweiz gefordert, ,die Juden' zugunsten Deutschlands „ordentlich unter Obhut zu nehmen". (Adolf Bolliger, Weltkrieg und Gottesreich, 2. Aufl., Emmishofen 1916, S. 227.) Die antisemitische Passage war nur in der Auflage von 1916 enthalten. Aus dem Lager der ansonsten überwiegend pazifistisch ausgerichteten religiös-sozialen Bewegung stach der Zürcher Pfarrer Hermann Kutter heraus, der sich zunehmend mit Leonhard Ragaz entzweit hatte. Dessen 1916 veröffentlichten „Reden an die deutsche Nation" wurden aufgrund ihrer prodeutschen Haltung stark diskutiert. Lob für die Publikation bekam er von Germanophilen der anderen theologisch-kirchenpolitischen Richtungen: Willy Wuhrmann, Kutter's „Reden an die deutsche Nation", in: SPB, 13. 1. 1917, S. 14–16; Wilhelm Hadorn, Hermann Kutters „Reden an die deutsche Nation", in: KF, 20. 4. 1917, S. 113–118. Als Beispiel für eine kritische Haltung: Emil Herrenschwand, Umschau, in: SRB, 28. 4. 1917, S. 130–133.

198 Siehe als Beispiele für Hans Baur: Hans Baur, Das kämpfende Deutschland daheim, 2 Teile, in: SPB, 17./24. 4. 1915, S. 123–127/S. 131–136. Siehe auch die folgende Schrift Baurs, die kurz nach Ende des Weltkrieges erschien, auf das Nachkriegselend in Deutschland verwies und die deutsche Bevölkerung zu Opfern der Besatzungstruppen stilisierte: Hans Baur, Der weiße Tod in Deutschland. Ein Ruf an das Weltgewissen, Basel 1919. Für Beispiele des Arboner Pfarrers Willy Wuhrmann: Willy Wuhrmann, Im Lande der Barbaren, in: SPB, 21. 8. 1915, S. 271 f.; Willy Wuhrmann, Kutter's ,Reden an die deutsche Nation', in: SPB, 13. 1. 1917, S. 14–16.

Pfarrer Paul Thürer von Netstal (GL), langjähriger Mitarbeiter des liberalen Blattes, hätte es als einen Verrat „an seinem Bildungsgang und an seinem ganzen bisherigen Denken" angesehen, wenn er „nicht von ganzem Herzen der deutschen Nation den Sieg" gewünscht hätte.[199]

Auf konservativ-protestantischer Seite fielen die germanophilen Stellungnahmen während des Ersten Weltkrieges ähnlich aus. Da der Zürcher Pfarrer Eduard Blocher die ‚deutschen Schweizer' als Teil der „deutschen Gedanken- und Kulturgemeinschaft" betrachtete, sah er sie in die Pflicht genommen. Für ihn stellte daher die Unterstützung der Entente durch deutschsprachige Schweizer etwas ‚Unnatürliches' dar. So argumentierte er: „Eine Vernichtung des deutschen Reiches durch Japan oder Rußland kann kein deutscher Schweizer wünschen, eine Vernichtung Deutschlands durch Frankreich und England könnte nur ein solcher deutscher Schweizer wünschen, der dem natürlichen Wurzelboden seiner geistigen Heimat und seinem eignen Volksempfinden entfremdet worden ist."[200] Eduard Blocher stellte eine der Schlüsselfiguren in germanophilen Netzwerken der Deutschschweiz dar, stand er doch bis zu seinem Tod 1942 während rund 30 Jahren dem 1905 mitgegründeten „Deutschschweizerischen Sprachverein" vor, der sich unter anderem den ‚Schutz' des Deutschen der Schweiz vor französischen Einflüssen auf die Fahnen schrieb.[201] Seinen Grundüberzeugungen, zu denen etwa gehörte, dass sich in der Schweiz ‚Volksgemeinschaft' nicht mit ‚vaterländischer Gemeinschaft' decken würde,[202] gab Blocher in mehreren Publikationen Ausdruck. Hierzu zählte sein 1923 veröffentlichtes Hauptwerk „Die deutsche Schweiz in Vergangenheit und Gegenwart", in dem er auch vor jüdischer Einwanderung gewarnt hatte.[203] Auch publizierte er im vermittlerischen „Kirchenblatt für die reformierte Schweiz" vor und während des Ersten Weltkrieges mehrere germanophil geprägte

199 Paul Thürer, Der Feind im Land, in: SPB, 21. 11. 1914, S. 369 f.

200 Eduard Blocher, Schweizertum, in: KRS, 21. 11. 1914, S. 191 f., S. 192.

201 Siehe zu Eduard Blocher und dessen Rolle im „Deutschschweizerischen Sprachverein": Urner, Die Deutschen in der Schweiz, S. 78–91. Für eine Biografie aus konservativ-protestantischer Feder: Wolfram Blocher, Eduard Blocher-Wigand, in: CVF, 16. 5. 1942, S. 230–235.

202 Eduard Blocher, Sind wir Deutsche?, in: Wissen und Leben, 15. 1. 1910, S. 436–454, S. 452.

203 Blocher, Die deutsche Schweiz, bezüglich der antisemitischen Drohung S. 162. Sein germanophiler Weggefährte Hans Baur ging in einer Rezension sehr lobend auf das Buch des Zürcher Pfarrers ein: Hans Baur, Die deutsche Schweiz, in: SPB, 1. 9. 1923, S. 279 f. Siehe als weiteres Beispiel für Blochers germanophile Überzeugungen: Eduard Blocher, Die Wesensart der deutschen Schweiz. Vortrag gehalten in Basel am 9ten Mai 1916, Basel 1916. Zu Blochers Nations- und Kulturverständnis: Argast, Staatsbürgerschaft und Nation, S. 267; Patrick Kury, Der Wunsch nach Homogenität: Möglichkeiten und Tendenzen einer schweizerischen Bevölkerungspolitik in der ersten Hälfte des 20. Jahrhunderts, in: Historical Social Research 31 (2006) 4, S. 263–281, S. 273 f.

Artikel.[204] Zu seinen Mitstreitern im „Deutschschweizer Sprachverein" gehörte auch der liberale Theologe Hans Baur.[205]

Diese zeitlich ein paar Jahre vor den Beginn der Periode von 1919 bis 1932 zurückreichenden, impressionistisch gehaltenen Verweise auf germanophile Autoren und deren Argumentationen darf für die Analyse der für den Antisemitismus im Deutschschweizer Protestantismus wichtigen germanophilen Tendenzen einzelner bedeutsamer Redakteure und Autoren nicht außer Acht gelassen werden. Germanophile Vorstellungen der engen kulturellen Verbindung der (Deutsch-)Schweiz mit Deutschland blieben auch nach dem Krieg in den protestantischen Zeitschriften präsent, doch auf der anderen Seite nahmen auch deutschlandkritische Äußerungen zu, hierin einem allgemeinen Trend in der Schweiz folgend.[206] Für die sich Deutschland eng verbunden fühlenden Kreise stellte die Niederlage Deutschlands einen großen Schock dar. Entsprechend existierten Strategien, Deutschland einerseits von der Kriegsschuld reinzuwaschen und es andererseits selbst zu einem Opfer des Krieges und des Kriegsausganges zu stilisieren.[207] Letzteres zeigte sich besonders frappant an der Übernahme des deutsch-nationalen, rassistisch geprägten Diskurses der sogenannten schwarzen Schmach. Das Phantasma der ‚schwarzen Schmach‘ richtete sich gegen die französische Besetzung des Rheinlandes, bei der auch ‚farbige‘ Truppen aus den Kolonien eingesetzt wurden. Deren Präsenz wurde als Demütigung der ‚weißen Bevölkerung‘ dargestellt, und den afrikanischen Kolonialtruppen wurden unter anderem sexuelle Übergriffe auf ‚weiße Frauen‘ vorgeworfen.[208]

---

204 Siehe etwa: Eduard Blocher, Von unserer Predigt und von der Bildung, in: KRS, 24. 5. 1913, S. 82 f.; Eduard Blocher, Neutralität, in: KRS, 14. 11. 1914, S. 188; Eduard Blocher, Schweizertum, in: KRS, 21. 11. 1914, S. 191 f.

205 Hans Baur, Die neue Zürcher Bibel-Ausgabe, in: SPB, 14. 6. 1913, S. 188–190, S. 188.

206 Siehe als Beispiele für das Gefühl enger Verbundenheit: Hans Baur, Firmen im fremden Kleid, in: SPB, 29. 7. 1922, S. 240; Emil Ryser, Chronik, in: SRB, 26. 1. 1924, S. 27–30, S. 29; Hugo Stinnes, in: ASB, 19. 4. 1924, S. 124; Politisches, in: CVB, 4. 1. 1928, S. 6 f., S. 7.

207 Siehe als Beispiele hierfür und für eine starke Solidarisierung mit Deutschland: Hans Andres, Deutschlands Schuld und Sühne, in: SPB, 14. 6. 1919, S. 189–191; August Waldburger, Eine Fahrt durchs Reich, 6 Teile, in: SPB, 3./17. 11. 1923/8./15./22./29. 12. 1923, S. 350–352/S. 363–365/S. 391 f./ S. 399–401/S. 414 f./S. 422 f.; F. v. St., „Krieg dem Kriege!", in: RSZ, 24. 4. 1925, S. 2.

208 Siehe als Beispiel: Gustav Benz, Kirchliche Zeitschau in: CVF, 29. 9. 1923, S. 467 f., S. 468. Auch Hans Baur argumentierte mehrfach mit diesem rassistischen Diskurs und sprach z. B. von „Greueln der Negerfranzosen unter den Frauen, Kindern und Greisinnen". (Hans Baur, Aus Sturm und Stille, in: SPB, 2. 2. 1921, S. 111.) Siehe zudem: Hans Baur, Aus Sturm und Stille, in: SPB, 13. 11. 1920, S. 365; Hans Baur, Vom besetzten Gebiet. Appell an das Weltgewissen, in: SPB, 12. 11. 1921, S. 366 f. Siehe zu der auch staatlich geförderten Propaganda gegen die ‚schwarze Schmach‘: Iris Wigger, Die „Schwarze Schmach am Rhein". Rassistische Diskriminierung zwischen Geschlecht, Klasse, Nation und Rasse, Münster 2006; Iris Wigger, „Gegen die Kultur und Zivilisation aller Weißen".

Im Protestantismus der Deutschschweiz zeigte sich nach dem Krieg vor allem Leonhard Ragaz von den Religiös-Sozialen als Kritiker germanophiler Kreise.[209] Dabei gestand er ein, von seiner Studentenzeit an bis in seine Dreißiger hinein regelrecht alldeutsch empfunden zu haben und dass er Otto von Bismarck verehrt und Heinrich von Treitschke und Houston Stewart Chamberlain mit Begeisterung gelesen habe.[210] Als eigentliche Schlüsselfrage bezüglich der Haltung zu Deutschland entpuppte sich die Haltung zum Völkerbund. Entsprechend war die Frage eines Beitritts der Schweiz zu dieser supranationalen Organisation umstritten. Der den Beitritt befürwortende konservative Pfarrer von Zürich-Wiedikon und Redakteur des „Kirchenfreunds", Johannes Schlatter, warf etwa den Berufskollegen Hans Baur, Adolf Bolliger und Eduard Blocher vor, nicht nur Deutschland während des Krieges blind verteidigt zu haben, sondern nun auch die heftigsten Gegner des Völkerbundes zu sein.[211] Sein germanophiler Redaktionskollege Wilhelm Hadorn hingegen hatte sich im Frühjahr 1919 mit antisemitischem Unterton sehr kritisch über den Völkerbund geäußert.[212] Stark ablehnend äußerte sich das „Schweizerische Protestantenblatt" des germanophilen Hans Baur. Die „Neuen Wege" des Germanophilie-Kritikers Leonhard Ragaz hingegen sprachen sich sehr deutlich für den Völkerbundsbeitritt aus.[213]

Als Reaktion auf den Entscheid für den Völkerbundsbeitritt der Schweiz begannen die unterlegenen Gegner sich zu institutionalisieren. Am 12. März 1921 konstituierte sich der „Volksbund für die Unabhängigkeit der Schweiz", der sich aus

Die internationale rassistische Kampagne gegen die Schwarze Schmach, in: Susanne Meinl/Irmtrud Wojak (Hrsg.), Grenzenlose Vorurteile. Antisemitismus, Nationalismus und ethnische Konflikte in verschiedenen Kulturen. Jahrbuch 2002 zur Geschichte und Wirkung des Holocaust, Frankfurt a. M./New York 2002, S. 101–128.

209   Siehe etwa: Leonhard Ragaz, Von Deutschland und wie wir uns zu ihm stellen, in: NW 16 (1922) 7/8, S. 389–399.

210   Leonhard Ragaz, Deutschland und die Mission des Deutschtums, in: NW 20 (1926) 6, S. 252–262, S. 255.

211   Johannes Schlatter, Gedanken zum Völkerbund, in: KF, 16. 4. 1920, S. 117–122, S. 121. Für Reaktionen auf Schlatters Artikel aus dem Lager der angegriffenen Theologen: Wilhelm Hadorn, In letzter Stunde, in: KF, 14. 5. 1920, S. 153 f. Zur Haltung einzelner Exponenten des schweizerischen Protestantismus zum Völkerbund siehe: Semmler, Kirche und Völkerbund, v. a. S. 51–73. Siehe zudem auch: Carlo Moos, Ja zum Völkerbund – Nein zur UNO. Die Volksabstimmungen von 1920 und 1986 in der Schweiz, Zürich 2001.

212   Wilhelm Hadorn, Chronik des Kirchenfreund, in: KF, 1. 5. 1919, S. 75 f., S. 75.

213   Siehe z. B.: Die Schweiz vor der Lebensfrage. Zur Abstimmung vom 16. Mai, in: NW 14 (1920) 4, S. 182–188; Für und gegen den Völkerbund, in: SPB, 8. 5. 1920, S. 147–152, S. 150–152; Philipp Zinsli/Hans Baur, Zwei Meinungen, in: SPB, 31. 3. 1923, S. 101–104. Ebenfalls für den Völkerbund sprach sich aus: Hans Andres sen., Völkerbund und Freies Christentum, Teil I, in: SRB, 27. 3. 1920, S. 102–104.

seiner antisupranationalen Orientierung heraus bewusst in Abgrenzung zum ‚Völker-Bund' ‚Volks-Bund' nannte. Wie Gilbert Grap in seiner Analyse dieser sich auch antisemitisch gebärdenden reaktionär-nationalkonservativen Gruppierung aufzeigt, gehörten hohe Offiziere, Professoren und andere Akademiker, Rechtsanwälte sowie mehrere National- und Ständeräte zu dessen Trägerschicht.[214] Zudem gilt es mit Blick auf diese Forschungsarbeit zu betonen, dass dem „Volksbund für die Unabhängigkeit der Schweiz" mit Hans Baur, Eduard Blocher und vor allem dem jungreformierten Rudolf Grob in maßgebender Weise auch drei der Hauptträger deutschfreundlicher Überzeugungen in der Deutschschweizer Pfarrerschaft angehörten.[215]

---

214  Gilbert Grap, Differenzen in der Neutralität. Der Volksbund für die Unabhängigkeit der Schweiz (1921–1934), Zürich 2011, S. 40–43. Zum „Volksbund" zudem: Gerhart Waeger. Die Sündenböcke der Schweiz. Die Zweihundert im Urteil der geschichtlichen Dokumente 1940–1946, Olten 1971, S. 59–96. In einer insgesamt den Antisemitismus in der Schweiz beschönigenden Darstellung der Judenfeindschaft in der christlichen Geistlichkeit von Edouard Platzhoff-Lejeune verwies der in Le Brassus (VD) wirkende liberale Pfarrer auf germanophile Netzwerke als zentrale Träger des Antisemitismus in der Deutschschweiz: Edouard Platzhoff-Lejeune, Der Antisemitismus der christlichen Geistlichkeit, in: Jüdische Presszentrale Zürich, 6. 11. 1931, S. 1 f.

215  Blocher war zudem auch an der Gründung der dem „Volksbund" nahestehenden Kulturzeitschrift „Schweizerische Monatshefte für Politik und Kultur" beteiligt. Siehe zur Gründung der Monatshefte: Klaus Urner, Die Gründung der „Schweizerischen Monatshefte für Politik und Kultur", in: SMH 50 (1971) 12, S. 1064–1078; Grap, Differenzen in der Neutralität, S. 38–40. Mehrere Genossenschafter der Zeitschrift gehörten zum Netzwerk des von Blocher geleiteten „Deutschschweizerischen Sprachvereins". Als ideologischer und politischer Opponent dieser germanophilen Institutionen war Leonhard Ragaz um keine Kritik verlegen. So attackierte er 1926 insbesondere Eduard Blocher, indem er ihn als einen Mann darstellte, „der mit allen Fibern seines Wesens jenseits des Rheines" lebe und als „Vorposten des politischen Deutschtums" wirke. (Leonhard Ragaz, Rundschau, in: NW 20 (1926) 5, S. 218–224, S. 222.) Ragaz verwendete in seiner Polemik auch nationalistische Argumentationen, versuchte er doch den konservativ-protestantischen Pfarrer als keinen vollwertigen Schweizer erscheinen zu lassen. Während er, Leonhard Ragaz, seit grauen Tagen in der Schweiz eingewurzelt sei, schrieb der Redakteur der „Neuen Wege", müssten die Fußspuren Blochers noch irgendwo im Sande des Rheins zu finden sein. (Leonhard Ragaz, Rundschau, in: NW 20 (1926) 5, S. 218–224, S. 223.)

# VI. Die Phase 1933 bis 1945 – Protestantische Judenfeindschaft angesichts des nationalsozialistischen Antisemitismus

Die Errichtung der nationalsozialistischen Herrschaft in Deutschland und die damit einhergehende fortschreitende Entrechtung und letztlich systematische Ermordung der Juden in Deutschland und in den durch das ‚Dritte Reich' besetzten Gebieten Europas führten im Deutschschweizer Protestantismus zu einem sich deutlich verstärkenden Nachdenken über ‚die Juden'. Dieses war zum einen gekennzeichnet durch die Diskussionen über die sogenannte Judenfrage, die von etablierten antisemitischen Diskursen geprägt waren, die soziokulturell, national und vereinzelt auch rassisch argumentierten. Zum anderen gewannen ab der zweiten Hälfte der 1930er-Jahre theologische Reflexionen über ‚die Juden' und die nationalsozialistischen Judenverfolgungen stark an Bedeutung. In beiden Fällen waren als Hintergrund für das antisemitische Schreiben im Zeitraum von 1933 bis 1945 die Überzeugungen des Nationalsozialismus und dessen Handlungen von zentraler Bedeutung, sodass fast sämtliche relevanten judenfeindlichen Äußerungen in diesem Kontext zu sehen sind. Daher liegt es auf der Hand, die vierte Periode des Antisemitismus im Protestantismus der Deutschschweiz zeitlich auf die rund zwölf Jahre dauernde nationalsozialistische Herrschaft in Deutschland zu beziehen.

Gegenüber der Periode von 1919 bis 1932 nahm, unabhängig von der theologisch-kirchenpolitischen Ausrichtung, die Präsenz antisemitischer Stellungnahmen in den analysierten Texten des Deutschschweizer Protestantismus noch einmal zu. Ein vergleichbar starkes Vorhandensein judenfeindlicher Positionen hatte sich nur in der ersten Periode von 1870 bis 1895 gezeigt. Der Grad an Affinität zu antisemitischen Konzeptionen in den untersuchten Zeitschriften blieb ähnlich wie in den 1920er-Jahren. Eine konservativ-protestantische Ausrichtung sowie eine germanophile Gesinnung, wie sie etwa im liberalen „Schweizerischen Protestantenblatt" oder noch weit stärker in der jungreformierten „Reformierten Schweizer Zeitung" festzustellen waren, waren für antisemitische Äußerungen besonders förderlich. Aufgrund ihrer monothematischen Ausrichtung auf das Judentum erwies sich neben dem jungreformierten Organ auch weiterhin die pietistisch geprägte judenmissionarische Zeitschrift „Freund Israels" als besonders anfällig für Antisemitismus.

Mit Blick auf die Präsenz antisemitischer Topoi zeigten sich jedoch im Vergleich zur vorangegangenen Periode in zwei Zeitschriften Veränderungen. Einerseits setzte sich im konservativ-protestantischen „Appenzeller Sonntagsblatt" der Rückgang antisemitischer Artikel weiter fort. Ein Prozess, der sich mit der Übergabe

der Redaktion von Otto Zellweger, der seit 1884 amtete, an seine beiden Kinder
Eberhard und Elisabeth Zellweger akzentuierte. Andererseits nahmen im „Kirchenblatt für die reformierte Schweiz" judenfeindliche Äußerungen stark zu. Dies hing
damit zusammen, dass das einstige Blatt der Vermittler seit Ende der 1920er-Jahre
zunehmend durch Vertreter der dialektischen Theologie geprägt wurde. Vor dem
Hintergrund des deutschen Kirchenkampfes ab 1933 politisierten sich die Dialektiker unter der Federführung von Karl Barth, der 1935 nach seiner zwangsweisen
Versetzung in den Ruhestand fluchtartig von Bonn in die Schweiz zurückkehrte,
zunehmend.[1] Damit einher ging auch ein verstärktes politisches und humanitäres
Engagement der Dialektiker in der Hilfe für sogenannte judenchristliche und später
auch für jüdische Flüchtlinge. Dieses schlug sich in einer intensiven theologischen
Auseinandersetzung mit der ‚Judenfrage' nieder, die aber in ihrer Grundstruktur
durch judenfeindliche Topoi geprägt blieb. Daher stiegen die antisemitischen Äußerungen im Organ der Dialektiker gesamthaft deutlich an.

   Dem Lager der dialektischen Theologie entstammte zudem eine Fülle von
Schriften, die sich aus christlicher Perspektive mit dem Judentum auseinandersetzten. Auch Vertreter der Positiven und Religiös-Sozialen partizipierten an dem gesteigerten publizistischen Interesse am Judentum und der Deutung der nationalsozialistischen Judenverfolgungen. Im Vergleich zu den vorangegangenen vier
Perioden kommt deshalb in diesem Teil solchen Schriften eine erhöhte Bedeutung
als Quellen zu. Mit Blick auf die Quellenbasis ist schließlich zu erwähnen, dass sich
1939 die Topografie des liberalen Zeitschriftenwesens grundlegend veränderte, indem das „Religiöse Volksblatt", das „Schweizerische Protestantenblatt" sowie das
„Schweizerische reformierte Volksblatt", wie sich die „Schweizerischen Reformblätter" seit 1930 nannten, zum „Schweizerischen reformierten Volksblatt" fusionier-
ten. Zudem stellte der dem Basler Pietismus entstammende und seit 1833 erscheinende „Christliche Volksbote" sein Erscheinen auf Ende 1941 ein.

   Die Existenz des nationalsozialistischen Deutschland machte nicht nur die
Haltung gegenüber den Juden zu einem wichtigen Thema in den untersuchten Zeitschriften des Deutschschweizer Protestantismus, sondern auch die als Kirchenkampf bezeichneten Auseinandersetzungen innerhalb der protestantischen Kirchen in Deutschland. In dieser Forschungsarbeit werden der Kirchenkampf und
auch die besonders im dialektischen Lager praktizierte Solidarisierung mit der

---

1    Siehe als Beispiel für Barths dezidiert antinationalsozialistische Haltung, Karl Barth, Die Kir-
     che und die politische Frage von heute, in: Karl Barth, Eine Schweizer Stimme 1938–1945, Zolli-
     kon-Zürich 1945, S. 69–107, z. B. S. 87 f. Zu Barths politischem Engagement siehe etwa: Eberhard
     Busch, Karl Barth im Zeitgeschehen. „Eine Schweizer Stimme" zwischen 1935 und 1950, in: Mi-
     chael Beintker/Christian Link/Michael Trowitzsch (Hrsg.), Karl Barth im europäischen Zeitge-
     schehen (1935–1950). Widerstand – Bewährung – Orientierung, Zürich 2010, S. 47–65.

„Bekennenden Kirche" in Deutschland nicht breiter thematisiert, sondern nur dann gestreift, wenn die Berichterstattung die Grundlage für antisemitische Äußerungen bildete.[2] Ebenfalls nur in Bezug auf judenfeindliche Sichtweisen wird auf die protestantische Flüchtlingshilfe eingegangen.[3]

Die Analyse des protestantischen Antisemitismus im Zeitraum von 1933 bis 1945 umfasst drei Kapitel. Die ersten zwei legen ihren zeitlichen Schwerpunkt auf die Jahre von 1933 bis 1937. Dabei untersucht Kapitel 1 die antisemitisch geprägten Interpretationen der unmittelbar nach der ‚Machtergreifung' der Nationalsozialisten einsetzenden rechtlichen und gesellschaftlichen Ausgrenzung der Juden in Deutschland. Auch das anschließende Kapitel widmet sich dieser Fragestellung, fokussiert jedoch auf die Jungreformierten. Mit ihrer Affinität für die in der Schweiz ab dem ‚Frontenfrühling' von 1933 an die Öffentlichkeit getretenen ‚Erneuerungsbewegungen' und ihrer in der „Reformierten Schweizer Zeitung" artikulierten umfassenden antisemitisch und germanophil strukturierten Weltanschauung nahmen die Jungreformierten eine Sonderposition im Deutschschweizer Protestantismus ein. Im abschließenden dritten Kapitel wendet sich der Blick zeitlich schwerpunktmäßig den Jahren 1938 bis 1945 zu. In dieser Zeitspanne nahm die theologische Auseinandersetzung mit den Judenverfolgungen und dem Antisemitismus sprunghaft zu, weshalb diese Unterphase durch Akzentverschiebungen innerhalb des protestantischen Antisemitismus gekennzeichnet war.

## 1 Antisemitische Deutungen der nationalsozialistischen Politik

Die antisemitische Programmatik des Nationalsozialismus und die umgehend einsetzende Ausgrenzung der deutschen Juden, die im sogenannten Judenboykott vom 1. April 1933 einen ersten aktionistischen und symbolischen Höhepunkt erreichte, veranlassten die Zeitschriften sämtlicher theologisch-kirchenpolitischer Richtungen,

---

2   Für die Haltung des schweizerischen Protestantismus zum Kirchenkampf ist zu verweisen auf: Kaiser, Deutscher Kirchenkampf; Beat Raaflaub, Kirchlicher Mahnruf in kritischer Zeit. Der Schweizerische Evangelische Pressedienst 1928–1955, Bern 1977, v. a. S. 97–119; Käser-Leisibach, Die begnadeten Sünder, S. 18–55. Mit stärkerem internationalen Fokus zudem: Marianne Jehle-Wildberger, Adolf Keller (1872–1963). Pionier der ökumenischen Bewegung, Zürich 2008, S. 347–432.

3   Hinsichtlich der Genese und der Strukturen der protestantischen Flüchtlingshilfe, für die der dialektische Flüchtlingspfarrer Paul Vogt zur Symbolfigur wurde, sei vorab auf die umfassende kirchengeschichtliche Studie Herrmann Kochers verwiesen: Kocher, Rationierte Menschlichkeit. Zudem sind in den letzten zwei Jahrzehnten auch Studien mit kantonalen Schwerpunkten erschienen: Narbel, Un ouragan de prudence; Jehle-Wildberger, Das Gewissen sprechen lassen; Wolf, Eine namenlose Not bittet um Einlass; Binnenkade, Sturmzeit. Punktuell sprechen Kocher und die kantonalen Studien auch die Präsenz von Antisemitismus in der protestantischen Kirche an.

zu den Vorgängen Stellung zu nehmen. In dieser Rezeption des Nationalsozialismus in der Teilphase von 1933 bis 1937 wiederum – mit einem Schwerpunkt in den Jahren 1933 und 1934 – fanden antisemitische Erklärungsmuster sehr breite Verwendung. Ähnlich wie zur Zeit des Berliner Antisemitismusstreits von 1879 bis 1881 wirkten somit erneut Ereignisse im nördlichen Nachbarland als Kristallisationspunkt für die im deutschschweizerischen Protestantismus präsenten antisemitischen Denkmuster. Das Hauptaugenmerk liegt hier auf der Analyse der unterschiedlichen antisemitischen Argumentationsstrategien, die sich in der Rezeption der deutschen Ereignisse manifestierten. Vorweg sollen jedoch ein paar Schlaglichter auf die Beurteilung des Nationalsozialismus an sich in den verschiedenen Richtungsorganen die Perspektive über den Antisemitismus hinaus öffnen und zugleich kontextuelle Eindrücke für die weiteren Untersuchungen liefern. Dabei sind Betrachtungen, die dem Nationalsozialismus Lob zollten, aber auch kritische Aussagen gegenüber dem nationalsozialistischen Antisemitismus von Interesse.

*Tastende Blicke auf die Frühphase der nationalsozialistischen Herrschaft*
*in Deutschland*

Mit Ausnahme der beiden religiös-sozialen Zeitschriften „Aufbau" und „Neue Wege", die über ein deutlich politisches Gepräge verfügten, sowie der jungreformierten „Reformierten Schweizer Zeitung" ließen 1933 Kommentare zur Lage in Deutschland in den Organen der Positiven, Liberalen und Dialektiker mehrere Wochen, ja Monate auf sich warten. Eine regelmäßige Berichterstattung setzte mehrheitlich erst nach dem ‚Judenboykott' von Anfang April 1933 ein. Gerade im ersten Jahr des ‚Dritten Reiches' fanden dabei die Zeitschriften auch durchaus lobende Worte für das sich angeblich in einer ‚nationalen Revolution' transformierende Deutschland. Die Affinität zu gewissen Aspekten des Nationalsozialismus soll anhand einzelner Impressionen skizzenhaft aufgezeigt werden, da die dabei verwendeten Argumentationsstrategien im Kern große Ähnlichkeiten mit jenen aufwiesen, die in der judenfeindlichen Rezeption des nationalsozialistischen Antisemitismus Verwendung fanden. Mit Ausnahme der Jungreformierten, die ihre Affinität zum nationalsozialistischen Deutschland in den folgenden Jahren beibehielten,[4] wurden solch lobende Stellungnahmen ab 1934 selten und die Kritik begann zu überwiegen. Diese wird hier, eingegrenzt auf ablehnende Äußerungen zum nationalsozialistischen Antisemitismus, thematisiert.[5]

---

4    Siehe Kapitel 2 in diesem Teil.

5    Siehe zur Kritik des Nationalsozialismus: Käser-Leisibach, Die begnadeten Sünder. Da die Kritik sich oft auf nationalsozialistische Maßnahmen bezog, welche die protestantischen Kirchen betrafen, siehe zudem: Kaiser, Deutscher Kirchenkampf.

Die Affinitäten zum Nationalsozialismus lassen sich inhaltlich an vier thematischen Bereichen festmachen. Erstens wurde dem ‚Dritten Reich' mehrfach Dankbarkeit entgegengebracht, da es sich angeblich erfolgreich dem Kommunismus entgegengestellt habe.[6] Wohlwollende Äußerungen an die Adresse des nationalsozialistischen Staates waren zweitens häufig mit Lob für den neuen Reichskanzler Adolf Hitler verknüpft. So äußerte das „Appenzeller Sonntagsblatt" zwei Wochen nach dem Amtsantritt Hitlers die Hoffnung, dass Deutschland in Hitler ein ähnlich entschlossener und erfolgreicher Führer, wie Mussolini es für Italien sei, erwachsen würde.[7] Sodann rechneten die sehr wertekonservativen protestantischen Zeitschriften Hitler und dem Nationalsozialismus mehrfach positiv an, dass sie die öffentliche und publizistische Moral verbessert hätten.[8] Auch das besonders ab Mitte der 1930er-Jahre dezidiert gegen die nationalsozialistische Kirchenpolitik schreibende Organ der dialektischen Theologie, das „Kirchenblatt für die reformierte Schweiz", zeigte sich im Frühjahr 1933 noch offen für Beiträge, die Hitler in einem sehr günstigen Licht erscheinen ließen.[9] So druckte es einen Hitler idealisierenden Beitrag des deutschen Pfarrers Karl Veller ab, der dem Werk der ‚inneren Mission' des pietistischen Predigers Friedrich Stanger nahe stand.[10] Der Artikel provozierte gleich drei Reaktionen aus dem Mitarbeiterkreis der Zeitschrift. Die Pfarrer Ernst Hauri und Johannes Schlatter zielten darauf ab, das Werk Stangers als nicht unter nationalsozialistischem Einfluss stehend darzustellen,[11] während eine anonyme Reaktion

---

6    Siehe etwa: ***, Protestantismus und deutsche Revolution, in: KRS, 4. 5. 1933, S. 130–132, S. 130; Umschau, in: RVB, 20. 5. 1933, S. 165–167, S. 165 f.; Limbach, Das Weltgeschehen im Lichte der Weissagung, S. 43 f.

7    Nachrichten, in: ASB, 11. 2. 1933, S. 45 f., S. 46. Siehe als weitere Beispiele: Karl Veller, Vater Stanger und Adolf Hitler, in: KRS, 20. 4. 1933, S. 123–125; Emil Schultze, Ferienerlebnisse in Deutschland, Teil I, in: CVF, 10. 6. 1933, S. 270–273; Limbach, Das Weltgeschehen, z. B. S. 43 f.

8    Siehe beispielsweise: ***, Protestantismus und deutsche Revolution, in: KRS, 4. 5. 1933, S. 130–132, S. 131; Emil Schultze, Ferienerlebnisse in Deutschland, Teil I, in: CVF, 10. 6. 1933, S. 270–273, S. 270; Kirchliche Zeitschau, in: CVF, 10. 6. 1933, S. 274–276, S. 276; „Das evangelische Deutschland", Energischer Kampf gegen die Unmoral, in: RVB, 22. 7. 1933, S. 246; Hans Baur, Aus Sturm und Stille, in: SPB, 29. 7. 1933, S. 240.

9    Gerade in jener Zeit verstand sich das „Kirchenblatt für die reformierte Schweiz" als Zeitschrift, die bereit sei, ein breites Spektrum von Meinungen zu akzeptieren. Siehe hierfür etwa: An die Abonnenten des Kirchenblattes, in: KRS, 27. 12. 1934, S. 413. Zudem auch: Käser-Leisibach, Die begnadeten Sünder, S. 13 f.

10   Karl Veller, Vater Stanger und Adolf Hitler, in: KRS, 20. 4. 1933, S. 123–125.

11   Ernst Hauri, Vater Stanger und Adolf Hitler: eine Erwiderung, in: KRS, 4. 5. 1933, S. 132 f.; Johannes Schlatter, Unberechtigte Gleichschaltung, in: KRS, 4. 5. 1933, S. 133 f. Zudem etwas später auch noch: Erich Schick, Hitler und Stanger, in: KRS, 1. 6. 1933, S. 163–165. Siehe zudem: Rudolf Liechtenhan, Replik, in: KRS, 4. 5. 1933, S. 134–137

dem nationalsozialistischen Deutschland viel Verständnis entgegenbrachte.[12] Drittens führte eine germanophile Grundeinstellung häufig zu einer anerkennenden Haltung gegenüber dem Regime in Deutschland im Allgemeinen. Ausschlaggebend dafür waren richtungsunabhängig die persönlichen Überzeugungen der Redakteure. Beispielhaft zeigte sich dies am liberalen Pfarrer Hans Baur. Der Redakteur des „Schweizerischen Protestantenblattes" und Mitglied des reaktionären, deutschlandfreundlichen „Volksbundes für die Unabhängigkeit der Schweiz" verband mit der neuen Ordnung nicht zuletzt die Hoffnung auf ein weltpolitisches Wiedererstarken Deutschlands, das er als Opfer der Nachkriegsordnung sah.[13] So pflegte Baur beispielsweise vielsagend vom „neuen Deutschen Reich" zu sprechen.[14] Seine Hoffnungen sprachen insbesondere aus den Zeilen eines Reiseberichts, den er im Frühsommer 1933 in seiner Zeitschrift veröffentlichte.[15] Das ‚neue Deutsche Reich' sah er dabei weiterhin von feindlichen Mächten umzingelt, die einen Propagandafeldzug gegen dieses führen würden.[16] Von der Schweiz forderte er eine ‚(gesinnungs)neutrale' Beurteilung der Lage. So argumentierte Baur im Oktober 1933, wieder seinem Opfer-Diskurs folgend und eine schweizerische Dankesschuld suggerierend, mit Blick auf die angeblich einseitige Berichterstattung der protestantischen Organe:

> „Das merkwürdigste ist, daß zu gleicher Zeit diese ‚neutralen' Schweizer die waffenstarrenden andern Völker nie auch nur mit einem kleinen Wink zu reizen wagen und ihre ganze Kritik auf das entwaffnete Volk werfen. [...] Kehren wir vor unserer eigenen Tür und warten wir ab, was aus dem Kampf der Meinungen in einem Volke werden wird, das uns immerhin den größten Teil unserer Kulturgüter geschenkt hat, sonderlich in theologischer und philosophischer Hinsicht. Nur allzuviele lassen sich von der zufälligen politischen Lage den Blick für die lebensnotwendigen Zusammenhänge rauben, die uns seit Jahrtausenden mit dem Volk des deutschen Reichs verbinden."[17]

12    ***, Protestantismus und deutsche Revolution, in: KRS, 4. 5. 1933, S. 130–132.

13    Siehe für diesen Opfer-Diskurs: Hans Baur, Im neuen Deutschen Reich, Teile I/II, in: SPB, 20. 5. 1933/3. 6. 1933, S. 155–157, S. 172–174.

14    So etwa in: Hans Baur, Aus dem neuen Deutschen Reich, in: SPB, 6. 5. 1933, S. 143 f., S. 143.

15    Hans Baur, Im neuen Deutschen Reich, 5 Teile, in: SPB, 20./27. 5. 1933/3./10./17. 6. 1933, S. 155–157/ S. 164–167/S. 172–174/S. 182–184/S. 189 f.

16    So verstand Hans Baur seinen Reisebericht auch als ‚Aufklärungsarbeit' zugunsten von Deutschland: Hans Baur, Im neuen Deutschen Reich, Teil I, in: SPB, 20. 5. 1933, S. 155–157, S. 155.

17    Hans Baur, Aus Sturm und Stille, in: SPB, 21. 10. 1933, S. 335. Eine ähnliche Sicht der Dinge ließ Baur auch noch 1937 in einem Beitrag aufscheinen, in dem er den nationalsozialistisch gesinnten schweizerischen Dichter Jakob Schaffner in Schutz nahm. (Hans Baur, Was will Jakob Schaffner?, in: SPB, 6. 2. 1937, S. 43 f., S. 44.)

Viertens konnte die positive Rezeption der nationalsozialistischen Herrschaft in Deutschland einem geschichtstheologischen Blick auf die Vorgänge geschuldet sein. Diese Sicht auf den Nationalsozialismus vertrat der Zürcher Prediger Samuel Limbach in seiner 1935 im Verlag von Heinrich Majer in Basel publizierten Schrift „Das Weltgeschehen im Lichte der Weissagung".[18] Für den Prediger stellte das „absolutistische Führertum" einen unbewussten und ungewollten Vorschatten der absoluten Königsherrschaft Jesu Christi im Tausendjährigen Reich dar.[19] Zudem bedeutete für Limbach die „nationalsoziale Revolution" die Rettung Deutschlands vor dem drohenden Chaos des Kommunismus, und er fand Lob für zahlreiche politische Maßnahmen Hitlers.[20] Einer heilsgeschichtlichen Sichtweise hing auch der Basler Pfarrer Georg Vischer an. Vischer, der 1934 von Daniel Burckhardt-Werthemann die Redaktion des „Christlichen Volksboten" übernommen hatte, erachtete die Entwicklungen in Deutschland als göttlich determiniert.[21]

Die seit 1933 neben zustimmenden Voten gleichzeitig im Deutschschweizer Protestantismus präsente Kritik am Nationalsozialismus akzentuierte sich in den Folgejahren. Sie war häufig mit der Missbilligung der nationalsozialistischen Kirchenpolitik verbunden, die zum Kirchenkampf geführt hatte.[22] Ausführlich geschah dies etwa im durch die dialektische Theologie geprägten „Kirchenblatt für die

---

18  Limbach, Das Weltgeschehen.

19  Ebenda, S. 63.

20  Ebenda, S. 43 f.

21  Georg Vischer, Gedanken über den Nationalsozialismus, in: CVB, 30. 3. 1938, S. 100 f., S. 100. Noch weiter ging der St. Galler Rechtsanwalt und Anhänger der erwecklichen ‚Oxforder Gruppenbewegung' Alwin Hausamann, indem er in seinen wilden eschatologischen Überlegungen Hitler zu einem Instrument Gottes stilisierte. Siehe zu Hausamann, der dem „Volksbund für die Unabhängigkeit der Schweiz" nahestand und die sogenannte Eingabe der 200 von 1940, die eine Niedrigprofilpolitik der Schweiz gegenüber dem nationalsozialistisch dominierten Europa forderte, mitunterzeichnete: Metzger, Antisemitismus in der Stadt St. Gallen, S. 275–278.

22  Zur Rezeption des Kirchenkampfes in den schweizerischen Kirchen sei nochmals verwiesen auf: Käser-Leisibach, Die begnadeten Sünder; Kaiser, Deutscher Kirchenkampf. Zur Rolle des „Evangelischen Pressedienstes" in der Berichterstattung über den Kirchenkampf siehe zudem: Raaflaub, Kirchlicher Mahnruf in kritischer Zeit. Als gute Beispiele für die Wahrnehmung des Kirchenkampfes im Deutschschweizer Protestantismus siehe folgende zwei Schriften, die aufgrund ihrer unterschiedlichen Deutungen in den verschiedenen Richtungsblättern zum Teil kontrovers diskutiert wurden: Arthur Frey, Der Kampf der evangelischen Kirche in Deutschland und seine allgemeine Bedeutung, Zollikon 1937; Rudolf Grob, Der Kirchenkampf in Deutschland. Kurze Geschichte der kirchlichen Wirren in Deutschland von 1933 bis Sommer 1937, Zürich 1937. Als zentrale Figur für die Beurteilung des Kirchenkampfes wirkte zudem der Dialektiker Karl Barth, der vor seiner Rückkehr in die Schweiz im Jahre 1935 selbst in Deutschland aktiv an den kirchlichen Auseinandersetzungen teilgenommen hatte.

reformierte Schweiz".[23] Frühe Kritik fand die nationalsozialistische Politik aufgrund des ausgeprägten politisch-weltanschaulichen Gegensatzes zwischen Nationalsozialismus und Sozialismus auch in den religiös-sozialen Zeitschriften.[24] Der „Christliche Volksfreund" hingegen steht als Beispiel dafür, dass Kritik lange Zeit nur zurückhaltend geäußert wurde. Im Sommer 1934 sah sich jedoch auch diese Zeitschrift zu einer schärferen Reaktion gezwungen. Die traditionelle Verbundenheit mit Deutschland bezüglich Bildung, Kultur, ‚Art' und Geschichte betonend, wurde es nun als Pflicht angesehen, gegen gewisse Vorkommnisse Stellung zu nehmen, zumal die zunehmende Isolierung Deutschlands gerade auch für die evangelische Christenheit beklagenswert sei. Kritisiert wurden dabei Handlungen, die den Widerspruch des Nationalsozialismus gegen christliche Grundwerte offensichtlich machten.[25]

Für die Analyse des Antisemitismus im Deutschschweizer Protestantismus ist primär die in die Nationalsozialismuskritik integrierte (partielle) Ablehnung der nationalsozialistischen Judenfeindschaft von Belang. Wie schon für die Phasen von 1870 bis 1895 und von 1919 bis 1932 eingehender erläutert, stieß zum einen die Radikalität gewisser Ausformungen des Antisemitismus – so vor allem der Rassenantisemitismus und die judenfeindliche Gewalt – auf Widerspruch.[26] Die Kritik setzte

23 Die bereits im Frühjahr 1933 eingesetzte Berichterstattung gab zuerst die Vorgänge und Verlautbarungen in den deutschen protestantischen Kirchen mehr oder weniger unkommentiert wieder. Das „Kirchenblatt für die reformierte Schweiz" war auch ein Sprachrohr des vor allem von Anhängern der dialektischen Theologie getragenen „Schweizerischen Evangelischen Hilfswerks für die Bekennende Kirche in Deutschland". Siehe zum „Kirchenblatt für die reformierte Schweiz" in den Jahren von 1933 bis 1945 auch: Kocher, Rationierte Menschlichkeit, S. 429–441.

24 Siehe z. B.: Leonhard Ragaz, Zur Weltlage, in: NW 27 (1933) 2, S. 74–89, S. 74–79; Heinrich Ströbel, Der Nationalsozialismus als Weltgefahr, in: A, 17. 3. 1933, S. 81–83; Das Kreuz Christi und das Hakenkreuz, in: NW 27 (1933) 5, S. 225–232.

25 Kirchliche Zeitschau, in: CVF, 25. 8. 1934, S. 404–408, S. 405 f.

26 Mit klarer Kritik am nationalsozialistischen Antisemitismus: R. Blattner, Tut nichts! Der Jude wird verbrannt, in: SRV, 29. 4. 1933, S. 134–136; Edouard Platzhoff-Lejeune, Abschied von Juda in Deutschland, in: SRV, 26. 1. 1935, S. 29 f.; Y., Judenhass, Judenverfolgung schändet nicht die Juden, sondern jene, die hassen und verfolgen, in: A, 8. 11. 1935, S. 357 f.; W. Bär, Rund um die Judenfrage, in: A, 2. 4. 1937, S. 100 f.; Willy Wuhrmann, Chronik, in: RVB, 19. 11. 1938, S. 373 f., S. 374. Insbesondere der „Aufbau" Max Gerbers berichtete regelmäßig über die nationalsozialistischen Judenverfolgungen. Siehe zudem als Beispiele für Artikel, die eine Abgrenzung gegenüber gewissen Ausformungen des Antisemitismus vornahmen, aber selbst antisemitisch argumentierten: August Gerhardt, 102. Jahresbericht des Vereins der Freunde Israels in Basel, in: FI 60 (1933) 3, S. 33–42, S. 33; Friedrich König, Berthold Auerbach und der Berliner Antisemitismus, Teil I, in: SRV, 17. 10. 1936, S. 334–336, S. 336. Sehr stark zwischen einer ‚erlaubten' und ‚unerlaubten' Judenfeindschaft unterscheidend, argumentierte Rudolf Schwarz. Für ihn stellte eine „konfessionell oder wirtschaftlich begründete Judengegnerschaft" noch keinen wirklichen Antisemitismus dar. (Rudolf Schwarz, Blut oder Autorität, in: KRS, 26. 5. 1938, S. 165 f., S. 165.) In der

zum anderen aber vor allem auch dort an, wo christliche Glaubenssätze als durch den Antisemitismus bedroht angesehen wurden. Daher fanden in den Jahren von 1933 bis 1937 gelegentlich Aussagen den Weg in die Zeilen von Zeitschriften unterschiedlicher theologischer Ausrichtung, die den Antisemitismus als ,unchristlich' verurteilten.[27] Besonders konsequent äußerte sich Redakteur Max Gerber in seinem „Aufbau". Der religiös-soziale Pfarrer rief angesichts der antisemitischen Pöbeleien gegen die Teilnehmenden des im August 1937 in Zürich stattfindenden 20. Zionistenkongresses mit markigen Worten zur Gegenwehr gegen den Antisemitismus auf:

> „Es muß in der Haltung der Christen kraftvoll zum Ausdruck kommen, daß da, wo der Antisemitismus anfängt, das Christentum aufhört, und zwar radikal.
> Ja, jeder einzelne soll mithelfen, das Land zu schützen vor Niedertracht. Darum, Schweizer, wehrt euch gegen den Antisemitismus und schützet die Juden."[28]

Auf deutlichen Widerspruch stießen auch antisemitische Bestrebungen innerhalb der deutschen Kirchen. Hierzu gehörten insbesondere, das ,Alte Testament' als ,jüdisches' Buch zu stigmatisieren, von dem sich das Christentum zu lösen habe, oder aber Jesus aus dem Judentum herauszulösen und zum ,Arier' zu erklären.[29] An

Phase von 1933 bis 1937 wurden verschiedentlich auch nationale oder internationale Verlautbarungen gegen die nationalsozialistischen Judenverfolgungen in den analysierten Zeitschriften abgedruckt, die jedoch teilweise selbst judenfeindliche Topoi enthielten. Siehe beispielsweise: Das Kreuz Christi und das Hakenkreuz, in: NW 27 (1933) 5, S. 225–232; J. Sch., Kirchensynode des Kantons Zürich, 22. November 1933, in: KF, 30. 11. 1933, S. 377–381; An die Nichtjuden Europas, in: A, 16. 8. 1935, S. 261 f.

27  Siehe als Beispiele hierfür: Das Kreuz Christi und das Hakenkreuz, in: NW 27 (1933) 5, S. 225–232, S. 230; Bücherbesprechung, in: KRS, 14. 10. 1937, S. 331–335, S. 334. H. B., Aus der Berner Synode, in: KRS, 19. 1. 1939, S. 26–28, S. 27. Selbst stark antisemitisch geprägt: Hildegart Astholz, Antisemitismus in geschichtlicher und religiöser Beleuchtung, Teil II, in: RVB, 22. 7. 1933, S. 239–241, S. 241; Barth, Die Kirche und die politische Frage von heute, S. 90; Eberhard Zellweger, Allen Menschen, in: ASB, 22. 7. 1939, S. 225.

28  Max Gerber, Wehrt euch gegen den Antisemitismus, in: A, 27. 8. 1937, S. 265 f., S. 266.

29  Siehe für die Verteidigung des ,Alten Testaments' etwa: Max Rüetschi, Vom evangelisch-reformierten Pfarrverein des Kantons Bern, in: KRS, 19. 10. 1933, S. 329 f., S. 329; Robert Friedli, Warum können und wollen wir das Alte Testament nicht lassen? Referat gehalten an der Badener Konferenz am 2. Mai 1934, Basel 1934; Kurt Guggisberg, Das Alte Testament in „arischer" Schau, in: SRV, 6. 4. 1935, S. 107–110; Walther Zimmerli, Der Kampf um das Alte Testament, 3 Teile, in: KF, 23. 7. 1936/6./20. 8. 1936, S. 225–230/S. 241–248/S. 257–261. Auch der 1934 aus Deutschland in die Schweiz zurückgekehrte Theologe Wilhelm Vischer war nicht zuletzt aufgrund seiner stark christologischen Interpretation ein ausgesprochener Verteidiger der Bedeutung des ,Alten Testaments' für das Christentum. Siehe etwa: Wilhelm Vischer, Gehört das Alte Testament heute noch in die Bibel des deutschen Christen?, in: Beth-El 24 (1932) 4, S. 91–101; Wilhelm Vischer,

zentralen Glaubenssätzen rüttelte schließlich die Übertragung des ‚Arierparagrafen‘ auf die Kirche, die in NS-Deutschland im Herbst 1933 den Prozess zur Formierung der „Bekennenden Kirche" als innerkirchliche Oppositionsbewegung gegen die Gleichschaltungspolitik des Nationalsozialismus sowie gegen die völkisch ausgerichteten ‚Deutschchristen‘ anstieß.[30] Die Anwendung des ‚Arierparagrafen‘ auf die Kirche gefährdete zudem jene Kirchenmitglieder, die vom Judentum zum Christentum konvertiert waren, da diese weiterhin als ‚Juden‘ taxiert und von kirchlichen Ämtern ausgeschlossen wurden.[31] Das Schicksal dieser ‚Judenchristen‘ wurde im Deutschschweizer Protestantismus wiederholt thematisiert und förderte den Ausbau der protestantischen Flüchtlingshilfe.[32] Durch die Angriffe auf die ‚Judenchristen‘ in seinem Innersten herausgefordert, sah sich nicht zuletzt der judenmissionarische „Verein der Freunde Israels". Sich dezidiert hinter die Bedeutung der Taufe stellend, reagierte das ansonsten häufig antisemitisch argumentierende Publikationsorgan des Vereins in der für ihn fundamental wichtigen Frage im November 1933 überaus deutlich in einem Beitrag mit dem vielsagenden Titel „Das Wort sie sollen lassen stah'n!" auf die Implementierung des ‚Arierparagrafen‘ in der unierten Kirche Preußens:

Die Bedeutung des Alten Testaments für das christliche Leben, Zollikon 1938. Für die christologische Perspektive vor allem auch sein Hauptwerk: Wilhelm Vischer, Das Christuszeugnis des Alten Testaments, 2 Bde. München/Zürich 1934/1942. Siehe einige Beispiele für die Bejahung der Aussage, dass Jesus Jude war: Verschiedenes, in: FI 60 (1933) 5, S. 79–83, S. 81; Die Verantwortlichkeit der christlichen Kirchen für judenchristliche Flüchtlinge, in: KRS, 12. 7. 1934, S. 219 f., S. 220; Politisches, in: CVB, 25. 12. 1935, S. 417 f., S. 417.

30   Siehe etwa: Allerlei, in: ASB, 16. 9. 1933, S. 293; Erich Schick, Die theologische Diskussion über den Arierparagraphen in der deutschen Kirche, 2 Teile, in: KRS, 8./22. 3. 1934, S. 69–74/S. 87–91; Martin Werner, Luther und die Judenfrage, in: SRV, 14. 3. 1936, S. 86–88, S. 88. Ebenfalls die fundamentale Bedeutung der Taufe betonte der Dialektiker Emil Brunner in seinen stark antisemitischen Ausführungen zur ‚Judenfrage‘ von November 1935. Die Juden würden zwar einen ‚Fremdkörper‘ in den anderen Völkern darstellen, doch würde dies durch die „Einwurzelung in die christliche Kirche" wegfallen. Weiter betonte Brunner: „Der zum echten Christen gewordene Jude wird auch zum echten Europäer und kann auch in dem Sinne und in dem Maße wie irgendein ‚Volksfremder‘ im Lauf der Geschichte zum echten Volksglied werden […]." (Emil Brunner, Zur Judenfrage, in: NSR 3 (1935) 7, S. 385–397, S. 395.)

31   Zum ‚Arierparagrafen‘ im Nationalsozialismus siehe: Axel Töllner, Art. ‚Arierparagraph‘, in: Handbuch des Antisemitismus, Bd. 3, S. 28–30.

32   So wurde wiederholt zur Hilfe für die ‚Judenchristen‘ aufgefordert. Siehe etwa: Europäische Zentralstelle für kirchliche Hilfsaktionen, Die Verantwortlichkeit der christlichen Kirchen für judenchristliche Flüchtlinge, in: KF, 12. 7. 1934, S. 219 f.; Eine herzliche Bitte an unsere lieben Freunde und Beter, in: FI 61 (1934) 5, S. 79; Adolf Keller, Die Flüchtlingsfrage, in: KRS, 26. 12. 1935, S. 406–408, S. 407 f. Für diesen Aspekt der protestantischen Flüchtlingshilfe: Kocher, Rationierte Menschlichkeit.

„Die gesamte Kirchengeschichte wie das Staats- und Kirchenrecht aller Völker kennt bisher den Begriff des Juden nicht im Sinne der Rasse, sondern ausschließlich in dem der Konfession, also als den des Juden, der in Jesus nicht den Christus Gottes erkennt. Der Jude, der im Gesetz und den Propheten seines Volkes die Weissagung auf Christus erkennt, sich bekehrt und taufen läßt, ist für die Kirche nicht mehr Jude, und von seiten der Kirche sind auch staatsbürgerrechtliche Beschränkungen für den getauften Juden niemals vertreten worden."[33]

Da ein Abrücken von der Taufe oder dem ‚Alten Testament' für die Exponenten des Deutschschweizer Protestantismus undenkbar war, stieß etwa die völkisch geprägte „Glaubensbewegung Deutscher Christen" auf deutliche Ablehnung.[34]

### Antisemitische Kritik am Nationalsozialismus

In die neben den positiven ebenfalls angesprochenen kritischen Blicke auf den deutschen Nationalsozialismus mischten sich auch antisemitische Äußerungen, indem der Nationalsozialismus mit ‚den Juden' assoziiert wurde, um ihn dadurch zu desavouieren. Als Hauptträger dieser Strategie fungierten die Religiös-Sozialen um die Zeitschriften „Neue Wege" und „Aufbau", doch schienen Teilaspekte auch bei verschiedenen, vor allem konservativ-protestantischen Autoren auf. In der Analyse dieser Argumentationsstrategie kristallisieren sich zwei Hauptdiskurse heraus. Ein erster war geprägt von klassenkämpferischem Denken und blieb auf den Religiösen Sozialismus beschränkt. Er unterstellte dem Nationalsozialismus, nur gegen die

---

33   Das Wort sie sollen lassen stah'n!, in: FI 60 (1933) 5, S. 67–71, S. 68. Im selben Artikel stellten sich die „Freunde Israels" auch deutlich hinter die Einheit von ‚Altem' und ‚Neuem Testament'.

34   Siehe beispielsweise: Leonhard Ragaz, Zur Weltlage, in: NW 24 (1930) 11, S. 521–530, S. 524; Edouard Platzhoff-Lejeune, Christentum und Nationalismus, in: SRV, 1. 4. 1933, S. 101–104; Wilhelm Vischer, Zur Judenfrage. Eine kurze biblische Erörterung der Judenfrage im Anschluss an die Leitsätze eines Vortrags über die Bedeutung des Alten Testaments, in: Pastoral-Theologie. Monatschrift zur Vertiefung des gesamten pfarramtlichen Wirkens 29 (1933) 5/6, S. 185–190; Eberhard Zellweger, Heidentum in Deutschland?, in: ASB, 24. 2. 1934, S. 56–60; Robert Friedli, Warum können und wollen wir das Alte Testament nicht lassen? Referat gehalten an der Badener Konferenz am 2. Mai 1934, Basel 1934; Peter Sarasin, Jakob Wilhelm Hauer und die ‚Deutsche Glaubensbewegung, in: KRS, 9. 8. 1934, S. 242–249; ***, Das germanische und neudeutsche Heidentum, 3 Teile, in: RVB, 13./20./27. 10. 1934, S. 315 f./S. 323 f./S. 332–335; Rudolf Fisch, Christentum artfremd, 2 Teile, in: CVB, 13./20. 2. 1935, S. 51 f./S. 59 f.; Kirchliche Zeitschau, in: CVF, 14. 12. 1935, S. 601–604, S. 602 f. Selbst stark rassensemantisch und essentialisierend geprägt, aber ebenfalls gegen völkische Christentumsvorstellungen gerichtet: Adolf Köberle. Das Evangelium im Weltanschauungskampf der Gegenwart. Ein Wort zur Besinnung und Entscheidung, Berlin 1935.

‚kleinen Juden' vorzugehen, in Tat und Wahrheit aber mit den ‚reichen Juden' zu-
sammenzuarbeiten, ja sogar grundlegend auf deren ‚kapitalistische' Unterstützung
angewiesen zu sein. Vor allem Leonhard Ragaz schrieb sich in diesen antikapitalis-
tisch geprägten Diskurs ein, der bis 1936 in seinen „Neuen Wegen" aufschien und
der auch in der sozialdemokratischen Presse verbreitet war.[35] Präsent war er vereinzelt auch im „Aufbau" Max Gerbers.[36] Der Diskurs zielte im Innersten darauf ab,
den Nationalsozialismus einer inkonsequenten Haltung zu bezichtigen und ihn als
kapitalistischen ‚Klassenfeind' erscheinen zu lassen. Inhärent war dieser Argumentationsweise letztlich auch eine Verharmlosung des Antisemitismus des NS-Staates,
stellte sie dessen Antisemitismus doch als ein selektiv angewendetes und gezielt nur
gegen die jüdische Unterschicht eingesetztes Instrument dar. Diese Sichtweise zeigte sich etwa in der Berichterstattung über das ‚Dritte Reich' von Leonhard Ragaz in
den „Neuen Wegen" im Sommer 1935. Ragaz betonte bei dieser Gelegenheit, dass
der Antisemitismus in Deutschland weiter zugenommen habe und verwies dabei
auf die Agitation des „Stürmer" oder auf die zunehmende Marginalisierung der Juden in der Gesellschaft. Zugleich aber behauptete der religiös-soziale Pfarrer: „Aber
man beachte wohl: den großen Juden, ich meine: den Trägern der Großfinanz und
Großindustrie, die Hitler einst finanziert haben und jetzt sein Reich stützen, wird
kein Haar gekrümmt."[37]

Der zweite Hauptdiskurs verwendete ‚das Judentum' als negative Referenzgröße. Indem der Nationalsozialismus an sich oder Elemente aus ihm als ‚jüdisch' apostrophiert wurden, sollte er herabgewürdigt werden.[38] Der dem religiösen Sozialismus nahestehende Redakteur der Zeitschrift „Blaues Kreuz", Rudolf Schwarz,
lieferte im Mai 1934 mit seinem Beitrag „Das Jüdische am Hitlertum" im „Aufbau"

---

35   Siehe als Beispiele: Leonhard Ragaz, Rundschau, in: NW 24 (1930) 10, S. 477–494, S. 478; Leon-
     hard Ragaz, Zur Weltlage, in: NW 27 (1933) 2, S. 74–89, S. 75; Leonhard Ragaz, Zur Weltlage, in:
     NW 27 (1933) 4, S. 174–196, S. 183; Leonhard Ragaz, Zur Weltlage, in: NW 29 (1935) 10, S. 498–
     517, S. 517; Leonhard Ragaz, Rundschau, in: NW 29 (1935) 10, S. 517–528, S. 519; Leonhard Ragaz,
     Rundschau, in: NW 30 (1936) 2, S. 100–112, S. 101. Für die Verbreitung dieses Diskurses in der
     Sozialdemokratie siehe das Beispiel St. Gallens: Metzger, Antisemitismus in der Stadt St. Gallen,
     S. 229–236. In Ansätzen schien der Diskurs sogar noch einmal 1939 durch: Leonhard Ragaz,
     Rundschau, in: NW 33 (1939) 10, S. 476–486, S. 476.
36   Siehe etwa: Humana, Deutsches Allerlei, in: A, 20. 9. 1935, S. 300–302, S. 301.
37   Leonhard Ragaz, Zur Weltlage, in: NW 29 (1935) 7/8, S. 360–390, S. 381.
38   Eine weitere Variante der Diskreditierung des Nationalsozialismus bei den Religiös-Sozialen ar-
     beitete mit dem Vorwurf, jener fördere die Homosexualität. Siehe etwa: Leonhard Ragaz, Zur
     Weltlage, in: NW 27 (1933) 12, S. 565–584, S. 572; Leonhard Ragaz, Zur Weltlage, in: NW 28 (1934)
     9, S. 391–415, S. 398; Leonhard Ragaz, Zur Weltlage, in: NW 28 (1934) 12, S. 551–568, S. 562. Siehe
     für die Präsenz dieses Diskurses in der Sozialdemokratie: Metzger, Antisemitismus in der Stadt
     St. Gallen, S. 395.

ein besonders schlagendes Beispiel für diese Argumentationsweise ab.[39] Eine Absicht seines Artikels war es eigentlich gewesen, die den Juden zugeschriebenen Eigenschaften als nicht spezifisch jüdisch darzustellen. Dies tat er, indem er den Charakter des Nationalsozialismus mit vermeintlich ‚jüdischen' Eigenschaften umschrieb.[40] Die intendierte anti-antisemitische Stoßrichtung des Artikels ging jedoch fehl, fungierten doch für Rudolf Schwarz letztlich ‚die Juden' respektive ‚das Jüdische' weiterhin als negativer Referenzpunkt:

> „Was aber am jüdischsten anmutet am Hitlertum, das ist der Rassenstolz. Wie Juda den Gedanken des auserwählten Volkes entwickelt hat, je geringer seine welthistorische Bedeutung wurde, so ist der Wahn der Weltüberlegenheit der nordisch-germanischen Rasse im heutigen Deutschland der Wunschtraum eines ausgesprochenen Mischlingsvolkes. Man schilt die Juden und macht es ihnen nach. Man will das Alte Testament abschaffen und denkt doch ganz wie das Buch Esther, die jüdischste der alttestamentlichen Schriften. Durch nichts drängt sich Hitler-Deutschland in der Welt so in die Stellung hinein, die es dem Judentum vorwirft und anweist, als durch die maßlose Ueberschätzung des Völkischen vor dem Menschlichen.“[41]

Und die misslungene anti-antisemitische Argumentation offenlegend, fügte Grob stark essentialisierend weiter an:

> „Aber gerade dadurch geht doch das eine hervor, daß das sogenannt Jüdische eben nicht semitische Eigenart sein kann. Will man nicht zu der absurden Erklärung greifen (so nahe sie manchmal zu liegen scheint), als seien die Führer

---

39 Rudolf Schwarz, Das Jüdische am Hitlertum, in: A, 25. 5. 1934, S. 163–165.

40 Rudolf Schwarz formulierte es folgendermaßen: „Was macht den Juden so unbeliebt? Unangenehme Zudringlichkeit, lärmende Betriebsamkeit, geschäftskundige Schlauheit, dann die Fähigkeit, bei mangelnder eigener Originalität Fremdes sich anzueignen und als eigenes anzupreisen, und als Letztes der auch hinter anschmiegsamem Aeußern stehende Hochmut des ‚auserwählten Volkes', der reinen Rasse. Das ist wohl ungefähr das, was man als das Jüdische bezeichnet und was bei den meisten Nichtjuden eine leise oder laute Abneigung hervorruft […]. Wer nun aber das Judentum nicht rein gefühlsmäßig betrachtet […], sondern wer wirklich Juden kennt, wird bemerken, daß diese als besonders jüdisch geltenden Eigenschaften zwar bei vielen von ihnen vorhanden sind, aber bei manchen andern Juden auch ganz oder teilweise fehlen […].

   Dass aber die angeblich jüdischen Untugenden gerade keine jüdischen Stammeseigentümlichkeiten sind, geht nun doch daraus hervor, dass das ‚Dritte Reich' bei seinen Nachbarn unbeliebt, verachtet und gefürchtet ist genau derselben Eigenschaften wegen, die der Antisemitismus in aller Welt den Juden vorwirft.“ (Rudolf Schwarz, Das Jüdische am Hitlertum, in: A, 25. 5. 1934, S. 163–165, S. 163 f.)

41 Rudolf Schwarz, Das Jüdische am Hitlertum, in: A, 25. 5. 1934, S. 163–165, S. 164.

des neuen Deutschland selbst Juden, so muß die Aehnlichkeit wohl in ver-
wandten Erlebnissen des jüdischen und des deutschen Volkes liegen. Dieselben
Untugenden, die man am Judentum und Hitlertum bemerkt, sind Aeußerun-
gen eines durch immer neu erlebte Demütigung hervorgerufenen Minderwer-
tigkeitsgefühls."[42]

Grob konnotierte somit die Aktionsweise des Nationalsozialismus mit ‚alttestamentarisch‘ und sein von der Dimension ‚Rasse‘ geprägtes Denken mit ‚jüdisch‘.
Damit verwendete Grob in seinem Artikel antisemitische Stereotypen, die zentral für jenen Diskurs waren, dessen Strategie der Nationalsozialismuskritik darin bestand, diesen als ‚jüdisch‘ zu attackieren.[43] Ganz besonders das antisemitische
Argument, das das ‚Rassedenken‘ an sich und ganz besonders jenes im Nationalsozialismus mit ‚jüdisch‘ assoziierte, zeigte sich gerade auch unter konservativ-protestantischen Autoren in den 1930er-Jahren verbreitet.[44] So arbeiteten ebenfalls die
beiden Basler Theologieprofessoren Adolf Köberle und Walther Eichrodt mit diesem Diskurs.[45] Ebenso sahen der 1934 aus Deutschland ausgewiesene Schweizer
Theologe Wilhelm Vischer und der regelmäßig zur ‚Judenfrage‘ publizierende Pfarrer
Walter Hoch in den Ansichten der Nationalsozialisten ‚jüdische Merkmale‘. Vischer
erachtete gar den Antisemitismus als solchen als „typisch jüdische Haltung",[46] und

42   Rudolf Schwarz, Das Jüdische am Hitlertum, in: A, 25. 5. 1934, S. 163–165, S. 164.

43   Für die Verwendung von ‚alttestamentarisch‘ als negative Beschreibung für den Nationalsozi-
     alismus siehe z. B.: Walther Zimmerli, Der Kampf um das Alte Testament, Teil III, in: KF, 20. 8.
     1936, S. 257–261, S. 259 f. Judentum mit Rassismus assoziierte zudem auf religiös-sozialer Seite
     ein Beitrag des russischen Philosophen Nikolai Berdiajew: Nikolai Berdiajew, Christentum und
     Antisemitismus. Das religiöse Schicksal des Judentums, in: NW 33 (1939) 1, S. 9–25, S. 14.

44   Siehe hierzu und zur Apostrophierung von Charakteristika des Nationalsozialismus als ‚jüdisch‘
     im Allgemeinen: Gustav Benz, Kirchliche Zeitschau, in: CVF, 7. 9. 1935, S. 434–436, S. 436. Sie-
     he zudem die Beispiele in den nachfolgenden Fußnoten. Von Seiten des dialektischen „Kirchen-
     blatts für die reformierte Schweiz": Werner G. Kümmel, Jesus und die Rabbinen, Teil II, in: KRS,
     27. 7. 1933, S. 225–230, S. 230.

45   Adolf Köberle. Das Evangelium im Weltanschauungskampf der Gegenwart. Ein Wort zur Besin-
     nung und Entscheidung, Berlin 1935, S. 28 f.; Walther Eichrodt, Antisemitismus in alter und neu-
     er Zeit, Teil III, in: KF, 4. 3. 1937, S. 65–72, S. 66 f.

46   Wilhelm Vischer, Wir Christen und die Juden, in: Schweizerisches Evangelisches Hilfswerk für
     die Bekennende Kirche in Deutschland (Hrsg.), Juden – Christen – Judenchristen. Ein Ruf an
     die Christenheit, Zollikon 1939, S. 13–29, S. 16 f.; S. 22; S. 23. Siehe zudem auch: Wilhelm Vischer,
     Antwort an Schalom Ben-Chorin, in: NW 33 (1939) 12, S. 566–571, S. 570. Diese Haltung Vischers
     tauchte auch in anderen Werken von ihm auf. So etwa in einer Verteidigung des ‚Alten Tes-
     taments‘ gegenüber völkischen Strömungen von Frühjahr 1932. Zentral war hierbei Vischers
     Gedanke, dass gerade das Judentum der Idee eines ‚jüdischen Nationalgottes‘ nachhänge und
     deshalb unter dem ‚Gericht‘ stehe. Wer somit in den Augen des an der Theologischen Schule

Hoch argumentierte in seiner Ablehnung des Arierparagrafen für die Kirche in diesem Sinne. In seiner Artikelserie „Christ und Jude", die im Sommer 1934 im „Kirchenfreund" abgedruckt wurde, bilanzierte er:

> „Es unterliegt keinem Zweifel, daß wer in bezug auf die Frage: ‚Christ und Jude' die Rassenfrage zur Lösung herbeiruft, den christlichen Boden verläßt und, vielleicht ohne es zu ahnen, bereits im jüdischen Lager steht. Auf christlichem Boden gilt die Verkündigung der Erwählung durch Gott allein aus Gnaden in Jesus Christus. Auf jüdischem Boden gilt die Verkündigung der geschehenen unverlierbaren Erwählung des jüdischen Volkes auf Grund des Gesetz-Bundes in Mose. Sie sind Söhne des Bundes. Wir sind Kinder aus Gnaden. Wer also Arierparagrafen in der christlichen Kirche Geltung verschaffen will, ist dem jüdischen Geiste erlegen."[47]

Die judenfeindliche Vorstellung des Rassismus als ‚jüdische Erfindung' fand schließlich auch auf liberal-protestantischer Seite Rückhalt. Dies zeigte sich etwa in der Rektoratsrede des Berner Alttestamentlers Max Haller von 1934 „über Religion und Rasse".[48]

---

Bethel in Bielefeld lehrende Vischer – wie die völkisch orientierten christlichen Gruppierungen in Deutschland gegen Ende der Weimarer Republik – die Vorstellung eines ‚Nationalgottes' vertrete, sei daher „noch ärger verjudet [...] als die Juden". (Wilhelm Vischer, Gehört das Alte Testament heute noch in die Bibel des deutschen Christen?, in: Beth-El 24 (1932) 4, S. 91–101, S. 97.) Ähnlich auch zehn Jahre später noch: Wilhelm Vischer, Die Judenfrage eine entscheidende Frage für die Kirche, Basel 1942. Zu diesem und weiteren Aspekten von Vischers Antisemitismus sowie die Kontroverse, die wegen seiner Gleichsetzung von antisemitischem und ‚jüdischem Denken' mit Schalom Ben-Chorin in den „Neuen Wegen" entbrannte, siehe: Stegemann, Vom Unverständnis eines Wohlmeinenden. Ben-Chorin hatte die von Vischer propagierte angebliche Nähe zwischen ‚jüdischem' und antisemitischem Denken scharf kritisiert und sich in seiner Replik gegen Vischers christologische Auslegung des ‚Alten Testaments' gewehrt: Schalom Ben-Chorin, Offener Brief an Wilhelm Vischer, in: NW 33 (1939) 11, S. 508–511; Schalom Ben-Chorin, Replik an Wilhelm Vischer, in: NW 34 (1940) 1, S. 28–32.

47  Walter Hoch, Christ und Jude, Teil III, in: KF, 14. 6. 1934, S. 182–188, S. 184. Siehe auch: Walter Hoch, Zum Verständnis der Judenfrage, Teil I, in: Jungschar 14 (1933) 9, S. 193–200, S. 199; Walter Hoch, Alfred Rosenbergs „Mythus des 20. Jahrhunderts", in: KRS, 7. 3. 1935, S. 65–74, S. 74.

48  Max Haller, Religion und Rasse. Rektoratsrede gehalten an der 100. Stiftungsfeier der Universität Bern am 17. November 1934, Bern 1935, S. 11. Antisemitische Elemente enthielt auch ein Aufsatz Hallers, den er 1936 in Deutschland publizierte. Unter anderem portierte er die antisemitische Verschwörungstheorie, ‚die Juden' hätten im 8. Jahrhundert Spanien den Arabern geöffnet. Des Weiteren argumentierte er im Sinne des aufklärerischen Antisemitismus: Max Haller, Das Judenproblem des ersten Jahrtausends, in: Zeitschrift für Missionskunde und Religionswissenschaft 51 (1936) 3, S. 65–88.

*Relativierender Blick auf die antisemitische Politik des Nationalsozialismus*

Die Wahrnehmung des Nationalsozialismus in den Organen des Deutschschweizer Protestantismus zeigte sich selbst als stark durch antisemitische Diskurse geprägt. Besonders häufig war dies in den ersten beiden Jahren der nationalsozialistischen Herrschaft in Deutschland der Fall. Von 1935 bis 1937 trat die Rezeption des nationalsozialistischen Antisemitismus in allen theologisch-kirchenpolitischen Richtungen vergleichsweise etwas in den Hintergrund,[49] um dann 1938 – insbesondere nach dem Novemberpogrom in der Nacht vom 9. auf den 10. November – wieder deutlich zuzunehmen.

Die antisemitischen Kommentare im Kontext der Berichterstattung über die durch den Nationalsozialismus praktizierte antisemitische Ausgrenzung und Entrechtung der Juden in Deutschland legen hauptsächlich zwei Sichtweisen offen, die nicht selten auch miteinander verschränkt auftraten. Auf der einen Seite wurde Verständnis für die antisemitische Politik Nazideutschlands aufgebracht, und anderseits wurden heilsgeschichtliche Deutungen der judenfeindlichen Vorgänge vorgenommen. Die heilsgeschichtlichen Deutungen werden im nächsten Unterkapitel thematisiert.

Wenn dem nationalsozialistischen Antisemitismus Verständnis entgegengebracht wurde, dann lag diesem Verständnis grundsätzlich die judenfeindlich motivierte Konstruktion eines realen Konfliktes zwischen ‚den Juden‘ und ‚den Deutschen‘ zugrunde. Die Autoren, welche die antisemitische Welle in Deutschland als ‚verständlich‘ darstellten, verwendeten in der Regel eine oder mehrere von drei Argumentationsstrategien. Eine erste stellte die Verharmlosung der Ereignisse im nationalsozialistischen Deutschland dar. Primär in den ersten Monaten unter der Herrschaft Adolf Hitlers wurde hierbei Deutschland zu einem Opfer einer vermeintlich internationalen (jüdischen) ‚Gräuelpropaganda‘ stilisiert.[50] Am deutlichsten kam dieser Diskurs in der Berichterstattung über den ‚Judenboykott‘ vom 1. April 1933 zum Ausdruck.[51] Dass dem nationalsozialistischen Propagandakonstrukt der ‚Gräuelpropaganda‘ Glauben geschenkt wurde, zeigt sich etwa am Beispiel des konservativ-protestantischen „Christlichen Volksboten“. Wenige Tage nach den Boykottereignissen bilanzierte die konservativ-protestantische Zeitschrift:

49    Eine Ausnahme stellten die Jungreformierten dar. Siehe hierfür Kap. 2 dieses Teils.
50    Siehe etwa: Politisches, in: CVB, 12. 4. 1933, S. 119; August Gerhardt, 102. Jahresbericht des Vereins der Freunde Israels in Basel, in: FI 60 (1933) 3, S. 33–42, S. 35 f. Der Diskurs war zudem äußerst stark in der jungreformierten „Reformierte Schweizer Zeitung“ präsent. Siehe Kapitel 2 in diesem Teil.
51    Der Boykott wurde allerdings nicht in allen Zeitschriften thematisiert. So gingen der „Christliche Volksfreund“ und der „Kirchenfreund“ gar nicht auf die Vorgänge ein.

„Es scheint in der Tat, daß die Schauermärchen über das blutrünstige Treiben der neuen Herren im Deutschen Reiche zum größten Teil von der internationalen Judenschaft in die Welt gesetzt worden sind, wohl als Rache für manche Anrempelung, die sie sich von den Herren Goebbels und Konsorten gefallen lassen mußte. Bereitwilligst nahm sich die Presse der Weltstädte, die während des Krieges Hauptagitationszentren gegen Deutschland waren, dieser maßlosen, übelwollenden Uebertreibungen an. Und dagegen nun richtete sich die Boykottbewegung."[52]

Zur falschen Einschätzung der antisemitischen Boykottereignisse gehörte zudem, dass von einem Kampf gleich starker Kräfte ausgegangen wurde, nämlich Deutschland und ‚internationales Judentum.'[53] Verharmlosend wirkte darüber hinaus der Vergleich der Judenverfolgungen in Nazideutschland mit anderen Verfolgungen. Durch das gegenseitige Aufrechnen von Gräueltaten sollten diese relativiert werden. Auf diese Art und Weise ging der „Christliche Volksbote" vor, als er Frankreich die seiner Meinung nach durch die Friedensordnung des Ersten Weltkrieges hervorgerufenen Minderheitenkonflikte vorhielt.[54] Der religiöse Sozialist Leonhard Ragaz wiederum empfand im September 1933 die Verfolgung der Kommunisten, Demokraten und Pazifisten als „in mancher Beziehung noch viel schlimmer" als jene der Juden,[55] und Emil Ryser trieb diese Relativierungsstrategie noch stärker auf die Spitze. Für den liberalen Berner Pfarrer erschienen die Gräuel gegen die Juden „ganz klein" im Vergleich zu den Diskriminierungen, denen Christen in der Sowjetunion ausgesetzt seien. Der Vorstellung anhängend, ‚die Juden' würden eine ‚internationale Großmacht' darstellen, warf er ihnen vor, sie würden nur gegen Juden-, nicht aber gegen Christenverfolgungen protestieren.[56] Die Verharmlosung der durch die nationalsozialistische Regierung orchestrierten antisemitischen Boykottaktion stieß allerdings auch auf Widerspruch. So wandte sich der zu jener Zeit als Auslandkorrespondent in Brüssel tätige Zürcher alt Pfarrer Walter Marti empört gegen beschönigende Aussagen des „Umschau"-Schreibers im liberalen „Religiösen Volksblatt".[57]

---

52  Politisches, in: CVB, 5. 4. 1933, S. 110 f., S. 111.

53  Diese Sichtweise vertrat beispielsweise Pfarrer Leonhard Ragaz in seinen religiös-sozialen „Neuen Wegen": Leonhard Ragaz, Zur Weltlage, in: NW 27 (1933) 5, S. 232–254, S. 240. Siehe zudem auch: August Gerhardt, 104. Jahresbericht des Vereins der Freunde Israels für die Judenmission in Basel, in: FI 62 (1935) 3, S. 33–44, S. 36.

54  Politisches, in: CVB, 7. 6. 1933, S. 182 f., S. 183. Mit antifranzösischem Affekt ebenfalls: Hans Baur, Israel, in: SPB, 8. 7. 1933, S. 209–211, S. 211.

55  Leonhard Ragaz, Rundschau, in: NW 27 (1933) 9, S. 420–430, S. 423.

56  Emil Ryser, Chronik, in: SRV, 27. 5. 1933, S. 163–165, S. 164 f.

57  Walter Martis Protest richtete sich gegen folgenden stark antisemitisch geprägten Beitrag der in St. Gallen gedruckten liberalen Zeitschrift: Umschau, in: RVB, 20. 5. 1933, S. 165–167. Marti gab

Die partielle oder völlige Rechtfertigung der antisemitischen Maßnahmen
Deutschlands stellte die zweite argumentative Strategie dar, die in den judenfeindlichen Kommentaren zu den Entwicklungen im ‚Dritten Reich‘ angewendet wurde.
Zentral für diese Strategie war das antisemitische Konstrukt, die jüdische Präsenz
in Deutschland würde Probleme verursachen. Besonders ausgeprägt vorhanden
war dieser Diskurs im Frühjahr und Sommer 1933, und er lässt sich sowohl in den
positiven, dialektischen und liberalen als auch religiös-sozialen Organen nachweisen. Er arbeitete mit Hinweisen auf den angeblich großen ‚jüdischen Einfluss‘ sowie auf die statistisch überproportionale Vertretung von Juden in einzelnen Be-
rufsschichten, die, der antisemitischen Argumentationslogik folgend, als ‚schädlich‘
und ‚gefährlich‘ erachtet wurde. Des Weiteren gehörte auch der Zersetzungs-Vorwurf zu diesem Diskurs.[58] Die für die vorangegangenen Perioden charakteristische
Exterritorialisierung der ‚Judenfrage‘ durch die Zeitschriften des Deutschschweizer Protestantismus existierte auch in den ersten Jahren der nationalsozialistischen
Herrschaft in Deutschland fort. So wurden das angeblich unter ‚den Juden‘ leidende
Deutschland der von der ‚Judenfrage‘ nicht tangierten Schweiz gegenübergestellt.[59]
Interessant ist außerdem, dass in der antisemitischen Rezeption der nationalsozialistischen Diskriminierung der Juden mehrfach Vergleiche zur antisemiti-
schen Welle der 1870er- und 1880er-Jahre gezogen wurden, indem beide Wellen als

---

sich entsetzt und schloss seine Entgegnung mit Blick auf den gesamten schweizerischen Protestantismus betrübt mit der Erkenntnis ab: „Ich bin im Innersten erschüttert, daß in der Schweiz
keine Stimme ertönte, die kraftvoll gegen die moralischen Greuel an den Juden aufgetreten ist,
daß im Besonderen der Kirchenbund geschwiegen hat. Ich bin auch über Ihren Artikel betrübt,
weil Sie zuerst entschuldigen, bevor Sie Abstand nehmen, wo ein radikaler Trennungsstrich gezogen werden muß." (Walter Marti, Entgegnung, in: RVB, 3. 6. 1933, S. 184–186, S. 185 f.) Kritik am ‚Judenboykott‘ kam auch von anderer Seite: Nachrichten, in: ASB, 8. 4. 1933, S. 109 f.,
S. 109; R. Blattner, Tut nichts! Der Jude wird verbrannt, in: SRV, 29. 4. 1933, S. 134–136, S. 135 f.

58  Siehe als Beispiele hierfür: Leonhard Ragaz, Zur Weltlage, in: NW 27 (1933) 5, S. 232–254, 241; ***,
Protestantismus und deutsche Revolution, in: KRS, 4. 5. 1933, S. 130–132, S. 130 f.; Umschau, in:
RVB, 20. 5. 1933, S. 165–167, S. 167; Emil Ryser, Chronik, in: SRV, 27. 5. 1933, S. 163–165, S. 164; Max
Boller, Umschau, in: Kirchenbote für den Kanton Zürich 19 (1933) 5, S. 37 f., S. 38; Hans Baur, Is-
rael, in: SPB, 8. 7. 1933, S. 209–211; Hildegart Astholz, Antisemitismus in geschichtlicher und re-
ligiöser Beleuchtung, Teil II, in: RVB, 22. 7. 1933, S. 239–241, S. 241; Eine Maßregel der deutschen
Regierung ins Licht von Gottes Wort gestellt, in: CVB, 16. 8. 1933, S. 258 f. Sich ‚allgemein‘ auf
die ‚Judenfrage‘ beziehend, doch vor dem Hintergrund des Antisemitismus in Deutschland zu
lesen zudem: Walter Hoch, Christ und Jude, Teile II/III, in: KF, 31. 5. 1934/14. 6. 1934, S. 167–170/
S. 182–188.

59  Siehe hierfür etwa: Verschiedene Nachrichten, in: FI 60 (1933) 2, S. 29–31, S. 35; Emil Ryser, Chro-
nik, in: SRV, 27. 5. 1933, S. 163–165, S. 163 f.; Hans Baur, Israel, in: SPB, 8. 7. 1933, S. 209–211, S. 210;
Johannes Schlatter, Kirchensynode des Kantons Zürich, 22. November 1933, in: KF, 30. 11. 1933,
S. 377–381, S. 379.

Reaktionen auf jüdisches ‚Fehlverhalten' gedeutet wurden und dadurch – im Sinne einer Verkehrung von Täter und Opfer – ‚den Juden' selbst die Verantwortung für die erlittenen Anfeindungen zugeschrieben wurde.[60] Dies praktizierte etwa der liberale Zofinger Pfarrer Friedrich König im Herbst 1936, indem er behauptete, dass beide Angriffe auf die Juden „bis zu einem gewissen Grade selber verschuldet" gewesen seien. Jene Kreise, welche die „Kundgebungen des semitischen Geistes" besonders hätten zu spüren bekommen, hätten sich zur Abwehr zusammengeschlossen. Die dieser Argumentation inhärente Rechtfertigung der antisemitischen Vorkommnisse wurde durch Königs nachgeschobenen Protest gegen die „rohe, herzlose Art" des Kampfes nicht wirklich relativiert.[61]

Das Bild eines gerechtfertigten ‚Eingreifens', ja gar einer ‚Notwehr' portierten auch andere Autoren, wie etwa die aus Deutschland stammende Theologin und Historikerin Hildegard Astholz oder auch – durch gleichzeitige antisemitismuskritische Aussagen etwas gedämpft – der religiös-soziale Pfarrer Karl von Greyerz aus Bern.[62] Der aus Deutschland stammende bayrische Lutheraner Adolf Köberle, der ab 1930 eine der Stiftungsprofessuren des konservativ-protestantischen „Vereins für christlich-theologische Wissenschaft" an der Universität Basel bekleidete, bis er 1939 an die Universität Tübingen wechselte, erachtete Judenverfolgungen gar als anthropologische Konstante. Diese Aussagen sind vor dem Hintergrund der nationalsozialistischen Verfolgung der Juden zu sehen. In eigentümlicher Verknüpfung modernantisemitischer Stereotype mit dem religiös fundierten heilsgeschichtlichen Antisemitismus argumentierte er in seiner Predigt von Juli 1933 am Jahresfest des judenmissionarischen „Vereins der Freunde Israels", in dessen Komitee er seit 1931 saß, mit Blick auf den angeblich religionslosen ‚modernen Juden':

> „Ueberall, wo es etwas zu zersetzen gibt, zu zerstören gilt, […] ist er vorne dran mit geistreich witzelndem Spott, mit klug geschäftiger Begabung, mit zäh wühlender Energie […].

---

60　Siehe als Beispiele: Verschiedene Nachrichten, in: FI 60 (1933) 2, S. 29–31, S. 30; Hans Baur, Israel, in: SPB, 8. 7. 1933, S. 209–211, S. 211. Für die Verweise auf die Phase von Ende der 1870er- bis zu Beginn der 1880er-Jahre siehe zudem weiter unten in diesem Unterkapitel.

61　Friedrich König, Berthold Auerbach und der Berliner Antisemitismus, Teil I, in: SRV, 17. 10. 1936, S. 334–336, S. 335 f.

62　Hildegart Astholz, Antisemitismus in geschichtlicher und religiöser Beleuchtung, Teil II, in: RVB, 22. 7. 1933, S. 239–241, S. 241; Karl von Greyerz, Predigt zur Arbeiter-, Juden- und Friedensfrage, Bern 1933, S. 9 f. Siehe als weitere Beispiele: Adolf Köberle, Die Judenfrage im Lichte der Christusfrage. Predigt, gehalten an der 102. Jahresfeier des Vereins der Freunde Israels in Basel, in: FI 60 (1933) 4, S. 51–58, S. 56.

Darum ist es ganz unvermeidlich, daß sich jedes Volk gegen diesen auflö-
senden Einfluß, wenn er immer weiter um sich greift, einmal zu wehren an-
fängt, daß die Völker leidenschaftlich ankämpfen gegen das Ueberhandnehmen
eins solchen jüdischen Fluidums in Kunst und Presse, in Film und Literatur, in
Wissenschaft, Wirtschaft und Politik. Es kommt zu Judenverfolgungen und Ju-
denvertreibungen, und immer erfüllt sich aufs neue bildlich und ganz real jenes unheimliche Wort, das das jüdische Volk selbst damals am Karfreitag über
sich heraufbeschworen hat: Sein Blut komme über uns und unsere Kinder!"[63]

Die dritte Argumentationsstrategie, häufig mit der zweiten verknüpft, zielte darauf ab,
eine essentielle Differenz zwischen ‚den Juden' und ‚den Deutschen' zu konstruieren.
Dabei wurde primär ein ‚nationaler' Unterschied postuliert, es flossen aber auch biologistische und rassische Vorstellungen mit ein. Dies zeigte sich etwa in richtungsübergreifend regelmäßig verwendeten Begriffen wie ‚Gastvolk', ‚Wirtsvolk', ‚Fremd-
volk', und ‚Fremdkörper', um die angebliche ‚Fremdheit' ‚der Juden' zu unterstrei-
chen.[64] Besonders markant schien die Differenzkonstruktion wiederum bei Adolf
Köberle auf. Erneut religiöse mit modernantisemitischen Motiven verbindend, lag
für ihn, wie er in seiner 1934 erschienenen Schrift „Evangelium und Zeitgeist" ausführte, die ‚Fremdheit' ‚der Juden' zum einen in ihrer Verwerfung Jesu Christi als
Messias, zum anderen aber in ihrem ‚Blut' begründet. Wegen Letzterem begrüßte
er staatliche Säuberungsaktionen zur Beseitigung der „Überfremdung durch das
jüdische Element", da das jüdische Blut grundanders als das deutsche sei. Deshalb
sprach er sich auch gegen „Mischehen zwischen diesen beiden Rassen" aus.[65] In

---

63  Adolf Köberle, Die Judenfrage im Lichte der Christusfrage. Predigt, gehalten an der 102. Jahres-
    feier des Vereins der Freunde Israels in Basel, in: FI 60 (1933) 4, S. 51–58, S. 55. Köberle forderte
    zudem eine passive Haltung der Kirche gegenüber den staatlichen Maßnahmen (S. 56). Ähnlich
    argumentierte auch der ebenfalls im judenmissionarischen Verein engagierte, aus dem Badi-
    schen stammende Basler Professor Walther Eichrodt in seiner 1937 erschienenen Schrift über
    den Antisemitismus: Walther Eichrodt, Antisemitismus in alter und neuer Zeit, Zürich 1937, u.
    a. S. 33. Die Schrift basierte auf einer dreiteiligen Artikelserie, die im Februar und März 1937 im
    konservativ-protestantischen „Kirchenfreund" erschienen war: Walther Eichrodt, Antisemitis-
    mus in alter und neuer Zeit, 3 Teile, in: KF, 4./18. 2. 1937/4. 3. 1937, S. 33–38/S. 49–53/S. 65–72. Zu-
    dem auch: Walter Hoch, Christ und Jude, Teil III, in: KF, 14. 6. 1934, S. 182–188, S. 182 f.
64  Siehe beispielsweise: Hans Baur, Israel, in: SPB, 8. 7. 1933, S. 209–211, S. 210 f.; Rudolf Schwarz, Das
    Jüdische am Hitlertum, in: A, 25. 5. 1934, S. 163–165, S. 165; Gerhardt, 103. Jahresbericht des Vereins
    der Freunde Israels in Basel, in: FI 61 (1934) 3, S. 33–43, S. 35; Emil Brunner, Zur Judenfrage, in: NSR 3
    (1935) 7, S. 385–397, S. 387; Politisches, in: CVB, 29. 4. 1936, S. 143; Karl Fueter, Antisemitismus, in:
    CVF, 25. 9. 1937, S. 462–465, S. 463; Eichrodt, Antisemitismus in alter und neuer Zeit, S. 23; S. 33.
65  Adolf Köberle, Evangelium und Zeitgeist. Studien zum Menschenverständnis der Gegenwart,
    Leipzig 1934, S. 74.

der in den 1930er Jahren klar antisemitisch geprägten „Evangelischen Volks-Zeitung" der kleinen „Evangelischen Volkspartei" reagierte man sogar begeistert auf das in den ‚Nürnberger Gesetzen' verankerte Eheverbot. In der Rubrik „Umschau" hielt das Blatt fest: „Sollten wir mit unserer Auffassung recht haben, so wäre das neue Judengesetz lebhaft zu begrüßen. Denn daß Ehen zwischen Christen und Juden verboten werden, halten wir für vollständig richtig."[66] Im Zusammenhang mit der nationalen Exklusion ‚der Juden' aus der ‚deutschen Nation' fanden sogar antiemanzipatorische Vorstellungen bei konservativ-protestantischen Autoren Anklang.[67] Weit stärker an eine in der Religion wurzelnde, historisch gewachsene denn rassische ‚Fremdheit' glaubte Emil Brunner. Der Zürcher Theologieprofessor, der neben Karl Barth die zentrale Figur in der dialektischen Theologie in der Schweiz war, meinte in seinen von heilsgeschichtlichem Antisemitismus und essentialisierenden Aussagen geprägten Ausführungen „Zur Judenfrage" in der „Neuen Schweizer Rundschau" von November 1935, in ‚den Juden' einen ewigen „Fremdkörper in der Völkergeschichte des Abendlandes" zu erkennen. Dies führte er darauf zurück, dass ‚die Juden' Jesus verworfen hätten.[68] Die ‚Andersartigkeit' ‚der Juden' könne unmöglich verleugnet werden, betonte der auch international sehr einflussreiche und der ‚erwecklichen' Oxfordgruppenbewegung nahestehende Theologieprofessor: „Wer diese besondere Art des jüdischen Menschen nicht sieht, der sollte sich nicht in das Gespräch einmischen, ebenso wenig als der, der den Unterschied zwischen Dur und Moll nicht kennt, sich nicht in ein Gespräch über Musik einmischen sollte."[69] Da Brunner die ‚Fremdheit' als gegeben erachtete, stellte

---

66  Umschau, in: EVZ, 20. 9. 1935, S. 2. Eine kleine ‚Relativierung' nahm die Zeitung nur mit Blick auf Konvertiten vor. Dort sah sie einen wunden Punkt des Gesetzes.

67  Siehe z. B.: Walter Hoch, ‚Die Judenfrage' von Gerhard Kittel. (Eine grundsätzliche Besprechung), in: KRS, 24. 8. 1933, S. 261–265, S. 262; S. 264; Vom Missionsfest, in: CVB, 15. 7. 1936, S. 228 f., S. 229. Besonders hervorzuheben ist ein Artikel aus dem „Christlichen Volksboten", der einen Artikel des „Gnadauer Gemeinschaftsblatts" aus Deutschland wiedergab. In diesem wurde postuliert, die Entrechtung der Juden sei auch mit dem göttlichen Denken über ‚die Juden' vereinbar: Eine Maßregel der deutschen Regierung ins Licht von Gottes Wort gestellt, in: CVB, 16. 8. 1933, S. 258 f. Auf denselben Artikel wurde in einer Einsendung auch in der „Evangelischen Volks-Zeitung" verwiesen: Zur Judenfrage, in: EVZ, 20. 10. 1933, S. 4. Als kritische Reaktion auf diese Einsendung: O. H., Zur Judenfrage, in: EVZ, 27. 10. 1933, S. 2. Von besonderer Schärfe zudem ein halbes Jahr nach dem Novemberpogrom von 1938 im konservativen „Schweizerischen evangelischen Schulblatt": Benedikt Hartmann, Was man als Christ und Führer der Jugend heute von der Judenfrage wissen muss, in: SES, 5. 7. 1939, S. 193–222, S. 201–214.

68  Emil Brunner, Zur Judenfrage, in: NSR 3 (1935) 7, S. 385–397, S. 387.

69  Emil Brunner, Zur Judenfrage, in: NSR 3 (1935) 7, S. 385–397, S. 385. Die mittelalterliche, christlich-theologisch fundierte Judenfeindschaft verharmlosend, führte Brunner beispielsweise auch die Ghettos auf die angeblich bewusst gewählte Selbstabsonderung ‚der Juden' zurück, die damit ihre ‚Andersartigkeit' zu erhalten beabsichtigt hätten. (Emil Brunner, Zur Judenfrage, in: NSR 3

für ihn die ‚Judenfrage' eine reale Frage dar. Deshalb pflichtete er dem Antisemitismus bei, obwohl er diesen als etwas Scheußliches erachtete.[70]

Die stark nationale Argumentation erinnert an die antisemitischen Konzeptionen, die der Judenmissionsdirektor Friedrich Heman Anfang der 1880er-Jahre anlässlich des Berliner Antisemitismusstreits in seiner Schrift „Die historische Weltstellung der Juden und die moderne Judenfrage" geäußert hatte.[71] In dieser sprach er dem Nationalstaat das Recht zu, die Juden auszugrenzen. Es verwundert deshalb nicht, dass Heman gerne als ‚Kronzeuge' zur Rechtfertigung der in Deutschland praktizierten Exklusionsprinzipien angeführt wurde und dabei zudem – um seinen Aussagen noch verstärktes Gewicht zu verleihen – auf seine ‚judenchristliche' Herkunft verwiesen wurde.[72] Vor allem bedienten sich seiner die konservativ-protestantischen ‚Judenfrage-Experten' Walter Hoch, Adolf Köberle sowie Walther Eichrodt. Zudem wurde auch in dem einst von Heman redigierten „Freund Israels" stolz auf seine Theorien verwiesen. Heman wurde zu einem Propheten stilisiert, auf dessen Warnungen jedoch leider nicht gehört worden sei, da er schon 1881 die Begrenzung der Juden auf einen Status als Fremde für Deutschland gefordert hätte.[73] Besonderer Beliebtheit erfreute sich dabei eine Passage aus Hemans Schrift, welche

(1935) 7, S. 385–397, S. 389 f.) Sehr ähnlich argumentierend: Walter Eichrodt, Antisemitismus in alter und neuer Zeit, Teil III, in: KF, 4. 3. 1937, S. 65–72, S. 66.

70   Emil Brunner, Zur Judenfrage, in: NSR 3 (1935) 7, S. 385–397, S. 384.

71   Siehe hierfür Kapitel 6 in Teil III.

72   Friedrich Hemans Vater David war 1833 zum Protestantismus konvertiert. Hemans Mutter stammte aus einer protestantischen Familie. Zu Heman siehe: Reichrath, Johann Friedrich Carl Gottlob Heman.

73   Siehe vor allem: August Gerhardt, 102. Jahresbericht des Vereins der Freunde Israels in Basel, in: FI 60 (1933) 3, S. 33–42, S. 34 f.; Walter Hoch, ‚Die Judenfrage' von Gerhard Kittel. (Eine grundsätzliche Besprechung), in: KRS, 24. 8. 1933, S. 261–265, S. 264; Adolf Köberle, Die Judenfrage im Lichte der Christusfrage. Predigt, gehalten an der 102. Jahresfeier des Vereins der Freunde Israels in Basel, in: FI 60 (1933) 4, S. 51–58, S. 56; Walter Hoch, Christ und Jude, Teil I, in: KF, 17. 5. 1934, S. 145–147, S. 146; Eichrodt, Antisemitismus in alter und neuer Zeit, S. 27; S. 32–33. Ausführliche Bezugnahmen auf Friedrich Hemans Buch finden sich zudem in Rezensionen zu Eichrodts Buch „Antisemitismus in alter und neuer Zeit", die in liberalen Zeitschriften erschienen. Eine verfasste Pfarrer Karl Guggisberg in Frauenkappelen, der spätere Professor für Kirchengeschichte an der Universität Bern. Diese Rezensionen gaben Eichrodts antisemitische Ansichten ausführlich wieder. Siehe etwa: Hans Baur, Büchertisch, in: SPB, 8. 5. 1937, S. 150 f., S. 150; Kurt Guggisberg, Antisemitismus in alter und neuer Zeit, in: SRV, 17. 7. 1937, S. 219–221, S. 220 f. Auch auf andere Schriften Hemans wurde in dieser Phase seiner ‚Wiederentdeckung' verwiesen: E., Palästina, Die Juden und wir Christen, Teil I, in: ASB, 6. 6. 1936, S. 179–181, S. 181. Der „Freund Israels" druckte zudem eine gekürzte Version von Hemans 1909 erschienenen Schrift „Die religiöse Wiedergeburt des jüdischen Volkes" ab: Die religiöse Wiedergeburt des jüdischen Volkes, 5 Teile, in: FI 64 (1937) 1/2/3/4/5, S. 2–4/S. 18–21/S. 43–46/S. 57–60/S. 68–71.

die Präsenz von Juden in beruflichen Stellungen wie Professuren, Richterämtern oder Offiziersstellen als „Vergehen an der deutschen Nation" brandmarkte, da von ihnen aus Autorität über (christliche) ‚Deutsche' ausgeübt werden könne.[74] Sogar der bekannte Tübinger Professor für Neues Testament Gerhard Kittel bezog sich in seiner im Sommer 1933 erschienenen bekannten antisemitischen Schrift „Die Judenfrage", welche die nationalsozialistische Politik gegenüber den Juden rechtfertigt, ausführlich auf diese Stelle aus Hemans Schrift.[75] Gelegentlich erhielt zudem in ähnlichem Kontext auch Adolf Stoecker, dessen 100. Geburtstag 1935 gefeiert wurde, Lob für seinen Kampf gegen ‚die Juden' während der 1870er- und 1880er-Jahre.[76] Die Heroisierung Stoeckers als ‚Mahner' vor ‚den Juden' und als ‚Kämpfer gegen das Weltjudentum' zeigte sich besonders frappant in der für diese Forschungsarbeit partiell analysierten „Evangelischen Volks-Zeitung", dem Publikationsorgan der „Evangelischen Volkspartei". So idealisierte der stark in der Antialkoholbewegung engagierte Basler Pfarrer Johann Hasler in einer heilsgeschichtlich verklärten Darstellung Stoecker und Adolf Hitler als Kämpfer für eine gemeinsame Sache.[77]

*Die nationalsozialistischen Judenverfolgungen als ‚Strafe Gottes' an ‚den Juden'*

Neben dem Äußern von Verständnis für die judenfeindliche Politik des nationalsozialistischen Deutschlands bildete die heilsgeschichtliche Verortung der Ereignisse

---

74 Heman, Die historische Weltstellung der Juden, S. 70. Angeführt wurde die Textstelle von: August Gerhardt, 102. Jahresbericht des Vereins der Freunde Israels in Basel, in: FI 60 (1933) 3, S. 33–42, S. 35; Eichrodt, Antisemitismus in alter und neuer Zeit, S. 33.

75 Gerhard Kittel, Die Judenfrage, Stuttgart 1933, S. 51–54. Siehe zu Kittel: Anders Gerdmar, Art. ‚Kittel, Gerhard', in: Handbuch des Antisemitismus, Bd. 2/1, S. 428 f.

76 Primär war Walter Hoch für dieses Lob verantwortlich: Walter Hoch, ‚Die Judenfrage' von Gerhard Kittel. (Eine grundsätzliche Besprechung), in: KRS, 24. 8. 1933, S. 261–265, S. 261; Walter Hoch, Christ und Jude, Teil I, in: KF, 17. 5. 1934, S. 145–147, S. 146; Walter Hoch, Adolf Stoecker, Teil II, in: CVF, 7. 12. 1935, S. 582–587, S. 586.

77 Johann Hasler, Stöcker und Hitler, in: EVZ, 14. 7. 1933, S. 2 f. In einem verschwörungstheoretisches Denken andeutenden weiteren Artikel stellte Hasler Stoecker als einen ‚prophetischen' Mann dar, der hinter die „Schliche" ‚der Juden' gekommen sei: „Was hat Stöcker erlebt! Von Natur war er sicher nicht Judenfeind. Aber er kam hinter ihre Schliche, und hinter was für Schliche! Zuerst kämpfte der Jude mit Hilfe des Liberalismus, dann mit Hilfe der Sozialdemokratie und schließlich hüpfte er auch in den Kommunismus, hoffend, daß er aus dem kommenden Bürgerkriege wieder etwas aus der Asche holen könne. Das sind nackte Tatsachen, die geschichtlich belegt werden können. Stöcker war tiefinnerlich überzeugt von einer kommenden Katastrophe. Was sich jetzt in Deutschland abspielt, ist nur aufgehäufter Zündstoff, der zum Brennen kam." (Johann Hasler, Zur Judenfrage in Deutschland, in: EVZ, 26. 1. 1934, S. 3 f., S. 4.) Diese Äußerungen waren in einen antisemitischen Beitrag eingebettet, der die antisemitische Politik des nationalsozialistischen Deutschland auf einen angeblich realen Konflikt mit ‚den Juden' zurückführte.

eine zweite antisemitische Deutungsachse. Die vorab unter den Positiven und hier
wiederum in den pietistisch und stark biblizistisch geprägten Kreisen verbreitete heilsgeschichtliche Sicht auf das Zeitgeschehen verdeutlicht, wie stark theologische Prämissen den Blick auf den Antisemitismus trübten und ein tieferes Empfin-
den für das von den Juden erlittene Leid beeinträchtigten, ja verunmöglichten. Da
der heilsgeschichtliche Antisemitismus, wie schon ausgeführt, auf der antijudaistischen theologischen Prämisse gründete, ‚die Juden' hätten Jesus als Messias verworfen und getötet und sich somit der ‚Strafe Gottes' ausgeliefert, postulierte er – wie
andere Diskurse des protestantischen Antisemitismus – ebenfalls einen Realkonflikt, und zugleich nahm er eine Täter-Opfer-Umkehr vor, da die Verfolgungen als
Konsequenz des angeblichen jüdischen ‚Abfalls' von Gott gewertet wurden.

Die Interpretation der nationalsozialistischen Judenverfolgungen als eine weitere göttliche ‚Züchtigung' des ‚jüdischen Volkes' verwendete etwa der in diesem
Kapitel bereits mehrfach erwähnte Adolf Köberle.[78] Darüber hinaus war neben dem
„Christlichen Volksboten" vor allem der ebenfalls in Basel erscheinende „Freund
Israels" diesem heilsgeschichtlichen Konzept verhaftet.[79] Karl Buxtorf, Pfarrer
im zürcherischen Küsnacht, brachte diese Ansichten in seiner Festpredigt an der
103. Jahresfeier des „Vereins der Freunde Israels" von 1934 exemplarisch zum Ausdruck. In seiner Auslegung von Röm. 1,16, die er nicht zuletzt mit Blick auf Deutschland vornahm, formulierte er:

> „Das Fluchwort vom Karfreitag: ‚Sein Blut komme über uns und über unsere
> Kinder' ist in furchtbarer einzigartiger Unmittelbarkeit an Israel in Erfüllung
> gegangen und geht weiter in Erfüllung. ‚Was der Mensch sät, das muß er ern-
> ten', und was Israel Fürchterliches säte, das muß es auch nun fürchterlich ern-
> ten. Das wollen wir mit keiner Sentimentalität, die so ganz ungöttlich ist, zu
> übermalen suchen."[80]

---

78   Köberle, Evangelium und Zeitgeist, S. 73–75.

79   Siehe als Beispiele: Adolf Köberle, Die Judenfrage im Lichte der Christusfrage. Predigt, gehalten
     an der 102. Jahresfeier des Vereins der Freunde Israels in Basel, in: FI 60 (1933) 4, S. 51–58, S. 54 f.;
     Aus Erbarmen, in: CVB, 15. 11. 1933, S. 361 f., S. 362; Unsere Kraft und unser Sieg im Jahre 1934,
     in: FI 61 (1934) 1, S. 1–3, S. 1; Das Judenproblem, in: FI 61 (1934) 4, S. 62; Verschiedene Nachrich-
     ten, in: FI 61 (1934) 5, S. 74–76, S. 78; Alexander Vömel, Ein einig Volk von Brüdern, in: CVB, 31.
     7. 1935, S. 241 f., S. 241; John Witt, Meine Reise aufs Missionsfeld, in: FI 63 (1936) 4, S. 57–71, S. 61.
     Siehe zu heilsgeschichtlichen Deutungsmustern im „Freund Israels" angesichts der nationalso-
     zialistischen Judenverfolgungen auch: Metzger, Vereinnahmende Inklusion, S. 309–313.

80   Karl Buxtorf, Die Frohbotschaft gilt allen Menschen, in: FI 61 (1934) 4, S. 51–54, S. 53. Die ver-
     meintliche Selbstverfluchung ‚der Juden' im ‚Blutruf' (Mt. 27,25) war auch in anderen vom heils-
     geschichtlichen Antisemitismus geprägten Texten ein gerne verwendetes Argument und kann
     als Versinnbildlichung für die Verkehrung von Täter und Opfer angesehen werden. Siehe z. B.:

Gegen einen ‚sentimentalen' Blick auf Zeitereignisse sprach sich auch der „Christliche Volksbote" in seiner allgemein gehaltenen Darstellung Gottes als ‚strafender Gott' aus. Gott würde sich in seiner Lenkung des Weltgeschehens nicht „nach den Forderungen der sogenannten Menschlichkeit richten".[81]

Neben der Vorstellung, dass ‚die Juden' unter ‚göttlicher Strafe' stünden, sind im heilsgeschichtlichen Antisemitismus auch die heilsgeschichtlichen Funktionszuschreibungen an ‚die Juden' von Bedeutung. Da die ‚Wiederkunft Christi' und der Beginn des ‚Tausendjährigen Reiches' an die Bedingung der Bekehrung der Juden geknüpft wurden und daher das ‚Heil' von ihnen erwartet wurde, konnten Veränderungen im Judentum insbesondere von Kreisen, die der Judenmission nahestanden, in endzeitlichem Sinne gedeutet werden. Mit Blick auf den nationalsozialistischen Antisemitismus hieß dies, dass auf die einsetzende Entrechtung und Verfolgung der Juden endzeitliche Hoffnungen projiziert wurden. So wurde erstens von den antisemitischen Maßnahmen in Deutschland erhofft, dass sich ‚die Juden' nicht mehr der ‚Assimilation' hingeben, sondern wieder auf sich selbst – und somit letztlich auf ihre ‚biblische Funktion' – besinnen würden.[82] Auch die zentrale Figur des religiössozialen Netzwerkes um die „Neuen Wege", Pfarrer Leonhard Ragaz, vertrat mehrfach diese Vorstellung. ‚Israel' durfte für ihn nirgends Wurzeln schlagen.[83] Wie er im Sommer 1936 darlegte, verstand er ‚Israel' als Träger des göttlichen Gerichts. Doch, so war Ragaz überzeugt, sei ‚Israel' seiner Aufgabe niemals gewachsen gewesen, weshalb es immer wieder göttliche und menschliche Züchtigungen zu erfahren habe. Mit Blick auf das nationalsozialistische Deutschland folgerte er deshalb:

> „Daß aber gerade Deutschland in diesem Augenblick zum Werkzeug Gottes wurde, das hat auch von der Seite des Judentums aus einen besonderen Sinn. Nirgends wie dort waren ja die Juden so tief, so leidenschaftlich und auch wieder so ruhig, so bürgerlich in alle Schichten einer irdischen Heimat hineingewachsen. Nirgends wie dort haben sie sich so hingebend in die große geistige Entwicklung eines Volkes eingestellt und aus ihr und für sie gelebt. Nirgends aber auch sind sie dann tiefer, restloser in den europäischen Auflösungsprozeß aller Glaubens- und Erkennungsgewissheiten hineingerissen worden. Nirgends so tief wie dort hat Israel seit Generationen vergessen, daß es nicht ein Volk

---

Adolf Köberle, Die Judenfrage im Lichte der Christusfrage. Predigt, gehalten an der 102. Jahresfeier des Vereins der Freunde Israels in Basel, in: FI 60 (1933) 4, S. 51–58, S. 54 f.; P. Landis, Karfreitag, in: EVZ, 7. 4. 1939, S. 1.

81   Eine offenherzige Erklärung über die Betrachtung der Weltlage, in: CVB, 6. 5. 1936, S. 148 f., S. 148.

82   Siehe als Beispiele: Nachrichten, in: CVB, 9. 8. 1933, S. 253–255, S. 253 f.; Eine Maßregel der deutschen Regierung ins Licht von Gottes Wort gestellt, in: CVB, 16. 8. 1933, S. 258 f.

83   Leonhard Ragaz, Grabrede für einen Israeliten, in: NW 27 (1933) 10, S. 443–447, S. 445.

ist wie andere Völker; nirgends hat die Sehnsucht, in einer irdischen Heimat Wurzel zu haben, es so tief, so völlig übermannt. Darum mußte dort das Signal gegeben werden. Und mit grauenvoller, vorher gar nicht ausdenkbarer, fast symbolischer Folgerichtigkeit wurde dort die Ausrottung der Juden aus ihrer Heimat durch Generationen hindurch bis in jeden jüdischen Blutstropfen hinein betrieben.[84]

Durch die Verfolgungen sollte somit, so war Ragaz überzeugt, ‚Israels' Blick auf das ihm von Gott zugewiesene Ziel – ‚Zion' – gelenkt werden. Die nationalsozialistischen Verfolgungen erachtete er deshalb als günstige „Heimsuchungen Gottes", da es „aus seiner vielfachen Entartung aufgepeitscht und dorthin getrieben" werde, wohin es gehöre, nämlich nach Zion. Unter Zion verstand Ragaz allerdings nicht nur Palästina als geografischen Ort, sondern vor allem auch eine Idee.[85]

Zweitens wurden bei einzelnen konservativen Protestanten konkrete Hoffnungen wach, dass sich durch die nationalsozialistischen Judenverfolgungen die Ankunft der Endzeit schneller einstellen würde. In diesem Sinne ist etwa die Haltung August Gerhardts, des Direktors der judenmissionarischen „Freunde Israels" zu verstehen, als er die für die Endzeit zu erwartenden Judenverfolgungen zu erkennen glaubte und daher eine beschleunigte Bekehrung ‚der Juden' erwartete.[86] Auch der eschatologischen Vorstellungen besonders stark anhängende Prediger Samuel Limbach verspürte diese endzeitliche Erregung, da es seinen Überzeugungen zu Folge zu ‚Austreibungen' der Juden kommen musste, damit sie sich wieder Palästina zuwenden würden.[87]

## 2 Prodeutscher Antisemitismus der frontennahen Jungreformierten

Die politisch am äußersten rechten Rand der Positiven anzusiedelnde theologische Strömung der Jungreformierten hatte sich seit den 1920er-Jahren durch eine starke

84  Hiob und unsere Zeit, in: NW 30 (1936) 7/8, S. 336–349, S. 343 f.; Zitat S. 344.

85  Leonhard Ragaz, Zur Weltlage, in: NW 27 (1933) 5, S. 232–254, S. 241 f. Siehe für ähnliche Aussagen anlässlich eines Referats vor sozialdemokratischem Publikum 1938 in St. Gallen: Metzger, Antisemitismus in der Stadt St. Gallen, S. 241 f.

86  August Gerhardt, 102. Jahresbericht des Vereins der Freunde Israels in Basel, in: FI 60 (1933) 3, S. 33–42, S. 35. Ebenfalls mit endzeitlichen Hoffnungen verknüpft: Sprechsaal, in: EVZ, 9. 9. 1938, S. 3; G. Dorner, Heutiges bedrängtes – um des zukünftigen gänzlich befreiten Judentums willen, Teil II, in: EVZ, 30. 9. 1938, S. 3.

87  Limbach, Das Weltgeschehen, S. 35 f. Ähnlich auch bei: Otto Meyer, Neue jüdische Siedlungen, in: EVZ, 11. 8. 1933, S. 1.

Integration antisemitischer Argumentationslinien in ihr Publikationsorgan, die „Reformierte Schweizer Zeitung", ausgezeichnet. Die judenfeindlichen Konzeptionen dieser wöchentlich erscheinenden Zeitung waren dabei in großer Regelmäßigkeit mit ihrer ausgeprägt germanophilen Haltung verwoben. Mit der ‚Machtergreifung' des Nationalsozialismus in Deutschland akzentuierte sich der Antisemitismus im jungreformierten Blatt, was zeigt, dass dieser ein fester Bestandteil der Weltanschauung dieser Bewegung geworden war. Die Jungreformierten waren von Teilen des Gedankenguts, das seit dem sogenannten Frontenfrühling 1933 in der Schweiz von verschiedenen ‚Erneuerungsbewegungen' öffentlich vertreten wurde, angetan. In diesem Kapitel wird deshalb zum einen die Nähe der Jungreformierten zum Nationalsozialismus und den Erneuerungsbewegungen thematisiert. Dabei wird auch auf die Haltung des Deutschschweizer Protestantismus zu den ‚Erneuerungsbewegungen' im Allgemeinen hingewiesen. Zum anderen werden die Hauptcharakteristika des jungreformierten Antisemitismus analysiert. Dabei wird mehrfach auch Bezug auf die „Evangelische Volks-Zeitung", das Organ der „Evangelischen Volkspartei", genommen, da diese Wochenzeitung in den Jahren ab 1933 einen antisemitischen Kurs fuhr, der wiederholt Berührungspunkte mit der Judenfeindschaft in der jungreformierten Zeitung besaß.

### Nähe zum Frontismus

Die in den ersten Monaten nach der ‚Machtergreifung' Hitlers in Deutschland in der Schweiz aufkommenden faschistisch geprägten frontistischen Bewegungen sowie die anderen, stärker nationalkonservativ oder ‚mittelständisch' ausgerichteten ‚Erneuerungsbewegungen'[88] stießen außer bei den Jungreformierten in der großen Mehrheit der analysierten Richtungsblätter des Deutschschweizer Protestantismus auf ein geringes Interesse. In der wenig umfangreichen Berichterstattung in den mehr auf theologische Erörterungen und erbauliche Erzählungen denn auf Nachrichtenmeldungen fokussierenden protestantischen Zeitschriften fielen in den Frühjahrs- und Sommermonaten 1933 vereinzelt zustimmende oder ambivalente Worte zu den neuen Bewegungen.[89] Kritische Äußerungen jedoch waren ebenso präsent

---

88  Für die Typologisierung der ‚Erneuerungsbewegungen' und den Frontismus im Allgemeinen: Gilg/Gruner, Nationale Erneuerungsbewegungen; Wolf, Faschismus in der Schweiz; Glaus, Die Nationale Front; Metzger, Structures and Characteristics of Swiss Fascism.

89  Für ambivalente bis positive Stellungnahmen siehe etwa: Politisches, in: CVB, 26. 4. 1933, S. 135; Emil Ryser, Chronik, in: SRV, 21. 10. 1933, S. 331–333, S. 333. Insbesondere die „Schweizerische Bauernheimatbewegung", die vor allem als „Jungbauernbewegung" bekannt wurde, stieß bereits ab Beginn der 1930er-Jahre auf einige Zustimmung: K. Br., Geistiges Erwachen, in: CVF, 15. 8. 1931, S. 390–392; Gustav Benz, Kirchliche Zeitschau in: CVF, 6. 8. 1932, S. 382–384, S. 383; Hans

und überwogen bald einmal.[90] Die Ablehnung akzentuierte sich bei fortdauernd spärlicher Berichterstattung ab Mitte der 1930er, dies im Gleichschritt mit der großen Mehrheit der schweizerischen Presseberichterstattung über den Frontismus, der nicht zuletzt im Zuge der aufkommenden ‚Geistigen Landesverteidigung‘ zunehmend gesellschaftlich, politisch und juristisch unter Druck geriet und als ‚unschweizerisch‘ taxiert wurde.[91] Der mehrheitlich kritische Blick auf die ‚Erneuerungsbewegungen‘ und insbesondere deren faschistischen Flügel schloss jedoch nicht aus, dass in den Zeitschriften des Deutschschweizer Protestantismus Hoffnungen auf eine ‚Erneuerung‘ der schweizerischen Gesellschaft geäußert wurden.[92]

Während sich die Richtungsorgane von den Religiös-Sozialen bis hin zu den Positiven nicht für den Frontismus zu begeistern vermochten, taten dies einzelne Pfarrer sehr wohl. Drei deutschschweizerische Beispiele dafür sind Emil Baer,

Müller, Die Jungbauernbewegung, in: NW 29 (1935) 6, S. 280–283, S. 280. Ganz zu Beginn ihrer Existenz und noch vor dem ‚Frontenfrühling‘ war die elitär ausgerichtete „Neue Front" bei den religiös-sozialen „Neuen Wegen" auf einige Sympathie gestoßen: Leonhard Ragaz, Rundschau, in: NW 25 (1931) 7/8, S. 342–366, S. 353.

90   Siehe als Beispiele für Stellungnahmen gegen den Frontismus: Leonhard Ragaz, Zur Weltlage, in: NW 25 (1932) 9, S. 389–409, S. 405; Leonhard Ragaz, Rundschau, in: NW 27 (1933) 4, S. 197–206, S. 204; R. Blattner, Tut nichts! Der Jude wird verbrannt, in: SRV, 29. 4. 1933, S. 134–136, S. 135 f.; Johannes Sutz, Umschau, in: RVB, 17. 6. 1933, S. 199–201; Politisches, in: CVB, 12. 7. 1933, S. 222–223; Arnold Knellwolf, Der neue Bund, in: SRV, 17. 2. 1934, S. 49–51.

91   Zum Niedergang der Fronten: Wolf, Faschismus in der Schweiz; Glaus, Die Nationale Front; Metzger, Structures and Characteristics of Swiss Fascism. Zum Verhältnis von ‚Geistiger Landesverteidigung‘ und protestantischer Theologie zudem: Thomas K. Kuhn, „Geistige Landesverteidigung" und reformierte Theologie in den 1930er Jahren, in: Zeitschrift für Kirchengeschichte 114 (2003) 1, S. 21–44. Besonders ablehnend taxiert wurden frontistische Übergriffe gegen Juden in der Schweiz in den Jahren 1937 und 1938, als die Fronten ein Zwischenhoch erlebten, so etwa anlässlich des 20. Zionistenkongresses von 1937 in Zürich: Leonhard Ragaz, Rundschau, in: NW 31 (1937) 1, S. 37–44, S. 44; Leonhard Ragaz, Rundschau, in: NW 32 (1938) 9, S. 413. Selbst mit antisemitischen Aussagen durchsetzt: Nachrichten, in: ASB, 28. 8. 1937, S. 276 f.

92   Siehe als Beispiele für den Erneuerungsdiskurs: Politisches, in: CVB, 17. 5. 1933, S. 159; Johannes Sutz, Umschau, in: RVB, 17. 6. 1933, S. 199–201, S. 200 f.; Hans Wegmann, Seid Führer!, 2 Teile, in: SPB, 21./28. 10. 1933, S. 329–331/S. 341 f. In Erneuerungsrhetorik übten sich insbesondere die „Neuen Wege" von Leonhard Ragaz, der herausstrich, dass sich „niemand in der Schweiz seit Jahrzehnten [...] um eine nationale Erneuerung so intensiv und anhaltend bemüht" habe wie die Religiös-Sozialen. (Leonhard Ragaz, Rundschau, in: NW 27 (1933) 5, S. 254–264, S. 258–261; Zitate S. 259.) Ragaz verwies dabei auf seine Schrift: Leonhard Ragaz, Die neue Schweiz. Ein Programm für Schweizer und solche, die es werden wollen, 2. Aufl., Olten 1918. Weitere Beispiele aus den „Neuen Wegen": Leonhard Ragaz, Zur Weltlage, in: NW 24 (1930) 11, S. 521–530, S. 521; Religiös-soziale Vereinigung der Schweiz, Prinzipienerklärung, in: NW 27 (1933) 9, S. 388–390, S. 388 f.

Werner Wirth und Karl Neck.[93] Emil Baer, Pfarrer in Rifferswil (ZH), publizierte im frontistischen „Schweizerdegen-Verlag" unter dem Pseudonym Klaus Isenhard zwei Schriften, in denen er seine nationalsozialistischen, völkischen und antisemitischen Überzeugungen zum Ausdruck brachte.[94] Den in Azmoos (SG) tätigen Werner Wirth kosteten seine frontistischen Aktivitäten die Stelle. Da er sich Anfang 1942 nach Deutschland abgesetzt hatte, wurde er nach seiner Rückkehr in die Schweiz 1947 zu zehn Jahren Zuchthaus verurteilt.[95] Karl Neck, Pfarrer in Dörflingen (SH), publizierte in frontistischen Organen und verblieb auch nach dem Krieg in seiner Gesinnung.[96] Von frontistischer Seite wurde auch der germanophile Redakteur des „Schweizerischen Protestantenblattes", Pfarrer Hans Baur, als Sympathisant des Frontismus dargestellt.[97]

Eine besondere Nähe zu den ‚Erneuerungsbewegungen' in der Deutschschweiz pflegten schließlich auch die Jungreformierten, die nun im Fokus dieses Unterkapitels stehen.[98] Dies äußerte sich etwa darin, dass sie gerne mit in die ‚Erneuerungsrhetorik' einstimmten.[99] Eine Sonderstellung im Deutschschweizer Protestantismus

93   Für die Westschweiz stellten die beiden durch ihren extremen Antisemitismus herausstechenden Pfarrer Charles Clot und Charles-Louis Gagnebin Beispiele für Pfarrer dar, die in frontistischen Organisationen aktiv waren. Siehe für diese beiden Waadtländer Pfarrer: Narbel, Un ouragan de prudence, S. 69–77. Darüber hinaus verursachte die Verwicklung des in mehreren frontistischen Gruppierungen aktiven ehemaligen Pfarrers Philippe Lugrin in die Ermordung eines jüdischen Viehhändlers in Payerne von April 1942 viel Aufsehen. Siehe zu diesem Kriminalfall: Hans Stutz, Der Judenmord von Payerne, Zürich 2000; Jacques Pilet, Le crime nazi de Payerne 1942 en Suisse. Un Juif tué „pour l'exemple", Lausanne 1977.

94   Klaus Isenhard [Emil Baer], Totalitäres Evangelium. Zwei Reden an das eidgenössische Volk, Zürich 1935; Klaus Isenhard [Emil Baer], Wiedereroberung der Heimaterde. Aufruf an das Schweizervolk, Zürich 1936. Von diesen beiden Schriften war die zweite antisemitisch geprägt. Baers Schrift „Totalitäres Evangelium" stieß richtungsübergreifend auf wenig Gegenliebe in der protestantischen Zeitschriftenlandschaft. Siehe etwa: aj., Frontistische Religion?, in: EVZ, 22. 11. 1935, S. 1; W. Baer, Laienbemerkungen zum totalitären Evangelium eines protestantischen nationalen Pfarrers, in: A, 24. 1. 1936, S. 29–31; Büchertisch, in: RVB, 8. 2. 1936, S. 47; Johannes Huldreich Brassel, Bücherschau, in: CVF, 7. 3. 1936, S. 115–117, S. 117.

95   Siehe zum Fall Wirth: Jehle-Wildberger, Das Gewissen sprechen lassen, S. 160–166. Der Anfang der 1920er-Jahre noch in der „Kommunistischen Partei der Schweiz" aktive Wirth hatte 1926 die evangelische Familienzeitschrift „Leben und Glauben" mitbegründet, für die er bis in die 1930er-Jahre als Redakteur arbeitete.

96   Siehe zu Neck noch ausführlicher Kapitel 1 in Teil VII. Siehe zudem: Wolf, Eine namenlose Not, S. 81–88.

97   Siehe hierfür: Wolf, Faschismus in der Schweiz, S. 234.

98   Siehe zur Haltung der Jungreformierten gegenüber dem Faschismus auch: Zollinger, Frischer Wind oder faschistische Reaktion?, S. 390–393.

99   Siehe zwei Beispiele von 1933 und 1937: Walter Hildebrandt, Aus dem Schweizerland, 2 Teile, in: RSZ, 15./22. 9. 1933, S. 2 f./S. 3; M. F., Aus dem Schweizerland, in: FZ, 31. 12. 1937, S. 2 f.

ließ sie aber ihre personelle Verflechtung mit den beiden Vereinigungen „Bund für Volk und Heimat" sowie „Eidgenößische Front" einnehmen. Die elitäre, antietatistische, strikt föderalistische, christliche, aber auch antisemitische Ausrichtung der beiden ‚Erneuerungsbewegungen' sprach zentrale Exponenten der Jungreformierten an, da sie sich mit ihren Anschauungen deckte. Gegenüber anderen ‚Erneuerungsorganisationen' vor allem frontistischer Ausprägung grenzten sich die Jungreformierten hingegen tendenziell ab.[100] Insbesondere Pfarrer Rudolf Grob und Redakteur Charles Schüle stellten die Verbindung zum stark antikommunistisch und antifreimaurerisch ausgerichteten „Bund für Volk und Heimat" her. Rudolf Grob war einer der zentralen Köpfe in der stark nationalkonservativ geprägten Bewegung, die aufgrund ihrer finanziellen Potenz den despektierlichen Übernamen „Bund vornehmer Herren" erhielt. Er gehörte auch deren Leitungsgremium, der Bundesobmannschaft, an.[101] Grob verfasste zudem mehrere Schriften für die Bewegung.[102] Charles Schüle, der seit 1926 das Organ der Jungreformierten, die „Reformierte Schweizer Zeitung", mitredigierte, hatte ab Sommer 1933 auch die Redaktion des Spachrohrs des „Bundes für Volk und Heimat", der „Eidgenössischen Zeitung für Volk und Heimat", inne. Diese Doppelbelastung führte dazu, dass er phasenweise von der Redaktion des jungreformierten Blattes beurlaubt war, ehe er 1934 als Redakteur ausschied. Bereits auf 1933 musste er aus der Redaktion der „Eidgenössischen Zeitung für Volk und Heimat" ausscheiden.[103] Der zweite Redakteur der „Reformierten Schweizer Zeitung", Walter Hildebrandt, war ebenfalls Mitglied dieser ‚Erneuerungsbewegung'.[104] Schüle setzte sich 1933 – genauso wie Grob – stark für eine Fusion des „Bundes für Volk und Heimat" mit der ähnlich ausgerichteten „Eidgenössischen Front" ein.

Neben seiner Tätigkeit für den „Bund für Volk und Heimat" war Charles Schüle auch in der reaktionär ausgerichteten „Eidgenössischen Front" aktiv. Diese hatte sich erstmals im Sommer 1931 mit der erfolgreichen Bekämpfung der Gesetzesvor-

---

100  Siehe etwa: Charles Schüle, Aus dem Schweizerland, in: RSZ, 21. 4. 1933, S. 1 f., Walter Hildebrandt, Aus dem Schweizerland, in: RSZ, 7. 7. 1933, S. 2.

101  Zu Grobs Rolle im „Bund für Volk und Heimat" und der Bewegung im Allgemeinen: Werner, Für Wirtschaft und Vaterland, S. 80–170; Wolf, Faschismus in der Schweiz, S. 38–41.

102  Rudolf Grob, Zwischen Marxismus und Faschismus. Für die Freiheit der Eidgenossenschaft, Zürich 1934; Rudolf Grob, Der Bund der Eidgenossen. Ein Wagnis des Glaubens, Luzern 1934.

103  Zu Schüles Rolle im „Bund für Volk und Heimat" mit Fokus auf deren Zeitungsorgan: Werner, Für Wirtschaft und Vaterland, S. 97–100; S. 120–124. Mit Emil König firmierte zudem ein ehemaliger Redakteur der „Reformierten Schweizer Zeitung" als Mitarbeiter des Organs des „Bundes für Volk und Heimat". (Aerne, Religiöse Sozialisten, S. 372.)

104  Aerne, Religiöse Sozialisten, S. 372.

lage für die Alters- und Hinterbliebenenversicherung bemerkbar gemacht.[105] Peter Aerne geht zudem davon aus, dass Rudolf Grob ebenfalls Mitglied der Front gewesen sei.[106] Nicht zuletzt führte diese personelle Verflechtung dazu, dass in den Medien eine enge Verbindung zwischen den Jungreformierten und der „Eidgenössischen Front" gesehen wurde.[107] In der Tat sprach aus den Zeilen der „Reformierten Schweizer Zeitung" wiederholt Sympathie für die „Eidgenössische Front", dennoch war die protestantische Wochenzeitung bemüht, sich als unabhängig darzustellen.[108] Eine gewisse Affinität gegenüber der „Eidgenössischen Front" wies zudem das Organ der „Evangelischen Volkspartei", die „Evangelische Volks-Zeitung"[109], auf. Sie erinnerte, jedoch weit weniger als die jungreformierte „Reformierte Schweizer Zeitung", in ihrem Stil vereinzelt an frontistische Blätter. In einer Selbstverortung vor dem Hintergrund des ‚Frontenfrühlings' sah die „Evangelische Volks-Zeitung" zwar Unterschiede zwischen der „Evangelischen Volkspartei" und der „Eidgenössischen Front" bezüglich der Haltung zur sozialen Wohlfahrt, doch würden beide auf „biblisch-reformatorischem Boden" stehen und dieselben religiösen, sittlichen und erzieherischen Ansichten pflegen.[110]

Abgesehen vom Engagement eines Teils der Trägerschicht der Jungreformierten in den ‚Erneuerungsbewegungen', war der argumentative Stil ihres Publikationsorgans ein bedeutendes Indiz für die Nähe dieser konservativ-protestantischen Strömung zum Frontismus. Durch ihre polemische Rhetorik, ihr populistisches

---

105  Zur Eidgenössischen Front siehe: Wolf, Faschismus in der Schweiz, S. 41–46. Die Kritik an der Idee staatlicher Sozialversicherungen einte sie mit den Jungreformierten. Siehe zur diesbezüglichen Haltung der „Reformierten Schweizer Zeitung" etwa: Politische Rundschau, in: RSZ, 19. 9. 1930, S. 1; r., Politische Rundschau, in: RSZ, 10. 6. 1932, S. 1; Rudolf Grob, Die Stimme eines Juden, in: RSZ, 9. 9. 1932, S. 3.

106  Aerne, Religiöse Sozialisten, S. 372. Siehe an gleicher Stelle für weitere Mitglieder aus den Reihen der Jungreformierten.

107  Für Beispiele aus den untersuchten protestantischen Zeitschriften: Leonhard Ragaz, Rundschau, in: NW 27 (1933) 6, S. 303–312, S. 305; Martin Werner, Umschau, in: SRV, 17. 6. 1933, S. 190 f., S. 191. Die „Reformierte Schweizer Zeitung" wehrte sich vor allem anlässlich des ersten Auftretens der „Eidgenössischen Front" im Jahre 1931 dagegen, ein Organ dieser Bewegung zu sein: Erklärung, in: RSZ, 6. 11. 1931, S. 4.

108  Siehe etwa: Charles Schüle, Aus dem Schweizerland, in: RSZ, 28. 4. 1933, S. 1 f., S. 2; Charles Schüle, Aus dem Schweizerland, in: RSZ, 19. 5. 1933, S. 2 f., S. 3; Walter Hildebrandt, Aus dem Schweizerland, in: RSZ, 23. 6. 1933, S. 2. In diesen Artikeln wurde teilweise auch der „Bund für Volk und Heimat" gewürdigt.

109  In der ersten Hälfte der 1930er-Jahre schrieb sich die Zeitung „Evangelische Volks-Zeitung". Danach ging sie zur Schreibweise „Evangelische Volkszeitung" über.

110  M., Neue „Fronten", Teil II, in: EVZ, 28. 4. 1933, S. 2. Für die Erneuerungsrhetorik des Blattes und die Abgrenzung von radikalen Fronten siehe v. a.: M., Neue „Fronten", 3 Teile, in: EVZ, 21./28. 4. 1933/5. 5. 1933, S. 1 f./S. 2/S. 1 f.

Gehabe und ihre Radikalität erinnerte die „Reformierte Schweizer Zeitung" von 1933 bis 1938 – Ansätze waren schon seit Beginn der 1930er-Jahre vorhanden – sehr stark an Zeitungen des Frontismus. Dies manifestierte sich beispielsweise in der strikten Frontstellung gegen die große Mehrheit der Presse. Deren Haltung wurde als gezielte antideutsche Desinformation aufgefasst und als der eigenen stark germanophilen, antisemitischen, antikommunistischen, antiliberalen und antifreimaurerischen Weltsicht entgegengesetzt dargestellt.

Ähnlich wie die frontistischen Zeitungen, die sich mit der Gefahr des Verbots konfrontiert sahen, geriet die „Reformierte Schweizer Zeitung" gegen Ende der 1930er-Jahre unter öffentlichen Druck. Dies manifestierte sich etwa in Angriffen von sozialdemokratischer Seite. Das Zürcher „Volksrecht" bezichtigte die Zeitung der Jungreformierten, ein „Nazipropaganda-Blatt" zu sein, und Hugo von der Crone, der seit Mitte 1934 als Redakteur waltete, wurde als „Nazipfarrer" tituliert.[111] Wurde Ende 1936 beim Namenswechsel von „Reformierte Schweizer Zeitung" zu „Freitagszeitung für das reformierte Schweizervolk" noch mit dem Problem argumentiert, die Zeitung würde aufgrund des bisherigen Namens häufig fälschlicherweise als amtliches oder halbamtliches Organ verstanden,[112] so spielte bei der Umformung der Wochenzeitung in die monatlich erscheinende Zeitschrift „Grundriss", die mit einer Auswechslung der Redaktion einherging, die dominant antifrontistische Stimmung in der schweizerischen Gesellschaft Ende der 1930er-Jahre entscheidend mit.[113] Dieser Ende 1938 vollzogene Schritt der Jungreformierten kann als Rückzug aus dem öffentlichen politischen Diskurs verstanden werden, zumal sich der Charakter der Monatszeitschrift deutlich von ihren Vorgängerorganen unterschied. Theologische Erörterungen prägten nun das Bild. Eineinhalb Jahre nach Kriegsende musste schließlich auch der „Grundriß" kapitulieren und stellte sein Erscheinen ein.[114]

111  Siehe z. B.: rel., Der Zumikoner Nazipfarrer, in: Volksrecht, 25. 6. 1938, S. 9. Zudem auch: G., Die Sabotage des Pastors, in: Volksrecht, 12. 7. 1938, S. 1. Rudolf Grob und Hugo von der Crone reagierten in wütenden Artikeln auf die Anschuldigungen: Rudolf Grob, Aus dem Schweizerland, in: FZ, 22. 7. 1938, S. 2 f., S. 2; Hugo von der Crone, in eigener Sache, in: FZ, 22. 7. 1938, S. 4. Grob argumentierte mit einem antisemitischen Rundumschlag, da er aufgrund seiner judenfeindlichen Einstellung annahm, dass der „Volksrecht"-Artikel von einem jüdischen Journalisten verfasst worden sein müsse.

112  An unsere Leser, in: RSZ, 11. 12. 1936, S. 1.

113  Siehe diesbezüglich: Rudolf Grob, Lebt wohl, in: FZ, 30. 12. 1938, S. 3. Redakteur des „Grundriss" war Pfarrer Gottlob Spörri, „Leiter der Kranken- und Diakonissenanstalt Neumünster" auf dem Zollikerberg. Die „Freitagszeitung für das reformierte Schweizervolk" redigierte Hugo von der Crone. Als ständige Mitarbeiter wirkten zudem Walter Hildebrandt und Rudolf Grob.

114  Elegisch hierzu Rudolf Grobs Artikel in der letzten Nummer des „Grundriss": Rudolf Grob, An der Zeitenwende, in: G 8 (1946) 12, S. 293–310.

## Sympathien für den Nationalsozialismus

Die Assoziierung der „Reformierten Schweizer Zeitung" sowie von dessen Nachfolgeorgan „Freitagszeitung für das reformierte Schweizervolk" mit Nationalsozialismus ging – abgesehen davon, dass zentrale Exponenten der Jungreformierten sich in ‚Erneuerungsbewegungen' betätigten –, vor allem auf die Haltung der beiden Zeitungen gegenüber dem deutschen Nationalsozialismus zurück. Das Interesse der im Gegensatz zu den anderen konservativ-protestantischen Zeitschriften stark politisch ausgerichteten „Reformierten Schweizer Zeitung" am ‚neuen Deutschland' war denn auch in der Tat sehr groß. Entsprechend früh setzte die rege Berichterstattung ein, denn die Zeitung wähnte sich vor einer „entscheidenden Stunde der Weltgeschichte".[115]

Das Verständnis, das die „Reformierte Schweizer Zeitung" dem nationalsozialistischen Deutschland entgegenbrachte, lag vor allem in der germanophilen Ausrichtung ihrer Hauptträger begründet. Diese sahen Deutschland seit dem Ende des Ersten Weltkrieges in einen Abwehrkampf gegen die Siegermächte auf der einen und den (Sowjet-)Kommunismus auf der anderen Seite verstrickt.[116] Wie prägend dieseVorstellungen für den Blick auf das nationalsozialistische Deutschland waren, brachte der Schreiber der Rubrik „Politische Rundschau", der mit dem Kürzel „\*\*\*" zeichnete und – Marcus Urs Kaiser folgend[117] – mit Rudolf Grob identifiziert werden kann, am 3. März 1933 paradigmatisch zum Ausdruck. Eine nationale ‚Wiedergeburt' Deutschlands erwartend, schrieb dieser hoffnungsvoll und anklagend zugleich:

> „Wer all das bedenkt und dieses maßlose Leiden eines Volkes, nicht etwa nur als stammverwandt mit dem deutschen Volke, sondern als ein Mensch miterlebt hat, [...] der muß den Freiheitskampf Deutschlands mit wahrer Erleichterung und innerer Befreiung mitansehen. Es geht nicht nur um die Ehre Deutschlands, sondern um die Ehre der Menschheit überhaupt. Der weltgeschichtliche Kampf mit dem Bolschewismus wird jetzt auf deutscher Erde ausgefochten. Die andern Länder, die den Bolschewismus in Deutschland begünstigten, werden auf ihrem eigenen Boden die Bezahlung für ihr Tun erhalten. Wer Pestbazillen im Hause des Nachbars züchtet, muß damit rechnen, eines Tage selbst

---

115  Rudolf Grob, Politische Rundschau, in: RSZ, 10. 2. 1933, S. 1.

116  Siehe als Beispiele: Rudolf Grob, Politische Rundschau, in: RSZ, 3. 3. 1933, S. 1 f.; Charles Schüle, Politische Rundschau, in: RSZ, 17. 3. 1933, S. 1; Rudolf Grob, Politische Rundschau, in: RSZ, 20. 4. 1934, S. 1 f., S. 1.

117  Kaiser, Deutscher Kirchenkampf, S. 200–202; S. 241.

seine Beulen pflegen zu müssen. Die Diktatur von rechts ist im gegenwärtigen Kampf auf Leben und Tod ein gutes Stück berechtigter Notwehr."[118]

Die Begeisterung für die Errichtung der nationalsozialistischen Herrschaft, die aus den Zeilen des jungreformierten Blattes sprach, war vorrangig mit der Hoffnung verbunden, Deutschland würde wieder zu alter nationaler und internationaler Größe zurückfinden. Ein solches Deutschland erachtete die Wochenzeitung auch als Garant für den Frieden in Europa.[119] Diese Ansichten äußerten die Redakteure und Mitarbeiter der jungreformierten Wochenzeitung nicht nur in den Anfangsmonaten von Hitlers Herrschaft, sondern sie blieben ihnen bis Ende 1938 treu, als sich das Publikationsorgan ‚entpolitisierte'. So wurde nicht zuletzt die Expansion des ‚Dritten Reiches' durch die Zerschlagung der Tschechoslowakei freudig begrüßt, da dadurch das in den Augen dieser Autoren angeblich 1919 in Versailles begangene Unrecht an Deutschland wiedergutgemacht wurde.[120] Dies wiederum wurde als Garantie für den Frieden in Europa angesehen.[121] Die positive Aufnahme der nationalsozialistischen Herrschaft in den Reihen der Jungreformierten bedeutete jedoch nicht, dass sie auch für eine solche in der Schweiz plädierten. Der Nationalsozialismus wurde als eine gute Lösung für Deutschland, nicht aber für die Schweiz erachtet.[122]

Die Haltung der Jungreformierten bezüglich des deutschen Nationalsozialismus war jedoch keineswegs einhellig positiv, sondern ambivalent. Zwar wurde der Nationalsozialismus als ‚nationaler Erneuerer' begrüßt, und die antisemitische Politik wurde gutgeheißen und verteidigt, doch stieß insbesondere die Kirchenpolitik des ‚Dritten Reiches' auf Widerspruch. In diesem Punkt reihte sich die „Reformierte Schweizer Zeitung" in die anderen untersuchten protestantischen Zeitschriften ein.[123] Insbesondere Vorstellungen, wie sie die „Glaubensbewegung Deutsche

---

118   Rudolf Grob, Politische Rundschau, in: RSZ, 3. 3. 1933, S. 1 f., S. 2. Nicht zuletzt wurde somit die ‚nationale Revolution' in Deutschland als Rettung in letzter Sekunde vor dem Kommunismus erachtet. Siehe für diesen Diskurs außerdem: Rudolf Grob, Politische Rundschau, in: RSZ, 3. 3. 1933, S. 1 f., S. 1; Charles Schüle, Politische Rundschau, in: RSZ, 17. 3. 1933, S. 1.

119   Siehe etwa: Rudolf Grob, Politische Rundschau, in: RSZ, 17. 11. 1933, S. 1 f., S. 1; Rudolf Grob, Politische Rundschau, in: RSZ, 23. 11. 1934, S. 1 f., S. 1.

120   Siehe etwa: Rudolf Grob, Politische Rundschau, in: RSZ, 27. 5. 1938, S. 1 f., S. 1.

121   Siehe z. B.: Rudolf Grob, Politische Rundschau, in: FZ, 7. 10. 1938, S. 1 f., S. 1; Rudolf Grob, Politische Rundschau, in: FZ, 14. 10. 1938, S. 1 f., S. 1.

122   Siehe für diese Ansicht: Charles Schüle, Aus dem Schweizerland, in: RSZ, 5. 8. 1932, S. 2.

123   Ein sehr frühes Beispiel stellt die gegenüber dem Nationalsozialismus ambivalent gehaltene Artikelserie Walter Hildebrandts dar, die bereits im Sommer 1932 in der „Reformierten Schweizer Zeitung" erschienen war: Walter Hildebrandt, Der Nationalsozialismus und die Kirche, 4 Teile, in: RSZ, 24. 6. 1932/1./8./15. 7. 1932, S. 2 f./S. 2/S. 2/S. 2. Siehe auch: Rudolf Grob, Rasse und Weltanschauung, in: RSZ, 6. 7. 1934, S. 3. Rudolf Grob veröffentlichte 1937 zudem eine Schrift über

Christen" oder Alfred Rosenberg vertraten, stießen auf heftigen Widerspruch.[124] Diese Ambivalenz sprach im September 1934 deutlich aus den Zeilen einer Erklärung Hugo von der Crones im Zeitungsorgan der Jungreformierten.[125]

Nach dem Zweiten Weltkrieg kamen Rudolf Grob und mit ihm seine Jungreformierten unter Druck. In den allgemeinen Säuberungsdiskussionen der ersten Nachkriegsmonate veröffentlichte der Bundesrat die Namen der Unterzeichner einer im November 1940 an ihn gerichteten Eingabe. Das als ‚Eingabe der Zweihundert' bekannt gewordene Dokument regte mit seiner Forderung nach strikter Neutralität und nach stärkerer Kontrolle der Presse letztlich an, eine Anpassung der Schweiz an das ‚neue', unter nationalsozialistischer Dominanz stehende Europa vorzunehmen. Rudolf Grob gehörte zu den Erstunterzeichnern dieser insgesamt von 173 Personen signierten Eingabe, die aus dem Umfeld des germanophilen „Volksbundes für die Unabhängigkeit der Schweiz", dem er angehörte, stammte.[126] Grob hatte zudem 1941 mit „An die Jugend von morgen, an die Herren von gestern" eine ‚anpasserische' Schrift publiziert.[127] Auch Grob wurde im Anschluss an die Veröffentlichung Ziel der Säuberungsforderungen. Der beantragte Ausschluss aus der Zürcher Synode – der jungreformierte „Grundriss" sprach in diesem Zusammenhang von einem kirchenpolitischen „Ketzerprozess" – wurde hingegen abgelehnt.[128] Im kirchenpolitisch entgegengesetzten Lager der Religiös-Sozialen kommentierte Paul Trautvetter anlässlich der Diskussionen über Grobs Mitwirken bei der ‚Eingabe', dass sich dieser zwar durch seine karitative Tätigkeit – Grob war Direktor der „Schweizerischen Anstalt für Epileptische" – hervorgetan, doch in Sachen des Glaubens versagt habe. Er habe den „inkognito auftretenden Satan" nicht erkannt und daher wohl auch nicht den „inkognito auftretenden Christus".[129]

---

den Kirchenkampf in Deutschland: Grob, Der Kirchenkampf in Deutschland. Für einen Überblick der Positionen im Protestantismus der Schweiz: Kaiser, Deutscher Kirchenkampf.

124   Siehe etwa: Rudolf Grob, Politische Rundschau, in: RSZ, 30. 6. 1933, S. 1 f., S. 1; Rudolf Grob, Politische Rundschau, in: RSZ, 6. 4. 1934, S. 1 f.; Rudolf Grob, Politische Rundschau, in: RSZ, 25. 5. 1934, S. 1 f., S. 1.

125   Hugo von der Crone, In eigener Sache, in: RSZ, 14. 9. 1934, S. 3. Ähnlich die Ambivalenz aufzeigend: Rudolf Grob, Politische Rundschau, in: RSZ, 3. 4. 1936, S. 1 f., S. 1.

126   Zur ‚Eingabe der Zweihundert' siehe: Waeger, Die Sündenböcke der Schweiz; Heinz Bütler, „Wach auf, Schweizervolk!" Die Schweiz zwischen Frontismus, Verrat und Selbstbehauptung, 1914–1940, Bern 1980, S. 200–205.

127   Rudolf Grob, An die Jugend von morgen, an die Herren von gestern, Zürich 1941.

128   J. C. Gasser, Ein kirchenpolitischer Ketzerprozess mit geziemendem Ausgang, in: GG 8 (1946) 3/4, S. 84–90.

129   Paul Trautvetter, Kirchliche Säuberung, in: NW 40 (1946) 3, S. 122–127, S. 127. Eine ähnlich starke Ablehnung Grobs in: Max Gerber, Streiflichter, in: A, 31. 5. 1946, S. 169–171.

*Antisemitismus als integraler Bestandteil der jungreformierten Weltsicht*

Dass die „Reformierte Schweizer Zeitung" sowie ihr Nachfolgeorgan, die „Freitagszeitung für das reformierte Schweizervolk", stilistisch an rechtsextreme ‚Kampf-
blätter' frontistischer Organisationen erinnerten, lag nicht zuletzt an ihrem radikalen Antisemitismus. Der in den beiden Wochenzeitungen präsente Antisemitismus
stellte in den 1930er-Jahren einen integralen Bestandteil der jungreformierten Sicht
auf die Welt dar, denn die auf ‚die Juden' projizierten Feindbilder dienten zur ‚Erklärung' des Weltgeschehens. Dies traf insbesondere auf die germanophil prädisponierte Beurteilung der Situation des ‚national erneuerten' Deutschland in Europa
und der Welt zu. Dabei kennzeichneten besonders fünf Merkmale den Antisemitismus der Jungreformierten.

Erstens war für den jungreformierten Antisemitismus dessen quantitativ hohes Maß an Beständigkeit in der Zeitspanne von 1933 bis 1938 charakteristisch. Zwar
lässt sich wie bei den meisten anderen untersuchten Zeitschriften des Deutschschweizer Protestantismus für 1933 und 1934 ein Höhepunkt feststellen, doch blieb
der Antisemitismus im Organ der Jungreformierten auch in den Folgejahren unge-
mein stark. Einen kurzfristigen Rückgang bewirkte lediglich der Novemberpogrom
von 1938. Wie in den anderen protestantischen Zeitschriften löste dieser öffentliche
Ausbruch antisemitischer Gewalt auch in der „Freitagszeitung für das reformierte Schweizervolk" einen gewissen Schock aus. Der Wortführer der Jungreformierten, Pfarrer Rudolf Grob, sah das Ende des Dritten Reiches kommen, falls der „Geist
dieser Kamarilla" mächtig werden sollte.[130] Dieser kritische Blick auf die antisemitische Politik Nazideutschlands währte jedoch nur ganz kurz, erging sich derselbe
Autor doch bereits eine Woche später wieder in einer antisemitischen Relativierung
der nationalsozialistischen Judenverfolgung.[131] Eine grundlegendere Transformation setzte kurz darauf Ende 1938 jedoch mit dem Übergang von der „Freitagszeitung
für das reformierte Schweizervolk" zur Monatszeitschrift „Grundriß" ein. Diese
Veränderung war dem im Vergleich zu den Vorgängerorganen weitgehend unpoli-
tischen Charakter der Monatszeitschrift geschuldet. Die Häufigkeit antisemitischer
Beiträge nahm stark ab, zudem fanden diskursive Verschiebungen statt. Der stark

130  Rudolf Grob, Politische Rundschau, in: FZ, 18. 11. 1938, S. 1 f., S. 2. Siehe für die Reaktionen in an-
     deren protestantischen Zeitschriften Kap. 3 dieses Teils.
131  Rudolf Grob, Politische Rundschau, in: FZ, 25. 11. 1938, S. 1 f. Auch bei der in den 1930er-Jahren
     ebenfalls stark antisemitisch geprägten Zeitung der „Evangelischen Volkspartei" wirkte der Schock
     der ‚Kristallnacht' nur kurzfristig. Es wurde ein anti-antisemitischer Beitrag Professor Ludwig
     Köhlers wiedergegeben. (Ludwig Köhler, Unsere Kirche und die Juden, in: EVZ, 11. 11. 1938, S. 2.)
     Bereits im Januar 1939 druckte sie wieder einen stark antisemitischen Artikel: Carl Mäder, Eine
     wachsende Abneigung gegen die Einwanderung weiterer Israeliten, in: EVZ, 27. 1. 1939, S. 1.

politisch motivierte Antisemitismus der Jahre 1933 bis 1938 ging stark zurück, während religiöse Fragestellungen an Gewicht gewannen. Dies lässt sich am bedeutendsten antisemitischen Beitrag während des Erscheinens des „Grundrißes" aufzeigen. Neben der Konstruktion eines Realkonflikts argumentierte der vom Zürcher Theologieprofessor Walther Zimmerli verfasste Artikel primär theologisch. Dabei bewegte er sich einerseits in den Bahnen des heilsgeschichtlichen Antisemitismus. Andererseits präsentierte sich der Autor als Anhänger einer ausgeprägten Substitutionslehre, die den Übergang der ‚Auserwähltheit' von ‚den Juden' auf das Christentum vertrat.[132] Mit seinem kulturpessimistischen Artikel „An der Zeitenwende", der den Schlusspunkt unter die Existenz eines eigenständigen jungreformierten Publikationsorgans setzte, zeigte jedoch Rudolf Grob auf, dass die von der „Reformierten Schweizer Zeitung" sowie der „Freitagszeitung für das reformierte Schweizervolk" her bekannten antisemitischen Argumentationsmuster auch Ende 1946 keineswegs verschwunden waren.[133]

Der Antisemitismus der Jungreformierten zeichnete sich zweitens durch seine Radikalität aus. So waren antisemitisches Verschwörungsdenken sowie der Topos einer jüdischen ‚Weltherrschaft' ein fester Bestandteil von ihm.[134] Solche Vorstellungen verbargen sich etwa in der mehrfachen Verwendung des antisemitischen Konstrukts der ‚goldenen Internationale', die ein international und gemeinsam agierendes Judentum suggerierte.[135] Die Radikalität der jungreformierten Judenfeindschaft zeigte sich ebenfalls in der Haltung zum Rassenantisemitismus. Dabei schienen vermeintliche Ambivalenzen auf, etwa indem für die Erschwerung von Ehen zwischen unterschiedlichen ‚Rassen' plädiert wurde, die Auflösung geschlossener Ehen hingegen abgelehnt wurde,[136] oder – einem ebenfalls in anderen protestantischen

---

132  Walther Zimmerli, Die Juden, in: G 4 (1942) 9, S. 224–240.

133  Rudolf Grob, An der Zeitenwende, in: G 8 (1946) 12, S. 293–310, S. 299.

134  Siehe etwa: Charles Schüle, Falschmeldungen und ihre Hintergründe, in: RSZ, 7. 4. 1933, S. 1 f., S. 2; Rudolf Grob, Politische Rundschau, in: RSZ, 3. 3. 1933, S. 1 f., S. 1; Walter Hildebrandt, Aus dem Schweizerland, in: RSZ, 2. 2. 1934, S. 2; Rudolf Grob, Zur Judenfrage, in: RSZ, 2. 2. 1934, S. 2; Hugo von der Crone, Wir sind keine Antisemiten, in: RSZ, 8. 2. 1935, S. 2 f., S. 2. Im Mai 1933 wurde zudem beipflichtend auf den verschwörungstheoretischen antisemitischen Bestseller „Der internationale Jude" Henry Fords verwiesen. (Rudolf Grob, Politische Rundschau, in: RSZ, 19. 5. 1933, S. 1 f., S. 1.) Auch in die „Evangelische Volks-Zeitung" fanden verschwörungstheoretische Konzeptionen Eingang: Johann Hasler, Stöcker und Hitler, in: EVZ, 14. 7. 1933, S. 2 f., S. 2; Johann Hasler, Zur Judenfrage in Deutschland, in: EVZ, 26. 1. 1934, S. 3 f.

135  Siehe als Beispiele für das Feindbild der ‚goldenen Internationale', das häufig mit jenem der ‚roten Internationale' kombiniert wurde: Rudolf Grob, Politische Rundschau, in: RSZ, 24. 2. 1933, S. 1 f., S. 2; Rudolf Grob, Politische Rundschau, in: RSZ, 3. 3. 1933, S. 1 f., S. 1.

136  Rudolf Grob, Politische Rundschau, in: RSZ, 25. 5. 1934, S. 1 f., S. 1.

Netzwerken gepflegten Diskurs folgend[137] – ‚Rassedenken' als eine abzulehnende,
da vermeintlich jüdische Eigenschaft apostrophiert wurde.[138] Diese vordergründig
ambivalente Haltung zum ‚Rassedenken' kam beispielsweise in einem antisemitischen Grundsatzartikel Charles Schüles klar zum Ausdruck, der bereits Ende 1932
publiziert worden war. Sich gegen ein liberales Nationsverständnis wendend, führte der Redakteur der „Reformierten Schweizer Zeitung" aus:

> „Es war eine Zeit der Entwurzelung, als man vergaß, daß das Blut der Träger des
> Lebens ist, als man die Bande der Familie löste, als man über Ahnen und Sippen
> spottete. Es ist heute eine Rückkehr nötig zur Erkenntnis der Blutsgemeinschaft,
> zur Natur, die uns von Gott geschenkt wurde und in deren Verbundenheit wir
> hineingestellt worden sind. Es war ein Fehler, als man das Blut einfach zu ver
> leugnen suchte. Schon die Natur fordert die Familie und ihren Zusammenhalt,
> schafft eine Schicksalsgemeinschaft und Berufung der Träger eines Blutes.
>
> Das einzige Volk, das dank seiner Religion in der Weltgeschichte sein Blut
> nie völlig zu verleugnen vermochte, waren die Juden. Man muß zu den Juden
> gehen, um die Bedeutung der Blutsbande erkennen zu lernen. Insofern ist die
> moderne Rassenreligion, besonders in dem sie den Gegensatz zu den Juden
> hervorkehrt, recht eigentlich jüdischen Ursprungs. Die antisemitische Rassen
> ideologie ist gewissermaßen der Abklatsch der jüdischen Religion auf die form
> lose, entwurzelte arische Rasse, das Negativ vom Positivbild."[139]

Auch rechtliche Diskriminierungen waren für das jungreformierte Zeitungsorgan
vertretbar. Dies schien etwa in einem Artikel mit dem vielsagenden Titel „Wir sind
keine Antisemiten" auf.[140] Angesichts des offen propagierten Antisemitismus war
dieser Titel hohnsprechend. Diese judenfeindliche Argumentationsstrategie wurde hingegen öfters angewendet.[141]

Drittens stellte die Verflechtung von Antisemitismus mit Antikommunismus
ein markantes Merkmal der jungreformierten Judenfeindschaft dar. So wurde die

---

137  So z. B. durch den konservativ-protestantisch ausgerichteten Pfarrer Walter Hoch: Walter Hoch,
  Christ und Jude, Teil III, in: KF, 14. 6. 1934, S. 182–188, S. 185 f.

138  Siehe als Beispiele: Rudolf Grob, Die Stimme des Blutes, in: RSZ, 17. 8. 1934, S. 2; Palästina, in:
  RSZ, 26. 10. 1934, S. 1 f., S. 1.

139  Charles Schüle, Zur Judenfrage in der Schweiz, in: RSZ, 18. 11. 1932, S. 2 f., S. 3. Ähnlich auch: Walter Hildebrandt, Aus dem Schweizervolk, in: RSZ, 2. 2. 1934, S. 2.

140  Hugo von der Crone, Wir sind keine Antisemiten, in: RSZ, 8. 2. 1935, S. 2 f., S. 2. Siehe zudem
  auch: Walter Hildebrandt, Kirchliche Nachrichten, in: RSZ, 21. 4. 1933, S. 3 f., S. 4; Rudolf Grob,
  Politische Rundschau, in: RSZ, 25. 10. 1935, S. 1.

141  Siehe z. B.: Rudolf Grob, Politische Rundschau, in: RSZ, 29. 12. 1933, S. 1 f., S. 1; Walter Hildebrandt, Aus dem Schweizerland, in: SRZ, 2. 2. 1934, S. 2.

Sowjetunion 1937 als ein von ‚jüdischen Kommunisten' regiertes Land dargestellt, wobei sich Rudolf Grob auf die Rede Adolf Hitlers am Nürnberger Parteitag als Quelle stützte.[142] Dieser Diskurs fokussierte in auffallendem Maße auf den sowjetischen Volkskommissar für Auswärtige Angelegenheiten, Maxim Maximowitsch Litwinow, sowie auf den sozialistischen französischen Premierminister Léon Blum. In diesen aus jüdischen Familien stammenden Kommunisten beziehungsweise Sozialisten wurden die Feindbilder Sowjetunion und ‚Volksfront'[143] personifiziert.[144] Vor allem Litwinow, der vorzugsweise mit seinem ‚jüdischen Namen' Finkelstein stigmatisiert wurde, galt zugleich als Verkörperung der angeblich gegen Deutschland gerichteten Politik der Sowjetunion, aber auch des Völkerbundes, da er als Außenminister in deren Annäherung an den Völkerbund involviert war.[145] Der Völkerbund kam in den Augen der Jungreformierten der ‚fleischgewordenen', als antideutsch empfundenen Versailler Nachkriegsordnung gleich, genauso wie es der „Volksbund für die Unabhängigkeit der Schweiz" sah, zu dessen Mitgliedern Pfarrer Rudolf Grob zählte. In diesem Diskurs verbanden sich antisemitische und antikommunistische Feindbilder mit der Ablehnung des Völkerbundes sowie frankophoben Haltungen, denn als Léon Blum im Zeitraum von 1936 bis 1938 zweimal für kurze Zeit das Amt des Premierministers von Frankreich bekleidete, wurde das antisemitische Konstrukt einer vermeintlich antideutschen ‚jüdischen Völkerbunds-Allianz' noch erweitert.[146] Vereinzelt wurde sogar die französische Freimaurerei noch in dieses Verschwörungskonstrukt mit eingebaut.[147]

---

142  Rudolf Grob, Politische Rundschau, in: FZ, 16. 4. 1937, S. 1 f., S. 1. Ähnlich auch schon: Rudolf Grob, Politische Rundschau, in: RSZ, 18. 9. 1936, S. 1 f., S. 1.

143  Die Regierung der vereinigten Linksparteien in Frankreich.

144  Siehe aus der Fülle an Beispielen: Rudolf Grob, Politische Rundschau, in: RSZ, 8. 12. 1933, S. 1 f., S. 1; Rudolf Grob, Politische Rundschau, in: RSZ, 23. 11. 1934, S. 1 f., S. 1; Rudolf Grob, Aus dem Schweizerland, in: RSZ, 15. 5. 1936, S. 2; Rudolf Grob, Politische Rundschau, in: RSZ, 18. 9. 1936, S. 1 f., S. 1; Rudolf Grob, Politische Rundschau, in: FZ, 25. 3. 1938, S. 1 f., S. 1.

145  Siehe etwa: Rudolf Grob, Politische Rundschau, in: RSZ, 21. 9. 1934, S. 1 f., S. 1; Rudolf Grob, Politische Rundschau, in: RSZ, 19. 4. 1935, S. 1 f., S. 2; Rudolf Grob, Politische Rundschau, in: RSZ, 4. 10. 1935, S. 1 f., S. 1; Rudolf Grob, Politische Rundschau, in: RSZ, 25. 10. 1935, S. 1; Rudolf Grob, Politische Rundschau, in: RSZ, 18. 9. 1936, S. 1 f., S. 2; Rudolf Grob, Politische Rundschau, in: FZ, 4. 2. 1938, S. 1 f., S. 1.

146  Das Zusammengehen von Frankreich und der Sowjetunion in Völkerbundsfragen wurde auch schon vor dem Amtsantritt Blums behauptet. Siehe als Beispiele für beide Fälle: Rudolf Grob, Politische Rundschau, in: RSZ, 8. 6. 1934, S. 1; Rudolf Grob, Politische Rundschau, in: RSZ, 26. 4. 1935, S. 1 f., S. 1; Rudolf Grob, Politische Rundschau, in: FZ, 8. 10. 1937, S. 1 f., S. 1.

147  Siehe z. B.: Rudolf Grob, Politische Rundschau, in: RSZ, 13. 7. 1934, S. 1 f., S. 1; Rudolf Grob, Politische Rundschau, in: RSZ, 14. 9. 1934, S. 1; Rudolf Grob, Politische Rundschau, in: FZ, 14. 4. 1938, S. 1 f., S. 1.

Gerade in der Völkerbundsgegnerschaft schien zudem das vierte Charakteristikum des jungreformierten Antisemitismus auf. Er war eng mit der Germanophilie der Jungreformierten verwoben. Deutschland wurde zu einem Opfer ausländischer ‚Angriffe' stilisiert, in denen ‚den Juden' eine zentrale Rolle zugeschrieben wurde.[148] Ein beliebtes Feindbild war diesbezüglich der antisemitische Topos der (internationalen) ‚jüdischen Presse'.[149] Der Vorstellung eines international existierenden Gegensatzes zwischen Deutschland und ‚den Juden' lag letztlich das antisemitische Konstrukt zu Grunde, dass sich Deutschland in einem Kampf mit einem gleichstarken Gegner befände.[150] Die „Evangelische Volks-Zeitung" sah Deutschland sogar mit einem übermächtigen Gegner ringen. Ein einzelnes Land würde gegen eine Welt kämpfen, die unter dem wirtschaftlichen Diktat ‚der Juden' stehen würde. So wiederhole sich wirtschaftlich, was 1914 bis 1918 auf militärischem Gebiet geschehen sei.[151] Die Vorstellung gleich starker Gegner setzte zugleich voraus, dass ‚die Juden' als ein gemeinsam agierendes Kollektiv verstanden wurden. Dies sprach etwa aus den Zeilen eines Artikels von Hugo von der Crone von Februar 1935. Für ihn war es eine Tatsache, „dass das Judentum als Ganzes, als geschlossene Größe in der Weltgeschichte eine besondere Stellung" einnehme. Das Judentum zu einer internationalen Macht erklärend, fuhr der Redakteur fort:

> „[Das]Judentum zeigt sich als eine großartige Einheit im Denken und Handeln, die die ganze Welt umspannt. Die vergiftenden und zersetzenden Einflüsse dieses christusfeindlichen Volkes erstrecken sich über die gesamte Menschheit. Die Macht, die ihm zur Verfügung steht, mißbraucht es nicht nur im einzelnen, im eng begrenzten Raum eines Volkes, sie tut sich als Organisation kund, welche sich in allen Völkern durchsetzen will. Das wird heute besonders deutlich, wo das Judentum sich den Bolschewismus zum dienstbaren Träger seiner gottlosen Absichten gemacht hat."[152]

Überzeugt, im Gegensatz zur Mehrheitsmeinung über die richtige Sichtweise auf die Situation Deutschlands in der Welt zu verfügen, vertrat die „Reformierte Schweizer-

---

148  Siehe beispielsweise: Rudolf Grob, Politische Rundschau, in: RSZ, 22. 9. 1933, S. 1 f.; Rudolf Grob, Politische Rundschau, in: RSZ, 20. 10. 1933, S. 1 f., S. 2; Rudolf Grob, Politische Rundschau, in: FZ, 24. 6. 1938, S. 1 f., S. 2; Rudolf Grob, Politische Rundschau, in: FZ, 21. 10. 1938, S. 1 f., S. 1.

149  Siehe etwa: Rudolf Grob, Politische Rundschau, in: RSZ, 24. 3. 1933, S. 1 f., S. 1; Rudolf Grob, Politische Rundschau, in: RSZ, 7. 4. 1933, S. 1 f., S. 1; Rudolf Grob, Politische Rundschau, in: RSZ, 27. 10. 1933, S. 1.

150  Siehe für diesen Diskurs: Charles Schüle, Falschmeldungen und ihre Hintergründe, in: RSZ, 7. 4. 1933, S. 1 f., S. 2; Antisemitismus und Judenmission, in: RSZ, 16. 8. 1935, S. 3.

151  E. R., Politische Rundschau, in: EVZ, 7. 4. 1933, S. 3.

152  Hugo von der Crone, Wir sind keine Antisemiten, in: RSZ, 8. 2. 1935, S. 2 f., S. 2.

zeitung" auch den Standpunkt, dass es nur eine Frage der Zeit sei, bis die Deutschland entgegengesetzten Nationen selbst merken würden, wie einflussreich die Juden seien. Deshalb gab sich die Zeitung der Hoffnung hin, auch in diesen Ländern würden sich antisemitische Bewegungen manifestieren, sodass sich die anklagenden Blicke auf den deutschen Antisemitismus relativieren würden.[153]

Eine inhaltliche Nähe zum frontistischen Antisemitismus zeigte sich besonders im fünften Merkmal des jungreformierten Antisemitismus. Im Gegensatz zu den Zeitschriften der anderen Positiven sowie der Dialektiker, Liberalen oder Religiös-Sozialen, die die ‚Judenfrage' überwiegend exterritorialisierten, schloss das Organ der Jungreformierten das Konstrukt einer schweizerischen ‚Judenfrage' in ihre judenfeindlichen Argumentationen mit ein.[154] In dieser Hinsicht wies die „Evangelische Volks-Zeitung" der „Evangelischen Volkspartei" ebenfalls große Ähnlichkeiten mit dem jungreformierten Blatt auf. Auch sie zielte darauf ab, in der Schweiz selbst vermeintlich ‚reale Konflikte' zu orten, welche ‚die Juden' zur ‚Frage' werden lassen würden. Besonders aggressiv brachte dies ein auch mit Drohungen an die Juden versehener Artikel von März 1938 zum Ausdruck, der vor der Gefahr der ‚Verjudung' der Schweiz warnte.[155] Auch der einzige Nationalrat der Partei, der Arzt Hans Hoppeler, trug diesen Diskurs mit, wobei für ihn typisch war, die Juden als außerhalb der eigenen Nation stehend zu konstruieren und sich gegen ihre Gleichberechtigung auszusprechen.[156]

153 Siehe für diesen Diskurs: Charles Schüle, Was geht in Frankreich vor?, in: RSZ, 23. 2. 1934, S. 1–3, S. 1 f.; Rudolf Grob, Politische Rundschau, in: FZ, 5. 3. 1937, S. 1 f., S. 1; Rudolf Grob, Politische Rundschau, in: FZ, 3. 6. 1938, S. 1 f., S. 1.

154 Siehe etwa: Charles Schüle, Judenfrage in der Schweiz, in: RSZ, 18. 11. 1932, S. 2 f.; Walter Hildebrandt, Aus dem Schweizerland, in: RSZ, 2. 2. 1934, S. 2. Auch die schweizerische CH Presse wurde als unter ‚jüdischem Einfluss' stehend bezeichnet. Siehe hierfür etwa: Rudolf Grob, Politische Rundschau, in: RSZ, 24. 3. 1933, S. 1 f., S. 1; Rudolf Grob, Politische Rundschau, in: RSZ, 9. 8. 1935, S. 1 f., S. 2.

155 Überlegungen zur Judenfrage, in: EVZ, 11. 3. 1938, S. 4. Der Artikel bezog sich unter anderem auf einen antisemitischen Beitrag aus der konfessionell neutralen Monatsschrift „Schweizer Spiegel", der gegen einen Luzerner Viehhändler jüdischen Glaubens agitierte: „Erbarm's Gott die Buure, wänn dä Bernheim chunnt!", in: Schweizer Spiegel 13 (1938) 4, S. 6–15. Siehe zur Judenfrage-Thematik in dieser Zeitung zudem: Johann Hasler, Ausländer und Juden in Basel, in: EVZ, 2. 9. 1938, S. 2; Carl Mäder, Konfession und Beruf, in: EVZ, 14. 4. 1939, S. 1; Johann Hasler, Die Judenfrage zur Zeit der Helvetik, in: EVZ, 14. 4. 1939, S. 4.

156 Dies zeigte sich beispielsweise in der Kritik Hoppelers an der Antwort der Zürcher Kirchensynode auf die Interpellation von Professor Ludwig Köhler von Ende 1933 gegen die antisemitische Bewegung. Darin warf Hoppeler ‚den Juden' vor, immer eine doppelte Loyalität zu besitzen. Entsprechend lehnte er ihre Einbürgerung ab. Nicht damit einverstanden, dass der Kirchenrat von den Juden als Mitbürger gesprochen hatte, gab Hoppeler – nachdem er ‚die Juden' auf ihre ‚biblische Funktion' reduziert hatte – seiner Sicht der Dinge Ausdruck: „Wenn aber der Kirchenrat weitergeht und sagt: Sie sind eure Mitbürger, sie sind ebenso gute Schweizer wie ihr, so antwor-

Der Höhepunkt der antisemitischen Agitation mit Schweizer Bezug wurde 1938 und 1939 erreicht, als sich die Schweiz, einsetzend mit dem ‚Anschluss' Österreichs, mit einem Anstieg an jüdischen Flüchtlingen konfrontiert sah.[157] Sowohl die Zeitung der Jungreformierten als auch jene der „Evangelischen Volkspartei" bewegten sich mit ihrer antisemitischen Berichterstattung in frontistischem Fahrwasser, intensivierten doch auch die Fronten zur gleichen Zeit ihre judenfeindliche Propaganda.[158] Besonders die „Evangelische Volkszeitung" sprach sich in ihren antisemitischen Beiträgen zur Flüchtlingsthematik gegen den Ausbau der Flüchtlingshilfe aus.[159] Zudem präsentierten beide Zeitungen Vorschläge für den Umgang mit den internierten Flüchtlingen. Während der jungreformierte Rudolf Grob dafür plädierte, „eine besondere Flüchtlingsstadt" zu errichten,[160] forderte ein Autor in der „Evangelischen Volkszeitung", dass auf die ‚einheimischen Juden' eine progressive „Notsteuer" erhoben werden sollte.[161] Beinahe erwartungsvoll wurde mit Blick auf die jüdischen Flüchtlinge einem Anschwellen des Antisemitismus das Wort geredet, ganz der antisemitischen Prämisse des vermeintlichen realen Konflikts als Auslöser der Judenfeindschaft folgend.[162] Zugleich verband sich damit ein Appell an

ten wir: Nein, niemals! Sie sind es vielleicht den Papieren nach, und vielleicht ist auch der gute und redliche Wille durchaus vorhanden, aber in Wirklichkeit ist ein Jude niemals in vollem Sinne ein Schweizer." (Hans Hoppeler, Der Zürcherische Kirchenrat und die Judenfrage, in: EVZ, 5. 1. 1934, S. 2.) Siehe als weiteres Beispiel den Bericht über eine Wortäußerung Hoppelers im Juni 1933: Otto Meyer, Von einem freisinnigen Volkstag, in: EVZ, 2. 6. 1933, S. 1 f., S. 2. Eine ähnliche Argumentation wie bei Hoppeler tauchte zudem in einer Wortäußerung aus dem Leserkreis auf: Sprechsaal, in: EVZ, 9. 9. 1938, S. 3. Eine Ablehnung der Gleichberechtigung der Juden zudem auch in: Zur Judenfrage, in: EVZ, 20. 10. 1933, S. 4. Auch die Jungreformierten vertraten solche Ansichten. Dies zeigte sich zum Beispiel daran, dass die Schrift „Juden werden ‚Schweizer'" des Schweizer Frontisten Alfred Zander positiv besprochen wurde. (Hugo von der Crone, Vom Büchertisch, in: RSZ, 16. 8. 1935, S. 3.) Zanders Schrift erschien 1935: Arnold Ambrunnen [Alfred Zander], Juden werden „Schweizer". Dokumente zur Judenfrage in der Schweiz seit 1798, Zürich 1935. Siehe zu dieser Schrift: Thomas Metzger, Art. ‚Juden werden ‚Schweizer' (Alfred Zander, 1935)', in: Handbuch des Antisemitismus, Bd. 6, S. 334–336.

157  Siehe hierfür etwa: Überlegungen zur Judenfrage, in: EVZ, 11. 3. 1938, S. 4; Rudolf Grob, aus dem Schweizerland, in: FZ, 22. 7. 1938, S. 2 f.; Rudolf Grob, Aus dem Schweizerland, in: FZ, 26. 8. 1938, S. 2.

158  Ersichtlich etwa am Beispiel der Stadt St. Gallen: Metzger, Antisemitismus in der Stadt St. Gallen, S. 354–356.

159  Siehe etwa: Carl Mäder, Eine wachsende Abneigung gegen die Einwanderung weiterer Israeliten, in: EVZ, 27. 1. 1939, S. 1; Johann Hasler, Judenfrage und Erbarmen, in: EVZ, 23. 9. 1938, S. 2; Johann Hasler, Die Judenfrage zur Zeit der Helvetik, in: EVZ, 14. 4. 1939, S. 4.

160  Rudolf Grob, Aus dem Schweizerland, in: FZ, 26. 8. 1938, S. 2.

161  Sprechsaal, in: EVZ, 23. 9. 1938, S. 3.

162  Siehe als Beispiele hierfür: Rudolf Grob, Aus dem Schweizerland, in: RSZ, 18. 12. 1936, S. 2; Rudolf Grob, Aus dem Schweizerland, in: FZ, 22. 7. 1938, S. 2 f., S. 2; Carl Mäder, Eine wachsende Abneigung gegen die Einwanderung weiterer Israeliten, in: EVZ, 27. 1. 1939, S. 1.

die ‚alteingesessenen Juden' der Schweiz – ein Diskurs, der seit 1933 präsent war –,
aus ihrem ureigensten Interesse heraus ‚disziplinierend' auf die jüdischen Flüchtlinge einzuwirken und sich auch sonst eine Niedrigprofilpolitik aufzuerlegen. Damit war letztlich eine mehr oder weniger explizite Androhung von Antisemitismus
verbunden.[163] Exemplarisch brachte dies der Redakteur der „Evangelischen Volks-
zeitung", Carl Mäder, im Januar 1939 auf den Punkt, als er synchron zur zunehmenden „Abneigung gegen eine anwachsende Verjudung unseres öffentlichen Lebens"
die Sympathie für frontistisches Gedankengut ansteigen sah. Die ‚schweizerischen
Juden' müssten sich dessen bewusst sein. Mäder forderte sie daher zu einem Umbau
der Berufsschichtung auf und hielt möglichem Widerspruch entgegen:

> „Wenn sie [die Juden] sich aber überlegen, dass wir, wenn es im bisherigen
> Tempo weitergeht, ohne jeden Zweifel auch auf Schweizerboden massiven an-
> tijüdischen Aktionen entgegensteuern, sollten sie doch einen Ausweg suchen
> und, wenn sie wirklich wollen, auch finden, um der wachsenden Volksverstim-
> mung durch kluges, rechtzeitiges Ausweichen entgegenzuwirken. Wer an ei-
> nen solchen Ausweg denkt, ist kein Gegner, sondern ein Freund der assimilier-
> ten schweizerischen Judenschaft."[164]

Mit dieser Argumentationsstrategie erinnerte Mäder an den sogenannten prophy-
laktischen Antisemitismus, der zu einer Maxime der behördlichen Flüchtlingspolitik der Schweiz wurde.[165]

*Systematische Relativierung des nationalsozialistischen Antisemitismus*

Ihre germanophile Sicht auf die Entwicklungen in Deutschland ließ die Jungreformierten die nationalsozialistische Politik gegen die Juden grundsätzlich apologetisch verharmlosen und relativieren. Dies zeigte sich erstens in der Konstruktion
eines realen Konflikts zwischen ‚Deutschen' und ‚Juden', der Verständnis für die

---

163   Siehe etwa: Rudolf Grob, Politische Rundschau, in: RSZ, 29. 12. 1933, S. 1 f., S. 1; Rudolf Grob, Aus
      dem Schweizerland, in: RSZ, 18. 12. 1936, S. 2; Rudolf Grob, Aus dem Schweizerland, in: FZ, 23.
      4. 1937, S. 2; Rudolf Grob, Aus dem Schweizerland, in: FZ, 22. 7. 1938, S. 2 f., S. 2; Johann Hasler,
      Ausländer und Juden in Basel, in: EVZ, 2. 9. 1938, S. 2. Damit war oft auch die im Antisemitis-
      mus häufig vorkommende Aufteilung in ‚gute' und ‚schlechte' Juden verbunden.

164   Carl Mäder, Eine wachsende Abneigung gegen die Einwanderung weiterer Israeliten, in: EVZ, 27.
      1. 1939, S. 1.

165   Die charakteristische Argumentationsweise bestand darin zu betonen, dass für den Fall, dass weite-
      re jüdische Flüchtlinge in die Schweiz gelangen würden, die Gefahr der Entstehung einer ‚Juden-
      frage' zunehmen würde, was wiederum den Antisemitismus als unerwünschtes Phänomen in der
      Schweiz fördern würde. Deshalb sollte ‚prophylaktisch' eine Einreise schwierig gestaltet werden.

judenfeindlichen Maßnahmen des ‚Dritten Reiches' aufkommen lassen sollte.[166] Prominent schien diese Form der Relativierung der antisemitischen Übergriffe Deutschlands sowohl bei den Jungreformierten als auch bei der „Evangelischen Volkspartei" in der Bewertung des nationalsozialistischen ‚Judenboykotts' von Anfang April 1933 auf. Dabei reproduzierten beide Gruppierungen in ihren Publikationsorganen die offizielle deutsche Propaganda, indem sie einerseits die Boykottaktion als eine Antwort auf angeblich unrichtige Berichte über die judenfeindliche Politik des ‚Dritten Reiches' darstellten und zugleich die internationalen Medienberichte über den Boykott als unwahre ‚Gräuelmärchen' betitelten.[167] Neben der Relativierung, ja der Negation des antisemitischen Gehalts des Boykotts wurde die Berichterstattung in den beiden am rechten Rand des Deutschschweizer Protestantismus stehenden Wochenzeitungen noch zusätzlich dadurch antisemitisch aufgeladen, dass die ablehnende internationale Rezeption des Ereignisses zu einer jüdisch konzertierten antideutschen Aktion stilisiert wurde.[168] Diese Haltung brachte Rudolf Grob am 31. März 1933 bereits im unmittelbaren Vorfeld des ‚Judenboykotts' zum Ausdruck, indem er den erwarteten Boykott jüdischer Geschäfte als Abwehrreaktion auf ‚jüdische Angriffe' aus dem Ausland deutete. „Deutschland hat endlich genug", bilanzierte Grob; und davon überzeugt, dass ‚die Juden' ein internationales, gemeinsam agierendes Kollektiv seien, war er sich sicher, dass der Boykott jüdischer Geschäftshäuser in kurzer Zeit eine „Abstellung der Greuelpropaganda" mit sich bringen werde. Zugleich wäre durch die Boykottaktion „die Macht der Lüge jüdischer Weltblätter zum ersten Mal an einem Orte richtig getroffen worden".[169]

---

166 Siehe etwa: Rudolf Grob, Politische Rundschau, in: RSZ, 24. 3. 1933, S. 1 f., S. 1; Johann Hasler, Zur Judenfrage in Deutschland, in: RSZ, 26. 1. 1934, S. 3 f.; Rudolf Grob, Politische Rundschau, in: RSZ, 25. 5. 1934, S. 1 f., S. 1. Auch die „Evangelische Volks-Zeitung" argumentierte mit Realkonfliktskonstruktionen. Siehe beispielsweise: E. R., Politische Rundschau, in: EVZ, 7. 4. 1933, S. 3; Judenverfolgungen und Nichtjudenverfolgungen, in: EVZ, 6. 12. 1935, S. 3 f., S. 3. In einem rückblickenden Artikel von Herbst 1934 etwa bilanzierte die Wochenzeitung, unter dem vorangestellten Eingeständnis, dass die ‚Judenpolitik' im Einzelnen zu vielen Ungerechtigkeiten geführt habe, zustimmend: „Grundsätzlich aber ist zu sagen, dass Deutschland zu einer Reaktion gegen die zunehmende Durchdringung seines kulturellen Lebens durch jüdischen Einfluß geradezu gezwungen war, und daß die jetzige Regierung sich dazu aufraffte, ist ihr als Verdienst anzurechnen." (V., Zum Urteil über das heutige Deutschland, in: EVZ, 12. 10. 1934, S. 1 f., S. 1.)

167 Siehe als Beispiele: Rudolf Grob, Politische Rundschau, in: RSZ, 31. 3. 1933, S. 1; Politische Rundschau, in: EVZ, 31. 3. 1933, S. 2; Rudolf Grob, Politische Rundschau, in: RSZ, 7. 4. 1933, S. 1 f., S. 1; Carl Mäder, Wochenspiegel, in: EVZ, 14. 4. 1933, S. 3 f., S. 3.

168 Mit besonderem Verweis auf die ‚jüdische Presse': Rudolf Grob, Politische Rundschau, in: RSZ, 10. 3. 1933, S. 1–2, S. 1; Rudolf Grob, Politische Rundschau, in: RSZ, 31. 3. 1933, S. 1; Charles Schüle, Falschmeldungen und ihre Hintergründe, in: RSZ, 7. 4. 1933, S. 1 f.

169 Rudolf Grob, Politische Rundschau, in: RSZ, 31. 3. 1933, S. 1.

Neben der Realkonfliktskonstruktion fand zweitens – wie in den Argumentationen anderer Zeitschriften positiver, aber auch liberaler und religiös-sozialer Provenienz[170] – auch in den Publikationsorganen der Jungreformierten ein Aufrechnen der antisemitischen Gräuel der Nationalsozialisten mit anderen vermeintlichen oder realen Verfolgungen statt. Sehr oft wurden zudem ‚die Juden‘ zu deren Verursachern erklärt. Wurde diese antisemitische Argumentationsstrategie in den anderen Zeitschriften nur vereinzelt angewendet, so stellte sie in den jungreformierten Zeitungen einen absolut zentralen Diskurs der Zeitspanne von 1933 bis zur ‚Entpolitisierung‘ des Publikationsorgans Ende 1938 dar. In diesem Punkt vertrat auch die Zeitung der „Evangelischen Volkspartei" gelegentlich ähnliche Ansichten. Die argumentative Strategie des Aufrechnens der deutschen Judenverfolgungen mit anderen Ungerechtigkeiten manifestierte sich in drei Ausformungen.[171] Eine stellte den nationalsozialistischen Verbrechen Taten anderer Staaten – vor allem Frankreichs – relativierend entgegen.[172] Eine weitere legte den Fokus auf die Verfolgung von Christen in anderen Ländern. So beklagten die Jungreformierten ein Missverhältnis zwischen den Protesten gegen Juden- und solchen gegen Christenverfolgungen in der internationalen medialen Berichterstattung, die sie zudem unter ‚jüdischem Einfluss‘ wähnten.[173] Der Vorwurf der medialen Vernachlässigung der Verfolgung von Christen konnte sich auch gegen christliche Institutionen wenden. Unter anderem wurde dem Erzbischof von Canterbury vorgeworfen, angesichts der „Millionen von sterbenden Rußen" zu schweigen, jedoch im „Namen des Christentums" zu protestieren, „wenn Deutschland die prozentuale Gerechtigkeit für die Juden einführen" wolle.[174]

Während die ersten beiden Ausformungen des Aufrechnens in den antisemitischen Artikeln seltener präsent waren, stellte die dritte, die Relativierung und Verharmlosung der nationalsozialistischen Judenverfolgungen durch das Aufrechnen mit angeblich durch ‚die Juden‘ verübten Gräueltaten die weitaus wichtigste Argumentationsweise dar. Ihrer bediente sich hauptsächlich Rudolf Grob in seiner

---

170  Siehe hierfür Kap. 1 in diesem Teil.

171  In der „Evangelischen Volks-Zeitung" der „Evangelischen Volkspartei" waren diese Aufrechnungsdiskurse deutlich seltener.

172  Siehe für diesen frankophoben Aspekt der Relativierungsstrategie etwa: Rudolf Grob, Politische Rundschau, in: RSZ, 26. 5. 1933, S. 1; Rudolf Grob, Politische Rundschau, in: RSZ, 2. 6. 1933, S. 1 f.; Palästina, in: RSZ, 26. 10. 1934, S. 1 f., S. 2.

173  Siehe etwa: Rudolf Grob, Politische Rundschau, in: RSZ, 20. 4. 1934, S. 1 f, S. 1; Kirchliche Nachrichten, in: FZ, 4. 3. 1938, S. 3 f.

174  Rudolf Grob, Politische Rundschau, in: RSZ, 25. 8. 1933, S. 1 f., S. 1. Siehe als weitere Beispiele: Rudolf Grob, Politische Rundschau, in: RSZ, 12. 5. 1933, S. 1; Kirchliche Nachrichten, in: FZ, 4. 3. 1938, S. 3 f., S. 4.

„Politischen Rundschau". Die Strategie machte ‚die Juden' beispielsweise verantwortlich für Christenverfolgungen oder assoziierte den Zionismus mit Vertreibungen. Im ersten Fall wurde mit dem antisemitischen Konstrukt argumentiert, dass
‚die Juden' an der Spitze der Sowjetunion stünden und daher verantwortlich für die
Verfolgung dortiger Christen seien.[175] Besonders radikal fand diese antisemitische
Aufrechnungsstrategie in der „Politischen Rundschau" Rudolf Grobs vom 24. März
1933 ihren Ausdruck. Darin rechtfertigte er judenfeindliche Regelungen im jungen
nationalsozialistischen Staat. Die Berichte der ‚jüdischen Weltpresse' als Propaganda bezeichnend, hob er zu folgender Verharmlosung an:

> „[M]orgenländische Erfindungskraft [erzeugte] eine Unmenge erlogener Ein-
> zelheiten über angebliche nationalsozialistische Greueltaten, so daß es aussah,
> als hätten die Nationalsozialisten den tausendsten Teil von den Scheußlichkei-
> ten begangen, welche die Juden an der Spitze der Sowjetregierung an den rus-
> sischen Christen verübten. Wenn die nationalsozialistischen Führer wirklich
> diesen tausendsten Teil begangen hätten, verdienten sie das härteste Gericht."[176]

1938, in der Phase, als sich die antisemitische Agitation der „Freitagszeitung für das
reformierte Schweizervolk" in besonderem Maße gegen die jüdischen Flüchtlinge
wandte, die versuchten in die Schweiz zu gelangen, war die jungreformierte Wochenzeitung sogar darum bemüht, der Aufrechnungsstrategie einen schweizerischen Aspekt hinzuzufügen. So wurden ‚die Juden' für das Schicksal der ‚Russ-
landschweizer' verantwortlich gemacht, die nach der Russischen Revolution in
Bedrängnis geraten waren. Jenes Unrecht sei nicht weniger schlimm als das von
den „deutschen Ariern" den Juden zugefügte, doch würde die „Volksfrontpresse"
unterschiedlich darüber berichten.[177]

Im Fall der Assoziierung des Zionismus mit Vertreibungen zielte die Relativierungsstrategie darauf ab, ‚die Juden' als Akteure von Verfolgungen und Vertreibungen

---

175  Siehe beispielsweise: Rudolf Grob, Politische Rundschau, in: RSZ, 10. 3. 1933, S. 1 f., S. 1; Rudolf
     Grob, Politische Rundschau, in: RSZ, 8. 12. 1933, S. 1 f., S. 1; Rudolf Grob, Politische Rundschau,
     in: RSZ, 31. 8. 1934, S. 1 f. In der Verwendung dieser Argumentationsstrategie erwiesen sich die
     Jungreformierten als sehr flexibel. So wurden beispielsweise auch die Säuberungen innerhalb
     der nationalsozialistischen Organisationen nach dem ‚Röhm-Putsch' von 1934 mit der Erschie-
     ßung von Geiseln in der Münchner Räterepublik aufgewogen, für die ‚der Jude' Kurt Eisner ver-
     antwortlich erklärt wurde. (Rudolf Grob, Politische Rundschau, in: RSZ, 13. 7. 1934, S. 1 f., S. 2.)
     Siehe für dieses Beispiel ebenfalls: Charles Schüle, Falschmeldungen und ihre Hintergründe, in:
     RSZ, 7. 4. 1933, S. 1 f., S. 1. Für ein Beispiel aus der „Evangelischen Volks-Zeitung" siehe: Juden-
     verfolgungen und Nichtjudenverfolgungen, in: EVZ, 6. 12. 1935, S. 3 f.
176  Rudolf Grob, Politische Rundschau, in: RSZ, 24. 3. 1933, S. 1 f., S. 1.
177  Aus dem Schweizerland, in: FZ, 23. 9. 1938, S. 2.

darzustellen. Dies fügte der stark antizionistischen Einstellung der Jungreformierten, die sich schon in den 1920er-Jahren manifestiert hatte,[178] eine weitere Dimension hinzu. Zu Opfern der angeblichen jüdischen Verfolgungen wurden vorab die
Araber und vereinzelt auch die Christen Palästinas erklärt. Diese Vorkommnisse seien gleich schlimm oder viel schlimmer als die nationalsozialistischen Judenverfolgungen, war der Tenor der so argumentierenden Artikel.[179] Es war wiederum Rudolf Grob, der diesen Gedankengang besonders plakativ zu Papier brachte.
Im Anschluss an Ausführungen, in denen er Deutschland als im Visier ‚jüdischer
Kriegstreiber‘ stehend schilderte, rechnete er im Juni 1938 vor: „So gut die Juden
für sich das Recht fordern, aus Palästina 600 000 Araber zu verdrängen und sie in
die unwirtlichen Sand- und Steinwüsten hinauszutreiben, so gut hätte Deutschland das Recht, die Juden über die Grenze zu schicken." Wiederum schob Grob
dabei nach, dass der Wahrnehmungsunterschied nur der ‚Weltpresse‘ anzurechnen sei, da sich ein „wildes Geschrei" entwickle, wenn die Deutschen den Juden
das antun wollten, was die Juden mit den Arabern im Sinne hätten.[180] Auch als die
„Freitagszeitung für das reformierte Schweizervolk" am 25. November 1938 – nur
zwei Wochen nach dem Novemberpogrom in Deutschland, das die jungreformierte Wochenzeitung, wie schon erwähnt, nur ganz kurz etwas von ihren antisemitischen Positionen abweichen ließ[181] – zu ihrer für sie typischen Relativierungsstrategie zurückkehrte, stand Palästina im Zentrum der Ausführungen. In einer vor
allem auch antibritisch geprägten Reaktion auf die Verurteilung des nationalsozialistischen Pogroms nahm Grob die dezidierte Haltung ein, dass das, was in Palästina an den Arabern begangen werde, „um vieles scheußlicher, als was in Deutschland an den Juden" geschehe, sei.[182]

Es war bezeichnend für die Jungreformierten und insbesondere für deren zentrale Figur, Rudolf Grob, der der Hauptträger dieses Diskurses in den Zeitungen
und Zeitschriften der theologischen Strömung war, dass die antisemitische Argumentationsstrategie der Relativierung der nationalsozialistischen Verbrechen an
den Juden durch das Aufrechnen mit anderem realem oder imaginiertem Unrecht
auch in der allerletzten Nummer eines jungreformierten Publikationsorgans wieder zur Anwendung gelangte. In seinem pessimistischen Rück- und Ausblick Ende

---

178   Siehe hierfür Kapitel 2 in Teil V.

179   Siehe etwa: Rudolf Grob, Politische Rundschau, in: RSZ, 2. 6. 1933, S. 1 f., S. 2; Rudolf Grob, Po-
      litische Rundschau, in: RSZ, 30. 6. 1933, S. 1 f., S. 1; Rudolf Grob, Politische Rundschau, in: RSZ,
      25. 10. 1935, S. 1; Rudolf Grob, Politische Rundschau, in: RSZ, 24. 4. 1936, S. 1 f., S. 1; Rudolf Grob,
      Politische Rundschau, in: FZ, 15. 7. 1938, S. 1 f., S. 1.

180   Rudolf Grob, Politische Rundschau, in: FZ, 24. 6. 1938, S. 1 f., S. 2.

181   Rudolf Grob, Politische Rundschau, in: FZ, 18. 11. 1938, S. 1 f.

182   Rudolf Grob, Politische Rundschau, in: FZ, 25. 11. 1938, S. 1 f., S. 1.

1946 nämlich formulierte Pfarrer Grob eine Relativierung des Holocaust. Nachdem er sich selbst beschönigend als eine Person dargestellt hatte, die sich den nationalsozialistischen Judenverfolgungen frühzeitig öffentlich entgegengestellt habe, warf er den Medien erneut eine einseitige Berichterstattung vor. Bestrebt, Deutschland in einem besseren Licht darzustellen, warf der germanophile Grob den Medien vor, nur über die „Scheusslichkeiten der Konzentrationslager in Deutschland", nicht aber über die angeblich „unerhörten Greueln, die in den Kriegsgefangenenlagern in Frankreich verübt" würden, zu berichten. Dort würden, so fuhr Grob fort, „Zehntausende von Soldaten auf die grauenhafteste Art zu Tode gequält".[183]

### 3 Sakralisierung der ‚Judenfrage'

Nach einer anfänglichen Lethargie gewann die aktive protestantische Flüchtlingshilfe, wie Hermann Kocher in seiner Studie zur Haltung des schweizerischen Protestantismus zur Flüchtlingsnot und zur Flüchtlingspolitik der offiziellen Schweiz schlüssig aufzeigt, ab 1936 an Umfang.[184] Dies zeigte sich etwa daran, dass die Flüchtlingshilfe sich zu institutionalisieren begann. Als ihre vor allem auch aktionistische Spitze wirkte das primär von den Kreisen der Dialektiker getragene „Schweizerische Evangelische Hilfswerk für die Bekennende Kirche in Deutschland". Einen Wendepunkt stellten für die protestantische Flüchtlingshilfe in der Schweiz die Jahre 1942 und 1943 dar. Zum einen akzentuierte sich die vorher bereits in Ansätzen vorhandene Kritik an der Flüchtlingspolitik des Bundes markant. Zum anderen fielen die konfessionell-religiösen Schranken der bislang auf Protestanten beschränkt gebliebenen Hilfe, sodass auch jüdische Flüchtlinge in den Genuss der Hilfsbestrebungen gelangten. Letztere Transformation personifizierte Paul Vogt, der ab Mitte 1943 die neu geschaffene Stelle des Flüchtlingspfarramtes übernahm und zu einer Schlüsselfigur der protestantischen Hilfe für die Juden wurde.

Die Beschäftigung mit den vor dem Nationalsozialismus Fliehenden und die im Nachbarland Deutschland weiter fortschreitende Entrechtung und Verfolgung der Juden waren es, die im Deutschschweizer Protestantismus ab dem letzten Drittel der 1930er-Jahre und insbesondere nach dem Novemberpogrom von 1938 zu intensivierten theologischen Reflexionen über die Beziehung von Christentum und Judentum, die ‚Rolle' der Juden in der Welt sowie über die ‚Judenfrage' führten. Der Bedeutungsgewinn der Theologie für den Blick auf ‚die Juden' sorgte für

---

183 Rudolf Grob, An der Zeitenwende, in: G 8 (1946) 12, S. 293–310, S. 299.

184 Siehe für diese und die folgenden Aussagen zur protestantischen Flüchtlingshilfe: Kocher, Rationierte Menschlichkeit, S. 457–467.

eine diskursive Akzentverschiebung im Antisemitismus des Protestantismus in der Deutschschweiz. Kulturelle, sozioökonomische oder nationalistische Topoi verloren deutlich an Bedeutung, während theologisch fundierte judenfeindliche Konzepte deutlich an solcher gewannen. So wurden heilsgeschichtliche Rollenzuschreibungen an ‚die Juden' und die daran hängenden judenfeindlichen Topoi zum dominanten Diskursstrang. Die Rollenzuschreibungen gaben der christlichzentrierten Deutung der Zeitereignisse und der Bestimmung des Verhältnisses zwischen Christen und Juden Struktur. Es kann daher von einer Sakralisierung des antisemitischen Konstrukts der ‚Judenfrage' gesprochen werden.

Die von heilsgeschichtlichen Funktionszuschreibungen gesteuerte Deutung der ‚Judenfrage' und der Zeitereignisse steht im Fokus dieses Kapitels. Zunächst werden hierbei überblicksartig zentrale Akteure und Publikationen beleuchtet, welche die gesteigerte theologische Auseinandersetzung mit ‚den Juden' in den Jahren von 1938 bis 1945 prägten. Die Fortsetzung bilden zwei Fallbeispiele: einerseits der judenmissionarische „Verein der Freunde Israels", dessen Blick auf die nationalsozialistische Vernichtung des europäischen Judentums besonders stark durch heilsgeschichtliche Erwartungshaltungen verzerrt war, und andererseits der kurz vor Kriegsende erscheinende „Kompass durch die Judenfrage" von Pfarrer Walter Hoch, der gewissermaßen den Reigen der zahlreichen protestantischen Schriften über die Juden abschloss. Das letzte Unterkapitel wendet sich antisemitismuskritischen Haltungen zu und thematisiert Ansätze eines christlichen Schuldempfindens gegenüber den Juden angesichts der Shoah.

### *‚Die Juden' im Fokus der protestantischen Theologie*

Ab 1939 wurde der theologische Blick auf ‚die Juden' im Deutschschweizer Protestantismus zu einem wichtigen Thema. Das „Schweizerische Evangelische Hilfswerk für die Bekennende Kirche in Deutschland" trat im Laufe des Jahres mit dem Sammelband „Juden – Christen – Judenchristen. Ein Ruf an die Christenheit" an die Öffentlichkeit, in dem mehrere Beiträge zum christlich-jüdischen Verhältnis abgedruckt wurden.[185] Einen weiteren Eindruck für den hohen Aktualitätsgrad, der der Diskussion der ‚Judenfrage' im Jahre 1939 beigemessen wurde, vermittelt etwa der Umstand, dass die konservativ-protestantische Zeitschrift „Schweizerisches Evangelisches Schulblatt" der ‚Judenfrage' im Juli eine Sondernummer widmete. Von ihrem Titelblatt prangte vielsagend die die Synagoge personifizierende Statue am Straßburger Münster, die mit verbundenen Augen und zerbrochener Lanze

---

185 Schweizerisches Evangelisches Hilfswerk für die Bekennende Kirche in Deutschland (Hrsg.), Juden – Christen – Judenchristen. Ein Ruf an die Christenheit, Zollikon 1939.

dargestellt ist. Die Sondernummer umfasste drei größere Aufsätze. Während der Beitrag „Besinnung" des Zürcher Seminardirektors Konrad Zeller stark den Geist des heilsgeschichtlichen Antisemitismus atmete, wob der Berner Pfarrer Samuel Oettli den modern antisemitischen Topos des ‚zersetzenden Juden' prominent in seine Ausführungen ein.[186] Der Bündner Pfarrer und Gymnasiallehrer Benedikt Hartmann hingegen holte in „Was man als Christ und Führer der Jugend heute von der Judenfrage wissen muss" zu einem antisemitischen Rundumschlag aus, indem er insbesondere eine Täter-Opfer-Umkehr vornahm und dadurch den nationalsozialistischen Antisemitismus apologierte. Er redete einem ewigen Antisemitismus das Wort und betonte: „Kein Einsichtiger wird die schwere Mitschuld der Juden an ihrer immer wiederkehrenden Notlage bestreiten. Das allzu gefühlvolle Reden vom ‚jüdischen Leid' beruht auf Unkenntnis der Geschichte und ist nur Wasser auf die Mühle des Antisemitismus."[187] Hartmanns Argumentationsweise erinnert noch stark an den Blick auf das nationalsozialistische Deutschland von 1933, als vor allem mittels Topoi des modernen Antisemitismus ein Realkonflikt zwischen ‚den Deutschen' und ‚den Juden' konstruiert wurde. Da verwundert es auch nicht weiter, dass Hartmann als Beleg für seine Ausführungen zustimmend auf die von einer ausgeprägt nationalistisch argumentierenden Judenfeindschaft geprägten Ansichten Friedrich Hemans verwies.[188] Die in den Ausführungen Hartmanns aufscheinenden antisemitischen Diskurse begannen ab dieser Zeit im Deutschschweizer Protestantismus jedoch seltener zu werden. Mit ihrer Mischung von Beiträgen, deren Antisemitismus vorwiegend heilsgeschichtlich argumentierte, mit solchen, deren Antisemitismus primär soziokulturell fundiert war, symbolisiert die Sondernummer des „Schweizerischen Evangelischen Schulblattes" die einsetzende Akzentverschiebung im Antisemitismus des Deutschschweizer Protestantismus.

Auch der Sammelband „Juden – Christen – Judenchristen" des „Schweizerischen Evangelischen Hilfswerks für die Bekennende Kirche in Deutschland" enthielt Passagen, die stark an die Ausführungen Benedikt Hartmanns erinnerten. Diese fanden sich in dem darin abgedruckten sogenannten Memorandum „Das Heil kommt von den Juden", das das Hilfswerk wenige Wochen vor dem Novemberpogrom 1938 an die Pfarrer der reformierten Kirche der Schweiz gerichtet hatte, um Licht in die

---

186   Konrad Zeller, Besinnung, in: SES, 5. 7. 1939, S. 193 f.; Samuel Oettli, Das auserwählte Volk, in: SES, 5. 7. 1939, S. 194–200; Benedikt Hartmann, Was man als Christ und Führer der Jugend heute von der Judenfrage wissen muss, in: SES, 5. 7. 1939, S. 201–214.

187   Benedikt Hartmann, Was man als Christ und Führer der Jugend heute von der Judenfrage wissen muss, in: SES, 5. 7. 1939, S. 201–214, S. 204.

188   Zur Heman-Rezeption im Zusammenhang mit der Beurteilung des nationalsozialistischen Antisemitismus siehe Kapitel 1 in diesem Teil. Hartmann bezog sich auf: Heman, Die historische Weltstellung der Juden.

richtige protestantische Haltung gegenüber ‚den Juden' zu bringen.[189] Ähnlich wie die Sondernummer des „Schweizerischen Evangelischen Schulblattes" deuteten aber auch hier der ebenfalls enthaltene missionarische Ansatz des von Wilhelm Vischer verfassten Memorandums sowie die sich bereits im Titel „Das Heil kommt von den Juden" widerspiegelnde heilsgeschichtliche Funktionszuschreibung an, in welche Richtung die Diskussion über die ‚Judenfrage' im Deutschschweizer Protestantismus schwerpunktmäßig künftig gehen sollte.[190] Zusätzlich genährt wurden Tendenzen zur theologischen Abhandlung der ‚Judenfrage' im November durch die in der Mehrheit der analysierten Zeitschriften als Schock empfundene ‚Kristallnacht' von November 1938.[191] Diese provozierte zum Beispiel Stellungnahmen mehrerer Kantonalkirchen[192], und Pfarrer – wie etwa die beiden Religiös-Sozialen Ernst Hauri und Samuel Dieterle – gingen in ihren sonntäglichen Predigten auf die ‚Judenfrage' ein.[193]

---

189  Wilhelm Vischer, Das Heil kommt von den Juden (Memorandum), in: Schweizerisches Evangelisches Hilfswerk für die Bekennende Kirche in Deutschland (Hrsg.), Juden – Christen – Judenchristen. Ein Ruf an die Christenheit, Zollikon 1939, S. 39–47. Das „Memorandum" stieß in konservativ-protestantischen Zeitschriften auf Zustimmung, jedoch gerade auch aufgrund der antisemitischen Passagen in liberalen Kreisen auf Ablehnung: Konrad von Orelli, Weihnacht 1938, in: KF, 22. 12. 1938, S. 402 f., Paul Marti, Helfet den Juden, Teil II, in: SRV, 24. 12. 1938, S. 411–414.

190  Zur Autorenschaft Vischers und zur Entstehungsgeschichte des Memorandums: Kocher, Rationierte Menschlichkeit, S. 113–116.

191  Für deutliche Stellungnahmen gegen die Vorkommnisse siehe etwa: Max Gerber, Die Judenverfolgungen, in: A, 18. 11. 1938, S. 361 f.; Willy Wuhrmann, Chronik, in: RVB, 19. 11. 1938, S. 373 f., S. 374; Willy Wuhrmann, Finsternis bedeckt die Erde und Dunkel die Völker, in: RVB, 26. 11. 1938, S. 378 f.; Leonhard Ragaz, Rundschau, in: NW 32 (1938) 11, S. 518–528, S. 519; Gottlob Wieser, Gegensätze innerhalb der deutschen evangelischen Kirche, in: KRS, 14. 12. 1938, S. 409 f. Zudem ist auf einen anti-antisemitischen Artikel des liberalen Theologieprofessors Ludwig Köhler zu verweisen: Ludwig Köhler, Unsere Kirche und die Juden, in: Kirchenbote für den Kanton Zürich 24 (1938) 11, S. 94. Mit antisemitischen Aussagen verbunden war die Berichterstattung hingegen in: Willy Bremi, Das Hilfswerk für die Emigranten, in: SPB, 19. 11. 1938, S. 370–372, S. 372; Politisches, in: CVB, 23. 11. 1938, S. 373 f., S. 374.

192  Siehe hierfür: Kocher, Rationierte Menschlichkeit, S. 102–105. Als Beispiele seien die Berner Synode und der Zürcher Kirchenrat genannt, deren Verlautbarungen etwa im „Kirchenblatt für die reformierte Schweiz" wiedergegeben wurden. Siehe z. B.: Johann Huldreich Brassel, Judenhetze, in: CVF, 26. 11. 1938, S. 571 f.; H. B., Aus der Berner Synode, in: KRS, 19. 1. 1939, S. 26–28. Unmittelbar vor dem Novemberpogrom war zudem bereits ein Aufruf zur Flüchtlingshilfe von der Stadtbasler Kirche ausgearbeitet worden, der sich auch gegen den Antisemitismus aussprach, ohne hingegen selbst auf antijudaistische Topoi zu verzichten: Die Kirche zur Judenfrage, in: Kirchenbote für die Glieder der evangelisch-reformierten Kirche Basel-Stadt 5 (1938) 1, S. 2 f.

193  Während sich Samuel Dieterle judenfeindlicher Aussagen enthielt, baute Ernst Hauri solche ein, indem er sich etwa des Verworfenheits-Topos bediente: Ernst Hauri/Samuel Dieterle, Hüte Dich!/Es jammerte ihn sein. Zwei Predigten zur Judenfrage, Basel 1938.

In den Jahren von 1938 bis 1945 waren es insbesondere Theologen, die der dialektischen Theologie respektive dem „Schweizerischen Evangelischen Hilfswerk für die Bekennende Kirche in Deutschland" nahestanden, die sich aus theologischer Perspektive der ‚Judenfrage' zuwandten. Deren Publikationen sollen deshalb hier überblicksartig thematisiert werden.[194] Nach „Juden – Christen – Judenchristen" ließ das „Schweizerische Evangelische Hilfswerk für die Bekennende Kirche in Deutschland" 1943 mit „Judennot und Christenglaube" einen zweiten Sammelband folgen, der mehrere theologische Essays beinhaltete, die sich mit Antisemitismus und Judentum auseinandersetzten. Sie enthielten jedoch allesamt selbst ebenfalls antisemitische Aussagen und waren stark von heilsgeschichtlichen Funktionszuschreibungen geprägt.[195] Der vom Hilfswerk herausgegebene Band enthielt zudem mit dem Ende 1942 veröffentlichten „Weihnachtsbrief an unsere Juden" einen offenen Brief an die Juden in der Schweiz, der deutlich erkennen ließ, dass die dialektischen Theologen trotz Ermahnung der Christen bezüglich des Antisemitismus weiterhin an ihren heilsgeschichtlichen Projektionen auf ‚die Juden' und ebenso am Wahrheitsanspruch und der darin integrierten Konversionsforderung ihnen gegenüber festhielten.[196] Die entsprechende Schlüsselstelle lautete: „Wehe der Christenheit, wenn sie sich vom heidnischen Denken ins Schlepptau des Antisemitismus einfangen ließe! Wehe der Judenschaft, wenn sie sich jetzt im Widerstand gegen Christus versteifen würde! Beide rebellierten dann wider den Heilsplan der Erlösung, der beide umfaßt."[197] Diese Textstelle löste nicht nur auf jüdischer, sondern auch auf liberal-protestantischer und religiös-sozialer Seite Kritik aus, da sie als wenig taktvoll empfunden wurde.[198] Der Brief war von den zentralen Vertretern der

---

194  Zur Bedeutung der ‚Judenfrage' in den theologischen Diskussionen des Hilfswerks siehe Eberhard Busch, Unter dem Bogen des einen Bundes. Karl Barth und die Juden 1933–1945, Neukirchen-Vluyn 1996, S. 359–399; Aerne, „Wehe der Christenheit …", Teil 2, S. 35–40.

195  Schweizerisches Evangelisches Hilfswerk für die Bekennende Kirche in Deutschland (Hrsg.), Judennot und Christenglaube, Zollikon-Zürich 1943.

196  Siehe zu diesem Dokument die umfassende Analyse von Peter Aerne: Aerne, „Wehe der Christenheit …" Siehe zudem die Ausführungen in Eberhard Buschs Werk zu Karl Barths ‚Beziehung' zu den Juden, Busch, Unter dem Bogen des einen Bundes, S. 493–500.

197  Weihnachtsbrief an unsere Juden, in: Schweizerisches Evangelisches Hilfswerk für die Bekennende Kirche in Deutschland (Hrsg.), Judennot und Christenglaube, S. 7–9, S. 7.

198  Siehe zur Aufnahme des „Weihnachtsbriefes" in der Presse und im schweizerischen Judentum: Aerne, „Wehe der Christenheit …". Als Beispiele für die kritische Aufnahme in liberalen und religiös-sozialen Kreisen: Martin Werner, Umschau, in: SRV, 30. 1. 1943, S. 39 f., S. 40. Max Gerber etwa, Redakteur des religiös-sozialen „Aufbaus", gab seiner Empörung folgendermaßen Ausdruck: „Aber wer, ums Himmels [sic!] willen, hat dem Verfasser des Briefes eingegeben, just in dieser Stunde der Ausrottung von Hunderttausenden von Juden, diese zu beschwören: ‚Wehe der Judenschaft, wenn sie sich jetzt im Widerstand gegen Christus versteifen würde!'" (Max Gerber,

dialektischen Theologie unterzeichnet worden, so etwa von Karl Barth, Emil Brunner, Samuel Dieterle, Arthur Frey, Rudolf Schwarz und Wilhelm Vischer. Auch die sich in der Flüchtlingshilfe engagierenden Paul Vogt und Gertrud Kurz gehörten zu den Unterzeichnern.[199]

Der Sammelband „Judennot und Christenglaube" wiederspielte zudem die Ausweitung der protestantischen Flüchtlingshilfe auf Jüdinnen und Juden, die im Deutschschweizer Protestantismus in den Jahren 1942 und 1943 vonstattenging, enthielt er doch mehrere Beiträge, die sich mit der Arbeit unter jüdischen Flüchtlingen befassten.[200] Noch stärker brachte dies ein weiterer Sammelband des Hilfswerks zum Ausdruck, bei dem heilsgeschichtliche Erklärungsmuster gegenüber Dokumenten über die Ermordung der Juden sowie gegenüber anti-antisemitisch geprägten Stellungnahmen zurücktraten, die zudem Ansätze eines christlichen (Mit-)Schuldempfindens gegenüber den schrecklichen Zeitgeschehnissen erkennen ließen.[201]

Streiflichter, in: A, 8. 1. 1943, S. 9–11, S. 11.) Leonhard Ragaz wiederum nutzte die Gelegenheit für einen Angriff auf die dialektische Theologie, die immer unter „theologischen Verrenkungen und Spreizungen", nicht aber auf menschliche Art und Weise rede. (Leonhard Ragaz, Früchte der Erneuerung der Theologie, in: NW 37 (1943) 1, S. 29–32, S. 30.) Von jüdischer Seite kritisierte zum Beispiel der Basler Rabbiner Arthur Weil den Brief scharf: Arthur Weil, Israels Bekenntnis. Predigt gehalten in der Synagoge zu Basel am 2. Januar 1943/25. Tebet 5703, Basel 1943. Wenig überraschend druckte die Zeitschrift der Dialektiker den „Weihnachtsbrief" in ganzer Länge ab, nahm aber die unterschiedliche Aufnahme von christlicher und jüdischer Seite zur Kenntnis: Weihnachtsbrief an unsere Juden, in: KRS, 7. 1. 1943, S. 10–12, S. 10 f.; Gottlob Wieser, Der Weihnachtsbrief an die Juden, in: KRS, 21. 1. 1943, S. 25–28, S. 25 f. Am 18. März 1943 reagierte die Zeitschrift auch auf die Antwort des Basler Rabbiners Arthur Weil. Weils Reaktion wurde als die eines ‚modernen Juden' abgetan, und es wurde ihm vorgeworfen, eben gerade nicht auf die im „Weihnachtsbrief" gestellte Frage an ‚die Juden' bezüglich ihrer Stellung gegenüber Jesus zu antworten. (Gottlob Wieser, Eine jüdische Antwort auf den Weihnachtsbrief an die Juden, in: KRS, 18. 3. 1943, S. 87–92, S. 89.)

199 Eine Liste der Unterzeichnenden ist aufgeführt in: Aerne, „Wehe der Christenheit ...", Teil 2, S. 46–48.

200 Siehe v. a.: Gertrud Kurz, Meine Erfahrungen mit jüdischen Menschen, in: Schweizerisches Evangelisches Hilfswerk für die Bekennende Kirche in Deutschland (Hrsg.), Judennot und Christenglaube, S. 29–34; Aus der Tiefe. Tagebuch-Notizen eines reformierten französischen Pfarrers, in: Schweizerisches Evangelisches Hilfswerk für die Bekennende Kirche in Deutschland (Hrsg.), Judennot und Christenglaube, S. 77–97.

201 Schweizerisches Evangelisches Hilfswerk für die Bekennende Kirche in Deutschland mit Flüchtlingsdienst (Hrsg.), Soll ich meines Bruders Hüter sein? Weitere Dokumente zur Juden- und Flüchtlingsnot unserer Tage, Zollikon-Zürich 1944. Christliches Schuldempfinden brachte Flüchtlingspfarrer Paul Vogt zum Ausdruck, der diesbezüglich eine Vorreiterrolle im Protestantismus der Deutschschweiz einnahm. Vogts Äußerungen fielen in einer Predigt: Paul Vogt, Predigt, gehalten am 27. Juni 1944 in der Leonhardskirche in Basel, im Verein der Freunde Israels, in: Schweizerisches Evangelisches Hilfswerk für die Bekennende Kirche in Deutschland mit

Neben Paul Vogt waren es vor allem die beiden Pfarrer Wilhelm Vischer und Herbert Hug, die sich im Kreis der Dialektiker publizistisch besonders intensiv an der Diskussion um die ‚Judenfrage' beteiligten. Sie firmierten auch unter den Autoren von Beiträgen der Sammelbände des „Schweizerischen Evangelischen Hilfswerks für die Bekennende Kirche in Deutschland".[202] Für Vischer war die ‚Judenfrage' eine derart zentrale Frage für das Christentum, dass er davon überzeugt war, dass es sich beim Zweiten Weltkrieg letztlich um die ‚Judenfrage' drehen würde.[203] Der bis 1934 in Deutschland in der Theologischen Schule Bethel in Bielefeld lehrende Schweizer Theologe, der schon seit Beginn der 1930er-Jahre wiederholt zur Judenfrage-Thematik publiziert hatte und dessen antisemitischen Konzeptionen bereits mehrfach angesprochen wurden,[204] veröffentlichte mit „Esther" (1938) sowie „Die Judenfrage eine entscheidende Frage für die Kirche" (1942) zwei Monografien, die an seine früheren Texte anknüpften.[205] Der von 1933 bis 1943 in Sennwald (SG) als Pfarrer aktive Herbert Hug veröffentlichte 1942 sein kontrovers diskutiertes Buch „Das Volk Gottes. Der Kirche Bekenntnis zur Judenfrage"[206], das ihm von Seiten des konservativ-protestantischen Pfarrers Walther Zimmerli sogar den Vorwurf des ‚Judaisierens' einbrachte.[207] Der für kurze Zeit als Direktor des „Vereins der Freunde Israels" waltende Hug wird von Marianne Jehle-Wildberger als einer der Wegbereiter des christlich-jüdischen Dialogs beschrieben.[208] Doch, so muss

Flüchtlingsdienst (Hrsg.), Soll ich meines Bruders Hüter sein?, S. 5–11. Siehe hierfür auch das letzte Unterkapitel dieses Kapitels.

202  Siehe hierfür: Vischer, Wir Christen und die Juden; Herbert Hug, Unsere Schuld an der Leidensgeschichte der Juden, in: Schweizerisches Evangelisches Hilfswerk für die Bekennende Kirche in Deutschland (Hrsg.), Judennot und Christenglaube, S. 35–58; Herbert Hug, Quo vadis, Israel?, in: Schweizerisches Evangelisches Hilfswerk für die Bekennende Kirche in Deutschland (Hrsg.), Judennot und Christenglaube, S. 59–61.

203  Vischer, Die Judenfrage eine entscheidende Frage, S. 2. Zu Fischers Antisemitismus siehe: Stegemann, Vom Unverständnis eines Wohlmeinenden. Zu Vischers Theologie zudem: Stefan Felber, Wilhelm Vischer als Ausleger der Heiligen Schrift. Eine Untersuchung zum Christuszeugnis des Alten Testaments, Göttingen 1999.

204  Siehe Kap. 1 in diesem Teil.

205  Wilhelm Vischer, Esther, Zollikon 1938; Vischer, Die Judenfrage eine entscheidende Frage.

206  Herbert Hug, Das Volk Gottes. Der Kirche Bekenntnis zur Judenfrage, Zollikon-Zürich 1942.

207  Walther Zimmerli, Ein neuer Judaismus? Einige Bemerkungen zu dem Buche: „Das Volk Gottes", von Herbert Hug, in: KRS, 24. 9. 1942, S. 290–293. Siehe für weitere Beispiele der teilweise sehr kritischen Rezensionen: Walter Hoch, Bücherschau, in: CVF, 23. 5. 1942, S. 248 f.; Peter Walter, Etwas zur Judenfrage, in: KF, 15. 6. 1942, S. 192–195; Karl Ludwig Schmidt, Noch einmal zur Judenfrage, in: KF, 1. 7. 1942, S. 206–208; Kurt Lehmann, Bücherbesprechungen, in: KRS, 13. 8. 1942, S. 253–257, S. 254 f.

208  Jehle-Wildberger, Das Gewissen sprechen lassen, S. 145. Zu Hugs Rolle im „Verein der Freunde Israels" siehe das dritte Unterkapitel in diesem Kapitel.

betont werden, löste auch er sich keineswegs von heilsgeschichtlichen Funktions zuschreibungen an ‚die Juden'. Zudem äußerte sich Hug in mehreren Zeitschriften artikeln dezidiert antisemitisch.[209] Mit Blick auf Publikationen von dialektischer Seite gilt es zudem auf den Band „Die Juden" von Kurt Emmerich zu verweisen, der 1939 in der von Karl Barth herausgegebenen Reihe „Theologische Studien" er schien.[210] Emmerich hatte als Jude in Deutschland der 1933 gegründeten und 1935 aufgelösten deutschnational ausgerichteten jüdischen Vereinigung „Der deutsche Vortrupp" angehört, konvertierte aber schließlich zum Protestantismus und wur de ein Anhänger der dialektischen Theologie Karl Barths.[211] Er sprach sich, obwohl selbst essentialisierenden Vorstellungen über ‚die Juden' nicht abhold, in seiner Schrift gegen den Rassenantisemitismus und für eine religiöse Lösung der ‚Juden frage' aus.[212]

Als wichtiges Diskussionsforum über die ‚Judenfrage' erwiesen sich zudem die vom „Schweizerischen Evangelischen Hilfswerk für die Bekennende Kirche in Deutschland" ins Leben gerufenen ‚Wipkinger-Tagungen'. Hier kam es wiederholt zu heftigen theologischen Auseinandersetzungen zwischen den Anhängern Karl Barths und jenen Emil Brunners. Die erste Tagung fand nur wenige Wochen nach dem Novemberpogrom am 5. Dezember 1938 im Kirchgemeindehaus Zürich-Wip kingen statt, an der Karl Barth seinen hochpolitischen Vortrag „Die Kirche und die politische Frage von heute" hielt.[213] Ins Zentrum des Interesses rückte die ‚Juden frage' schließlich an der vierten und fünften Tagung von 1941 respektive 1942. Emil Brunner hatte 1941 durch eine angenommene Motion, die eine Stellungnahme der reformierten Kirchen zur ‚Judenfrage' forderte, eine Grundsatzdiskussion über die

---

209 Siehe etwa: Herbert Hug, Zur Judenfrage bei Luther, in: KRS, 12. 10. 1939, S. 326–330; Herbert Hug, Karl Marx sub specie fidei, in: KRS, 2. 9. 1943, S. 278–283; Herbert Hug, Offensive des Ju dentums, in: KRS, 5. 10. 1944, S. 308–311; Herbert Hug, Judenstaat und Judennot, in: KRS, 16. 11. 1944, S. 362 f. Gerade sein besonders stark antisemitisch gefärbter Beitrag „Offensive des Juden tums" zeigt deutlich auf, dass auch für Hug ein Superioritätsanspruch des Christentums gegen über dem Judentum selbstverständlich war. Zudem drohte er den Juden in der Schweiz, sie soll ten sich zurückhalten. Hugs Buch „Das Volk Gottes" weist hingegen nur wenige judenfeindliche Stellen auf, auch wenn es heilsgeschichtliche Projektionen auf das Judentum enthält. Beispiels weise verwendet Hug den Gesetzesreligions- und Werkgerechtigkeits-Topos. (Hug, Das Volk Gottes, S. 34 f.)

210 Kurt Emmerich, Die Juden, Zollikon 1939.

211 Zu Emmerich siehe: Richard Faber, Deutschbewusstes Judentum und jüdischbewusstes Deutsch tum. Der Historische und Politische Theologe Hans-Joachim Schoeps, Würzburg 2008, S. 145 f.

212 Emmerich, Die Juden, S. 15–17; S. 19.

213 Karl Barth, Die Kirche und die politische Frage von heute. Vortrag gehalten an der Versamm lung des Schweizerischen Evangelischen Hilfswerks für die Bekennende Kirche in Deutschland im Kirchgemeindehaus Wipkingen am 5. Dezember 1938, Zollikon 1939.

Auslegung von Joh. 4,22 losgetreten. Die beiden sich herauskristallisierenden entgegengesetzten Gruppen stritten darüber, ob diese Stelle des ‚Neuen Testaments‘ als ‚Das Heil kommt von den Juden‘ (z. B. Barth) oder aber als ‚Das Heil kam von den Juden‘ (z. B. Brunner) gelesen werden sollte.[214] Aufgrund dieser Auseinandersetzungen über die verbleibende heilsgeschichtliche Bedeutung ‚der Juden‘ für das Christentum wurde ‚die Judenfrage‘ an der fünften Wipkinger-Tagung zum Thema der beiden zentralen Referate gemacht. Die zwei Zürcher Professoren für Neues Testament, Karl Ludwig Schmidt und Gottlob Schrenk, referierten beide zu den Kapiteln 9 bis 11 des Römerbriefes, der neben Joh. 4,22 besonders zentralen Stelle des ‚Neuen Testaments‘ für die Judenfrage-Debatte der Dialektiker.[215] Beide Theologen betonten die ‚biblische Funktion‘ ‚der Juden‘, ohne aber allzu stark in das Fahrwasser eines heilsgeschichtlichen Antisemitismus zu geraten. Jedoch pflegte Schmidt einen stark essentialisierenden Blick auf ‚die Juden‘, und Schrenk verwendete antijudaistische Topoi wie etwa jenen der jüdischen ‚Werkgerechtigkeit‘.[216] Nur kurze Zeit vor der fünften Wipkinger-Tagung hatte Wilhelm Vischer an der Tagung des „Schweizerischen Reformierten Pfarrvereins“ in Liestal ein weiteres Mal seine Sicht auf ‚die Juden‘ verdeutlicht und dabei ebenfalls die einschlägigen Kapitel des Römerbriefes und Joh. 4,22 thematisiert.[217]

214  Zu den Wipkinger-Tagungen siehe: Busch, Unter dem Bogen des einen Bundes, S. 359–399; Kocher, Rationierte Menschlichkeit, S. 160–162. Zum Disput siehe auch: Hug, Das Volk Gottes, S. 69–71. Der Streit führte teilweise zu einer sehr pessimistischen Beurteilung der Zukunftsaussichten dieser Tagungen: Die vierte Wipkinger Tagung, in: KRS, 27. 11. 1941, S. 374–478, S. 375–376; Kirchliche Zeitschau, in: KF, 1. 12. 1941, S. 352–357, S. 353; Kirchliche Zeitschau, in: KF, 15. 12. 1941, S. 380–383, S. 380 f.; Gertrud Kurz, Noch einmal Wipkingen, in: KRS, 25. 12. 1941, S. 403 f.; Erwin Schloss, Kirchliche Zeitschau, in: KF, 1. 1. 1942, S. 8 f.; Hermann Kutter, Noch ein Wort zur Wipkinger Tagung, in: KRS, 15. 1. 1942, S. 10–13, S. 10.

215  Siehe zur Bedeutung der beiden Bibelstellen in der Debatte: Busch, Unter dem Bogen des einen Bundes, S. 384–399. Dieser Aspekt ist auch bei der Schrift Herbert Hugs zu beachten: Hug, Das Volk Gottes. Weit stärker die ‚Enterbung‘ ‚der Juden‘ durch das Christentum betonte hingegen der konservativ-protestantische Pfarrer Walther Zimmerli: Walther Zimmerli, Ein neuer Judaismus? Einige Bemerkungen zu dem Buche: „Das Volk Gottes“, von Herbert Hug, in: KRS, 24. 9. 1942, S. 290–293; Walther Zimmerli, Die Juden, in: G 4 (1942) 9, S. 224–240.

216  Karl Ludwig Schmidt, Die Judenfrage im Lichte der Kapitel 9–11 des Römerbriefes, Zollikon-Zürich 1943, S. 15 f.; Gottlob Schrenk, Der göttliche Sinn in Israels Geschick. Eine Erläuterung zu Röm. 9–11. Vortrag gehalten an der fünften Wipkinger-Tagung am 16. November 1942, Zollikon-Zürich 1943, S. 12.

217  Wilhelm Vischer, Die Hoffnung der Kirche und die Juden, in: Die Hoffnung der Kirche. Verhandlungen des schweizerischen reformierten Pfarrvereins, 93. Versammlung am 28., 29. und 30. September 1942, Liestal 1942, S. 75–102. Der heilsgeschichtlichen Theologie sehr skeptisch gegenüber zeigten sich jedoch die Liberalen: Fr. Buri, Zur Liestaler Tagung des schweizerischen reformierten Pfarrvereins, 2 Teile, in: SRV, 17./24. 10. 1942, S. 331–333/S. 341–343.

Abgesehen von den Publikationen des „Schweizerischen Evangelischen Hilfs-werks für die Bekennende Kirche in Deutschland" und den Wipkinger-Tagun-gen, diente den Dialektikern auch ihre Zeitschrift „Kirchenblatt für die reformierte Schweiz" als Diskussionsplattform für die ‚Judenfrage'. Die Diskussionen erlebten auch dort ihren Höhepunkt in den Jahren 1941 und 1942. Dies schlug sich beispiels-weise in einer Debatte nieder, die der Pfarrer Kurt Lehmann, der als ‚judenchrist-licher' Flüchtling in die Schweiz gekommen war, ausgelöst hatte. In einer Rezen-sion hatte er die Schrift „Warum? Eine Antwort an das jüdische Volk" der stark biblizistisch ausgerichteten Theologin Gertrud Wasserzug-Traeder, Leiterin der Bi-belschule Beatenberg, stark kritisiert.[218] Lehmann, der mehrfach Bücher über das Judentum für die dialektische Zeitschrift rezensierte,[219] sah in der Schrift Wasser-zugs, die endzeitliche Hoffnungen auf die zeitgenössischen Ereignisse im Judent-um projizierte, eine Gefahr, da sie das ‚verworfene Judentum' auf seinem angeblich falschen Weg bestärken würde. Insbesondere wandte er sich auch gegen Wasser-zugs christlichen Prozionismus.[220] Der dem „Verein der Freunde Israels" nahe-stehende Vorsteher der Herrnhuter Brüdersozietät Berns, Erwin Schloss, der wie Lehmann ein Konvertit war und sich in der Flüchtlingshilfe engagierte, sowie der Zürcher Theologieprofessor Karl Ludwig Schmidt wandten sich in der Folge ge-gen Lehmans Aussagen und strichen die heilsgeschichtliche Funktion ‚der Juden'

---

218  Gertrud Wasserzug-Traeder, Warum? Eine Antwort an das jüdische Volk, Beatenberg [1940].

219  So rezensierte er zum Beispiel zwei katholische Schriften zur ‚Judenfrage'. Die von dem aus Ös-terreich stammenden Jesuiten Mario von Galli unter dem Pseudonym Andreas Amsee verfasste stark antisemitische Schrift „Die Judenfrage" lehnte er ab, da er sie als an der Grenze zum An-tisemitismus stehend erachtete. (Kurt Lehmann, Bücherbesprechungen, in: KRS, 8. 6. 1939, S. 189–191, S. 189 f.) Das Buch von Hermann Steinhausen hingegen sagte Lehmann sehr zu: Kurt Lehmann, Bücherbesprechungen, in: KRS, 8. 6. 1939, S. 189–191, S. 189. Hinter dem Pseudonym Hermann Steinhausen stand der aus Bayern stammende Dramaturg und Literaturwissenschaft-ler Eugen Gürster: Hermann Steinhausen [Eugen Gürster], Die Judenfrage eine Christenfrage, Luzern 1939. Auch Paul Vogt lobte die Schrift Gürsters stark und gab dabei in seiner Rezension mehrere antisemitische Stellen unkommentiert aus der Schrift wieder, die etwa mit dem ‚Blut-ruf' argumentierten oder ‚die Juden' unter dem ‚Gericht Gottes' sahen. (Paul Vogt, Die Juden und wir Christen, in: KRS, 1. 5. 1941, S. 130–132.)

220  Kurt Lehmann, Die Judenfrage im Lichte der Bibel, in: KRS, 15. 5. 1941, S. 147–150. Lehmann po-lemisierte in seinem Beitrag zudem gegen Abram Poljak, der die „Judenchristliche Pressekorres-pondenz" herausgab, die „Judenchristliche Union" gegründet hatte und zeitweise in der Schweiz missionarisch aktiv war, da er die Idee von eigenständigen ‚judenchristlichen' Gemeinden ver-trat. Lehmann hingegen sprach sich dezidiert gegen nationaljüdische Vorstellungen aus. Wei-tere Angriffe Lehmanns auf Poljak etwa: Kurt Lehmann, „Das Kreuz im Davidstern". Ein Aus-weg oder ein Irrweg, in: KRS, 16. 3. 1939, S. 82–84. Poljaks Hauptschrift war: Abram Poljak, Das Kreuz im Davidstern, 2. Aufl., Wien 1937.

heraus.[221] Insbesondere Schloss argumentierte dabei ähnlich wie Wasserzug sehr stark mit Topoi des heilsgeschichtlichen Antisemitismus. Ebenfalls vom heilsgeschichtlichen Antisemitismus geprägt waren zwei weitere Beiträge im Publikationsorgan der Dialektiker, die im Frühjahr 1942 abgedruckt wurden. Sie stammten aus der Feder des „Kirchenblatt"-Mitredakteurs Pfarrer Erwin Sutz sowie des niederländischen Theologen Henrik Kraemer.[222] Dass Elemente des heilsgeschichtlichen Antisemitismus, wie etwa, dass die Tötung des europäischen Judentums ein Resultat des ‚Gerichts' sei, das Gott über ‚die Juden' verhängt habe, auch noch Anfang 1945 im „Kirchenblatt für die reformierte Schweiz" präsent waren, bewies ein Artikel der Theologin Marie-Louise Martin, die sich in der Judenmission und später in der „Schweizerischen Südafrika-Mission" engagierte.[223]

An der theologischen Erörterung der ‚Judenfrage' im Deutschschweizer Protestantismus waren hauptsächlich Anhänger der dialektischen Theorie beteiligt. Doch auch in anderen konservativ-protestantisch, oftmals biblizistisch ausgerichteten Kreisen, sowie bei Theologen des Religiösen Sozialismus nahm das Interesse an der Thematik zu. Außen vor blieben hingegen die Liberalen, denen insbesondere die stark auf den Bibeltext bezogenen Diskussionen der Dialektiker und Positiven missfielen.[224] Von Seiten der Positiven, die nicht der dialektischen Theologie anhingen, ist abgesehen von der eingangs des Kapitels erwähnten Sondernummer zur ‚Judenfrage' im „Schweizerischen Evangelischen Schulblatt" und der von endzeitlichen Hoffnungen geprägten Schrift von Gertrud Wasserzug-Traeder besonders ein programma-

221 Erwin Schloss, Zur „Judenfrage im Lichte der Bibel", in: KRS, 26. 6. 1941, S. 200 f.; Karl Ludwig Schmidt, Gottes Treue auch und gerade zu den untreuen Juden, in: KRS, 10. 7. 1941, S. 213 f. Bereits zwei Jahre zuvor hatte in der Zeitschrift das Buch „Die Juden" von Kurt Emmerich eine positive Aufnahme gefunden: Gottlob Wieser, Bücherbesprechungen, in: KRS, 25. 1. 1940, S. 26–30, S. 30.

222 Erwin Sutz, Der Oelbaum, in: KRS, 12. 3. 1942, S. 65 f.; Henrik Kraemer, Das Rätsel der Geschichte, 2 Teile, in: KRS, 9./23. 4. 1942, S. 98–101/S. 114–116. Der Vortrag Kraemers wurde vom „Kirchenblatt für die reformierte Schweiz" einer niederländischen Broschüre entnommen.

223 Marie-Louise Martin, Nochmals: Christen und Juden, in: KRS, 11. 1. 1945, S. 7 f. Der Artikel Martins war eine kritische Reaktion auf: Fritz Rohr, Christen und Juden, in: KRS, 14. 12. 1944, S. 389–391.

224 Der Aufschwung der konservativ geprägten dialektischen Theologie löste unter den Liberalen großes Unbehagen aus. Insbesondere die mit Blick auf die deutschen Verhältnisse in den Kreisen um Karl Barth diskutierte Bedeutung des kirchlichen Bekenntnisses löste bei den liberalen Theologen Befürchtungen über eine Rückkehr des Streits um kirchliche Bekenntnisse aus, wie er in der zweiten Hälfte des 19. Jahrhunderts bestanden hatte. Siehe für diese Haltung etwa: Willy Wuhrmann, Chronik, in: RVB, 26. 2. 1938, S. 69–71; August Waldburger, Die Form mag zerfallen, in: SPB, 24. 6. 1939, S. 196 f., S. 196. Als Beispiele für die Kritik heilsgeschichtlicher Argumentationsmuster in der Diskussion der ‚Judenfrage': C. St. [Carlmax Sturzenegger?], Bücherschau, in: SRV, 26. 8. 1939, S. 279 f., S. 280; Carlmax Sturzenegger, Das Christentum unterwegs, in: SPB, 5. 11. 1938, S. 358 f.; Paul Marti, Helfet den Juden, Teil II, in: SRV, 24. 12. 1938, S. 411–414, S. 412; S. 414.

tischer Artikel Georg Vischers im „Christlichen Volksboten" zu erwähnen, der im Dezember 1941, unmittelbar bevor die traditionsreiche Zeitschrift ihr Erscheinen einstellte, erschien. Vischers Beitrag war von einem starken heilsgeschichtlichen Antisemitismus geprägt und stellte zugleich die Gleichberechtigung der Juden in Frage.[225] Sehr ähnlich hatte auch Judenmissionsdirektor August Gerhardt im Juni 1939 im „Kirchenfreund" argumentiert.[226]

Unter den Religiös-Sozialen stand eine eingehendere theologische Beschäftigung mit der Judenfrage-Thematik vor allem in Verbindung mit zwei Namen: Leonhard Ragaz und Arthur Rich. Zentral für die religiös-soziale Bewegung war jene Publikation von Leonhard Ragaz, die 1942 unter dem Titel „Israel – Judentum – Christentum" erschien.[227] Sie griff viele Gedankengänge wieder auf, die Ragaz bereits 1922 in „Judentum und Christentum" angestellt hatte. So blieb Ragaz seiner funktionalen Vereinnahmung ‚der Juden' treu, indem er sie zu einem Volk stilisierte, das nicht wie die anderen Völker sein dürfe. Indem er jedoch das Einende zwischen Christentum und Judentum wiederholt betonte, stieß Ragaz auch eine Türe für einen jüdisch-christlichen Dialog auf. Mit dem Schaffhauser Pfarrer und späteren Zürcher Universitätsprofessor Arthur Rich begann in den 1940er-Jahren ein weiterer Theologe, der der religiös-sozialen Bewegung nahe stand, zur ‚Judenfrage' zu publizieren. 1943 erschien seine Abhandlung „Das Judenproblem", die zuvor schon in den „Neuen Wegen" publiziert worden war.[228] Mit Blick auf die heilsgeschichtlichen Projektionen zeigten sich in Richs Äußerungen viele Parallelen zu den Ansichten von Ragaz. Letzterer nahm Richs Ausführungen entsprechend mit großer Genugtuung auf.[229] Die Darstellungen Richs waren zudem in leicht gekürzter und veränderter Form auch im Sammelband „Judennot und Christenglaube" des „Schweizerischen Evangelischen Hilfswerks für die Bekennende Kirche in Deutschland" enthalten.[230] Kurz erwähnt sei auch ein Artikel aus der Feder des russischen Religionsphilosophen Nikolai Berdiajew zum Thema „Christentum und Antisemitismus", der im Januar 1939 in den „Neuen Wegen" erschien. Der von Leonhard Ragaz sehr gelobte und von der „Religiös-sozialen Vereinigung der Schweiz" als Separat-

---

225 Georg Vischer, Das biblische Wort zur Judenfrage, in: CVB, 3. 12. 1941, S. 376–387.

226 August Gerhardt, Wie sieht ein Bibelchrist die Ereignisse in der Judenschaft an?, in: KF, 1. 6. 1939, S. 188–192.

227 Ragaz, Israel – Judentum – Christentum.

228 Arthur Rich, Das Judenproblem, Zürich [1943]; Arthur Rich, Das Judenproblem, in: NW 37 (1943) 1, S. 9–29.

229 Leonhard Ragaz, Redaktionelle Bemerkungen, in: NW 37 (1943) 1, S. 52. Zur ‚Israellehre' von Ragaz und Rich siehe zudem: Aerne, Religiöse Sozialisten, S. 129–133.

230 Arthur Rich, Die Juden und der Judenhass, in: Schweizerisches Evangelisches Hilfswerk für die Bekennende Kirche in Deutschland (Hrsg.), Judennot und Christenglaube, S. 11–28.

druck verbreitete Artikel wies eine Fülle religiöser, soziokultureller, ja rassischer antisemitischer Diskurse auf, postulierte letztlich aber eine religiöse Lösung der ,Judenfrage'.[231] Darüber hinaus thematisierten die Kreise um die „Neuen Wege" die ,Judenfrage' auch an Bildungskursen für Laien. Im Mai 1943 fand ein entsprechender Kurs statt, der Themen wie Chassidismus, Zionismus und Antisemitismus beleuchtete. Zu diesem Kurs waren auch mehrere jüdische Referenten eingeladen.[232] In Max Gerbers „Aufbau", in dem theologische Erörterungen stärker in den Hintergrund traten als in den „Neuen Wegen", fehlten hingegen eingehendere theologische Ausführungen zur ,Judenfrage'. Gerber wandte sich jedoch schon sehr früh dezidiert und eindeutig gegen den Antisemitismus.[233] Er führte in seiner Zeitschrift zudem die wiederkehrende Rubrik „Vom Schicksal der Juden", die über die nationalsozialistischen Judenverfolgungen berichtete.

### *Heilsgeschichtliche Projektionen – Kernelement des Blicks auf ,die Juden'*

Für die Sicht der christlichen Theologie auf das Judentum waren, seit sich das Christentum aus der jüdischen ,Mutterreligion' herauslöste, heilsgeschichtliche Funktionszuschreibungen an die Juden von zentraler Bedeutung. Diesen war grundsätzlich eine judenfeindliche Dimension inhärent, da sie eine Abkehr ,der Juden' von ihren Pflichten als ,Volk Gottes' und eine ,Verworfenheit' des Judentums konstruierten. Wie die Analyse der drei Perioden in der Zeitspanne von 1870 bis 1932 mehrfach gezeigt hat, waren heilsgeschichtliche Erwartungshaltungen gegenüber dem Judentum vorab in biblizistisch geprägten konservativ-protestantischen Kreisen stark verbreitet, wobei diese Konzeptionen aufs Engste mit judenfeindlichen Topoi verknüpft waren. Innerhalb dieses heilsgeschichtlichen Antisemitismus wiederum nahm die theologische Vorstellung, das Judentum stünde unter dem ,Gericht Gottes', da es in Jesus nicht seinen Messias erblickt und diesen stattdessen getötet habe, die zentrale Position ein.

Wie zur vierten Periode bereits ausgeführt, manifestierte sich der heilsgeschichtliche Antisemitismus in den Jahren von 1933 bis 1937 in der Verortung und Rela-

---

231 Nikolai Berdiajew, Christentum und Antisemitismus. Das religiöse Schicksal des Judentums, in: NW 33 (1939) 1, S. 9–25. Zur Aussage von Ragaz, der in Berdiajews Konzeptionen große Ähnlichkeit zu seinen eigenen wahrnahm: Leonhard Ragaz, Redaktionelle Bemerkungen, in: NW 33 (1939) 1, S. 56. Der Separatdruck erschien als: Nikolai Berdiajew, Christentum und Antisemitismus. Das religiöse Schicksal des Judentums, Zürich 1939.

232 Aerne, Religiöse Sozialisten, S. 138 f. Neben Margarethe Susman, die wiederholt in den „Neuen Wegen" publizierte, referierten auch der St. Galler Rabbiner Lothar Rothschild sowie der Zionist Jacob Zucker.

233 Siehe als kleine Auswahl: Max Gerber, Wehrt euch gegen den Antisemitismus!, in: A, 27. 8. 1937, S. 265–266; Max Gerber, Streiflichter, in: A, 8. 1. 1943, S. 9–11, S. 11.

tivierung der nationalsozialistischen Judenverfolgungen als göttliche Strafe an den ‚verstockten Juden'. Die insbesondere von Anhängern der dialektischen Theologie getragene Sakralisierung der ‚Judenfrage' ab 1938, die publizistisch ihren Höhepunkt in den Jahren 1941 und 1942 besaß, führte dazu, dass heilsgeschichtlich geprägte Diskurse im Antisemitismus des Deutschschweizer Protestantismus überaus bedeutend wurden.

In den von 1938 bis 1945 zahlreich erschienenen protestantischen Schriften, die sich mit dem Schicksal ‚der Juden' auseinandersetzten, war die der christlich-theologischen Perspektive geschuldete Vorstellung, ‚den Juden' käme in der Welt eine besondere heilsgeschichtliche Funktion zu, omnipräsent. So lag für den Zürcher Neutestamentler Karl Ludwig Schmidt ein Geheimnis über Israel, und sein Basler Kollege Karl Barth erachtete ‚die Juden' als Zeugen der „alt- und neutestamentlichen Offenbarung" wider Willen.[234] Theologisch kam dabei, wie oben bereits angesprochen, neben den Kapiteln 9 bis 11 des Römerbriefes vor allem der Aussage, dass das ‚Heil' von den Juden komme (Joh. 4,22), eine tragende Rolle zu, sprechen diese Stellen des ‚Neuen Testaments' doch von einer weiterbestehenden heilsgeschichtlichen Funktion ‚der Juden'.[235] Diese Rollenzuweisung an ‚die Juden' aus christlicher Perspektive führte unweigerlich zu einer christlich-vereinnahmenden Sicht auf die zeitgenössischen Ereignisse, welche die Juden betrafen. Dass diese Sichtweise soweit gehen konnte, nur ‚dem Christen' das richtige Verständnis ‚des Juden' zuzusprechen, zeigte Wilhelm Vischer auf. In seinem Beitrag „Wir Christen und die Juden" argumentierte er:

234 Karl Ludwig Schmidt, Gottes Treue auch und gerade zu den untreuen Juden, in: KRS, 19. 7. 1941, S. 213 f., S. 214; Karl Barth, Die protestantische Kirche in Europa – ihre Gegenwart und ihre Zukunft (1942), in: Karl Barth, Eine Schweizer Stimme 1938–1945, Zollikon-Zürich 1945, S. 251–271, S. 256. Deshalb erschien es Barth logisch, dass ‚die Juden' für Adolf Hitler den „Weltfeind Nr. 1" darstellen würden, da dort, wo die Offenbarung für die Menschen sichtbar sei, der Widerstand gegen den Nationalsozialismus unweigerlich einsetzen würde. In Verbindung mit diesem Diskurs verstieg sich Georg Vischer, Redakteur des „Christlichen Volksboten", zu einer theokratisch geprägten Demokratiekritik: „Wir Christen aber sollen im namenlosen Leid der Juden erkennen, welche Strafe uns droht, wenn unsere Oeffentlichkeit auf dem Weg des Abfalls von Christus weiterschreitet. Solange unser Volk an dem hundertjährigen Irrglauben von der Ueberordnung des Volkswillens über das geschriebene Wort Gottes festhält, droht uns ein gleich trauriges Geschick wie das des jüdischen Volkes." (Georg Vischer, Das biblische Wort zur Judenfrage, in: CVB, 3. 12. 1941, S. 386 f., S. 387.)

235 Siehe als kleine Auswahl für die häufige Verwendung von Joh. 4,22 in den untersuchten Texten: Vischer, Das Heil kommt von den Juden (Memorandum); Ragaz, Israel – Judentum – Christentum, S. 25; Schrenk, Der göttliche Sinn in Israels Geschick, S. 30 f. Zugleich sei nochmals darauf verwiesen, dass diese Sichtweise an der vierten Wipkingertagung des „Schweizerischen Evangelischen Hilfswerks für die Bekennende Kirche in Deutschland" zu Unstimmigkeiten zwischen den Anhängern Emil Brunners und jenen Karl Barths geführt hatte.

„Nur der Christ kennt den Juden wirklich. Der Christ ist mit dem Juden verbunden durch die innigste und unauflöslichste Verbindung, die es zwischen
den Menschen gibt, nämlich die eine Offenbarung des lebendigen Gottes. Zugleich ist der Jude vom Christen getrennt durch das Einzige, was Menschen
wirklich in Zeit und Ewigkeit trennen kann, nämlich durch den Ungehorsam
gegenüber dem Rufe Jesu Christi."[236]

Die Projektion christlicher Heilserwartungen auf das Judentum führte zu antisemitischen Deutungen. Zugleich war sie aber auch Motivation, sich gegen andere Formen des Antisemitismus auszusprechen und zu einer Solidarisierung mit den Juden aufzurufen.[237] Die Überzeugung, ‚den Juden' käme in Zukunft noch eine
wichtige heilsgeschichtliche Rolle zu, war wohl die wichtigste Motivation für die
theologische Auseinandersetzung des Deutschschweizer Protestantismus mit dem
Judentum und für ein Engagement in der Flüchtlingshilfe.

Ein zentrales diskursives Element in der Postulierung einer heilsgeschichtlichen Funktion ‚der Juden' war, sie als ein lebendiges Symbol des Heilsgeschehens
zu charakterisieren. Die Art und Weise ihrer Existenz wurde als ein göttliches ‚Zeichen' und als eine Warnung an die Christenheit davor verstanden, was bei einem
angeblichen Abfall von Jesus drohen würde. Seminardirektor Konrad Zeller verglich das Judentum in diesem Sinne mit einem riesigen Plakat, das „den Fluch der
Entscheidung gegen Christus" als Warnung an die Christen sichtbar machen wolle.[238] Der Verwendung ‚der Juden' als negatives Exempel lag zudem die christlichzentrierte Behauptung zugrunde, ‚die Juden' wären der ihnen von Gott ursprünglich zugedachten Funktion nicht gerecht geworden und sie würden sich gegen den
‚Heilsplan Gottes' sträuben. Dass ‚die Juden' gegenüber ihrer Bestimmung ‚untreu'
geworden seien, betonte etwa die Evangelisch-reformierte Kirche von Basel-Stadt
in ihrer Verlautbarung „Die Kirche zur Judenfrage" von November 1938.[239] Das
Bild der ‚Untreue' fand auch in dem oft bemühten antijudaistischen Verworfen-

---

236  Vischer, Wir Christen und die Juden, S. 18.

237  Siehe als Beispiele: Erklärungen, in: NW 32 (1938) 7/8, S. 339 f., S. 339; Die Kirche zur Judenfrage,
      in: Kirchenbote für die Glieder der evangelisch-reformierten Kirche Basel-Stadt 5 (1938) 1, S. 2 f.,
      S. 3; Schmidt, Die Judenfrage im Lichte der Kapitel 9–11 des Römerbriefes, S. 37 f.

238  Konrad Zeller, Besinnung, in: SES, 5. 7. 1939, S. 193 f., S. 194. Siehe als weitere Beispiele für die-
      se verbreitete Argumentationsweise: R. Ramser, Auch Völker können an ihrem Heil vorbeifah-
      ren, in: KF, 1. 2. 1939, S. 37–39, S. 38; Mitteilungen, in: FI 67 (1940) 5, S. 80–83, S. 81; Erwin Sutz,
      in: KRS, 12. 3. 1942, S. 65–66, S. 66; Henrik Kraemer, Das Rätsel der Geschichte, Teil II, in: KRS,
      23. 4. 1942, S. 114–116, S. 116; Marie-Louise Martin, Nochmals: Christen und Juden, in: KRS, 11. 1.
      1945, S. 7 f., S. 7.

239  Die Kirche zur Judenfrage, in: Kirchenbote für die Glieder der evangelisch-reformierten Kirche
      Basel-Stadt 5 (1938) 1, S. 2 f., S. 3.

heits-Topos seinen Niederschlag, der in diesem Kontext verbreitet aufschien.[240] Entsprechend kam es zu antisemitischen Reaktionen, wenn die Diskrepanz zwischen den christlicherseits auf ,die Juden' projizierten Erwartungen und den realen Zuständen offenkundig wurde. Diese Frustration entlud sich 1942 mehrfach im Sammelband „Judennot und Christenglaube" des „Schweizerischen Evangelischen Hilfswerks für die Bekennende Kirche in Deutschland" – einerseits im ominösen „Weihnachtsbrief" und andererseits in Ausführungen des Sennwalder Pfarrers Herbert Hug.[241]

Der Vorwurf, ,die Juden' würden gegen die ihnen von Gott auferlegte heilsgeschichtliche Funktion verstoßen, schlug sich insbesondere auch in der Ablehnung nationaler Bestrebungen im Judentum nieder, da diese ,profanen' Bestrebungen, wie ein ,normales Volk' zu sein, der Einzigartigkeit des jüdischen Volkes zuwiderlaufen würden. Dieser Diskurs, der ab den 1920er-Jahren bereits stark in den Aussagen des religiös-sozialen Pfarrers Leonhard Ragaz und seinen „Neuen Wegen" vorhanden war,[242] blieb im Deutschschweizer Protestantismus auch in den 1930er und frühen 1940er-Jahren präsent. Der Diskurs fand sich auch bei den Dialektikern Kurt Emmerich, Paul Vogt und Herbert Hug sowie dem Positiven Walther Eichrodt.[243] Er war oft mit einer Kritik des Zionismus als Nationalbewegung verbunden.[244]

240 Siehe als Beispiele für den Gebrauch des Verworfenheits-Topos: Ernst Hauri, Hüte Dich!, in: Hauri/Dieterle, Hüte Dich!/Es jammerte ihn sein, S. 3–10, S. 7; Erwin Sutz, Der Oelbaum, in: KRS, 12. 3. 1942, S. 65–66, S. 66; Arthur Frey, Antwort, in: Schweizerisches Evangelisches Hilfswerk für die Bekennende Kirche in Deutschland (Hrsg.), Judennot und Christenglaube, S. 105–110, S. 105 f. Stark findet es sich auch in einem Beitrag der Jungendzeitschrift „Junge Kirche", die das gemeinsame Publikationsorgan von vier protestantischen Jugendorganisationen – „Schweizerischer Zwinglibund", „Bund evangelischer Jugend der Ostschweiz", „Rhätischer Ring" sowie „Bund kirchlicher Jugend der Mittelschweiz" – war: Das Gerücht über die Juden und wir Christen, in: JK 6 (1939) 1, S. 9 f.

241 Hug Herbert, Unsere Schuld an der Leidensgeschichte der Juden, S. 46; Weihnachtsbrief an unsere Juden, S. 7.

242 Siehe hierfür Kapitel 3 in Teil IV.

243 Auf religiös-sozialer Seite argumentierte neben Leonhard Ragaz vor allem auch Arthur Rich mit diesem Diskurs. Er fand sich sogar bei der jüdischen Ragaz-Sympathisantin Margarete Susman wieder: Leonhard Ragaz, Von Judentum und Theologie, in: NW 34 (1940) 5, S. 268–272, S. 269; S. 272; Ragaz, Israel – Judentum – Christentum, S. 16; S. 54 f.; S. 61; Margarete Susman, Ezechiel, der Prophet der Umkehr, in: NW 36 (1942) 7/8, S. 8–23, S. 15; Rich, Das Judenproblem, S. 14–16; Rich Arthur, Die Juden und der Judenhass, S. 25 f. Siehe zudem: Emmerich, Die Juden, 30; Paul Vogt, Die Juden und wir Christen, in: KRS, 1. 5. 1941, S. 130–132, S. 131; Walther Eichrodt, Gottes Volk und die Völker, in: Evangelisches Missions-Magazin 85 (1941) 5, S. 129–145, S. 131; Hug, Das Volk Gottes, S. 16–25.

244 Siehe etwa die redaktionelle Anmerkung von Leonhard Ragaz bei: Victor Fraenkl, Deutscher und Jude, in: NW 36 (1942) 12, S. 45 f., S. 45; Kurt Lehmann, ,Das Kreuz im Davidstern'. Ein

Neben der heilsgeschichtlich motivierten Kritik nationaljüdischer Bestrebungen schlug sich das funktionalistische Denken auch in der Furcht nieder, ‚die Juden' könnten gänzlich verschwinden. Diese Furcht zeigte sich besonders stark
anschlussfähig für den heilsgeschichtlichen Antisemitismus, führte sie doch beispielsweise dazu, dass der nationalsozialistische Antisemitismus verharmlosend als
Instrument gedeutet wurde, ‚die Juden' vor dem ‚Aufgehen' in den anderen Völkern
zu bewahren, da er sie zwinge, sich wieder als Juden zu fühlen. Dieses Denkmuster
zeigte sich 1938 in einer Reaktion von Leonhard Ragaz auf das Novemberpogrom.
Für Ragaz war es offensichtlich, dass der Pogrom für Deutschland einen Fluch be-
deuten, Israel hingegen zum Segen gereichen würde. In diesem Sinne fuhr der Redakteur der „Neuen Wege" fort: „Deutschland war seine [Israels] größte Assimila-
tionsgefahr, seine größte Verlockung, in der Völkerwelt zu versinken. Die Peitsche
Gottes treibt Israel aus allerlei Verweltlichung und Entartung, allerlei Versinken in
Besitz und Weltkultur heraus, seinem höchsten Ziel entgegen."[245] Ebenfalls aus der
Überlegung heraus, die moderne Gesellschaft würde es ‚den Juden' ermöglichen, zu
verschwinden und sich aus ihrer angeblichen heilsgeschichtlichen Verantwortung
zu stehlen, räsonierte Judenmissionsdirektor August Gerhardt im konservativ-protestantischen „Kirchenfreund" von Juni 1939 in seiner Auslegung der Judenverfolgungen, dass die Gleichberechtigung der Juden dem göttlichen Willen widersprochen habe. Mit der Idee der Emanzipation habe die Menschheit ‚die Juden' vor dem
Gericht Gottes befreit, ohne dass sie sich hätten beugen und hätten Busse tun müssen.[246] Besonders stark in dieser durch heilsgeschichtliche Erwartungshaltungen
gesteuerten Wahrnehmung der Gegenwart verankert war zudem Gertrud Wasserzug-Traeder. Nach endzeitlichen ‚Zeichen der Zeit' forschend, war sie gewillt, den
Nationalsozialismus in ihr chiliastisches Weltbild einzuordnen:

> „War nicht das jüdische Volk in Gefahr, in seinen Gastvölkern unterzugehen?
> […] Gott aber wollte Sein Volk retten. Da kam die furchtbare Bewegung des
> Antisemitismus – der Jude wurde gezeichnet – die Stammbäume mußten nach-
> gewiesen werden – u. Millionen erfuhren, dass sie Juden sind! Gott, der Herr,

Ausweg oder ein Irrweg?, in: KRS, 16. 3. 1939, S. 82–84, S. 83; Herbert Hug, Judenstaat und Judennot, in: KRS, 16. 11. 1944, S. 360–363, S. 363. Im Gegensatz zu Leonhard Ragaz, der gegenüber dem
nationalen Aspekt des Zionismus sehr kritisch eingestellt war, stieß der Zionismus im „Aufbau"
Max Gerbers grundsätzlich auf Zustimmung. Siehe für die Haltung des „Aufbaus" etwa: Hugo
Kramer, Bekommen die Juden ihre nationale Heimstatt?, in: A, 13. 7. 1945, S. 220 f.

245  Leonhard Ragaz, Zur Weltlage, in: NW 32 (1938) 12, S. 548–565, S. 564. Ähnlich auch bei: Rich,
Das Judenproblem, S. 8.

246  August Gerhardt, Wie sieht ein Bibelchrist die Ereignisse in der Judenschaft an?, in: KF, 1. 6. 1939,
S. 188–192, S. 191 f.

will die Juden finden und sie wieder zu Juden machen. Die gewaltige Bewegung die heute durch die Juden aller Länder geht, ist dem menschlichen Verstand ein Rätsel, völlig unerklärlich nach Ursache und Ziel! Welches helle Licht aber gibt uns die Heilige Schrift über das heutige Geschehn [...]."[247]

In den Schriften und Zeitschriftenbeiträgen, die sich aus theologischer Perspektive der ‚Judenfrage' zuwandten, nahm der heilsgeschichtliche Antisemitismus eine Schlüsselstellung ein. Dabei steht zum einen der antijudaistische Topos, dass ‚die Juden' von Gott gestraft würden, im Vordergrund der Analyse. Zum anderen wendet sich der Blick einem weiteren Hauptdiskurs des heilsgeschichtlichen Antisemitismus zu: der Vereinnahmung des von den Juden in der Shoah erlittenen Leids für das Christentum.

Zu den wiederkehrenden Diskursen, die sich auf eine fortdauernde Bestrafung ‚der Juden' durch Gott stützten, gehörte erstens der sogenannte Blutruf (Mt. 27,25). ‚Die Juden' wurden durch die Bezugnahme auf diese Stelle aus dem Matthäusevangelium in einer Umkehr von Täter und Opfer für ihr eigenes Schicksal, das seit 1933 wieder einmal durch Verfolgungen geprägt war, verantwortlich gemacht. So sah dies auch eine von mehreren evangelischen Flüchtlingskomitees verfasste Verlautbarung von 1939. Der Blutruf sei ein Nein gegen Christus gewesen. „[Es] musste sich rächen und hat als Unheil in der Geschichte weitergewirkt bis auf den heutigen Tag."[248] Auch Flüchtlingspfarrer Paul Vogt, der sich in den letzten Kriegsjahren und den Nachkriegsjahren sehr stark von christlich geprägten antisemitischen Denkmustern zu lösen vermochte, griff 1941 noch auf den ‚Blutruf' als Mittel zur Gegenwartserklärung zurück.[249] Zweitens wurde die Exklusion ‚der Juden' aus der

---

247 Wasserzug-Traeder, Warum?, S. 26 f. Wasserzug-Traeder offenbarte sich in ihrem Text auch als christliche Prozionistin, setzte sie doch große endzeitliche Hoffnungen in die jüdische Nationalbewegung. Die Nationalsozialisten stellten in ihren Augen eine wichtige Hilfe für den Zionismus dar. Jägern gleich würde sie ‚die Juden' in allen Ländern aufspüren, damit sie wieder den Weg nach Israel fänden. (Wasserzug-Traeder Gertrud, Warum?, S. 30.) Siehe als weitere Beispiele: Köberle, Die Zeichen der Zeit, S. 23; Heinrich Baer, Das Judenproblem, in: SES, 16. 11. 1938, S. 355 f., S. 356; Johann Huldreich Brassel, Der größte Zaddik, in: CVF, 15. 7. 1939, S. 333.

248 Juden und Christen, in: Schweizerisches Evangelisches Hilfswerk für die Bekennende Kirche in Deutschland (Hrsg.), Juden – Christen – Judenchristen, S. 48–50, S. 49. Siehe als weitere Beispiele für die argumentative Verwendung des ‚Blutrufs': Heinrich Baer, Das Judenproblem, in: SES, 16. 11. 1938, S. 355–356, S. 356; Juden und Christen, in: Säemann 55 (1939) 1, 6; August Gerhardt, Wie sieht ein Bibelchrist die Ereignisse in der Judenschaft an?, in: KRS, 1. 6. 1939, S. 188–192, S. 189; Wasserzug-Traeder, Warum?, S. 16–19. Als rares Beispiel für die Verwendung von Mt. 27,25 bei den Liberalen: Willy Wuhrmann, Ecce homo!, in: RVB, 8. 4. 1939, S. 105.

249 Paul Vogt, Die Juden und wir Christen, in: KRS, 1. 5. 1941, S. 130–132, S. 131. Siehe ebenfalls: Paul Vogt, Predigt über Matthäus 25, S. 31–46 vom 30. April 1939, in: Schweizerisches Evangelisches

Gesellschaft mit dem Strafe-Gottes-Topos erklärt. Die ‚Fremdlingsschaft' ‚der Juden', so lautete die Erklärung, läge in ihrer Verworfenheit begründet. Die Verknüpfung mit dem Motiv des Ahasverus – des in der Welt herumirrenden ‚ewigen Juden' – lag nahe.[250] Drittens war die Ansicht verbreitet, die von ‚den Juden' erlittenen Verfolgungen seien ein Instrument ‚des Herrn', ‚die Juden' zu Christus zu führen. Wie andere Elemente des heilsgeschichtlichen Antisemitismus war auch diese Vorstellung besonders in Kreisen verbreitet, die der Judenmission nahestanden.[251] So auch beim dialektischen Theologen Wilhelm Vischer, der von 1937 bis 1939 Präsident des „Vereins der Freunde Israels" gewesen war und in den 1940er-Jahren einer zweiten schweizerischen judenmissionarischen Vereinigung, der 1939 gegründeten kleinen „Schweizer Judenmission in Palästina", nahestand.[252] In Verknüpfung mit soziokulturellen Stereotypen des modernen Antisemitismus äußerte sich Vischer 1939 im Sammelband „Juden – Christen – Judenchristen":

> „Gott zeigt doch gerade an den Juden den Ernst seiner Gnade und wie verhängnisvoll es ist, seine Gnade zu verachten und nicht in Gnaden zu sein. Er vollzieht an ihnen ein ganz eigenartiges beispielhaftes Gericht. Je mehr sie sich

Hilfswerk für die Bekennende Kirche in Deutschland (Hrsg.), Juden – Christen – Judenchristen, S. 3–12, S. 5.

250  Siehe z. B.: Eichrodt, Antisemitismus in alter und neuer Zeit, S. 34; Vischer, Die Bedeutung des Alten Testaments, S. 12; Kurt Lehmann, ‚Das Kreuz im Davidstern'. Ein Ausweg oder ein Irrweg?, in: KRS, 16. 3. 1939, S. 82–84, S. 83; Gottlob Wieser, Bücherbesprechungen, in: KRS, 25. 1. 1940, S. 26–30, S. 30; Frey, Antwort, S. 105; Hug, Das Volk Gottes, S. 15. Ahasverus-Vergleiche waren auch in anderen Zusammenhängen – etwa der Flüchtlingsthematik – beliebt. Siehe z. B.: Willy Wuhrmann, Die Geschichte vom ewigen Juden, in: RVB, 30. 7. 1938, S. 243–246, S. 244; S. 246; I. Röthlisberger, Schweizervolk und ewiger Jude, in: A, 9. 9. 1938, S. 285; X., Der heutige Stand der Flüchtlingsfrage, in: KRS, 13. 10. 1938, S. 329–331, S. 329; Paul Vogt, Aufruf zum Dank- und Bußopfer, in: Schweizerisches Evangelisches Hilfswerk für die Bekennende Kirche in Deutschland (Hrsg.), Judennot und Christenglaube, S. 69–76, S. 72; A. Attenhofer; Das jüdische Leid, in: SRV, 30. 1. 1943, S. 35–38, S. 36; Christian Maurer, Was schulden wir Christen den Juden unserer Tage?, in: Schweizerisches Evangelisches Hilfswerk für die Bekennende Kirche in Deutschland mit Flüchtlingsdienst (Hrsg.), Soll ich meines Bruders Hüter sein?, S. 12–31, S. 13 f.

251  Siehe z. B.: August Gerhardt, Wie sieht ein Bibelchrist die Ereignisse in der Judenschaft an?, in: KF, 1. 6. 1939, S. 188–192, S. 190; Maurer, Was schulden wir Christen, S. 20 f. Siehe für weitere Beispiele ohne speziellen Bezug zur Judenmission: Kurt Lehmann, ‚Das Kreuz im Davidstern'. Ein Ausweg oder ein Irrweg?, in: KRS, 16. 3. 1939, S. 82–84, S. 84; Marie-Louise Martin, Nochmals: Christen und Juden, in: KRS, 11. 1. 1945, S. 7 f.; Gottlob Schrenk, Unser Glaube an den Zorn Gottes nach dem Römerbrief, Basel 1944, S. 12.

252  Siehe zu dieser kleinen Vereinigung, die in Palästina wirkte und judenmissionarische Aktivitäten der „Karmel-Mission" weiterführte: Wilhelm Vischer, Schweizer Judenmission in Palästina, in: KRS, 16. 3. 1939, S. 88–90, S. 89 f.

gegen die Gnade wehren, umso mehr verfallen sie diesem Gericht. Mit unvergleichlichen Opfern und Anstrengungen suchen sie sich selbst zu rechtfertigen. Auf allen Gebieten und mit allen Mitteln wollen sie triumphieren. Die Kunst, die Wissenschaft, die Politik, den Handel reißen sie an sich. Vor allen Dingen ,das Geld muss ihnen alles zuwege bringen', wie der Prediger Salomo sagt. Sie meinen, je reicher sie würden, geistig, moralisch und finanziell, desto weniger müßten sie sich vor dem armen Christus demütigen. Aber gerade ihre erstaunlichen Erfolge gereichen ihnen zum Schaden."[253]

Neben dem Strafe-Gottes-Topos stellte die Vereinnahmung des von den Juden in der Shoah erfahrenen Leids für die Christen den zweiten sehr wichtigen Aspekt des heilsgeschichtlichen Antisemitismus in den Jahren von 1938 bis 1945 dar. Die Präsenz des Vereinnahmungs-Diskurses zeigt auf, dass ein wirkliches Mitleidempfinden durch die christlichzentrierte Prädisponierung massiv erschwert war. „Die Juden schlägt man, Jesum Christum meint man. Das ist der Sinn alles Antisemitismus. Nun können wir auch verstehen, warum das Leiden der verfolgten Juden ein Leiden uns zugute ist."[254] Diesen Gedankengang stellte Pfarrer Christian Maurer in seinem Referat „Was schulden wir Christen den Juden unserer Tage" am Jahresfest des „Vereins der Freunde Israels"von 1944 an. Das Referat fand zudem weitere Verbreitung, da es auch im Band „Soll ich meines Bruders Hüter sein?" des „Schweizerischen Evangelischen Hilfswerks für die Bekennende Kirche in Deutschland" abgedruckt wurde.[255] Christian Maurer, Pfarrer in Beggingen (SH) und später Professor an der Kirchlichen Hochschule Bethel und der Universität Bern hatte somit in einem ersten Schritt das Leid der Juden für die Christen reklamiert, indem er den Antisemitismus als ein primär antichristliches Phänomen charakterisierte. Die Vereinnahmung des jüdischen Leidens dehnte er in einem zweiten Schritt noch aus, indem er ,den Juden' die Fähigkeit absprach, den wahren Grund für ihr Leiden zu kennen: „Die Juden wissen letzten Endes nicht wofür sie leiden. Wir Christen wissen es. Darum dürfen und sollen wir ihnen Licht in ihr Leidensdunkel bringen.

---

253  Vischer, Wir Christen und die Juden, S. 21 f.

254  Maurer, Was schulden wir Christen, S. 16.

255  Christian Maurer, Was schulden wir Christen den Juden unserer Tage?, in: FI 71 (1944) 4/5, S. 60–65. Die Predigt am selben Anlass des Basler Judenmissionsvereins hatte Flüchtlingspfarrer Paul Vogt gehalten. Auch diese wurde im Band „Soll ich meines Bruders Hüter sein?" abgedruckt: Paul Vogt, Predigt. Gehalten am 27. Juni 1944 in der Leonhardskirche in Basel, in: FI 71 (1944) 4/5, S. 71–74; Paul Vogt, Predigt, gehalten am 27. Juni 1944 in der Leonhardskirche in Basel, im Verein der Freunde Israels, in: Schweizerisches Evangelisches Hilfswerk für die Bekennende Kirche in Deutschland mit Flüchtlingsdienst (Hrsg.), Soll ich meines Bruders Hüter sein?, S. 5–11.

Wir dürfen ihnen sagen: Euer Leiden ist nicht sinnlos. Ihr leidet uns zugute.“[256]
Mit der Vorstellung, dass ‚die Juden‘ stellvertretend für die Christen und zu ihrem
Heile leiden würden, stand Pfarrer Christian Maurer nicht alleine. Der Diskurs findet
sich beispielsweise auch beim Berner Pfarrer Samuel Oettli, bei der der Judenmission nahestehenden Theologin Marie-Louise Martin, den religiös-sozialen Pfarrern Leonhard Ragaz und Arthur Rich sowie dem Dialektiker Wilhelm Vischer.[257]
Auch Vischers theologischer Weggefährte Karl Barth ging 1944 in einem Aufsatz in
eine sehr ähnliche Richtung. Er fragte 1944 nach dem Bild, das in der „grundlosen
und wehrlosen Schlachtung und Opferung des Judenvolkes“ den Christen vor Augen geführt werde. Er glaubte darin Jesus Christus selbst im Schicksal der Juden zu
erkennen und erachtete dies als ein „Offenbarungszeichen“ und einen „Gottesbe-
weis.“ Der Basler Professor für systematische Theologie richtete sich im Folgenden
an seine christlichen Leser und skizzierte ‚die Juden‘ als stellvertretend leidenden
‚Völkerheiland‘, dessen Leiden er als Zeichen Gottes deutete:

> „Ist es möglich, daß eine christliche Gemeinde nicht sieht, um was, um wen
> es da geht? dass ein Christ nicht in die Knie sinkt: All Sünd‘ hast du getragen!
> Herr, erbarme dich unser! Nicht der Jude, sondern im Schattenbild des ver-
> folgten und getöteten Juden du bist es ja, dessen Verwerfung hier noch ein-
> mal in ihrer ganzen Unbegreiflichkeit sichtbar wird, an dessen einsamen Tod
> wir hier noch einmal erinnert werden. Wie Gott seinen Sohn für uns dahinge-
> geben hat, das ist es ja, was uns hier im Schicksal seiner leiblichen Brüder und
> Schwestern noch einmal vorgeführt wird. Was wir auch gegen die Juden zu
> klagen und zu brummen haben mögen – was sollen wir nun eigentlich sagen,
> wenn es Gott gefallen hat, aus diesem Volk mitten in unserer Zeit dieses Zei-
> chen zu machen?[258]

Karl Barth zog aus seiner Interpretation den Schluss, dass die Christen sich deshalb
als mehr als aus bloßer Menschenliebe für die Juden (und gegen den Nationalsozialismus) einzusetzen hätten.[259]

256  Ragaz, Israel – Judentum – Christentum, S. 59; Wir sprechen uns aus, in: ASB, 11. 12. 1943, S. 397 f.,
     S. 397; Rich, Das Judenproblem, S. 21; Marie-Louise Martin, Nochmals: Christen und Juden, in:
     KRS, 11. 1. 1945, S. 7 f., S. 7; Maurer, Was schulden wir Christen, S. 25; Vischer, Wir Christen und
     die Juden, S. 28.
257  Samuel Oettli, Das auserwählte Volk, in: SES, S. 195–200, S. 199.
258  Karl Barth, Verheißung und Verantwortung der christlichen Gemeinde im heutigen Zeitgesche-
     hen (1944), in: Barth, Eine Schweizer Stimme, S. 307–333, S. 319.
259  In diesem Punkt scheinen Parallelen zu Paul Vogts Flüchtlingstheologie auf. Wie Hermann Ko-
     cher darlegt, war Vogt überzeugt, dass Jesus in der Gestalt der Flüchtlinge – auch der jüdischen
     – ein zweites Mal wiedergekommen sei. Die Menschen würden so vor die Entscheidung gestellt

Mit der Konstruktion einer besonderen ‚heilsgeschichtlichen' Funktion ‚der Juden' und den Diskursen des heilsgeschichtlichen Antisemitismus war in den zahlreichen protestantischen Texten, die sich zwischen 1938 und 1945 mit dem Judentum befassten, sehr häufig die Vorstellung verknüpft, nur die Konversion der Juden zum Christentum könne die ‚Judenfrage' lösen. Durch die Konversion würden ‚die Juden' nicht mehr unter dem ‚göttlichen Gericht' stehen.[260] Letztlich sollte folglich die Lösung ‚der Judenfrage' durch das Verschwinden der Juden als Juden vonstattengehen. Genau diesen Gedankengang machte der Zürcher Theologieprofessor Emil Brunner sichtbar. Eine Lösung, bei der das Judentum Judentum bliebe, war für ihn undenkbar.[261] Mit der Konversionsforderung war letztlich die endzeitliche Hoffnung der Wiederkunft Christi verknüpft. Dieser endzeitliche Aspekt trat jedoch nicht bei allen Autoren gleich stark hervor. Besonders ausgeprägt tat er es bei Gertrud Wasserzug-Traeder und Wilhelm Vischer.[262] Angesichts der festen Überzeugung, dass ‚die Juden' ihr Leiden als göttlichen Aufruf zur Hinwendung zu Jesus erkennen würden, löste die Tatsache, dass dies letztlich trotz aller Verfolgungen nicht geschah, eine gewisse Ratlosigkeit aus. Daher wurde mehrfach verzweifelt der Hoffnung Ausdruck gegeben, dass ‚die Juden' doch endlich Christus erkennen sollten, um so ihrem unfassbaren Leiden ein Ende zu setzen.[263]

Angesichts der Hoffnungen, die mit der Konversion der Juden verknüpft wurden, war es naheliegend, dass die entsprechenden Texte häufig Aufrufe zur Judenmission und somit zur aktiven Herbeiführung der ‚endzeitlichen Erlösung' enthielten.[264] Einen solchen Aufruf flocht auch Herbert Hug in seine Rezension zu der unter dem Pseudonym Emanuel verfassten Schrift „Das Rätsel ‚Judentum'"[265] des Juden Emanuel Schlesinger ein. Aus einem starken christlichen Superioritätsanspruch heraus warf der Dialektiker Hug dem Juden Schlesinger ‚jüdisches

werden, ob sie sich auf die Seite Christi stellen würden oder nicht. (Kocher, Rationierte Menschlichkeit, S. 303 f.)

260   Siehe etwa: OePD, Ein bedeutsames Hirtenschreiben aus Holland, in: KRS, 11. 12. 1941, S. 393; Gottlob Wieser, Der Weihnachtsbrief an die Juden, in: KRS, 21. 1. 1943, S. 25–28, S. 26.

261   Emil Brunner, Zur Judenfrage, in: NSR 3 (1935) 7, S. 385–397, S. 396.

262   Vischer, Wir Christen und die Juden, S. 28–29; Wasserzug-Traeder, Warum?, S. 42; Vischer, Die Judenfrage, S. 15.

263   Siehe hierfür etwa: Die Not unter Juden, in: CVF, 20. 12. 1941, S. 606–608, S. 608; John Witt, die Messiashoffnung im Judentum, in: FI 70 (1943) 1, S. 8–14, S. 14; Johann Huldreich Brassel, Von Juden und Judenchristen, in: CVF, 20. 2. 1943, S. 90–92, S. 91; Maurer, Was schulden wir Christen, S. 20 f.

264   Siehe beispielsweise: August Gerhardt, Haben wir heute ein Recht, Judenmission zu treiben?, in: KF, 15. 5. 1939, S. 173–176, S. 174; Herbert Hug, Offensive des Judentums, in: KRS, 5. 10. 1944, S. 308–311, S. 308; Marie-Louise Martin, Nochmals: Christen und Juden, in: KRS, 11. 1. 1945, S. 7 f.

265   Emanuel [Emanuel Schlesinger], Das Rätsel „Judentum", Basel 1944.

Auserwähltheitsdenken' vor und fügte, eine ganze Reihe judenfeindlicher Topoi integrierend, zynisch an:

> „Hier haben wir wieder den ominösen Königsmacher vor uns, den Juden, wie er leibt und lebt, der noch mitten im Geruch von Millionen verwesender Judenleichen sich selber zum fabricator Dei auserkoren glaubt, und der durch seine selbstgeleistete Gesetzeserfüllung noch das ‚phänomenale Glück‘ verdienen will, als ‚lebendiger Zeuge für Seine grandiose Offenbarung‘ [...] sich der Welt vorstellen zu können. Es befällt einem das Grausen vor so viel Blindheit. Uns bleibt nichts mehr übrig, als nur Christus zu verkündigen, den Gekreuzigten."[266]

Mit dem Aufruf zur Judenmission war oft gleichzeitig die Forderung nach einer Rechristianisierung der Gesellschaft verbunden. Durch ihr ‚unchristliches‘ Verhalten würden die Christen der Konversion ‚der Juden‘ im Wege stehen. Daher müsse es das Ziel sein, ein vorbildliches christliches Leben zu führen, um die Juden zur Konversion ‚zu reizen‘.[267] Für den Leiter des „Schweizerischen Evangelischen Pressedienstes", Arthur Frey, war es deshalb zentral, dass die Christen durch Wort und Tat das Christentum gegenüber den Juden bezeugen müssten, damit diese es nicht mehr aushalten würden, Juden zu bleiben.[268]

### Heilsgeschichtliche Fixiertheit der „Freunde Israels"

Während in weiteren konservativ-protestantischen Kreisen – vor allem unter den Dialektikern – die theologische Auseinandersetzung mit dem Judentum ab Ende der 1930er-Jahre verbreitet einsetzte, wies der judenmissionarische Verein der „Freunde Israels" darin bereits eine jahrzehntelange Tradition auf. In diesem theologischen Fokus lag gewissermaßen die Sonderposition begründet, die das aus dem Basler Pietismus stammende ‚Reichgotteswerk‘ im Deutschschweizer Protestantismus einnahm. Doch auch den aus Basel stammenden Verein stellten die nationalsozialistischen Judenverfolgungen vor Probleme. Da der Verein seit 1938 im ‚Dritten Reich‘ verboten war, brach ihm ein substantieller Teil seiner Mitgliederbasis

---

266   Herbert Hug, Offensive des Judentums, in: KRS, 5. 10. 1944, S. 308–311, S. 310 f.

267   Siehe als Beispiele: Emil Brunner, Zur Judenfrage, in: NSR 3 (1935) 7, S. 385–397, S. 396 f.; Vischer, Esther, S. 29; Vischer, Wir Christen und die Juden, S. 28 f.; Juden und Christen, S. 49; Vischer, Die Judenfrage eine entscheidende Frage, S. 16; Rich, Das Judenproblem, S. 21; F. R. [Fritz Rohr?], Christen und Juden, in: KRS, 14. 12. 1944, S. 389–391, S. 391; Paul Vogt, Ihr sollt den Fremdling lieben! Rufe in die Zeit, Zollikon-Zürich 1944, S. 58; Marie-Louise Martin, Nochmals: Christen und Juden, in: KRS, 11. 1. 1945, S. 7 f., S. 8.

268   Frey, Antwort, S. 106.

weg.[269] Der Verlust der deutschen Mitglieder führte zu einer ‚Verschweizerung' des Vereins, zumal durch das Vorrücken der deutschen Truppen die Missionsstationen, die in Osteuropa lagen, zu existieren aufhörten. Dies veranlasste den seit 1924 amtierenden Direktor August Gerhardt, sich von seinem Posten zurückzuziehen. Gerhardt, der über einen polnischen Pass verfügte, tat dies zudem in der Absicht, die Leitung bewusst in schweizerische und jüngere Hände zu legen.[270] Nach einer Übergangsphase übernahm schließlich im Frühjahr 1943 der in Basel geborene Pfarrer Herbert Hug, der mit seinem Buch „Das Volk Gottes" Aufsehen erregt hatte, die Stelle als Direktor.[271] Der Zusammenbruch des Missionssystems in Osteuropa zwang die „Freunde Israels", den Schwerpunkt ihrer missionarischen Aktivitäten auf die Schweiz, die bislang als Arbeitsgebiet von untergeordneter Bedeutung gewesen war, zu verlegen. Die ‚Verschweizerung' fand somit auch auf der Ebene der Missionsaktivitäten statt. Ungefähr 100 der rund 300 Taufen, die während der 150 Jahre dauernden judenmissionarischen Aktivitäten des „Vereins der Freunde Israels" vollzogen wurden, fielen in die Zeit des Zweiten Weltkriegs und resultierten somit aus den Missionsaktivitäten in der Schweiz. Der Verein nutzte also die für die Juden bedrohliche und durch Not gekennzeichnete Zeit für sich aus. Unter den Konvertitinnen und Konvertiten fanden sich denn auch neben Schweizerbürgern zahlreiche Emigranten.[272] Verantwortlich für die Taufaktivitäten in der Schweiz war vor allem der seit 1931 für den Verein tätige Judenmissionar John Witt.[273]

Die nationalsozialistischen Judenverfolgungen stellten den „Verein der Freunde Israels" zudem vor das Problem, die Ereignisse in sein von einem biblizistischen Schriftverständnis geprägtes Weltbild einzuordnen.[274] Dieses wurde durch deren heilsgeschichtliche Deutung zu lösen versucht. Daher wurde der heilsgeschichtliche Antisemitismus, der gelegentlich auch in Verbindung mit Diskursen einer sozio-

---

269 Der Verein verlor durch das Verbot rund 2000 Mitglieder. Zum Verbot des Blattes in Deutschland siehe: Mitteilungen an unsere Freunde, in: FI 65 (1938) 2, S. 30 f. Zur deutschen Judenmission während der Herrschaft des Nationalsozialsozialismus und ihrem Ende: Kaiser, Evangelische Judenmission im Dritten Reich; Kaiser, Der deutsche Protestantismus und die „Mission unter Israel".

270 August Gerhardt, 110. Jahresbericht des Vereins der Freunde Israels in Basel, in: FI 68 (1941) 3, S. 34–39, S. 38.

271 Rudolf Vollenweider, An unsere lieben Freunde, in: FI 70 (1943) 2/3, S. 17 f.

272 Für die Aufschlüsselung der Konversionen in der Schweiz während der Kriegszeit siehe: Robert Brunner, 113. Jahresbericht des Vereins der Freunde Israels für Judenmission in Basel, in: FI 71 (1944) 4/5, S. 77–80, S. 78. Für die allgemeinen Taufzahlen des Vereins siehe: Willi, Die Geschichte des Vereins der Freunde Israels, S. 54.

273 Witt entwickelte zum Beispiel eine rege Vortragstätigkeit. Siehe z. B.: Vom Saatfelde, in: FI 66 (1939) 2, S. 25–31; John Witt, Bericht aus der praktischen Arbeit, in: FI 68 (1941) 4, S. 55–57.

274 Teilaspekte zu diesem Thema wurden bereits behandelt in: Metzger, Vereinnahmende Inklusion, S. 309–312; Metzger, Zwischen heilsgeschichtlichen Erwartungen und Judenfeindschaft, S. 98 f.

kulturell argumentierenden Judenfeindschaft auftrat,[275] ab 1933 zu einem prägenden Merkmal der Zeitschrift „Freund Israels". Wie bemüht man war, die Geschehnisse in das eigene, auf den auf ‚die Juden' projizierten heilsgeschichtlichen Erwartungen basierende Referenzsystem einzufügen, zeigte sich zum Beispiel an der Deutung des 1938 in Deutschland erlassenen Gesetzes über die Änderungen von Vor- und Familiennamen. Angesichts der im Gesetz enthaltenen Bestimmung, die für bestimmte Fälle das zwangsweise Tragen von ‚Israel' und ‚Sara' als zweite Vornamen vorsah, schrieb der „Freund Israels": „Möchten doch alle Juden auch in dieser obrigkeitlichen Verordnung Gottes Weisheit und Gottes Ruf erkennen: ‚Israel, ich habe dich bei deinem Namen gerufen; du bist mein!' (Jes. 43, 1)."[276]

Die Richtung, die der „Freund Israels" bei der Interpretation der nationalsozialistischen Judenverfolgungen einschlagen würde, hatte sich schon unmittelbar nach der ‚Machtergreifung' Adolf Hitlers herausgeschält. August Gerhardt ging im Jahresbericht von 1933 davon aus, dass ‚die Juden' in den kommenden Jahren durch eine sehr schwierige Zeit zu gehen hätten. Dies entspreche jedoch dem ihnen von Gott vorbestimmten Weg:

> „Das jüdische Volk geht schweren Leiden und Verfolgungen entgegen, das ist unverkennbar. Wir Christen können es bedauern, aber wir können es nicht aufhalten. Auch die Heilige Schrift spricht von schweren Verfolgungen der Juden in der Endzeit. Und gerade diese Verfolgung soll nach den Aussagen Moses und der Propheten das Fragen nach dem Messias wecken und die Bekehrung Israels beschleunigen."[277]

Diese fatalistische Sichtweise, welche die Verfolgungen zwar als bedauerlich, wenngleich als unausweichlichen, ja notwendigen Schritt hin zur Bekehrung und zur Endzeit deutete und auf der christentumszentrierten und biblizistischen Perspektive des Vereins basierte, brachte insbesondere Missionar John Witt in seine Beiträge im „Freund Israels" ein.[278] Somit war selbst die fast vollständige Vernichtung des europäischen Judentums in der Shoah in die heilsgeschichtlichen Erwartungen des

275   Siehe als besonders markante Beispiele hierfür: August Gerhardt, 108. Jahresbericht des Vereins der Freunde Israels in Basel, in: FI 66 (1939) 3, S. 33–54, S. 34; Franz Mannheimer, Schicksal Israels. Ein Vortrag, Teil I, in: FI 69 (1942) 1, S. 7–12.

276   Aus dem Judentum, in: FI 66 (1939) 1, S. 8.

277   August Gerhardt, 102. Jahresbericht des Vereins der Freunde Israels in Basel, in: FI 60 (1933) 3, S. 33–42, S. 35.

278   Siehe z. B.: John Witt, Nachrichten aus dem Judentum, in: FI 66 (1939) 5, S. 78–80, S. 79 f.; John Witt, Neues aus dem Judentum, in: FI 68 (1941) 3, S. 44 f., S. 45; John Witt, Nachrichten aus dem Judentum, in: FI 69 (1942) 1, S. 12–14, S. 13; John Witt, „Siehe, ich mache alles neu", in: FI 69 (1942) 2, S. 17 f., S. 18.

judenmissionarischen Vereins integrierbar. Deutlich zeigte sich dies in einem Blick Robert Brunners, der 1949 Direktor des Vereins wurde, auf die Shoah. Gott habe, so bilanzierte Brunner kurz nach Ende des Zweiten Weltkrieges, Israel seit jeher so geliebt, dass er es um seiner Schuld willen zwar bis an den Rand völligen Verderbens geführt, niemals aber habe ganz untergehen lassen.[279] Wie auch in den oben analysierten Schriften der Dialektiker und anderer konservativ-protestantischer Autoren kam der Deutung der Judenverfolgungen als ‚göttliche Strafe‘ für die ‚den Juden‘ zugeschriebene ‚Untreue‘ gegenüber Gott auch im Argumentarium der „Freunde Israels" eine besondere Bedeutung zu.[280] ‚Die Juden‘ hatten nach dieser Lesart die Verfolgungen selbst zu verantworten. Auch im „Freund Israels" diente hierbei wiederholt die vermeintliche ‚Selbstverfluchung‘ ‚der Juden‘ im sogenannten Blutruf (Mt. 27,25) als sinnstiftende Passage aus dem ‚Neuen Testament‘.[281] Ein besonders stark verbreiteter Diskurs des Topos, dass ‚die Juden‘ unter der ‚Strafe Gottes‘ stünden, war, dass die Judenverfolgungen als ein Akt der Kommunikation Gottes mit ‚den Juden‘ gedeutet wurden.[282] Dass Gott mittels des Leids mit ‚den Juden‘ sprechen würde, war beispielsweise für Pfarrer John Witt eine Gewissheit. Die Juden seien in einer verzweifelten Lage, konstatierte Witt, fügte aber hoffnungsvoll an:

> „[B]etrachten wir den Zustand und die Lage Israels von heute, so sieht sie äußerlich verzweifelter aus denn je. Ueberall Antisemitismus, überall Haß, Verfolgung, Ausstoßung aus den Ländern, in denen die Juden bis jetzt wohnten und großen Einfluß ausübten. [...]
>
> In dieser Lage aber sehen wir, wie Gott zu den Juden redet durch die Not. Die Not ist ja so furchtbar für viele Tausende, und dadurch kommen viele dazu, Gott ganz zu verlassen. Andere aber suchen jetzt erst recht Gott, und viele von

---

279  Robert Brunner, 114. Jahresbericht des Vereins der Freunde Israels Schweizer Judenmission zu Basel, in: FI 72 (1945) 4, S. 57–60, S. 68.

280  Siehe als kleine Auswahl an Beispielen: John Witt, Meine Reise aufs Missionsfeld, in: FI 63 (1937) 4, S. 57–61, S. 61; August Gerhardt, 108. Jahresbericht des Vereins der Freunde Israels in Basel, in: FI 66 (1939) 3, S. 33–54, S. 34; Verschiedene Nachrichten, in: FI 68 (1941) 1, S. 13–15.

281  Siehe als Beispiele: Adolf Köberle, Die Judenfrage im Lichte der Christusfrage. Predigt, gehalten an der 102. Jahresfeier des Vereins der Freunde Israels in Basel, in: FI 60 (1933) 4, S. 51–58, S. 55; Karl Buxtorf, Die Frohbotschaft gilt allen Menschen, in: FI 61 (1934), S. 51–54, S. 53; H. W., 15. Kantonale Zusammenkunft der Freunde Israels in Zürich, in: FI 66 (1939) 5, S. 80 f., S. 80; H. B., Abgewandter Fluch, in: FI 68 (1941) 3, S. 43; Franz Mannheimer, Schicksal Israels, Teil II, in: FI 69 (1942) 2, S. 18–22, S. 22. Deutlich seltener fand der ‚Blutruf‘ vor 1933 in der judenfeindlichen Argumentation des „Freund Israels" Verwendung.

282  August Gerhardt, 107. Jahresbericht des Vereins der Freunde Israels, in: FI 65 (1938) 4, S. 50–61, S. 50 f.; Franz Mannheimer, Die 14. Kantonale Zusammenkunft in Zürich, in: FI 65 (1938) 6, S. 92 f.; Vom Saatfelde, in: FI 66 (1939) 2, S. 25–31, S. 26.

ihnen finden dabei nicht die Hilfe und den Trost in ihrer alten Gesetzesreligion."[283]

Auch der vom Judentum zum Protestantismus konvertierte Franz Mannheimer, der im Verein viele Vorträge hielt und öfters im „Freund Israels" publizierte, schrieb sich in denselben Diskurs ein. In einem Appell an seine einstigen Glaubensgenossen beteuerte er aus seiner ‚judenchristlichen' Perspektive heraus, dass Gott ‚die Juden' mittels all der Ereignisse der letzten Jahre mit „Schicksalsstimme" rufe. All die Heimsuchungen lasse er nicht über ‚die Juden' ergehen, um sie zu verderben, sondern um sie zu erlösen.[284]

Da die Judenverfolgungen als Strafe Gottes an seinem ‚untreuen Volk' gedeutet wurden, wurde auf dem Weg zur erhofften, ja erwarteten Konversion von ‚den Juden' ein bußvolles Bekenntnis zu ihren angeblichen Verfehlungen erwartet. Bevor diese ‚Busse' nicht geschehe, könne die Not der Juden nicht aufhören, war etwa John Witt überzeugt.[285] Aufgrund dieser christlichzentrierten Grundforderung an das Judentum konnte ein wirkliches Mitgefühl gegenüber den Juden nicht aufkommen, stand doch letztlich die Konversionsforderung immer im Raum. Als der „Schweizerische Israelitische Gemeindebund" im Herbst 1943 in die Basler Synagoge lud, um eine Trauerfeier für die verfolgten Juden durchzuführen, war auch der damalige Direktor des Judenmissionsvereins, Pfarrer Herbert Hug, zugegen. In seinem Bericht im Vereinsorgan räumte er ein, von der Veranstaltung tief beeindruckt gewesen zu sein. Doch selbst in diesem Kontext unterließ es Hug nicht, seine judenmissionarischen Grundüberzeugungen zu äußern:

> „In gemeinsamer Trauer boten sich Juden und Christen die Hand. Warum darf dies nicht auch in gemeinsamer Freude geschehen? Darum nicht, weil die Juden unsere Frohbotschaft ablehnen. Solcher Gnade wollen sie nicht bedürftig sein. Von ihrem Anteil der Schuld an ihrem Geschick schweigen sie und schwieg auch der […] Rabbiner. Das war das Traurigste an dieser Trauerkundgebung. Ich mußte an Jesus denken, der, als er die Stadt Jerusalem sah, über sie weinte und sprach: ‚Wenn doch auch du erkenntest zu dieser deiner Zeit, was zu deinem Frieden dient!'"[286]

283 John Witt, Israels Geschichte und das Gericht über Israel – eine Warnung für die Christenheit, in: FI 68 (1941) 2, S. 21–24, S. 23.

284 Franz Mannheimer, Dich geht es an, Mensch Israels. Ein Wort der Bruderliebe, in: FI 69 (1942) 3, S. 38–41, S. 38.

285 Siehe etwa: John Witt, Nachrichten aus dem Judentum, in: FI 65 (1938) 5, S. 76–78, S. 77 f.; John Witt, Nachrichten aus dem Judentum, in: FI 67 (1940) 1, S. 17–19, S. 18.

286 Herbert Hug, Gemeinsame Trauer, in: FI 70 (1943) 5, S. 74–77, S. 76 f.

Die Konversionshoffnung steigerte sich in einzelnen Beiträgen im „Freund Israels"
zu einer endzeitlichen Erregung. Angesichts der immer stärker werdenden Verfolgungen zeigten sich die Autoren überzeugt, dass das Bekenntnis ‚der Juden' zu Jesu
nicht mehr lange auf sich warten lassen könne.[287] Als die Bekehrung der Juden jedoch weiterhin ausblieb, selbst als die systematische physische Vernichtung eingesetzt hatte, machte sich eine gewisse Ratlosigkeit breit. Obwohl die „Freunde Israels"
ob der Gräuel geschockt waren, vermochten sie sich nicht aus ihrem theologischen
Korsett zu lösen. So flehte John Witt, dass Gott ‚den Juden' endlich ‚die Decke' von
den Augen nehme.[288] Davon, dass es sich bei den Verfolgungen um ‚Zeichen Gottes' handeln würde, blieb man hingegen überzeugt. Ein wirkliches Mitfühlen war so
unmöglich, zumal auch im „Freund Israels" vereinzelt Tendenzen zur Vereinnahmung des jüdischen Leids für das Christentum auszumachen sind.[289]

Das zunehmende Wissen um das Ausmaß und den Charakter der Shoah hatte
letztlich keinen Einfluss auf das judenmissionarische Selbstverständnis des Vereins.
Allerdings blieb die Missionsintention nicht unbestritten. Ausgerechnet der Vereinsdirektor Herbert Hug stellte das judenmissionarische Verhalten in Frage. Noch
im Juli 1943 hatte dieser die Judenmission als unerlässliche Aufgabe des Vereins
dargestellt.[290] Ab September beschlichen ihn jedoch Zweifel, ob es angesichts der
Zeitereignisse noch berechtigt sei, weiterhin aktive Judenmission zu betreiben.[291]
Im Januar 1944 schließlich zeigte sich Hug von der Gefahr überzeugt, dass judenmissionarische Aktivitäten als antisemitisch verstanden werden könnten. An erster Stelle stand für Hug daher die Hilfsbereitschaft gegenüber den Juden und nicht
mehr ihre Missionierung. Nur „Blinde und Taube" könnten fortfahren, „in üblicher

---

287　Siehe z. B.: John Witt, Nachrichten aus dem Judentum, in: FI 65 (1938) 3, S. 45; John Witt, Mit-
　　teilungen aus dem Judentum, in: FI 66 (1939) 2, S. 23–25, S. 25; Vom Saatfelde, in: FI 67 (1940) 2,
　　S. 28–35.

288　John Witt, Nachrichten aus dem Judentum, in: FI 68 (1941) 4, S. 61–63, S. 61. Siehe zudem: John
　　Witt, Nachrichten aus dem Judentum, in: FI 68 (1941) 5, S. 67–69, S. 69; John Witt, Nachrichten
　　aus dem Judentum, in: FI 69 (1942) 1, S. 12–14, S. 14; Franz Mannheimer, Dich geht es an, Mensch
　　Israels. Ein Wort der Bruderliebe, in: FI 69 (1942) 3, S. 38–41, S. 40; Wie Heissest Du?, in: FI 39
　　(1942) 5, S. 65 f., S. 66; John Witt, die Messiashoffnung im Judentum, in: FI 70 (1943) 1, S. 8–14, S. 14.

289　Siehe hierfür: John Witt, Bericht über die Tätigkeit im Jahre 1943, in: FI 71 (1944) 2, S. 39 f., S. 39;
　　Christian Maurer, Was schulden wir Christen den Juden unserer Tage?, Teil I, in: FI 71 (1944) 4/5,
　　S. 60–65, S. 65.

290　Herbert Hug, Eine Erklärung, in: FI 70 (1943) 4, S. 61. Auch in seinem Buch von 1942 erachtete
　　Hug die Judenmission als eine Aufgabe der Kirche: Hug, Das Volk Gottes, S. 64.

291　Mitteilungen, in: FI 70 (1943) 6, S. 106–108, S. 107 f. Eine taktvolle Zurückhaltung forderte auch
　　der spätere Vereinsdirektor Robert Brunner, der nach dem Krieg aber an der Mission festhielt:
　　Robert Brunner, 113. Jahresbericht des Vereins der Freunde Israels für Judenmission in Basel, in:
　　FI 71 (1944) 4/5, S. 77–80, S. 78.

Weise Judenmission zu treiben".[292] Zugleich war es für ihn verständlich, dass die Judenmissionare des Vereins keinen Zugang zu den Flüchtlingslagern erhielten.[293] In
der Tat war der „Verein der Freunde Israels" nämlich bemüht gewesen, über die
Flüchtlingshilfe Zugang zu seinen ‚Missionsobjekten' zu erhalten.[294] Zudem stellte
der Verein ein Mitglied im Komitee der landeskirchlichen Flüchtlingshilfe des Kantons Zürich.[295] Allerdings hatte Herbert Hug noch im Sommer 1943 in seinem Beitrag „Judenmission und Flüchtlingshilfe" diese keineswegs selbstlose Hilfeleistung
verteidigt. Für ihn war es damals noch klar, dass die Juden es sich schon gefallen lassen müssten, dass das Bisschen Hilfe, das ihnen zuteil werde, nicht aus purer Menschenliebe geschehe.[296] Letztlich führten Hugs Ansichten, die mit jenen der restlichen Vereinsleitung und wohl auch der Vereinsbasis divergierten, zur Trennung
des Vereins von ihrem Direktor im Frühling 1944.[297] Nach dem Abgang Hugs er-
tönten im „Freund Israels" wieder deutlichere Bekenntnisse zur Judenmission, so
etwa im Januar 1945 durch Franz Mannheimer,[298] und nach dem Krieg wurden sofort Gedanken über eine Wiederaufnahme der Missionstätigkeit in den einstigen
Tätigkeitsgebieten in Osteuropa angestellt.[299]

292  Herbert Hug, Jüdisch-christliche Verständigungsversuche und das Problem der Judenmission,
     in: FI 71 (1944) 1, S. 2–16, Zitat S. 13. Dieselben Worte ließ Hug bereits an einer kantonalen Zu-
     sammenkunft in Zürich im Spätherbst 1943 fallen: Mitteilungen, in: FI 70 (1943) 6, S. 106–108,
     S. 108. Laut Peter Aerne war für Hugs Meinungsumschwung ein persönliches Gespräch mit ei-
     nem Juden, der ihn auf den Widerspruch hinwies, man könne nicht auf der einen Seite für die
     Juden einstehen und auf der anderen Seite gegen ihre Religion auftreten, verantwortlich. (Aerne,
     „Wehe der Christenheit …", Teil 2, S. 42.)
293  Herbert Hug, Judenmission in Palästina, in: FI 71 (1944) 1, S. 18–20, S. 19.
294  Siehe: John Witt, Bericht des Pfarrers John Witt an der 111. Jahresfeier, in: FI 69 (1942) 4, S. 54–
     58, S. 55; John Witt, Jahresbericht, in: FI 70 (1943) 5, S. 71–74, S. 72.
295  Dieses Mitglied war John Witt. Siehe etwa: John Witt, Mitteilungen aus dem Judentum, in: FI 66
     (1939) 2, S. 23–25, S. 24; August Gerhardt, 108. Jahresbericht des Vereins der Freunde Israels in
     Basel, in: FI 66 (1939) 3, S. 33–54, S. 45. Der „Verein der Freunde Israels" arbeitete auch mit Flücht-
     lingspfarrer Paul Vogt zusammen: John Witt, Jahresbericht, in: FI 70 (1943) 5, S. 71–74, S. 72; Mit-
     teilungen, in: FI 70 (1943) 6, S. 106–108, S. 108; Aus unserer Arbeit in der Schweiz, in: FI 72 (1945) 1,
     S. 11–15. Vogt war mit einer Urenkelin des ersten Agenten des Vereins, Carl Brenner, verheiratet.
     Vogt publizierte vereinzelt im „Freund Israels". Dabei ist etwa auf folgenden antijudaistisch ge-
     prägten Beitrag Vogts zu verweisen: Paul Vogt, Kreuzige ihn, in: FI 71 (1944) 2, S. 29–31.
296  Herbert Hug, Judenmission und Flüchtlingshilfe, in: FI 71 (1943) 4, S. 45–48, S. 46.
297  Siehe zur sehr dürftigen Kommunikation zum Wechsel: Gottlob Wieser, Zum Rücktritt von
     Pfarrer H. Hug, in: KRS, 28. 5. 1944, S. 153–157; Kleine Mitteilungen, in: KRS, 15. 6. 1944, S. 191 f.,
     S. 191; Allerlei, in: ASB, 3. 6. 1944, S. 182–183, S. 182; Fritz Hadorn, Aus dem kirchlichen Leben der
     deutschen Schweiz im 2. Quartal 1944, in: KF, 1. 7. 1944, S. 211–216, S. 215.
298  Franz Mannheimer, Pfingsten, in: FI 72 (1945) 3, S. 38–40, S. 40. Derselbe auch schon im Januar
     1945: Aus unserer Arbeit in der Schweiz, in: FI 72 (1945) 1, S. 11–15, S. 12.
299  Siehe etwa: Wiederaufbau, in: FI 72 (1945) 2, S. 34.

*Auf der Suche nach einem ‚Kompass' durch die ‚Judenfrage'*

In der zweiten Hälfte des Jahres 1944 erschien im Zwingli-Verlag in Zürich das 328 Seiten starke Buch „Kompass durch die Judenfrage" des konservativ-protestantischen Pfarrers Walter Hoch. Das Erscheinen dieser Monografie kurz vor Kriegsende, die einen Überblick über die Geschichte des Judentums liefert, kann als Abschluss der langen Reihe von Publikationen protestantischer Theologen aus der Deutschschweiz angesehen werden, die sich der ‚Judenfrage' zugewendet hatten. 1889 in Basel geboren, wirkte Hoch nach seinem Studium erst in der Gemeinde Sissach (BL), um dann 1924 nach St. Gallen zu wechseln. 1935 zog er nach Zürich, wo er die Stelle als Sekretär der dortigen Evangelischen Gesellschaft übernahm, wechselte aber 1937 an die Stelle des Gemeindepfarrers im zürcherischen Zollikon. 1953 verstarb Hoch in seiner Vaterstadt, in die er 1948 zurückgekehrt war.[300] Seit Mitte der 1920er-Jahre publizierte der Pfarrer wiederholt zur ‚Judenfrage', sodass er in protestantischen Kreisen als Spezialist dafür galt. Im „Kompass durch die Judenfrage" bündelte Hoch viele seiner bereits in früheren Publikationen vertretenen Ansichten.

Im Vorwort des „Kompass durch die Judenfrage" beteuerte Fritz Blanke, der Zürcher Professor für Kirchen- und Dogmengeschichte, dass mit dieser Monografie Walter Hochs die erste von evangelischer Seite geschriebene ‚Judentumskunde' vorliege. Das gesunde und unbestechliche Urteil des Autors würde Hochs Werk dem (protestantischen) Leser zu einer klaren Stellungnahme verhelfen.[301] Das in 63 Kapitel unterteilte Buch stützte sich auf eine Vielzahl von Zitaten aus anderen Werken, was ihm einen mäandernden Charakter verlieh. Hochs ‚Judentumskunde' erweist sich in der Analyse jedoch als eine an vielen Stellen deutlich antisemitisch geprägte Schrift.[302] Dies überrascht nicht, hatte der Pfarrer doch bereits in den 1920er- und 1930er-Jahren seine judenfeindlichen Konzeptionen in Vorträgen und zahlreichen Artikeln in protestantischen Zeitschriften kundgetan.[303] Seine Beiträge und Rezensionen zur Judenfrage-Thematik veröffentlichte Hoch mit Vorliebe in den konservativ-protestantischen Zeitschriften „Christlicher Volkfreund" und „Kirchenfreund".[304]

---

300  Zur Biografie von Walter Hoch siehe: Walter Hoch, Lebenslauf, in: Zur Erinnerung an Walter Hoch-Staehelin, Pfarrer, geboren am 27. Juni 1886, gestorben am 20. April 1954, St. Gallen 1958, S. 1–6.

301  Fritz Blanke, Vorwort, in: Hoch, Kompass durch die Judenfrage, S. I.

302  Zum Antisemitismus in Hochs Hauptschrift zur ‚Judenfrage' siehe: Metzger, Art. ‚Kompass durch die Judenfrage (Walter Hoch, 1944)'.

303  Siehe verschiedene Stellen in Teil V sowie: Metzger, Antisemitismus in der Stadt St. Gallen, S. 271–275.

304  Siehe vorab folgende Zeitschriftenartikel und Rezensionen Hochs: Walter Hoch, Wir Christen und die Judenfrage, 5 Teile, in: CVF, 31. 1. 1925/7./14./21./28. 2. 1925, S. 53–56/S. 65–68/S. 76–82/

Einzelne Artikel publizierte Hoch jedoch auch im dialektischen „Kirchenblatt für die reformierte Schweiz" sowie in der „Jungschar" des „Christlichen Vereins Junger Männer", in dem sich der Pfarrer engagierte.[305] In diesen Beiträgen aus den 1920er- und 1930er-Jahren traten religiöse Diskurse des Antisemitismus eng verknüpft mit soziokulturellen, nationalistischen und rassischen auf. Wesentliche Merkmale seines Antisemitismus waren auf der religiös-argumentierenden Seite der Topos der ‚jüdischen Christentumsfeindschaft' sowie die Betonung einer heilsgeschichtlichen Komponente in der ‚Judenfrage'. Das bei Hoch besonders ausgeprägte modern antisemitische Argumentarium arbeitete sehr stark mit der durch völkische Vorstellungen geprägten Essentialisierung vermeintlich ‚jüdischer Eigenschaften' sowie der Postulierung der Existenz realer, durch ‚die Juden' verursachter Konflikte. Typisch für Hoch war zudem, dass er rassistisches Denken – etwa wie es sich im Nationalsozialismus manifestierte – als ‚jüdisch' konnotierte.[306]

Wie Walter Hoch im „Kompass für die Judenfrage" ausführte, weise die ‚Judenfrage' sowohl eine politische als auch völkische Dimension auf. Vor allem aber erachtete er sie als einen Teil des ‚heiligen Plans' göttlicher Willensvollstreckung.[307] Daher traten in seinem Buch religiös-heilsgeschichtliche Diskurse verschränkt mit modernantisemitischen auf. Dabei zeigten sich viele der Merkmale des Antisemitismus Walter Hochs, die bereits in dessen früheren Beiträgen zur ‚Judenfrage' präsent waren, auch in die judenfeindlichen Konzeptionen integriert, die der konservativ-protestantische Pfarrer in seinem „Kompass durch die Judenfrage" präsentierte. Der Antisemitismus in Hochs ‚Judentumskunde' weist vier Spezifika auf. Erstens stilisierte Hoch ‚die Juden' aufgrund ihrer religiösen Ansichten zu ‚Feinden des Christentums'.[308] Da ‚die Juden' Christus nicht annahmen und da ihnen das ‚Alte

---

S. 90–94/S. 101–105; Walter Hoch, Karl Marx, 3 Teile, in: CVF, 21./28. 4. 1934/5. 5. 1934, S. 183–187/S. 195–200/S. 209–213; Walter Hoch, Christ und Jude, 3 Teile, in: KF, 17./31. 5. 1934/14. 6. 1934, S. 145–147/S. 167–170/S. 182–188; Walter Hoch, Adolf Stoecker, 2 Teile, in: CVF, 30. 11. 1935/7. 12. 1935, S. 572–574/S. 582–587; Walter Hoch, Die menschlichen Rassen, in: KF, 20. 8. 1936, S. 261–264; Walter Hoch, War Luther Antisemit?, in: KF, 10. 6. 1937, S. 185–187; Walter Hoch, Praktische Judentumskunde, in: KF, 23. 12. 1937, S. 403–413.

305   Walter Hoch, ‚Die Judenfrage' von Gerhard Kittel. (Eine grundsätzliche Besprechung.), in: KRS, 24. 8. 1933, S. 261–265; Walter Hoch, Zum Verständnis der Judenfrage, 2 Teile, in: Jungschar 14 (1933) 9/10, S. 193–200/S. 217–219; Walter Hoch, Alfred Rosenbergs „Mythus des 20. Jahrhunderts", in: KRS, 7. 3. 1935, S. 65–74.

306   Quellenverweise zu diesen einzelnen Aspekten des Antisemitismus von Walter Hoch finden sich weiter unten an den entsprechenden Stellen bei der Inhaltsanalyse des „Kompass durch die Judenfrage".

307   Hoch, Kompass durch die Judenfrage, S. 291.

308   Auf diesen Topos griff Hoch auch in früheren Artikeln zurück. Siehe etwa: Walter Hoch, Wir Christen und die Judenfrage, Teil V, in: CVF, 28. 2. 1925, S. 101–105, S. 103.

Testament' aufgrund des an Bedeutung gewinnenden Talmuds zu einem Rätselbuch geworden sei, erachtete Walter Hoch die ‚Synagoge' als unerbittliche Gegnerin der christlichen Kirche. Diesen angeblichen ‚Christenhass' des Judentums stellte er dem Judenhass des Christentums gegenüber, den er relativierte. Letztlich, so war Hoch überzeugt, würde das Judentum, wenn es die Möglichkeit dazu erhalte, ‚widerchristlich' respektive ‚antichristlich' und daher ein grundsätzlicher Feind der Kirche werden.[309]

Zweitens nahm Walter Hoch eine Interpretation der nationalsozialistischen Judenverfolgungen vor, die auf der Konstruktion eines Realkonflikts basierte und von einem zyklischen Geschichtsverständnis geprägt war. Hoch postulierte eine Gesetzmäßigkeit, der eine konsequente Verkehrung von Täter und Opfer inhärent war. ‚Die Juden' würden durch ihr negatives Verhalten jeweils solange ein Land reizen, bis sich dieses zur Gegenwehr entschließe.[310] Er konstruierte eine Analogie zu den Verhältnissen in Spanien vor der Vertreibung der Juden von 1492 sowie den Zuständen in der Weimarer Republik.[311]

Den vermeintlichen Parallelismus zwischen den Zuständen im Spanien vor dem Ende der ‚Reconquista' und im republikanischen Deutschland nach dem Ersten Weltkrieg zog Hoch noch weiter. Sowohl im Mittelalter als auch in den 1920er-Jahren hätten ‚die Juden' ‚Vorrechte' besessen, die sie missbraucht hätten. Die Täter-Opfer-Umkehr auf die Spitze treibend, sprach er die Christen von jeglicher Mitschuld frei und schob die Verantwortung für das ‚Umkippen' der Stimmung ‚den Juden' zu.[312] Mit diesem antisemitischen Gedankengang reihte sich Pfarrer Hoch selbst noch 1944 in die Reihen jener ein, die sich zu Beginn der nationalsozialistischen Herrschaft in Deutschland des Realkonflikts-Topos bedienten, um die Schuld Deutschlands im speziellen und die Judenverfolgungen im Allgemeinen zu

---

309  Hoch, Kompass durch die Judenfrage, S. 119.

310  Das antisemitische Konzept, dass es ab einer gewissen Anzahl Juden unweigerlich zu judenfeindlichen Reaktionen komme, fasst Hoch in früheren Jahren oft in der Metapher des ‚Hechts im Karpfenteich': „Der Jude wirkt ja im Leben eines Volkes wie der Hecht im Karpfenteich, richtig dosiert, heilsam. Aber es gibt ein Zuviel." (Walter Hoch, Christ und Jude, Teil III, in: KF, 14. 6. 1934, S. 182–188, S. 181–183; Zitat S. 183.) Siehe zu diesem Bild ebenfalls: Walter Hoch, Zum Verständnis der Judenfrage, Teil I, in: Jungschar 14 (1933) 9, S. 193–200, S. 193. Auch Ernst Stähelin hatte dieses verwendet: Ernst Stähelin, Juden und Christen in Vergangenheit, Gegenwart und Zukunft, Teil VII, in: CVF, 28. 3. 1931, S. 150–153, S. 151; S. 153.

311  Hoch, Kompass durch die Judenfrage, S. 82. Realkonfliktskonstruktionen nahm Hoch auch in früheren Jahren vor. Siehe z. B.: Walter Hoch, Wir Christen und die Judenfrage, Teil II, in: CVF, 7. 2. 1925, S. 65–68, S. 67; Walter Hoch, ‚Die Judenfrage' von Gerhard Kittel. (Eine grundsätzliche Besprechung.), in: KRS, 24. 8. 1933, S. 261–265, S. 262; S. 264; Walter Hoch, Adolf Stoecker, Teil II, in: CVF, 7. 12. 1935, S. 582–587, S. 586.

312  Hoch, Kompass durch die Judenfrage, S. 155.

relativieren.[313] Die Apologie Deutschlands führte Hoch noch dadurch fort, dass er gemäß der von ihm postulierten Gesetzmäßigkeit für die Vereinigten Staaten, in die sich seiner Meinung nach der Schwerpunkt des Judentums verlagern würde, ebenfalls Verfolgungen vorhersagte.[314] Hoch postulierte überdies auch eine Gesetzmäßigkeit für die Gefahr der ‚Verjudung‘ von Gesellschaften. Für ihn stellte ein starker „christlicher Bürger- und Mittelstand" die beste Abwehr gegen die angeblich drohende Gefahr der ‚Verjudung‘ dar. Existiere hingegen nur eine Unter- und eine Oberschicht, würden sich ‚die Juden‘ dazwischen schieben.[315] Da sich Deutschland nach dem Ersten Weltkrieg entchristlicht habe und seine Mittelschicht zerstört worden sei, sei Deutschland folglich der Gefahr der ‚Verjudung‘ ausgesetzt worden.[316]

Drittens war die Umkehr von Täter und Opfer spezifisch für Walter Hochs Antisemitismus, denn für ihn waren ‚die Juden‘ Opfer ihrer ‚eigenen Saat‘ geworden. Wie in mehreren seiner früheren antisemitischen Beiträge, aber auch wie die beiden konservativ-protestantischen Basler Theologieprofessoren Adolf Köberle und Walther Eichrodt sowie der Dialektiker Wilhelm Vischer, vertrat Hoch die antisemitische Vorstellung, dass das Denken in rassischen Kriterien ‚jüdisch‘ sei.[317] Dementsprechend konstruierte Hoch ‚die Juden‘ in Deutschland als Väter des Rassenantisemitismus, dessen Opfer sie nach der nationalsozialistischen ‚Machtergreifung‘ geworden seien.[318] Selbst die Idee des ‚Arierausweises‘ meinte Hoch auf ‚die Juden‘ zurückfallen lassen zu können:

> „Wenn nun in der gegenwärtigen Judennot der Arierausweis eine zeitweilig sehr auffallende und weithin sichtbare Rolle gespielt hat, so sind die Juden selber daran mitschuldig gewesen. Im Mittelalter wusste man ganz genau: Hier ist Kirche, dort ist Synagoge. In dem Maße, jedoch, als sehr viele Juden Glauben, Tradition, Gemeinschaft mit ihren Glaubensgenossen preisgaben, indem viele

---

313  Siehe Kapitel 1 in diesem Teil.
314  Hoch, Kompass durch die Judenfrage, S. 283 f.
315  Hoch, Kompass durch die Judenfrage, S. 94 f.
316  Hoch, Kompass durch die Judenfrage, S. 281 f.
317  Siehe zu diesem Aspekt in anderen Texten Hochs: Walter Hoch, Wir Christen und die Judenfrage, Teil III, in: CVF, 14. 2. 1925, S. 76–82, S. 80–82; Walter Hoch, Zum Verständnis der Judenfrage, Teil I, in: Jungschar 14 (1933) 9, S. 193–200, S. 199; Walter Hoch, Christ und Jude, Teil III, in: KF, 14. 6. 1934, S. 182–188, S. 184; Walter Hoch, Alfred Rosenbergs „Mythus des 20. Jahrhunderts", in: KRS, 7. 3. 1935, S. 65–74, S. 74. Siehe für die anderen Autoren: Köberle, Das Evangelium im Weltanschauungskampf, S. 28 f.; Eichrodt, Antisemitismus in alter und neuer Zeit, Teil III, in: KF, 4. 3. 1937, S. 65–72, S. 66 f.; Wilhelm Vischer, Antwort an Schalom Ben-Chorin, in: NW 33 (1939) 12, S. 566–571, S. 570; Vischer, Wir Christen und die Juden, S. 16 f.; S. 22; S. 23.
318  Hoch, Kompass durch die Judenfrage, S. 282 f.

konfessionslos wurden, konnten sowohl sie als auch die andern sie nur noch unter dem Begriff ,Rasse' feststellen. Auch hier ist eine Saat aufgegangen, die im 19. Jahrhundert zum grossen Teil von den Juden selber gesät worden ist. Man hat sie nun eben dort gepackt, wo sie überhaupt nur noch feststellbar waren. Darin liegt eine gewisse Gerechtigkeit, aber auch eine nicht zu verkennende Tragik."[319]

Viertens war für seinen Antisemitismus charakteristisch, dass Walter Hoch – wie die anderen Autoren, die sich im Zeitraum von 1938 bis 1945 aus christlich-theologischer Perspektive mit ,den Juden' befassten – der ,Judenfrage' eine heilsgeschichtliche Dimension beimaß. Er erachtete ,die Juden' als einzigartiges Volk, das nicht zur Welt-, sondern zur Heilsgeschichte gehöre.[320] Von der Furcht beseelt, ,die Juden' könnten als Volk verschwinden, interpretierte Hoch in die Judenverfolgungen hinein, dass diese dazu geführt hätten, dass sich die Juden wieder als Volk verstünden.[321] Seine an das Ende des Buches gestellten Überlegungen zur heilsgeschichtlichen Bedeutung des Judentums lässt Hoch schließlich vielsagend mit der Legende des ewig herumirrenden Ahasverus ausklingen.[322]

Mit Blick auf Walter Hochs Antisemitismus im „Kompass für die Judenfrage" ist überdies auf seine Arbeitsweise zu verweisen. Hoch versuchte den Eindruck von Objektivität zu erwecken, indem er beteuerte, nicht antisemitisch zu sein und sich nur auf Fakten zu stützen.[323] Diese Taktik wurde jedoch von seinen klar judenfeindlichen Äußerungen konterkariert. Sein Buch stellt eine Mischung aus sachlichen Darstellungen, einzelnen anti-antisemitischen Aussagen sowie judenfeindlichen Passagen dar. In anti-antisemitischer Weise äußerte sich der Autor beispielsweise gegen die Ritualmordlegende oder die „Protokolle der Weisen von Zion", und an einer Stelle bezeichnet er sogar jegliche Form von Antisemitismus innerhalb der christlichen Kirche als unstatthaft.[324] Zudem ging Hoch sehr unkritisch mit Literatur um. So stützte er sich zum einen zwar auf wissenschaftliche Werke wie etwa die

---

319  Hoch, Kompass durch die Judenfrage, S. 285. Ähnlich auch bereits in: Walter Hoch, Christ und Jude, Teil III, in: KF, 14. 6. 1934, S. 182–188, S. 184.

320  Hoch, Kompass durch die Judenfrage, S. 290.

321  Hoch, Kompass durch die Judenfrage, S. 291. Auch Leonhard Ragaz und Arthur Rich ließen sich ähnlich verlauten: Leonhard Ragaz, Zur Weltlage, in: NW 32 (1938) 12, S. 548–565, S. 564; Rich, Das Judenproblem, S. 8.

322  Hoch, Kompass durch die Judenfrage, S. 294–297.

323  Siehe etwa: Hoch, Kompass durch die Judenfrage, S. 95; S. 120; S. 281.

324  Siehe: Hoch, Kompass durch die Judenfrage, S. 37; S. 118; S. 273. Gegen die „Protokolle der Weisen von Zion" hatte sich Hoch schon 1925 im „Christlichen Volksfreund" ausgesprochen: Walter Hoch, Wir Christen und die Judenfrage, Teil IV, in: CVF, 21. 2. 1925, S. 90–94, S. 91 f.

„Weltgeschichte des jüdischen Volkes" von Simon Dubnow.[325] Zum anderen griff er jedoch auf tendenziöse Darstellungen von Judenmissionaren oder jüdischen Konvertiten zurück. So verwendete er mehrfach die Darstellungen Mark Lidsbarskis, Friedrich Hemans oder Johannes Friedrich Alexander de le Rois.[326] Darüber hinaus basierten Hochs Ausführungen auch auf den Schriften der notorisch antisemitischen Autoren Theodor Fritsch und Eugen Dühring sowie auf den „Forschungen zur Judenfrage" der nationalsozialistischen „Forschungsabteilung Judenfrage".[327] Zu Walter Hochs unkritischer Literaturwahl gesellten sich zudem falsche Zitate und Interpretationen. Dies zeigte der ehemalige Nationalrat David Farbstein in einer minutiös recherchierten Gegenschrift eindrücklich auf.[328]

Stieß Walter Hochs „Kompass durch die Judenfrage" jüdischerseits durch David Farbstein auf dezidierte Ablehnung, fand das Buch hingegen in Rezensionen der konservativ-protestantischen Zeitschriften eine überwiegend positive Aufnahme.[329] So empfahlen etwa der konservativ-protestantische Zürcher Pfarrer Karl Fueter, der gegen Ende des Krieges wie Walter Hoch zum Herausgeberkreis des „Christlichen Volksboten" gehörte, in der „Neuen Zürcher Zeitung" und Pfarrerin Lydia Schäppi

---

325　Simon Dubnow, Weltgeschichte des jüdischen Volkes. Von seinen Uranfängen bis zur Gegenwart, 10 Bde., Berlin 1920–1929.

326　Siehe folgende Werke: Johannes Friedrich Alexander de le Roi, Die evangelische Christenheit und die Juden unter dem Gesichtspunkte der Mission geschichtlich betrachtet, Bd. 1, Karlsruhe/Leipzig 1884; Heman, Geschichte des jüdischen Volkes; Mark Lidzbarski, Auf rauhem Wege. Jugenderinnerungen eines deutschen Professors, Giessen 1927.

327　Er bezog sich auf: Dühring, Die Judenfrage als Racen-, Sitten- und Culturfrage; Fritsch, Handbuch der Judenfrage. Die „Forschungen zur Judenfrage" erschienen von 1937 bis 1944. Siehe: Martin Finkenberger, Art. ‚Forschungen zur Judenfrage (1937–1944)‘, in: Handbuch des Antisemitismus, Bd. 6, S. 211 f.

328　David Farbstein, Walter Hoch's „Kompass durch die Judenfrage". Eine Widerlegung, Zürich 1946. Sein den judenfeindlichen Charakter von Hochs Schrift aufzeigendes Buch erschien 1946 im Verlag „Die Gestaltung" in Zürich. Siehe zudem Farbsteins Ausführungen im „Israelitischen Wochenblatt": David Farbstein, Judenfrage, warum nicht Christenfrage?, in: IW, 1. 6. 1945, S. 4 f.; David Farbstein, Pfarrer Walter Hoch 1933 und 1944, in: IW, 8. 6. 1945, S. 1 f. Farbstein war durch den „Schweizerischen Israelitischen Gemeindebund" beauftragt worden, die Entgegnung zu verfassen. Dies entsprach in jenen Jahren der Strategie des Vereins in Sachen Antisemitismusabwehr. (Keller, Abwehr und Aufklärung, S. 195–196.) Zu David Farbsteins Gegenschrift siehe zudem auch: Hanna Zweig-Strauss, David Farbstein (1868–1953). Jüdischer Sozialist – sozialistischer Jude, Zürich 2002, S. 196 f.

329　Siehe etwa: Rudolf Stickelberger, Die neuen Bücher, in: RS 1 (1944) 11, S. 44 f., S. 44; Lydia Schäppi, Bücher für Freunde Israels, in: FI 72 (1945) 2, S. 35; Bücherschau, in: ASB, 5. 5. 1945, S. 143; Benjamin Pfister, Bücherbesprechung, in: KF, 1. 6. 1945, S. 181 f., S. 181. Zur Kontroverse zwischen Hoch und Farbstein zudem aus christlicher Perspektive: Hans Kosmala, Gedanken zur Kontroverse Farbstein-Hoch, in: J 4 (1948) 3/4, S. 207–238/S. 241–258.

im „Freund Israels" das Buch wärmstens.[330] Sehr viel kritischer wandten sich hingegen der religiös-soziale Aufbau sowie Herbert Hug im „Kirchenblatt für die reformierte Schweiz" dem Buch Pfarrer Hochs zu.[331]

Walter Hochs „Kompass durch die Judenfrage" setzte mit seinem Erscheinen knapp ein Jahr vor Kriegsende einen Schlusspunkt hinter die längere Reihe von Publikationen zum Judentum aus dem Kreise dialektischer und anderer konservativ-protestantischer Autoren. Im Unterschied zu der großen Mehrheit der anderen Schriften kam der heilsgeschichtlichen Perspektive in Hochs Buch jedoch nicht der Hauptfokus zu. Walter Hochs Judenfeindschaft bediente sich weniger im Fundus des heilsgeschichtlichen, sondern in jenem des soziokulturell oder essentialisierend argumentierenden Antisemitismus. Hochs Antisemitismus wies denn auch keine größeren Transformationen gegenüber jenem in seinen Artikeln der 1920er- und 1930er-Jahre auf. Er schloss sich somit nicht der ‚Sakralisierung' der ‚Judenfrage' an, auch wenn er nach all seinen antisemitischen Ausführungen den angeblich religiösen Gehalt dieser Frage betonte. Hochs „Kompass durch die Judenfrage" war letztlich weniger ein rein theologisches Werk, sondern wollte vor allem eine – wenn auch aus christlicher Perspektive geschriebene – Geschichte des Judentums sein. Somit wies es mehr Ähnlichkeiten zu den Büchern Friedrich Hemans auf als beispielsweise zu jenen Wilhelm Vischers oder anderer dialektischer Autoren.

### Ansätze eines Umdenkens?

Vor allem ab 1942 bis zum Ende des Zweiten Weltkrieges in Europa führten kritische Berichte über die Flüchtlingssituation in Europa und der Schweiz sowie das sich konkretisierende Bild über das Ausmaß der nationalsozialistischen Verbrechen an den Juden dazu, dass es im Deutschschweizer Protestantismus ansatzweise zu einer selbstkritischen Reflexion über die Haltung der Schweiz und der Kirchen gegenüber den jüdischen Flüchtlingen und des Verhältnisses von Christentum und Antisemitismus kam. In großen Teilen lief dieser Reflexionsprozess parallel zu den theologischen Diskussionen über ‚die Judenfrage' ab. Es existierte folglich eine Gleichzeitigkeit zwischen der starken Präsenz von heilsgeschichtlichem Antisemitismus und partieller Antisemitismuskritik. Zudem wurden beide von denselben theologischen Netzwerken getragen, von denen das „Schweizerische Evangelische

---

330  Karl Fueter, Die Judenfrage, in: NZZ, 24. 5. 1945, Blatt 2.

331  x, Vom Schicksal der Juden, in: A, 22. 6. 1945, S. 199 f. Der Artikel richtete sich hingegen primär gegen die von Karl Fueter in seiner Rezension in der „Neuen Zürcher Zeitung" ebenfalls getätigten kritischen Äußerungen zu jüdischen Flüchtlingen. Siehe zudem: Herbert Hug, Kleine Mitteilungen, in: KRS, 26. 7. 1945, S. 234–238, S. 235 f.

Hilfswerk für die Bekennende Kirche in Deutschland" und die Religiös-Sozialen besonders hervorzuheben sind.

Erste Berichte über große Deportationen veröffentlichte das „Kirchenblatt für die reformierte Schweiz" im Sommer 1942.[332] Die Deportationen aus Frankreich und dann vor allem jene 1944 aus Ungarn fanden in der Berichterstattung verschiedener protestantischer Zeitschriften ihren Niederschlag. Die Vorgänge in Ungarn, die in der schweizerischen Öffentlichkeit allgemein stark rezipiert wurden, ließen etwa das konservativ-protestantische „Appenzeller Sonntagsblatt" deutlich von einer systematisch vor sich gehenden Ausrottung der Juden sprechen.[333] Wegen seiner umfangreichen, unverblümten Berichterstattung über die Vorgänge in Ungarn – etwa betitelt mit „‚Betet für uns, damit wir bald sterben'. Die Ausrottung der Juden in Ungarn" oder „Von der Bücherverbrennung bis zur Vergasung der Juden" – bekam der religiös-soziale „Aufbau" sogar Probleme mit den Zensurbehörden.[334] Der „Aufbau" berichtete 1944 auch über das Vernichtungslager Auschwitz.[335] Auch das andere religiös-soziale Blatt, die „Neuen Wege", informierte wiederholt über den Fortgang der Shoah. Anfang 1943 wandte sich etwa ein Beitrag den entsetzlichen Berichten über die Lager in Polen zu.[336] Eineinhalb Jahre später, in einem weiteren längeren Bericht, zeigte sich Leonhard Ragaz hoffnungsvoll, dass sich die Pforten der Konzentrationslager schließlich öffnen würden, und bilanzierte auf christozentrische Weise: „Auch diese Höllenpforten hat Christus zerbrochen. Denn es ist doch zuletzt Er, der es getan hat."[337] Neben den Religiös-Sozialen war es insbesondere Flüchtlingspfarrer Paul Vogt, der sich nicht nur in der theologischen Diskussion

---

332  Gottlob Wieser, Neue Judenverfolgungen, in: KRS, 16. 7. 1942, S. 219–222, S. 222.

333  Nachrichten, in: ASB, 22. 7. 1944, S. 237 f., S. 237. Siehe als kleine Auswahl: Gottlob Wieser, Juden-Deportationen aus Frankreich, in: KRS, 27. 8. 1942, S. 268–270, S. 269; Eine neue Welle der Judenverfolgungen geht durch Frankreich und die besetzten Länder, in: JK 9 (1942) 7, S. 130–132; Vom Schicksal der Juden in Frankreich, in: A, 5. 2. 1943, S. 45 f.; Gottlob Wieser, Die Judenverfolgungen in Ungarn, in: KRS, 27. 7. 1944, S. 234–237; Allerlei, in: ASB, 3. 2. 1945, S. 38 f.

334  „Betet für uns, damit wir bald sterben". Die Ausrottung der Juden in Ungarn, in: A, 30. 6. 1944, S. 150 f.; N. Heller, Von der Bücherverbrennung bis zur Vergasung der Juden, in: A, 28. 7. 1944, S. 181 f. Für die Probleme mit der Zensur siehe den Brief, der den „Aufbau"-Lesern der Nummer 7 vom 18. Februar 1944 beigelegt worden war. Neben Max Gerbers „Aufbau" hatten vor allem auch die „Neuen Wege" und Karl Barth mit den schweizerischen Zensurbehörden zu kämpfen. Für die schweizerische Pressezensur während des Zweiten Weltkrieges siehe: Georg Kreis, Zensur und Selbstzensur. Die schweizerische Pressepolitik im Zweiten Weltkrieg, Frauenfeld 1973.

335  Max Gerber, Die Ermordung der Juden, in: A, 14. 7. 1944, S. 162–164. Siehe für weitere Berichte über die Shoah in Polen beispielsweise: Gottlob Wieser, Die Ausrottung der Juden, in: KRS, 7. 1. 1943, S. 10–12, S. 11 f.; Gottlob Wieser, Die Ausrottung der Juden in Polen, in: KRS, 29. 4. 1943, S. 136–140, S. 139 f.

336  Leonhard Ragaz, Der Kampf um den Frieden, in: NW 37 (1943) 2, S. 89–104, S. 93–99.

337  Leonhard Ragaz, Zur Weltlage, in: NW 38 (1944) 9, S. 437–453, S. 449.

über die ,Judenfrage' engagierte, sondern auch in der Berichterstattung über die systematische Ermordung der Juden eine führende Rolle einnahm, wobei ihm die kleine Zeitschrift „Nicht fürchten ist der Harnisch", das an die regelmäßigen Spender des sogenannten Flüchtlingsbatzens versandt wurde, als Sprachrohr diente.[338]

Zur kritischen Berichterstattung über die Vorgänge gehörten schließlich zwei weitere Elemente. Zum einen ist der Abdruck von Protestnoten gegen die Judenverfolgungen aus verschiedenen protestantischen Kirchen Europas zu nennen, die etwa durch den „Evangelischen Pressedienst" oder den „Oekumenischen Pressedienst" verbreitet wurden.[339] Gerade Verlautbarungen aus den besetzten Niederlanden wurden mehrfach abgedruckt. Diese waren aber teilweise judenfeindlich geprägt.[340] Mit Blick auf die im Frühjahr 1944 einsetzenden Deportationen in Ungarn protestierten auch mehrere kantonale Kirchenräte gegen die Judenverfolgungen in Ungarn.[341] Zum anderen sollte die Wiedergabe von Erfahrungsberichten von Flüchtlingen Mitgefühl erzeugen. Sie sollten nicht nur die schrecklichen Vorgänge illustrieren, sondern nicht zuletzt auch die Flüchtlingshilfe fördern. Einige solche Berichte waren in zwei Bänden enthalten, an deren Herausgabe Paul Vogt 1944 beteiligt war.[342]

Das Wissen um die Judenverfolgungen und das Flüchtlingselend beeinflussten auch die Haltung der protestantischen Kirchen und der religiösen Zeitschriften gegenüber der offiziellen Flüchtlingspolitik des Bundes.[343] Kritische Stimmen wa-

338  Siehe etwa: Paul Vogt, Belege ... Ein ernstes Wort zur Judenverfolgung in Ungarn, in: NFH 4 (1944) 9, S. 1–4; Paul Vogt, Früchte, in: NFH 4 (1944) 10, S. 1–4; Paul Vogt, Wo sind sie?, in: NFH 5 (1945) 3, S. 1–4; Paul Vogt, Theresienstadt, in: NFH 5 (1945) 4, S. 1–4.

339  Siehe beispielsweise: Kirchliche Zeitschau, in: CVF, 8. 8. 1942, S. 383–384, S. 384; OePD, Ein Wort der Kirche Schwedens zu den Judenverfolgungen, in: ASB, 2. 1. 1943, S. 4 f.; Allerlei, in: ASB, 22. 6. 1944, S. 238. Auch mehrere kantonale Kirchenräte protestierten gegen die Judenverfolgungen in Ungarn.

340  Siehe etwa: Johannes Huldreich Brassel, Die Kirche in Holland, in: CVF, 3. 5. 1941, S. 209–213; OePD, Das Gebet der holländischen Kirchen, in: ASB, 26. 9. 1942, S. 308 f.

341  Siehe hierzu und zur Rezeption der Ereignisse im Schweizer Protestantismus: Kocher, Rationierte Menschlichkeit, S. 270–285.

342  Es handelte sich um folgende beiden Sammelbände: Paul Vogt, Aus Not und Rettung. Stimmen aus dem Dunkel dieser Zeit, Zürich/New York 1944; Schweizerisches Evangelisches Hilfswerk für die Bekennende Kirche in Deutschland mit Flüchtlingsdienst (Hrsg.), Soll ich meines Bruders Hüter sein?. Der Band „Aus Not und Rettung" hatte in seine Berichte Erweckungshoffnungen und Bekehrungsgeschichten eingeflochten. Siehe zudem zwei Beispiele aus den ,Richtungsblättern': Über die Vorgänge in einem südfranzösischen Interniertenlager während den Judendeportationen nach dem Osten, in: ASB, 10. 10. 1942, S. 324 f.; Eine neue Welle der Judenverfolgung geht durch Frankreich und die besetzten Länder, in: JK 9 (1942) 7, S. 130–132.

343  Zur protestantischen Flüchtlingshilfe und zur Haltung der Kirchen gegenüber der schweizerischen Flüchtlingspolitik: Kocher, Rationierte Menschlichkeit.

ren bereits während der restriktiven Flüchtlingspolitik 1938 – nach dem ‚Anschluss' Österreichs – präsent. Für den antimilitaristischen Zürcher Pfarrer Theophil Bruppacher war es etwa im Dezember 1938 im „Kirchenboten für den Kanton Zürich" klar, dass sich Staat und Kirche in der ‚Flüchtlingsfrage' als Gegner gegenüber stehen würden, und der religiös-soziale Arzt Alfred Hübscher erinnerte die Schweiz daran, das an der Landesausstellung von 1939 propagierte Selbstbild des ‚Helfens' und ‚Heilens' in die Tat umzusetzen.[344] 1938 fanden sich aber auch noch Stimmen in den untersuchten Zeitschriften, die sich klar hinter die offizielle Flüchtlingspolitik stellten und insbesondere etwa die Doktrin der Notwendigkeit einer schnellen Weiterreise der Flüchtlinge mittrugen.[345] Zu diesen gehörte etwa der germanophil eingestellte Redakteur des liberalen „Schweizerischen Protestantenblatts" August Waldburger.[346]

Mit aller Heftigkeit setzte die Kritik an der offiziellen Flüchtlingspolitik, allerdings nur selten von Seiten liberaler Theologen,[347] im Sommer 1942 anlässlich der

344 Theophil Bruppacher, Die Fremdlinge, in: Kirchenbote für den Kanton Zürich 24 (1938) 12, S. 105 f.; Alfred Hübscher, Unsere Verantwortung für die Flüchtlinge, in: KRS, 12. 10. 1939, S. 335 f. Ebenfalls kritisch gestimmt waren etwa: Eine Klarstellung der Flüchtlingsfrage, in: A, 15. 9. 1939, S. 290 f.; Gottlob Wieser, Unsere Verantwortung für Flüchtlinge, in: KRS, 28. 9. 1939, S. 314 f., S. 314.

345 Siehe etwa: Nachrichten, in: ASB, 27. 8. 1938, S. 277 f., S. 277; Nachrichten, in: ASB, 3. 9. 1938, S. 284–285, S. 285. Sich für die Flüchtlingshilfe aussprechend, doch die Notwendigkeit der Weiterreise betonend: X., Der heutige Stand der Flüchtlingsfrage, in: KRS, 13. 10. 1938, S. 329–331; Schweizerisches kirchliches Hilfskomitee für evangelische Flüchtlinge, in: KRS, 8. 12. 1938, S. 392–397, S. 393.

346 August Waldburger, Flüchtlingshilfe, in: SPB, 8. 4. 1939, S. 107–111, S. 111. Der Artikel Waldburgers war stark antisemitisch geprägt. Verschwörungstheoretische Vorstellungen von ‚jüdischer Weltherrschaft' offenlegend, sprach er sich dafür aus, dass sich die evangelisch-reformierte Flüchtlingshilfe nicht auch noch um jüdische Flüchtlinge zu kümmern habe. Diese sollten durch ‚die Juden' alleine unterstützt werden: „Es hat seinen guten Grund, daß der internationale israelitische Reichtum sich zu dieser Pflicht der Hilfe bekennt. Die spezifisch jüdische Großfinanz glaubte sich am Kriegsende neben ihren Riesengewinnen auch am Ziel ihrer Weltbeherrschung oder Weltdirigierung angelangt. Wie ist es so ganz anders geworden: 1919–1939! Da ist es recht und billig, daß die Kosten der falschen Spekulation von ihren Leitern und Nutznießern getragen werden. Sie tun es, und es gereicht ihnen zur Ehre. Nun aber unsere, die evangelisch-reformierte Flüchtlingshilfe. [...] Sie muß nicht die Opfer schwerster Feindschaft zwischen Herrschsucht und Wiederaufstehen eines Volkes, ja zwischen internationalen Weltausbeutungsplänen und nationalen, ja Rassen-Organisationen in einer wachsenden Reihe von Ländern rund um den Erdball als ihrer Opfer sich annehmen. Sie sieht und erkennt das Menschliche und auch das Unmenschliche hüben und drüben in diesem grundsätzlichen Kampf." (August Waldburger, Flüchtlingshilfe, in: SPB, 8. 4. 1939, S. 107–111, S. 108.)

347 Eine Ausnahme stellte jedoch seit 1938 Paul Kaiser, Pfarrer in Wildhaus (SG), dar, der von 1936 bis 1939 Redakteur des „Schweizerischen Reformierten Volksblatts" war: Paul Kaiser, Judas Not,

Schließung der Grenzen für Flüchtlinge cin.[348] Wiederholt wurde etwa auf die Asyltradition der Schweiz und dabei aus protestantischer Optik auf die großzügige Aufnahme der Hugenotten im 17. Jahrhundert verwiesen.[349] Aufsehen erregte die Kritik an der Flüchtlingspolitik, die an der ‚Landsgemeinde‘ der „Jungen Kirche“ vom 30. August 1942 in Zürich-Oerlikon geübt wurde.[350] Nicht selten mit der Kritik an der Flüchtlingspolitik der Eidgenossenschaft einhergehend, kam es zu Aufrufen für die Flüchtlingshilfe.[351] Retrospektiv stellte Leonhard Ragaz in der ersten Nachkriegsnummer der „Neuen Wege“ dem staatlichen, aber auch kirchlichen Verhalten der Schweiz ein sehr schlechtes Zeugnis aus, und bezog dabei prominent auch die Flüchtlingspolitik in dieses Urteil ein.[352]

In der Auseinandersetzung mit der ‚Flüchtlingsfrage‘ kam es gelegentlich auch zu einer Kritik am Antisemitismus, indem dieser als ‚unchristlich‘ charakterisiert wurde.[353] Anti-antisemitische Positionen gingen auf einzelne Exponenten der

Teil II, in: SRV, 24. 9. 1938, S. 309 f. Kaiser kritisierte die schweizerische Politik auch nach dem Kriege deutlich: Paul Kaiser, Zum Stand der Flüchtlingsfrage in der Schweiz, in: SRV, 26. 4. 1947, S. 126–128, S. 128.

348  Siehe zur Grenzschließung und den Protesten in der schweizerischen Öffentlichkeit im Allgemeinen: Unabhängige Expertenkommission Schweiz – Zweiter Weltkrieg, Die Schweiz und die Flüchtlinge zur Zeit des Nationalsozialismus, Zürich 2001, S. 113–132.

349  Siehe als Beispiele für eine kritische Haltung gegenüber der schweizerischen Flüchtlingspolitik: Gottlob Wieser, Bedrohung unseres Asylrechtes, in: KRS, 27. 8. 1942, S. 271; Bruno Balscheit, Gott ruft das Volk, in: KRS, 10. 9. 1942, S. 273 f.; Nachrichten, in: ASB, 5. 9. 1942, S. 285 f.; Max Gerber, Jahreswende, in: A, 1. 1. 1943, S. 1 f.; Samuel Dieterle, Wer hier noch schweigen kann, in: A, 25. 7. 1943, S. 201–203; Max Wolff, Ein Tapferes Wort, in: NW 37 (1943) 11, S. 541–544. Mit besonderer Betonung der Asyltradition z. B.: Max Gerber, Wie ist dein altes Volk dem jetzigen verwandt?, in: A, 2. 9. 1938, S. 273 f.; Paul Kaiser, Um das Asylrecht, 3 Teile, in: SRV, 10./17./24. 10. 1942, S. 323–325/S. 333–335/S. 338–341.

350  Siehe hierfür die Oktobernummer der „Jungen Kirche“. Zur Rezeption des Anlasses siehe: Kocher, Rationierte Menschlichkeit, S. 220–226. An dieser Versammlung zog Bundesrat Eduard von Steiger, der die Meinung der offiziellen Flüchtlingspolitik vertrat, seinen bekannten Vergleich der Schweiz mit einem vollen Rettungsboot. Gegen die Flüchtlingspolitik des Bundes wandte sich insbesondere Max Wolff als Präsident der Zürcher Synode. Das Referat des Oberrichters stieß etwa im „Aufbau“ auf große Zustimmung. Er druckte es in voller Länge ab: Rede von Oberrichter Dr. Max Wolff, in: A, 18. 9. 1942, S. 301–303.

351  Siehe etwa: Sofort – Hilfe für die Flüchtlinge, in: JK 9 (1942) 7, S. 122.

352  Leonhard Ragaz, Schweizerisches, in: NW 39 (1945) 5, S. 262–272, S. 262–268.

353  Siehe z. B.: Kleine Mitteilungen, in: KRS, 14. 3. 1940, S. 79 f., S. 80; Leonhard Ragaz, Das Bekenntnis, in: NW 36 (1942) 7/8, S. 28–59, S. 39; Gottlob Wieser, Christlicher Antisemitismus?, in: KRS, 18. 2. 1943, S. 56–60, S. 57; Paul Vogt, Flüchtlingshilfe als christliche Diakonie, in: KRS, 28. 12. 1944, S. 402–405, S. 404; Aus der deutschen Kirche, in: RS 2 (1945) 1, S. 38–41, S. 40. Ebenso Arthur Rich, der an anderer Stelle seiner Schrift „Das Judenproblem“ jedoch selbst auf antisemitische Argumentationsmuster zurückgreift: Rich, Das Judenproblem, S. 18.

dialektischen Theologie zurück. In erster Linie ist dabei Paul Vogt zu nennen, der in seiner Funktion als Flüchtlingspfarrer eine der zentralen Figuren in der protestantischen Hilfe für jüdische Flüchtlinge war.[354] Besonders stark kam diese Verurteilung des Antisemitismus durch Vogt in seiner Schrift „Ihr sollt den Fremdling lieben" zur Geltung.[355] Auch in der Septembernummer von „Nicht fürchten ist der Harnisch" von 1944 formulierte der Flüchtlingspfarrer seine in der Flüchtlingshilfe fußende Grundsatzkritik am Antisemitismus sehr deutlich. Vogt war gewillt, der ‚Gemeinde Christi' Belege über die Judenverfolgungen in Ungarn zu liefern, damit sie erkenne, „welche satanischen Früchte der satanische Antisemitismus trotz der vielgerühmten Kultur, Bildung und Aufklärung des zwanzigsten Jahrhunderts" gezeitigt habe.[356] Abschließend hält Vogt mit Blick auf den Antisemitismus und die Flüchtlingshilfe fest:

> „Dokumente des Grauens! Ein winzig kleiner Ausschnitt aus unermeßlich großer, hunderttausendfacher Not.
>
> Genug für uns! – Der eidgenössische Dank-, Buß- und Bettag steht vor der Türe.
>
> Wissen wir, was wir zu tun haben? – Gott erwartet von uns Christen ein klares, tapferes, unerschrockenes Nein zu jeder Form von Judenverfolgung und Antisemitismus. Und er erwartet ein ebenso klares, tapferes und unerschrockenes Ja zu jeder Form des Dienstes, der Liebe und der Barmherzigkeit an den unter die Räuber gefallenen Juden."[357]

Stark an die Überzeugungen Vogts erinnerten auch die Thesen zu Nachkriegsfragen der Flüchtlingshilfe des „Schweizerischen kirchlichen Hilfskomitees für evangelische Flüchtlinge", die in dem 1944 erschienenen und von Paul Vogt redigierten Sammelband „Soll ich meines Bruders Hüter sein?" veröffentlicht wurden. Die vom Vorstand des „Schweizerischen evangelischen Volksbundes" angenommenen Thesen

---

354  Hermann Kocher betont in seiner Darstellung der protestantischen Flüchtlingshilfe mit Recht, dass in einer „solchen Kontinuität und Intensität wie Vogt" sonst niemand im schweizerischen Protestantismus „seine Zeitgenossinnen und Zeitgenossen für die Verbrechen an Jüdinnen und Juden im Einflussbereich der Nationalsozialisten aufzurütteln und zu sensibilisieren" versucht habe. (Kocher, Rationierte Menschlichkeit, S. 204.)

355  Vogt, Ihr sollt den Fremdling lieben. Der Band enthält mehrere Predigten Vogts. Als weiteres Beispiel für die starke Antisemitismuskritik Vogts im Jahre 1944: Vogt, Predigt, Gehalten am 27. Juni 1944, S. 7.

356  Paul Vogt, Belege ... Ein ernstes Wort zur Judenverfolgung in Ungarn, in: NFH 4 (1944) 9, S. 1–4, S. 2.

357  Ebenda, S. 4. Eine Verknüpfung der Hilfe an Flüchtlingen mit dem Kampf gegen den Antisemitismus nimmt Vogt auch in einer Reihe von Leitsätzen zur Diakonie vor: Paul Vogt, Flüchtlingshilfe als christliche Diakonie, in: KRS, 28. 12. 1944, S. 402–405.

forderten dazu auf, gegen den Antisemitismus anzukämpfen, da dieser unchristlich sei.[358] Neben Paul Vogt beteiligte sich auf dialektischer Seite auch Karl Barth an
der Kritik des Antisemitismus. Seine Motivation gründete in seiner strikten Ablehnung des Nationalsozialismus. Vor dem Hintergrund der Vernichtung des europäischen Judentums betonte Barth, dass der Nationalsozialismus von Anfang an gegen
die Juden gerichtet gewesen sei. Er sei zwar daran den Krieg zu verlieren, doch ein
Triumph sei bis jetzt unaufhaltsam weitergegangen, nämlich die „systematisch geplante und durchgeführte millionenweise Vernichtung und Ausrottung von Män-
nern und Frauen, Kindern und Säuglingen des Judenvolkes, soweit diese für den
deutschen Zugriff erreichbar war".[359]

In Paul Vogts Ablehnung des Antisemitismus war auch eine Selbstkritik am
Christentum und den christlichen Kirchen eingebunden. Der Flüchtlingspfarrer
nahm daher eine Schlüsselstellung in einem Diskurs des Schuldempfindens gegenüber den Juden ein, der sich vor dem Hintergrund des Wissens um die Shoah nach
1942 in Ansätzen zu entwickeln begann. Schuldgefühle gegenüber den Juden hatten sich bereits seit Ende der 1930er-Jahre zudem auch im Religiösen Sozialismus
artikuliert. Mit Blick auf das Verhalten des Christentums dem Judentum gegenüber fühlte Vogt eine große Schuld.[360] Im Juli 1943 wandte er sich zusammen mit
dem liberalen Zürcher Pfarrer Oskar Farner und dem der dialektischen Theologie
nahestehenden Laien Ernst Hurter in einem Brief an den „Israelitischen Gemeindebund Zürich", in dem sie sich für das schlechte Verhalten von Christen gegenüber Juden entschuldigten und das Christentum selbst bezichtigten, es versäumt
zu haben, „rechtzeitig unerschrocken und tapfer anzukämpfen gegen jede Aeuße-
rung von Antisemitismus".[361] Der Brief, verfasst mit Blick auf einen von der jüdischen Gemeinde organisierten Trauertag, kann auch als Reaktion auf die verständ-
licherweise negativen Reaktionen der Schweizer Juden auf den „Weihnachtsbrief an

---

358  Thesen des schweizerischen kirchlichen Hilfskomitees für evangelische Flüchtlinge zu den
     Nachkriegsfragen der Flüchtlingshilfe, in: Schweizerisches Evangelisches Hilfswerk für die Be-
     kennende Kirche in Deutschland mit Flüchtlingsdienst (Hrsg.), Soll ich meines Bruders Hüter
     sein?, S. 103–106, S. 105. Die Betonung, dass die Kirche die ‚Judenfrage' immer von der Bibel her
     zu beurteilen habe, ließ jedoch das Tor für heilsgeschichtlichen Antisemitismus offen.

359  Barth, Verheißung und Verantwortung, S. 313–315; Zitat 315. Ebenso die Kontinuitäten des national-
     sozialistischen Antisemitismus aufzeigend: Paul Vogt, Früchte, in: NFH 4 (1944) 10, S. 1–4, S. 2.

360  Siehe z. B.: Erklärungen, in: NW 32 (1938) 7/8, S. 339 f., S. 339. Siehe ebenfalls den Beitrag Ni-
     kolai Berdiajews in den „Neuen Wegen", der jedoch seinerseits längere antisemitische Passagen
     enthält: Nikolai Berdiajew, Christentum und Antisemitismus. Das religiöse Schicksal des Juden-
     tums, in: NW 33 (1939) 1, S. 9–25, S. 11.

361  Der Brief ist beispielsweise abgedruckt im „Christlichen Volksfreund": Paul Vogt/Oskar Farner/
     Ernst Hurter, An den Schweizerischen Israelitischen Gemeindebund Zürich, in: CVF, 10. 7. 1943,
     S. 330–332, S. 331.

unsere Juden" von Dezember 1942 gesehen werden, der aus demselben Netzwerk stammte.[362] An anderer Stelle sprach Vogt von einem „Flecken", der sich im Gesicht des Christentums befinde.[363] Besonders explizit fiel die Kritik an einer schweigenden, auf die Wahrung des Besitzstandes bedachten Kirche schließlich 1944 in Vogts „Ihr sollt den Fremdling lieben!" aus. Er betonte, dass dies ein unheilvolles Schweigen dieser „Mechanismuskirche" gewesen sei, und fuhr in seiner Kritik fort:

> „Das Schweigen einer Kirche, die geschwiegen hat zum Greuel der Deportation mit dem Achselzucken: Ach, es geht ja nur die Juden an, ist ein unheimliches und unheilvolles Schweigen gewesen. Eine Kirche, die schweigt zu den vier Millionen toter Juden, schweigt ein unheimliches und unheilvolles Schweigen. Schweigende Kirche, die schweigt zum Unrecht im kleinen und im großen, ist Mechanismuskirche."[364]

Dass Vogts ‚Schuldbekenntnisse' nicht immer auf Gegenliebe stießen, schien im konservativ-protestantischen „Christlichen Volksfreund" auf, der eine Mitschuld aller Christen an den Judenverfolgungen von der Hand wies.[365]

Die christliche Selbstkritik Vogts war jedoch theologisch fundierten judenfeindlichen Mustern nicht völlig abhold, wie eine Predigt Vogts zum Bettag zeigt, die allerdings rund zwei Jahre früher gehalten worden war. In dieser warf er den Christen vor, nicht besser als ‚die Juden' zu sein und ebenfalls Christus gekreuzigt zu haben. In diesem selbstbezichtigenden Vergleich verwendete er ‚die Juden' als negativen Referenzpunkt. Der von christlicher Seite an ‚die Juden' gerichtete Vorwurf der ‚Schuldhaftigkeit' wurde somit aufrechterhalten und nur insofern ‚relativiert', als ‚die Christen' in ihrer Schlechtigkeit ‚den Juden' gleichgesetzt wurden.[366] Sehr ähnlich argumentierte der ebenfalls dialektische Pfarrer Herbert Hug ein Jahr später.[367]

Bereits in Richtung einer Bekämpfung des Antisemitismus unter den Christen wies ein Beitrag im „Kirchenblatt für die reformierte Schweiz". Der im Dezember

---

362　Siehe: Heinrich Rusterholz, Karl Barth und der Flüchtlingspfarrer Paul Vogt, in: Beintker/Link/Trowitzsch (Hrsg.), Karl Barth im europäischen Zeitgeschehen (1935–1950), S. 183–211, S. 203–205.

363　Paul Vogt, Der Flecken, in: KRS, 2. 11. 1944, S. 337 f., S. 337.

364　Vogt, Ihr sollt den Fremdling lieben!, S. 18 f. Über die Passivität der schweizerischen Kirche als Ganzes beklagte sich auch ein Autor im April 1943 im Organ der Dialektiker: H. B., Sehen und Blindsein, in: KRS, 15. 4. 1943, S. 113 f., S. 114.

365　Johann Huldreich Brassel, Judenhetze, in: CVF, 1. 7. 1944, S. 319 f., S. 320. Johann Huldreich Brassel störte sich konkret an Aussagen, die Vogt im „Freund Israels" fallen gelassen hatte: Paul Vogt, Kreuzige ihn!, in: FI 71 (1944) 2, S. 29–31.

366　Vogt, Aufruf zum Dank- und Bußopfer, S. 69. Siehe zudem auch: Paul Vogt, Kreuzige ihn!, in: FI 71 (1944) 2, S. 29–31.

367　Hug, Unsere Schuld an der Leidensgeschichte der Juden. Ähnlich auch: Herbert Hug, Jüdisch-christliche Verständigungsversuche und das Problem der Judenmission, in: FI 71 (1944) 1, S. 2–16, S. 5.

1944 gedruckte Artikel, der wahrscheinlich aus der Feder des St. Galler Pfarrers Fritz Rohr stammte,[368] verglich – ganz ähnlich wie dies auch Paul Vogt in seiner Theologie tat – das Schicksal ,der Juden' mit jenem von Jesus, der auch als ,Fremdling' auf der Erde gewandelt sei.[369] Er sprach sich dafür aus, den Vorurteilen entgegenzutreten, die bewirkt hätten, „dass die Christen die Juden als etwas Fremdes, Unliebsames, Unbequemes, ja Feindliches angesehen" hätten. Sich gegen den antijudaistischen Gottesmord-Topos wendend, fügte Rohr an: [W]ir müssen mit jener ,Greuelpropaganda' aufräumen, die von einer sehr christlichen Kirche geschaffen, bis tief in die Religions-Unterweisung unserer Kinder hineinreicht und bewirkt, dass jedes christliche Kind den Juden als einen ,bösen Mann' ansieht, weil er ,den lieben Heiland gekreuzigt hat'. Das ist, so wie es bisher immer gelehrt wurde, eine Unwahrheit." Trotz seiner Kritik an einem der Grundsätze des christlichen Antisemitismus vermochte sich Rohr jedoch nicht völlig von den etablierten theologischen Restriktionen zu lösen, denn sein Beitrag endete mit dem Aufruf an die Christen, durch ein wirklich christliches Leben ,die Juden' ,eifersüchtig' zu machen und somit zu Christus zu führen.[370]

---

368 Zusammen mit seinen St. Galler Pfarrerkollegen Richard Pestalozzi und Hans Böhringer hatte Fritz Rohr unmittelbar nach Ausbruch des Zweiten Weltkrieges einen Aufruf zugunsten der Juden im lokalen Kirchenblatt publiziert, der sich gegen die Verbrechen des Nationalsozialismus wandte und für die Unterstützung der ,Judenchristen' warb. (Jehle-Wildberger, Das Gewissen sprechen lassen, S. 95–96.)

369 Siehe zu Vogts Flüchtlingstheologie: Kocher, Rationierte Menschlichkeit, S. 303 f.

370 Fritz Rohr?, Christen und Juden, in: KRS, 14. 12. 1944, S. 389–391, S. 390 f.; Zitat 391.

# VII. Die Phase 1945 bis 1950 – Persistenzen und Transformationen im antisemitischen Diskurs

Im Gegensatz zu den vom Krieg versehrten Ländern stellte für die schweizerische Politik und Gesellschaft das Ende des Zweiten Weltkrieges keinen Bruch dar. Vielmehr überwogen in der Eidgenossenschaft die Kontinuitäten, so auch im Deutschschweizer Protestantismus und in den für diese Forschungsarbeit relevanten Zeitschriften. Im Gegensatz zum protestantischen Zeitschriftenwesen in Deutschland, das schon während des Nationalsozialismus durch Selbstauflösungen und Verbote von Zeitschriften große Veränderungen erlebt hatte und nach dem Krieg unter alliierter Besetzung einen Neuanfang starten musste,[1] kam es in den untersuchten deutschschweizerischen Zeitschriften des Protestantismus nur aus wirtschaftlichen oder strategischen Gründen zu Transformationen. So stellte der chronisch defizitäre konservativ-protestantische „Christliche Volksfreund" sein Erscheinen auf Ende 1948 ein,[2] und der „Kirchenfreund", Flaggschiff der konservativ-protestantischen Richtungsblätter, richtete sich 1952 neu aus und benannte sich in „Reformatio" um.[3] Diese Neuausrichtung ging mit einem Generationenwechsel in der Redaktion einher, während sich in den anderen Zeitschriften die Kontinuität auch in der Redaktionszusammensetzung zeigte.

Die fünfte Periode des Untersuchungszeitraums dieser Forschungsarbeit setzt mit dem Kriegsende ein. Die zeitliche Ausdehnung der Analyse des Antisemitismus im Deutschschweizer Protestantismus über das Kriegsende hinaus, das sich als Begrenzung des gesamten Untersuchungszeitraums angeboten hätte, wurde

---

1    Zu den Brüchen in der protestantischen Presselandschaft Deutschlands siehe: Michel Grunewald, Le protestantisme allemand, sa presse et ses réseaux (1871–1963), in: Grunewald/Puschner (Hrsg.), Das evangelische Intellektuellenmilieu in Deutschland, S. 3–22, S. 19–22; Roland Rosenstock, Evangelische Presse im 20. Jahrhundert, Stuttgart/Zürich 2002.

2    Zu den Beweggründen für die Einstellung des „Christlichen Volksfreundes" siehe: Karl Otto Hürlimann, Zur Lage des „Christlichen Volksfreundes" mit einer herzlichen Bitte an die Leser, in: CVF, 12. 6. 1948, S. 277 f.; Karl Otto Hürlimann, Ein Wort an unsere Leser und Leserinnen. Wer sitzt nicht zuvor hin und überschlägt die Kosten, ob er es auch habe hinauszuführen, in: CVF, 21. 11. 1948, S. 560–562.

3    Siehe: Peter Vogelsanger, Mein Dank an den „Kirchenfreund", in: KF, 15. 12. 1951, S. 342–345, S. 345. Der Hauptfeind wurde nun nicht mehr im liberalen Protestantismus, sondern in den Herausforderungen durch die moderne Gesellschaft gesehen. Der ‚Kampf' fokussierte somit nicht mehr auf die Kirche, sondern richtete sich nun gegen ‚weltliche Dinge'. Die Neuausrichtung spiegelte sich auch in der Jahrgangszählung wieder, da jene des „Kirchenfreundes" nicht weitergeführt wurde.

bewusst gewählt. Auf diese Weise kann wichtigen Fragen nach Kontinuitäten und Brüchen im Antisemitismus der untersuchten Zeitschriften nachgegangen werden, zumal es in struktureller und personeller Hinsicht zu keinem Bruch kam. Doch mit dem Wissen um die Shoah bewegten sich der Antisemitismus sowie die gesellschaftliche und theologische Diskussion über ‚die Juden‘ in einem veränderten Umfeld. Diese kontextuelle Veränderung hatte sich bereits in den letzten Kriegsjahren in den untersuchten Quellen niedergeschlagen, war sie doch mitverantwortlich für die von heilsgeschichtlichem Antisemitismus geprägte intensivierte theologische Auseinandersetzung mit der ‚Judenfrage‘ und für erste Ansätze einer selbstkritischen Reflexion über die christliche Sicht auf das Judentum, wie sie vorab bei Flüchtlingspfarrer Paul Vogt ein Thema wurde. Die Terminierung des Periodenendes mit dem Jahr 1950 ist technisch gewählt und weder strukturellen Veränderungen im Protestantismus noch inhaltlichen Transformationen geschuldet. Das eigentliche Ende dieser Periode hat man sich vielmehr offen vorzustellen. So wird, wo thematisch sinnvoll, in der Analyse wiederholt auch auf Texte bis 1955 zurückgegriffen.

Die Untersuchung der ersten Nachkriegsjahre unterteilt sich in zwei Kapitel. Das erste thematisiert die Transformationen und Kontinuitäten der Judenfeindschaft im Protestantismus der Deutschschweiz mit Fokus auf seine diskursiven Schwerpunkte und die Häufigkeit seines Auftretens. Das zweite Kapitel wendet sich der im Vergleich zur vorangegangenen Periode von 1933 bis 1945 und insbesondere zu den noch weiter zurückliegenden Jahrzehnten nach der Shoah deutlich stärker ausgeprägten Reflexion über den Antisemitismus zu. Diese resultiert beispielsweise in anti-antisemitischen Stellungnahmen, in christlichem Schuldempfinden gegenüber den Juden oder auch im einsetzenden christlich-jüdischen Dialog.

## 1 Rückgang des Antisemitismus und diskursive Kontinuitäten

In den ersten fünf bis zehn Nachkriegsjahren nahm der Antisemitismus in den untersuchten Zeitschriften des Deutschschweizer Protestantismus gegenüber der vorangegangenen Periode von 1933 bis 1945 deutlich ab. Insbesondere Artikulationen einer soziokulturell, nationalistisch oder rassistisch argumentierenden Judenfeindschaft wurden sehr selten, nachdem diese bereits in den Jahren nach 1938 deutlich zurückgegangen waren. Heilsgeschichtliche Projektionen auf ‚die Juden‘ und die damit verknüpften Diskurse des heilsgeschichtlichen Antisemitismus, die in der Folge der intensivierten theologischen Auseinandersetzung mit der ‚Judenfrage‘ nach 1938 zum zentralen Element des Antisemitismus im Deutschschweizer Protestantismus geworden waren, blieben hingegen weiterhin in einem beachtlichen, wenn auch nicht mehr gleich ausgeprägten Maße präsent. Sogar gänzlich verschwand der Antisemitismus im einzigen verbliebenen liberalen Organ, dem „Schweizerischen Religiösen Volksblatt", und auch das einst stark antisemitische „Appenzeller Sonntagsblatt" löste sich fast völlig von judenfeindlichen Vorstellungen. Antisemitismus zeigte sich primär in jenen Zeitschriften, die aufgrund ihrer theologischen Schwerpunkte weiterhin öfters auf ‚die Juden' zu sprechen kamen. Dies war insbesondere bei den Zeitschriften der Dialektiker, der Religiös-Sozialen sowie der judenmissionarischen „Freunde Israels" der Fall. Schwerpunkte in diesem Kapitel bilden der Restbestand an Diskursen des modernen Antisemitismus sowie insbesondere die Kontinuität heilsgeschichtlich motivierter judenfeindlicher Deutungen. Darüber hinaus wird die Fortdauer des judenmissionarischen Anspruchs im konservativ geprägten Protestantismus thematisiert. Immer wieder zeigte sich dabei der junge Staat Israel als Kristallisationspunkt für judenfeindliche Aussagen.

*Fortschreitender Bedeutungsverlust der Diskurse des modernen Antisemitismus*

Antisemitische Beiträge, deren Argumentation nicht auf religiösen Denkmustern basierte, waren in sämtlichen systematisch untersuchten Periodika sowie in den zusätzlich konsultierten Schriften selten. Ihr sporadisches Auftreten lässt nur Befunde zu, die einer gewissen Zufälligkeit nicht entbehren. Allerdings sei die These in den Raum gestellt, dass der starke Rückgang modernantisemitischer Diskurse, der im Deutschschweizer Protestantismus ja schon nach 1938 eingesetzt hatte, nicht deren tatsächliches Verschwinden bedeuteten, sondern Resultat einer Tabuisierung in der Öffentlichkeit darstellte. Das Wissen, dass es angesichts der sechs Millionen getöteter Juden als unstatthaft angesehen würde, sich rassenantisemitisch zu äußern oder ‚die Juden' als ‚zersetzend', ‚national unzuverlässig' oder ‚verschwörerisch' zu apostrophieren, könnte – im Sinne eines ‚Antisemitismus ohne Antisemiten'[4] – ein Zurückdrängen antisemitischer Denkmuster aus dem öffentlichen in den privaten Raum bewirkt haben. Offensichtlich nicht von einer Tabuisierung betroffen waren im Deutschschweizer Protestantismus allerdings religiöse antisemitische Topoi. Diese waren, wie die Analyse antisemitismukritischer Stellungnahmen in den vorangegangenen Perioden bereits aufgezeigt hatte, von vielen Autoren nicht als Teil des Phänomens Antisemitismus verstanden worden.[5]

---

4　Grundlegend für dieses Konzept ist ein Beitrag Bernd Marins, der es am Beispiel Österreichs aufzeigt: Bernd Marin, Ein historisch neuartiger ‚Antisemitismus ohne Antisemiten'? Beobachtungen und Thesen am Beispiel Österreichs nach 1945, in: Geschichte und Gesellschaft 5 (1979) 4, S. 545–569, S. 549 f.

5　Siehe diesbezüglich Kapitel 4 in Teil III, Kapitel 3 in Teil V sowie Kapitel 3 in Teil VI. Die Erkenntnis, dass diese in der christlichen Religion gründenden Topoi als Teil des Antisemitismus

Das fast völlige Verschwinden der Diskurse des modernen Antisemitismus aus
dem judenfeindlichen Argumentarium der untersuchten protestantischen Zeitschriften korrespondiert nicht unbedingt mit den – allerdings spärlichen – Forschungen zum Nachkriegsantisemitismus in der Schweiz. Georg Kreis etwa geht
gar von einem gesteigerten Antisemitismus aus, da nach dem Zusammenbruch des
‚Dritten Reiches' Antisemitismus in der Schweiz nicht mehr automatisch mit Nationalsozialismus assoziiert worden sei.[6] Auch Zsolt Keller weist eine große Zahl
antisemitischer Vorfälle nach.[7] In der Tat entwickelte sich die Schweiz in der unmittelbaren Nachkriegszeit zu einer wichtigen Drehscheibe für rechtsradikales Gedankengut, worunter auch erste negationistische, das heißt den Holocaust leug-
nende antisemitische Texte fielen.[8] Dass antisemitische Vorfälle wahrgenommen
wurden, könnte hingegen auch auf die verstärkte öffentliche Wachsamkeit gegenüber solchen Aktivitäten nach der Shoah zurückzuführen sein, was sich auch in

zu behandeln seien, begann nach dem Zweiten Weltkrieg erst zögerlich im Deutschschweizer
Protestantismus Fuß zu fassen. So plädierte etwa Paul Vogt im Rahmen der „Christlich-Jüdischen Arbeitsgemeinschaft", die im Sinne des christlich-jüdischen Dialogs wirkte, für eine Bekämpfung des Antisemitismus im christlichen Religionsunterricht: Paul Vogt, Die Ueberwindung des Antisemitismus durch den Religionsunterricht. Vortrag, gehalten am 20. Januar 1948
vor der Konferenz der Religionslehrer, des Sonntagschul-Vereins und Mitgliedern der christlich-jüdischen Arbeitsgemeinschaft in Basel, o. O. 1948.

6    Siehe v. a.: Georg Kreis, Antisemitismus in der Schweiz nach 1945, in: Christina Tuor-Kurth
     (Hrsg.), Neuer Antisemitismus – alte Vorurteile?, Stuttgart/Berlin/Köln 2001, S. 53–63. Georg
     Kreis, Öffentlicher Antisemitismus in der Schweiz nach 1945, in: Mattioli (Hrsg.), Antisemitis-
     mus in der Schweiz 1848–1960, S. 555–576. Etwas abgeschwächt findet sich die Aussage in: Kreis,
     Art. ‚Schweiz', S. 319 f. Die Argumentation von Kreis basiert auf der Überlegung, dass der Anti-
     semitismus in der Schweiz in den Jahren des Nationalsozialismus weniger praktizierbar gewe-
     sen sei, da er im Zuge der ‚Geistigen Landesverteidigung' stark mit dem abzulehnenden Natio-
     nalsozialismus assoziiert worden war. (Kreis, Antisemitismus in der Schweiz nach 1945, S. 56)
     Zur Tabuisierung des Antisemitismus in der Schweiz in der Zeit von 1933 bis 1945 siehe zudem:
     Picard, Die Schweiz und die Juden, S. 41.

7    Keller, Abwehr und Aufklärung.

8    Siehe: Skenderovic, The Radical Right in Switzerland, S. 283–286. Siehe zudem: Jürg Tschirren,
     Negationistische Propaganda in der Schweiz 1946–1994, unveröffentlichte Lizentiatsarbeit Uni-
     versität Freiburg i. Ue. 1999. Ein zentraler Netzwerker seit der unmittelbaren Nachkriegszeit
     war Gaston-Armand Amaudruz. Siehe: Urs Fischer, Gaston-Armand Amaudruz. Ein Schwei-
     zer im Beziehungsnetz des europäischen Rechtsextremismus, unveröffentlichte Lizentiatsar-
     beit Universität Freiburg i. Ue. 1999. Auch judenfeindliche verschwörungstheoretische Bücher
     wurden von der Schweiz aus im deutschsprachigen Raum verbreitet. So übersetzte der spätere
     rechtspopulistische Nationalrat und führende Kopf der sogenannten Anti-Überfremdungsbe-
     wegung, James Schwarzenbach, das antisemitische Machwerk „Der große Plan der Anonymen"
     von Douglas Reed ins Deutsche. (Keller, Abwehr und Aufklärung, S. 157.)

den protestantischen Zeitschriften niederschlug.[9] Zudem nahmen sich etwa mit der „Christlich-Jüdischen Arbeitsgemeinschaft" oder auch dem „Schweizerischen Israelitischen Gemeindebund" Organisationen einer aktiven Bekämpfung des Antisemitismus an und besaßen ein Interesse, antisemitische Vorfälle bekannt zu machen.[10]

Für die spärlichen Artikel und Schriften des Deutschschweizer Protestantismus, die sich in den ersten Nachkriegsjahren modernantisemitischer Diskurse bedienten, waren vor allem drei inhaltlich-argumentative Merkmale kennzeichnend. Zum einen waren in ihnen vereinzelt Ansätze verschwörungstheoretischen Denkens präsent und zum anderen lässt sich die Verwendung von Rassensemantiken oder rassenantisemitischen Konzepten nachweisen. Zum Dritten zeigte sich – und dies ist der stärkste Befund –, dass in der antisemitischen Argumentation Realkonfliktskonstruktionen weiterhin eine zentrale Stellung zukam.

Den Charakter antisemitischer Vorstellungen, die ein ‚geheimes' und somit ‚verschwörerisches' Wirken ‚der Juden' im Zeitgeschehen suggerierten, wiesen etwa die theologischen Betrachtungen des jungen israelischen Staates von Wilhelm Vischer auf. Er erklärte, wie dies etwa in den 1920er- und 1930er-Jahren wiederholt die Jungreformierten getan hatten, das „Weltjudentum" zur kriegsentscheidenden Kraft im Ersten Weltkrieg.[11] Da sich dieses für die Balfour-Deklaration, die den Juden eine Heimstätte in Palästina versprach, erkenntlich gezeigt hätten, habe die Entente gesiegt, war Vischer überzeugt.[12] Auch Gottlob Wieser, Redakteur des von der dialektischen Theologie geprägten „Kirchenblattes für die reformierte Schweiz" zeigte sich für verschwörungstheoretische Konzeptionen offen, indem er sich im Oktober 1948 in der „Umschau" seiner Zeitschrift auf einen Bericht der judenmissionarischen „Mildmay Mission" über die ‚Judenchristen' in Palästina stützte. Der Berichterstatter der Mission äußerte die Überzeugung, und Wieser widersprach dieser Behauptung nicht, dass der Antisemitismus für die Zionisten förderlich sei. Den Bericht der „Mildmay Mission" zitierend, fuhr Wieser fort: „„Die Zionisten sowie auch alle zionistisch beeinflussten Juden möchten die Nazipolitik fortsetzen; sie können sich gar nichts Besseres wünschen als Deutschland judenrein und alle ihre Schäfchen im palästinischen Pferch zu sehen […].""[13] Wie in der Aussage

---

9    Siehe Kapitel 2 in diesem Teil.

10   Siehe: Keller, Abwehr und Aufklärung; Kreis, Öffentlicher Antisemitismus in der Schweiz. Siehe weiterführend Kapitel 2 in diesem Teil.

11   Siehe zur Verwendung dieses Diskurses bei den Jungreformierten Kapitel 2 in Teil V sowie Kapitel 2 in Teil VI.

12   Vischer, Der neue Staat „Israel" und der Wille Gottes, Basel 1953, S. 15.

13   Gottlob Wieser, Die jüdischen Christen in Deutschland, in: KRS, 21. 10. 1948, S. 331–334, S. 332. Ein weiteres Beispiel für die Vorstellung eines verschwörerischen Judentums lieferte Franz

Vischers stellten somit auch in diesem Fall der Zionismus respektive der eben erst gegründete Staat Israel die Projektionsfläche für antisemitische Verschwörungskonstrukte dar.

Rassensemantiken waren nach dem Zweiten Weltkrieg nicht aus den konservativ-protestantischen Zeitschriften verschwunden. So wurden Begriffe wie ‚Rasse‘, ‚Arier‘ und ‚Semiten‘ nach wie vor gelegentlich verwendet.[14] Stark in rassischen Dimensionen dachte hingegen ein liberaler Pfarrer. Der in Bolligen (BE) tätige Paul Marti veröffentlichte 1946 eine Schrift zu „Religion, Rasse und Volkstum“.[15] Auch wenn Marti die Vagheit des Rasse-Konzeptes betonte und eine Hierarchisierung von ‚Rassen‘ ablehnte, stellte für ihn die Existenz von ‚Rassegegensätzen‘ eine wissenschaftliche Tatsache dar. Seine angeblich ‚naturwissenschaftlichen‘ Ausführungen kombinierte Marti mit theologischen Ausführungen zum ‚Alten‘ und ‚Neuen Testament‘. Daran zeigt sich, dass der antisemitische Diskurs, der sogenanntes Rassedenken sowie den ‚Antisemitismus‘ als ‚jüdisch‘ apostrophierten, Kontinuitäten über 1945 hinaus aufwies. In diesem Sinne argumentierend, schrieb der liberale Pfarrer: „Im Antisemitismus selber steckt ein gutes Stück jenes alttestamentlichen rassischen Empfindens, das die eigentliche Schranke des Judentums bildet und gegen das gerade auf den Höhepunkten des Alten Testamentes von den Propheten der schärfste Kampf geführt wird.“[16]

In den Realkonfliktskonstruktionen, die in der Argumentationsstruktur des protestantischen Antisemitismus nach 1945 weiterhin nicht selten waren, zeigten sich nach dem Krieg teilweise neue inhaltliche Bezugspunkte. So wurden ‚die Juden‘ im Nachkriegsdeutschland – insbesondere die jüdischen Flüchtlinge – zu wichtigen Akteuren im blühenden Schwarzmarkthandel des vom Krieg verwüsteten

---

Mannheimer im „Freund Israels“ von November 1945 ab. In dieser Nummer wiederholte er das antisemitische Konstrukt, die Juden Spaniens hätten die Invasion der Araber im Frühmittelalter ermöglicht. (Franz Mannheimer, Die Geschichte Israels seit Jesus, Teil X, in: FI 72 (1945) 5, S. 66–70, S. 69.)

14   Siehe etwa: Samuel Dieterle, Zum Hilferuf für die Judenchristen in Deutschland, in: KRS, 4. 12. 1947, S. 375 f., S. 375; Fritz Hadorn, Wir fragen – Sie antworten, in: KF, 15. 1. 1948, S. 26 f., S. 26; Kirchliche Zeitschau: in: CVF, 31. 1. 1948, S. 58–60, S. 59; Günther Dehn, Antisemitismus. Die Gründe des Judenhasses, in: Reformatio 2 (1953) 1, S. 11–20, S. 15. Um den Begriff ‚Arier‘ entbrannte im religiös-sozialen „Aufbau“ wenige Monate nach dem Zweiten Weltkrieg eine kurze Debatte: Lotte Hoffmann-Luschnat, Weg mit dem „Arier“!, in: A, 30. 11. 1945, S. 379; N. Oettli, Zuspruch und Widerspruch, in: A, 7. 12. 1945, S. 386 f.; Zuspruch und Widerspruch, in: A, 11. 1. 1946, S. 16.

15   Paul Marti, Religion, Rasse und Volkstum, Bern 1946.

16   Marti, Religion, Rasse und Volkstum, S. 33. Eine charakterliche Nähe zwischen ‚den Juden‘ und ‚den Antisemiten‘ postulierend ebenfalls: Karl Barth, Die Judenfrage und ihre christliche Beantwortung, in: KRS, 19. 1. 1950, S. 18–20, S. 20.

Landes erklärt.[17] Der Zionismus bezichungsweise der Staat Israel standen im Zentrum einer anderen praktizierten Realkonfliktskonstruktion, die ‚jüdisches Verhalten' als Ursache eines Anstiegs des Antisemitismus darstellte. Besonders Terrorakte jüdischer Untergrundorganisationen in Palästina, welche die Gründung des Staates Israels anstrebten, dienten dabei als Kristallisationspunkte für diese Argumentation.[18] So auch im „Christlichen Volksfreund", der aber zugleich das vermeintliche Fehlverhalten über den Kreis der Terroristen hinaus ausdehnte: „Die jüdischen Terroristen mit ihren Bombenwürfen und Mordanschlägen und das selbstbewußte Auftreten anderer Israeliten in aller Welt verstärken unleugbar den Antisemitismus auch bei solchen, welche die Judenverfolgungen in tiefem Mitgefühl und Bedauern verabscheuten."[19] Einen wichtigen Bestandteil der Realkonfliktskonstruktion stellte nach dem Zweiten Weltkrieg auch der Zersetzungs-Topos dar. Er fand ebenfalls Eingang in die Argumentation Karl Barths in einer Betrachtung der ‚Judenfrage' von Januar 1950 im „Kirchenblatt für die reformierte Schweiz".[20] Auffallend ist, dass der Topos dabei in einen heilsgeschichtlichen Kontext gerückt wurde. So wurden ‚die Juden' als Element beschrieben, das in der Welt solange ‚zersetzend' wirke respektive zu wirken habe, bis sie sich zu Jesus als ihrem Messias bekennen würden.[21]

Mit Blick auf antisemitische Realkonfliktkonstruktionen muss darüber hinaus noch auf zwei weitere Fälle verwiesen werden. Erstens ist eine Bemerkung von Flüchtlingspfarrer Paul Vogt in einer Betrachtung über die Nachkriegsfragen evangelischer Flüchtlingshilfe zu nennen, die eine kurze Auseinandersetzung mit David Farbstein im „Israelitischen Wochenblatt" zur Folge hatte. Mit Blick auf die Shoah ging Vogt in seinem Beitrag, der in der 1945 erstmals vom „Verein der Freunde Israels" herausgegebenen und im Gegensatz zum „Freund Israels" stärker auf die

---

17 Siehe z. B.: Gottlob Wieser, Die jüdischen Christen in Deutschland, in: KRS, 21. 10. 1948, S. 332 f., S. 332; Fritz Laukemann, Arbeitsfreudige Juden, in: FI 75 (1948) 6, S. 88–90, S. 89.

18 Siehe als Beispiel: Kirchliche Zeitschau, in: CVF, 31. 1. 1948, S. 58–60, S. 59. Auch der lange Zeit in der Judenmission engagierte deutsche Theologe Hans Kosmala machte ‚die Juden' mitverantwortlich für den Antisemitismus. Er reproduzierte dabei in einem Beitrag des Jahrgangs 1946 der Zeitschrift „Judaica" den antisemitischen Topos des ‚ewigen Antisemitismus'. (Hans Kosmala, Vom heutigen Judentum und der jüdisch-christlichen „Verständigung", in: J 2 (1946) 4, S. 249–284, S. 253–256.)

19 Johann Huldreich Brassel, Kirchliche Zeitschau, in: CVF, 1. 2. 1947, S. 57–60, S. 60.

20 Karl Barth, Die Judenfrage und ihre christliche Beantwortung, in: KRS, 19. 1. 1950, S. 18–20. Weniger im Sinne des Zersetzungs-Topos als mit der Vorstellung, die Juden hätten historisch gesehen in einem wirtschaftlichen und gesellschaftlichen Gegensatz zur restlichen Bevölkerung gestanden, argumentierte Pfarrer Ernst Ramp: Ernst Ramp, Das Zinsproblem. Eine historische Untersuchung, Zürich 1949, S. 44 f.; S. 48.

21 Siehe etwa: Ernst Jost-Suter, Der Staat Israel als Zeichen einer Zeitenwende, Basel 1949, S. 21; Vischer, Der neue Staat „Israel", S. 27 f.; S. 28.

wissenschaftliche Diskussion ausgerichteten Zeitschrift „Judaica. Beiträge zum Verständnis des jüdischen Schicksals in Vergangenheit und Gegenwart"[22] erschien, flüchtig auf die ‚Schuldfrage' ein. Mit der Formulierung „Es liegt mindestens ebenso viel Schuld wie auf Seiten der Juden auf Seiten von Christen und Heiden [...]" sprach Vogt ‚den Juden' eine große Mitschuld an der Shoah zu.[23] Diese Formulierung griff Farbstein auf und rückte Vogts Realkonfliktskonstruktion in die Nähe der Ansicht, die Walter Hoch in seinem „Kompass durch die Judenfrage" 1944 vertreten habe.[24] In einer Replik präzisierte Vogt seine Überlegungen. Im Mittelpunkt seiner Schuld-Konzeption stand der angebliche Abfall der Christen und Juden von ihrem Glauben. Den Aufstieg des Nationalsozialismus und den Antisemitismus führte er darauf zurück. Mit diesem durch einen religiösen Krisendiskurs geprägten Gedankengang verteidigte, ja akzentuierte Vogt gar zusätzlich seine antisemitische Realkonfliktkonstruktion, denn er führte aus:

> „Gibt es aber nicht auch eine Mit-Schuld des Judentums an der Tatsache, daß der Antisemitismus aufkommen und so furchtbar verheerend werden konnte? Ich muß aus meinen Erfahrungen im Flüchtlingsdienst zu einer Bejahung dieser Mit-Schuld kommen. Denn da, wo Juden, wo sie sich auch immer auf Erden befinden, ihren Bundesgott, den Gott Abrahams, Isaaks und Jakobs, den Gott der Verheißung aus Herz und Gewissen verlieren und seinem Wort und Willen nichts mehr nachfragen, da stehen sie in der Gefahr einer Säkularisierung, einer Veräußerlichung und eines Götzentums des Materialismus, des Mammons und der Mode, die ebenfalls Steigbügelhalter für das fahle Pferd des schauderhaften, ehrfurchtlosen Antisemitismus sind."[25]

Die Passage verdeutlicht, dass sich selbst Paul Vogt, der durchaus gewillt war, auch den christlichen Einfluss auf den Antisemitismus kritisch zu hinterfragen, keineswegs völlig von judenfeindlichen Positionen lösen konnte.

Als Zweites ist ein Artikel besonders zu erwähnen, der aufgrund seines ausgesprochen judenfeindlichen Charakters im ersten Nachkriegsjahrzehnt heraussticht. Auch wenn er erst 1953 in der „Reformatio", dem Nachfolgeorgan des „Kirchen-

---

22   Zu den Autoren des ersten Jahrganges gehörten einige jener Theologen, die sich bereits in der Zeit von 1938 bis 1945 mit der ‚Judenfrage' befasst hatten. So verfassten unter anderem Walter Hoch, Karl Ludwig Schmidt, Paul Vogt, Walther Zimmerli oder Robert Brunner Beiträge.

23   Paul Vogt, Nachkriegsfragen evangelischer Flüchtlingshilfe, Teil II, in: J 1 (1945) 2, S. 89–93.

24   David Farbstein, „Judaica", in: IW, 31. 8. 1945, S. 6. Farbstein verwies auf: Hoch, Kompass durch die Judenfrage, S. 82.

25   Paul Vogt, Von der Schuldfrage, in: IW, 12. 10. 1945, S. 7 f., S. 7. Farbstein verteidigte in einer Replik seine Analyse von Vogts Ansichten: David Farbstein, Von der Schuldfrage, in: IW, 12. 10. 1945, S. f.7, S. 8.

freunds", erschien, soll er in die Analyse integriert werden. Autor des Artikels war der der religiös-sozialen Bewegung nahestehende deutsche Theologe Günther Dehn, der zu jener Zeit einen Lehrstuhl für praktische Theologie in Bonn bekleidete. Wenige Jahre vor der nationalsozialistischen ‚Machtergreifung' hatte der ‚Fall Dehn' viel Aufmerksamkeit erlangt, dessen Berufungen an die Universitäten Heidelberg und Halle an nationalsozialistischen Protesten gescheitert waren. Dehns Artikel zum Antisemitismus zielte darauf ab, die Ursachen der Judenfeindschaft zu ergründen. Dabei verknüpfte er heilsgeschichtliche und modernantisemitische Diskurse. In seiner Argumentation, die schließlich darin mündete, dass er den Antisemitismus auf die „metaphysische Fremdheit der Juden" zurückführte,[26] kam er auch auf angebliche ‚fatale Eigenschaften' zu sprechen, die ‚den Juden' anhaften und daher auf Widerspruch aus der Bevölkerung stoßen würden. Für die Konstruktion eines Realkonfliktes zentral war dabei eine Passage, die ‚den Juden' ein besonderes ‚Macht-' und ‚Geltungsstreben' unterstellte. Zu diesen ‚fatalen Eigenschaften' meinte Dehn:

> Es muß darüber noch einmal ganz offen etwas gesagt werden. Gewiß gibt es den stillen, zurückhaltenden und anspruchslosen Juden, ‚den rechten Israeliter, in welchem kein falsch ist' (Joh. 1. 47), aber vielfach hat der Jude ein starkes Geltungsbedürfnis, das er gern zum Ausdruck bringt. Man darf schon fragen, ob es nötig war, daß er sich so eifrig darum bemüht hat, überall die Schlüsselstellungen im wirtschaftlichen (Banken, Börsen) und im geistigen Leben (Presse, Theater, Literatur) zu besetzen. Oder ob es gut war, dass er nach dem Ersten Weltkrieg in die Berufe einströmte, die ihm bis dahin verschlossen geblieben waren."[27]

Die vermeintlich negativen Eigenschaften ‚der Juden' suchte Dehn anschließend im Sinne des aufklärerischen Antisemitismus psychologisch und historisch herzuleiten, ehe er auf die Argumentationslinie des heilsgeschichtlich argumentierenden Antisemitismus einschwenkte und das Bild eines ‚verworfenen' und unter der ‚Strafe Gottes' stehenden Volkes zeichnete. Der Antisemitismus, so folgerte er, könne nur durch die Missionierung der Juden überwunden werden.[28] Dehns antisemitischen

---

26 Günther Dehn, Antisemitismus. Die Gründe des Judenhasses, in: Reformatio 2 (1953) 1, S. 11–20, S. 17.

27 Günther Dehn, Antisemitismus. Die Gründe des Judenhasses, in: Reformatio 2 (1953) 1, S. 11–20, S. 16.

28 Günther Dehn, Antisemitismus. Die Gründe des Judenhasses, in: Reformatio 2 (1953) 1, S. 11–20, S. 16–20. Judenmissionarisch hatte sich Günther Dehn auch schon 1937 im „Kirchenblatt für die reformierte Schweiz" in seiner sehr kritischen Rezension des Buchs des jüdischen Religionswissenschaftlers Hans-Joachim Schoeps über das christlich-jüdische Religionsgespräch im 19. Jahrhundert geäußert. (Günther Dehn, Bücherbesprechung, in: KRS, 15. 4. 1937, S. 124–127, S. 125 f.)

Ausführungen beigefügt waren des Weiteren auch antisemitismuskritische Passagen, in denen er sich – obwohl selbst eine Rassensemantik verwendend – gegen Rassentheorien wandte und sogar den Antisemitismus als solchen als ‚unchristlich‘ taxierte.[29] Dehns Aufsatz legt zwei Dinge offen. Erstens zeigt die in sich inkonsistente Argumentation auf, dass Dehn seine eigenen judenfeindlichen Standpunkte nicht als Teil des Antisemitismus begriff – etwas, was auch für große Teile des Deutschschweizer Protestantismus galt. Zweitens deuten seine Aussagen darauf hin, dass weiterhin eine breite Palette antisemitischer Diskurse im (deutschen) Protestantismus präsent war und inhaltlich eine Kontinuität zur Zeit vor 1945 bestand. Die Tatsache, dass Dehns offensichtlicher Antisemitismus von der Redaktion nicht beanstandet wurde, zeigt zudem auf, dass dieselben Ansichten auch im konservativen Protestantismus der Deutschschweiz fortdauerten.

Abschließend soll der Blick noch auf das von Karl Neck, Pfarrer in Dörflingen (SH), 1948 veröffentlichte Buch „Deutschland. Tod und Auferstehung“[30] geworfen werden. Die Schrift des im schweizerischen ‚Frontismus‘ und Nachkriegsrechtsextremismus verhafteten Karl Neck erschien im „Turmwart-Verlag“ des bekannten ehemaligen Frontisten Werner Meyer.[31] Der Schaffhauser Pfarrer strebte mit seinem Buch eine Apologie des deutschen Volkes an und stilisierte in seinen durch Überhöhungen ‚der Deutschen‘ geprägten Ausführungen die Siegermächte des Ersten Weltkrieges zu den angeblich wahren Verantwortlichen für den Ausbruch des Zweiten Weltkrieges.[32] Neck, der davon ausging, dass die Deutschen Gefahr liefen, ausgerottet zu werden und allgemein eine Vermischung der ‚Rassen‘ drohe, ersehnte in seinem Buch den Wiederaufstieg Deutschlands.[33] Das germanophile Werk ragt jedoch vor allem deshalb aus den anderen antisemitischen Texten der ersten

---

29 Günther Dehn, Antisemitismus. Die Gründe des Judenhasses, in: Reformatio 2 (1953) 1, S. 11–20, S. 14 f.; S. 19.

30 Karl Neck, Deutschland. Tod und Auferstehung, Zürich 1948. Das Buch wurde im „Kirchenblatt für die reformierte Schweiz“ in klar ablehnendem Sinne rezensiert: Peter Vogelsanger, Ein neuer Mythos um Deutschland?, in: KRS, 16. 12. 1948, S. 389–392.

31 Zu Neck siehe: Jürg Frischknecht, „Schweiz wir kommen“. Die neuen Fröntler und Rassisten, 2. Aufl., Zürich 1991, S. 46 f. Neck hatte beispielsweise 1942 in den frontistischen „Nationalen Heften“ publiziert: Karl Neck, Das Christentum am Scheideweg, in: Nationale Hefte 8 (1942) 7, S. 425–429. Zu Karl Neck und seiner publizistischen Tätigkeit in frontistischen Kreisen: Wolf, Eine namenlose Not, S. 81–88. Der „Turmwart-Verlag“ versuchte mit der von ihr gedruckten gleichnamigen Zeitschrift ein Wiederaufleben des Frontismus zu fördern. Siehe: Jürg Frischknecht, Rechtsextremismus in der Schweiz, in: Sigrid Weigel/Birgit R. Erdle (Hrsg.), Fünfzig Jahre danach. Zur Nachgeschichte des Nationalsozialismus, Zürich 1996, S. 483–505.

32 Siehe z. B.: Neck, Deutschland, S. 7; S. 11; S. 15; S. 49.

33 Zum Ausrottungs-Vorwurf etwa: Neck, Deutschland, S. 152. Das in der Dimension ‚Rasse‘ fußende segregierende Denken Necks durchzieht das gesamte Werk.

Nachkriegsjahre heraus, weil es zu den sehr frühen Werken gehörte, die den Holocaust relativierten beziehungsweise leugneten.[34] Neck verharmloste die Konzentrationslager, verwies auf die durch die alliierten Bombenangriffe getöteten Deutschen, um sie mit den durch Deutschland ermordeten Menschen aufzurechnen, und stellte die verübten nationalsozialistischen Verbrechen als Tat einzelner hin, um das ‚deutsche Volk‘ von jeglicher Mitschuld reinzuwaschen.[35] Seine negationistische Intention wurde insbesondere in Ausführungen ersichtlich, welche die Fälschung der Bilder von Konzentrationslagern suggerierten. So spekulierte Neck, sich zusätzlich der Strategie des Aufrechnens bedienend:

„Wo ist die Wahrheit? Wie steht es mit diesen entsetzlichen Bildern der K. Z.? Wo stammen alle diese Bilder her? Gab es in Deutschland keine Toten und furchtbar Verstümmelten als nur in den Lagern? Waren die Millionen Toten der Bombennächte nicht auch tot! Waren ihre Wunden nicht auch entsetzlich! Haben vielleicht auch ihre Leichname zu sog. K. Z.-Filmen herhalten müssen? – Ich kann es nicht beurteilen. Aber es gibt Leute in Deutschland, die es behaupten und dafür ihre Beweise erbringen. Wenn das so ist, so kommt die Wahrheit schon noch ans Tageslicht. Der Lügengötze kann sie nicht ewig unter seinen Fledermausflügeln zudecken.[36]

Abgesehen von seiner negationistischen Einstellung äußerte sich der Schaffhauser Pfarrer auch in seinem Kapitel zur ‚Judenfrage‘ stark antisemitisch. Er konstruierte einen grundsätzlichen Gegensatz zwischen Deutschland und dem Judentum. Sein Lösungsansatz sah deshalb eine Trennung der beiden vor.[37]

*Zionismus und Staatswerdung Israels in der Kritik des heilsgeschichtlichen Antisemitismus*

Wurden soziokulturelle, nationalistische, rassische oder andere Diskurse des modernen Antisemitismus in den ersten fünf bis zehn Jahren nach dem Zweiten Weltkrieg zu einem Phänomen untergeordneter Bedeutung innerhalb der Judenfeindschaft des Deutschschweizer Protestantismus, so blieb der in heilsgeschichtlichen Projektionen auf ‚die Juden‘ gründende Antisemitismus auch nach dem Kriegsende weiterhin stark präsent. Von dieser auf einem biblizistischen Schriftverständnis

---

34 Siehe zur Frühphase des Negationismus in der Schweiz: Skenderovic, The Radical Right in Switzerland, S. 283–286.

35 Siehe zu diesem Aspekt: Neck, Deutschland, S. 123–130.

36 Ebenda, S. 127 f.

37 Ebenda, S. 132.

fußenden Sicht auf das Judentum zeigte sich nur der liberale Protestantismus frei, der sich – wie schon in den Jahren der intensivierten theologischen Auseinandersetzung mit der ‚Judenfrage‘ nach 1938 – aufgrund seines anderen Schriftverständnisses solcher Argumentationsstrategien enthielt.

Der auf klaren heilsgeschichtlichen Funktionszuweisungen basierende Blick konservativer Protestanten auf ‚die Juden‘ zeichnete sich in den ersten Nachkriegsjahren durch zwei besondere Charakteristika aus. Erstens manifestierten sich die Projektionen auf ‚die Juden‘ in Diskursen, die bereits in den theologischen Erörterungen der ‚Judenfrage‘ während des Krieges etabliert waren. Grundlegend blieb etwa die Überzeugung, dass ‚die Juden‘ aufgrund ihrer (fortdauernden) göttlichen Auserwähltheit eine sich von den anderen Völkern prinzipiell unterscheidende Einheit darstellen würden.[38] Ein besonders illustratives Beispiel dieses Denkens bot eine Radioansprache Karl Barths vom 13. Dezember 1949 zum Thema „Die Judenfrage und ihre christliche Beantwortung“.[39] Das angebliche Rätsel dieses Volkes bestand für ihn darin, dass es weder verschwinden könne, noch die Treue Gottes zu ihm aufhören würde. „Ihre rätselhafte Fortexistenz“ stellte für Barth ein Zeichen an die Menschen dar, was Gott in Jesus für sie alle getan habe.[40] Auch die Überzeugung, dass die ‚Judenfrage‘ einer religiösen Lösung harre, gehörte zu den weiterhin präsenten Diskursen.[41] In Bezug auf den heilsgeschichtlichen Antisemitismus blieb darüber hinaus – insbesondere im „Verein der Freunde Israels“ – weiterhin auch der Strafe-Gottes-Topos aktuell, auch wenn er etwas an Bedeutung verlor, da im

---

38    Zu dieser Konstruktion von ‚Andersartigkeit‘ gehörte etwa auch die Feststellung, dass ‚die Juden‘ im Gegensatz zu anderen Völkern nicht verschwunden seien. Siehe z. B.: Gottlob Wieser, Léon Bloy über den Antisemitismus, in: KRS, 21. 11. 1946, S. 363 f., S. 364; Herbert Hug, Zionismus als Weltproblem, Teil II, in: NW 41 (1947) 2, S. 74–77, S. 75; Robert Brunner, Das Buch Tobias, Teil XI, in: FI 77 (1950) 1, S. 2–4, S. 3; Gottlob Wieser, Bücherbesprechungen, 13. April 1950, in: KRS, 13. 4. 1950, S. 124–126, S. 126; Paul Huber, Wanderer zwischen zwei Welten. Diaspora heute, in: KF, 15. 6. 1950, S. 150–158, S. 151; Robert Brunner, Die Juden. Kleiner Lehrgang für die christliche Gemeinde und ihre Diener, Teil I, in: J 8 (1952) 2, S. 164–178.

39    Karl Barth, Die Judenfrage und ihre christliche Beantwortung, in: KRS, 19. 1. 1950, S. 18–20. Die Rede fand zudem Eingang in einen Band der Schriftenreihe „Kirche und Welt“ sowie die Zeitschrift „Judaica“ des „Vereins der Freunde Israels“: Karl Barth, Die Judenfrage und ihre christliche Beantwortung, in: Hans Kallenbach, Die Juden und wir Christen, Frankfurt a. M./Butzbach 1950, S. 9–16; Karl Barth, Die Judenfrage und ihre christliche Beantwortung, in: J 6 (1950) 1, S. 67–72.

40    Karl Barth, Die Judenfrage und ihre christliche Beantwortung, in: KRS, 19. 1. 1950, S. 18–20, S. 18.

41    Siehe z. B.: Benjamin Pfister, Buchbesprechung, in: KF, 1. 10. 1945, S. 289; Kurt Lehmann, Bücherbesprechungen, in: KRS, 24. 1. 1946, S. 27–30, S. 28; Robert Brunner, Literatur, in: J 3 (1947) 4, S. 317 f., S. 318; Alfred de Quervain, Die Judenfrage als theologisches Problem, in: Alfred de Quervain, Mensch und Staat heute, München 1952, S. 28–51, S. 38.

Vergleich zur vorangegangenen Periode der Kontext der gleichzeitig vonstattenge-
henden Judenverfolgungen fehlte.[42] Dasselbe ist von der Vereinnahmung des von
den Juden erlittenen Leides für das Christentum zu sagen, die etwa noch in einer
Schrift des Berner Theologieprofessors Alfred de Quervain aus dem Jahre 1952 auf-
tauchte.[43]

Blieb für den heilsgeschichtlichen Antisemitismus grundsätzlich die theologische Überlegung einer speziellen Funktion ,der Juden' im Heilsgeschehen konsti-
tuierend, so wechselten aufgrund des veränderten Kontextes die Zeitfragen, an denen sich der heilsgeschichtliche Antisemitismus hauptsächlich manifestierte. Nun
stand nicht mehr vorab die Deutung der Judenverfolgungen im Zentrum. Vielmehr
waren es oft der Zionismus und die Staatswerdung Israels, welche die fortdauernde
Präsenz heilsgeschichtlicher Deutungsmuster im konservativen Protestantismus
offenlegten. Der Blick der konservativen Protestanten und zu einem weit geringeren Teil auch der Religiösen Sozialisten auf diese beiden Phänomene zeigt, wie
stark diese Kreise in ihrem theologischen Korsett gefangen blieben. Ihre Grundhaltung zum Zionismus in jenen Jahren definierte sich vor allem durch die Ablehnung
eines ,nationalen' Weges für ,die Juden'. Sie beharrten darauf, dass der Zionismus
nur durch eine religiöse Umkehr – der Hinwendung zu Jesus – Erfolg haben könne. Dieses Grundsetting korrespondierte mit den etablierten heilsgeschichtlichen
Denkmustern ,der Juden' als ,Sonderfall' unter den Völkern und der Postulierung
einer religiösen Lösung der ,Judenfrage'.

Die Vorstellung, dass der Zionismus als nationaljüdische Bewegung einer Abkehr von der von Gott für ,die Juden' vorgesehenen Funktion im Heilsgeschehen
darstellen würde, war – wie schon in den 1920er- und 1930er-Jahren – ein Anliegen
der religiös-sozialen „Neuen Wege" und stellte einen zentralen Aspekt der Israel-

---

42    Siehe vor allem: Franz Mannheimer, Buchbesprechung, in: FI 72 (1945) 4, S. 55; Robert Brunner,
      114. Jahresbericht des Vereins der Freunde Israels Schweizer Judenmission zu Basel, in: FI 72
      (1945) 4, S. 57–60, S. 58; Robert Brunner, Israels Staat, in: FI 74 (1947) 1, S. 2 f., S. 2; P. Bonano-
      mi, Dankbarkeit, Glaubenshoffnung und Verantwortung der Kirche den Juden gegenüber. Fest-
      predigt anlässlich des 116. Jahresfestes des Vereins der Freunde Israels in Basel, in: FI 74 (1947)
      4, S. 50–54, S. 51; Günther Dehn, Antisemitismus. Die Gründe des Judenhasses, in: Reformatio 2
      (1953) 1, S. 11–20, S. 17.

43    De Quervain, Mensch und Staat heute, S. 49. Siehe zudem auch: Vischer, Der neue Staat „Israel",
      S. 62. In die Richtung einer Vereinnahmung gingen auch Bemerkungen Walther Zimmerlis, der
      in der „grauenhaften Notzeit" für „das Judenvolk" unter anderem als Sinn zu erkennen glaubte,
      dass Gott den Christen und Juden etwas sagen wolle. Gott rede nun Fraktur, da die Menschen
      Gottes leisere Töne nicht verstanden hätten, war Zimmerli überzeugt. (Walther Zimmerli, Bib-
      lische Grundlinien zur Judenfrage, in: J 1 (1945) 2, S. 93–117.) Der Artikel basierte auf einem be-
      reits 1943 gehaltenen Referat.

Lehre des religiös-sozialen Pfarrers Leonhard Ragaz dar.[44] Für ihn kam die Idee eines ‚Judenstaates' einem Schreckensbild gleich, korrespondierte dieses doch nicht mit seiner Zionsvorstellung. ‚Israel' durfte daher nicht ‚national' agieren, wie dies die anderen Völker tun würden. In einem Beitrag kurz vor seinem Tod Ende 1945 drückte der Redakteur der „Neuen Wege" diese Ansichten sehr deutlich aus:

> „Ein nationaler und nationalistischer ‚Judenstaat' scheint mir nicht nur praktisch unmöglich zu sein [...], sondern auch gegen den Sinn Israels zu verstoßen, der viel weiter und höher zielt. Er wäre bloß eine neue Form der alten Versuchung für Israel, zu sein ‚wie die Völker'. Nicht ein Judenstaat, sondern bloß eine Heimstätte ist gut und nötig."[45]

Leonhard Ragaz offenbarte in diesen Aussagen sein ambivalentes Verhältnis zum Zionismus. Er war solange ‚prozionistisch', als dass die Bewegung seinen Zionsvorstellungen entsprach.

Ein Anliegen primär der konservativen Protestanten war hingegen die Forderung an den Zionismus, sich umzubesinnen und sich der Religion hinzuwenden. Dahinter stand letztlich die von Seiten der Positiven getragene Konversionsforderung an die Adresse ‚der Juden'. Insbesondere zeigte sich diese Sichtweise in den judenmissionarischen Kreisen der „Freunde Israels".[46] Entsprechend in der Kritik standen die Bestrebungen der Zionisten, ein politisches Staatswesen zu gründen. Der 1949 zum Direktor des Vereins ernannte Robert Brunner, der schon einige Jahre vorher zu einer zentralen Figur der Organisation geworden war, bedauerte

---

44  Siehe hierfür Kapitel 3 in Teil V sowie Kapitel 3 in Teil VI.

45  Leonhard Ragaz, Zur Weltlage, in: NW 39 (1945) 11, S. 575–598, S. 596. Ähnlich auch: Leonhard Ragaz, Zur Weltlage, in: NW 39 (1945) 6, S. 298–321, S. 318; Leonhard Ragaz, Zur Weltlage, in: NW 39 (1945) 7/8, S. 365–387, S. 385; Leonhard Ragaz, Zur Weltlage, in: NW 39 (1945) 10, S. 503–526, S. 521. Rückblickend über die Haltung von Leonhard Ragaz zum Zionismus aus der Feder seiner jüdischen Freunde Schalom Ben-Chorin und Martin Buber: Schalom Ben-Chorin, Leonhard Ragaz, in: NW 40 (1946) 12, S. 588–590, S. 589; Martin Buber, Leonhard Ragaz und „Israel", in: NW 41 (1947) 11, S. 504–508. Mit einem Versuch der Öffnung in Richtung eines interreligiösen Gesprächs verfasste Pfarrer Herbert Hug im Februar 1947 in den „Neuen Wegen" eine Artikelserie zum Zionismus. Darin postulierte auch er eine Sonderrolle ‚der Juden'. Diese seien ein ‚übernatürliches Wesen'. ‚Die Juden' für das Christentum vereinnahmend, argumentierte er, dass die Sache ‚der Juden' nicht nur ‚die Juden', sondern alle Menschen angehe. „Die im Zionismus gegenwärtig überscharf zugespitzte Judenfrage" sei eine „Weltfrage", konstatierte der Pfarrer von Walzenhausen (AR). (Herbert Hug, Zionismus als Weltproblem, Teil I, in: NW 41 (1947) 1, S. 17–26, S. 22; Herbert Hug, Zionismus als Weltproblem, Teil II, in: NW 41 (1947) 2, S. 74–77, S. 75.)

46  Siehe als Beispiele hierfür: Walter Hoch, Der Zionismus als Lösung der Judenfrage, in: CVF, 23. 6. 1945, S. 295–298, S. 298; Franz Mannheimer, Pfingsten, in: FI 72 (1945) 3, S. 38–40, S. 40; Walther Eichrodt, Predigt zum Jahresfest der „Freunde Israels" am 30. Juni 1945, in: FI 72 (1945) 4, S. 49–54, S. 52 f.; W. Mettler, Aus einer Reise ins Heilige Land, in: CVF, 26. 7. 1947, S. 356 f., S. 357.

im Februar 1947 – den Strafe-Gottes-Topos integrierend – angesichts der zionistischen Bestrebungen, einen Staat in Palästina zu gründen:

> „Viele ernste und gute Freunde Israels sind enttäuscht. Sie haben gehofft und auch darum gebetet, das jüdische Volk würde durch den furchtbaren Aderlaß der letzten Jahre endlich dahin kommen, nicht nach einem, sondern nach seinem König zu fragen. Diese Hoffnung hat sich nicht erfüllt, und dieses Gebet blieb unerhört. Israel will seinen Staat. Und das bedeutet, dass die Judenheit heute einiger ist denn je im Willen, sich selbst zu regieren [...]."[47]

Nicht ausgeklammert sollen an dieser Stelle jedoch Äußerungen aus dem Deutschschweizer Protestantismus werden, die einen expliziten Prozionismus erkennen ließen. Besonders ausgeprägt war dieser im religiös-sozialen „Aufbau" Max Gerbers. Religiöse Motive spielten in dieser Zeitschrift – im Gegensatz zu den „Neuen Wegen" – in der Beurteilung des Zionismus eine stark untergeordnete Rolle.[48] Auch in konservativ-protestantischen Zeitschriften wurden gelegentlich prozionistische Stimmen laut.[49] Der Gegensatz zwischen den prozionistischen und den meist aufgrund endzeitlicher Projektionen auf ‚die Juden' zionismuskritischen Aussagen zeigte sich exemplarisch an den divergierenden Rezensionen zum 1945 erschienenen Buch „Sieg des zionistischen Gedankens".[50] Dieses Buch des schweizerischen Zionisten Norbert Weldler sah die Lösung der ‚Judenfrage' im Zionismus.[51]

---

47  Robert Brunner, Israels Staat, in: FI 74 (1947) 1, S. 2 f., S. 2.

48  Siehe als Beispiele aus dem „Aufbau": XX, Das Palästina-Problem, in: A, 12. 10. 1945, S. 325–327; X., Der 22. Weltzionistenkongress, in: A, 13. 12. 1946, S. 380–382. Hugo Kramer stützte sich in einem prozionistischen Artikel auf den Fortschrittsgedanken und rechtfertigte den Anspruch der Zionisten auf Palästina auch damit, dass diese – im Gegensatz zu den Arabern und Türken – das Land vorwärts gebracht hätten. Die Notwendigkeit für eine Rücksichtnahme auf die Araber sei deshalb nicht gegeben. (Hugo Kramer, Bekommen die Juden ihre nationale Heimstatt?, in: A, 13. 7. 1945, S. 220 f., S. 221.) Kurz nach der Unabhängigkeitserklärung Israels argumentierte Kramer stärker heilsgeschichtlich: Hugo Kramer, Weltrundschau, in: NW 42 (1948) 5, S. 216–236, S. 233 f. Auch der schweizerische Zionist Norbert Weldler nahm im „Aufbau" Stellung zum Zionismus: Norbert Weldler, Es gibt bloß eine einzige Loyalität!, in: A, 11. 2. 1949, S. 48 f.

49  Siehe etwa: Paul Vogt, Zwei Decken vor den Augen, in: KRS, 26. 8. 1948, S. 258–261, S. 260. Auch der ansonsten eher zionismuskritische Robert Brunner konnte sich in zustimmender Weise zum Zionismus äußern: Robert Brunner, Der Zionismus heute: Versuch einer christlichen Beurteilung, in: J 2 (1946) 4, S. 284–317.

50  Norbert Weldler, Der Sieg des zionistischen Gedankens. Die Lösung der Judenfrage, Zürich 1945.

51  Kritisierend etwa: Walter Hoch, Der Zionismus als Lösung der Judenfrage, in: CVF, 23. 6. 1945, S. 295–298; Franz Mannheimer, Buchbesprechung, in: FI 72 (1945) 4, S. 55; Franz Mannheimer, Literatur, in: J 1 (1945) 4, S. 341–344. Eher neutral gehalten hingegen: Benjamin Pfister, Buchbesprechung, in: KF, 1. 10. 1945, S. 289. Stark wohlwollend: Rudolf Schwarz, Bücherbesprechungen, in: KRS, 17. 5. 1945, S. 155–157, S. 157; Lotte Rosenfeld, Sieg des zionistischen Gedankens, in: NW

Die im konservativen Protestantismus der Deutschschweiz vorherrschende theologisch motivierte Skepsis gegenüber dem Zionismus führte dazu, dass die Staatswerdung Israels auf wenig Gegenliebe stieß.[52] Besonders weit in seiner Ablehnung ging der dialektische Professor Wilhelm Vischer. In seiner 1953 erschienenen theologischen Abhandlung über den Staat Israel wertete Vischer die Staatsgründung nach der „Zertrümmerung des Dritten Reiches" zwar als ein Zeichen Gottes, er gab aber auch seiner Überzeugung Ausdruck, dass dieser nicht dem von Gott für ‚die Juden' vorgesehenen Ziel entsprechen würde. In einem ausgeprägten Biblizismus gründend, argumentierte Vischer:

> „Heißt das [...], der heutige Staat Israel sei das Ziel der Wege Gottes mit seinem Volk? Darauf können wir im Blick auf die ganze Bibel nur mit Nein antworten. Der Staat Israel, so wie er ist und so wie die große Mehrzahl seiner Bürger ihn versteht und will, entspricht durchaus nicht dem Willen Gottes.
>
> Hebt dieses Nein das Ja auf, das wir zu hören glaubten, als wir soeben erklärten, das Entstehen und Dasein des neuen Staates Israel sei ein Zeichen der göttlichen Politik der souveränen Gnade? – Im Gegenteil, gerade weil wir in der Wendung des Gerichtes über die Juden, die ihren sichtbarsten Ausdruck im Entstehen des neuen Staates Israel fand, Gott so, wie er sich in der ganzen Heiligen Schrift zu erkennen gibt, am Werk sahen, erkennen wir auch, dass Gott heute das Gegenteil von dem, was er überall in der Bibel als seinen Willen bekundet, wollen müsste, wenn er am heutigen Staat Israel und seinen Bürgern sein Wohlgefallen hätte."[53]

Dass der Staat Israel nicht mit der von Vischer auf ‚die Juden' projizierten heilsgeschichtlichen Aufgabe korrespondierte, zeigte sich zudem darin, dass er die

---

41 (1947) 5, S. 241 f. Zwischen Herbert Hug und Norbert Weldler entwickelte sich als Folge einer Rezension von Hug in der „Theologischen Zeitschrift" in den „Neuen Wegen" eine Debatte über den Zionismus: Herbert Hug, Rezensionen, in: Theologische Zeitschrift 1 (1945) 4, S. 295–298; Kontroverse über den Zionismus. Zwischen Pfr. Herbert Hug und Norbert Weldler, in: NW 41 (1947) 3, S. 143–148; Zur Kontroverse über den Zionismus, in: NW 41 (1947) 5, S. 240 f.

52  Siehe als Beispiele: Johann Huldreich Brassel, Kirchliche Zeitschau, in: CVF, 20. 9. 1947, S. 454–456, S. 455–456; Gottlob Wieser, Israel als Kirchenstaat, in: KRS, 6. 1. 1949, S. 8–10, S. 8 f. Vorausschauend zudem: Kirchliche Zeitschau, in: CVF, 19. 5. 1945, S. 236–240, S. 239 f. Zur Haltung christlicher Kirchen zur Staatsgründung siehe: Stegemann, Zionismus und Christentum; Hans Maier, Die Christen und der Staat Israel, in: Marcel Marcus/Ekkehard W. Stegemann/Erich Zenger (Hrsg.), Israel und Kirche heute. Beiträge zum christlich-jüdischen Dialog. Für Ernst Ludwig Ehrlich, Freiburg/Basel/Wien 1991, S. 298–305.

53  Vischer, Der neue Staat „Israel", S. 34 f. Ähnlich auch schon ein Jahr vor der Staatsgründung: Robert Brunner, Israels Staat, in: FI 74 (1947) 1, S. 2 f., S. 2. Ebenfalls das angeblich ‚Widergöttliche' betonend: Franz Mannheimer, Kirche und Zionismus, in: FI 74 (1947) 3, S. 34–36, S. 35.

Staatsbezeichnung ‚Israel' im Titel seiner Schrift in Anführungs- und Schlusszeichen setzte.[54] Auch Theodor Rüsch, Pfarrer in Zürich-Oberstrass, deutete den neuen Staat als eine Zuwiderhandlung gegen den ‚göttlichen Auftrag'. Damit würde sich die Staatsgründung in eine lange Kette von Versuchen des jüdischen Volkes einreihen, „dem Auftrage Gottes, dass es Volk und Gemeinde Jesu werden" solle, auszuweichen.[55]

Obwohl durch den theologisch vorstrukturierten Blick der Staat Israel skeptisch betrachtet wurde, versuchte etwa der judenmissionarische „Verein der Freunde Israels" verschiedentlich, die Staatsgründung als göttliches Zeichen zu deuten. Dieser Sichtweise lag ein Denken zugrunde, das grundsätzlich von einem aktiven Eingreifen Gottes in den Geschichtsverlauf geprägt war.[56] In seinen Reflexionen deutlich am weitesten ging der chiliastisch ausgerichtete Ernst Jost-Suter in seiner 1949 in dem zur Pilgermission gehörenden „Brunnen-Verlag" in Basel erschienenen Schrift „Der Staat Israel als Zeichen einer Zeitenwende". Jost-Suter sah die Welt in einer Zeitenwende stehen und deutete die Staatswerdung Israels als ein Zeichen Gottes.[57] Dieses endzeitliche Verständnis unterzog Gottlob Wieser im „Kirchenblatt für die reformierte Schweiz" einer harschen Kritik.[58] Allerdings ging auch Jost-Suter nicht so weit, dem Staat Israel unmittelbare Heilswirksamkeit zuzuschreiben. Zwar stelle, hob Jost-Suter hervor, der Staat Israel ein Zeichen Gottes dar, dass er noch etwas mit dem Volk Israel vor habe, doch das „künftige Heilsreich" werde nicht durch „Juda", sondern nur durch Jesus Christus geschaffen werden.[59] Daher stellte auch für Jost-Suter die Konversion ‚der Juden' die Grundvoraussetzung für ihre heilsgeschichtliche Wirksamkeit dar. Dabei argumentierte er im Sinne des heilsgeschichtlichen Antisemitismus:

54    Ein anderes Problem mit der Staatsbezeichnung ‚Israel' hatte der „Verein der Freunde Israels". Um nicht als proisraelische Organisation wahrgenommen zu werden, änderte der Verein per 1950 seinen Namen in „Schweizerische Evangelische Judenmission Verein der Freunde Israels". (Schweizerische Evangelische Judenmission Verein der Freunde Israels, in: FI 76 (1949) 5, S. 68.)

55    Theodor Rüsch, Unsere Hoffnung für Israel, in: KF, 15. 6. 1948, S. 174–178, S. 177.

56    Siehe beispielsweise: Franz Mannheimer, Kirche und Zionismus, in: FI 74 (1947) 3, S. 34–36, S. 35; Robert Brunner, Jahresbericht 1947/48 des Vereins der Freunde Israels, in: FI 75 (1948) 4, S. 57–60, S. 57–58; Robert Brunner, Das Buch Tobias, Teil XI, in: FI 77 (1950) 1, S. 2–4, S. 3 f.

57    Jost-Suter, Der Staat Israel, S. 3–5. Jost-Suter stütze sich dabei auf prophetische Texte aus dem ‚Alten Testament', die von vier ‚Weltzeitaltern' sprechen würden.

58    Gottlob Wieser, Bücherbesprechungen, in: KRS, 9. 6. 1949, S. 189 f., S. 190. Eine zustimmende Rezension erschien hingegen im „Appenzeller Sonntagsblatt": Bücherschau, in: ASB, 4. 6. 1949, S. 183. In derselben Zeitschrift zeigte sich auch ein Beitrag in der Rubrik „Wir sprechen uns aus", in der auf Fragen aus der Leserschaft geantwortet wurde, durch einen chiliastischen Blick auf den Staat Israel geprägt: E. M., Wir sprechen uns aus, in: ASB, 15. 10. 1949, S. 327.

59    Jost-Suter, Der Staat Israel, S. 12; S. 19.

„Solange Israel seine grosse Sünde, die Verwerfung des Messias, nicht erkennt, beweint und sich mit heisser Glut der Seele zum Christus Gottes wendet, bleibt es das Unheilsvolk, dessen neuer Staat, auch wenn er im Plan Gottes liegt, der Welt nur neue Unruhen und Verwicklungen bringt. Zu einem gesegneten Volk und zu einem Segensträger für andere Völker kann Israel nur durch seinen und unseren Christus Gottes werden, niemals aus eigener Kraft. Die Welt kann einzig am Christuswesen, nie aber an jüdischem Wesen genesen."[60]

*Festhalten am judenmissionarischen Anspruch*

Die auch nach dem Zweiten Weltkrieg fortdauernden heilsgeschichtlichen Projektionen auf ‚die Juden' im konservativen Deutschschweizer Protestantismus, die unter anderem den Blick auf den Zionismus prägten und eine religiöse Lösung der ‚Judenfrage' postulierten, sahen letztlich das (heilsgeschichtliche) Ziel des Judentums in seinem Aufgehen im Christentum und somit in seinem Verschwinden. Auf Kritik an den in diesem theologischen System wurzelnden Formen des Antisemitismus wurde sehr gereizt reagiert. Dies zeigte sich beispielhaft in der Reaktion von Gottlob Wieser, Redakteur des „Kirchenblatts für die reformierte Schweiz", auf einen Beitrag eines Juden in der linksgerichteten Tageszeitung „Nation", der auf die Präsenz eines kirchlichen Antisemitismus verwies.[61] Den Schreiber als ‚modernen Juden' titulierend, der nicht wisse, was Christen und Juden trennen würde, und eines „restlosen Relativismus" bezichtigend, holte Wieser zu einer Verteidigung des christlichen Superioritätsempfindens und Sendungsbewusstseins gegenüber dem Judentum aus. Mahnend nahm er dabei den christlichen Missionsanspruch in Schutz: „Unsere Teilnahme und Hilfsbereitschaft gegenüber den verfolgten Juden darf uns nicht zur Gleichgültigkeit verleiten gegenüber dem, was uns von ihnen trennt. Wir haben auch ihnen das Evangelium zu verkündigen und unsern Glauben zu bezeugen."[62] Durch den Artikel in der „Nation" sah Wieser zentrale christliche Überzeugungen tangiert und mit Antisemitismus assoziiert. Genauso wie Wieser

---

60 Ebenda, S. 28.

61 Gottlob Wieser, Kirchlicher Antisemitismus?, in: KRS, 24. 1. 1946, S. 23–27, S. 26 f. Zur Diskussion stand unter anderem eine Weihnachtsbetrachtung der ordinierten Theologin Rosa Gutknecht in der „Neuen Zürcher Zeitung", die ‚den Juden' unterstellte, sich gegen die ihnen von Gott anvertraute Offenbarung widersetzt zu haben: Rosa Gutknecht, Weihnacht, in: NZZ, 25. 12. 1945, S. 1. Im Judentum der Schweiz war der „theologische Antisemitismus", wie er genannt wurde, mehrfach ein Thema, so auch bei einem Vortrag Edwin Guggenheims im Herbst 1945 in Zürich. (o., „Die neue Gefahr", in: IW, 5. 10. 1945, S. 11.)

62 Gottlob Wieser, Kirchlicher Antisemitismus?, in: KRS, 24. 1. 1946, S. 23–27, S. 26.

den missionarischen Anspruch des Christentums verteidigte, so nahm er auch zentrale Elemente des heilsgeschichtlichen Antisemitismus in Schutz:

> „[Wir können] uns den Glauben nicht nehmen lassen, daß an der Stellung zu Jesus als dem der Welt von Gott gegebenen Erlöser Heil oder Unheil der Menschen sich entscheiden, daß die Feindschaft wider Christus das Gericht nach sich zieht. Wir werfen uns damit nicht zu Richtern der andern auf; wir haben uns wohl zu hüten, etwa mit dem Hinweis auf Gottes Gericht den Menschen die Verantwortung für die Judenverfolgungen abzunehmen. Aber wir können das im Evangelium mit der Gnade verkündigte Gericht auch nicht verschweigen und müssen uns dagegen verwahren, daß diese Warnung, wenn sie im Gespräch mit den Juden zur Sprache kommt, einfach als Antisemitismus bezeichnet wird. So scharf wir den Antisemitismus ablehnen, der aus Rassen-Hochmut die Juden als minderwertig oder gefährlich verfolgt, so wenig können wir das übersehen, was zwischen uns als Christen und den Juden steht. Und wir müssen daran festhalten, daß erst dann der Fluch vom jüdischen Volk ganz weggenommen wird, wenn es in Jesus seinen Messias erkennt."[63]

Der weiterhin im konservativen Protestantismus existierende Superioritätsanspruch ließ, wie dieses Zitat exemplarisch aufzeigt, die Forderung der aktiven Mission unter den Juden auch nach der Shoah weiterleben. Von der angesichts der grausamen Judenverfolgungen von Judenmissionsdirektor Herbert Hug im Januar 1944 geäußerten Kritik an der herkömmlichen Judenmission war in den judenmissionarisch aktiven Kreisen in den ersten Nachkriegsjahren nichts zu spüren.[64] Der „Verein der Freunde Israels" sprach sich unmittelbar nach Kriegsende in seinem Jahresbericht klar für die Beibehaltung der Mission aus.[65] Auch in der vom Verein neu herausgegebenen Quartalszeitschrift „Judaica" votierte Robert Brunner klar dafür,

---

63  Ebenda, S. 26. Sehr ähnlich argumentierte auch Robert Brunner 1945: Robert Brunner, Judenmission nach dem Zweiten Weltkrieg, in: J 1 (1945) 4, S. 296–319, S. 312 f.

64  Siehe für Hugs Äußerungen: Herbert Hug, Jüdisch-christliche Verständigungsversuche und das Problem der Judenmission, in: FI 71 (1944) 1, S. 2–16. Kritik an der Judenmission an sich oder ihren als veraltet angesehenen Methoden fand sich in den analysierten Zeitschriften nur selten. Siehe etwa: Erste Nachkriegstagung des Weltbundes für freies Christentum und religiöse Freiheit, in: SRV, 17. 8. 1946, S. 250 f., S. 251; Herbert Hug, Zionismus als Weltproblem, Teil II, in: NW 41 (1947) 2, S. 74–77, S. 76.

65  Robert Brunner, 114. Jahresbericht des Vereins der Freunde Israels Schweizer Judenmission zu Basel, in: FI 72 (1945) 4, S. 57–60, S. 60. Etwas vorsichtiger formulierend zudem in der Zeitschrift „Reformierte Schweiz" in einem Bericht aus der Arbeit der Judenmission: Robert Brunner, Aus der Arbeit der Judenmission, in: RS 7 (1950) 11, S. 429.

die Judenmission weiterzuführen.[66] Dieser auch jüdischen Autoren offenstehenden Zeitschrift[67] blieb auch in den Folgejahren ein judenmissionarischer Impetus inne.[68] Ein Zeichen für die weiterhin auf aktive Judenmission ausgerichtete Tätigkeit des Vereins stellte die erste internationale Judenmissionskonferenz nach dem Krieg dar, die im Juni 1947 in Basel stattfand und der Verein mitorganisierte.[69] Dem Verein, der seine Aktivitäten während des Krieges auf die Schweiz hatte fokussieren müssen, eröffneten sich nach dem Krieg zudem neue Möglichkeiten. Die Hoffnung einer Rückkehr in die einstigen ‚Missionsfelder' in Polen zerschlugen sich aufgrund der politischen Verhältnisse zwar bald, doch erschloss sich der Verein in den Flüchtlingscamps für jüdische *Displaced Persons* in Süddeutschland ein neues Wirkungsgebiet.[70]

66    Robert Brunner, Judenmission nach dem zweiten Weltkrieg, in: J 1 (1945) 4, S. 296–319. Jedoch war sich auch Brunner in den Folgejahren darüber im Klaren, dass die Shoah eine Veränderung der Judenmission – zumindest in ihrem Vorgehen – mit sich brachte. Siehe seine Bemerkungen in einer Rezension von 1951: Robert Brunner, Rezensionen, in: J 8 (1952) 2, S. 126 f. Die Schriftleitung der Zeitschrift lag bei Brunner. Mitverantwortlich für die Herausgabe waren zudem die beiden Universitätsprofessoren Walther Eichrodt und Gottlob Schrenk.

67    Zum ersten Jahrgang steuerte etwa der St. Galler Rabbiner Lothar Rothschild einen Beitrag bei: Lothar Rothschild, Die „Judenfrage" in jüdischer Sicht, in: J 1 (1945) 4, S. 319–341.

68    Diese Ausrichtung wurde mit Blick auf den ersten Jahrgang im dialektischen „Kirchenblatt für die reformierte Schweiz" von Kurt Lehmann ausdrücklich gelobt. (Kurt Lehmann, Bücherbesprechungen, in: KRS, 24. 1. 1946, S. 27–30, S. 28.) Im Gegensatz dazu setzte David Farbstein im „Israelitischen Wochenblatt" seine Kritik genau an diesem Punkt an: David Farbstein, „Judaica", in: IW, 31. 8. 1945, S. 6. Siehe als Beispiele für „Judaica"-Beiträge, die sich für die Judenmission aussprachen: Robert Brunner, Judenmission nach dem Zweiten Weltkrieg, in: J 1 (1945) 4, S. 296–319; Hans Kosmala, Vom heutigen Judentum und der jüdisch-christlichen „Verständigung", in: J 2 (1946) 4, S. 249–284; Robert Brunner, Modernismus und religiöse Indifferenz im heutigen Judentum in ihrer Bedeutung für die Judenmission, in: J 5 (1949) 2, S. 95–103.

69    Siehe zu den zentralen Positionen des Kongresses, der sich ebenfalls für die Fortsetzung der Evangelisation unter den Juden aussprach: Die internationale Juden-Missionskonferenz in Basel, in: FI 74 (1947) 4, S. 57 f.; Umschau, in: J 3 (1947) 4, S. 318–324; Internationale Missionskonferenz in Basel, in: FI 75 (1948) 1, S. 4–9. Stark kritisch der Bericht hingegen in: E. Liefmann, Einige Bemerkungen zu den Bezeichnungen ‚Judenchrist' und ‚Heidenchrist' und zu dem Bericht der „Kommission für Kirche und Judenchristen" von der Internationalen Konferenz der Gesellschaften für Judenmission in Basel, Juni 1947, in: A, 16. 7. 1948, S. 228–230.

70    Siehe für die Betätigung des Vereins in den Flüchtlingslagern z. B.: John Witt, Besuch in einem jüdischen, koscheren Lager, in: FI 72 (1945) 3, S. 40–43; Unsere neue Evangelisationsarbeit in Süddeutschland, in: FI 74 (1947) 2, S. 19; Theo Burgstahler, Wollen wir anfangen? Zum Wiederbeginn der Judenmission in Deutschland, in: FI 74 (1947) 2, S. 19–21. Für die anfängliche Hoffnung und anschließende Enttäuschung bezüglich einer Wiederaufnahme der Missionstätigkeit in Polen: Weihnachtsgabe 1945, in: FI 72 (1945) 7, S. 73; Von unseren ehemaligen Missionsarbeitern im Osten, in: FI 73 (1946) 1, S. 13–15; Robert Brunner, Jahresbericht 1949/50, in: FI 77 (1950) 4, S. 53–56.

Für die Weiterführung der Judenmission nach dem Zweiten Weltkrieg wurden von Seiten der „Freunde Israels" vor allem drei Argumente vorgebracht. Erstens wurde betont, dass es keine Option darstelle, nur in einem humanitären Sinne zu helfen. „Den Ruf des Evangeliums" könne man nicht verschweigen. Die „frohe Botschaft" müsse weitergegeben werden, hob Walther Eichrodt in seiner Predigt am Jahresfest des Vereins von 1945 hervor.[71] Zweitens wurde die Mission zu einer von Gott aufgetragenen Verpflichtung für die Christen stilisiert.[72] Drittens wurde es als ein Anrecht ‚der Juden' verstanden, wie aller anderen Menschen auch, die „Botschaft vom Heil" verkündet zu erhalten.[73] Dies strich auch Conrad Hoffmann, Generalsekretär für Judenmission beim Internationalen Weltmissionsrat, 1951 in einem Artikel im „Freund Israels" heraus. Er erklärte dabei die Judenmission zu einem Präzedenzfall. Sie aufzugeben würde letztlich die Mission an sich gefährden:

> „Der Ausschluß der Juden von der allgemeinen missionarischen Verantwortung der Kirche wäre Benachteiligung. Überdies würde er bedeuten, das Judentum passe für den Juden, weshalb er Jesus Christus nicht brauche. Daraus könnte die Annahme folgen: Wenn der Jude Jesus Christus nicht braucht, so hat ihn auch kein anderes Volk nötig. Eine solche Schlussfolgerung annehmen, hieße die ganze Mission der Kirche untergraben."[74]

Letztlich hegte der judenmissionarische Verein, der, wie andere kontinentaleuropäische Judenmissionsgesellschaften auch, historisch gesehen lange eine gewisse Randstellung im Protestantismus gefristet hatte, nach dem Krieg die Hoffnung, mit seinem Anliegen stärker in die Gesamtkirche hineinwachsen zu können. Daher deklarierte er die Judenmission zu einer Aufgabe der ganzen Kirche. In diesem Diskurs schwang jedoch weiterhin die Gewissheit mit, dass das Anliegen des Vereins in der Kirche auf kein sehr großes Interesse stoße. Gegen dieses Desinteresse kämpfte der Verein mit Predigten, Kinderlehren und Vorträgen an, von denen er beispielsweise im Vereinsjahr 1949/50 in der Schweiz und in Deutschland rund 1000 hielt.[75]

71 Walther Eichrodt, Predigt zum Jahresfest der „Freunde Israels" am 30. Juni 1945, in: FI 72 (1945) 4, S. 49–54, S. 51.

72 Siehe z. B.: Robert Brunner, Judenmission nach dem Zweiten Weltkrieg, in: J 1 (1945) 4, S. 296–319, S. 301; Die internationale Juden-Missionskonferenz in Basel, in: FI 74 (1947) 4, S. 57 f., S. 57; Joachim Braun, Gnade für Israel, in: FI 82 (1955) 5, S. 67 f., S. 67.

73 Internationale Missionskonferenz in Basel, in: FI 75 (1948) 1, S. 4–9, S. 6. Siehe zudem: Joachim Braun, Gnade für Israel, in: FI 82 (1955) 5, S. 67 f., S. 67.

74 Conrad Hoffmann, Über Toleranz und Mission, in: FI 78 (1951) 2, S. 74–77, S. 75.

75 Robert Brunner, Jahresbericht 1949/50, in: FI 77 (1950) 4, S. 53–56, S. 55. Ein vermehrtes Interesse an der Judenmission im Deutschschweizer Protestantismus signalisierte allerdings der Anstieg der Auflage des „Freund Israels". Seine höchste Auflage verzeichnete die Zeitschrift nach dem Zweiten Weltkrieg mit 22 000 Exemplaren. (Willi, Die Geschichte des Vereins der Freunde Israels, S. 26.)

## 2 Kritische Auseinandersetzung mit dem Antisemitismus

Zeigte sich nach dem Zweiten Weltkrieg im konservativen Protestantismus ein von heilsgeschichtlichen Erwartungen an ‚die Juden' geprägter Antisemitismus weiterhin fest verankert, so intensivierte sich gleichzeitig eine kritische Auseinandersetzung mit der Judenfeindschaft. Abgesehen von den Positiven und hier vorab den Dialektikern, war das Interesse, den Antisemitismus zu thematisieren, jedoch nicht in allen untersuchten Richtungsorganen gleich stark ausgeprägt. Während das liberale „Schweizerische Reformierte Volksblatt" das Thema ignorierte oder tabuisierte, setzte etwa der religiös-soziale „Aufbau" sich wiederum mehrfach damit auseinander. Der in den Diskussionen verwendete Antisemitismus-Begriff erfasste dabei allerdings oft nur nicht religiös geprägte judenfeindliche Topoi. Als eigentliche Schlüsselfigur des Reflexionsprozesses figurierte Flüchtlingspfarrer Paul Vogt, der, wie auch schon in den letzten Kriegsjahren, angesichts der ungeheuren Schrecken der Shoah ein christliches Schuldempfinden gegenüber dem Judentum verspürte. Er war auch eine der Schlüsselfiguren des beginnenden christlich-jüdischen Dialogs, der sich insbesondere die Bekämpfung des Antisemitismus auf die Fahnen schrieb. Die Artikulierung dieses Schuldempfindens und die verstärkte Kritik am Antisemitismus stehen hier zunächst im Fokus. Das zweite Unterkapitel wendet sich den aufkeimenden Bestrebungen zur Bekämpfung des Antisemitismus zu, zu denen insbesondere der einsetzende christlich-jüdische Dialog gehörte.

*Unchristlicher Antisemitismus – christliche Schuld*

Die zentrale Strategie zur Diskreditierung des Antisemitismus in den ersten Nachkriegsjahren knüpfte an der bereits in den vorangegangenen Dekaden etablierten Argumentationslinie an, die den Antisemitismus als ‚unchristliche' Geisteshaltung verdammte. Die Subkommission „Antisemitismus und Kirche" der Internationalen Judenmissionskonferenz, die im Sommer 1947 in Basel stattfand, bewegte sich exakt auf der Linie dieser rein theologisch vorgehenden Kritik des Antisemitismus, indem sie in einem Schlüsselsatz ihres Berichts vermerkte: „Antisemitismus ist Auflehnung gegen den Willen Gottes, der Israel erwählt hat, dass es sein Volk sei und gegen den Sohn Gottes, der geboren wurde von einer jüdischen Mutter".[76]

---

76 Internationale Missionskonferenz in Basel, in: FI 75 (1948) 1, S. 4–9, S. 4. Siehe als weitere Beispiele für diese theologische Argumentation: EPD, Christen und Juden, in: KRS, 20. 12. 1945, S. 390–394, S. 394; Kirchliche Zeitschau, in: KF, 15. 3. 1946, S. 89–93, S. 91; Wir und die Juden, in: KRS, 2. 3. 1950, S. 73. Den Antisemitismus setzte auch Walter Hoch mit ‚Antichristentum' gleich. Deshalb sei, so war Hoch überzeugt, auch die Kirche vom Antisemitismus bedroht gewesen. (Walter Hoch, Die Judenfrage nach dem Sturz des Nationalsozialismus, in: RS 2 (1945) 11, S. 501–

Diese deutliche Abgrenzung vom Antisemitismus bedeutete jedoch nicht, dass diese Konferenz das seit Jahrhunderten eingeübte christliche Superioritätsempfinden gegenüber dem Judentum sowie die in der christlichen Heilsgeschichte auf ‚die Juden' projizierte Rolle hinterfragte, rief sie doch die gesamte Kirche auf, sich der Judenmission zu widmen.[77]

Die Verdammung des Antisemitismus als etwas ‚Unchristliches', ja ‚Teuflisches' stand auch im Zentrum der anti-antisemitischen Argumentation Paul Vogts. Dementsprechend erschien es dem Flüchtlingspfarrer notwendig, diese Klassifizierung konfessionsübergreifend im Christentum zu verbreiten.[78] Auch Vogt bewegte sich in seiner Verurteilung des Antisemitismus argumentativ in theologischen Bahnen. Im „Leiterbrief der Jungen Kirche" von Oktober 1946 ließ er dabei deutlich erkennen, dass er den Antisemitismus als Verstoß gegen die göttliche ‚Auserwähltheit' ‚der Juden' verstand, die er aus seiner heilsgeschichtlichen Erwartungshaltung heraus auf diese projizierte. Antisemitismus kam deshalb in seinen Augen einer „Todsünde" gleich.[79] Als Ursache der ‚Todsünde' erblickte er eine sich angeblich von Gott abwendende Welt: „Der Antisemitismus ist die Rebellion einer Welt ohne Gott gegen Gott als den Herrn der Welt. Der Antisemitismus ist Raub an Gottes geliebtem, erwählten, teuer erkauften, zur heiligen Vollendung bestimmten Privateigentum."[80]

Paul Vogt blieb jedoch nicht einfach bei der Verdammung des Antisemitismus als etwas ‚Teuflischem' stehen, sondern weitete seine Antisemitismuskritik aus, indem er dem Christentum eine Mitschuld am mörderischen Erfolg des Antisemitismus zuwies.[81] Mit dieser von ihm wiederholt vorgebrachten selbstkritischen Haltung gegenüber der Rolle des Christentums nahm Vogt im Deutschschweizer Protestantismus eine Sonderstellung ein. Die Ausbreitung des Antisemitismus unter dem Christentum führte er nicht zuletzt, wie das obige Zitat zeigt, auf eine angebliche Entchristlichung der Gesellschaft zurück. Somit blieb Vogt auch in diesem Punkt in einer theologischen Argumentation verhaftet, da für ihn ein Christ, der Jesus Christus nicht aus den Augen verloren habe, keine antisemitische Haltung

---

505, S. 503; S. 505.) Dies zeigt, dass Hoch seine über Jahrzehnte verbreiteten judenfeindlichen Äußerungen selbst nicht als Antisemitismus taxierte.

77   Internationale Missionskonferenz in Basel, in: FI 75 (1948) 1, S. 4–9, S. 6 f.

78   Paul Vogt, Von der Notwendigkeit christlich-jüdischer Zusammenarbeit. Vortrag gehalten an der Generalversammlung der „Christlich-jüdischen Arbeitsgemeinschaft in der Schweiz" vom 7. März 1948, Zürich 1948.

79   Paul Vogt, Die Todsünde des Antisemitismus, in: LJK 8 (1946) 4, S. 1–12.

80   Ebenda, S. 9.

81   Siehe z. B.: Paul Vogt, Eröffnungswort, in: Karl Barth, Die evangelische Kirche in Deutschland nach dem Zusammenbruch des Dritten Reiches mit einer Predigt von Oscar Farner über Markus 10, 41–45, einem Eröffnungswort von Paul Vogt und zwei Beiträgen, Zollikon-Zürich 1945, S. 14–18, S. 15; Paul Vogt, Antisemitismus und Religionsunterricht, in: KRS, 6. 2. 1947, S. 34–37, S. 36.

gegen Juden (und ‚Judenchristen') einnehmen könne. Anklagend stellte Vogt daher fest: „Sechs Millionen jüdischer Menschenbrüder sind inmitten unseres ‚Christentums' ermordet worden."[82] Die anklagende Haltung gegenüber dem zeitgenössischen Christentum richtete Vogt im August 1948 auch gegen eine vom St. Galler Kirchenrat an die Pfarrämter übermittelte Fürbitte. Diese rief zum Gebet für ‚die Juden' auf, damit dem „Volke Israel" die „Decke" von den Augen genommen werde.[83] Vogt betonte, dass er die Fürbitte in dieser Form nicht mitbeten könne. Er sah, dieselbe Blindheitsmetapher verwendend, vielmehr ‚Decken' der Lieblosigkeit und des Antisemitismus über den Augen des Christentums. Aus diesem Grunde würde er der Fürbitte folgende Worte voranstellen: „Nimm die Decke hinweg, die vor die Augen von uns Christen gebunden ist, und vergib uns alle unsere Lieblosigkeit, die wir in Gedanken, Worten und Taten gegen Juden begangen haben".[84]

Neben Paul Vogt fielen auch Pfarrer Herbert Hug und die oft als ‚Flüchtlingsmutter' bezeichnete Gertrud Kurz durch die Betonung christlicher Mitschuld am Antisemitismus auf.[85] Hug kritisierte deutlich Walter Hochs „Kompass durch die Judenfrage". Verschiedene Aussagen Hochs erachtete er als empörend für Juden. Besonders stark missfiel ihm Hochs antisemitisches Konstrukt, dass in den Judenverfolgungen die eigene Saat der Juden aufgegangen sei.[86] Dementsprechend fiel Hugs Urteil zu Hochs Schrift sehr negativ aus: „[Das] ist nicht der Kompass, den wir brauchen. Wir müssten einen haben, der uns in das Innere unserer eigenen Schuld weist, wo wir verlegen dastehen und mit Schamröte im Gesicht sprechen: unsere Saat ist aufgegangen, mea culpa, mea maxima culpa!"[87]

---

82   Paul Vogt, Die Kirche und die Judenchristen, in: KRS, 23. 10. 1952, S. 326 f., S. 326. Der Text basierte auf einer Ansprache, die Vogt beim „Deutschen Evangelischen Kirchentag" in Stuttgart anlässlich des Sondertreffens „Dienst an Israel" gehalten hatte.

83   Paul Vogt, Zwei Decken vor den Augen, in: KRS, 26. 8. 1948, S. 258–261, S. 258.

84   Ebenda, S. 259.

85   Herbert Hug, Kleine Mitteilungen, in: KRS, 26. 7. 1945, S. 234–238, S. 235 f. Gertrud Kurz war in leitender Position an der Formulierung einer „Resolution zur Judenfrage" an der internationalen Tagung des „Christlichen Friedensdienstes" im August 1947 in Gwatt beteiligt, die in diesem Sinne argumentierte. Die Resolution ist abgedruckt in: Vogt, Von der Notwendigkeit, S. 15. Die stark in der Flüchtlingshilfe engagierte Kurz gehörte der internationalen Friedensorganisation der „Kreuzritter" an, deren deutschsprachiges Mitteilungsblatt sie seit 1933 redigierte. Zu Kurz siehe: Katrin Hafner/Lucia Probst, Im Dienste der Humanität. Die Schweizer „Flüchtlingsmutter" Gertrud Kurz als Akteurin im Zweiten Weltkrieg und die Rezeption ihres Wirkens bis heute, in: Catherine Bosshart-Pfluger/Dominique Grisard/Christina Späti (Hrsg.), Geschlecht und Wissen. Beiträge der 10. Schweizerischen Historikerinnentagung 2002, Zürich 2004, S. 27–43.

86   Herbert Hug, Kleine Mitteilungen, in: KRS, 26. 7. 1945, S. 234–238, S. 235 f. Siehe zur Analyse von Hochs antisemitischer Schrift Kapitel 3 in Teil VI.

87   Herbert Hug, Kleine Mitteilungen, in: KRS, 26. 7. 1945, S. 234–238, S. 236.

Vor dem Hintergrund des angesichts der Shoah etwa durch Paul Vogt geäußerten christlichen Schuldempfindens gegenüber den Juden kam es vor allem im dialektischen „Kirchenblatt für die reformierte Schweiz" zu einer Kritik an den protestantischen Kirchen in Deutschland, da diese in den ersten Nachkriegsjahren von
einem Bekenntnis ihrer Mitschuld an den Geschehnissen im ‚Dritten Reich' nichts
wissen wollten.[88] Entsprechend negativ bewertete es auch die Schrift Wilhelm Jan-
naschs zur „Bekennenden Kirche" Deutschlands, obwohl diese vom „Schweizerischen evangelischen Hilfswerk für die Bekennende Kirche in Deutschland mit
Flüchtlingsdienst" herausgegeben wurde, dem das „Kirchenblatt für die reformierte
Schweiz" nahestand.[89] Die von Jannasch der „Bekennenden Kirche" zugeschriebene Stellung zur ‚Judenfrage' wurde als apologetisch und daher als von „wenig Wert"
taxiert.[90]

### Bekämpfung des Antisemitismus

In den ersten Nachkriegsjahren begann sich neben der stark an theologischen Argumentationen orientierten Kritik des Antisemitismus eine tiefergehende Reflexion
im Deutschschweizer Protestantismus über die Judenfeindschaft zu entwickeln. So
wurde beispielsweise darüber nachgedacht, wie es zum Antisemitismus kommen

---

88  Siehe z. B.: Gottlob Wieser, Die evangelische Kirche in Deutschland und die Judenfrage, in: KRS,
   5. 2. 1948, S. 40–43, S. 41 f.; Paul Vogt, Zwei Decken vor den Augen, in: KRS, 26. 8. 1948, S. 258–261,
   S. 259. Begrüßt wurden entsprechend Ansätze eines Schuldbekenntnisses: Gottlob Wieser, Die
   Synode der Evangelischen in Deutschland, in: KRS, 25. 5. 1950, S. 165–167. Für das Verhalten der
   deutschen Kirchen siehe: Günter Brakelmann, Evangelische Kirche und Judenverfolgung. Drei
   Einblicke, Waltrop 2001, S. 67–110; Ulrike Zander, Philosemitismus im deutschen Protestantismus.

89  Wilhelm Jannasch, Deutsche Kirchendokumente. Die Haltung der Bekennenden Kirche im
   Dritten Reich, hrsg. vom Schweizerischen evangelischen Hilfswerk für die Bekennende Kirche
   in Deutschland mit Flüchtlingsdienst, Zollikon-Zürich 1946.

90  Gottlob Wieser, Bücherbesprechungen, in: KRS, 2. 5. 1946, S. 140–142, S. 140. Zur Haltung der
   Bekennenden Kirche zu den nationalsozialistischen Judenverfolgungen: Gerlach, Als die Zeugen
   schwiegen. Wesentlich positiver wurde hingegen folgende Schrift rezensiert, da sie nicht denselben apologetischen Charakter aufwies: Die Evangelische Kirche in Deutschland und die Judenfrage. Ausgewählte Dokumente aus den Jahren des Kirchenkampfes 1933 bis 1943, bearbeitet und
   herausgegeben auf Veranlassung des Flüchtlingsdienstes des Ökumenischen Rats der Kirchen,
   Genf 1945. Siehe für die Rezension: Gottlob Wieser, Bücherbesprechungen, in: KRS, 2. 5. 1946,
   S. 140–142, S. 140. Zur Thematisierung der Shoah gehörte auch die Publikation von Erlebnisberich-
   ten von Überlebenden. Siehe etwa: Ich war ein Mensch wie Du! Schicksale verfolgter Menschen,
   zusammengestellt auf Grund authentischer Tatsachenberichte von Emil Wiederkehr, mit Kapitel-
   Einleitungen von Paul Vogt, Flüchtlingspfarrer, hrsg. von der Schweizerischen Zentralstelle für
   Flüchtlingshilfe, Zürich 1947. Siehe zudem auch folgende Berichte: Nachrichten, in: ASB, 5. 5. 1945,
   S. 141 f., S. 142; OePD, Aus dem Konzentrationslager Buchenwald, in: KRS, 14. 6. 1945, S. 187 f.

konnte, antisemitische Vorfälle wurden registriert und Strategien zur Bekämpfung der Judenfeindschaft wurden ersonnen. Aufgrund der nationalsozialistischen Judenverfolgungen rückte in der Reflexion über die Gründe des Antisemitismus vor allem Deutschland ins Blickfeld. Hierbei kreisten die Gedanken oft um die Rolle des Reformators Martin Luther. So wurde die ‚den Deutschen‘ zugeschriebene Obrigkeitsgläubigkeit, mit der der Erfolg des Nationalsozialismus teilweise erklärt wurde, auf die Theologie Luthers zurückgeführt.[91] Im Fokus stand aber besonders auch Luthers Antisemitismus. Ein Zusammenhang seines Antisemitismus mit jenem des nationalsozialistischen Deutschlands wurde im Deutschschweizer Protestantismus vereinzelt bereits in den 1930er-Jahren diskutiert, zumal das ‚Dritte Reich‘ selbst gerne auf die judenfeindlichen Schriften des Reformators verwies.[92] Besonders kritisch reflektierte dabei eine anonym verfasste Artikelserie im „Aufbau“ Luthers Antisemitismus und setzte diesen mit jenem des Nationalsozialismus in Verbindung.[93] Dies strich auch die Nachschrift von Redakteur Max Gerber deutlich heraus:

> „Diese historische Darlegung ist hier nicht abgedruckt worden, um das Große, das wir Luther verdanken, vergessen zu machen. Aber sie sollen uns bewegen, die Wurzeln des Grauenhaften, das in Deutschland geschehen ist, tiefer hinab

---

91   Siehe etwa: W. Schmidt, Zu Luthers Stellung zur Obrigkeit, in: KF, 1./15. 11. 1945/1. 12. 1945, S. 316–320/S. 331–333/S. 352–355. Auch ein Beitrag im liberalen „Schweizerischen Reformierten Volksblatt“ schrieb Luther eine Mitverantwortung an der deutschen ‚Obrigkeitsgläubigkeit‘ zu, stellte dann jedoch in polemischen Ausführungen die dialektische Theologie Karl Barths aufgrund des ihr unterstellten „lähmenden moralischen Defaitismus“ als den wahren Schuldigen der „Untertänigkeitsgesinnung“ ‚der Deutschen‘ hin. (Ist Luther schuld?, in: SRV, 13. 7. 1946, S. 214 f.) Gegen die Postulierung eines deutschen ‚Sonderwegs‘ hingegen: Johann Conrad Gasser, Winterthur, Christliche Gesinnung oder politische Leidenschaft?, in: KF, 15. 12. 1945, S. 371–373.

92   Siehe etwa: Kaufmann, Art. ‚Luther, Martin‘, S. 505. Siehe als Beispiele: Martin Werner, Luther und die Judenfrage, in: SRV, 14. 3. 1936, S. 86–88; Paul Marti, Politische Entartung des Christentums, in: SRV, 22. 4. 1939, S. 125 f., S. 126; Arthur Frey, Luther und die Obrigkeit, in: KRS, 11. 11. 1943, S. 358–360; Rich, Das Judenproblem, S. 18. Nicht zuletzt hatte sich auch der dialektische Pfarrer Herbert Hug mit dieser Thematik auseinandergesetzt: Herbert Hug, Zur Judenfrage bei Luther, in: KRS, 12. 10. 1939, S. 326–330; Hug, Das Volk Gottes, S. 81–147.

93   ***, Luther und die Juden, 4 Teile, in: A, 7./14./21./28. 12. 1945, S. 387–390/S. 397–400/S. 404–407/S. 412–414. Im Ersten Teil reproduzierte der anonyme Autor jedoch auch den antisemitischen Diskurs des ‚ewigen Antisemitismus‘: ***, Luther und die Juden, Teil I, in: A, 7. 12. 1945, S. 387–390, S. 387. Apologetisch geprägt war hingegen eine Schrift Ernst Ramps zum „Zinsproblem“, welche die judenfeindlichen Aussagen Luthers auf dessen ablehnende Haltung des Wuchers zurückführte und somit eine Realkonfliktskonstruktion vornahm: Ramp, Das Zinsproblem, S. 46–48. Von einem Denken geprägt, das eine Unterscheidung zwischen einem ‚unerlaubten unchristlichen‘ und ‚erlaubten christlichen‘ Antisemitismus vornahm, zudem: E. St. [Ernst Stähelin?], Literatur, in: KF, 9. 7. 1936, S. 221–223, S. 222.

in die Vergangenheit zu verfolgen. Hitler ist ein Ast an einem kräftigen Stamm. Wir müssen nicht bloß zu Bismarck, oder zu Friedrich, dem sogenannten Großen, zurückgehen, um die Entartung Deutschlands zu verstehen. Der Nationalsozialismus hat gar hohe Ahnen."[94]

Indem der vom „Ökumenischen Rat der Kirchen" in Genf herausgegebene Sammelband über „Deutschland und die Judenfrage" nebst Luther auch Adolf Stoecker als eine der Grundlagen für die Haltung der deutschen Kirchen zur ‚Judenfrage' aufführte, nahm diese Publikation gar den auch im konservativen Protestantismus der Schweiz bis in die 1930er-Jahre heroisierten Hofprediger kritisch ins Visier.[95]

Mit Blick auf die nach dem Zweiten Weltkrieg einsetzende vertiefte Reflexion über den Antisemitismus entwickelte der Protestantismus der Deutschschweiz ein verfeinertes Sensorium, um Judenfeindschaft in der zeitgenössischen Gesellschaft zu erkennen. Die protestantische Kirche war überzeugt, ein ‚Wächteramt' in der Gesellschaft einnehmen zu müssen, weshalb antisemitischen Vorfällen in der Schweiz und im Ausland viel Aufmerksamkeit geschenkt wurde. Die Thematisierung und Skandalisierung des Nachkriegsantisemitismus erhielt insbesondere im religiös-sozialen „Aufbau" sowie dem judenmissionarischen „Freund Israels" viel Raum,[96] aber auch andere Zeitschriften berichteten gelegentlich mahnend von judenfeindlichen Vorfällen.[97] Zum Teil stützten sich die Zeitschriften dabei auf

---

94    ***, Luther und die Juden, Teil IV, in: A, 28. 12. 1945, S. 412–414, S. 414.

95    Die Evangelische Kirche in Deutschland und die Judenfrage, S. 11. Die Wurzeln des (nationalsozialistischen) Antisemitismus wurden nicht nur in kirchengeschichtlichen Fragestellungen ergründet. Im Sinne einer Pathologisierung und Psychologisierung des Antisemitismus etwa: Gottlob Wieser, Der Mord von Payerne, in: KRS, 10. 7. 1947, S. 220. Einem psychologischen Erklärungsansatz ging auch der aus Österreich in die Schweiz geflohene jüdische Jurist Hans Ornstein, der eine der tragenden Figuren des christlich-jüdischen Dialogs in der Schweiz nach dem Zweiten Weltkrieg wurde, in einer 1949 publizierten Schrift nach: Hans Ornstein, Der antijüdische Komplex. Versuch einer Analyse, Zürich 1949. Diese Schrift wurde von Gottlob Wieser sehr negativ rezensiert, stand für ihn doch die christlicherseits auf ‚die Juden' projizierte heilsgeschichtliche Funktion im Zentrum der ‚Judenfrage': Gottlob Wieser, Bücherbesprechungen, in: KRS, 13. 4. 1950, S. 126. Ebenso negativ rezensiert auch durch Walter Hoch und Robert Brunner: Walter Hoch, Das Mosaik, in: RS 3 (1946) 7, S. 275–278; Robert Brunner, Rezensionen, in: J 6 (1950) 3, S. 233 f.

96    Siehe zum Beispiel: Mathias Merker, Der Hitlerismus ist nicht tot!, in: A, 24. 8. 1945, S. 272; Max Gerber, Antisemitismus, in: A, 23. 8. 1946, S. 265 f.; Neue Wege des Antisemitismus?, in: A, 28. 1. 1949, S. 32 f.; Ein sauberer Schweizer!, in: FI 76 (1949) 5, S. 77; Umgestürzte Grabsteine, in: A, 16. 6. 1950, S. 189 f.; Jud, Jud, Jud …!, in: FI 80 (1953) 2, S. 22 f.; Robert Brunner, Antisemit stört Gottesdienst durch Zwischenrufe, in: FI 82 (1955) 5, 69–72.

97    Siehe als Beispiele: Gottlob Wieser, Kleine Mitteilungen, in: KRS, 25. 7. 1946, S. 238–240, S. 239; Hugo Kramer, Es geht wieder gegen die Juden, in: NW 47 (1953) 2/3, S. 82–90; Ulrich Künder, Schwelender Antisemitismus, in: NW 49 (1955) 12, S. 576–579.

Meldungen der seit den 1930er-Jahren in der Schweiz existierenden und von Benjamin Sagalowitz geführten jüdischen Nachrichtenagentur „JUNA".[98] Besonders das starke Engagement des „Freund Israels" im Bekanntmachen antisemitischer Aktivitäten ist angesichts der antisemitischen Tradition, auf die die Zeitschrift zurückblickte, interessant. Besonders empört zeigte sich Robert Brunner im April 1948. Mit Blick auf die Millionen in der Shoah ermordeten Juden zeigte er sich schockiert über die Haltung eines protestantischen Pfarrers:

> „Wie wäre es möglich gewesen, dass 5–6 Millionen Juden, Männer, Frauen, Kinder, im Zeitraum von ein paar Jahren in Europa vertilgt wurden, als ginge es um Wanzen oder Läuse, wie wäre so etwas nur denkbar geworden, wenn alle Welt gewusst hätte: Es sind Menschen.
>
> Aber auch jetzt scheint man das noch immer nicht zu wissen, auch jetzt nicht, nachdem Millionen von Juden in Auschwitz und anderswo liquidiert worden sind. In einem Pfarrhaus in der Schweiz habe ich zu dieser Vertilgerei die Bemerkung gehört: ‚Ein jeder erwehrt sich des Ungeziefers!' Und solche Häuser, auch Pfarrhäuser, mag es auch anderswo noch immer geben, wo man auch jetzt noch allen Ernstes der Meinung ist, es sei richtig, es sei erlaubt, ja es sei geboten, die Juden wie Läuse und Wanzen zu behandeln. Auch jetzt kann man noch immer der Meinung begegnen, es sei nur schade, dass die Liquidierung der Juden nicht besser, nicht vollkommener geraten sei."[99]

In den 1950er-Jahren gewann das Publikmachen des weiterexistierenden Antisemitismus im „Freund Israels" nochmals an Bedeutung. Öfters berichtete ein mit „Spectator" zeichnender Mitarbeiter über judenfeindliche Vorkommnisse und fokussierte dabei vor allem auf die Schweiz.[100]

Mit der verstärkten Reflexion über den Antisemitismus und der Überwachung der sich auch in der Nachkriegszeit weiterhin bemerkbar machenden Judenfeindschaft war es etwa in den Augen von Flüchtlingspfarrer Paul Vogt und des ehemaligen Judenmissionsdirektors Herbert Hug jedoch noch nicht getan. Sie votierten für eine aktive Bekämpfung des Antisemitismus durch die Christen. So hob Hug hervor, dass keine Zeit verloren werden dürfe, um die Humanität zu retten. Da deren

---

98   Siehe etwa: JUNA, ‚Denk' ich an Deutschland in der Nacht ...', in: A, 25. 3. 1949, S. 104–106; Kleine Mitteilungen, in: KRS, 27. 4. 1950, S. 143 f., S. 143; JUNA, René Sondereggers ‚letzte Frage', in: A, 29. 9. 1950, S. 295.

99   Robert Brunner, Das Buch Tobias, Teil I, in: FI 75 (1948) 2, S. 18–20, S. 18.

100  Spectator, Antisemitisches aus der Schweiz, in: FI 81 (1954) 3, S. 7–9; Spectator, Wir blenden zurück, in: FI 81 (1954) 5, S. 9 f.; Spectator, Aus Spectators Notizbuch, in: FI 81 (1954) 6, S. 10–13; Spectator, Antisemitisches, in: FI 82 (1955) 2, S. 20–22; Spectator, So geht die Seuche weiter ..., in: FI 82 (1956) 3, S. 43 f.

größter Feind der „wieder neu auftretende Weltantisemitismus" sei, müsse dieser bekämpft werden, und dies sei „in erster Linie Sache der Christen".[101] Vogt wiederum rief dazu auf, das „Giftgewächs des Antisemitismus", das sich auch als „christlicher Antisemitismus" zeige, durch den „Heiligen Geist aus unserem Herzen und den Gemeinden" auszurotten.[102] Dass Vogt es mit dieser ‚Ausrottung' ernst meinte, hatte er schon ein paar Jahre früher bewiesen, als er in der „Christlich-Jüdischen Arbeitsgemeinschaft zur Bekämpfung des Antisemitismus" den Zusammenhang zwischen christlichem Religionsunterricht und Antisemitismus darlegte und ferner vor einem Publikum, das sich unter anderem aus Religionslehrern zusammensetzte, die Überwindung des Antisemitismus durch den Religionsunterricht propagierte.[103] Die beiden Referate stellten ein außergewöhnliches Beispiel einer kritischen Reflexion über die christlich-theologischen Wurzeln der Judenfeindschaft dar.[104] Vogt hatte sich dabei, gemäß seiner Schilderung, auch von Aussagen jüdischer Freunde beeinflussen lassen, die sich über wiederkehrende Beschimpfungen durch Kinder, insbesondere etwa in der Weihnachts- und Karfreitagszeit, beklagt hatten.[105] Zum einen plädierte Vogt dagegen, antisemitische Grundhaltungen – so etwa den Gottesmord-Topos – im Religionsunterricht weiter zu kultivieren. Zum anderen erhoffte sich der Flüchtlingspfarrer, einem aufklärerischen Erziehungsideal verbunden, durch einen so gearteten Religionsunterricht den Antisemitismus an sich zu überwinden.[106]

101 Herbert Hug, Hiob und das Schicksal des jüdischen Volkes, in: KRS, 9. 1. 1947, S. 5–7, S. 7.

102 Paul Vogt, Die Kirche und die Judenchristen, in: KRS, 23. 10. 1952, S. 326 f., S. 327.

103 Paul Vogt, Antisemitismus und Religionsunterricht, in: KRS, 6. 2. 1947, S. 34–37; Vogt, Die Ueberwindung des Antisemitismus. In ersten Ansätzen auch schon: Paul Vogt, Die Todsünde des Antisemitismus, in: LJK 8 (1946) 4, S. 1–12, S. 3. Auch der 1931 aus Deutschland in die Schweiz gekommene Pfarrer von Läufelfingen (BL), Bruno Balscheit, hatte zu demselben Thema referiert. Sein Referat anlässlich der Gründungsversammlung der Basler Gruppe der „Christlich-Jüdischen Arbeitsgemeinschaft zur Bekämpfung des Antisemitismus" hatte jedoch eine leicht andere Ausrichtung. Er lehnte die Vorstellung ab, dass etwa die Passionsgeschichte direkt antisemitische Gefühle provozieren würde. Vielmehr plädierte er für eine weiterreichende religiöse Erziehung der Jugend, die sich neben dem Religionsunterricht auch auf die „Wohnstube" erstrecken solle. (Bruno Balscheit, Antisemitismus und Religionsunterricht, in: KRS, 3. 4. 1947, S. 98–100.)

104 Auf den Antisemitismus als Bestandteil der Geschichte des Christentums verwiesen auch folgende Zeitschriftenbeiträge: Herbert Hug, Bücherbesprechung, in: KRS, 20. 1. 1949, S. 27–31; Milton Weil, Jesus und sein Volk, in: NW 49 (1955) 5, S. 208–210.

105 Paul Vogt, Antisemitismus und Religionsunterricht, in: KRS, 6. 2. 1947, S. 34–37, S. 35; Vogt, Die Ueberwindung des Antisemitismus, S. 7–9.

106 Paul Vogt, Antisemitismus und Religionsunterricht, in: KRS, 6. 2. 1947, S. 34–37, S. 36 f.; Vogt, Die Ueberwindung des Antisemitismus, v. a. S. 13–19. Vogt thematisierte auch den sogenannten Blutruf (Mt. 27,25). Er versuchte diesen durch andere Bibelzitate zu relativieren, indem er etwa betonte, dass Jesus ‚den Juden' noch am Kreuz vergeben habe oder dass dem Blut im Mathäusevangelium

Die Aussagen Paul Vogts zum christlichen Religionsunterricht fielen im Rahmen des sich ab 1946 institutionalisierenden christlich-jüdischen Dialogs in der Schweiz. Die Bekämpfung des Antisemitismus stellte eines der zentralen Ziele dieser interreligiösen Organisation dar.[107] Paul Vogt stand mit der Durchführung der Zusammenkunft von 34 Juden und Christen im evangelischen Sozialheim „Sonneblick [sic!]" in Walzenhausen am Anfang dieser Institutionalisierung. Die Studienwoche fand vom 19. bis 26. November 1945 statt und stieß in den protestantischen Zeitschriften auf einige Beachtung.[108] In der aus den interreligiösen Gesprächen resultierenden „Erklärung der Arbeitsgemeinschaft von Christen und Juden" wurde der Antisemitismus verurteilt, und die christlichen Kirchen beider Konfessionen wurden dazu aufgerufen, diesen für „unchristlich zu erklären und zu ächten".[109] Vogt war es auch, der in den Folgejahren auf protestantischer Seite stark für den interreligiösen Dialog zwischen Juden und Christen warb. Vor Gesinnungsgenossen appellierte er nach dem Aufzählen von Fällen antisemitischer Manifestationen in der Schweiz: „Lassen die erwähnten Tatsachen diese Notwendigkeit noch zweifelhaft erscheinen? Wehe der Kirche, welche diese Notwendigkeit nicht erkennt! Wehe der Synagoge, die sich ihr verschließt! Wehe dem Volk, das sich ihr gegenüber gleichgültig verhält! Wehe der Welt, die sie nicht sehen will!"[110] Am 28. April 1946 schließlich konstituierte sich in Zürich die „Christlich-Jüdische

auch die Reinigung von allen Sünden zugeschrieben werde. (Paul Vogt, Antisemitismus und Religionsunterricht, in: KRS, 6. 2. 1947, S. 34–37, S. 37; Vogt, Die Ueberwindung des Antisemitismus, 18.) In seiner Argumentation zeigte sich Vogt durch die sogenannten Seelisberger-Thesen beeinflusst, die das Resultat einer Dringlichkeitskonferenz der internationalen Dachorganisation der christlich-jüdischen Vereinigungen von Sommer 1947 gegen den Antisemitismus waren.

107 Zur Geschichte des christlich-jüdischen Dialoges mit besonderem Fokus auf die „Christlich-Jüdische Arbeitsgemeinschaft" in der Schweiz siehe: Zsolt Keller, Theologie und Politik – Beginn und Konkretisierung des christlich-jüdischen Dialoges in der Schweiz, in: Schweizerische Zeitschrift für Religions- und Kirchengeschichte 99 (2005), S. 157–175; Keller, Abwehr und Aufklärung, S. 195–217. Zu den Anfängen der Arbeitsgemeinschaft aus der Perspektive von Paul Vogt: Paul Vogt, Historische Rückblende auf die Anfänge der Christlich-Jüdischen Arbeitsgemeinschaft in der Schweiz, in: Mitteilungsblatt der Christlich-jüdischen Arbeitsgemeinschaft in der Schweiz 34 (1964), S. 42–49.

108 Siehe etwa: Paul Vogt, Auf zum Kampf gegen den Antisemitismus!, in: Mitteilungsblatt der Kreuzritter, 213 (1946), S. 1–2; EPD, Christen und Juden, in: KRS, 20. 12. 1945, S. 393 f. Eher kritisch hingegen der Bericht von Franz Mannheimer vom „Verein der Freunde Israels": Franz Mannheimer, ‚Deutschtum und Judentum', in: FI 73 (1946) 2, S. 24–29.

109 Die „Erklärung" findet sich etwa in: Erklärung der Arbeitsgemeinschaft von Christen und Juden, in: FI 73 (1946) 1, S. 9–11.

110 Vogt, Von der Notwendigkeit, S. 7. Die Rede Vogts wurde auch im „Aufbau" abgedruckt: Paul Vogt, Von der Notwendigkeit christlich-jüdischer Zusammenarbeit, 2 Teile, in: A, 11./18. 6. 1948, S. 189 f./S. 198 f.

Arbeitsgemeinschaft zur Bekämpfung des Antisemitismus", dem Juden und Protestanten, aber anfänglich noch kaum Katholiken angehörten.[111] In den Anfangsjahren kam es zu Richtungskämpfen zwischen Anhängern einer politischen und jenen einer theologischen Ausrichtung der Vereinigung. Nach dem Tod von Hans Ornstein setzte, wie Zsolt Keller betont, in den 1950er-Jahren eine fortschreitende Theologisierung der Arbeitsgemeinschaft ein.[112] Nicht außer Acht gelassen werden darf zudem, dass die Schweiz als Durchführungsort der wichtigen „Dringlichkeitskonferenz gegen den Antisemitismus" der internationalen Dachorganisation der christlich-jüdischen Vereinigungen diente. Auf der Anfang August 1947 in Seelisberg (UR) durchgeführten Konferenz wurde der Antisemitismus deutlich verurteilt.[113]

Der Weg des interreligiösen Dialogs war im Deutschschweizer Protestantismus jedoch nicht unumstritten. Kritische oder gar ablehnende Haltungen schienen zum Beispiel in der vom „Verein der Freunde Israels" herausgegebenen Zeitschrift „Judaica" auf.[114] Diese wurzelten im fortbestehenden christlichen Missionsanspruch, wie ihn etwa ihr Redakteur Robert Brunner vertrat.[115] Stark mit einem christlichen Superioritätsdenken verknüpft, artikulierte insbesondere der ebenfalls mit der Judenmission verbundene deutsche Theologe Hans Kosmala in dieser Zeitschrift seine ablehnende Haltung zum Dialog:

> „Es ist an der Zeit, dass die Kirche klar erkennt, wohin die jüdisch-christliche ,Verständigung' mit all ihrer Scheintoleranz, wie sie heute allenthalben auch in

---

111  Keller, Abwehr und Aufklärung, S. 201–204.

112  Ebenda, S. 205–217.

113  Siehe zur Seelisberger Konferenz: Schweizerische Bischofskonferenz/Schweizerischer Evangelischer Kirchenbund/Schweizerischer Israelitischer Gemeindebund (Hrsg.), Der Grundstein jüdisch-christlicher Begegnung ist gelegt! 60 Jahre Seelisberger Thesen, Bern/Fribourg/Zürich 2007. Bekannt wurde die Seelisberger Konferenz für ihr Thesenpapier, das eine Grundlage für den Dialog bilden sollte. Die Thesen sind im Jubiläumsband auf den Seiten 54 bis 56 aufgeführt. Ob der Resultate dieser Konferenz kam es im „Aufbau" zu einem Schlagabtausch zwischen Hans Ornstein und Norbert Weldler aufgrund der an der Konferenz geäußerten Haltung zum Zionismus: Norbert Weldler, Zur internationalen Konferenz gegen den Antisemitismus, in: A, 22. 8. 1947, S. 267 f.; Hans Ornstein, Zur internationalen Konferenz gegen den Antisemitismus, in: A, 29. 8. 1947, S. 276–278; Norbert Weldler, Zur internationalen Konferenz gegen den Antisemitismus, in: A, 12. 9. 1947, S. 296. An der zweiten internationalen Tagung, die 1948 an der Universität Freiburg i. Ue. stattfand, wurde schließlich der „International Council of Christians and Jews" gegründet. Siehe: Mariano Delgado, Konferenz des Internationalen Rates der Christen und Juden an der Universität Fribourg, in: Zeitschrift für Missionswissenschaft und Religionswissenschaft 93 (2009) 113–118.

114  Die Zeitschrift gab jedoch Befürwortern des Dialogs ebenfalls Raum für ihre Sicht der Dinge. Siehe v. a.: Hans Ornstein, Christlich-jüdische Zusammenarbeit: ihr Wesen, ihre Ziele, in: J 3 (1947) 3, S. 210–235.

115  Robert Brunner, Judenmission nach dem Zweiten Weltkrieg, in: J 1 (1945) 4, S. 296–319, S. 312–313.

neutraler Form propagiert wird, schließlich führen soll. Sollen, können wir uns die Gotteserkenntnis, die uns durch Christus Jesus zuteil geworden ist, nehmen lassen, um dafür ein dürftiges moralisches System einzutauschen? Andererseits darf die Kirche nicht müde werden, dem Volke Israel um ihrer reicheren, durch Christus geoffenbarten Gotteserkenntnis willen zuzurufen, so wie es Jesus einst auch getan hat: Ihr geht einen falschen Weg!"[116]

Kosmala wandte sich in seiner Ablehnung der Dialogbestrebungen auch besonders stark gegen die Vorstellung religiöser Toleranz. ,Die Juden' würden sie von christlicher Seite einfordern und verlangen, die Judenmission einzustellen, etwas was dem deutschen Judenmissionar und einstigen Leiter des „Institutum Judaicum Delitzschianum" in Leipzig, der schon seit einiger Zeit in England lebte, missfiel. In antisemitischer Verkehrung von Täter- und Opfer unterstellte er vielmehr ,den Juden', dass sie es seien, die intolerant gegenüber dem Christentum wären. Deswegen hätte christlicherseits seit 1878 die Bitte „ein wenig mehr Toleranz" an das Judentum gerichtet werden müssen.[117] Kosmala nahm somit im Jahre 1946 in seiner judenfeindlichen Argumentation auf eine der zentralen „Forderungen an das moderne Judentum" Bezug, die Hofprediger Adolf Stoecker 1879 in seiner ersten großen antisemitischen Rede aufgestellt hatte. Selbst 70 Jahre später wirkte somit Stoeckers Antisemitismus im konservativen Protestantismus immer noch nach.[118]

---

116  Hans Kosmala, Vom heutigen Judentum und der jüdisch-christlichen „Verständigung". Herrn D. Otto von Harling zum 80. Geburtstag, in: J 2 (1946) 4, S. 249–284, S. 283 f.

117  Hans Kosmala, Vom heutigen Judentum und der jüdisch-christlichen „Verständigung", in: J 2 (1946) 4, S. 249–284, S. 276–279; Zitat 279. Kosmala bezog sich auf folgende Rede Stoeckers: Stoecker, Unsere Forderungen an das moderne Judentum, S. 19. Kosmala irrte sich jedoch im Jahr. Die Rede wurde 1879 und nicht 1878 gehalten. Gegen die Toleranzforderung im Zusammenhang mit dem christlich-jüdischen Dialog äußerte sich auch Robert Brunner: Robert Brunner, Eine Konferenz für „Kirche und Israel", in: KRS, 26. 5. 1949, S. 167 f., S. 168.

118  Zur über das Ende des Zweiten Weltkriegs hinausreichenden Wirkung Stoeckers im deutschen Protestantismus siehe: Jochmann, Stoecker als nationalkonservativer Politiker, S. 185–198; Greschat, Protestantischer Antisemitismus, S. 74–83. Zur Stoecker-Rezeption im Deutschschweizer Protestantismus siehe Kapitel 5 in Teil III

# VIII. Antisemitismus im Deutschschweizer Protestantismus – Erkenntnisdimensionen

Mit einem vor allem kulturgeschichtlich ausgerichteten Ansatz sind in den vorangegangenen fünf empirischen Teilen die inhaltlichen und zeitraumbezogenen Merkmale des Antisemitismus des Deutschschweizer Protestantismus analysiert worden. Dabei standen Diskurse, Topoi, stereotype Motive, Feindbilder, Semantiken und Argumentationsstrategien sowie deren Konjunkturen und Akzentverschiebungen im Zentrum des Interesses. Die Ergebnisse fußen auf einer sehr breiten Quellengrundlage, wurden doch neben zahlreichen Einzelschriften rund ein Dutzend protestantische Zeitschriften unterschiedlicher theologischer Ausrichtung systematisch und eine größere Anzahl weiterer Periodika phasenweise oder punktuell analysiert. Damit wandte sich diese Arbeit erstens einem bislang für die Schweiz weitgehend unerforschten Bereich der Geschichte des Antisemitismus in konfessionellen Gruppen zu. Zweitens erlaubte der Untersuchungszeitraum von achtzig Jahren eine *longue-durée*-Untersuchung des protestantischen Antisemitismus in der Deutschschweiz, was die Aussagekraft der Ergebnisse bezüglich der Konjunkturen, Kontinuitäten und Transformationen der Judenfeindschaft erhöht. Schließlich waren drittens Erkenntnisse mit Blick auf die in der Antisemitismusforschung seit Jahrzehnten umstrittene Frage zu erwarten, ob eine Kontinuität oder Diskontinuität vom religiös fundierten Antijudaismus zu dem sich im letzten Drittel des 19. Jahrhunderts manifestierenden modernen Antisemitismus bestand.[1]

Diese drei auch für die nationale und internationale Antisemitismusforschung relevanten Forschungsaspekte versprechen, wie bereits in der Einleitung festgehalten wurde, einen besonderen Mehrwert zu generieren und sollen in diesen Schlussbetrachtungen wieder in den Blick genommen werden. Dasselbe soll mit den vier Fragenkomplexen geschehen, die im einleitenden Teil der Arbeit ausgearbeitet wurden. Diese bezogen sich auf die Konjunkturen und die Periodisierung, auf die inhaltlichen Spezifika und auf die richtungsspezifischen Unterschiede der Judenfeindschaft im Deutschschweizer Protestantismus. Zudem integrierten sie mit Blick auf Deutschland den Aspekt der transnationalen Orientierung des Antisemitismus im Protestantismus der Deutschschweiz. Für die Schlussbetrachtungen ebenfalls relevant sind Bezüge auf die theoretischen Erörterungen in Teil II. Vier Erkenntnisdimensionen geben die Struktur der abschließenden Ausführungen vor.

---

1 Siehe die Kapitel 2 und 3 in Teil II.

## 1 Konjunkturen des Antisemitismus

Der sich in den untersuchten Periodika und Einzelschriften des Deutschschweizer Protestantismus manifestierende Antisemitismus war Schwankungen unterworfen. Diese Konjunkturen lassen sich auf den drei teilweise miteinander verbundenen Ebenen der Intensität, der Akteure sowie der Inhalte analysieren.

*Intensität:* Überblickt man den achtzig Jahre umfassenden Untersuchungszeitraum, so drängt sich hinsichtlich der Intensität des Antisemitismus eine Periodisierung in fünf Phasen auf. Diese Grundstruktur war denn auch für die zeitliche Terminierung der fünf empirischen Teile wegleitend. Drei der fünf Phasen zeichneten sich durch eine starke Präsenz des Antisemitismus im Deutschschweizer Protestantismus aus. Zeitlich erstreckten sich diese von 1870 bis 1895, von 1918 bis 1932 und direkt daran anschließend von 1933 bis 1945. Die Jahre von 1896 bis 1917 sowie die ersten Jahre nach dem Zweiten Weltkrieg hingegen waren im Vergleich zu den vorangegangenen Perioden durch einen Rückgang der Häufigkeit antisemitischer Aussagen gekennzeichnet. Die eigentlichen Hochphasen des protestantischen Antisemitismus lassen sich dabei noch stärker eingrenzen. Besonders intensiv zeigte sich die Judenfeindschaft im Protestantismus der Deutschschweiz einerseits von 1878 bis Mitte der 1880er-Jahre sowie von 1918 bis Mitte der 1920er-Jahre. Andererseits wies die vierte Phase von 1933 bis 1945 sogar zwei Spitzen auf: die ersten beiden Jahre der nationalsozialistischen Herrschaft in Deutschland und dann wiederum von Ende der 1930er- bis Anfang der 1940er-Jahre. Während der Antisemitismus der ersten Spitze durch eine Verharmlosung des Nationalsozialismus und eine Relativierung der Judenverfolgungen im ‚Dritten Reich' gekennzeichnet war, rührte die zweite von der theologischen Auseinandersetzung mit der ‚Judenfrage' her, was auch in Abgrenzung vom Nationalsozialismus geschah. Entsprechend war diese zweite Spitze von anderen antisemitischen Diskursen geprägt als die erste.[2]

Die Konjunkturen des Antisemitismus im Deutschschweizer Protestantismus wiesen große Parallelen zu antisemitischen Wellen im Ausland – primär in Deutschland – auf. So war die Hochphase von 1878 bis 1885 ein klares Abbild des starken Anstiegs des Antisemitismus in Deutschland, der auch im Berliner Antisemitismusstreit resultierte. Ebenso besaßen die stark antisemitischen Jahre nach dem Ende des Ersten Weltkrieges ihren Gegenpart in Deutschland. Nicht zuletzt waren beide Hochphasen der Tatsache geschuldet, dass es im Deutschschweizer Protestantismus vor allem germanophil eingestellte Autoren waren, die sich in jenen Jahren besonders stark antisemitisch bemerkbar machten und für die Deutschland in Sachen Antisemitismus einen wichtigen Referenzrahmen darstellte. Ähnlich

---

2    Siehe weiter unten.

verhielt es sich auch noch in den ersten beiden Jahren nach der ‚Machtergreifung'
des Nationalsozialismus in Deutschland, der zwar mehrheitlich kritisch betrachtet
wurde, dessen Antisemitismus jedoch in weiten Teilen des konservativen und liberalen Protestantismus einiges Verständnis entgegengebracht wurde. In den Folgejahren fand jedoch – mit Ausnahme der am rechten politischen Rand stehenden
Jungreformierten – eine deutliche Abkehr von Deutschland als antisemitischem
Referenzrahmen statt, die durch die zunehmende Sakralisierung der ‚Judenfrage'
symbolisiert wurde.[3]

Richtungsspezifisch lassen sich bezüglich der Intensität sowohl Unterschiede
als auch Gemeinsamkeiten ausmachen. Über den gesamten Untersuchungszeitraum von achtzig Jahren hinweg waren antisemitische Einstellungen im konservativen Protestantismus deutlich am stärksten präsent. Ihr biblizistisch ausgerichtetes
Schriftverständnis, ihr religiöses und gesellschaftliches Superioritätsdenken gegenüber den Juden sowie ihr ausgesprochener Antimodernismus bildeten hierfür den
Nährboden. Die im schweizerischen Pietismus wurzelnden Zeitschriften, die sich
durch einen besonders rigiden Biblizismus und ein ausgeprägtes Denken in endzeitlichen und heilsgeschichtlichen Mustern auszeichneten, zeigten sich innerhalb
der positiven Großfamilie besonders empfänglich für Antisemitismus, da sie neben
modernantisemitischen Diskursen auch sehr oft antijudaistische reproduzierten.
Bis zu ihrem Bedeutungsverlust nach der Jahrhundertwende von 1900 unterschieden sich die Vermittler mit ihrem „Kirchenblatt für die reformierte Schweiz" bezüglich der Intensität ihres Antisemitismus nur wenig von den Konservativ-Protestantischen. Im Vergleich zu den Positiven und Vermittlern deutlich seltener zeigten
sich antisemitische Äußerungen hingegen im liberalen Protestantismus und im Religiösen Sozialismus, der sich nach 1900 zu formieren begann.

Trotz der richtungsspezifisch unterschiedlich starken Präsenz des Antisemitismus verliefen seine Konjunkturen bei den beiden dominierenden theologisch-kirchenpolitischen Richtungen – den Liberalen und den Positiven – bis gegen Ende
der 1930er-Jahre weitgehend synchron. Deutlich zeigte sich dies etwa im Zusammenhang mit dem Berliner Antisemitismusstreit um 1880, der auch im Deutschschweizer Protestantismus eine Diskussion über die angeblich existierende ‚Judenfrage' auslöste. Trotz der Synchronität in der Zunahme des Antisemitismus um
1880 kann aber nur von einer partiellen Deckungsgleichheit bei den antisemitischen Diskursen gesprochen werden. Die Bedeutung einzelner Diskurse innerhalb
des Antisemitismus der verschiedenen Richtungen konnte schwanken, und es zeigten sich diskursive Spezifika. So waren antijudaistische Topoi im protestantischen
Liberalismus zwar vorhanden, spielten aber eine geringere Rolle. Zugleich zeigte

---

3    Siehe hierfür Kapitel 3 in Teil VI.

sich mit dem sogenannten aufklärerischen Antisemitismus ein richtungsspezifisches Merkmal. Eine richtungsübergreifende Synchronität zeigte sich auch nach dem Ersten Weltkrieg und später insbesondere bei der starken Zunahme antisemitischer Äußerungen im Zuge der Etablierung des Nationalsozialismus in Deutschland, als – selbst im religiösen Sozialismus – sehr oft antisemitische Deutungen in die Schilderungen der nationalsozialistischen Politik integriert waren.

Eine divergierende Entwicklung zwischen den Positiven und Liberalen setzte hingegen ab der zweiten Hälfte der 1930er-Jahre ein, als der Antisemitismus aus den Zeilen der liberalen Zeitschriften zu verschwinden begann, sodass er in der Nachkriegszeit gar nicht mehr greifbar war. Diese Entwicklung ist vor dem Hintergrund der primär auf konservativ-protestantischer Seite einsetzenden Sakralisierung der ‚Judenfrage' – die insbesondere von Anhängern der dialektischen Theologie getragen wurde – und dem gleichzeitigen Bedeutungsverlust modernantisemitischer Diskurse für den Deutschschweizer Protestantismus zu sehen. Damit ist zugleich gesagt, dass im konservativen Protestantismus – im Gegensatz zu den Liberalen – der Antisemitismus, wenn auch mit starken inhaltlichen Gewichtsverschiebungen, bis gegen Ende des Zweiten Weltkrieges weit stärker präsent blieb. Dies rührte daher, dass eine intensive theologische Auseinandersetzung mit dem Judentum und den nationalsozialistischen Judenverfolgungen einsetzte, an der sich auch die Religiös-Sozialen beteiligten. Eine Sonderrolle nahmen aufgrund ihrer Radikalität des Antisemitismus, die sich seit den 1920er-Jahren aufgebaut hatte und bis zur Entpolitisierung ihrer „Freitagszeitung für das reformierte Schweizervolk" Ende der 1930er-Jahre anhielt, die konservativ-protestantischen Jungreformierten ein.[4]

*Akteure*: Überblickt man die Konjunkturen des Antisemitismus im Deutschschweizer Protestantismus unter dem Aspekt der Akteure, so gilt es innerhalb der theologisch-kirchenpolitischen Richtungen auch die einzelnen Zeitschriften sowie zentrale Autoren zu beachten. Exemplarisch kann dabei auf die drei positiven Blätter „Appenzeller Sonntagsblatt", „Christlicher Volksbote" und „Freund Israels" sowie das anfänglich vermittlerische „Kirchenblatt für die reformierte Schweiz" verwiesen werden, das ab den 1930er-Jahren zum Sprachrohr der Dialektiker wurde. Während der „Freund Israels" als paradigmatisches Beispiel für eine Zeitschrift gesehen werden kann, die während des gesamten Untersuchungszeitraums ein antisemitisches Gepräge aufwies, hatte sich das „Kirchenblatt für die reformierte Schweiz" in den 1920er-Jahren kaum mehr antisemitisch geäußert. Es entwickelte sich aber, nachdem es unter den Einfluss der dialektischen Theologie geriet, zu einem zentralen Träger der judenfeindlich geprägten theologischen Diskussionen über die ‚Judenfrage' in den Jahren von 1933 bis 1945 und wirkte diskursprägend für

---

4    Siehe zu den Jungreformierten: Kapitel 2 in Teil V sowie Kapitel 2 in Teil VI.

große Teile der ‚positiven Großfamilie'. Den umgekehrten Weg nahmen das „Appenzeller Sonntagsblatt" und der pietistisch geprägte „Christliche Volksbote", die über mehrere Jahrzehnte hinweg sehr häufig antisemitische Artikel beinhalteten. Insbesondere im „Appenzeller Sonntagsblatt" ging deren Zahl ab den 1920er-Jahren deutlich zurück. Diesen Trend verstärkte die 1931 vollzogene Redaktionsübergabe von dem seit 1884 amtierenden Pfarrer Otto Zellweger an seine Kinder Eberhard und Elisabeth Zellweger.

Dieses Beispiel verweist zugleich auf die Bedeutung gewisser Redakteure und Autoren für den antisemitischen Diskurs in einzelnen Zeitschriften und im Protestantismus der Deutschschweiz im Allgemeinen. Eine solche diskursprägende Schlüsselposition nahm beispielsweise Missionsdirektor Friedrich Heman für die judenmissionarisch interessierten konservativen Kreise ein, und Johann Jakob Schenkel prägte von 1873 bis 1888 als Verantwortlicher des Nachrichtenressorts mit seiner Affinität für den Antisemitismus der „Christlich-Sozialen" des Berliner Hofpredigers Adolf Stoecker den judenfeindlichen Charakter des „Appenzeller Sonntagsblatts". Der von einer starken Germanophilie beseelte liberale Theologe Hans Baur wiederum zeichnete in den 1920er- und 1930er-Jahren stark für die antisemitischen Artikel des „Schweizerischen Protestantenblattes" verantwortlich, und die religiös-sozialen „Neuen Wege" wurden seit ihrer Gründung 1906 bis zu seinem Tod 1945 in zentraler Weise durch Pfarrer Leonhard Ragaz geprägt. Seine sich in Ansätzen einem interreligiösen Dialog öffnende ‚Israel-Lehre' war grundlegend für die Sicht der „Neuen Wege" auf das Judentum.[5] Mit Wilhelm Vischer und Walter Hoch sei zudem noch auf zwei weitere Beispiele von Autoren verwiesen, die seit den 1920er, aber dann vor allem in den 1930er- und 1940er-Jahren wiederholt stark beachtete antisemitische Abhandlungen über die ‚Judenfrage' verfassten, in denen sich Elemente des heilsgeschichtlichen Antisemitismus – insbesondere im Falle von Hoch – mit Diskursen des modernen Antisemitismus verbanden.[6]

*Inhalte*: Auch auf der Ebene der im Deutschschweizer Protestantismus vorhandenen antisemitischen Diskurse, Topoi, stereotypen Motive, Feindbilder und Semantiken zeigten sich zwischen 1870 und 1950 Wellen. Dazu sollen vier Aspekte hervorgehoben werden: Die unterschiedlichen Konjunkturen des Antijudaismus und modernen Antisemitismus, der Bedeutungsgewinn des heilsgeschichtlichen Antisemitismus, die Persistenz des christlichen Superioritätsanspruchs und das Vorkommen antisemitismuskritischer Argumentationen.

Die breite Palette der auf christlich-theologischen Grundüberzeugungen fußenden antijudaistischen Topoi konnte auf eine lange Tradition zurückgreifen. Juden-

---

5  Siehe zu den Religiös-Sozialen vor allem die Kapitel 1 in den Teilen IV, V und VI.
6  Zu Hoch und Vischer siehe insbesondere Kapitel 1 und 3 in Teil VI.

feindliche Topoi wie etwa der Gottesmord-Vorwurf oder die Herabwürdigung des Judentums als angeblich ‚äußerliche Gesetzesreligion' gehörten in den Jahrzehnten nach 1870 zum antisemitischen Grundbestand sämtlicher theologisch-kirchenpolitischer Richtungen, auch wenn sie deutlich häufiger bei den Positiven und Vermittlern aufschienen als bei den Liberalen und Religiös-Sozialen. Eine besondere Bedeutung kam zudem auf konservativer Seite der Assoziation ‚der Juden' mit ‚Blindheit' zu. Der Blindheits-Topos widerspiegelt den vorab in pietistisch geprägten Kreisen der Positiven vorhandenen christlichen Missionsanspruch gegenüber dem Judentum, der besonders ausgeprägt im „Verein der Freunde Israels" aufschien.

Antijudaistische Topoi wiesen im Deutschschweizer Protestantismus eine große Beständigkeit auf. Auf konservativ-protestantischer Seite waren sie während des gesamten Untersuchungszeitraums von 1870 bis 1950 häufig anzutreffen. Allerdings verloren sie innerhalb des protestantischen Antisemitismus phasenweise an relativer Bedeutung, da andere judenfeindliche Diskurse stark zunahmen. Dies war insbesondere ab Mitte der 1870er-Jahre bis um 1895 und dann wieder nach dem Ersten Weltkrieg bis gegen Mitte der 1930er-Jahre der Fall. In diesen beiden Zeitspannen erlebten soziokulturelle und nationalistisch geprägte Diskurse der Judenfeindschaft, die mit dem Begriff des modernen Antisemitismus gefasst werden, starke Verbreitung. Als eigentlicher Seismograf der Konjunkturen modernantisemitischer Diskurse, die im Vergleich zu den religiös argumentierenden judenfeindlichen Diskursen volatiler waren, kann der Judenfrage-Topos gesehen werden. Wurde das antisemitische Konstrukt der ‚Judenfrage' und die häufig an diesen Topos angelagerten Diskurse und Feindbilder, die ‚den Juden' ‚Macht', ‚Einfluss', ja ‚Dominanz' unterstellten, zu einem Thema in den untersuchten Zeitschriften, so ist dies ein verlässlicher Indikator für eine Hochphase des Antisemitismus im Deutschschweizer Protestantismus. Die Phasen, in denen die Judenfeindschaft allgemein besonders intensiv war, gingen daher in auffallender Weise mit einer starken Zunahme der Denkmuster des modernen Antisemitismus einher, während die vorab in der Religion verankerten antisemitischen Äußerungen einen stabilen Grundstock bildeten. Dem Judenfrage-Topos war jedoch insbesondere im konservativen Protestantismus zugleich immer auch ein religiöses, sprich heilsgeschichtliches Moment inne. In diesem Topos vermengten sich deshalb nicht selten religiöse und ‚säkulare' Diskurse des Antisemitismus. Dafür ist bezeichnend, dass der Judenfrage-Topos trotz des starken Rückgangs modernantisemitischer Diskurse ab Ende der 1930er-Jahre weiter stark präsent blieb, da er sich im Zeichen heilsgeschichtlicher Projektionen auf ‚die Juden' sakralisierte.

Gerade der heilsgeschichtliche Antisemitismus, der die Verfolgung der Juden auf die durch die christliche Theologie konstruierte angeblich fortdauernde Bestrafung des Judentums durch Gott zurückführte, bildete im konservativen

Protestantismus ein konstant vorhandenes Denkmuster. Als die von Karl Barth und Emil Brunner geprägte dialektische Offenbarungstheologie vor allem ab den 1930er-Jahren in der Schweiz starken Zulauf erhielt und im konservativen Protestantismus das theologische Gespräch über ,die Juden' zu dominieren begann, gewann der heilsgeschichtliche Antisemitismus in Relation zu anderen judenfeindlichen Diskursen an Gewicht. Mit dem heilsgeschichtlichen Antisemitismus einher gingen die theologische Vereinnahmung des Judentums und die Projektion heilsgeschichtlicher Hoffnungen auf ,die Juden'. Die Vorstellung einer bleibenden heilsgeschichtlichen Rolle ,der Juden' nahm der antijudaistischen Substitutionslehre etwas die Spitze – eine Sichtweise, die in den Jahrzehnten vor den 1930er-Jahren noch sehr viel stärker eine Minderheitenposition in der protestantischen Theologie der Deutschschweiz eingenommen hatte und primär in judenmissionarischen und chiliastisch ausgerichteten Kreisen vertreten worden war.

In seinem großen Forschungsüberblick zum Antisemitismus in Deutschland von 1815 bis 1918 erhob Thomas Gräfe die Frage zu einem Forschungsdesiderat, ob der „Superioritätskomplex", das heißt der christliche Superioritätsanspruch gegenüber den Juden, die judenfeindlichen Mentalitäten auch in der nachemanzipatorischen Phase weiterhin prägten.[7] In der Tat blieb er in der Periode von 1870 bis 1895 vor allem auf positiver und vermittlerischer Seite weiterhin stark diskursprägend, dies sowohl in religiösen als auch soziokulturellen antisemitischen Argumentationen. Die Gleichberechtigung der Juden auf rechtlicher Ebene wurde zwar nicht mehr grundsätzlich in Frage gestellt, doch wurde sie nicht als ,gleiche Berechtigung' für das Agieren in allen Bereichen der Gesellschaft verstanden. Die Positiven dachten ,den Juden' eine Stellung am Rande der Gesellschaft zu. Dabei verbanden sich gerade dort religiöse mit soziokulturellen antisemitischen Topoi, wo die konservativen Protestanten die ,christliche Prägung' des Staates und der Gesellschaft durch eine angeblich jüdische ,Zersetzungstätigkeit' gefährdet sahen. Dass der Superioritätsanspruch auch in weiten Teilen der Schweizer Bevölkerung nach der Emanzipation der Juden weiterexistierte, beweist nicht zuletzt die Einführung des Schächtverbots von 1893.

Zwar verloren die durch die konservativen Protestanten antisemitisch diskutierten stark christlich-symbolisch aufgeladenen Themen des Superioritätsdiskurses, wie der ,christliche Sonntag' oder die Schule,[8] nach 1895 deutlich an Bedeutung, während Feindbilder, welche ,die Juden' als gemeinsam agierendes ,mächtiges', ,einflussreiches' und potentiell ,verschwörerisches' Kollektiv innerhalb der Gesellschaft beschrieben, im Diskursbündel des modernen Antisemitismus wesentlich

7    Gräfe, Antisemitismus in Deutschland, S. 22.
8    Siehe Kapitel 2 in Teil III.

bedeutsamer blieben. Dennoch bestand der Superioritätsanspruch weiterhin, war er doch etwa auch im antisemitischen Judenfrage-Diskurs oder dem bis in die Zeit nach dem Zweiten Weltkrieg fortdauernden Missionsanspruch, der das theologische Denken über das Judentum bestimmte, enthalten. Er zeigte sich gerade auch in den im Sinne einer Umkehr von Täter und Opfer geäußerten Drohungen, die gelegentlich in der Zeit von 1933 bis 1945 ausgesprochen wurden. Diese wiesen ,die Juden' an, sich zurückzuhalten, um keinen Antisemitismus zu ,provozieren'.

Nimmt man die inhaltlichen Konjunkturen im Antisemitismus des Deutschschweizer Protestantismus in den Blick, dann ist abschließend auch auf die Präsenz antisemitismus-kritischer Argumentationen zu verweisen. Mit dem Aufkommen des modernen Antisemitismus im letzten Viertel des 19. Jahrhunderts setzte zugleich eine partielle Kritik an diesem ein. Sie blieb jedoch auf radikale inhaltliche (Rassenantisemitismus) und aktionistische Formen (,Radauantisemitismus') beschränkt und blieb bis in die 1930er-Jahre unbedeutend. Die Antisemitismuskritik nahm erst angesichts der fortschreitenden rechtlichen und physischen Verfolgung der Juden im nationalsozialistischen Deutschland und in den von ihm kontrollierten Gebieten zu. Für diesen Prozess bedeutete der Novemberpogrom von 1938 in Deutschland einen wichtigen Markstein. Die Antisemitismuskritik argumentierte dabei vor allem theologisch und war eng mit der Betonung einer angeblich heilsgeschichtlichen Funktion ,der Juden' verbunden. Daher blieb selbst die teilweise scharfe Kritik von Flüchtlingspfarrer Paul Vogt nicht frei von christlich-theologischen Projektionen auf das Judentum. In den anti-antisemitischen Argumentationen wurden letztlich meist nur die Diskurse der modernen Judenfeindschaft als Antisemitismus identifiziert, kaum aber je religiös fundierte. Daran änderte auch die einsetzende Skandalisierung des Antisemitismus in den ersten Nachkriegsjahren nichts, als in konservativ-protestantischen und religiös-sozialen Zeitschriften antisemitische Vorfälle wiederholt publik gemacht wurden.

## 2 Antijudaismus und moderner Antisemitismus – Kontinuität, Diskontinuität oder Parallelexistenz?

In der Antisemitismusforschung ist bis heute die Frage nach dem Ausmaß der Kontinuität zwischen der jahrhundertealten religiös geprägten Judenfeindschaft und dem modernen Antisemitismus, der im letzten Viertel des 19. Jahrhunderts manifest wurde, umstritten. Die divergierenden Forschungsmeinungen wurden in den theoretischen Ausführungen in Teil 2 ausführlich diskutiert.[9] Die in polemischer

---

9    Siehe Kapitel 2 bis 4 in Teil II.

Abgrenzung zum Judentum als Mutterreligion aus dem theologischen Selbstverständnis des Christentums heraus entstandene Judenfeindschaft war für die jahrhundertelange rechtliche und gesellschaftliche Marginalisierung der Juden in Europa verantwortlich. Diese schuf erst das Klima für den auf eine fortdauernde gesellschaftliche, rechtliche und nationale Exklusion der Juden auch nach ihrer Emanzipation abzielenden modernen Antisemitismus. Zudem kann die Fortexistenz ‚traditioneller' judenfeindlicher Topoi nicht von der Hand gewiesen werden, was gerade auch die Analysen dieser Forschungsarbeit belegen. Zugleich sind Transformationen im Antisemitismus insbesondere in den 1870er- und 1880er-Jahren evident, was sich vor allem an einer inhaltlichen Pluralisierung judenfeindlicher Diskurse oder an neuen Erscheinungsformen wie dem politischen Antisemitismus verdeutlichen lässt. Deshalb wurde bereits in den theoretischen Ausführungen betont, dass in dieser Forschungsarbeit von einer partiellen Kontinuität vom Antijudaismus zum modernen Antisemitismus ausgegangen wird. Da in konfessionellen Gruppen sowohl religiöse als auch ‚säkulare' judenfeindliche Diskurse auftraten, liefert die Analyse von deren Antisemitismus – wie sie in dieser Arbeit für den Deutschschweizer Protestantismus vorgenommen wurde – besonders aussagekräftige Befunde für die Kontinuitätsdebatte. Dabei stellt sich allerdings die Frage, ob diese parallel[10] und unabhängig voneinander existierten oder aber miteinander verflochten waren. Auch hierzu liefert diese Forschungsarbeit Antworten. Stellt man die Frage nach Kontinuitäten und Diskontinuitäten im Antisemitismus, so ist nach inhaltlichen Befunden einerseits und nach Mechanismen und Strukturen der Argumentation andererseits zu differenzieren.

*Inhalte*: Anhand der Analyse des Antisemitismus im Deutschschweizer Protestantismus in den empirischen Teilen dieser Arbeit wurde evident, dass in den untersuchten Quellen sämtlicher theologisch-kirchenpolitischer Richtungen sowohl religiöse als auch soziokulturelle Diskurse präsent waren. Religiös argumentierende judenfeindliche Topoi waren dabei in Analogie zu den modernantisemitischen im konservativen Protestantismus besonders stark präsent. Eine funktionale Aufteilung der Argumentationsweisen, die für eine Parallelexistenz von Antijudaismus und modernem Antisemitismus im Deutschschweizer Protestantismus sprechen würden, lässt sich dabei jedoch nur beschränkt finden. In mehr oder minder isolierter Form traten antijudaistische Vorstellungen, wie etwa der Gottesmord- und Verworfenheits-Topos oder Blindheits-Metaphern, nur in ‚erbaulichen' und ‚biblischen' Betrachtungen, Gebeten, Gedichten und Liedern auf, wie sie oft im „Christlichen Volksboten" oder auch in anderen positiven, vermittlerischen und vereinzelt auch liberalen Zeitschriften anzutreffen waren. In antisemitisch argumentieren-

10    Siehe zur Parallelexistenzthese Kapitel 2 in Teil II.

den ‚Zeitbetrachtungen' hingegen, die konservativerseits etwa von einem starken Antimodernismus geprägt waren, gehörten Diskurse des modernen Antisemitismus zum Kern der Argumentation. Die Gleichzeitigkeit antijudaistischer und modernantisemitischer Diskurse in ein und demselben Artikel war jedoch besonders auf konservativ-protestantischer Seite nicht selten. Exemplarisch kann auf den „Freund Israels" verwiesen werden. In den jährlichen Epiphaniaspredigten und noch weit stärker in den Jahresberichten des Judenmissionsdirektors Friedrich Heman traten sie eng miteinander verflochten auf.[11] Der Antijudaismus manifestierte sich somit im Deutschschweizer Protestantismus keinesfalls losgelöst vom modernen Antisemitismus, sondern verband sich in der judenfeindlichen Argumentation oft mit ihm. Diese Befunde stützen die in den theoretischen Ausführungen angenommene partielle Kontinuität vom Antijudaismus zum modernen Antisemitismus und relativieren die Vorstellung einer Parallelexistenz.

Einige Bereiche der judenfeindlichen Denkmuster im Protestantismus der Deutschschweiz fungierten dabei besonders häufig als Brückendiskurse zwischen religiösen und soziokulturellen Argumentationen des Antisemitismus. Als Erstes ist der Zersetzungs-Diskurs zu nennen. Dieser Vorwurf an die Adresse ‚der Juden' gewann ab Ende der 1870er-Jahre enorm an Bedeutung. ‚Die Juden' wurden zu einem Gegner stilisiert, der die Gesellschaft und deren Werte – die oft als christlich definiert wurden – ‚zersetzen' würde. Darin spielten sowohl religiöse als auch gesellschaftliche Superioritätsansprüche, aber insbesondere auch das antisemitische Konstrukt eines gemeinsam agierenden ‚feindlichen' Kollektivs ‚die Juden' eine Rolle. Die angeblichen ‚Feinde des Christentums' wurden auch zu ‚Feinden der Gesellschaft' erklärt.[12]

Zweitens vermochte auch der Judenfrage-Diskurs antijudaistische und modernantisemitische Vorstellungen miteinander zu verknüpfen, denn die von antisemitischer Seite gestellte ‚Frage' wurde unter sozialen und wirtschaftlichen, aber ebenso unter religiösen Gesichtspunkten diskutiert. Durch die vorherrschende Forderung nach einer ‚religiösen Lösung' der ‚Judenfrage' schrieben sich konservativ-protestantische Autoren semantisch in diesen Diskurs ein. Interessant ist, dass mit der Sakralisierung der ‚Judenfrage' ab Ende der 1930er-Jahre auch eine Entflechtung antijudaistischer und modernantisemitischer Diskurse einher ging. Die ‚Judenfrage' wurde nun fast ausschließlich in heilsgeschichtlichem Sinne gedeutet.

---

11    Siehe auch Kapitel 6 in Teil III.
12    Siehe für Beispiele etwa Kapitel 1 und 6 in Teil III. Auch antitalmudische Aussagen argumentierten mit dieser Feindbildkonstruktion, indem sie etwa proklamierten, ‚den Juden' sei es durch den Talmud erlaubt, die nichtjüdischen Teile der Gesellschaft auszunutzen. Siehe etwa Kapitel 3 in Teil III.

Drittens wirkte auch der heilsgeschichtliche Antisemitismus als diskursive Brücke. Dieser nahm an, ‚die Juden' stünden unter der Strafe Gottes, und resultierte aus einer durch theologische Erwartungshaltungen verzerrten Wahrnehmung des Judentums. Zu einem Verschmelzen antijudaistischer und modernantisemitischer Vorstellungen kam es etwa, wenn der zeitgenössische Antisemitismus in heilsgeschichtlichem Sinne gedeutet wurde. Auch in Berichten, die aus heilsgeschichtlichen Funktionszuschreibungen heraus den Zionismus ablehnten, konnten modernantisemitische Topoi eingeflochten werden, in denen etwa behauptet wurde, ‚die Juden' besäßen eine Abneigung gegen ‚physische Arbeit'.

Viertens schließlich zeigte sich ein Zusammengehen religiöser und modernantisemitischer Vorstellungen auch in der Kritik am Denken in rassischen Kategorien. Vor allem in den 1930er-Jahren wurde dieses wiederholt als vermeintlich ‚jüdisch' charakterisiert, indem es zu einer angeblich seit biblischer Zeit im Judentum präsenten ‚Vorliebe' ‚der Juden' erklärt wurde, die dem ‚Geiste Christi' widersprechen würde.[13] Durch diese Argumentation wurde ‚den Juden' in einer Täter-Opfer-Umkehr die Verantwortung für die rassistisch motivierten nationalsozialistischen Judenverfolgungen angelastet.

*Argumentationsmechanismen und -strukturen*: Verbanden sich auf inhaltlicher Ebene im Deutschschweizer Protestantismus wiederholt religiöse und soziokulturell argumentierende Diskurse des Antisemitismus, so zeigte sich auch in der Argumentationsstruktur des Antijudaismus und modernen Antisemitismus eine enge Verwandtschaft. Das Augenmerk liegt dabei auf drei Konstanten. Eine erste bestand in der Konstruktion eines dichotomen Gegensatzes zwischen ‚den Juden' als ‚Outgroup' und ‚den Christen', ‚den Deutschen' oder ‚der Gemeinschaft'. Solche dichotomisierende Feindbildkonstruktionen waren in Form des Antijudaismus nicht zuletzt integraler Bestandteil der christlichen Identitätskonstruktion.[14] Entsprechend waren sie antijudaistischen Topoi wie dem ‚Gottesmordvorwurf' oder der Stilisierung ‚der Juden' zu ‚Feinden des Christentums', die Jesus ‚hassen' würden, aber auch dem modernantisemitischen Topos des ‚zersetzenden Juden' inhärent. In besonders radikaler Form trat der dichotomisierende Charakter im modernen Antisemitismus in Weltverschwörungskonstrukten zu Tage, die in den 1920er- und 1930er-Jahren vor allem in der konservativ-protestantischen Strömung der Jungreformierten präsent war.[15]

Die zweite und dritte Konstante, die Realkonfliktskonstruktion und die Verkehrung von Täter und Opfer, traten oft eng miteinander verbunden auf. Beide lagen in

13   Siehe zu diesem Aspekt Kapitel 1 in Teil VI.
14   Siehe Kapitel 4 in Teil II.
15   Siehe zu den Jungreformierten Kapitel 2 in Teil V sowie Kapitel 2 in Teil VI.

zentraler Weise sowohl der antijudaistischen als auch der modernantisemitischen Argumentationsweise zugrunde. Beispielhaft kann dies am Judenfrage-Diskurs und heilsgeschichtlichen Antisemitismus aufgezeigt werden. So lag dem Konstrukt der ‚Judenfrage' argumentativ die Vorstellung zugrunde, dass die schiere Präsenz ‚der Juden' – gedacht als ein außerhalb der ‚Mehrheitsgesellschaft' stehendes Kollektiv – sowie ihr angeblich negatives Verhalten Konflikte verursachen würden. In apologetischer Weise wurde dadurch der Antisemitismus zu einer ‚begreiflichen', da ‚provozierten' Abwehrreaktion erklärt. Der heilsgeschichtliche Antisemitismus arbeitete gleichermaßen mit einer Realkonfliktskonstruktion. Der vermeintlich reale Konflikt wurde dabei auf die ‚den Juden' von christlicher Seite unterstellte ‚Verwerfung' von Jesus Christus zurückgeführt. Dadurch, dass der heilsgeschichtliche Antisemitismus die jahrhundertelange Verfolgung der Juden als selbstverschuldete ‚Strafe Gottes' deutete, machte er aus den Opfern Täter. Gerade auf konservativer Seite trafen sich inhaltlich in der Berichterstattung über Judenverfolgungen wiederholt die religiös und soziokulturell argumentierende Täter-Opfer-Umkehr, indem die Verfolgungen auf das angeblich negative Verhalten ‚der Juden' zurückgeführt und zugleich als weiterer Stein in einer langen Kette ‚göttlicher Gerichte' gedeutet wurde.[16]

## 3 Transnationale Bezüge

Eine dritte wichtige Erkenntnis der Analyse des Antisemitismus im Deutschschweizer Protestantismus stellt die Bedeutung Deutschlands als transnationaler Bezugsrahmen dar. Vorab die viele Jahrzehnte weiterhum im Protestantismus der Deutschschweiz empfundene konfessionelle und kulturell-sprachliche Nähe zu Deutschland waren dafür verantwortlich, dass Deutschland ein überaus wichtiger Referenzrahmen für dessen antisemitische Überzeugungen war. Die Rezeption des Antisemitismus im Protestantismus Deutschlands führte zu einer Intensivierung des Antisemitismus in den untersuchten Periodika und zu Transfers judenfeindlicher Diskurse in den Protestantismus der Deutschschweiz.[17]

*Referenzrahmen:* Bereits bei der Analyse der Konjunkturen des protestantischen Antisemitismus ist deutlich geworden, dass die judenfeindlichen Wellen bis Anfang der 1930er-Jahren chronologisch starke Ähnlichkeit mit jenen in Deutschland aufwiesen. Der Einfluss des antisemitischen Diskurses im Protestantismus Deutschlands auf die protestantische Judenfeindschaft in der Deutschschweiz war groß – ganz besonders im letzten Viertel des 19. Jahrhunderts. Vorab für die konservativen Protes-

---

16    Siehe etwa Kapitel 4 in Teil III sowie Kapitel 1 und 3 in Teil VI.
17    Siehe v. a. Kapitel 5 in Teil III.

tanten und auch die Vermittler fungierte der antisemitische Diskurs im deutschen Protestantismus als ein wichtiger Referenzrahmen für die eigene Positionierung in der antisemitischen ‚Judenfrage'. Markant zeigte sich dies in der Rezeption der antisemitischen Agitation Adolf Stoeckers. Während sich der liberale Protestantismus aus seiner Frontstellung gegen die Positiven heraus gegen ihn stellte, wurde Stoecker von konservativer Seite heroisiert und sein Antisemitismus reproduziert und gerechtfertigt. Die starke Rezeption Stoeckers von konservativer und teilweise auch vermittlerischer Seite wirkte als Katalysator für die Verbreitung des Antisemitismus in diesen Kreisen. Die stark auf Deutschland bezogenen antisemitischen Äußerungen der positiven Zeitschriften wurden nicht zuletzt aus verschiedenen konservativ-protestantischen und oftmals christlich-sozialen Zeitungen Deutschlands, wie etwa dem „Reichsboten", gespiesen. Deutsche Zeitschriften spielten in diesen Kreisen auch in den ersten beiden Jahrzehnten des 20. Jahrhunderts weiterhin eine Rolle als Transferorgane für antisemitische Äußerungen. In diesen Jahren wurde insbesondere dem „Boten aus Zion" Pastor Ludwig Schnellers viel Deutungsmacht in der Beurteilung ‚der Juden' und nicht zuletzt des Zionismus eingeräumt.[18]

Abgesehen von der Katalysatorwirkung des antisemitischen Diskurses im protestantischen Deutschland auf jenen vorab der Positiven in der Deutschschweiz, fungierte Deutschland auch als Kristallisationspunkt für bereits vorhandene antisemitische Positionen. So ist es bezeichnend, dass der Judenfrage-Diskurs überwiegend am Beispiel Deutschlands abgehandelt wurde. Die ‚Judenfrage' wurde – mit Ausnahme der dem Frontismus nahestehenden Jungreformierten – konsequent exterritorialisiert. Sicherlich beeinflusst vom antisemitischen Diskurs im deutschen Protestantismus, aber auch von den eigenen germanophilen Neigungen, wurde nicht nur von den konservativen, sondern auch von den liberalen Protestanten in erster Linie Deutschland zu einem angeblichen Opfer ‚der Juden' stilisiert.

*Zusammenhang zwischen Antisemitismus und Germanophilie*: Das konfessionelle, sprachlich-kulturelle und oft auch theologisch-wissenschaftliche Verbundenheitsgefühl und die richtungsspezifische Solidarisierung vieler Deutschschweizer Pfarrer mit dem Nachbarstaat im Norden blieben bis zum Ersten Weltkrieg stark. Darin lag ein zentraler Grund für die Rezeption des Antisemitismus des deutschen Protestantismus. Umgekehrt verhielt es sich in der ‚Dreyfus-Affäre', in der antikatholische und frankophobe Einstellungen zu einer Ablehnung des französischen Antisemitismus führten. Der Ausgang des Ersten Weltkrieges schwächte die germanophile Einstellung unter den Pfarrern als theologische Bildungselite, dies in Analogie zu Entwicklungen in der gesamten deutschschweizerischen Bevölkerung. Weiterhin explizit germanophile Positionen vertretende Pfarrer neigten hingegen

---

18  Siehe zur Bedeutung von Schnellers „Bote aus Zion" Kapitel 1 in Teil IV sowie Kapitel 4 in Teil V.

in der Folge richtungsübergreifend dazu, in ihrer Deutschland verteidigenden Haltung stark antisemitische Positionen zu vertreten, die Deutschland als Opfer ,der Juden' darstellte. Einige dieser Autoren, wie etwa der liberale Hans Baur, der konservative Eduard Blocher oder der jungreformierte Rudolf Grob, waren im germanophilen reaktionären „Volksbund für die Unabhängigkeit der Schweiz" engagiert. Nach einem breiteren Aufflammen apologetischer Äußerungen 1933, die den Antisemitismus im nationalsozialistischen Deutschland verharmlosten und teilweise rechtfertigten, nahmen germanophile Positionen weiter ab. In erster Linie wurden sie bis zum Ausbruch des Zweiten Weltkriegs noch von den Jungreformierten vertreten und dabei von einem Antisemitismus begleitet, der in seiner Radikalität für den Deutschschweizer Protestantismus einzigartig war. Die Jungreformierten relativierten und rechtfertigten den deutschen Antisemitismus mit großer Konsequenz. Diese deutschfreundlichen Positionen zwangen die Jungreformierten angesichts der in der Schweiz im Zuge der ,Geistigen Landesverteidigung' vertretenen nationalsozialismuskritischen und teilweise germanophoben Positionen schließlich zu einer Entpolitisierung ihres Publikationsorgans.

### 4 Funktionen des Antisemitismus

Insbesondere von Antisemitismusforschern, die die Bedeutung von Transformationen zwischen ,traditionellen' und ,modernen' Formen des Antisemitismus betonen, wurde auch auf die Veränderungen in der Funktion des Antisemitismus in der Gesellschaft ab dem letzten Viertel des 19. Jahrhunderts verwiesen. Dabei wird als ein zentrales Merkmal des modernen Antisemitismus dessen ideologischer Charakter gesehen.[19] Gerade für radikalantisemitische Gruppierungen ist eine weltanschauliche Funktion des Antisemitismus nicht von der Hand zu weisen. Mit ihrem Konzept des kulturellen Codes hat Shulamit Volkov[20] einen vergleichsweise weniger rigiden Blick auf den weltanschaulichen Charakter des modernen Antisemitismus geworfen, indem sie ihn als eines von mehreren Elementen einer konservativen Identität sieht. Der Antisemitismus übernahm dabei gemäß Volkov die Rolle eines Signums, das die Zugehörigkeit zu einer bestimmten kulturellen Identität gekennzeichnet habe.[21]

Wird die Frage aufgeworfen, welche Funktion die Judenfeindschaft im Deutschschweizer Protestantismus innehatte, so ist es sinnvoll, wenn sie nicht auf jene der

---

19    Siehe die theoretischen Ausführungen in Kapitel 3 von Teil II.
20    Volkov, Der kulturelle Code.
21    Volkov, Antisemitismus als kultureller Code, S. 22 f.

Diskurse des modernen Antisemitismus beschränkt bleibt, sondern auch die religiös motivierten judenfeindlichen Topoi beachtet werden, zumal diese ja oft miteinander verschränkt auftraten. Zudem muss die Frage aufgrund der unterschiedlich starken Verbreitung des Antisemitismus im heterogenen Deutschschweizer Protestantismus gruppenspezifisch analysiert werden.

*Antisemitismus als Welterklärung*: Überblickt man die zentralen im Deutschschweizer Protestantismus präsenten Diskurse des modernen Antisemitismus, wie etwa den Zersetzungs-Topos, die Vorstellung eines großen ‚jüdischen Einflusses‘ oder die Assoziation ‚der Juden‘ mit den vermeintlichen ‚Übeln der Moderne‘, so waren diesen welterklärende Momente inhärent, reduzierten sie doch die Komplexität in der Gesellschaftsdeutung. Ob sie deshalb jedoch einen integralen und konstituierenden Bestandteil des Weltbildes des Deutschschweizer Protestantismus bildeten, ist hingegen differenziert zu betrachten. Im Falle der Jungreformierten, die mit ihrem radikalen Antisemitismus in den 1920er und dann vor allem in den 1930er-Jahren eine Sonderrolle im Deutschschweizer Protestantismus einnahmen, ist der ideologische Charakter ihrer Judenfeindschaft deutlich erkennbar. Dies zeigt sich insbesondere an der festen Überzeugung, ‚das Judentum‘ würde ein gemeinsam agierendes internationales Kollektiv darstellen, welches das Weltgeschehen (in antideutschem Sinne) entscheidend mitbestimme.

Für die anderen Strömungen im Deutschschweizer Protestantismus muss zwischen den restlichen Positiven auf der einen sowie den Liberalen und Religiös-Sozialen auf der anderen Seite unterschieden werden. Insbesondere im letzten Viertel des 19. Jahrhunderts nahm der aufkommende moderne Antisemitismus im konservativen Protestantismus in dessen Weltsicht eine wichtige Funktion ein, auch wenn er nicht deren Gravitationszentrum darstellte. Für den Fall der Positiven und bedingt auch für die Vermittler bietet es sich deshalb an, deren modernantisemitische Ansichten als einen kulturellen Code zu verstehen. In der klar antimodernistisch geprägten religiös-konservativen Haltung der für diese Forschungsarbeit untersuchten theologischen Elite stellten antisemitische Ansichten ein Signum für die von den Positiven geübte Gegenwartskritik dar. Durch die den Zeitschriften innewohnende Multiplikatorwirkung diffundierten die antisemitischen Einstellungen dieser theologischen Elite stark in die Breite. Im Vergleich zum konservativen Protestantismus waren modernantisemitische Äußerungen im liberalen Protestantismus seltener, was nicht zuletzt mit der deutlich geringeren Intensität der Zeitkritik zusammenhing. Entsprechend weniger offensichtlich ist es, dem modernen Antisemitismus bei den Liberalen die Funktion eines kulturellen Codes zuzusprechen.[22]

---

22 Für die sich nur gelegentlich judenfeindlich äußernden Religiös-Sozialen kann diese Funktion nicht in Betracht gezogen werden.

Im Sinne einer Welterklärung wirkte der Antisemitismus aber bei jenen liberalen Theologen, die nach dem Ersten Weltkrieg aus ihrer germanophilen Position heraus zusammen mit konservativen Berufskollegen die geschwächte Position Deutschlands nicht zuletzt antisemitisch deuteten.

*Antijudaismus als Selbstverständlichkeit*: Die religiöse Herabminderung des Judentums bei einem gleichzeitigen Superioritätsanspruch gegenüber dem Judentum steuerte in zentraler Weise den (theologischen) Blick auf das Judentum. Antijudaistische Topoi übernahmen darin eine tragende Funktion, waren sie doch ein Ausfluss des Abgrenzungsprozesses des Christentums vom Judentum. Sie waren in allen theologisch-kirchenpolitischen Richtungen präsent, auch wenn sie analog zum modernen Antisemitismus ebenfalls im konservativ ausgerichteten Protestantismus klar am häufigsten auftraten. Ein christlicher Superioritätsanspruch kann daher als eine theologische Selbstverständlichkeit, ja als eine soziale Norm[23] unter den Autoren der untersuchten Zeitschriften und Einzelschriften angesehen werden. Der religiös argumentierende Antisemitismus darf zudem auch nicht von der Diskussion um den weltanschaulichen Charakter der Judenfeindschaft ausgeklammert werden. Gerade in religiös-konservativen Kreisen blieb die Religion zentral für die Weltdeutung. Da insbesondere in pietistischen, aber später auch in dialektischen Kreisen den antijudaistisch strukturierten heilsgeschichtlichen Projektionen auf ‚die Juden‘ eine Schlüsselrolle in der Weltdeutung respektive der endzeitlichen Zukunftshoffnung zukam, haftete ihnen auch ein ideologischer Charakter an.

---

23   Siehe zu diesem Begriff: Felden, Die Übernahme des antisemitischen Stereotyps.

# Abkürzungsverzeichnis

ASB  Appenzeller Sonntagsblatt
ASZ  Allgemeine Schweizer Zeitung
A  Aufbau
BPB  Basler Protestantenblatt
BVZ  Berner Volkszeitung
CVB  Christlicher Volksbote
CVF  Christlicher Volksfreund
EVZ  Evangelische Volkszeitung
EW  Evangelisches Wochenblatt
FI  Freund Israels
FZ  Freitagszeitung für das reformierte Schweizervolk
G  Grundriss
GG  Grüß' Gott!
IW  Israelitisches Wochenblatt
J  Judaica. Beiträge zum Verständnis des jüdischen Schicksals in Vergangenheit und Gegenwart
JK  Junge Kirche
KF  Kirchenfreund
KRS  Kirchenblatt für die reformi(e)rte Schweiz
LJK  Leiterbrief der Jungen Kirche
NFH  Nicht fürchten ist der Harnisch
NSR  Neue Schweizer Rundschau
NW  Neue Wege
NZZ  Neue Zürcher Zeitung
RB  Reformblätter aus der bernischen Kirche
RS  Reformierte Schweiz
RSZ  Reformierte Schweizer Zeitung
RVB  Religiöses Volksblatt
RZ  Reform, Zeitstimmen aus der schweizerischen Kirche
SB  Schweizerblätter
SES  Schweizerisches Evangelisches Schulblatt
SMH  Schweizerische Monatshefte für Politik und Kultur
SPB  Schweizerisches Protestantenblatt
SRB  Schweizerische Reformblätter
SRV  Schweizerisches Reformiertes Volksblatt
SS  Schweizer Sonntagsfreund
STZ  Schweizerische Theologische Zeitschrift
TZS  Theologische Zeitschrift aus der Schweiz

VB  Volksblatt
VRK  Volksblatt für die reformirte Kirche der Schweiz
ZRK  Zeitstimmen aus der reformirten Kirche der Schweiz
ZRS  Zeitstimmen aus der reformierten Schweiz

# Quellen- und Literaturverzeichnis

## Quellen

*Zeitschriften und Zeitungen*

**Systematisch analysiert (Untersuchungsdauer)**

Appenzeller Sonntagsblatt (1870 bis 1950)
Basler Protestantenblatt (1878 bis 1939)
 – Schweizerisches Protestantenblatt
Christlicher Volksbote (1870 bis 1941)
Christlicher Volksfreund (1875 bis 1948)
Freund Israels (1870 bis 1950)
Kirchenfreund (1870 bis 1950)
Neue Wege (1906 bis 1950)
Reformblätter aus der bernischen Kirche (1870 bis 1950)
 – Reform, Zeitstimmen aus der schweizerischen Kirche
 – Schweizerische Reformblätter
 – Schweizerisches Reformiertes Volksblatt
Reformierte Schweizer Zeitung (1922 bis 1946)
 – Freitagszeitung für das reformierte Schweizervolk
 – Grundriss
Religiöses Volksblatt (1870 bis 1939)
Volksblatt (1870 bis 1950)
 – Volksblatt für die reformirte Kirche der Schweiz
 – Kirchenblatt für die reformi(e)rte Schweiz

**Über längere Zeiträume eingehend analysiert**

Aufbau
Evangelisches Wochenblatt
Evangelische Volkszeitung
Schweizer Sonntagsfreund
Zeitstimmen aus der reformirten Kirche der Schweiz
 – Reform, Zeitstimmen aus der schweizerischen Kirche
 – Zeitstimmen aus der reformierten Schweiz
 – Theologische Zeitschrift aus der Schweiz
 – Schweizerische Theologische Zeitschrift

**Punktuell analysiert**

Allgemeine Schweizer Zeitung
Allgemeinen Conservativen Monatsschrift für das christliche Deutschland (D)

Ami d'Israël

Ausland. Ueberschau der neuesten Forschungen auf dem Gebiete der Natur-, Erd- und Völkerkunde (D)

Basler Nachrichten

Berner Volkszeitung

Beth-El (D)

Bote aus Zion (D)

Brosamen

Christ

Evangelisches Missions-Magazin

Evangelisch-soziale Warte

Freie Gemeinde

Glocke

Grüß' Gott!

Israelitisches Wochenblatt

Judaica. Beiträge zum Verständnis des jüdischen Schicksals in Vergangenheit und Gegenwart

Jüdische Presszentrale Zürich

Junge Kirche

Jungschar

Kirchenbote für den Kanton Zürich

Kirchenbote für die Glieder der evangelisch-reformierten Kirche Basel-Stadt

Leiterbrief der Jungen Kirche

Mitteilungsblatt der Christlich-jüdischen Arbeitsgemeinschaft in der Schweiz

Mitteilungsblatt der Kreuzritter

Monats-Blatt für die evangelisch-reformierte Landeskirche des Kantons Aargau

Nationale Hefte

Nebelspalter

Neue Christoterpe (D)

Neue Schweizer Rundschau

Neue Zürcher Zeitung

Nicht fürchten ist der Harnisch

Pastoral-Theologie. Monatsschrift zur Vertiefung des gesamten pfarramtlichen Wirkens (D)

Protestant

Reformatio

Reformierte Schweiz

Säemann

Schweizer Spiegel

Schweizerblätter

Schweizerische Monatshefte für Politik und Kultur

Schweizerisches Evangelisches Schulblatt

Theologische Zeitschrift

Volksrecht

Weissagungs-Freund

Wissen und Leben

Zeitschrift für Missionskunde und Religionswissenschaft (D)

*Schriften und Broschüren*

Ambrunnen, Arnold [Zander Alfred], Juden werden „Schweizer". Dokumente zur Judenfrage in der Schweiz seit 1798, Zürich 1935.

Aus der Tiefe. Tagebuch-Notizen eines reformierten französischen Pfarrers, in: Schweizerisches Evangelisches Hilfswerk für die Bekennende Kirche in Deutschland (Hrsg.), Judennot und Christenglaube, Zollikon-Zürich 1943, S. 77–97.

Barth, Karl, Der Römerbrief, Bern 1919.

– Die Judenfrage und ihre christliche Beantwortung, in: Hans Kallenbach, Die Juden und wir Christen, Frankfurt a. M./Butzbach 1950, S. 9–16.

– Die Kirche und die politische Frage von heute. Vortrag gehalten an der Versammlung des Schweizerischen Evangelischen Hilfswerks für die Bekennende Kirche in Deutschland im Kirchgemeindehaus Wipkingen am 5. Dezember 1938, Zollikon 1939.

– Die protestantische Kirche in Europa – ihre Gegenwart und ihre Zukunft (1942), in: Karl Barth, Eine Schweizer Stimme 1938–1945, Zollikon-Zürich 1945, S. 251–271.

– Verheißung und Verantwortung der christlichen Gemeinde im heutigen Zeitgeschehen (1944), in: Karl Barth, Eine Schweizer Stimme 1938–1945, Zollikon-Zürich 1945, S. 307–333.

Baur, Hans, Der weiße Tod in Deutschland. Ein Ruf an das Weltgewissen, Basel 1919.

Blanke, Fritz, Vorwort, in: Walter Hoch, Kompass durch die Judenfrage, Zürich 1944, I.

Blocher, Eduard, Die deutsche Schweiz in Vergangenheit und Gegenwart, Stuttgart 1923.

– Die Wesensart der deutschen Schweiz. Vortrag gehalten in Basel am 9ten Mai 1916, Basel 1916.

Bolliger, Adolf, Weltkrieg und Gottesreich, 2. Aufl., Emmishofen 1916.

– Weltkrieg und Gottesreich, Zürich 1915.

Carl, Stuckert, Jesusgeschichten für den religiösen Jugendunterricht, 2. Aufl., Basel 1921.

Cassel, Paulus, Wider Heinrich von Treitschke. Für die Juden, Berlin 1880.

Christen, Kuno, Kirche und Sekten, 2. Aufl., Interlaken 1937.

Delitzsch, Franz, Rohling's Talmudjude, Leipzig 1881.

Die Evangelische Kirche in Deutschland und die Judenfrage. Ausgewählte Dokumente aus den Jahren des Kirchenkampfes 1933 bis 1943, bearbeitet und herausgegeben auf Veranlassung des Flüchtlingsdienstes des Ökumenischen Rats der Kirchen, Genf 1945.

Dubnow, Simon, Weltgeschichte des jüdischen Volkes. Von seinen Uranfängen bis zur Gegenwart, 10 Bde., Berlin 1920–1929.

Dühring, Eugen, Die Judenfrage als Racen-, Sitten- und Culturfrage. Mit einer weltgeschichtlichen Antwort, Karlsruhe/Leipzig 1881.

Eichrodt, Walther, Antisemitismus in alter und neuer Zeit, Zürich 1937.

Ernst, Edmund, Adolf Stöcker, der evangelische Arbeiterführer 1835/1935. Dem Vorkämpfer für evangelisch-soziale Arbeit in Deutschland, Zürich-Seebach 1935.

Farbstein, David, Walter Hoch's „Kompass durch die Judenfrage". Eine Widerlegung, Zürich 1946.

Fetz, August, Der große Volks- und Weltbetrug durch die ‚Ernsten Bibelforscher', 2. Aufl., Hamburg 1921.

Finsler, Georg, Geschichte der theologisch-kirchlichen Entwicklung in der deutsch-reformierten Schweiz seit den dreißiger Jahren, Zürich 1881.

Foerster, Karl, Von der Vergiftung des deutschen Volkes. Drei Aufsätze für Deutschlands Volkserzieher, Berlin 1919.

Ford, Henry, Der internationale Jude. Ein Weltproblem, 7. Aufl., Leipzig 1922.

Frey, Arthur, Antwort, in: Schweizerisches Evangelisches Hilfswerk für die Bekennende Kirche in Deutschland (Hrsg.), Judennot und Christenglaube, Zollikon-Zürich 1943, S. 105–110.

– Der Kampf der evangelischen Kirche in Deutschland und seine allgemeine Bedeutung, Zollikon 1937.

Friedli, Robert, Warum können und wollen wir das Alte Testament nicht lassen? Referat gehalten an der Badener Konferenz am 2. Mai 1934, Basel 1934.

Fritsch, Theodor, Handbuch der Judenfrage. Eine Zusammenstellung des wichtigsten Materials zur Beurteilung des jüdischen Volkes, 28. Aufl., Hamburg 1919.

Furrer, Konrad, Wanderungen durch das heilige Land, 2. Aufl., Zürich 1891.

Gerhardt, August, Hundert Jahre Verein der Freunde Israels in Basel 1830–1930, hrsg. im Auftrage des Komitees des Vereins der Freunde Israels, Basel 1931.

Goetz, Karl Gerold, Bedenken gegen die freiwirtschaftliche Stellung in der Frage Christentum und Zins, in: Eduard Burri (Hrsg.), Christentum und Zins. Eingabe an die theologischen Fakultäten der schweizerischen Hochschulen und die Antworten der Fakultäten von Basel, Bern und Zürich auf die Frage nach der sittlichen Berechtigung des Zinses nebst einer weitern Antwort von Prof. theol. Goetz in Basel und den Repliken des Verfassers der Denkschrift Eduard Burri, Pfarrer, 2. Aufl., Bern 1926, S. 74–90.

Got, Ambroise, L'Allemagne à l'œuvre, Strasbourg 1920.

– L'Allemagne après la débâcle. Impressions d'un Attaché à la mission militaire française à Berlin mars-juillet 1919, Strasbourg 1919.

– La contre-révolution allemande, Strasbourg 1920.

Greyerz, Karl von, Predigt zur Arbeiter-, Juden- und Friedensfrage, Bern 1933.

Grob, Rudolf, An die Jugend von morgen, an die Herren von gestern, Zürich 1941.

– Der Bund der Eidgenossen. Ein Wagnis des Glaubens, Luzern 1934.

– Der Kirchenkampf in Deutschland. Kurze Geschichte der kirchlichen Wirren in Deutschland von 1933 bis Sommer 1937, Zürich 1937.

– Zwischen Marxismus und Faschismus. Für die Freiheit der Eidgenossenschaft, Zürich 1934.

– /Hildebrandt, Walter/Koenig, Emil/Schüle, Charles, Gegen den Strom, Solidarität statt Sozialismus. Weckruf ans Schweizervolk, Zürich 1928.

Gruber, Bernhard, Christ und Israelit. Ein Friedenswort zur Judenfrage, Reichenbach 1880.

Hadorn, Wilhelm, Kirchengeschichte der reformierten Schweiz, Zürich 1907.

Haller, Max, Religion und Rasse. Rektoratsrede gehalten an der 100. Stiftungsfeier der Universität Bern am 17. November 1934, Bern 1935.

Hauri, Ernst, Hüte Dich!, in: Ernst Hauri/Samuel Dieterle, Hüte Dich!/Es jammerte ihn sein. Zwei Predigten zur Judenfrage, Basel 1938, S. 3–10.

– /Dieterle, Samuel, Hüte Dich!/Es jammerte ihn sein. Zwei Predigten zur Judenfrage, Basel 1938.

Helveticus [Josef Beck], Wird der Sozi die Schweiz regieren? Eine Frage an das Schweizervolk, Bern 1928.

Heman, Friedrich, Art. ‚Israel, Geschichte, nachbiblische‘, in: Realencyklopädie für protestantische Theologie und Kirche, hrsg. von Albert Hauck, Bd. 9, 3. Aufl., Leipzig 1901, S. 483–511.

– Art. ‚Mission unter den Juden‘, in: Realencyklopädie für protestantische Theologie und Kirche, hrsg. von Albert Hauck, Bd. 13, 3. Aufl., Leipzig 1903, S. 171–192.

– Das Erwachen der jüdischen Nation. Der Weg zur endgültigen Lösung der Judenfrage, Basel 1897.

– Die historische und religiöse Weltstellung der Juden und die moderne Judenfrage. Gesammt-Ausgabe, Leipzig 1885.

– Die historische Weltstellung der Juden und die moderne Judenfrage, Leipzig 1881.

– Die religiöse Weltstellung des Jüdischen Volkes, Leipzig 1882.

– Die religiöse Wiedergeburt des jüdischen Volkes. Vortrag an der IV. Herrnhuter Missionswoche im Oktober 1909, Basel 1909.

– Geschichte des jüdischen Volkes seit der Zerstörung Jerusalems, Calw/Stuttgart 1909.

– Was soll man vom Zionismus halten? Gedanken eines Nichtjuden, in: Emil Kronberger, Zionisten und Christen. Ein Beitrag zur Erkenntnis des Zionismus, Leipzig 1900, S. 53–67.

– Harling, Otto von, Geschichte des jüdischen Volkes seit der Zerstörung Jerusalems, Stuttgart 1927.

Herzl, Theodor, Der Judenstaat. Versuch einer modernen Lösung der Judenfrage, Leipzig/Wien 1896.

Hess, Arnold, Ueber religiöse und sittliche Toleranz. Vortrag gehalten in der toggenburgischen Pastoralgesellschaft, St. Gallen 1884.

Hilty, Carl (Hrsg.), Politisches Jahrbuch der Schweizerischen Eidgenossenschaft, 8. Jg. Bern 1894.

– (Hrsg.), Politisches Jahrbuch der Schweizerischen Eidgenossenschaft, 9. Jg., Bern 1895.

– Glück, 3 Bde., Frauenfeld 1890–1899.

Hoch, Walter, Lebenslauf, in: Zur Erinnerung an Walter Hoch-Staehelin, Pfarrer, geboren am 27. Juni 1886, gestorben am 20 April 1954, St. Gallen 1958.

Hug, Herbert, Das Volk Gottes. Der Kirche Bekenntnis zur Judenfrage, Zollikon-Zürich 1942.

– Unsere Schuld an der Leidensgeschichte der Juden, in: Schweizerisches Evangelisches Hilfswerk für die Bekennende Kirche in Deutschland (Hrsg.), Judennot und Christenglaube, Zollikon-Zürich 1943, S. 35–58.

Ich war ein Mensch wie Du! Schicksale verfolgter Menschen, zusammengestellt auf Grund authentischer Tatsachenberichte von Emil Wiederkehr, mit Kapitel-Einleitungen von Paul Vogt, Flüchtlingspfarrer, hrsg. von der Schweizerischen Zentralstelle für Flüchtlingshilfe, Zürich 1947.

Isenhard, Klaus [Baer Emil], Totalitäres Evangelium. Zwei Reden an das eidgenössische Volk, Zürich 1935.

– Wiedereroberung der Heimaterde. Aufruf an das Schweizervolk, Zürich 1936.

Jahrbuch des Vereins der Schweizer Presse und politische Chronik, hrsg. vom Verein der Schweizer Presse, Zürich 1915.

Jannasch, Wilhelm, Deutsche Kirchendokumente. Die Haltung der Bekennenden Kirche im Dritten Reich, hrsg. vom Schweizerischen evangelischen Hilfswerk für die Bekennende Kirche in Deutschland mit Flüchtlingsdienst, Zollikon-Zürich 1946.

Joneli, Arnold, Referat, in: Siebente Hauptversammlung der Evangelischen Allianz gehalten in Basel vom 31. August bis 7. September 1879. Berichte und Reden, hrsg. im Auftrag des Comité der Allianz durch Christoph Johannes Riggenbach, Bd. 2, Basel 1879, S. 582–609.

Josenhans, Joseph Friedrich, Missionsliederbuch. Für die Missionsgemeinde und die Arbeiter auf dem Missionsfelde, zweite, neu bearbeitete und vermehrte Ausgabe der ,Sammlung von Missionsliedern', 2. Aufl., Basel 1879.

Jost-Suter, Ernst, Der Staat Israel als Zeichen einer Zeitenwende, Basel 1949.

Juden und Christen, in: Schweizerisches Evangelisches Hilfswerk für die Bekennende Kirche in Deutschland (Hrsg.), Juden – Christen – Judenchristen. Ein Ruf an die Christenheit, Zollikon 1939, S. 48–50.

Kägi, Jakob, Die Passions- und Ostergeschichte unseres Herrn und Heilandes Jesus Christi. In kurzen Betrachtungen mit Liedern und Gebeten für Diakonissen und Krankenfreunde, Basel 1887.

Kautzsch, Emil, Johannes Buxtorf der Ältere. Rectorats-Rede gehalten am 4. November 1879 in der Aula des Museums zu Basel, Basel 1879.

Kittel, Gerhard, Die Judenfrage, Stuttgart 1933.

Köberle, Adolf, Evangelium und Zeitgeist. Studien zum Menschenverständnis der Gegenwart, Leipzig 1934.

– Das Evangelium im Weltanschauungskampf der Gegenwart. Ein Wort zur Besinnung und Entscheidung, Berlin 1935.

Kreuz, Christian [von Bomsdorff-Bergen Herbert], Ein Welt-Betrug durch Zeichen, Wort und Griff an der Werkmaurerei, 3 Bde., Zürich 1923/1925/1933.

Kurt, Emmerich, Die Juden, Zollikon 1939.

Kurz, Gertrud, Meine Erfahrungen mit jüdischen Menschen, in: Schweizerisches Evangelisches Hilfswerk für die Bekennende Kirche in Deutschland (Hrsg.), Judennot und Christenglaube, Zollikon-Zürich 1943, S. 29–34.

Langmesser, August, Eine moderne Orientreise. Tagebuchblätter, Basel 1900.

Leo, Haubenberger, Das Judentum in Oesterreich, München 1920.

Lidzbarski, Mark, Auf rauhem Wege. Jugenderinnerungen eines deutschen Professors, Gießen 1927.

Limbach, Samuel, Das Weltgeschehen im Lichte der Weissagung, Basel 1935.

– Was hat der gegenwärtige Krieg uns zu sagen?, Basel 1914.

Ludwig, Albrecht, Die Geschichte des Volkes Israel von Moses bis auf die Gegenwart, 3 Bde., Berlin 1909–1910.

Lyra passionis. Lieder vom Leiden des Herrn, 4. Aufl., Basel 1896.

Marr, Wilhelm, Der Judenkrieg, seine Fehler und wie er zu organisieren ist. Zweiter Teil von: ,Der Sieg des Judenthums über das Germanenthum', Chemnitz 1880.

– Der Sieg des Judenthums über das Germanentum. Vom nicht confessionellen Standpunkt aus betrachtet, 2. Aufl., Bern 1879.

– Wählet keinen Juden! Der Weg zum Siege des Germanenthums über das Judenthum. Ein Mahnwort an die Wähler nichtjüdischen Stammes aller Confessionen. Mit einem Schlußwort: „An die Juden in Preußen.", Berlin 1879.

Marti, Paul, Religion, Rasse und Volkstum, Bern 1946.

Martig, Emanuel, Lehrbuch für den confessionslosen Religionsunterricht in der Volksschule. Vom schweizerischen Verein für freies Christenthum mit dem ersten Preise gekrönt, Bern 1876.

Maurer, Christian, Was schulden wir Christen den Juden unserer Tage?, in: Schweizerisches Evangelisches Hilfswerk für die Bekennende Kirche in Deutschland mit Flüchtlingsdienst (Hrsg.), Soll ich meines Bruders Hüter sein? Weitere Dokumente zur Juden- und Flüchtlingsnot unserer Tage, Zollikon-Zürich 1944, S. 12–31.

Mojon, Henri, Gehen wir einer sozialen Katastrophe entgegen? Oeffentlicher Vortrag gehalten in Zürich, Bern und Lausanne, Basel 1894.

Mühlhäusser, Karl August, Christenthum und Presse, Frankfurt a. M. 1876.

Näf, Arnold, Geschichte des Volkes Israel und seiner Religion. Leitfaden für Mittel-, Sekundar- und Realschulen, 3. Aufl., Zürich 1901.

Neck, Karl, Deutschland. Tod und Auferstehung, Zürich 1948.

Nigg, Walter, Geschichte des religiösen Liberalismus. Entstehung – Blütezeit – Ausklang, Zürich/Leipzig 1937.

Ninck, Johannes, Mädchenhandel mit besonderer Beziehung auf die Schweiz, Basel 1912.

Orelli, Conrad von, Art. ,Israel, Geschichte, biblische', in: Realencyklopädie für protestantische Theologie und Kirche, hrsg. von Albert Hauck, Bd. 9, 3. Aufl., Leipzig 1901, S. 458–483.

– Durch's heilige Land. Tagebuchblätter, Basel 1878.

Ornstein, Hans, Der antijüdische Komplex. Versuch einer Analyse, Zürich 1949.

Osman, Bey, Die Eroberung der Welt durch die Juden. Versuch der Geschichte und der Gegenwart, Basel 1873.

Pestalozzi, Ludwig, Adolf Stöcker. Ein Vortrag, Basel 1885.

Pfeiffer, Karl Wilhelm Theodor, Biblische Geschichte für Volksschulen. Eingeführt für die evangelischen Primarschulen des Kantons St. Gallen durch Beschluss der evangel. Synode, 2. Aufl., St. Gallen 1873.

Poljak, Abram, Das Kreuz im Davidstern, 2. Aufl., Wien 1937.

Quervain, Alfred de, Mensch und Staat heute, München 1952.

Ragaz, Leonhard, Die neue Schweiz. Ein Programm für Schweizer und solche, die es werden wollen, 2. Aufl., Olten 1918.

– Israel – Judentum – Christentum, Zürich 1942.

– Judentum und Christentum. Ein Wort zur Verständigung, Erlenbach-Zürich/Leipzig 1922.

Ramp, Ernst, Das Zinsproblem. Eine historische Untersuchung, Zürich 1949.

Renan, Ernest, Das Judenthum vom Gesichtspunkte der Rasse und der Religion. Vortrag gehalten am 27. Januar 1883. Autorisierte Uebersetzung, Basel 1883.

Rich, Arthur, Das Judenproblem, Zürich [1943].

– Die Juden und der Judenhass, in: Schweizerisches Evangelisches Hilfswerk für die Bekennende Kirche in Deutschland (Hrsg.), Judennot und Christenglaube, Zollikon-Zürich 1943, S. 11–28.

Riggenbach, Christoph Johannes, Eine Reise nach Palästina, Basel 1873.

Riggenbach, Eduard, Die jüdische Propaganda in der griechischen Welt und ihre Bedeutung für die christliche Mission der Vergangenheit und Gegenwart. Vortrag, gehalten bei der Jahresversammlung der „Missionskonferenz in Württemberg", Mittwoch den 22. Mai 1918 zu Stuttgart, Stuttgart [1918?].

– Vererbung und Verantwortung, Stuttgart 1906.

Rinck, Heinrich Wilhelm, Die Zeichen der letzten Zeit und die Wiederkunft Christi. Erklärung der Haupt-Abschnitte der Offenbarung Johannis, für die auf ihren Herrn wartende Gemeinde, 2. Aufl., Basel 1880.

Roi, Johannes Friedrich Alexander de le, Die Aufgabe der Mission unter Israel, in: Conferenz über Erfahrungen in der Judenmission, in: Siebente Hauptversammlung der Evangelischen Allianz gehalten in Basel vom 31. August bis 7. September 1879. Berichte und Reden, hrsg. im Auftrag des Comité der Allianz durch Christoph Johannes Riggenbach, Bd. 2, Basel 1879, S. 639–664.

– Die evangelische Christenheit und die Juden unter dem Gesichtspunkte der Mission geschichtlich betrachtet, Bd. 1, Karlsruhe/Leipzig 1884.

– Stephan Schultz. Ein Beitrag zum Verständniß der Juden und ihrer Bedeutung für das Leben der Völker, 2. Aufl., Gotha 1878.

Salis, Arnold von, Für uns gestorben und auferstanden. Zwei Predigten gehalten am Charfreitag 1895 und an Ostern 1894 im Münster zu Basel, Basel 1895.

Schlatter, Adolf, Wir Christen und die Juden, Velbert im Rheinland 1930.

Schlatter, Johannes, Durchs Morgenland. Eine Frühlingsfahrt, Zürich 1931.

Schmidt, Karl Ludwig, Die Judenfrage im Lichte der Kapitel 9–11 des Römerbriefes, Zollikon-Zürich 1943.

Schnell, Johannes, Der Verein der Freunde Israels zu Basel. Seine Entstehung und seine Arbeit während fünfzig Jahren, Basel 1881.

Schrenk, Gottlob, Der göttliche Sinn in Israels Geschick. Eine Erläuterung zu Röm. 9–11. Vortrag gehalten an der fünften Wipkinger-Tagung am 16. November 1942, Zollikon-Zürich 1943.

– Unser Glaube an den Zorn Gottes nach dem Römerbrief, Basel 1944.

Schweizerisches Evangelisches Hilfswerk für die Bekennende Kirche in Deutschland (Hrsg.), Juden – Christen – Judenchristen. Ein Ruf an die Christenheit, Zollikon 1939.

– (Hrsg.), Judennot und Christenglaube, Zollikon-Zürich 1943.

Schweizerisches Evangelisches Hilfswerk für die Bekennende Kirche in Deutschland mit Flüchtlingsdienst (Hrsg.), Soll ich meines Bruders Hüter sein? Weitere Dokumente zur Juden- und Flüchtlingsnot unserer Tage, Zollikon-Zürich 1944.

Sombart, Werner, Die Juden und das Wirtschaftsleben, Leipzig 1911.

Stähelin, Felix, Der Antisemitismus des Altertums in seiner Entstehung und Entwicklung, Basel 1905.

Steinhausen, Hermann [Gürster Eugen], Die Judenfrage eine Christenfrage, Luzern 1939.

Stoecker, Adolf, Arm und Reich. Vortrag gehalten im Münster zu Basel am 18. März 1891, Separat-Abdruck aus dem „Christlichen Volksboten", Basel 1891.

– Das moderne Judenthum in Deutschland, besonders in Berlin. Zwei Reden in der christlich-socialen Arbeiterpartei, 3. Aufl., Berlin 1880.

– Das unzweifelhaft Berechtigte, Edle und Notwendige der gegenwärtigen antijüdischen Bewegung, in: Günter Brakelmann, Adolf Stoecker als Antisemit, Teil 2: Texte des Parteipolitikers und des Kirchenmannes, Waltrop 2004, S. 84–97.

– Die persönliche Verantwortung der Besitzenden und Nichtbesitzenden in der socialen Bewegung der Gegenwart, Vortrag gehalten in der St. Martinskirche zu Basel, Basel 1881.

– Die soziale Frage im Lichte der Bibel. Vortrag gehalten Dienstag den 5. April 1881 in der französischen Kirche in Bern, Bern 1881.

– Notwehr gegen das moderne Judentum, in: Günter Brakelmann, Adolf Stoecker als Antisemit, Teil 2: Texte des Parteipolitikers und des Kirchenmannes, Waltrop 2004, S. 24–41.

– Unsere Forderungen an das moderne Judentum, in: Günter Brakelmann, Adolf Stoecker als Antisemit, Teil 2: Texte des Parteipolitikers und des Kirchenmannes, Waltrop 2004, S. 10–24.

Strack, Hermann Leberecht, Der Blutaberglaube bei Christen und Juden, München 1891.

Thesen des schweizerischen kirchlichen Hilfskomitees für evangelische Flüchtlinge zu den Nachkriegsfragen der Flüchtlingshilfe, in: Schweizerisches Evangelisches Hilfswerk für die Bekennende Kirche in Deutschland mit Flüchtlingsdienst (Hrsg.), Soll ich meines Bruders Hüter sein? Weitere Dokumente zur Juden- und Flüchtlingsnot unserer Tage, Zollikon-Zürich 1944, S. 103–106.

Thiersch, Heinrich Wilhelm Josias, Über den christlichen Staat, Basel 1875.

Tönnies, Ferdinand, Gemeinschaft und Gesellschaft. Grundbegriffe der reinen Soziologie, 2. Aufl., Berlin 1912.

Treitschke, Heinrich von, Ein Wort über unser Judenthum, Separatabdruck aus dem 44. und 45. Bande der Preußischen Jahrbücher, Berlin 1880.

– Unsere Aussichten, in: Karsten Krieger (Hrsg.), Der „Berliner Antisemitismusstreit" 1879–1881. Eine Kontroverse um die Zugehörigkeit der deutschen Juden zur Nation. Eine kommentierte Quellenedition im Auftrag des Zentrums für Antisemitismusforschung, Bd. 1, München 2003, S. 6–16.

Urner, Johann Jakob, Verhältnis der christlichen Kirche der Gegenwart zum modernen Judentum, in: Verhandlungen der Asketischen Gesellschaft des Kantons Zürich im Jahr 1882, Zürich 1882, S. 7–19.

Vischer, Wilhelm, Das Christuszeugnis des Alten Testaments, 2 Bde. München/Zürich 1934/ 1942.

– Das Heil kommt von den Juden (Memorandum), in: Schweizerisches Evangelisches Hilfswerk für die Bekennende Kirche in Deutschland (Hrsg.), Juden – Christen – Judenchristen. Ein Ruf an die Christenheit, Zollikon 1939, S. 39–47.

– Der neue Staat „Israel" und der Wille Gottes, Basel 1953.

– Die Bedeutung des Alten Testaments für das christliche Leben, Zollikon 1938.

– Die Hoffnung der Kirche und die Juden, in: Die Hoffnung der Kirche. Verhandlungen des schweizerischen reformierten Pfarrvereins, 93. Versammlung am 28., 29. und 30. September 1942, Liestal 1942, S. 75–102.

– Die Judenfrage eine entscheidende Frage für die Kirche, Basel 1942.

– Esther, Zollikon 1938.

– Wir Christen und die Juden, in: Schweizerisches Evangelisches Hilfswerk für die Bekennende Kirche in Deutschland (Hrsg.), Juden – Christen – Judenchristen. Ein Ruf an die Christenheit, Zollikon 1939, S. 13–29.

Vogt, Paul, Aufruf zum Dank- und Bußopfer, in: Schweizerisches Evangelisches Hilfswerk für die Bekennende Kirche in Deutschland (Hrsg.), Judennot und Christenglaube, Zollikon-Zürich 1943, S. 69–76.

– Aus Not und Rettung. Stimmen aus dem Dunkel dieser Zeit, Zürich/New York 1944.

– Die Ueberwindung des Antisemitismus durch den Religionsunterricht. Vortrag, gehalten am 20. Januar 1948 vor der Konferenz der Religionslehrer, des Sonntagschul-Vereins und Mitgliedern der christlich-jüdischen Arbeitsgemeinschaft in Basel, o. O. 1948.

– Eröffnungswort, in: Karl Barth, Die evangelische Kirche in Deutschland nach dem Zusammenbruch des Dritten Reiches mit einer Predigt von Oscar Farner über Markus 10, 41–45, einem Eröffnungswort von Paul Vogt und zwei Beiträgen, Zollikon-Zürich 1945, S. 14–18.

– Ihr sollt den Fremdling lieben! Rufe in die Zeit, Zollikon-Zürich 1944.

– Predigt über Matthäus 25, 31–46 vom 30. April 1939, in: Schweizerisches Evangelisches Hilfswerk für die Bekennende Kirche in Deutschland (Hrsg.), Juden – Christen – Judenchristen. Ein Ruf an die Christenheit, Zollikon 1939, S. 3–12.

– Predigt, Gehalten am 27. Juni 1944 in der Leonhardskirche in Basel, im Verein der Freunde Israels, in: Schweizerisches Evangelisches Hilfswerk für die Bekennende Kirche in Deutschland mit Flüchtlingsdienst (Hrsg.), Soll ich meines Bruders Hüter sein? Weitere Dokumente zur Juden- und Flüchtlingsnot unserer Tage, Zollikon-Zürich 1944, S. 5–11.

– Von der Notwendigkeit christlich-jüdischer Zusammenarbeit. Vortrag gehalten an der Generalversammlung der „Christlich-jüdischen Arbeitsgemeinschaft in der Schweiz" vom 7. März 1948, Zürich 1948.

Wagner-Groben, Carl, Vom Tabor bis Golgatha. Zum Verständnis der Leidensgeschichte Jesu Christi, 2. Aufl., Basel 1884.

Wasserzug-Traeder, Gertrud, Warum? Eine Antwort an das jüdische Volk, Beatenberg [1940].

Weihnachtsbrief an unsere Juden, in: Schweizerisches Evangelisches Hilfswerk für die Bekennende Kirche in Deutschland (Hrsg.), Judennot und Christenglaube, Zollikon-Zürich 1943, S. 7–9.

Weil, Arthur, Israels Bekenntnis. Predigt gehalten in der Synagoge zu Basel am 2. Januar 1943/25. Tebet 5703, Basel 1943.

Weldler, Norbert, Der Sieg des zionistischen Gedankens. Die Lösung der Judenfrage, Zürich 1945.

Wettstein, Oskar, Die schweizerische Presse. Ihre rechtlichen, moralischen und sozialen Verhältnisse. Im Auftrage des „Vereins der Schweizer Presse" und des „Vereins Zürcher Presse", Zürich 1902.

Wismer, Kaspar, Der Sonntag als Ruhetag. Vortrag gehalten 27. Januar 1895 in Andelfingen, Andelfingen 1895.

Wuhrmann, Willy, Das freie Christentum in der Schweiz. Festschrift zum 50jährig. Jubiläum des Schweiz. Vereins für freies Christentum, Zürich 1921.

Zimmermann, Arnold, Fünfzig Jahre Arbeit im Dienste des Evangeliums für das reformierte Schweizervolk. Geschichte des Schweizerischen evangelisch-kirchlichen Vereins 1871–1921, Zürich 1921.

Zur Judenfrage. Ehrerbietige Vorstellung der christlichen Gemeinden Ober-Endingen und Lengnau an den Tit. Regierungsrath zu Handen des Tit. Großen Rathes des Kantons Aargau. Nebst einem Anhange, enthaltend Erläuterungen etc. etc., o. O. 1861.


## Forschungsliteratur

Aerne, Peter, „Wehe der Christenheit …, Wehe der Judenschaft …". Der Weihnachtsbrief an die Juden in der Schweiz von 1942, 2 Teile, in: Judaica 58 (2002) 4/59 (2003) 1, S. 234–260/S. 24–48.

– Art. ‚Gerber, Max', in: Historisches Lexikon der Schweiz, http://www.hls-dhs-dss.ch/textes/d/D48336.php, 29. 9. 2013.

– Religiöse Sozialisten, Jungreformierte und Feldprediger. Konfrontationen im Schweizer Protestantismus 1920–1950, Zürich 2006.

Albrecht, Henning, Antiliberalismus und Antisemitismus. Hermann Wagener und die preußischen Sozialkonservativen 1855–1873, Paderborn/München/Wien/Zürich 2010.

Almog, Shmuel (Hrsg.), Antisemitism through the Ages, Oxford 1988.

Alphabetisches Verzeichnis der gegenwärtig in der Schweiz erscheinenden Zeitungen und Zeitschriften sowie anderer periodischer Blätter, in: Die Schweizer Presse, hrsg. vom Verein der schweizerischen Presse, Bern 1896, S. 205–369.

Altermatt, Urs, Conservatism in Switzerland: A Study in Antimodernism, in: Journal of Contemporary History 14 (1979), S. 581–610.

– Das Koordinatensystem des katholischen Antisemitismus in der Schweiz 1918–1945, in: Aram Mattioli (Hrsg.), Antisemitismus in der Schweiz 1848–1960, Zürich 1998, S. 465–500.

- Der Weg der Schweizer Katholiken ins Ghetto. Die Entstehungsgeschichte der nationalen Volksorganisationen im Schweizer Katholizismus 1848–1919, 3. Aufl., Freiburg i. Ue. 1995.
- Katholizismus und Antisemitismus. Mentalitäten, Kontinuitäten, Ambivalenzen. Zur Kulturgeschichte der Schweiz 1918–1945, Frauenfeld/Stuttgart/Wien 1999.
- Katholizismus und Moderne. Zur Sozial- und Mentalitätsgeschichte der Schweizer Katholiken im 19. und 20. Jahrhundert, 2. Aufl., Zürich 1991.
- Katholizismus: Antimodernismus mit modernen Mitteln?, in: ders./Heinz Hürten/ Nikolaus Lobkowicz, Moderne als Problem des Katholizismus, Regensburg 1995.
- Vom doppelten Antisemitismus der Katholiken in der Zwischenkriegszeit, in: Zeitschrift für Schweizerische Kirchengeschichte 92 (1998), S. 9–18.
- /Dellsperger, Rudolf, „Evangelische Volkspartei und Freikirchen. Zur Kirchenmitgliedschaft der EVP-Parlamentarier", in: Reformatio 26 (1977) 4, S. 225–243.
- /Metzger, Franziska, Milieu, Teilmilieus und Netzwerke. Das Beispiel des Schweizer Katholizismus, in: ders. (Hrsg.), Katholische Denk- und Lebenswelten. Beiträge zur Kultur- und Sozialgeschichte des Schweizer Katholizismus im 20. Jahrhundert, Freiburg i. Ue. 2003, S. 15–36.

Altgeld, Wolfgang, Katholizismus, Protestantismus, Judentum. Über religiös begründete Gegensätze und nationalreligiöse Ideen in der Geschichte des deutschen Nationalismus, Mainz 1992.

Anderson, Benedict, Die Erfindung der Nation. Zur Karriere eines folgenreichen Konzepts, erweiterte Ausgabe, Berlin 1998.

Arendt, Hannah, Elemente und Ursprünge totalitärer Herrschaft, Bd. 1: Antisemitismus, Frankfurt a. M./Berlin/Wien 1968.

Aring, Paul Gerhard, Art. ,Judenmission', in: Theologische Realenzyklopädie, Bd. 17, Berlin/ New York 1988, S. 325–330.

- Christen und Juden heute – und die ,Judenmission'? Geschichte und Theologie protestantischer Judenmission in Deutschland, dargestellt und untersucht am Beispiel des Protestantismus im mittleren Deutschland, Frankfurt a. M. 1987.
- Christliche Judenmission. Ihre Geschichte und Problematik dargestellt und untersucht am Beispiel des evangelischen Rheinlandes, Neukirchen-Vluyn 1980.

Bajohr, Frank, „Unser Hotel ist judenfrei". Bäder-Antisemitismus im 19. und 20. Jahrhundert, 3. Aufl., Frankfurt a. M. 2003.

- et al. (Hrsg.), Volksgemeinschaft. Neue Forschungen zur Gesellschaft des Nationalsozialismus, Frankfurt a. M. 2009.

Bajohr, Klaus, Zum Ursprung der Theologie Karl Barths in der schweizerischen religiös-sozialen Bewegung, Teil 1: Die religiös-soziale Bewegung am Beispiel Max Gerbers und Emil Brunners, Teil 2: Karl Barth – Leonhard Ragaz. Geschichte einer theologischen Begegnung, Berlin 1994.

Baldwin, Neil, Henry Ford and the Jews. Mass Production of Hate, New York 2001.

Baleanu, Avram Andrei, Die Geburt des Ahasver, in: Menora. Jahrbuch für deutsch-jüdische Geschichte 2 (1991), München 1990, S. 15–43.

Bärsch, Claus-Ekkehard, Antijudaismus oder Antisemitismus/Philojudaismus oder Philosemitismus – Adäquate Begriffe, in: Irene A. Diekmann/Elke-Vera Kotowski (Hrsg.), Geliebter Feind. Gehasster Freund. Antisemitismus und Philosemitismus in Geschichte und Gegenwart. Festschrift zum 65. Geburtstag von Julius H. Schoeps, Berlin 2009, S. 167–187.

– Antijudaismus, Apokalyptik und Satanologie. Die religiösen Elemente des nationalsozialistischen Antisemitismus, in: Zeitschrift für Religions- und Geistesgeschichte 40 (1988), S. 112–133.

– Die Konstruktion der kollektiven Identität der Deutschen gegen die Juden in der politischen Religion des Nationalsozialismus, in: Peter Alter/ders./Peter Berghoff (Hrsg.), Die Konstruktion der Nation gegen die Juden, München 1999, S. 191–223.

Bauer, Yehuda, Vom christlichen Judenhass zum modernen Antisemitismus – Ein Erklärungsversuch, in: Jahrbuch für Antisemitismusforschung 1 (1992), S. 77–90.

Bauman, Zygmunt, Große Gärten, kleine Gärten. Allosemitismus: Vormodern, Modern, Postmodern, in: Michael Werz (Hrsg.), Antisemitismus und Gesellschaft. Zur Diskussion um Auschwitz, Kulturindustrie und Gewalt, Frankfurt a. M. 1995, S. 44–61.

– Dialektik der Ordnung. Die Moderne und der Holocaust, Hamburg 1992.

Baumann, Maurice/Grädel-Schweyer, Rosa, Judenbilder für Christenkinder. Das Judentum in Religionsunterricht und kirchlicher Unterweisung, in: Walter Dietrich/Martin George/Ulrich Luz (Hrsg.), Antijudaismus – christliche Erblast, Stuttgart/Berlin/ Köln 1999, S. 143–163.

Beck, Norman A., Mündiges Christentum im 21. Jahrhundert. Die antijüdische Polemik des Neuen Testaments und ihre Überwindung, Berlin 1998.

Bein, Alex, Die Judenfrage. Biographie eines Weltproblems, 2 Bde. Stuttgart 1980.

– Die Judenfrage. Biographie eines Weltproblems, Bd. 2: Anmerkungen – Exkurse – Register, Stuttgart 1980.

Bellers, Jürgen, Moralkommunikation und Kommunikationsmoral. Über Kommunikationslatenzen, Antisemitismus und politisches System, in: Werner Bergmann/Rainer Erb (Hrsg.), Antisemitismus in der politischen Kultur nach 1945, Opladen 1990, S. 278–291.

Benz, Angelika, Art. ‚Judenschule‘, in: Handbuch des Antisemitismus, Judenfeindschaft in Geschichte und Gegenwart, hrsg. von Wolfgang Benz, Bd. 3, Begriffe, Theorien, Ideologien, Berlin/New York 2010, S. 160.

Benz, Wolfgang, Antisemitismusforschung als gesellschaftliche Notwendigkeit und akademische Anstrengung, in: ders., Bilder vom Juden. Studien zum alltäglichen Antisemitismus, München 2001, S. 129–142.

– Ausgrenzung. Vertreibung. Völkermord. Genozid im 20. Jahrhundert, München 2006.

– Bilder vom Juden. Studien zum alltäglichen Antisemitismus, München 2001, S. 129–142.

– Das Bild vom mächtigen und reichen Juden, in: Wolfgang Benz, Bilder vom Juden. Studien zum alltäglichen Antisemitismus, München 2001, S. 13–26.

– Die Protokolle der Weisen von Zion. Die Legende von der jüdischen Weltverschwörung, München 2007.

Geschichte des Dritten Reiches, München 2000.

Judenfeindschaft aus Abwehr. Aktualität und Traditionen des Antisemitismus in der Schweiz, in: ders., Bilder vom Juden. Studien zum alltäglichen Antisemitismus, München 2001, S. 96–109.

– Von der „Judenfrage" zur „Endlösung". Zur Geschichte mörderischer Begriffe, in: ders., Feindbild und Vorurteil. Beiträge über Ausgrenzung und Verfolgung, München 1996, S. 89–114.

– Vorwort, in: Handbuch des Antisemitismus. Judenfeindschaft in Geschichte und Gegenwart, hrsg. von Wolfgang Benz, Bd. 1: Länder und Regionen, Berlin/New York 2008, S. 5–6.

– Zur Überzeugungskraft des Absurden. Die „Protokolle der Weisen von Zion" und ihre Wirkung, in: Jahrbuch für Antisemitismusforschung 14 (2005), S. 137–145.

– /Bergmann, Werner, Einleitung. Antisemitismus – Vorgeschichte des Völkermords?, in: Wolfgang Benz/Werner Bergmann (Hrsg.), Vorurteil und Völkermord. Entwicklungslinien des Antisemitismus, Bonn 1997, S. 10–31.

– /Königseder, Angelika (Hrsg.), Judenfeindschaft als Paradigma. Studien zur Vorurteilsforschung, Berlin 2002.

– /Wetzel, Juliane (Hrsg.), Antisemitismus und radikaler Islamismus, Essen 2007.

Berding, Helmut, Antisemitismus im 19. Jahrhundert, in: Olaf Blaschke/Aram Mattioli (Hrsg.), Katholischer Antisemitismus im 19. Jahrhundert. Ursachen und Traditionen im internationalen Vergleich, Zürich 2000, S. 57–75.

– Antisemitismus in der modernen Gesellschaft: Kontinuität und Diskontinuität, in: Jörg K. Hoensch/Stanislav Birman/Lubomir Liptak (Hrsg.), Judenemanzipation – Antisemitismus – Verfolgung in Deutschland, Österreich-Ungarn, den Böhmischen Ländern und in der Slowakei, Tübingen 1999, S. 85–100.

– Moderner Antisemitismus in Deutschland, Frankfurt a. M. 1988.

Berger, Waldenegg Georg Christoph, Antisemitismus: „Eine gefährliche Vokabel?" Diagnose eines Wortes, Wien/Köln/Weimar 2003.

– Antisemitismus: Eine gefährliche Vokabel? Zur Diagnose eines Begriffs, in: Jahrbuch für Antisemitismusforschung 9 (2000), S. 108–126.

Berghahn, Klaus L., Grenzen der Toleranz. Juden und Christen im Zeitalter der Aufklärung, Köln 2000.

Berghoff, Peter, „Der Jude" als Todesmetapher des „politischen Körpers" und der Kampf gegen die Zersetzung des nationalen „Über-Lebens", in: Peter Alter/Claus-Ekkehard Bärsch/ders. (Hrsg.), Die Konstruktion der Nation gegen die Juden, München 1999, S. 159–172.

Bergmann, Werner, Art. ‚Fritsch, Theodor Emil', in: Handbuch des Antisemitismus. Judenfeindschaft in Geschichte und Gegenwart, hrsg. von Wolfgang Benz, Bd. 2/1: Personen, Berlin 2009, S. 258–262.

– Art. ‚Frühantisemitismus', in: Handbuch des Antisemitismus, Judenfeindschaft in Geschichte und Gegenwart, hrsg. von Wolfgang Benz, Bd. 3, Begriffe, Theorien, Ideologien, Berlin/New York 2010, S. 96–99.

– Art. ‚Judenfrage‘, in: Handbuch des Antisemitismus, Judenfeindschaft in Geschichte und Gegenwart, hrsg. von Wolfgang Benz, Bd. 3, Begriffe, Theorien, Ideologien, Berlin/New York 2010, S. 147–150.

– Art. ‚Lavater, Johann Kaspar‘, in: Handbuch des Antisemitismus. Judenfeindschaft in Geschichte und Gegenwart, hrsg. von Wolfgang Benz, Bd. 2/2, Personen, Berlin 2009, S. 461–463.

– Art. ‚Ritualmordvorwurf in Xanten (1891)‘, in: Handbuch des Antisemitismus. Judenfeindschaft in Geschichte und Gegenwart, hrsg. von Wolfgang Benz, Bd. 4, Ereignisse, Dekrete, Kontroversen, Berlin/Boston 2011, S. 348–361.

– Art. ‚Sekundärer Antisemitismus‘, in: Handbuch des Antisemitismus, Judenfeindschaft in Geschichte und Gegenwart, hrsg. von Wolfgang Benz, Bd. 3, Begriffe, Theorien, Ideologien, Berlin/New York 2010, S. 300–302.

– Art. ‚Stoecker, Adolf‘, in: Handbuch des Antisemitismus. Judenfeindschaft in Geschichte und Gegenwart, hrsg. von Wolfgang Benz, Bd. 2/2: Personen, Berlin 2009, S. 798–802.

– Ein „weltgeschichtliches ‚Fatum‘“. Wilhelm Marrs antisemitisches Geschichtsbild in seiner Schrift: „Der Sieg des Judenthums über das Germanenthum“, in: ders./Ulrich Sieg (Hrsg.), Antisemitische Geschichtsbilder, Essen 2009, S. 61–82.

– Geschichte des Antisemitismus, 2. Aufl., München 2004.

– /Erb, Rainer, Kommunikationslatenz, Moral und öffentliche Meinung. Theoretische Überlegungen zum Antisemitismus in der Bundesrepublik Deutschland, in: Kölner Zeitschrift für Soziologie und Sozialpsychologie 38 (1986) 2, S. 223–246.

– /Erb, Rainer, Neue Perspektiven der Antisemitismusforschung, in: ders./Rainer Erb (Hrsg.), Antisemitismus in der politischen Kultur nach 1945, Opladen 1990, S. 11–18.

– /Hoffmann, Christhard, Kalkül oder ‚Massenwahn‘? Eine soziologische Interpretation der antijüdischen Unruhen in Alexandria 38 n. Chr., in: Rainer Erb/Michael Schmidt (Hrsg.), Antisemitismus und jüdische Geschichte, Studien zu Ehren von Herbert A. Strauss, Berlin 1987, S. 15–46.

– /Körte, Mona (Hrsg.), Antisemitismusforschung in den Wissenschaften, Berlin 2004.

– /Sieg, Ulrich (Hrsg.), Antisemitische Geschichtsbilder, Essen 2009.

– /Wenzel, Juliane, Manifestations of anti-Semitism in the European Union. First Semester 2002. Synthesis Report on Behalf of the EUMC, Wien 2003.

– /Wyrwa, Ulrich, Antisemitismus in Zentraleuropa. Deutschland, Österreich und die Schweiz vom 18. Jahrhundert bis zur Gegenwart, Darmstadt 2011.

Bering, Dietz, Die Intellektuellen. Geschichte eines Schimpfwortes, Frankfurt 1978.

– Gutachten über den antisemitischen Charakter einer namenspolemischen Passage aus der Rede Jörg Haiders vom 28. Februar 2001, in: Anton Pelinka/Ruth Wodak (Hrsg.), Dreck am Stecken. Politik der Ausgrenzung, Wien 2003, S. 173–186.

Biddis, Michael, Father of Racist Ideology. The Social and Political Thought of Count Gobineau, London 1970.

Biedermann, Alois Emanuel, Christliche Dogmatik, Zürich 1869.

– Die freie Theologie oder Philosophie und Christenthum in Streit und Frieden, Tübingen 1844.

Bielefeld, Ulrich/Wildt, Michael, Volksgemeinschaft. Die mörderische Sehnsucht nach ihrer Verwirklichung und ihre lange Auflösung, Hamburg 2007.

Binnenkade, Alexandra, Sturmzeit. Die Evangelisch-Reformierte Landeskirche des Kantons Aargau zwischen 1933 und 1948, Baden 1999.

Blaschke, Olaf, Antikapitalismus und Antisemitismus. Die Wirtschaftsmentalität der Katholiken im Wilhelminischen Deutschland, in: Johannes Heil/Bernd Wacker (Hrsg.), Shylock? Zinsverbot und Geldverleih in jüdischer und christlicher Tradition, München 1997, S. 114–146.

– Die Anatomie des katholischen Antisemitismus. Eine Einladung zum internationalen Vergleich, in: ders./Aram Mattioli (Hrsg.), Katholischer Antisemitismus im 19. Jahrhundert. Ursachen und Traditionen im internationalen Vergleich, Zürich 2000, S. 3–54.

– Die Kirchen und der Nationalsozialismus, Stuttgart 2014.

– Die Kolonialisierung der Laienwelt. Priester als Milieumanager und die Kanäle klerikaler Kuratel, in: ders./Frank-Michael Kuhlemann (Hrsg.), Religion im Kaiserreich. Milieus – Mentalitäten – Krisen, Gütersloh 1996, S. 93–134.

– Katholizismus und Antisemitismus im Deutschen Kaiserreich, Göttingen 1999.

– Konfessionen im Konflikt. Deutschland zwischen 1800 und 1970. Ein zweites konfessionelles Zeitalter, Göttingen 2002.

– Offenders or Victims? German Jews and the Causes of Modern Catholic Antisemitism, Lincoln 2009.

– Wider die „Herrschaft des modern-jüdischen Geistes": Der Katholizismus zwischen traditionellem Antijudaismus und modernem Antisemitismus, in: Wilfried Loth (Hrsg.), Deutscher Katholizismus im Umbruch zur Moderne, Stuttgart/Berlin/Köln, 1991, S. 236–265.

– Wie wird aus einem guten Katholiken ein guter Judenfeind? Zwölf Ursachen des katholischen Antisemitismus auf dem Prüfstand, in: ders./Aram Mattioli (Hrsg.), Katholischer Antisemitismus im 19. Jahrhundert. Ursachen und Traditionen im internationalen Vergleich, Zürich 2000, S. 77–109.

– /Kuhlemann, Frank-Michael (Hrsg.), Religion im Kaiserreich. Milieus – Mentalitäten – Krisen, Gütersloh 1996.

Blaser, Fritz, Bibliographie der Schweizer Presse. Mit Einschluss des Fürstentums Liechtenstein, 2 Bde., Basel 1956–1958.

Blum, Matthias, Art. ‚Exegese‘, in: Handbuch des Antisemitismus, Judenfeindschaft in Geschichte und Gegenwart, hrsg. von Wolfgang Benz, Bd. 3, Begriffe, Theorien, Ideologien, Berlin/New York 2010, S. 79–84.

– Art. ‚Gottesmord‘, in: Handbuch des Antisemitismus, Judenfeindschaft in Geschichte und Gegenwart, hrsg. von Wolfgang Benz, Bd. 3, Begriffe, Theorien, Ideologien, Berlin/New York 2010, S. 113–115.

– Art. ‚Kirchenväter‘, in: Handbuch des Antisemitismus, Judenfeindschaft in Geschichte und Gegenwart, hrsg. von Wolfgang Benz, Bd. 3, Begriffe, Theorien, Ideologien, Berlin/New York 2010, S. 176–178.

– Art. ‚Neues Testament‘, in: Handbuch des Antisemitismus, Judenfeindschaft in Geschichte und Gegenwart, hrsg. von Wolfgang Benz, Bd. 3, Begriffe, Theorien, Ideologien, Berlin/New York 2010, S. 235–244.

Bockhaus, Fritz, Die Rothschilds und das Geld. Bilder und Legenden, in: Johannes Heil/ Bernd Wacker (Hrsg.), Shylock? Zinsverbot und Geldverleih in jüdischer und christlicher Tradition, München 1997, S. 114–146.

Boehlich, Walter, Nachwort, in: ders. (Hrsg.), Der Berliner Antisemitismusstreit, Frankfurt a. M. 1965, S. 247–263.

– (Hrsg.), Der Berliner Antisemitismusstreit, Frankfurt a. M. 1965.

Bollinger, Ernst, Art. ‚Allgemeine Schweizer Zeitung‘, in: Historisches Lexikon der Schweiz, http://www.hls-dhs-dss.ch/textes/d/D43032.php, 6. 9. 2013.

– Art. ‚Berner Volkszeitung‘, in: Historisches Lexikon der Schweiz, http://www.hls-dhs-dss.ch/textes/d/D43173.php, 8. 9. 2013.

Böning, Holger, Bürgerliche Revolution und Judenemanzipation in der Schweiz, in: Jahrbuch des Instituts für Deutsche Geschichte der Universität Tel Aviv 14 (1985), S. 157–180.

Bösch, Frank, Ereignisse, Performanz und Medien in historischer Perspektive, in: ders./Patrick Schmidt (Hrsg.), Medialisierte Ereignisse. Performanz, Inszenierung und Medien seit dem 18. Jahrhundert, Frankfurt a. M./New York 2010, S. 7–29.

Bosshart-Pfluger, Catherine/Jung, Joseph/Metzger, Franziska (Hrsg.), Nation und Nationalismus in Europa. Kulturelle Konstruktion von Identitäten. Festschrift für Urs Altermatt, Frauenfeld 2002.

Brakelmann, Günter, Adolf Stoecker als Antisemit, Teil 1: Leben und Wirken Adolf Stoeckers im Kontext seiner Zeit, Teil 2: Texte des Parteipolitikers und des Kirchenmannes, Waltrop 2004.

– Adolf Stoecker und die Sozialdemokratie, in: ders./Martin Greschat/Werner Jochmann, Protestantismus und Politik. Werk und Wirkung Adolf Stoeckers (1835–1909), Hamburg 1982, S. 84–122.

– Evangelische Kirche und Judenverfolgung. Drei Einblicke, Waltrop 2001.

– /Greschat, Martin/Jochmann, Werner, Protestantismus und Politik. Werk und Wirkung Adolf Stoeckers (1835–1909), Hamburg 1982.

Brandstetter, Josef Leopold, Bibliographie der Gesellschaftsschriften, Zeitungen und Kalender in der Schweiz, Bern 1896, S. 102–116.

Braun, Christina von, Und der Feind ist Fleisch geworden. Der rassistische Antisemitismus, in: dies./Ludger Heid (Hrsg.), Der ewige Judenhass. Christlicher Antijudaismus – Deutschnationale Judenfeindlichkeit – Rassistischer Antisemitismus, Stuttgart/Bonn 1990, S. 149–213.

– /Heid Ludger (Hrsg.), Der ewige Judenhass. Christlicher Antijudaismus – Deutschnationale Judenfeindschaft – Rassistischer Antisemitismus, Stuttgart/Bonn 1990.

– /Heid Ludger, Vorwort, in: dies./Ludger Heid (Hrsg.), Der ewige Judenhass. Christlicher Antijudaismus – Deutschnationale Judenfeindlichkeit – Rassistischer Antisemitismus, Stuttgart/Bonn 1990, S. 7–10.

Brechtken, Magnus, Art. ‚Osman Bey [eigentlich Frederick Millingen; Pseudonyme: Vladimir Andreyevich bzw. Andreevich; Osman-Seify-Bey; Osman-Seify-Pacha sowie Kıbrıslızade Binbaşı]‘, in: Handbuch des Antisemitismus. Judenfeindschaft in Geschichte und Gegenwart, hrsg. von Wolfgang Benz, Bd. 2/2: Personen, Berlin 2009, S. 608–609.

Brenner, Michael, „Gott schütze uns vor unseren Freunden“ – Zur Ambivalenz des Philosemitismus im Kaiserreich, in: Jahrbuch für Antisemitismusforschung 2 (1993), S. 174–199.

– Wider die Vereinnahmung. Wenn Christen Juden noch immer ‚bekehren‘ wollen, haben sie aus der Geschichte nichts gelernt, in: Neue Zürcher Zeitung, 20. 7. 2009, S. 19.

Breuer, Stefan, Die Völkischen in Deutschland. Kaiserreich und Weimarer Republik, Darmstadt 2008.

Broder, Henryk M., Der ewige Antisemit. Über Sinn und Funktion eines beständigen Gefühls, 2. Aufl., Berlin 2006.

Bruch, Rüdiger vom, Zeitschriften im Strukturwandel der Öffentlichkeit, in: Michel Grunewald/Uwe Puschner, Das evangelische Intellektuellenmilieu in Deutschland, seine Presse und seine Netzwerke (1871–1963), Bern et al., 2008, S. 41–71.

Bundi, Annetta, Die Schweizerischen Republikanischen Blätter des konservativen Publizisten J. B. Rusch (1918–1945). Eine aufmüpfige Stimme im Schweizer Blätterwald, Freiburg i. Ue. 1999.

Bürgi, Markus, Art. ‚Ziegler, Gottlieb‘, in: Historisches Lexikon der Schweiz, http://www.hls-dhs-dss.ch/textes/d/D3733.php, 9. 11. 2013.

Bürgin, Kurt, Statistische Untersuchungen über das schweizerische Zeitungswesen 1896–1930, Leipzig 1939.

Burnett, Stephen G., Philosemitism and Christian Hebraism in the Reformation Era (1500–1620), in: Irene A. Diekmann/Elke-Vera Kotowski (Hrsg.), Geliebter Feind. Gehasster Freund. Antisemitismus und Philosemitismus in Geschichte und Gegenwart. Festschrift zum 65. Geburtstag von Julius H. Schoeps, Berlin 2009, S. 135–146.

Busch, Eberhard, Karl Barth im Zeitgeschehen. „Eine Schweizer Stimme“ zwischen 1935 und 1950, in: Michael Beintker/Christian Link/Michael Trowitzsch (Hrsg.), Karl Barth im europäischen Zeitgeschehen (1935–1950). Widerstand – Bewährung – Orientierung, Zürich 2010, S. 47–65.

– Unter dem Bogen des einen Bundes. Karl Barth und die Juden 1933–1945, Neukirchen-Vluyn 1996.

Bussiek, Dagmar, „Das Gute gut und das Böse bös nennen“. Der Reichsbote 1873–1879, in: Michel Grunewald/Uwe Puschner in Zusammenarbeit mit Hans Manfred Bock, Das evangelische Intellektuellenmilieu in Deutschland, seine Presse und seine Netzwerke (1871–1963), Bern et al., 2008, S. 97–119.

– „Mit Gott für König und Vaterland!“. Die Neue Preußische Zeitung (Kreuzzeitung) 1848–1892, Münster/Hamburg/London 2002.

– Art. ‚Der Reichsbote (1873–1936)‘, in: Handbuch des Antisemitismus. Judenfeindschaft in Geschichte und Gegenwart, hrsg. von Wolfgang Benz, Bd. 6, Publikationen, Berlin/Boston 2013, S. 587–588.

– Art. ‚Konservative Monatsschrift (1879–1922)‘, in: Handbuch des Antisemitismus. Judenfeindschaft in Geschichte und Gegenwart, hrsg. von Wolfgang Benz, Bd. 6, Publikationen, Berlin/Boston 2013, S. 413–415.

Bütler, Heinz, „Wach auf, Schweizervolk!" Die Schweiz zwischen Frontismus, Verrat und Selbstbehauptung, 1914–1940, Bern 1980.

Cantini, Claude, L'Eglise nationale vaudoise et le fascisme (épisodes et prolongements), Forel-Lavaux 1985.

Carlebach, Elisheva, Jewish Responses to Christianity in Reformation Germany, in: Dean Philipp Bell/Stephen G. Burnett, Jews, Judaism, and the Reformation in Sixteenth-Century Germany, Leiden/Boston 2006, S. 451–480.

Carmel, Alex, „Christlicher Zionismus" im 19. Jahrhundert – einige Bemerkungen, in: Ekkehard W. Stegemann (Hrsg.), 100 Jahre Zionismus. Von der Verwirklichung einer Vision, Stuttgart/Berlin/Köln 2000, S. 127–135.

– Christen als Pioniere im Heiligen Land. Ein Beitrag zur Geschichte der Pilgermission und des Wiederaufbaus Palästinas im 19. Jahrhundert, Basel 1981.

– Christliche Zionshoffnungen: Palästina im 19. Jahrhundert, in: Der Erste Zionistenkongress von 1897 – Ursachen, Bedeutung, Aktualität, hrsg. von Heiko Haumann in Zusammenarbeit mit Peter Haber/Patrick Kury/Kathrin Ringger/Bettina Zeugin, Basel et al. 1997, S. 34–41.

– William Hechler: Herzls christlicher Verbündeter, in: Der Erste Zionistenkongress von 1897 – Ursachen, Bedeutung, Aktualität, hrsg. von Heiko Haumann in Zusammenarbeit mit Peter Haber/Patrick Kury/Kathrin Ringger/Bettina Zeugin, Basel et al. 1997, S. 42–45.

Caumanns, Ute/Niendorf, Mathias (Hrsg.), Verschwörungstheorien. Anthropologische Konstanten – historische Varianten, Osnabrück 2001.

Chazan, Robert, Medieval Stereotypes and Modern Antisemitism, Berkeley 1997.

Clark, Christopher P., The Politics of Conversion. Missionary Protestantism and the Jews in Prussia, 1728–1941, Oxford 1995.

Cohen, Norman, Warrant for Genocide. The Myth of the Jewish World Conspiracy and the Protocols of the Elders of Zion, London 2001.

Conzemius, Victor, Der Kulturkampf in der Schweiz, in: Rottenburger Jahrbuch der Kirchengeschichte 15 (1996), S. 27–42.

Curio, Claudia, Art. ‚Philosemitismus‘, in: Handbuch des Antisemitismus. Judenfeindschaft in Geschichte und Gegenwart, hrsg. von Wolfgang Benz, Bd. 3, Begriffe, Theorien, Ideologien, Berlin/New York 2010, S. 266–268.

Degani, Ben-Zion, Die Formulierung und Propagierung des jüdischen Stereotyps in der Zeit vor der Reformation und sein Einfluss auf den jungen Luther, in: Heinz Kremers (Hrsg.), Die Juden und Martin Luther – Martin Luther und die Juden, 2. Aufl., Neukirchen-Vluyn 1987, S. 3–44.

Delgado, Mariano, Konferenz des Internationalen Rates der Christen und Juden an der Universität Fribourg, in: Zeitschrift für Missionswissenschaft und Religionswissenschaft 93 (2009) 113–118.

Dellsperger, Rudolf, Alois Emanuel Biedermann (1819–1885) – Freie Theologie, in: Stephan Leimgruber/Max Schoch, Gegen die Gottvergessenheit. Schweizer Theologen im 19. und 20. Jahrhundert, Basel/Freiburg i. Ue./Wien 1990, S. 84–103.

– Art. ‚Schweizerischer evangelischer Kirchenbund‘, in: Historisches Lexikon der Schweiz, http://www.hls-dhs-dss.ch/textes/d/D27051.php, 30. 9. 2013.

– Der Pietismus in der Schweiz, in: Martin Brecht/Klaus Deppermann (Hrsg.), Geschichte des Pietismus, Bd. 2: Der Pietismus im achtzehnten Jahrhundert, Göttingen 1995, S. 588–616.

– /Nägeli, Markus/Ramser, Hansueli (Hrsg.), Auf dein Wort. Beiträge zur Geschichte und Theologie der Evangelischen Gesellschaft des Kantons Bern im 19. Jahrhundert. Zum 150jährigen Bestehen der Evangelischen Gesellschaft, Bern 1981.

Der Zwetschgenkrieg. Eine alte Geschichte aus der Grafschaft Baden, in: Jüdisches Jahrbuch für die Schweiz 2 (1917/18), S. 179–196.

Detmers, Achim, Calvin, the Jews, and Judaism, in: Dean Philipp Bell/Stephen G. Burnett, Jews, Judaism, and the Reformation in Sixteenth-Century Germany, Leiden/Boston 2006, S. 197–217.

– Reformation und Judentum. Israel-Lehren und Einstellungen zum Judentum von Luther bis zum frühen Calvin, Stuttgart/Berlin/Köln 2001.

Die Schweiz und die Flüchtlinge. Studien und Quellen 22, Bern 1996.

Diekmann, Irene A./Kotowski, Elke-Vera, Vorwort, in: dies./Elke-Vera Kotowski (Hrsg.), Geliebter Feind. Gehasster Freund. Antisemitismus und Philosemitismus in Geschichte und Gegenwart. Festschrift zum 65. Geburtstag von Julius H. Schoeps, Berlin 2009, S. 15–22.

Dithmar, Christiane, Zinzendorfs nonkonformistische Haltung zum Judentum, Heidelberg 2000.

Düblin-Honegger, Eva, Die Darstellung der Juden in den schweizerischen Kalendern des 19. Jahrhunderts, unveröffentlichte Lizentiatsarbeit Universität Basel 1974.

Duclert, Vincent, Die Dreyfus-Affäre. Militärwahn, Republikfeindschaft, Judenhaß, Berlin 1994.

Dütschler, Christian, Das Kreuz mit dem Pass, Die Protokolle der ‚Schweizermacher‘. Zürich 1998.

Düwell, Kurt, Zur Entstehung der deutschen Antisemitenparteien in Deutschland und Österreich. Christlich-sozial – National – Deutsch-sozialistisch, in: Günther B. Ginzel (Hrsg.), Antisemitismus. Erscheinungsformen der Judenfeindschaft gestern und heute, Bielefeld 1991, S. 170–180.

Eckert, Willehad Paul, Antisemitismus im Mittelalter. Angst – Verteufelung – Habgier: „Das Gift, das die Juden tötete“, in: Günther B. Ginzel (Hrsg.), Antisemitismus. Erscheinungsformen der Judenfeindschaft gestern und heute, Bielefeld 1991, S. 71–99.

Ehrlich, Ernst Ludwig, Luther und die Juden, in: Heinz Kremers (Hrsg.), Die Juden und Martin Luther – Martin Luther und die Juden, 2. Aufl., Neukirchen-Vluyn 1987, S. 72–88.

Eltschinger, Pierre-Alain, La presse suisse face à l'Affaire Dreyfus. Une comparaison entre gazettes catholiques romandes et alémaniques 1894–1906, in: Zeitschrift für Schweizerische Kirchengeschichte 92 (1998), S. 19–41.

– La presse suisse face à l'Affaire Dreyfus. Une comparaison entre les Journaux romands et alémaniques, 1894–1906, unveröffentlichte Lizentiatsarbeit Universität Freiburg i. Ue. 1996.

Embacher, Helga, Neuer Antisemitismus in Europa – Historisch vergleichende Überlegungen, in: Moshe Zuckermann (Hrsg.), Antisemitismus – Antizionismus – Israelkritik, Tel Aviver Jahrbuch für deutsche Geschichte, 33 (2005), S. 50–69.

Engelmann, Hans, Kirche am Abgrund. Adolf Stoecker und seine antijüdische Bewegung, Berlin 1984.

Epstein-Mil, Ron, Die Synagogen der Schweiz. Bauten zwischen Emanzipation und Akkulturation,

Erb, Rainer (Hrsg.), Die Legende vom Ritualmord. Zur Geschichte der Blutbeschuldigung gegen Juden, Berlin 1993.

– Die Ritualmordlegende: Von den Anfängen bis ins 20. Jahrhundert, in: Susanna Buttaroni/Stanisław Musiał (Hrsg.), Ritualmord. Legenden in der europäischen Geschichte, Wien/Köln/Weimar 2003, S. 11–20.

– /Bergmann, Werner, Vorwort, in: ders./Werner Bergmann, Die Nachtseite der Judenemanzipation. Der Widerstand gegen die Integration der Juden in Deutschland 1780–1860, S. 7–14.

Erik, Petry, Art. ‚Schächtverbot-Debatten in der Schweiz‘, in: Handbuch des Antisemitismus. Judenfeindschaft in Geschichte und Gegenwart, hrsg. von Wolfgang Benz, Bd. 4, Ereignisse, Dekrete, Kontroversen, Berlin/Boston 2011, S. 368–370.

Escher, Clemens, Art. ‚Judenpresse‘, in: Handbuch des Antisemitismus, Judenfeindschaft in Geschichte und Gegenwart, hrsg. von Wolfgang Benz, Bd. 3, Begriffe, Theorien, Ideologien, Berlin/New York 2010, S. 156–157.

Espagne Michel, Au delà du comparatisme, in: Michel Espagne, Les transferts culturels franco-allemands, Paris 1999, S. 35–49.

Essner, Cornelia, Die „Nürnberger Gesetze" oder „Die Verwaltung des Rassenwahns" 1933–1945, Paderborn 2002.

Faber, Richard, Deutschbewusstes Judentum und jüdischbewusstes Deutschtum. Der Historische und Politische Theologe Hans-Joachim Schoeps, Würzburg 2008.

– Zwanzigstes Bild: „Der Zersetzer", in: Julius H. Schoeps/Joachim Schlör (Hrsg.), Antisemitismus. Vorurteile und Mythen, München 1995, S. 260–264.

Fein, Helen, Dimensions of Antisemitism: Attitudes, Collective Accusations, and Actions, in: dies., The Persisting Question. Sociological Perspectives and Social Contexts of Modern Antisemitism, Berlin/New York 1987, S. 67–85.

Felber, Stefan, Wilhelm Vischer als Ausleger der Heiligen Schrift. Eine Untersuchung zum Christuszeugnis des Alten Testaments, Göttingen 1999.

Felden, Klemens, Die Übernahme des antisemitischen Stereotyps als soziale Norm durch die bürgerliche Gesellschaft Deutschlands (1875–1900), Heidelberg 1963.

Ferrari, Zumbini Massimo, Die Wurzeln des Bösen. Gründerjahre des Antisemitismus: Von der Bismarckzeit zu Hitler, Frankfurt a. M. 2003.

Field, Geoffrey G., Evangelist of Race. The Germanic Vision of Houston Stewart Chamberlain, New York 1981.

Finkenberger, Martin, Art. ,Forschungen zur Judenfrage (1937–1944)', in: Handbuch des Antisemitismus. Judenfeindschaft in Geschichte und Gegenwart, hrsg. von Wolfgang Benz, Bd. 6, Publikationen, Berlin/Boston 2013, S. 211–212.

Fischer, Urs, Gaston-Armand Amaudruz. Ein Schweizer im Beziehungsnetz des europäischen Rechtsextremismus, unveröffentlichte Lizentiatsarbeit Universität Freiburg i. Ue. 1999.

Foucault, Michel, Archäologie des Wissens, 16. Aufl., Frankfurt a. M. 2013.

Fraser, Nancy, Rethinking the Public Sphere: A Contribution to the Critique of Actually Existing Democracy, in: Social Text 25/26 (1992), S. 595–612.

Fredrickson, George M., Rassismus. Ein historischer Abriss, Hamburg 2004.

Freudmann, Lilian C., Antisemitism in the New Testament, Lenham/London 1994.

Friedländer, Saul, Das Dritte Reich und die Juden, 2 Bde., München 1998/2006.

Friedrich, Martin, Die Sicht des Judentums in der reformierten Theologie des Konfessionellen Zeitalters, in: Achim Detmers/Jan Marius J. Lange von Ravenswaay (Hrsg.), Bundeseinheit und Gottesvolk. Reformierter Protestantismus und Judentum im Europa des 16. und 17. Jahrhunderts, Wuppertal 2005, S. 89–105.

– Zwischen Abwehr und Bekehrung. Die Stellung der deutschen evangelischen Theologie zum Judentum im 17. Jahrhundert, Tübingen 1988.

Frischknecht, Jürg, „Schweiz wir kommen". Die neuen Fröntler und Rassisten, 2. Aufl., Zürich 1991.

– Rechtsextremismus in der Schweiz, in: Sigrid Weigel/Birgit R. Erdle (Hrsg.), Fünfzig Jahre danach. Zur Nachgeschichte des Nationalsozialismus, Zürich 1996.

Gäbler, Ulrich, „Erweckung" – Historische Einordnung und theologische Charakterisierung, in: Ulrich Gäbler, „Auferstehungszeit". Erweckungsprediger des 19. Jahrhunderts. Sechs Porträts, München 1991, S. 161–186.

– Art. ,Erweckungsbewegung', in: Evangelisches Kirchenlexikon. Internationale theologische Enzyklopädie, hrsg. von Erwin Fahlbusch et al., Bd. 1, 3. Aufl., Göttingen 1986, S. 1081–1088.

Gast, Uriel, Von der Kontrolle zur Abwehr. Die eidgenössische Fremdenpolizei im Spannungsfeld von Politik und Wirtschaft 1915–1933, Zürich 1997.

Gebhard, Rudolf, Umstrittene Bekenntnisfreiheit. Der Apostolikumsstreit in den Reformierten Kirchen der Deutschschweiz im 19. Jahrhundert, Zürich 2003.

Geiss, Imanuel, Geschichte des Rassismus, Frankfurt a. M. 1988.

Gellner, Ernest, Nationalismus und Moderne, Berlin 1991.

George, Martin, Antijudaismus bei den Kirchenvätern. Eine notwendige Polemik?, in: Walter Dietrich/ders./Ulrich Luz (Hrsg.), Antijudaismus – christliche Erblast, Stuttgart/Berlin/Köln 1999, S. 74–92.

Gerdmar, Anders, Art. ,Delitzsch, Franz', in: Handbuch des Antisemitismus. Judenfeindschaft in Geschichte und Gegenwart, hrsg. von Wolfgang Benz, Bd. 2/1: Personen, Berlin 2009, S. 166–167.

– Art. ,Kittel, Gerhard', in: Handbuch des Antisemitismus. Judenfeindschaft in Geschichte und Gegenwart, hrsg. von Wolfgang Benz, Bd. 2/1: Personen, Berlin 2009, S. 428–429.

Gerhards, Jürgen/Neidhardt, Friedhelm, Strukturen und Funktionen moderner Öffentlichkeit. Fragestellungen und Ansätze, in: Stefan Müller-Doohm (Hrsg.), Öffentlichkeit, Kultur, Massenkommunikation. Beiträge zur Medien- und Kommunikationssoziologie, Oldenburg 1991, S. 31–88.

Gerlach, Wolfgang, Als die Zeugen schwiegen. Bekennende Kirche und die Juden, 2. Aufl., Berlin 1993.

– Auf dass sie Christen werden. Siebzehnhundert Jahre christlicher Antijudaismus, in: Christina von Braun/Ludger Heid (Hrsg.), Der ewige Judenhass. Christlicher Antijudaismus – Deutschnationale Judenfeindlichkeit – Rassistischer Antisemitismus, Stuttgart/Bonn 1990, S. 11–69.

Gerstner, Alexandra/Hufenreuter, Gregor/Puschner, Uwe, Völkischer Protestantismus. Die Deutschkirche und der Bund für deutsche Kirche, in: Michel Grunewald/Uwe Puschner, Das evangelische Intellektuellenmilieu in Deutschland, seine Presse und seine Netzwerke (1871–1963), Bern et al., 2008, S. 409–435.

Gessler, Philipp, Der neue Antisemitismus. Hinter den Kulissen der Normalität, Freiburg i. Br. 2004.

Geulen, Christian, Art. ‚Rassentheorien‘, in: Handbuch des Antisemitismus, Judenfeindschaft in Geschichte und Gegenwart, hrsg. von Wolfgang Benz, Bd. 3, Begriffe, Theorien, Ideologien, Berlin/New York 2010, S. 276–278.

– Art. ‚Rassismus‘, in: Handbuch des Antisemitismus, Judenfeindschaft in Geschichte und Gegenwart, hrsg. von Wolfgang Benz, Bd. 3, Begriffe, Theorien, Ideologien, Berlin/New York 2010, S. 278–282.

– Geschichte des Rassismus, München 2007.

Gilg, Peter/Gruner, Erich, Nationale Erneuerungsbewegungen in der Schweiz 1925–1940, in: Vierteljahreshefte für Zeitgeschichte 14 (1966) 1, S. 1–25.

Gilman, Sander L., The Jew's Body, London 1991.

– Zwölftes Bild: „Der jüdische Körper“, in: Julius H. Schoeps/Joachim Schlör (Hrsg.), Antisemitismus. Vorurteile und Mythen, München 1995, S. 167–179.

Ginzel, Günther B., Martin Luther: „Kronzeuge des Antisemitismus“, in: Heinz Kremers (Hrsg.), Die Juden und Martin Luther – Martin Luther und die Juden, 2. Aufl., Neukirchen-Vluyn 1987, S. 189–210.

– Vom religiösen zum rassischen Judenhass. „Deutschland, Christenvolk, ermanne dich!“ Gegen Juden, „Judengenossen“ und „jüdischen Geist“, in: ders. (Hrsg.), Antisemitismus. Erscheinungsformen der Judenfeindschaft gestern und heute, Bielefeld 1991, S. 124–169.

Glaus, Beat, Die Nationale Front. Eine Schweizer faschistische Bewegung 1930–1940, Zürich/Einsiedeln/Köln 1969.

Golczewski, Frank, Art. ‚Pogrome in der Ukraine‘, in: Handbuch des Antisemitismus. Judenfeindschaft in Geschichte und Gegenwart, hrsg. von Wolfgang Benz, Bd. 4, Ereignisse, Dekrete, Kontroversen, Berlin/Boston 2011, S. 303–308.

Goren, Haim, „Zieht hin und erforscht das Land“. Die deutsche Palästinaforschung im 19. Jahrhundert, Göttingen 2003.

Gow, Andrew Colin, Art. ‚Apokalyptik‘, in: Handbuch des Antisemitismus, Judenfeindschaft in Geschichte und Gegenwart, hrsg. von Wolfgang Benz, Bd. 3, Begriffe, Theorien, Ideologien, Berlin/New York 2010, S. 25–28.

Graf, Friedrich Wilhelm, ‚Wir konnten dem Rad nicht in die Speichen fallen‘. Liberaler Protestantismus und ‚Judenfrage‘ nach 1933, in: Jochen-Christoph Kaiser/Martin Greschat
(Hrsg.), Der Holocaust und die Protestanten. Analysen einer Verstrickung, Frankfurt
a. M. 1988, S. 151–185.

– Die Wiederkehr der Götter. Religion in der modernen Kultur, München 2004.

Gräfe, Thomas, Antisemitismus in Deutschland 1815–1918. Rezensionen – Forschungsüberblick – Bibliographie, Norderstedt 2010.

– Antisemitismus in Gesellschaft und Karikatur des Kaiserreichs. Glöß‘ Politische Bilderboten 1892–1901, Norderstedt 2005.

– Zwischen katholischem und völkischem Antisemitismus, in: Internationales Archiv
für Sozialgeschichte der deutschen Literatur 34 (2009) 2, S. 121–156.

Grap, Gilbert, Differenzen in der Neutralität. Der Volksbund für die Unabhängigkeit der
Schweiz (1921–1934), Zürich 2011.

Graus, František, Judenfeindschaft im Mittelalter, in: Wolfgang Benz/Werner Bergmann
(Hrsg.), Vorurteil und Völkermord. Entwicklungslinien des Antisemitismus, Bonn
1997, S. 35–60.

Greive, Hermann, Geschichte des modernen Antisemitismus in Deutschland, Darmstadt
1983.

– Zur multikausalen Bedingtheit des modernen Antisemitismus, in: Judaica 40 (1984),
S. 133–144.

Greschat, Martin, Adolf Stoecker und der deutsche Protestantismus, in: Günter Brakel-
mann/ders./Werner Jochmann, Protestantismus und Politik. Werk und Wirkung
Adolf Stoeckers (1835–1909), Hamburg 1982, S. 19–83.

– Protestantischer Antisemitismus in Wilhelminischer Zeit. Das Beispiel des Hofpredigers Adolf Stoecker, in: Günter Brakelmann/Martin Rosowski (Hrsg.), Antisemitismus.
Von religiöser Judenfeindschaft zur Rassenideologie, Göttingen 1989, S. 27–51.

Grözinger, Karl-Erich, Erstes Bild: Die ‚Gottesmörder‘, in: Julius H. Schoeps/Joachim Schlör
(Hrsg.), Antisemitismus. Vorurteile und Mythen, Frankfurt a. M. 1995, S. 57–66.

Gruner, Erich, Parteien in der Schweiz, 2. Aufl., Bern 1977.

Grunewald, Michel, Le protestantisme allemand, sa presse et ses réseaux (1871–1963), in:
ders./Uwe Puschner, Das evangelische Intellektuellenmilieu in Deutschland, seine
Presse und seine Netzwerke (1871–1963), Bern et al., 2008, S. 3–22.

Guggisberg, Kurt, Bernische Kirchengeschichte, Bern 1958.

– Der Freie Protestantismus. Eine Einführung, Bern/Leipzig 1942.

Guth Biasini, Nadia, Basel und der Zionistenkongress, in: Der Erste Zionistenkongress von
1897 – Ursachen, Bedeutung, Aktualität, hrsg. von Heiko Haumann in Zusammenarbeit
mit Peter Haber/Patrick Kury/Kathrin Ringger/Bettina Zeugin, Basel et al. 1997, S. 131–140.

Haas, Gaston, „Wenn man gewusst hätte, was sich drüben im Reich abspielte …“. 1941–1943.
Was man in der Schweiz von der Judenvernichtung wusste, 2. Aufl., Basel 1997.

Habermas, Jürgen, Strukturwandel der Öffentlichkeit, Neuwied 1962.

Hafner, Katrin/Probst, Lucia, Im Dienste der Humanität. Die Schweizer „Flüchtlingsmutter" Gertrud Kurz als Akteurin im Zweiten Weltkrieg und die Rezeption ihres Wirkens bis heute, in: Catherine Bosshart-Pfluger/Dominique Grisard/Christina Späti (Hrsg.), Geschlecht und Wissen. Beiträge der 10. Schweizerischen Historikerinnentagung 2002, Zürich 2004, S. 27–43.

Hagemeister, Michael, Art. ‚Die Protokolle der Weisen von Zion (1903)', in: Handbuch des Antisemitismus. Judenfeindschaft in Geschichte und Gegenwart, hrsg. von Wolfgang Benz, Bd. 6, Publikationen, Berlin/Boston 2013, S. 553–554.

– Art. ‚Protokolle der Weisen von Zion', in: Handbuch des Antisemitismus. Judenfeindschaft in Geschichte und Gegenwart, hrsg. von Wolfgang Benz, Bd. 4, Ereignisse, Dekrete, Kontroversen, Berlin/Boston 2011, S. 321–325.

– Zur Frühgeschichte der „Protokolle der Weisen von Zion" I. Im Reich der Legenden, in: ders./Eva Horn (Hrsg.), Die Fiktion von der jüdischen Weltverschwörung. Zu Text und Kontext der „Protokolle der Weisen von Zion", Göttingen 2012, S. 140–160.

– Zur Frühgeschichte der „Protokolle der Weisen von Zion" II. Das verschollene Exemplar der Lenin-Bibliothek, in: ders./Eva Horn (Hrsg.), Die Fiktion von der jüdischen Weltverschwörung. Zu Text und Kontext der „Protokolle der Weisen von Zion", Göttingen 2012, S. 161–189.

– /Horn, Eva (Hrsg.), Die Fiktion von der jüdischen Weltverschwörung. Zu Text und Kontext der „Protokolle der Weisen von Zion", Göttingen 2012.

Haibl, Michaela, Zerrbild als Stereotyp. Visuelle Darstellungen von Juden zwischen 1850 und 1900, Berlin 2000.

Hammerstein, Notker, Antisemitismus und deutsche Universitäten 1871–1933, Frankfurt a. M. 1995.

Handbuch des Antisemitismus. Judenfeindschaft in Geschichte und Gegenwart, hrsg. von Wolfgang Benz, 8 Bde., Berlin/New York/Boston 2008–2015.

Hanno, Loewy (Hrsg.), Gerüchte über die Juden. Antisemitismus, Philosemitismus und aktuelle Verschwörungstheorien, Essen 2005.

Hastings, Derek, Catholicism and the Roots of Nazism: Religious Identity and National Socialism, Oxford 2010.

Haury, Thomas, Antisemitismus von links. Kommunistische Ideologie, Nationalismus und Antizionismus in der frühen DDR, Hamburg 2002.

Hauzenberger, Hans, Der „Verein zur Beförderung christlich-theol. Wissenschaft und christlichen Lebens" und seine Stiftungsprofessur in Basel, in: Hans Dürr/Christoph Ramstein (Hrsg.), Basileia – Festschrift für Eduard Buess, Basel 1993, S. 127–144.

Haymoz, Nicolas, Die alte „Neue Mitte". Eine doppelte Abwehrfront gegen Sozialismus und Liberalismus. Die Wochenzeitung „Das Aufgebot" und die gleichnamige Bewegung unter der Federführung von Jacob Lorenz (1933–1946), unveröffentlichte Lizentiatsarbeit Universität Freiburg i. Ue. 1999.

Hebeisen, Erika, Leidenschaftlich fromm. Die pietistische Bewegung in Basel 1750–1830, Köln/Weimar/Wien 2005.

Heil, Johannes, „Antijudaismus" und „Antisemitismus". Begriffe als Bedeutungsträger, in: Jahrbuch für Antisemitismusforschung 6 (1997), S. 92–114.

– „Gottesfeinde" – „Menschenfeinde". Die Vorstellung von jüdischer Weltverschwörung (13. bis 16. Jahrhundert), Essen 2006.

– Antisemitismus, Kulturkampf und Konfession – Die antisemitischen ‚Kulturen' Frankreichs und Deutschlands im Vergleich, in: Olaf Blaschke/Aram Mattioli (Hrsg.), Katholischer Antisemitismus im 19. Jahrhundert. Ursachen und Traditionen im internationalen Vergleich, Zürich 2000, S. 195–228.

– Jude und Papst – Antichrist und Teufel: Zur Vorstellung von ‚jüdischer Verschwörung' im Mittelalter, in: Jahrbuch für Antisemitismusforschung 14 (2005), S. 147–160.

Heinrichs, Ruth, Von der Helvetik (1798) bis zum Ersten Weltkrieg, in: Anette Brunschwig/Ruth Heinrichs/Karin Huser, Geschichte der Juden im Kanton Zürich. Von den Anfängen bis in die heutige Zeit, Zürich 2005, S. 152–282.

Heinrichs, Wolfgang E., Das Bild vom Juden in der protestantischen Judenmission des Deutschen Kaiserreichs, in: Zeitschrift für Religions- und Geistesgeschichte 44 (1992) 3, S. 195–220.

– Das Judenbild im Protestantismus des Deutschen Kaiserreichs. Ein Beitrag zur Mentalitätsgeschichte des deutschen Bürgertums in der Krise der Moderne, 2. Aufl., Gießen 2004.

– Die Haltung des Protestantismus gegenüber den Juden, in: Monatshefte für evangelische Kirchengeschichte des Rheinlandes 52 (2003), S. 133–157.

– Juden als ideelle Hoffnungs- und Heilsträger im Protestantismus des 18. und 19. Jahrhunderts, in: Irene A. Diekmann/Elke-Vera Kotowski (Hrsg.), Geliebter Feind. Gehasster Freund. Antisemitismus und Philosemitismus in Geschichte und Gegenwart. Festschrift zum 65. Geburtstag von Julius H. Schoeps, Berlin 2009, S. 213–231.

Hentges, Gudrun, Schattenseiten der Aufklärung. Die Darstellung von Juden und ‚Wilden' in philosophischen Schriften des 18. und 19. Jahrhunderts, Schwalbach 1999.

Herbeck, Ulrich, Das Feindbild vom „jüdischen Bolschewiken". Zur Geschichte des russischen Antisemitismus vor und während der Russischen Revolution, Berlin 2009.

Hering, Rainer, Evangelium im Dritten Reich. Die Glaubensbewegung Deutsche Christen und ihre Periodika, in: Michel Grunewald/Uwe Puschner, Das evangelische Intellektuellenmilieu in Deutschland, seine Presse und seine Netzwerke (1871–1963), Bern et al., 2008, S. 437–456.

Hertz, Deborah, How Jews became Germans. The History of Conversion and Assimilation in Berlin, New Haven/London 2007.

Herzig, Arno, Art. ‚Erasmus von Rotterdam', in: Handbuch des Antisemitismus. Judenfeindschaft in Geschichte und Gegenwart, hrsg. von Wolfgang Benz, Bd. 2/2, Personen, Berlin 2009, S. 213–214.

– Art. ‚Reuchlin, Johannes', in: Handbuch des Antisemitismus. Judenfeindschaft in Geschichte und Gegenwart, hrsg. von Wolfgang Benz, Bd. 2/2, Personen, Berlin 2009, S. 682–684.

Heschel, Susannah, The Aryan Jesus. Christian Theologians and the Bible in Nazi Germany, Princeton 2008.

Heumann, Pierre, Israel entstand in Basel. Die phantastische Geschichte einer Vision, Zürich 1997.

Hilberg, Raul, Die Vernichtung der europäischen Juden, 3 Bde., Frankfurt a. M. 1990.

Hilbrenner, Anke, Art. ‚Pogrome im Russischen Reich (1903–1906)‘, in: Handbuch des Antisemitismus. Judenfeindschaft in Geschichte und Gegenwart, hrsg. von Wolfgang Benz, Bd. 4, Ereignisse, Dekrete, Kontroversen, Berlin/Boston 2011, S. 298–299.

Hillerbrand, Hans J., Christlicher Philosemitismus in der Frühen Neuzeit, in: Irene A. Diekmann/Elke-Vera Kotowski (Hrsg.), Geliebter Feind. Gehasster Freund. Antisemitismus und Philosemitismus in Geschichte und Gegenwart. Festschrift zum 65. Geburtstag von Julius H. Schoeps, Berlin 2009, S. 147–164.

Hobsbawm, Eric J., Nationen und Nationalismus. Mythos und Realität seit 1780, München 1992.

– /Ranger Terence (Hrsg.), The Invention of Tradition, Cambridge 1983.

Hödl, Klaus, Art. ‚Jüdischer Körper‘, in: Handbuch des Antisemitismus. Judenfeindschaft in Geschichte und Gegenwart, hrsg. von Wolfgang Benz, Bd. 3, Begriffe, Theorien, Ideologien, Berlin/New York 2010, S. 166–168.

– Die Pathologisierung des jüdischen Körpers. Antisemitismus, Geschlecht und Medizin im Fin de Siècle, Wien 1997.

Hoffmann, Christhard, Christlicher Antijudaismus und moderner Antisemitismus. Zusammenhänge und Differenzen als Problem der historischen Antisemitismusforschung, in: Leonore Siegele-Wenschkewitz (Hrsg.), Christlicher Antijudaismus und Antisemitismus. Theologische und kirchliche Programme Deutscher Christen, Frankfurt a. M. 1994, S. 293–317.

– Das Judentum als Antithese. Zur Tradition eines kulturellen Wertungsmusters, in: Werner Bergmann/Rainer Erb (Hrsg.), Antisemitismus und politische Kultur nach 1945, Opladen 1990, S. 20–38.

– Geschichte und Ideologie: Der Berliner Antisemitismusstreit 1879/81, in: Wolfgang Benz/Werner Bergmann (Hrsg.), Vorurteil und Völkermord. Entwicklungslinien des Antisemitismus, Bonn 1997, S. 219–251.

– Politische Kultur und Gewalt gegen Minderheiten. Die antisemitischen Ausschreitungen in Pommern und Westpreußen 1881, in: Jahrbuch für Antisemitismusforschung 3 (1994), S. 93–120.

Hoffmann, Lutz, Die Konstitution des Volkes durch seine Feinde, in: Jahrbuch für Antisemitismusforschung 2 (1993), S. 12–37.

Hofmann, Urs, Adolf Stoecker in Basel. Antisemitismus und soziale Frage in der protestantischen Presse in den 1880er Jahren, unveröffentlichte Lizentiatsarbeit Universität, Basel 2003.

– Antisemitismus in Basel. Die Rezeption von Adolf Stoecker und seinen Ideen in der protestantischen Presse der 1880er Jahre, in: Basler Zeitschrift für Geschichte und Altertumskunde 104 (2004), S. 83–116.

– Innenansichten eines Niedergangs. Das protestantische Milieu in Basel 1920 bis 1970, Baden 2013.

Holz, Klaus, Antisemitismus als Ideologie? Zur Struktur des antisemitischen Selbst- und Gesellschaftsbildes, in: Hansjörg Bay/Christof Hamann (Hrsg.), Ideologie nach ihrem ‚Ende‘. Gesellschaftskritik zwischen Marxismus und Postmoderne, Opladen 1995, S. 149–164.

- Art. ‚Theorien des Antisemitismus‘, in: Handbuch des Antisemitismus, Judenfeindschaft in Geschichte und Gegenwart, hrsg. von Wolfgang Benz, Bd. 3, Begriffe, Theorien, Ideologien, Berlin/New York 2010, S. 316–328.
- Die Gegenwart des Antisemitismus. Islamistische, demokratische und antizionistische Judenfeindschaft, Hamburg 2005.
- Nationaler Antisemitismus. Wissenssoziologie einer Weltanschauung, Hamburg 2001.

Hopp, Andrea, Zur Medialisierung des antisemitischen Stereotyps im Kaiserreich, in: Werner Bergmann/Ulrich Sieg (Hrsg.), Antisemitische Geschichtsbilder, Essen 2009, S. 23–37.

Horanyi, Sibylle, Das Schächtverbot zwischen Tierschutz und Religionsfreiheit. Eine Güterabwägung und interdisziplinäre Darstellung von Lösungsansätzen, Basel 2004.

Horn, Eva/Hagemeister, Michael, Ein Stoff für Bestseller, in: Michael Hagemeister/dies. (Hrsg.), Die Fiktion von der jüdischen Weltverschwörung. Zu Text und Kontext der „Protokolle der Weisen von Zion“, Göttingen 2012, VII-XXII.

Hortzitz, Nicoline, Früh-Antisemitismus in Deutschland 1789–1871. Strukturelle Untersuchungen zu Wortschatz, Text, Argumentation, Tübingen 1988.

Horváth, Franz Sz., Art. ‚Ritualmordvorwurf in Tiszaeszlár (1882)‘, in: Handbuch des Antisemitismus. Judenfeindschaft in Geschichte und Gegenwart, hrsg. von Wolfgang Benz, Bd. 4, Ereignisse, Dekrete, Kontroversen, Berlin/Boston 2011, S. 355–356.

Huber, Ursula, „Schlechtestes Menschenmaterial“. Judenfeindliche Stereotype in den katholischen Zeitschriften „Sonntag“, „Woche im Bild“ und „katholische Familie“ zwischen 1920 und 1945, unveröffentlichte Lizentiatsarbeit Universität Freiburg i. Ue. 1999.

Hübinger, Gangolf, Kulturprotestantismus und Politik. Zum Verhältnis von Liberalismus und Protestantismus im wilhelminischen Deutschland, Tübingen 1994.

Huser Bugmann, Karin, Schtetl an der Sihl. Einwanderung, Leben und Alltag der Ostjuden in Zürich 1880–1939, Zürich 1998.

Hüsser, Linus, Schleuniger Johann Nepomuk (1810–1874). Leben und Wirken eines katholisch-konservativen aargauischen Politikers und Publizisten, unveröffentlichte Dissertation Universität Freiburg i. Ue. 2001.

Illi, Martin, Art. ‚Pestalozzi, Friedrich Otto‘, in: Historisches Lexikon der Schweiz, http://www.hls-dhs-dss.ch/textes/d/D13508.php, 8. 9. 2013.

Jaecker, Tobias, Antisemitische Verschwörungstheorien nach dem 11. September. Neue Varianten eines alten Deutungsmusters, Münster 2004.

Jahr, Christoph, Art. ‚Ahlwardt, Hermann [Pseudonym: Hermann Koniechki]‘, in: Handbuch des Antisemitismus. Judenfeindschaft in Geschichte und Gegenwart, hrsg. von Wolfgang Benz, Bd. 2/1: Personen, Berlin 2009, S. 6–8.

- Art. ‚Radauantisemitismus‘, in: Handbuch des Antisemitismus. Judenfeindschaft in Geschichte und Gegenwart, hrsg. von Wolfgang Benz, Bd. 3, Begriffe, Theorien, Ideologien, Berlin/New York 2010, S. 271–272.

– Art. ‚Staatsbürger-Zeitung (1865–1926)‘, in: Handbuch des Antisemitismus. Judenfeindschaft in Geschichte und Gegenwart, hrsg. von Wolfgang Benz, Bd. 6, Publikationen, Berlin/Boston 2013, S. 668–669.

Janner, Sara, Friedrich Heman und die Anfänge des Zionismus in Basel. „Oh, wenn ich Missionar sein könnte, möchte ich Missionar des Zionismus sein“, in: Judaica 53 (1997), S. 85–96.

– Judenmission in Basel in der ersten Hälfte des 19. Jahrhunderts. Ein Forschungsbericht, in: Basler Zeitschrift für Geschichte und Altertumskunde 104 (2004), S. 31–81.

– Zwischen Machtanspruch und Autoritätsverlust. Zur Funktion von Religion und Kirchlichkeit in Politik und Selbstverständnis des konservativen alten Bürgertums im Basel des 19. Jahrhunderts, Basel 2012.

Jehle, Frank, Emil Brunner. Theologe im 20. Jahrhundert, Zürich 2006.

Jehle-Wildberger, Marianne, Adolf Keller (1872–1963). Pionier der ökumenischen Bewegung, Zürich 2008.

– Das Gewissen sprechen lassen. Die Haltung der St. Galler Kirche zu Kirchenkampf und Flüchtlingsnot 1933–1945, Zürich 2001.

Jeismann, Michael, Der letzte Feind. Die Nation, die Juden und der negative Universalismus, in: Peter Alter/Claus-Ekkehard Bärsch/Peter Berghoff (Hrsg.), Die Konstruktion der Nation gegen die Juden, München 1999, S. 173–190.

Jensen Uffa, Gebildete Doppelgänger. Bürgerliche Juden und Protestanten im 19. Jahrhundert, Göttingen 2005.

Jochmann, Werner, Antijüdische Traditionen im deutschen Protestantismus und nationalsozialistische Judenverfolgung, in: ders., Gesellschaftskrise und Judenfeindschaft in Deutschland 1870–1945, 2. Aufl., Hamburg 1991, S. 265–281.

– Antisemitismus im Deutschen Kaiserreich 1871–1914, in: ders., Gesellschaftskrise und Judenfeindschaft in Deutschland 1870–1945, 2. Aufl., Hamburg 1991, S. 30–98.

– Die Ausbreitung des Antisemitismus in Deutschland, in: ders., Gesellschaftskrise und Judenfeindschaft in Deutschland 1870–1945, 2. Aufl., Hamburg 1991, S. 99–170.

– Geschichte und Ideologie: Der Berliner Antisemitismusstreit 1879/81, in: Wolfgang Benz/Werner Bergmann (Hrsg.), Vorurteil und Völkermord. Entwicklungslinien des Antisemitismus, Bonn 1997, S. 219–251.

– Gesellschaftskrise und Judenfeindschaft in Deutschland 1870–1945, 2. Aufl., Hamburg 1991.

– Stoecker als nationalkonservativer Politiker und antisemitischer Agitator, in: Günter Brakelmann/Martin Greschat/ders. (Hrsg.), Protestantismus und Politik. Werk und Wirkung Adolf Stoeckers (1835–1909), Hamburg 1982, S. 145–148.

– Struktur und Funktion des deutschen Antisemitismus 1878–1914, in: Wolfgang Benz/Werner Bergmann (Hrsg.), Vorurteil und Völkermord. Entwicklungslinien des Antisemitismus, Bonn 1997, S. 177–218.

Jorio, Marco, Art. ‚Ausnahmeartikel‘, in: Historisches Lexikon der Schweiz, http://www.hls-dhs-dss.ch/textes/d/D10388.php, 18. 11. 2013.

Kaiser, Jochen-Christoph, Der deutsche Protestantismus und die „Mission unter Israel“ zwischen Weltkrieg und „NS-Machtergreifung“, in: Kurt Nowak/Gérard Raulet (Hrsg.),

Protestantismus und Antisemitismus in der Weimarer Republik, Frankfurt a. M./New York 1994, S. 199–217.

– Evangelische Judenmission im Dritten Reich, in: ders./Martin Greschat (Hrsg.), Der Holocaust und die Protestanten. Analysen einer Verstrickung, Frankfurt a. M. 1988, S. 186–215.

– /Greschat, Martin (Hrsg.), Der Holocaust und die Protestanten. Analysen einer Verstrickung, Frankfurt a. M. 1988.

Kaiser, Marcus Urs, Deutscher Kirchenkampf und Schweizer Öffentlichkeit in den Jahren 1933 und 1934, Zürich 1972.

Kamis-Müller, Aaron, Antisemitismus in der Schweiz 1900–1930, 2. Aufl., Zürich 2000.

Kampling, Rainer, Art. ,Antijudaismus', in: Handbuch des Antisemitismus, Judenfeindschaft in Geschichte und Gegenwart, hrsg. von Wolfgang Benz, Bd. 3, Begriffe, Theorien, Ideologien, Berlin/New York 2010, S. 10-13.

– Art. ,Antike Judenfeindschaft', in: Handbuch des Antisemitismus, Judenfeindschaft in Geschichte und Gegenwart, hrsg. von Wolfgang Benz, Bd. 3, Begriffe, Theorien, Ideologien, Berlin/New York 2010, S. 14–15.

– Art. ,Substitutionslehre', in: Handbuch des Antisemitismus, Judenfeindschaft in Geschichte und Gegenwart, hrsg. von Wolfgang Benz, Bd. 3, Begriffe, Theorien, Ideologien, Berlin/New York 2010, S. 310–312.

Karady, Victor, Gewalterfahrung und Utopie. Juden in der europäischen Moderne, Frankfurt a. M. 1999.

Käser-Leisibach, Ursula, Die Begnadeten Sünder. Stimmen aus den Schweizer Kirchen zum Nationalsozialismus 1933–1942, Winterthur 1994.

Kasparick, Hanna, Lehrgesetz oder Glaubenszeugnis. Der Kampf um das Apostolikum und seine Auswirkungen auf die Revision der Preußischen Agende (1892–1895), Bielefeld 1996.

Katz, Jacob, Frühantisemitismus in Deutschland, in: ders. (Hrsg.), Begegnungen von Deutschen und Juden in der Geistesgeschichte des 18. Jahrhunderts, Tübingen 1994, S. 79–90.

– Vom Vorurteil bis zur Vernichtung. Der Antisemitismus 1700–1933, München 1989.

Kaufmann, Robert Uri, Jüdische und christliche Viehhändler in der Schweiz 1780–1930, Zürich 1988.

Kaufmann, Thomas, Art. ,Calvin, Johannes', in: Handbuch des Antisemitismus. Judenfeindschaft in Geschichte und Gegenwart, hrsg. von Wolfgang Benz, Bd. 2/2, Personen, Berlin 2009, S. 120–122.

– Art. ,Luther, Martin', in: Handbuch des Antisemitismus. Judenfeindschaft in Geschichte und Gegenwart, hrsg. von Wolfgang Benz, Bd. 2/2, Personen, Berlin 2009, S. 501–506.

– Art. ,Reformation', in: Handbuch des Antisemitismus, Judenfeindschaft in Geschichte und Gegenwart, hrsg. von Wolfgang Benz, Bd. 3, Begriffe, Theorien, Ideologien, Berlin/New York 2010, S. 285–290.

– Luthers „Judenschriften": Ein Beitrag zu ihrer historischen Kontextualisierung, Tübingen 2011.

Keller, Zsolt, Abwehr und Aufklärung. Antisemitismus in der Nachkriegszeit und der Schweizerische Israelitische Gemeindebund, Zürich 2011.

– Der Blutruf (Mt 27,25). Eine schweizerische Wirkungsgeschichte 1900–1950, Göttingen 2006.

– Theologie und Politik – Beginn und Konkretisierung des christlich-jüdischen Dialoges in der Schweiz, in: Schweizerische Zeitschrift für Religions- und Kirchengeschichte 99 (2005), S. 157–175.

Kershaw, Ian, „Volksgemeinschaft". Potenzial und Grenzen eines neuen Forschungskonzepts, in: Vierteljahrshefte für Zeitgeschichte 59 (2011) 1, S. 1–17.

Kessler, Mario, Art. ‚Antizionismus‘, in: Handbuch des Antisemitismus, Judenfeindschaft in Geschichte und Gegenwart, hrsg. von Wolfgang Benz, Bd. 3, Begriffe, Theorien, Ideologien, Berlin/New York 2010, S. 21–24.

Kimmel, Elke, Art. ‚Henrici, Carl Ernst Julius [Walter Kolmas]‘, in: Handbuch des Antisemitismus. Judenfeindschaft in Geschichte und Gegenwart, hrsg. von Wolfgang Benz, Bd. 2/1: Personen, Berlin 2009, S. 350–351.

– Art. ‚Müller von Hausen, Ludwig [Pseudonym: Gottfried zur Beek]‘, in: Handbuch des Antisemitismus. Judenfeindschaft in Geschichte und Gegenwart, hrsg. von Wolfgang Benz, Bd. 2/2: Personen, Berlin 2009, S. 566–567.

Kinzig, Wolfram, Neue Typologien von „Philosemitismus", in: Irene A. Diekmann/Elke-Vera Kotowski (Hrsg.), Geliebter Feind. Gehasster Freund. Antisemitismus und Philosemitismus in Geschichte und Gegenwart. Festschrift zum 65. Geburtstag von Julius H. Schoeps, Berlin 2009, S. 679–680.

– Philosemitismus – Was ist das? Eine kritische Begriffsanalyse, in: Irene A. Diekmann/Elke-Vera Kotowski (Hrsg.), Geliebter Feind. Gehasster Freund. Antisemitismus und Philosemitismus in Geschichte und Gegenwart. Festschrift zum 65. Geburtstag von Julius H. Schoeps, Berlin 2009, S. 25–60.

– Philosemitismus. Teil I: Zur Geschichte des Begriffs, in: Zeitschrift für Kirchengeschichte 105 (1994), S. 202–228.

– Philosemitismus. Teil II: Zur historiographischen Verwendung des Begriffs, in: Zeitschrift für Kirchengeschichte 105 (1994), S. 361–383.

Kirn, Hans-Martin, Ulrich Zwingli, the Jews, and Judaism, in: Dean Philipp Bell/Stephen G. Burnett (Hrsg.), Jews, Judaism, and the Reformation in Sixteenth-Century Germany, Leiden/Boston 2006, S. 171–195.

Klier, John Doyle/Lamborza, Shlomo (Hrsg.), Pogroms. Anti-Jewish Violence in Modern Russian History, Cambridge 1992.

Knoch-Mund, Gaby/Kaufmann, Robert Uri/Weingarten, Ralph/Picard, Jacques/von Cranach, Philipp, Art. ‚Judentum‘, in: Historisches Lexikon der Schweiz, http://www.hls-dhs-dss.ch/textes/d/D11376.php, 10. 12. 2013.

Kocher, Hermann, „Wir sind alle schuldig geworden"!? Überlegungen zur Flüchtlings-Arbeit des schweizerischen Protestantismus in den Jahren 1933 bis 1948, in: Schweizerische Zeitschrift für Religions- und Kulturgeschichte 99 (2005), S. 349–368.

– Rationierte Menschlichkeit. Schweizerischer Protestantismus im Spannungsfeld von Flüchtlingsnot und öffentlicher Flüchtlingspolitik der Schweiz 1933–1948, Zürich 1996.

– Schweizerischer Protestantismus und jüdische Flüchtlingsnot nach 1933: Traditionen und Neuaufbrüche, in: Judaica 42 (1986) 1, S. 28–40.

Koller, Christian, Rassismus, Paderborn 2009.

Körte, Mona, Art. ,Ahasverus', in: Handbuch des Antisemitismus, Judenfeindschaft in Geschichte und Gegenwart, hrsg. von Wolfgang Benz, Bd. 3, Begriffe, Theorien, Ideologien, Berlin/New York 2010, S. 3–6.

Koselleck, Reinhart, Vergangene Zukunft. Zur Semantik geschichtlicher Zeiten, Frankfurt a. M. 1989.

Krauthammer, Pascal, Das Schächtverbot in der Schweiz 1854–2000. Die Schächtfrage zwischen Tierschutz, Politik und Fremdenfeindlichkeit, Zürich 2000.

Kreis, Georg, Art. ,Schweiz', in: Handbuch des Antisemitismus. Judenfeindschaft in Geschichte und Gegenwart, hrsg. von Wolfgang Benz, Bd. 1: Länder und Regionen, S. 317–323.

– Die Rückkehr des J-Stempels. Zur Geschichte einer schwierigen Vergangenheitsbewältigung, Zürich 2000.

– Öffentlicher Antisemitismus in der Schweiz nach 1945, in: Aram Mattioli (Hrsg.), Antisemitismus in der Schweiz 1848–1960, Zürich 1998, S. 555–576.

– Zensur und Selbstzensur. Die schweizerische Pressepolitik im Zweiten Weltkrieg, Frauenfeld 1973.

Kremers-Sper, Thomas, Antijüdische und antisemitische Momente in protestantischer Kapitalismuskritik: Eine Analyse evangelischer Kirchenzeitungen des Deutschen Kaiserreiches im Jahre 1878, in: Zeitschrift für Religions- und Geistesgeschichte 44 (1992) 3, S. 220–240.

Kreutner, Jonathan, Schweiz und Israel. Beziehungen zweier Kleinstaaten und ihre gegenseitige Wahrnehmung 1948–1987, Zürich 2013.

Krieger, Karsten (Hrsg.), Der „Berliner Antisemitismusstreit" 1879–1881. Eine Kontroverse um die Zugehörigkeit der deutschen Juden zur Nation. Eine kommentierte Quellenedition im Auftrag des Zentrums für Antisemitismusforschung, 2 Bde., München 2003.

Kuhn, Thomas K., „Geistige Landesverteidigung" und reformierte Theologie in den 1930er Jahren, in: Zeitschrift für Kirchengeschichte 114 (2003) 1, S. 21–44.

– Art. ,Riggenbach, Eduard', in: Historisches Lexikon der Schweiz, http://www.hls-dhs-dss.ch/textes/d/D10799.php, 18. 2. 2014.

– Theologischer Transfer. Die Baur-Schule und die schweizerische Theologie im 19. Jahrhundert, in: Blätter für württembergische Kirchengeschichte 105 (2005), S. 31–50.

Külling, Friedrich Traugott, Bei uns wie überall? Antisemitismus in der Schweiz 1866–1900, Zürich [1977].

Künzli, Edwin, Zwinglis Stellung zu den Juden, in: Martin Haas/René Hauswirth (Hrsg.), Festgabe Leonhard von Muralt. Zum siebzigsten Geburtstag 17. Mai 1970, überreicht von Freunden und Schülern, Zürich 1970, S. 309–318.

Kury, Patrick, „… die Stilverderber, die Juden aus Galizien, Polen, Ungarn und Russland … Überhaupt die Juden." Ostjudenfeindschaft und die Erstarkung des Antisemitismus, in: Aram Mattioli (Hrsg.), Antisemitismus in der Schweiz 1848–1960, Zürich 1998, S. 423–443.

- „Man akzeptierte uns nicht, man tolerierte uns!" Ostjudenmigration nach Basel 1890–1930, Basel 1998.
- „Zuerst die Heimkehr, dann die Umkehr". Christlicher Zionismus und Philosemitismus in Basel im Umfeld des Ersten Zionistenkongresses, in: Der Erste Zionistenkongress von 1897 – Ursachen, Bedeutung, Aktualität, hrsg. von Heiko Haumann in Zusammenarbeit mit Peter Haber/Patrick Kury/Kathrin Ringger/Bettina Zeugin, Basel et al. 1997, S. 185–190.
- Der Wunsch nach Homogenität: Möglichkeiten und Tendenzen einer schweizerischen Bevölkerungspolitik in der ersten Hälfte des 20. Jahrhunderts, in: Historical Social Research 31 (2006) 4, S. 263–281.
- Die ersten Zionistenkongresse aus der Sicht der damaligen Baseler Publizistik, in: Heiko Haumann (Hrsg.), Der Traum von Israel. Die Ursprünge des modernen Zionismus, Weinheim 1998, S. 232–249.
- Über Fremde Reden. Überfremdungsdiskurs und Ausgrenzung in der Schweiz 1900–1945, Zürich 2003.
Lang, Josef, Der Widerstand gegen die Judenemanzipation in der Zentralschweiz 1862–1866, in: Aram Mattioli (Hrsg.), Antisemitismus in der Schweiz 1848–1960, Zürich 1998, S. 193–212.
- Ultramontanismus und Antisemitismus in der Urschweiz – oder: Der Kampf gegen die Säkularisierung von Staat und Gesellschaft (1858–1878), in: Olaf Blaschke/Aram Mattioli (Hrsg.), Katholischer Antisemitismus im 19. Jahrhundert. Ursachen und Traditionen im internationalen Vergleich, Zürich 2000, S. 337–372.
Lange von Ravenswaay, Jan Marius J., Die Juden in Calvins Predigten, in: Achim Detmers/ders. (Hrsg.), Bundeseinheit und Gottesvolk. Reformierter Protestantismus und Judentum im Europa des 16. und 17. Jahrhunderts, Wuppertal 2005, S. 59–69.
Lange, Matthew, Art. ‚Goldene Internationale‘, in: Handbuch des Antisemitismus, Judenfeindschaft in Geschichte und Gegenwart, hrsg. von Wolfgang Benz, Bd. 3, Begriffe, Theorien, Ideologien, Berlin/New York 2010, S. 111–113.
Langer, Michael, Zwischen Vorurteil und Aggression. Zum Judenbild in der deutschsprachigen Volksbildung des 19. Jahrhunderts, Freiburg i. Br. 1994.
Langmuir, Gavin I., History, Religion and Antisemitism, Berkeley 1990.
- Toward a Definition of Antisemitism, Berkeley/Los Angeles/London 1997.
Lehmann, Hartmut (Hrsg.), Säkularisierung, Dechristianisierung, Rechristianisierung im neuzeitlichen Europa, Göttingen 1997.
Leimgruber, Stephan, Von der Verketzerung zum Dialog. Darstellung und Behandlung der Juden im christlichen Religionsunterricht, in: Zeitschrift für katholische Theologie 112 (1990) 3, S. 288–303.
Lepp, Claudia, Protestantisch-liberaler Aufbruch in die Moderne. Der deutsche Protestantenverein in der Zeit der Reichsgründung und des Kulturkampfes, Gütersloh 1996.
Levenson, Alan T., Between Philosemitism and Antisemitism, Defenses of Jews and Judaism in Germany, 1871–1932, Lincoln/London 2004.

Levy, Richard S., Continuities and Discontinuities of Anti-Jewish Violence in Modern Germany 1819–1938, in: Christhard Hoffmann/Werner Bergmann/Helmut Walser Smith (Hrsg.), Exclusionary Violence. Antisemitic Riots in Modern German History, Ann Arbor 2002, S. 185–202.

Ley, Michael, Genozid und Heilserwartung. Zum nationalsozialistischen Mord am europäischen Judentum, Wien 1993.

– Kleine Geschichte des Antisemitismus, München 2003.

Lichtblau, Albert, Macht und Tradition. Von der Judenfeindschaft zum modernen Antisemitismus, in: Jüdisches Museum der Stadt Wien (Hrsg.), Die Macht der Bilder. Antisemitische Vorurteile und Mythen, Wien 1995, S. 212–229.

Lill, Rudolf, Die deutschen Katholiken und die Juden in der Zeit von 1850 bis zur Machtübernahme Hitlers, in: Karl Heinrich Rengstorf/Siegfried von Kortzfleisch (Hrsg.), Kirche und Synagoge. Handbuch zur Geschichte von Christen und Juden, Bd. 2, Stuttgart 1970, S. 370–420.

Linder, Wolf/Bolliger, Christian/Rielle, Yvan (Hrsg.), Handbuch der eidgenössischen Volksabstimmungen 1848–2007.

Lindner, Thomas, Judendämmerung. Richard Wagner und der Bayreuther Kreis, in: Renate Heuer/Ralph-Rainer Wuthenow (Hrsg.), Konfrontation und Koexistenz. Zur Geschichte des deutschen Judentums, Frankfurt a. M. 1996, S. 119–139.

Lindt, Andreas, Der schweizerische Protestantismus – Entwicklungslinien nach 1945, in: Victor Conzemius/Hermann Kocher (Hrsg.), Die Zeit nach 1945 als Thema kirchlicher Zeitgeschichte, Göttingen 1988, S. 61–71.

– Protestanten – Katholiken – Kulturkampf, Zürich 1963.

Lobenstein-Reichmann, Anja, Houston Stewart Chamberlains rassentheoretische Geschichts-‚philosophie‘, in: Werner Bergmann/Ulrich Sieg (Hrsg.), Antisemitische Geschichtsbilder, Essen 2009, S. 139–166.

Löffler, Roland, Protestanten in Palästina. Religionspolitik, Sozialer Protestantismus und Mission in den deutschen evangelischen und anglikanischen Institutionen des Heiligen Landes 1917–1939, Stuttgart 2008.

Losemann, Volker, Rassenideologien und antisemitische Publizistik in Deutschland im 19. und 20. Jahrhundert, in: Wolfgang Benz/Werner Bergmann (Hrsg.), Vorurteil und Völkermord. Entwicklungslinien des Antisemitismus, Bonn 1997, S. 304–337.

Lüthi, Ruth, Art. ‚Philipp Heinrich Wolff‘, in: Historisches Lexikon der Schweiz, http://www.hls-dhs-dss.ch/textes/d/D42065.php, 14. 11. 2013.

Lutz, Lorenz, Art. ‚Die evangelischen Gesellschaften der Schweiz‘, in: Handbuch der reformierten Schweiz, hrsg. vom Schweizerischen Protestantischen Volksbund, Zürich 1962, S. 473–476.

Luz, Ulrich, Das ‚Auseinandergehen der Wege‘. Über die Trennung des Christentums vom Judentum, in: Walter Dietrich/Martin George/ders. (Hrsg.), Antijudaismus – christliche Erblast, Stuttgart/Berlin/Köln 1999, S. 56–73.

Mächler, Stefan, Hilfe und Ohnmacht, Der Schweizerische Israelitische Gemeindebund und die nationalsozialistische Verfolgung 1933–1945, Zürich 2005.

- Kampf gegen das Chaos – die antisemitische Bevölkerungspolitik der eidgenössischen Fremdenpolizei und Polizeiabteilung 1917–1954, in: Aram Mattioli (Hrsg.), Antisemitismus in der Schweiz 1848–1960, Zürich 1998, S. 357–421.

Maier, Hans, Die Christen und der Staat Israel, in: Marcel Marcus/Ekkehard W. Stegemann/ Erich Zenger (Hrsg.), Israel und Kirche heute. Beiträge zum christlich-jüdischen Dialog. Für Ernst Ludwig Ehrlich, Freiburg i. Ue./Basel/Wien 1991, S. 298–305.

Margaroni, Maria, Art. ,Ritualmordvorwurf auf Korfu (1891)', in: Handbuch des Antisemitismus. Judenfeindschaft in Geschichte und Gegenwart, hrsg. von Wolfgang Benz, Bd. 4, Ereignisse, Dekrete, Kontroversen, Berlin/Boston 2011, S. 347–348.

Mattioli, Aram (Hrsg.), Antisemitismus in der Schweiz 1848–1960, Zürich 1998.

- (Hrsg.), Intellektuelle von rechts. Ideologie und Politik in der Schweiz 1918, Zürich 1995.

- ,Vaterland der Christen' oder ,bürgerlicher Staat'? Die Schweiz und die jüdische Emanzipation, 1848–1874, in: Urs Altermatt/Catherine Bosshart-Pfluger/Albert Tanner (Hrsg.), Die Konstruktion einer Nation. Nation und Nationalisierung in der Schweiz, 18.–20. Jahrhundert, Zürich 1998, S. 217–235.

- „So lange die Juden Juden bleiben …". Der Widerstand gegen die jüdische Emanzipation im Grossherzogtum Baden und im Kanton Aargau (1848–1863), in: Olaf Blaschke/ ders. (Hrsg.), Katholischer Antisemitismus im 19. Jahrhundert. Ursachen und Traditionen im internationalen Vergleich, Zürich 2000, S. 287–315.

- Antisemitismus in der Geschichte der modernen Schweiz – Begriffsklärungen und Thesen, in: ders. (Hrsg.), Antisemitismus in der Schweiz 1848–1960, Zürich 1998, S. 3–22.

- Art. ,Schleuniger, Johann Nepomuk', in: Handbuch des Antisemitismus. Judenfeindschaft in Geschichte und Gegenwart, hrsg. von Wolfgang Benz, Bd. 2/2, Personen, Berlin 2009, S. 735–736.

- Der „Mannli-Sturm" oder der Aargauer Emanzipationskonflikt 1861–1863, in: ders. (Hrsg.), Antisemitismus in der Schweiz 1848–1960, Zürich 1998, S. 135–169.

- Die Schweiz und die jüdische Emanzipation 1798–1874, in: ders. (Hrsg.), Antisemitismus in der Schweiz 1848–1960, Zürich 1998, S. 61–82.

Mattmüller, Markus, Die Anfänge der „Neuen Wege". Zwanzig Jahrgänge einer unvergleichlichen Zeitschrift, in: Neue Wege 75 (1981) 11, S. 310–321.

- Die reformierten Christen in der Schweiz vor der Arbeiterfrage im 19. Jahrhundert, 3 Teile, in: Neue Wege 74 (1980) 9–11, S. 244–253/S. 293–298/S. 324–331.

- Leonhard Ragaz und der religiöse Sozialismus, 2 Bde., Basel/Stuttgart 1957/1968.

Maurer, Theres, Die „Berner Volkszeitung" von Ulrich Dürrenmatt, in: Aram Mattioli (Hrsg.), Antisemitismus in der Schweiz 1848–1960, Zürich 1998, S. 241–263.

Mazura, Uwe, Zentrumspartei und Judenfrage 1870/71–1933. Verfassungsstaat und Minderheitenschutz, Mainz 1994.

Meier, Kurt, Der „Bund für deutsche Kirche" und seine völkisch-antijudaistische Theologie, in: Kurt Nowak/Gérard Raulet (Hrsg.), Protestantismus und Antisemitismus in der Weimarer Republik, Frankfurt a. M./New York 1994, S. 177–198.

- Kirche und Judentum. Die Haltung der evangelischen Kirche zur Judenpolitik des Dritten Reiches, Göttingen 1968.

Merkley, Paul Charles, The Politics of Christian Zionism 1891–1948, London 1998.

Mesmer, Beatrix, Das Schächtverbot von 1893, in: Aram Mattioli (Hrsg.), Antisemitismus in der Schweiz 1848–1960, Zürich 1998, S. 215–239.

Metzger, Franziska, Die „Schildwache". Eine integralistisch-rechtskatholische Zeitung 1912–1945, Freiburg i. Ue. 2000.

Metzger, Thomas, Antisemitismus in der Stadt St. Gallen 1918–1939, Freiburg i. Ue. 2006.

– Art. ‚Das Erwachen der jüdischen Nation (Friedrich Heman, 1897), in: Handbuch des Antisemitismus. Judenfeindschaft in Geschichte und Gegenwart, hrsg. von Wolfgang Benz, Bd. 6, Publikationen, Berlin/Boston 2013, S. 180–182.

– Art. ‚Juden werden ‚Schweizer' (Alfred Zander, 1935), in: Handbuch des Antisemitismus. Judenfeindschaft in Geschichte und Gegenwart, hrsg. von Wolfgang Benz, Bd. 6, Publikationen, Berlin/Boston 2013, S. 334–336.

– Art. ‚Kompass durch die Judenfrage (Walter Hoch, 1944)', in: Handbuch des Antisemitismus. Judenfeindschaft in Geschichte und Gegenwart, hrsg. von Wolfgang Benz, Bd. 6, Publikationen, Berlin/Boston 2013, S. 412–413.

– Art. ‚Schweizer Christenwehr', in: Handbuch des Antisemitismus. Judenfeindschaft in Geschichte und Gegenwart, hrsg. von Wolfgang Benz, Bd. 5, Organisationen, Institutionen, Bewegungen, Berlin/Boston 2012, S. 556–667.

– Art. ‚Schweizerbanner (Schweiz, 1925–1934)', in: Handbuch des Antisemitismus. Judenfeindschaft in Geschichte und Gegenwart, hrsg. von Wolfgang Benz, Bd. 6, Publikationen, Berlin/Boston 2013, S. 630–632.

– Rez. zu: Urs Hofmann, Innenansichten eines Niedergangs. Das protestantische Milieu in Basel 1920 bis 1970, in: Schweizerische Zeitschrift für Religions- und Kulturgeschichte 109 (2015), S. 443–445.

– Rez. zu: Werner Bergmann/Ulrich Wyrwa, Antisemitismus in Zentraleuropa. Deutschland, Österreich und die Schweiz vom 18. Jahrhundert bis zur Gegenwart, in: Schweizerische Zeitschrift für Religions- und Kulturgeschichte 106 (2012), S. 704–705.

– Structures and Characteristics of Swiss Fascism: The 'Fronten' 1933–1939, in: Franziska Metzger (Hrsg.), Trans-national Perspectives on Nationalism – Methodological Approaches and Case Studies, Berlin, im Druck.

– Vereinnahmende Inklusion. Heilsgeschichtliche Projizierungen des Vereins der Freunde Israels auf die Juden, in: David Luginbühl/Franziska Metzger/ders./Elke Pahud de Mortanges/Martina Sochin (Hrsg.), Religiöse Grenzziehungen im öffentlichen Raum. Mechanismen und Strategien von Inklusion und Exklusion im 19. und 20. Jahrhundert, Stuttgart 2012, S. 295–313.

– Zwischen heilsgeschichtlichen Erwartungen und Judenfeindschaft: Der judenmissionarische „Verein der Freunde Israels" 1870 bis 1945, in: Schweizerische Zeitschrift für Religions- und Kulturgeschichte 104 (2010), S. 335–363.

Meyer, Dietrich, Zinzendorf und Herrnhut, in: Geschichte des Pietismus, Bd. 2: Der Pietismus im achtzehnten Jahrhundert, hrsg. von Martin Brecht/Klaus Deppermann, Göttingen 1995, S. 3–115.

Meyer, Helmut/Schneider, Bernhard, Mission und Diakonie. Die Geschichte der Evangelischen Gesellschaft des Kantons Zürich, Zürich 2011.

Michelis, Cesare G. de, The Non-Existent Manuscript. A Study of the „Protocols of the Sages of Zion", Lincoln/London 2004.

Miles, Robert, Rassismus. Einführung in die Geschichte und Theorie eines Begriffs, 3. Aufl., Hamburg/Berlin 1999.

Mosse, George L., Die Geschichte des Rassismus, Frankfurt a. M. 2006.

– Die Juden im Zeitalter des modernen Nationalismus, in: Peter Alter/Claus-Ekkehard Bärsch/Peter Berghoff (Hrsg.), Die Konstruktion der Nation gegen die Juden, München 1999, S. 15–25.

Narbel, Nathalie, Un ouragan de prudence. Les Eglises protestantes vaudoises et les réfugiés victimes du nazisme (1933–1949), Genf 2003.

Neiss, Marion, Art. ‚Rtiualmordvorwurf in Konitz (1900)‘, in: Handbuch des Antisemitismus. Judenfeindschaft in Geschichte und Gegenwart, hrsg. von Wolfgang Benz, Bd. 4, Ereignisse, Dekrete, Kontroversen, Berlin/Boston 2011, S. 343–347.

Nicholls, William, Christian Antisemitism. A History of Hate, Northvale 1993.

Niewyk, Donald, Solving the „Jewish Problem". Continuity and Change in German Antisemitism 1871–1945, in: Leo Baeck International Year Book 35 (1990), S. 335–370.

Noack, Hannelore, Unbelehrbar? Antijüdische Agitation mit entstellten Talmudzitaten. Antisemitische Aufwiegelung durch Verteufelung der Juden, Paderborn 2001.

Noiriel, Gérard, Immigration, antisémitisme et racisme en France (XIXe-XXe siècle). Discours publics, humiliations privées, Paris 2007.

Nonn, Christoph, Antisemitismus, Darmstadt 2008.

– Eine Stadt sucht einen Mörder. Gerücht, Gewalt und Antisemitismus im Kaiserreich, Göttingen 2002.

– Ritualmordgerüchte als Form von populärem Antisemitismus – Eine katholische Spezialität?, in: Olaf Blaschke/Aram Mattioli (Hrsg.), Katholischer Antisemitismus im 19. Jahrhundert. Ursachen und Traditionen im internationalen Vergleich, Zürich 2000, S. 145–159.

Nordbruch, Götz, Art. ‚Damaskus-Affäre (1840)‘, in: Handbuch des Antisemitismus. Judenfeindschaft in Geschichte und Gegenwart, hrsg. von Wolfgang Benz, Bd. 4, Ereignisse, Dekrete, Kontroversen, Berlin/Boston 2011, S. 80–81.

Nordmann, Ingeborg, Neunzehntes Bild: „Der Intellektuelle". Ein Phantasma, in: Julius H. Schoeps/Joachim Schlör (Hrsg.), Antisemitismus. Vorurteile und Mythen, München 1995, S. 252–259.

Nöthiger-Strahm, Christine, Der deutsch-schweizerische Protestantismus und der Landesstreik von 1918. Die Auseinandersetzung der Kirche mit der sozialen Frage zu Beginn des 20. Jahrhunderts, Bern/Frankfurt a. M./Las Vegas 1981.

Nowak, Kurt, Protestantismus und Judentum im Deutschen Kaiserreich (1870/71–1918). Beobachtungen zum Stand der Forschung, in: ders., Kirchliche Zeitgeschichte interdisziplinär. Beiträge 1984–2001, hrsg. von Jochen-Christoph Kaiser, Stuttgart 2002, S. 164–185.

– /Raulet, Gérard (Hrsg.), Protestantismus und Antisemitismus in der Weimarer Republik, Frankfurt a. M./New York 1994.

Oberman, Heiko A., Wurzeln des Antisemitismus. Christenangst und Judenplage im Zeitalter von Humanismus und Reformation, Berlin 1981.

Pauley, Bruce F., Eine Geschichte des österreichischen Antisemitismus. Von der Ausgrenzung zur Auslöschung, Wien 1993.

Perry, Yaron/Petry, Erik (Hrsg.), Das Erwachen Palästinas im 19. Jahrhundert. Alex Carmel zum 70. Geburtstag, Stuttgart/Berlin/Köln 2001.

Peter, Niklaus, Art. ‚Ebrard, Johann Heinrich August‘, in: Historisches Lexikon der Schweiz, http://www.hls-dhs-dss.ch/textes/d/D10583.php, 26. 9. 2013.

Pfahl-Traughber, Armin, Antisemitismus in der christlich-europäischen und islamisch-arabischen Welt. Eine vergleichende Betrachtung in ideologietheoretischer Perspektive, in: Jahrbuch für Antisemitismusforschung 13 (2004), S. 67–83.

Pfister, Rudolf, Kirchengeschichte der Schweiz, Bd. 2: Von der Reformation bis zum Zweiten Villmerger Krieg, Zürich 1974.

Pfister, Rudolf, Kirchengeschichte der Schweiz, Bd. 3: Von 1720 bis 1950, Zürich 1985.

Pfisterer, Rudolf, „… sein Blut komme über uns …“ Antijudaismus im Neuen Testament?
– Fragen an den kirchlichen Unterricht, in: Wolf-Dieter Marsch/Karl Thieme (Hrsg.), Christen und Juden. Ihr Gegenüber vom Apostelkonzil bis heute, Mainz/Göttingen 1961, S. 19–58.

Picard, Edit Anita, Die deutsche Einigung im Lichte der schweizerischen Öffentlichkeit 1866–1871, Zürich 1940.

Picard, Jacques, Die Schweiz und die Juden 1933–1945. Schweizerischer Antisemitismus, jüdische Abwehr und internationale Migrations- und Flüchtlingspolitik, 3. Aufl., Zürich 1997.

Pilet, Jacques, Le crime nazi de Payerne 1942 en Suisse. Un Juif tué ‚pour l'exemple‘, Lausanne 1977.

Poliakov, Léon, Der arische Mythos, Zu den Quellen von Rassismus und Nationalismus, Hamburg 1993.

– Geschichte des Antisemitismus, 8 Bde., Worms/Frankfurt a. M. 1977–1989.

Poorthuis, Marcel/Salemink, Theo, Een donkere spiegel. Nederlandse katholieken over joden, 1870–2005. Tussen antisemitisme en erkenning, Antwerpen 2006.

Pufelska, Agnieszka, ‚Judäo-Kommunie‘ – ein Feindbild in Polen. Das polnische Selbstverständnis im Schatten des Antisemitismus, Paderborn 2007.

Pulzer, Peter G. J., Die Entstehung des politischen Antisemitismus in Deutschland und Österreich 1867–1914, Göttingen 2004.

Puschner, Uwe et al. (Hrsg.), Handbuch zur Völkischen Bewegung 1871–1918, München 1996.
– /Vollnhals, Clemens (Hrsg.), Die völkisch-religiöse Bewegung im Nationalsozialismus. Eine Beziehungs- und Konfliktgeschichte, Göttingen 2002.

Raaflaub, Beat, Kirchlicher Mahnruf in kritischer Zeit. Der Schweizerische Evangelische Pressedienst 1928–1955, Bern 1977.

Rabinovici, Doron/Speck, Ulrich/Sznaider, Natan (Hrsg.), Neuer Antisemitismus? Eine globale Debatte, Frankfurt a. M. 2004.

Raguse, Hartmut, Im Gespräch: Christlicher Judenhass. Identitatsbildung auf Kosten der „Anderen", in: Judaica 53 (1997), S. 170–182.

Rahden, Till van, Unity, Diversity, and Difference: Jews, Protestants, and Catholics in Breslau Schools During the Kulturkampf, in: Helmut Walser Smith (Hrsg.), Protestants, Catholics and Jews in Germany, 1800–1914, Oxford/New York 2001, S. 217–242.

Raith, Michael, Samuel Preiswerk, in: Kirchenrat der Evangelisch-reformierten Kirche Basel-Stadt, Der Reformation verpflichtet. Gestalten und Gestalter in Stadt und Landschaft Basel aus fünf Jahrhunderten, Basel 1979, S. 91–96.

Raphael, Freddy, Sechstes Bild: „Der Wucherer", in: Julius H. Schoeps/Joachim Schlör (Hrsg.), Antisemitismus. Vorurteile und Mythen, München 1995, S. 103–118.

Reich, Ruedi, Geleitwort, in: Peter Aerne, Religiöse Sozialisten, Jungreformierte und Feldprediger. Konfrontationen im Schweizer Protestantismus 1920–1950, Zürich 2006, S. 13–14.

Reichrath, Hans L., Johann Friedrich Carl Gottlob Heman (1839–1919), in: Pfälzer Lebensbilder, Bd. 5, hrsg. von Hartmut Harthausen, Speyer 1996, S. 135–170.

Reiter, Margit, Das negative Erbe. Die NS-Nachfolgegeneration in Österreich zwischen Antisemitismus und Philosemitismus, in: Jahrbuch für Antisemitismusforschung 16 (2007), S. 87–113.

Rensmann, Lars, Demokratie und Judenbild. Antisemitismus in der politischen Kultur der Bundesrepublik Deutschland, 2. Aufl., Wiesbaden 2005.

– /Faber, Klaus, Philosemitismus und Antisemitismus: Reflexionen zu einem ungleichen Begriffspaar, in: Irene A. Diekmann/Elke-Vera Kotowski (Hrsg.), Geliebter Feind. Gehasster Freund. Antisemitismus und Philosemitismus in Geschichte und Gegenwart. Festschrift zum 65. Geburtstag von Julius H. Schoeps, Berlin 2009, S. 73–91.

– /Schoeps, Julius H., Antisemitismus in der Europäischen Union: Einführung in ein neues Forschungsfeld, in: ders./Julius H. Schoeps (Hrsg.), Feindbild Judentum. Antisemitismus in Europa, Berlin 2008, S. 9–40.

Requate, Jörg, Die Zeitung als Medium politischer Kommunikation, in: Ute Frevert/Wolfgang Braungart (Hrsg.), Sprachen des Politischen. Medien und Medialität in der Geschichte, Göttingen 2004, S. 139–167.

– Journalismus als Beruf. Entstehung und Entwicklung des Journalistenberufs im 19. Jahrhundert. Deutschland im internationalen Vergleich, Göttingen 1995.

– Kommerzialisierung der Presse im frühen 20. Jahrhundert. Konsumierendes und fragmentiertes Publikum, in: Clemens Zimmermann (Hrsg.), Politischer Journalismus, Öffentlichkeiten und Medien im 19. und 20. Jahrhundert, Ostfildern 2006, 121–137.

– Öffentlichkeit und Medien als Gegenstände historischer Analyse, in: Geschichte und Gesellschaft. Zeitschrift für Historische Sozialwissenschaft 25 (1999) 1, S. 5–32.

Retallack, James N., Notables of the Right. The Conservative Party and Political Mobilization in Germany, 1876–1918, Boston 1988.

Riegner, Gerhart M., Vorbeugender Antisemitismus, in: Madeleine Dreyfus/Jürg Fischer (Hrsg.), Manifest vom 21. Januar 1997. Geschichtsbilder und Antisemitismus in der Schweiz, Zürich 1997, S. 49–56.

Ries, Markus, Katholischer Antisemitismus in der Schweiz, in: Aram Mattioli (Hrsg.), Antisemitismus in der Schweiz 1848–1960, Zürich 1998, S. 45–57.

Rinderknecht, Peter, Der „Eidgenössische Verein" 1875–1913. Die Geschichte der protestantisch-konservativen Parteibildung im Bundesstaat, Affoltern a. A. 1949.

Rinke, Stefan, Art. ‚Limpieza de sangre', in: Handbuch des Antisemitismus, Judenfeindschaft in Geschichte und Gegenwart, hrsg. von Wolfgang Benz, Bd. 3, Begriffe, Theorien, Ideologien, Berlin/New York 2010, S. 191–192.

Rohrbacher, Stefan, Antijüdische Gewalt im frühen 19. Jahrhundert, in: Wolfgang Benz/Angelika Königseder (Hrsg.), Judenfeindschaft als Paradigma. Studien zur Vorurteilsforschung, Berlin 2002, S. 49–57.

– Deutsche Revolution und antijüdische Gewalt (1815–1848/49), in: Peter Alter/Claus-Ekkehard Bärsch/Peter Berghoff (Hrsg.), Die Konstruktion der Nation gegen die Juden, München 1999, S. 29–47.

– Gewalt im Biedermeier. Antijüdische Ausschreitungen in Vormärz und Revolution (1815–48/49), Frankfurt a. M./New York 1993.

– /Schmidt, Michael, Judenbilder. Kulturgeschichte antijüdischer Mythen und antisemitischer Vorurteile, Reinbek bei Hamburg 1991.

Roschewski, Heinz, Rothmund und die Juden. Eine historische Fallstudie des Antisemitismus in der schweizerischen Flüchtlingspolitik 1933–1957, Basel 1997.

Rosenberg, Hans, Große Depression und Bismarckzeit. Wirtschaftsablauf, Gesellschaft und Politik in Mitteleuropa, Berlin 1967.

Rosenstock, Roland, Evangelische Presse im 20. Jahrhundert, Stuttgart/Zürich 2002.

Rotach, Peter, Gustav, Benz, in: Kirchenrat der Evangelisch-reformierten Kirche Basel-Stadt, Der Reformation verpflichtet. Gestalten und Gestalter in Stadt und Landschaft Basel aus fünf Jahrhunderten, Basel 1979, S. 147–153.

Roth, Dorothea, Die Politik der Liberal-Konservativen in Basel 1875–1914, Basel 1988.

Ruether, Rosemary R., Faith and Fratricide. The Theological Roots of Anti-Semitism, New York 1974.

– The Theological Roots of Anti-Semitism, in: Helen Fein, The Persisting Question. Sociological Perspectives and Social Contexts of Modern Antisemitism, Berlin/New York 1987, S. 23–45.

Rürup, Reinhard, Die ‚Judenfrage' der bürgerlichen Gesellschaft und die Entstehung des modernen Antisemitismus, in: ders., Emanzipation und Antisemitismus. Studien zur „Judenfrage" der bürgerlichen Gesellschaft, Frankfurt a. M. 1987, S. 93–119.

– /Nipperdey, Thomas, Antisemitismus – Entstehung, Funktion und Geschichte eines Begriffs, in: ders., Emanzipation und Antisemitismus. Studien zur „Judenfrage" der bürgerlichen Gesellschaft, Frankfurt a. M. 1987, S. 120–144.

– /Nipperdey, Thomas, Art. ‚Antisemitismus', in: Geschichtliche Grundbegriffe. Historisches Lexikon zur politisch-sozialen Sprache, hrsg. von Otto Brunner/Werner Conze/Reinhart Koselleck, Bd. 1, Stuttgart 1972, S. 129–153.

Rusterholz, Heinrich, Karl Barth und der Flüchtlingspfarrer Paul Vogt, in: Michael Beintker/Christian Link/Michael Trowitzsch (Hrsg.), Karl Barth im europäischen

Zeitgeschehen (1935–1950). Widerstand – Bewährung – Orientierung, Zürich 2010, S. 183–211.

Salemink, Theo/De Maeyer, Jan (Hrsg.), Themanummer „Katholicisme en antisemitisme", in: Trajecta 15 (2006) 1/2.

Salvisberg, Hugo P., Salomon und Ulrich Zellweger. Appenzeller Wegbereiter offener Wirtschaftsgrenzen, Zürich 2008.

Salzborn, Samuel, Antisemitismus als negative Leitidee der Moderne. Sozialwissenschaftliche Theorien im Vergleich, Frankfurt a. M. 2010.

Sammons, Jeffrey L., Die Protokolle der Weisen von Zion. Die Grundlage des modernen Antisemitismus – eine Fälschung. Text und Kommentar, 2. Aufl., Göttingen 2003.

Sarasin, Philipp, Infizierte Körper, kontaminierte Sprachen. Metaphern als Gegenstand der Wissenschaftsgeschichte, in: ders., Geschichtswissenschaft und Diskursanalyse, Frankfurt a. M. 2003, S. 191–230.

Schäfer, Julia, Vermessen – gezeichnet – verlacht. Judenbilder in populären Zeitschriften 1918–1933, Frankfurt a. M. 2005.

Schindler, Regine, Art. ‚Heusser[-Schweizer], Meta', in: Historisches Lexikon der Schweiz, http://www.hls-dhs-dss.ch/textes/d/D11948.php, 28. 10. 2013.

Schindler-Hürlimann, Regine, Die Memorabilien der Meta Heusser-Schweizer (1797–1876), Zürich 2007.

Schläpfer, Walter, Pressegeschichte des Kantons Appenzell Ausserrhoden. Das Zeitungswesen im Kanton Appenzell Ausserrhoden in seiner geschichtlichen Entwicklung. Mit einem Verzeichnis der den Kanton betreffenden Zeitungen und Zeitschriften, Herisau 1978.

Schleicher, Regina, Antisemitismus in der Karikatur. Zur Bildpublizistik in der französischen Dritten Republik und im deutschen Kaiserreich (1871–1914), Frankfurt a. M. 2009.

Schmid, Max, Schalom! Wir werden euch töten. Texte und Dokumente zum Antisemitismus in der Schweiz 1930–1980, Zürich 1979.

Schmidt, Alexander/Wager, Melanie, Art. ‚Der Stürmer (1923–1945)', in: Handbuch des Antisemitismus. Judenfeindschaft in Geschichte und Gegenwart, hrsg. von Wolfgang Benz, Bd. 6, Publikationen, Berlin/Boston 2013, S. 671–673.

Schmidt, Johann M., Das Erbe Martin Luthers im Spiegel seiner Wirkungen auf die „Judenfrage" zu Beginn des Kirchenkampfes, in: Heinz Kremers (Hrsg.), Die Juden und Martin Luther – Martin Luther und die Juden, 2. Aufl., Neukirchen-Vluyn 1987, S. 319–349.

Schmidt, Martin, Judentum und Christentum im Pietismus des 17. und 18. Jahrhunderts, in: Karl Heinrich Rengstorf/Siegfried von Kortzfleisch (Hrsg.), Kirche und Synagoge. Handbuch zur Geschichte von Christen und Juden, Bd. 2, Stuttgart 1970, S. 87–128.

Schoeps, Hans-Joachim, Philosemitismus im Barock. Religions- und geistesgeschichtliche Untersuchungen, Tübingen 1952.

Schoeps, Julius H./Simon, Hermann (Hrsg.), Dreyfus und die Folgen, Berlin 1995.

Schönauer, Franziska, Art. ‚Steinberg, Salomon David', in: Historisches Lexikon der Schweiz, http://www.hls-dhs-dss.ch/textes/d/D29453.php, 16. 2. 2014.

Schreckenberg, Heinz, Die christlichen Adversus-Judaeos-Texte und ihr literarisches und historisches Umfeld (1.–11. Jh.), Frankfurt a. M./Bern 1982.

Schreiner, Stefan, Jüdische Reaktionen auf die Reformation – einige Anmerkungen, in: Judaica 39 (1983), S. 150–165.

Schrenk, Viola, „Seelen Christo zuführen". Die Anfänge der preußischen Judenmission, Berlin 2007.

Schwabl, Hans, Feindliches und Freundliches über das Volk der Juden im klassischen Altertum, in: Jüdisches Museum der Stadt Wien (Hrsg.), Die Macht der Bilder. Antisemitische Vorurteile und Mythen, Wien 1995, S. 21–29.

Schwartz, Daniel R., From Feuding Medievalists to the Berlin Antisemitismusstreit of 1879–1881, in: Jahrbuch für Antisemitismusforschung 3 (1994), S. 239–267.

Schweizer, Paul, Freisinnig – Positiv – Religiössozial. Ein Beitrag zur Geschichte der Richtungen im Schweizerischen Protestantismus, Zürich 1972.

Schweizerische Bischofskonferenz/Schweizerischer Evangelischer Kirchenbund/Schweizerischer Israelitischer Gemeindebund (Hrsg.), Der Grundstein jüdisch-christlicher Begegnung ist gelegt! 60 Jahre Seelisberger Thesen, Bern/Fribourg/Zürich 2007.

Selig, Wolfram, Art. ‚Judenzählung (1916)', in: Handbuch des Antisemitismus. Judenfeindschaft in Geschichte und Gegenwart, hrsg. von Wolfgang Benz, Bd. 4, Ereignisse, Dekrete, Kontroversen, Berlin/Boston 2011, S. 208–210.

Senarclens, Jean de, Art. ‚Lombard, Alexandre', in: Historisches Lexikon der Schweiz, http://www.hls-dhs-dss.ch/textes/d/D30010.php, 17. 11. 2013.

Showalter, Denis E., Little man, what now? Der Stürmer in the Weimar Republic, Hambden 1982.

Siegele-Wenschkewitz, Leonore, Christlicher Antijudaismus und Antisemitismus. Theologische und kirchliche Programme Deutscher Christen, Frankfurt a. M. 1994, S. 293–317.

Sigrist, Simona, ‚Das Neue Volk'. Eine integralistisch-fundamentalistische Zeitung 1950–1975, Freiburg i. Ue. 2005.

Skenderovic, Damir, The Radical Right in Switzerland. Continuity and Change, 1945–2000, New York/Oxford 2009.

Späti, Christina, Die Schweiz und die zionistische Bewegung 1917–1948: Zwischen Bewunderung, Gleichgültigkeit und Ablehnung, in: Barbara Haider-Wilson/Dominique Trimbur (Hrsg.), Europa und Palästina 1799–1948: Religion – Politik – Gesellschaft, Wien 2010, S. 315–338.

–  Die schweizerische Linke und Israel. Israelbegeisterung, Antizionismus und Antisemitismus zwischen 1967 und 1991, Essen 2006.

–  Ein radikaler Exponent des katholischen Antisemitismus in den 1920er Jahren: Josef Böni (1895–1974), in: Zeitschrift für Schweizerische Kirchengeschichte 92 (1998), S. 73–90.

–  Enttabuisierung eines Vorurteils: Antisemitismus in der Schweiz, in: Lars Rensmann/Julius Schoeps (Hrsg.), Antisemitismus in der Europäischen Union, S. 183–215.

Spieler, Willy, Fragmente zum Doppeljubiläum, in: Neue Wege 90 (1996) 12, S. 342–348.

–  /Howald Stefan/Brassel-Moser Ruedi, Für die Freiheit des Wortes. Neue Wege durch ein Jahrhundert im Spiegel der Zeitschrift des religiösen Sozialismus, Zürich 2009.

Stadler, Peter, Der Kulturkampf in der Schweiz. Eidgenossenschaft und Katholische Kirche im europäischen Umkreis 1848–1888, Frauenfeld/Stuttgart 1984.

– Die Schweiz und die deutsche Reichsgründung, in: Geschichte in Wissenschaft und Unterricht, Zeitschrift des Verbandes der Geschichtslehrer Deutschlands, Stuttgart 25 (1974) 4, S. 209–227.

Stalder, Paul, Fromme Zeitschriften in Basel im 19. Jahrhundert, in: Thomas K. Kuhn/Martin Sallmann, Das „Fromme Basel". Religion in einer Stadt des 19. Jahrhunderts, Basel 2002, S. 199–204.

Statistik der schweizerischen Journale vom Jahre 1872 für die Wiener Weltausstellung, Basel 1873.

Staudacher, Anna, Jüdische Konvertiten in Wien 1782–1858, Frankfurt a. M. 2002.

Stegemann, Ekkehard W., Christliche Wurzeln der Judenfeindschaft, vom Neuen Testament bis heute. Markus Mattmüller zum sechzigsten Geburtstag, in: Reformatio 37 (1988) 2, S. 366–379.

– Der Protestantismus: Zwischen Neuanfang und Beharrung, in: Herbert A. Strauss/Werner Bergmann/Christhard Hoffmann (Hrsg.), Der Antisemitismus der Gegenwart, Frankfurt/New York 1990, S. 49–65.

– Die Tragödie der Nähe. Zu den judenfeindlichen Aussagen des Johannesevangeliums, in: Kirche und Israel 4 (1989), S. 114–122.

– Vom Unverständnis eines Wohlmeinenden. Der reformierte Theologe Wilhelm Vischer und sein Verhältnis zum Judentum während der Zeit des Nationalsozialismus, in: Aram Mattioli (Hrsg.), Antisemitismus in der Schweiz 1848–1960, Zürich 1998, S. 501–519.

– Zionismus und Christentum, in: ders. (Hrsg.), 100 Jahre Zionismus. Von der Verwirklichung einer Vision, Stuttgart/Berlin/Köln 2000, S. 136–143.

Stemberger, Günter, Von einer jüdischen Sekte zur Weltreligion, in: Rainer Kampling/Bruno Schlegelberger (Hrsg.), Wahrnehmung des Fremden. Christentum und andere Religionen, Berlin 1996, S. 73–85.

Stern, Frank, „Der Ewige Jude" – Stereotype auf der europäischen Wanderung, in: Jüdisches Museum der Stadt Wien (Hrsg.), Die Macht der Bilder. Antisemitische Vorurteile und Mythen, Wien 1995, S. 117–121.

– Im Anfang war Auschwitz. Antisemitismus und Philosemitismus im deutschen Nachkrieg, Gerlingen 1991.

Stern, Menahem, Greek and Latin Authors on Jews and Judaism. Edited with Introductions, Translations and Commentary, 3 Bde., Jerusalem 1974–1984.

Stöhr, Martin, Martin Luther und die Juden, in: Wolf-Dieter Marsch/Karl Thieme (Hrsg.), Christen und Juden. Ihr Gegenüber vom Apostelkonzil bis heute, Mainz/Göttingen 1961, S. 115–140.

Strauss, Herbert A., Einleitung – Vom modernen zum neuen Antisemitismus, in: ders./Werner Bergmann/Christhard Hoffmann (Hrsg.), Der Antisemitismus der Gegenwart, Frankfurt/New York 1990, S. 7–25.

Stückelberger, Hans Martin, Die evangelische Pfarrerschaft des Kantons St. Gallen. Seit dem Bestehen jeder reformierten Kirchgemeinde bis 1979 zusammengestellt und mit biographischen Notizen versehen, St. Gallen 1971.

Stutz, Hans, Der Judenmord von Payerne, Zürich 2000.

Suter, Andreas/Hettling, Manfred, Struktur und Ereignis – Wege zu einer Sozialgeschichte des Ereignisses, in: ders./Manfred Hettling (Hrsg.), Struktur und Ereignis, Göttingen 2001, S. 7–32.

Swartzburg, Mark, Art. ‚The Three Hundred‘, in: Antisemitism. A Historical Encyclopedia of Prejudice and Persecution, Bd. 2, hrsg. von Richard S. Levy, Santa Barbara 2005, S. 705.

Taguieff, Pierre-André, La nouvelle judéophobie, Paris 2002.

Tal, Uriel, Christians and Jews in Germany. Religion, Politics, and Ideology in the Second Reich, 1870–1914, London 1975.

Taylor, Miriam S., Anti-Judaism and Early Christian Identity. A Critique of the Scholarly Consensus, Leiden 1995.

Thalmann, Rita R., Die Schwäche des Kulturprotestantismus bei der Bekämpfung des Antisemitismus, in: Kurt Nowak/Gérard Raulet (Hrsg.), Protestantismus und Antisemitismus in der Weimarer Republik, Frankfurt a. M./New York 1994, S. 147–165.

Ther, Philipp, Comparisons, Cultural Transfers, and the Study of Networks. Toward a Transnational History of Europe, in: Heinz-Gerhard Haupt/Jürgen Kocka (Hrsg.), Comparative and Transnational History. Central European Approaches and New Perspectives, S. 204–225.

Töllner, Axel, Art. ‚Arierparagraph‘, in: Handbuch des Antisemitismus, Judenfeindschaft in Geschichte und Gegenwart, hrsg. von Wolfgang Benz, Bd. 3, Begriffe, Theorien, Ideologien, Berlin/New York 2010, S. 28–30.

Torres, Max Sebastián, Rassismus in der Vormoderne. Die „Reinheit des Blutes" im Spanien der Frühen Neuzeit, Frankfurt a. M. 2006.

Trimbur, Dominique, Art. ‚Alliance Israélite Universelle (Frankreich)‘, in: Handbuch des Antisemitismus. Judenfeindschaft in Geschichte und Gegenwart, hrsg. von Wolfgang Benz, Bd. 5, Organisationen, Institutionen, Bewegungen, Berlin/Boston 2012, S. 14–16.

Tschirren, Jürg, Negationistische Propaganda in der Schweiz 1946–1994, unveröffentlichte Lizentiatsarbeit Universität Freiburg i. Ue. 1999.

Unabhängige Expertenkommission Schweiz – Zweiter Weltkrieg, Die Schweiz und die Flüchtlinge zur Zeit des Nationalsozialismus. Veröffentlichungen der Unabhängigen Expertenkommission Schweiz – Zweiter Weltkrieg, Band 17, überarbeitete und ergänzte Fassung des Zwischenberichts von 1999, Zürich 2001.

– Die Schweiz und die Flüchtlinge zur Zeit des Nationalsozialismus, Zürich 2001.

– Die Schweiz, der Nationalsozialismus und der Zweite Weltkrieg. Schlussbericht, 2. Aufl., Zürich 2002.

Urner, Klaus, Die Deutschen in der Schweiz. Von den Anfängen der Kolonienbildung bis zum Ausbruch des Ersten Weltkrieges, Frauenfeld/Stuttgart 1976.

– Die Gründung der „Schweizerischen Monatshefte für Politik und Kultur", in: Schweizer Monatshefte 50 (1971) 12, S. 1064–1078.

Vetter, Matthias, Art. ‚Marx, Karl‘, in: Handbuch des Antisemitismus. Judenfeindschaft in Geschichte und Gegenwart, hrsg. von Wolfgang Benz, Bd. 2/2: Personen, Berlin 2009, S. 525–526.

Virchow, Fabian, Art. ‚The International Jew (Henry Ford, 1920–1922)', in: Handbuch des Antisemitismus. Judenfeindschaft in Geschichte und Gegenwart, hrsg. von Wolfgang Benz, Bd. 6, Publikationen, Berlin/Boston 2013, S. 288–289.

Vischer, Eduard, Die deutsche Reichsgründung von 1871 im Urteil schweizerischer Zeitgenossen, in: Schweizerische Zeitschrift für Geschichte 1 (1951) 3, S. 452–484.

Vischer, Lukas/Schenker, Lukas/Dellsperger, Rudolf (Hrsg.), Ökumenische Kirchengeschichte der Schweiz, Freiburg i. Ue./Basel 1994.

Vogt, Peter, Nachwort des Herausgebers, in: ders. (Hrsg.), Zwischen Bekehrungseifer und Philosemitismus. Texte zur Stellung des Pietismus zum Judentum, Leipzig 2007, S. 118–123.

– (Hrsg.), Zwischen Bekehrungseifer und Philosemitismus. Texte zur Stellung des Pietismus zum Judentum, Leipzig 2007.

– The Attitude of Eighteenth Century German Pietism toward Jews and Judaism: A Case of Philo-Semitism?, in: Covenant Quarterly 56 (1998), S. 18–32.

Volkov, Shulamit, Antisemitismus als kultureller Code, in: dies., Antisemitismus als kultureller Code. Zehn Essays, 2. Aufl., München 2000, S. 13–36.

– Antisemitismus und Antifeminismus: Soziale Norm oder kultureller Code, in: dies., Das jüdische Projekt der Moderne. Zehn Essays, München 2001, S. 62–81.

– Antisemitismus und Anti-Zionismus: Unterschiede und Parallelen, in: dies., Antisemitismus als kultureller Code. Zehn Essays, 2. Aufl., München 2000, S. 76–87.

– Das geschriebene und das gesprochene Wort. Über Kontinuität und Diskontinuität im deutschen Antisemitismus, in: dies., Antisemitismus als kultureller Code. Zehn Essays, 2. Aufl., München 2000, S. 54–75.

– Nationalismus, Antisemitismus und die deutsche Geschichtsschreibung, in: Peter Alter/Claus-Ekkehard Bärsch/Peter Berghoff (Hrsg.), Die Konstruktion der Nation gegen die Juden, München 1999, S. 261–271.

– Zur sozialen und politischen Funktion des Antisemitismus: Handwerker im späten 19. Jahrhundert, in: dies., Antisemitismus als kultureller Code. Zehn Essays, 2. Aufl., München 2000, S. 37–53.

Vollenweider, Samuel, Antijudaismus im Neuen Testament. Der Anfang einer unseligen Tradition, in: Walter Dietrich/Martin George/Ulrich Luz (Hrsg.), Antijudaismus – christliche Erblast, Stuttgart/Berlin/Köln 1999, S. 40–55.

Waeger, Gerhart. Die Sündenböcke der Schweiz. Die Zweihundert im Urteil der geschichtlichen Dokumente 1940–1946, Olten 1971.

Wallmann, Johannes, Der alte und der neue Bund. Zur Haltung des Pietismus gegenüber den Juden, in: Geschichte des Pietismus, Bd. 4: Glaubenswelt und Lebenswelten, hrsg. von Hartmut Lehmann, Göttingen 2004, S. 143–165.

– The Reception of Luther's Writings on the Jews from the Reformation to the End of the 19th Century, in: Lutheran Quarterly 1 (1987), S. 72–97.

Walser Smith, Helmut (Hrsg.), Protestants, Catholics and Jews in Germany, 1800–1914, Oxford/New York 2001.

– Alltag und politischer Antisemitismus in Baden 1890–1900, in: Zeitschrift für die Geschichte des Oberrheins 141 (1993), S. 280–303.

- Die Geschichte des Schlachters. Mord und Antisemitismus in einer deutschen Kleinstadt, Göttingen 2002.
- The Discourse of Usury. Relations between Christians and Jews in the German Countryside 1880–1914, in: Central European History 32 (1999), S. 255–276.
Walz, Rainer, Der vormoderne Antisemitismus: Religiöser Fanatismus oder Rassenwahn?,
in: Historische Zeitschrift 260 (1995), S. 719–747.
Weber, Karl, Die Zeitschrift im Geistesleben der Schweiz, Bern 1943.
Wechsler, Judith, Lavater, Stereotype and Prejudice, in: Ellis Shookman (Hrsg.), The Faces
of Physiognomy. Interdisciplinary Approaches to Johann Caspar Lavater, Columbia
1993, S. 104–125.
Weichlein, Siegfried, Sozialmilieus und politische Kultur in der Weimarer Republik, Göt-
tingen 1996.
Weigel, Bjoern, Art. ‚Dreyfus-Affäre, in: Handbuch des Antisemitismus. Judenfeindschaft
in Geschichte und Gegenwart, hrsg. von Wolfgang Benz, Bd. 4, Ereignisse, Dekrete,
Kontroversen, Berlin/Boston 2011, S. 90–93.
- Art. ‚Verjudung‘, in: Handbuch des Antisemitismus. Judenfeindschaft in Geschichte
und Gegenwart, hrsg. von Wolfgang Benz, Bd. 3, Begriffe, Theorien, Ideologien, Ber-
lin/New York 2010, S. 331–332.
Weinberg, Sonja, Pogroms and Riots. German Press Responses to Anti-Jewish Violence in
Germany and Russia (1881–1882), Frankfurt a. M. 2010.
Wellenreuther, Herrmann, Pietismus und Mission. Vom 17. bis zum Beginn des 20. Jahrhun-
derts, in: Geschichte des Pietismus, Bd. 4: Glaubenswelt und Lebenswelten, hrsg. von
Hartmut Lehmann, S. 166–193.
Wengst, Klaus, Christliche Identitätsbildung im Gegenüber und im Gegensatz zum Juden-
tum zwischen 70–135 d. Zt., in: Kirche und Israel 13 (1998), S. 99–105.
Werner, Michael/Zimmermann, Bénédicte, Vergleich, Transfer, Verflechtung. Der Ansatz
der Histoire croisée und die Herausforderung des Transnationalen, in: Geschichte und
Gesellschaft 28 (2002) 4, S. 607–636.
Weyer, Adam, Die Juden in den Predigten Martin Luthers, in: Heinz Kremers (Hrsg.), Die
Juden und Martin Luther – Martin Luther und die Juden, 2. Aufl., Neukirchen-Vluyn
1987, S. 163–170.
Wiede, Wiebke, Antisemitismus zum Nachschlagen. Definitionen und Indifferenzen in
deutschsprachigen Lexika des Kaiserreichs und der Weimarer Republik, in: Jahrbuch
für Antisemitismusforschung 21 (2012), S. 294–324.
Wiedmann, Arnd, Imperialismus – Militarismus – Sozialismus. Der deutschschweizerische
Protestantismus in seinen Zeitschriften und die grossen Fragen der Zeit 1900–1930,
Bern et al. 1995.
Wigger, Iris, „Gegen die Kultur und Zivilisation aller Weißen“. Die internationale rassis-
tische Kampagne gegen die Schwarze Schmach, in: Susanne Meinl/Irmtrud Wojak
(Hrsg.), Grenzenlose Vorurteile. Antisemitismus, Nationalismus und ethnische Kon-
flikte in verschiedenen Kulturen. Jahrbuch 2002 zur Geschichte und Wirkung des Ho-
locaust, Frankfurt a. M./New York 2002, S. 101–128.

- Die „Schwarze Schmach am Rhein". Rassistische Diskriminierung zwischen Geschlecht, Klasse, Nation und Rasse, Münster 2006.

Wilke, Jürgen, Grundzüge der Medien- und Kommunikationsgeschichte, Köln/Weimar/ Wien 2008.

Willi, Thomas, Die Geschichte des Vereins der Freunde Israels in Basel, in: ders. (Hrsg.), Der Verein der Freunde Israels 150 Jahre. Schweizerische Evangelische Judenmission. Stiftung für Kirche und Judentum, Basel 1980, S. 10–75.

Winkler, Heinrich August, Die deutsche Gesellschaft der Weimarer Republik und der Antisemitismus – Juden als ‚Blitzableiter‘, in: Wolfgang Benz/Werner Bergmann (Hrsg.), Vorurteil und Völkermord. Entwicklungslinien des Antisemitismus, Bonn 1997, S. 341–362.

Wippermann, Wolfgang, Agenten des Bösen. Verschwörungstheorien von Luther bis heute, Berlin 2007.

Wirth, Wolfgang, Judenfeindschaft von der frühen Kirche bis zu den Kreuzzügen. „... von jener schimpflichen Gemeinschaft uns trennen", in: Günther B. Ginzel (Hrsg.), Antisemitismus. Erscheinungsformen der Judenfeindschaft gestern und heute, Bielefeld 1991, S. 53–70.

Wirz, Albert, Für eine transnationale Gesellschaftsgeschichte, in: Geschichte und Gesellschaft 27 (2001) 3, S. 489–498.

Wistrich, Robert, Antisemitism. The Longest Hatred, New York 1991.

Wolf, Hubert, Papst und Teufel. Die Archive des Vatikan und das Dritte Reich, München 2008.

Wolf, Walter, Eine namenlose Not bittet um Einlass. Schaffhauser reformierte Kirche im Spannungsfeld 1933–1945, Schaffhausen 1997.

- Faschismus in der Schweiz. Die Geschichte der Frontenbewegungen in der deutschen Schweiz, 1930–1945, Zürich 1969.

Wolffsohn, Michael, Juden und Christen – ungleiche Geschwister. Die Geschichte zweier Rivalen, Düsseldorf 2008.

Wyrwa, Ulrich, Art. ‚Antisemiten-Liga‘, in: Handbuch des Antisemitismus. Judenfeindschaft in Geschichte und Gegenwart, hrsg. von Wolfgang Benz, Bd. 5, Organisationen, Institutionen, Bewegungen, Berlin/Boston 2012, S. 30–33.

- Art. ‚Antisemitenpetition‘, in: Handbuch des Antisemitismus. Judenfeindschaft in Geschichte und Gegenwart, hrsg. von Wolfgang Benz, Bd. 4, Ereignisse, Dekrete, Kontroversen, Berlin/Boston 2011, S. 5–7.

- Art. ‚Bismarck, Otto von‘, in: Handbuch des Antisemitismus. Judenfeindschaft in Geschichte und Gegenwart, hrsg. von Wolfgang Benz, Bd. 2/1: Personen, Berlin 2009, S. 86–89.

- Art. ‚Emanzipation der Juden‘, in: Handbuch des Antisemitismus, Judenfeindschaft in Geschichte und Gegenwart, hrsg. von Wolfgang Benz, Bd. 3, Begriffe, Theorien, Ideologien, Berlin/New York 2010, S. 64–67.

- Art. ‚Moderner Antisemitismus‘, in: Handbuch des Antisemitismus, Judenfeindschaft in Geschichte und Gegenwart, hrsg. von Wolfgang Benz, Bd. 3, Begriffe, Theorien, Ideologien, Berlin/New York 2010, S. 209–214.

- Die Emanzipation der Juden in Europa, in: Elke-Vera Kotowski/Julius H. Schoeps/Hiltrud Wallenborn (Hrsg.), Handbuch zur Geschichte der Juden in Europa, Bd. 2: Religion, Kultur, Alltag, Darmstadt 2001, S. 336–352.
- Rez. zu: Klaus Holz, Nationaler Antisemitismus. Wissenssoziologie einer Weltanschauung, Hamburg 2001, in: H-Soz-u-Kult, 19. 11. 2003, http://hsozkult.geschichte.hu-berlin.de/rezensionen/2003-4-102, 19. 6. 2013.

Zander, Ulrike, Philosemitismus im deutschen Protestantismus nach dem Zweiten Weltkrieg. Begriffliche Dilemmata und auszuhaltende Diskurse am Beispiel der Evangelischen Kirche im Rheinland und in Westfalen, Münster 2007.

Zeitungs-Katalog der Schweiz, hrsg. vom Verband Schweizerischer Annoncen-Expeditionen, Zürich 1943.

Zeitungs-Katalog, hrsg. von der Schweizer-Annoncen A.-G., Basel 1938.

Zeugin, Bettina, Die 22 Zionistenkongresse bis zur Staatsgründung Israels. Ein kurzer Überblick, in: Der Erste Zionistenkongress von 1897 – Ursachen, Bedeutung, Aktualität, hrsg. von Heiko Haumann in Zusammenarbeit mit Peter Haber/Patrick Kury/Kathrin Ringger/Bettina Zeugin, Basel et al. 1997, S. 244–249.

Ziemann, Benjamin, „Linguistische Wende" und „kultureller Code" in der Geschichtsschreibung zum modernen Antisemitismus, in: Jahrbuch für Antisemitismusforschung 14 (2005), S. 301–321.

Zimmer, Oliver, Die ‚Volksgemeinschaft'. Entstehung und Funktion einer nationalen Einheitssemantik in den 1930er Jahren in der Schweiz, in: Kurt Imhof/Heinz Kleger/Gaetano Romano (Hrsg.), Konkordanz und Kalter Krieg. Analyse von Medienereignissen in der Schweiz der Zwischen- und Nachkriegszeit, Zürich 1996, S. 85–109.

Zimmermann, Moshe, Aufkommen und Diskreditierung des Begriffs Antisemitismus, in: Ursula Büttner (Hrsg.), Das Unrechtsregime. Internationale Forschung über den Nationalsozialismus, Bd. 1: Ideologie – Herrschaftssystem – Wirkung in Europa. Festschrift für Werner Jochmann zum 65. Geburtstag, Hamburg 1986, S. 59–77.
- Die „Judenfrage" als „die soziale Frage". Zu Kontinuität und Stellenwert des Antisemitismus vor und nach dem Nationalsozialismus, in: Christof Dipper/Rainer Hudemann/Jens Petersen (Hrsg.), Faschismus und Faschismen im Vergleich. Wolfgang Schieder zum 60. Geburtstag, Köln 1998, S. 149–163.
- Mohammed als Vorbote der NS-Judenpolitik? Zur wechselseitigen Instrumentalisierung von Antisemitismus und Antizionismus, in: Moshe Zuckermann (Hrsg.), Antisemitismus – Antizionismus – Israelkritik, Tel Aviver Jahrbuch für deutsche Geschichte, 33 (2005), S. 290–305.
- Wilhelm Marr. The Patriarch of Anti-Semitism, New York/Oxford 1986.

Zollinger, Konrad, Frischer Wind oder faschistische Reaktion? Die Haltung der Schweizer Presse zum Frontismus, Zürich 1991.

Zopfi, Emil, Zürichs „Heiliger Krieg" von 1839, in: Reformatio 55 (2006) 2, S. 98–107.

Zuckermann, Moshe (Hrsg.), Antisemitismus – Antizionismus – Israelkritik, Tel Aviver Jahrbuch für deutsche Geschichte, 33 (2005).

– Aspekte des Philosemitismus, in: Irene A. Diekmann/Elke-Vera Kotowski (Hrsg.), Geliebter Feind. Gehasster Freund. Antisemitismus und Philosemitismus in Geschichte und Gegenwart. Festschrift zum 65. Geburtstag von Julius H. Schoeps, Berlin 2009, S. 61–71.

Zweig-Strauss, Hanna, David Farbstein (1868–1953). Jüdischer Sozialist – sozialistischer Jude, Zürich 2002.

– Saly Mayer (1882–1950). Ein Retter jüdischen Lebens während des Holocaust, Köln 2007.

# Personenregister

Reihe
**Studien zum Antisemitismus in Europa**
*Herausgegeben von Werner Bergmann und Ulrich Wyrwa*


Band 1
Michal Frankl
**„Prag ist nunmehr antisemitisch"**
Tschechischer Antisemitismus am Ende des 19. Jahrhunderts
2011 · 334 Seiten · 24,– Euro


Band 2
Marija Vulesica
**Die Formierung des politischen Antisemitismus in den Kronländern Kroatien und Slawonien 1879–1906**
2012 · 352 Seiten · 24,– Euro


Band 3
Tim Buchen
**Antisemitismus in Galizien**
Agitation, Gewalt und Politik gegen Juden in der Habsburgermonarchie um 1900
2012 · 384 Seiten · 24,– Euro


Band 4
Klaus Richter
**Antisemitismus in Litauen**
Christen, Juden und die „Emanzipation" der Bauern (1889–1914)
2013 · 447 Seiten · 24,– Euro


Band 5
Manfred Hettling · Michael G. Müller · Guido Hausmann (Hrsg.)
**Die „Judenfrage" – ein europäisches Phänomen?**
2013 · 351 Seiten · 24,– Euro

Band 6
Miloslav Szabó
**„Von Worten zu Taten"**
Die slowakische Nationalbewegung und der Antisemitismus 1875–1922
2014 · 391 Seiten · 24,– Euro

Band 7
René Moehrle
**Judenverfolgung in Triest während Faschismus und Nationalsozialismus 1922–1945**
2014 · 519 Seiten · 24,– Euro

Band 8
Andreas Reinke · Kateřina Čapková · Michal Frankl · Piotr Kendziorek · Ferenc Laczó
**Die „Judenfrage" in Ostmitteleuropa**
Historische Pfade und politisch-soziale Konstellationen
2015 · 481 Seiten · 24,– Euro

Band 9
Ulrich Wyrwa
**Gesellschaftliche Konfliktfelder und die Entstehung des Antisemitismus**
Das Deutsche Kaiserreich und das Liberale Italien im Vergleich
2015 · 448 Seiten · 24,– Euro

Band 10
Christhard Hoffmann (Ed.)
**The Exclusion of Jews in the Norwegian Constitution of 1814**
Origins – Contexts – Consequences
2016 · 198 Seiten · 19,– Euro

Band 11
Christoph Leiska
**Räume der Begegnung – Räume der Differenz**
Jüdische Integration und Antisemitismus
in Göteborg und Kopenhagen 1850–1914
2016 · 425 Seiten · 24,– Euro